Tottenham Hotspur v Newcastle United – Premier League

LONDON, ENGLAND – 토트넘 홋스퍼의 손흥민이 토트넘 홋스퍼 스타디움에서 열린 토트넘과 뉴캐슬 유나이티드의
경기에서 뉴캐슬 유나이티드의 마르틴 두브라브카를 제치고 팀의 세 번째 골을 득점하는 장면. 2022/04/03

SINCE 2004

《The Champion》을 보면 유럽축구의 역사가 보입니다

★ ★ ★ ★ ★

유럽 축구팀들의 19년에 걸친 기록과 화보는
'유럽 축구의 바이블'로 평가받아
소장 가치가 높은 시리즈입니다.

| 감수·추천의 글 |　**한준희** (KBS·SPOTV 해설위원·대한축구협회 정보전략소위 위원)

역사와 전통의 유럽 축구 가이드
《The Champion 2022-2023》

2022년은 대망의 카타르 월드컵이 개최되는 해다. 사상 최초로 월드컵이 11월에 펼쳐지는 까닭에, 올여름 이적 시장에서 유럽의 클럽들은 여느 때보다 발 빠른 팀 정비에 나설 필요가 있었다. 잉글랜드 프리미어리그가 8월 첫 주, 스페인 라리가가 둘째 주에 개막하는 등 각 리그의 일정이 평소보다 다소 앞당겨지는 것은 물론이거니와, 11월 초까지 UEFA 챔피언스리그 조별 리그가 마무리되는 유례없이 스피디한 일정이 기다리고 있기 때문이다. 6월의 긴 A매치 기간을 마친 선수들은 비교적 짧은 휴식만을 취한 후 소속 클럽의 프리시즌을 맞이해야 했다.

올여름 이적 시장에서도 가장 호화로운 선수 영입이 가능했던 곳은 단연 프리미어리그다. 맨체스터 시티는 약점으로 지적되어온 최전방 포지션에 차세대 최고 공격수 엘링 홀란을 영입, 이번에야말로 유럽 챔피언 등극의 꿈을 이룰 태세다. 라이벌 리버풀은 다르윈 누녜스를 데려와 다시 한번 도전장을 내밀었고, 토트넘도 히샬리송, 이반 페리시치 등을 더해 다방면의 보강을 이뤘다. 구단주가 바뀐 첼시는 세리에A 최고의 수비수 칼리두 쿨리발리를 품에 안았으며, 맨체스터 유나이티드는 마침내 전술가 수장을 새로이 맞아들임으로써 명가 재건의 기치를 내걸었다. '세계에서 가장 돈 많은 클럽'으로 부상한 뉴캐슬과 '23년 만에 프리미어리그로 돌아온' 노팅엄 포리스트의 행보도 눈길을 끌기에 충분하다.

그러나 새로운 시즌 유럽 축구가 더욱 흥미진진한 까닭은 압도적 자금력을 지닌 프리미어리그와 일전을 벌일 다른 리그 강호들의 준비 작업 또한 만만치 않아 보인다는 사실이다. 분데스리가의 제왕 바이에른 뮌헨은 로베르트 레반도프스키를 바르셀로나로 떠나보낸 대신 사디오 마네와 마테이스 더 리흐트를 안착시켰고, 재정난에 시달려온 바르셀로나는 '영혼까지 끌어모은' 여름 이적 시장 행보로써 신속한 권토중래를 도모한다. 현재의 유럽 챔피언 레알 마드리드는 킬리안 음바페와 함께하지 못한 아쉬움을 뒤로 하고 안토니오 뤼디거, 오렐리앙 추아메니를 보강해 밸런스를 강화시켰다. 한편, 두 시즌 연속 리그 4위에 그친 유벤투스가 폴 포그바, 앙헬 디 마리아의 영입으로 얼마나 향상될 수 있을지도 궁금증을 자아낸다.

이렇듯 새롭게 펼쳐질 유럽 축구 시즌도 수많은 지구촌 축구 팬들을 열광시킬 흥미로운 이야기들로 가득 차 있다. 물론 여기에는 프리미어리그 득점왕에 등극했던 손흥민의 일거수일투족, 거대한 도전의 발걸음을 내딛는 김민재의 활약상도 틀림없이 포함된다. 그리고 이 모든 이야기들을 훌륭하게 안내해줄 최고의 길잡이는 언제나 변함없이 《The Champion 2022-2023》이다. 역사와 전통의 《The Champion》 시리즈는 오랜 기간 진심으로 유럽 축구를 파고들었던 필자들의 정성과 내공을 듬뿍 담고 있어, 세간에 범람하는 천편일률적이고 피상적인 정보들과는 확연히 차별화된다. 올해에도 《The Champion 2022-2023》의 발간을 축하하며, 다시 한번 이 땅의 축구 팬들을 위해 이 책을 추천드리는 바이다.

ENGLAND
PREMIER LEAGUE

2022-2023시즌 프리뷰 ···26

≫ 이적시장 및 한국 선수 가이드 송영주

현) 유튜브 또영주tv 운영, 유튜브 이스타tv와 팟캐스트 히든풋볼 패널
전) SKY SPORTS, JTBC, TBS, Xports, SPOTV 축구 해설위원
전) 사커라인 편집팀장, 풋볼위클리 취재부장
베스트일레븐, 아레나, GQ, 네이트, 오늘의 축구 등 다수 기고

≫ GERMANY BUNDESLIGA 김현민

현) 달수네 라이브 패널
현) 한준TV 패널
《골닷컴 칼럼니스트》, 《풋볼위클리 칼럼니스트》,
《우리를 행복하게 하는 축구스타 28인》 저자
F&, Beyond, 주간조선, 시사인, 국민체육21, HIM, 네이버, 네이트 등 다수 기고

≫ ENGLAND PREMIER LEAGUE 이용훈

현) 스태츠퍼폼 데이터 에디터
전) K리그 Opta 매니저
전) 골닷컴 기자, 편집팀장
《마르셀로 비엘사: '광인' 비엘사의 리즈 유나이티드 전술 콘셉트》,
《킹 클로프: 리버풀 왕조를 재건한 클로프의 전술 콘셉트》 번역

≫ SPAIN LA LIGA 한준

현) 유튜브 채널 '한준TV' 및 인터넷 뉴스 '풋볼아시안' 발행인
전) 스포탈코리아, 풋볼리스트, SPOTV 뉴스 기자, 축구전문지 〈포포투〉 에디터
전) MBC 스포츠 플러스, tvN, JTBC, KBS N스포츠 축구해설위원
《스페인 대표팀의 비밀》 번역, 《엘클라시코의 모든 것》, 《택틱스 TACTICS》,
《어떻게 사람을 이끄는가》 저자

≫ ITALY SERIE A 김정용

현) 풋볼리스트 기자
현) 맥심 등 다수 매체에 칼럼 기고
전) 베스트일레븐, 일간스포츠 기자
《스쿼드 : 유럽축구 인명사전 2014/2015》, 《2016/2017 EPL BOOK》,
《은골로 캉테》 공저
《프란체스코 토티 : 로마인 이야기》 저자

≫ 감수 한준희

현) KBS 축구해설위원(2005~)
현) SPOTV 축구해설위원(2019~)
현) 재단법인 한수원 축구단 이사(2022~)
현) 대한축구협회 정보전략소위 위원(2018~)
전) 아주대학교 스포츠레저학과 겸임교수(2011~2019)
전) 경기도수원월드컵경기장 관리재단 이사(2015~2018)
전) 성남FC 선수강화위원장(2015~2016)
전) MBC 축구해설위원(2003~2005)

| 글 | 송영주 김현민 이용훈 한준 김정용 |
| 감수 | 한준희 |

초판 1쇄 2022년 8월 22일
초판 8쇄 2023년 8월 28일

펴낸이	신난향
편집위원	박영배
펴낸곳	(주)맥스교육(맥스미디어)
출판등록	2011년 8월 17일(제2022-000038호)
주소	경기도 성남시 분당구 정자일로 156번길 12, 1503호(정자동, 타임브릿지)
대표전화	02-589-5133 팩스 02-589-5088
홈페이지	www.maxedu.co.kr

기획·편집	김소연 김진호	디자인	유지현 이지안
경영지원	장주열	마케팅	이슬기
사진	© Getty Images		
ISBN	979-11-5571-923-7 13690		

*이 책은 2022년 8월 10일까지의 정보를 기준으로 제작되었습니다.

2022 여름 이적 시장 TOP 10

2022년 여름 이적 시장은 '속도'와 '경쟁'이란 단어로 표현이 가능하다. 2022 카타르 월드컵 일정으로 각 리그가 예전보다 빠르게 개막함에 따라 각 구단은 이적 시장이 열리자마자 분주히 움직이며 선수들을 보강했다. 속도전에서 일찌감치 승리한 클럽들은 자신들의 약점을 보완하며 느긋하게 여름을 보낸 반면 바르셀로나와 첼시, 맨유 비롯한 몇몇 클럽들은 특정 선수를 놓고 뜨거운 경쟁을 펼칠 수밖에 없었다. 또한 이번 여름도 잉글랜드 클럽들이 '돈의 힘'을 다시 보여주며 이적 시장을 주도했지만, 바르셀로나는 TV 중계권 판매를 통해 재정적 어려움을 극복하며 이적 시장의 승자로 부상했다.

1 오렐리앙 추아메니
Aurélien Tchouameni
이적료	8,000만 유로 (약 1,068억 원)
소속팀	AS 모나코 → 레알 마드리드
국 적	프랑스

2 다르윈 누녜스
Darwin Núñez
이적료	7,500만 유로 (약 1,001억 원)
소속팀	벤피카 → 리버풀
국 적	우루과이

3 마티아스 데 리흐트
Matthijs de Ligt
이적료	6,700만 유로 (약 895억 원)
소속팀	유벤투스 → 바이에른 뮌헨
국 적	네덜란드

4 마크 쿠쿠레야
Marc Cucurella
이적료	6,530만 유로 (약 868억 원)
소속팀	브라이튼 → 첼시
국 적	스페인

9 라힘 스털링
Raheem Sterling

이적료	5,620만 유로 (약 750억 원)
소속팀	맨체스터 시티 → 첼시
국 적	잉글랜드

10 가브리엘 제수스
Gabriel Jesus

이적료	5,220만 유로 (약 697억 원)
소속팀	맨체스터 시티 → 아스널
국 적	브라질

8 리산드로 마르티네스
Lisandro Martínez

이적료	5,737만 유로 (약 766억 원)
소속팀	아약스 → 맨체스터 유나이티드
국 적	우루과이

6 히샬리송
Richarlison

이적료	5,800만 유로 (약 774억 원)
소속팀	에버턴 → 토트넘
국 적	브라질

7 하피냐
Raphinha

이적료	5,800만 유로 (약 774억 원)
소속팀	리즈 유나이티드 → FC 바르셀로나
국 적	국적 브라질

5 엘링 홀란드
Erling Haaland

이적료	6,000만 유로 (약 801억 원)
소속팀	도르트문트 → 맨체스터 시티
국 적	노르웨이

이적료 순지출 구단 순위

순위	팀명	이적료 순지출(이적−수입)	국가
1	첼시	1억 7,859만 유로(약 2,375억 원)	잉글랜드
2	FC 바르셀로나	1억 3,000만 유로(약 1,728억 원)	스페인
3	아스널	1억 1,426만 유로(약 1,517억 원)	잉글랜드
4	파리 생제르망	9,520만 유로(약 1,264억 원)	프랑스
5	웨스트햄	9,095만 유로(약 1,207억 원)	잉글랜드
6	노팅엄 포레스트	8,975만 유로(약 1,191억 원)	잉글랜드
7	뉴캐슬 유나이티드	6,600만 유로(약 876억 원)	잉글랜드
8	토트넘 훗스퍼	6,365만 유로(약 845억 원)	잉글랜드
9	맨체스터 유나이티드	6,287만 유로(약 834억 원)	잉글랜드
10	레알 마드리드	6,250만 유로(약 830억 원)	스페인

프리미어리그, 이번 여름도 이적 시장을 주도하다

이적 소식 하나하나에 축구 팬들은 울고 웃는다. 그만큼 축구 팬들이라면 투자의 중요성을 잘 알고 있다. 투자가 우승을 보장하진 못하지만, '투자 없이 우승은 없다'는 말은 진리에 가깝다. 과거에는 각 클럽이 유소년 시스템을 통해 스타를 배출했고, 이 스타들 중 대다수는 새로운 도전보다는 구단에 대한 충성과 애정을 과시하며 프랜차이즈 선수로 남곤 했다. 하지만 이는 이제 과거의 낭만으로 치부되고 있다. 돈의 흐름을 따라 선수의 이동은 자유롭고, 선수들의 이동으로 팀의 전력은 좌우되곤 한다. 여기에 언급했듯 여름의 승자는 시즌 전체의 승자가 될 가능성이 적지 않다. 그렇기에 모든 구단이 여름 이적 시장을 통해 나름대로 최선을 다해 전력을 보강하는 것이다.

특히 2022년 여름은 모든 구단이 전력을 제대로 보강하기엔 시간이 턱없이 부족했다. 2022 카타르 월드컵 일정으로 인해 각 리그가 예전보다 2~3주 먼저 개막하기 때문이다. 물론 여름 이적 시장이 마감되는 시간(한국 시각으로 9월 1일)은 예전과 차이가 없지만, 대다수 클럽은 전력을 보강한 상태에서 시즌을 시작하길 원하기에 다른 여름보다 분주히 움직여야 했다. 이에 따라 소위 우승을 노리는 명문 구단들은 돈은 기본이고 특유의 정보력과 추진력, 결단력 등을 앞세워 약점을 보완하고자 노력했다. 하지만 팬데믹 현상 이후, 부익부 빈익빈 현상이 더 커짐에 따라 중•하위권 구단들은 상위권 구단들의 눈치를 보면서 전력을 보강할 수밖에 없었다. 이는 리그의 재정적 차이에서도 발생하는 현상이다. 잉글랜드 프리미어리그를 제외한 타 리그의 팀들은 대다수가 팬데믹으로 직격탄을 맞아 재정적 어려움을 겪고 있다. 이는 더 이상 비밀이 아니다. 당연히 이번 여름에도 이적 시장을 주도한 것은 프리미어리그 구단들이었다. 프리미어리그 20개 구단은 이적 시장에서 약 12억 8,000만 유로(약 1조 6,987억 원)를 선수 영입에 투자했다. 5억 9,420만 유로(약 7,885억 원)의 소득을 올렸으니 순 지출은 6억 8,082만 유로(약 9,035억 원)가 된다. 이는 타 리그가 도저히 따라갈 수 없는 금액이다. 스페인의 라리가는 3억 9,883만 유로(약 5,292억 원)를, 이탈리아의 세리에A는 5억 8,903만 유로(약 7,817억 원)를 선수 영입에 지출했다. 하물며 독일의 분데스리가는 4억 4,498만 유로(약 5,905억 원)를 선수 영입에 지출했다. 그러나 독일 분데스리가는 순 지출은 1,862만 유로(약 47억 원)에 불과하다. 이에 따라 당연히 프리미어리그 클럽들의 유럽대항전 강세도 계속 이어질 전망이다. 과연 라리가와 세리에A, 분데스리가, 리그1 등이 프리미어리그의 독주를 막을 수 있을지 귀추가 주목된다.

프리미어리그 내의 경쟁 조차 여전히 뜨겁다

잉글랜드 프리미어리그는 이번 여름에도 가장 많은 금액을 투자했다. 타 리그에 비해 월등히 많은 금액을 투자하면서 여름 이적 시장에서 7년 연속으로 10억 유로 이상을 지출했다. 효율적인 중계권 수익 분배와 유럽대항전에서의 좋은 성적, 팬들의 기대를 충족시키는 높은 수준의 경기력, 그리고 흥행에 따른 계속된 투자 등은 선순환을 만들었고, 이는 다시 팬들의 지갑을 열고 채널을 고정시키는 원동력으로 작용하고 있다. 이에 따라 프리미어리그는 타 리그보다 우승 경쟁을 비롯한 순위 경쟁이 매우 치열한 리그로 변모했다.

레알 마드리드와 바르셀로나, 아틀레티코 마드리드 등 3강이 지배하는 라리가, 유벤투스의 천하가 막을 내리며 인테르와 AC밀란이 다시 우승하기 시작한 세리에A, 10시즌 연속 우승이라는 대기록을 세운 바이에른 뮌헨의 지배를 받는 분데스리가, 오일 머니로 무장한 스타 군단 PSG가 정복한 리그1 등과 비교할 때, 그 극명한 차이를 쉽게 알 수 있다.

프리미어리그는 최근 맨체스터 시티와 리버풀의 우승 경쟁이 뜨겁더라도 소위 말하는 빅6(맨체스터 시티, 리버풀, 첼시, 토트넘, 아스널, 맨체스터 유나이티드) 중에서 누가 우승해도 이상하지 않을 정도로 우승 경쟁이 치열한 리그가 되었다. 하물며 웨스트햄과 레스터 시티도 호시탐탐 빅6의 한 자리를 노리고 있다. 이 또한 여러 클럽이 투자를 통해 전력 상승을 꾀했기에 가능한 것이다.

이번 여름 프리미어리그 구단 중에서 무려 5개 구단이 1억 유로 이상을 선수 영입에 지출했을 뿐 아니라 12개 구단이 5,000만 유로 이상을 지출했다. 특히 1억 유로 이상을 지출한 아스널, 첼시, 맨시티, 리즈, 토트넘 등이 눈에 띈다. 아스널은 2021년에 이어 이번 여름에도 프리미어리그 내에서 가장 많은 지출(1억 3,206만 유로)을 기록했다. 이는 지난 시즌 4위 탈환에 실패해 UEFA 챔피언스리그 진출 티켓을 눈앞에서 놓친 아쉬움을 달래기 위한 것이기도 했다. 아스널은 가브리엘 제수스와 올렉산드르 진첸코, 파비우 비에이라, 맷 터너, 마르쿠스 등을 영입해 전체적인 전력을 보강하면서 약했던 최전방과 3선을 보완했다.

구단주가 바뀐 첼시는 이적 시장에서 뒤늦게 전력 보강에 집중하면서 무려 1억 2,190만 유로를 선수 영입에 지출했다. 구단의 변화가 큰 상황이라 전력 보강에 거금을 투자할 수밖에 없는 상황이었다. 지난 시즌 프리미어리그 우승팀인 맨시티는 리버풀과의 우승 경쟁에서 우위를 차지하고자 엘링 홀란드와 켈빈 필립스 영입에 1억 875만 유로를 지출했지만 라힘 스털링과 가브리엘 제수스, 올렉산드르 진첸코 등을 이적시키며 1억 5990만 유로라는 소득을 올려 알찬 여름을 보냈다. 이와 달리 지난 시즌 프리미어리그 17위로 간신히 잔류에 성공한 리즈는 하피냐를 비롯한 주축 선수들을 이적시키며 1억 795만 유로의 소득을 올렸으나 선수 영입에 1억 864만 유로를 지출하며 선수단 변화를 꾀했다. 그리고 지난 시즌 프리미어리그 4위인 토트넘은 이번 시즌 UEFA 챔피언스리그를 병행함에 따라 1억 190만 유로를 지출하며 전력을 보강했다.

이외에도 프리미어리그 왕좌 탈환을 노리는 리버풀, 에릭 텐하흐 감독 체제로 변화한 맨체스터 유나이티드도 8,000만 유로가 넘은 금액을 선수 영입에 투자했다. 하물며 23년 만에 프리미어리그에 승격한 노팅엄 포레스트조차 8,000만 유로 이상을 지출하며 잔류에 신경 쓰는 모습을 보여줬다. 역시 프리미어리그는 돈 많은 리그의 면모를 이적 시장에서 유감없이 과시했다.

이적 시장의 주인공은 바르셀로나?

프리미어리그의 20개 구단이 이번 여름에도 이적 시장을 주도했지만 진정한 승자는 스페인의 바르셀로나일지 모른다. 바르셀로나는 이번 여름 이적 시장에서 1억 5,300만 유로를 투자하며 최고 지출을 기록한 클럽이 됐다. 사실 레알 마드리드를 제외한 스페인의 대다수 클럽은 팬데믹의 악영향으로 재정적인 위기에 직면했다. 이런 상황에서 클럽의 건전한 운영을 위해 시행되는 '라리가 샐러리캡'은 오히려 라리가 클럽들의 발목을 잡는 족쇄가 되고 있다. 대표적인 클럽이 바르셀로나. 바르셀로나는 팬데믹의 악영향뿐 아니라 바르토메우 전 회장의 방만한 운영과 선수 영입으로 재정적인 타격을 입었다. 이에 따라 2021년 여름, 팀의 상징이었던 리오

넬 메시가 파리 생제르맹으로 떠났고, 선수 영입에 어려움을 겪었던 것이 사실이다. 이러한 위기를 극복하고자 바르셀로나는 TV 중계권료 25%를 향후 25년 동안 양도하고 BLM(Barca Licensing & Merchandising) 지분을 매각하면서 재정 확보에 신경을 썼다. 그리고 이 자금을 통해 하피냐와 로베르트 레반도프스키, 프랑크 케시에, 안드레아스 크리스텐센, 줄스 쿤데 등을 영입하며 전체적인 전력을 보강했다. 그 결과, 바르셀로나는 디펜딩 챔피언 레알 마드리드를 압박할 선수진을 구성하는 데 성공했다.

반면에 레알 마드리드의 여름은 아쉬움이 남는다. 레알 마드리드의 이번 시즌 목표는 전 대회 우승인 6관왕 달성이다. 레알 마드리드는 이미 지난 시즌 UEFA 챔피언스리그와 라리가에서 우승을 달성했고, 이 전력을 고스란히 유지하고 있다. 이 상황에서 킬리안 음바페와 오렐리앙 추아메니, 안토니오 뤼디거 등을 영입해 공격, 미드필드, 수비를 모두 보강할 계획이었다. 레알 마드리드는 루카 요비치와 가레스 베일, 이스코, 마르셀루 등을 정리하면서 계획대로 8,000만 유로라는 거금을 들여 수비형 미드필더 추아메니를, 그리고 FA로 안토니오 뤼디거를 영입하며 나름대로 미드필드와 수비를 보강하는 데 성공했다. 하지만 공을 들였던 음바페 영입에 실패하고 말았다. 음바페가 소속팀인 파리 생제르맹과 재계약을 맺으며 잔류함에 따라 레알 마드리드는 공격 보강에 실패한 것이다. 이는 다시 말해 레알 마드리드가 카림 벤제마 백업 공격수와 득점력을 갖춘 측면 공격수 영입에 실패했다는 사실을 의미한다. 결국, 레알 마드리드가 원하는 성적을 거두기 위해선 벤제마가 부상이나 징계를 최소화하며 많은 경기를 소화해야 하며, 비니시우스가 지난 시즌의 득점력을 유지해야 한다. 그리고 호드리구가 지난 시즌보다 훨씬 더 많은 골을 넣어야 하는 처지에 놓이게 됐다.

바르셀로나와 레알 마드리드를 제외하면 이적 시장에서 적극성을 보여준 스페인 클럽은 찾기 어렵다. 이는 대다수 라리가 구단들이 재정적 어려움에 처한 결과다. 아틀레티코 마드리드는 나우엘 몰리나와 사무엘 리노를 영입하는데 2,650만 유로만을 두자헸고, 세비야도 센터백인 마르캉을 영입하는 데 1,200만 유로만을 지출했다. 오히려 지난 시즌 UEFA 챔피언스리그 진출에 실패했던 소시에다드가 총 3,150만 유로를 들여 브라이스 멘데스와 모하메드 알리 조, 쿠보 다케후사 등을 영입해 공격을 강화하는 데 성공했고, 베티스가 총 1,800만 유로를 투자해 윌리안 주제와 루이스 엔리케, 루이스 펠리페 등을 영입하며 전력 강화를 꾀했다. 결국 스페인의 이적 시장은 바르셀로나와 레알 마드리드가 주도함에 따라 다음 시즌 우승도 이 두 팀의 경쟁으로 결정될 가능성이 농후하다.

스쿠데토를 위한 유벤투스의 투자

이탈리아 세리에A의 이적 시장은 '상처받은 거인' 유벤투스가 주도했다. 유벤투스는 무려 10시즌 연속으로 스쿠데토를 독식하다가 2020/21시즌과 지난 시즌 연속으로 세리에A 4위에 머물렀다. 이번 시즌 목표는 이탈리아 왕좌 탈환. 지난 2시즌 동안 밀라노 형제에게 이탈리아 왕좌를 양보할 수밖에 없었던 유벤투스는 막시밀리아노 알레그리 감독의 입맛에 맞는 선수들을 영입해 우승 전력을 구축하고자 노력했다. 그 결과, 8,950만 유로라는 거금을 투자해 전체적인 포지션을 보강하는 데 성공했다. 유벤투스는 이번 여름 비록 파울로 디발라와 조르지오 키엘리니, 마티아스 데 리흐트 등을 이적시켰지만 브레메르, 페데리코 키에사, 안드레아 캄비아소, 폴 포그바, 앙헬 디 마리아 등을 영입하면서 전력 상승을 꾀했다. 뿐만 아니라 선수 이적으로 9,865만 유로의 소득을 올려 순소득이 915만 유로가 될 정도로 이적 시장에서 효율적이면서도 효과적인 행보를 보여줬다.

지난 시즌 아쉽게 세리에A 2위를 기록하며 2시즌 연속 우승에 실패했던 인테르도 절치부심 전력을 보강했다. 인테르는 모기업인 중국의 쑤닝 그룹이 코로나19의 영향으로 사실상 국영기업이 되면서 투자가 대폭 삭감되었고, 이에 따라 효율적인 영입에 집중할 수밖에 없었다. 3,860만 유로의 이적료를 지출하면서 선수들을 영입했지만 이적료의 대다수는 호아킨 코레아의 영입에 집중됐고, 로멜루 루카쿠와 크리스티안 아슬라니, 라울 벨라노바, 안드레 오나나, 헨릭 미키타리안 등은 임대 또는 FA로 영입했다. 그럼에도 로멜루 루카쿠를 임대 영입하는 데 성공함에 따라 시모네 인자기 감독은 최전방의 화력을 최대한 높이게 됐고, 지난 시즌보다 전체적으로 향상된 전력을 구축함에 따라 강력한 우승 후보라는 평가를 듣게 됐다.

이 외에도 아탈란타와 나폴리, 사수올로, 라치오 등도 3,700만 유로 이상을 이적료로 지출하며 선수들을 영입했다. 지난 시즌 세리에A 8위라는 다소 초라한 성적을 거뒀던 아탈란타는 총 7,200만 유로를 지출하며 제레미 보가와 에데르송, 메리흐 데미랄 등을 영입해 장 피에로 가스페리니 감독에게 힘을 실어 주었다. 다만 나폴리와 사수올로, 라치오 등은 이적 시장에서 적지 않은 금액을 소비하며 전력 보강에 힘썼지만, 기존의 주축 선수들이 대거 이탈함에 따라 전체적인 전력 상승보단 전력을 유지하고자 노력했다고 보는 것이 옳다. 특히, 나폴리는 총 5,905만 유로를 투자해 안드레 잠보 앙귀사와 마티아스 올리베라, 크비차 크바라트스켈리아, 레오 오스티가르드, 김민재 등을 영입했지만 칼리두 쿨리발리와 아르카디우스 밀리크, 젠나로 투티노, 세바스티아노 루페르토, 다비드 오스피나, 로렌조 인시네 등이 이적함에 따라 전체적인 전력이 흔들릴 가능성이 존재한다.

가장 흥미로운 점은 디펜딩 챔피언 AC밀란의 행보다. AC밀란은 지난 시즌 세리에A 우승을 차지하며 11년 만에 리그 우승이자 통산 열아홉 번째 리그 우승에 성공했다. 그러나 AC밀란은 이번 여름 이적 시장에서 소극적인 태도로 일관했다. AC밀란은 프랑크 케시에를 비롯한 몇몇 선수들이 팀을 떠났음에도 3,920만 유로를 지출하며 주니오르 메시아스와 샤를 데 케텔라에르, 알레산드로 플로렌치, 디보크 오리기 등을 영입했을 뿐이다. 비록 지난 시즌 우승 멤버가 건재하다고 할지라도 케시에가 떠난 자리를 메웠어야 했지만 이에 실패했다. 이에 더해 유벤투스와 인테르의 전력 보강을 고려할 때, AC밀란이 이탈리아 왕좌를 유지하기는 쉽지 않을 전망이다.

바이에른 뮌헨이 보여준 분노의 영입?

독일 이적 시장도 우승 후보들인 바이에른 뮌헨과 도르트문트가 주도했다. 바이에른 뮌헨은 지난 시즌 분데스리가 우승을 차지하

며 10시즌 연속으로 독일 왕좌를 유지하는 데 성공했다. 하지만 지난 시즌은 성공만큼 아쉬움이 컸던 시즌이었다. 율리안 나겔스만 감독이 지휘봉을 잡은 후 상대를 압도하는 경기력을 유지하지 못했기 때문이다. 그리고 이번 여름 로베르트 레반도프스키와 니클라스 쥘레, 마르크 로카 등 팀의 주축들이 이적을 단행했다. 특히 레반도프스키는 바르셀로나로 이적하고자 문제의 발언을 토해냈고, 이에 따라 팬들의 실망과 분노가 이어졌다. 결국 바이에른 뮌헨은 이 모든 문제를 해결하고자 돈주머니를 풀 수밖에 없었다. 바이에른 뮌헨은 무려 1억 3,750만 유로의 이적료를 지출하며 사디오 마네와 마티아스 데 리흐트, 라이언 그라벤베르흐, 노사이르 마즈라위 등을 영입했다. 전형적인 최전방 스트라이커가 없다는 아쉬움이 있지만, 공수에 걸쳐 전체적인 보강에 성공한 셈이다. 당연히 다음 시즌도 분데스리가의 가장 강력한 우승 후보는 바이에른 뮌헨이다.

그러나 도르트문트의 추격도 만만치 않다. 도르트문트는 지난 시즌 분데스리가 2위를 기록하며 최근 4시즌 중 3시즌 2위를 차지했다. 이제 도르트문트가 원하는 것은 독일 왕좌를 탈환해 바이에른 뮌헨의 천하를 끝내는 것이다. 도르트문트는 여름에 엘링 홀란드, 악셀 비첼, 로만 위버키, 마르셀 슈멜처 등 기존의 주축 선수들이 떠나거나 은퇴를 해 변화를 꾀했다. 그 결과 총 8,600만 유로의 이적료를 투자해 세바스티앵 알레와 카림 아데예미, 니코 슐로터베크, 살리 외즈칸, 니클라스 쥘레, 마크셀 로트카, 알렉산더 마이어 등을 영입했다. 이로써 도르트문트는 최전방부터 최후방까지 전력 상승을 꾀하면서 바이에른 뮌헨의 대항마로 부상했다.

이외에 라이프치히와 프랑크푸르트, 볼프스부르크 등이 이번 여름 투자를 아끼지 않았다. 라이프치히는 황의찬을 비롯한 선수들을 이적시키며 7,762만 유로의 소득을 올림에 따라 전력 보강에 3,800만 유로를 투자했다. 그 결과, 다비드 라움과 크사버 슐라거, 재니스 블라스위치 등을 영입하며 전력 상승을 꾀했다. 볼프스부르크도 2020/21시즌 분데스리가가 4위를 기록했다가 지난 시즌 12위로 추락함에 따라 이번 여름 투자를 아끼지 않았다. 총 3,525만 유로를 지출하면서 야쿱 카민스키와 마티아스 스반베르흐, 바르톨 프라니치, 패트릭 빔머, 킬리안 피셔, 제난 페이치노비치 등을 영입해 다크호스로서의 면모를 갖추게 됐다. 결국, 이번 시즌 분데스리가는 도르트문트가 바이에른 뮌헨의 독주를 막을 수 있을지와 레버쿠젠, 라이프치히, 볼프스부르크 등이 펼치는 챔피언스리그 경쟁이 흥미를 유발할 것으로 보인다.

음바페를 지켜낸 파리 생제르맹

프랑스의 파리 생제르맹은 이번 여름도 1억 650만 유로를 지출하며 이적 시장의 큰 손이라는 사실을 다시 입증했다. PSG는 1차 목표인 킬리안 음바페의 잔류를 성공시켰고, 비티냐와 누누 멘데스, 위고 에키티케 등을 영입해 약점을 보완하고자 노력했다. 하지만 가장 큰 변화는 선수단이 아니라 감독 교체라고 봐도 무방하다. 포체티노 감독이 떠나고 갈티에 감독이 부임했으므로 갈티에의 지도력과 전술이 파리 생제르맹의 성공 여부를 결정할 것이다.

비록 지난 리그 시즌 2위 마르세유도 6,240만 유로를 투자해 전력 보강을 꾀했지만, 프랑스에서 파리 생제르맹을 넘어설 가능성이 크지 않다.

2022/23시즌 코리안리거, 화려한 날갯짓을 준비하다

더 이상 한국 선수들이 유럽에 진출하는 것이 낯설지 않다. 차범근이 1980년대 분데스리가를 정복할 때의 충격과 박지성이 2000년대 초반 프리미어리그에 진출할 때의 경이로움은 여전히 진한 여운을 남기고 있다. 이제 손흥민이 지난 시즌 프리미어리그 득점왕을 차지하면서 한국 선수들의 위상은 이전과 비교할 수 없을 정도로 올라가 있다. 손흥민뿐 아니라 황의조가 프랑스에서, 정우영과 이재성이 독일에서, 그리고 김민재가 튀르키예에서 놀라운 활약을 펼쳤고, 몇몇 한국 선수들은 소속 클럽을 넘어 리그를 대표하는 선수로 올라서고 있다. 유럽 구단들이 한국 선수들에게 관심을 표명하는 것은 당연지사. 물론 여전히 한국 선수들에게 유럽리그는 꿈의 무대이며, 증명의 장이다.

이번 여름 이적을 선택한 김민재와 황의조, 황인범 등은 새로운 도전을 해야 하고, 황희찬과 이강인, 이동준, 이동경 등도 더 많은 것을 입증해야 한다.

 **ENGLAND**

손흥민
Son Heung-Min

생년월일	1992.07.08
소 속 팀	토트넘 홋스퍼 FC
포 지 션	공격수

황희찬
Hwang Hee-Chan

생년월일	1996.01.26.
소 속 팀	울버햄튼 원더러스 FC
포 지 션	공격수

 FRANCE

황의조
Hwang Ui-Jo

생년월일	1992.08.28
소 속 팀	FC 지르댕 보르도
포 지 션	공격수

 GREECE

황인범
Hwang In-Beom

생년월일	1996.09.20
소 속 팀	올림피아코스
포 지 션	미드필더

 SPAIN

이강인
Lee Kang-In

생년월일	2001.02.19
소 속 팀	RCD 마요르카
포 지 션	미드필더

 ITALY

김민재
Kim Min-Jae

생년월일	1996.11.15
소 속 팀	SSC 나폴리
포 지 션	수비수

GERMANY

이동경
Lee Dong-gyeong

생년월일	1997.09.20
소 속 팀	FC 샬케 04
포 지 션	미드필더

이재성
Lee Jae-Sung

생년월일	1992.08.10
소 속 팀	FSV 마인츠
포 지 션	공격수

이동준
Lee Dong-jun

생년월일	1997.02.01
소 속 팀	헤르타 베를린
포 지 션	공격수

정우영
Jeong Woo-Young

생년월일	1999.09.20
소 속 팀	SC 프라이부르크
포 지 션	공격수

2022년 여름은 그 어느 때보다 짧고 뜨거웠다. 2022 카타르 월드컵 일정으로 인해 유럽의 각 리그는 이전 시즌보다 약 2~3주 먼저 개막할 수밖에 없었고, 이에 따라 모든 구단은 전력 보강을 빠르게 단행하고자 노력했다. 특히 스트라이커들의 연쇄적인 이동은 충격을 주기에 부족함이 없었다. 엘링 홀란드와 다르윈 누녜스, 로멜루 루카쿠, 로베르트 레반도프스키, 가브리엘 제주스 등이 이적하면서 축구 팬들의 시선을 사로잡았다. 당연히 한국 선수들의 이적도 뜨거운 이슈였다. 무엇보다 '괴물 센터백' 김민재는 여름 내내 루머를 양산하더니 결국 이적을 선택했다. 김민재는 2021년 8월 중국의 베이징 궈안에서 터키의 페네르바체로 이적한 후, 지난 시즌이 데뷔 시즌임에도 리그 31경기를 포함해 공식 40경기를 소화했다. 특히, 유로파리그와 UEFA 컨퍼런스리그에서도 뛰어난 활약을 펼치면서 유럽의 어느 팀을 상대하든 제 실력을 발휘할 수 있다는 사실을 입증했다. 그 결과, 유럽의 적지 않은 클럽들이 김민재를 영입하고자 움직였고, 결국 김민재는 이적료 1,950만 유로(약 261억 원)에 나폴리로 이적하는 데 성공했다.

황희찬은 지난 시즌 독일의 라이프치히에서 잉글랜드의 울버햄튼으로 임대되어 활약했고, 이를 바탕으로 이적료 1,700만 유로(약 230억 원)에 울버햄튼으로 완전히 이적했다. 황희찬은 지난 시즌이 프리미어리그 데뷔였음에도 리그 30경기에 출전해 5골 1도움을 기록하며 나름대로 만족할 만한 성적표를 받았다. 비록 시즌 초반에 과시했던 파괴력이 시간이 흐를수록 사라져 아쉬움을 남겼지만, 시즌 내내 득점력 부족으로 고생했던 울버햄튼에게 황희찬의 5골은 가뭄에 단비와 같았다.

황의조도 이적을 단행했다. 황의조는 2019년 7월 일본의 감바 오사카에서 프랑스의 보르도로 이적한 후, 보르도의 간판 스트라이커로 활약했다. 2020/21시즌 12골을 넣더니 지난 시즌에는 11골을 넣으며 2시즌 연속으로 두 자릿수 득점을 기록했다. 그러나 보르도는 지난 시즌 프랑스 리그1 20위로 강등되었고, 심각한 재정난까지 겹치며 황의조의 이적을 추진할 수밖에 없었다. 황인범도 러시아 루빈 카잔에서 중심 역할을 했지만 러시아의 우크라이나 침공 때문에 2022년 7월 올림피아코스로 이적했다. 이로써 황인범은 한국 선수로는 처음으로 그리스 리그에서 뛰게 되었을 뿐 아니라 챔피언스리그 무대도 밟게 되었다.

반면 손흥민은 토트넘에서 다시 우승에 도전할 태세다. 손흥민은 지난 시즌 프리미어리그에서 23골을 넣으며 득점왕을 차지했다. 말 그대로 역사적인 시즌을 보낸 것이다. 이에 아주 잠깐이지만 레알 마드리드와의 이적설이 제기되기도 했다. 하지만 손흥민의 목표는 토트넘과 함께 우승하는 것이다. 콘테 감독이 부임한 후 빠르게 정상 궤도에 오른 토트넘은 손흥민과 해리 케인이라는 원투 펀치를 유지했을 뿐 아니라 이번 여름 알차게 보강해 이번 시즌을 기대하게 만들고 있다.

분데스리가에서 활약하는 4인방은 여름 동안 이적보다는 훈련에 집중했다. 어쩌면 분데스리가 4인방에게 이번 시즌은 진정한 시험 기간이 될 가능성이 농후하다. 물론 이들에 대한 기대감도 그만큼 큰 상황. 정우영은 프라이부르크에서 주전을 꿰차더니 지난 시즌 리그에서 5골 2도움을 기록했고, 이재성은 지난 시즌 마인츠의 엔진 역할을 하며 리그에서 4골 3도움을 기록했다. 또한, 시즌 부상으로 아쉬움을 남긴 이동준과 이동경도 올 시즌 본격적으로 독일 정복에 나선다. 다만 이강인의 상황은 녹록지 못하다. 지난 시즌 마요르카로 이적해 기대감이 컸음에도 제대로 활약하지 못했다. 아기레 감독이 부임한 후 점차 선발 출전 횟수조차 줄어들었다. 이에 따라 여름에 페예노르트를 비롯한 몇몇 클럽들과 이적설이 나오기도 했다. 결국, 이강인은 마요르카에 잔류한 이상 이번 시즌 제대로 실력을 발휘해 마요르카의 중심으로 자리매김해야 한다.

유럽의 각 리그에서 뛰는 선수들은 저마다 상황이 다르지만 2022/23시즌을 자신의 시즌을 만들고자 노력하고 있다. 이것만으로도 2022/23시즌은 매우 흥미롭지 않을까? 적어도 '프리미어리그 득점왕' 손흥민의 존재감과 '괴물 수비수' 김민재의 도전, 분데스리가 4인방의 고군분투, 이강인의 절치부심은 축구 팬들의 이목을 집중시키기에 부족함이 없을 것이다.

프리미어리그 득점왕 손흥민, 우승을 원한다

손흥민은 지난 시즌 잉글랜드 프리미어리그에서 23골을 넣으며 득점왕을 차지했다. 아시아 선수로는 최초로 프리미어리그 득점왕에 등극한 것이다. 세계에서 가장 경쟁이 심한 무대에서, 지금 이 순간도 유럽에서 최전성기를 구사하는 리그에서, 아시아 선수가 생존하기 가장 어렵다는 곳에서 손흥민은 역대 득점왕 리스트에 자신의 이름을 새겼다. 한국을 상징하는 선수가 토트넘의 에이스가 되고, 이를 넘어 프리미어리그를 대표하는 선수가 된 것이다. 이제 손흥민을 둘러싼 논쟁들은 모두 무의미해졌다. 축구 팬들이 재미로 했던 '손흥민과 차범근, 박지성 중에서 누가 가장 위대한가?'란 '손차박 논쟁'이나 손흥민 부친인 손웅정이 "손흥민은 월드 클래스 선수가 아니다"라고 말하며 일어났던 '월드 클래스 논쟁'은 이제 재미 외에는 의미가 없는 논쟁이 되었다. 이 논쟁들에서 옳은 답이 무엇인지 모르겠지만 손흥민은 다른 수식어가 필요 없는 존재, 말 그대로 그냥 손흥민이 된 것이다. 한국 대표팀이 월드컵에 진출할 수 있었던 원동력도, 토트넘이 경쟁력을 보여주는 힘도 결국 손흥민이란 존재와 연관 지을 수밖에 없다. 그만큼 손흥민은 존재감만으로도 상대를 긴장시키고 팬들을 흥분시키는 선수가 되었다.

손흥민과 같은 선수가 다시 나타날 수 있을까? 이름만으로도 전 국민이 아는 축구 선수가 몇 명이나 될까? TV를 틀면 광고에 계속 등장하는 축구 선수가 또 누가 있는가? 손흥민과 같은 선수가 다시 등장할 것이라고 장담하긴 어렵다. 이미 손흥민의 이름 앞에는 '전설'이란 수식어가 붙었다. 어쩌면 지금 이 순간 손흥민의 플레이를 즐길 수 있다는 것이 엄청난 행운일지도 모른다.

PLAYING STYLE

손흥민은 공격수가 보유해야 할 모든 능력을 보여준다. 좌측 윙어와 최전방 스트라이커를 소화하면서 양발을 이용한 드리블, 폭풍 같은 스피드, 영리한 뒷공간 침투, 강력한 슈팅, 동료들과의 연계 플레이 등으로 상대 수비를 파괴하고 골을 넣는다. 놀라운 사실은 손흥민의 지금의 모습은 그의 노력으로 완성됐다는 점이다. 사실 손흥민이 함부르크에서 데뷔할 때만 하더라도 장점만큼 단점도 많았던 선수였다. 함부르크 시절에 빠른 스피드와 강력한 슈팅은 위력적이었지만 오프 더 볼 상황에서의 무브먼트와 전술적인 움직임에서 문제를 노출했을 뿐 아니라 첫 터치가 부정확한 편이었고, 상대 수비수와의 몸싸움에서도 소극적이었다. 하지만 레버쿠젠으로 이적한 후, 장점을 유지하면서 단점을 보완하기 시작했다. 문제로 지적받던 전술적인 움직임과 상대 수비수와의 볼 경합 능력을 향상한 것이었다. 그리고 토트넘으로 이적 후, 더욱더 발전된 모습을 보여줬다. 오프 더 볼에서의 움직임과 볼 터치 능력이 향상되었고, 피지컬도 시즌이 거듭될수록 발전하면서 헤더와 압박도 위협적으로 변했다. 서서히 단점이 없는 선수로 진화한 것이다.

그뿐만 아니라 손흥민은 감독의 전술적 요구를 정확히 파악하고 플레이로 보여준다. 그렇기에 손흥민은 감독이 바뀌는 가운데에서도 꾸준히 주전으로 기용됐다. 마우리시오 포체티노, 주제 무리뉴, 누누 산투, 안토니오 콘테 등 토트넘을 이끈 감독은 모두 자신만의 색채가 강한 전술을 구사했지만, 손흥민은 감독과 전술이 바뀌는 가운데에서도 기대에 부응하는 활약을 펼쳤다. 이제 손흥민은 단점을 찾기 어려운 완성형 공격수의 모습을 보여주고 있다.

REPUTATION

한때 손흥민이 '월드 클래스 선수인가?'란 논쟁이 일어난 적이 있다. 하지만 지금은 세상에 단 2명, 손흥민과 '손흥민의 부친' 손웅정을 제외한 모두가 손흥민이 월드 클래스 선수라는 사실을 인정한다. 손흥민은 2022년 6월 기자회견에서 "진짜 월드 클래스는 이런 논쟁이 안 펼쳐진다. 논쟁이 펼쳐지고 있다는 것은 아직 올라갈 공간이 있다는 것이다."라고 말했고, 같은 시기에 손흥민의 부친 손웅정도 "손흥민은 월드 클래스가 아니다. 세계 최고의 클럽에 가서 생존할 수 있는 수준, 그 정도가 월드 클래스가 아닌가 생각한다."라고 설명했다.

하지만 이제 누구나 손흥민의 능력에 대해 의심하지 않는다. 놀라운 점은 팬들보다 축구 감독이나 선수들이 손흥민에 대해 더 높은 평가를 한다는 점이다. 해리 케인은 "최고의 선수에게 필요한 기량을 모두 갖추고 있다."라고 손흥민을 설명한 적이 있고 전 동료인 크리스티안 에릭센은 "손흥민의 발전에는 한계가 없다. 한 번 불이 붙으면 꺼지지 않는다."고 놀라움을 드러냈다. 손흥민을 지도했던 감독도 마찬가지다. 마우리시오 포체티노 감독은 "손흥민은 그라운드의 모든 움직임에 항상 100%를 쏟아낸다. 뛰는 거리에 관한 이야기가 아니라 움직임의 퀄리티에 관한 이야기다."라고 손흥민의 능력을 추켜세웠고,. 주제 무리뉴 감독은 "손흥민은 매 시즌 자신이 얼마나 뛰어난 선수인지를 보여줬다. 손흥민이 다음 레벨로 가기 위해 지금 필요한 것은 모두가 알다시피 없다."라며 손흥민을 극찬했다. 또한 누누 에스피리투 산투 감독도 "손흥민은 전방의 어떤 포지션을 맡겨도 제 몫을 해낸다. 그는 공간을 찾아 들어가는 킬러이다."라며 손흥민을 높게 평가했다.

이에 더해 2022년 7월 토트넘의 안토니오 콘테 감독은 "손흥민은 우리 팀에 항상 긍정적인 분위기와 에너지를 불어넣는 선수다. 그는 세계 최고의 수준에 올라 있는 선수 중 한 명이다. 오히려 그는 누군가에게 저평가가 되기도 한다. 손흥민은 왼발, 오른발 가리지 않고 뛰는 톱 클래스 선수다. 그는 월드 클래스이고, 세계에서 가장 뛰어난 선수이다"라고 단호하게 말하며 손흥민에 대한 애정을 숨기지 않고 있다.

COMPETITION

손흥민은 토트넘의 공격 라인에서 해리 케인과 함께 확실한 주전 선수로 평가받고 있다. 이는 당연지사. 손흥민과 해리 케인은 잉글랜드를 넘어 유럽에서도, 아니 전 세계에서도 가장 위력적인 원투펀치로 평가를 받고 있다. 손흥민과 해리 케인은 프랭크 램파드-디디에 드로그바의 합작골 기록을 뛰어넘어 프리미어리그에서 최다 골(41)을 합작한 콤비이기도 하다. 따라서 손흥민이 이미 주전 경쟁을 넘어서 토트넘의 중심축으로 자리매김했다는 사실은 부인할 수 없다.

손흥민의 팀 내 입지는 그의 계약 사항과 이적설을 보면 쉽게 알 수 있다. 토트넘은 지난 2021년 7월 23일 구단 홈페이지를 통해 손흥민과 4년 재계약했음을 공식적으로 발표했다. 이로써 손흥민은 주급 20만 파운드(약 3억 1,600만 원)를 받으며 2025년 6월까지 토트넘에서 뛰게 됐다. 이런 사실은 토트넘도 손흥민의 중요성을 알고 있다는 사실을 잘 대변한다. 또한 잉글랜드 언론은 손흥민이 가장 평가 절하된 선수라고 말하며 왜 빅 클럽들이 손흥민 영입을 적극적으로 추진하지 않는지 의

문이라고 보도하기도 했다. 이런 상황에서 스페인과 잉글랜드의 일부 언론은 이번 여름 레알 마드리드가 손흥민을 원한다는 이적설을 제기했다. 그만큼 손흥민의 가치는 엄청나다는 반증이다.

오히려 토트넘의 안토니오 콘테 감독은 손흥민, 해리 케인과 함께 공격을 주도할 선수에 대해 고민하고 있다. 그 자리를 놓고 데얀 쿨루셉스키와 히샤를리송이 치열한 경쟁을 펼칠 것으로 예측된다. 부진했던 스티븐 베르바인은 2022년 여름 아약스로 이적했고, 그동안 적지 않은 기회를 받았던 루카스 모우라는 기복이 심한 모습을 보여주고 있다. 반면에 2022년 1월 18개월 임대로 토트넘에 합류한 쿨루셉스키는 지난 시즌 후반기 프리미어리그 18경기에서 5골 8도움을 기록하며 만점 활약을 펼쳤다. 또한 손흥민과 좋은 호흡을 보여주면서 공격에서 시너지 효과를 냈다. 그럼에도 2022년 여름 에버튼에서 토트넘으로 이적한 히샤를리송도 그의 이적료와 에버튼에서의 활약 등을 고려할 때, 적지 않은 기회를 잡을 것이 분명하다. 따라서 토트넘의 주전 경쟁은 쿨루셉스키와 히샤를리송이 펼칠 가능성이 다분하다. 사실 토트넘에서 손흥민만큼 입지가 확고한 선수는 해리 케인 외엔 없을지도 모른다.

AMBITION

프리미어리그 득점왕에 등극한 손흥민의 목표는 이제 우승이다. 손흥민은 이번 시즌 그 어느 때보다 간절히 우승 트로피를 원하고 있다. 사실 손흥민의 경력에서 2018아시안게임 금메달을 획득한 것을 제외하면 '우승'이란 단어를 찾기 어렵다. 오히려 준우승과 더 친근한 느낌이다. 2008 AFC U-16 챔피언십 준우승, 2015 아시안컵 준우승, 2018/19시즌 UEFA 챔피언스리그 준우승, 2020/21시즌 EFL컵 준우승 등 우승의 문턱에서 좌절을 겪은 경우가 적지 않았다.

물론 손흥민이 토트넘에서 우승을 차지하기는 쉽지 않다. 토트넘이 잉글랜드 1부리그에서 우승한 것은 2회에 불과하며 마지막 우승도 1960/61시즌이었다. 여기에 맨체스터 시티, 첼시, 맨유, 리버풀, 아스널 등 쟁쟁한 경쟁자들의 전력을 고려하면 토트넘이 프리미어리그를 정복할 가능성은 희박하다고 말하는 것이 옳을지도 모른다. 이는 FA컵, 리그컵에도 적용되는 이야기다. 토트넘이 FA컵에서 마지막으로 우승한 것은 1990/91시즌이고, 리그컵에서 마지막으로 우승한 것은 2007/08시즌이다. 하물며 유럽대항전은 언급할 필요조차 없다.

그럼에도 그 어느 때보다 기대감이 높다는 사실도 부인할 수 없다. 2021년 11월 명장인 안토니오 콘테 감독이 부임한 후 토트넘은 스리백을 바탕으로 안정된 수비와 해리 케인, 손흥민을 앞세워 파괴력을 보여줬다. 그 결과, 지난 시즌 아스널과의 마지막 경쟁에서 승리하며 프리미어리그 4위를 기록, UEFA 챔피언스리그 진출 티켓을 차지하는데 성공했다. 토트넘은 여기서 멈추지 않고 2022년 여름 히샤를리송과 이브스 비수마, 제드 스펜스, 이반 페리시치, 프레이저 포스터, 클레망 렁글레 등을 영입해 전체적인 전력을 보강했다. 이제 손흥민과 토트넘은 우승에 대한 야망을 숨기지 않고 있다.

KEY STATS

손흥민은 지난 시즌 토트넘에서 공식 45경기에 출전해 24골 10도움을 기록했다. 특히, 프리미어리그에서 23골 7도움을 기록하며 아시아 선수로는 처음으로 득점왕을 차지했다. 손흥민은 2021년 5월 23일 지난 시즌 프리미어리그 마지막 경기인 38R 노리치전에서 2골을 넣으며 극적으로 득점왕에 등극해 축구 팬들에게 짜릿함을 선사했다. 물론, 리버풀의 모히메드 살라와 함께 공동 득점왕을 기록했지만 살라가 페널티킥으로 5골을 넣은 반면에 손흥민은 단 한 개의 페널티킥 없이 23골을 달성해 그 가치가 더 높다는 평을 들었다.

지난 시즌의 기록을 면밀히 살펴보면 손흥민의 활약이 얼마나 대단한지 쉽게 알 수 있다. 손흥민은 지난 시즌 프리미어리그에서 경기당 0.69골과 0.21도움을 기록했다. 경기당 2.57개의 슈팅과 1.41개의 유효 슈팅, 패스 성공률 76.3%, 2.13개의 키패스, 1.95개의 크로스, 4.95개의 코너킥, 1.53개의 드리블 성공 등 공격의 모든 지표에서 엄청난 기록을 세웠다. 그렇기에 손흥민이 23골이나 넣을 수 있었던 것이다.

손흥민이 득점왕에 등극한 것은 하루아침에 이뤄진 일이 아니다. 2015년 여름 레버쿠젠에서 토트넘으로 이적한 후, 프리미어리그 데뷔 시즌인 2015/16시즌은 고전하며 4골밖에 넣지 못했지만 2016/17시즌부터 두 자릿수 골을 넣으며 파괴력을 과시했다. 2016/17시즌 14골, 2017/18시즌 12골, 2018/19시즌 12골, 2019/20시즌 11골, 2020/21시즌 17골, 2021/22시즌 23골 등 꾸준히 득점력을 유지했다는 사실도 경이롭다. 그만큼 손흥민은 기복이 없었던 것이다. 결과적으로 손흥민은 프리미어리그에 진출한 후 7시즌 동안 총 93골을 넣었다. 이는 프리미어리그 통산 득점 38위에 해당하는 기록이다. 손흥민은 이번 시즌 프리미어리그 100호골을 기록할 뿐 아니라, 이 기록을 넘어설 것으로 예상된다.

최고의 '괴물 수비수' 김민재, 유럽 정복에 나서다

김민재라는 센터백을 가장 잘 표현하는 단어는, 매우 식상할 수 있지만 '괴물'이다. 한국의 전북 현대에서, 중국의 베이징 궈안에서, 그리고 터키의 페네르바체에서 보여준 김민재의 플레이는 말 그대로 괴물을 연상시켰다. 특히 2021년 여름 페네르바체로 이적하면서 유럽 무대에서 신고식을 치렀음에도 최고의 수비수라는 칭송을 받았다. 그런 그가 이제 수비의 본고장 이탈리아에 도전장을 던졌다. 어쩌면 이탈리아 세리에A는 '괴물 수비수'의 등장으로 폭풍이 몰아칠지도 모른다.

PLAYING STYLE

김민재는 센터백으로서 부족한 면이 전혀 없다고 해도 과언이 아니다. 한 마디로 완성형 센터백이다. 190cm의 신장을 바탕으로 뛰어난 고공 장악력과 대인 마크 능력을 과시하고, 경기를 읽는 시야를 보유해 빠르게 상대 공격수를 압박하면서 정확한 태클로 상대 공격을 차단한다. 또한 큰 키에도 빠른 주력을 보여주고, 수준급의 패싱력을 바탕으로 빌드업에 관여하곤 한다. 솔직히 부상과 리그 적응을 제외하면 그에게 불안 요소나 약점을 찾긴 힘들다.

COMPETITION

나폴리의 루치아노 스팔레티 감독은 지난 시즌 4-2-3-1을 기본으로 상황에 따라 4-3-3 포메이션을 가동했다. 그러므로 이번 시즌에도 포백을 기본으로 수비 진형을 구축할 가능성이 농후하다. 그렇다면 김민재는 아미르 라흐마니와 주앙 제주스, 레오 외스티고르 등과 경쟁해야 한다. 하지만 수비의 중심인 칼리두 쿨리발리가 첼시로 이적함에 따라 빈자리를 메우려고 영입한 선수가 김민재다. 당연히 김민재는 시즌 초반부터 출전 기회를 잡을 것이 분명하다.

KEY STATS

김민재는 지난 시즌 페네르바체에서 경기당 패스 성공률 87.3%, 경기당 태클 성공 1.33회, 경기당 가로채기 3회 등 수비의 모든 기록에서 놀라운 모습을 보여줬다. 그러나 이것이 곧 나폴리에서의 성공을 장담하진 않는다. 나폴리는 비록 리그 우승 2회이며 마지막 우승이 '전설' 마라도나가 활약했던 1989/90시즌이지만 이탈리아 세리에A를 대표하는 구단이다. 당연히 나폴리 축구 팬들은 매우 열성적이다. 이 점을 고려할 때, 김민재는 시즌 초반 강한 임팩트를 남길 필요가 있다. 시즌 초반에 부진하면 예상외로 후폭풍이 클 수도 있다.

ROAD TO EUROPE

김민재는 2022년 여름 '뜨거운 감자'였다. 경주 한수원과 전북 현대, 베이징 궈안, 페네르바체, 한국 대표팀 등에서 보여준 그의 활약은 유럽 빅 리그 클럽들의 시선을 사로잡기에 부족함이 없었다. 그 결과, 이탈리아의 나폴리, 프랑스의 스타드 렌, 스페인의 세비야, 잉글랜드의 에버턴 등 적지 않은 클럽과 염문설을 뿌렸다. 특히 스타드 렌은 김민재 영입에 매우 적극적이었다. 하지만 최종 승자는 나폴리였다. 나폴리가 바이아웃 금액인 2,000만 유로를 페네르바체에 지불하며 김민재를 영입하는데 성공했다.

'창의적인 미드필더' 이강인, 위기를 기회로 바꿀 수 있을까?

이강인에게 2021/22시즌은 아쉬움의 연속이었다. 이강인은 2021년 8월 정든 발렌시아를 떠나 마요르카로 이적했다. 이는 더 많은 출전을 위한 모험이자 의지였다. 시즌 초반 주로 공격형 미드필더로 선발 출전하면서 1골 2도움을 기록할 때만 해도 기대감이 높았다. 그러나 마요르카가 강등 위험에 처하고 감독이 교체되면서 이강인은 선발 멤버가 아닌 교체 멤버가 되고 말았다. 이제 이강인은 출전을 위해 노력해야 하는 처지에 놓이게 됐다.

PLAYING STYLE

이강인의 스타일은 '클래식한 플레이메이커'라는 말로 표현이 적확할 듯하다. '한국 최고의 테크니션'인 이강인은 기술적으로는 약점을 찾기 어려운 선수다. 넓은 시야와 경기에 대한 이해력, 정확한 롱 패스, 효과적인 탈압박 능력, 날카로운 전진 패스, 놀라운 볼 터치 등으로 공격을 주도한다. 왼발 킥이 정확해 중거리 슈팅이나 프리킥, 코너킥으로 공격 포인트를 기록하곤 한다. 그러나 오프 더 볼 상황에서 애매한 움직임과 부족한 순발력, 상황 대처 능력의 미비로 수비에서 문제를 노출한다.

COMPETITION

이강인의 주전 경쟁은 2022/23시즌에도 험난할 것으로 전망된다. 마요르카는 하비에르 아기레 감독으로 감독을 교체한 후 수비의 안정감을 위해 계속 스리백을 구사했다. 이 가운데 아기레 감독은 공격이 단조롭더라도 중원에 강한 선수를, 측면에 빠른 선수를 두길 원하다 보니 이강인의 출전 시간은 서서히 줄어들었다. 마요르카가 장신 스트라이커 베다드 무리키를 완전히 영입했으므로 이 전술에 큰 변화는 없을 것으로 보인다. 결국 이강인은 다시 제한된 출전 시간 속에서 자신의 가치를 입증해야 한다.

KEY STATS

이강인은 2021/22시즌 라리가에서 30경기(총 1,411분)에 출전해 1골 2도움을 기록했다. 출전 시간에 비해 공격 포인트가 부족한 것은 사실이지만 경기당 슈팅 2.23회, 경기당 드리블 성공 2.23회, 경기당 패스 시도 37.51회 등 경기에 미치는 영향력이 떨어졌던 것은 아니다. 하지만 아기레 감독이 부임한 후 스리백 바탕으로 '선 수비, 후 역습' 전술을 구사하고 이강인이 주로 교체 출전을 하다 보니 기대만큼의 활약을 하지 못했다.

ROAD TO EUROPE

이강인은 2007년 당시 '날아라 슛돌이'라는 TV 프로그램을 통해 대중들에게 알려지면서 '축구 신동'으로 불렸다. 이후 2011년 7월 10세의 나이로 발렌시아 입단 테스트를 통과하며 유럽 무대에 진출했고, 각종 대회에서 득점왕과 MVP를 수상했다. 2019 U20 월드컵에서 한국을 결승전까지 이끌면서 골든볼(MVP)을 차지했을 정도였다. 하지만 발렌시아 A팀으로 승격한 후, 출전 기회를 제대로 잡지 못해 고전했고, 결국 2021년 여름 11년 동안의 발렌시아 생활을 마무리하며 마요르카로 이적했다.

마인츠의 중심이 된 이재성, 그의 질주는 멈추지 않는다

이재성의 가치는 그를 본 사람이라면 누구나 쉽게 알 수 있다. 뛰어난 재능을 보유했음에도 성실할 뿐 아니라 인성도 뛰어난 선수, 그가 바로 이재성이다. 그렇기에 아군으로든 적군으로든 그를 만난 감독이나 선수들은 극찬을 아끼지 않는다. 따라서 이재성이 마인츠에서 성공할 것이라는 예상은 어렵지 않다. 이미 그는 전북 현대와 홀슈타인 킬에서 자신의 가치를 보여줬다. 그리고 지난 시즌 분데스리가에서 자신의 존재감을 뚜렷이 드러냈다.

PLAYING STYLE

이재성은 말 그대로 다재다능한 미드필더다. 왕성한 활동량을 바탕으로 끊임없이 뛰면서 패스의 윤활유 역할을 하고, 전방부터 압박에 동참한다. 화려한 테크닉을 보여주진 않지만, 기본기가 탄탄해 쉽게 볼을 빼앗기지 않고 볼을 전방으로 운반하는 능력도 탁월하다. 또한 경기를 읽는 지능이 뛰어나고 전술 이해력이 높아 측면과 중앙 등 다양한 포지션을 소화할 수 있다. 하물며 독일 무대에선 제로 톱으로 최전방을 책임지기도 했다.

COMPETITION

이재성은 몸 상태만 괜찮다면 계속해서 선발 출전할 가능성이 크다. 물론 앙겔로 풀기니와 아이멘 바르코크 등 경쟁 상대가 없는 것은 아니다. 그러나 이재성은 지난 시즌이 마인츠 데뷔 시즌이었음에도 엔진 역할을 할 정도로 뛰어난 활약을 펼쳤고, 이에 따라 계속해서 선발로 뛰면서 보스벤손 감독의 지지를 받았다. 다만 시즌 후반 무릎 부상을 연속으로 당해 프리 시즌 동안 훈련보다는 재활에 집중했다는 사실이 아쉬울 따름이다.

KEY STATS

이재성은 지난 시즌 분데스리가에서 데뷔했지만 마치 리그의 터줏대감처럼 제 실력을 발휘했다. 리그 27경기에 출전해 4골 3도움을 기록한 것이다. 뿐만 아니라 동료들을 위한 헌신하는 플레이와 풍부한 활동량을 바탕으로 공수에서의 큰 영향력을 보여줬다. 경기당 패스 성공률이 74%라는 점은 아쉽지만, 이는 이재성이 그만큼 많이 뛰고 롱 패스를 구사하는 횟수가 적지 않기 때문이다. 여기에 경기당 슈팅이 1.63회나 될 정도로, 박스 근처에서 적극성을 보여주기도 했다.

ROAD TO EUROPE

이재성은 2014년 전북에 입단한 후 K리그를 대표하는 미드필더로 성장했다. 그는 전북의 중심으로 활약하며 K 리그1 우승 3회, AFC 챔피언스리그 우승 1회를 기록했다. 그렇기에 이재성이 독일의 2부 리그인 홀슈타인 킬로 이적을 결정했을 때 놀라움을 숨기지 않던 축구 팬들이 많았다. 하지만 이재성은 홀슈타인 킬에서 3시즌 동안 매 시즌 5골 이상을 넣으며 분데스리가 구단들의 시선을 사로잡았다. 이에 따라 이재성은 2021년 7월 마인츠로 이적하며 분데스리가에서의 활약을 이어가고 있다.

나날이 성장하는 정우영, 프라이부르크의 해결사가 될 수 있을까?

정우영은 이제 프라이부르크를 대표하는 공격수로 성장했다. 지난 시즌 공식 37경기에서 5골 2도움을 기록해 프라이부르크를 분데스리가 6위와 포칼 준우승으로 이끌었을 정도이다. 그만큼 정우영은 압박, 속도, 연계 등을 앞세워 중앙과 측면을 가리지 않고 활약했다. 하지만 리그에서 32경기나 출전했음에도 5골에 멈춘 득점력은 아쉬움으로 남는다. 정우영은 2022/23시즌 득점력 향상을 통해 한 단계 더 성장해야 한다.

PLAYING STYLE

정우영은 빠른 스피드를 앞세운 위력적인 드리블과 날카로운 크로스 능력을 과시하며 윙어로 성장했다. 그러나 프라이부르크로 이적한 후 양발을 이용한 슈팅이 힘을 발휘하고 문전에서의 높은 집중력을 보여줌에 따라 최전방과 중앙에서 뛰는 시간이 늘어나고 있다. 또한, 최전방부터 많이 뛰면서도 효율적으로 상대를 압박해 1차 수비에서도 힘을 발휘한다. 다만 피지컬이 약하고, 퍼스터 터치에서 문제를 노출하곤 한다.

COMPETITION

정우영은 지난 시즌 분데스리가에서 32경기를 소화했고, 이 중에 21경기를 세컨드 스트라이커로 활약했다. 슈트라이히 감독은 정우영을 서서히 세컨드 스트라이커로 출전시키는 시간을 늘리고 있고, 다음 시즌에도 정우영을 측면보다 중앙에 배치할 가능성이 크다. 이는 정우영이 중앙에서 뛸 때, 3골 2도움을 기록하며 공격에서 제힘을 발휘할 뿐 아니라 1차 압박을 효과적으로 해 수비에도 도움을 주기 때문이다. 다만 프라이부르크가 일본 대표팀 출신의 공격수 도안 리츠를 영입함에 따라 정우영의 주전 경쟁은 더 뜨거워질 가능성이 다분하다.

KEY STATS

정우영은 2021/22시즌 처음으로 리그 30경기 이상을 소화했다. 총 1,791분을 출전했으니 확고한 주전이라고 말하기엔 애매하지만, 이전 시즌보다 약 2배 정도 출전 시간이 늘어났다는 사실은 고무적이다. 비록 리그 5골 2도움으로 더 많은 공격 포인트를 기록할 필요성이 있지만, 정우영은 지난 시즌 경기당 슈팅 2.58회, 패스 성공률 73.2%, 경기당 드리블 성공 1.06회 등 전체적인 공격 수치에서 향상된 모습을 보여줬다.

ROAD TO EUROPE

정우영은 인천 유나이티드 산하 팀 대건고등학교에서 활약하다가 2017년 여름 유럽에서 입단 테스트를 보았다. 쾰른, 아우크스부르크, 레드불 잘츠부르크, 바이에른 뮌헨 등에서 입단 테스트를 받았고 바이에른 뮌헨의 당시 감독이었던 카를로 안첼로티의 시선을 사로잡아 바이에른 뮌헨에 입단하는 데 성공했다. 바이에른 뮌헨 U-19팀과 2군팀에서 가능성을 인정받으면서 2019년 6월 약 450만 유로의 이적료에 프라이부르크로 이적했다.

남들과 다른 황인범, 서서히 유럽의 중심을 향해 전진하다

황인범의 도전은 아직 끝나지 않았다. 2019년 MLS의 밴쿠버 화이트캡스로, 2020년 루빈 카잔으로 이적하며 남들과 다른 행보를 보였던 황인범은 2022년 8월 그리스의 올림피아코스로 이적을 단행했다. 이는 UEFA 챔피언스리그에 대한 황인범의 의지를 대변하는 이적이다. 황인범이 어느 팀에서나 기대를 충족시키는 활약을 했다는 사실과 조금씩 유럽 축구의 중심을 향해 전진하고 있다는 사실은 부인할 수 없다. 어쩌면 그의 도전은 지금부터 시작일지 모른다.

PLAYING STYLE

황인범은 탄탄한 기본기와 넓은 시야, 창의적인 패스, 과감한 슈팅, 풍부한 활동량, 효과적인 드리블 등 많은 장점을 보유한 미드필더다. 전술 이해력도 뛰어나 공격형과 수비형, 중앙 미드필더 등 팀의 사정에 따라 다양한 임무를 소화할 수 있다. 다만 피지컬적인 부분에서 다소 약하다는 단점을 보유하고 있다. 이에 따라 수비형 미드필더로 뛸 때 상대의 강한 압박에 고전하며 안정감이 부족한 모습을 노출하기도 한다.

COMPETITION

올림피아코스의 페드루 마르틴스 감독은 그리스 수페르 리가에선 4-2-3-1이나 4-3-3을 바탕으로 공격적인 전술을 구사하지만 유럽대항전에선 스리백을 바탕으로 3-4-3 또는 3-5-2로 변화를 꾀해 수비적인 전술을 구사한다. 중요한 점은 매 경기 3명 이상의 미드필더를 기용한다는 점이다. 그럼에도 얀 음빌라와 마마두 카네, 매디 카마라, 안드레아스 부할라키스, 데니스 알리야기치 등 스타 선수들이 즐비하므로 황인범이라 할지라도 주전 경쟁이 녹록지 않을 것이다.

KEY STATS

황인범은 2021/22시즌 동안 많은 변화를 겪었다. 러시아의 루빈 카잔에서 뛰었던 황인범은 러시아의 우크라이나 침공 여파로 제대로 경기할 수 없는 상황에 처하게 되었고, 결국 2022년 4월 K 리그1의 FC서울과 단기 계약을 맺고 뛸 수밖에 없었다. 황인범은 서울에서 공식 10경기(리그 9경기)밖에 소화하지 않았고, 공격 포인트를 기록하지 못했음에도 기성용과 함께 빌드업에 관여하며 서울의 중원에 활기를 불어넣었다.

ROAD TO EUROPE

황인범은 2015년 대전에 입단하면서 K 리그1에 데뷔했다. 2015시즌 대전의 강등을 막지 못했지만, 황인범은 리그 14경기 4골 1도움으로 팬들에게 자신의 존재를 각인시키며 스타로 부상했다. 2018년 국방의 의무를 수행하고자 아산 무궁화에 입단하면서 실력이 일취월장했고, 2018 자카르타 팔렘방 아시안 게임에서 금메달을 획득하여 조기 전역을 했다. 이후 분데스리가 클럽과 이적설이 돌았지만, MLS의 밴쿠버 화이트캡스로 이적을 단행했다. 2020년 8월 루빈카잔으로 이적하면서 다시 예상치 못한 선택으로 축구 팬들에게 충격을 줬다. 이번에도 그리스의 올림피아코스에 둥지를 틀면서 놀라움을 자아냈다.

프리미어리그 적응을 마친 황희찬, 이제 폭발할 시간이 다가왔다

황희찬은 지난 시즌, 절반의 성공을 거뒀다. 2021년 여름 독일의 라이프치히에서 잉글랜드의 울버햄튼으로 임대 이적하면서 프리미어리그에 도전장을 던져, 자신이 출전한 초반 리그 6경기에서 4골을 넣으며 센세이션을 일으켰다. 하지만 2021년 12월 햄스트링 부상으로 흐름을 이어가지 못했고, 2022년 1월 완전 영입이 결정된 후에도 묘하게 득점포를 가동하지 못했다. 출발은 좋았지만, 마무리가 약했던 것이다. 하지만 2022/23시즌은 다르다. 황희찬은 다시 도약할 준비를 끝마친 상태다.

PLAYING STYLE

황희찬은 황소를 연상시키는 저돌적인 플레이로 유명한 공격수다. 폭발적인 스피드로 상대의 측면 수비를 파괴하며, 강력한 피지컬을 바탕으로 유럽 선수들과의 몸싸움에서도 밀리지 않는다. 또한 연계 플레이도 능하고 오프 더 볼 상황에서의 움직임도 좋아 문전에서 득점 기회를 잡곤 한다. 다만 득점력이 2% 부족하다. 지난 시즌 프리미어리그 데뷔 시즌임에도 5골을 넣었지만, 여전히 파괴력에선 아쉬움이 남는다.

COMPETITION

황희찬은 2022년 프리 시즌 동안 A매치 출전, 기초군사훈련 소화, 그리고 엉덩이 부상 등으로 평가전에 제대로 출전하지 못했다. 그러므로 무엇보다 시즌 초반 컨디션을 빠르게 올리는 것이 중요하다. 이는 그의 주전 경쟁과도 직결되는 요소이다. 황희찬은 라울 히메네스의 파트너 자리를 놓고 페드루 네투, 다니엘 포덴스 등과 경쟁을 펼쳐야 한다. 따라서 시즌 초반부터 제 실력을 보여줘야 한다.

KEY STATS

지난 시즌 프리미어리그 데뷔 시즌이었음을 고려한다면 황희찬의 기록은 나쁘지 않다. 리그 30경기에 출전해 1,816분을 소화하면서 5골 1도움을 기록했다. 경기당 슈팅이 1.45회로 다소 적다는 느낌은 있지만 경기당 패스 성공률 81.2%, 경기당 드리블 성공 1.59회 등 공격에서 나름대로 제 역할을 했고, 전방부터 압박하면서 수비에도 도움을 줬다. 따라서 이번 시즌, 황희찬의 목표는 아주 간단하다. 그것은 득점 수치를 높이는 것이다.

ROAD TO EUROPE

황희찬은 2014년 여름 잘츠부르크에 입단한 이후, 차근차근 성장했다. 물론 2018/19시즌 함부르크에 임대되어 부상과 부진으로 아쉬움을 남겼지만 2019년 여름 잘츠부르크로 복귀한 후, 한 단계 더 성장하며 놀라운 활약을 펼쳤다. 특히 2019/20시즌 오스트리아 분데스리가에서 11골 12도움을 기록했을 뿐 아니라 UEFA 챔피언스리그에서도 3골 5도움을 기록했다. 그 결과, 황희찬은 2020년 여름 라이프치히로 이적했다. 그러나 분데스리가에서 1골도 넣지 못해 안타까움을 샀다. 결국, 2021년 여름 울버햄튼으로 임대를 떠나게 됐고, 지난 시즌 활약을 바탕으로 완전 이적에 성공했다.

ENGLAND PREMIER LEAGUE

잉글랜드 프리미어리그

Manchester City v Manchester United-Premier League
MANCHESTER, ENGLAND
맨체스터의 에티하드 스타디움에서 열린 맨체스터 시티와 맨체스터 유나이티드의
경기에서 맨유의 빅토르 린델뢰프를 제치고 슛을 하는 맨체스터 시티의
케빈 데 브라위너. 2022/03/06

2022-2023

ENGLAND PREMIER LEAGUE

MANCHESTER UNITED

팀 명 맨체스터 유나이티드
창 단 1878년
홈구장 올드 트래포드
주 소 www.manutd.com

MANCHESTER CITY

팀 명 맨체스터 시티
창 단 1880년
홈구장 에티하드 스타디움
주 소 www.mcfc.co.uk

NOTTINGHAM FOREST

팀 명 노팅엄 포레스트
창 단 1865년
홈구장 더 시티 그라운드
주 소 www.nottinghamforest.co.uk

LIVERPOOL FC

팀 명 리버풀
창 단 1892년
홈구장 안필드
주 소 www.liverpoolfc.com

EVERTON FC

팀 명 에버턴
창 단 1878년
홈구장 구디슨 파크
주 소 www.evertonfc.com

ASTON VILLA

팀 명 애스턴 빌라
창 단 1874년
홈구장 빌라 파크
주 소 www.avfc.co.uk

WOLVERHAMPTON WANDERERS

팀 명 울버햄프턴 원더러스
창 단 1877년
홈구장 몰리뉴 스타디움
주 소 www.wolves.co.uk

SOUTHAMPTON FC

팀 명 사우샘프턴
창 단 1885년
홈구장 세인트 메리스 스타디움
주 소 www.saintsfc.co.uk

AFC BOURNEMOUTH

팀 명 AFC 본머스
창 단 1899년
홈구장 바이탈리티 스타디움
주 소 www.watfordfc.com

NEWCASTLE UNITED FC

팀 명 뉴캐슬 유나이티드
창 단 1892년
홈구장 세인트 제임스 파크
주 소 www.nufc.co.uk

BRIGHTON & HOVE ALBION FC
팀 명 브라이튼 앤 호브 알비온
창 단 1901년
홈구장 팔머 스타디움
주 소 www.brightonandhovealbion.com

★ NEWCASTLE

★ LEEDS

★ MANCHESTER

★ LIVERPOOL

★ NOTTINGHAM

★ BIRMINGHAM

★ WOLVERHAMPTON
   WANDERERS

★ LEICESTER

★ LONDON

★ BRIGHTON &
   HOVE ALBION

★ SOUTHAMPTON

★ BOURNEMOUTH

LEEDS UNITED
팀 명 리즈 유나이티드
창 단 1919년
홈구장 엘런드 로드
주 소 www.leedsunited.com

LEICESTER CITY FC
팀 명 레스터 시티
창 단 1884년
홈구장 킹 파워 스타디움
주 소 www.lcfc.com

FULHAM FC
팀 명 풀럼 FC
창 단 1879년
홈구장 크레이븐 코티지
주 소 www.fulhamfc.com

ARSENAL FC
팀 명 아스널
창 단 1886년
홈구장 에미레이츠 스타디움
주 소 www.arsenal.com

CHELSEA FC
팀 명 첼시
창 단 1905년
홈구장 스탬퍼드 브릿지
주 소 www.chelseafc.com

CRYSTAL PALACE FC
팀 명 크리스탈 팰리스
창 단 1905년
홈구장 셀허스트 파크
주 소 www.cpfc.co.uk

WEST HAM UNITED
팀 명 웨스트햄 유나이티드
창 단 1895년
홈구장 런던 올림픽 스타디움
주 소 www.whufc.com

TOTTENHAM HOTSPUR
팀 명 토트넘 훗스퍼
창 단 1882년
홈구장 토트넘 훗스퍼 스타디움
주 소 www.tottenhamhotspur.com

BRENTFORD FC

팀 명 브렌트포드
창 단 1889년
홈구장 브렌트포드 스타디움
주 소 www.brentfordfc.com

맨시티의 아성은 계속 이어질까?

맨시티는 지난 다섯 시즌 동안 네 번 우승하며 리그의 '지배자'로 확고하게 자리를 굳혔다. 그중 두 번은 리버풀과 승점 1점 차이의 치열한 경쟁이긴 했지만, 트로피를 가져간 것은 맨시티였다. 게디가 이번 시즌에는 너욱 압도적인 전력을 구축한 것으로 보인다. 믿음직한 최전방 공격수가 없었는데, 스트라이커 재능 자체가 귀한 상황에서 차세대 최고로 평가받는 엘링 홀란드를 영입했기 때문이다. 올렉산드르 진첸코가 아스널로 이적한 이후 대체자를 영입하지 않아 측면 수비 자원이 부족하다는 점이 옥에 티지만, 이는 메우지 못할 약점은 아니다. 맨유 이후 역대 두 번째 3시즌 연속 우승에 도전할 만반의 준비를 마친 맨시티다. 맨시티의 최대 경쟁자인 리버풀도 대형 공격수 영입에 성공한 것은 마찬가지지만, 팀의 공격력이 강화됐다고 평가하기는 어렵다. 우루과이의 신성 다르윈 누녜스가 합류한 대신 가장 꾸준한 활약을 펼쳐온 공격수 사디오 마네가 바이에른 뮌헨으로 떠났기 때문이다. 게다가 맨시티와 비교해 교체 자원들의 경험도 부족한 편이다. 시즌 도중 월드컵이 열리는 탓에 주전 선수들의 컨디션 관리가 까다롭고, 다섯 장으로 늘어나는 교체 카드로 맨시티와의 격차가 더 크게 느껴질 수 있을 것이다. 지난 시즌 득점왕과 도움왕을 석권한 '에이스 모하메드 살라'가 월드컵에 참가하지 않고 시즌 내내 활약할 수 있다는 점은 기대할 만하다.

맨시티와 리버풀의 2강 체제가 굳건한 상황이지만. 새로운 도전자가 등장할 가능성도 있다. '우승 청부사' 안토니오 콘테 감독이 이끄는 손흥민의 소속팀 토트넘이 착실하게 전력을 보강해 지난 시즌의 4위보다 높은 순위로 올라서려 하고 있다. 득점왕을 차지한 손흥민과 '영혼의 파트너' 해리 케인이 전성기를 구가하고 있는 가운데, 공수에 걸쳐 무려 여섯 명의 선수가 새로 합류했다. 공격진에는 에버턴의 에이스로 활약하던 히샬리송이, 중원에는 최고 수준의 수비형 미드필더 이브 비수마가, 측면에는 콘테 감독과 함께 성공을 거뒀던 베테랑 이반 페리시치가 가세해 토트넘의 전력을 한단계 끌어올릴 것으로 기대된다.

여기에 첼시, 아스널, 리버풀이 가세할 4위권 경쟁도 치열하게 전개될 것이며, 중위권에서도 전력 보강에 성공한 웨스트햄과 애스턴 빌라 등이 돌풍을 일으킬 수 있다. 23년 만에 1부 리그로 돌아온 승격팀 노팅엄 포레스트가 1억 유로 이상의 이적료를 지출한 가운데, 지난 시즌 위기를 겪었던 브렌트포드, 사우샘프턴, 리즈 유나이티드, 에버턴까지 또다시 강등권 싸움에 말려들 수 있다. 우승권부터 강등권까지 박진감 넘치고 흥미진진한 경쟁이 또다시 축구 팬들을 기다리고 있다.

TOP SCORER

지난 시즌 프리미어리그에서는 새로운 역사가 기록되었다. 23골을 터트린 손흥민이 아시아 선수 최초로 유럽 최고 리그 득점왕에 오른 것이다. 모하메드 살라와 동률로 공동 득점왕이 되기는 했어도, 손흥민은 페널티킥 골 하나 없이 이뤄낸 득점왕이기에 더욱 값진 성과였다. 지난 시즌 두 명의 득점왕이 탄생했던 것처럼 이번 시즌에도 경쟁이 치열할 전망이다. 손흥민과 살라가 건재한 상황에서 해리 케인, 엘링 홀란드, 다르윈 누녜스와 같은 대형 공격수들도 경쟁에 합류할 것이기 때문이다. 케인은 지난 시즌 초반 부진을 딛고 결국 17골을 기록했으며, 토트넘의 페널티킥을 전담하고 있는 선수이기도 하다.

홀란드는 잘츠부르크와 도르트문트에서 거의 경기당 한 골씩을 득점해온 선수인 데다 맨시티 동료들의 득점 지원까지 집중될 것으로 보인다. 몸싸움이 거친 프리미어리그에서 부상을 피하며 최대한 많이 출전하는 것이 관건이다. 누녜스 또한 지난 시즌 90골 이상을 득점한 리버풀의 공격 최전방에 서게 됐기 때문에 골 감각을 뽐낼 기회는 충분할 것이다. 챔피언스리그에서도 득점력이 검증된 선수이긴 하지만, 홀란드와 마찬가지로 프리미어리그의 강한 몸싸움과 빠른 템포에 적응해야 한다.

TITLE RACE

프리미어리그에는 소위 '빅6' 체제가 존재해서 치열한 우승 경쟁이 이뤄질 것 같지만, 사실 지난 5년 사이에는 맨시티가 네 번의 우승으로 압도적인 성공을 거뒀다. 맨시티는 명장 펩 과르디올라 감독의 지도 아래 세계 최고 수준의 선수단을 유지하며 리버풀 이외에 다른 팀의 도전은 허락하지 않고 있다. 네 번의 우승 중 두 번은 리버풀과의 1점 차 경쟁이었지만, 나머지 두 번은 2위 맨유를 각각 19점과 8점 차로 여유 있게 따돌렸다. 이번 시즌에도 맨시티에 대적할 팀은 리버풀 외에 보이지 않는다. 토트넘이 대대적인 전력 보강을 했다고는 하지만, 단숨에 맨시티와 리버풀의 2강 체제를 위협할 정도는 아니다. 두 번이나 1점 차로 우승을 놓쳤던 리버풀마저도 이번 시즌에는 맨시티와의 경쟁이 더욱 버거워 보인다.

DARK HORSE

챔피언스리그 진출권이 걸린 4위권 경쟁 '빅6' 팀들이 펼치는 경기들이 가장 많은 주목을 받는데, 지난 시즌에도 막바지까지 치열한 경쟁이 이어졌다. 그 경쟁에서 밀려났던 아스널과 맨유가 이번 시즌에 복병이 돼서 반등을 준비하고 있다. 아스널은 사실 '복병'이라는 표현이 무색할 정도로 객관적으로 뛰어난 전력을 갖췄다. 미켈 아르테타 감독의 전술이 이미 확립된 가운데 선수층을 두껍게 하는 것이 과제였는데, 가브리엘 제수스와 파비우 비에이라에 이어 진첸코까지 영입하는 데 1억 유로 이상을 투자했기 때문이다. 지난 시즌 막바지까지 4위에 근접했던 팀이 전력을 보강했으니 이번 시즌에는 4위권에 진입할 가능성이 크다.

오랜 암흑기를 이어온 맨유는 아약스에서 지도력을 입증한 에릭 텐 하흐 감독을 선임해 새 출발에 나섰다. 그동안 전력에 문제가 있었다기보다는 선수단의 불성실한 태도가 더 큰 문제로 지적되었는데, 텐 하흐 감독의 지시로 선수단 내 규율을 확립하고 팀 분위기를 쇄신하면서 강력한 압박 축구를 펼칠 준비를 하고 있다. 한때 알렉스 퍼거슨과 아르센 벵거 감독의 맞대결로 치열하게 우승 경쟁을 펼쳤던 맨유와 아스널이 자존심 회복에 성공할지 주목된다.

VIEW POINT

시즌 도중 월드컵을 치르는 해이기 때문에 국내 팬들은 코리안 리거의 활약상을 주목할 수밖에 없다. 다행히도 토트넘의 손흥민과 울버햄튼의 황희찬 모두 팀 내에서 확실한 주전 공격수 역할을 맡고 있어 월드컵이 열리기 전까지 문제없이 꾸준하게 경기를 소화할 것으로 보인다. 먼저 손흥민의 경우 지난 시즌 득점왕 등극을 통해 케인을 넘어 토트넘을 대표하는 것은 물론이고 프리미어리그 자체를 대표하는 아이콘으로 성장했다. 팬들의 엄청난 사랑과 감독의 신뢰를 확실하게 받고 있어 또 한 번의 역사적인 시즌을 기대해도 좋을 것이다. 프리미어리그 통산 93골을 기록 중이기 때문에 100골 고지에 올라서는 것은 확실한 상황이다. 토트넘은 팀으로서도 손흥민 입단 이후 가장 강한 전력을 갖춘 시즌이기도 하다.

황희찬은 이번 시즌에는 더 나은 활약이 요구된다. 프리미어리그 입성 첫 시즌 5골은 손흥민보다도 많은 기록이긴 하지만, 지난 시즌 막바지 골 침묵이 길었기 때문에 이번 시즌에는 초반부터 골을 터트리며 분위기를 바꿀 필요가 있다. 게다가 울버햄튼은 이번 여름 이적 시장에서 공격수 영입이 반드시 필요했음에도 보강을 하지 않고 오히려 파비우 실바를 임대로 보냈기 때문에 황희찬을 향한 기대는 더욱 커질 수밖에 없다.

TRANSFER

코로나 이후 축구계 전체가 타격을 입은 가운데, 전 세계에서 가장 인기를 얻고 있는 프리미어리그는 그나마 막대한 중계권료 수입을 유지하면서 다른 리그와의 재정 격차를 더욱 벌렸다. 이번 여름 이적 시장에서 최고 이적료를 기록한 10명의 선수 중 7명이 프리미어리그 팀에 입단했고, 나머지 셋은 전통의 명문 레알 마드리드, 바르셀로나, 바이에른 뮌헨에 각각 입단한 것만 봐도 현실을 알 수 있다. 프리미어리그 내부에서는 2강인 맨시티와 리버풀은 워낙 전력이 탄탄하고 기존 선수들을 정리할 수도 있어서 큰 투자가 필요하지 않았다. 리버풀은 순지출이 500만 유로에 불과했고, 맨시티는 오히려 5,000만 유로가 넘는 흑자를 기록했을 정도다. 반대로 3위부터 7위까지의 첼시, 토트넘, 아스널, 맨유, 웨스트햄은 평균적으로 9,000만 유로에 달하는 순지출을 아끼지 않았다. 또한, 하위권인 사우샘프턴과 승격팀 노팅엄 포레스트까지도 5,000만 유로가 넘는 순지출로 전력 보강에 힘썼을 정도로 프리미어리그의 자금력은 압도적이다.

TRANSFER FEE RANKING

1

Darwin Nunez
다르윈 누녜스

이적료: 996억 원

국적: 우루과이

벤피카 ➡ 리버풀

2

Marc Cucurella
마크 쿠쿠레야

이적료: 863억 원

국적: 스페인

브라이튼 앤 호프 ➡ 첼시

3

Erling Haaland
엘링 홀란드

이적료: 796억 원

국적: 노르웨이

도르트문트 ➡ 맨시티

4

Richarlison
히샬리송

이적료: 770억 원

국적: 브라질

에버튼 ➡ 토트넘

5

Lisandro Martínez
리산드로 마르티네스

이적료: 757억 원

국적: 아르헨티나

아약스 ➡ 맨체스터 유나이티드

6

Raheem Sterling
라힘 스털링

이적료: 743억 원

국적: 잉글랜드

맨시티 ➡ 첼시

7

Gabriel Jesus
가브리엘 제수스

이적료: 690억 원

국적: 브라질

맨시티 ➡ 아스날

8

Kalvin Phillips
칼빈 필립스

이적료: 637억 원

국적: 잉글랜드

리즈 ➡ 맨시티

9

Kalidou Koulibaly
칼리두 쿨리발리

이적료: 504억 원

국적: 세네갈

나폴리 ➡ 첼시

10

Sven Botman
스벤 보트만

이적료: 491억 원

국적: 프랑스

LOSC 릴 ➡ 뉴캐슬

REGULATION

프리미어리그는 20개 팀이 홈 & 어웨이 방식으로 두 번씩 맞대결을 펼쳐 각 팀당 38경기로 한 시즌을 치른다. 승리는 승점 3점, 무승부는 승점 1점으로 계산해 시즌 종료 시 가장 많은 승점을 획득한 팀이 우승을 차지한다. 최하위 세 팀은 다음 시즌 2부 리그인 챔피언십으로 강등되며, 챔피언십의 1, 2위 팀과 승격 플레이오프 우승 팀이 프리미어리그로 승격된다. 1위부터 4위까지 네 팀에는 챔피언스리그 본선 진출권이 주어진다. 5위 팀과 FA컵 우승 팀에는 유로파리그 본선 진출권이 주어지는데, FA컵 우승 팀이 리그 순위로 챔피언스리그나 유로파리그에 진출했을 경우에는 6위 팀이 그 자리를 대신한다. 리그컵 우승팀은 컨퍼런스 리그 플레이오프에 진출하며, 우승팀이 리그 순위로 유럽 대회에 진출할 경우에는 차순위 팀이 그 자리를 대신한다. 이번 시즌부터 교체 카드가 석 장에서 다섯 장으로 늘어난 것이 주목할 변화다.

TITLE

1992/93 시즌 출범한 프리미어리그는 30년을 달려왔다. 맨유가 13회 우승으로 리그의 지배자로 군림해왔으나, 2012/13 시즌을 끝으로 우승을 하지 못했다. 맨시티가 최근 5년간 네 번의 우승을 포함해 총 여섯 번의 우승으로 맨유를 추격하고 있으며, 지난 두 시즌에 이어 이번 시즌까지 우승한다면 맨유에 이어 역대 두 번째로 프리미어리그 3연패에 성공하게 된다. 첼시가 5회, 아스널이 3회 우승으로 맨시티의 뒤를 잇고 있으며, 현재 맨시티의 최대 경쟁자이자 잉글랜드 축구 역사상 최고 명문 중 하나인 리버풀은 프리미어리그 출범 이후 단 한 차례만 우승에 성공했다. 블랙번과 레스터 또한 한 차례씩 프리미어리그 정상에 올랐다.

STRUCTURE

잉글랜드 프로 축구는 1888년 풋볼 리그 출범을 시작으로 오랜 역사를 이어왔다. 1992년 상업성의 극대화를 위한 프리미어리그의 탄생으로 1부 리그의 운영 주체가 분리됐고, 2부 리그부터 4부 리그까지를 풋볼 리그라고 하여 잉글랜드 축구 협회가 이를 운영 관리한다. 5부에서 9부 리그까지는 내셔널 리그로, 6부 리그부터는 지역별로 나뉘어서 진행된다. 운영 주체는 다르지만 매 시즌 성적에 따른 승격과 강등 체계는 프리미어리그부터 아마추어인 11부 리그까지 연결되어 있다. 프리미어리그는 20팀, 2부에서 4부 리그는 각 24팀으로 총 92팀이 잉글랜드의 프로 축구를 구성하고 있으며, 이들은 프로 수준에 걸맞은 시설과 환경을 갖출 의무가 있다. 축구 협회가 주최하는 FA컵에는 10부 리그 팀까지, 리그컵은 프로 무대인 4부 리그 팀까지 참가할 수 있다. 모든 디비전은 잉글랜드 축구 시스템에서 진행되지만, 웨일스 등 잉글랜드 외 영국 연고 팀들도 여덟 팀이 존재한다.

LEAGUE CHAMPION

시즌	팀명	시즌	팀명	시즌	팀명
1892-1893	선덜랜드	1935-1936	선덜랜드	1980-1981	애스턴 빌라
1893-1894	애스턴 빌라	1936-1937	맨체스터 시티	1981-1982	리버풀
1894-1895	선덜랜드	1937-1938	아스널	1982-1983	리버풀
1895-1896	애스턴 빌라	1938-1939	에버턴	1983-1984	리버풀
1896-1897	애스턴 빌라	1946-1947	리버풀	1984-1985	에버턴
1897-1898	셰필드 유나이티드	1947-1948	아스널	1985-1986	리버풀
1898-1899	애스턴 빌라	1948-1949	포츠머스	1986-1987	에버턴
1899-1900	애스턴 빌라	1949-1950	포츠머스	1987-1988	리버풀
1900-1901	리버풀	1950-1951	토트넘 홋스퍼	1988-1989	아스널
1901-1902	선덜랜드	1951-1952	맨체스터 유나이티드	1989-1990	리버풀
1902-1903	더 웬즈데이	1952-1953	아스널	1990-1991	아스널
1903-1904	더 웬즈데이	1953-1954	울버햄프턴	1991-1992	리즈 유나이티드
1904-1905	뉴캐슬	1954-1955	첼시	1992-1993	맨체스터 유나이티드
1905-1906	리버풀	1955-1956	맨체스터 유나이티드	1993-1994	맨체스터 유나이티드
1906-1907	뉴캐슬	1956-1957	맨체스터 유나이티드	1994-1995	블랙번 로버스
1907-1908	맨체스터 유나이티드	1957-1958	울버햄프턴	1995-1996	맨체스터 유나이티드
1908-1909	뉴캐슬	1958-1959	울버햄프턴	1996-1997	맨체스터 유나이티드
1909-1910	애스턴 빌라	1959-1960	번리	1997-1998	아스널
1910-1911	맨체스터 유나이티드	1960-1961	토트넘 홋스퍼	1998-1999	맨체스터 유나이티드
1911-1912	블랙번 로버스	1961-1962	입스위치 타운	2001-2002	아스널
1912-1913	선덜랜드	1962-1963	에버턴	2002-2003	맨체스터 유나이티드
1913-1914	블랙번 로버스	1963-1964	리버풀	2003-2004	아스널
1914-1915	에버턴	1964-1965	맨체스터 유나이티드	2004-2005	첼시
1919-1920	웨스트 브로미치	1965-1966	리버풀	2005-2006	첼시
1921-1922	리버풀	1966-1967	맨체스터 유나이티드	2006-2009	맨체스터 유나이티드
1922-1923	리버풀	1967-1968	맨체스터 시티	2009-2010	첼시
1923-1924	허더스 필드 타운	1968-1969	리즈 유나이티드	2010-2011	맨체스터 유나이티드
1924-1925	허더스 필드 타운	1969-1970	에버턴	2011-2012	맨체스터 시티
1925-1926	허더스 필드 타운	1970-1971	아스널	2012-2013	맨체스터 유나이티드
1926-1927	뉴캐슬	1971-1972	더비 카운티	2013-2014	맨체스터 시티
1927-1928	에버턴	1972-1973	리버풀	2014-2015	첼시
1928-1929	셰필드 웬즈데이	1973-1974	리즈 유나이티드	2015-2016	레스터 시티
1929-1930	셰필드 웬즈데이	1974-1975	더비 카운티	2016-2017	첼시
1930-1931	아스널	1975-1976	리버풀	2017-2018	맨체스터 시티
1931-1932	에버턴	1976-1977	리버풀	2018-2019	맨체스터 시티
1932-1933	아스널	1977-1978	노팅엄 포레스트	2019-2020	리버풀
1933-1934	아스널	1978-1979	리버풀	2020-2021	맨체스터 시티
1934-1935	아스널	1979-1980	리버풀	2021-2022	맨체스터 시티

TITLE

	LEAGUE
MANCHESTER UNITED	20
LIVERPOOL	18
ARSENAL	13
EVERTON	9
MENCHESTER CITY	8

0 5 10 15 20 25 30 35

TOP SCORER

시즌	득점	선수명
2021-2022	23	손흥민, 모하메드 살라
2020-2021	23	해리 케인
2019-2020	23	제이미 바디
2018-2019	22	모하메드 살라, 사디오 마네, 피에르-에메릭 오바메양
2017-2018	32	모하메드 살라
2016-2017	29	해리 케인
2015-2016	25	해리 케인
2014-2015	26	세르히오 아구에로
2013-2014	31	루이스 수아레스
2012-2013	26	로빈 판 페르시
2011-2012	30	로빈 판 페르시
2010-2011	20	카를로스 테베스, 디미타르 베르바토프
2009-2010	29	디디에 드로그바
2008-2009	19	니콜라스 아넬카
2007-2008	31	크리스티아누 호날두
2006-2007	20	디디에 드록바
2005-2006	27	티에리 앙리
2004-2005	25	티에리 앙리
2003-2004	30	티에리 앙리
2002-2003	25	루드 반 니스텔로이

2021-2022 시즌 프리미어리그 최종 순위

순위	팀	승점	경기	승	무	패	득	실	득실차	비고
1	맨시티	93	38	29	6	3	99	26	73	챔피언스리그 진출
2	리버풀	92	38	28	8	2	94	26	68	챔피언스리그 진출
3	첼시	74	38	21	11	6	76	33	43	챔피언스리그 진출
4	토트넘	71	38	22	5	11	69	40	29	챔피언스리그 진출
5	아스널	69	38	22	3	13	61	48	13	유로파리그 진출
6	맨유	58	38	16	10	12	57	57	0	유로파리그 진출
7	웨스트햄	56	38	16	8	14	60	51	9	
8	레스터	52	38	14	10	14	62	59	3	
9	브라이튼	51	38	12	15	11	42	44	-2	
10	울버햄튼	51	38	15	6	17	38	43	-5	
11	뉴캐슬	49	38	13	10	15	44	62	-18	
12	크리스탈 팰리스	48	38	11	15	12	50	46	4	
13	브렌트포드	46	38	13	7	18	48	56	-8	
14	애스턴 빌라	45	38	13	6	19	52	54	-2	
15	사우샘프턴	40	38	9	13	16	43	67	-24	
16	에버턴	39	38	11	6	21	43	66	-23	
17	리즈	38	38	9	11	18	42	79	-37	
18	번리	35	38	7	14	17	34	53	-19	챔피언십 강등
19	왓포드	23	38	6	5	27	34	77	-43	챔피언십 강등
20	노리치	22	38	5	7	26	23	84	-61	챔피언십 강등

2021-2022 시즌 프리미어리그 득점 순위

순위	득점	이름	국적	당시 소속팀
1	23	손흥민	한국	토트넘
		모하메드 살라	이집트	리버풀
3	18	크리스티아누 호날두	포르투갈	맨유
4	17	해리 케인	영국	토트넘
5	16	사디오 마네	세네갈	리버풀
6	15	제이미 바디	영국	레스터
		케빈 더 브라이너	벨기에	맨시티
		디오구 조타	포르투갈	리버풀
9	14	윌프레드 자하	코트디부아르	크리스탈 팰리스
10	13	라힘 스털링	자메이카	맨시티

2021-2022 시즌 프리미어리그 도움 순위

순위	도움	이름	국적	당시 소속팀
1	13	모하메드 살라	이집트	리버풀
2	10	재러드 보언	잉글랜드	웨스트햄
		메이슨 마운트	영국	첼시
		하비 반스	잉글랜드	레스터
5	9	해리 케인	영국	토트넘
		리스 제임스	영국	첼시
7	8	케빈 더 브라이너	벨기에	맨시티
		제임스 메디슨	영국	레스터
		미카일 안토니오	영국	웨스트햄
		가브리엘 제주스	브라질	맨시티

2021-2022 시즌 챔피언십 최종 순위

순위	팀	승점	경기	승	무	패	득	실	득실차	비고
1	풀럼	90	46	27	9	10	106	43	63	승격
2	본머스	88	46	25	13	8	74	39	35	승격
3	허더즈필드 타운	82	46	23	13	10	64	47	17	
4	노팅엄 포레스트	80	46	23	11	12	73	40	33	승격
5	셰필드 유나이티드	75	46	21	11	13	63	45	18	
6	루턴 타운	75	46	21	12	13	63	55	8	
7	미들즈브러	70	46	20	10	16	59	50	9	
8	블랙번 로버스	69	46	19	12	15	59	50	9	
9	밀월	69	46	18	15	13	53	45	8	
10	웨스트 브롬위치 알비온	67	46	18	13	15	52	45	7	
11	퀸즈 파크 레인저스	66	46	19	9	18	60	59	1	
12	코번트리 시티	64	46	17	13	16	60	59	1	
13	프레스턴 노스 엔드	64	46	16	16	14	52	56	-4	
14	스토크 시티	62	46	17	11	18	57	52	5	
15	스완지 시티	61	46	16	13	17	58	68	-10	
16	블랙풀	60	46	16	12	18	54	58	-4	
17	브리스톨 시티	55	46	15	10	21	62	77	-15	
18	카디프 시티	53	46	15	8	23	50	68	-18	
19	헐 시티	51	46	14	9	23	41	54	-13	
20	버밍엄 시티	47	46	11	14	21	50	75	-25	
21	레딩	41	46	13	8	25	54	87	-33	
22	피터버러 유나이티드	37	46	9	10	27	43	87	-44	강등
23	더비 카운티	34	46	14	13	19	45	53	-8	강등
24	반즐리	30	46	6	12	28	33	73	-40	강등

CHAMPION

리버풀이 FA컵과 리그컵 우승에 성공하며 시즌 막바지까지 쿼드러플의 꿈을 이어갔지만, 프리미어리그에서는 맨시티에 1점 차로 밀리며 우승을 내주고 말았다. 맨시티는 두 시즌 연속 리그 우승에 성공했다.

LEAGUE CHAMPION

MANCHESTER CITY

15라운드부터 1위 자리에 오른 맨시티가 시즌 마지막까지 이어진 리버풀의 집요한 추격을 뿌리치고 두 시즌 연속으로 프리미어리그 정상에 올랐다. 승점 1점이라는 간발의 차이였다. 특히나 시즌 최종전에서는 애스턴 빌라에 먼저 두 골을 내주고 후반 30분까지 0-2로 끌려가며 우승을 놓칠 위기에 놓였으나, 6분 사이에 세 골을 몰아치며 극적인 역전을 이뤄내고 짜릿한 우승을 맛봤다. 11라운드부터 22라운드까지 거둔 12연승이 우승에 결정적인 역할을 했고, 마지막 일곱 경기에서도 6승 1무를 기록하는 저력으로 선두 자리를 지켜냈다.

EUROPEAN CUP

CHAMPIONS LEAGUE(전신포함)		EUROPA LEAGUE(전신포함)	
LIVERPOOL	6회	LIVERPOOL	3회
MANCHESTER UNITED	3회	TOTTENHAM, CHELSEA	2회
NOTTINGHAM FOREST, CHELSEA	2회	IPSWICH TOWN	1회
ASTON VILLA	1회		

CUP CHAMPION

FA CUP

LIVERPOOL

FINAL

LIVERPOOL 0-0 CHELSEA

(승부차기 6-5)

준결승에서 맨시티를 꺾고 결승에 오른 리버풀이 승부차기 끝에 첼시를 따돌리고 우승을 차지했다. 알리송 골키퍼가 여러 차례 선방을 펼쳐 위기를 넘겼고, 승부차기에서는 일곱 명의 키커 중 여섯 명이 성공하며 리그컵 결승에 이어 또다시 첼시를 울렸다. 첼시는 3년 연속 FA컵 준우승이라는 아쉬움을 남겼다.

EFL CUP

LIVERPOOL

FINAL

LIVERPOOL 0-0 CHELSEA

(승부차기 11-10)

리버풀이 피 말리는 승부차기 끝에 첼시를 꺾고 리그컵 우승의 기쁨을 맛봤다. 10명의 필드 플레이어가 모두 승부차기에 성공하는 진풍경 끝에 골키퍼들의 맞대결로 승패가 갈렸는데, 승부차기만을 위해 교체로 투입된 첼시 케파 골키퍼의 어이없는 실축과 함께 리버풀의 11-10 승리로 막을 내렸다.

맨체스터 시티
Manchester City

TEAM PROFILE

창 립	1880년
구 단 주	만수르 빈 자이드 알나얀(UAE)
감 독	펩 과르디올라(스페인)
연 고 지	맨체스터
홈 구 장	에티하드 스타디움(5만 5,097명)
라 이 벌	맨체스터 유나이티드
홈페이지	www.kr.mancity.com

최근 5시즌 성적

시즌	순위	승점
2017-2018	1위	100점(32승4무2패, 106득점 27실점)
2018-2019	1위	98점(32승2무4패, 95득점 23실점)
2019-2020	2위	81점(26승3무9패, 102득점 35실점)
2020-2021	1위	86점(27승5무6패, 83득점 32실점)
2021-2022	1위	93점(29승6무3패, 99득점 26실점)

PREMIER LEAGUE (전신 포함)

통 산	우승 8회
21-22 시즌	1위(29승6무3패, 승점 93점)

FA CUP

통 산	우승 6회
21-22 시즌	4강

LEAGUE CUP

통 산	우승 8회
21-22 시즌	16강

UEFA

통 산	없음
21-22 시즌	챔피언스리그 4강

경기 일정

라운드	날짜	장소	상대팀
1	2022.08.08	원정	웨스트햄
2	2022.08.13	홈	본머스
3	2022.08.20	원정	뉴캐슬 유나이티드
4	2022.08.27	홈	크리스탈 팰리스
5	2022.09.01	홈	노팅엄 포레스트
6	2022.09.03	원정	애스턴 빌라
7	2022.09.10	홈	토트넘
8	2022.09.17	원정	울버햄튼 원더러스
9	2022.10.01	홈	맨체스터 유나이티드
10	2022.10.08	홈	사우샘프턴
11	2022.10.15	원정	리버풀
12	2022.10.19	원정	아스널
13	2022.10.22	홈	브라이튼 앤 호브 앨비언
14	2022.10.29	원정	레스터 시티
15	2022.11.06	홈	풀럼
16	2022.11.13	홈	브렌트포드
17	2022.12.27	원정	리즈 유나이티드
18	2023.01.01	홈	에버턴
19	2023.01.03	원정	첼시
20	2023.01.15	원정	맨유
21	2023.01.22	홈	울버햄튼 원더러스
22	2023.02.05	원정	토트넘
23	2023.02.12	홈	애스턴 빌라
24	2023.02.19	원정	노팅엄 포레스트
25	2023.02.26	원정	AFC 본머스
26	2023.03.05	홈	뉴캐슬 유나이티드
27	2023.03.12	원정	크리스탈 팰리스
28	2023.03.19	홈	웨스트햄
29	2023.04.01	홈	리버풀
30	2023.04.08	원정	사우샘프턴
31	2023.04.15	홈	레스터 시티
32	2023.04.22	원정	브라이튼 앤 호브 앨비언
33	2023.04.27	홈	아스널
34	2023.04.29	원정	풀럼
35	2023.05.06	홈	리즈 유나이티드
36	2023.05.13	원정	에버턴
37	2023.05.20	홈	첼시
38	2023.05.29	원정	브렌트포드

전력 분석 '괴물 공격수' 홀란드 영입, 화룡점정될까?

맨시티는 프리미어리그 최강의 전력을 갖추고 있음에도 전력 강화를 멈추지 않았다. 전 세계에서 가장 주목받는 선수 중 하나인 차세대 최고 공격수 홀란드를 영입하며 프리미어리그를 넘어 챔피언스리그까지 정복하겠다는 야망을 드러냈다. 뛰어난 개인 능력으로 골을 터트리는 홀란드가 맨시티에 어떻게 녹아들지에 관심이 집중될 수밖에 없다. 아스널로 떠나간 기존 공격수 제수스는 골 결정력이 아쉽긴 했어도 영리한 움직임과 연계 플레이에 뛰어나 맨시티의 유기적인 패스 플레이와 잘 어울렸다면, 홀란드는 지금까지 맨시티에 없었던 대형 공격수이기 때문에 발을 맞추는 데는 시간이 필요할 것으로 보인다.

이 외에도 아르헨티나 유망주 공격수 알바레스, 잉글랜드 국가대표 필립스의 영입으로 각각 스털링과 페르난지뉴의 이적 공백을 메우게 된 맨시티. 아스널로 떠난 레프트백 진첸코의 대체자만이 아직 영입되지 않았는데, 왼발잡이 센터백 아케가 측면을 커버할 수도 있고, 혹은 유망주 윌슨-에스브랜드에게 기회를 줄 수도 있다. 미드필더 파머와 공격수 델랍 같은 유망주들도 발전을 거듭해 1군에서 더 많은 출전 기회를 노리고 있다.

전술 분석 그릴리시의 드리블, 홀란드의 슈팅을 살려라

맨시티가 공격진에 기존과 다른 유형의 선수를 영입한 것은 홀란드가 처음은 아니다. 작년 여름 그릴리시의 영입에 역대 최고 이적료를 투자했지만, 그릴리시는 지난 시즌 맨시티의 공격 흐름에 적응하지 못한 채 겉도는 모습을 보였다. 그릴리시도 공 소유와 패스 연결을 중시하는 과르디올라 감독의 전술을 지나치게 의식한 탓에 자신이 잘하던 드리블 돌파를 과감하게 시도하지 못했다고 인정하며 분발을 다짐하고 있다.

다행히 홀란드는 공격 빌드업에 관여하는 그릴리시와 달리 마무리 슈팅에만 집중하면 되는 스트라이커이기에 적응에 실패할 위험성은 훨씬 낮다. 미드필더들이 홀란드의 움직임에 맞춰 패스를 공급해주는 게 더 중요하다. 빌드업 과정에서는 원래 맨시티의 색깔대로 간결한 패스 연결과 공간 침투 움직임으로 상대를 공략하는 동시에, 측면에서 그릴리시의 드리블 돌파와 박스 안에서 홀란드의 마무리 슈팅이 조화를 이룰 수 있다면 맨시티는 어느 때보다 다양한 무기를 활용해 골을 터트릴 수 있게 될 것이다. 여기에 아구에로의 후계자로 불리는 알바레스까지 중앙과 측면을 오가며 로테이션 자원으로 활약해준다면 금상첨화다.

Manchester City v Liverpool-The FA Community Shield
LEICESTER, ENGLAND – 레스터의 킹 파워 스타디움에서
열린 FA 커뮤니티실드 경기에서 맨체스터 시티의
케빈 데 브라위너. 2022/07/30

시즌 프리뷰

프리미어리그 우승, 플러스 알파에 도전한다

한 시즌 네 개 대회에서 모두 우승을 차지하는 쿼드러플은 현실적으로 불가능한 목표로만 보였다. 그런데 지난 시즌 리버풀이 마지막까지 쿼드러플 우승에 도전했던 것은 맨시티에도 자극이 됐을 게 분명하다. 결과적으로는 국내 컵대회에서 두 개의 트로피만을 들어올렸지만, 리버풀은 프리미어리그에서 맨시티에 단 1점 차로 밀려 2위를 기록했고, 챔피언스리그에서도 결승까지 오르면서 역대 그 어느 팀보다 쿼드러플에 근접했다. 맨시티로서도 리그 우승은 지난 5년 간 네 번이나 차지했기에 이제 리그 우승만으로는 성에 차지 않을 만도 하다. 특히나 챔피언스리그에서는 단 한 번도 우승을 경험하지 못했기 때문에 더욱 전력을 다해야 한다. 프리미어리그에서도 이번 시즌부터 다섯 장으로 늘어나는 교체 카드는 활용할 선수가 많은 맨시티에 큰 도움이 될 전망이다. 과르디올라 감독은 지난 시즌 인터뷰에서 "교체 카드가 다섯 장이 되면 내가 얼마나 천재인지 제대로 보여주겠다"는 진심 섞인 농담을 남기기도 했다. 이러한 변화는 유소년팀 출신 공격형 미드필더 유망주들인 파머와 공격수 델랍에게 기회가 될 수도 있는데, 이들 중에서 '제 2의 포든'이 탄생하는 것도 기대해볼 만하다. 더 많은 선수들을 활용하며 시즌을 치를 수 있다면 컵대회에서도 보다 안정적인 전력을 내세울 수 있고, 카타르 월드컵이라는 대형 변수에도 침착하게 대처할 수 있을 것이다.

과르디올라 감독과 함께 맨시티는 구단 역사의 최전성기를 구사하고 있다. 다시 한 번 프리미어리그 우승에 성공한다면 대회 역사상 두 번째로 세 시즌 연속 우승을 달성하게 된다. 지금까지 유일한 주인공은 맨시티의 지역 라이벌인 맨유다. 프리미어리그와 챔피언스리그 동시 우승을 달성한 유일한 구단도 바로 맨유다. 맨유를 뛰어넘어야 하는 맨시티의 목표는 분명하다.

TEAM FORMATION

PLAN 4-3-3

FW **A**

MF **A+**

DF **A**

GK **A**

- 9 홀란드 (알바레스)
- 47 포든 (그릴리시)
- 26 마레즈 (포든)
- 20 실바 (귄도안)
- 16 로드리 (필립스)
- 17 데 브라이너 (파머)
- 7 칸셀루 (아케)
- 14 라포르트 (아케)
- 3 디아스 (스톤스)
- 2 워커 (칸셀루)
- 31 에데르송 (오르테가)

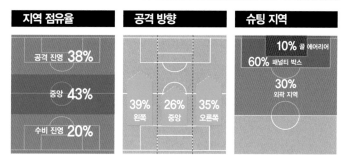

지역 점유율
- 공격 진영 **38%**
- 중앙 **43%**
- 수비 진영 **20%**

공격 방향
- 39% 왼쪽
- 26% 중앙
- 35% 오른쪽

슈팅 지역
- 10% 골 에어리어
- 60% 패널티 박스
- 30% 외곽 지역

IN & OUT

주요 영입	주요 방출
엘링 홀란드, 칼빈 필립스, 슈테판 오르테가, 훌리안 알바레스	라힘 스털링, 가브리엘 제수스, 올렉산드르 진첸코, 페르난지뉴

TEAM RATINGS

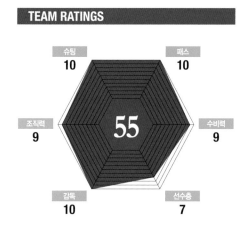

- 슈팅 **10**
- 패스 **10**
- 조직력 **9**
- 수비력 **9**
- 감독 **10**
- 선수층 **7**

55

2021/22 프로필

팀 득점	99
평균 볼 점유율	71.40%
패스 정확도	89.70%
평균 슈팅 수	18.8
경고	42
퇴장	1

골 타입
- 오픈 플레이 67
- 세트 피스 21
- 카운터 어택 2
- 패널티 킥 7
- 자책골 3
- 단위 (%)

패스 타입
- 쇼트 패스 90
- 롱 패스 7
- 크로스 패스 3
- 스루 패스 0
- 단위 (%)

SQUAD

포지션	등번호	이름		생년월일	키(cm)	체중(kg)	국적
GK	18	슈테판 오르테가	Stefan Ortega	1992.11.06	185	88	독일
	31	에데르송	Ederson	1993.08.17	188	86	브라질
	33	스콧 카슨	Scott Carson	1985.09.03	190	76	잉글랜드
DF	2	카일 워커	Kyle Walker	1990.05.28	183	70	잉글랜드
	3	후벤 디아스	Ruben Dias	1997.05.14	187	83	포르투갈
	5	존 스톤스	John Stones	1994.05.28	188	70	잉글랜드
	6	나단 아케	Nathan Ake	1995.02.18	180	75	네덜란드
	7	주앙 칸셀루	Joao Cancelo	1994.05.27	182	74	포르투갈
	14	아이메릭 라포르트	Aymeric Laporte	1997.05.27	189	87	스페인
	79	루크 음베테	Luke Mbete	2003.09.18	185	78	잉글랜드
	82	리코 루이스	Rico Lewis	2004.11.21	175	70	잉글랜드
	97	조슈아 윌슨-에스브랜드	Joshua Wilson-Esbrand	2002.12.26	176	65	잉글랜드
MF	4	캘빈 필립스	Kalvin Phillips	1995.12.02	179	72	잉글랜드
	8	일카이 귄도안	Ilkay Gundogan	1990.10.24	180	80	독일
	16	로드리	Rodri	1996.06.22	191	78	스페인
	17	케빈 데 브라이너	Kevin De Bruyne	1991.06.28	181	68	벨기에
	20	베르나르두 실바	Bernardo Silva	1994.08.10	173	64	포르투갈
	47	필 포든	Phil Foden	2000.05.28	171	70	잉글랜드
	80	콜 팔머	Cole Palmer	2002.05.06	189	74	잉글랜드
FW	9	엘링 홀란드	Erling Haaland	2000.07.21	195	88	노르웨이
	10	잭 그릴리시	Jack Grealish	1995.09.10	180	68	잉글랜드
	19	훌리안 알바레스	Julian Alvarez	2000.01.31	170	71	아르헨티나
	26	리야드 마레즈	Riyad Mahrez	1991.02.21	179	62	알제리

COACH

펩 과르디올라 Pep Guardiola
1971년 1월 18일생 스페인

바르셀로나에서 활약했던 미드필더 출신 지도자. '토털 풋볼'의 선구자인 요한 크루이프의 영향을 받아 공수 간격을 촘촘하게 유지한 채 팀 전체가 함께 공격과 수비를 펼치며 높은 점유율을 유지하는 축구를 강조한다. 공격 시에는 짧고 간결한 패스 연결을 중시해 '티키타카' 축구라는 유행어를 낳았고, 수비 시에는 공을 빼앗긴 직후 5초 이내에 되찾아오는 강력한 압박을 강조한다. 바르셀로나, 바이에른 뮌헨, 맨시티를 맡아 치른 12시즌 중에서 10번이나 리그 우승을 차지했을 정도로 압도적인 성공을 거둬오며 역사상 가장 위대한 감독 중 하나로 꼽힌다.

상대팀 최근 6경기 전적

구분	승	무	패
맨체스터 시티			
리버풀	2	3	1
첼시	3		3
토트넘 홋스퍼	2		4
아스널	5		1
맨체스터 유나이티드	3	1	2
웨스트햄 유나이티드	3	2	1
레스터 시티	4		2
브라이튼 & 호브 알비온	5		1
울버햄튼 원더러스	4		2
뉴캐슬 유나이티드	6		
크리스탈 팰리스	3	2	1
브렌트포드	3		1
애스턴 빌라	6		
사우샘프턴	3	2	1
에버턴	6		
리즈 유나이티드	3	1	2
풀럼	6		
본머스	6		
노팅엄 포레스트	3	1	2

KEY PLAYER

MF 17 케빈 데 브라이너 Kevin de Bruyne	출전경기	경기시간(분)	골	어시스트	경고	퇴장
	30	2,205	15	8	2	-

국적: 벨기에

탈압박, 패스, 슈팅까지 모든 면에서 월등한 능력을 보유한 공격형 미드필더. 다양한 재능으로 제로 톱까지도 소화하는 선수다. 넓은 시야와 강력한 킥을 무기로 어느 시점, 어느 위치에서든 위협적인 득점 기회를 만들고 직접 골을 노릴 수도 있다. 2015년 여름 맨시티에 입단했고, 2016/17 시즌부터 확고한 주전으로 활약하며 팀의 성공을 이끌어왔다. 맨시티와 프리미어리그를 대표하는 선수를 넘어 현역 최고의 미드필더라 할 수 있기에 이번 시즌에도 맨시티는 데 브라이너의 활약에 의지할 수 있을 것이다.

DARK HORSE

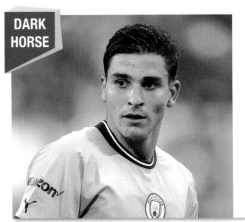

FW 19 훌리안 알바레스 Julian Alvarez	출전경기	경기시간(분)	골	어시스트	경고	퇴장
	21	1,592	18	6	1	-

국적: 아르헨티나

맨시티가 1월 이적 시장에서 영입한 유망주 공격수. 영입 직후에는 리베르 플라테에 임대 신분으로 남아 있었으나, 새로운 시즌을 앞두고 맨시티에 합류하게 됐다. 아르헨티나 리그에서 지난해 득점왕(18골)에 오르는 등 워낙 뛰어난 활약을 보여준 덕분에 맨시티는 여러 유럽 구단들의 임대 제의를 거절하고 알바레스를 곧바로 활용하기로 결정했다. 중앙과 측면을 모두 소화하는 데다 왕성한 활동량과 뛰어난 골 결정력을 두루 갖추고 있어 아스널로 떠난 제수스를 대체할 자원이다. 아구에로의 진정한 후계자라는 기대도 받고 있다.

NEW ADDITION

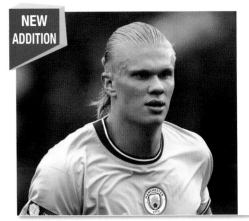

FW 9 엘링 홀란드 Erling Haaland	출전경기	경기시간(분)	골	어시스트	경고	퇴장
	24	1,915	22	7	3	-

국적: 노르웨이

괴물이라 불리는 차세대 최고 스트라이커. 194cm의 장신에도 민첩하고 유연한 움직임으로 상대 수비를 따돌리고 골을 터트린다. 잘츠부르크(16경기 17골)와 도르트문트(67경기 62골)에서 리그 경기당 한 골씩은 득점했을 정도로 뛰어난 골 결정력을 자랑해왔기에 아구에로 이후로 맨시티의 고민이었던 득점 문제를 해결해주리라는 기대를 받고 있다. 다만, 지난 시즌 고관절 부상으로 두 달가량 이탈한 전력이 있고, 프리미어리그가 더 거친 몸싸움을 허용하기 때문에 새로운 리그에 적응할 시간은 필요할 것으로 보인다.

PLAYERS

GK 18 슈테판 오르테가
Stefan Ortega

국적: 독일

빌레펠트의 강등을 막지는 못했지만, 지난 시즌 분데스리가 최다 선방(128) 2위에 오를 만큼 뛰어난 선방 능력을 보유한 골키퍼. 2부 리그에서 뛰던 시절에도 독일 대표팀 리저브 명단에 올랐다. 엄청난 반사신경으로 온몸을 활용해 선방을 펼친다. 패스 또한 출중해 후방 빌드업을 강조하는 과르디올라 감독이 망설임 없이 영입한 자원이다. 입단 기자회견에서부터 당당하게 주전 경쟁을 다짐했다.

출전경기	경기시간(분)	실점	무실점(경기)	경고	퇴장
33	2,970	53	6	1	-

GK 31 에데르송
Ederson

국적: 브라질

2017년 입단 이후 줄곧 맨시티의 골문을 지켜온 주전 골키퍼. 프리미어리그에서 매 시즌 17경기 이상 무실점을 기록했고, 어떤 시즌에도 30골 이상을 허용한 적이 없을 정도로 꾸준한 선방을 펼치고 있다. 공을 다루는 기술도 뛰어나 골대 바로 앞에서도 상대의 압박에 맞서 침착하게 패스를 연결한다. 실제로 지난 시즌에는 프리미어리그 주전 골키퍼 중 최고 패스 성공률(89%)을 기록했다.

출전경기	경기시간(분)	실점	무실점(경기)	경고	퇴장
37	3,330	26	20	3	-

DF 2 카일 워커
Kyle Walker

국적: 잉글랜드

토트넘과 맨시티 소속으로 각각 프리미어리그 100승 이상을 달성한 베테랑 측면 수비수. 강력한 신체 능력을 기반으로 풍부한 경험까지 더해진 끈질긴 수비를 펼쳐 좀처럼 상대에게 돌파를 허용하지 않는다. 지난 시즌에는 부상으로 자리를 비우기도 했고 30대에 접어들면서부터 공격 가담 능력은 전성기만 못한 모습이지만, 여전히 가장 믿음직한 측면 수비수 중 하나로 잉글랜드 대표팀에서도 활약하고 있다.

출전경기	경기시간(분)	골	어시스트	경고	퇴장
20	1,756	-	2	1	-

DF 3 후벤 디아스
Rúben Dias

국적: 포르투갈

2020년 여름 맨시티 입성 후 두 시즌 모두 팀을 리그 정상으로 이끈 센터백. 디아스가 흔들리지 않는 집중력과 강력한 리더십으로 수비진을 이끈 덕분에 맨시티는 두 시즌 모두 리그 최소 실점 기록과 함께 우승할 수 있었다. 부상으로 결장했을 때 팀의 수비가 흔들렸던 모습은 디아스의 중요성을 반증한다. 또한, 지난 시즌 6개의 공격포인트는 조엘 마팁과 함께 프리미어리그 센터백 공동 1위였다.

출전경기	경기시간(분)	골	어시스트	경고	퇴장
29	2,404	2	4	5	-

DF 5 존 스톤스
John Stones

국적: 잉글랜드

정확한 패스 능력을 갖춘 잉글랜드 국가대표 중앙 수비수. 지난 시즌 프리미어리그에서 92%라는 최고 수준의 패스 성공률을 자랑했다. 잦은 부상에 시달리는 데다 맨시티에서는 주전 경쟁 또한 치열하기에 출전 기회를 확보하기가 쉽지 않지만, 지난 시즌 오른쪽 풀백까지 맡는 헌신과 함께 후반기 챔피언스리그 토너먼트와 같은 중요한 경기마다 최고의 활약을 펼쳐 백업 수비수로서 자신의 가치를 증명했다.

출전경기	경기시간(분)	골	어시스트	경고	퇴장
14	1,118	1	-	-	-

DF 6 나단 아케
Nathan Aké

국적: 네덜란드

빌드업과 공을 다루는 능력이 뛰어난 왼발잡이 센터백. 측면 수비와 수비형 미드필더 포지션까지도 커버할 수 있다. 맨시티에서는 백업 요원으로 활약해왔기에 더 많은 출전 기회를 찾고 있던 상황에서 이번 여름 첼시의 관심을 받으며 이적에 연결됐다. 그러나, 맨시티로서도 쉽게 내줄 수 없는 자원이기에 결국 이적을 허가하지 않았다. 수비진에서 아케만큼 다재다능한 멀티 자원은 찾아보기 어려운 게 사실이다.

출전경기	경기시간(분)	골	어시스트	경고	퇴장
14	921	2	-	-	-

DF 7 주앙 칸셀루
João Cancelo

국적: 포르투갈

오른발잡이 레프트백으로서 풀백 역할의 새로운 정의를 내린 선수. 오른발 패스를 활용하기 위해 자연스럽게 중앙으로 움직여 팀이 공을 점유하도록 돕는 동시에 위치를 가리지 않고 날카로운 크로스로 득점 기회를 만들어내며 이미 2년 전부터 리그 최고의 풀백 중 하나로 자리를 굳혔다. 지난 시즌 맨시티가 치른 공식대회 60경기 중 54경기를 소화하며 10도움을 기록, 대체 불가능한 존재감을 보여줬다.

출전경기	경기시간(분)	골	어시스트	경고	퇴장
36	3228	1	7	7	-

DF 14 아이메릭 라포르트
Aymeric Laporte

국적: 프랑스

2018년 1월 맨시티 입단 직후부터 부상 기간을 제외하면 꾸준히 주전으로 활약해온 중앙 수비수. 집중력이 뛰어난 데다 투지까지 강해 좀처럼 상대에게 기회를 허용하지 않는다. 지난 시즌 후반부에는 개인 통산 프리미어리그 100경기 출전을 달성했으며, 82승으로 대회 역사상 첫 100경기 최다 승리 기록을 경신하기도 했다. 공중 경합 능력이 다소 부족한 것이 유일한 단점이라고 할 수 있다.

출전경기	경기시간(분)	골	어시스트	경고	퇴장
33	2,836	4	-	5	1

DF 82 리코 루이스
Rico Lewis

국적: 잉글랜드

아홉 살 때부터 맨시티 유소년팀에서 성장해온 풀백. 주로 오른쪽 측면을 맡지만 왼쪽 측면까지 커버할 수 있다. 1군과 함께 훈련할 때 칸셀루를 지켜보며 롤모델로 삼아왔는데, 특히 오른발잡이 풀백으로서 왼쪽 측면에서 뛸 때 빌드업에 적극 관여하는 플레이를 통해 더욱 성장한 것으로 알려졌다. 이번 시즌 맨시티에 전문적인 풀백 백업이 부족하기 때문에 로테이션 자원으로 기회를 잡을 것으로 보인다.

출전경기	경기시간(분)	골	어시스트	경고	퇴장
-	-	-	-	-	-

DF 97 조시 윌슨-에스브랜드
Josh Wilson-Esbrand

국적: 잉글랜드

프리 시즌 평가전에서 바이에른 뮌헨을 상대로 인상적인 활약을 펼치며 떠오른 신성 레프트백. 2019년 16세의 나이에 웨스트햄을 떠나 맨시티 유소년팀에 입단했고, 곧바로 맨시티 18세 이하 팀에서 두각을 나타냈다. 지난 시즌 리그컵 경기를 통해 프로 데뷔전을 치렀으며, 이번 여름 다른 프리미어리그 팀으로의 임대를 추진하다가 진첸코의 이적 공백을 메우기 위한 백업 자원으로 맨시티에 남게 됐다.

출전경기	경기시간(분)	골	어시스트	경고	퇴장
-	-	-	-	-	-

MF 4 칼빈 필립스
Kalvin Phillips

국적: 잉글랜드

리즈의 중원을 책임지던 수비형 미드필더. 공수의 연결고리 역할에 능숙하며, 패스 범위가 넓은 동시에 직접 공을 몰고 전진해 공격에 가담하기도 한다. 상대 공격을 차단하는 태클도 수준급이다. 지난 시즌을 끝으로 팀을 떠난 페르난지뉴의 직접적인 대체자지만, 좀 더 공격적인 역할로 로드리와의 공존 또한 가능하다. 리즈에서는 본인이 전술의 핵심이었기 때문에 맨시티에 적응할 시간은 필요할 전망이다.

출전경기	경기시간(분)	골	어시스트	경고	퇴장
20	1,596	-	1	4	

MF 8 일카이 귄도안
İlkay Gündoğan

국적: 독일

탁월한 패스 능력과 골 결정력을 보유하고 있어 제로 톱까지 소화하는 독일 국가대표 미드필더. 프리미어리그에서 두 시즌 연속 두 자릿수 공격포인트를 기록하며 자신의 가치를 입증했다. 그러나 중원에서 수비 능력은 뛰어나지 못하며, 부상도 잦아 로테이션 자원으로 활용된다. 이번 시즌에는 수비형 미드필더인 칼빈 필립스가 영입됐기에 귄도안은 공격에 더 집중할 수 있는 역할을 부여받을 것으로 보인다.

출전경기	경기시간(분)	골	어시스트	경고	퇴장
27	1,856	8	4	1	

MF 10 잭 그릴리시
Jack Grealish

국적: 잉글랜드

프리미어리그 팀이 지불한 역대 최고 이적료의 주인공. 작년 여름 1억 파운드에 애스턴 빌라를 떠나 맨시티에 입단했으나, 팀에 적응하지 못한 채 비판에 시달렸다. 드리블이 최대 장기인 선수가 과르디올라 감독이 요구하는 패스 연계에 적응하지 못한 것이 부진의 원인으로 꼽힌다. 다행히 지난 시즌 막바지 반전의 가능성을 보여줬고, 적응 기간도 지났기 때문에 이번 시즌에는 자신의 실력을 증명해야 한다.

출전경기	경기시간(분)	골	어시스트	경고	퇴장
26	1,917	3	3	3	-

MF 16 로드리
Rodri

국적: 스페인

프리미어리그 최고의 수비형 미드필더. 상대 공격 차단은 물론이고 패스 전개, 직접 득점까지 모든 면에서 경기에 영향력을 발휘한다. 지난 시즌 프리미어리그 미드필더 중에서 패스 성공(2629), 소유권 회복(292), 공중 경합 승률(72%) 모두 1위에 오른 기록 자체가 로드리의 활약상을 보여준다. 이를 바탕으로 3년 재계약을 체결해 2027년 여름까지 맨시티에 미래를 맡기게 됐다.

출전경기	경기시간(분)	골	어시스트	경고	퇴장
33	2,887	7	2	5	-

MF 20 베르나르두 실바
Bernardo Silva

국적: 포르투갈

유려한 개인기, 영리한 움직임과 패스, 헌신적인 활동량과 수비 가담까지 다양한 장점을 고루 갖춘 미드필더. 2020/21 시즌에는 동기부여가 부족한 모습을 보여 이적이 고려되기도 했으나, 지난 시즌 최고의 활약과 함께 부활하며 맨시티의 핵심 자원 중 하나로 거듭났다. 중앙 미드필더부터 측면 공격수까지 소화할 수 있어 활용도가 높고, 전술 이해도도 뛰어나 과르디올라 감독의 총애를 받는 선수다.

출전경기	경기시간(분)	골	어시스트	경고	퇴장
35	2,861	8	4	6	-

MF 47 필 포든
Phil Foden

국적: 잉글랜드

맨시티가 자랑하는 유소년팀 출신의 최고 스타. 두 시즌 연속 프리미어리그 올해의 영 플레이어로 선정됐다. 유소년 시절 공격형 미드필더로 주목받으며 성장했으나, 맨시티 1군에서는 측면 공격수로 자리를 굳혔다. 유려한 돌파에 이은 날카로운 마무리로 공격포인트를 올리는데 뛰어나지만, 슈팅의 정확도는 다소 떨어지는 편이다. 이번 시즌에는 첼시로 떠난 라힘 스털링의 공백을 메우는 활약을 해내야 한다.

출전경기	경기시간(분)	골	어시스트	경고	퇴장
28	2,133	9	5	1	-

MF 80 콜 팔머
Cole Palmer

국적: 잉글랜드

맨시티가 가장 기대하는 유망주 미드필더. 페널티 지역 근처에서 날카로운 슈팅으로 골을 터트리는 능력이 뛰어나다. 지난 시즌 1군과 2군을 오갔고, 심지어는 같은 날 오후에 열린 1군 경기에서 후반 추가 시간 교체로 투입된 뒤 저녁에 열린 2군 경기에 선발로 나서 해트트릭에 성공하는 진기록을 남기기도 했다. 이번 시즌에는 마레즈의 백업을 맡아 오른쪽 측면 공격수로 활약할 가능성이 크다.

출전경기	경기시간(분)	골	어시스트	경고	퇴장
4	122	-	-	-	-

FW 26 리야드 마레즈
Riyad Mahrcz

국적: 알제리

동화 같았던 2015/16 시즌 레스터 시티 우승의 주역. 2018년 여름 맨시티 입단 이후 매 시즌 리그에서 두 자릿수 공격포인트를 기록해왔으며, 지난 시즌에는 챔피언스리그에서도 일곱 골을 넣는 쏠쏠한 활약을 펼쳤다. 오른쪽 측면에서 중앙으로 공을 몰고 들어온 이후 감아차는 왼발 킥으로 직접 골을 노리거나 도움을 올리기도 한다. 뛰어난 공격력에 비해 수비 가담에서는 아쉬운 모습을 보인다.

출전경기	경기시간(분)	골	어시스트	경고	퇴장
28	1,493	11	5	-	-

리버풀 FC

Liverpool FC

TEAM PROFILE	
창 립	1892년
구 단 주	펜웨이 스포츠 그룹
감 독	위르겐 클롭(독일)
연 고 지	리버풀
홈 구 장	안필드(5만 4,074명)
라 이 벌	에버턴, 맨체스터 유나이티드
홈페이지	www.liverpoolfc.com

최근 5시즌 성적

시즌	순위	승점
2017-2018	4위	75점(21승12무5패, 84득점 38실점)
2018-2019	2위	97점(30승7무1패, 89득점 22실점)
2019-2020	1위	99점(32승3무3패, 85득점 33실점)
2020-2021	3위	69점(20승9무9패, 68득점 42실점)
2021-2022	2위	92점(28승8무2패, 94득점 26실점)

PREMIER LEAGUE (전신 포함)

통 산	우승 19회
21-22 시즌	2위(28승8무2패, 승점 92점)

FA CUP

통 산	우승 8회
21-22 시즌	우승

LEAGUE CUP

통 산	우승 9회
21-22 시즌	우승

UEFA

통 산	챔피언스리그 우승 6회
21-22 시즌	챔피언스리그 결승

경기 일정

라운드	날짜	장소	상대팀
1	2022.08.06	원정	풀럼
2	2022.08.13	홈	크리스탈 팰리스
3	2022.08.20	원정	맨체스터 유나이티드
4	2022.08.27	홈	AFC본머스
5	2022.09.01	홈	뉴캐슬 유나이티드
6	2022.09.03	원정	에버턴
7	2022.09.10	홈	울버햄튼 원더러스
8	2022.09.17	원정	첼시
9	2022.10.01	홈	브라이튼 앤 호브 앨비언
10	2022.10.08	원정	아스널
11	2022.10.15	홈	맨체스터 시티
12	2022.10.20	홈	웨스트햄
13	2022.10.22	원정	노팅엄 포레스트
14	2022.10.29	홈	리즈 유나이티드
15	2022.11.06	원정	토트넘
16	2022.11.13	홈	사우샘프턴
17	2022.12.27	원정	애스턴 빌라
18	2023.01.01	홈	레스터 시티
19	2023.01.03	원정	브렌트포드
20	2023.01.15	원정	브라이튼 앤 호브 앨비언
21	2023.01.22	홈	첼시
22	2023.02.05	원정	울버햄튼 원더러스
23	2023.02.12	홈	에버턴
24	2023.02.19	원정	뉴캐슬 유나이티드
25	2023.02.26	원정	크리스탈 팰리스
26	2023.03.05	홈	맨체스터 유나이티드
27	2023.03.12	원정	AFC본머스
28	2023.03.19	홈	풀럼
29	2023.04.01	원정	맨체스터 시티
30	2023.04.08	홈	아스널
31	2023.04.15	원정	리즈 유나이티드
32	2023.04.22	홈	노팅엄 포레스트
33	2023.04.26	원정	웨스트햄
34	2023.04.29	홈	토트넘
35	2023.05.06	홈	브렌트포드
36	2023.05.13	원정	레스터 시티
37	2023.05.20	홈	애스턴 빌라
38	2023.05.29	원정	사우샘프턴

전력 분석 ## 안정된 주전 라인업, 신성들의 활약이 관건

리버풀의 전력은 챔피언스리그 우승을 차지했던 2018/19 시즌부터 이미 완성된 상태다. 지난 3년간은 팀에 큰 변화를 줄 필요 없이 매해 한두 명의 선수 영입에만 집중했고, 심지어 2019/20 시즌에는 주전급 선수를 아예 영입하지 않고도 프리미어리그 첫 우승을 이뤄냈다. 이번 시즌에도 공격진에 사디오 마네가 떠나고 다르윈 누녜스가 합류한 것이 주전 라인업의 유일한 변화다. 프리미어리그에서 가장 꾸준한 활약을 펼쳐온 선수 중 하나였던 마네의 공백을 누녜스가 메워야 하는 것이 부담일 수는 있지만, 리버풀의 공격력 자체에 크게 문제가 생기리라고 전망하기는 어렵다. 관건은 백업 자원들의 활약 여부다. 특히 나이가 어린 하비 엘리엇, 커티스 존스, 파비우 카르발류 같은 선수들이 기회가 왔을 때 제 몫을 해서 주전들의 부담을 덜어주는 것이 중요하다. 시즌 도중에 월드컵을 치르고 돌아와야 하는 일정이라 여느 시즌보다 주전 선수들의 컨디션 유지가 쉽지 않을 것이기 때문이다. 지난 시즌 막바지까지 쿼드러플 도전이 가능했던 만큼 신구 조화만 잘 이뤄진다면 어느 대회에서든 우승을 노릴 수 있는 전력이다.

전술 분석 ## 알고도 당하는 강한 압박과 다양한 공격 카드

리버풀의 전술은 너무 잘 알려져 있지만, 아직까지 성공적으로 대처해낸 팀은 없다. 팀 단위의 강한 전방 압박으로 상대의 실수를 유발하고, 길게 날아오는 공은 수비형 미드필더 파비뉴나 센터백 판 다이크가 따내 다시 공격에 나선다. 중원에선 헨더슨이 경기를 조율하며 넓게 패스를 보내고, 티아고는 창의적인 패스로 기회를 만든다. 측면에선 왼쪽에 로버트슨이 질주를 멈추지 않고, 오른쪽의 알렉산더-아놀드는 날카로운 크로스로 상대를 위협한다. 측면 공격수인 디아스와 살라는 하프 스페이스를 공략해 개인 능력으로 돌파를 시도하며 박스 안으로 들어가 골을 노린다. 중앙 공격수는 상대 수비를 끌고 움직이며 측면 공격수들이 파고 들어갈 공간을 만들어준다. 알고도 당할 수밖에 없는 이 전술에 이번 시즌 찾아온 유일한 변화는 중앙 공격수로 누녜스가 영입됐다는 점이지만, 지난 시즌 마네가 중앙에서 뛸 때와 큰 차이는 없을 것으로 보인다. 클롭 감독도 "마네가 중앙에서 뛸 수 있는 측면 공격수라면 누녜스는 측면에서 뛸 수 있는 중앙 공격수"라는 설명으로 누녜스를 마네와 비슷하게 활용할 계획임을 암시했다.

Liverpool v Tottenham Hotspur-Premier League
LIVERPOOL, ENGLAND-리버풀의 안필드 경기장에서
열린 리버풀과 토트넘 훗스퍼의 경기에서
리버풀의 루이스 디아즈. 2022/05/07

시즌 프리뷰 불안 요소에 얼마나 잘 대처할 수 있는가

리버풀은 가장 완성된 전력과 전술을 보유한 팀이지만, 분명하게 불안 요소도 존재한다. 신입 공격수 누녜스는 다재다능한 선수로 높은 평가를 받고 있지만, 곧바로 프리미어리그에서 마네만큼의 득점을 책임지는 것은 무리일 수도 있다. 중원에서는 헨더슨이 전성기를 지나는 모습을 보이고 있는데 확실한 대체자를 찾을 수 없고 백업 자원들인 엘리엇, 존스, 카르발류 모두가 아직 검증되지 않은 유망주인 데다 플레이 스타일이 비슷하기 때문에 다양한 카드를 꺼낼 수도 없고 이들을 동시에 활용하기도 쉽지 않다. 리버풀은 2018/19 시즌(97점)과 지난 시즌(92점) 프리미어리그에서 90점 이상의 승점을 기록하고도 맨시티에 1점 차로 밀려 우승을 놓쳤던 팀이다. 우승을 위해서는 불안 요소를 최대한 통제하며 완벽에 가까운 행보를 보여야 하는데, 맨시티와 비교해 변수에 대처하는 능력이 뛰어나지는 못한 게 사실이다. 게다가 이번 시즌부터 교체 카드가 다섯 장으로 늘어난 상황에서 맨시티가 활용할 수 있는 자원들과 리버풀이 활용할 수 있는 자원들의 경험 차이는 상당히 크다. 맨시티는 잭 그릴리시, 일카이 귄도안, 칼빈 필립스와 같은 국가대표급 자원들을 활용하며 유망주들에게까지 기회를 줄 수 있는 반면에 리버풀은 디오구 조타를 제외하면 국가대표급 교체 자원이 없어 유망주들이 들어가서 곧바로 활약을 펼쳐야 하는 입장이다. 낙관적으로 봤을 때 주전 선수들이 부상 없이 활약하고 유망주들도 잠재력을 뽐내며 빠르게 성장한다면 리버풀에는 아무런 문제가 없다. 그러나 현실은 낙관적으로만 흘러가지 않는 법이다. 게다가 지난 시즌처럼 네 개 대회 모두에서 우승에 도전할 수도 있어 로테이션은 필수적이다. 상황에 따라 1월 이적 시장에서의 전력 보강으로 맨시티와 경쟁을 이어가야 할 것으로 보인다.

IN & OUT

주요 영입	주요 방출
다르윈 누녜스, 파비우 카르발류, 칼빈 램지	사디오 마네, 네코 윌리엄스, 미나미노 다쿠미, 디보크 오리기

TEAM FORMATION

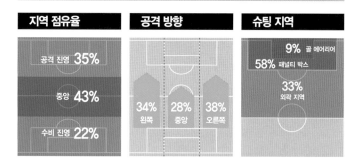

FW A⁻
MF A
DF A⁺
GK A⁺

번호	선수	
27	누녜스 (피르미누)	
23 디아스 (조타)		11 살라 (엘리엇)
6 티아고 (케이타)	3 파비뉴 (밀너)	14 헨더슨 (존스)
26 로버트슨 (치미카스)	4 판 다이크 (코나테) / 32 마팁 (고메스)	66 아놀드 (램지)
	1 알리송 (켈러허)	

PLAN 4-3-3

지역 점유율
공격 진영 35%
중앙 43%
수비 진영 22%

공격 방향
34% 왼쪽 · 28% 중앙 · 38% 오른쪽

슈팅 지역
9% 골 에어리어
58% 패널티 박스
33% 외곽 지역

TEAM RATINGS

슈팅 9	패스 9
조직력 10	수비력 9
감독 10	선수층 7

54

2021/22 프로필

팀 득점	94
평균 볼 점유율	63.10%
패스 정확도	84.90%
평균 슈팅 수	19.2
경고	50
퇴장	1

골 타입
오픈 플레이 68
세트 피스 20
카운터 어택 4
패널티 킥 7
자책골 0
단위 (%)

패스 타입
쇼트 패스 87
롱 패스 9
크로스 패스 4
스루 패스 0
단위 (%)

SQUAD

포지션	등번호	이름		생년월일	키(cm)	체중(kg)	국적
GK	1	알리송 베케르	Alisson	1992.10.02	191	91	브라질
	13	아드리안	Adrian	1987.01.03	190	80	스페인
DF	2	조 고메스	Joe Gomez	1997.05.23	188	77	잉글랜드
	4	피르힐 판 데이크	Virgil van Dijk	1991.07.08	193	92	네덜란드
	5	이브라히마 코나테	Ibrahima Konate	1992.05.25	194	84	프랑스
	21	코스타스 치미카스	Konstantinos Tsimikas	1996.05.12	179	77	그리스
	26	앤드류 로버트슨	Andrew Robertson	1994.03.11	178	64	스코틀랜드
	32	조엘 마팁	Joel Matip	1991.08.08	195	90	카메룬
	47	나다니엘 필립스	Nathaniel Phillips	1997.03.21	190	84	잉글랜드
	66	트렌트 알렉산더-아놀드	Trent AlexanderArnold	1998.10.07	180	70	잉글랜드
	72	세프 판덴베르흐	Sepp van den Berg	2001.12.20	189	80	네덜란드
MF	3	파비뉴	Fabinho	1993.10.23	188	78	브라질
	6	티아고 알칸타라	Thiago	1991.04.11	174	70	스페인
	7	제임스 밀너	James Milner	1986.01.04	175	70	잉글랜드
	8	나비 케이타	Naby Keita	1995.02.10	172	64	기니
	14	조던 헨더슨	Jordan Henderson	1990.06.17	187	67	잉글랜드
	15	알렉스 옥슬레이드-체임벌린	Alex Oxlade-Chamberlain	1993.08.15	175	70	잉글랜드
	17	커티스 존스	Curtis Jones	2001.01.30	185	81	잉글랜드
	19	하비 엘리엇	Harvey Elliott	2003.04.04	170	64	잉글랜드
	28	파비우 카르발류	Fabio Carvalho	2002.08.30	170	62	포르투갈
FW	9	호베르투 피르미누	Roberto Firmino	1991.10.02	181	76	브라질
	11	모하메드 살라	Mohamed Salah	1992.06.15	175	71	이집트
	20	디오구 조타	Diogo Jota	1996.12.04	178	70	포르투갈
	23	루이스 디아스	Luis Diaz	1997.01.13	172	68	콜롬비아
	27	다르윈 누녜스	Darwin Nunez	1999.06.24	187	81	우루과이

COACH

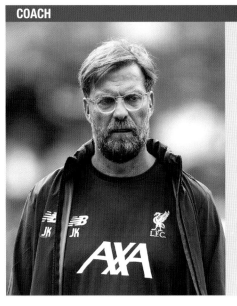

위르겐 클롭 *Jürgen Klopp*
1967년 6월 16일생 독일

리버풀을 잉글랜드와 유럽 무대 정상으로 이끈 명장. 강력한 전방 압박을 특징으로 하는 전술 때문에 '헤비메탈 축구'를 구사한다는 별명을 얻었고, 여기에 노련함까지 더해지면서 유연한 경기 운영과 적재적소의 선수 기용으로 성공을 거둬왔다. 동기부여 능력도 탁월한 것으로 알려졌고, 리버풀 선수들을 '멘탈 괴물'이라고 칭찬하기도 한다. 마인츠와 도르트문트를 거쳐 2015년 10월 리버풀의 지휘봉을 잡았고, 지금까지 유로파리그를 제외하고 출전한 모든 대회에서 우승을 차지했다. 맨시티에 밀려 리그 우승이 단 한 번인 것이 유일한 아쉬움이라고 할 수 있다.

상대팀 최근 6경기 전적

구분	승	무	패
맨체스터 시티	1	3	2
리버풀			
첼시	3	2	1
토트넘 홋스퍼	4	2	
아스널	4	1	1
맨체스터 유나이티드	4	1	1
웨스트햄 유나이티드	5		1
레스터 시티	4		2
브라이튼 & 호브 알비온	3	2	1
울버햄튼 원더러스	6		
뉴캐슬 유나이티드	4	2	
크리스탈 팰리스	6		
브렌트포드	4	1	
애스턴 빌라	5		1
사우샘프턴	5		1
에버턴	3	2	1
리즈 유나이티드	5	1	
풀럼	4	1	1
본머스	6		
노팅엄 포레스트	3	2	1

KEY PLAYER

FW 11	모하메드 살라 *Mohamed Salah*	출전경기	경기시간(분)	골	어시스트	경고	퇴장
		35	2,763	23	13	1	-

국적: 이집트

현재 프리미어리그 최고의 공격수. 지난 시즌 리그 득점왕과 도움왕을 동시에 차지하며 선수 협회로부터 시즌 최우수 선수로 선정됐다는 사실만으로 더 이상의 설명이 필요 없을 정도다. 민첩하고 정확하게 공을 다루기 때문에 좁은 공간에서도 돌파 능력이 탁월하고, 상대 수비를 무너트린 이후 골을 생산하는 능력도 최고 수준이다. 이번 여름 재계약으로 팀 내 최고 연봉을 약속받으며 2025년까지 리버풀에 남게 됐다. 사디오 마네의 바이에른 뮌헨 이적으로 공격진 구성에 변화가 생긴 만큼 살라가 중심을 잡아줘야 하는 시즌이다.

DARK HORSE

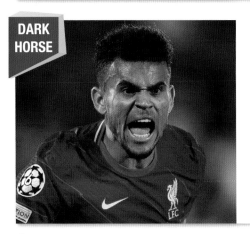

FW 23	루이스 디아스 *Luis Diaz*	출전경기	경기시간(분)	골	어시스트	경고	퇴장
		13	964	4	3	-	-

국적: 콜롬비아

2022년 1월 리버풀에 입단한 측면 공격수. 폭발적인 스피드와 투지를 자랑하며, 호리호리한 체격에도 몸싸움에서 쉽게 밀리지 않는 모습을 보여준다. 공을 다루는 기술까지 뛰어나 상대 수비 입장에서는 막기 까다로운 존재라고 할 수 있다. 시즌 도중 팀에 합류했음에도 적응 기간 없이 곧바로 맹활약을 펼쳐 주전으로 자리를 잡았다. 사실상 마네의 대체자가 이미 준비돼 있던 셈이다. 활약에 비해 결정력이 부족해 보이기도 하지만, 지난 시즌 포르투 소속으로도 전반기 리그 14골을 넣은 만큼 득점도 기대해볼 수 있다.

NEW ADDITION

FW 27	다르윈 누녜스 *Darwin Nunez*	출전경기	경기시간(분)	골	어시스트	경고	퇴장
		28	1,988	26	4	6	-

국적: 우루과이

옵션 금액을 포함하면 리버풀 구단 역대 최고 이적료를 기록하며 입단한 스트라이커. 지난 시즌 포르투갈 리그는 물론이고 챔피언스리그에서도 뛰어난 득점력을 자랑하며 바르셀로나, 바이에른 뮌헨, 리버풀을 상대로 골을 터트려 많은 주목을 받았다. 상대 수비 뒷공간을 노린 빠른 침투를 활용해 골을 터트리는 게 장기지만, 측면으로 빠지는 움직임도 뛰어나 리버풀에서는 디아스나 살라와의 스위칭 플레이 또한 기대된다. 다만 1부 리그에서의 활약은 지난 시즌이 처음이었던 만큼 새 리그에 적응할 시간은 필요할 것으로 보인다.

PLAYERS

GK 1 알리송 베케르
Alisson Becker

국적: 브라질

선방과 패스 능력 모두 세계 최고로 꼽히는 골키퍼. 지난 시즌 프리미어리그에서 주전 골키퍼 중 가장 높은 선방률(76%)을 자랑했고, 맨시티의 에데르송과 공동으로 골든글러브를 차지하며 클래스를 입증했다. 패스의 정확도 또한 탁월해 후방 빌드업에 가담하는 것은 물론 전방으로 한 번에 긴 패스를 보내 도움까지도 기록한 적이 있다. 민첩한 움직임으로 달려나와 상대의 침투 패스를 차단하기도 한다.

출전경기	경기시간(분)	실점	무실점(경기)	경고	퇴장
36	3,240	24	20	-	-

DF 2 조 고메스
Joe Gomez

국적: 잉글랜드

센터백과 풀백 모두 소화할 수 있는 다재다능한 수비수. 집중력이 다소 아쉽지만, 뛰어난 패스 능력으로 잠재력을 인정받아 잉글랜드 국가대표로도 활약해왔다. 리버풀이 이번 여름 애스턴 빌라의 관심을 뿌리치고 2025년까지 재계약을 체결할 만큼 미래를 기대하고 있는 자원이지만, 아직 20대 중반의 나이임에도 벌써 십자인대 부상 두 번에 다리 골절까지 심각한 부상 이력이 많은 점은 걱정스럽다.

출전경기	경기시간(분)	골	어시스트	경고	퇴장
8	331	-	1	2	-

DF 4 피르힐 판 다이크
Virgil van Dijk

국적: 네덜란드

빠른 발과 강한 경합 능력으로 좀처럼 돌파를 허용하지 않는 최강의 센터백. 2018년 1월 당시 구단 역대 최고 이적료인 7,500만 파운드로 리버풀에 입단 이후 시즌 전체를 소화했을 때는 매번 프리미어리그 올해의 팀에 선정됐을 만큼 이견 없는 최고의 기량을 갖춘 선수다. 전방으로 패스를 연결하는 능력도 뛰어나며, 세트 피스 공격에도 가담해 리버풀에서만 공식 대회 통산 16골을 기록 중이다.

출전경기	경기시간(분)	골	어시스트	경고	퇴장
34	3,060	3	1	3	-

DF 5 이브라히마 코나테
Ibrahima Konate

국적: 프랑스

판 다이크와 마찬가지로 빠른 발과 강한 공중 경합 능력, 준수한 패스 실력이 장점인 센터백. 작년 여름 4,000만 유로로 영입됐다. 아직 20대 초반인 만큼 경험이 부족해 조급한 플레이로 실수를 저지르기도 하지만, 잠재력 만큼은 최고 수준이기에 장기적으로 마팁의 대체자가 되리라는 기대를 받고 있다. 리버풀 입단 전 라이프치히에서 근육 부상으로 오랫동안 고생한 전력도 있어 점진적인 성장이 중요하다.

출전경기	경기시간(분)	골	어시스트	경고	퇴장
11	990	-	-	2	-

DF 21 코스타스 치미카스
Kostas Tsimikas

국적: 그리스

로버슨의 백업을 담당하고 있는 레프트백. 평소 로버슨의 출전이 워낙 많다 보니 기회를 잡기가 쉽지 않은 입장이지만, 지난 시즌 출전했을 때는 준수한 활약을 펼쳐 좋은 평가를 받았다. 특히나 드리블 돌파를 통한 기회 창출 능력이 돋보인다. 그러나 패스 자체가 뛰어나지는 않은 편이고, 돌파를 시도하다가 공을 빼앗길 경우 역습 허용의 빌미가 되기도 한다. 수비에서는 과감한 태클이 장점이다.

출전경기	경기시간(분)	골	어시스트	경고	퇴장
13	874	-	2	3	-

DF 26 앤드류 로버트슨
Andrew Robertson

국적: 스코틀랜드

왕성한 활동량으로 90분 내내 질주하며 상대를 괴롭히는 레프트백. 공격과 수비 모두에서 빈틈이 없는 선수로, 특히 공격력은 갈수록 발전을 거듭해 알렉산더-아놀드와 함께 리버풀의 양쪽 측면 공격을 책임지는 수준이 됐다. 날카로운 크로스도 그렇지만, 직접 박스 안으로 달려들어 경합까지 꺼리지 않는 저돌적인 모습까지 보인다. 부상 이력도 많지 않아 매 시즌 거의 모든 경기에 출전하고 있다.

출전경기	경기시간(분)	골	어시스트	경고	퇴장
29	2,541	3	10	5	1

DF 32 조엘 마팁
Joël Matip

국적: 독일

판 다이크와 함께 강력한 파트너십으로 리버풀의 수비를 책임지는 센터백. 공중 경합에 능하고 수비 집중력과 패스 실력을 고루 갖추고 있어 클롭 감독의 전술에서 알맞은 역할을 수행할 수 있는 수비수다. 2016년 여름 샬케를 떠나 자유계약 신분으로 리버풀에 입단한 이후 꾸준한 활약을 펼쳐왔다. 부상이 워낙 많아 자리를 비운 기간도 길지만, 지난 시즌에는 내내 최고의 활약을 펼쳐 재평가를 받았다.

출전경기	경기시간(분)	골	어시스트	경고	퇴장
31	2,790	3	3	2	-

DF 66 트렌트 알렉산더-아놀드
Trent Alexander-Arnold

국적: 잉글랜드

가공할 위력의 오른발 킥 능력으로 데이비드 베컴과 비견되는 선수. 어디까지나 포지션은 수비수지만, 공격에 적극 가담해 하프 스페이스에서 박스 안으로 감아차는 크로스로 상대를 위협한다. 수비수를 넘어 최고 수준의 미드필더들보다도 도움 기록이 많을 정도다. 프리킥 상황에서는 역시 베컴처럼 직접 슈팅으로 골을 터트린다. 수비가 상대적인 약점으로 꼽혔으나, 이 또한 개선되는 모습을 보이고 있다.

출전경기	경기시간(분)	골	어시스트	경고	퇴장
32	2,854	2	12	2	-

MF 3 파비뉴
Fabinho

국적: 브라질

큰 키와 긴 다리로 상대의 공을 가로채서 패스를 전개하는 데 뛰어나다. 풀백과 센터백까지도 소화할 만큼 다재다능하지만, 가장 선호하고 능숙한 포지션은 수비형 미드필더다. 2018/19 시즌을 앞두고 파비뉴가 입단하면서부터 리버풀이 본격적인 성공 가도를 달렸다고 해도 과언이 아닐 정도로 공수 균형을 완성해준 팀의 마지막 퍼즐 조각 같은 선수다. 파비뉴의 백업이 없는 것이 리버풀의 고민이다.

출전경기	경기시간(분)	골	어시스트	경고	퇴장
29	2,316	5	1	7	-

MF 6 티아고 알칸타라
Thaigo Alcantara

국적: 스페인

'패스 마스터'라는 찬사가 아깝지 않은 미드필더. 바르셀로나 유소년 출신으로 유망주 시절부터 남다른 패스 센스로 주목을 받았다. 바이에른 뮌헨을 거쳐 2020/21 시즌부터 리버풀에서 활약하고 있다. 경기장 곳곳으로 공을 순환하는 패스는 물론이고 동료의 순간적인 침투를 놓치지 않고 침투 패스를 보내 결정적인 득점 기회를 만든다. 창의력이 부족했던 리버풀의 중원에 새로운 무기를 더해준 선수다.

출전경기	경기시간(분)	골	어시스트	경고	퇴장
25	1,538	1	4	2	-

MF 7 제임스 밀너
James Milner

국적: 잉글랜드

프리미어리그 역대 최다 출전 4위(588경기)에 빛나는 베테랑 미드필더. 리즈, 뉴캐슬, 애스턴 빌라, 맨시티를 거쳐 2015년부터 리버풀에서 활약하고 있다. 30대 중반의 나이에도 활발한 움직임으로 성실하게 수비에 가담하며, 노련한 플레이로 상대 공격을 저지하고 정확한 긴 패스로 공격 전환을 이끈다. 중앙 미드필더지만 리버풀에서는 풀백 역할까지 소화하며 팀의 감초 역할을 톡톡히 하고 있다.

출전경기	경기시간(분)	골	어시스트	경고	퇴장
24	843	-	1	2	-

MF 8 나비 케이타
Naby Keïta

국적: 기니

탈압박과 전진에 특화된 미드필더. 공을 다루는 기술이 좋고 민첩해서 순식간에 상대 수비를 따돌리고 득점 기회를 만든다. 공격적인 패스를 선호하기 때문에 패스의 정확도는 자연스럽게 떨어지는 편이다. 전방에서 상대를 압박하는 플레이도 성실한데, 리버풀에서는 잦은 부상이 겹치면서 프리미어리그 적응에 어려움을 겪어 아직까지 진가를 보여주지는 못했다. 그럼에도 여전히 클럽 감독의 신뢰를 받고 있다.

출전경기	경기시간(분)	골	어시스트	경고	퇴장
23	1,175	3	1	3	-

MF 14 조던 헨더슨
Jordan Henderson

국적: 잉글랜드

리버풀의 주장이자 넓은 패스 범위를 자랑하는 미드필더. 중앙에 위치하고 있다가 오른쪽 측면으로 돌아나가며 알렉산더-아놀드와의 연계 플레이를 통해 득점 기회를 만들고, 역습 시에는 한 번의 긴 패스로 공격 전환을 이끌기도 한다. 파비뉴의 합류 이후 이전보다 공격적인 역할을 맡으며 좋은 활약을 펼쳐왔지만, 이제는 30대에 접어든 만큼 유망주들과 출전 기회를 나누며 체력을 관리할 필요가 있다.

출전경기	경기시간(분)	골	어시스트	경고	퇴장
35	2,604	2	5	3	-

MF 17 커티스 존스
Curtis Jones

국적: 잉글랜드

창의적인 패스 능력을 갖춘 유망주 미드필더. 리버풀 유소년팀 출신이라 많은 기대를 받으며 성장하고 있으나, 지난 시즌에는 여러 차례 부상과 코로나 감염으로 꾸준한 출전 기회를 잡지 못한 채 주전 경쟁에서 밀려나고 말았다. 챔피언스리그 포르투와의 경기에서 3도움을 올리는 맹활약을 펼치는 모습을 보면 잠재력은 분명한 선수이기 때문에 클럽 감독도 존스에게 기회를 줄 준비는 되어 있다는 입장이다.

출전경기	경기시간(분)	골	어시스트	경고	퇴장
15	856	1	1	-	-

MF 19 하비 엘리엇
Harvey Elliott

국적: 잉글랜드

측면 공격수까지 소화할 수 있는 창의적인 미드필더. 2020/21 시즌 블랙번에 임대돼 챔피언십에서 맹활약을 펼쳐 재능을 증명했다. 그 후 작년 여름 리버풀과 재계약을 체결하고 프리미어리그에서 활약을 시작했으나, 지난 시즌 초반 리즈와의 경기 도중 발목에 심각한 부상을 당한 탓에 이렇다 할 기회를 잡기 어려웠다. 이번 시즌 꾸준하게 경험을 쌓으면서 약점으로 지적되는 수비 능력도 개선해야 한다.

출전경기	경기시간(분)	골	어시스트	경고	퇴장
6	346	-	-	-	-

MF 28 파비우 카르발류
Fabio Carvalho

국적: 포르투갈

지난 시즌 풀럼에서 공격형 미드필더와 측면 공격수 역할을 맡아 팀의 챔피언십 우승을 이끈 유망주. 풀럼이 프리미어리그로 승격했음에도 리버풀의 관심을 받아 더 큰 도전을 선택했다. 기본적으로 움직임이 민첩하고 연계 능력이 좋아 높은 평가를 받고 있지만, 프리미어리그에서 뛰는 것은 처음인 만큼 적응할 시간은 필요할 게 분명하다. 전반기에 기회를 잡지 못할 경우 임대도 선택지가 될 수 있다.

출전경기	경기시간(분)	골	어시스트	경고	퇴장
36	2,839	10	8	5	-

FW 9 호베르투 피르미누
Roberto Firmino

국적: 브라질

공간과 기회를 만드는 데 특화된 최전방 공격수. 포지션은 최전방이지만 사실상 밑으로 내려와서 플레이메이커와 같은 역할을 수행한다. 이때 상대 수비를 끌고 내려오며 측면 공격수가 파고들 공간을 만들어주기 때문에 리버풀에서는 살라와 마네의 득점이 많았던 것이다. 최근 들어 득점력은 물론이고 경기에 끼치는 영향력까지 점차 감소하며 주전에서 밀려났다. 이번 시즌에도 든든한 백업 역할을 맡게 됐다.

출전경기	경기시간(분)	골	어시스트	경고	퇴장
20	987	5	4	3	-

FW 20 디오구 조타
Diogo Jota

국적: 포르투갈

탁월한 골 결정력을 보유한 공격 자원. 왼쪽 측면에서 중앙으로 들어와 강력한 슈팅으로 상대 골망을 흔든다. 공이 없는 상황에서의 움직임도 뛰어나 빈 공간으로 파고들어 헤더 득점을 터트리는 모습도 볼 수 있다. 리버풀에서는 교체 자원으로 시작해 피르미누의 노쇠화에 따라 출전 시간을 늘려가며 기대 이상의 활약을 펼쳐왔으나, 디아스에 이어 누녜스의 영입으로 다시 한 번 치열한 경쟁을 벌이게 됐다.

출전경기	경기시간(분)	골	어시스트	경고	퇴장
35	2,373	15	4	3	-

첼시 FC

Chelsea FC

TEAM PROFILE

창 립	1905년
구 단 주	토드 볼리(미국)
감 독	토마스 투헬(독일)
연 고 지	런던
홈 구 장	스탬퍼드 브리지(4만 834명)
라 이 벌	아스널, 리버풀
홈페이지	www.chelseafc.com

최근 5시즌 성적

시즌	순위	승점
2017-2018	5위	70점(21승7무10패, 62득점 38실점)
2018-2019	3위	72점(21승9무8패, 63득점 39실점)
2019-2020	4위	66점(20승6무12패, 69득점 54실점)
2020-2021	4위	67점(19승10무9패, 58득점 36실점)
2021-2022	3위	74점(21승11무6패, 76득점 33실점)

PREMIER LEAGUE (전신 포함)

통 산	우승 6회
21-22 시즌	3위(21승11무6패, 승점 74점)

FA CUP

통 산	우승 8회
21-22 시즌	결승

LEAGUE CUP

통 산	우승 5회
21-22 시즌	결승

UEFA

통 산	챔피언스리그 우승 2회 유로파리그 우승 2회
21-22 시즌	챔피언스리그 8강

경기 일정

라운드	날짜	장소	상대팀
1	2022.08.07	원정	에버턴
2	2022.08.13	홈	첼시
3	2022.08.20	원정	리즈 유나이티드
4	2022.08.27	홈	레스터 시티
5	2022.09.01	원정	사우샘프턴
6	2022.09.03	홈	웨스트햄
7	2022.09.10	원정	풀럼
8	2022.09.17	홈	리버풀
9	2022.10.01	원정	크리스탈 팰리스
10	2022.10.08	홈	울버햄튼 원더러스
11	2022.10.15	원정	애스턴 빌라
12	2022.10.19	원정	브렌트포드
13	2022.10.22	홈	맨체스터 유나이티드
14	2022.10.29	원정	브라이튼 앤 호브 앨비언
15	2022.11.06	홈	아스널
16	2022.11.13	원정	뉴캐슬 유나이티드
17	2022.12.27	홈	AFC 본머스
18	2023.01.01	원정	노팅엄 포레스트
19	2023.01.03	홈	맨체스터 시티
20	2023.01.15	홈	크리스탈 팰리스
21	2023.01.22	원정	리버풀
22	2023.02.05	홈	풀럼
23	2023.02.12	원정	웨스트햄
24	2023.02.19	홈	사우샘프턴
25	2023.02.26	원정	토트넘
26	2023.03.05	홈	리즈 유나이티드
27	2023.03.12	원정	레스터 시티
28	2023.03.19	홈	에버턴
29	2023.04.01	홈	애스턴 빌라
30	2023.04.08	원정	울버햄튼 원더러스
31	2023.04.15	홈	브라이튼 앤 호브 앨비언
32	2023.04.22	원정	맨체스터 유나이티드
33	2023.04.27	홈	브렌트포드
34	2023.04.29	원정	아스널
35	2023.05.06	원정	AFC 본머스
36	2023.05.13	홈	노팅엄 포레스트
37	2022.05.20	원정	맨체스터 시티
38	2022.05.29	홈	뉴캐슬 유나이티드

전력 분석 | 구단 매각으로 인한 혼란, 다급한 영입 행보

러시아의 우크라이나 침공 여파로 로만 아브라모비치가 지난 시즌 막바지 토드 보얼리의 컨소시움에 구단을 매각하며 첼시는 새로운 시대를 맞이하게 됐다. 보얼리 신임 회장은 임시 단장까지 겸임하며 여름 이적시장에 임한 결과 선수 영입 과정은 매끄럽게 흘러가지 못했다. 투헬 감독의 요청으로 스털링의 영입을 발빠르게 마무리한 것은 좋았지만, 이후 여러 명의 영입 대상을 놓친 탓에 시즌 개막이 임박해서야 다급한 영입 행보에 나서 불리한 협상을 해야 했다. 다행히 뤼디거와 크리스텐센이 떠난 수비진에 쿨리발리와 쿠쿠레야를 영입하며 수습에는 성공했고, 전력을 더 강화하기 위해 개막 이후에도 8월 말까지 계속해서 보강을 추진할 것으로 보이기 때문에 조직력을 얼마나 빠르게 완성할 수 있을지가 관건이다. 하지만 기본적으로 수준 높은 선수들이 포진하고 있고, 주전 도약을 꿈꾸고 있는 유망주들도 있기 때문에 어수선한 분위기가 가라앉은 이후에는 충분히 저력을 보여줄 수 있는 팀이다. 경쟁 팀들이 성공적으로 전력을 보강했기 때문에 하루빨리 새로운 체제가 안정을 찾고 계획했던 선수단 개혁을 이어가는 게 중요해 보인다.

전술 분석 | 불만투성이 루카쿠는 가라, 제로 톱으로 돌파구 찾는다

지난 시즌 첼시의 가장 큰 고민은 득점력이었다. 작년 여름 영입한 공격수 로멜루 루카쿠에게 기대를 걸었으나 루카쿠는 부상과 부진이 겹치며 힘든 시기를 보냈고, 공개적으로 불만을 표시한 끝에 전 소속팀 인테르로 임대를 떠났다. 이에 투헬 감독은 전형적인 스트라이커가 없는 제로 톱 전술로 돌파구를 찾으려 하고 있다. 지난 시즌 하베르츠를 제로 톱으로 기용했지만 만족스럽지 못했기 때문에 이번에는 스털링도 제로 톱으로 활용해볼 수 있다. 이미 스털링에게는 맨시티 시절 익숙한 전술이기도 하다. 공격진에서 마운트, 스털링, 하베르츠가 위치를 바꿔가며 호흡을 맞춰 골을 만들어낼 수 있다면 첼시의 고민은 상당히 줄어든다. 사우샘프턴 임대를 마치고 돌아온 스트라이커 브로야를 투입할 경우에는 전통적인 공격 삼각편대를 구성할 수도 있다. 남은 고민은 백업 자원의 활용이다. 공격 2선의 풀리식, 지예흐, 허드슨-오도이 모두 기대에 미치지 못하는 모습을 보여왔기 때문에 이들에게 동기를 부여하고 주전 경쟁을 유도해야 한다. 상황이 여의치 않을 경우에는 시즌 도중에라도 적극적으로 방출과 영입을 진행할 필요가 있다.

Chelsea v Tottenham Hotspur – Premier League
LONDON, ENGLAND-런던의 스탬포드 브리지에서 열린 첼시와
토트넘 홋스퍼 간의 경기에서 토트넘 홋스퍼의 다빈슨 산체스와
몸싸움을 벌이는 첼시의 메이슨 마운트. 2022/01/23

시즌 프리뷰 4위권 수성, 어려운 목표는 아니다

첼시는 예상할 수 없었던 구단 매각으로 불가피하게 쉽지 않은 시기를 보내고 있지만, 지난 시즌의 성과를 돌아보면 지금의 위기는 그리 큰 것이 아니다. 주전 윙백 칠웰이 장기 부상으로 자리를 비우고, 주전 공격수 루카쿠는 시즌 도중에 공개적으로 불만을 표시하고, 러시아의 우크라이나 침공 여파로 당시 구단주 아브라모비치의 자산이 동결되면서 팀을 정상적으로 운영하기조차 힘든 상황 까지 있었다. 그럼에도 첼시는 안정적으로 프리미어리그 3위 자리에서 시즌을 마무리했고, 비록 우승은 놓쳤지만 FA컵과 리그컵에서는 결승까지 올라 리버풀 을 상대로 한 치의 양보 없는 승부를 치렀다. 물론 이번 여름, 선수 영입에 차질 이 생기면서 리그 우승이라는 목표를 현실적으로 미뤄두게 된 것은 사실이다. 그렇다고 이번 시즌 4위 이상의 순위를 기록해서 챔피언스리그 진출권을 지키 는 것까지 어려워진 것은 아니다. 지난 시즌처럼 모든 대회 우승에 도전하기보 다는 대회의 경중을 판단해서 선택과 집중을 하고 차근차근 필요한 보강을 해 나간다면 기회는 언제든 다시 생길 수 있다. 당장 영입이 이뤄지지 않아서 그렇 지 보얼리 회장도 어디까지나 2억 파운드의 영입 자금 지원을 약속하기도 했다. 부상 선수들의 복귀도 반가운 소식이다. 앞서 언급한 칠웰은 물론이고 지난 시 즌 내내 부상에 시달리며 정상적인 컨디션을 유지하지 못했던 미드필더 캉테도 부활을 준비하고 있다. 이 두 선수만 꾸준하게 제 기량을 발휘해도 첼시의 경기 력은 크게 나아질 수 있다. 마지막으로 투헬 감독이 구단의 여전한 신뢰를 받으 며 팀을 이끌고 있다는 점도 빼놓을 수 없다. 위기를 극복하는 데 있어 최고 수 준의 전략가인 투헬보다 나은 감독은 많지 않을 것이다. 이번 시즌은 2보 전진 을 위한 1보 후퇴를 감내하는 시기로 생각하면 된다.

IN & OUT

주요 영입	주요 방출
라힘 스털링, 칼리두 쿨리발리, 마크 쿠쿠레야, 카 니 추쿠에메카, 코너 갤러거(임대 복귀), 아르만도 브로야(임대 복귀)	로멜루 루카쿠(임대), 안토니오 뤼디거, 안드레아 스 크리스텐센, 티모 베르너

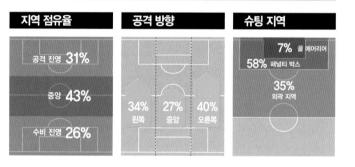

TEAM FORMATION

FW B+
17 스털링 (풀리식)
29 하베르츠 (브로야)
19 마운트 (지예흐)

MF A
21 칠웰 (알론소)
7 캉테 (코바시치)
5 조르지뉴 (갤러거)
24 제임스 (치크)

DF A-
32 쿠쿠레야 (찰로바)
6 실바 (쿨리발리)
26 쿨리발리 (아스필리쿠에타)

GK B+
16 멘디 (베티넬리)

PLAN **3-4-3**

지역 점유율
공격 진영 31%
중앙 43%
수비 진영 26%

공격 방향
34% 왼쪽 27% 중앙 40% 오른쪽

슈팅 지역
7% 골 에어리어
58% 패널티 박스
35% 외곽 지역

TEAM RATINGS

슈팅 7
패스 9
조직력 7
수비력 7
감독 9
선수층 7
46

2021/22 프로필

팀 득점	76
평균 볼 점유율	62.20%
패스 정확도	87.10%
평균 슈팅 수	15.6
경고	63
퇴장	1

골 타입
오픈 플레이	74
세트 피스	14
카운터 어택	0
패널티 킥	11
자책골	1	단위 (%)

패스 타입
쇼트 패스	89
롱 패스	7
크로스 패스	3
스루 패스	0	단위 (%)

SQUAD

포지션	등번호	이름		생년월일	키(cm)	체중(kg)	국적
GK	1	케파 아리사발라가	Kepa Arrizabalaga	1994.10.03	186	90	스페인
	16	에두아르 멘디	Edouard Mendy	1992.03.01	197	86	세네갈
	13	마커스 베티넬리	Marcus Bettinelli	1992.05.24	194	91	잉글랜드
DF	3	마르코스 알론소	Marcos Alonso	1990.12.28	188	85	스페인
	6	티아고 실바	Thiago Silva	1984.09.22	183	79	브라질
	14	트레보 찰로바	Trevoh Chalobah	1999.07.05	190	83	잉글랜드
	21	벤 칠웰	Ben Chilwell	1996.12.21	178	71	잉글랜드
	26	칼리두 쿨리발리	Kalidou Koulibaly	1991.06.20	186	89	세네갈
	32	마크 쿠쿠레야	Marc Cucurella	1998.07.22	175	66	스페인
	33	에메르송	Emerson	1994.08.03	176	79	이탈리아
MF	5	조르지뉴	Jorginho	1991.12.20	180	65	이탈리아
	7	은골로 캉테	N'Golo Kante	1991.03.29	168	71	프랑스
	8	마테오 코바시치	Mateo Kovacic	1994.05.06	177	77	크로아티아
	12	루벤 로프터스-치크	Ruben Loftus-Cheek	1996.01.23	191	88	잉글랜드
	19	메이슨 마운트	Mason Mount	1999.01.10	178	65	잉글랜드
	22	하킴 지예흐	Hakim Ziyech	1993.03.19	181	70	모로코
	23	코너 갤러거	Conor Gallagher	2000.02.06	182	74	잉글랜드
	24	리스 제임스	Reece James	1999.12.08	182	87	잉글랜드
	28	세사르 아스필리쿠에타	Cesar Azpilicueta	1989.08.28	178	77	스페인
	29	카이 하베르츠	Kai Havertz	1999.06.11	189	77	독일
	30	카니 추쿠에메카	Carney Chukwuemeka	2003.10.20	185	–	잉글랜드
FW	10	크리스천 풀리식	Christian Pulisic	1998.09.18	172	63	미국
	17	라힘 스털링	Raheem Sterling	1994.12.08	170	69	잉글랜드
	18	아르만도 브로야	Armando Broja	2001.09.10	191	74	알바니아
	20	칼럼 허드슨-오도이	Callum Hudson-Odoi	2000.11.07	177	74	잉글랜드

COACH

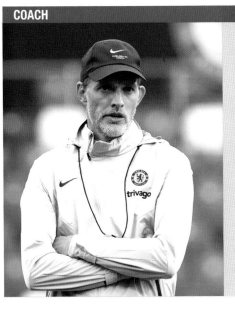

토마스 투헬 Thomas Tuchel
1973년 8월 29일생 독일

치밀한 전략가로 유명한 감독. 상대와 경기 흐름에 맞춰 다양한 전술을 구사하는 데 뛰어나다. 독일 무대에서 마인츠와 도르트문트를 이끌며 지도력을 인정받았고, PSG를 거쳐 2020/21 시즌 당시 위기에 빠졌던 첼시를 맡아 팀을 챔피언스리그 우승으로 이끄는 놀라운 성과를 거뒀다. 선수 관리에 있어 냉정한 면모를 보이고 구단 수뇌부와의 관계도 부드럽지 못하다는 단점이 있었으나, 첼시에서는 선수단이나 구단 수뇌부 모두와 원만한 관계를 유지해왔다. 구단 매각으로 새로운 수뇌부가 꾸려진 이번 여름부터는 선수 영입에도 예전보다 적극적으로 관여하고 있다.

상대팀 최근 6경기 전적

구분	승	무	패
맨체스터 시티	3		3
리버풀	1	2	3
첼시			
토트넘 홋스퍼	5	1	
아스널	1	1	4
맨체스터 유나이티드	1	4	1
웨스트햄 유나이티드	3		3
레스터 시티	3	1	2
브라이튼 & 호브 알비온	2	4	
울버햄튼 원더러스	2	3	1
뉴캐슬 유나이티드	5	1	
크리스탈 팰리스	6		
브렌트포드	4	1	1
애스턴 빌라	4	1	1
사우샘프턴	3	2	1
에버턴	2	1	3
리즈 유나이티드	5	1	
풀럼	6		
본머스	2	1	3
노팅엄 포레스트	6		

KEY PLAYER

MF 19	메이슨 마운트 Mason Mount	출전경기	경기시간(분)	골	어시스트	경고	퇴장
		32	2,365	11	10	4	-

국적: 잉글랜드

강력한 킥과 영리한 플레이를 무기로 상대를 위협하는 공격형 미드필더. 공격 2선의 모든 포지션은 물론이고 중앙 미드필더로도 뛸 수 있을 만큼 성실한 움직임 또한 갖추고 있다. 공격진에 확실한 에이스가 없던 지난 시즌 첼시에서 골이 필요한 상황마다 해결사 역할을 해낸 선수가 바로 마운트였고, 이번 시즌 스털링이 가세하긴 했어도 여전히 에이스는 마운트가 될 것으로 보인다. 여섯 살 때부터 첼시 유소년팀에서 꾸준히 성장해온 선수이기에 구단에 대한 충성심이 매우 강하고 팬들의 신뢰를 한 몸에 받고 있다.

DARK HORSE

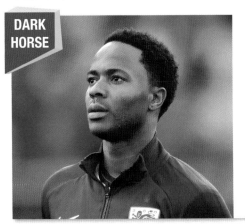

FW 17	라힘 스털링 Raheem Sterling	출전경기	경기시간(분)	골	어시스트	경고	퇴장
		30	2,127	13	5	1	-

국적: 잉글랜드

드리블 돌파와 침투 움직임이 뛰어난 측면 공격수. 기존의 첼시 선수단에는 개인 돌파 능력으로 상대 수비를 흔들 수 있는 선수가 부족했기 때문에 이번 여름 투헬 감독의 영입 대상 1호가 바로 스털링이었다. 스털링 또한 이전 소속팀인 맨시티에서는 활약상에 비해 입지가 줄어들고 있었기 때문에 자신이 핵심 전력이 될 수 있는 첼시로의 이적을 기꺼이 선택했다. 종종 결정적인 득점 기회를 놓친다는 단점도 있지만, 워낙 많은 기회를 만들어내고 또 맞이하는 선수이기에 공격 포인트 생산 능력 자체는 최고 수준이다.

NEW ADDITION

DF 26	칼리두 쿨리발리 Kalidou Koulibaly	출전경기	경기시간(분)	골	어시스트	경고	퇴장
		27	2,406	3	3	5	1

국적: 세네갈

세리에A 최고의 센터백 중 하나로 군림해온 나폴리의 핵심. 매년 여름마다 뜨거운 관심을 받으며 이적설에 이름을 올리다가 나폴리와의 계약 기간을 1년 남겨둔 올여름 마침내 첼시로의 이적을 선택했다. 강력한 신체 능력과 집중력을 바탕으로 상대의 공격을 차단하고, 공을 다루는 기술과 패스 실력도 뛰어난 편이다. 첼시에서 레알 마드리드로 이적한 안토니오 뤼디거의 대체자로 가장 어울리는 선수라고 할 수 있다. 31세의 나이에도 전성기를 유지하고 있으며, 이에 첼시는 4년이라는 장기 계약으로 믿음을 보여줬다.

PLAYERS

GK 16 에두아르 멘디
Édouard Mendy

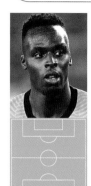

국적: 세네갈

엄청난 반사 신경과 선방 능력을 자랑하는 골키퍼. 첼시의 전설적인 골키퍼였던 페트르 체흐 전임 단장이 직접 영입한 자원으로, 투헬 감독 부임 직후 특히 뛰어난 선방을 펼쳐 첼시가 감독 교체 시기에 빠르게 안정을 찾도록 도우며 챔피언스리그 우승에 공헌했다. 그러나 상대의 압박에 쉽게 당황하고 패스 정확도도 떨어져 종종 상대 공격수에게 향하는 위험한 패스 실수를 범하는 단점은 개선이 필요하다.

출전경기	경기시간(분)	실점	무실점(경기)	경고	퇴장
34	3,060	31	14	3	-

DF 6 티아구 실바
Thiago Silva

국적: 브라질

오랜 세월 '월드 클래스'를 유지해온 센터백. 브라질 국가대표로 100경기 넘게 소화했으며, 37세인 지금까지도 대표팀의 부름에 응하고 있다. 빠른 판단으로 수비진을 지휘하며, 위험한 상황이 생기기 전에 미리 달려가서 패스를 끊거나 태클로 공을 따내곤 한다. 공을 다루는 기술도 뛰어나 후방 빌드업에도 능하다. 이제는 30대 후반인 만큼 예전과 같은 민첩성이 사라진 것이 유일한 아쉬움이다.

출전경기	경기시간(분)	골	어시스트	경고	퇴장
32	2,651	3	-	2	-

DF 14 트레보 찰로바
Trevoh Chalobah

국적: 잉글랜드

지난 시즌 혜성처럼 등장한 신예 센터백. 첼시 유소년팀 출신으로, 잉글랜드 하부 리그와 프랑스 무대에서 임대로 경험을 쌓다가 투헬 감독의 눈도장을 받으며 곧바로 주전 급으로 활약을 시작했다. 수비형 미드필더까지 소화하는 만큼 공을 다루는 기술이 좋고 태클 또한 날카로우며, 과감하게 전진해서 중거리 슈팅으로 골을 노리기도 한다. 아직 경험이 부족한 만큼 집중력 부족이나 실수가 있는 편이다.

출전경기	경기시간(분)	골	어시스트	경고	퇴장
20	1,451	3	1	2	-

DF 21 벤 칠웰
Ben Chilwell

국적: 잉글랜드

잉글랜드 국가대표 레프트백. 2020년 여름 레스터 시티에서 영입됐다. 민첩한 움직임과 날카로운 패스를 바탕으로 득점 기회를 만드는 데 능하다. 지난 시즌 초반 반대쪽 윙백인 제임스와 좋은 호흡을 선보이며 첼시의 강력한 무기로 떠올랐으나, 챔피언스리그 경기 도중 십자인대 부상을 당해 시즌 최종전에야 복귀할 수 있었다. 이번 시즌에는 부상 후유증 없이 원래 기량을 되찾는 데 집중해야 한다.

출전경기	경기시간(분)	골	어시스트	경고	퇴장
7	541	3	1	-	-

DF 24 리스 제임스
Reece James

국적: 잉글랜드

강력한 신체 능력과 킥을 무기로 활약하는 윙백. 첼시 유소년팀 출신으로, 위건 임대를 통해 경험을 쌓은 뒤 2019/20 시즌부터 첼시에서 활약했다. 스리백의 오른쪽 센터백과 윙백은 물론이고 수비형 미드필더까지 소화할 만큼 이해도가 높으며 상대와의 경합에서 쉽게 밀리지 않는다. 오른쪽 측면에서 박스 안으로 올리는 날카로운 크로스가 전매특허다. 경기에서 영향력을 꾸준히 늘려가는 모습이다.

출전경기	경기시간(분)	골	어시스트	경고	퇴장
26	1,868	5	9	4	1

DF 28 세사르 아스필리쿠에타
César Azpilicueta

국적: 스페인

첼시에서 10년간 활약해온 팀의 주장. 첼시 소속으로 참가할 수 있는 모든 대회에서 우승을 경험한 역대 최초이자 유일한 선수다. 스리백에서 오른쪽 센터백은 물론이고 풀백, 윙백까지 소화하는 다재다능한 선수다. 견실한 수비력이 장점으로, 공격에도 적극 가담하지만 크로스의 정확도가 높은 편은 아니다. 이번 시즌에도 상대에 따라 제임스와 포지션을 바꿔가며 센터백과 윙백 포지션을 오갈 것으로 보인다.

출전경기	경기시간(분)	골	어시스트	경고	퇴장
27	2,075	1	2	3	-

DF 32 마크 쿠쿠레야
Marc Cucurella

국적: 스페인

바르셀로나 유소년팀 출신 수비수. 작년 여름 1,500만 파운드의 이적료로 브라이튼에 영입돼 맹활약을 펼치며 지난 시즌 팀 최우수 선수로 선정됐고, 1년 만에 5천만 파운드가 넘는 이적료로 첼시에 입단하며 챔피언스리그 무대에 도전하게 됐다. 왕성한 활동량과 헌신적인 수비, 부드러운 볼 터치까지 모두 갖춘 다재다능한 선수로 3백의 왼쪽 센터백과 측면 수비를 모두 소화할 수 있다.

출전경기	경기시간(분)	골	어시스트	경고	퇴장
35	3,092	1	1	6	-

MF 5 조르지뉴
Jorginho

국적: 이탈리아

정확한 패스와 페널티 킥으로 유명한 미드필더. 나폴리 시절부터 마우리치오 사리 감독의 페르소나로 활약하다 2018년 여름 사리 감독과 함께 첼시에 입성했다. 후방 플레이메이커로서 탁월한 패스 능력을 보유하고 있지만, 민첩하거나 몸싸움에 강하지는 않아 프리미어리그의 거칠고 빠른 템포에서는 어려움을 겪기도 했다. 이러한 특성 때문에 스리백 시스템에서 중원에 파트너가 있을 때 좋은 활약을 선보인다.

출전경기	경기시간(분)	골	어시스트	경고	퇴장
29	2,279	6	2	5	-

MF 7 은골로 캉테
N'Golo Kanté

국적: 프랑스

엄청난 활동량으로 경기장 곳곳을 누비며 공을 되찾는 미드필더. 그러나 수비만 잘하는 선수가 아니라 공을 빼앗은 뒤 직접 전진하는 능력도 탁월해 역습을 주도하기도 한다. 슈팅이나 패스 마무리는 아쉬운 편. 첼시에서 항상 없어서는 안 될 존재로 활약해왔지만, 지난 시즌에는 잦은 부상에 시달리며 기복 있는 모습을 보였다. 백신 문제로 프리 시즌 훈련도 함께하지 못했기에 분발이 필요한 상황이다.

출전경기	경기시간(분)	골	어시스트	경고	퇴장
26	1,778	2	4	2	-

MF 8 마테오 코바시치
Mateo Kovačić

국적: 크로아티아

탈압박에 있어서는 타의 추종을 불허하는 미드필더. 유려한 드리블로 상대 한두 명은 손쉽게 따돌리고 전진할 수 있고, 공을 지키거나 원터치 패스로 내주는 능력도 뛰어나 후방 빌드업에도 도움이 된다. 그러나 공격 진영까지 올라갔을 때는 마무리 슈팅이나 패스가 날카롭지 못해 공격 포인트는 많지 않다. 기량은 믿을 수 있지만 부상이 잦은 편이라 첼시에서 확고한 주전 자리를 차지하지는 못했다.

출전경기	경기시간(분)	골	어시스트	경고	퇴장
25	1,557	2	5	4	-

MF 12 루벤 로프터스-치크
Ruben Loftus-Cheek

국적: 잉글랜드

좋은 신체 조건과 공을 다루는 기술을 갖춘 미드필더. 첼시 유소년팀 출신으로, 잠재력이 상당하다는 평가를 받아왔으나 아직 기대만큼의 결과를 보여주지는 못했다. 공격진에서 수비진까지 여러 포지션을 소화해봤을 정도로 기본적인 기량은 뛰어난 선수이며, 공을 갖고 전진하는 능력은 특히 일품이다. 반면에 활동량과 수비력은 부족하며, 판단 착오로 위험 지역에서 공을 빼앗기는 모습 등은 아쉬운 부분이다.

출전경기	경기시간(분)	골	어시스트	경고	퇴장
24	1,388		2	1	-

MF 22 하킴 지예흐
Hakim Ziyech

국적: 모로코

'왼발의 마법사'로 불리는 공격형 미드필더. 중앙과 오른쪽 측면에서 민첩하게 움직이며 날카로운 슈팅과 크로스를 통해 득점 기회를 만들어내는 데 능하다. 아약스 소속으로 챔피언스리그 무대에서 뛰어난 활약을 펼쳐 첼시의 관심을 받았고, 2020년 여름 4,000만 유로의 이적료로 첼시에 입단했다. 그러나 프리미어리그의 빠른 경기 템포에 적응하는데 어려움을 겪으면서 주전 확보에는 실패한 상황이다.

출전경기	경기시간(분)	골	어시스트	경고	퇴장
23	1,316	4	3	3	-

MF 23 코너 갤러거
Conor Gallagher

국적: 잉글랜드

지난 시즌 크리스탈 팰리스에 임대돼 잠재력을 폭발한 공격형 미드필더. 크리스탈 팰리스에서의 맹활약 덕분에 많은 구단들의 관심을 받았으나, 첼시 유소년팀 출신이다 보니 구단에 대한 충성심이 강해 첼시에 남아 주전 경쟁을 선택했다. 저돌적인 움직임에 이은 과감한 슈팅이 강점이며 압박에도 헌신적인 모습을 보이는 반면 슈팅이나 마무리 패스의 섬세함은 부족한 편이다. 제2의 마운트가 목표라고 할 수 있다.

출전경기	경기시간(분)	골	어시스트	경고	퇴장
34	2,851	8	3	10	-

MF 29 카이 하베르츠
Kai Havertz

국적: 독일

연계 플레이와 영리한 움직임이 장점인 공격수. 공을 다루는 솜씨도 부드러워 '실키 저먼'이라는 애칭을 얻었다. 원래 공격형 미드필더와 오른쪽 측면을 맡았던 선수인데, 첼시에서는 팀 사정에 따라 최전방에 투입돼 준수한 활약을 펼쳤다. 2020/21 시즌 챔피언스리그 결승전 결승골의 주인공이기도 한데, 골 결정력이 좋은 편은 아니다. 루카쿠가 떠난 이번 시즌 하베르츠의 득점이 더욱 중요해졌다.

출전경기	경기시간(분)	골	어시스트	경고	퇴장
29	1,816	8	3	3	-

MF 30 카니 추쿠에마카
Carney Chukwuemeka

국적: 잉글랜드

올해 19세 이하 유럽 선수권에서 잉글랜드에 우승을 안긴 유망주. 애스턴 빌라와 계약 기간을 1년 남겨두고 여러 명문 구단들의 관심을 받는 상황에서 첼시가 최대 2,000만 파운드의 이적료로 영입에 성공했다. 큰 체격에도 부드러운 기술과 움직임을 갖추고 있으며, 득점 기회 창출에 능한 선수다. 조르지뉴, 캉테 등 주축 미드필더들의 계약 기간도 1년 남아 있어 세대 교체를 준비하기 위한 영입이다.

출전경기	경기시간(분)	골	어시스트	경고	퇴장
12	294	-	1	-	-

FW 10 크리스천 풀리식
Christian Pulisic

국적: 미국

'캡틴 아메리카'로 불리는 미국 최고의 축구 스타. 투헬 감독과는 도르트문트에서도 호흡을 맞췄다. 저돌적인 돌파로 상대의 반칙을 이끌어내는 데 능하고, 문전으로 쇄도해 골을 터트리는 능력도 뛰어나다. 반면에 부상이 잦고 경합에 약한 편이며, 패스의 정확도 또한 부족해서 다소 기복이 있다. 이번 시즌에는 스털링까지 경쟁에 가세했기 때문에 꾸준한 출전 기회를 잡기 위해서는 분발이 필요해 보인다.

출전경기	경기시간(분)	골	어시스트	경고	퇴장
22	1,286	6	2	2	-

FW 18 아르만도 브로야
Armando Broja

국적: 알바니아

191cm의 장신임에도 민첩한 움직임으로 성실하게 전방 압박을 수행하는 공격수. 지난 시즌 사우샘프턴에 임대돼 인상적인 활약을 펼쳐 이번 여름 웨스트햄을 비롯한 여러 구단의 관심을 받았으나, 공격수가 부족했던 첼시는 강력하게 잔류를 못박았다. 이번 시즌 하베르츠의 백업 역할로 시작해 출전 기회를 늘려가야 한다. 공격수 갈증이 있는 첼시의 유소년팀 출신인 만큼 더 큰 기대를 받고 있다.

출전경기	경기시간(분)	골	어시스트	경고	퇴장
32	1,981	6	-	2	-

FW 20 칼럼 허드슨-오도이
Callum Hudson-Odoi

국적: 잉글랜드

첼시가 가장 기대하던 유망주. 측면 공격수로 연계 플레이와 드리블 돌파, 날카로운 크로스가 장점이다. 재능 자체는 뛰어난 선수이기에 활약을 보여주는 순간들은 존재하지만, 아직까지 꾸준하게 활약을 이어간 적이 한 번도 없다. 아킬레스 부상 여파나 불성실한 태도가 기복의 원인으로 지적되기도 한다. 지난 시즌 막바지에는 신경 문제로 등 부상을 당해 경기에 나서지 못했기에 입지가 불안한 상황이다.

출전경기	경기시간(분)	골	어시스트	경고	퇴장
15	966	1	2	1	-

토트넘 홋스퍼

Tottenham Hotspur

TEAM PROFILE	
창 립	1882년
구 단 주	조 루이스(잉글랜드)
감 독	안토니오 콘테(이탈리아)
연 고 지	런던
홈 구 장	토트넘 홋스퍼 스타디움(6만 2,062명)
라 이 벌	아스널
홈페이지	www.tottenhamhotspur.com

최근 5시즌 성적

시즌	순위	승점
2017-2018	3위	77점(23승8무7패, 74득점 36실점)
2018-2019	4위	71점(23승2무13패, 67득점 39실점)
2019-2020	6위	59점(16승11무11패, 61득점 47실점)
2020-2021	7위	62점(18승8무12패, 68득점 45실점)
2021-2022	4위	71점(22승5무11패, 69득점 40실점)

PREMIER LEAGUE (전신 포함)

통 산	우승 2회
21-22 시즌	4위(22승5무11패, 승점 71점)

FA CUP

통 산	우승 8회
21-22 시즌	16강

LEAGUE CUP

통 산	우승 4회
21-22 시즌	4강

UEFA

통 산	유로파리그 우승 2회
21-22 시즌	없음

경기 일정

라운드	날짜	장소	상대팀
1	2022.08.06	홈	사우샘프턴
2	2022.08.13	원정	첼시
3	2022.08.20	홈	울버햄튼 원더러스
4	2022.08.27	원정	노팅엄 포레스트
5	2022.08.31	원정	웨스트햄
6	2022.09.03	홈	풀럼
7	2022.09.10	원정	맨체스터 시티
8	2022.09.17	홈	레스터 시티
9	2022.10.01	원정	아스널
10	2022.10.08	원정	브라이튼 앤 호브 앨비언
11	2022.10.20	홈	에버턴
12	2022.10.20	원정	맨체스터 유나이티드
13	2022.10.22	홈	뉴캐슬 유나이티드
14	2022.10.29	원정	AFC 본머스
15	2022.11.06	홈	리버풀
16	2022.11.13	홈	리즈 유나이티드
17	2022.12.27	원정	브렌트포드
18	2023.01.01	홈	애스턴 빌라
19	2023.01.03	원정	크리스탈 팰리스
20	2023.01.15	홈	아스널
21	2023.01.22	원정	풀럼
22	2023.02.05	홈	맨체스터 시티
23	2023.02.12	원정	레스터 시티
24	2023.02.19	홈	웨스트햄
25	2023.02.26	홈	첼시
26	2023.03.05	원정	울버햄튼 원더러스
27	2023.03.12	홈	노팅엄 포레스트
28	2023.03.19	원정	사우샘프턴
29	2023.04.01	원정	에버턴
30	2023.04.08	홈	브라이튼 앤 호브 앨비언
31	2023.04.15	홈	AFC 본머스
32	2023.04.22	원정	뉴캐슬 유나이티드
33	2023.04.26	원정	맨체스터 유나이티드
34	2023.04.29	원정	리버풀
35	2023.05.06	홈	크리스탈 팰리스
36	2023.05.13	원정	애스턴 빌라
37	2023.05.20	홈	브렌트포드
38	2023.05.29	원정	리즈 유나이티드

전력 분석 | 평소와 다른 폭풍 영입, 우승도 넘본다

안토니오 콘테 감독은 지난 시즌 내내 토트넘이 우승에 도전할 전력을 갖추지 못한다면 팀을 떠날 수도 있다는 뜻을 공공연하게 밝혀왔다. 이러한 '협박'이 통했는지, 평소 씀씀이를 철저하게 단속하던 다니엘 레비 토트넘 회장이 이번 여름에는 무려 여섯 명의 선수를 영입하는 통 큰 면모를 보여줬다. 손흥민과 케인의 믿을 만한 백업이 없어 고민이었는데, 공격진에는 에버턴의 에이스 히샬리송이, 동력이 부족했던 중원에는 브라이턴의 핵심 이브 비수마가, 만족스러운 자원이 없었던 윙백 포지션에는 베테랑 이반 페리시치와 신성 제드 스펜스가 합류했다. 수비진에는 바르셀로나의 클레망 랑글레가, 백업 골키퍼 자리에는 프리미어리그에서 잔뼈가 굵은 프레이저 포스트가 영입됐다. 이로써 토트넘은 4위권 진입을 넘어 당당하게 리그 우승에 도전할 만한 전력을 갖추게 됐다. 기존에도 선발 라인업은 강하지만 교체 자원들이 아쉬웠고, 이 때문에 경기력에 기복이 있었던 건데 이제는 어느 한 곳 약점을 찾기가 어려울 정도다. 시즌 도중 월드컵이라는 변수에 잘 대처하고 부상 관리만 잘한다면 어느 때보다 우승권에 가까운 전력이다.

전술 분석 | 전매특허 '손케' 조합, 창의성은 여전히 의문

콘테 감독은 이탈리아 출신답게 안정적인 수비를 강조한다. 수비 시에는 누구도 예외 없이 압박에 가담하고, 공격 시에는 스리백 수비수들이 후방 빌드업을 시작하긴 하지만 직접 전진하기보다는 미드필더에게 공을 보내서 공격으로 전환한다. 최전방 공격수인 케인도 아래로 내려와서 공을 받아 중장거리 패스로 득점 기회를 만들어내고, 손흥민이 달려들어가며 이 패스를 받아 골을 터트리는 플레이는 이미 토트넘의 전매특허가 됐다. 스리백 시스템에서는 윙백들의 공격력이 중요한데, 지금까지 아쉬웠던 이 부분을 페리시치와 스펜스의 영입으로 해결했다. 특히나 왼쪽 측면에서 페리시치와 손흥민이 보여줄 연계 플레이는 기대해볼 만하다. 오른쪽 측면에는 1월에 합류한 데얀 쿨루셉스키가 빠르게 주전 공격수로 자리를 굳힌 가운데, 윙백 포지션에는 유망주인 스펜스가 기대만큼 활약하지 못할 경우를 대비해 공격수인 루카스 모우라의 윙백 전환도 준비하고 있다. 여기에 공격진의 모든 포지션을 소화하는 히샬리송까지 가세해 다양한 공격 조합이 가능하다. 수비적인 팀을 공략하기 위한 창의적인 미드필더가 없는 것이 옥에 티라고 할 수 있다.

Southampton v Tottenham Hotspur-Premier League
SOUTHAMPTON, ENGLAND-사우샘프턴 세인트 메리 스타디움에서 열린
사우샘프턴과 토트넘 홋스퍼의 경기에서 사우샘프턴의 얀 베드나렉과
몸싸움을 하는 토트넘의 해리 케인. 2021/12/28

시즌 프리뷰 콘테의 우승 DNA냐? 프리미어의 높은 벽이냐?

콘테는 유벤투스, 첼시, 인테르를 이끌고 모두 리그 정상에 오르며 '우승 청부사'라는 별명을 얻은 감독이다. 지난 시즌 초반 누누 산체스 감독 체제에서 위기에 빠져 있던 토트넘을 맡아 불가능하게만 보였던 리그 4위를 달성한 것도 엄청난 업적이라고 할 수 있고, 이러한 성공을 기반으로 든든한 전력 보강이라는 지원까지 받았다. 콘테 감독의 지도력과 토트넘 선수단만 보면 전력이 확실히 강해졌으니 지난 시즌보다 더 높은 순위를 노려보는 게 당연하다. 문제는 프리미어리그의 수준이 너무나도 높다는 사실이다. 콘테 외에도 펩 과르디올라, 위르겐 클롭, 토마스 투헬이라는 명장들이 경쟁을 펼치고 있는 가운데 에릭 텐 하흐 감독까지 맨유에 부임했다. 선수단을 봐도 지난 시즌 우승 팀인 맨시티부터가 전력을 완벽에 가깝게 보강했으며, 토트넘에 4위 자리를 빼앗겼던 북런던 라이벌 아스널도 약점을 확실히 보완해 새로운 시즌에 임한다. 게다가 챔피언스리그 병행이라는 요소도 무시할 수 없다. 교체 자원까지 든든하게 보강은 했지만, 토트넘에는 지난 시즌과 분명 다른 환경인 셈이다. 우승에 도전하는 동시에 4위 자리도 위협받을 수 있는 곳이 바로 프리미어리그다.

국내 팬들로서는 손흥민에게 다시 한 번 최고의 활약을 기대할 수 있는 시즌이 될 것으로 보인다. 지난 시즌 프리미어리그 득점왕 등극, 프리미어리그 통산 100골이라는 대기록까지 7 골만을 남겨둔 시점, 세계 최고 수준의 대회인 챔피언스리그 복귀, 대한민국 국가대표로 참가하는 월드컵, 한국에서 동료들과 보낸 프리 시즌까지 최고의 동기부여가 가득한 환경이기 때문이다. 아시아 역대 최고 선수이자 토트넘과 프리미어리그의 아이콘이 된 손흥민이 2022/23 시즌을 통해 논란의 여지조차 없는 '월드 클래스'로 등극할지 기대해보자.

TEAM FORMATION

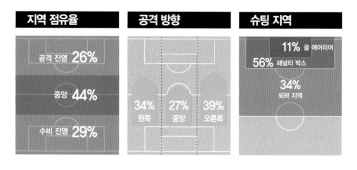

PLAN 3-4-3

지역 점유율	공격 방향	슈팅 지역
공격 진영 26%	34% 왼쪽 / 27% 중앙 / 39% 오른쪽	11% 골 에어리어 / 56% 패널티 박스 / 34% 외곽 지역
중앙 44%		
수비 진영 29%		

IN & OUT

주요 영입	주요 방출
히샬리송, 이브 비수마, 이반 페리시치, 클레망 랑글레(임대), 제드 스펜스, 프레이저 포스터	스티븐 베르바인

TEAM RATINGS

슈팅 10 / 패스 7 / 조직력 7 / 49 / 수비력 7 / 감독 9 / 선수층 9

2021/22 프로필

팀 득점	69
평균 볼 점유율	51.90%
패스 정확도	85.00%
평균 슈팅 수	12.9
경고	67
퇴장	1

골 타입
오픈 플레이	67
세트 피스	12
카운터 어택	6
패널티 킥	7
자책골	9

단위 (%)

패스 타입
쇼트 패스	88
롱 패스	8
크로스 패스	3
스루 패스	0

단위 (%)

SQUAD

포지션	등번호	이름		생년월일	키(cm)	체중(kg)	국적
GK	1	위고 요리스	Hugo Lloris	1986.12.26	188	82	프랑스
	20	프레이저 포스터	Fraser Forster	1988.03.17	201	93	잉글랜드
DF	2	맷 도허티	Matt Doherty	1992.01.16	185	89	아일랜드
	6	다빈손 산체스	Davinson Sanchez	1996.06.12	187	81	콜롬비아
	12	이메르송 호얄	Emerson Royal	1999.01.14	183	79	브라질
	15	에릭 다이어	Eric Dier	1994.01.15	188	90	잉글랜드
	17	크리스티안 로메로	Cristian Romero	1998.04.27	188	79	아르헨티나
	24	제드 스펜스	Djed Spence	2000.08.09	184	71	잉글랜드
	25	자페 탕강가	Japhet Tanganga	1999.03.31	184	83	잉글랜드
	33	벤 데이비스	Ben Davies	1993.04.24	181	76	웨일즈
	34	클레망 랑글레	Clement Lenglet	1995.06.17	186	81	프랑스
MF	4	올리버 스킵	Oliver Skipp	2000.09.16	175	70	잉글랜드
	5	피에르-에밀 호이비에르	Pierre-Emile Hojbjerg	1995.08.05	185	84	덴마크
	8	해리 윙크스	Harry Winks	1996.02.02	178	74	잉글랜드
	14	이반 페리시치	Ivan Perisic	1989.02.02	186	80	크로아티아
	18	지오바니 로 셀소	Giovani Lo Celso	1996.04.09	177	74	아르헨티나
	19	라이언 세세뇽	Ryan Sessegnon	2000.05.18	178	70	잉글랜드
	29	파페 사르	Pape Sarr	2002.09.14	184	70	세네갈
	30	로드리고 벤탄쿠르	Rodrigo Bentancur	1997.06.25	187	72	우루과이
	38	이브스 비수마	Yves Bissouma	1996.08.30	182	80	말리
FW	7	손흥민	Heung-min Son	1992.07.08	184	78	대한민국
	9	히샬리송	Richarlison	1997.05.10	184	71	브라질
	10	해리 케인	Harry Kane	1993.07.28	188	65	잉글랜드
	11	브라이언 힐	Bryan Gil	2001.02.11	175	–	스페인
	21	데얀 쿨루셰프스키	Dejan Kulusevski	2000.04.25	186	80	스웨덴
	27	루카스 모우라	Lucas Moura	1992.08.13	172	66	브라질

COACH

안토니오 콘테 Antonio Conte
1969년 7월 31일생 이탈리아

선수 시절부터 유벤투스 주장을 맡았을 만큼 강력한 카리스마로 선수단을 장악하고 실리적인 전술을 통해 최상의 결과를 내는 감독. 세리에A에서 유벤투스와 인테르를 이끌고 우승을 차지했고, 프리미어리그에서도 첼시를 맡아 프리미어리그와 FA컵 정상에 오르며 '우승 청부사'라는 별명에 어울리는 성과를 거뒀다. 안정적인 스리백 수비를 기반으로 빠른 역습을 통해 상대를 공략하는 전술을 주로 활용한다. 토트넘에서도 같은 기조의 전술을 이어오고 있고, 이번 시즌에는 공격진 조합과 상대 팀에 따라 3-4-3과 3-4-1-2 포메이션을 번갈아 가동할 가능성이 충분하다.

상대팀 최근 6경기 전적

구분	승	무	패
맨체스터 시티	4		2
리버풀		2	4
첼시		1	5
토트넘 홋스퍼			
아스널	3	1	2
맨체스터 유나이티드	1	1	4
웨스트햄 유나이티드	3	1	2
레스터 시티	4		2
브라이튼 & 호브 알비온	4		2
울버햄튼 원더러스	3	1	2
뉴캐슬 유나이티드	3	2	1
크리스탈 팰리스	3	2	1
브렌트포드	4	1	
애스턴 빌라	5		1
사우샘프턴	3	2	1
에버턴	2	2	2
리즈 유나이티드	4		2
풀럼	5	1	
본머스	4	1	1
노팅엄 포레스트	4	1	1

KEY PLAYER

			출전경기	경기시간(분)	골	어시스트	경고	퇴장
FW 7	손흥민 Son Heung-min		35	3,021	23	7	2	-

국적: 대한민국

지난 시즌 프리미어리그 득점왕에 빛나는 아시아 역대 최고의 선수. 엄청난 스피드로 상대 수비 뒷공간을 공략하며, 왼발과 오른발을 가리지 않고 어느 위치에서든 강력한 슈팅으로 골을 터트리는 것이 특기다. 세트 피스도 전담할 만큼 킥이 뛰어나다. 2016/17 시즌부터 매 시즌 프리미어리그 두 자릿수 골을 득점하며 토트넘의 확고한 주전으로 활약해왔고, 지난 시즌에는 마침내 득점왕에까지 오르며 팀의 에이스로 자리매김했다. 케인과는 프리미어리그 역대 최다 골 합작 기록을 경신하며 최고의 파트너십을 형성하고 있다.

DARK HORSE

			출전경기	경기시간(분)	골	어시스트	경고	퇴장
FW 9	히샬리송 Richarlison		30	2,528	10	5	9	-

국적: 브라질

옵션 포함 토트넘 구단 역대 최고 이적료에 영입된 라이징 스타. 측면에서 저돌적인 돌파로 상대 수비를 헤집을 수 있는 동시에, 최전방 공격수로서 중앙에서도 경합을 꺼리지 않고 압박에도 성실하게 가담하는 다재다능한 자원이다. 지금까지 프리미어리그 중하위권 팀의 에이스였기 때문에 혼자 힘으로 공격을 마무리하는 데 익숙했지만, 토트넘에서는 동료와의 연계 플레이를 발전시킬 필요가 있다. 이번 시즌 손흥민과 케인의 백업이자 경쟁자로서 히샬리송이 활약하는 만큼 토트넘이 성공을 거둘 가능성도 커진다고 할 수 있다.

NEW ADDITION

			출전경기	경기시간(분)	골	어시스트	경고	퇴장
MF 38	이브 비수마 Yves Bissouma		26	2,117	1	2	10	-

국적: 말리

강력한 태클과 경기 흐름을 읽는 가로채기로 수비진을 보호하는 수비형 미드필더. 공을 빼앗은 뒤 전진하는 능력도 탁월하다. 지난 시즌 프리미어리그 9위에 오르는 돌풍을 일으켰던 브라이튼의 핵심 전력으로, 빅 클럽 도전은 이번이 처음이지만 콘테 감독의 스리백 체제에 꼭 알맞은 장점을 갖춘 선수라 적응은 수월할 것으로 보인다. 토트넘과 순위 경쟁을 펼칠 수 있는 아스널, 맨유 등의 관심을 받았음에도 챔피언스리그 진출권을 확보한 덕분에 상대적으로 저렴한 이적료로 일찌감치 영입한 것은 보너스라고 할 수 있다.

PLAYERS

GK 1 위고 요리스 Hugo Lloris

국적: 프랑스

10년간 토트넘의 골문을 지켜온 주전 골키퍼. 빠른 상황 판단과 뛰어난 반사 신경을 바탕으로 펼치는 선방 능력은 유럽 최고 수준이다. 오랫동안 기복 없이 꾸준한 선방을 펼쳐온 반면에 패스의 정확도는 떨어지는 편이어서 후방 빌드업 시에는 실책으로 위기를 맞는 경우도 있다. 프랑스 국가대표로 100경기 이상의 A매치를 소화했고, 대표팀 주장으로 2018 월드컵 우승을 차지하는 성공을 거뒀다.

출전경기	경기시간(분)	실점	무실점(경기)	경고	퇴장
38	3,420	40	16	2	-

GK 20 프레이저 포스터 Fraser Forster

국적: 잉글랜드

프리미어리그 통산 134경기를 소화한 베테랑 골키퍼. 전성기는 스코틀랜드의 셀틱에서 보내면서 네 차례나 우승을 경험했고, 2014년에는 리그 13경기 연속 무실점 기록을 세우기도 했다. 2미터가 넘는 장신을 활용해 적극적으로 골문을 비우고 나와 상대의 긴 패스나 크로스를 차단하는 데 능하다. 그러나 선방 능력은 전성기와 비교해 확연하게 떨어진 상태이며, 패스 연결도 정확한 편은 아니다.

출전경기	경기시간(분)	실점	무실점(경기)	경고	퇴장
19	1,710	35	3	1	-

DF 2 맷 도허티 Matt Doherty

국적: 아일랜드

울버햄튼 소속으로 프리미어리그에서 활약한 2년간 8골 8도움을 기록했을 정도로 공격에 특화된 오른쪽 윙백. 박스 안까지 저돌적으로 파고들며 동료와의 연계를 통해 골을 노리는 선수다. 토트넘에는 2020년 여름 입단했으나, 기대만큼의 활약을 보여주지 못한 채 교체 자원으로 밀려났다. 지난 시즌 막바지 들어서야 예전 기량을 되찾고 출전 기회를 잡을 수 있었다. 수비력은 기대하기 어려운 수준이다.

출전경기	경기시간(분)	골	어시스트	경고	퇴장
15	874	2	4	-	-

DF 6 다빈손 산체스 Davinson Sanchez

국적: 콜롬비아

2016/17 시즌 아약스에서 최고의 활약을 펼친 뒤 4,200만 파운드라는 거액의 이적료로 토트넘에 입단한 센터백. 당시에는 전도유망한 수비수로 많은 기대를 받았으나, 4년간 주전 자리를 확보하지 못했을 만큼 아쉬운 모습을 보여 이번 여름 이적 시장에서는 팀을 떠나리라는 예상을 낳기도 했다. 빌드업과 태클 능력 모두 준수하지만, 수비 집중력에 문제가 있어 실책이 잦다는 큰 단점이 있다.

출전경기	경기시간(분)	골	어시스트	경고	퇴장
23	1,626	2	-	4	-

DF 15 에릭 다이어 Eric Dier

국적: 잉글랜드

오른쪽 풀백과 수비형 미드필더까지 소화할 수 있는 다재다능한 수비수. 경기 흐름을 잘 읽고 패스 능력이 뛰어나기 때문에 토트넘의 후방 빌드업에서 핵심 역할을 수행한다. 중원에 창의적인 패스 능력을 갖춘 미드필더가 없기 때문에 다이어가 장거리 패스로 역습을 시도하는 모습을 종종 볼 수 있다. 전문적인 센터백은 아니지만 수비진 조율 능력도 준수한 편이라 여러모로 토트넘에 없어서는 안 될 자원이다.

출전경기	경기시간(분)	골	어시스트	경고	퇴장
35	3,072	-	-	1	-

DF 17 크리스티안 로메로 Cristian Romero

국적: 아르헨티나

적극적인 경합과 태클에 나서는 파이팅 넘치는 센터백. 아탈란타 소속으로 세리에A 최고의 수비수 중 하나로 활약하다 작년 여름 토트넘에 영입됐다. 지난 시즌 전반기에는 프리미어리그에 적응하는 시간을 보냈으나, 적응을 마친 후반기에는 최고의 활약을 펼치며 토트넘 수비의 핵심으로 자리잡았다. 공을 다루는 기술도 준수하지만, 투지가 지나쳐서 때로는 거친 반칙을 범하는 점은 주의가 필요하다.

출전경기	경기시간(분)	골	어시스트	경고	퇴장
22	1,846	1	-	8	-

DF 19 라이언 세세뇽 Ryan Sessegnon

국적: 잉글랜드

풀럼 출신의 유망주 미드필더. 일찌감치 뛰어난 공격력으로 주목을 받았으나, 측면 공격수에서 윙백으로 변신하며 다재다능한 모습을 뽐냈다. 2016/17 시즌 16살의 나이에 프로로 데뷔했고, 2017/18 시즌 팀의 프리미어리그 승격에 공헌하는 활약을 펼쳤다. 토트넘에는 2019년 여름 입단해 호펜하임 임대를 거쳤고, 지난 시즌 후반기부터 잠재력을 증명하며 출전 기회를 확보하기 시작했다.

출전경기	경기시간(분)	골	어시스트	경고	퇴장
15	1,054	-	2	2	-

DF 24 제드 스펜스 Djed Spence

국적: 잉글랜드

지난 시즌 챔피언십 최고의 오른쪽 윙백으로 선정된 유망주. 날카로운 크로스와 강력한 슈팅을 무기로 공격력을 드러냈다. 임대 신분으로 노팅엄 포레스트의 프리미어리그 승격에 공헌한 뒤 올여름 토트넘 이적을 통해 새로운 도전에 나섰다. 노팅엄 포레스트도 스리백을 활용했기에 토트넘 적응은 수월할 것으로 보이지만, 공격에 더 집중했던 노팅엄 포레스트와 달리 토트넘에서는 수비 면에서 훨씬 발전할 필요가 있다.

출전경기	경기시간(분)	골	어시스트	경고	퇴장
42	3,712	2	4	6	-

DF 33 벤 데이비스 Ben Davies

국적: 웨일스

왼쪽 풀백을 맡아온 수비수. 스완지를 거쳐 2014부터 토트넘에서 뛰고 있다. 지난 시즌에는 웨일스 대표팀에서와 같은 스리백의 왼쪽 센터백을 맡아 안정적인 활약을 펼쳐 주전으로 도약했다. 콘테 감독도 데이비스를 '믿을 수 있는 선수'라고 칭찬하고 있다. 이번 시즌에는 랑글레가 임대로 합류하면서 주전 경쟁을 피할 수 없게 됐지만, 2025년까지 재계약을 체결하며 여전히 확고한 입지를 과시하고 있다.

출전경기	경기시간(분)	골	어시스트	경고	퇴장
29	2,540	1	1	6	-

DF 34 클레망 랑글레
Clement Lenglet

국적: 프랑스

후방 빌드업을 중시하는 현대 축구에 걸맞는 패스 능력을 갖춘 왼발잡이 센터백. 2017-18 시즌 세비야에서의 활약으로 차세대 최고 수비수라는 기대를 받으며 바르셀로나로 이적했다. 그러나 지난 시즌에는 팀의 구상에서 점차 밀려나며 라리가 일곱 경기에만 선발로 출전할 수 있었고, 새로운 출발을 위해 토트넘 임대를 선택했다. 자신감을 되찾고 프리미어리그의 빠른 템포에 적응하는 것이 관건이다.

출전경기	경기시간(분)	골	어시스트	경고	퇴장
21	818	-	1	4	-

MF 4 올리버 스킵
Oliver Skipp

국적: 잉글랜드

뛰어난 패스와 수비 능력을 겸비한 수비형 미드필더. 어린 나이에 비해 성숙한 플레이가 장점이다. 토트넘 유소년팀 출신으로, 2020/21 시즌 챔피언십에 있던 노리치로 임대돼 경험을 쌓은 뒤 지난 시즌 토트넘에서 주전 경쟁에 나섰다. 전반기에 좋은 활약으로 잠재력을 보여줬으나, 후반기는 부상 탓에 경기에 나서지 못하게 되면서 많은 아쉬움을 남겼다. 이번 시즌, 원점에서 경쟁에 임해야 한다.

출전경기	경기시간(분)	골	어시스트	경고	퇴장
18	1,349	-	-	6	-

MF 5 피에르-에밀 호이비에르
Pierre-Emile Hojbjerg

국적: 덴마크

강력한 태클과 패스 능력을 겸비한 중앙 미드필더. 2020년 여름 사우샘프턴에서 영입된 이후 곧바로 주전 자리를 꿰차고 지금까지 꾸준한 활약을 펼쳐왔다. 지난 시즌 후반기에는 벤탄쿠르와 중원에서 좋은 호흡을 선보였는데, 이번 여름 자신과 비슷한 장점을 갖춘 비수마가 영입됨에 따라 주전 경쟁을 하게 됐다. 여전히 1순위 미드필더이긴 하지만, 챔피언스리그를 병행하며 로테이션은 필수로 보인다.

출전경기	경기시간(분)	골	어시스트	경고	퇴장
36	3,199	2	2	3	-

MF 14 이반 페리시치
Ivan Perisic

국적: 크로아티아

분데스리가와 세리에A, 챔피언스리그 우승까지 경험한 베테랑 미드필더. 인테르 시절 콘테 감독 밑에서 윙백으로 활약하며 함께 성공을 거두기도 했다. 뛰어난 신체 능력과 활동량으로 공수에 적극 관여하는 선수로, 양쪽 측면을 모두 소화하며 득점 기회 창출에 능하다. 선수 생활 내내 뛰어난 프로 의식을 보여왔고, 그간 토트넘에 부족했던 풍부한 우승 경험까지 갖추고 있어 롤모델이 될 수 있는 선수다.

출전경기	경기시간(분)	골	어시스트	경고	퇴장
35	2,844	8	7	4	-

MF 29 파페 사르
Pape Sarr

국적: 세네갈

작년 여름 메스에서 영입한 유망주 수비형 미드필더. 지난 시즌 메스에 임대 신분으로 남아 있었으나 기대만큼의 활약을 펼치지는 못했고, 오히려 세네갈 대표로 참가한 아프리카 네이션스컵에서 좋은 모습을 보여 아프리카 올해의 유망주로 선정됐다. 상대에게서 공을 빼앗고 지켜내는 플레이가 장점으로, 전진도 가능한 전천후 미드필더다. 19세라 1군 명단에 등록할 필요도 없어 백업으로 활용될 전망이다.

출전경기	경기시간(분)	골	어시스트	경고	퇴장
33	2,125	1	3	7	-

MF 30 로드리고 벤탄쿠르
Rodrigo Bentancur

국적: 우루과이

수비부터 공격, 중앙부터 측면까지 소화할 수 있는 만능 미드필더. 양발을 모두 사용하며 경합과 패스, 돌파까지 가능하다. 신체 능력이 뛰어나고 전술 이해도도 높아 경기를 쉽게 풀어갈 줄 아는 선수다. 1월 이적 시장에서 콘테 감독의 부름을 받아 영입된 뒤 곧바로 좋은 활약을 펼치며 토트넘의 경기 운영을 책임졌다. 민첩한 편은 아니다 보니 반칙을 자주 범하고 경고를 받는 것이 단점이다.

출전경기	경기시간(분)	골	어시스트	경고	퇴장
17	1,367	-	4	5	-

FW 10 해리 케인
Harry Kane

국적: 잉글랜드

잉글랜드를 대표하는 스트라이커. 강력한 슈팅으로 박스 안팎을 가리지 않고 머리와 발을 고루 활용해 골을 터트린다. 슈팅보다 더 큰 무기는 바로 창의적이고 정확한 패스다. 아래쪽으로 내려와 빌드업에 관여하며 상대 수비 뒷공간으로 한 번에 찌르는 패스는 손흥민의 결정적인 득점 기회로 연결되곤 한다. 스트라이커(9번)이면서 플레이메이커(10번) 역할까지 수행하는 '9.5번'의 정석으로 불린다.

출전경기	경기시간(분)	골	어시스트	경고	퇴장
37	3,232	17	9	5	-

FW 21 데얀 쿨루셉스키
Dejan Kulusevski

국적: 스웨덴

왕성한 활동량과 강한 킥 능력을 겸비한 미드필더. 올해 1월 토트넘에 합류한 이후 오른쪽 측면 공격을 맡고 있다. 전 소속팀인 유벤투스에서는 잉여 자원으로 분류돼 있었지만, 프리미어리그의 빠른 공수 전환에 어울리는 장점을 갖추고 있다 보니 토트넘에서는 곧바로 최고의 활약을 펼치며 손흥민, 케인과 리그 최강의 공격 삼각 편대를 구성했다. 아직 20대 초반인 만큼 앞으로 더 큰 활약이 기대된다.

출전경기	경기시간(분)	골	어시스트	경고	퇴장
18	1,267	5	8	3	-

FW 27 루카스 모우라
Lucas Moura

국적: 브라질

최고의 드리블 기술을 갖춘 측면 공격수. 상대 수비가 몇 명이든 좁은 공간에서 공을 가지고 움직이는 능력은 탁월하지만, 시야가 좁고 킥이 정확하지는 않아서 공격 포인트 생산은 적은 편이다. 올해 1월 쿨루셉스키 영입 이후로 오른쪽 측면 공격수 주전 경쟁에서 밀려나 교체로 투입되는 경우가 더 많아졌고, 이번 시즌에는 돌파라는 장점을 더 살릴 수 있는 윙백으로 활용될 가능성이 거론되고 있다.

출전경기	경기시간(분)	골	어시스트	경고	퇴장
34	1,774	2	6	4	-

아스널 FC
Arsenal FC

TEAM PROFILE

창 립	1886년
구 단 주	스탠 크랑키(미국)
감 독	미켈 아르테타(감독)
연 고 지	런던
홈 구 장	에미레이트 스타디움(6만 704명)
라 이 벌	토트넘
홈페이지	www.arsenal.com

최근 5시즌 성적

시즌	순위	승점
2017-2018	6위	63점(19승6무13패, 74득점 51실점)
2018-2019	5위	70점(21승7무10패, 73득점 51실점)
2019-2020	8위	56점(14승14무10패, 56득점 48실점)
2020-2021	8위	61점(18승7무13패, 55득점 39실점)
2021-2022	5위	69점(22승3무13패, 61득점 48실점)

PREMIER LEAGUE (전신 포함)

통 산	우승 13회
21-22 시즌	5위(22승3무13패, 승점 69점)

FA CUP

통 산	우승 14회
21-22 시즌	64강

LEAGUE CUP

통 산	우승 2회
21-22 시즌	4강

UEFA

통 산	없음
21-22 시즌	없음

경기 일정

라운드	날짜	장소	상대팀
1	2022.08.06	원정	크리스탈 팰리스
2	2022.08.13	홈	레스터 시티
3	2022.08.21	원정	AFC 본머스
4	2022.08.28	홈	풀럼
5	2022.09.01	홈	애스턴 빌라
6	2022.09.05	원정	맨체스터 유나이티드
7	2022.09.11	홈	에버턴
8	2022.09.17	원정	브렌트포드
9	2022.10.01	홈	토트넘
10	2022.10.08	홈	리버풀
11	2022.10.15	원정	리즈 유나이티드
12	2022.10.19	홈	맨체스터 시티
13	2022.10.22	원정	사우샘프턴
14	2022.10.29	홈	노팅엄 포레스트
15	2022.11.06	원정	첼시
16	2022.11.13	원정	울버햄튼 원더러스
17	2022.12.27	홈	웨스트햄
18	2023.01.01	원정	브라이튼 앤 호브 앨비언
19	2023.01.03	홈	뉴캐슬 유나이티드
20	2023.01.15	원정	토트넘
21	2023.01.22	홈	맨체스터 유나이티드
22	2023.02.05	원정	에버턴
23	2023.02.12	홈	브렌트포드
24	2023.02.19	원정	애스턴 빌라
25	2023.02.26	원정	레스터 시티
26	2023.03.05	홈	AFC 본머스
27	2023.03.12	원정	풀럼
28	2023.03.19	홈	크리스탈 팰리스
29	2023.04.01	홈	리즈 유나이티드
30	2023.04.08	원정	리버풀
31	2023.04.15	원정	웨스트햄
32	2023.04.22	홈	사우샘프턴
33	2023.04.27	원정	맨체스터 시티
34	2023.04.29	홈	첼시
35	2023.05.06	원정	뉴캐슬 유나이티드
36	2023.05.13	홈	브라이튼 앤 호브 앨비언
37	2023.05.20	원정	노팅엄 포레스트
38	2023.05.29	홈	울버햄튼 원더러스

전력 분석 | 실수를 반복하지 않기 위한 전력 보강

아스널은 1월 이적 시장에서 백업 자원들을 내보낸 뒤 전력 보강을 하지 않는 실수를 저질렀고, 그 대가는 너무나도 컸다. 지난 시즌 마지막 리그 12경기에서 6패를 당하며 눈 앞에 있던 4위 자리를 북런던 지역 라이벌 토트넘에 내주고 말았다. 이번 시즌에는 그와 같은 실수를 반복하지 않겠다는 의지가 엿보인다. 포지션마다 믿을 만한 백업 자원들을 갖추고 필요한 포지션에 보강을 아끼지 않으면서 다시 한번 4위권 진입을 노려볼 만한 전력을 구축하게 됐다. 가장 눈에 띄는 영입은 역시 최전방의 가브리엘 제수스다. 지난 시즌 주전 공격수 오바메양이 불성실한 태도를 보이다 후반기에 바르셀로나로 떠났고, 라카제트 홀로 공격진을 이끄는 것은 무리였다. 오히려 유망주 은케티아가 시즌 막바지 두각을 나타냈다. 이에 새로운 주전 공격수를 찾아 나선 아스널은 맨시티 소속으로 프리미어리그에서 좋은 활약을 펼쳐온 제수스를 일찌감치 영입했다. 백업이 필요했던 수비진에도 프랑스 무대에서 3년간 임대 생활을 마치고 돌아온 윌리암 살리바가 마침내 아스널에서의 활약을 준비하고 있다. 전력의 뼈대는 안정적으로 완성됐다.

전술 분석 | 아스널의 공격 축구가 돌아왔다

아르센 벵거 감독이 기반을 닦은 아스널은 공격 축구를 구사하는 벵거의 철학을 이어가려는 노력을 지속해 왔다. 미켈 아르테타 현 감독도 아스널에서 선수 생활을 했기에 그 철학을 잘 알고 있고, 맨시티에서 코치 생활을 하며 펩 과르디올라 감독의 전술도 흡수했다. 간결하게 패스를 주고받으며 끊임없이 움직이는 공격은 벵거 감독의 철학을, 후방 빌드업과 전방 압박은 과르디올라 감독의 철학을 계승했다고 볼 수 있다. 공격 2선에 위치한 스미스-로우, 외데고르, 사카 모두 영리한 패스와 움직임을 특징으로 하는 선수들이며, 수비진의 티어니, 마갈량이스, 벤 화이트, 살리바 모두 패스 능력까지 겸비한 수비수들이다. 실제로 지난 시즌 아스널은 유려한 패스 연계를 통해 너무나 멋진 골들을 터트리며 벵거 감독 시절의 축구를 재현해내는 데 성공했고, 비록 패하기는 했어도 우승 팀 맨시티를 압도하는 경기력을 보여주기도 했다. 때로는 길이 보이지 않는 것만 같았던 아르테타 감독의 색깔이 완성 단계에 접어든 것이다. 이제는 전술도 전력도 안정적인 기반을 쌓았으니 아스널만의 색깔을 가지고 꾸준하게 좋은 결과를 내는 것이 중요하다.

시즌 프리뷰 리빌딩의 결실, 이번 시즌에는 드디어…

지난 시즌 단 2점 차이로 프리미어리그 4위 자리를 놓친 아스널이기에 이번 시즌 4위권 진입은 현실적으로 충분히 달성 가능한 목표다. 비록 챔피언스리그에는 진출하지 못했지만, 원하는 선수 영입에는 성공했기 때문에 팀 분위기 또한 나쁘지 않다. 포지션마다 확실한 주전 선수들이 있고, 나름의 경쟁력을 갖춘 교체 자원들도 존재한다. 불안 요소는 경험 부족과 유로파리그 일정이다. 아스널 핵심 선수들의 대부분이 20대 초반인데, 아직까지 리그에서 4위권 진입을 달성해본 성공의 경험이 없다는 점은 경쟁 팀들과 비교해 아쉬운 부분이다. 순위 싸움이 치열한 프리미어리그에서는 위기가 왔을 때 쉽게 무너지면 다시 따라잡기가 굉장히 힘들어진다. 게다가 이번 시즌에는 유로파리그 일정이 추가됐다. 지난 시즌 아스널의 선전에는 유럽 대회 불참으로 리그에만 집중할 수 있다는 어드밴티지가 있었다. 유로파리그는 챔피언스리그보다 하루 늦게 경기를 소화하기 때문에 리그에도 영향을 줄 수 있다. 지난 시즌 희망과 절망을 모두 겪으며 나름의 경험을 쌓았을 아스널이 이번 시즌에는 마침내 리빌딩의 결실을 맺을지 주목된다.

IN & OUT

주요 영입	주요 방출
가브리엘 제수스, 파비우 비에이라, 올렉산드르 진첸코, 맷 터너, 마르퀴뇨스	알렉상드르 라카제트, 베른트 레노, 누누 타바레스(임대)

TEAM FORMATION

FW B+
MF B+
DF B+
GK B+

9 제수스 (은케티아)

10 스미스-로우 (마르티넬리) 8 외데고르 (비에이라) 7 사카 (페페)

34 자카 (엘네니) 5 파티 (로콩가)

3 티어니 (진첸코) 6 마갈량이스 (홀딩) 4 화이트 (살리바) 18 도미야스 (소아레스)

1 램스데일 (터너)

PLAN 4-2-3-1

TEAM RATINGS

슈팅 7
패스 8
조직력 8
수비력 8
감독 8
선수층 8

47

2021/22 프로필

팀 득점	61
평균 볼 점유율	52.60%
패스 정확도	83.40%
평균 슈팅 수	15.5
경고	60
퇴장	4

골 타입
오픈 플레이	54
세트 피스	26
카운터 어택	10
패널티 킥	8
자책골	2
단위 (%)

패스 타입
쇼트 패스	86
롱 패스	10
크로스 패스	3
스루 패스	0
단위 (%)

지역 점유율

공격 진영 32%
중앙 42%
수비 진영 27%

공격 방향

35% 왼쪽 26% 중앙 38% 오른쪽

슈팅 지역

10% 골 에어리어
53% 패널티 박스
37% 외곽 지역

상대팀 최근 6경기 전적

구분	승	무	패
맨체스터 시티	1		5
리버풀	1	1	4
첼시	4	1	1
토트넘 홋스퍼	2	1	3
아스널			
맨체스터 유나이티드	3	2	1
웨스트햄 유나이티드	5	1	
레스터 시티	4	1	1
브라이튼 & 호브 알비온	2	1	3
울버햄튼 원더러스	3	1	2
뉴캐슬 유나이티드	5		1
크리스탈 팰리스	1	4	1
브렌트포드	2		1
애스턴 빌라	3		3
사우샘프턴	3	1	2
에버턴	2	1	3
리즈 유나이티드	5		1
풀럼	5		1
본머스	4	1	1
노팅엄 포레스트	4		2

SQUAD

포지션	등번호	이름		생년월일	키(cm)	체중(kg)	국적
GK	1	애런 램스데일	Aaron Ramsdale	1998.05.14	191	77	잉글랜드
	30	맷 터너	Matt Turner	1994.06.24	191	88	미국
DF	2	엑토르 베예린	Hector Bellerin	1995.03.19	178	74	스페인
	3	키어런 티어니	Kieran Tierney	1997.06.05	180	70	스코틀랜드
	4	벤 화이트	Ben White	1997.10.08	186	78	잉글랜드
	6	가브리엘 마갈량이스	Gabriel	1997.12.19	190	87	브라질
	12	윌리암 살리바	William Saliba	2001.03.24	193	83	프랑스
	18	도미야스 다케히로	Takehiro Tomiyasu	1998.11.05	188	78	일본
	22	파블로 마리	Pablo Mari	1993.08.31	193	87	스페인
	35	올렉산드르 진첸코	Oleksandr Zinchenko	1996.12.15	175	61	우크라이나
MF	5	토마스 파티	Thomas Partey	1993.06.13	185	77	가나
	7	부카요 사카	Bukayo Saka	2001.09.05	178	65	잉글랜드
	8	마틴 외데고르	Martin Odegaard	1998.12.17	178	69	노르웨이
	10	에밀 스미스 로우	Emile Smith Rowe	2001.07.28	182	76	잉글랜드
	15	에인슬리 메잇랜드-나일스	Ainsley Maitland-Niles	1997.08.29	180	71	잉글랜드
	21	파비우 비에이라	Fabio Vieira	2000.05.30	170	58	포르투갈
	23	삼비 로콩가	Albert Sambi Lokonga	1999.10.22	183	69	벨기에
	25	모하메드 엘 네니	Mohamed Elneny	1992.07.11	179	74	이집트
	34	그라니트 자카	Granit Xhaka	1992.09.27	186	82	스위스
FW	9	가브리엘 제수스	Gabriel Jesus	1997.04.03	175	73	브라질
	11	가브리엘 마르티넬리	Gabriel Martinelli	2001.06.18	176	75	브라질
	14	에디 은케티아	Eddie Nketiah	1999.05.30	175	72	잉글랜드
	19	니콜라 페페	Nicolas Pepe	1995.05.29	183	73	코트디부아르
	24	리스 넬슨	Reiss Nelson	1999.12.10	175	70	잉글랜드
	27	마르퀴뇨스	Marquinhos	2003.04.07	175	75	브라질

COACH

미켈 아르테타 *Mikel Arteta*
1982년 3월 26일생 스페인

아스널의 주장과 감독으로 FA컵 우승을 경험한 레전드. 영리한 미드필더 출신으로 2011년부터 2016년까지 아르센 벵거 감독에게 중용되며 아스널에서 활약했고, 은퇴 후 지도자의 길을 걷기로 결심하고 맨시티의 펩 과르디올라 감독 밑에서 코치 생활을 하며 역량을 길러왔다. 벵거와 과르디올라의 지도를 모두 가까이에서 지켜본 경험을 바탕으로 2019년 아스널의 지휘봉을 잡아 감독 경력을 시작했다. 2019/20 시즌 FA컵 우승을 차지하기는 했지만, 리그에서는 시행착오를 거듭하며 기대에 미치지 못하는 성적을 내다가 지난 시즌 5위 등극과 함께 자신만의 전술 색깔을 보여주기 시작했다. 아직 감독 경력이 길지는 않기 때문에 선수단 관리에서는 능숙하지 못한 면을 드러내기도 한다. 교체 카드가 5장으로 늘어나는 시즌이라 더욱 신경을 써야 한다.

KEY PLAYER

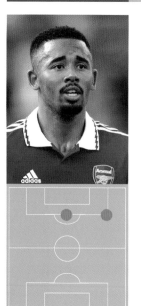

| FW | 9 | 가브리엘 제수스 *Gabriel Jesus* |

국적: 브라질

맨체스터 시티에서 영입된 최전방 공격수. 맨시티에 엘링 홀란드가 영입되자 더 많은 출전 기회를 확보하기 위해 아스널 이적을 선택했다. 영리한 움직임과 연계 플레이가 장점이지만, 골 결정력은 아쉬운 편이다. 맨시티에서 5년간 활약했으나 교체로 투입된 비율이 40%에 가깝다. 지난 시즌에는 중앙이 아닌 오른쪽 측면을 맡아 더 뛰어난 활약을 보여주기도 했기 때문에 홀로 최전방을 책임져야 하는 아스널에 적응할 시간은 어느 정도 필요해 보인다. 그래도 기본적으로 연계에 뛰어난 선수라 아스널의 공격 전술과 어울리고, 경쟁이 치열해서 조급할 수밖에 없던 맨시티에서와 달리 주전으로 확실한 신뢰를 받는다면 충분히 좋은 활약을 펼칠 수 있는 선수다.

출전경기	경기시간(분)	골	어시스트	경고	퇴장
28	1,880	8	8	1	-

| GK | 1 | 애런 램스데일 *Aaron Ramsdale* |

국적: 잉글랜드

작년 여름 2,500만 파운드의 이적료에 영입된 골키퍼. 본머스와 셰필드 유나이티드에서 연달아 프리미어리그 강등을 겪은 선수였기에 과도한 이적료라는 비판을 받았으나, 지난 시즌 최고의 활약으로 이러한 비판을 단숨에 잠재웠다. 뛰어난 선방 능력과 투지를 갖춘 선수로, 특히 정확한 패스 능력은 아르테타 감독이 원하는 빌드업에 완벽하게 어울린다. 실수가 잦고 기복이 있다는 것이 단점으로 꼽힌다.

출전경기	경기시간(분)	실점	무실점(경기)	경고	퇴장
34	3,060	39	12	1	-

| DF | 3 | 키어런 티어니 *Kieran Tierney* |

국적: 스코틀랜드

뛰어난 드리블과 패스 실력을 갖춘 레프트백. 셀틱 유소년팀 출신으로 일찌감치 잠재력을 인정받았고, 아스널 이적 당시 2,500만 파운드의 이적료는 스코틀랜드 리그와 스코틀랜드 선수 역대 최고 기록이 됐다. 적극적으로 공격에 가담해 득점 기회를 창출하는 장점을 가진 반면 수비력은 다소 아쉽다. 그러나 아르테타 감독은 후방 빌드업을 중시하기 때문에 아스널에서는 스리백의 왼쪽 센터백까지 소화하고 있다.

출전경기	경기시간(분)	골	어시스트	경고	퇴장
22	1,919	1	3	-	-

| DF | 4 | 벤 화이트 *Ben White* |

국적: 잉글랜드

전진과 패스 능력이 탁월한 센터백. 강한 집중력을 바탕으로 한 수비로 상대의 공격을 차단한 뒤 직접 전진해서 공격으로 전환할 수 있도록 패스를 뿌려주는 플레이가 강점이라 수비형 미드필더 역할까지 소화할 수 있다. 수비수 치고는 키가 크지 않고 경합에 약점이 있기 때문에 포백보다는 스리백의 오른쪽 수비수로 더 편안하게 활약할 수 있는 선수다. 이 때문에 포백에서는 오른쪽 풀백을 맡기도 한다.

출전경기	경기시간(분)	골	어시스트	경고	퇴장
32	2,779	-	-	3	-

| DF | 6 | 가브리엘 마갈량이스 *Gabriel dos Santos Magalhães* |

국적: 브라질

190cm의 장신임에도 민첩한 움직임을 자랑하는 센터백. 프랑스의 릴에서 뛰던 시절부터 잠재력과 성실함을 고루 갖췄다는 평가를 받아왔다. 왼발잡이에다 패스 실력이 탁월해 스리백과 포백 모두에서 후방 빌드업에 중요한 역할을 해낸다. 영리한 위치 선정을 바탕으로 안정적인 수비력을 자랑하지만 경합 능력이 뛰어난 편은 아니다. 지난 시즌에는 세트 피스 공격에 적극 가담해 쏠쏠하게 득점을 올리기도 했다.

출전경기	경기시간(분)	골	어시스트	경고	퇴장
35	3,068	5	-	6	1

| DF | 12 | 윌리암 살리바 *William Saliba* |

국적: 프랑스

2019년 당시 18세의 나이에도 2,700만 파운드라는 거액의 이적료에 영입된 유망주 수비수. 지난 3년간 프랑스 무대에서 임대 생활을 하며 경험을 쌓았다. 지난 시즌에는 마르세유에서 최고의 활약을 펼치며 리그1 올해의 유망주로 선정되고 올해의 팀에 포함되는 영예를 안았으며, 프랑스 대표팀에까지 발탁됐다. 드리블과 패스에 능한 센터백이기 때문에 아르테타 감독이 선호하는 유형의 선수다.

출전경기	경기시간(분)	골	어시스트	경고	퇴장
36	3,240	-	-	5	-

| DF | 18 | 도미야스 다케히로 *Takehiro Tomiyasu* |

국적: 일본

견실한 수비력을 자랑하는 라이트백. 포백에서는 풀백, 스리백에서는 오른쪽 센터백을 맡기도 한다. 위험을 빠르게 감지하고 차단하는 능력이 뛰어나며 공을 다루는 기술도 좋아 현대 축구 흐름에 어울리는 수비수라는 평가를 받는다. 벨기에의 신트트라위던을 통해 유럽 무대에 진출했고, 이탈리아의 볼로냐에서 미하일로비치 감독의 지도를 받으며 크게 성장했다. 아스널에서도 입단 직후부터 꾸준하게 활약 중이다.

출전경기	경기시간(분)	골	어시스트	경고	퇴장
21	1,682	-	1	2	-

PLAYERS

DF 35 올렉산드르 진첸코
Oleksandr Zinchenko

국적: 우크라이나

맨시티에서 영입된 멀티 자원. 공격형 미드필더 출신이지만 맨시티에서는 왼쪽 풀백 역할을 맡아왔다. 공을 쉽게 빼앗기지 않는 데다 패스 실력도 뛰어나 공격의 물꼬를 틀 수 있으며, 경합 능력 또한 수준급이다. 과르디올라 맨시티 감독이 따로 감사의 뜻을 전할 정도로 팀에 헌신하는 선수이기도 하다. 아스널에서는 레프트백만이 아니라 공격 2선까지 여러 포지션을 소화할 것으로 보인다.

출전경기	경기시간(분)	골	어시스트	경고	퇴장
15	1,045	-	4	-	-

MF 5 토마스 파티
Thomas Partey

국적: 가나

저돌적인 전진과 강력한 중거리 슈팅을 무기로 하는 수비형 미드필더. 패스 능력도 수준급이다. 아틀레티코 마드리드 시절 3년간 주전으로 활약하며 유로파 우승을 경험하는 등 풍부한 경험을 갖추고 있으며, 가나 대표팀에서도 부주장을 맡을 만큼 리더십도 갖췄다. 아스널에서는 지난 두 시즌 모두 10경기 이상 결장했을 만큼 부상이 잦았는데, 도중에 월드컵까지 있는 이번 시즌 컨디션 관리가 관건이다.

출전경기	경기시간(분)	골	어시스트	경고	퇴장
24	2,032	2	1	5	-

MF 7 부카요 사카
Bukayo Saka

국적: 잉글랜드

잉글랜드에서 가장 뛰어난 잠재력을 갖췄다고 평가받는 선수 중 하나. 이미 아스널에서는 지난 두 시즌 연속 팀 내 최고의 선수로 선정됐을 정도로 엄연한 에이스로 활약하고 있다. 개인 기술이 화려하지는 않지만, 영리한 상황 판단을 바탕으로 패스 연계와 침투 움직임을 통해 득점 기회를 만드는 데 탁월하다. 측면 공격수에서 윙백까지 소화하는 만큼 수비 가담도 성실해 단점을 찾아보기 어려운 선수다.

출전경기	경기시간(분)	골	어시스트	경고	퇴장
38	2,996	11	7	6	-

MF 8 마르틴 외데고르
Martin Odegaard

국적: 노르웨이

16세의 나이로 레알 마드리드에 입단하며 축구 천재라는 별명을 얻은 공격형 미드필더. 너무 이른 시기에 과도한 기대를 받은 탓에 성장통을 겪다가 2019/20 시즌 소시에다드 임대를 통해 잠재력을 만개했고, 2020년 아스널에 임대로 합류한 뒤 한 해 뒤에 완전 이적해 왔다. 지난 시즌 주전으로 활약하며 창의적인 패스를 통해 천재성을 입증했으며, 약점으로 꼽히는 수비력도 점차 개선하고 있다.

출전경기	경기시간(분)	골	어시스트	경고	퇴장
36	2,793	7	4	4	-

MF 10 에밀 스미스-로우
Emile Smith-Rowe

국적: 잉글랜드

엄청난 활동량과 강력한 슈팅이 장점인 공격형 미드필더. 연계 플레이에도 능해 같은 아스널 유소년팀 출신인 부카요 사카와 좋은 호흡을 선보인다. 공격 시에나 수비 시에나 끊임없이 움직이며 패스를 주고받고 상대를 압박하는 기능적인 플레이가 뛰어나다. 2020/21 시즌 도중 혜성처럼 등장해 위기에 빠진 아스널을 구해내는 활약을 펼쳤고, 작년 여름 5년 재계약을 체결하며 등번호 10번을 받았다.

출전경기	경기시간(분)	골	어시스트	경고	퇴장
33	1,922	10	2	1	-

MF 21 파비우 비에이라
Fabio Vieira

국적: 포르투갈

지난 시즌 포르투 더블 우승의 주역. 작년 여름 25세 이하 유럽 선수권에서 대회 최우수 선수로 선정되는 맹활약을 펼친 이후 포르투에서 후반기 에이스로 맹활약을 펼쳤다. 플레이메이커와 측면 미드필더를 소화하며 침투 패스로 득점 기회를 만드는 플레이 때문에 메주트 외질이나 브루누 페르난데스와 비교된다. 주전으로 활약한 기간이 다소 짧고 수비력도 검증되지 않았기에 적응 기간은 필요할 전망이다.

출전경기	경기시간(분)	골	어시스트	경고	퇴장
27	1,329	6	14	2	-

MF 34 그라니트 자카
Granit Xhaka

국적: 스위스

탁월한 장거리 패스 능력을 갖춘 중앙 미드필더. 공을 지켜내고 패스로 연결하는 플레이는 수준급이다. 수비 시에 치명적인 실책을 범하거나 과격한 태클로 퇴장을 당하는 경우가 종종 있어 안 좋은 인상을 강하게 남기는 데다, 팀이 부진하던 시기에 팬과 충돌하는 등의 사건으로 실력만큼의 평가를 받지 못한 선수이기도 하다. 경기 운영 능력과 경험 면에 있어서는 아스널의 중원에 반드시 필요한 존재다.

출전경기	경기시간(분)	골	어시스트	경고	퇴장
27	2,331	1	2	19	1

FW 11 가브리엘 마르티넬리
Gabriel Martinelli

국적: 브라질

영리한 침투 움직임과 뛰어난 골 결정력을 갖춘 공격수. 왼쪽 측면에서 뛰지만 중앙으로 움직여 상대 골문 앞에서 득점을 노린다. 침투 패스나 크로스가 정확하지는 않기 때문에 연계 플레이보다는 돌파와 득점에 집중하는 편이다. 2019/20 시즌에 두각을 나타냈지만 2020년 여름 훈련 도중 당한 무릎 부상 탓에 6개월간 이탈해야 했고, 지난 시즌에야 부상 여파를 완전히 털어내고 기량을 되찾았다.

출전경기	경기시간(분)	골	어시스트	경고	퇴장
29	1,866	6	6	1	1

FW 14 에디 은케티아
Eddie Nketiah

국적: 잉글랜드

민첩한 움직임으로 상대 수비 뒷공간으로 침투해 골을 노리는 최전방 공격수. 발이 빨라서 측면 공격수도 소화할 수 있다. 2019/20 시즌 전반기에 리즈로 임대돼 비엘사 감독의 지도를 받으며 전방 압박 능력을 키웠고, 후반기에 아스널로 돌아와 출전 기회를 늘려갔다. 지난 시즌 막바지 리그 일곱 경기에서 다섯 골을 몰아치는 활약을 펼쳐 재계약에 성공하고 이번 시즌 아스널 잔류를 결정지었다.

출전경기	경기시간(분)	골	어시스트	경고	퇴장
21	825	5	1	3	-

맨체스터 유나이티드

Manchester United

TEAM PROFILE	
창 립	1878년
구 단 주	글레이저 가문(미국)
감 독	에릭 텐하흐(네덜란드)
연 고 지	맨체스터
홈 구 장	올드 트래퍼드(7만 4,879명)
라 이 벌	맨체스터 시티, 리버풀
홈페이지	www.manutd.com

최근 5시즌 성적

시즌	순위	승점
2017-2018	2위	81점(25승6무7패, 68득점 28실점)
2018-2019	6위	66점(19승9무10패, 65득점 54실점)
2019-2020	3위	66점(18승12무8패, 66득점 36실점)
2020-2021	2위	74점(21승11무6패, 73득점 44실점)
2021-2022	6위	58점(16승10무12패, 57득점 57실점)

PREMIER LEAGUE (전신 포함)

통 산	우승 20회
21-22 시즌	6위(16승10무12패, 승점 58점)

FA CUP

통 산	우승 12회
21-22 시즌	32강

LEAGUE CUP

통 산	우승 5회
21-22 시즌	32강

UEFA

통 산	챔피언스리그 우승 3회 유로파리그 우승 1회
21-22 시즌	챔피언스리그 16강

경기 일정

라운드	날짜	장소	상대팀
1	2022.08.07	홈	브라이튼 앤 호브 앨비언
2	2022.08.13	원정	브렌트포드
3	2022.08.20	홈	리버풀
4	2022.08.27	원정	사우샘프턴
5	2022.08.31	원정	레스터 시티
6	2022.09.03	홈	아스널
7	2022.09.10	원정	크리스탈 팰리스
8	2022.09.17	홈	리즈 유나이티드
9	2022.10.01	원정	맨체스터 시티
10	2022.10.08	원정	에버턴
11	2022.10.15	홈	뉴캐슬 유나이티드
12	2022.10.20	홈	토트넘
13	2022.10.22	원정	첼시
14	2022.10.29	홈	웨스트햄
15	2022.11.06	원정	애스턴 빌라
16	2022.11.13	원정	풀럼
17	2022.12.27	홈	노팅엄 포레스트
18	2023.01.01	원정	울버햄튼
19	2023.01.03	홈	AFC 본머스
20	2023.01.15	홈	맨체스터 시티
21	2023.01.22	원정	아스널
22	2023.02.05	홈	크리스탈 팰리스
23	2023.02.12	원정	리즈 유나이티드
24	2023.02.19	홈	레스터 시티
25	2023.02.26	홈	브렌트포드
26	2023.03.05	원정	리버풀
27	2023.03.12	홈	사우샘프턴
28	2023.03.19	원정	브라이튼 앤 호브 앨비언
29	2023.04.01	원정	뉴캐슬 유나이티드
30	2023.04.08	홈	에버턴
31	2023.04.15	원정	노팅엄 포레스트
32	2023.04.22	홈	첼시
33	2023.04.26	원정	토트넘
34	2023.04.29	홈	애스턴 빌라
35	2023.05.06	원정	웨스트햄
36	2023.05.13	홈	울버햄튼
37	2023.05.20	원정	AFC 본머스
38	2023.05.29	홈	풀럼

전력 분석 | 원점에서 새 출발, 텐 하흐 감독에 맞춘 체질 개선

맨유는 지난 시즌 프리미어리그 출범 이후 역대 최악이라 할 수 있는 시기를 보냈다. 지도력에 한계를 드러 낸 올레 군나 솔샤르 감독의 경질을 망설이다가 시간을 지체했고, 결국 솔샤르를 경질하고 임시 감독으로 랄프 랑닉을 선임하며 시즌 도중에 사실상 백기를 든 셈이 되자 선수들에게서는 어떠한 동기부여도 찾아보 기 어려웠다. 신임 감독 에릭 텐 하흐와 함께 원점에서 새출발을 해야 하는 맨유다. 텐 하흐 감독은 강한 전 방 압박을 바탕으로 하는 공격적인 전술로 유명한데, 전임 감독인 랑닉이 같은 기조의 전술을 시도했을 때 의 결과는 실패였다. 조세 무리뉴와 솔샤르 감독을 거치며 역습 위주의 축구를 펼쳐왔기에 시즌 도중에 새 로운 전술에 적응하기는 쉽지 않았던 게 사실이다. 이에 맨유는 텐 하흐 감독과 함께 체질 개선에 나섰다. 아 약스에서 텐 하흐 감독과 함께했던 센터백 리산드로 마르티네스를, 같은 네덜란드 리그의 강호 페예누르트 에서 레프트백 타이렐 말라시아를 영입하며 수비진부터 재정비에 나섰다. 팀 전체가 텐 하흐 감독이 원하는 압박과 빌드업을 수행하는 것이 출발점이다. 기틀이 완성된 이후 전력 보강이 이어질 전망이다.

전술 분석 | 빠른 움직임으로 경기를 주도하라

텐 하흐 감독은 네덜란드 출신 지도자답게 팀 전체가 일사분란하게 움직이는 '토털 사커'를 추구한다. 최전 방에서 최후방까지 전원이 압박을 수행하고, 소유권 다툼에서 물러서지 않고 빠르게 움직여 공을 따내 경 기의 주도권을 유지하길 원한다. 이는 맨유가 한동안 수행해본 적이 없는 전술이지만, 희망적인 부분은 맨 유에 기동력을 갖춘 선수들이 충분하다는 점이다. 그동안은 동기부여나 규율이 부족한 게 문제였는데, 지 난 시즌의 실패 이후로 반등하겠다는 의지가 팀 전체에 퍼져 있다. 우려되는 부분은 압박보다는 공격 전개 다. 공격수도 수비를 해야 하는 것처럼 수비수도 공격 빌드업을 함께해야 하는데, 기존의 주전 수비수들은 기술적으로 뛰어난 편이 아니기 때문이다. 맨유의 수호신 역할을 해온 다비드 데 헤아 골키퍼마저도 발 기 술이 부족해 어려움을 겪을 수 있다. 신입생인 마르티네스와 말라시아의 역할이 중요하며, 그동안 주전 자 리를 확보하지 못했던 디오구 달로 또한 중용될 가능성이 거론된다. 아약스는 리그 최강의 전력을 갖추고 있었기 때문에 텐 하흐 감독의 전술을 구현할 수 있었는데, 맨유는 그렇지 못하다는 점 또한 걱정거리다.

시즌 프리뷰 기회와 위기가 공존하는 텐 하흐의 첫 시즌

맨유는 알렉스 퍼거슨 감독 은퇴 이후 여러 명장들을 거쳤지만, 만족스러운 성과를 거두지 못했던 이유 중 하나가 팀 전체가 합심해서 감독의 지시를 따르지 않았던 탓이다. 그러나 텐 하흐 감독 밑에서는 절대로 그래서는 안 된다. 압박 전술은 팀 전체가 하나가 되어 움직여야 하는데 누구 하나라도 지시를 따르지 않는다면 전술 자체가 무너질 수밖에 없다. 반대로 텐 하흐 감독의 선수단 관리 능력 또한 시험대에 오를 것이다. 아약스에서는 확실한 장악력을 보여줬지만, 스타 선수들이 많은 맨유와 같은 팀을 지휘해본 적은 없어서 갈등이 발생할 가능성도 존재한다. 이미 크리스티아누 호날두가 팀을 떠나고 싶다는 뜻을 밝혔고, 애초부터 전방 압박을 성실하게 수행할 수 있을지에 의문이 제기됐기 때문에 호날두를 효과적으로 활용할 수 있을지부터가 관건이다. 호날두 외에는 꾸준하게 득점을 책임질 만한 공격수가 없어 텐 하흐 감독의 고민도 깊어질 수밖에 없다. 전술 흐름의 트렌드를 선도하는 감독 중 하나를 선임한 것은 분명 좋은 기회지만, 그 감독이 제대로 지도력을 발휘할 수 없게 된다면 위기가 찾아올 것이다.

IN & OUT

주요 영입	주요 방출
리산드로 마르티네스, 타이렐 말라시아, 크리스티안 에릭센	폴 포그바, 네마냐 마티치, 에딘손 카바니

TEAM FORMATION

PLAN **4-3-3**

TEAM RATINGS

슈팅 7
패스 8
조직력 8
수비력 7
감독 8
선수층 7

45

2021/22 프로필

팀 득점	57
평균 볼 점유율	52.10%
패스 정확도	82.80%
평균 슈팅 수	13.4
경고	75
퇴장	2

골 타 입	오픈 플레이	74
	세트 피스	12
	카운터 어택	7
	패널티 킥	5
	자책골	2 단위 (%)
패 스 타 입	쇼트 패스	87
	롱 패스	10
	크로스 패스	3
	스루 패스	0 단위 (%)

지역 점유율

공격 진영 28%
중앙 43%
수비 진영 28%

공격 방향

41% 왼쪽　25% 중앙　33% 오른쪽

슈팅 지역

6% 골 에어리어
58% 패널티 박스
36% 외곽 지역

상대팀 최근 6경기 전적

구분	승	무	패
맨체스터 시티	2	1	3
리버풀	1	1	4
첼시	1	4	1
토트넘 홋스퍼	4	1	1
아스널	1	2	3
맨체스터 유나이티드			
웨스트햄 유나이티드	5		1
레스터 시티	1	2	3
브라이튼 & 호브 알비온	5		1
울버햄튼 원더러스	4	1	1
뉴캐슬 유나이티드	4	1	1
크리스탈 팰리스	2	1	3
브렌트포드	2		
애스턴 빌라	4	1	1
사우샘프턴	2	4	
에버턴	2	3	1
리즈 유나이티드	4	1	1
풀럼	4	2	
본머스	5		1
노팅엄 포레스트	6		

SQUAD

포지션	등번호	이름		생년월일	키(cm)	체중(kg)	국적
GK	1	다비드 데 헤아	David de Gea	1990.11.07	189	71	스페인
DF	2	빅토르 린델뢰프	Victor Lindelof	1994.07.17	187	81	스웨덴
	3	에릭 바이	Eric Bailly	1994.04.12	187	77	코트디부아르
	4	필 존스	Phil Jones	1992.02.21	185	72	잉글랜드
	5	해리 매과이어	Harry Maguire	1993.03.05	194	100	잉글랜드
	6	리산드로 마르티네스	Lisandro Martinez	1998.01.18	175	77	아르헨티나
	12	티렐 말라시아	Tyrell Malacia	1999.08.17	169	67	네덜란드
	19	라파엘 바란	Raphael Varane	1993.04.25	191	81	프랑스
	20	디오고 달로	Diogo Dalot	1999.03.18	183	76	포르투갈
	23	루크 쇼	Luke Shaw	1995.07.12	185	75	잉글랜드
	29	애런 완-비사카	Aaron Wan-Bissaka	1997.11.26	183	72	잉글랜드
MF	8	브루누 페르난데스	Bruno Fernandes	1994.09.08	179	69	포르투갈
	14	크리스티안 에릭센	Christian Eriksen	1992.02.14	182	76	덴마크
	17	프레드	Fred	1993.03.05	169	64	브라질
	34	도니 판 더 비크	Donny van de Beek	1997.04.18	184	74	네덜란드
	37	제임스 가너	James Garner	2001.03.13	182	78	잉글랜드
	39	스콧 맥토미니	Scott McTominay	1996.12.08	191	88	스코틀랜드
	46	한니발 메즈브리	Hannibal Mejbri	2003.01.21	184	77	튀니지
FW	7	크리스티아누 호날두	Cristiano Ronaldo	1985.02.05	187	80	포르투갈
	9	앙토니 마르시알	Anthony Martial	1995.02.05	181	76	프랑스
	10	마커스 래시포드	Marcus Rashford	1997.10.31	185	70	잉글랜드
	16	아마드 디알로	Amad Diallo	2002.07.11	173	72	이탈리아
	25	제이든 산초	Jadon Sancho	2000.03.25	180	76	잉글랜드
	36	안토니 엘랑가	Anthony Elanga	2002.04.27	178	75	스웨덴
	49	알레한드로 가르나초	Alejandro Garnacho	2004.07.01	180	–	아르헨티나

COACH

에릭 텐 하흐 *Erik ten Hag*
1970년 2월 2일생 네덜란드

아약스에서 성공 신화를 이뤄낸 감독. 팀을 온전히 지휘한 네 시즌 중 세 시즌에 리그 우승을 이뤄냈고, 남은 한 시즌은 코로나로 중단됐기 때문에 사실상 재임 기간 내내 네덜란드 무대를 지배한 셈이다. 아약스 역사상 감독 부임 후 최단 기간 리그 100승 기록을 세우기도 했다. 트벤테와 PSV 코치를 역임하며 지도자로서 경험을 쌓았고, 바이에른 뮌헨 2군 감독을 맡아 당시 1군 감독이던 펩 과르디올라와 전술적인 교류를 하기도 했다. 과르디올라와 마찬가지로 강한 전방 압박과 후방 빌드업을 중시하며, 공격 시에나 수비 시에나 선수들에게 끊임없는 움직임을 요구한다. 선수의 장점을 살리는 유연한 전술 구사 또한 장점이고, 강력하게 선수단을 장악하려는 성향이 있다. 스타 선수들이 즐비한 팀을 맡는 것도, 빅 리그 도전도 처음이기에 리스크는 존재한다.

KEY PLAYER

MF	8	브루누 페르난데스
		Bruno Fernandes

국적: 포르투갈

공격 2선에서 날카로운 침투 패스와 과감한 슈팅으로 골을 만들어내는 데 특화된 공격형 미드필더. 공을 잡으면 망설이지 않고 전진해서 골망을 노리기 때문에 모험적인 패스나 슈팅을 시도하는 경우가 많다. 2020년 1월 스포르팅을 떠나 맨유에 입단한 뒤 곧바로 후반기 리그에서만 8골 7도움을 올리는 맹활약으로 공격의 구심점이 됐다. 이어진 2020/21 시즌에는 무려 리그 18골 12도움으로 에이스로 등극했으나, 지난 시즌에는 팀의 부진과 맞물려 기복이 심한 모습으로 공격포인트가 절반 가까이 감소했다. 올해 4월 재계약을 체결하고 팀도 변화의 시기를 맞이한 만큼 득점 생산에 있어서는 페르난데스가 제 기량을 되찾아 활약을 펼쳐줘야 한다.

출전경기	경기시간(분)	골	어시스트	경고	퇴장
36	3,120	10	6	10	-

GK	1	다비드 데 헤아
		David de Gea

국적: 스페인

10년 넘게 주전 골키퍼로 활약해온 맨유의 수호신. 환상적인 선방 능력으로 팀을 여러 차례 위기에서 구해내며 맨유 올해의 선수로 네 차례나 선정됐고, 프리미어리그 올해의 팀에도 다섯 차례나 포함됐다. 실점이 확실해 보이는 상황에서도 슈퍼 세이브와 더블 세이브까지 해내며 감탄을 자아낸다. 그러나 페널티킥 선방 능력은 떨어지는 편이며, 패스 실력도 부족해 텐 하흐 감독 밑에서는 분발이 필요하다.

출전경기	경기시간(분)	실점	무실점 (경기)	경고	퇴장
38	3,420	57	8	-	-

DF	2	빅토르 린델뢰프
		Victor Lindelöf

국적: 스웨덴

침착한 수비와 안정적인 빌드업 능력을 겸비한 센터백. 2016/17 시즌 포르투갈 무대에서 벤피카의 더블 우승을 이끈 뒤 맨유에 입단했고, 반년가량의 적응기를 거쳐 주전으로 활약해왔다. 재능 자체는 뛰어나다는 평가를 받지만, 프리미어리그 그의 거친 몸싸움에 고전하며 경합에 약점을 드러냈고 그에 따른 실수도 잦아 비판을 받기도 했다. 패스 센스가 좋아 텐 하흐 감독에게 중용될 가능성이 충분하다.

출전경기	경기시간(분)	골	어시스트	경고	퇴장
27	2,355	-	2	4	-

DF	5	해리 매과이어
		Harry Maguire

국적: 잉글랜드

경합과 빌드업 능력이 뛰어난 센터백. 레스터에서의 활약을 바탕으로 2019년 여름 수비수 역대 최고 이적료인 8,000만 파운드에 맨유 유니폼을 입었다. 팀에 빠르게 적응하며 주장직까지 맡았으나, 이후 기복이 심한 모습과 결정적인 실책들로 비판에 시달리며 팬들에게 야유를 받기도 했다. 발이 느리고 무게 중심이 높아 공간 커버에 약점이 있어 텐 하흐 감독 체제에서는 경쟁을 이겨내야 할 것으로 보인다.

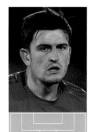

출전경기	경기시간(분)	골	어시스트	경고	퇴장
30	2,514	1	-	7	1

DF	6	리산드로 마르티네스
		Lisandro Martinez

국적: 아르헨티나

아약스에서 지난 3년간 텐 하흐 감독과 성공을 함께한 수비수. 5,700만 파운드의 이적료로 맨유에 합류해 동행을 이어가게 됐다. 중앙 미드필더 출신이라 패스 능력이 뛰어나고 상대의 압박에도 침착하게 공을 지켜낼 수 있어 후방 빌드업의 핵심으로 활약할 것으로 보인다. 투지 넘치는 수비를 펼치는 선수지만, 175cm의 단신은 프리미어리그에서 중앙 수비를 맡을 때 어려움으로 작용할 수 있다.

출전경기	경기시간(분)	골	어시스트	경고	퇴장
24	1,911	1	3	4	-

DF	12	타이렐 말라시아
		Tyrell Malacia

국적: 네덜란드

강력한 공격력을 갖춘 레프트백. 지난 시즌 유로파 컨퍼런스리그 준우승과 함께 베스트 팀에 선정됐을 정도로 최고의 활약을 펼친 뒤 텐 하흐 감독의 1호 영입으로 맨유에 입단하게 됐다. 기술적인 드리블과 정확한 패스 능력을 겸비하고 있어 연계 플레이를 통해 득점 기회를 만드는 데 능하며, 킥 또한 뛰어나 세트피스도 담당할 수 있다. 지난 시즌 활약 덕분에 네덜란드 대표팀에도 발탁되기 시작했다.

출전경기	경기시간(분)	골	어시스트	경고	퇴장
32	2,834	1	4	5	-

DF	19	라파엘 바란
		Raphael Varane

국적: 프랑스

뛰어난 전술 이해도와 수준 높은 기량, 민첩한 움직임을 갖춘 센터백. 작년 여름 레알 마드리드에서 4,000만 유로의 이적료에 영입되며 많은 기대를 받았으나, 여러 차례의 근육 부상과 코로나 감염으로 절반가량을 출전하지 못했고 팀의 부진까지 겹치면서 아쉬운 시즌을 보내야 했다. 이번 시즌 마르티네스의 가세로 수비진 주전 경쟁이 더욱 치열해졌기 때문에 꾸준한 활약으로 클래스를 증명할 필요가 있다.

출전경기	경기시간(분)	골	어시스트	경고	퇴장
22	1,829	1	1	-	-

PLANTERS

PLAYERS

DF	20	디오구 달로
		Diogo Dalot

국적: 포르투갈

드리블, 패스, 크로스까지 공격 능력을 고루 갖춘 풀백. 신체 능력도 뛰어나 수비에서도 준수한 모습을 보인다. 2018년 여름 포르투를 떠나 맨유에 합류한 이후 줄곧 주전 경쟁에서 밀려나 밀란에서 임대 생활을 하기도 했으나, 지난 시즌 후반기 들어 랑닉 감독의 신뢰를 받아 마침내 주전으로 도약해 자신의 능력을 입증했다. 텐 하흐 감독도 풀백의 공격력을 중시하기 때문에 이번 시즌에도 주전이 유력하다.

출전경기	경기시간(분)	골	어시스트	경고	퇴장
24	1,799	-	-	4	-

DF	23	루크 쇼
		Luke Shaw

국적: 잉글랜드

빠른 스피드와 날카로운 크로스가 무기인 레프트백. 신체 능력이 뛰어나 경합에도 능하지만, 집중력과 전술 이해도가 부족해 수비력이 뛰어난 편은 아니다. 이에 대해서는 무리뉴 감독으로부터 공개적인 비판을 듣기도 했다. 지난 시즌 솔샤르와 랑닉 감독 모두에게 주전으로 선택을 받지 못한 가운데 이번 여름 텐 하흐 감독의 1호 영입으로 같은 포지션에 말라시아가 영입됐기에 입지가 불안한 상황이다.

출전경기	경기시간(분)	골	어시스트	경고	퇴장
20	1,603	-	3	8	-

MF	14	크리스티안 에릭센
		Christian Eriksen

국적: 덴마크

포체티노 감독 시절 토트넘의 전성기를 함께했던 공격형 미드필더. 유로 2020 도중 심장 문제로 쓰러진 뒤 당시 소속팀 인테르에서 뛸 수 없게 되며 은퇴 위기에 놓였으나, 순조롭게 회복해 지난 시즌 후반기에 브렌트포드와 단기 계약을 체결하며 프리미어리그에 복귀해 위기에 빠졌던 팀의 반등을 이끄는 활약을 펼쳤다. 창의적인 패스, 정확한 킥으로 득점 기회를 창출하는 데 탁월한 능력을 자랑한다.

출전경기	경기시간(분)	골	어시스트	경고	퇴장
11	938	1	4	1	-

MF	17	프레드
		Fred

국적: 브라질

패스와 수비 능력이 준수한 미드필더. 브라질 대표팀이지만 화려한 개인 기술보다는 뛰어난 전술 이해도와 집중력이 장점으로, 재빠르게 상대를 압박해서 공을 되찾아온 뒤 간결한 패스를 동료에게 연결하는 플레이가 특징이다. 이러한 특징은 텐 하흐 감독의 전술 색깔과 잘 어울린다. 지난 시즌 맨유의 중원에서 가장 활약이 꾸준했던 선수가 바로 프레드였기에 이번 시즌 핵심적인 역할을 맡을 것으로 기대된다.

출전경기	경기시간(분)	골	어시스트	경고	퇴장
28	2,036	4	4	5	-

MF	39	스콧 맥토미네이
		Scott McTominay

국적: 스코틀랜드

맨유 유소년팀 출신 미드필더. 193cm의 장신을 활용한 경합 능력으로 수비진을 보호하는 플레이에 능하며, 때로는 직접 전진해서 과감한 중거리 슈팅으로 골을 노리기도 한다. 민첩함은 다소 떨어지기 때문에 수비 시에 반칙이 잦은 편이고 볼 배급 능력도 부족하다는 단점이 있다. 이번 여름 같은 포지션의 네마냐 마티치와 폴 포그바가 떠났기 때문에 주전으로 도약할 가능성이 커 분발이 요구된다.

출전경기	경기시간(분)	골	어시스트	경고	퇴장
30	2,393	1	1	9	-

FW	7	크리스티아누 호날두
		Cristiano Ronaldo

국적: 포르투갈

골을 터트리는 능력만큼은 역대 최고라고 할 수 있는 공격수. 30대 중반이 되어 스피드가 떨어졌음에도 철저한 자기 관리로 근육질의 몸을 유지하며 최전방에서 여전한 득점력을 자랑하고 있다. 맨유, 레알 마드리드, 유벤투스 소속으로 각각 프리미어리그, 라리가, 세리에A에서 득점왕에 오르는 신화를 썼다. 그러나 맨유가 챔피언스리그 진출에 실패하자 올 여름 이적을 모색해 비판의 도마에 올랐다.

출전경기	경기시간(분)	골	어시스트	경고	퇴장
30	2,459	18	3	8	-

FW	10	마커스 래시포드
		Marcus Rashford

국적: 잉글랜드

엄청난 스피드로 뒷공간을 공략해 강력한 슈팅으로 골을 터트리는 측면 공격수. 최전방까지 소화할 수는 있지만, 중앙보다는 왼쪽 측면에서 훨씬 뛰어난 활약을 펼친다. 아동 후원 등의 사회 활동으로 공헌을 인정받아 대영제국훈장을 받았고, 맨유 유소년팀 출신이다 보니 많은 팬들의 지지를 받는다. 지난 시즌 1군 데뷔 이후 가장 부진한 모습을 보였으나, 텐 하흐 감독과 함께 부활할 가능성은 충분하다.

출전경기	경기시간(분)	골	어시스트	경고	퇴장
25	1,233	4	2	2	-

FW	25	제이든 산초
		Jadon Sancho

국적: 잉글랜드

맨시티 유소년팀 출신의 측면 미드필더. 출전 기회를 잡기 위해 도르트문트로 이적해 분데스리가 최고의 스타 중 하나로 성장했고, 작년 여름 8,500만 유로의 이적료로 맨유에 입단하며 잉글랜드 무대로 돌아왔다. 연계 플레이를 통해 득점 기회를 창출하는 능력이 뛰어난 선수로, 지난 시즌에는 팀의 부진과 맞물려 제 기량을 발휘하지 못했으나 때로는 최고 수준의 재능을 증명하는 활약을 펼치기도 했다.

출전경기	경기시간(분)	골	어시스트	경고	퇴장
29	1,904	3	3	-	-

FW	36	안토니 엘랑가
		Anthony Elanga

국적: 스웨덴

맨유에서 가장 빠른 것으로 알려진 측면 공격수. 맨유 유소년팀 출신의 유망주로, 지난 시즌 후반기, 팀이 고난의 시기를 보내던 와중에 몇 안 되는 희망을 안겼던 선수다. 저돌적인 공격 시도와 왕성한 활동량이 장점이다. 아직은 미숙한 모습도 보이는 원석과 같은 선수이기 때문에 텐 하흐 감독이 잘 다듬는다면 빠르게 발전할 수 있을 것으로 보인다. 올해 들어 스웨덴 국가대표로도 선발되기 시작했다.

출전경기	경기시간(분)	골	어시스트	경고	퇴장
21	1,217	2	2	-	-

웨스트햄 유나이티드 FC

West Ham United FC

TEAM PROFILE

창 립	1895년
구 단 주	데이비드 설리번(웨일스)
감 독	데이비드 모예스(스코틀랜드)
연 고 지	런던
홈 구 장	런던 스타디움(6만 명)
라 이 벌	밀월, 풀럼
홈페이지	www.whufc.com

최근 5시즌 성적

시즌	순위	승점
2017-2018	13위	42점(10승12무16패, 48득점 68실점)
2018-2019	10위	52점(15승7무16패, 52득점 55실점)
2019-2020	16위	39점(10승9무19패, 49득점 62실점)
2020-2021	6위	65점(19승8무11패, 62득점 47실점)
2021-2022	7위	56점(16승8무14패, 60득점 51실점)

PREMIER LEAGUE (전신 포함)

통 산	없음
21-22 시즌	7위(16승8무14패, 승점 56점)

FA CUP

통 산	우승 3회
21-22 시즌	16강

LEAGUE CUP

통 산	없음
21-22 시즌	8강

UEFA

통 산	없음
21-22 시즌	유로파리그 4강

경기 일정

라운드	날짜	장소	상대팀
1	2022.08.08	홈	맨체스터 시티
2	2022.08.13	원정	노팅엄 포레스트
3	2022.08.20	홈	브라이튼 앤 호브 앨비언
4	2022.08.27	원정	애스턴 빌라
5	2022.08.31	홈	토트넘
6	2022.09.03	원정	첼시
7	2022.09.10	홈	뉴캐슬 유나이티드
8	2022.09.17	원정	에버턴
9	2022.10.01	홈	울버햄튼 원더러스
10	2022.10.08	홈	풀럼
11	2022.10.15	원정	사우샘프턴
12	2022.10.20	원정	리버풀
13	2022.10.22	홈	AFC 본머스
14	2022.10.29	원정	맨체스터 유나이티드
15	2022.11.06	홈	크리스탈 팰리스
16	2022.11.13	홈	레스터 시티
17	2022.12.27	원정	아스널
18	2023.01..01	홈	브렌트포드
19	2023.01.03	원정	리즈 유나이티드
20	2023.01.15	원정	울버햄튼 원더러스
21	2023.01.22	홈	에버턴
22	2023.02.05	원정	뉴캐슬 유나이티드
23	2023.02.12	홈	첼시
24	2023.02.19	원정	토트넘
25	2023.02.26	홈	노팅엄 포레스트
26	2023.03.05	원정	브라이튼 앤 호브 앨비언
27	2023.03.12	홈	애스턴 빌라
28	2023.03.19	원정	맨체스터 시티
29	2023.04.01	홈	사우샘프턴
30	2023.04.08	원정	풀럼
31	2023.04.15	홈	아스널
32	2023.04.22	원정	AFC 본머스
33	2023.04.26	홈	리버풀
34	2023.04.29	원정	크리스탈 팰리스
35	2023.05.06	홈	맨체스터 유나이티드
36	2023.05.13	원정	브렌트포드
37	2023.05.20	홈	리즈 유나이티드
38	2023.05.29	원정	레스터 시티

전력 분석 강등의 불안함은 옛말, 중상위권의 탄탄한 전력

웨스트햄은 데이비드 모예스 감독이 정식 부임한 2019년 12월 당시만 해도 강등권 한 계단 위인 17위에 자리하고 있었다. 16위로 시즌을 마치며 가까스로 강등의 위기를 모면한 이후 2020/21 시즌부터 영입 선수들이 모예스 감독의 축구에 적응하면서 웨스트햄은 완전히 달라졌다. 데클란 라이스와 토마스 수첵 콤비가 중원에서 파트너십을 형성해 안정적인 경기 운영이 가능해졌고, 긴 패스를 위주로 한 공격도 위력을 발휘했다. 두 시즌 연속 중상위권의 순위를 기록한 웨스트햄은 이번 여름에도 약점을 메우기 위한 전력 보강을 이어갔다. 믿을 만한 백업이 없었던 최전방에는 사수올로에서 최고의 시즌을 보낸 이탈리아 국가대표 공격수 잔루카 스카마카가 합류했고, 수비진에는 뛰어난 패스 실력을 갖춘 나예프 아크라드가 영입돼 더욱 효과적인 빌드업을 기대할 수 있게 됐다. 중원에 라이스와 수첵의 백업으로 1부 리그 경험이 없는 플린 다운스만을 영입했다는 점이 유일하게 부족한 부분이지만, 왼쪽 측면 공격수 자리에도 번리에서 좋은 활약을 펼쳤던 막스웰 코네를 영입하며 거의 모든 포지션에 더블 스쿼드를 구성할 수 있을 것으로 기대된다.

전술 분석 빠르고 강한 킥 앤 러시에 창의성까지

모예스 감독은 영국의 전통적인 축구 스타일인 킥 앤 러시를 선호한다. 킥 앤 러시는 공을 확보한 순간 최대한 빨리 공격 지역으로 패스를 보내고 달려가서 골을 노리는 전술이다. 이를 위해서는 후방에서 시도하는 긴 패스가 전방으로 잘 연결돼야 하는데, 최전방 공격수 미카일 안토니오와 장신 미드필더 수첵이 경합에 강하고 공을 지켜내는 능력이 탁월해 중요한 역할을 맡고 있다. 패스를 이어받은 공격 2선 자원들은 기술적으로 뛰어나고 돌파에 능해 개인 능력으로 파괴력 있는 역습 기회를 노리거나 창의적인 패스로 득점 기회를 만든다. 양쪽 풀백들은 날카로운 크로스로 공격에 힘을 싣는다. 지난 시즌에는 라이스가 공을 갖고 중원에서부터 전진하는 능력이 크게 발전하면서 다양한 무기를 활용해 상대를 흔들 수 있었다. 이번 시즌에는 최전방에 다재다능한 공격수인 스카마카가 합류해 기존과는 다른 연계 플레이도 시도할 수 있을 것으로 보인다. 왼발잡이 센터백인 아크라드의 가세 또한 새로운 빌드업 형태를 기대하게 한다. 거액을 들여 영입한 두 선수가 얼마나 빠르게 프리미어리그의 경기 템포와 모예스 감독의 전술에 적응하는지가 관건이다.

시즌 프리뷰 신입 공격수 스카마카의 적응이 관건

웨스트햄은 갈수록 경쟁이 더 치열해지는 프리미어리그에서도 중상위권 팀의 궤도에 오르는 데 성공했다. 모예스 감독을 믿고 확실하게 지원해준 결과가 긍정적으로 나타나고 있는 것이다. 그러나 빠르고 간결한 축구에 집중하는 전술 색깔이 강하기 때문에 몇몇 영입생들은 적응에 어려움을 겪기도 했다. 특히나 최전방에 안토니오를 대체할 수 있는 공격수를 구하는 건 쉬운 일이 아니었다. 지난 시즌 네덜란드 무대를 넘어 챔피언스리그에서도 맹활약을 펼친 세바스티앙 알레조차 웨스트햄에서는 고전을 면치 못했을 정도다. 이 때문에 새로 영입된 공격수 스카마카가 얼마나 빨리 적응해서 활약할지 걱정의 시선도 존재한다. 스카마카가 웨스트햄에 부족했던 부분을 채워준다면 걱정 없는 순항을 기대해도 되겠지만, 안토니오의 전성기가 끝나가고 있는 시점에서 스카마카가 적응에 실패할 경우에는 고민이 깊어질 수도 있다. 그렇지만 전체적으로 워낙 안정된 전력을 구축한 웨스트햄이기에 중위권 밑으로 내려갈 정도의 위기는 없을 것으로 보인다. 지난 시즌 유로파리그 준결승까지 진출했던 만큼 컵대회에서는 우승에도 도전해볼 수 있다.

IN & OUT

주요 영입	주요 방출
잔루카 스카마카, 나예프 아크라드, 플린 다운스, 막스웰 코네	안드레이 야르몰렌코

TEAM FORMATION

FW **B**
9 안토니오 (스카마카)

MF **B⁺**
22 벤라마 (코네)
8 포르날스 (란시니)
20 보언 (블라시치)
28 수첵 (다운스)
41 라이스 (란시니)

DF **B**
3 크레스웰 (마수아쿠)
27 아크라드 (도슨)
4 주마 (오그본나)
5 추팔 (존슨)

GK **C⁺**
1 파비안스키 (아레올라)

PLAN **4-2-3-1**

TEAM RATINGS

슈팅 **6**
패스 **7**
조직력 **7**
수비력 **7**
감독 **7**
선수층 **7**

41

2021/22 프로필

팀 득점	60
평균 볼 점유율	47.40%
패스 정확도	80.60%
평균 슈팅 수	11.8
경고	47
퇴장	3

골 타입	오픈 플레이	57
	세트 피스	23
	카운터 어택	10
	패널티 킥	7
	자책골	5 단위 (%)

패스 타입	쇼트 패스	83
	롱 패스	12
	크로스 패스	5
	스루 패스	0 단위 (%)

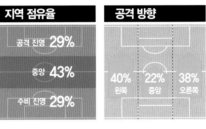

지역 점유율		공격 방향
공격 진영 **29%**		
중앙 **43%**		40% 왼쪽 / 22% 중앙 / 38% 오른쪽
수비 진영 **29%**		

슈팅 지역
12% 골 에어리어
56% 패널티 박스
32% 외곽 지역

상대팀 최근 6경기 전적

구분	승	무	패
맨체스터 시티	1	2	3
리버풀	1		5
첼시	3		3
토트넘 훗스퍼	2	1	3
아스널		1	5
맨체스터 유나이티드	1		5
웨스트햄 유나이티드			
레스터 시티	3	1	2
브라이튼 & 호브 알비온		5	1
울버햄튼 원더러스	3		3
뉴캐슬 유나이티드	1	2	3
크리스탈 팰리스	2	2	2
브렌트포드			2
애스턴 빌라	4	2	
사우샘프턴	2	2	2
에버턴	3	1	2
리즈 유나이티드	4	1	1
풀럼	4	1	1
본머스	1	3	2
노팅엄 포레스트	4		2

SQUAD

포지션	등번호	이름		생년월일	키(cm)	체중(kg)	국적
GK	1	우카시 파비안스키	Lukasz Fabianski	1985.04.18	190	83	폴란드
	13	알퐁스 아레올라	Alphonse Areola	1993.02.27	195	94	프랑스
	35	대런 랜돌프	Darren Randolph	1987.05.12	187	98	아일랜드
DF	2	벤 존슨	Ben Johnson	2000.01.24	184	75	잉글랜드
	3	애런 크레스웰	Aaron Cresswell	1989.12.15	170	66	잉글랜드
	4	커트 주마	Kurt Zouma	1994.10.27	190	95	프랑스
	5	블라디미르 추팔	Vladimir Coufal	1992.08.22	179	76	체코
	15	크레이그 도슨	Craig Dawson	1990.05.06	188	77	잉글랜드
	21	안젤로 오그본나	Angelo Ogbonna	1988.05.23	191	86	이탈리아
	23	이사 디옵	Issa Diop	1997.01.09	194	92	프랑스
	27	나예프 아크라트	Nayef Aguerd	1996.03.30	188	76	모로코
MF	8	파블로 포르날스	Pablo Fornals	1996.02.22	178	67	스페인
	10	마누엘 란시니	Manuel Lanzini	1993.02.15	167	59	아르헨티나
	11	니콜라 블라시치	Nikola Vlasic	1997.10.04	178	79	크로아티아
	12	플린 다운스	Flynn Downes	1999.01.20	178	70	잉글랜드
	28	토마스 수첵	Tomas Soucek	1995.02.27	192	86	체코
	32	코너 코벤트리	Conor Coventry	2000.03.25	177	65	아일랜드
	41	데클란 라이스	Declan Rice	1999.01.14	185	80	잉글랜드
FW	7	잔루카 스카마카	Gianluca Scamacca	1999.01.01	195	85	이탈리아
	9	미카일 안토니오	Michail Antonio	1990.03.28	180	82	자메이카
	14	막스웰 코네	Maxwel Cornet	1996.09.27	179	70	코트디부아르
	20	재러드 보언	Jarrod Bowen	1996.12.20	175	70	잉글랜드
	22	사이드 벤라마	Said Benrahma	1995.08.10	172	67	알제리

COACH

데이비드 모예스 David Moyes
1963년 4월 25일생 스코틀랜드

중위권 팀을 맡아 투자 대비 좋은 성적을 내는 데 탁월한 능력을 가진 감독. 과거 에버턴을 프리미어리그 4위권 경쟁 팀으로 만든 지도력을 인정받아 알렉스 퍼거슨 감독 은퇴 이후 맨유의 지휘봉을 잡았으나 뼈아픈 실패를 겪었다. 이후 소시에다드, 선덜랜드, 웨스트햄의 임시 감독으로 부침을 겪다가 2020/21 시즌부터 다시금 성공가도를 달리기 시작했다. 웨스트햄에서 과거 에버턴과 유사하게 장신 미드필더와 득점력을 갖춘 공격 2선 자원들을 활용한 것이 주효하며 리그 6위를 차지, 팬들로부터 '모예수라고까지 불리며 재계약에 합의했다. 지난 시즌에도 일관된 전술을 유지하며 성공적인 선수 영입과 함께 기존 자원들의 성장도 이끌어낸 끝에 7위라는 만족스러운 순위를 기록했다. 이번 여름에도 필요한 포지션을 적절하게 보강해 또 한 번의 순항이 예상된다.

KEY PLAYER

MF 41 데클란 라이스
Declan Rice

국적: 잉글랜드

상대 공격 흐름을 끊고 전진해서 역습을 주도하는 미드필더. 본래 수비 능력이 훨씬 탁월하고 공격 가담에서는 아쉬운 면모를 보여왔으나, 지난 시즌 엄청난 성장을 이루며 경기를 지배할 수 있는 선수가 됐다. 가장 발전한 부분은 바로 전진성이다. 직접 탈압박에 성공해서 상대 페널티 지역 근처까지 올라가다 보니 공격진에 있는 동료들에 대한 견제가 헐거워지는 효과를 낳았고, 본인의 활동 반경 또한 크게 넓어졌다. 웨스트햄에서 프로로 데뷔한 선수라 팬들의 신뢰도 두터워 이번 여름 마크 노블의 은퇴 이후 팀의 주장직도 맡게 됐다. 그러나 계약 기간을 2년 남겨두고 있어 첼시로의 이적에 끊임없이 연결되고 있으며, 1억 파운드 이상의 이적료가 거론된다.

출전경기	경기시간(분)	골	어시스트	경고	퇴장
36	3,178	1	4	8	-

GK 1 우카시 파비안스키
Lukasz Fabianski

국적: 폴란드

아스널, 스완지를 거쳐 웨스트햄에 입단한 프리미어리그에서 잔뼈가 굵은 골키퍼. 폴란드 선수 최초로 프리미어리그 통산 300경기 출전 기록을 달성했다. 아스널 시절에는 불안정한 위치 선정으로 쉽게 실점을 허용해 주전으로 활약할 수 없었지만, 스완지에서 4년간 주전으로 뛰면서 실력을 갈고 닦았다. 2018년 여름 웨스트햄 입단 이후로도 부상 기간을 제외하고는 주전으로 안정적인 선방을 펼치고 있다.

출전경기	경기시간(분)	실점	무실점(경기)	경고	퇴장
37	3,330	50	8	2	-

DF 2 벤 존슨
Ben Johnson

국적: 잉글랜드

7살의 나이에 웨스트햄 유소년팀에서 축구를 시작한 유망주. 지난 두 시즌 연속으로 웨스트햄 올해의 유망주로 선정될 만큼 빠른 성장세를 보이며 잉글랜드 21세 이하 대표팀에도 선발됐다. 오른쪽 풀백이지만 왼쪽도 커버할 수 있으며, 크로스 능력이 뛰어나 세트피스 또한 담당할 수 있다. 왕성한 활동량으로 수비에서도 준수한 모습을 보이지만, 경험 부족으로 인한 패스 실수 등은 보완할 부분이다.

출전경기	경기시간(분)	골	어시스트	경고	퇴장
20	1,401	1	-	1	-

DF 3 애런 크레스웰
Aaron Cresswell

국적: 잉글랜드

뛰어난 공격 가담 능력을 갖춘 레프트백. 8년이나 웨스트햄의 주전으로 활약해왔으며, 이번 시즌에는 부주장 역할도 맡았다. 정확한 크로스로 세트피스까지 전담하는데, 장신 선수들의 쇄도를 활용하는 모예스 감독의 전술에서 크레스웰의 긴 패스는 매우 중요한 무기라고 할 수 있다. 공격력에 비해 수비력은 부족한 편으로, 지난 시즌 유로파리그 준결승에서 엉성한 수비 끝에 퇴장당하는 아쉬움을 남겼다.

출전경기	경기시간(분)	골	어시스트	경고	퇴장
31	2,728	2	3	3	-

DF 4 커트 주마
Kurt Zouma

국적: 프랑스

첼시 소속으로 일찍부터 주목받던 중앙 수비수. 작년 여름 더 많은 출전 기회를 잡기 위해 웨스트햄 이적을 선택했다. 강력한 신체 능력을 활용한 수비에 능해 웬만한 공격수와의 경합에서 밀리지 않는 모습을 보이지만, 때로는 집중력 부족으로 막아야 할 선수를 놓치기도 한다. 올해 초에는 고양이를 괴롭히는 영상이 소셜 미디어에 퍼져 큰 비판을 받았고, 벌금과 180시간의 사회봉사를 명령받았다.

출전경기	경기시간(분)	골	어시스트	경고	퇴장
24	2,979	1	-	1	-

DF 5 블라디미르 추팔
Vladimir Coufal

국적: 체코

왼쪽의 크레스웰과 마찬가지로 오른쪽 측면에서 정확한 크로스로 웨스트햄의 공격에 힘을 보태는 라이트백. 크레스웰과는 달리 수비력도 견실한 선수다. 2020년 여름 체코 동료인 토마스 수첵과 동시에 웨스트햄에 영입됐고, 곧바로 주전으로 활약을 펼치며 높은 평가를 받았다. 이번 시즌을 끝으로 계약 기간이 만료되는 가운데, 신예 벤 존슨이 급성장하며 주전 자리를 위협하고 있어 거취가 주목된다.

출전경기	경기시간(분)	골	어시스트	경고	퇴장
28	2,211	-	4	3	1

DF 27 나예프 아크라드
Nayef Aguerd

국적: 모로코

민첩한 움직임과 침착한 수비, 뛰어난 패스 실력을 고루 갖춘 왼발잡이 센터백. 작년 여름 커트 주마에 이어 또다시 3,000만 파운드의 이적료에 영입된 수비수로, 주마와 주전 콤비를 형성할 전망이다. 상대의 패스 흐름을 미리 읽고 공을 가로채는 데 능하며, 공중 경합에도 강한 면모를 보인다. 무엇보다 전진 패스 능력이 굉장히 뛰어나 웨스트햄의 역습 전개 과정에 또 하나의 무기가 될 수도 있다.

출전경기	경기시간(분)	골	어시스트	경고	퇴장
31	2,738	2	2	3	1

PLAYERS

MF 8 파블로 포르날스
Pablo Fornals

국적: 스페인

공격 2선에서 창의적인 패스와 중거리 슈팅으로 상대를 위협하는 플레이메이커. 스페인 무대를 떠나 2019년 여름 웨스트햄에 입단한 첫 시즌에는 프리미어리그의 빠른 템포에 적응하지 못하여 어려움을 겪었으나, 이어진 2020/21 시즌부터 패스 타이밍을 빠르게 가져가고 압박에도 이전보다 성실하게 가담하며 자신의 재능을 다듬는 데 성공. 모예스 감독의 신임을 얻어 주전으로 활약을 펼치고 있다.

출전경기	경기시간(분)	골	어시스트	경고	퇴장
36	2,804	6	3	4	-

MF 10 마누엘 란시니
Manuel Lanzini

국적: 아르헨티나

정확한 패스를 무기로 하는 공격형 미드필더. 2015/16 시즌 웨스트햄 입단 이후 크고 작은 부상에 자주 시달리며 어려움을 겪었으나, 지난 시즌에는 마침내 부상의 악몽을 털어내고 꾸준한 활약을 펼쳤다. 움직임이 민첩해서 수비에도 적극 가담하고, 가로채기와 태클에 능하기 때문에 웨스트햄의 안정적인 경기 운영에 많은 도움이 된다. 계약 기간이 1년 남아 있어 이번 시즌 활약이 더욱 중요하다.

출전경기	경기시간(분)	골	어시스트	경고	퇴장
30	1,789	5	3	2	-

MF 14 막스웰 코네
Maxwell Cornet

국적: 코트디부아르

강력한 중거리 슈팅과 드리블, 경합 능력을 겸비한 측면 자원. 지난 시즌 번리에서 왼쪽 측면 공격수로 활약하며 사실상 에이스 역할을 했지만 끝내 팀의 강등을 막지는 못했다. 프리미어리그에서는 공격에만 집중했지만 측면 수비를 소화해온 선수라서 압박과 태클, 가로채기에도 능한 모습을 보인다. 전방의 공격수와 연계해 빠른 역습을 주도하는 플레이를 해왔기에 웨스트햄 적응은 수월할 것으로 전망된다.

출전경기	경기시간(분)	골	어시스트	경고	퇴장
26	1,774	9	1	2	-

MF 12 플린 다운스
Flynn Downes

국적: 잉글랜드

왕성한 활동량과 민첩한 움직임으로 상대를 빠르게 압박하는 수비형 미드필더. 지난 시즌 스완지에서 중원의 핵심으로 활약하며 패스와 공격 능력까지 발전시켰다. 웨스트햄의 오랜 팬으로 알려졌기에 더욱 의욕이 넘칠 것으로 보이지만, 프리미어리그 도전이 처음이고 2년 전만 해도 3부 리그에서 뛰었던 선수인 만큼 일단 라이스와 수첵의 백업 역할을 맡아 서서히 새로운 팀에 적응하는 것이 중요해 보인다.

출전경기	경기시간(분)	골	어시스트	경고	퇴장
37	2,877	1	2	10	1

MF 20 제러드 보언
Jarrod Bowen

국적: 잉글랜드

웨스트햄의 공격을 이끄는 에이스. 오른쪽 측면에서 뛰는 왼발잡이 공격수로, 중앙으로 치고 들어와 날카로운 슈팅으로 골을 터트리는 데 탁월한 능력을 보유하고 있다. 돌파와 슈팅이라는 장기에 집중하다보니 시야는 넓지 않고 패스 시도도 적은 편. 빌드업 과정에도 크게 관여하지는 않지만, 공격 진영에서 빈 곳을 찾아 들어가 기회를 만드는 선수다. 왼발뿐만 아니라 오른발로도 많은 골을 터트린다.

출전경기	경기시간(분)	골	어시스트	경고	퇴장
36	2,993	12	10	6	-

MF 22 사이드 벤라마
Said Benrahma

국적: 알제리

왼쪽 측면에서 중앙까지 넘나드는 측면 미드필더. 측면에서는 유려한 드리블로 돌파 후 크로스를 올리는 데 뛰어나며, 중앙으로 이동해서 패스를 받아 골을 터트리기도 한다. 양쪽 발로 올리는 크로스가 모두 정확하기 때문에 상대 수비가 드리블 방향을 예측하기가 쉽지 않다. 2020/21 시즌 웨스트햄 입단 초기에는 프리미어리그 적응에 어려움을 겪었으나, 지난 시즌부터 잠재력을 발휘하기 시작했다.

출전경기	경기시간(분)	골	어시스트	경고	퇴장
32	2,184	8	6	-	-

MF 28 투마스 수첵
Tomáš Souček

국적: 체코

192cm의 장신 미드필더. 모예스 감독은 에버턴 시절에도 장신 미드필더인 마루앙 펠라이니를 문전으로 쇄도하게 해서 크로스를 통한 공격으로 성공을 거뒀는데, 웨스트햄에서 그 역할을 맡고 있는 선수가 바로 수첵이다. 게다가 수첵은 펠라이니보다 훨씬 뛰어난 수비력을 갖추고 있어 중원에서 라이스와 확고한 파트너십으로 수비진을 보호한다. 공을 따낸 후에는 라이스에게 경기 조율을 맡기는 편이다.

출전경기	경기시간(분)	골	어시스트	경고	퇴장
35	3,062	5	1	3	-

FW 7 쟈루카 스카마카
Gianluca Scamacca

국적: 이탈리아

195cm의 장신에도 민첩하고 공을 다루는 기술이 뛰어난 공격수. 이러한 장점 때문에 즐라탄 이브라히모비치에 비견된다. 다재다능하고 슈팅도 강력한 선수지만, 프리미어리그의 템포와 새로운 팀 전술에 적응하는 게 관건이다. 이탈리아 세리에B와 네덜란드 임대를 통해 경험을 쌓다가 지난 시즌 잠재력을 폭발하며 이번 여름 여러 구단의 주목을 받았고, 웨스트햄이 옵션 포함 3,500만 파운드에 영입했다.

출전경기	경기시간(분)	골	어시스트	경고	퇴장
36	2,155	16	-	7	-

FW 9 미카일 안토니오
Michail Antonio

국적: 자메이카

측면 수비와 미드필더를 소화하다가 최전방에 자리를 잡은 다재다능한 공격수. 육중한 신체를 활용해 공을 지켜내고 동료에게 이어주는 능력이 압권이다. 측면에서 뛰었던 만큼 공을 다루는 기술과 돌파 능력도 좋다. 그러나 볼 터치 자체가 부드럽지 못해 패스를 받는 상황에서는 아쉬운 장면을 연출하기도 하며, 무엇보다 부상이 잦은 것이 최대 단점이다. 이번 시즌에는 스카마카와의 로테이션이 필수다.

출전경기	경기시간(분)	골	어시스트	경고	퇴장
36	2,981	10	8	6	1

레스터 시티 FC

Leicester City FC

TEAM PROFILE

창 립	1884년
구 단 주	아이야왓 스리바다나프라바
감 독	브렌던 로저스(북아일랜드)
연 고 지	레스터
홈 구 장	킹 파워 스타디움(3만 2,273명)
라 이 벌	노팅엄 포레스트, 더비 카운티
홈페이지	www.lcfc.com

최근 5시즌 성적

시즌	순위	승점
2017-2018	9위	47점(12승11무15패, 56득점 60실점)
2018-2019	9위	52점(15승7무16패, 51득점 48실점)
2019-2020	5위	62점(18승8무12패, 67득점 41실점)
2020-2021	5위	66점(20승6무12패, 68득점 50실점)
2021-2022	8위	52점(14승10무14패, 62득점 59실점)

PREMIER LEAGUE (전신 포함)

통 산	우승 1회
21-22 시즌	8위(14승10무14패, 승점 52점)

FA CUP

통 산	우승 1회
21-22 시즌	32강

LEAGUE CUP

통 산	우승 3회
21-22 시즌	8강

UEFA

통 산	없음
21-22 시즌	없음

경기 일정

라운드	날짜	장소	상대팀
1	2022.08.07	홈	브렌트포드
2	2022.08.13	원정	아스널
3	2022.08.20	홈	사우샘프턴
4	2022.08.27	원정	첼시
5	2022.08.31	홈	맨체스터 유나이티드
6	2022.09.03	원정	브라이튼 앤 호브 앨비언
7	2022.09.10	홈	애스턴 빌라
8	2022.09.17	원정	토트넘
9	2022.10.01	홈	노팅엄 포레스트
10	2022.10.08	원정	AFC 본머스
11	2022.10.15	홈	크리스탈 팰리스
12	2022.10.19	홈	리즈 유나이티드
13	2022.10.22	원정	울버햄튼 원더러스
14	2022.10.29	홈	맨체스터 시티
15	2022.11.06	원정	에버턴
16	2022.11.13	원정	웨스트햄
17	2022.12.27	홈	뉴캐슬 유나이티드
18	2023.01.01	원정	리버풀
19	2023.01.03	홈	풀럼
20	2023.01.15	원정	노팅엄 포레스트
21	2023.01.22	홈	브라이튼 앤 호브 앨비언
22	2023.02.05	원정	애스턴 빌라
23	2023.02.12	홈	토트넘
24	2023.02.19	원정	맨체스터 유나이티드
25	2023.02.26	홈	아스널
26	2023.03.05	원정	사우샘프턴
27	2023.03.12	홈	첼시
28	2023.03.19	원정	브렌트포드
29	2023.04.01	원정	크리스탈 팰리스
30	2023.04.08	홈	AFC 본머스
31	2023.04.15	원정	맨체스터 시티
32	2023.04.22	홈	울버햄튼 원더러스
33	2023.04.26	원정	리즈 유나이티드
34	2023.04.29	홈	에버턴
35	2023.05.06	원정	풀럼
36	2023.05.06	홈	리버풀
37	2023.05.20	원정	뉴캐슬 유나이티드
38	2023.05.23	홈	웨스트햄

전력 분석 | 부상 악몽만 이겨내면 괜찮은 전력

레스터는 지난 시즌 악몽과 같은 한 해를 보냈다. 공수에 걸쳐 주축 선수들이 끊임없는 부상에 시달렸기 때문에 원하는 대로 팀을 구성할 수조차 없었고, 새로 영입한 선수들은 별다른 인상을 남기지 못했다. 그럼에도 프리미어리그에서 한 자릿수 순위인 8위로 시즌을 마치고 유로파 컨퍼런스 리그 준결승까지 오를 수 있었던 건 기본적인 전력이 탄탄했기 때문이다. 최전방에는 팀의 레전드 제이미 바디가 35세의 나이와 부상에도 불구하고 여전히 15골로 리그 최다 득점을 책임졌으며, 2선에는 윙어 하비 반스와 공격형 미드필더 제임스 매디슨이 각기 다른 재능을 뽐냈고, 중원에는 키어넌 듀스버리-홀이라는 신성이 등장했다. 문제는 수비진이었다. 핵심 수비수 웨슬리 포파나가 골절이라는 중상을 당해 시즌 마지막 일곱 경기에만 모습을 드러냈고, 조니 에반스도 잦은 부상에 시달리자 수비진 전체가 크게 흔들릴 수밖에 없었다. 만일 이번 시즌 주축 선수들이 부상 없이 활약할 수 있다면 레스터는 안정적으로 중상위권을 기록할 수 있는 전력이다. 선수단에 변화가 전혀 없는 상황에서 팀 분위기를 쇄신하는 것만이 과제라고 할 수 있다.

전술 분석 | 포메이션이 달라져도 수비는 안정돼야

레스터는 상대에 맞춘 포메이션으로 선발 명단을 구성할 수 있는 팀이다. 강팀을 상대할 때는 수비형 미드필더를 두 명 배치하거나 파이브백을 사용할 수도 있고, 공격적으로 나설 때는 투톱을 배치할 수도 있다. 경기 운영도 끊임없는 압박을 통한 점유율 축구를 지향하지만, 바디가 있는 한 과거 프리미어리그 우승 당시 가장 큰 무기였던 빠른 역습도 활용할 수 있다. 기본적으로는 중원에서 팀의 핵심 미드필더 유리 틸레망에게 경기 운영을 맡기고, 공격 2선에서는 측면의 반스와 중앙의 매디슨이 날카로운 패스와 슈팅으로 골을 만들어낸다. 최전방의 바디는 빌드업에 별로 관여하지 않고 공간을 찾아 움직이며 마무리 슈팅으로 골을 터트리는 공격수다. 이 조합만 순조롭게 가동된다면 레스터는 어떤 상황에서도 상대를 위협할 방법을 찾아낼 수 있다. 따라서 이번 시즌의 지상 과제는 바로 수비 안정이다. 비록 지난 시즌 주전 수비 조합인 포파나와 에반스가 부상에 시달렸다고는 하지만, 레스터는 수비 집중력 자체에 문제를 드러내며 세트피스에서 너무 많은 실점을 내주고 말았다. 지역 방어 시스템이 완전히 무너졌기 때문에 변화를 모색해야 한다.

시즌 프리뷰 '0입' 이적 시장은 약이 될까 독이 될까?

엄청난 자본이 오가는 축구 이적 시장에서 단 한 명의 선수도 영입하지 않는 것은 상당히 이례적인 일이다. 프리미어리그가 전 세계에서 가장 많은 수입을 올리는 리그이긴 해도, 레스터의 현재 재정 상황은 그리 넉넉하지 않은 것으로 알려졌다. 따라서 기존 선수의 이적이 선행돼야 자금을 마련해서 새로운 선수를 영입할 수 있는 상황이다. 선수단 변화가 전혀 없이 새로운 시즌에 임하는 것은 긍정적인 효과도, 부정적인 효과도 있을 수 있다. 레스터는 이번 시즌 유럽 대회 없이 국내 대회만을 소화해야 하는 상황이기에 선수단 규모를 작게 운영하면서 조직력을 극대화할 수 있다는 것은 긍정적인 면이다. 반대로 기대 이하의 성적을 기록했던 지난 시즌의 좋지 않은 분위기를 쇄신하기가 쉽지 않다는 점은 부정적인 면이라고 할 수 있다. 마침 계약 기간을 1년 남겨둔 선수가 10명에 달하기 때문에 잡아야 할 선수는 빠르게 재계약을 체결하고 떠나보낼 선수는 떠나보내며 새로운 동력을 찾을 필요가 있다. 듀스버리-홀과의 재계약은 긍정적인 신호탄이며, 임대 복귀한 미드필더 데니스 프라트의 잔류 가능성도 거론되고 있다.

IN & OUT

주요 영입	주요 방출
데니스 프라트(임대 복귀)	카스퍼 슈마이켈

TEAM FORMATION

PLAN 4-3-2-1

TEAM RATINGS

슈팅 6
패스 7
조직력 7
수비력 6
감독 7
선수층 7
40

2021/22 프로필

팀 득점	62
평균 볼 점유율	51.80%
패스 정확도	81.80%
평균 슈팅 수	11.4
경고	55
퇴장	1

골타입	오픈 플레이	77
	세트 피스	13
	카운터 어택	6
	패널티 킥	3
	자책골	0 단위 (%)

패스타입	쇼트 패스	86
	롱 패스	10
	크로스 패스	2
	스루 패스	0 단위 (%)

지역 점유율

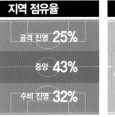

공격 진영 25%
중앙 43%
수비 진영 32%

공격 방향

42% 왼쪽 23% 중앙 35% 오른쪽

슈팅 지역

6% 골 에어리어
56% 패널티 박스
38% 외곽 지역

상대팀 최근 6경기 전적

구분	승	무	패
맨체스터 시티	2		4
리버풀	2		4
첼시	2	1	3
토트넘 홋스퍼	2		4
아스널	1	1	4
맨체스터 유나이티드	3	2	1
웨스트햄 유나이티드	2	1	3
레스터 시티			
브라이튼 & 호브 알비온	4	1	1
울버햄튼 원더러스	2	3	1
뉴캐슬 유나이티드	4		2
크리스탈 팰리스	4	2	
브렌트포드	4		
애스턴 빌라	2	1	3
사우샘턴	3	2	1
에버턴	1	2	3
리즈 유나이티드	4	1	1
풀럼	3	1	2
본머스	2	2	2
노팅엄 포레스트	1	3	2

SQUAD

포지션	등번호	이름		생년월일	키(cm)	체중(kg)	국적
GK	12	대니 워드	Danny Ward	1993.06.22	189	88	웨일스
DF	3	웨슬리 포파나	Wesley Fofana	2000.12.17	190	76	프랑스
	2	제임스 저스틴	James Justin	1998.02.23	183	80	잉글랜드
	4	찰하르 쇠윈쥐	Caglar Soyuncu	1996.05.23	187	82	튀르키예
	5	라이언 버틀랜드	Ryan Bertrand	1989.08.05	179	85	잉글랜드
	6	조니 에반스	Jonny Evans	1988.01.03	188	77	북아일랜드
	18	다니엘 아마티	Daniel Amartey	1994.12.21	186	79	가나
	21	히카르두 페레이라	Ricardo Pereira	1993.10.06	175	70	포르투갈
	23	야니크 베스테르고르	Jannik Vestergaard	1992.08.03	199	98	덴마크
	27	티모시 카스타뉴	Timothy Castagne	1995.12.05	185	80	벨기에
	33	루크 토마스	Luke Thomas	2001.06.10	181	68	잉글랜드
MF	7	하비 반스	Harvey Barnes	1997.12.09	182	66	잉글랜드
	8	유리 틸레망	Youri Tielemans	1997.05.07	176	72	벨기에
	10	제임스 매디슨	James Maddison	1996.11.23	175	73	잉글랜드
	11	마크 올브라이트	Marc Albrighton	1989.11.18	175	74	잉글랜드
	20	함자 초우두리	Hamza Choudhury	1997.10.01	178	64	잉글랜드
	22	키어넌 듀스버리 홀	Kiernan Dewsbury Hall	1998.09.06	178	70	잉글랜드
	24	남팔리스 멘디	Nampalys Mendy	1992.06.23	167	73	세네갈
	25	윌프레드 은디디	Wilfred Ndidi	1996.12.06	183	74	나이지리아
	26	데니스 프라트	Dennis Praet	1994.05.14	181	70	벨기에
	42	부바카리 수마레	Boubakary Soumare	1999.02.27	188	82	프랑스
FW	9	제이미 바디	Jamie Vardy	1987.01.11	179	80	잉글랜드
	14	켈레치 이헤아나초	Kelechi Iheanacho	1996.10.03	185	82	나이지리아
	17	아요세 페레스	Ayoze Perez	1993.07.29	178	72	스페인
	29	파트손 다카	Patson Daka	1998.10.09	183	71	잠비아

COACH

브렌던 로저스 Brendan Rodgers
1973년 1월 26일생 북아일랜드

유기적인 패스 연결과 공 소유를 중시하는 감독. 스완지를 지휘할 당시 '웨일스의 바르셀로나'를 만들었다는 평가도 받았다. 첼시 2군을 맡아 지도자 생활을 시작했고, 왓포드와 레딩을 거쳐 스완지에서 본격적으로 두각을 나타내기 시작했다. 뚜렷한 색깔의 전술로 스완지를 이끌며 프리미어리그에서 승격팀 돌풍을 일으켰고, 리버풀에 부임해 리그 우승에도 근접했으나 끝내 성공을 거두지는 못했다. 이후 셀틱에서 2016/17 시즌과 2017/18 시즌 국내 대회 2연속 트레블 우승을 달성하며 부활한 그는 2019년 2월 레스터에 부임해 위기에 빠졌던 시즌을 수습했고, 이후 두 시즌 연속 프리미어리그 5위에 오르는 성과로 다시금 지도력을 입증했다. 다양한 포메이션을 구사하는 전술적인 유연성과 선수의 잠재력을 이끌어내는 육성 능력도 갖춘 감독이다.

KEY PLAYER

| MF | 8 | 유리 틸레망
Youri Tielemans |

국적: 벨기에

2013년 당시 16살의 나이에 벨기에 역대 최연소 챔피언스리그 데뷔 기록을 세우고, 2016/17 시즌에는 스무 살에 벨기에 무대를 평정했을 만큼 일찍부터 주목을 받아온 선수. 수비형 미드필더로 선수 경력을 시작했으나, 민첩한 움직임과 정확하고 강력한 패스 능력을 갖추고 있어 공격 빌드업에도 뛰어난 선수로 성장했다. 안더레흐트와 AS 모나코를 거쳐 2019년 1월 레스터에 임대 신분으로 합류했고, 이어진 여름 이적 시장에서 3,200만 파운드에 완전 영입됐다. 3년간 꾸준하게 주전 미드필더로 활약하며 팀의 경기 운영을 책임지고 있고, 2020/21 시즌 FA컵 결승전에서는 첼시를 상대로 결승골을 터트려 레스터 우승의 주역이 되기도 했다.

출전경기	경기시간(분)	골	어시스트	경고	퇴장
32	2,634	6	4	3	-

| GK | 12 | 대니 워드
Danny Ward |

국적: 웨일스

리버풀에서도 로저스 감독 밑에서 백업을 담당했던 골키퍼. 프리미어리그에서는 통산 3경기 출전이 전부지만, 웨일스 국가대표로는 꾸준하게 활약하며 A매치 26경기에 출전했다. 주전을 맡아왔던 슈마이켈의 이적으로 골키퍼 포지션에 공백이 발생했고, 로저스 감독은 예전부터 알고 있던 워드가 주전으로 될 실력이 충분하다며 기회를 약속했다. 그러나 흔들리는 모습을 보인다면 이베르센과의 경쟁은 불가피하다.

출전경기	경기시간(분)	실점	무실점 (경기)	경고	퇴장
1	90	1	-	-	-

| DF | 3 | 웨슬리 포파나
Wesley Fofana |

국적: 프랑스

프랑스 21세 이하 대표 출신 센터백. 선수 경력 초기 수비형 미드필더를 맡았을 만큼 공을 다루는 기술이 뛰어나고 상대의 패스를 가로채는 데 능하다. 장신을 활용한 공중 경합 능력도 뛰어나며, 긴 다리를 최대한 활용하는 민첩한 커버와 태클도 수준급이다. 2020/21 시즌 레스터에 입단한 뒤 FA컵 우승을 차지하는 성공을 거뒀으나, 지난 시즌에는 부상으로 내내 이탈해 있다가 막바지에 복귀했다.

출전경기	경기시간(분)	골	어시스트	경고	퇴장
7	630	-	-	2	-

| DF | 4 | 찰라르 쇠윈쥐
Caglar Soyuncu |

국적: 튀르키예

적극적인 수비로 상대와 경합을 펼치고 전진과 패스에도 능한 센터백. 2019/20 시즌을 앞두고 해리 매과이어가 맨유로 이적한 이후 레스터의 주전으로 등극해 맹활약을 펼치며 매과이어의 공백을 완벽하게 메웠다. 그러나 이어진 시즌부터는 지나치게 달려드는 수비로 실책을 범하기 시작해 주전 경쟁에서 밀려났고, 지난 시즌에도 부진에서 벗어나지 못한 채 레스터와의 계약기간을 1년 남겨두고 있다.

출전경기	경기시간(분)	골	어시스트	경고	퇴장
28	2,498	1	-	5	-

| DF | 6 | 조니 에반스
Jonny Evans |

국적: 북아일랜드

맨유 출신의 베테랑 센터백. 알렉스 퍼거슨 감독 시절 주전으로 활약했을 정도로 견고한 수비력을 자랑한다. 맨유에서만 공식 대회 198경기를 소화했고, 웨스트 브롬을 거쳐 2018년 여름 레스터에 입단했다. 매 시즌 중앙 수비 파트너가 바뀌었음에도 노련하게 수비진을 지휘하며 꾸준하게 활약해왔다. 지난 시즌 에반스가 부상 탓에 경기를 절반도 소화하지 못하면서 레스터 수비는 위기를 겪어야 했다.

출전경기	경기시간(분)	골	어시스트	경고	퇴장
18	1,350	1	1	3	-

| DF | 27 | 티모시 카스타뉴
Timothy Castagne |

국적: 벨기에

왕성한 활동량을 바탕으로 공격에 적극 가담하는 풀백. 왼쪽과 오른쪽 측면을 모두 소화할 수 있고, 패스 연계가 좋아 미드필더로까지 쓰임새가 많은 선수다. 벨기에 헹크에서 데뷔한 직후 이탈리아에 진출해 공격 축구를 펼치던 아탈란타 돌풍의 주역 중 하나로 주목받았다. 레스터에는 2020년 여름에 영입돼 곧바로 주전으로 활약했으나, 후반기 들어서면서부터 잦은 부상에 시달려 아쉬움을 남겼다.

출전경기	경기시간(분)	골	어시스트	경고	퇴장
27	2,126	1	-	1	-

| DF | 33 | 루크 토머스
Luke Thomas |

국적: 잉글랜드

레스터 유소년팀 출신의 왼발잡이 측면 수비수. 적극적으로 전진해서 침착한 패스 연결로 팀의 공격 작업을 돕는 한편, 수비 전환 시에는 상대를 빠르게 압박해서 자신의 수비 임무를 다한다. 그러나 드리블 돌파에 능하지는 못하고, 크로스도 정확성이 떨어져 공격 포인트 생산 능력에는 아쉬움이 남는다. 주전 풀백들인 카스타뉴와 페레이라가 건강하게 될 수 있다면 로테이션 자원으로 활용될 가능성이 크다.

출전경기	경기시간(분)	골	어시스트	경고	퇴장
22	1,912	-	1	2	-

PLAYERS

MF 7 하비 반스 / Harvey Barne

국적: 잉글랜드

왕성한 활동량과 돌파 능력을 갖춘 측면 공격수. 레스터 유소년팀 출신으로, 2019/20 시즌부터 1군에서 주전으로 활약하고 있다. 과거에는 저돌적인 돌파를 주로 앞세웠던 반면에 시즌을 거듭하면서 공격 마무리를 점점 더 섬세하게 발전시켜 효과적인 패스와 슈팅으로 골을 만들어내고 있다. 프리미어리그에서 지난 세 시즌 도합 21골 22도움을 올린 기록만 봐도 반스의 다재다능함을 알 수 있다.

출전경기	경기시간(분)	골	어시스트	경고	퇴장
32	2,107	6	10	2	-

MF 10 제임스 매디슨 / James Maddison

국적: 잉글랜드

강력한 킥을 무기로 날카로운 슈팅과 크로스, 창의적인 패스로 골을 만들어내는 미드필더. 공격 재능은 확실한 반면에 수비 가담 부족이 약점으로 꼽히고 있어 쓰임새에 따라 평가가 달라지는 선수다. 중원에서 동료들이 수비를 확실히 받쳐줄 수만 있다면 중앙 공격형 미드필더로 활약하는 것이 최적이다. 그러나 선수로서 한 단계 발전하고 더 높은 수준의 활약을 펼치려면 약점을 보완할 필요가 있다.

출전경기	경기시간(분)	골	어시스트	경고	퇴장
35	2,468	12	8	3	-

MF 22 키어넌 듀스버리-홀 / Kiernan Dewsbury-Hall

국적: 잉글랜드

압박과 탈압박, 패스 능력을 고루 갖춘 박스 투 박스 미드필더. 상대에게서 공을 빼앗은 뒤 간결한 볼 터치로 전진해서 역습으로 전환하는 능력이 뛰어나고, 패스 범위도 준수한 편이다. 수비 가담도 성실하기 때문에 팀의 엔진 같은 역할도 할 수 있지만, 모든 플레이에 능한 반면 확실한 강점은 없기 때문에 애매하다는 평가도 받을 수 있는 선수다. 경험을 쌓아가며 자신만의 무기를 개발해야 한다.

출전경기	경기시간(분)	골	어시스트	경고	퇴장
28	2,106	1	2	4	-

MF 25 윌프리드 은디디 / Wilfred Ndidi

국적: 나이지리아

수비진을 보호하는 능력이 탁월한 수비형 미드필더. 태클과 가로채기 같은 수비 지표에서 늘 프리미어리그 미드필더 중 상위권을 차지한다. 중원에 은디디가 있을 때 레스터의 다른 미드필더들이 마음 놓고 공격에 집중할 수 있기 때문에 팀의 경기력에 큰 영향을 미치는 선수다. 패스 범위가 넓지는 않지만, 경기 운영은 틸레망에게 맡기는 확실한 역할 분담이 되어 있기 때문에 큰 약점을 찾아볼 수 없다.

출전경기	경기시간(분)	골	어시스트	경고	퇴장
19	1,619	-	-	4	-

MF 26 데니스 프라트 / Dennis Praet

국적: 벨기에

10대 시절 벨기에 최고의 유망주 중 하나로 꼽히던 공격형 미드필더. 빅 리그 입성 이후에는 기대만큼 성장하지 못했고, 레스터에서는 주전 경쟁에서 밀려나 지난 시즌 토리노로 임대를 떠나기도 했다. 이번 여름 완전 이적도 예상됐으나, 프리시즌 평가전에서 좋은 모습을 보인 끝에 레스터 잔류를 결정했다. 공격 2선과 3선을 오가며 경기 운영을 돕고 과감한 중거리 슈팅으로 골을 노리는 것이 장기다.

출전경기	경기시간(분)	골	어시스트	경고	퇴장
23	1,535	2	2	3	-

MF 42 부바카리 수마레 / Boubakary Soumare

국적: 프랑스

작년 여름 OSC 릴에서 1,700만 파운드의 이적료에 영입된 미드필더. 은디디의 백업이자 경쟁자로 활약해줄 선수를 기대했으나, 지난 시즌 프리미어리그의 빠른 경기 템포에 적응하지 못하며 고전하는 모습을 보였다. 수비 가담은 기대 이하였고, 공격 전환 장면에서도 패스 연결 타이밍이 느렸기 때문에 이번 시즌 출전 기회를 잡으려면 반드시 분발이 필요하다. 경쟁에서 밀려나 이적할 가능성도 있다.

출전경기	경기시간(분)	골	어시스트	경고	퇴장
19	1,102	-	-	1	-

FW 9 제이미 바디 / Jamie Vardy

국적: 잉글랜드

빠른 뒷공간 침투와 깔끔한 마무리에 특화된 공격수. 주급 30파운드를 받던 시절부터 꿈을 포기하지 않고 노력해온 성공 신화로도 유명한 선수다. 2015/16 시즌 레스터의 동화 같은 프리미어리그 우승을 이끄는 활약으로 MVP로 선정됐고, 2019/20 시즌에는 23골로 득점왕에 오르기도 했다. 30대 중반에도 날카로움을 유지하고 있으며, 지난 시즌 부상에도 팀 내 리그 최다 득점자가 됐다.

출전경기	경기시간(분)	골	어시스트	경고	퇴장
25	1,806	15	2	2	-

FW 14 켈레치 이헤아나초 / Kelechi Iheanacho

국적: 나이지리아

연계 플레이와 침투 패스 능력이 뛰어난 공격수. 골 결정력은 뛰어난 편이 아니다. 맨시티 유소년팀에서 주목을 받으며 성장했으나, 꾸준한 출전 기회를 위해 2017년 레스터 이적을 선택한 뒤 준주전으로 활약해오고 있다. 레스터가 원톱 전술에 바디를 주전으로 기용하고 있기 때문에 이헤아나초는 주로 교체로 투입돼 공격에 힘을 싣는 역할을 맡아왔다. 바디의 후계자가 되려면 득점력을 개선해야 한다.

출전경기	경기시간(분)	골	어시스트	경고	퇴장
26	1,263	4	5	1	-

FW 29 파트손 다카 / Patson Daka

국적: 잠비아

잘츠부르크 소속으로 오스트리아 분데스리가 우승을 이뤄내고 득점왕에도 올랐던 공격수. 작년 여름 2,200만 파운드의 이적료로 레스터에 입단했다. 드리블 돌파나 공중 경합, 연계 플레이 능력은 뛰어나지 않고 마무리에 특화된 공격수라 바디의 후계자로 염두에 두고 영입한 자원이다. 지난 시즌 프리미어리그 적응에 어려움을 겪었기 때문에 이헤아나초와의 경쟁부터 이겨내야 출전 기회를 잡을 수 있다.

출전경기	경기시간(분)	골	어시스트	경고	퇴장
23	1,163	5	3	2	-

브라이튼 앤 호브 알비온

Brighton & Hove Albion

TEAM PROFILE	
창 립	1901년
구 단 주	토니 블룸(잉글랜드)
감 독	그레이엄 포터(잉글랜드)
연 고 지	브라이튼
홈 구 장	아메리칸 익스프레스 커뮤니티 스타디움(3만 750명)
라 이 벌	크리스탈 팰리스
홈페이지	www.brightonandhovealbion.com

최근 5시즌 성적

시즌	순위	승점
2017-2018	15위	40점(9승13무16패, 34득점 54실점)
2018-2019	17위	36점(9승9무20패, 35득점 60실점)
2019-2020	15위	41점(9승14무15패, 39득점 54실점)
2020-2021	16위	41점(9승14무15패, 40득점 46실점)
2021-2022	9위	51점(12승15무11패, 42득점 44실점)

PREMIER LEAGUE (전신 포함)

통 산	없음
21–22 시즌	9위(12승15무11패, 승점 51점)

FA CUP

통 산	없음
21–22 시즌	32강

LEAGUE CUP

통 산	없음
21–22 시즌	없음

UEFA

통 산	없음
21–22 시즌	없음

경기 일정

라운드	날짜	장소	상대팀
1	2022.08.07	원정	맨체스터 유나이티드
2	2022.08.13	홈	뉴캐슬 유나이티드
3	2022.08.20	원정	웨스트햄
4	2022.08.27	원정	리즈 유나이티드
5	2022.08.31	원정	풀럼
6	2022.09.03	홈	레스터 시티
7	2022.09.10	원정	AFC 본머스
8	2022.09.17	홈	크리스탈 팰리스
9	2022.10.01	원정	리버풀
10	2022.10.08	홈	토트넘
11	2022.10.15	원정	브렌트포드
12	2022.10.19	홈	노팅엄 포레스트
13	2022.10.22	원정	맨체스터 시티
14	2022.10.29	홈	첼시
15	2022.11.06	원정	울버햄튼 원더러스
16	2022.11.13	홈	애스턴 빌라
17	2022.12.27	원정	사우샘프턴
18	2023.01.01	홈	아스널
19	2023.01.03	원정	에버턴
20	2023.01.15	홈	리버풀
21	2023.01.22	원정	레스터 시티
22	2023.02.05	홈	AFC 본머스
23	2023.02.12	원정	크리스탈 팰리스
24	2023.02.19	홈	풀럼
25	2023.02.26	원정	뉴캐슬 유나이티드
26	2023.03.05	홈	번리
27	2023.03.12	원정	리즈 유나이티드
28	2023.03.19	홈	맨체스터 유나이티드
29	2023.04.01	홈	브렌트포드
30	2023.04.08	원정	토트넘
31	2023.04.15	원정	첼시
32	2023.04.22	홈	맨체스터 시티
33	2023.04.26	원정	노팅엄 포레스트
34	2023.04.29	홈	울버햄튼 원더러스
35	2023.05.06	홈	에버턴
36	2023.05.13	원정	아스널
37	2023.05.20	홈	사우샘프턴
38	2023.05.29	원정	애스턴 빌라

전력분석 | 구단 역사상 최고의 전성기, 그러나 보강은 미미

브라이튼은 지난 시즌 프리미어리그 9위에 올라 구단 역사상 최고 성적을 기록했다. 선수 영입에서 차례로 성공을 거두고, 그레임 포터 감독이 뛰어난 지도력으로 팀을 이끌고 있는 덕분에 전성기를 달리고 있다. 그런데 지금의 성공에 안주하는 것일까? 이번 여름 이적 시장에서의 전력 보강은 거의 없었다. 파라과이의 18세 공격수 엔시소를 데려온 것이 유일한 영입인데, 당장 1군에서 경쟁할 수 있을지조차 불투명하다. 브라이튼은 팀 전력에 비해 뛰어난 경기력으로 많은 찬사를 받는 팀이기에 이러한 행보는 더욱 아쉽다. 유일한 약점이라고 할 수 있는 골 결정력 개선을 위해 공격진에 즉시 전력으로 활용할 수 있는 선수를 영입한다면 더 나은 성적까지도 기대할 수 있기 때문이다. 오히려 주전 미드필더 이브 비수마를 토트넘으로 떠나보내고, 팀 내 최고 선수였던 수비수 마크 쿠쿠레야도 첼시로 떠나게 되면서 지난 시즌의 성공을 재현하기는 쉽지 않아 보인다. 비수마의 공백은 유망주 미드필더 카이세도가 어느 정도 메울 수 있다고 하지만, 쿠쿠레야만큼의 활약을 첼시 임대생 콜윌에게 기대하는 것은 무리로 보인다.

전술분석 | 세련된 공격 축구로 만들어내는 예술적인 골들

브라이튼은 깔끔한 볼 터치와 빠른 패스, 조직적인 움직임을 무기로 세련된 공격 축구를 구사하는 팀이다. 선수들에게 적극적인 탈압박을 권장하기도 한다. 화려한 전개 이후 마무리에서 골 결정력이 부족해서 그렇지 골이 터질 때는 예술적인 장면들이 연출되곤 하며, 올해 5월 맨유와의 맞대결 당시처럼 골이 들어가는 날은 4-0의 대승을 거두기도 한다. 수비력도 준수한데, 왼쪽 측면 수비를 맡는 쿠쿠레야의 공격 움직임에 따라 3백과 4백을 변칙적으로 오가면서 효과적으로 상대를 막아낸다. 포터 감독이 과거에는 패스 능력을 갖춘 수비수들만을 선호했으나, 지난 시즌에는 수비력에도 신경을 쓰면서 공수 균형을 잡는 데 성공했다. 지난 시즌 막바지 토트넘을 상대로 단 한 개의 유효 슈팅조차 허용하지 않고 완승을 거둔 경기는 이를 잘 보여준다. 지금까지는 유망주 영입이 꾸준하게 성공을 거두고는 있지만, 주축 선수들의 이적과 부상이 발생할 경우에는 선수층이 얇고 경험이 부족한 탓에 쉽게 반등하지 못하는 모습은 약점이라고 할 수 있다. 지난 시즌 전반기 리그 13경기 연속 무승을 기록한 적도 있고, 후반기엔 5연패를 허용하기도 했다.

시즌 프리뷰 안정적인 중위권 전력, 유망주 육성에 집중

비록 올여름 이렇다 할 전력 보강은 없지만, 브라이튼은 지난 시즌 마지막 리그 여덟 경기에서 5승 3무로 한 번도 패하지 않으며 좋은 분위기 속에서 시즌을 마감한 팀이다. 3-5-2 포메이션의 기틀이 확고하게 완성됐기 때문에 비수마의 이적과 모데르의 부상 이탈에도 흔들리지 않을 것으로 보인다. 그러나 쿠쿠레야의 경우는 다르다. 스리백의 왼쪽 센터백과 포백의 왼쪽 풀백 자리를 오가며 견실한 수비를 펼치는 것은 물론이고 공격에도 적극 가담해 빌드업의 한 축을 담당해왔기 때문에 콜윌로 직접 대체하기보다는 전술적으로 대처가 필요하다. 쿠쿠레야 외에 전문적인 레프트백이 아예 없어 포백 전환은 시도조차 할 수 없게 됐다. 그렇지만 지난 시즌을 통해 프리미어리그 적응을 마친 음웨푸, 신성으로 떠오른 카이세도, 성공적인 임대를 마치고 돌아온 판 헤케와 운다프, 신입 공격수 엔시소 등은 팀에 새롭게 힘을 실어줄 수 있는 선수들이다. 무엇보다 포터 감독의 뛰어난 지도력이 건재하는 한은 큰 위기 없이 다시 한 번 중위권 안착을 기대할 수 있다. 유망주들을 육성하는 데 집중해서 장기적인 기반을 만들어야 한다.

IN & OUT

주요 영입	주요 방출
훌리오 엔시소, 레비 콜윌(임대)	마크 쿠쿠레야, 이브 비수마

TEAM FORMATION

PLAN **3-5-2**

TEAM RATINGS

슈팅 **5** 패스 **7**
조직력 **7** 수비력 **6**
감독 **7** 선수층 **7**

39

2021/22 프로필

팀 득점	42
평균 볼 점유율	54.30%
패스 정확도	81.70%
평균 슈팅 수	12.9
경고	73
퇴장	2

골 타입		
오픈 플레이	62	
세트 피스	19	
카운터 어택	5	
패널티 킥	10	
자책골	5	단위 (%)

패스 타입		
쇼트 패스	85	
롱 패스	11	
크로스 패스	4	
스루 패스	0	단위 (%)

지역 점유율

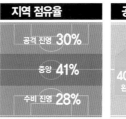

공격 진영 **30%**
중앙 **41%**
수비 진영 **28%**

공격 방향

40% 왼쪽 **24%** 중앙 **36%** 오른쪽

슈팅 지역

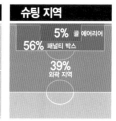

5% 골 에어리어
56% 패널티 박스
39% 외곽 지역

상대팀 최근 6경기 전적

구분	승	무	패
맨체스터 시티	1		5
리버풀	1	2	3
첼시		4	2
토트넘 홋스퍼	2		4
아스널	3	1	2
맨체스터 유나이티드	1		5
웨스트햄 유나이티드	1	5	
레스터 시티	1	1	4
브라이튼 & 호브 알비온			
울버햄튼 원더러스	1	3	2
뉴캐슬 유나이티드	2	3	1
크리스탈 팰리스		4	2
브렌트포드	3	2	1
애스턴 빌라	1	2	3
사우샘프턴	1	3	2
에버턴	2	1	3
리즈 유나이티드	3	2	1
풀럼	2	3	1
본머스	2	1	3
노팅엄 포레스트	3	1	2

SQUAD

포지션	등번호	이름		생년월일	키(cm)	체중(kg)	국적
GK	1	로베르트 산체스	Robert Sanchez	1997.11.18	197	91	스페인
DF	2	타릭 램프티	Tariq Lamptey	2000.09.30	164	62	잉글랜드
	4	아담 웹스터	Adam Webster	1995.01.04	190	75	잉글랜드
	5	루이스 덩크	Lewis Dunk	1991.11.21	192	77	잉글랜드
	6	레비 콜윌	Levi Colwill	2003.02.26	187	80	잉글랜드
	26	맷 클라크	Matt Clarke	1006.09.22	185	83	잉글랜드
	29	얀 폴 판 헤케	Jan Paul van Hecke	2000.06.08	189	72	네덜란드
	34	조엘 벨트만	Joel Veltman	1992.01.15	184	73	네덜란드
MF	7	솔리 마치	Solly March	1994.07.20	180	77	잉글랜드
	8	에녹 음웨푸	Enock Mwepu	1998.01.01	184	76	잠비아
	10	알렉시스 맥알리스터	Alexis Mac Allister	1998.12.24	174	70	아르헨티나
	13	파스칼 그로스	Pascal Gross	1991.06.15	181	78	독일
	14	아담 랄라나	Adam Lallana	1988.05.10	172	73	잉글랜드
	15	야쿱 모데르	Jakub Moder	1999.04.07	191	78	폴란드
	17	스티븐 알사테	Steven Alzate	1998.09.08	180	65	콜롬비아
	19	제레미 사미엔토	Jeremy Sarmiento	2002.06.16	183	73	에콰도르
	25	모아세스 카이세도	Moises Caicedo	2001.11.02	178	73	에콰도르
	27	카츠페르 코즐로브스키	kacper kozlowski	2003.10.16	182	67	폴란드
FW	9	닐 모페이	Neal Maupay	1996.08.14	173	69	프랑스
	11	레안드로 트로사르	Leandro Trossard	1994.12.04	172	61	벨기에
	18	대니 웰벡	Danny Welbeck	1990.11.26	185	78	잉글랜드
	20	훌리오 엔시소	Julio Enciso	2004.01.23	173	64	파라과이
	21	데니스 운다브	Deniz Undav	1996.07.19	178	86	튀르키예
	22	미토마 카오루	kaoru mitoma	1997.05.20	178	73	일본
	31	플로린 안도네	Florin And One	1993.04.11	180	73	루마니아

COACH

그레엄 포터 Graham Potter
1975년 5월 20일생 잉글랜드

다양한 경험을 바탕으로 뛰어난 선수 관리와 전술 구사 능력을 보유한 지도자. 선수 은퇴 후 가나 여자 대표팀 기술 고문, 잉글랜드 대학팀 코치 등으로 일하며 대학에서 사회 과학과 리더십, 감정 지능을 전공하는 등 여러 방면에서 경험을 쌓았다. 감독으로 두각을 나타낸 것도 낯선 도전이었던 스웨덴, 그것도 4부 리그에서였다. 외스테르순트를 5년간 지도하며 세 번의 승격으로 구단 역사상 첫 1부 리그 진출에 성공했고, 심지어 컵대회 우승까지 이뤄내며 유로파리그 본선에 진출해 아스널 원정에서 승리를 거두는 신화를 썼다. 이후 스완지를 거쳐 2019년부터 브라이튼의 지휘봉을 잡아 팀을 이끌고 있는데, 어느 팀에서나 제한된 자원을 최대한 활용해 매끄러운 패스 연결을 만들어내는 지도력으로 찬사를 받고 있다. 빅 클럽에서의 부름도 시간 문제로 보인다.

KEY PLAYER

MF	11	레안드로 트로사르
		Leandro Trossard

국적: 벨기에

측면 미드필더와 공격수를 오가며 브라이튼의 공격을 이끄는 핵심 자원. 측면으로 움직여 공간을 만들거나 드리블 돌파로 상대 수비에 혼란을 야기하고, 중앙 지역에서는 창의적인 패스와 날카로운 슈팅으로 공격 마무리를 담당하기도 한다. 지난 시즌 모페이와 함께 팀 내 리그 최다 득점을 기록하며 브라이튼의 고질적인 문제인 골 결정력 고민을 어느 정도 해소하기도 했지만, 기본적으로 슈팅이나 크로스가 정확한 선수는 아니다. 압박과 빌드업에 적극 가담하는 등 움직임이 성실한 선수라서 왼쪽 윙백 역할까지도 맡을 수 있다. 브라이튼에서의 꾸준한 활약을 바탕으로 벨기에 대표팀에도 승선하며 올해에만 A매치에서 세 골을 기록하는 등 입지를 넓혀가고 있다.

출전경기	경기시간(분)	골	어시스트	경고	퇴장
34	2,812	8	3	2	-

GK	1	로베르트 산체스
		Robert Sanchez

국적: 스페인

2013년 당시 15세의 나이에 레반테에서 건너온 브라이튼 유소년팀 출신 골키퍼. 하부 리그 임대를 통해 경험을 쌓다가 2020/21 시즌부터 브라이튼의 골문을 지키고 있다. 스페인 대표팀 선배인 이케르 카시야스와 다비드 데 헤아를 롤모델로 삼아 뛰어난 선방을 보여주지만, 때로는 막을 수 있는 슈팅을 그대로 실점하는 경우도 있어 안정감이 부족하다. 선방과 패스 모두 발전 가능성은 충분하다.

출전경기	경기시간(분)	실점	무실점(경기)	경고	퇴장
37	3,330	42	11	3	1

DF	2	타릭 램프티
		Tariq Lamptey

국적: 가나

첼시 유소년팀 출신 라이트백. 첼시에서 기회를 잡기 어렵자 브라이튼으로 이적해 잠재력을 폭발시키며 많은 주목을 받았다. 특히 작은 체구에도 엄청난 가속도를 자랑하는 움직임은 팬들의 탄성을 자아낸다. 스피드와 드리블 돌파가 장점이지만, 아직은 경험이 부족해 수비 집중력에 문제가 있고 반칙도 잦은 편이다. 잉글랜드 청소년 대표팀을 거쳤지만, 카타르 월드컵을 앞두고 가나 성인 대표팀을 선택했다.

출전경기	경기시간(분)	골	어시스트	경고	퇴장
30	1,558	-	2	4	-

DF	4	애덤 웹스터
		Adam Webster

국적: 잉글랜드

뛰어난 패스 능력과 공중 경합 능력을 갖춘 센터백. 왼발과 오른발을 모두 사용해 정확한 전진 패스를 구사할 수 있어 브라이튼의 후방 빌드업에 중요한 역할을 담당한다. 잉글랜드 하부 리그에서 주로 활약하다가 2019년 프리미어리그에 승격한 브라이튼에 입단해 주전 자리를 지켜왔다. 지난 시즌에는 여러 차례 부상을 당했기 때문에 이번 시즌 주전 자리를 되찾기 위해서는 치열한 경쟁을 이겨내야 한다.

출전경기	경기시간(분)	골	어시스트	경고	퇴장
22	1,432	2	-	5	-

DF	5	루이스 덩크
		Lewis Dunk

국적: 잉글랜드

짧은 임대 시절을 제외하면 브라이튼에서만 뛰어온 유소년팀 출신의 원클럽맨. 침착한 수비와 패스에 능한 센터백으로, 챔피언십과 프리미어리그를 합해 리그 출전만 342경기에 달한다. 2017년 프리미어리그 승격 이후로도 꾸준하게 주전으로 활약했고, 비록 한 경기지만 잉글랜드 국가대표로 A매치도 치렀다. 2020년 당시 첼시의 관심을 받았으며, 5년 재계약에 합의하면서 브라이튼과의 의리를 지켰다.

출전경기	경기시간(분)	골	어시스트	경고	퇴장
29	2,574	1	-	2	1

DF	6	레비 콜윌
		Levi Colwill

국적: 잉글랜드

첼시 유소년팀 출신 센터백. 지난 시즌 허더스필드에 임대돼 견실한 수비로 많은 주목을 받았다. 이번 시즌 첼시 1군 입성도 기대됐으나, 쿠쿠레야 영입을 위한 협상 카드로 활용되면서 브라이튼에 임대됐다. 신체 능력이 뛰어나 경합에 강한 동시에 축구 지능도 높아서 수비진 조율이나 빌드업 전개, 직접 전진에도 능하다. 프리미어리그 도전은 처음인 만큼 이번 시즌이 시험대가 될 것으로 보인다.

출전경기	경기시간(분)	골	어시스트	경고	퇴장
31	2,601	2	1	5	-

DF	34	조엘 벨트만
		Joel Veltman

국적: 네덜란드

아약스 출신의 네덜란드 국가대표 수비수. 브라이튼에서 지난 두 시즌 주전으로 활약하며 뛰어난 수비력과 준수한 크로스 능력을 선보였다. 오른쪽 측면과 중앙을 오가며 포백과 스리백 포메이션 모두에서 좋은 모습을 보여 포터 감독으로부터 중용받고 있다. 특히나 지난 시즌에는 팬들의 전적인 지지를 받으며 '미스터 꾸준'이라는 별명을 얻었다. 본인도 선수 경력에서 최고의 시즌이라며 자부심을 나타냈다.

출전경기	경기시간(분)	골	어시스트	경고	퇴장
34	2,881	1	1	6	-

PLAYERS

MF 7 솔리 마치
Solly March

국적: 잉글랜드

양쪽 측면 모두에서 활약할 수 있는 윙백. 측면 공격수로 선수 생활을 시작했고, 드리블 돌파에 능하지만 공격 마무리가 좋은 편은 아니어서 공격수보다는 성실한 수비 가담을 할 수 있는 윙백 역할에 더 어울리는 선수다. 17세 당시 런던 지역 리그에서 한 경기에 출전한 것을 제외하고는 사실상 브라이튼에서만 프로 생활을 해온 원클럽맨이기도 하다. 지난 시즌 무릎 부상에서 회복해 좋은 활약을 펼쳤다.

출전경기	경기시간(분)	골	어시스트	경고	퇴장
31	1,739	-	2	1	-

MF 8 에녹 음웨푸
Enock Mwepu

국적: 잠비아

민첩한 움직임과 강력한 중거리 슈팅 능력을 겸비한 미드필더. 잘츠부르크에서의 활약을 바탕으로 지난 시즌 브라이튼에 입단해 전반기 내내 주전 자리를 지켰다. 리버풀 원정에서 2:2 무승부를 거둘 당시 보여준 아름다운 포물선을 그린 중거리 슈팅은 지난 시즌 브라이튼 최고의 골로 선정되기도 했다. 후반기 들어서는 부상에 시달리며 자리를 비운 기간이 길었으나, 이번 시즌 주전 확보는 유력해 보인다.

출전경기	경기시간(분)	골	어시스트	경고	퇴장
18	997	2	4	2	-

MF 10 알렉시스 맥 알리스터
Alexis Mac Allister

국적: 아르헨티나

성실한 수비 가담과 강력한 킥을 무기로 하는 공격형 미드필더. 공격 2선에서 측면으로 움직이며 크로스로 득점 기회를 만들거나 직접 중거리 슈팅으로 골을 노린다. 3선까지 활발하게 내려가서 압박과 빌드업에도 가담하는 미드필더다. 브라이튼과는 2019년 1월 계약을 체결한 뒤 임대 신분으로 아르헨티나 무대에 남아 경험을 쌓았고, 지난 시즌부터 본격적인 활약을 펼치며 주전 경쟁에 합류했다.

출전경기	경기시간(분)	골	어시스트	경고	퇴장
33	2,118	5	2	4	-

MF 13 파스칼 그로스
Pascal Gross

국적: 독일

2017년 브라이튼의 프리미어리그 입성과 동시에 영입된 미드필더. 중앙에서 측면으로 빠진 이후 최고 수준의 크로스로 득점 기회를 만드는 데 탁월한 능력을 갖추고 있다. 입단 첫 시즌에는 리그에서만 7골 8도움을 올리는 활약으로 단숨에 브라이튼의 에이스로 등극, 시즌 최우수 선수로 선정되기도 했다. 이후로도 꾸준한 활약으로 주전 자리를 유지했고, 이번 여름 브라이튼과 2년 재계약에 합의했다.

출전경기	경기시간(분)	골	어시스트	경고	퇴장
29	2,043	2	4	1	-

MF 25 모세스 카이세도
Moises Caicedo

국적: 에콰도르

지난 시즌 후반기에 두각을 나타낸 유망주 미드필더. 벨기에 무대로 1년 임대를 떠났으나, 음웨푸의 부상 공백을 메우기 위해 시즌 도중 브라이튼으로 복귀해 좋은 활약을 펼쳤다. 전진 능력이 뛰어나 아스널 원정에서 2-1 승리를 거둘 당시 놀라운 컷백으로 음웨푸의 골을 도왔고, 맨유를 4-0으로 대파한 경기에서도 중거리 슈팅으로 골을 터트려 주가를 높였다. 이번 시즌 본격적인 주전 경쟁에 임한다.

출전경기	경기시간(분)	골	어시스트	경고	퇴장
8	664	1	1	2	-

FW 9 닐 모페이
Neal Maupay

국적: 프랑스

유려한 드리블 돌파와 과감한 슈팅으로 꾸준하게 브라이튼의 골을 책임져온 공격수. 프랑스 연령별 청소년 대표를 거치며 성장했고, 브렌트포드 시절 챔피언십 최고의 선수로 선정되는 활약을 펼치다가 2019년 브라이튼에 영입됐다. 팀에서 가장 믿을 만한 공격수이기는 하지만 2022년 들어서는 리그 16경기에서 한 골만을 득점했고, 11경기 연속 무득점으로 지난 시즌을 마무리해 반등이 절실하다.

출전경기	경기시간(분)	골	어시스트	경고	퇴장
32	2,276	8	2	7	-

FW 18 대니 웰벡
Danny Welbeck

국적: 잉글랜드

맨유와 아스널에서 활약했던 공격수. 민첩하고 활발한 움직임으로 상대 수비진을 휘젓고, 공중 경합에 강하며 연계에도 능해서 막기 까다로운 반면에 골 결정력은 뛰어나지 않은 편이다. 브라이튼과는 지난 2년간 1년 단위로 계약을 체결해왔고, 이번 여름에도 새로운 계약에 합의했다. 지난 시즌 마지막 리그 다섯 경기에서 3골 2도움을 기록하는 활약을 펼쳤기에 이번 시즌에도 상승세를 유지할지 주목된다.

출전경기	경기시간(분)	골	어시스트	경고	퇴장
25	1,477	6	2	-	-

FW 20 훌리오 엔시소
Julio Enciso

국적: 파라과이

이번 여름 브라이튼이 영입한 오른쪽 측면 공격수. 빠르고 위협적인 움직임에 능하며 몸싸움 또한 강하다. 17세에 불과하던 작년부터 파라과이 대표팀에도 발탁돼 A매치 여섯 경기를 소화할 정도로 많은 주목을 받고 있는 유망주다. 성장을 위해서 영입 직후 임대도 고려됐지만, 프리 시즌 훈련에서 좋은 모습을 보여 1군 자원으로 포터 감독의 낙점을 받았다. 새로운 환경에 빨리 적응하는 게 관건이다.

출전경기	경기시간(분)	골	어시스트	경고	퇴장
14	1,176	11	3	1	-

FW 21 데니즈 운다프
Deniz Undav

국적: 독일

지난 시즌 벨기에 최고의 선수. 49년 만에 1부 리그에 승격한 우니온 SG에서 득점왕을 차지하며 벨기에 역사상 최초로 1부 승격팀의 정규 시즌 우승이라는 신화를 썼다. 브라이튼과는 올해 1월 계약한 뒤 임대 신분으로 우니온에서 지난 시즌을 마무리했고, 이번 시즌부터 브라이튼에서 주전 경쟁에 나선다. 마무리 슈팅과 침투 패스에 능하기 때문에 득점력이 부족한 브라이튼에 꼭 필요한 공격수다.

출전경기	경기시간(분)	골	어시스트	경고	퇴장
39	3,433	26	12	8	-

울버햄튼 원더러스

Wolverhampton Wanderers

TEAM PROFILE	
창 립	1877년
구 단 주	푸싱그룹
감 독	브루누 라즈(포르투갈)
연 고 지	울버햄튼
홈 구 장	몰리뉴 스타디움(3만 2,050명)
라 이 벌	웨스트브로미치
홈페이지	www.wolves.co.uk

최근 5시즌 성적

시즌	순위	승점
2017-2018	없음	없음
2018-2019	7위	57점(16승9무13패, 47득점 46실점)
2019-2020	7위	59점(15승14무9패, 51득점 40실점)
2020-2021	13위	45점(12승9무17패, 36득점 52실점)
2021-2022	10위	51점(15승6무17패, 38득점 43실점)

PREMIER LEAGUE (전신 포함)

통 산	우승 3회
21-22 시즌	10위(15승6무17패, 승점 51점)

FA CUP

통 산	우승 4회
21-22 시즌	32강

LEAGUE CUP

통 산	우승 2회
21-22 시즌	32강

UEFA

통 산	없음
21-22 시즌	없음

경기 일정

라운드	날짜	장소	상대팀
1	2022.08.06	원정	리즈 유나이티드
2	2022.08.13	홈	풀럼
3	2022.08.20	원정	토트넘
4	2022.08.27	홈	뉴캐슬 유나이티드
5	2022.08.31	원정	AFC 본머스
6	2022.09.03	홈	사우샘프턴
7	2022.09.10	원정	리버풀
8	2022.09.17	홈	맨체스터 시티
9	2022.10.01	원정	웨스트햄
10	2022.10.08	원정	첼시
11	2022.10.15	홈	노팅엄 포레스트
12	2022.10.19	원정	크리스탈 팰리스
13	2022.10.22	홈	레스터 시티
14	2022.10.29	원정	브렌트포드
15	2022.11.06	홈	브라이튼 앤 호브 앨비언
16	2022.11.13	홈	아스널
17	2022.12.27	원정	에버턴
18	2023.01.01	홈	맨체스터 유나이티드
19	2023.01.03	원정	애스턴 빌라
20	2023.01.15	홈	웨스트햄
21	2023.01.22	원정	맨체스터 시티
22	2023.02.05	홈	리버풀
23	2023.02.12	원정	사우샘프턴
24	2023.02.19	홈	AFC 본머스
25	2023.02.26	원정	풀럼
26	2023.03.05	홈	토트넘
27	2023.03.12	원정	뉴캐슬 유나이티드
28	2023.03.19	홈	리즈 유나이티드
29	2023.04.01	원정	노팅엄 포레스트
30	2023.04.08	홈	첼시
31	2023.04.15	원정	브렌트포드
32	2023.04.22	원정	레스터 시티
33	2023.04.26	홈	크리스탈 팰리스
34	2023.04.29	원정	브라이튼 앤 호브 앨비언
35	2023.05.06	홈	애스턴 빌라
36	2023.05.13	원정	맨체스터 유나이티드
37	2023.05.20	홈	에버턴
38	2023.05.29	원정	아스널

전력분석 | 소극적인 보강, 신입 선수들은 큰 부담

울버햄튼은 지난 시즌 프리미어리그에서 10위를 기록했다. 이전 시즌보다 순위가 세 계단이나 상승했으니 표면적으로는 성공을 거둔 것처럼 보인다. 그러나 내용을 들여다보면 만족스럽지 못하다. 조제 사 골키퍼의 선방 행진에 힘입어 시즌 초중반 많은 승점을 확보한 덕분에 강등 걱정을 할 필요가 전혀 없었지만, 마지막 리그 14경기에서는 3승 2무 9패로 강등권에 있는 팀들과 다름없는 행보를 보였다. 그런데도 공격과 수비에 한 명씩의 선수만을 영입하는 여름 이적 시장을 보냈다. 무엇보다 답답한 공격력을 해소하기 위한 보강이 필수였고, 울버햄튼의 선택은 발렌시아에서 에이스로 활약해온 게데스였다. 게데스가 공격 2선에서 창의력을 발휘해 득점 기회를 만들면 히메네스나 황희찬이 이를 골로 마무리할 수 있어야 한다. 수비진의 유일한 영입은 21세 센터백 네이선 콜린스인데, 무려 2,000만 파운드가 넘는 이적료를 투자해 큰 기대를 걸고 있다. 그러나 수비진을 이끌던 팀의 주장 코너 코어디를 떠나보내면서 포백 전환을 시도하고 있어 어린 신입 선수가 곧바로 수비진을 조율해야 하는 지나친 부담을 안게 됐다.

전술분석 | 빈약한 공격력, 포백 전환으로 해결될까?

지난 시즌 울버햄튼의 최대 고민은 뭐니뭐니 해도 빈약한 공격력이었다. 리그 38경기에서 38골로 강등된 세 팀을 제외하면 득점이 가장 적었다. 주전 스트라이커 라울 히메네스가 머리 부상에서 복귀한 이후 기량이 예전만 못한 것도 원인이지만, 그에 앞서 충분한 득점 기회를 만들지도 못하는 것이 근원적인 문제였다. 이에 브루노 라지 감독은 중앙 수비수 숫자를 세 명에서 두 명으로 줄여 포백으로 전환하고 공격 2선에 숫자를 하나 늘리는 방식으로 공격력 강화에 나섰다. 이 변화의 중심에는 신입 공격수 게데스와 지난 시즌 셰필드 유나이티드로 임대돼 맹활약을 펼친 공격형 미드필더 모건 깁스-화이트가 있다. 두 선수 모두 지난 시즌 보여줬던 좋은 활약을 프리미어리그에서 그대로 이어간다면 울버햄튼은 고민을 한결 덜 수 있다. 기존 수비수들의 포백 적응이 관건이지만, 포백 시스템에 익숙한 콜린스의 합류 덕분에 적응이 한결 수월해질 것으로 기대된다. 다만 파비우 실바의 임대 이적으로 히메네스의 백업이 부족하다는 점, 지난 시즌 후반기에 두각을 나타냈던 치키뉴가 십자인대 부상으로 장기간 이탈했다는 점은 여전한 불안 요소로 남아 있다.

시즌 프리뷰 내용이 달라져야 하는 시즌, 황희찬의 역할 중요

지난 시즌 결과만 잡았던 울버햄튼은 이번 시즌 분명히 내용에서부터 달라지는 모습을 보여야 한다. 다행히 중원의 핵심 주앙 무티뉴와 후벤 네베스가 그대로 잔류했기 때문에 경기 운영은 여전히 안정적으로 가져갈 수 있을 것으로 기대된다. 공격 2선에서 유기적인 움직임과 연계 플레이의 완성도를 높여 지난 시즌보다 훨씬 많은 득점 기회를 만들어내는 것이 관건이다. 이 과정에서 황희찬의 역할도 중요하다. 지난 시즌 프리미어리그에 처음 입성해서 다섯 골을 득점한 것은 나쁘지 않은 결과지만, 슈팅 시도와 기회 창출에서 또 다른 2선 자원인 다니엘 포덴세와 비교해 절반 수준의 기록을 남긴 것은 아쉽다. 선수의 특징이 다르다고는 해도 더 적극적으로 공격 작업에 관여할 필요가 있다. 득점 면에서도 마지막 리그 13경기에서 팀의 부진과 맞물려 무득점에 그쳤기 때문에 이번 시즌 초반부터 분위기를 바꾸는 득점이 필요해 보인다. 울버햄튼은 객관적인 전력으로 리그 10위라는 순위를 다시 달성하기가 쉽지는 않을 것이다. 순위는 조금 하락하더라도 흥미진진한 공격 축구로 팬들의 마음을 사로잡는다면 그 또한 성공이 아닐까.

IN & OUT

주요 영입	주요 방출
곤살로 게데스, 네이션 콜린스, 아다마 트라오레(임대 복귀)	로맹 사이스, 마르살, 파비우 실바(임대)

TEAM FORMATION

PLAN 4-2-3-1

지역 점유율
공격 진영 **25%**
중앙 **44%**
수비 진영 **32%**

공격 방향
34% 왼쪽　**24%** 중앙　**42%** 오른쪽

슈팅 지역
5% 골 에어리어
54% 패널티 박스
41% 외곽 지역

TEAM RATINGS

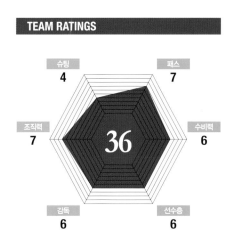

슈팅	4
패스	7
조직력	7
수비력	6
감독	6
선수층	6

36

2021/22 프로필

팀 득점	38
평균 볼 점유율	49.30%
패스 정확도	81.30%
평균 슈팅 수	10.6
경고	59
퇴장	2

골 타입
오픈 플레이	55
세트 피스	26
카운터 어택	8
패널티 킥	3
자책골	8	단위 (%)

패스 타입
쇼트 패스	84
롱 패스	12
크로스 패스	3
스루 패스	0	단위 (%)

상대팀 최근 6경기 전적

구분	승	무	패
맨체스터 시티	2		4
리버풀			6
첼시	1	3	2
토트넘 홋스퍼	2	1	3
아스널	2	1	3
맨체스터 유나이티드	1	1	4
웨스트햄 유나이티드	3		3
레스터 시티	1	3	2
브라이튼 & 호브 알비온	2	3	1
울버햄튼 원더러스			
뉴캐슬 유나이티드	1	4	1
크리스탈 팰리스	3		3
브렌트포드	4	1	1
애스턴 빌라	4	1	1
사우샘프턴	4	1	1
에버턴	3		3
리즈 유나이티드	4	1	1
풀럼	4	1	1
본머스	3	1	2
노팅엄 포레스트	4	1	1

SQUAD

포지션	등번호	이름		생년월일	키(cm)	체중(kg)	국적
GK	1	조세 사	Jose Sa	1993.01.17	192	78	포르투갈
	13	마티야 사르키치	Matija sarkic	1997.07.23	194	76	잉글랜드
DF	3	라얀 아잇 누리	Rayan Ait Nouri	2001.06.06	179	70	프랑스
	4	네이선 콜린스	Nathan Collins	2001.04.30	193	85	아일랜드
	14	예르손 모스케라	Yerson Mosquera	2001.05.02	188	76	콜롬비아
	15	윌리 볼리	Willy Boly	1991.02.03	195	97	고드디부아르
	19	조니 카스트로	Jonny Otto	1994.03.03	175	70	스페인
	22	넬슨 세메두	Nelson Semedo	1993.11.16	177	65	포르투갈
	23	맥스 킬먼	Max Kilman	1997.05.23	192	80	잉글랜드
	24	토티	Toti	1999.01.16	187	80	포르투갈
MF	6	브루누 조르당	Bruno Jordao	1998.10.12	180	65	포르투갈
	8	후벤 네베스	Ruben Neves	1997.03.13	180	72	포르투갈
	18	모건 깁스 화이트	Morgan Gibbs White	2000.01.27	178	70	아일랜드
	28	주앙 무티뉴	Joao Moutinho	1986.09.08	170	61	포르투갈
	32	레안데르 덴돈커	Leander Dendoncker	1995.04.15	188	83	벨기에
	39	루크 쿤들	luke cundle	2002.04.26	171	62	잉글랜드
	56	코너 로넌	Connor Ronan	1998.03.06	170	74	아일랜드
FW	7	페드루 네투	Pedro Neto	2000.03.09	172	62	포르투갈
	9	라울 히메네스	Raul Jimenez	1991.05.05	188	76	멕시코
	10	다니엘 포덴세	Daniel Podence	1995.10.21	165	58	포르투갈
	11	황희찬	Hee-chan Hwang	1996.01.26	177	77	대한민국
	17	곤살루 게데스	Goncalo Guedes	1996.11.29	179	68	포르투갈
	20	치퀴뉴	Chiquinho	2000.02.05	179	73	포르투갈
	37	아다마 트라오레	Adama Traore	1996.01.25	178	72	스페인

COACH

브루누 라지 Bruno Lage
1976년 5월 12일생 포르투갈

경력은 짧지만 빠르게 주가를 올리고 있는 감독. 포르투갈과 잉글랜드 무대에서 코치와 유소년팀 감독을 맡아오다가 2018/19 시즌 도중 위기에 빠진 벤피카의 지휘봉을 잡으며 감독으로서 진가를 드러내기 시작. 리그 103골이라는 구단 역대 한 시즌 최다 득점 타이 기록과 함께 우승을 차지해 포르투갈 최고의 감독으로 선정됐다. 그러나 경험이 부족했던 탓인지 이어진 시즌에는 후반기 부진에서 벗어나지 못한 채 시즌 막바지에 경질되고 말았다. 울버햄튼 구단 수뇌부와 가까운 '슈퍼 에이전트' 조르제 멘데스의 추천으로 지난 시즌 울버햄튼에 부임. 전반기 성공과 후반기 부진으로 벤피카에서의 흥망을 압축해서 보여줬다. 수비 시에는 촘촘하게 간격을 유지하는 조직력 구성으로 지도력을 입증했으나, 정작 자신이 추구하는 공격 축구에 걸맞은 세부 전술은 부족했다.

KEY PLAYER

| FW | 9 | 라울 히메네스 Raúl Jiménez |

국적: 멕시코

강력한 경합 능력과 골 결정력을 자랑하던 스트라이커. 2018년 여름 울버햄튼 입단 후 첫 두 시즌에는 프리미어리그에서 도합 30골을 터트리는 최고의 활약을 펼쳤다. 그러나 2020/21 시즌 초반 아스널과의 맞대결 도중 다비드 루이스와 충돌하며 머리에 부상을 입어 그대로 시즌을 마감했다. 선수 생활을 지속할 수 있을지가 의문이었으나, 지난 시즌 성공적인 복귀로 팬들의 박수를 받았다. 이제는 30대에 접어든 데다 부상 후유증도 분명히 있어 전성기의 기량을 기대하기는 어렵다. 지난 두 시즌 리그 득점 합계는 10골에 불과했다. 황희찬 등과의 연계 플레이를 통해 상대 수비의 견제를 따돌리는 등 새로운 공격 활로를 모색할 필요가 있다.

출전경기	경기시간(분)	골	어시스트	경고	퇴장
34	2,640	6	4	5	2

| GK | 1 | 조세 사 Jose Sa |

국적: 포르투갈

동물적인 반사 신경으로 온몸을 활용해 놀라운 선방을 보여주는 골키퍼. 192cm의 장신으로 크로스를 차단하는 능력 또한 최고 수준이다. 울버햄튼이 작년 여름 800만 파운드의 이적료에 계약한 것은 지난 시즌 프리미어리그 최고의 영입 중 하나였다. 20대 중반까지 포르투갈의 여러 팀에서 주전 경쟁에 어려움을 겪었으나, 올림피아코스로 이적한 이후 재능을 만개하며 최고의 활약을 이어오고 있다.

출전경기	경기시간(분)	실점	무실점(경기)	경고	퇴장
37	3,285	40	11	3	-

| DF | 3 | 라얀 아잇-누리 Rayan Ait-Nouri |

국적: 프랑스

유려한 드리블, 창의적인 패스, 과감한 슈팅까지 적극적인 공격 가담 능력을 자랑하는 레프트백. 패스 연계를 통해 중앙 지역으로 치고 들어가서 상대를 위협한다. 지난 시즌 주전으로 도약해 많은 경험을 쌓으면서 수비 면에서도 견고한 모습을 보이기 시작했다. 아직 20대 초반 선수인 만큼 경기 상황에 대한 판단력은 부족하지만, 잠재력은 확실하기 때문에 앞으로 프랑스 대표팀에도 승선할 가능성이 있다.

출전경기	경기시간(분)	골	어시스트	경고	퇴장
23	1,828	1	2	4	-

| DF | 4 | 네이선 콜린스 Nathan Collins |

국적: 아일랜드

아일랜드 선수 역대 최고 이적료인 2,050만 파운드에 영입된 유망주 센터백. 지난 시즌 후반기 번리의 주전 수비수로 도약하며 가능성을 보여줬으나, 팀의 강등을 막지 못하면서 울버햄튼 이적을 통해 새로운 도전에 나섰다. 중앙 미드필더와 오른쪽 측면 수비까지 소화해본 다재다능한 수비수로, 신체 능력과 공을 다루는 기술 모두 뛰어나다. 포백으로 변화하는 수비진의 중심을 잡아줄 것으로 기대된다.

출전경기	경기시간(분)	골	어시스트	경고	퇴장
19	1,670	2	-	2	1

| DF | 15 | 윌리 볼리 Willy Boly |

국적: 코트디부아르

견실한 수비력을 자랑하는 195cm의 장신 센터백. 2017년 여름 울버햄튼에 합류해 팀의 프리미어리그 승격을 도운 활약으로 당시 챔피언십 올해의 팀에 선정됐고, 승격 이후에도 주전으로 활약했다. 그러나 최근에는 잦은 부상으로 주전 자리에서 멀어졌고, 지난 시즌 막바지에 꾸준하게 출전했음에도 부진한 모습을 보여 입지가 불안한 상황이다. 네 명의 센터백 중 네 번째 옵션이라고 할 수 있다.

출전경기	경기시간(분)	골	어시스트	경고	퇴장
10	900	-	-	1	-

| DF | 19 | 조니 카스트로 Jonny Castro |

국적: 스페인

뛰어난 돌파 기술을 갖춘 측면 수비수로 양쪽 측면을 모두 소화한다. 스페인 연령별 청소년 대표팀을 모두 거쳤을 정도로 일찍 두각을 나타냈다. 2018년 여름 울버햄튼에 합류한 직후부터 꾸준한 활약을 펼쳤으나, 지난 2년간은 두 번의 십자인대 부상을 겪었다. 지난 시즌 후반기 세메두의 부상 공백을 메우며 주전 자리를 되찾았고, 이번 시즌도 어느 쪽 측면에서든 주전 경쟁에 합류할 것으로 보인다.

출전경기	경기시간(분)	골	어시스트	경고	퇴장
13	1,023	2	-	1	-

| DF | 22 | 넬손 세메두 Nélson Semedo |

국적: 포르투갈

빠른 스피드와 뛰어난 드리블 돌파로 활발하게 공격에 가담하는 라이트백. 포르투갈 명문 벤피카와 스페인의 거함 바르셀로나에서 활약했을 만큼 화려한 경력을 자랑한다. 2020년 여름 3,200만 유로의 이적료로 울버햄튼에 입단했고, 이는 구단 역대 최고 이적료 3위에 해당한다. 부상이 없을 경우에는 붙박이 주전으로 활약해왔다. 이번 시즌에는 포백 전환과 함께 수비 전술을 더 의식할 필요가 있다.

출전경기	경기시간(분)	골	어시스트	경고	퇴장
25	2,137	-	1	1	-

PLAYERS

DF 23 막시밀리언 킬먼
Maximilian Kilman

국적: 잉글랜드

축구 지능이 뛰어난 센터백. 경합과 태클 등 기본적인 수비 능력이 출중한 것은 물론이고, 개인 기술이 뛰어나 직접 공을 몰고 전진하기도 하고 왼발로 정확한 패스를 동료에게 연결하기도 해서 현대 축구에 어울리는 수비수라는 평가를 받는다. 위험 상황을 빠르게 판단해서 차단하는 능력도 뛰어나지만, 움직임 자체가 민첩하지는 않아서 상대 공격수의 돌파를 일대일로 막아야 하는 경우에는 고전하기도 한다.

출전경기	경기시간(분)	골	어시스트	경고	퇴장
30	2,689	1	-	3	-

MF 8 후벤 네베스
Rúben Neves

국적: 포르투갈

수비진 보호에 능하면서도 과감한 돌파, 날카로운 패스, 감각적인 마무리 슈팅까지 모두 해낼 수 있는 만능형 미드필더. 워낙 다재다능하기 때문에 감독이 중원에서 어떤 역할을 맡기더라도 기대를 충족할 수 있는 선수인데, 한 번의 정확한 패스로 경기 흐름을 바꾸는 능력이 특히 뛰어나다. 이번 여름 맨유의 관심을 받으며 이적에 연결되기도 했으나, 울버햄튼은 높은 이적료를 고수하며 네베스를 지켜냈다.

출전경기	경기시간(분)	골	어시스트	경고	퇴장
33	2,663	4	2	9	-

MF 18 모건 깁스-화이트
Morgan Gibbs White

국적: 잉글랜드

8살 때부터 울버햄튼 유소년팀에서 성장해온 유망주. 잉글랜드 연령별 청소년 대표를 모두 거쳤을 만큼 뛰어난 잠재력을 갖고 있지만, 울버햄튼 1군에서는 꾸준하게 활약을 펼치지 못했다. 그러나 지난 시즌 챔피언십의 셰필드 유나이티드로 임대돼 재능을 만개했고, 이번 시즌 울버햄튼 주전 도약을 노리고 있다. 뛰어난 드리블 기술을 갖추고 있으며, 공간을 찾아 들어가 골을 터트리는 능력도 탁월하다.

출전경기	경기시간(분)	골	어시스트	경고	퇴장
35	2,874	11	9	6	1

MF 28 주앙 무티뉴
João Moutinho

국적: 포르투갈

30대 중반의 나이, 크지 않은 체구에도 프리미어리그의 중원에서 좋은 활약을 펼치고 있는 미드필더. 지능적인 패스와 움직임, 노련한 판단력으로 탈압박에 능하고 강력한 중거리 슈팅으로 골을 노리기도 한다. 지난 시즌을 끝으로 계약이 만료돼 울버햄튼이 새로운 미드필더를 영입할 것으로 예상됐으나, 무티뉴의 활약이 여전하다보니 이번 여름 1년 연장 계약에 합의하고 다시 한 번 시즌을 준비하게 됐다.

출전경기	경기시간(분)	골	어시스트	경고	퇴장
35	2,975	2	1	4	-

MF 32 레안데르 덴돈커
Leander Dendoncker

국적: 벨기에

188cm의 장신으로 중앙 수비에서 공격형 미드필더까지 여러 포지션을 오가는 멀티 플레이어. 공중 경합과 패스 연계 능력이 뛰어나 울버햄튼의 역습 전개에 중요한 역할을 해왔다. 이번 시즌 포백 전환과 함께 중앙 미드필더로 출발했다가, 스리백으로 전환하게 되면 수비수로 복귀할 것으로 보인다. 이렇듯 쓰임새가 많은 선수다 보니 2018년 12월 프리미어리그 데뷔 이후 줄곧 주전으로 활약해왔다.

출전경기	경기시간(분)	골	어시스트	경고	퇴장
30	1,948	2	2	4	-

FW 7 페드루 네투
Pedro Neto

국적: 포르투갈

유려한 드리블을 활용한 탈압박으로 역습 전개를 이끌고 득점 기회를 만들어내는 데 뛰어난 측면 공격수. 공간을 찾아 들어가는 움직임도 뛰어나 좋은 위치에서 패스를 받으며 상대 수비진에 혼란을 안긴다. 그러나 몸싸움과 골 결정력에는 문제가 있고, 지난 시즌에는 무릎 부상으로 후반기가 되어서야 처음 출전할 수 있었다. 그럼에도 2027년까지 재계약을 체결할 정도로 구단의 신뢰를 받고 있는 재능이다.

출전경기	경기시간(분)	골	어시스트	경고	퇴장
13	466	1	1	3	-

FW 10 다니엘 포덴세
Daniel Podence

국적: 포르투갈

뛰어난 드리블 돌파와 날카로운 크로스가 무기인 측면 공격수. 황희찬이 선 굵은 움직임을 가져간다면 포덴세는 상대 수비를 끌어들이고 동료들과의 연계를 통해 득점 기회를 만드는 데 집중한다. 지난 시즌에는 교체로 투입되는 경기도 많아 꾸준하게 활약을 펼치기가 쉽지 않은 여건이었지만, 이번 시즌에는 부상만 주의한다면 더 비중 있는 역할을 맡아 측면과 중앙을 오가며 움직일 것으로 보인다.

출전경기	경기시간(분)	골	어시스트	경고	퇴장
26	1,486	2	3	2	-

FW 11 황희찬
Hwang Hee-chan

국적: 대한민국

저돌적인 움직임을 자랑하는 측면 공격수. 잘츠부르크에서 프로 생활을 시작해 2019/20 시즌 챔피언스리그에서 세 골을 터트리는 활약으로 전 유럽의 주목을 받기 시작했다. 이후 라이프치히로 이적하며 빅리그 도전에 나섰으나 주전 경쟁에서 밀려났고, 지난 시즌 울버햄튼 임대 후 이적으로 새롭게 기회를 잡았다. 공간 침투와 돌파에 능한 반면 중앙 지역에서의 몸싸움이나 골 결정력은 개선이 필요하다.

출전경기	경기시간(분)	골	어시스트	경고	퇴장
30	1,822	5	1	2	-

FW 17 곤살루 게데스
Goncalo Guedes

국적: 포르투갈

공격 2선의 모든 포지션을 소화할 수 있는 다재다능한 선수. 황희찬의 직접적인 경쟁자로 영입됐다. 벤피카와 파리 생제르맹을 거쳐 발렌시아에 입단, 3년이나 부상과 부진을 반복했으나 지난 2년간은 에이스 역할을 했다. 왼쪽 측면에서 주로 활약하지만 중앙 지역으로 자주 움직여 스트라이커 아래 쪽에서 득점 기회를 만들고 직접 골을 넣는 데도 능하다. 프리미어리그의 거친 몸싸움을 이겨내는 것이 관건이다.

출전경기	경기시간(분)	골	어시스트	경고	퇴장
36	2,690	11	6	3	-

뉴캐슬 유나이티드 FC

Newcastle United FC

TEAM PROFILE	
창 립	1892년
구 단 주	사우디 국부펀드
감 독	에디 하우(잉글랜드)
연 고 지	뉴캐슬
홈 구 장	세인트 제임스 파크(5만 2,354명)
라 이 벌	선덜랜드, 미들즈브러
홈페이지	www.nufc.co.uk

최근 5시즌 성적

시즌	순위	승점
2017-2018	10위	44점(12승8무18패, 39득점 47실점)
2018-2019	13위	45점(12승9무17패, 42득점 48실점)
2019-2020	13위	44점(11승11무16패, 38득점 58실점)
2020-2021	12위	45점(12승9무17패, 46득점 62실점)
2021-2022	11위	49점(13승10무15패, 49득점 62실점)

PREMIER LEAGUE

통 산	우승 4회
21-22 시즌	11위(13승10무15패, 승점 49점)

FA CUP

통 산	우승 6회
21-22 시즌	64강

LEAGUE CUP

통 산	없음
21-22 시즌	없음

UEFA

통 산	없음
21-22 시즌	없음

경기 일정

라운드	날짜	장소	상대팀
1	2022.08.06	홈	노팅엄 포레스트
2	2022.08.13	원정	브라이튼 앤 호브 앨비언
3	2022.08.20	홈	맨체스터 시티
4	2022.08.27	원정	울버햄튼 원더러스
5	2022.09.01	원정	리버풀
6	2022.09.03	홈	크리스탈 팰리스
7	2022.09.10	원정	웨스트햄
8	2022.09.17	홈	AFC 본머스
9	2022.10.01	원정	풀럼
10	2022.10.08	홈	브렌트포드
11	2022.10.15	원정	맨체스터 유나이티드
12	2022.10.20	홈	에버턴
13	2022.10.22	원정	토트넘
14	2022.10.29	홈	애스턴 빌라
15	2022.11.06	원정	사우샘프턴
16	2022.11.13	홈	첼시
17	2022.12.27	원정	레스터 시티
18	2023.01.01	홈	리즈 유나이티드
19	2023.01.03	원정	아스널
20	2023.01.15	홈	풀럼
21	2023.01.22	원정	크리스탈 팰리스
22	2023.02.05	홈	웨스트햄
23	2023.02.12	원정	AFC 본머스
24	2023.02.19	홈	리버풀
25	2023.02.26	홈	브라이튼 앤 호브 앨비언
26	2023.03.05	원정	맨체스터 시티
27	2023.03.12	홈	울버햄튼 원더러스
28	2023.03.19	원정	노팅엄 포레스트
29	2023.04.01	홈	맨체스터 유나이티드
30	2023.04.08	원정	브렌트포드
31	2023.04.15	홈	애스턴 빌라
32	2023.04.22	홈	토트넘
33	2023.04.26	원정	에버턴
34	2023.04.29	홈	사우샘프턴
35	2023.05.06	홈	아스널
36	2023.05.13	원정	리즈 유나이티드
37	2023.05.20	홈	레스터 시티
38	2023.05.29	원정	첼시

시즌 프리뷰 안정된 수비, 아쉬운 공격력은 여전

지난 시즌 전반기에 강등권에 있던 뉴캐슬은 사우디 자본에 인수된 이후 올해 1월 이적 시장에서 수비수만 셋을 영입해 안정을 꾀했다. 그 결과 후반기 19경기에서 20실점의 짠물 수비를 선보이며 11위로 시즌을 마무리할 수 있었다. 이번 여름에는 공격수 영입에 집중할 것으로 보였지만, 오히려 골키퍼 닉 포프와 센터백 스벤 보트만을 영입하면서 수비를 더욱 강화하는 데 집중했다. 중원에서도 브루누 기마랑이스와 조엘링턴의 활약으로 안정적인 경기 운영이 가능해진 가운데, 아쉬운 공격력은 여전히 고민거리로 남아 있다. 부상이 잦은 주전 공격수 칼럼 윌슨 외에 확실하게 골을 책임질 선수가 없고, 1월에 영입한 크리스 우드는 기대 이하이기 때문에 다음 영입 목표는 스트라이커가 확실해 보인다.

COACH

에디 하우 *Eddie Howe*
1977년 11월 29일생 잉글랜드

본머스를 이끌고 공격 축구를 구사해 지도력을 인정받은 감독. 유려한 패스 연결과 움직임을 선보여 아스널의 사령탑 후보로 거론되기까지 했다. 그러나 수비진 구성에 약점을 드러내며 강등된 이후 경질됐고, 지난 시즌 도중 뉴캐슬의 지휘봉을 잡아 프리미어리그로 복귀했다. 휴식 기간 수비 연구를 많이 한 것으로 알려졌다.

TEAM RATINGS

	점수
슈팅	5
패스	6
수비력	7
선수층	7
감독	6
조직력	7
종합	38

2021/22 프로필

팀 득점	44
평균 볼 점유율	39.20%
패스 정확도	74.60%
평균 슈팅 수	11.8
경고	79
퇴장	2

골 타입 (단위 %)
오픈 플레이	52
세트 피스	27
카운터 어택	7
패널티 킥	7
자책골	7

패스 타입 (단위 %)
쇼트 패스	78
롱 패스	17
크로스 패스	4
스루 패스	0

SQUAD

포지션	등번호	이름		생년월일	키(cm)	체중(kg)	국적
GK	1	마르틴 두브라브카	Martin Dubravka	1989.01.15	191	80	슬로바키아
	22	닉 포프	Nick Pope	1992.04.19	198	76	잉글랜드
DF	2	키런 트리피어	kieran trippier	1990.09.19	178	71	잉글랜드
	3	폴 더밋	Paul Dummett	1991.09.26	183	82	웨일즈
	4	스벤 보트만	Sven Botman	2000.01.12	193	81	네덜란드
	5	파비안 셰어	Fabian Schar	1991.12.20	186	84	스위스
	6	자말 라셀레스	Jamaal Lascelles	1993.11.11	188	89	잉글랜드
	11	맷 리치	Matt Ritchie	1989.09.10	173	76	스코틀랜드
	12	자말 루이스	Jamal Lewis	1998.01.25	178	68	북아일랜드
	13	맷 타겟	Matt Targett	1995.09.18	183	70	잉글랜드
	17	에밀 크라프트	Emil Krafth	1994.08.02	184	72	스웨덴
	18	페데리코 페르난데스	Federico Fernandez	1989.02.21	190	83	아르헨티나
	19	하비에르 만키요	Javier Manquillo	1994.05.05	178	76	스페인
	33	댄 번	Dan Burn	1992.05.09	198	87	잉글랜드
MF	7	조엘린톤	Joelinton	1996.08.14	186	81	브라질
	8	존조 셸비	Jonjo Shelvey	1992.02.27	184	80	잉글랜드
	24	미겔 알미론	Miguel Almiron	1994.02.10	174	70	파라과이
	28	조 윌록	Joe Willock	1999.08.20	186	75	잉글랜드
	36	션 롱스태프	Sean Longstaff	1997.10.30	181	65	잉글랜드
	39	브루노 기마랑이스	Bruno Guimaraes	1997.11.16	182	74	브라질
FW	9	칼럼 윌슨	Callum Wilson	1992.02.27	180	66	잉글랜드
	10	알랑 생-맥시망	Allan Saint-Maximin	1997.03.12	173	67	프랑스
	20	크리스 우드	Chris Wood	1991.12.07	191	94	뉴질랜드
	21	라이언 프레이저	Ryan Fraser	1994.02.24	163	70	스코틀랜드
	23	제이콥 머피	Jacob Murphy	1995.02.24	173	74	잉글랜드

IN & OUT

주요 영입	주요 방출
스벤 보트만, 닉 포프	드와이트 게일

TEAM FORMATION

FW C

MF B+

DF B

GK B+

9 윌슨 (우드)

10 생-막시망 (머피) 24 알미론 (프레이저)

39 기마랑이스 (윌록) 8 셸비 (롱스태프) 7 조엘링턴 (알미론)

15 타깃 (더밋) 4 보트만 (번) 6 라셀스 (셰어) 2 트리피어 (크라프트)

22 포프 (두브라프카)

PLAN **4-3-3**

지역 점유율

공격 진영 **26%**

중앙 **44%**

수비 진영 **30%**

공격 방향

| 41% 왼쪽 | 24% 중앙 | 36% 오른쪽 |

슈팅 지역

7% 골 에어리어

53% 패널티 박스

40% 외곽 지역

MF 39 브루누 기마랑이스
Bruno Guimaraes

국적: 브라질

올해 1월 영입된 만능형 미드필더. 당시 지급한 4,000만 파운드의 이적료는 사우디 자본 인수 이후 최고 금액이다. 정확한 전진 패스로 공격 전개를 지휘하는 것은 물론이고 압박, 가로채기, 태클까지 수비 능력도 고루 갖추고 있다. 게다가 득점 기회가 왔을 때는 감각적인 마무리로 멋진 골까지 터트려서 팬들의 사랑을 한 몸에 받는 선수다. 시즌 도중 합류했음에도 금세 팀의 중심으로 자리잡았다.

출전경기	경기시간(분)	골	어시스트	경고	퇴장
17	1,034	5	1	4	-

PLAYERS

DF 2 키어런 트리피어
Kieran Trippier

국적: 잉글랜드

역시 1월에 영입된 잉글랜드 국가대표 측면 수비수. 포지션은 원래 라이트백이지만 왼쪽도 소화할 수 있다. 강력한 리더십과 멋진 프리킥 득점을 통해 지난 시즌 위기에 빠져 있던 뉴캐슬의 반등을 이끌었다. 뛰어난 활약은 발 골절 부상으로 짧게 막을 내렸지만, 이번 시즌에 보여줄 모습이 더욱 기대되는 선수다. 견실한 수비를 바탕으로 공격에도 활발하게 가담해 날카로운 패스로 득점 기회를 만들어낸다.

출전경기	경기시간(분)	골	어시스트	경고	퇴장
6	430	2	-	-	-

상대팀 최근 6경기 전적

구분	승	무	패	구분	승	무	패
맨체스터 시티			6	뉴캐슬 유나이티드			
리버풀		2	4	크리스탈 팰리스	3	1	2
첼시	1		5	브렌트포드	4	1	1
토트넘 홋스퍼	1	2	3	애스턴 빌라	1	2	3
아스널	1		5	사우샘프턴	4	1	
맨체스터 유나이티드	1	1	4	에버턴	3	1	2
웨스트햄 유나이티드	3	2	1	리즈 유나이티드	2	2	2
레스터 시티	2		4	풀럼	2	2	2
브라이튼 & 호브 알비온	1	3	2	본머스	3	2	1
울버햄튼 원더러스	1	4	1	노팅엄 포레스트	3		3

DF 4 스벤 보트만
Sven Botman

국적: 네덜란드

아약스 유소년팀 출신으로 네덜란드 연령별 청소년 대표를 거치며 성장한 센터백. 릴 OSC에서 지난 2년간 주전으로 활약했고, 이번 여름 3,700만 유로로 영입됐다. 현대 축구에서는 수비수에게도 공을 다루는 기술과 패스 실력이 요구되지만, 보트만은 전통적인 센터백에 가까운 선수다. 다소 투박하기는 해도 뛰어난 위치 선정으로 상대의 슈팅을 막아내고 공중 경합에도 적극 가담해 위험을 차단한다.

출전경기	경기시간(분)	골	어시스트	경고	퇴장
25	2,250	3	1	4	-

MF 7 조엘링턴
Joelinton

국적: 브라질

실망스러운 공격수에서 최강의 미드필더로 깜짝 변신한 선수. 지난 시즌 에디 하우 감독의 최대 업적이라고 할 수 있다. 공격수로 뛸 때는 연계 플레이는 좋지만 골 결정력이 떨어져 자신감을 잃어가고 있었는데, 하우 감독 밑에서 미드필더로 기용되면서 민첩한 움직임과 강력한 경합 능력으로 중원을 지배하기 시작했다. 자신감을 되찾아 공격에 적극 가담해 골까지 터트리며 확실한 무기로 자리잡았다.

출전경기	경기시간(분)	골	어시스트	경고	퇴장
35	2,559	4	1	8	-

FW 10 알랑 생-막시망
Allan Saint-Maximin

국적: 프랑스

드리블 돌파에 있어서는 타의 추종을 불허하는 능력자. 홀로 공을 몰고 자기 진영에서부터 상대 박스까지 전진할 수 있다. 기술이 뛰어난 것은 물론이고 경합에도 강하기 때문에 좀처럼 공을 빼앗기지 않는다. 패스도 슈팅도 날카로운 편이지만, 완벽한 슈팅 타이밍을 잡기 위해 돌파를 이어가다가 결국 수비에 막히는 경우가 많은 점은 개선이 필요하다. 공을 갖고 있지 않을 때의 움직임 또한 좋지 못하다.

출전경기	경기시간(분)	골	어시스트	경고	퇴장
35	2,812	5	5	6	-

크리스탈 팰리스 FC

Crystal Palace FC

TEAM PROFILE

창 립	1905년
구 단 주	스티브 패리시(잉글랜드) 등
감 독	파트리크 비에라(프랑스)
연 고 지	런던
홈 구 장	셀허스트 파크(2만 5,486명)
라 이 벌	밀월
홈페이지	www.cpfc.co.uk

최근 5시즌 성적

시즌	순위	승점
2017-2018	11위	44점(11승11무16패, 45득점 55실점)
2018-2019	12위	49점(14승7무17패, 51득점 53실점)
2019-2020	14위	43점(11승10무17패, 31득점 50실점)
2020-2021	14위	44점(12승8무18패, 41득점 66실점)
2021-2022	12위	48점(11승15무12패, 50득점 46실점)

PREMIER LEAGUE

통 산	없음
21-22 시즌	12위(11승15무12패, 승점 48점)

FA CUP

통 산	없음
21-22 시즌	4강

LEAGUE CUP

통 산	없음
21-22 시즌	없음

UEFA

통 산	없음
21-22 시즌	없음

경기 일정

라운드	날짜	장소	상대팀
1	2022.08.06	홈	아스널
2	2022.08.13	원정	리버풀
3	2022.08.20	홈	애스턴 빌라
4	2022.08.27	원정	맨체스터 시티
5	2022.08.31	홈	브렌트포드
6	2022.09.03	원정	뉴캐슬 유나이티드
7	2022.09.10	홈	맨체스터 유나이티드
8	2022.09.17	원정	브라이튼 앤 호브 앨비언
9	2022.10.01	홈	첼시
10	2022.10.08	홈	리즈 유나이티드
11	2022.10.15	원정	레스터 시티
12	2022.10.19	홈	울버햄튼 원더러스
13	2022.10.22	원정	에버턴
14	2022.10.29	홈	사우샘프턴
15	2022.11.06	원정	웨스트햄
16	2022.11.13	원정	노팅엄 포레스트
17	2022.12.27	홈	풀럼
18	2023.01.01	원정	AFC 본머스
19	2023.01.03	홈	토트넘
20	2023.01.15	원정	첼시
21	2023.01.22	홈	뉴캐슬 유나이티드
22	2023.02.05	원정	맨체스터 유나이티드
23	2023.02.12	홈	브라이튼 앤 호브 앨비언
24	2023.02.19	원정	브렌트포드
25	2023.02.26	홈	리버풀
26	2023.03.05	원정	애스턴 빌라
27	2023.03.12	홈	맨체스터 시티
28	2023.03.19	원정	아스널
29	2023.04.01	홈	레스터 시티
30	2023.04.08	원정	리즈 유나이티드
31	2023.04.15	원정	사우샘프턴
32	2023.04.22	홈	에버턴
33	2023.04.26	원정	울버햄튼 원더러스
34	2023.04.29	홈	웨스트햄
35	2023.05.06	원정	토트넘
36	2023.05.13	홈	AFC 본머스
37	2023.05.20	원정	풀럼
38	2023.05.29	홈	노팅엄 포레스트

시즌 프리뷰 | 미래가 더 기대되는 젊은 팀

팰리스는 지난 시즌 비에라 감독 부임과 함께 선 수비 후 역습 전술에서 탈피해 점유율 싸움을 하는 공격축구로의 진화에 성공했다. 그 결과 팰리스가 자연스럽게 '자하 원맨팀'이라는 꼬리표를 떼는 것과 동시에 자하 또한 자신의 경력에서 한 시즌 최다 골을 터트리는 활약을 펼쳤다. 이러한 성공에는 첼시에서 임대했던 미드필더 코너 갤러거의 조력이 있었는데, 이번 시즌에는 올리세가 대신 팀의 엔진 역할을 해내야 한다. 프리미어리그 적응을 마친 장신 공격수 마테타의 득점도 기대해볼 만하다. 수비에서는 게히와 안데르센의 조합이 자리를 잡은 가운데, 수비형 미드필더 두쿠레와 다재다능한 수비수 리차즈의 가세가 안정감을 더해 줄 것으로 보인다. 젊고 유망한 선수들이 많아 미래가 더욱 기대되는 팀이다.

COACH

파트리크 비에라 *Patrick Vieira*
1976년 6월 23일생 세네갈

아스널의 주장으로 프리미어리그 무패 우승을 이끌었던 미드필더 출신 지도자. 맨시티 2군을 맡아 감독 생활을 시작했기 때문에 아스널과 맨시티가 추구하는 점유율 위주의 전술을 지향한다. 프랑스의 니스에서 실패를 겪었기에 팰리스 부임 당시 우려를 낳았으나, 성공적인 첫 시즌을 보냈다. 경험과 위기 대처 능력은 부족하다.

TEAM RATINGS

슈팅	6
패스	6
조직력	7
수비력	7
감독	6
선수층	6

38

2021/22 프로필

팀 득점	50
평균 볼 점유율	50.80%
패스 정확도	80.30%
평균 슈팅 수	10.8
경고	67
퇴장	1

골 타입

오픈 플레이	68
세트 피스	16
카운터 어택	4
패널티 킥	12
자책골	0	단위 (%)

패스 타입

쇼트 패스	84
롱 패스	13
크로스 패스	4
스루 패스	0	단위 (%)

SQUAD

포지션	등번호	이름		생년월일	키(cm)	체중(kg)	국적
GK	1	잭 버틀랜드	Jack Butland	1993.03.10	196	96	잉글랜드
	13	비센테 화이타	Vicente Guaita	1987.01.10	190	81	스페인
DF	2	조엘 워드	Joel Ward	1989.10.29	186	83	잉글랜드
	3	타이릭 미첼	Tyrick Mitchell	1999.09.01	175	66	잉글랜드
	5	제임스 톰킨스	James Tomkins	1989.03.29	192	74	잉글랜드
	6	마크 게히	Marc Guehi	2000.07.13	182	82	잉글랜드
	16	요아힘 안데르센	Joachim Andersen	1996.05.31	192	87	덴마크
	17	나다니얼 클라인	Nathaniel Clyne	1991.04.05	175	67	잉글랜드
	26	크리스 리차즈	Chris Richards	2000.03.28	188	87	미국
	36	네이션 퍼거슨	Nathan Ferguson	2000.10.06	184	76	잉글랜드
MF	4	루카 밀리보예비치	Luka Milivojevic	1991.04.07	186	80	세르비아
	7	미카엘 올리세	Michael Olise	2001.12.12	176	73	프랑스
	10	에베레치 에제	Eberechi Eze	1998.06.29	173	67	잉글랜드
	15	제프리 슐럽	Jeffrey Schlupp	1992.12.23	178	72	가나
	18	제임스 맥아더	James McArthur	1987.10.07	178	75	스코틀랜드
	19	윌 휴스	Will Hughes	1995.04.17	185	73	잉글랜드
	44	자이로 리데발트	Jairo Riedewald	1996.09.09	182	79	네덜란드
	28	셰이크 두쿠레	Cheick Doucoure	2000.01.08	180	73	말리
FW	9	조르당 아예우	Jordan Ayew	1991.09.11	182	80	가나
	11	윌프리드 자하	Wilfried Zaha	1992.11.10	180	66	코트디부아르
	14	장 필리페 마테타	Jean-Philippe Mateta	1997.06.28	192	84	프랑스
	22	오드송 에두아르	Odsonne Edouard	1998.01.16	187	75	프랑스
	23	말콤 에비오웨이	Malcolm Ebiowei	2003.09.04	185	80	잉글랜드

IN & OUT

주요 영입	주요 방출
셰이크 두쿠레, 크리스 리차즈	체이쿠 쿠야테

TEAM FORMATION

FW C⁺
MF C⁺
DF C⁺
GK C⁺

14 마테타 (에두아르)
11 자하 (에제)
9 아유 (에비오웨이)
15 슐럽 (휴즈)
28 두쿠레 (밀리보예비치)
7 올리세 (맥아더)
3 미첼 (리차즈)
6 게히 (리차즈)
16 안데르센 (톰킨스)
2 워드 (클라인)
13 과이타 (버틀런드)

PLAN 4-3-3

지역 점유율

공격 진영	27%
중앙	43%
수비 진영	31%

공격 방향

| 41% 왼쪽 | 23% 중앙 | 36% 오른쪽 |

슈팅 지역

| 8% 골 에어리어 |
| 65% 패널티 박스 |
| 27% 외곽 지역 |

상대팀 최근 6경기 전적

구분	승	무	패	구분	승	무	패
맨체스터 시티	1	2	3	뉴캐슬 유나이티드	2	1	3
리버풀			6	크리스탈 팰리스			
첼시			6	브렌트포드		2	
토트넘 홋스퍼	1	2	3	애스턴 빌라	2	1	3
아스널	1	4	1	사우샘프턴	2	2	2
맨체스터 유나이티드	3	1	2	에버턴	2	1	3
웨스트햄 유나이티드	2	2	2	리즈 유나이티드	1	2	3
레스터 시티		2	4	풀럼	3	2	1
브라이튼 & 호브 알비온	2	4		본머스	3	1	2
울버햄튼 원더러스	3		3	노팅엄 포레스트	1	2	3

KEY PLAYER

FW | **11** | 윌프리드 자하
Wilfried Zaha

국적: 코트디부아르

팰리스 유소년팀 출신의 측면 공격수. 지난 7년간 팀의 독보적인 에이스로서 활약해왔다. 저돌적인 돌파 이후 강력한 슈팅으로 골을 터트리는 데 능하지만 골 결정력은 다소 기복이 있는 편이다. 팰리스가 수비적인 전술을 구사할 때는 수비 가담 부족이 약점으로 지적됐으나, 비에이라 감독 부임 이후로는 오히려 수비 시에 힘을 아끼고 공격에 집중하라는 지시를 받고 공격 포인트 생산에 주력하고 있다.

출전경기	경기시간(분)	골	어시스트	경고	퇴장
33	2,761	14	1	4	1

PLAYERS

DF | **3** | 타이릭 미첼
Tyrick Mitchell

국적: 잉글랜드

팰리스 유소년팀 출신 레프트백. 작은 체구에도 몸싸움에 강하고, 적극적으로 공격에 가담해 득점 기회를 만들고 직접 골을 노리기도 한다. 2020/21 시즌 초반 1군에서 기회를 잡기 시작했으나, 잦은 부상 탓에 꾸준한 활약을 펼치지는 못했다. 그러나 지난 시즌에는 기량이 만개하며 주전으로 확실하게 자리를 잡고 게히에 이어 두 번째로 많은 출전 시간을 기록, 잉글랜드 대표팀에도 승선했다.

출전경기	경기시간(분)	골	어시스트	경고	퇴장
59	5,006	1	3	3	-

DF | **6** | 마크 게히
Marc Guéhi

국적: 잉글랜드

첼시 유소년팀 출신의 유망주 수비수. 스완지 임대를 통해 경험을 쌓은 뒤 더 많은 출전 기회를 위해 작년 여름 팰리스에 입단했다. 2017년 당시 17세 이하 월드컵 우승 멤버로, 어린 나이에도 침착하게 수비진을 조율하는 능력이 탁월하다. 덕분에 지난 시즌 팰리스가 수비 라인을 높이고도 이전 시즌보다 20골이나 덜 실점할 수 있었다. 올해 3월부터는 성인 대표팀에도 발탁되기 시작했다.

출전경기	경기시간(분)	골	어시스트	경고	퇴장
36	3,223	2	1	4	-

MF | **7** | 마이클 올리세
michaol olise

국적: 프랑스

레딩 유소년팀에서 성장해 19세의 나이에 챔피언십 최고의 유망주로 인정받은 공격형 미드필더. 감각적인 퍼스트 터치와 빠른 패스 연결로 득점 기회를 만드는 데 능하며, 민첩하고 드리블 기술도 뛰어나 측면에서도 좋은 활약을 펼친다. 지난 시즌에는 교체로 더 많이 출전해 공격에 힘을 싣는 데 집중했지만, 이번 시즌에는 주전 미드필더로 성장해서 갤러거의 공백을 메우는 활약을 해줄 필요가 있다.

출전경기	경기시간(분)	골	어시스트	경고	퇴장
26	1,138	2	5	4	-

MF | **28** | 셰이크 두쿠레
Cheick Doucoure

국적: 말리

랑스 중원의 핵심으로 활약해온 수비형 미드필더. 지난 시즌 프랑스 리그1에서 두쿠레보다 많은 가로채기를 기록한 미드필더는 올여름 레알 마드리드에 입단한 추아메니가 유일할 정도로 뛰어난 수비력을 갖춘 선수다. 안정적으로 공을 확보한 이후에는 빠른 패스로 공격 전환을 시작하고, 탈압박 능력이 뛰어나 직접 전진할 수도 있다. 강한 중거리 슈팅 능력까지 갖추고 있어 완성형 미드필더로 평가받는다.

출전경기	경기시간(분)	골	어시스트	경고	퇴장
34	2,948	1	4	7	1

브렌트포드
BRENTFORD FC

TEAM PROFILE
창 립	1889년
구 단 주	매튜 벤엄(잉글랜드)
감 독	토마스 프랑크(덴마크)
연 고 지	브렌트포드
홈 구 장	브렌트포드 커뮤니티 스타디움 (1만 7,250명)
라 이 벌	첼시, 퀸즈 파크 레인저스, 풀럼
홈페이지	www.brentfordfc.com

최근 5시즌 성적
시즌	순위	승점
2017-2018	없음	없음
2018-2019	없음	없음
2019-2020	없음	없음
2020-2021	없음	없음
2021-2022	13위	46점(13승7무18패, 48득점 56실점)

PREMIER LEAGUE
통 산	없음
21-22 시즌	13위(13승7무18패, 승점 56점)

FA CUP
통 산	없음
21-22 시즌	32강

LEAGUE CUP
통 산	없음
21-22 시즌	8강

UEFA
통 산	없음
21-22 시즌	없음

경기 일정
라운드	날짜	장소	상대팀
1	2022.08.07	원정	레스터 시티
2	2022.08.13	홈	맨체스터 유나이티드
3	2022.08.20	원정	풀럼
4	2022.08.27	홈	에버턴
5	2022.08.31	원정	크리스탈 팰리스
6	2022.09.03	홈	리즈 유나이티드
7	2022.09.10	원정	사우샘프턴
8	2022.09.17	홈	아스널
9	2022.10.01	원정	AFC 본머스
10	2022.10.08	원정	뉴캐슬 유나이티드
11	2022.10.15	홈	브라이튼 앤 호브 앨비언
12	2022.10.19	홈	첼시
13	2022.10.22	원정	애스턴 빌라
14	2022.10.29	홈	울버햄튼 원더러스
15	2022.11.06	원정	노팅엄 포레스트
16	2022.11.13	원정	맨체스터 시티
17	2022.12.27	홈	토트넘
18	2023.01.01	원정	웨스트햄
19	2023.01.03	원정	리버풀
20	2023.01.15	홈	AFC 본머스
21	2023.01.22	원정	리즈 유나이티드
22	2023.02.05	홈	사우샘프턴
23	2023.02.12	원정	아스널
24	2023.02.19	홈	크리스탈 팰리스
25	2023.02.26	원정	맨체스터 유나이티드
26	2023.03.05	홈	풀럼
27	2023.03.12	원정	에버턴
28	2023.03.19	홈	레스터 시티
29	2023.04.01	홈	브라이튼 앤 호브 앨비언
30	2023.04.08	홈	뉴캐슬 유나이티드
31	2023.04.15	원정	울버햄튼 원더러스
32	2023.04.22	홈	애스턴 빌라
33	2023.04.27	원정	첼시
34	2023.04.29	홈	노팅엄 포레스트
35	2023.05.06	원정	리버풀
36	2023.05.13	홈	웨스트햄
37	2023.05.20	원정	토트넘
38	2023.05.29	홈	맨체스터 시티

시즌 프리뷰 2년차 징크스를 주의하라

브렌트포드는 지난 시즌 프리미어리그에 승격한 세 팀 중 유일하게 잔류에 성공했다. 그러나 이번 시즌에는 곧바로 2년차 징크스를 주의해야 한다. 실제로 이미 지난 시즌 도중 심각한 위기가 찾아오기도 했다. 20라운드부터 27라운드까지 리그 여덟 경기에서 1무 7패로 승리를 거두지 못하면서 15위까지 순위가 하락했으나, 크리스티엔 에릭센의 활약으로 위기에서 벗어날 수 있었다. 문제는 이번 시즌 에릭센이 맨유로 떠나버렸다는 것이다. 중원에는 에릭센을 대체할 선수가 여전히 없는 가운데, 득점 기회를 만드는 데 있어서는 신입 측면 공격수 루이스-포터의 활약에 기대를 걸어야 한다. 수비진에는 전도유망한 풀백 히키와 베테랑 센터백 벤 미가 합류해 한층 더 안정을 찾을 수 있을 것으로 보인다.

COACH

토마스 프랑크 *Thomas Frank*
1973년 10월 9일생 덴마크

짧은 선수 생활 이후 유소년 코치로서 지도자 경험을 쌓아온 감독. 브렌트포드에는 2016년 코치로 부임했고 2018/19 시즌 초반부터 감독직을 맡았다. 지난 시즌 프리미어리그 승격 이후에도 적극적인 전방 압박과 짧은 패스 연결을 이어가는 공격적인 전술을 유지하며 강팀들과의 맞대결에서 인상적인 모습을 보였다.

TEAM RATINGS
슈팅	6
패스	5
수비력	5
선수층	6
감독	6
조직력	6

34

2021/22 프로필
팀 득점	48
평균 볼 점유율	44.30%
패스 정확도	73.70%
평균 슈팅 수	11.6
경고	61
퇴장	3

골 타 입
	단위 (%)
오픈 플레이	50
세트 피스	31
카운터 어택	2
패널티 킥	13
자책골	4

패 스 타 입
	단위 (%)
쇼트 패스	80
롱 패스	15
크로스 패스	4
스루 패스	0

SQUAD
포지션	등번호	이름		생년월일	키(cm)	체중(kg)	국적
GK	1	다비드 라야	David Raya	1995.09.15	183	80	스페인
	22	토머스 스트라코샤	Thomas Strakosha	1995.03.19	193	78	알바니아
DF	2	아론 히키	Aaron Hickey	2002.06.10	185	72	스코틀랜드
	3	리코 헨리	Rico Henry	1997.07.08	170	67	잉글랜드
	4	찰리 구드	Charles James Goode	1995.08.03	196	89	잉글랜드
	5	에단 피녹	Ethan Pinnock	1993.05.29	194	79	자메이카
	16	벤 미	Ben Mee	1989.09.21	180	74	잉글랜드
	18	폰투스 얀손	Pontus Jansson	1991.02.13	194	89	스웨덴
	20	크리스토퍼 아예르	Kristoffer Ajer	1998.04.17	198	94	노르웨이
	29	마즈 베흐 쇠렌센	Mads Bech Sorensen	1999.01.07	193	92	덴마크
	30	마즈 라스무센	Mads Roerslev Rasmussen	1999.06.24	184	72	덴마크
	33	핀 스티븐스	Fin Stevens	2003.04.10	179	72	웨일스
MF	6	크리스티안 노르고르	Christian Norgaard	1994.03.10	187	76	덴마크
	8	마티아스 옌센	Mathias Jensen	1996.01.01	180	68	덴마크
	10	조시 다실바	Josh Dasilva	1998.10.23	184	75	잉글랜드
	14	사만 고도스	Saman Ghoddos	1993.09.06	177	75	이란
	15	프랭크 오니에카	Frank Onyeka	1998.01.01	183	70	나이지리아
	26	샌든 밥티스테	Shandon Baptiste	1998.04.08	180	71	그라나다
	27	비탈리 야넬트	Vitaly Janelt	1998.05.10	184	79	독일
FW	7	세르히 카뉴스	Sergi Canos	1997.02.02	177	75	스페인
	11	요안 위사	Yoane Wissa	1996.09.03	180	75	콩고민주공화국
	17	아이반 토니	Ivan Toney	1996.03.16	185	70	잉글랜드
	19	브리앙 음베우모	Bryan Mbeumo	1999.08.07	171	70	카메룬
	21	할릴 데르비쇼루	Halil Dervisoglu	1999.12.08	183	76	튀르키예
	23	킨 루이스-포터	Kean Lewis-Potter	2001.02.22	170	67	잉글랜드

IN & OUT

주요 영입	주요 방출
킨 루이스-포터, 애런 히키, 벤 미	크리스티안 에릭센

TEAM FORMATION

FW C⁺

MF C

DF C

GK C⁺

```
              17
              토니
             (음부모)

   23                    19
 루이스포터              음부모
  (위사)                (카뉴스)

   10          6          27
  다실바      노르고르     야넬트
 (밥티스트)   (고도스)    (옌센)

  3          5          18         2
 헨리        피녹       얀손       히키
(히키)       (미)      (아예르)  (로에르슬레브)

              1
              라야
           (스트라코샤)
```

PLAN **4-3-3**

지역 점유율

공격 진영	**26%**
중앙	**41%**
수비 진영	**32%**

공격 방향

40%	27%	33%
왼쪽	중앙	오른쪽

슈팅 지역

12% 골 에어리어
60% 패널티 박스
28% 외곽 지역

상대팀 최근 6경기 전적

구분	승	무	패	구분	승	무	패
맨체스터 시티	1		3	뉴캐슬 유나이티드	1	1	4
리버풀		1	4	크리스탈 팰리스		2	
첼시	1	1	4	브렌트포드			
토트넘 홋스퍼		1	4	애스턴 빌라	3	3	
아스널	1		2	사우샘프턴	3	1	2
맨체스터 유나이티드			2	에버턴	3		1
웨스트햄 유나이티드	2			리즈 유나이티드	1	3	2
레스터 시티			4	풀럼	4	1	1
브라이튼 & 호브 알비온	1	2	3	본머스	4		2
울버햄튼 원더러스	1	1	4	노팅엄 포레스트	2	1	3

FW 17 아이반 토니
Ivan Toney

국적: 잉글랜드

골 결정력, 연계 플레이, 경합 능력을 모두 갖춘 최전방 공격수. 브렌트포드 공격진에서 엄청난 존재감을 발휘해 첼시의 전설적인 공격수였던 디디에 드로그바에 비견되기도 한다. 2020년 여름 브렌트포드에 입단해 챔피언십에서 31골을 몰아치는 활약으로 팀의 프리미어리그 승격을 이끌었다. 지난 시즌에도 최고 수준의 무대에서도 충분히 기량을 발휘해 잉글랜드 대표팀 승선까지 거론되고 있는 상황이다.

출전경기	경기시간(분)	골	어시스트	경고	퇴장
33	2,908	12	5	8	-

PLAYERS

DF 2 아론 히키
Aaron Hickey

국적: 스코틀랜드

양쪽 풀백과 중앙 미드필더까지 소화할 수 있는 다재다능한 선수. 상대의 공격 흐름을 읽고 차단하는 데 능하며, 탈압박과 패스 능력도 준수해서 나이보다 훨씬 성숙한 플레이를 펼친다는 평가를 받는다. 지난 시즌에는 그동안 부족했던 공격력까지 개선해 팬들의 사랑을 한몸에 받았다. 볼로냐 입단 당시 이적료가 150만 파운드였는데, 2년 만에 1,800만 파운드의 이적료로 브렌트포드에 입단하게 됐다.

출전경기	경기시간(분)	골	어시스트	경고	퇴장
36	2,834	5	1	7	-

MF 6 크리스티안 노르고르
Christian Norgaard

국적: 덴마크

정확한 태클로 반칙 없이 상대의 공을 빼앗는 수비형 미드필더. 왕성한 활동량을 바탕으로 가로채기, 경합에도 능하기 때문에 브렌트포드가 경기 주도권을 잡는 데 중요한 역할을 담당한다. 드리블 기술과 전진 패스 능력도 준수해 공격 전개에도 도움이 되는 선수다. 지난 시즌 리그 전 경기에 출전해 꾸준한 활약을 펼친 끝에 브렌트포드 팬들과 동료들로부터 시즌 최우수 선수로 선정되는 영예를 안았다.

출전경기	경기시간(분)	골	어시스트	경고	퇴장
35	3,059	3	4	8	-

FW 23 킨 루이스-포터
Keane Lewis-Potter

국적: 잉글랜드

브렌트포드 구단 역대 최고 이적료인 1,900만 유로에 영입된 측면 공격수. 왼쪽 측면이 주 포지션이지만 공격진 어디에서든 활약할 수 있는 선수다. 민첩하고 지능적인 움직임으로 돌파에 성공한 뒤 득점 기회를 만드는 데 능하지만, 크로스의 정확도는 개선이 필요하다. 지난 시즌 헐 시티 최우수 선수로 선정될 정도의 맹활약을 펼쳐 올해부터는 잉글랜드 21세 이하 대표팀에도 승선하기 시작했다.

출전경기	경기시간(분)	골	어시스트	경고	퇴장
46	4,140	12	3	3	-

FW 19 브리앙 음부모
Bryan Mbeumo

국적: 카메룬

공격진의 모든 포지션을 소화할 수 있는 측면 공격수. 프랑스 청소년 대표 출신으로, 2019년 브렌트포드에 입단하자마자 맹활약을 펼쳐 챔피언십 최고의 선수 중 하나로 평가받았다. 지난 시즌 프리미어리그에서도 토니와 좋은 호흡을 선보이며 팀의 공격을 이끌었고, 시즌 도중 브렌트포드와 4년 재계약에 합의했다. 골대를 여덟 번이나 맞혀 지난 시즌 프리미어리그에서 가장 불운한 선수가 되기도 했다.

출전경기	경기시간(분)	골	어시스트	경고	퇴장
35	2,916	4	7	4	-

애스턴 빌라
Aston Villa

TEAM PROFILE

창 립	1874년
구 단 주	나세프 사위리스(이집트)
감 독	스티븐 제라드(잉글랜드)
연 고 지	버밍엄
홈 구 장	빌라 파크(4만 2,095명)
라 이 벌	버밍엄 시티
홈페이지	www.avfc.co.uk

최근 5시즌 성적

시즌	순위	승점
2017-2018	없음	없음
2018-2019	없음	없음
2019-2020	17위	35점(9승8무21패, 41득점 67실점)
2020-2021	11위	55점(16승7무15패, 55득점 46실점)
2021-2022	14위	45점(13승6무19패, 52득점 54실점)

PREMIER LEAGUE

통 산	우승 7회
21-22 시즌	14위(13승6무19패, 승점 45점)

FA CUP

통 산	우승 7회
21-22 시즌	64강

LEAGUE CUP

통 산	우승 5회
21-22 시즌	32강

UEFA

통 산	챔피언스리그 우승 1회
21-22 시즌	없음

경기 일정

라운드	날짜	장소	상대팀
1	2022.08.06	원정	AFC 본머스
2	2022.08.13	홈	에버턴
3	2022.08.20	원정	크리스탈 팰리스
4	2022.08.27	홈	웨스트햄
5	2022.08.31	원정	아스널
6	2022.09.03	홈	맨체스터 시티
7	2022.09.10	원정	레스터 시티
8	2022.09.17	홈	사우샘프턴
9	2022.10.01	원정	리즈 유나이티드
10	2022.10.08	원정	노팅엄 포레스트
11	2022.10.15	홈	첼시
12	2022.10.19	원정	풀럼
13	2022.10.22	홈	브렌트포드
14	2022.10.29	원정	뉴캐슬 유나이티드
15	2022.11.06	홈	맨체스터 유나이티드
16	2022.11.13	원정	브라이튼 앤 호브 앨비언
17	2022.12.27	홈	리버풀
18	2023.01.01	원정	토트넘
19	2023.01.03	홈	울버햄튼 원더러스
20	2023.01.15	홈	리즈 유나이티드
21	2023.01.22	원정	사우샘프턴
22	2023.02.05	홈	레스터 시티
23	2023.02.12	원정	맨체스터 시티
24	2023.02.19	홈	아스널
25	2023.02.26	원정	에버턴
26	2023.03.05	홈	크리스탈 팰리스
27	2023.03.12	원정	웨스트햄
28	2023.03.19	홈	AFC 본머스
29	2023.04.01	원정	첼시
30	2023.04.08	홈	노팅엄 포레스트
31	2023.04.15	홈	뉴캐슬 유나이티드
32	2023.04.22	원정	브렌트포드
33	2023.04.26	홈	풀럼
34	2023.04.29	원정	맨체스터 유나이티드
35	2023.05.06	원정	울버햄튼 원더러스
36	2023.05.13	홈	토트넘
37	2023.05.20	원정	리버풀
38	2023.05.29	홈	브라이튼 앤 호브 앨비언

시즌 프리뷰 발빠른 약점 보완, 제라드의 축구를 보여준다

빌라는 지난 시즌 초반 팀이 위기에 빠지자 곧바로 딘 스미스 감독을 경질하고 스티븐 제라드 감독을 선임해 새로운 방향을 모색했다. 제라드 감독의 공격적인 색깔이 빛을 발하고, 1월 이적 시장에서 디뉴와 쿠티뉴를 영입하는 등의 지원이 더해지며 긍정적인 경기 내용을 보여줄 수 있었다. 그러나 불안한 수비 탓에 먼저 골을 넣고 앞서가다가도 허무하게 역전을 허용하는 등 심한 기복을 드러내며 14위라는 아쉬운 순위로 시즌을 마무리했다. 이에 이번 여름 이적 시장이 열리자마자 세비야로부터 센터백 카를로스를, 마르세유로부터 수비형 미드필더 카마라를 영입하며 발빠르게 약점을 보완했다. 수비 안정과 함께 제라드 감독이 원하는 축구를 제대로 구현할 수 있는 시즌이 되리라는 기대를 모으고 있다.

COACH

스티븐 제라드 *Steven Gerrard*
1980년 5월 30일생 잉글랜드

선수 시절 리버풀의 심장이라 불리던 미드필더. 리버풀 유소년 코치로 지도자 생활을 시작했고, 레인저스 사령탑을 맡아 팀을 10년 만의 스코틀랜드 리그 정상으로 이끌며 무패 우승의 신화를 썼다. 중원 장악과 풀백들의 공격 가담을 강조하는 점유율 축구를 구사하는데, 빌라에서는 현실에 맞게 실리적인 축구도 보여줬다.

TEAM RATINGS

슈팅	5
패스	6
수비력	7
선수층	6
감독	6
조직력	6
종합	36

2021/22 프로필

팀 득점	52
평균 볼 점유율	46.30%
패스 정확도	79.70%
평균 슈팅 수	12.2
경고	79
퇴장	2

골 타 입	오픈 플레이	60
	세트 피스	23
	카운터 어택	8
	페널티 킥	6
	자책골	4 (단위 %)
패 스 타 입	쇼트 패스	83
	롱 패스	12
	크로스 패스	4
	스루 패스	0 (단위 %)

SQUAD

포지션	등번호	이름		생년월일	키(cm)	체중(kg)	국적
GK	1	에밀리아노 마르티네스	Emiliano Martinez	1992.09.02	195	89	아르헨티나
DF	2	매티 캐시	Matty Cash	1997.08.07	185	64	잉글랜드
	3	디에구 카를루스	Diego Carlos	1993.03.15	185	79	브라질
	4	에즈리 콘사	Ezri Konsa	1997.10.23	183	77	잉글랜드
	5	타이런 밍스	Tyrone Mings	1993.03.13	195	77	잉글랜드
	16	캘럼 체임버스	Calum Chambers	1995.01.20	182	66	잉글랜드
	17	루드비히 아우구스틴손	Ludwig Augustinsson	1994.04.21	181	74	스웨덴
	18	애슐리 영	Ashley Young	1985.07.09	175	78	잉글랜드
	24	프레데릭 쥘베르	Frederic Guilbert	1994.12.24	178	70	프랑스
	27	뤼카 디뉴	Lucas Digne	1993.07.20	178	74	프랑스
	30	코트니 하우스	Kortney Hause	1995.07.16	191	77	잉글랜드
MF	6	더글라스 루이즈	Douglas Luiz	1998.05.09	177	65	브라질
	7	존 맥긴	John McGinn	1994.10.18	178	68	스코틀랜드
	8	모르강 상송	Morgan Sanson	1994.08.18	180	73	프랑스
	19	마블러스 나캄바	Marvelous Nakamba	1994.01.19	177	71	짐바브웨
	41	제이콥 램지	Jacob Ramsey	2001.05.28	180	70	잉글랜드
	44	부바카르 카마라	Boubacar kamara	1999.11.23	184	68	프랑스
FW	9	대니 잉스	Danny Ings	1992.07.23	178	73	잉글랜드
	10	에밀리아노 부엔디아	Emiliano Buendia	1996.12.25	172	65	아르헨티나
	11	올리 왓킨스	Ollie Watkins	1995.12.30	180	70	잉글랜드
	15	베르트랑 트라오레	Bertrand Traore	1995.09.06	181	73	부르키나파소
	21	안와르 엘가지	Anwar El Ghazi	1995.05.03	189	87	네덜란드
	23	필리페 쿠티뉴	Philippe Coutinho	1992.06.12	172	68	브라질
	31	레온 베일리	Leon Bailey	1997.08.09	178	75	자메이카

IN & OUT

주요 영입	주요 방출
디에구 카를로스, 부바카르 카마라, 루드비히 아우구스틴손(임대)	없음

TEAM FORMATION

FW **C+**

MF **B+**

DF **B+**

GK **B**

11 왓킨스 (잉스)

9 잉스 (쿠티뉴) 10 부엔디아 (베일리)

7 맥긴 (쿠티뉴) 44 카마라 (루이스) 41 램지 (상송)

27 디뉴 (아우구스틴손) 3 카를로스 (콘사) 5 밍스 (체임버스) 2 캐시 (영)

1 마르티네스 (올센)

PLAN **4-3-2-1**

지역 점유율

공격 진영	29%
중앙	42%
수비 진영	28%

공격 방향

| 42% 왼쪽 | 27% 중앙 | 31% 오른쪽 |

슈팅 지역

8% 골 에어리어
55% 패널티 박스
37% 외곽 지역

상대팀 최근 6경기 전적

구분	승	무	패	구분	승	무	패
맨체스터 시티			6	뉴캐슬 유나이티드	3	2	1
리버풀	1		5	크리스탈 팰리스	3	1	2
첼시	1	1	4	브렌트포드		3	3
토트넘 홋스퍼	1		5	애스턴 빌라			
아스널	3		3	사우샘프턴	2		4
맨체스터 유나이티드	1	1	4	에버턴	4	2	
웨스트햄 유나이티드		2	4	리즈 유나이티드	2	2	2
레스터 시티	3	1	2	풀럼	3		3
브라이트 & 호브 알비온	3	2	1	본머스	2		3
울버햄튼 원더러스	1	1	4	노팅엄 포레스트	3	2	1

KEY PLAYER

DF 3 디에구 카를로스
Diego Carlos

국적: 브라질

세비야 수비의 핵심으로 활약해온 센터백. 강한 몸싸움, 민첩한 움직임, 정확한 패스까지 삼박자를 고루 갖추고 있다. 중장거리 패스로 한 번에 공격진까지 공을 연결하기도 한다. 신체 능력이 뛰어나 상대 공격수의 움직임을 잘 통제하며, 미리 위험을 예상하고 상대의 패스를 차단하기도 한다. 지나치게 적극적인 수비 탓에 돌파를 허용하는 단점도 있지만, 3,100만 유로 이상의 가치가 있는 수비수다.

출전경기	경기시간(분)	골	어시스트	경고	퇴장
34	2,961	3	-	2	1

PLAYERS

DF 2 매티 캐시
Matty Cash

국적: 폴란드

오른쪽 측면 공격수에서 수비수로 전환하며 성공가도를 달리고 있는 풀백. 뛰어난 공격력으로 브라질의 전설적인 풀백 카푸에 비견되는 찬사를 받기도 했다. 엄청난 활동량과 민첩한 움직임으로 경기 내내 상대를 괴롭히고, 공격 마무리에서도 침착한 판단으로 득점 기회를 만들 줄 안다. 지난 시즌 빌라 최우수 선수로 선정되는 맹활약을 펼쳤고, 5년 재계약까지 체결해 주전으로서 확실하게 입지를 굳혔다.

출전경기	경기시간(분)	골	어시스트	경고	퇴장
38	3,380	4	3	8	-

MF 41 제이콥 램지
Jacob Ramsey

국적: 잉글랜드

제라드 감독 밑에서 폭풍 성장한 빌라 유소년팀 출신의 라이징 스타. 빠른 판단력으로 알맞은 타이밍에 전진해서 빈 공간을 찾아 들어가 상대 수비에 혼란을 안기고, 날카로운 슈팅으로 골을 터트리는 플레이가 일품이다. 드리블 기술도 준수하고 압박에도 성실하게 가담하지만, 패스에 있어서는 아직 경험이 부족하다 보니 때로 성급한 플레이를 하기도 한다. 발전 가능성과 잠재력이 무궁무진한 선수다.

출전경기	경기시간(분)	골	어시스트	경고	퇴장
34	2,477	6	1	6	-

MF 44 부바카르 카마라
Boubakar Kamara

국적: 프랑스

프랑스 최고의 재능 중 하나로 주목받는 수비형 미드필더. 연령별 청소년 대표를 모두 거쳤고 올해부터는 성인 대표팀에도 선발되고 있는 선수다. 뛰어난 위치 선정으로 상대의 패스를 가로채는 능력이 탁월하며, 시야가 넓어 탈압박과 패스 전개에도 능하다. 민첩한 움직임과 뛰어난 축구 지능 덕에 양쪽 풀백과 미드필더까지도 소화할 수 있다. 18살 때부터 주전으로 뛰어왔기에 플레이도 노련하다.

출전경기	경기시간(분)	골	어시스트	경고	퇴장
34	2,779	1	-	6	-

FW 11 올리 왓킨스
Ollie Watkins

국적: 잉글랜드

활동량과 전방 압박 가담에 있어서만큼은 프리미어리그에서 단연 최고라고 할 수 있는 공격수. 민첩한 움직임으로 최전방은 물론이고 양쪽 측면으로 활발하게 움직이며 상대 수비를 휘젓는 선수다. 드리블과 패스는 물론 공중 경합 능력도 준수해서 단점이 없어 보이지만, 문제는 공격수의 가장 중요한 본분인 골 결정력이 부족하다는 점이다. 이 때문에 공격 파트너인 잉스와의 상호 보완이 반드시 필요하다.

출전경기	경기시간(분)	골	어시스트	경고	퇴장
35	2,955	11	2	7	-

사우샘프턴 FC

Southampton FC

TEAM PROFILE

창 립	1885년
구 단 주	드라간 솔락(세르비아)
감 독	랄프 하젠휘틀(오스트리아)
연 고 지	사우샘프턴
홈 구 장	세인트 메리즈 스타디움(3만 2,384명)
라 이 벌	포츠머스
홈페이지	www.southamptonfc.com

최근 5시즌 성적

시즌	순위	승점
2017-2018	17위	36점(7승12무19패, 37득점 56실점)
2018-2019	16위	39점(9승12무17패, 45득점 65실점)
2019-2020	11위	52점(15승7무16패, 51득점 60실점)
2020-2021	15위	43점(12승7무19패, 47득점 68실점)
2021-2022	15위	40점(9승13무16패, 43득점 67실점)

PREMIER LEAGUE

통 산	없음
21-22 시즌	15위(9승13무16패, 승점 40점)

FA CUP

통 산	우승 1회
21-22 시즌	4강

LEAGUE CUP

통 산	없음
21-22 시즌	없음

UEFA

통 산	없음
21-22 시즌	없음

경기 일정

라운드	날짜	장소	상대팀
1	2022.08.06	원정	토트넘
2	2022.08.13	홈	리즈 유나이티드
3	2022.08.20	원정	레스터 시티
4	2022.08.27	홈	맨체스터 유나이티드
5	2022.09.01	홈	첼시
6	2022.09.03	원정	울버햄튼 원더러스
7	2022.09.10	홈	브렌트포드
8	2022.09.17	원정	애스턴 빌라
9	2022.10.01	홈	에버턴
10	2022.10.08	원정	맨체스터 시티
11	2022.10.15	홈	웨스트햄
12	2022.10.19	원정	AFC 본머스
13	2022.10.22	홈	아스널
14	2022.10.29	원정	크리스탈 팰리스
15	2022.11.06	홈	뉴캐슬 유나이티드
16	2022.11.13	원정	리버풀
17	2022.12.27	홈	브라이튼 앤 호브 앨비언
18	2023.01.01	원정	풀럼
19	2023.01.03	홈	노팅엄 포레스트
20	2023.01.15	원정	에버턴
21	2023.01.22	홈	애스턴 빌라
22	2023.02.05	원정	브렌트포드
23	2023.02.12	홈	울버햄튼 원더러스
24	2023.02.19	원정	첼시
25	2023.02.26	원정	리즈 유나이티드
26	2023.03.05	홈	레스터 시티
27	2023.03.12	원정	맨체스터 유나이티드
28	2023.03.19	홈	토트넘
29	2023.04.01	원정	웨스트햄
30	2023.04.08	홈	맨체스터 시티
31	2023.04.15	홈	크리스탈 팰리스
32	2023.04.22	원정	아스널
33	2023.04.27	홈	AFC 본머스
34	2023.04.29	원정	뉴캐슬 유나이티드
35	2023.05.06	원정	노팅엄 포레스트
36	2023.05.13	홈	풀럼
37	2023.05.20	원정	브라이튼 앤 호브 앨비언
38	2023.05.29	홈	리버풀

시즌 프리뷰

3백 전환으로 플랜B 마련, 수비 안정에 나선다

하젠휘틀 감독이 지휘하는 사우샘프턴은 적극적인 전방 압박을 구사하는 4-2-2-2 포메이션을 트레이드 마크처럼 사용해온 팀이다. 조직적인 압박이 잘 통할 때는 경기 내용과 결과를 다 잡기도 하지만, 수비가 허무하게 무너지면서 패하는 경기도 많았다. 실제로 올해 3월부터 지난 시즌 마지막까지 치른 리그 12경기에서는 1승 2무 9패, 9득점 30실점이라는 실망스러운 성적을 기록했다. 이에 이번 시즌에는 스리백이라는 플랜B를 확실하게 준비해서 상황에 따라 안정적인 경기 운영을 추구할 것으로 보인다. 선수 영입은 즉시 전력 감보다는 유망주들 위주로 진행해 장기적인 발전을 노려야 하게 됐다. 우선 수비 불안만 해결하더라도 순위는 상승할 수 있다. 2월까지만 해도 9위에 올라 있던 사우샘프턴이다.

COACH

랄프 하젠휘틀 Ralph Hasenhuttl
1967년 8월 9일생 오스트리아

'오스트리아의 클롭'이라 불리는 감독. 랄프 랑닉 감독의 영향을 받아 강력한 전방 압박을 중심으로 전술을 구사한다. 분데스리가 2부 최하위권이던 잉골슈타트를 승격시켜 지도력을 인정받았고, 라이프치히에서는 분데스리가 2위에 올랐다. 사우샘프턴에는 2018년 말에 부임해 지금까지 프리미어리그 잔류에 성공했다.

TEAM RATINGS

슈팅	4
패스	6
조직력	6
34	
수비력	6
감독	6
선수층	6

2021/22 프로필

팀 득점	43
평균 볼 점유율	47.40%
패스 정확도	76.60%
평균 슈팅 수	12.7
경고	63
퇴장	2

골 타입
		단위 (%)
오픈 플레이	49	
세트 피스	33	
카운터 어택	5	
패널티 킥	9	
자책골	5	

패스 타입
		단위 (%)
쇼트 패스	82	
롱 패스	13	
크로스 패스	4	
스루 패스	0	

SQUAD

포지션	등번호	이름		생년월일	키(cm)	체중(kg)	국적
GK	1	알렉스 맥카시	Alex McCarthy	1989.12.03	193	79	잉글랜드
	31	개빈 바주누	Gavin Bazunu	2002.02.20	189	79	아일랜드
DF	2	카일 워커-피터스	Kyle Walker-Peters	1997.04.13	173	64	잉글랜드
	4	란코 보이노비치	Lyanco	1997.02.01	187	83	브라질
	5	잭 스티븐스	Jack Stephens	1994.01.27	185	75	잉글랜드
	15	로맹 페로드	Romain Perraud	1997.09.22	173	68	프랑스
	21	발렌티노 리브라멘토	Valentino Livramento	2002.11.12	173	63	잉글랜드
	22	모함메드 살리수	Mohammed Salisu	1999.04.17	191	82	가나
	35	얀 베드나렉	Jan Bednarek	1996.04.12	189	77	폴란드
	37	아르멜 벨라-코차프	Armel Bella-Kotchap	2001.12.11	190	87	독일
	43	얀 발레리	Yan Valery	1999.02.22	180	85	프랑스
MF	6	오리올 로메우	Oriol Romeu	1991.09.24	183	83	스페인
	7	조 아리보	Joe Aribo	1996.07.21	183	76	잉글랜드
	8	제임스 워드-프로즈	James Ward-Prowse	1994.11.01	177	66	잉글랜드
	17	스튜어트 암스트롱	Stuart Armstrong	1992.03.30	183	75	스코틀랜드
	27	이브라히마 디알로	Ibrahima Diallo	1999.03.08	179	68	프랑스
	45	로메오 라비아	Romeo Lavia	2004.01.06	181	76	벨기에
FW	9	애덤 암스트롱	Adam Armstrong	1997.02.10	173	69	잉글랜드
	10	체 애덤스	Che Adams	1996.07.13	179	76	스코틀랜드
	11	네이선 레드먼드	Nathan Redmond	1994.03.06	173	69	잉글랜드
	18	세쿠 마라	Sekou Mara	2002.07.30	183	70	프랑스
	19	무사 제네포	Moussa Djenepo	1998.06.15	177	65	말리
	23	네이선 텔라	Nathan Tella	1999.07.05	173	70	잉글랜드
	24	모하메드 엘리유누시	Mohamed Elyounoussi	1994.08.04	178	70	노르웨이
	32	시오 월컷	Theo Walcott	1989.03.16	175	68	잉글랜드

IN & OUT

주요 영입	주요 방출
개빈 바주누, 세쿠 마라, 로메오 라비아, 조 아리보	프레이저 포스터, 아르만도 브로야(임대 복귀)

TEAM FORMATION

FW **D+**
MF **C+**
DF **C+**
GK **D**

10 애덤스 (마라)
9 A암스트롱 (레드먼드)
19 제네포 (엘리유누시)
11 레드먼드 (아리보)
6 로메우 (라비아)
8 워드-프로즈 (S암스트롱)
15 페로 (워커피터스)
22 살리수 (베드나렉)
37 벨라-코차프 (리안코)
2 워커-피터스 (발레리)
31 바주누 (매카시)

PLAN **4-2-2-2**

지역 점유율

공격 진영 **30%**

중앙 **42%**

수비 진영 **27%**

공격 방향

42% 왼쪽	24% 중앙	34% 오른쪽

슈팅 지역

8% 골 에어리어

54% 패널티 박스

38% 외곽 지역

상대팀 최근 6경기 전적

구분	승	무	패	구분	승	무	패
맨체스터 시티	1	2	3	뉴캐슬 유나이티드	1	1	4
리버풀	1		5	크리스탈 팰리스	2	2	2
첼시	1	2	3	브렌트포드	2	1	3
토트넘 홋스퍼	1	2	3	애스턴 빌라	4		2
아스널	2	1	3	사우샘프턴			
맨체스터 유나이티드		4	2	에버턴	2	1	3
웨스트햄 유나이티드	2	2	2	리즈 유나이티드	2	1	3
레스터 시티	1	2	3	풀럼	4	1	1
브라이튼 & 호브 알비온	2	3	1	본머스	3	2	1
울버햄튼 원더러스	1	1	4	노팅엄 포레스트	2	1	3

KEY PLAYER

MF 8 제임스 워드-프로즈
James Ward-Prowse

국적: 잉글랜드

역대 최고 수준의 프리킥 실력을 보유한 미드필더. 직접 프리킥 상황에서 절묘하게 감아차는 슈팅으로 골을 터트린다. 왕성한 활동량으로 경기장 곳곳을 누비며, 부상과 체력 관리에도 철저해 프리미어리그 역사상 유일하게 두 시즌 연속(2019/21) 전 경기 풀타임을 소화한 필드 플레이어이다. 사우샘프턴 유소년팀 출신으로, 팀에 대한 충성심이 강해 빅 클럽들의 관심에도 이적하지 않고 있다.

출전경기	경기시간(분)	골	어시스트	경고	퇴장
36	3,217	10	5	3	1

PLAYERS

GK 31 개빈 바주누
Gavin Bazunu

국적: 아일랜드

맨시티에서 영입된 유망주 골키퍼. 20세의 나이에도 이미 A매치 10경기를 소화하고, 크리스티아누 호날두의 페널티킥을 막아냈을 정도로 일찌감치 재능을 과시하고 있다. 맨시티 1군에서는 기회를 잡지 못해 3부 리그로 임대돼 경험을 쌓았고, 결국 이번 여름 사우샘프턴으로 이적을 감행했다. 어린 시절 측면 공격수를 소화한 덕분인지 움직임이 민첩하고 공을 다루는 기술과 패스 능력도 뛰어나다.

출전경기	경기시간(분)	실점	무실점 (경기)	경고	퇴장
44	3960	51	16	1	-

DF 2 카일 워커-피터스
Kyle Walker-Peters

국적: 잉글랜드

토트넘 유소년팀 출신의 측면 수비수. 오른쪽 측면이 주 포지션이지만 왼쪽 측면도 소화할 수 있다. 토트넘에서는 크게 두각을 나타내지 못하다가 2020년 사우샘프턴 이적 이후로 성장을 거듭하며 잉글랜드 대표팀에도 승선하는 선수가 됐다. 뛰어난 드리블 돌파를 활용하여 공격에 가담하는 것이 최대 장점이지만, 마무리 패스나 크로스는 정확하지 못한 편이다. 수비력에도 여전히 개선의 여지가 남아 있다.

출전경기	경기시간(분)	골	어시스트	경고	퇴장
32	2,632	1	2	5	-

DF 37 아르멜 벨라-코차프
Armel Bella-Kotchap

국적: 독일

독일이 기대하는 유망주 센터백. 연령별 청소년 대표를 모두 거쳤고, 보훔의 분데스리가 승격과 잔류에 모두 기여하며 20세의 나이에 이미 프로 통산 70경기 이상을 소화했다. 190cm의 장신으로 공중 경합에 강하고 패스 연결도 안정적이라 기복 없이 활약을 펼쳐온 선수다. 맨시티, 첼시, 토트넘, 맨유까지 여러 프리미어리그 구단의 관심을 받아왔으나 착실한 성장을 위해 사우샘프턴으로의 이적을 선택했다.

출전경기	경기시간(분)	골	어시스트	경고	퇴장
21	1,679	-	-	4	-

FW 10 체 애덤스
Che Adams

국적: 스코틀랜드

강력한 경합 능력과 빠른 스피드를 고루 갖춘 공격수. 저돌적인 움직임으로 상대 수비진에 부담을 줘서 동료들에게 공간을 만들어주는 데 능하며, 수비를 등진 상태에서의 연계 플레이와 슈팅 능력도 뛰어나다. 골 결정력이 뛰어나지는 않지만 득점 또한 꾸준한 편이라 최근 2년간 사우샘프턴의 주전 자리를 유지하고 있다. 작년부터 스코틀랜드 대표팀에도 승선해 A매치 19경기에서 다섯 골을 득점했다.

출전경기	경기시간(분)	골	어시스트	경고	퇴장
30	2,043	7	3	-	-

에버턴 FC

Everton FC

TEAM PROFILE

창 립	1878년
구 단 주	파하드 모시리(이란)
감 독	프랭크 램파드(잉글랜드)
연 고 지	리버풀
홈 구 장	구디슨 파크(3만 9,414명)
라 이 벌	리버풀
홈페이지	www.evertonfc.com

최근 5시즌 성적

시즌	순위	승점
2017-2018	8위	49점(13승10무15패, 44득점 58실점)
2018-2019	8위	54점(15승9무14패, 54득점 46실점)
2019-2020	12위	49점(13승10무15패, 44득점 56실점)
2020-2021	10위	59점(17승8무13패, 47득점 48실점)
2021-2022	16위	39점(11승6무21패, 43득점 68실점)

PREMIER LEAGUE

통 산	우승 9회
21-22 시즌	16위(11승6무21패, 승점39점)

FA CUP

통 산	우승 5회
21-22 시즌	8강

LEAGUE CUP

통 산	없음
21-22 시즌	없음

UEFA

통 산	없음
21-22 시즌	없음

경기 일정

라운드	날짜	장소	상대팀
1	2022.08.07	홈	첼시
2	2022.08.13	원정	애스턴 빌라
3	2022.08.20	홈	노팅엄 포레스트
4	2022.08.27	원정	브렌트포드
5	2022.08.31	원정	리즈 유나이티드
6	2022.09.03	홈	리버풀
7	2022.09.10	원정	아스널
8	2022.09.17	홈	웨스트햄
9	2022.10.01	원정	사우샘프턴
10	2022.10.08	홈	맨체스터 유나이티드
11	2022.10.15	원정	토트넘
12	2022.10.20	원정	뉴캐슬 유나이티드
13	2022.10.22	홈	크리스탈 팰리스
14	2022.10.29	원정	풀럼
15	2022.11.06	홈	레스터 시티
16	2022.11.13	원정	AFC 본머스
17	2022.12.27	홈	울버햄튼 원더러스
18	2023.01.01	원정	맨체스터 시티
19	2023.01.03	홈	브라이튼 앤 호브 앨비언
20	2023.01.15	홈	사우샘프턴
21	2023.01.22	원정	웨스트햄
22	2023.02.05	홈	아스널
23	2023.02.12	원정	리버풀
24	2023.02.19	홈	리즈 유나이티드
25	2023.02.26	홈	애스턴 빌라
26	2023.03.05	원정	노팅엄 포레스트
27	2023.03.12	홈	브렌트포드
28	2023.03.19	원정	첼시
29	2023.04.01	홈	토트넘
30	2023.04.08	원정	맨체스터 유나이티드
31	2023.04.15	홈	풀럼
32	2023.04.22	원정	크리스탈 팰리스
33	2023.04.26	홈	뉴캐슬 유나이티드
34	2023.04.29	원정	레스터 시티
35	2023.05.06	원정	브라이튼 앤 호브 앨비언
36	2023.05.13	홈	맨체스터 시티
37	2023.05.20	원정	울버햄튼 원더러스
38	2023.05.29	홈	AFC 본머스

시즌 프리뷰 램파드의 새출발, 공수 균형부터 잡아야

에버턴은 지난 시즌 초반에 램파드 감독을 선임했지만, 별다른 전력 보강 없이 형편없는 수비로 강등의 위험에 시달리며 불안한 시즌을 보냈다. 램파드 감독이 원하는 전술을 시도해보는 것조차 여의치 않은 상황이었다. 따라서 이번 시즌이야말로 램파드 감독의 색깔을 확인할 수 있는 기회가 될 것으로 보인다. 수비진에 타코우스키를 영입해 안정을 꾀했고, 공격진의 에이스 히샬리송이 떠나기는 했으나 맥닐의 영입으로 공백을 메웠다. 과거 더비 카운티와 첼시에서 램파드 감독은 안정적인 공수 균형을 찾는 데 실패했는데 이제는 개선된 모습을 보여야 한다. 단숨에 순위를 끌어 올리지는 못하더라도 일관된 전술로 완성도를 높이며 꾸준하게 발전하는 것이 중요한 시점이다. 부족한 골 결정력에 대한 고민도 해결해야 한다.

COACH

프랭크 램파드 *Frank Lampard*
1978년 6월 20일생 잉글랜드

첼시에서 전설적인 미드필더로 활약했던 지도자. 챔피언십의 더비 카운티를 맡아 공격 축구를 구사해 주목을 받았고, 이후 영입 금지 징계를 받은 첼시를 프리미어리그 4위권으로 올리는 성공을 거뒀다. 그러나 공수 균형을 잡는 데 실패한 끝에 경질됐으며, 지난 시즌 초반 에버턴을 맡은 뒤에도 힘겨운 시즌을 보냈다.

TEAM RATINGS

슈팅	4
패스	6
조직력	5
수비력	6
감독	6
선수층	5

32

2021/22 프로필

팀 득점	43
평균 볼 점유율	39.10%
패스 정확도	73.30%
평균 슈팅 수	11.5
경고	78
퇴장	6

골 타입 (단위 %)

오픈 플레이	53
세트 피스	23
카운터 어택	7
패널티 킥	14
자책골	2

패스 타입 (단위 %)

쇼트 패스	79
롱 패스	16
크로스 패스	5
스루 패스	0

SQUAD

포지션	등번호	이름		생년월일	키(cm)	체중(kg)	국적
GK	1	조던 픽포드	Jordan Pickford	1994.03.07	185	77	잉글랜드
DF	2	제임스 타코우스키	James Tarkowski	1992.11.19	185	81	잉글랜드
	3	네이선 패터슨	Nathan Patterson	2001.10.16	189	83	스코틀랜드
	4	메이슨 홀게이트	Mason Holgate	1996.10.22	187	63	잉글랜드
	5	마이클 킨	Michael Keane	1993.01.11	188	82	잉글랜드
	13	예리 미나	Yerry Mina	1994.09.23	195	94	콜롬비아
	18	닐스 은쿤쿠	Niels Nkounkou	2000.11.01	180	78	프랑스
	19	비탈리 미콜렌코	Vitaliy Mykolenko	1999.05.29	180	71	우크라이나
	22	벤 고드프리	Ben Godfrey	1998.01.15	186	74	잉글랜드
	23	셰이무스 콜먼	Seamus Coleman	1988.10.11	177	67	아일랜드
	29	후벤 비나그레	Ruben Vinagre	1999.04.09	174	71	포르투갈
	30	코너 코어디	Conor Coady	1993.02.25	185	75	잉글랜드
MF	6	알랑	Allan	1991.01.08	175	74	브라질
	8	아마두 오나나	Amadou Onana	2001.08.16	195	–	벨기에
	16	압둘라예 두쿠레	Abdoulaye Doucoure	1993.01.01	183	76	프랑스
	20	델레 알리	Dele Alli	1996.04.11	188	80	잉글랜드
	21	안드레 고메스	Andre Gomes	1993.07.30	188	84	포르투갈
	26	톰 데이비스	Tom Davies	1998.06.30	180	70	잉글랜드
FW	7	드와이트 맥닐	Dwight McNeil	1999.11.22	183	72	잉글랜드
	9	도미닉 칼버트-르윈	Dominic Calvert-Lewin	1997.03.16	189	71	잉글랜드
	10	앤서니 고든	Anthony Gordon	2001.02.24	173	65	잉글랜드
	11	데마라이 그레이	Demarai Gray	1996.06.28	183	74	잉글랜드
	14	앤드로스 타운센드	Andros Townsend	1991.07.16	181	77	잉글랜드
	17	알렉스 이워비	Alex Iwobi	1996.05.03	183	86	나이지리아
	33	살로몬 론돈	Salomon Rondon	1989.09.16	186	85	베네수엘라

IN & OUT

주요 영입	주요 방출
제임스 타코우스키, 드와이트 맥닐, 아마두 오나나, 코너 코어디	히샬리송, 파비안 델프

TEAM FORMATION

FW D

- 7 맥닐 (이워비)
- 9 칼버트-르윈 (알리)
- 10 고돈 (그레이)

MF C+

- 19 미콜렌코 (비냐그레)
- 16 두쿠레 (데이비스)
- 8 오나나 (알랑)
- 23 콜먼 (패터슨)

DF C+

- 2 타코우스키 (오나나)
- 13 미나 (킨)
- 30 코어디 (홀게이트)

GK B

- 1 픽포드 (베고비치)

PLAN 3-4-3

지역 점유율

- 공격 진영 **29%**
- 중앙 **43%**
- 수비 진영 **29%**

공격 방향

| 39% 왼쪽 | 24% 중앙 | 37% 오른쪽 |

슈팅 지역

- 6% 골에어리어
- 58% 패널티 박스
- 36% 외곽 지역

상대팀 최근 6경기 전적

구분	승	무	패	구분	승	무	패
맨체스터 시티			6	뉴캐슬 유나이티드	2	1	3
리버풀	1	2	3	크리스탈 팰리스	3	1	2
첼시	3	1	2	브렌트포드	1		3
토트넘 홋스퍼	2	2	2	애스턴 빌라		2	4
아스널	3	1	2	사우샘프턴	3	1	2
맨체스터 유나이티드	1	3	2	에버턴			
웨스트햄 유나이티드	2	1	3	리즈 유나이티드	2	2	2
레스터 시티	3	2	1	풀럼	4		2
브라이튼 & 호브 알비온	3	1	2	본머스	2	1	3
울버햄튼 원더러스	3		3	노팅엄 포레스트	4		2

KEY PLAYER

FW 9 도미닉 칼버트-르윈
Dominic Calvert-Lewin

국적: 잉글랜드

187cm의 장신을 활용한 공중 경합으로 상대를 위협하는 최전방 공격수. 상대 페널티 지역 안에서 수비를 등지고 공을 확보한 이후 슈팅으로 연결하는 능력이 탁월하다. 영리하게 문전으로 쇄도하는 움직임도 위협적이지만, 마무리 슈팅의 정확도에는 기복이 있는 편이다. 지난 시즌에는 발가락 골절 부상으로 팀에 기여하지 못했으나, 이번 시즌에는 다시 에버턴 공격의 선봉이 되어 팀을 이끌어야 한다.

출전경기	경기시간(분)	골	어시스트	경고	퇴장
17	1,286	5	2	2	-

PLAYERS

DF 2 제임스 타코우스키
James Tarkowski

국적: 잉글랜드

번리에서 5년간 수비진의 핵심으로 활약해온 선수. 지난 시즌을 끝으로 번리와의 계약을 만료하고 이번 여름 에버턴과 4년 계약을 체결했다. 수비 라인을 낮게 형성한 상황에서 상대 슈팅과 크로스를 차단하는 데 뛰어난 전통적인 스타일의 센터백이다. 그러나 주로 길게 걷어내는 패스는 정확도가 떨어지며, 램파드 감독이 수비 라인을 올리라고 지시할 경우 뒷공간 커버에도 약점을 드러낼 가능성이 있다.

출전경기	경기시간(분)	골	어시스트	경고	퇴장
35	3,107	1	2	11	-

MF 7 드와이트 맥닐
Dwight McNeil

국적: 잉글랜드

돌파와 기회 창출에 능한 왼쪽 측면 공격수. 이번 여름 히샬리송의 대체자로 번리에서 2,000만 파운드에 영입됐다. 번리 유소년팀에서부터 성장하며 개인 능력으로 득점 기회를 만드는 플레이에 집중해왔고, 장신 공격수와의 호흡에도 익숙하다. 이제 번리보다는 공격적인 전술을 활용하는 팀에 왔기 때문에 활약이 기대되기도 하지만, 지난 시즌 득점 없이 1도움만을 기록하는 부진에 빠졌던 점은 걱정거리다.

출전경기	경기시간(분)	골	어시스트	경고	퇴장
38	3,112	-	1	1	-

FW 10 앤서니 고든
Anthony Gordon

국적: 잉글랜드

에버턴 유소년팀 출신의 측면 공격수. 지난 시즌에 등장한 난세의 영웅이라고 할 수 있다 공격 시에는 과감한 슈팅과 크로스로 득점 기회를 만들고, 수비에도 적극 가담해 쉴 새 없이 움직이는 모습으로 팬들의 찬사를 받았다. 드리블 기술이 뛰어나고 양쪽 발을 다 활용하기 때문에 수비하기에 까다로운 선수다. 경험을 쌓아가며 아직은 투박한 면모를 다듬는다면 충분히 팀의 에이스로 자리 잡을 수 있다.

출전경기	경기시간(분)	골	어시스트	경고	퇴장
35	2,285	4	2	4	-

MF 8 아마두 오나나
Amadou Onana

국적: 벨기에

웨스트햄과의 경쟁 끝에 4,000만 유로에 영입된 195cm의 장신 미드필더. 엄청난 활동량과 강력한 경합 능력으로 상대에게서 공을 빼앗고 중원을 지배하는 선수다. 궂은 일을 마다하지 않는 플레이가 장점이지만 이 때문에 경고도 많은 편이다. 공을 다루는 기술이 뛰어나고 공격 시에는 창의적인 패스로 득점 기회를 만들기도 한다. 아직 20세에 불과해 경기 운영은 미숙한 편이라 더 많은 경험이 필요하다.

출전경기	경기시간(분)	골	어시스트	경고	퇴장
32	1,344	1	-	2	1

리즈 유나이티드

Leeds United

TEAM PROFILE

창 립	1919년
구 단 주	안드레아 라드리차니(이탈리아)
감 독	제시 마치(미국)
연 고 지	리즈
홈 구 장	엘런드 로드(3만 9,460명)
라 이 벌	맨체스터 유나이티드
홈페이지	www.leedsunited.com

최근 5시즌 성적

시즌	순위	승점
2017-2018	없음	없음
2018-2019	없음	없음
2019-2020	없음	없음
2020-2021	9위	59점(18승5무15패, 62득점 54실점)
2021-2022	17위	38점(9승11무18패, 42득점 79실점)

PREMIER LEAGUE

통 산	우승 3회
21-22 시즌	17위(9승11무18패, 승점 38점)

FA CUP

통 산	우승 1회
21-22 시즌	64강

LEAGUE CUP

통 산	우승 1회
21-22 시즌	16강

UEFA

통 산	없음
21-22 시즌	없음

경기 일정

라운드	날짜	장소	상대팀
1	2022.08.06	홈	울버햄튼 원더러스
2	2022.08.13	원정	사우샘프턴
3	2022.08.20	홈	첼시
4	2022.08.27	원정	브라이튼 앤 호브 앨비언
5	2022.08.31	홈	에버턴
6	2022.09.03	원정	브렌트포드
7	2022.09.10	홈	노팅엄 포레스트
8	2022.09.17	원정	맨체스터 유나이티드
9	2022.10.01	홈	애스턴 빌라
10	2022.10.08	원정	크리스탈 팰리스
11	2022.10.15	홈	아스널
12	2022.10.19	원정	레스터 시티
13	2022.10.22	홈	풀럼
14	2022.10.29	원정	리버풀
15	2022.11.06	홈	AFC 본머스
16	2022.11.13	원정	토트넘
17	2022.12.27	홈	맨체스터 시티
18	2023.01.01	원정	뉴캐슬 유나이티드
19	2023.01.03	홈	웨스트햄
20	2023.01.15	원정	애스턴 빌라
21	2023.01.22	홈	브렌트포드
22	2023.02.05	원정	노팅엄 포레스트
23	2023.02.12	홈	맨체스터 유나이티드
24	2023.02.19	원정	에버턴
25	2023.02.26	홈	사우샘프턴
26	2023.03.05	원정	첼시
27	2023.03.12	홈	브라이튼 앤 호브 앨비언
28	2023.03.19	원정	울버햄튼 원더러스
29	2023.04.01	원정	아스널
30	2023.04.08	홈	크리스탈 팰리스
31	2023.04.15	홈	리버풀
32	2023.04.22	원정	풀럼
33	2023.04.26	홈	레스터 시티
34	2023.04.29	원정	AFC 본머스
35	2023.05.06	원	멘체스터 시티
36	2023.05.13	홈	뉴캐슬 유나이티드
37	2023.05.20	원정	웨스트햄
38	2023.05.29	홈	토트넘

시즌 프리뷰 '마시 커넥션 모여라' 목표는 잔류

리즈는 지난 시즌 내내 승격팀의 2년차 징크스에 시달리며 강등의 위험에서 벗어나지 못했고, 시즌 최종전까지 가서야 극적으로 잔류를 이뤄냈다. 이 과정에서 마르셀로 비엘사 감독이 경질되고 마시 감독이 시즌 막바지 팀을 지휘했다. 마시 감독도 강한 전방 압박을 중시하기에 리즈의 전술 틀 자체를 바꾸지는 않겠지만, 이번 여름 자신이 지도해본 선수들을 대거 영입하며 팀 개편에 나섰다. 공격과 중원의 핵심이던 하피냐와 칼빈 필립스가 떠난 공백을 마시 감독의 제자들이 얼마나 빠르게 메울지에 시즌의 성패가 달려 있는 셈이다. 수비진에는 수준 높은 선수들이 있기 때문에 비엘사 감독의 무모한 일대일 방어 시스템에서 벗어나 안정을 찾을 가능성이 크다. 이번 시즌에도 잔류가 최우선 과제라고 할 수 있다.

COACH

제시 마시 *Jesse Marsch*
1973년 11월 8일생 미국

카운터 압박의 흐름을 이끈 랄프 랑닉 감독의 제자 중 하나. 잘츠부르크의 감독을 맡아 두 시즌 연속 더블 우승을 차지하는 성공을 거둔 뒤 라이프치히에 부임했으나, 지난 시즌 도중 성적 부진으로 경질됐다. 지난 시즌 막바지 강등 위기에 빠진 리즈를 맡아 극적인 잔류를 이뤄냈고, 이번 시즌에 반등을 준비하고 있다.

TEAM RATINGS

슈팅	패스
5	6

34

조직력	수비력
5	6

감독	선수층
6	6

2021/22 프로필

팀 득점	42
평균 볼 점유율	51.90%
패스 정확도	78.00%
평균 슈팅 수	12.8
경고	101
퇴장	3

골 타 입

오픈 플레이	64
세트 피스	24
카운터 어택	0
패널티 킥	12
자책골	0 단위 (%)

패 스 타 입

쇼트 패스	84
롱 패스	12
크로스 패스	4
스루 패스	0 단위 (%)

SQUAD

포지션	등번호	이름		생년월일	키(cm)	체중(kg)	국적
GK	1	일랑 멜리에	Illan Meslier	2000.03.02	197	74	프랑스
	13	크리스토퍼 클라에손	Kristoffer Klaesson	2000.11.27	189	76	노르웨이
DF	2	루크 에일링	Luke Ayling	1991.08.25	183	72	잉글랜드
	3	주니오르 피르포	Junior Firpo	1996.08.22	184	78	스페인
	5	로빈 코흐	Robin Koch	1996.07.17	191	82	독일
	6	리엄 쿠퍼	Liam Cooper	1991.08.30	186	73	스코틀랜드
	14	디에고 요렌테	Diego Llorente	1993.08.16	186	76	스페인
	15	스튜어트 댈러스	Stuart Dallas	1991.04.19	180	81	북아일랜드
	21	파스칼 스트뤼크	Pascal Struijk	1999.08.11	190	75	네덜란드
	25	라스무스 크리스텐센	Rasmus Kristensen	1997.07.11	187	70	덴마크
MF	4	애덤 포쇼	Adam Forshaw	1991.10.08	175	71	잉글랜드
	7	브렌던 애런슨	Brenden Aaronson	2000.10.22	178	70	미국
	8	마르크 로카	Marc Roca	1996.11.26	184	77	스페인
	12	타일러 애덤스	Tyler Adams	1999.02.14	175	72	미국
	18	다르코 가비	Darko Gyabi	2004.02.18	196	75	잉글랜드
	43	마테우시 클리흐	Mateusz Klich	1990.06.13	183	68	폴란드
FW	9	패트릭 뱀포드	Patrick Bamford	1993.09.05	185	71	잉글랜드
	10	크라이센시오 서머빌	Crysencio Summerville	2001.10.30	174	61	네덜란드
	19	로드리고	Rodrigo	1991.03.06	182	70	스페인
	20	대니얼 제임스	Daniel James	1997.11.10	170	76	웨일즈
	22	잭 해리슨	Jack Harrison	1996.11.20	175	70	잉글랜드
	23	루이스 시니스테라	Luis Sinisterra	1999.06.17	172	60	콜롬비아
	30	조 겔하르트	Joe Gelhardt	2002.05.04	179	70	잉글랜드
	42	샘 그린우드	Sam Greenwood	2002.01.26	185	71	잉글랜드

IN & OUT

주요 영입	주요 방출
브랜던 애런슨, 루이스 시니스테라, 타일러 애덤스, 라스무스 크리스텐센, 마크 로카	하피냐, 칼빈 필립스

TEAM FORMATION

FW C
MF C
DF C⁺
GK C

9
뱀퍼드
(겔하트)

23
시니스테라
(해리슨)

7
애런슨
(로드리고)

20
제임스
(해리슨)

12
애덤스
(클리츠)

8
로카
(포쇼)

15
댈러스
(피르포)

5
코흐
(스트뤼크)

14
요렌테
(쿠퍼)

25
크리스텐센
(에일링)

1
멜리에
(클라에손)

PLAN **4-2-3-1**

지역 점유율

공격 진영 **27%**

중앙 **41%**

수비 진영 **31%**

공격 방향

37% 왼쪽	23% 중앙	39% 오른쪽

슈팅 지역

8% 골 에어리어

51% 패널티 박스

41% 외곽 지역

KEY PLAYER

MF	12	타일러 애덤스
		Tyler Adams

국적: 미국

마시 감독이 지휘하던 뉴욕 레드불스에서 프로로 데뷔해서 성장한 수비형 미드필더. 이후 라이프치히에서도 마치의 코치와 감독 시절에 지도를 받았다. 더블 볼란테의 자리에서 상대의 공을 가로챈 뒤 정확한 패스를 무기로 경기를 조율하는 데 능하다. 리즈에서도 마찬가지 역할로 로카와 호흡을 맞출 것으로 보인다. 경기 흐름을 읽는 능력이 뛰어나 빠르게 상대를 압박하고 역습 흐름을 끊는 데 탁월하다.

출전경기	경기시간(분)	골	어시스트	경고	퇴장
24	1,343	-	1	5	-

PLAYERS

DF	25	라스무스 크리스텐센
		Rasmus Kristensen

국적: 덴마크

지난 시즌 오스트리아 리그에서 수비수 중 가장 많은 득점을 기록한 라이트백. 적극적으로 공격에 가담해 정확한 패스와 크로스로 득점 기회를 만드는 데 능하며, 187cm 장신에 수비력도 뛰어나 강력한 태클로 상대를 저지한다. 잘츠부르크에서 이미 마시 감독의 지도를 받은 경험이 있고, 함께 영입된 공격형 미드필더 애런슨과도 발을 맞춰왔기에 리즈에 빠르게 적응할 수 있을 것으로 기대된다.

출전경기	경기시간(분)	골	어시스트	경고	퇴장
29	2,530	7	4	1	-

상대팀 최근 6경기 전적

구분	승	무	패	구분	승	무	패
맨체스터 시티	2	1	3	뉴캐슬 유나이티드	2	2	2
리버풀		1	5	크리스탈 팰리스	3	2	1
첼시		1	5	브렌트포드	2	3	1
토트넘 홋스퍼	2		4	애스턴 빌라	2	2	2
아스널		1	5	사우샘프턴	3	1	2
맨체스터 유나이티드	1	1	4	에버턴	2	2	2
웨스트햄 유나이티드	1	1	4	리즈 유나이티드			
레스터 시티	1	1	4	풀럼	4		2
브라이튼 & 호브 알비온	1	2	3	본머스	5		1
울버햄튼 원더러스	1	1	4	노팅엄 포레스트	1	3	2

MF	7	브렌던 애런슨
		Brenden Aaronson

국적: 미국

마시 감독의 지도를 직접 받은 적은 없지만, 잘츠부르크와 미국 커넥션을 통해 영입된 공격형 미드필더. 2년 전 19세의 나이에 이미 미국 메이저리그 사커 최고의 선수 중 하나로 떠오른 유망주다. 최전방 공격수 바로 아래에서 움직이며 창의적인 침투 패스를 통해 득점 기회를 만드는 데 탁월한 능력을 발휘했다. 성실한 움직임으로 전방 압박에도 적극 가담하기 때문에 믿고 기용할 수 있는 선수다.

출전경기	경기시간(분)	골	어시스트	경고	퇴장
26	1,890	4	5	1	-

MF	23	루이스 시니스테라
		Luis Sinisterra

국적: 콜롬비아

왼쪽 측면에서 중앙으로 치고 들어와 오른발 슈팅으로 골을 터트리는 측면 공격수. 바르셀로나로 떠난 하피냐의 대체자로 영입됐다. 돌파 능력이 뛰어나고 발이 빨라 수비하기 까다로운 선수다. 골 결정력과 기회 창출 능력도 매우 뛰어나지만, 크로스의 정확도는 다소 떨어지는 편이다. 수비 전환 시에도 성실한 움직임으로 태클과 가로채기를 수행하기 때문에 리즈의 색깔에 잘 맞는 선수라고 할 수 있다.

출전경기	경기시간(분)	골	어시스트	경고	퇴장
30	2,417	12	7	1	-

FW	20	대니얼 제임스
		Daniel James

국적: 웨일스

가공할 만한 스피드와 왕성한 활동량을 자랑하는 측면 공격수. 지난 시즌 뱀퍼드의 부상으로 최전방에도 기용돼 헌신적인 움직임으로 리즈의 공격을 이끌었는데, 이번 시즌에는 공격 2선으로 돌아갈 것이 유력하다. 돌파와 침투가 뛰어난 반면에 골 결정력은 떨어지는 편이어서 종종 기회를 놓치는 모습을 보이기도 한다. 리즈의 라이벌 구단인 맨유에서 2년간 활약하다가 작년 여름 2,500만 파운드에 영입됐다.

출전경기	경기시간(분)	골	어시스트	경고	퇴장
32	2,368	4	4	7	1

풀럼 FC

Fulham FC

TEAM PROFILE	
창 립	1879년
구 단 주	샤히드 칸
감 독	마르코 실바(포르투갈)
연 고 지	런던 해머스미스 앤 풀럼
홈 구 장	크레이븐 코티지(2만 5700명)
라 이 벌	서런던 더비
홈페이지	https://www.fulhamfc.com

최근 5시즌 성적

시즌	순위	승점
2017-2018	없음	없음
2018-2019	19위	26점(7승5무26패, 34득점 81실점)
2019-2020	없음	없음
2020-2021	18위	28점(5승13무20패, 27득점 53실점)
2021-2022	없음	없음

PREMIER LEAGUE

통 산	없음
21-22 시즌	없음

FA CUP

통 산	없음
21-22 시즌	32강

LEAGUE CUP

통 산	없음
21-22 시즌	32강

UEFA

통 산	없음
21-22 시즌	없음

경기 일정

라운드	날짜	장소	상대팀
1	2022.08.06	홈	리버풀
2	2022.08.13	원정	울버햄튼 원더러스
3	2022.08.20	홈	브렌트포드
4	2022.08.27	원정	아스널
5	2022.08.31	홈	브라이튼 앤 호브 앨비언
6	2022.09.03	원정	토트넘
7	2022.09.10	홈	첼시
8	2022.09.17	원정	노팅엄 포레스트
9	2022.10.01	홈	뉴캐슬 유나이티드
10	2022.10.08	원정	웨스트햄
11	2022.10.15	홈	AFC 본머스
12	2022.10.19	홈	애스턴 빌라
13	2022.10.22	원정	리즈 유나이티드
14	2022.10.29	홈	에버턴
15	2022.11.06	원정	맨체스터 시티
16	2022.11.13	홈	맨체스터 유나이티드
17	2022.12.27	원정	크리스탈 팰리스
18	2023.01.01	홈	사우샘프턴
19	2023.01.03	원정	레스터 시티
20	2023.01.15	원정	뉴캐슬 유나이티드
21	2023.01.22	홈	토트넘
22	2023.02.05	원정	첼시
23	2023.02.12	홈	노팅엄 포레스트
24	2023.02.19	원정	브라이튼 앤 호브 앨비언
25	2023.02.26	홈	울버햄튼 원더러스
26	2023.03.05	원정	브렌트포드
27	2023.03.12	홈	아스널
28	2023.03.19	원정	리버풀
29	2023.04.01	원정	AFC 본머스
30	2023.04.08	홈	웨스트햄
31	2023.04.15	원정	에버턴
32	2023.04.22	홈	리즈 유나이티드
33	2023.04.26	원정	애스턴 빌라
34	2023.04.29	홈	맨체스터 시티
35	2023.05.06	홈	레스터 시티
36	2023.05.13	원정	사우샘프턴
37	2023.05.20	홈	크리스탈 팰리스
38	2023.05.29	원정	맨체스터 유나이티드

시즌 프리뷰 ## 승격과 강등을 반복하는 '요요' 구단

풀럼은 지난 5년간 승격-강등-승격-강등-승격을 반복하며 다시 한 번 프리미어리그에서 기회를 잡게 됐다. 2018년 승격 때는 대대적으로 전력을 보강해보기도 했지만, 결국 19위로 강등된 이후부터는 투자에 신중을 기해 이번 여름에도 순지출 1,500만 유로만을 기록했다. 공교롭게도 승격 때마다 중앙 미드필더 영입에는 거액을 투자했는데, 장 미셸 세리와 잠보 앙기사 모두 성공을 거두지 못한 채 팀을 떠났다. 이번 여름 영입한 수비형 미드필더 팔리냐는 이들과 다른 모습을 보일지 주목된다. 공격에서는 최전방 공격수이자 팀의 에이스인 미트로비치가 지난 시즌과 같은 신들린 득점력을 보여주길 기대해야 한다. 인내심이 부족한 샤히드 칸 구단주가 실바 감독을 얼마나 믿어줄지도 주목해볼 부분이다.

COACH

TEAM RATINGS

슈팅	5
패스	6
수비력	5
선수층	6
감독	6
조직력	5
종합	33

마르코 실바 *Marco Silva*

1977년 7월 12일생 포르투갈

헐 시티, 왓포드, 에버턴에 풀럼까지 프리미어리그 하위권 팀들을 주로 지휘해온 감독. 부임 직후에는 공격적인 축구로 팀 분위기를 끌어올리고 한동안 상승세를 이어가지만, 매번 꾸준함을 유지하는 데는 실패한다는 단점이 있다. 작년 여름 풀럼에 부임해 지난 시즌 총 103골을 터트리는 공격 축구로 승격에 성공했다.

2021/22 프로필

팀 득점	106
평균 볼 점유율	60.70%
패스 정확도	84.20%
평균 슈팅 수	16.1
경고	70
퇴장	2

골 타 입	오픈 플레이	70
	세트 피스	16
	카운터 어택	5
	패널티 킥	6
	자책골	4 단위 (%)

패 스 타 입	쇼트 패스	86
	롱 패스	10
	크로스 패스	4
	스루 패스	0 단위 (%)

SQUAD

포지션	등번호	이름		생년월일	키(cm)	체중(kg)	국적
GK	1	마레크 로다크	Marek Rodak	1996.12.13	194	81	슬로바키아
	17	베른트 레노	Bernd Leno	1992.03.04	190	83	독일
DF	2	케니 테테	Kenny Tete	1995.10.09	180	71	네덜란드
	4	토신 아다라비오요	Tosin Adarabioyo	1997.09.24	196	80	잉글랜드
	5	셰인 더피	Shane Duffy	1992.01.01	193	76	아일랜드
	13	팀 림	Tim Ream	1987.10.05	186	72	미국
	23	조 브라이언	Joe Bryan	1993.09.17	173	72	잉글랜드
	27	케빈 음바부	Kevin Mbabu	1995.04.19	184	83	스위스
	33	안토니 로빈슨	Antonee Robinson	1997.08.08	183	70	미국
MF	6	해리슨 리드	Harrison Reed	1995.01.27	181	72	잉글랜드
	10	톰 케어니	Tome Cairney	1991.01.20	185	72	스코틀랜드
	12	너새니얼 찰로바	Nathaniel Chalobah	1994.12.12	185	75	잉글랜드
	14	보비 리드	Bobby Reid	1993.02.02	170	68	자메이카
	18	안드레아스 페레이라	Andreas Pereira	1996.01.01	178	71	브라질
	25	조쉬 오노마	Josh Onomah	1997.04.27	185	83	잉글랜드
	26	주앙 팔리냐	Joao Palhinha	1995.07.09	190	77	포르투갈
	35	타이리스 프랑수아	Tyrese Francois	2000.07.16	173	60	미국
FW	7	네스켄스 케바노	Neeskens Kebano	1992.03.10	170	65	콩고
	8	해리 윌슨	Harry Wilson	1997.03.22	173	70	웨일스
	9	알렉산다르 미트로비치	Aleksandar Mitrovic	1994.09.16	189	82	세르비아
	19	호드리구 무니스	Rodrigo Muniz	2001.05.04	185	79	브라질
	11	마노르 솔로몬	Manor Solomon	1999.07.24	170	63	이스라엘

IN & OUT

주요 영입	주요 방출
주앙 팔리냐, 베른트 레노, 안드레아스 페레이라, 케빈 음바부, 마노르 솔로몬	파비우 카르발류, 장 미셸 세리

TEAM FORMATION

FW C⁻
MF C
DF C
GK C⁺

9 미트로비치 (무니스)

7 케바노 (솔로몬)　18 페레이라 (B.리드)　8 윌슨 (카발레이루)

26 팔리냐 (H.리드)　10 케어니 (오노마)

33 로빈슨 (브라이언)　4 아다라비오요 (콩골로)　13 림 (찰로바)　27 음바부 (테티)

17 레노 (로딕)

PLAN **4-2-3-1**

지역 점유율
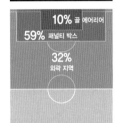
공격 진영 30%
중앙 44%
수비 진영 26%

공격 방향

39% 왼쪽　26% 중앙　35% 오른쪽

슈팅 지역
10% 골 에어리어
59% 패널티 박스
32% 외곽 지역

KEY PLAYER

FW	9	알렉산다르 미트로비치 / Aleksandar Mitrovic

국적: 세르비아

세르비아산 폭격기로 불리는 최전방 공격수. 별명답게 헤더 슈팅에 매우 능하며 탁월한 골 결정력을 갖추고 있다. 지난 시즌 득점한 43골은 잉글랜드 챔피언십 역사상 한 시즌 최다 득점 신기록이 됐다. 그러나 2년 전 프리미어리그에서는 부상과 부진이 겹치고 코로나에까지 감염되면서 시즌 내내 단 3골에 그쳤던 아픈 기억이 있다. 이번 시즌 명예 회복에 성공해야만 풀럼에 잔류 가능성이 생긴다.

출전경기	경기시간(분)	골	어시스트	경고	퇴장
44	3,837	43	7	10	-

PLAYERS

GK	17	베른트 레노 / Bernd Leno

국적: 독일

레버쿠젠과 아스널에서 활약해온 독일 국가대표 골키퍼. 3년간 아스널의 주전 자리를 지켜오다가 지난 시즌 애런 램스데일에게 밀리게 되자 출전 기회를 위해 이번 여름 풀럼 이적을 선택했다. 패스 때문에 밀렸을 뿐 선방 능력은 여전히 뛰어나고 경험도 풍부한 선수라서 풀럼의 프리미어리그 잔류 도전에 큰 힘이 될 것으로 보인다. 아스널에서 공식 대회 125경기에 출전해 37경기를 무실점으로 마쳤다.

출전경기	경기시간(분)	실점	무실점(경기)	경고	퇴장
3	270	-	-	-	-

상대팀 최근 6경기 전적

구분	승	무	패	구분	승	무	패
맨체스터 시티			6	뉴캐슬 유나이티드	2	2	2
리버풀	1	1	4	크리스탈 팰리스	1	2	3
첼시			6	브렌트포드	1	1	4
토트넘 홋스퍼		1	5	애스턴 빌라	3		3
아스널		1	5	사우샘프턴	1	1	4
맨체스터 유나이티드		2	4	에버턴	2		4
웨스트햄 유나이티드	1	1	4	리즈 유나이티드	2		4
레스터 시티	2	1	3	풀럼			
브라이튼 & 호브 알비온	1	3	2	본머스	3	2	1
울버햄튼 원더러스	1	1	4	노팅엄 포레스트	4		2

DF	4	토신 아다라비오요 / Tosin Adarabioyo

국적: 잉글랜드

잉글랜드 청소년 대표 출신 센터백. 맨시티에서 프로 무대에 데뷔했으나, 임대로만 경험을 쌓다가 꾸준한 출전 기회를 위해 풀럼 이적을 선택했다. 195cm의 장신으로 공중 경합에 강하며, 키에 비해 민첩한 움직임과 날카로운 태클 기술도 보유하고 있다. 축구 지능과 전진 패스 능력은 과르디올라 감독의 칭찬을 받기도 했다. 이번 시즌 풀럼의 수비 라인을 조율해야 하는 중요한 임무를 맡고 있다.

출전경기	경기시간(분)	골	어시스트	경고	퇴장
41	3,685	2	2	3	1

MF	26	주앙 팔리냐 / Joao Palhinha

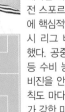

국적: 포르투갈

190cm의 장신 수비형 미드필더. 풀럼이 울버햄튼과의 경쟁에서 승리하고 2,000만 파운드의 이적료로 계약한 이번 시즌 첫 영입이다. 2년 전 스포르팅의 포르투갈 리그 우승에 핵심적인 역할을 담당했으며, 당시 리그 베스트 팀에 선정되기도 했다. 공중 경합과 태클, 가로채기 등 수비 능력이 매우 뛰어나고, 수비진을 안전하게 보호하기 위해 반칙도 마다하지 않는 집중력과 투지가 강한 미드필더다.

출전경기	경기시간(분)	골	어시스트	경고	퇴장
27	1,880	3	-	6	1

FW	8	해리 윌슨 / Harry Wilson

국적: 웨일스

리버풀 유소년팀 출신의 측면 공격수. 2013년 당시 16세의 나이로 웨일스 대표팀에 발탁됐을 만큼 일찍부터 잠재력을 인정받았고, 지난 시즌에도 미트로비치를 도와 풀럼의 공격을 이끄는 맹활약으로 챔피언십 베스트 팀에 선정됐다. 정교한 킥을 무기로 득점과 기회 창출에 능한 선수다. 프리미어리그는 2019/20 시즌 이후 처음인데, 당시 본머스에 임대돼 7골을 터트리는 활약을 펼쳤다.

출전경기	경기시간(분)	골	어시스트	경고	퇴장
41	3,487	10	19	6	1

AFC 본머스

AFC Bournemouth

TEAM PROFILE

창 립	1899년
구 단 주	맥심 데민(러시아)
감 독	스콧 파커(잉글랜드)
연 고 지	본머스
홈 구 장	바이탈리티 스타디움(1만 1364명)
라 이 벌	사우샘프턴
홈페이지	www.watfordfc.com

최근 5시즌 성적

시즌	순위	승점
2017-2018	12위	44점(11승11무16패, 45득점 61실점)
2018-2019	14위	45점(13승6무19패, 56득점 70실점)
2019-2020	18위	34점(9승7무22패, 40득점 65실점)
2020-2021	없음	없음
2021-2022	없음	없음

PREMIER LEAGUE

통 산	없음
21-22 시즌	없음

FA CUP

통 산	없음
21-22 시즌	없음

LEAGUE CUP

통 산	없음
21-22 시즌	없음

UEFA

통 산	없음
21-22 시즌	없음

경기 일정

라운드	날짜	장소	상대팀
1	2022.08.06	홈	애스턴 빌라
2	2022.08.13	원정	맨체스터 시티
3	2022.08.20	홈	아스널
4	2022.08.27	원정	리버풀
5	2022.08.31	홈	울버햄튼 원더러스
6	2022.09.03	원정	노팅엄 포레스트
7	2022.09.10	홈	브라이튼 앤 호브 앨비언
8	2022.09.17	원정	뉴캐슬 유나이티드
9	2022.10.01	홈	브렌트포드
10	2022.10.08	홈	레스터 시티
11	2022.10.15	원정	풀럼
12	2022.10.19	홈	사우샘프턴
13	2022.10.22	원정	웨스트햄
14	2022.10.29	홈	토트넘
15	2022.11.06	원정	리즈 유나이티드
16	2022.11.13	홈	에버턴
17	2022.12.27	원정	첼시
18	2023.01.01	홈	크리스탈 팰리스
19	2023.01.03	원정	맨체스터 유나이티드
20	2023.01.15	원정	브렌트포드
21	2023.01.22	홈	노팅엄 포레스트
22	2023.02.05	원정	브라이
23	2023.02.12	홈	뉴캐슬 유나이티드
24	2023.02.19	원정	울버햄튼 원더러스
25	2023.02.26	홈	맨체스터 시티
26	2023.03.05	원정	아스널
27	2023.03.12	홈	리버풀
28	2023.03.19	원정	애스턴 빌라
29	2023.04.01	홈	풀럼
30	2023.04.08	원정	레스터 시티
31	2023.04.15	원정	토트넘
32	2023.04.22	홈	웨스트햄
33	2023.04.27	원정	사우샘프턴
34	2023.04.29	홈	리즈 유나이티드
35	2023.05.06	홈	첼시
36	2023.05.13	원정	크리스탈 팰리스
37	2023.05.20	홈	맨체스터 유나이티드
38	2023.05.29	원정	에버턴

시즌 프리뷰

팀의 운명은 젊은 선수들에 달렸다

본머스는 2019/20 시즌 프리미어리그에서 강등될 당시에 있었던 선수들이 지금도 팀의 주축을 이루고 있다. 공격진에는 솔란케, 중원에는 레르마와 빌링, 수비진에는 켈리가 성장을 거듭하며 본머스를 다시금 프리미어리그 무대로 이끌었다. 하지만 냉정하게 말해 3년 전 강등 당시와 비슷한 전력으로 다시 도전하기에는 현재 프리미어리그의 수준이 너무 높아졌다. 최고 수준의 무대를 충분히 경험했는데도 이렇다할 선수를 영입한 것도 아니어서 상당히 험난한 시즌이 예상된다. 지난 시즌 도중에 나타났던 기복이 프리미어리그에서도 나타나면 회복이 쉽지 않을 것이다. 그래도 공수의 핵심인 솔란케와 켈리는 여전히 20대 초반 선수들이기 때문에 값진 경험을 쌓으면서 실력을 키울 수 있을 것으로 보인다.

COACH

스콧 파커 *Scott Parker*
1980년 10월 13일생 잉글랜드

잉글랜드 국가대표 미드필더로 활약했던 41세의 젊은 감독. 풀럼을 맡아 프리미어리그 승격과 강등을 경험했는데, 지난 시즌에 본머스를 맡아 곧바로 승격에 성공하면서 다시금 지도력을 입증했다. 공 소유권 확보와 침착한 경기 운영을 중시한다. 과거 본머스를 지도했던 에디 하우 뉴캐슬 감독과 색깔이 비슷하다는 평가를 받는다.

TEAM RATINGS

슈팅	5
패스	4
수비력	5
선수층	5
감독	6
조직력	5

30

2021/22 프로필

팀 득점	74
평균 볼 점유율	57.10%
패스 정확도	80.20%
평균 슈팅 수	12.6
경고	101
퇴장	5

골 타입

오픈 플레이	78
세트 피스	15
카운터 어택	0
패널티 킥	5
자책골	1

단위 (%)

패스 타입

쇼트 패스	82
롱 패스	12
크로스 패스	3
스루 패스	0

단위 (%)

SQUAD

포지션	등번호	이름		생년월일	키(cm)	체중(kg)	국적
GK	1	마크 트래버스	Mark Travers	1999.05.18	191	82	아일랜드
	13	네투	Neto	1989.08.19	190	84	브라질
DF	2	라이언 프레더릭스	Ryan Fredericks	1992.10.10	181	74	잉글랜드
	5	로이드 켈리	lloyd kelly	1998.10.06	178	70	잉글랜드
	6	크리스 메팜	Chris Mepham	1997.11.05	190	84	웨일즈
	15	에덤 스미스	Adam Smith	1991.04.29	174	78	잉글랜드
	17	잭 스테이시	Jack William Stacey	1996.04.06	180	62	잉글랜드
	23	제임스 힐	James Hill	2002.01.10	184	73	잉글랜드
	25	마르코스 세네시	Marcos Senesi	1997.05.10	185	80	아르헨티나
	33	조던 제무라	Jordan Zemura	1999.11.14	173	75	짐바브웨
MF	4	루이스 쿡	Lewis Cook	1997.02.03	175	71	잉글랜드
	8	헤페르손 레르마	Jefferson Lerma	1994.10.25	179	70	콜롬비아
	10	라이언 크리스티	Ryan Christie	1995.02.22	178	79	스코틀랜드
	11	에밀리아노 마르콘데스	Emiliano Marcondes	1995.03.09	182	75	덴마크
	14	조 로스웰	Joe Rothwell	1995.01.11	185	77	잉글랜드
	16	마커스 태버니어	Marcus Tavernier	1999.03.22	178	70	잉글랜드
	22	벤 피어슨	Ben Christie	1995.01.04	176	71	잉글랜드
	29	필립 빌링	Philip Billing	1996.06.11	193	88	덴마크
FW	9	도미닉 솔란케	Dominic Solanke	1997.09.14	186	80	잉글랜드
	7	데이비드 브룩스	David Brooks	1997.07.08	173	62	웨일즈
	18	자말 로우	Jamal Lowe	1994.07.21	183	79	자메이카
	19	주니어 스타니슬라스	Junior Stanislas	1989.11.26	183	76	잉글랜드
	20	시리키 뎀벨레	Siriki Dembele	1996.09.07	173	76	스코틀랜드
	21	키퍼 무어	Kieffer Moore	1992.08.08	195	83	웨일즈
	32	제이든 앤서니	Jaidon Anthony	1999.12.01	183	72	잉글랜드

IN & OUT

주요 영입	주요 방출
마커스 태버니어, 조 로스웰, 라이언 프레데릭스	게리 케이힐

TEAM FORMATION

PLAN **4-3-3**

지역 점유율

공격 진영	30%
중앙	41%
수비 진영	28%

공격 방향

41% 왼쪽	24% 중앙	35% 오른쪽

슈팅 지역

11% 골 에어리어
60% 패널티 박스
28% 외곽 지역

KEY PLAYER

FW 9 도미닉 솔란케 / Dominic Solanke

국적: 잉글랜드

첼시 유소년팀 출신 공격수. 잉글랜드 연령별 청소년 대표팀을 모두 거치며 일찍부터 주목을 받았으나, 첼시와 리버풀에서 실패를 거듭하는 좌절을 맛본 뒤 본머스에서 에이스로 성장해 팀의 프리미어리그 승격을 이끌었다. 뛰어난 신체 능력과 개인 기술을 고루 갖추고 있으며, 성실하게 전방 압박에도 가담한다. 프리미어리그에서는 아직 성공을 맛보지 못했기에 이번 시즌은 중요한 도전이 될 전망이다.

출전경기	경기시간(분)	골	어시스트	경고	퇴장
46	4,096	29	7	6	-

PLAYERS

DF 5 로이드 켈리 / Lloyd Kelly

국적: 잉글랜드

2019년 당시 19세의 나이에 1,300만 파운드의 이적료를 기록하며 본머스에 입단한 젊은 센터백. 어린 나이에 어울리지 않는 노련한 플레이로 수비진을 지휘한다. 지난 시즌 개막 직후 15경기 무패 행진을 이끈 꾸준한 활약과 리더십을 인정받아 챔피언십 올해의 팀에 이름을 올렸고, 본머스의 주장까지 맡고 있다. 프리미어리그 무대에서도 충분히 통할 재능이라는 평가로 많은 주목을 받고 있다.

출전경기	경기시간(분)	골	어시스트	경고	퇴장
41	3,624	1	1	5	-

상대팀 최근 6경기 전적

구분	승	무	패	구분	승	무	패
맨체스터 시티			6	뉴캐슬 유나이티드	1	2	3
리버풀			6	크리스탈 팰리스	2	1	3
첼시	3	1	2	브렌트포드	2		4
토트넘 홋스퍼	1	1	4	애스턴 빌라	3		2
아스널	1	1	4	사우샘프턴	1	2	3
맨체스터 유나이티드	1		5	에버턴	3	1	2
웨스트햄 유나이티드	2	3	1	리즈 유나이티드	1		5
레스터 시티	2	2	2	풀럼	1	2	3
브라이튼 & 호브 알비온	3	1	2	본머스			
울버햄튼 원더러스	2	1	3	노팅엄 포레스트	3	1	2

MF 8 헤페르손 레르마 / Jefferson Lerma

국적: 콜롬비아

4년 전 구단 역대 최고 이적료로 본머스에 입단한 이후 헌신적인 활약과 강한 충성심을 나타내며 본머스 팬들의 사랑을 한몸에 받고 있는 수비형 미드필더. 국내 팬들에게는 과거 손흥민의 퇴장을 유도한 선수로 악명을 떨치기도 했다. 거침없는 태클로 상대의 공격을 차단하고 침착한 패스 연결로 팀의 소유권 확보를 돕는 선수다. 투지가 앞선 거친 반칙으로 카드를 많이 받는 것이 단점이라고 할 수 있다.

출전경기	경기시간(분)	골	어시스트	경고	퇴장
34	2,860	1	3	9	2

MF 29 필립 빌링 / Philip Billing

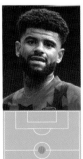

국적: 덴마크

193cm의 장신 미드필더. 공중 경합에 강하고 수비 능력이 좋은 동시에 공을 다루는 기술도 뛰어나 직접 돌파 후 침투 패스로 득점 기회를 만들거나 중거리 슈팅으로 골을 노린다. 공격 마무리가 좋은 반면 패스 범위가 넓지는 않다. 2019/20 시즌, 본머스의 강등 당시 프리미어리그에서는 한 골을 넣는 데 그쳤지만, 챔피언십에서는 득점력을 계속 발전시켜 팀의 확실한 무기로 자리잡았다.

출전경기	경기시간(분)	골	어시스트	경고	퇴장
40	3,312	10	10	13	-

FW 32 제이든 앤서니 / Jaidon Anthony

국적: 잉글랜드

아스널 유소년팀에서 10년간 성장해오다가 본머스와 프로 계약을 체결한 측면 공격수. 날카로운 침투 패스와 크로스를 자랑한다. 본머스에서는 지난 시즌 초반, 두각을 나타내기 시작하며 파커 감독의 눈도장을 받고 주전으로 깜짝 도약해 좋은 활약을 펼쳤다. 아스널 시절과 본머스 입단 초기, 경쟁에서 밀려나 힘든 시기를 보낸 경험으로 기회를 놓치지 않기 위해 훈련마다 전력을 다하는 것으로 알려져 있다.

출전경기	경기시간(분)	골	어시스트	경고	퇴장
45	3,265	8	7	4	-

노팅엄 포레스트 FC

Nottingham Forest FC

최근 5시즌 성적

시즌	순위	승점
2017-2018	없음	없음
2018-2019	없음	없음
2019-2020	없음	없음
2020-2021	없음	없음
2021-2022	없음	없음

PREMIER LEAGUE

통 산	우승 1회
21-22 시즌	없음

FA CUP

통 산	우승 2회
21-22 시즌	없음

LEAGUE CUP

통 산	우승 4회
21-22 시즌	없음

UEFA

통 산	유로파리그 우승 2회
21-22 시즌	없음

경기 일정

라운드	날짜	장소	상대팀
1	2022.08.06	원정	뉴캐슬 유나이티드
2	2022.08.13	홈	웨스트햄
3	2022.08.20	원정	에버턴
4	2022.08.27	홈	토트넘
5	2022.09.01	원정	맨체스터 시티
6	2022.09.03	홈	AFC 본머스
7	2022.09.10	원정	리즈 유나이티드
8	2022.09.17	홈	풀럼
9	2022.10.01	원정	레스터 시티
10	2022.10.08	홈	애스턴 빌라
11	2022.10.15	원정	울버햄튼 원더러스
12	2022.10.19	원정	브라이튼 앤 호브 알비언
13	2022.10.22	홈	리버풀
14	2022.10.29	원정	아스널
15	2022.11.06	홈	브렌트포드
16	2022.11.13	홈	크리스탈 팰리스
17	2022.12.27	원정	맨체스터 유나이티드
18	2023.01.01	홈	첼시
19	2023.01.03	원정	사우샘프턴
20	2023.01.15	홈	레스터 시티
21	2023.01.22	원정	AFC 본머스
22	2023.02.05	홈	리즈 유나이티드
23	2023.02.12	원정	풀럼
24	2023.02.19	홈	맨체스터 시티
25	2023.02.26	원정	웨스트햄
26	2023.03.05	홈	에버턴
27	2023.03.12	원정	토트넘
28	2023.03.19	홈	뉴캐슬 유나이티드
29	2023.04.01	홈	울버햄튼 원더러스
30	2023.04.08	원정	애스턴 빌라
31	2023.04.15	홈	맨체스터 유나이티드
32	2023.04.22	원정	리버풀
33	2023.04.26	홈	브라이튼 앤 호브 알비언
34	2023.04.29	원정	브렌트포드
35	2023.05.06	홈	사우샘프턴
36	2023.05.13	원정	첼시
37	2023.05.20	홈	아스널
38	2023.05.29	원정	크리스탈 팰리스

TEAM PROFILE

창 립	1865년
구 단 주	에반겔로스 마라나키스
감 독	스티브 쿠퍼(웨일스)
연 고 지	노팅엄셔 웨스트 브리지퍼드
홈 구 장	더 시티 그라운드(3만 602명)
라 이 벌	레스터 시티
홈페이지	https://www.nottinghamforest.co.uk/

시즌 프리뷰 23년 만의 귀환, 더 이상 강등은 없다

노팅엄은 1970년대 말 잉글랜드 1부 리그 우승은 물론이고 챔피언스리그의 전신인 유로피언컵에서 두 시즌 연속 우승을 차지했을 정도로 큰 성공을 거두던 팀이었다. 그러나 1990년대 말 강등 이후 오랜 암흑기를 보냈고, 마침내 23년 만에 1부 리그로 돌아오게 됐다. 이에 2017년 구단을 인수한 그리스의 미디어 재벌 에반겔로스 마리나키스는 노팅엄이 프리미어리그에 남아 있을 수 있도록 전폭적인 지원에 나섰다. 올 여름 1억 유로가 넘는 이적 자금을 투자해 공격부터 수비까지 골고루 전력을 보강했다. 지난 시즌, 여러 임대 자원들을 활용해 전력을 꾸리느라 시즌 초반 부진을 피할 수 없었는데, 이번 시즌에도 새로 영입한 선수만 12명에 달하다 보니 빠르게 조직력을 완성하는 것이 관건이다.

COACH

스티브 쿠퍼 *Steve Cooper*
1979년 12월 10일생 웨일스

리버풀 유소년팀 코치를 거쳐 잉글랜드 청소년 대표팀 감독으로 선수들을 육성해온 감독. 2019년 스완지에 부임해 프로 감독 생활을 시작했다. 좋은 성적을 내면서도 수비 위주의 경기 내용으로 비판을 받았으나, 노팅엄을 승격시키며 지도력을 입증했다. 수비형 미드필더를 두 명 배치해 안정적인 경기 운영을 우선시한다.

TEAM RATINGS

슈팅	6
패스	5
조직력	5
수비력	5
감독	6
선수층	6
(중앙)	33

2021/22 프로필

팀 득점	77
평균 볼 점유율	50.00%
패스 정확도	76.50%
평균 슈팅 수	12.5
경고	91
퇴장	3

골 타입

오픈 플레이	62
세트 피스	19
카운터 어택	6
패널티 킥	8
자책골	4	단위 (%)

패스 타입

쇼트 패스	81
롱 패스	15
크로스 패스	4
스루 패스	0	단위 (%)

SQUAD

포지션	등번호	이름		생년월일	키(cm)	체중(kg)	국적
GK	1	딘 헨더슨	dean henderson	1997.03.12	188	85	잉글랜드
	13	웨인 헤네시	Wayne Hennessey	1987.01.24	197	89	웨일즈
DF	2	줄리앙 비앙콘	Giulian Biancone	2000.03.31	176	79	프랑스
	3	스티브 쿡	Steve Cook	1991.04.19	185	82	잉글랜드
	4	조 워럴	Joe Worrall	1997.01.10	190	64	잉글랜드
	6	로익 음베 소	Loïc Mbe Soh	2001.06.13	187	78	프랑스
	7	네코 윌리엄스	Neco Williams	2001.04.13	187	72	웨일즈
	15	해리 토폴로	Harry Toffolo	1995.08.19	177	71	잉글랜드
	19	무사 니아카테	Moussa Niakhate	1996.03.08	190	82	프랑스
	26	스콧 맥케나	Scott McKenna	1996.11.12	189	74	스코틀랜드
	27	오마 리처즈	Omar Richards	1998.02.15	183	70	잉글랜드
MF	5	오렐 망갈라	Orel Mangala	1998.03.18	178	78	벨기에
	8	잭 콜백	Jack Colback	1989.10.24	190	77	잉글랜드
	11	제시 린가드	Jesse Lingard	1992.12.15	174	65	잉글랜드
	14	루이스 오브라이언	Lewis O'Brien	1998.10.14	173	63	잉글랜드
	18	카푸	Cafu	1993.02.26	185	84	포르투갈
	22	라이언 예이츠	Ryan Yates	1997.11.21	173	77	잉글랜드
FW	9	타이워 아워니이	taiwo awoniyi	1997.08.12	183	84	나이지리아
	16	샘 서리지	sam surridge	1998.07.28	190	77	잉글랜드
	17	알렉스 마이튼	alex mighten	2002.04.11	171	65	잉글랜드
	20	브레넌 존슨	brennan johnson	2001.05.23	179	73	웨일즈
	33	라일 테일러	Lyle Taylor	1990.03.29	188	79	몬트세랫

IN & OUT

주요 영입	주요 방출
타이워 아워니이, 제시 린가드, 딘 헨더슨(임대), 니코 윌리엄스, 오렐 망갈라, 무사 니아카테	브라이스 삼바

TEAM FORMATION

FW C
MF C
DF C
GK C

20 존슨 (셔리지)
9 아워니이 (그라반)
11 린가드 (테일러)
27 리처즈 (토폴로)
22 예이츠 (콜백)
5 망갈라 (오브라이언)
7 윌리엄스 (비앙코네)
19 니아카테 (매케너)
26 매케너 (쿡)
4 워럴 (소)
1 헨더슨 (헤네시)

PLAN **3-4-1-2**

지역 점유율

공격 진영 **27%**

중앙 **41%**

수비 진영 **31%**

공격 방향

| 37% 왼쪽 | 22% 중앙 | 41% 오른쪽 |

슈팅 지역

9% 골 에어리어
52% 패널티 박스
38% 외곽 지역

KEY PLAYER

FW 20 브레넌 존슨
Brennan Johnson

국적: 웨일스

지난 시즌 20세의 나이로 노팅엄의 공격진의 에이스 역할을 해낸 공격수. 팀 내 최다 득점과 도움을 동시에 기록한 것만 봐도 알 수 있듯이 슈팅과 기회 창출에 모두 능하며, 드리블도 뛰어나 상대 수비가 두 명씩 달라붙기도 한다. 승격 플레이오프 준결승 두 경기에서 모두 골을 터트리는 등 중요한 순간에 실력을 발휘하는 에이스다운 면모도 갖추고 있다. 지난 시즌 챔피언십 최고의 유망주로 선정됐다.

출전경기	경기시간(분)	골	어시스트	경고	퇴장
49	4,207	18	10	3	-

PLAYERS

DF 19 무사 니아카테
Moussa Niakhate

국적: 프랑스

스리백의 왼쪽을 담당하는 왼발잡이 센터백. 마인츠에서 4년간 주전으로 활약하다 계약 기간을 1년 남겨두고 노팅엄에서 새로운 도전에 나섰다. 적극적으로 달려가서 상대를 막아서는 스토퍼 유형의 수비수로, 공을 빼앗은 이후에는 직접 전진해 역습을 주도하기도 한다. 190cm의 장신을 활용한 헤더로 세트피스 공격에서도 위력을 발휘하며, 마인츠에서 페널티킥 키커를 전담했을 정도로 슈팅도 정확하다.

출전경기	경기시간(분)	골	어시스트	경고	퇴장
30	2,567	4	-	1	-

상대팀 최근 6경기 전적

구분	승	무	패	구분	승	무	패
맨체스터 시티	2	1	3	뉴캐슬 유나이티드	3		3
리버풀	1	2	3	크리스탈 팰리스	3	2	1
첼시			6	브렌트포드	3	1	2
토트넘 홋스퍼	1	1	4	애스턴 빌라	1	2	3
아스널	2		4	사우샘프턴	3	1	2
맨체스터 유나이티드			6	에버턴	2		4
웨스트햄 유나이티드	2		4	리즈 유나이티드	1	3	2
레스터 시티	2	3	1	풀럼	2		4
브라이튼 & 호브 알비온	2	1	3	본머스	2	1	3
울버햄튼 원더러스	1	1	4	노팅엄 포레스트			

MF 5 오렐 망갈라
Orel Mangala

국적: 벨기에

뛰어난 드리블 기술과 전진 능력을 갖춘 미드필더. 상대 페널티 지역 근처까지 올라가 강력한 중거리 슈팅으로 골을 노린다. 게다가 체력과 경합 능력도 뛰어나 경기장 곳곳에서 상대를 압박하며 소유권을 되찾아 오기도 한다. 패스 범위가 좁고 수비 기술이 부족한 것은 단점이다. 안더레흐트와 도르트문트 유소년팀 출신으로 벨기에 연령별 청소년 대표를 거쳤고, 올해 들어 A매치 데뷔전을 치르기도 했다.

출전경기	경기시간(분)	골	어시스트	경고	퇴장
28	1,862	1	4	4	-

MF 11 제시 린가드
Jesse Lingard

국적: 잉글랜드

드리블과 연계 플레이, 공간을 찾아 들어가는 움직임이 탁월한 공격형 미드필더. 맨유에서 공식 대회 200경기 이상을 소화한 베테랑이다. 출전 기회를 잡기 위해 2020/21 시즌 후반기 웨스트햄으로 임대를 떠나 리그 16경기에서 9골 5도움을 기록하는 맹활약을 펼쳐 주가를 높였다. 그럼에도 지난 시즌 맨유에서 출전 기회가 충분치 않자 계약을 만료하고 이번 여름 노팅엄과 1년 계약을 체결했다.

출전경기	경기시간(분)	골	어시스트	경고	퇴장
16	356	2	-	1	-

FW 9 타이워 아워니이
Taiwo Awoniyi

국적: 나이지리아

1,700만 파운드로 노팅엄 구단 역대 최고 이적료를 기록한 주인공. 지난 시즌 우니온 베를린에서 주전 공격수로 활약하며 성실한 압박과 뛰어난 골 결정력을 선보여 노팅엄의 관심을 받았다. 패스 실력은 좋지 않지만, 혼자 힘으로 돌파해 들어가 슈팅으로 마무리하는 능력만큼은 확실하다. 2015년 리버풀과 계약하고도 워크퍼밋이 나오지 않아 한 경기도 뛰지 못한 채 6년간 임대만 다녔던 경력도 있다.

출전경기	경기시간(분)	골	어시스트	경고	퇴장
31	2,299	15	1	1	-

SPAIN LA LIGA
스페인 라리가

Atletico Madrid v Manchester United – UEFA Champions League
MADRID, SPAIN – 완다 메트로폴리타노에서 열린 아틀레티코 마드리드와
맨체스터 유나이티드의 UEFA 챔피언스리그 16강 1차전 경기에서
오버헤드 킥으로 슛을 하는 아틀레티코 마드리드의 주앙 펠릭스.
2022/02/23

2022-2023

SPAIN LA LIGA

CELTA DE VIGO

팀 명	셀타 비고
창 단	1923년
홈구장	발라이도스
주 소	www.celtavigo.net

ATHLETIC CLUB BILBAO
팀 명	아틀레틱 클럽 빌바오
창 단	1898년
홈구장	산 마메스
주 소	www.athletic-club.net

REAL SOCIEDAD

팀 명	레알 소시에다드
창 단	1909년
홈구장	레알데 세구로스 스타디움
주 소	www.realsociedad.com

CA OSASUNA
팀 명	오사수나 CA
창 단	1920년
홈구장	엘 사다르
주 소	www.osasuna.es

GIRONA FC
팀 명	지로나 FC
창 단	1930년
홈구장	몬틸리비 경기장
주 소	www.gironafc.cat

REAL MADRID CF

팀 명	레알 바야돌리드
창 단	1928년
홈구장	무니시팔 호세 소리야
주 소	www.realvalladolid.es

RCD ESPANOL

팀 명	RCD 에스파뇰
창 단	1900년
홈구장	RCDE 스타디움
주 소	www.rcdespanyol.com

REAL MADRID CF
팀 명	레알 마드리드
창 단	1902년
홈구장	산티아고 베르나베우
주 소	www.realmadrid.com

FC BARCELONA
팀 명	바르셀로나
창 단	1899년
홈구장	캄 노우
주 소	www.fcbarcelona.com

GETAFE CF
팀 명	헤타페 CF
창 단	1983년
홈구장	콜리세움 알폰소 페레스
주 소	www.getafecf.com

ATLETICO MADRID
팀 명	아틀레티코 마드리드
창 단	1903년
홈구장	완다 메트로폴리타노
주 소	www.clubatleticodemadrid.com

RCD MALLORCA

팀 명	RCD 마요르카
창 단	1916년
홈구장	에스타디 데 손 모시
주 소	www.rcdmallorca.es

RAYO VALLECANO
팀 명	라요 바예카노
창 단	1924년
홈구장	캄포 데 풋볼 데 바예카스
주 소	www.rayovallecano.es

VILLARREAL CF

팀 명	비야레알
창 단	1923년
홈구장	에스타디오 데 라 세라미카
주 소	www.villarrealcf.es

UD ALMERIA

팀 명	UD 알메리아
창 단	1989년
홈구장	후에고스 메디테라네오스
주 소	www.udalmeriasad.com

VALENCIA CF

팀 명	발렌시아
창 단	1919년
홈구장	메스타야
주 소	www.valenciacf.com

SEVILLA FC

팀 명	세비야
창 단	1890년
홈구장	라몬 산체스 피스후안
주 소	www.sevillafc.es

CADIZ CF

팀 명	카디스 CF
창 단	1910년
홈구장	라몬 데 카란사
주 소	www.cadizcf.com

ELCHE CF

팀 명	엘체 CF
창 단	1923년
홈구장	마르티네스 발레로
주 소	www.elchecf.es

REAL BETIS

팀 명	레알 베티스
창 단	1907년
홈구장	베니토 비야마린
주 소	www.realbetisbalompie.es

지도상 표기: BILBAO ★, ★ SAN SEBASTIAN, VITORIA ★, VIGO ★, GIRONA ★, ★ VALLADOLID, BARCELONA ★, VILLARREAL ★, ★ MADRID, VALENCIA ★, PALMA ★, ELCHE ★, ★ SEVILLA, ★ ALMERIA, ★ CADIZ

바로셀로나의 베팅으로 다시 뜨거워진 엘 클라시코!

2010년대를 지배한 호날두와 메시의 '메호대전'이 펼쳐진 엘 클라시코는 지상 최대의 축구 쇼로 불렸다. 레알 마드리드는 베일, 벤제마, 호날두의 BBC 트리오, 바르셀로나는 메시, 수아레스, 네이마르의 MSN 트리오를 구축해 역사상 가장 화려한 축구 전쟁을 펼쳤다. 무리뉴와 과르디올라부터 안첼로티와 지단, 루이스 엔리케에 이르기까지 화려한 감독들의 지략 대결도 치열했다. 하지만 네이마르와 호날두가 라리가를 떠나고, 결정적으로 재정 문제로 인해 바르셀로나가 리오넬 메시 재계약에 실패, 지난해 여름 파리 생제르맹으로 이적 없이 떠나보내는 충격적 사건이 벌어지며 엘 클라시코의 위상은 뚝 떨어졌다. 라리가의 인기도 급격히 추락했다. 코로나19 팬데믹에 제대로 직격탄을 맞은 라리가다.

레알 마드리드가 2021/22시즌 파리 생제르맹, 첼시, 맨체스터 시티, 리버풀을 제치고 열네 번째 챔피언스리그 우승을 차지하는 기적의 역전 드라마를 쓰며 라리가의 자존심을 지켰다. 하지만 라리가 내부 경쟁은 레알 마드리드의 독주 체제로 이어져 하향 평준화가 아니냐는 지적도 나왔다. 2022/23시즌은 다시 엘 클라시코가 뜨거워질 것으로 기대된다. 바르셀로나가 2022/23시즌에 구단의 운명을 건 위험한 도박에 나섰다. 10억 유로에 달하는 어마어마한 부채에 시달리고 있는 바르셀로나는 구단의 운영 정상화를 위해 다시 매력적인 축구를 선

보이고, 우승컵을 들어올려야 한다는 결론을 내렸다. 구단을 파행 운영한 주제프 바르토메우 회장이 물러나고 펩 과르디올라 감독의 트레블 달성 시기에 구단을 맡았던 조안 라포르타 회장이 부임해 차비 에르난데스 감독을 선임했다.

2021/22시즌 도중 부임한 차비 감독은 다시 바르셀로나가 본래의 철학으로 경기하도록 조련했다. 그는 라리가 준우승을 이뤄 바르사 재건의 적임자라는 것을 입증했다. 바르셀로나는 2022년 여름 이적 시장에 세계 최고의 9번으로 불리는 로베르토 레반도프스키를 영입한 것을 중심으로 브라질 대표 윙어 하피냐, 미드필더 프랑크 케시에, 수비수 안드레아스 크리스텐센, 쥘 쿤데 등을 영입해 화려한 더블 스쿼드를 구축했다. 차비는 애물단지로 여겨지던 우스만 뎀벨레의 부활을 이뤄냈고, 페드리, 가비, 니코 등 스페인 국적 유망주들까지 빠르게 성장해 화려한 진용을 갖추게 됐다. 현 유럽 챔피언이자 스페인 챔피언인 레알 마드리드는 2022년 여름 이적 시장에서 염원하던 프랑스 스타 킬리안 음바페 영입에 실패하며 계획에 차질을 빚게 됐으나 비니시우스 주니어르와 호드리구 고에스, 페데 발베르데 등 미리 투자한 젊은 선수들의 상승세가 가파르다. 수비 라인에 안토니오 뤼디거의 가세로 스쿼드가 더 두터워졌다. 엘 클라시코는 다시 세계 최고의 축구 쇼를 보여줄 준비가 됐다.

TOP SCORER

2021/22시즌 개인 기록은 카림 벤제마가 지배했다. 벤제마는 리그 32경기만 뛰고 27골 12도움을 기록해 득점왕을 차지, 도움 2위에 올랐다. 후반기에 바르셀로나의 우스만 뎀벨레가 경이로운 도움 행진으로 총 13도움, 어시스트 1위를 차지했는데, 벤제마가 일부 경기를 부상으로 빠지지 않았다면 리오넬 메시에 이어 득점왕, 도움왕을 섭렵했을 가능성도 충분히 있었다. 벤제마는 득점 2위를 차지한 셀타 비고 공격수 이아고 아스파스(18득점)보다 9골이나 더 넣었다. 챔피언스리그 득점왕도 차지한 벤제마는 리오넬 메시와 크리스티아누 호날두 시대 이후 라리가 최고의 크랙으로 우뚝 섰다.

강력한 득점왕 후보이지만 벤제마가 더 이상 독주하기 어려울 것이라는 전망이 지배적이다. 분데스리가의 득점 역사를 새로 쓴 레반도프스키가 바르셀로나에 입단했기 때문이다. 가장 완벽한 9번으로 꼽히는 둘의 득점왕 경쟁은 시즌 내내 치열하게 전개될 것으로 기대된다. 스페인 토종 공격수 아스파스가 라리가 8시즌 연속 두 자릿수 득점을 달성할 수 있을지도 주목된다. 레알 베티스의 장신 공격수 보르하 이글레시아스도 물오른 골 감각으로 이변을 노릴 수 있다.

TITLE RACE

2021/22시즌 스페인 라리가는 레알 마드리드의 독주였다. 지난 몇 년간 BIG3를 이뤘던 바르셀로나와 아틀레티코 마드리드가 자멸했기 때문이다. 리오넬 메시를 잃은 바르셀로나는 결국 준우승을 차지했지만, 전반기 성적이 9위까지 추락했고, 아틀레티코 마드리드 역시 챔피언스리그 무대에서 고전이 겹치며 팀 컨디션이 떨어졌다. 바르셀로나와 아틀레티코는 레알 마드리드와 우승 경쟁이 아니라 세비야의 돌풍에 밀려 레알 소시에다드와 레알 베티스의 도전에 챔피언스리그 진출권을 사수하는 것에 집중해야 했다. 2022/23시즌에도 아틀레티코는 우승에 도전할만한 보강을 이루지 못했다. 그러나 바르셀로나는 유럽 빅 리그에서 검증된 베테랑 선수들을 대거 영입하며 레알 마드리드와 치열한 우승 경쟁을 펼칠 수 있는 전력을 구축했다.

DARK HORSE

레알 마드리드와 바르셀로나의 양강 구도에 파문을 일으키긴 어려워 보이지만 아틀레티코 마드리드는 언제나 이변을 만들 수 있는 팀이다. 시메오네 감독과 함께 두 번이나 기대하지 않았던 라리가 우승을 이뤘고, 2022/23시즌의 경우 시즌 도중 월드컵이 열린다는 점에서 월드컵에 참가하는 국가 대표 선수들이 즐비한 레알 마드리드와 바르셀로나가 컨디션 관리에 어려움을 겪을 가능성이 있다. 아틀레티코 역시 국가 대표 선수들이 있지만 레알 마드리드와 바르셀로나보다 비중이 작거나, 주전급 선수가 아닌 경우가 많아 후반기는 아틀레티코가 주도할 가능성이 있다.

특히 포르투갈 공격수 주앙 펠릭스가 지난 시즌 후반기에 마침내 잠재력을 발휘하기 시작해 루이스 수아레스가 떠난 이번 시즌 공격 전술의 중심이 되어 변수를 만들 것으로 기대된다. 2021/22시즌 겨울 이적 시장에서 대대적 전력 보강을 하며 우승을 노렸던 세비야는 주전 센터백 듀오 디에구 카를루스와 쥘 쿤데를 잃은 뒤 주목할 보강이 없어 우승은 어렵다는 평가다. 챔피언스리그 진출권 경쟁에서 밀린 레알 베티스와 레알 소시에다드, 비야레알의 현실적인 목표도 4위 안에 드는 것이다.

VIEW POINT

레알 마드리드와 바르셀로나의 전성시대에 UEFA 챔피언스리그와 유로파리그에서 연속 우승해 유럽 리그 랭킹 1위를 차지했던 스페인 라리가는 최근 프리미어리그 팀들에 밀려 리그 랭킹 2위로 내려왔으나 지난 2021/22시즌에는 레알 마드리그가 챔피언스리그 우승, 비야레알이 4강에 오르는 등 건재함을 보였다. 특히 비야레알은 라리가 특유의 안정적인 볼 점유를 기반으로 신속한 공격을 펼쳐 주목받았다. 바르셀로나가 지난 몇 년간 챔피언스리그 16강 및 8강에서 조기 탈락하며 흔들렸으나 올여름 대대적 투자를 통해 단숨에 우승 후보로 부상했다. 레알 마드리드가 건재한 가운데 바르셀로나까지 성적을 회복한다면 프리미어리그 독주 시대에 파문을 일으킬 수 있을 것이다.

올 시즌에도 라리가에 도전하는 한국 선수는 이강인이다. 지난해 4년 장기 계약을 맺고 마요르카에 입단한 이강인은 지난 시즌 후반기에 팀이 강등 위기에 처하며 영입을 주도한 감독이 경질되고, 수비적인 스리백에 투톱 전술을 시도해 입지가 줄어 올여름 이탈리아, 네덜란드, 포르투갈 리그 등으로 이적설이 제기되기도 했다. 이강인은 마요르카에 남아 도전을 택했고 프리시즌 기간 인상적인 플레이로 자신이 라리가를 흔들 수 있는 창의성과 기술을 가진 선수라는 것을 증명하고자 한다.

SPAIN LA LIGA

LEAGUE INFORMATION

TRANSFER

스페인 라리가는 프리미어리그를 제외한 대부분의 유럽 리그들처럼 코로나19 팬데믹 이후 재정적 어려움을 겪는 와중에 로컬 룰인 '비율형 샐러리캡'으로 인한 선수 등록 문제로 이적 시장에서 어려움을 겪고 있다. 스페인프로축구연맹은 2013년에 1, 2부 42개 팀이 합의해 구단의 수익 내에서 선수단 임금을 지불할 수 있는 규정을 만들었다. 카타르 출신 알타니 구단주가 무리하게 투자한 뒤 자금을 빼면서 구단 기반이 무너진 것과 같은 사태를 방지하고자 했다. 팬데믹 전까지는 잘 운영되었으나 팬데믹 이후 많은 팀들의 부채가 늘어나면서 선수 등록 및 계약 갱신에 차질을 빚게 됐다. 바르셀로나는 이로 인해 리오넬 메시와 계약을 연장하지 못하게 됐다. 바르셀로나는 올여름 이적 시장을 주도했는데, 구단의 중계권 수익 등 자산을 매각해 부채를 줄였고, 이 금액을 이적 시장에 투자했다. 바르셀로나는 올여름 유럽 5대 리그에서 가장 많은 지출액인 1억 3,000만 유로를 투입하며 재건에 나섰다.

TRANSFER FEE RANKING

1
Aurelien Tchouameni
오렐리앙 추아메니

이적료: 1,060억 원
국적: 프랑스
AS모나코 ⬧ 레알 마드리드

2
Raphinha
하피냐

이적료: 770억 원
국적: 브라질
리즈 ⬧ 바르셀로나

3
Jules Kounde
쥘 쿤데

이적료: 664억 원
국적: 프랑스
세비야FC ⬧ 바르셀로나

4
Robert Lewandowski
로베르토 레반도프스키

이적료: 597억 원
국적: 폴란드
바이에른 뮌헨 ⬧ 바르셀로나

5
Nahuel Molina
나우엘 몰리나

이적료: 265억 원
국적: 아르헨티나
우디네세 칼초 ⬧ 아틀레티코 마드리드

6
Brais Mendez
브라이스 멘데스

이적료: 185억 원
국적: 스페인
셀타비고 ⬧ 레알 소시에다드

7
Marcao
마르캉

이적료: 159억 원
국적: 브라질
갈라타사라이 ⬧ 세비야 FC

8
Mohamed-Ali Cho
모하메드 알리 쇼

이적료: 146억 원
국적: 프랑스
앙제 SCO ⬧ 레알 소시에다드

9
Willian José
윌리안 주제

이적료: 132억 원
국적: 브라질
레알 소시에다드 ⬧ 레알 베티스

10
Borja Mayoral
보르하 마요랄

이적료: 132억 원
국적: 스페인
레알 마드리드 ⬧ 헤타페

REGULATION

라리가는 20개 클럽이 홈&어웨이 방식으로 38경기를 치러 승리 3점, 무승부 1점, 패배 0점의 원칙하에 우승을 가른다. 승점이 같을 경우, 상대 전적 우위를 우선시한다. 승점 타이 팀이 세 팀 이상이면 전적으로 순위를 가린다. 승점이 가장 낮은 3개 클럽이 2부 리그로 강등되고, 2부 리그 상위 2개 클럽이 라리가로 승격한다. 2부 리그의 3~6위 4개 클럽은 플레이오프를 거쳐 1개 클럽이 라리가 승격 자격을 얻는다. 1~4위에게는 다음 시즌 UEFA 챔피언스리그 32강 조별 라운드 진출권이 주어진다. 리그 5~6위 클럽과 코파 델 레이에서 우승한 클럽 등 총 3개 클럽에는 유로파리그 진출권이 주어진다. 7위 클럽은 유로파 컨퍼런스리그에 참가한다. 만약 챔피언스리그나 유로파리그 출전 자격을 획득한 클럽이 코파 델 레이에서 우승할 경우 유로파 리그 진출 티켓이 라리가 7위 클럽에 이양되고, 유로파 컨퍼런스리그 참가권은 이양되지 않는다.

TITLE

레알 마드리드가 35회 바르셀로나가 26회로 라리가 우승 구도를 양분해왔다. 1929년 초대 우승팀은 레알 마드리드였고, 1929/30시즌, 1930/31시즌에는 아틀레틱 빌바오가 연속 우승하며 경쟁했다. 1936년 스페인 내전 발발 전까지 아틀레틱 빌바오가 3회 우승으로 가장 성적이 좋았고 베티스도 정상에 올랐다. 전쟁 후에는 아틀레티코 마드리드와 발렌시아가 우승 경쟁에 가세했고 세비야도 우승했다. 1981년과 1983년에 레알 소시에다드가 연속 우승하며 이변의 주인공이 됐다. 2001년 데포르티보 라코루냐가 아홉 번째 우승팀이 됐고, 아직 열 번째 우승팀은 등장하지 않았다.

STRUCTURE

스페인 프로 축구는 1부 리그인 라리가 20개팀, 2부 리그인 라리가 2가 22개 팀으로 홈&어웨이 방식으로 풀리그를 치른다. 1부 리그는 풀리그 결과로, 2부 리그는 풀리그 후 3~6위 팀이 승격 플레이오프를 진행해 최종 승자가 1부 리그로 올라간다. 지역별로 진행되어온 3부 리그 및 4부 리그는 2021/22시즌부터 1, 2, 3부로 나누어져 실질적으로 3부 리그에서 5부 리그로 재구성되었다. 80개 팀이 참가하던 3부 리그가 40개 팀이 2개 조로 20개 팀씩 풀리그를 치르는 방식이 되면서 3부 리그급 팀들이 대거 4부 리그로 내려가게 됐다. 3부 리그 각 조 1위는 라리가 2로 승격하며, 각 조 2~4위 팀이 승격 플레이오프를 통해 라리가 2 승격권을 다투는 방식으로 변경되었다. 4부 리그는 RFEF 세군다 디비시온으로 20개 팀씩 5개 조의 지역 리그로 재편되었고, 5부 리그는 RFEF 테르세라 디비시온, 총 18개 조 지역 리그로 진행된다.

LEAGUE CHAMPION

시즌	팀명	시즌	팀명	시즌	팀명
1928-1929	바르셀로나	1965-1966	아틀레티코 마드리드	2002-2003	레알 마드리드
1929-1930	아틀레틱 빌바오	1966-1967	레알 마드리드	2003-2004	발렌시아
1930-1931	아틀레틱 빌바오	1967-1968	레알 마드리드	2004-2005	바르셀로나
1931-1932	레알 마드리드	1968-1969	레알 마드리드	2005-2006	바르셀로나
1932-1933	레알 마드리드	1969-1970	아틀레티코 마드리드	2006-2007	레알 마드리드
1933-1934	아틀레틱 빌바오	1970-1971	발렌시아	2007-2008	레알 마드리드
1934-1935	레알 베티스	1971-1972	레알 마드리드	2008-2009	바르셀로나
1935-1936	아틀레틱 빌바오	1972-1973	아틀레티코 마드리드	2009-2010	바르셀로나
1936-1937	중단(스페인 내전)	1973-1974	바르셀로나	2010-2011	바르셀로나
1937-1938	중단(스페인 내전)	1974-1975	레알 마드리드	2011-2012	레알 마드리드
1938-1939	중단(스페인 내전)	1975-1976	레알 마드리드	2012-2013	바르셀로나
1939-1940	아틀레티코 마드리드	1976-1977	아틀레티코 마드리드	2013-2014	아틀레티코 마드리드
1940-1941	아틀레티코 마드리드	1977-1978	레알 마드리드	2014-2015	바르셀로나
1941-1942	발렌시아	1978-1979	레알 마드리드	2015-2016	바르셀로나
1942-1943	아틀레틱 빌바오	1979-1980	레알 마드리드	2016-2017	레알 마드리드
1943-1944	발렌시아	1980-1981	레알 소시에다드	2017-2018	바르셀로나
1944-1945	바르셀로나	1981-1982	레알 소시에다드	2018-2019	바르셀로나
1945-1946	세비야	1982-1983	아틀레틱 빌바오	2019-2020	레알 마드리드
1946-1947	발렌시아	1983-1984	아틀레틱 빌바오	2020-2021	아틀레티코 마드리드
1947-1948	바르셀로나	1984-1985	바르셀로나	2021-2022	레알 마드리드
1948-1949	바르셀로나	1985-1986	레알 마드리드		
1949-1950	아틀레티코 마드리드	1986-1987	레알 마드리드		
1950-1951	아틀레티코 마드리드	1987-1988	레알 마드리드		
1951-1952	바르셀로나	1988-1989	레알 마드리드		
1952-1953	바르셀로나	1989-1990	레알 마드리드		
1953-1954	레알 마드리드	1990-1991	바르셀로나		
1954-1955	레알 마드리드	1991-1992	바르셀로나		
1955-1956	아틀레틱 빌바오	1992-1993	바르셀로나		
1956-1957	레알 마드리드	1993-1994	바르셀로나		
1957-1958	레알 마드리드	1994-1995	레알 마드리드		
1958-1959	바르셀로나	1995-1996	아틀레티코 마드리드		
1959-1960	바르셀로나	1996-1997	레알 마드리드		
1960-1961	레알 마드리드	1997-1998	바르셀로나		
1961-1962	레알 마드리드	1998-1999	바르셀로나		
1962-1963	레알 마드리드	1999-2000	데포르티보		
1963-1964	레알 마드리드	2000-2001	레알 마드리드		
1964-1965	레알 마드리드	2001-2002	발렌시아		

TITLE

	LEAGUE
REAL MADRID	35
BARCELONA	26
ATLETICO MADRID	11
ATHLETIC BILBAO	8
VALENCIA	6

0 5 10 15 20 25 30 35

TOP SCORER

시즌	득점	선수명
2021-2022	27	카림 벤제마
2020-2021	30	리오넬 메시
2019-2020	25	리오넬 메시
2018-2019	36	리오넬 메시
2017-2018	34	리오넬 메시
2016-2017	39	리오넬 메시
2015-2016	40	루이스 수아레스
2014-2015	48	크리스티아누 호날두
2013-2014	31	크리스티아누 호날두
2012-2013	46	리오넬 메시
2011-2012	50	리오넬 메시
2010-2011	40	크리스티아누 호날두
2009-2010	34	리오넬 메시
2008-2009	32	디에고 포를란
2007-2008	27	다니엘 구이사
2006-2007	25	루드 판 니스텔로이
2005~2006	26	사무엘 에투
2004-2005	25	디에고 포를란
2003~2004	24	호나우두
2002~2003	29	로이 마카이
2001~2002	21	디에고 트리스탄

2021-2022 시즌 라리가 최종 순위

순위	팀	승점	경기	승	무	패	득	실	득실차	비고
1	레알 마드리드	86	38	26	8	4	80	31	49	챔피언스리그 진출
2	바르셀로나	73	38	21	10	7	68	38	30	챔피언스리그 진출
3	AT 마드리드	71	38	21	8	9	65	43	22	챔피언스리그 진출
4	세비야	70	38	18	16	4	53	30	23	챔피언스리그 진출
5	레알 베티스	65	38	19	8	11	62	40	22	유로파리그 진출
6	레알 소시에다드	62	38	17	11	10	40	37	3	유로파리그 진출
7	비야레알	59	38	16	11	11	63	37	26	
8	빌바오	55	38	14	13	11	43	36	7	
9	발렌시아	48	38	11	15	12	48	53	-5	
10	오사수나	47	38	12	11	15	37	51	-14	
11	셀타 비고	46	38	12	10	16	43	43	0	
12	라요 바예카노	42	38	11	9	18	39	50	-11	
13	엘체	42	38	11	9	18	40	52	-12	
14	에스파뇰	42	38	10	12	16	40	53	-13	
15	헤타페	39	38	8	15	15	33	41	-8	
16	RCD 마요르카	39	38	10	9	19	36	63	-27	
17	카디스	39	38	8	15	15	35	51	-16	
18	그라나다	38	38	8	14	16	44	61	-17	라리가 2 강등
19	레반테	35	38	8	11	19	51	76	-25	라리가 2 강등
20	데포르티보 알라베스	31	38	8	7	23	31	65	-34	라리가 2 강등

2021-2022 시즌 라리가 득점 순위

순위	득점	이름	국적	당시 소속팀
1	27	카림 벤제마	프랑스	레알 마드리드
2	17	비니시우스	브라질	레알 마드리드
3	17	이아고 아스파스	스페인	셀타비고
	17	라울 데 토마스	스페인	에스파뇰
5	16	후안미	스페인	베티스
	16	에네스 위날	터키	헤타페
6	14	호셀루	독일	데포르티보 알라베스
8	13	호세 루이스 모랄레스	스페인	레반테
9	12	앙헬 코레아	아르헨티나	아틀레티코 마드리드
	12	멤피스 데파이	네덜란드	바르셀로나

2021-2022 시즌 라리가 도움 순위

순위	도움	이름	국적	당시 소속팀
1	13	우스만 뎀벨레	프랑스	바르셀로나
2	12	카림 벤제마	프랑스	레알마드리드
3	10	카를로스 비니시우스	브라질	레알마드리드
	10	이케르 무니아인	스페인	아틀레틱 빌바오
	10	다니 파레호	스페인	비야레알
	10	조르디 알바	스페인	바르셀로나
7	9	오스카르 트레호	아르헨티나	라요 바예카노
	9	세르지 다르데르	스페인	에스파뇰
9	8	나빌 페키르	프랑스	베티스
	8	루카 모드리치	크로아티아	레알마드리드
	7	하비에르 모랄레스	아르헨티나	레반테
10	7	세르히오 카날레스	스페인	베티스
	7	호르헤 데프루토스	스페인	레반테

2021-2022 시즌 라리가2 최종 순위

순위	팀	승점	경기	승	무	패	득	실	득실차	비고
1	알메리아	81	42	24	9	9	68	35	33	승격
2	바야돌리드	81	42	24	9	9	71	43	28	승격
3	에이바르	80	42	23	11	8	61	45	16	
4	라스팔마스	70	42	19	13	10	57	47	10	
5	테네리페	69	42	20	9	13	53	37	16	
6	R. 오비에도	68	42	17	17	8	57	42	15	
7	지로나	68	42	20	8	14	57	41	16	승격
8	폰페라디나	63	42	17	12	13	57	55	2	
9	카르타헤나	60	42	18	6	18	63	57	6	
10	사라고사	56	42	12	20	10	39	46	-7	
11	Burgos CF	55	42	15	10	17	41	41	0	
12	우에스카	54	42	13	15	14	50	51	-1	
13	레가네스	54	42	13	15	14	49	44	5	
14	미란데스	52	42	15	7	20	58	62	-4	
15	UD Ibiza	52	42	12	16	14	53	59	-6	
16	루고	50	42	10	20	12	46	52	-6	
17	히혼	46	42	11	13	18	43	48	-5	
18	말라가	45	42	11	12	19	36	57	-21	
19	아모레비에타	43	42	9	16	17	44	63	-19	
20	소시에다드 B	40	42	10	10	22	43	61	-18	강등
21	푸엔라브라다	33	42	6	15	21	39	65	-26	강등
22	알코르콘	29	42	6	11	25	37	71	-34	강등

CHAMPION

레알 마드리드가 통산 서른다섯 번째 우승을 차지하며 최다 우승 기록을 늘렸다. 레알 마드리드는 UEFA 챔피언스리그 우승까지 더블을 달성했고, 수페르코파를 포함해 총 3개 대회에서 우승하며 새로운 전성시대를 열었다.

LEAGUE CHAMPION

REAL MADRID

레알 마드리드는 생각보다 싱거운 우승 경쟁을 펼쳤다. 레반테와 2라운드에 3–3으로 비겨 잠시 3위로 내려갔던 때를 제외하면 레알 베티스에 1–0 승리를 거둔 3라운드부터 최종 라운드까지 1위 자리를 한 번도 내주지 않고 독주했다. 2위 바르셀로나와 승점 차이도 13점으로 조기에 우승을 확정했다. 바르셀로나는 10라운드에 9위까지 추락하며 로날드 쿠만 감독을 경질하는 사태를 겪었고, 차비 에르난데스 감독이 부임해 2위까지 끌어올렸다. 전 시즌 우승팀 아틀레티코 마드리드는 우승 경쟁이 아닌 챔피언스리그 진출 경쟁을 벌이다 3위로 마감했다.

EUROPEAN CUP

CHAMPIONS LEAGUE(전신포함)		EUROPA LEAGUE(전신포함)	
REAL MADRID	14회	SEVILLA	6회
FC BARCELONA	5회	ATLETICO MADRID	3회
		REAL MADRID	2회
		VALENCIA	1회
		VILLAREAL	1회

CUP CHAMPION

COPA DEL REY

REAL BETIS BALOMPIÉ

F I N A L

REAL BETIS 1-1 VALENCIA
(승부차기 스코어 5–4)

최근 몇 년간 꾸준한 성적을 거둔 돌풍의 팀 레알 베티스가 2005년 이후 17년 만에 정상에 올랐다. 16강에서 세비야와 안달루시아 더비를 펼쳐 2–1로 승리했고, 8강에서는 디펜딩 챔피언 레알 소시에다드를 꺾었으며, 4강에서 또 다른 돌풍의 팀 라요 바예카노를 꺾은 뒤 발렌시아와 결승까지 내리 1부 리그 팀을 상대로 격전을 지렀다.

SUPER COPA DE ESPANA

REAL MADRID

F I N A L

ATHLETIC CLUB 0-2 REAL MADRID

라리가와 챔피언스리그 우승을 이룬 레알 마드리드는 준결승에서 조기 탈락했던 수페르코파까지 차지하며 3개의 우승 트로피를 들었다. 바르셀로나와 엘클라시코로 치른 준결승에서 발베르데의 연장전 결승골로 3–2 승리를 거뒀고, 결승에선 모드리치와 벤제마의 베테랑 듀오 합작 골로 빌바오를 2–0으로 제압했다.

레알 마드리드
Real Madrid

TEAM PROFILE
창 립	1902년
구 단 주	플로렌티노 페레스(스페인)
감 독	카를로 안첼로티(이탈리아)
연 고 지	마드리드
홈 구 장	산티아고 베르나베우(8만 5,454명)
라 이 벌	바르셀로나, 아틀레티코 마드리드
홈페이지	www.realmadrid.com

최근 5시즌 성적
시즌	순위	승점
2017-2018	3위	76점(22승10무6패, 94득점 44실점)
2018-2019	3위	68점(21승5무12패, 63등적 46실점)
2019-2020	1위	87점(26승9무3패, 70득점 25실점)
2020-2021	2위	84점(25승9무4패, 67득점 28실점)
2021-2022	1위	86(26승8무4패, 80득점 31실점)

LA LIGA
통 산	우승 35회
21-22 시즌	1위(26승8무4패, 승점 86점)

COPA DEL REY
통 산	우승 19회
21-22 시즌	8강

UEFA
통 산	챔피언스리그 우승 14회 유로파리그 우승 2회
21-22 시즌	챔피언스리그 우승

경기 일정
라운드	날짜	장소	상대팀
1	2022.08.15	원정	UD 알메리아
2	2022.08.21	원정	셀타 비고
3	2022.08.29	원정	에스파뇰
4	2022.09.05	홈	레알 베티스
5	2022.09.12	홈	마요르카
6	2022.09.19	원정	아틀레티
7	2022.10.03	홈	오사수나
8	2022.10.10	원정	헤타페
9	2022.10.17	홈	바르셀로나
10	2022.10.20	원정	엘체
11	2022.10.24	홈	세비야
12	2022.10.31	홈	지로나
13	2022.11.07	원정	라요 바예카노
14	2022.11.10	홈	카디스
15	2023.01.01	원정	레알 바야돌리드
16	2023.01.09	원정	비야레알
17	2023.01.15	홈	발렌시아
18	2023.01.23	원정	아틀레틱 빌바오
19	2023.01.30	홈	레알 소시에다드
20	2023.02.06	원정	마요르카
21	2023.02.13	홈	엘체
22	2023.02.20	원정	오사수나
23	2023.02.27	홈	아틀레티코마드리드
24	2023.03.06	원정	레알 베티스
25	2023.03.13	홈	에스파뇰
26	2023.03.20	원정	바르셀로나
27	2023.04.03	홈	레알 바야돌리드
28	2023.04.10	홈	비야레알
29	2023.04.17	원정	카디스
30	2023.04.24	홈	셀타 비고
31	2023.04.27	원정	지로나
32	2023.05.01	홈	UD 알메리아
33	2023.05.04	원정	레알 소시에다드
34	2023.05.15	홈	헤타페
35	2023.05.22	원정	발렌시아
36	2023.05.25	홈	라요 바예카노
37	2023.05.29	원정	세비야
38	2023.06.05	홈	아틀레틱 빌바오

전력 분석 | 빈틈 채운 레알, 벤제마 대안이 숙제

2021/22시즌 스페인 라리가 우승과 UEFA 챔피언스리그 우승을 이룬 레알 마드리드는 염원했던 프랑스 공격수 킬리안 음바페를 영입하지 못했으나 지난 시즌 전력을 유지, 보수한 것만으로도 여전히 두 대회 타이틀 방어가 가능한 전력으로 평가된다. 우선 나이를 잊은 활약을 펼치는 카림 벤제마의 노련한 전방 경기 운영 능력과 결정력은 전 세계 어떤 공격수도 대신하기 어려운 9.5번의 교과서라 할 수 있다. 거액을 투자해 영입한 에덴 아자르가 부상으로 힘을 쓰지 못하고 있으나 브라질 윙어 비니시우스 주니오르가 카를로 안첼로티 감독의 세심한 개인 지도 가운데 월드 클래스로 성장했고, 또 다른 브라질 포워드 호드리구 고에스까지 클러치 능력을 보이며 나날이 발전해 자연스럽게 세대교체를 이루고 있다. 지네딘 지단 감독 시절 챔피언스리그 3연속 우승을 이루던 주역 '크카모' 크로스, 카세미루, 모드리치가 건재한 가운데 후계자격인 발베르데, 카마빙가, 추아메니 트리오를 구축했고, 수비 라인은 첼시의 챔피언스리그 우승 주역 안토니오 뤼디거의 가세로 한층 두터워졌다.

전술 분석 | 열쇠는 발데르데, 4-3-3과 4-4-2 혼용

자신의 철학보다 선수들의 성향에 집중하는 감독 카를로 안첼로티는 AC 밀란에서 챔피언스리그에 우승할 때 일명 크리스마스트리로 불린 4-3-2-1 포메이션으로 가투소와 피를로 미드필더 콤비를 극대화했고, 카카의 기량을 정점으로 활용했다. 레알 마드리드에서 라데시마를 달성할 때는 앙헬 디마리아와 이스코를 메짤라로 기용해 공수 균형을 맞추며 창의성까지 활용해 BBC 트리오를 지원한 4-3-3 포메이션으로 성과를 냈다. 그리고 지난 시즌 기대하지 않았던 챔피언스리그 우승을 이루는 과정에는 크카모 트리오가 가진 기동력 문제를 보완하기 위해 중앙 미드필더 페데 발베르데를 오른쪽 측면 미드필더 내지 오른쪽 윙어, 오른쪽 메짤라로 동시에 기능하게 한 4-4-2 포메이션이 승부수였다. 올 시즌에는 센터백으로 기용할 것이라고 모두 예상했던 독일 수비수 안토니오 뤼디거를 프리시즌 기간에 레프트백으로 배치하고, 왼쪽 센터백 다비드 알라바와 수시로 자리를 바꿔가며 플레이하도록 하면서 새로운 실험을 하고 있다. 문제는 공격 구심점 벤제마가 뛰지 못할 경우 최전방 결정력이 약화된다는 것이다.

Liverpool FC v Real Madrid – UEFA Champions League Final 2021/22
PARIS, FRANCE – 파리 스타드 드 프랑스에서 리버풀 FC와
레알 마드리드 간의 UEFA 챔피언스리그 결승전에서
레알 마드리드의 카림 벤제마. 2022/05/28

시즌 프리뷰 구단 역사상 트레블 달성 가능할까?

레알 마드리드는 참가하는 모든 대회의 목표가 우승인 팀이다. 카를로 안첼로티 감독은 레알 마드리드 부임 첫 시기에 라리가 우승만 놓치고 나머지 모든 대회를 차지했는데, 두 번째 부임 첫 시즌에는 라리가 우승과 더불어 14번째 챔피언스리그 우승까지 이뤄 세계 최고의 감독으로 떠올랐다. 새로운 시즌의 목표는 챔피언스리그 열다섯 번째 우승으로 타이틀을 방어하고 라리가 우승과 더불어 코파 델 레이 우승을 이뤄 구단 역사상 첫 트레블을 이루는 것이다. 숙적 바르셀로나가 두 차례나 이룬 트레블을 레알 마드리드는 아직 이루지 못했다. 코파 델 레이는 안첼로티 감독이 이룬 2013/14시즌 우승 이후 6년째 정상을 탈환하지 못했다. 라리가와 챔피언스리그 최다 우승 클럽인 레알 마드리드는 코파 델 레이는 19회 우승으로 바르셀로나의 31회 우승, 아틀레틱 빌바오의 23회 우승에 뒤진 3위다. 이번에 우승을 차지하면 마침내 20회 우승을 달성하는 셈이다. 레알 마드리드는 벤제마의 자리를 제외하면 더블 스쿼드를 구축했다는 점에서 이 미션을 달성하기 위한 기반을 마련했다. 하지만 언급한 대로 벤제마가 프랑스 대표팀에 복귀했고, 시즌 중에 2022 카타르 월드컵에 참가해야 한다는 점은 후반기 일정에 변수가 될 수 있다. 음바페 영입이 절실했던 이유다. 하지만 레알 마드리드는 맨시티 이적을 결정한 노르웨이 공격수 에를링 홀란의 바이아웃 조항이 발동되는 2024년, 음바페의 파리 생제르맹 새 계약이 종료되는 2025년 여름까지 공격수 영입에 큰돈을 쓸 계획이 없는 것으로 알려졌다. 공격수 포지션 역시 유망한 어린 선수를 찾고 있고, 전술적 변형으로 대처하겠다는 계획이다. 수술을 마치고 고질적 부상 문제를 털어낸 아자르가 기량을 회복한다면 좋은 결과를 기대할 수 있다.

TEAM FORMATION

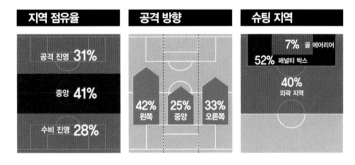

PLAN **4-3-3**

지역 점유율	공격 방향	슈팅 지역
공격 진영 **31%**	42% 왼쪽 / 25% 중앙 / 33% 오른쪽	7% 골 에어리어
중앙 **41%**		52% 패널티 박스
수비 진영 **28%**		40% 외곽 지역

IN & OUT

주요 영입	주요 방출
오렐리엥 추아메니, 안토니오 뤼디거	가레스 베일, 이스코, 마르셀루, 빅토르 추스트, 루카 요비치

TEAM RATINGS

슈팅 9 / 패스 10 / 수비력 9 / 선수층 8 / 감독 9 / 조직력 9

54

2021/22 프로필

팀 득점	80
평균 볼 점유율	50%
패스 정확도	89.00%
평균 슈팅 수	17.3
경고	76
퇴장	0

골 타입: 오픈 플레이 66 / 세트 피스 14 / 카운터 어택 10 / 패널티 킥 10 / 자책골 0 (단위 %)

패스 타입: 쇼트 패스 89 / 롱 패스 8 / 크로스 패스 3 / 스루 패스 0 (단위 %)

SQUAD

포지션	등번호	이름		생년월일	키(cm)	체중(kg)	국적
GK	1	티보 쿠르투아	Thibaut Courtois	1992.05.11	200	91	벨기에
	13	안드리 루닌	Andriy Lunin	1999.02.11	191	80	우크라이나
DF	2	다니 카르바할	Daniel Carvajal	1992.01.11	173	73	스페인
	3	에데르 밀리탕	Eder Militao	1998.01.18	186	79	브라질
	4	다비드 알라바	David Alaba	1992.06.24	180	75	오스트리아
	5	헤수스 바예호	Jesus Vallejo	1997.01.05	184	79	스페인
	6	나초 페르난데스	Nacho Fernandez	1990.01.18	180	76	스페인
	12	알바로 오드리오솔라	Alvaro Odriozda	1995.12.14	176	66	스페인
	22	안토니오 뤼디거	Antonio Rudiger	1993.03.03	190	85	독일
	23	페를랑 멘디	Ferland Mendy	1995.06.08	180	73	프랑스
MF	8	토니 크로스	Toni Kroos	1990.01.04	183	76	독일
	10	루카 모드리치	Luka Modric	1985.09.09	172	66	크로아티아
	14	카세미루	Casemiro	1992.02.23	185	84	브라질
	15	페데 발베르데	Federico Valverde	1998.07.22	182	78	우루과이
	17	루카스 바스케스	Lucas Vazquez	1991.07.01	173	70	스페인
	18	오렐리앵 추아메니	Aurelien Tchouameni	2000.01.27	188	81	프랑스
	19	다니 세바요스	Dani Ceballos	1996.08.07	179	65	스페인
	25	에두아르 카마빙가	Eduardo Camavinga	2002.11.10	182	68	프랑스
	30	헤이니에르 제주스	Reinier	2002.01.19	185	82	브라질
FW	7	에덴 아자르	Eden Hazard	1991.01.07	175	74	벨기에
	9	카림 벤제마	Karim Benzema	1987.12.19	184	81	프랑스
	11	마르코 아센시오	Marco Asensio	1996.01.21	182	76	스페인
	20	비니시우스 주니오르	Vinicius Junior	2000.07.12	176	73	브라질
	21	호드리구 고에스	Rodrygo	2001.01.09	174	64	브라질
	24	마리아노 디아스	Mariano Diaz	1993.08.01	180	76	도미니카 공화국

COACH

카를로 안첼로티 *Carlo Ancelotti*
1959년 6월 10일생 이탈리아

유럽 축구 역사상 5대 리그(잉글랜드, 스페인, 이탈리아, 독일, 프랑스)에서 모두 우승을 이룬 최초의 감독. 챔피언스리그 4회 우승으로 최다 우승 감독의 역사도 썼다. 2013년 여름 레알 마드리드 부임 1기에 구단의 염원인 라데시마(통산 10번째 챔피언스리그 우승)를 이룬 주인공. 부임 두 번째 시즌에 숙원이던 라리가 우승 및 열네 번째 챔피언스리그 우승을 이뤄 당당히 세계 최고의 감독으로 우뚝 섰다. 선수들과 격의 없이 어울리며 선수들을 전술의 틀에 맞추기보다 선수들의 강점을 가장 잘 발휘할 수 있는 전술을 구성한다.

상대팀 최근 6경기 전적

구분	승	무	패
레알 마드리드			
바르셀로나	5		1
아틀레티코 마드리드	4	1	1
세비야	5	1	
레알 베티스	2	3	1
레알 소시에다드	3	2	1
비야레알	2	4	
아틀레틱 빌바오	4		2
발렌시아	5		1
오사수나	4	2	
셀타 비고	5		1
라요 바예카노	5		1
엘체	4	2	
에스파뇰	5		1
헤타페	4	1	1
마요르카	5		1
카디스	3	2	1
알메리아	5	1	
바야돌리드	5	1	
지로나	4		2

KEY PLAYER

FW 9	카림 벤제마 *Karim Benzema*	출전경기	경기시간(분)	골	어시스트	경고	퇴장
		32	2,600	27	12	-	-

국적: 프랑스

2022년 발롱도르 수상이 가장 유력한 선수. 크리스티아누 호날두가 떠난 이후 레알 마드리드의 득점을 책임지고 있으며, 리오넬 메시 이후 득점과 도움 모두 최고 수준의 기록을 남기며 라리가 최고 스타로 우뚝 섰다. 탁월한 기술과 득점력, 빼어난 연계 능력을 바탕으로 9.5번 공격수라는 전술적 신조어를 만들어낸 월드 클래스 공격수이다. 브라질 공격수 호나우두를 우상으로 삼고 성장해 힘과 높이에다 속도, 득점력, 스피드까지 두루 갖췄으나 황혼기에 이른 지금 속도가 떨어진 대신 플레이메이킹 능력을 탑재했다.

DARK HORSE

FW 21	호드리구 고에스 *Rodrygo Goez*	출전경기	경기시간(분)	골	어시스트	경고	퇴장
		33	1,528	4	4	3	

국적: 브라질

비니시우스가 먼저 포텐을 터트린 가운데 호드리구도 2021/22시즌 라리가 우승 및 챔피언스리그 우승 과정에 특급 조커로 활약하며 교체로 들어가 경기 리듬을 바꾸고 결정적인 골을 터트려 승부사 기질을 입증했다. 펠레와 호비뉴, 네이마르를 배출한 산투스 유소년 팀에서 성장했다. 무려 4,500만 유로의 이적료를 기록하며 레알 마드리드가 큰 기대 속에 영입했다. 저돌적으로 측면을 돌파해 크로스하거나, 배후 침투로 문전을 습격한 뒤 빠른 타이밍의 슈팅으로 골망을 가른다. 단신이지만 헤더 득점력도 출중하다.

NEW ADDITION

DF 22	안토니오 뤼디거 *Antonio Rudiger*	출전경기	경기시간(분)	골	어시스트	경고	퇴장
		34	3,035	3	-	9	-

국적: 독일

독일 대표팀의 주전 수비수. 2020/21시즌 첼시의 챔피언스리그 우승 과정에 철벽 같은 수비와 상대와의 힘겨루기, 세트피스 상황에서 득점력 등을 뽐내며 주역으로 활약했다. 힘과 높이, 터프한 허슬 플레이에 돌파력, 중거리 슈팅력까지 갖췄다. 안첼로티 감독은 레프트백 포지션도 주문하고 있다. 양발을 두루 잘 쓰며 체구가 크지만 빠른 스피드를 갖춰 속공 상황 대처에도 능하다. 슈투트가르트에서 프로 경력을 시작해 로마를 거쳐 첼시에서 만개한 뒤 2022년 여름 자유 계약으로 레알 마드리드에 입단했다.

SPAIN LA LIGA

REAL MADRID

GK 1 티보 쿠르투아
Thibaut Courtois

국적: 벨기에

2021/22시즌 레알 마드리드의 챔피언스리그 우승 과정에서 경이로운 반사신경으로 특급 공격수들의 슈팅을 막아내 철벽 수문장, 세계 최고의 골키퍼라는 타이틀을 쟁취했다. 큰 키와 긴 팔다리, 담대함, 순발력, 터프한 성격에 리더십까지 두루 갖춘 현대 축구의 완성형 골키퍼. 헹크에서 프로 선수로 데뷔해 첼시로 이적 후 아틀레티코 마드리드로 임대되어 전성시대를 열었다. 2018년 여름 레알 마드리드로 이적했다.

출전경기	경기시간(분)	실점	무실점(경기)	경고	퇴장
36	3240	29	16	1	-

DF 2 다니 카르바할
Dani Carvajal

국적: 스페인

스페인 최고의 라이트백으로 꼽힌다. 유려한 측면 돌파력, 예리한 크로스패스와 스루패스, 측면에서 중앙으로 이동해 경기를 운영하는 플레이메이킹 능력과 대인 수비력을 두루 갖췄다. 레알 마드리드 유소년팀에서 성장했고, 2012년 레버쿠젠으로 이적해 분데스리가 최우수 라이트백으로 선정됐다. 2013년 레알에 돌아온 뒤 3연속 챔피언스리그 우승 과정에 마르셀루와 함께 세계 최고 풀백 듀오로 활약했다.

출전경기	경기시간(분)	골	어시스트	경고	퇴장
24	1,553	1	3	1	-

DF 3 에데르 밀리탕
Eder Militao

국적: 브라질

라파엘 바란이 맨유로 이적한 공백을 완벽하게 메운 완성형 센터백. 빠르고, 볼을 다루는 기술이 빼어나 센터백 외에 라이트백과 수비형 미드필더 영역까지 커버할 수 있다. 2018년 FC 포르투 이적으로 유럽 무대에 입성한 후 1년 만에 5,000만 유로 이적료를 기록하며 레알 마드리드에 합류했다. 2020/21시즌 라모스가 잦은 부상으로 이탈했을 때 전투적인 수비와 공중볼 장악 능력으로 실력을 입증했다.

출전경기	경기시간(분)	골	어시스트	경고	퇴장
34	3033	1	2	5	-

DF 4 다비드 알라바
David Alaba

국적: 오스트리아

세르히오 라모스 이후 포백 라인의 새로운 리더이다. 바이에른에서 레프트백으로 전성시대를 보냈고, 오스트리아 대표팀에서는 중앙 미드필더로도 활약했을 정도로 전술 이해력이 뛰어나며 기술 또한 탁월하다. 정교한 왼발 킥과 스피드, 대인 수비력, 패싱력을 갖췄다. 레프트백 및 센터백 포지션에서 높은 수준의 경기력을 보여준다. 2021년 자유 이적으로 합류한 레알 마드리드에서는 주로 센터백으로 뛰고 있다.

출전경기	경기시간(분)	골	어시스트	경고	퇴장
30	2,645	2	3	2	-

DF 5 헤수스 바예호
Jesus Vallejo

국적: 스페인

사라고사 유소년 팀에서 성장해 17세에 프로 선수로 데뷔, 어린 나이에 2부 리그 무대에서 노련한 수비력을 보여 주목받았다. 스페인 16세 이하 대표부터 2020 도쿄 올림픽 대표로 나서기까지 연령 대표를 모두 거쳤다. 2015년 레알 마드리드로 전격 이적했으나 출전 기회를 찾아 프랑크푸르트, 울버햄프턴, 그라나다 등으로 임대를 다녔고 2021/22시즌 돌아왔으나 전체 공식 경기에 8차례 나서는 데 그쳤다.

출전경기	경기시간(분)	골	어시스트	경고	퇴장
5	341	-	-	1	-

DF 6 나초 페르난데스
Nacho

국적: 스페인

2011년 1군 데뷔 후 10년이 넘도록 주전이 되지 못했으나, 레알 마드리드에서는 결코 없어선 안 될 포백 라인의 전천후 서브 멤버로 활약 중이다. 레알 마드리드 유소년 팀에서 2001년부터 성장했다. 180cm의 키에 준족과 준수한 대인 방어력, 패스 전개력과 태클 기술을 바탕으로 포백 라인의 모든 위치를 소화할 수 있다. 2021년 여름 라모스가 떠나면서 2023년 여름까지 연장 계약했다.

출전경기	경기시간(분)	골	어시스트	경고	퇴장
28	1,549	3	-	7	-

DF 23 페를랑 멘디
Ferlan Mendy

국적: 프랑스

왼쪽 측면의 빠른 스피드와 운동 능력, 몸싸움 능력을 통해 공수 양면에 영향력을 발휘한다. 문전 중앙으로 침투해 득점에 관여하는 것은 물론 얼리 크로스도 날카롭다. 지단 감독 체제에서 레알 마드리드에 합류한 또 한 명의 프랑스 대표 선수로 리그1 최우수 레프트백으로 뽑혔다. 르아브르 유소년 팀에서 성장해 1군에 데뷔했고, 올랭피크 리옹을 거쳐 2019년 레알 마드리드로 이적해 마르셀루의 뒤를 이었다.

출전경기	경기시간(분)	골	어시스트	경고	퇴장
22	1,739	2	1	4	-

MF 8 토니 크로스
Toni Kroos

국적: 독일

탄탄한 체구를 바탕으로 안정적인 볼 관리 능력과 정확한 중장거리 패스 능력, 세트 피스 상황 득점 창출 능력, 오른발 슈팅으로 직접 득점하는 능력을 갖췄다. 경력 초기에는 공격형 미드필더로 뛰었으나 속도 문제로 한 칸 내려가 빌드업 미드필더로 세계 최고의 자리에 올랐다. 지난 시즌 94.9% 패스 성공률을 기록한 라리가 최고의 패스마스터. 2018 러시아 월드컵을 끝으로 독일 대표팀에서 은퇴했다.

출전경기	경기시간(분)	골	어시스트	경고	퇴장
28	2,112	1	3	4	-

MF 10 루카 모드리치
Luka Modric

국적: 크로아티아

발롱도르를 수상한 모드리치는 2019/20시즌 에이징 커브를 겪는 듯 했으나 2020/21시즌 레알 마드리드가 고전하던 시기에 중원의 리더로 노련미를 발휘하며 돌파구를 열어 건재를 과시했다. 수비의 허를 찌르는 스루 패스와 과감한 중거리 슈팅, 유려한 볼 관리 능력을 바탕으로 '발칸의 크루이프'로 불린다. 2021/22시즌 파리 생제르맹전에 리오넬 메시를 능가하는 중원 영향력을 보여 화제가 됐다.

출전경기	경기시간(분)	골	어시스트	경고	퇴장
28	2,050	2	8	5	-

MF 14 카세미루
Casemiro

국적: 브라질

브라질 축구의 볼란치 계보를 잇는 중원 엔진. 185cm의 당당한 체구에 완력, 스피드, 공격 가담력을 두루 갖춘 육각형 미드필더. 상파울루 유소년 팀에서 성장했고, 청소년 대표팀 주장일 때는 브라질의 램파드로 불릴 정도로 과감하게 중거리 슈팅을 뿌리는 등 공격적이었다. 레알 마드리드 이적 후에는 크로스와 모드리치의 뒤를 커버하는 것은 물론 포백을 보호하여 수비형 미드필더의 교과서라는 평가를 받았다.

출전경기	경기시간(분)	골	어시스트	경고	퇴장
32	2,576	1	3	11	-

MF 15 페데 발베르데
Fede Valverde

국적: 우루과이

안정된 볼 키핑 능력과 패스 능력을 갖췄고, 빠른 발과 유려한 기술로 공을 운반하고 대포알 같은 슈팅과 칼날 같은 스루 패스를 뿌린다. 압박 능력과 공격 능력이 완벽해 중앙 미드필더 뿐 아니라 측면 미드필더, 공격형 미드필더를 두루 소화한다. 2017년 레알 마드리드 입단 직후 데포르티보로 임대를 다녀와 레알 마드리드 1군에 자리잡았고, 안첼로티 감독 체제에서 4-4-2 포메이션의 열쇠로 중용됐다.

출전경기	경기시간(분)	골	어시스트	경고	퇴장
31	1,832	-	1	2	-

MF 17 루카스 바스케스
Lucas Vazquez

국적: 스페인

본래 빠른 스피드와 예리한 크로스 능력을 갖춘 오른발 클래식 윙어다. 레알 마드리드 1군 팀에서 라이트백으로 임시 배치된 이후 활동력, 수비력을 바탕으로 포지션 변화에 성공했다. 레알 마드리드 유소년 팀을 거쳐 2014/15시즌 에스파뇰로 임대되어 두각을 나타냈다. 주전 라이트백 다니 카르바할이 매 시즌 여러 이유로 이탈했을 때 안정적으로 풀백 역할을 맡아 자신의 존재 가치를 높였다.

출전경기	경기시간(분)	골	어시스트	경고	퇴장
29	1,835	3	-	3	-

MF 18 오렐리앙 추아메니
Aurelien Tchouameni

국적: 프랑스

2022년 여름 레알 마드리드는 킬리안 음바페 영입에 실패한 뒤 AS 모나코의 추아메니 영입에 8,000만 유로 거액을 투자했다. 중원 수비력이 출중하고 볼 배급 능력과 운동 능력까지 갖춰 카세미루 이후를 대비할 수 있는 적임자로 평가받았다. 2020년 모나코로 이적한 뒤 두각을 나타내 2021 리그앙 영플레이어상을 받았다. 프랑스 16세 이하 대표부터 전 연령 대표를 거쳐 2021년 프랑스 성인 대표팀에 안착했다.

출전경기	경기시간(분)	골	어시스트	경고	퇴장
35	2933	3	2	9	1

MF 19 다니 세바요스
Dani Ceballos

국적: 스페인

세비야 유소년 팀에서 축구를 시작했으나 지역 라이벌인 레알 베티스 유소년 팀으로 옮긴 뒤 1군에 데뷔해 라리가에서 인상적인 활약을 펼쳤다. 2015년 유럽 19세 이하 챔피언십 우승, 2019년 유럽 21세 이하 챔피언십 우승을 이끈 창의적인 공격형 미드필더이다. 세밀한 탈압박 능력과 드리블 돌파, 스루 패스, 마무리 슈팅으로 공격을 주도한다. 2017년 레알 마드리드 이적 후 2019년에 아스널 임대를 다녀왔다.

출전경기	경기시간(분)	골	어시스트	경고	퇴장
11	269	-	-	1	-

MF 25 에두아르 카마빙가
Eduardo Camavinga

국적: 프랑스

'제2의 포그바'로 불리는 중원 엔진. 볼 관리 능력과 창조적인 패싱 능력, 중원 수비 커트 능력까지 갖춰 은골로 캉테의 능력도 겸비했다는 평가를 받는다. 렌 유소년 팀에 입단한 후 2019년 1군에 데뷔해 어린 나이에 등번호 10번과 주전 자리를 꿰찼다. 2021년 3,000만 유로 이적료를 기록하며 레알 마드리드에 입성해 첫 시즌에 크로스와 모드리치의 전천후 로테이션 자원으로 나서 중원 역동성을 강화시켰다.

출전경기	경기시간(분)	골	어시스트	경고	퇴장
26	1,233	2	1	9	-

FW 7 에덴 아자르
Eden Hazard

국적: 벨기에

유려한 드리블과 창의적인 패스 그리고 결정력을 갖췄다. 프랑스 릴에서 데뷔하여, 2012년 첼시에서 전성기를 맞았다. 2019년 여름 1억 4,600만 유로의 이적료로 레알 마드리드에 입단했으나 3시즌 동안 잦은 부상과 슬럼프로 '먹튀' 논란을 빚었다. 부상으로 팀에서 급격한 하락세를 겪고 있다. 2021/22시즌 후반기에 수술을 결정했고, 철저한 자기 관리를 시작해 부활을 꿈꾼다.

출전경기	경기시간(분)	골	어시스트	경고	퇴장
18	714	-	1	2	-

FW 11 마르코 아센시오
Marco Asensio

국적: 스페인

강력한 왼발 슈팅과 돌파력을 갖춘 전천후 2선 공격수. 레알 마드리드에서는 오른쪽에서 반대발 윙어로 뛴다. 마요르카에서 성장해 2014년 레알 마드리드로 이적했다. 임대로 실전 경험을 쌓은 뒤 2016/17시즌 레알 마드리드 1군 팀에 자리잡았다. 2019/20시즌을 앞두고 부상을 당해 사실상 한 시즌을 통째로 날렸다. 복귀 후 라리가 우승에 기여했으나 2021/22시즌 부상 여파로 역동성이 떨어진 모습을 보였다.

출전경기	경기시간(분)	골	어시스트	경고	퇴장
31	1,729	10	-	2	-

FW 20 비니시우스 주니오르
Vinicius Junior

국적: 브라질

라리가 10-10 클럽을 달성하며 폭발적인 스피드를 통한 돌파와 어시스트, 그리고 직접 득점을 하는 세계 최고 왼쪽 윙포워드로 평가받고 있다. 안첼로티 감독을 만난 뒤 자신감을 회복하고 부족했던 문전 판단력을 개선했다. 2018년 레알 마드리드에 입단해 만 18세의 나이로 라리가에 임팩트를 남겼다. 네이마르 이후 가장 현란한 드리블 기술을 자랑하는 브라질 윙어로 측면 돌파 스피드는 타의 추종을 불허한다.

출전경기	경기시간(분)	골	어시스트	경고	퇴장
35	2701	17	10	6	-

FC 바르셀로나
FC Barcelona

TEAM PROFILE	
창 립	1899년
구 단 주	주안 라포르타(스페인)
감 독	차비 에르난데스(스페인)
연 고 지	바르셀로나
홈 구 장	캄 노우(9만 9,354명)
라 이 벌	레알 마드리드, 에스파뇰
홈페이지	www.fcbarcelona.com

최근 5시즌 성적

시즌	순위	승점
2017-2018	1위	93점(28승9무1패, 99득점 29실점)
2018-2019	1위	87점(26승9무3패, 90득점 36실점)
2019-2020	2위	82점(25승7무6패, 86득점 38실점)
2020-2021	3위	79점(24승7무7패, 85득점 38실점)
2021-2022	2위	73점(21승10무7패, 68득점 38실점)

LA LIGA

통 산	우승 26회
21-22 시즌	2위 (21승10무7패, 승점 73점)

COPA DEL REY

통 산	우승 32회
21-22 시즌	16강

UEFA

통 산	챔피언스리그 우승 5회 유로파리그 우승 1회
21-22 시즌	유로파리그 8강

경기 일정

라운드	날짜	장소	상대팀
1	2022.08.14	홈	라요 바예카노
2	2022.08.22	원정	레알 소시에다드
3	2022.08.29	홈	레알 바야돌리드
4	2022.09.05	원정	세비야
5	2022.09.12	원정	카디스
6	2022.09.19	홈	엘체
7	2022.10.03	원정	마요르카
8	2022.10.10	홈	셀타 비고
9	2022.10.17	원정	레알 마드리드
10	2022.10.20	홈	비야레알
11	2022.10.24	홈	아틀레틱 빌바오
12	2022.10.31	원정	발렌시아
13	2022.11.07	홈	UD 알메리아
14	2022.11.10	원정	오사수나
15	2023.01.01	홈	에스파뇰
16	2023.01.09	원정	아틀레티코 마드리드
17	2023.01.15	원정	레알 베티스
18	2023.01.23	홈	헤타페
19	2023.01.30	원정	지로나
20	2023.02.06	홈	세비야
21	2023.02.13	원정	비야레알
22	2023.02.20	홈	카디스
23	2023.02.27	원정	UD 알메리아
24	2023.03.06	홈	발렌시아
25	2023.03.13	원정	아틀레틱 빌바오
26	2023.03.20	홈	레알 마드리드
27	2023.04.03	원정	엘체
28	2023.04.10	홈	지로나
29	2023.04.17	원정	헤타페
30	2023.04.24	홈	아틀레티코 마드리드
31	2023.04.27	원정	라요 바예카노
32	2023.05.01	홈	레알 베티스
33	2023.05.04	홈	오사수나
34	2023.05.15	원정	에스파뇰
35	2023.05.22	홈	레알 소시에다드
36	2023.05.25	원정	레알 바야돌리드
37	2023.05.29	홈	마요르카
38	2023.06.05	원정	셀타 비고

전력 분석 ## 1,800억 투자한 막강 스쿼드, 바르사의 부활

10억 유로에 달하는 부채를 짊어지고 있지만, 구단 재건을 위해 투자가 필요하다는 판단 아래 주안 라포르타 바르셀로나 회장은 2022년 유럽 축구 이적 시장에 5대 리그 최고액 지출을 단행했다. 구단 중계권 수익 지분 25%를 비롯한 자산 매각으로 확보한 4억 유로 이상의 자금을 통해 래버리지를 시도한 것이다. 바르셀로나는 미래가 아닌 당장의 우승을 위해 검증된 선수를 수집했다. 대표적인 선수가 33세의 폴란드 스트라이커 로베르트 레반도프스키다. 뿐만 아니라 브라질 대표 윙어 하피냐, AC 밀란의 세리에A 우승 주역인 중앙 미드필더 프랑크 케시에, 첼시 수비수 안드레아스 크리스텐센 등 전 포지션에 걸쳐 보강을 진행했고, 세비야의 프랑스 대표 수비수 쥘 쿤데까지 품었다. 베테랑 풀백 자원 보강 작업도 현재 진행형이다. 바르사는 이미 해당 포지션에 출중한 기량의 선수를 보유했지만 힘과 경험을 가미한다. 펩 과르디올라 감독의 '적자'로 여겨지는 차비 에르난데스 감독은 바르사 특유의 '볼 소유' 철학에 역동성과 속도를 가미해 유럽과 스페인의 챔피언이 되고자 하는 야망을 품고 있다.

전술 분석 ## 레반도프스키 영입이 가져올 변화

바르셀로나는 이미 지난 1월 겨울 이적 시장에 페란 토레스와 피에르 에메릭 오바메양의 영입으로 공격진을 강화했다. 영입 후 부상으로 신음하던 우스만 뎀벨레를 차비 감독이 부활시켜 최고의 활약을 펼치게 했다. 페란은 결정력, 오바메양은 예전보다 스피드가 떨어져 기복을 보였으나 레반도프스키라는 확실한 해결사가 가세하면서 상승효과를 낼 것으로 기대된다. 조합에 따라 견제가 분산될 수 있는 것은 물론, 레반도프스키가 연계 플레이에도 뛰어난 공격수이기 때문이다. 뎀벨레의 유무에 따라 차이가 났던 측면 파괴력도 속도와 기술을 갖춘 하피냐의 영입으로 주전과 비주전의 격차를 없앴다. 페드리, 가비, 부스케츠로 구성된 스페인 대표 미드필더 주중원 조합은 조금 투박하지만 터프한 완력을 갖춘 케시에의 가세로 새로운 패턴 플레이가 가능해졌다. 최대 숙제로 꼽힌 빌드업은 물론, 기본 수비력에 문제를 겪던 포백 라인도 크리스텐센과 쿤데의 가세로 힘과 높이, 속도, 대인 방어력이 대폭 상승했다. 결정력, 창의성, 힘, 견고함을 갖춘 바르사는 상대와 상황에 따라 다양한 색깔을 낼 수 있는 카멜레온으로 진화했다.

FC Barcelona v Eintracht Frankfurt – UEFA Europa League
BARCELONA, SPAIN – 바르셀로나의 캄프 누에서 열린 UEFA 유로파리그
8강 2차전에서 바르셀로나의 '가비.' 2022/ 04/14

시즌 프리뷰 세 번째 트레블에 도전하는 더블 스쿼드

무려 향후 25년 동안 중계권 수익의 25%를 매각하여 구단의 미래 자금으로 선수단을 대대적으로 강화한 바르셀로나의 이번 시즌은 '모 아니면 도'라는 태세다. 빚더미에 앉은 상황에서 '영끌' 투자를 하는 이유는 축구 팀의 상업적 특성상 투자를 해야 가치를 높이고, 그 가치를 통해 수익을 창출할 수 있기 때문이다. 챔피언스리그 우승을 통한 상금 및 중계권 수익, 챔피언이 되었을 때 구단 가치 상승으로 인한 스폰서십 수입 확대 등의 파급효과가 크기 때문이다. 긴축 재정으로 선수단 규모가 떨어지면 팀의 가치가 하락하고 수입이 줄어들며, 우승권에서 멀어지는 악순환이 이어진다. 그러나 이번 시즌의 무리한 투자가 우승이라는 결과로 이어지지 못하면 바르셀로나의 상황은 더 악화될 수 있다는 리스크가 있다. 바르셀로나는 올여름 무모한 투자가 옳은 판단이었다는 평가를 받기 위해 구단 역사상 세 번째 트레블이라는 위업이 달성해야 한다. 더블 스쿼드 구축은 2022/23 시즌 바르셀로나의 목표가 복수의 트로피라는 것을 의미한다. 차비 에르난데스 감독은 지난 시즌 9위까지 순위가 떨어졌던 바르셀로나를 후반기에 지휘하며 준우승 팀으로 이끌었다. 유로파리그에선 8강에서 탈락했으나 경기력은 개선했다는 평가를 받았다. 올 시즌에는 최소한 라리가 우승과 챔피언스리그 우승에 도전한다. 트레블 미션 중 상대적으로 상업적 파급력이 적은 코파 델 레이에 비중을 가장 적게 실을 것이다. 이미 두 번의 트레블을 경험한 차비는 복수 대회 우승의 노하우를 잘 알고 있다. 축구가 감독 놀음이라는 것을 증명한 차비는 철학에 매몰되지 않고 실리적 축구가 가능한 자원까지 영입하며 우승을 노리고 있다. 올 시즌을 무관으로 마치지는 않을 것이다.

TEAM FORMATION

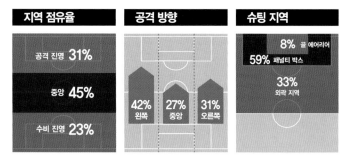

PLAN **4-3-3**

FW A+	11 페란 (파티) / 9 레반도프스키 (오바메양) / 7 뎀벨레 (하피냐)	
MF A+	8 페드리 (더용) / 5 부스케츠 (니코) / 30 가비 (케시에)	
DF A	18 알바 / 15 크리스텐센 (피케) / 23 쿤데 (에릭) / 4 아라우호 (데스트)	
GK B+	1 테어슈테겐 (네투)	

IN & OUT

주요 영입	주요 방출
안드레아스 크리스텐센, 프랑크 케시에, 하피냐, 로베르트 레반도프스키, 쥘 쿤데	필리페 쿠티뉴, 다니 아우베스, 클레망 랑글레, 레이 마나이, 프란시스쿠 트린캉

지역 점유율
공격 진영 31%
중앙 45%
수비 진영 23%

공격 방향
42% 왼쪽 / 27% 중앙 / 31% 오른쪽

슈팅 지역
8% 골 에어리어
59% 패널티 박스
33% 외곽 지역

TEAM RATINGS

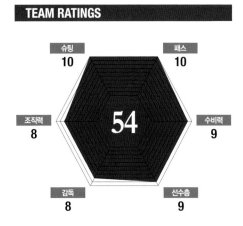

슈팅 10 / 패스 10
조직력 8 / 수비력 9
감독 8 / 선수층 9
54

2021/22 프로필

팀 득점	68
평균 볼 점유율	64.70%
패스 정확도	88.30%
평균 슈팅 수	13.6
경고	91
퇴장	5

골 타입
오픈 플레이 76
세트 피스 10
카운터 어택 4
패널티 킥 9
자책골 0
단위 (%)

패스 타입
쇼트 패스 88
롱 패스 8
크로스 패스 3
스루 패스 0
단위 (%)

SQUAD

포지션	등번호	이름		생년월일	키(cm)	체중(kg)	국적
GK	1	마르크 안드레 테어슈테겐	Marc-Andre ter Stegen	1992.04.30	187	85	독일
	25	이냐키 페냐	Inaki Pena	1999.03.02	184	78	스페인
DF	2	세르지뇨 데스트	Sergino Dest	2000.11.03	175	62	미국
	3	제라르드 피케	Gerard Pique	1987.02.02	194	85	스페인
	4	로날드 아라우호	Ronald Araujo	1999.03.07	188	79	우루과이
	15	안드레아스 크리스텐센	Andreas Christensen	1996.04.10	188	81	덴마크
	18	조르디 알바	Jordi Alba	1989.03.21	170	68	스페인
	20	세르지 로베르토	Sergi Roberto	1992.02.07	178	68	스페인
	23	쥘 쿤데	Jules Kounde	1998.11.12	178	70	프랑스
	24	에릭 가르시아	Eric Garcia	2001.01.09	183	79	스페인
MF	5	세르히오 부스케츠	Sergio Busquets	1988.07.16	189	76	스페인
	6	알렉스 콜라도	Alex Collado	1999.02.07	177	66	스페인
	8	페드리	Pedri	2002.11.25	174	60	스페인
	14	니코 곤살레스	Nico Gonzalez	2002.01.03	188	86	스페인
	19	프랑크 케시에	Franck Kessie	1996.12,19	183	88	코트디부아르
	21	프렝키 더용	Frenkie de Jong	1997.05.12	180	74	네덜란드
	30	파블로 가비	Pablo Gavi	2004.08.05	173	68	스페인
FW	7	우스만 뎀벨레	Ousmane Dembele	1997.05.15	178	67	프랑스
	9	로베르트 레반도프스키	Robert Lewandowski	1988.08.21	185	81	폴란드
	10	안수 파티	Ansu Fati	2002.10.31	178	66	스페인
	11	페란 토레스	Ferran Torres	2000.02.29	184	77	스페인
	12	마르틴 브레이스웨이트	Martin Braithwaite	1991.06.05	180	77	덴마크
	17	피에르 에메릭 오바메양	Pierre Emerick Aubameyang	1989.06.18	187	80	프랑스
	22	하피냐	Raphinha	196.12.14	176	58	브라질
	25	멤피스 데파이	Memphis Depay	1994.02.13	176	78	네덜란드

COACH

차비 에르난데스 *Xavi Hernandez*
1980년 1월 25일생 스페인

바르셀로나 유소년에서 성장해 바르셀로나의 전성시대를 이끈 레전드. 스페인 대표팀의 유로 2008, 2010 남아공 월드컵, 유로2012 우승 주역이며, 바르셀로나가 두 차례 달성한 트레블의 핵심이었다. 천재적인 시야와 패스, 탈압박 능력을 통한 중원 플레이로 유럽 축구 역사상 최고의 중앙 미드필더로 꼽힌다. 2015년 바르셀로나를 떠나 카타르 클럽 알사드로 이적했고, 2019년에 은퇴와 함께 알사드 감독을 맡아 카타르 리그 우승, 아시아 챔피언스리그 준우승을 차지한 뒤 2021년 11월 위기에 빠진 바르셀로나의 요청에 1군 감독이 되어 친정으로 돌아왔다.

상대팀 최근 6경기 전적

구분	승	무	패
레알 마드리드	1		5
바르셀로나			
아틀레티코 마드리드	1	2	3
세비야	3	2	1
레알 베티스	5		1
레알 소시에다드	6		
비야레알	5		1
아틀레틱 빌바오	3	1	2
발렌시아	4	1	1
오사수나	3	2	1
셀타 비고	3	2	1
라요 바예카노	4		2
엘체	6		
에스파뇰	4	2	
헤타페	4	1	1
마요르카	6		
카디스	2	2	2
알메리아	6		
바야돌리드	6		
지로나	4	1	

KEY PLAYER

		로베르트 레반도프스키 *Robert Lewandowski*	출전경기	경기시간(분)	골	어시스트	경고	퇴장
FW	9		34	2,952	35	3	2	-

국적: 폴란드

큰 키에 탄력, 활동력, 유연성과 온 몸을 무기로 득점하는 득점 기술, 연계 능력에다 30대 중반의 나이로 쌓은 경험, 철저한 몸 관리를 통한 체력 등 현대 축구 사상 최고의 9번으로 꼽힌다. 폴란드 3부 리그에서부터 2부, 1부 리그를 거치며 어린 나이부터 탁월한 득점력을 자랑하며 성장한 선수이다. 도르트문트, 바이에른에서 뛰며 클럽 선수로서 가능한 모든 우승컵을 안았다. 분데스리가 2020/21시즌에서 최다골 신기록(41골)을 기록한 것은 물론 통산 312골로 게르트 뮐러에 이은 통산 득점 2위에 올랐다.

DARK HORSE

		파블로 가비 *Pablo Gavi*	출전경기	경기시간(분)	골	어시스트	경고	퇴장
MF	30		34	2,331	2	5	9	1

국적: 스페인

2021/22시즌 팀 내 최다 파울을 유도(경기당 2회)하며 공 관리 능력 및 공격 기회 창출 능력을 발휘했다. 경기당 1.9회로 팀 내 최다 파울을 기록할 정도로 전방 압박도 적극적으로 수행했다. 2015년 바르셀로나 유소년 팀으로 스카우트됐다. 2021년 17세 나이에 1군 팀으로 전격 콜업된 후 주전 자리를 꿰찼고, 스페인 성인 대표팀까지 고속 승선해 화제를 뿌렸다. 양발을 잘 쓰고 섬세한 볼 컨트롤 능력, 돌파력, 패싱력, 슈팅력을 겸비해 차비와 이니에스타의 장점을 혼합했다는 호평을 받았다.

NEW ADDITION

		안드레아스 크리스텐센 *Andreas Christensen*	출전경기	경기시간(분)	골	어시스트	경고	퇴장
DF	15		19	1,496	-	-	2	-

국적: 덴마크

덴마크의 명문 클럽 브뢴비에서 성장하며 덴마크 연령별 대표 선수로 활약해 주목을 받았다. 2012년 첼시 아카데미로 스카우트된 후 2004년에 1군 선수로 데뷔했다. 2015년부터 2017년 사이 보루시아 묀헨글라드바흐로 임대되어 성장한 뒤 2019년부터 첼시 1군 로테이션 자원으로 뛰었다. 건장한 체구를 갖춰 몸싸움과 공중전 중에도 센터백으로의 기본 임무에 능하며 차분하게 공을 관리하고 정밀하게 패스를 뿌리는 빌드업 능력도 출중하다. 덴마크의 말디니로 불릴 정도로 수비 조율 능력과 공격 능력도 겸비했다.

SPAIN LA LIGA

FC BARCELONA

GK 1 마르크 안드레 테어 슈테겐
Marc-Andre ter Stegen

국적: 독일

빌드업과 선방 능력을 두루 갖춘 현대형 골키퍼. 독일 대표팀에선 노이어의 장기 집권으로 넘버 투인 상황이다. 독일 연령별 대표를 두루 거쳤다. 20대 초반에 묀헨글라드바흐에서 주전으로 활약하다 2014년 여름 1,200만 유로 이적료를 기록하며 바르셀로나로 이적했다. 입단 첫 시즌 챔피언스리그와 코파 델 레이만 주전으로 뛰며 두 대회 모두 우승했고, 2016/17시즌부터 부동의 주전으로 활약 중이다.

출전경기	경기시간(분)	실점	무실점(경기)	경고	퇴장
35	3,150	34	11	3	-

DF 2 세르지뇨 데스트
Sergino Dest

국적: 미국

2021/22시즌 경기당 드리블 돌파 1.8회로 빈번하게 측면 공략을 시도했다. 스피드와 킥 능력을 겸비한 공격적인 라이트백. 공격적으로 경기하면서도 92.4%의 높은 패스 성공률을 기록했다. 기술, 신체 능력, 축구 지능을 갖췄다. 포워드 출신으로 측면 포지션을 모두 소화해 공격수가 부족하거나 전술적 상황에 따라 공격수로 전진 배치되기도 했다. 미국 대표팀 핵심으로 카타르 월드컵을 준비 중이다.

출전경기	경기시간(분)	실점	어시스트	경고	퇴장
21	1,516	-	3	2	-

DF 3 제라르드 피케
Gerard Pique

국적: 스페인

2021/22시즌 경기당 공중볼 경합 승리 3회로 팀 내 압도적 1위 기록을 남기며 공중전을 지배했다. 경기당 클리어링 기록도 3.1회로, 한 경기에 출전한 움티티 외 최고 기록으로 문전 위험 지역의 수비수로 활약했다. 2008년 맨유, 2009년 바르셀로나에서 연이어 챔피언스리그 우승을 이뤘다. 센터백이지만 공격 능력이 탁월해 오버래핑을 구사하는 유형으로 전성기의 '피켄바우어'라는 별명을 얻었다.

출전경기	경기시간(분)	골	어시스트	경고	퇴장
27	2,097	1	-	8	1

DF 4 로날드 아라우호
Ronald Araujo

국적: 우루과이

2022/21시즌 경기당 공중볼 경합 승리 2회를 기록했다. 공중볼 처리 능력 및 과감하고 정확한 태클 기술로 수비력이 좋다. 과감하게 상대와 부딪히며, 수비 판단력 및 리더십도 갖췄다. 센터백뿐 아니라 오른쪽 풀백으로서도 세계적인 실력을 자랑한다. 현재 남미 최고의 수비수 중 한 명이다. 2017년 보스톤 리베르로 이적한 뒤 2019년 바르셀로나 2군 팀과 계약해 유럽 무대에 진출했다.

출전경기	경기시간(분)	골	어시스트	경고	퇴장
30	2,271	4	-	6	-

DF 18 조르디 알바
Jordi Alba

국적: 스페인

풀백임에도 2021/22시즌 10개의 어시스트를 기록하며 득점에 기여했고, 세계 최고의 레프트백 중 한 명으로 꼽힌다. 빠른 스피드와 날카로운 왼발 크로스, 문전 득점 능력을 두루 갖췄다. 메시가 왼쪽 배후로 찔러주는 로빙 스루 패스를 받아 다시 문전으로 넘겨주며 득점 코스를 여는 것은 바르셀로나의 전매특허였다. 메시가 떠난 이후, 스페인 대표팀에서도 페드리와 유사한 패턴 플레이를 즐겨 하고 있다.

출전경기	경기시간(분)	골	어시스트	경고	퇴장
30	2648	2	10	11	-

DF 20 세르지 로베르토
Sergi Roberto

국적: 스페인

전천후 로테이션 자원. 유소년 팀에서 중앙 미드필더로 집중적인 기회를 받으며 성장했다. 오른발 킥 능력과 풍부한 활동량으로 루이스 엔리케 감독 시절 라이트백 포지션에 임시로 기용됐다가 좋은 활약을 펼쳐 포지션을 바꿨다. 라이트백 포지션으로 스페인 성인 대표팀까지 뽑혔다. 돌파력과 슈팅력도 준수해 오른쪽 윙으로 기용되기도 했다. 쿠만 감독은 스리백에서 오른쪽 윙백 및 중앙 미드필더로 기용했다.

출전경기	경기시간(분)	골	어시스트	경고	퇴장
9	400	2	1	1	-

DF 23 쥘 쿤데
Jules Kounde

국적: 프랑스

지난 시즌 경기당 클리어링 3.1회로 세비야 문전을 사수했다. 단신이지만 준족에 투지가 넘치며 전진 패스 능력이 탁월한 현대형 센터백. 세트 피스 헤더 득점력도 좋다. 유로2002에 프랑스 성인 대표로 참가해 라이트백으로 기용되는 등 멀티 능력을 보였다. 세비야는 2019년 여름 2,500만 유로의 이적료를 보르도에 지불해 영입했고, 2022년 여름 바르사로 총액 6,000만 유로 조건에 이적했다.

출전경기	경기시간(분)	골	어시스트	경고	퇴장
32	3,737	2	1	2	2

DF 24 에릭 가르시아
Eric Garcia

국적: 스페인

2021/22시즌 경기당 패스 성공률 93.72%를 기록하며 후방 빌드업 능력과 안정적인 배급 능력을 보여줬다. 경기당 가로채기 1.7회 역시 팀 내 1위 기록으로 상대 공격을 전진해서 차단했다. 바르셀로나 유소년 팀에서 성장하다 맨체스터 시티 유소년 팀으로 이적했고, 2021년 여름 바르셀로나로 이적했다. 단신이라는 단점을 커버하는 영리함, 리더십, 패싱력을 갖춘 현대적인 중앙 수비수이다.

출전경기	경기시간(분)	골	어시스트	경고	퇴장
32	2,738	2	1	2	2

MF 5 세르히오 부스케츠
Sergio Busquets

국적: 스페인

바르사 성골 유스로 현 주장이다. 2021/22시즌 경기당 롱볼 연결 5.6회로 필드 플레이어 중 최고 기록으로 전역에 고급 패스를 뿌렸다. 부스케츠롤이라는 신조어를 탄생시킨 스페인 최고의 빌드업 미드필더이다. 센터백 앞에서 공을 받아 빌드업의 시발점 역할을 하는 부스케츠는 '라볼피아나' 전술을 구현한 중앙 미드필더로, 포백 앞의 미드필더가 '수비형'이 아닐 수 있다는 패러다임의 전환을 이끌었다.

출전경기	경기시간(분)	골	어시스트	경고	퇴장
36	3202	2	-	12	-

MF 8 페드리 / Pedri

국적: 스페인

바르셀로나 입단 첫 시즌에는 탈압박 및 전진 드리블, 공격 기회 창출 능력을 발휘해 이니에스타의 재림으로 불렸다. 2021년 여름 유로 2020과 2020 도쿄 올림픽을 소화하는 강행군으로 부상이 발생해 고생했다. 2021/22시즌 가비, 니코 등의 등장으로 한 칸 더 내려가 볼 배급 및 경기 조율에 더 신경썼다. 라스팔마스에서 이적했지만 바르셀로나 DNA를 완벽하게 구현하는 미드필더로 꼽힌다.

출전경기	경기시간(분)	골	어시스트	경고	퇴장
12	891	3	1	-	-

MF 14 니코 곤살레스 / Nico Gonzalez

국적: 스페인

섬세한 볼 컨트롤 능력과 창의력을 갖춰 페드리, 가비와는 달리 완력과 공격 전개력, 공중볼 장악력을 갖춘 중앙 미드필더다. 체구에 비해 준족이다. 스페인 아코루냐 지역 유소년 팀 몬타네로스에서 성장하다 2012년 바르셀로나 유소년 팀 라마시아로 스카우트됐다. 2018년 바르사 2군 팀을 통해 17세의 나이로 프로 경험을 쌓다 2021년 바르사 1군 팀에 전격 콜업되어 로테이션 자원으로 중용됐다.

출전경기	경기시간(분)	골	어시스트	경고	퇴장
27	1111	2	1	6	-

MF 19 프랑크 케시에 / Franck Kessie

국적: 코트디부아르

키가 아주 큰 편은 아니나 우직하고 강인한 체구를 바탕으로 중원 경합에서 승리하는 전투적인 미드필더. 과감하게 공격에 가담해 뿌리는 슈팅으로 득점하는 능력뿐 아니라 수비 커버력, 볼 배급력을 두루 갖춘 육각형 미드필더다. 경기 운영 능력은 다소 미흡하다는 평가. 이탈리아 아탈란타에서 만개해 밀란에서 전성시대를 열었고, 토트넘의 러브콜을 마다하고 2022년 여름 바르셀로나와 자유 계약을 맺었다.

출전경기	경기시간(분)	골	어시스트	경고	퇴장
31	2,312	6	-	2	-

MF 21 프렝키 더용 / Frenkie de Jong

국적: 네덜란드

네덜란드 축구의 새로운 시대를 이끄는 천재 중앙 미드필더. 창의적 볼 관리 기술 및 돌파력, 패싱력, 득점력을 두루 갖췄다. 체형과 경기 스타일뿐 아니라 아약스 출신 네덜란드 대표라는 점에서 요한 크루이프의 재림이라 불린다. 2018/18시즌 챔피언스리그 4강 진출을 이끈 뒤 바르셀로나로 전격 이적했다. 부스케츠, 페드리의 존재로 중원을 주도하는 역할은 아니지만 꾸준히 클래스를 보여주고 있다.

출전경기	경기시간(분)	골	어시스트	경고	퇴장
32	2,486	3	3	5	1

FW 7 우스만 뎀벨레 / Ousmane Dembele

국적: 프랑스

도르트문트에 1억 유로의 거액을 투자해 영입한 프랑스 대표 윙포워드이다. 빠른 스피드와 기술, 창의성을 갖춘 크랙. 2021/22시즌 경기당 키패스 2.1회, 라리가 13어시스트 및 경기당 드리블 돌파 2.8회 등, 입단 후 최고 활약을 펼쳤다. 경기당 슈팅 2.2회로 페란 토레스 다음으로 자주 골문을 겨냥했다. 경기당 크로스 1.4회 시도 역시 지난 시즌 팀 내 2위로 모든 공격 지표를 주도했다.

출전경기	경기시간(분)	골	어시스트	경고	퇴장
21	1,413	1	13	3	-

FW 10 안수 파티 / Ansu Fati

국적: 스페인

스피드와 기술, 결정력을 두루 갖춘 측면 공격수이다. 라마시아에서 모든 단계를 거치고 성장하는 과정에서 최고 유망주로 꼽혔다. 2020년 1군으로 올라와 만 17세 나이로 처음 득점에 성공한 선수가 됐고, 그해 엘클라시코에서 17세 359일의 나이로 득점해 최연소 기록자가 됐다. 스페인 대표 선수로도 만 17세에 발탁됐다. 2020/21시즌 십자인대 부상을 입은 뒤 번뜩임을 회복하려고 고전하는 중이다.

출전경기	경기시간(분)	골	어시스트	경고	퇴장
10	334	4	-	-	-

FW 11 페란 토레스 / Ferran Torres

국적: 스페인

발렌시아 유소년 팀에서 뛰어난 실력을 보이며 맨시티로 이적했고, 2022년 1월 바르셀로나로 이적해 라리가로 돌아왔다. 직선적 돌파력과 문전 침투 및 슈팅 플레이로 대표되는 골잡이형 윙포워드. 지난 시즌 라리가에서 경기당 슈팅 2.9회로 팀 내에서 가장 많은 슈팅을 시도했다. 공격수 포지션에서 84.6%의 높은 패스 성공률을 보이기도 했고 경기당 0.9회 오프사이드에 걸린 아쉬운 기록도 있다.

출전경기	경기시간(분)	골	어시스트	경고	퇴장
18	1,418	4	4	1	-

FW 17 피에르 에메릭 오바메양 / Pierre Emerick Aubameyang

국적: 가봉

빠른 스피드, 문전에서 다채로운 슈팅 기술을 갖췄고, 위치 선정 능력, 연계 능력도 겸비해 공격 전 지역을 누비는 포워드. 도르트문트에서 분데스리가 득점왕을 차지하며 첫 전성기를 열었다. 2018년 아스널 이적 후 프리미어리그 득점왕에 등극했으나 지난 시즌 슬럼프에 빠져 2022년 1월 바르사로 이적했다. 후반기에 합류했으나 라리가에서 11골을 넣어 팀 내 두 번째로 많은 골을 기록했다.

출전경기	경기시간(분)	골	어시스트	경고	퇴장
17	1,092	11	1	-	-

FW 22 하피냐 / Raphinha

국적: 브라질

폭발적인 스피드와 날카로운 왼발 슈팅 능력, 화려한 드리블 기술을 갖춘 측면 공격수. 기회 창출 능력에 비해 결정력이 아쉽다는 평가가 따르지만 과감한 중거리 슈팅이 터지면 원더골이 된다. 비토리아로 이적해 유럽 무대에 진출, 프랑스 렌을 거쳐 2020년 리즈로 이적한 뒤 프리미어리그 최고 윙어 중 한 명으로 성장했다. 2022년 여름 첼시가 강하게 원했으나 본인의 드림 클럽인 바르셀로나를 택했다.

출전경기	경기시간(분)	골	어시스트	경고	퇴장
35	2,923	11	3	7	-

아틀레티코 마드리드
Atlético Madrid

TEAM PROFILE

창 립	1903년
구 단 주	아틀레티코 홀드코
감 독	디에고 시메오네(아르헨티나)
연 고 지	마드리드
홈 구 장	완다 메트로폴리타노(6만 8,000명)
라 이 벌	레알 마드리드
홈페이지	www.atleticodemadrid.com

최근 5시즌 성적

시즌	순위	승점
2017-2018	2위	79점(23승10무5패, 58득점 22실점)
2018-2019	2위	76점(22승10무6패, 55득점 29실점)
2019-2020	3위	70점(18승16무4패, 51득점 27실점)
2020-2021	1위	86점(26승8무4패, 67득점 25실점)
2021-2022	3위	71점(21승8무9패, 65득점 43실점)

LA LIGA

통 산	우승 11회
21-22 시즌	3위(21승8무9패, 승점 71점)

COPA DEL REY

통 산	우승 10회
21-22 시즌	16강

UEFA

통 산	유로파리그 우승 3회
21-22 시즌	챔피언스리그 8강

경기 일정

라운드	날짜	장소	상대팀
1	2022.08.16	원정	헤타페
2	2022.08.22	홈	비야레알
3	2022.08.30	원정	발렌시아
4	2022.09.05	원정	레알 소시에다드
5	2022.09.12	홈	셀타 비고
6	2022.09.19	홈	레알 마드리드
7	2022.10.03	원정	세비야
8	2022.10.10	홈	지로나
9	2022.10.17	원정	아틀레틱 빌바오
10	2022.10.20	홈	라요 바예카노
11	2022.10.24	원정	레알 베티스
12	2022.10.31	원정	카디스
13	2022.11.07	홈	에스파뇰
14	2022.11.10	원정	마요르카
15	2023.01.01	홈	엘체
16	2023.01.09	홈	바르셀로나
17	2023.01.15	원정	UD 알메리아
18	2023.01.23	홈	레알 바야돌리드
19	2023.01.30	원정	오사수나
20	2023.02.06	홈	헤타페
21	2023.02.13	원정	셀타 비고
22	2023.02.20	홈	아틀레틱 빌바오
23	2023.02.27	원정	레알 마드리드
24	2023.03.06	홈	세비야
25	2023.03.13	원정	지로나
26	2023.03.20	홈	발렌시아
27	2023.04.03	홈	레알 베티스
28	2023.04.10	원정	라요 바예카노
29	2023.04.17	홈	UD 알메리아
30	2023.04.24	원정	바르셀로나
31	2023.04.27	홈	마요르카
32	2023.05.01	원정	레알 바야돌리드
33	2023.05.04	홈	카디스
34	2023.05.15	원정	엘체
35	2023.05.22	홈	오사수나
36	2023.05.25	원정	에스파뇰
37	2023.05.29	홈	레알 소시에다드
38	2023.06.05	원정	비야레알

전력 분석 돌아온 모라타, 부활한 펠릭스

바르셀로나를 제외한 라리가 클럽 대부분이 코로나19 팬데믹 타격에서 회복하는 과정에서 비율형 샐러리 캡 준수 문제로 선수 추가 영입의 어려움을 겪고 있다. 지난해 여름 여러 포지션을 보강한 아틀레티코 마드리드 역시 재정 여력이 넉넉하지 않아 임대로 떠난 선수들을 정리하지 못해 기용하기로 했고, 중앙 미드필드 포지션에 로테이션 자원으로 악셀 비첼을 영입하는 등 눈에 띄는 보강이 없는 상황이다. 주목할 부분 중 하나는 오랜 숙제 가운데 하나였던 오른쪽 풀백 포지션에 아르헨티나 대표 나우엘 몰리나를 영입한 것이다. 마땅한 라이트백이 없어 스리백을 시도했던 시메오네 감독은 몰리나 영입을 통해 안정적으로 다시 포백을 운영할 수 있게 됐다. 베테랑 공격수 루이스 수아레스가 떠난 자리에는 유벤투스 임대를 마치고 돌아온 알바로 모라타가 남아서 채우고, 첼시로 임대를 떠났던 사울 니게스도 돌아와 미드필더 한 자리를 차지할 전망이다. 스페인 대표팀의 주전 9번 모라타의 짝으로는 포르투갈의 천재 포워드 주앙 펠릭스가 나설 것이다. 펠릭스의 포텐이 터져야 아틀레티코도 기대 이상의 성적을 거둘 수 있다.

전술 분석 두 줄 수비와 스리백의 혼용

디에고 시메오네 감독이 아틀레티코 마드리드에 부임한 뒤 유로파리그, 코파 델 레이, 라리가를 차례로 석권하며 구축한 일자형 4-4-2 포메이션은 전 유럽과 세계로 퍼져나가 언더독의 성공방정식 교본이 됐다. 시메오네 감독은 10년째 아틀레티코를 이끌며 여러 변화를 모색했는데, 포백 라인 구성 과정에 풀백의 불안이 발생했기 때문이다. 측면에서 활동 폭이 넓은 선수들과 스리백에 적합한 센터백 자원의 등장으로 3-5-2 대형으로 2020/21시즌 라리가 우승을 이룬 시메오네 감독은 지난 시즌에 이 전술을 기반으로 시즌을 운영했으나 윙백과 센터백 사이 공간을 공략 당했고, 얀 오블락 골키퍼가 자신감을 잃는 상황도 발생했다. 상대에 따라 능동적인 변화를 가져오기 위해 2022년 1월 이적 시장에 전문 레프트백인 헤이닐두를 영입했고, 올 여름 몰리나를 영입해 프리시즌 기간 동안 4-4-2 대형을 다시 가동하고 있다. 물론 요렌테와 카라스코, 에르모소 등의 선수들이 가진 기량을 극대화할 수 있는 스리백 전형도 포기한 것은 아니다. 경기 중, 또는 시즌 중 상황에 따른 맞춤 전술로 다양한 패턴을 펼칠 전망이다.

Atletico Madrid v Manchester United: UEFA Champions League
MADRID, SPAIN – 마드리드 완다 메트로폴리타노에서 열린
아틀레티코 마드리드와 맨체스터 유나이티드의 UEFA 챔피언스리그 16강
1차전 경기에서 아틀레티코 마드리드의 주앙 펠릭스. 2022/02/23일

시즌 프리뷰 멀티 자원 더블 스쿼드 아틀레티코의 기회

아틀레티코에서 이룰 것은 다 이뤘다며 감독 이적설이 제기되기도 했지만, 유럽 리그 내에서도 최고 수준의 연봉을 보장해주는 데다 어느 때보다 안정적으로 감독직을 수행 중인 시메오네는 아틀레티코에서 경력을 계속 쌓을 것으로 보인다. 실제 모든 것을 다 이루지도 않았다. 라리가 2회 우승, 코파 델 레이 우승, 수페르코파 데 에스파냐 우승, 유로파리그 2회 우승, UEFA 슈퍼컵 2회 우승 등을 이뤘으나 궁극의 트로피인 빅 이어, 챔피언스리그 우승에는 이르지 못했다. 시메오네는 2014년과 2016년 결승전에 내리 레알 마드리드에 패해 두 차례 준우승에 그쳐, 챔피언스리그 우승은 아직 시메오네와 아틀레티코의 숙원이다. 시메오네 감독 부임 후 아틀레티코는 한 번도 라리가 순위가 3위 밖으로 밀려나 본 적이 없다. 매 시즌 챔피언스리그에 참가했고, 올 시즌 챔피언스리그는 11월 중순 개막하는 2022 카타르 월드컵으로 인해 어느 때보다 타이트한 일정으로 진행된다. 아틀레티코가 임대에서 돌아온 선수들을 지키기로 한 배경에는 더블 스쿼드 구축 때문이다. 모라타와 펠릭스, 그리즈만과 코레아, 마테우스 쿠냐 등 5명의 각기 다른 개성을 갖춘 공격진은 아틀레티코의 강점이다. 미드필드 라인에는 역동적인 로드리고 데파울, 조율사 코케와 더불어 완력이 좋은 조프리 콘도그비아, 노련한 악셀 비첼, 전천후 사울 니게스가 다양한 조합을 이룰 것이다. 측면과 중앙을 오가는 토마 르마와 다니엘 바스, 측면 미드필더와 윙백, 풀백이 모두 가능한 헤난 로디와 중앙, 측면, 2선, 풀백이 모두 가능한 요렌테에 이르기까지 멀티 플레이어가 즐비하다. 체력 전문가 오르테가 교수와 함께 지구력 싸움을 주도할 아틀레티코는 2022/23시즌을 주도할 원동력이 될 것이다.

IN & OUT

주요 영입	주요 방출
알바로 모라타(임대 복귀), 사울(임대 복귀), 악셀 비첼, 나우엘 몰리나	루이스 수아레스, 시메 브르살리코, 엑토르 에레라, 줄리아노 시메오네

TEAM FORMATION

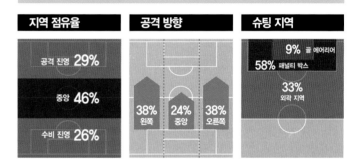

PLAN **4-4-2**

지역 점유율
공격 진영 **29%**
중앙 **46%**
수비 진영 **26%**

공격 방향
38% 왼쪽 | 24% 중앙 | 38% 오른쪽

슈팅 지역
9% 골 에어리어
58% 패널티 박스
33% 외곽 지역

TEAM RATINGS

슈팅 7 · 패스 7 · 조직력 8 · 46 · 수비력 8 · 감독 9 · 선수층 7

2021/22 프로필

팀 득점	65
평균 볼 점유율	50.20%
패스 정확도	81.10%
평균 슈팅 수	12.2
경고	106
퇴장	7

골 타입
오픈 플레이 68
세트 피스 14
카운터 어택 9
패널티 킥 6
자책골 3
단위 (%)

패스 타입
쇼트 패스 83
롱 패스 13
크로스 패스 4
스루 패스 0
단위 (%)

SQUAD

포지션	등번호	이름		생년월일	키(cm)	체중(kg)	국적
GK	1	이보 그르비치	Ivo Grbic	1996.01.18	195	83	크로아티아
	13	얀 오블락	Jan Oblak	1993.01.07	188	87	슬로베니아
DF	2	호세 히메네스	Jose Gimenez	1995.01.20	185	80	우루과이
	12	헤난 로지	Renan Lodi	1998.04.08	178	68	브라질
	15	스테판 사비치	Stefan Savic	1991.01.08	187	81	몬테네그로
	16	나우엘 몰리나	Nehuen Perez	2000.06.24	184	75	아르헨티나
	18	펠리피	Felipe	1989.05.16	190	83	브라질
	22	마리오 에르모소	Mario Hermoso	1995.06.18	185	75	스페인
	23	헤닐두 만다바	Reinildo Mandava	1994.01.21	180	73	모잠비크
MF	4	조프리 콘도그비아	Geoffrey Kondogbia	1993.02.15	188	80	중앙아프리카공화국
	5	로드리고 데 파울	Rodrigo de Paul	1994.05.24	180	71	아르헨티나
	6	코케	Koke	1992.01.08	176	77	스페인
	11	토마 르마	Thomas Lemar	1995.11.12	171	63	프랑스
	14	마르코스 요렌테	Marcos Llorente	1995.01.30	184	74	스페인
	17	사울 니게스	Saul Niguez	1994.11.21	184	78	스페인
	20	악셀 비첼	Axel Witsel	1989.01.12	186	81	벨기에
	21	야닉 카라스코	Yannick Carrasco	1993.09.04	181	73	벨기에
	24	다니엘 바스	Daniel Wass	1989.05.31	178	74	덴마크
FW	7	주앙 펠릭스	Joao Felix	1999.11.10	180	70	포르투갈
	8	앙투안 그리즈만	Antoine Griezmann	1991.03.21	176	73	프랑스
	9	마테우스 쿠냐	Matheus Cunha	1999.05.27	184	75	브라질
	10	앙헬 코레아	Angel Correa	1995.03.09	171	70	아르헨티나
	19	알바로 모라타	Alvaro Morata	1992.10.23	187	84	스페인
		마르쿠스 파울루	Marcos Paulo	2001.02.01	186	79	포르투갈

COACH

디에고 시메오네 *Diego Simeone*
1970년 4월 28일생 아르헨티나

아틀레티코의 전성시대를 열어낸 명장. 2011년 12월 부임해 10년 넘게 아틀레티코를 이끄는 현 라리가 최장수 감독이다. 4-4-2 수비 대형으로 빈틈없는 수비 그물로 상대 공격을 차단한 뒤 속도감 있는 역습으로 상대 골망을 흔드는 실리 축구의 유행을 이끌었다. 이 전술이 라리가 전체에 퍼진 뒤에는 스리백에 윙백을 활용한 투 톱 전술로 직접 파훼법을 만들기도 했다. 라리가, 코파 델 레이, 유로파리그 우승을 이뤘으나 챔피언스리그에서는 준우승에 그쳤다. 아르헨티나 대표 수비형 미드필더로 아틀레티코에서 선수로 1996년 더블 달성을 이룬 레전드다.

상대팀 최근 6경기 전적

구분	승	무	패
레알 마드리드	1	1	4
바르셀로나	3	2	1
아틀레티코 마드리드			
세비야	1	3	2
레알 베티스	5	1	
레알 소시에다드	3	2	1
비야레알	2	4	
아틀레틱 빌바오	1	2	3
발렌시아	3	3	
오사수나	6		
셀타 비고	3	3	
라요 바예카노	6	5	
엘체	5	1	
에스파뇰	4	1	1
헤타페	5	1	
마요르카	2	2	2
카디스	5	1	
알메리아	3	2	1
바야돌리드	5	1	
지로나	1	5	

KEY PLAYER

		주앙 펠릭스 *Joao Felix*	출전경기	경기시간(분)	골	어시스트	경고	퇴장
FW	7		24	1,267	8	4	1	1

국적: 포르투갈

화려한 볼 컨트롤 기술과 아크로바틱 슈팅 능력을 보여주는 크랙이다. 2019년 여름 아틀레티코는 그리즈만이 바이아웃 금액을 통해 바르셀로나로 이적한 뒤 생긴 자금 1억 유로를 거의 그대로 투자하며 기대를 보냈다. 그는 포르투갈 명문 벤피카에서 18세의 나이로 1군 주전 공격수로 유로파리그 무대를 휩쓸며 두각을 나타냈다. 2019/20시즌 아틀레티코 입단과 함께 화려한 기술을 보였고, 2020/21시즌 부상 및 슬럼프를 겪어 이적설까지 나왔지만 2021/22시즌 후반기에 결정적인 득점을 터트리며 부활에 성공했다.

DARK HORSE

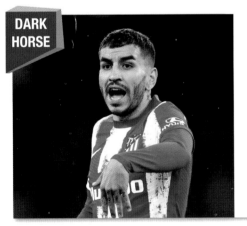

		앙헬 코레아 *Angel Correa*	출전경기	경기시간(분)	골	어시스트	경고	퇴장
FW	10		36	1,860	12	5	3	1

국적: 아르헨티나

2021/22시즌 36경기에 출전했으나 교체 출전이 15경기였다. 그럼에도 12골로 팀 내 리그 최다 골을 넣었다. 빠른 스피드와 벼락같은 슈팅 능력으로 측면에서 중앙으로 치고 들어오는 윙포워드 내지 스트라이커로 활약한다. 2019/20시즌 리그 5골 7도움으로 영향력이 커졌고, 2020/21시즌 9골 8도움, 리그 전 경기 출전으로 10번에 걸맞은 입지를 다졌다. 17세의 나이로 아르헨티나 산로렌소에서 프로로 데뷔해 일찌감치 재능을 보였다. 작지만 다부진 체구에 박스 안 치명성으로 아구에로의 후계자로 불린다.

NEW ADDITION

		악셀 비첼 *Axel Witsel*	출전경기	경기시간(분)	골	어시스트	경고	퇴장
MF	20		29	1,946	2	-	4	-

국적: 벨기에

186cm의 큰 키에 중원 수비력, 기점 패스 전개력이 뛰어난 수비형 미드필더이다. 중앙 지역에서 노련한 서브 미드필더로 낙점되어 합류했다. 벨기에 명문 스탕다르 리에주에서 성장해 벤피카, 제니트 상트 페테르부르크를 거쳐 중국 슈퍼리그 텐진 취안젠에서 활동하다 2018년 도르트문트 이적으로 유럽에 돌아와 건재한 기량을 보였다. 2022년 여름, 아틀레티코 이적으로 그는 새로운 도전에 나섰다. 벨기에리그 우승, 포르투갈 리그컵 우승, 러시아 리그 우승, DFB 포칼 우승 등 경력 내내 우승 경험이 많다.

GK 13 얀 오블락
Jan Oblak

국적: 슬로베니아

세계 최고의 골키퍼 중 한 명으로 평가받는다. 강력한 운동 능력과 슈팅 반응력, 스피드, 민첩성, 경기를 읽는 능력까지 두루 갖췄다는 평가다. 발이 빨라 슈팅 각을 좁히는 데 탁월하다. 2013/14시즌 벤피카의 유로파리그 우승을 겨우 20살이 이룬 뒤 아틀레티코로 이적해 라리가 올해의 골키퍼, 최소 실점 골키퍼에게 수여하는 사모라상을 5차례나 수상했다. 3시즌 연속 라리가 전 경기에 출전했다.

출전경기	경기시간(분)	실점	무실점(경기)	경고	퇴장
38	3420	43	12	2	-

DF 2 호세 히메네스
Jose Gimenez

국적: 우루과이

지난 시즌 팀 내 클리어링 1위(경기당 3.9회)를 기록하며 문전 위기 상황을 처리했다. 아틀레티코 수비 라인을 지키는 수비수로 터프한 플레이, 빠른 스피드를 바탕으로 아틀레티코 수비진의 차세대 리더로 기대를 받았다. 좌우 풀백 및 수비형 미드필더까지 커버할 수 있는 전술 유연성을 갖췄지만 매 시즌 부상에 시달려 최근 4시즌 연속 리그 경기 출전이 각 20회대에 그치며 팀 내 영향력이 줄어들었다.

출전경기	경기시간(분)	실점	어시스트	경고	퇴장
24	2,047	1	1	8	-

DF 12 헤난 로지
Renan Lodi

국적: 브라질

2019년 아틀레티코 입단 초기에는 레프트백으로 뛰었고, 왼쪽 측면 미드필더로 전진 배치되기도 했으며, 왼쪽 센터백으로도 기용되는 등 왼쪽 지역에서 공수 만능선수로 중용됐다. 정교한 왼발 크로스, 빠른 속도를 활용한 측면 돌파, 섬세한 볼 컨트롤 능력과 패싱력에 몸싸움에도 능하다. 왼발잡이지만 왼발만 고집하지 않고 오른발로도 준수한 공격 전개가 가능하다. 2021/22시즌에는 교체 자원으로 밀렸다.

출전경기	경기시간(분)	골	어시스트	경고	퇴장
29	1,181	2	2	5	-

DF 15 스테판 사비치
Stefan Savic

국적: 몬테네그로

호세 히메네스가 잦은 부상으로 고생하면서 사비치가 아틀레티코 수비진의 중심축인 노련한 리더로 자리잡았다. 2015년 피오렌티나에서 기술적인 수비수 사비치를 1,000만 유로에 영입했다. 큰 키에도 호리호리한 체구로 유연하고 민첩하다. 상대 공격의 타이밍을 끊고, 정교한 태클 기술로 공을 확보한 뒤 역습 기점 역할을 하는 기술이 뛰어나 각광을 받았다. 풀백을 소화할 정도로 수비 활동 범위가 넓다.

출전경기	경기시간(분)	골	어시스트	경고	퇴장
28	2,440	-	-	12	-

DF 16 나우엘 몰리나
Nahuel Molina

국적: 아르헨티나

빠른 발과 활동량, 날카로운 크로싱으로 득점 생산성이 출중한 라이트백이다. 우디네세에서 수비수임에도 경기당 1.3회의 슈팅, 1.1회의 키패스와 1.1회의 크로스, 1.2회의 롱볼 연결 등 공격 작업 전반에 기여하며 9개의 공격 포인트를 올렸다. 보카 주니어스 유소년 팀에서 성장해 2020년 우디네세 이적으로 유럽 무대에 입성했다. 2022년 여름 총액 1,500만 유로 조건에 아틀레티코로 이적했다.

출전경기	경기시간(분)	골	어시스트	경고	퇴장
35	2,650	7	5	2	1

DF 18 펠리피
Felipe

국적: 브라질

장신으로 공중전 지배력이 탁월하며 거친 수비로 상대 공격수를 제압한다. 순발력이 좋고 공을 다루며 빌드업하는 능력도 준수하다. 지난 시즌 경기당 클리어링 2.9회로 최종 저지선 역할을 했다. 양발을 두루 쓰며 중장거리 패스로 빌드업 기점도 된다. 2012년 FIFA 클럽 월드컵 우승 멤버이며, 포르투갈 포르투에서 정상급 기량을 보인 뒤 2019년 여름 2,000만 유로 이적료에 아틀레티코로 옮겼다.

출전경기	경기시간(분)	골	어시스트	경고	퇴장
26	1,499	2	1	5	1

DF 22 마리오 에르모소
Mario Hermoso

국적: 스페인

지난 시즌 경기당 태클 1.1회, 가로채기 1.1회, 파울 1회, 클리어링 1.7회 등 여러 수비 지표에서 좋은 기록을 갖고 있다. 패스 성공률은 87%에 달했고, 경기당 롱볼 3.7회를 배급한 빌드업 기점이다. 센터백이지만 빠른 스피드를 바탕으로 수비 범위가 넓고 양발을 잘 사용해 레프트백 포지션까지 커버할 수 있는 전천후 수비수다. 바야돌리드, 에스파뇰을 거쳐 2019년 아틀레티코로 이적했다.

출전경기	경기시간(분)	골	어시스트	경고	퇴장
27	1,872	2	1	6	1

DF 23 헤이닐두 만다바
Reinildo Mandava

국적: 모잠비크

왼쪽 윙백, 왼쪽 센터백은 물론 공격형 미드필더로도 뛸 수 있는 왼발 테크니션이다. 빠른 스피드와 안정된 패스 능력, 크로스 능력과 태클 기술로 공수 모두 수준급이다. 대인 수비는 약하지만 활동량이 풍부하다. 2015년 포르투갈 벤피카로 들어가 주로 2군에서 뛰다 2019년 프랑스 릴로 향했고, 2020/21시즌 리그1 우승할 때 주전 수비수로 두각을 나타냈다. 2022년 1월 아틀레티코로 이적했다.

출전경기	경기시간(분)	골	어시스트	경고	퇴장
17	1,300	-	-	5	-

MF 4 조프리 콘도그비아
Geoffrey Kondogbia

국적: 중아공

2021/22시즌 팀 내 경기당 가로채기 1위(1.6)를 기록하며 중원 수비의 핵심으로 활약했다. 저돌적인 공 운반 능력을 갖춘 수비형 미드필더이다. 과감한 슈팅 등 공격 전개력과 상대 공격을 저지하는 몸싸움에도 능하다. 체구에 비해 빠르며 왼발을 주로 쓰는데 오른발로 전개하는 패스 부정확성이 크게 떨어지는 게 단점. 프랑스에서 프로 경력을 시작해 세비야, 모나코, 인터밀란, 발렌시아 등에서 활약했다.

출전경기	경기시간(분)	골	어시스트	경고	퇴장
28	1885	1	2	9	2

MF 5 로드리고 데 파울
Rodrigo De Paul

국적: 아르헨티나

지난 시즌 경기당 1.4회 키패스를 기록하며 공격 기회를 창출했다. 경기당 2.8회 롱 패스로 역습 공격 기점 역할도 했다. 2021 코파아메리카에서 아르헨티나가 우승하는 데 큰 역할을 하고 아틀레티코로 이적했다. 우디네세 시절 중원 공격의 절대자로 활약했다. 공격형 미드필더와 중앙 미드필더, 측면 공격수로도 뛸 수 있는 전천후 2선 자원. 활동량, 몸싸움, 중거리 슈팅, 드리블 기술 등을 갖췄다.

출전경기	경기시간(분)	골	어시스트	경고	퇴장
36	2155	3	1	7	-

MF 6 코케
Koke

국적: 스페인

아틀레티코 유소년 팀에서 성장한 프랜차이즈 스타이다. 지난 시즌 경기당 패스 횟수가 55.6회로 가장 많았다. 코케를 중심으로 플레이가 전개되며 정밀한 슈팅과 패스, 운반 능력, 경기 조율 능력을 바탕으로 중원 전 포지션을 소화할 수 있다. 2013/14시즌 라리가 우승 당시 6골 14도움을 올렸고 3시즌 연속 두 자릿수 도움을 기록했으나 최근 중원 조율사로 한 칸 내려가 공격 포인트가 줄었다.

출전경기	경기시간(분)	골	어시스트	경고	퇴장
31	2,512	1	2	6	-

MF 11 토마 르마
Thomas Lemar

국적: 프랑스

2021/22시즌 경기당 드리블 1.4회로 카라스코 다음으로 많이 상대 수비를 흔들었다. 미드필드 전 포지션을 소화할 수 있는 테크니션이다. 드리블, 볼 배급, 중장거리 슈팅은 물론 직접 프리킥으로도 득점할 수 있다. 2016/17시즌 리그1에서 9골 12도움을 몰아쳐 모나코의 우승에 기여했다. 7,000만 유로 이적료를 투자해 영입했다. 첫 3년간 고전했으나 지난 시즌부터 영향력이 커졌다.

출전경기	경기시간(분)	골	어시스트	경고	퇴장
24	1450	4	5	2	-

MF 14 마르코스 요렌테
Marcos Llorente

국적: 스페인

레알 마드리드에서 이적한 뒤 전성기를 열었다. 포백 앞에서 공을 소유하고 빌드업 기점이 되는 딥라잉 플레이메이커였다. 레알 유소년 출신으로 2016/17시즌 알라베스로 임대되어 코파 델 레이 준우승 돌풍을 이끌며 주목받았다. 2019년 여름 아틀레티코로 이적했고, 시즌 후반 처진 스트라이커로 전진 배치된 후 득점력이 폭발했다. 2020/21시즌에는 스리백 상황의 오른쪽 윙백으로도 활약했다.

출전경기	경기시간(분)	골	어시스트	경고	퇴장
29	2,456	-	2	5	-

MF 21 야닉 카라스코
Yannick Carrasco

국적: 벨기에

2021/22시즌 6골 6도움으로 팀 내 리그 도움 1위이다. 공격적인 윙백으로 뛰면서 상대 배후를 습격하여 치명성이 커졌다. 경기당 드리블 2.6회로 팀 내 압도적 1위. 긴 다리와 빠른 스프린트, 강력한 대각선 슈팅을 통해 측면에서 중앙으로 진입해 득점한다. 2018년 중국 슈퍼리그로 이적한 뒤 2020년 코로나19 여파로 유럽에 복귀했다. 농익은 플레이를 펼치며 벨기에 대표 주전으로 활약 중이다.

출전경기	경기시간(분)	골	어시스트	경고	퇴장
34	2,594	6	6	5	-

MF 24 다니엘 바스
Daniel Wass

국적: 덴마크

공을 다루는 기술과 경기 전개력, 돌파력, 오른발 킥 능력이 모두 우수한 덴마크 대표팀의 대표적인 멀티 플레이어. 오른쪽 측면 미드필더와 공격형 미드필더로 활약했고, 2015년 셀타 비고에서 활동했을 때도 공격적인 미드필더였다. 발렌시아 이적 후 라이트백으로 기용되면서 활동 영역을 넓혔다. 유로2020 덴마크 4강을 이끌며 윙백으로 뛰었고, 2021년 아틀레티코에 와서도 측면에 주로 기용되었다.

출전경기	경기시간(분)	골	어시스트	경고	퇴장
20	1637	1	1	7	-

FW 8 앙투안 그리즈만
Antoine Griezmann

국적: 프랑스

아틀레티코 첫 번째 시대에는 공격 지역의 자유인이었으나 바르셀로나 이적 후 복귀한 뒤로는 공이 없을 때 영향력이 커졌다. 경기당 공중볼 1.2회 승리를 기록하며 부지런히 뛰면서 경기당 팀 내 가장 많은 1.7회 슈팅도 기록했다. 시메오네 감독이 새로운 공격 에이스로 삼았고, 2017/18시즌 유로파리그 우승 및 러시아 월드컵 우승 당시 라리가에서 호날두, 메시와 더불어 삼대장으로 불렸다.

출전경기	경기시간(분)	골	어시스트	경고	퇴장
29	1,973	3	4	3	-

FW 9 마테우스 쿠냐
Matheus Cunha

국적: 브라질

아틀레티코 입단 첫 시즌에 라리가 29경기 중 21경기를 조커로 투입되어 6골 4도움으로 10개의 공격 포인트를 기록했다. 탄탄한 체구와 스피드, 활동량, 문전 결정력을 두루 갖췄다. 활동 범위가 넓고 전방과 측면 공격수를 모두 소화할 수 있다. 2020년 도쿄 올림픽에서 브라질 주전 조합으로 출전해 금메달 획득을 주도했다. 브라질 클럽 쿠리치바, 스위스 시옹, 독일 라이프치히, 헤르타를 거쳤다.

출전경기	경기시간(분)	골	어시스트	경고	퇴장
29	1053	6	4	3	-

FW 19 알바로 모라타
Alvaro Morata

국적: 스페인

스페인 대표팀의 주전 9번 공격수. 볼을 다루는 기술, 연계 플레이가 준수하며 양발로 득점할 수 있다. 아틀레티코, 헤타페, 레알 마드리드 유소년 팀을 경험한 뒤 레알 마드리드에서 1군 선수로 데뷔했다. 2014년 유벤투스 이적 후 챔피언스리그 준우승에 기여했고, 레알 복귀 후 로테이션 자원으로 뛰다 첼시로 이적했다. 첼시에서 허리 부상으로 고생해 아틀레티코 마드리드 이적으로 스페인에 돌아왔다.

출전경기	경기시간(분)	골	어시스트	경고	퇴장
35	2312	9	7	5	-

세비아 FC

Sevilla FC

TEAM PROFILE

창 립	1890년
구 단 주	호세 카스트로 카르모나(스페인)
감 독	줄렌 로페테기(스페인)
연 고 지	세비야
홈 구 장	라몬 산체스 피스후안(4만 2,500명)
라 이 벌	베티스
홈페이지	www.sevillafc.es

최근 5시즌 성적

시즌	순위	승점
2017-2018	7위	58점(17승7무14패, 49득점 58실점)
2018-2019	6위	59점(17승8무13패, 62득점 47실점)
2019-2020	4위	70점(19승13무6패, 54득점 34실점)
2020-2021	4위	77점(24승5무9패, 53득점 33실점)
2021-2022	4위	70점(18승16무4패, 53득점 30실점)

LA LIGA

통 산	우승 1회
21-22 시즌	4위(18승16무4패, 승점 70점)

COPA DEL REY

통 산	우승 5회
21-22 시즌	16강

UEFA

통 산	유로파리그 우승 6회
21-22 시즌	유로파리그 16강

경기 일정

라운드	날짜	장소	상대팀
1	2022.08.13	원정	오사수나
2	2022.08.20	홈	레알 바야돌리드
3	2022.08.28	원정	알메리아
4	2022.09.05	홈	바르셀로나
5	2022.09.12	원정	에스파뇰
6	2022.09.19	원정	비야레알
7	2022.10.03	홈	아틀레티코 마드리드
8	2022.10.10	홈	아틀레틱 빌바오
9	2022.10.17	원정	마요르카
10	2022.10.20	홈	발렌시아
11	2022.10.24	원정	레알 마드리드
12	2022.10.31	홈	라요 바예카노
13	2022.11.07	원정	레알 베티스
14	2022.11.10	홈	레알 소시에다드
15	2023.01.01	원정	셀타 비고
16	2023.01.09	홈	헤타페
17	2023.01.15	원정	지로나
18	2023.01.23	홈	카디스
19	2023.01.30	홈	엘체
20	2023.02.06	원정	바르셀로나
21	2023.02.13	홈	마요르카
22	2023.02.20	원정	라요 바예카노
23	2023.02.27	홈	오사수나
24	2023.03.06	원정	아틀레티코 마드리드
25	2023.03.13	홈	알메리아
26	2023.03.20	원정	헤타페
27	2023.04.03	원정	카디스
28	2023.04.10	홈	셀타 비고
29	2023.04.17	원정	발렌시아
30	2023.04.24	홈	비야레알
31	2023.04.27	원정	아틀레틱 빌바오
32	2023.05.01	홈	지로나
33	2023.05.04	홈	에스파뇰
34	2023.05.15	원정	레알 바야돌리드
35	2023.05.22	홈	레알 베티스
36	2023.05.25	원정	엘체
37	2023.05.29	홈	레알 마드리드
38	2023.06.05	원정	레알 소시에다드

전력분석 | 주전 센터백 모두 잃은 세비야

지난 시즌 대부분을 2위 자리에 올라 우승을 넘보던 세비야는 카디스전 1-1 무승부를 시작으로 비야레알, 미요르카, 아틀레티코와 내리 비기며 4위로 시즌을 마쳤다. 바르셀로나와 아틀레티코가 스스로 무너졌고, 레알 마드리드 역시 주춤하는 바람에 쉽게 오지 않을 우승의 기회가 찾아오자 세비야는 1월 이적 시장에 멕시코 공격수 테카티코 코로나를 전격 영입하고 맨유에서 고액 연봉 선수 앙토니 마시알을 반 시즌 임대 영입하는 등 긴급 자금을 투자했다. 하지만 결국 4위까지 미끄러지면서 명분과 실리를 모두 잃었다. 올여름 세비야는 보강보다 이탈이 눈에 띈다. 수비 라인 붕괴가 치명적이다. 주전 디에구 카를루스와 쥘 쿤데가 각각 애스턴 빌라, 바르셀로나로 이적했다. 아스널과의 평가전에서 수비 불안을 노출하며 0-4 참패했다. 주전 자원이 두 명이나 떠났는데 영입된 선수는 갈라타사라이 센터백 마르캉이 유일했다. 디에구 카를루스와 함께 애스턴 빌라로 향한 레프트백 루드비히 아우구스틴손의 대안도 찾지 못했다. 레알 마드리드와 계약이 끝난 베테랑 플레이메이커 이스코를 영입해 2권 창의성을 강화한 것은 희소식이다.

전술분석 | 속도감을 갖춘 빌드업 축구

로페테기 감독은 세비야를 공을 지배하는 팀으로 만들었다. 안정적으로 공격을 전개하다 측면과 전방에서 속도감을 낸다. 빠른 발과 패싱력을 겸비한 센터백 카를루스와 쿤데, 수비형 미드필더로 센터백 사이로 내려와 빌드업이 가능한 페르난두, 구델리와 같은 선수들의 조합이 좋았다. 카를루스와 쿤데가 떠난 자리를 레키과 마르캉이 메워야 하며, 이들을 대체한 백업 수비 자원이 아직 구비되지 않았다. 챔피언스리그를 병행해야 하는 세비야는 전력 수급이 절실하다. 좌우 풀백 마르코스 아쿠냐와 곤살로 몬티엘의 역동성과 활동력은 세비야가 공을 중심으로 수적 우위를 가질 수 있는 힘이다. 측면을 쉴 새 없이 오르내리며 공을 연결하고 크로스로 뿌리며 직접 돌파가 가능하고 수비 전환도 빠르다. 여기 공격 1선과 2선은 물론 중원 3선까지 커버하며 경기를 운영할 수 있는 파푸 고메스, 이반 라키티치, 토마스 딜레이니와 같은 노련한 미드필더의 존재는 공의 이동에 따라 어디에서든 지배적인 축구를 할 수 있는 힘이다. 저돌적인 윙포워드 코로나와 유연한 윙포워드 오캄포스는 개인 능력으로 기회를 창출할 수 있는 선수들이다.

Sevilla FC v FC Barcelona – La Liga
SEVILLE, SPAIN – 라리가 산탄데르 경기에서 세비야의 고메즈와
FC 바르셀로나의 로날드 아라우호가 볼 다툼 중이다. 2021/12/21

[시즌 프리뷰] 세비야는 다시 우승을 꿈꿀 수 있을까?

로페테기 감독이 부임한 뒤 세비야는 세 시즌 연속 라리가 4위로 챔피언스리그에 진출했다. 첫 시즌 유로파리그 우승이라는 성과를 내기도 했다. 6번이나 유로파리그 우승을 이뤘고, 세비야의 꿈은 챔피언스리그에서 더 좋은 성적을 내는 것과 라리가 챔피언이다. 세비야는 1946년에 딱 한 번 라리가 우승을 이뤘고, 1951년 준우승 이후 최고 성적이 3위다. 2007년과 2010년 코파 델 레이에서 우승했으나 10년 넘게 정상을 탈환하지 못했다. 지난 시즌 대부분의 시간을 라리가 2위 자리에서 보냈다. 바르셀로나가 리오넬 메시를 잃고 로날드 쿠만 감독의 실책 속에 무너지고, 아틀레티코가 챔피언스리그 병행 속에 고전하며 찾아온 흔치 않은 기회였다. 올 시즌에는 레알 마드리드의 전력이 더 강해진 데다 바르셀로나가 대대적인 투자를 통해 스쿼드를 강화해 우승을 넘보기 어렵다. 세비야의 전력 자체도 강화보다 약화에 가까운 상황이다. 세비야는 전반적으로 준수한 기량, 수준 있는 선수를 갖췄으나 어린 재능, 리그 전체를 흔들어 놓을 스타가 없다. 마르캉의 적응 여부도 변수이며, 2022 카타르 월드컵에 참가한 뒤 아르헨티나 대표로 대회 일정을 길게 소화할 것이 예상되는 몬티엘과 아쿠냐 등 풀백 라인의 체력 문제도 우려가 따른다. 디에구 카를루스를 겨우 3,000만 파운드 수준에 애스터 빌라로 이적시켜야 했던 배경에는 불안정한 재정 상황도 있다. 세비야 역시 코로나19 팬데믹 기간 동안 수익 기반이 약해졌다. 유럽대항전에서는 프리미어리그 팀들과의 격차가 벌어지고 있다. 안달루시아 더비 라이벌 레알 베티스의 추격도 매섭다. 추가적인 보강 없이 세비야가 어떤 대회든 우승컵을 높이 들 가능성을 점치기는 어렵다. 챔피언스리그 진출권인 4위 자리를 지키는 것도 쉽지 않을 것이다.

IN & OUT

주요 영입	주요 방출
마르캉, 이스코	디에구 카를루스, 알레한드로 포소, 앙토니 마시알, 뤼크 더 용, 오스카 로드리게스, 루드빅 아우구스틴손, 후안 베로칼

TEAM FORMATION

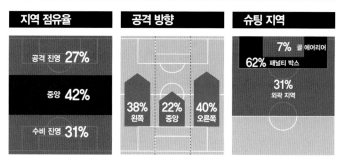

PLAN 4-3-3

지역 점유율	공격 방향	슈팅 지역
공격 진영 27% 중앙 42% 수비 진영 31%	38% 왼쪽 / 22% 중앙 / 40% 오른쪽	7% 골 에어리어 62% 패널티 박스 31% 외곽 지역

TEAM RATINGS

슈팅 7 / 패스 7 / 조직력 7 / 수비력 5 / 감독 7 / 선수층 5

38

2021/22 프로필

팀 득점	53
평균 볼 점유율	59.90%
패스 정확도	84.70%
평균 슈팅 수	11.4
경고	94
퇴장	4

골 타입 (단위 %)
오픈 플레이 57
세트 피스 30
카운터 어택 6
패널티 킥 4
자책골 4

패스 타입 (단위 %)
쇼트 패스 84
롱 패스 12
크로스 패스 4
스루 패스 0

SQUAD

포지션	등번호	이름		생년월일	키(cm)	체중(kg)	국적
GK	1	마르코 드미트로비치	Marko Dmitrovic	1992.01.24	194	94	세르비아
	13	야신 보누	Bono	1991.04.05	198	80	모로코
DF	2	곤살로 몬티엘	Gonzalo Montiel	1997.01.01	176	70	아르헨티나
	3	알렉스 텔레스	Alex Telles	1992.12.15	181	71	브라질
	4	카림 레킥	Karim Rekik	1994.12.02	186	84	네덜란드
	16	헤수스 나바스	Jesus Navas	1985.11.21	172	60	스페인
	19	마르코스 아쿠냐	Marcos Acuna	1991.10.28	172	69	아르헨티나
	23	마르캉	Marcao	1996.06.05	185	80	브라질
MF	6	네마냐 구델리	Nemanja Gudelj	1991.11.16	187	81	세르비아
	8	조안 조르단	Joan Jordan	1994.07.06	185	74	스페인
	10	이반 라키티치	Ivan Rakitic	1988.03.10	184	78	크로아티아
	18	토마스 딜레이니	Thomas Delaney	1991.09.03	182	71	덴마크
	21	올리베르 토레스	Oliver Torres	1994.11.10	175	70	스페인
	22	이스코	Isco	1992.04.21	176	79	스페인
	24	파푸 고메스	Papu Gomez	1988.02.15	167	68	아르헨티나
	25	페르난두	Fernando Reges	1987.07.25	183	76	브라질
FW	5	루카스 오캄포스	Lucas Ocampos	1994.07.11	187	84	아르헨티나
	7	수소	Suso	1993.11.19	177	70	스페인
	9	테카티토 코로나	Jesus 'Tecatico' Corona	1993.01.06	173	62	멕시코
	11	무니르 엘하다디	Munir El Haddadi	1995.09.01	175	69	모로코
	12	라파 미르	Rafa Mir	1997.06.18	191	87	스페인
	15	유세프 엔네시리	Youssef En-Nesyr	1997.06.01	189	73	모로코
	17	에릭 라멜라	Erik Lamela	1992.03.04	184	80	아르헨티나
	36	이반 로메로	Ivan Romero	1980.07.21	172	64	스페인
		호니 로페스	Rony Lopes	1995.12.28	174	68	브라질

COACH

줄렌 로페테기 *Julen Lopetegui*
1966년 8월 28일생 스페인

2010년부터 2014년 사이 스페인 19세 이하, 20세 이하, 21세 이하 팀을 두루 지휘하며 꾸준히 유망주를 육성했다. 2016년 스페인 대표팀 감독으로 부임해 2018년 러시아 월드컵 준비 과정에서 세대교체에 성공했다는 호평을 받았다. 그러나 개막을 앞두고 레알 마드리드와의 계약 사실이 알려져 경질됐다. 2019년 여름 세비야 감독으로 부임해 유로파리그 우승을 이루며 지도력을 입증했다. 풀백의 공격 가담, 정통 플레이메이커와 전문 수비형 미드필더 기용, 공격 성향의 선수를 전방에 다수 배치하는 전술을 통해 공격 축구로 성과를 냈다.

상대팀 최근 6경기 전적

구분	승	무	패
레알 마드리드		1	5
바르셀로나	1	2	3
아틀레티코 마드리드	2	3	1
세비야			
레알 베티스	4	1	1
레알 소시에다드	3	3	
비야레알	2	2	2
아틀레틱 빌바오	3	1	2
발렌시아	5	1	
오사수나	4	2	
셀타 비고	3	2	1
라요 바예카노	4	2	
엘체	4	1	1
에스파뇰	4	2	
헤타페	6		
마요르카	2	2	2
카디스	5	1	
알메리아	6		
바야돌리드	3	3	
지로나	3		1

KEY PLAYER

MF 24	파푸 고메스 *Papu Gomez*	출전경기	경기시간(분)	골	어시스트	경고	퇴장
		29	1,792	5	1	4	-

국적: 아르헨티나

중앙 미드필더로 후방 빌드업, 중원 공격 운반 및 페널티 에어리어 근방에서 키 패스와 슈팅, 문전 침투에 이르기까지 경기장 전역에 걸쳐 영향력을 발휘해 눈길을 끌었다. 스트라이커와 윙어, 공격형 미드필더 등 공격진 모든 포지션을 소화할 수 있는 멀티 플레이어이다. 무게 중심이 낮고 빠르고 역동적이며 활동량도 많고 양발 슈팅에 능하다. 아르헨티나 클럽 아르세날 출신으로 산로렌소를 거쳐 이탈리아 카타니아 이적으로 유럽 무대에 입성했다. 2014년 아탈란타에서 전성기를 맞았고 2021년 1월에 세비야로 이적했다.

DARK HORSE

FW 5	루카스 오캄포스 *Lucas Ocampos*	출전경기	경기시간(분)	골	어시스트	경고	퇴장
		30	2128	6	4	7	-

국적: 아르헨티나

지난 시즌 6골 4도움으로 10개의 공격 포인트를 기록했다. 경기당 1.7회로 활발하게 슈팅을 시도했다. 장신 공격수지만 가짜 윙어 스타일로 상대 수비를 흔든다. 빠르고 기술이 좋다. 긴 다리를 활용한 슈팅 세기가 좋다. 공이 없을 때의 움직임도 풍부하고 영리하다. 볼 배급력도 준수해 연계에 능하다. AS 모나코, 마르세유에서의 활약을 바탕으로 2017년 AC 밀란과 임대 계약을 맺었다. 2019년 세비야 이적 후 전성기를 맞았다. 2020/21시즌에 결정력 난조를 보였고 2021/22시즌에도 기복을 보였다.

NEW ADDITION

DF 23	마르캉 *Marcao*	출전경기	경기시간(분)	골	어시스트	경고	퇴장
		26	2,278	-	-	9	1

국적: 브라질

강력한 운동 능력과 터프한 몸싸움, 차분한 경기 운영 능력을 갖췄고 넓은 시야를 바탕으로 후방 빌드업 능력도 뛰어난 완성형 센터백이다. 체구에 비해 빠르고 민첩하다. 디에구 카를루스와 쥘 쿤데의 주전 센터백 조합이 2022년 여름 팀을 떠나며 한국 투어 프리시즌 기간 도중 영입했다. 브라질 클럽 아바이에서 프로 경력을 시작해 2018년 포르투갈 클럽 샤베스로 이적하며 유럽 무대에 진출했고, 2019년 튀르키예 명문 클럽 갈라타사라이로 400만 유로에 이적한 뒤 4시즌 동안 정상급 활약을 펼쳤다.

SPAIN LA LIGA

SEVILLA FC

GK 1 마르코 드미트로비치
Marko Dmirtovic

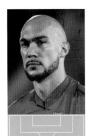

국적: 세르비아

세비야의 백업 골키퍼. 골문 커버 범위가 넓고 순발력도 뛰어나다. 공중볼 처리 능력과 더불어 정확한 골킥 연결, 패스 연결 등 빌드업에도 강점이 있다. 스로인 정확성도 좋다. 세르비아 대표 골키퍼로 레드스타 베오그라드에서 성장해 헝가리 명문 클럽 위페스트, 잉글랜드 찰턴 애슬레틱, 스페인 하부 리그 알코르콘을 거쳐 2017년 에이바르로 이적했다. 에이바르가 강등되자 자유 계약으로 세비야에 입단했다.

출전경기	경기시간(분)	실점	무실점(경기)	경고	퇴장
6	540	5	4	-	-

GK 13 야신 보누
Yassine Bounou

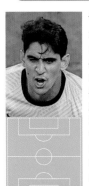

국적: 모로코

페널티 박스 장악력과 수비 리딩, 1대1 상황 선방 능력 및 골킥 정확성 등 최고 수준의 능력을 갖춘 골키퍼이다. 191cm의 키에 발도 빠르다. 몬트리올 임팩트에서 유소년 선수로 뛰었다. 2012년 아틀레티코 마드리드로 스카우트됐으나 1군 기회를 얻지 못한 채 사라고사로 임대되어, 지로나 이적 등으로 기회를 찾아 나섰다. 지로나에서의 활약을 바탕으로 2019/20시즌 세비야로 임대됐다.

출전경기	경기시간(분)	실점	무실점(경기)	경고	퇴장
31	2,790	24	13	2	-

DF 2 곤살로 몬티엘
Gonzalo Montiel

국적: 아르헨티나

아르헨티나 대표팀의 주전 라이트백. 빠른 스피드와 지칠 줄 모르는 체력, 돌파력과 크로스 능력을 갖춘 공격적인 풀백이다. 체구는 작지만 몸싸움 상황에서 지나치게 거칠어 경고와 파울 빈도가 높은 점에 공중볼 경합도 불안 요소다. 어린 나이부터 아르헨티나 청소년 대표로 각광받았고, 2020년 남미 축구 올해의 팀에 선정되며 주목을 받았다. 2021년 여름 세비야로 이적하며 3년 계약을 맺었다.

출전경기	경기시간(분)	골	어시스트	경고	퇴장
18	1,073	1	2	7	-

DF 4 카림 레킥
Karim Rekik

국적: 네덜란드

몸싸움에 능하고 과감한 태클, 공중볼 장악력을 갖춘 센터백. 디에구 카를루스와 쥘 쿤데, 둘의 이탈 가능성이 지난해 여름부터 제기되어 세비야가 헤르타 베를린에 200만 유로를 지불하고 영입했다. 페예노르트에서 성장하다 2011년 맨시티가 스카우트했다. 1군 팀에 자리잡지 못해 임대를 전전하다 PSV 에인트호번에서 두각을 나타냈고, 프랑스 명문 마르세유를 거치며 네덜란드 대표로도 선발됐다.

출전경기	경기시간(분)	골	어시스트	경고	퇴장
18	1095	-	-	5	-

DF 16 헤수스 나바스
Jesus Navas

국적: 스페인

몬티엘과 더불어 세비야의 오른쪽 풀백 선발 출전 기회를 나눠 가졌다. 총알 같은 스피드와 날카로운 오른발 크로스 패스 능력이 장기인 정통파 윙어. 30대에 접어든 이후 풀백으로 포지션을 바꿔 속도와 체력은 떨어졌지만 경기 운영 능력을 바탕으로 영향력을 유지하고 있다. 드리블 빈도가 줄어든 대신 얼리크로스와 스루패스 능력을 극대화해 공격적인 풀백으로 기능하고 있다. 세비야의 주장을 맡고 있다.

출전경기	경기시간(분)	골	어시스트	경고	퇴장
25	1,788	-	3	4	-

DF 19 마르코스 아쿠냐
Marcos Acuna

국적: 아르헨티나

아르헨티나 대표팀의 주전 레프트백이다. 2021/22시즌 라리가 경기당 1.5회 크로스를 배급하며 세비야 선수 중 1위를 기록했다. 롱볼 전개도 경기당 3.7회로 공격 기점 역할을 했다. 공격력이 출중한 왼쪽 윙백으로 속도보다 기술 및 호전성, 날카로운 왼발 킥 능력이 강점이다. 코너킥 정확성이 높고 시야도 넓어 전환 패스에도 능하다. 2020년 여름 세비야와 4년 계약을 체결했다.

출전경기	경기시간(분)	골	어시스트	경고	퇴장
31	2,266	1	3	10	-

MF 6 네마냐 구델리
Nemanja Gudelj

국적: 세르비아

지난 시즌 세비야 미드필더 중 최고 패스 성공률(89.3%)을 기록했다. 볼 배급 능력, 공중볼 처리 능력을 갖춘 수비형 미드필더이다. 센터백 포지션도 커버할 수 있다. NAC 브레다 유소년 팀에서 성장했다. 2009년 브레다에서 프로로 데뷔했고 2015년 아약스로 이적해 전성기를 보냈다. 2018년 스포르팅으로 유럽에 돌아온 구델리는 2019년 세비야로 완전 이적해 로테이션 자원으로 뛰고 있다.

출전경기	경기시간(분)	골	어시스트	경고	퇴장
21	1,040	-	-	5	-

MF 8 조안 조르단
Joan Jordan

국적: 스페인

36경기 중 32경기를 선발로 나서며 미드필더 중 가장 꾸준하게 활약했다. 경기당 4.3회 롱 패스를 연결하며 전환 패스, 기점 패스를 공급한 중원 마스터. 좁은 공간을 빠져나오는 볼 관리 기술과 전환 패스 능력을 갖췄다. 양발을 잘 쓰는 것도 무기다. 프리킥 상황에서도 득점과 도움이 가능한 데드볼 스페셜리스트이기도 하다. 2019년 여름 1,400만 유로 이적료를 기록하며 세비야로 이적했다.

출전경기	경기시간(분)	골	어시스트	경고	퇴장
36	2,530	-	1	9	-

MF 10 이반 라키티치
Ivan Rakitic

국적: 크로아티아

2021/22시즌 35경기 중 9경기는 교체로 나서는 등 황혼기를 맞아 로테이션이 가동됐으나 6개의 도움으로 팀 내 가장 많은 어시스트를 기록했다. 중원에서의 킬러 패스, 프리킥 및 중거리 슈팅, 돌파, 압박 등 모든 능력이 출중하다. 황혼기를 맞아 바르셀로나를 떠난 라키티치는 세비야에서 다시 자신의 공격 창조성에 집중한다. 2018 러시아 월드컵 준우승 후 크로아티아 대표팀에서 은퇴했다.

출전경기	경기시간(분)	골	어시스트	경고	퇴장
35	2,188	4	6	5	-

MF 18 토마스 딜레이니
Thomas Delaney

국적: 덴마크

수비 커버, 공격 가담 시 중거리 슈팅 및 스루 패스 능력을 두루 갖춘 박스 투 박스형 중앙 미드필더다. 측면 미드필더 포지션도 소화할 수 있다. 덴마크의 유로2020 4강 신화 핵심 선수. 2017년 독일 베르더 브레멘으로 이적해 빅 리그 무대에 입성했다. 한 시즌 만에 2,000만 유로 이적료를 기록하며 도르트문트로 이적했고, 도르트문트의 DFB포칼 우승을 이룬 뒤 세비야로 이적했다.

출전경기	경기시간(분)	골	어시스트	경고	퇴장
26	1545	2	1	2	1

MF 21 올리베르 토레스
Oliver Torres

국적: 스페인

세비야의 로테이션 미드필더로 경기당 키패스는 0.5회에 불과했으나 2.2회 롱볼 배급 및 82%를 넘는 패스 성공률로 중원 빌드업 과정에서 안정적으로 활약했다. 수비 관여도 역시 2년 사이 크게 개선됐다. 아틀레티코 마드리드에서 큰 기대를 받으며 성장했으나 중원 선발 경쟁이 치열해 임대 이적하며 기회를 도모했다. 스페인 청소년 대표 시절 로페테기 감독이 중용했고 2019년 세비야에서 재회하게 됐다.

출전경기	경기시간(분)	골	어시스트	경고	퇴장
26	1,002	2	3	2	

MF 25 페르난두
Fernando

국적: 브라질

지난 시즌 경기당 가로 채기 1.2회로 팀 내 최고, 태클도 1회, 걷어내기 1.3회 등 수비 관련 지표에서 모두 상위권을 차지했다. 현대 축구에 흔치 않은 전문 수비형 미드필더. 기점 패스, 전환 패스 등 볼 배급력도 준수하다. 때론 거친 플레이로 경고가 잦아 불안 요소가 되기도 한다. 2014년 맨체스터 시티로 이적 후 2시즌 동안 꾸준히 뛰었으나 주전에서 밀려 2019년 세비야로 이적했다.

출전경기	경기시간(분)	골	어시스트	경고	퇴장
24	1,851	1	1	6	-

FW 7 수소
Suso

국적: 스페인

왼발 슈팅과 패스로 공격 상황을 창조하는 측면 공격수. 세컨드 톱 등 2선 전 포지션을 소화할 수 있다. 2015년 AC 밀란으로 이적해 좋은 장면을 만들기도 했으나 부족한 수비력으로 인해 지지를 받지 못했다. 2020년 1월 임대 후 2,400만 유로 이적료에 세비야로 완전 이적했다. 2020/21시즌 주전으로 활약했으나 2021/22시즌 발목 부상으로 2021년 11월 이후 출전하지 못했다.

출전경기	경기시간(분)	골	어시스트	경고	퇴장
8	390	-	1	-	-

FW 9 테카티토 코로나
Jesus 'Tecatico' Corona

국적: 멕시코

2022년 1월 세비야로 전격 이적한 뒤 후반기 12경기만 선발로 뛰고도 2골 4도움으로 6개의 공격 포인트를 올리며 빠르게 영향력을 발휘했다. 2015년 포르투로 이적한 뒤 전성기를 맞이했다. 빠른 스피드, 역동적인 돌파와 압박, 과감한 슈팅 시도와 수비 가담 능력을 갖춘 측면 공격수이다. 수비력도 준수해 윙백도 소화할 수 있다. 양발을 두루 잘 쓰며 골 감각이 좋지만 다득점한 시즌은 없다.

출전경기	경기시간(분)	골	어시스트	경고	퇴장
18	1,161	2	4	2	-

FW 11 무니르 엘 하다디
Munir El Haddadi

국적: 모로코

화려한 드리블 기술과 날카로운 왼발 슈팅을 무기로 측면과 전방을 오가며 공격한다. 약발인 오른발 정확성이 크게 떨어진다. 마드리드에서 태어났으나 부친은 모로코 출신이다. 아틀레티코 유소년 팀에서 성장하다 2011년 바르셀로나 유소년 팀으로 스카우트됐고, 2014년 1군에 데뷔해 인상적인 플레이를 펼쳤으나 꾸준한 주전 기회를 찾아 발렌시아, 알라베스로 임대 후 2019년 여름 세비야로 완전 이적했다.

출전경기	경기시간(분)	골	어시스트	경고	퇴장
17	471	2	-	3	-

FW 12 라파 미르
Rafa Mir

국적: 스페인

지난 시즌 팀 내 최다 골(10골)을 기록했다. 경기당 슈팅 1.8회, 경기당 1.7회 공중볼 경합 승리를 기록하며 전방에서 포스트 플레이도 수행했다. 2018년 울버햄튼으로 이적했지만 적응에 어려움을 겪어 노팅엄, 우에스카 임대 등으로 재기를 도모했다. 우에스카의 강등 속에도 라리가 13골을 기록하며 2021년 여름 세비야로 이적했다. 스페인의 2020 도쿄 하계 올림픽 은메달 주역으로 활약했다.

출전경기	경기시간(분)	골	어시스트	경고	퇴장
34	1,804	10	-	6	-

FW 15 유세프 엔네시리
Youssef En-Nesyri

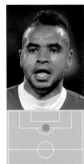

국적: 모로코

모로코 대표 주전 스트라이커로 드리블 돌파 능력 및 장신을 활용한 공중볼 처리 능력, 헤더 득점 능력도 갖췄다. 기술력과 활동력, 가속력을 겸비했다. 2015년 말라가 유소년 팀으로 스카우트되었다. 2020년 1월 2,500만 유로 이적료에 세비야로 이적했다. 2020/21시즌 리그 전 경기에 출전해 18골을 넣었다. 지난 시즌에 무릎 부상, 아프리카 네이션스컵 참가 등으로 기여도가 떨어졌다.

출전경기	경기시간(분)	골	어시스트	경고	퇴장
23	1,282	5	1	1	-

FW 17 에릭 라멜라
Erik Lamela

국적: 아르헨티나

직선적인 드리블 돌파와 왼발 슈팅 능력이 무기인 측면 미드필더이다. 직접 프리킥 능력을 갖췄고 경기 중 라보나 킥을 자유자재로 구사할 정도로 화려하다. 프리미어리그를 경험하며 피지컬도 강해졌다. 수비 가담은 좋지만 공격 시 공을 끄는 것이 단점. 2011년 AS 로마로 이적해 최고 활약을 펼쳤다. 2021년 브라이언 힐과 트레이드+현금 조건으로 세비야로 이적했으나 부상으로 고전했다.

출전경기	경기시간(분)	골	어시스트	경고	퇴장
20	1,016	5	2	5	-

레알 베티스
Real Betis Balompié

TEAM PROFILE
창　립	1907년
구 단 주	앙헬 아로(스페인)
감　독	마누엘 페예그리니(칠레)
연 고 지	세비야
홈 구 장	베니토 비야마린(5만 2,500명)
라 이 벌	세비야
홈페이지	www.realbetisbalompie.es

최근 5시즌 성적
시즌	순위	승점
2013-2014	3위	82점(25승7무6패, 71득점 27실점)
2014-2015	1위	87점(26승9무3패, 73득점 32실점)
2015-2016	10위	50점(12승14무12패, 59득점 53실점)
2016-2017	1위	93점(30승3무5패, 85득점 32실점)
2017-2018	5위	70점(21승7무10패, 62득점 38실점)

LA LIGA
통　산	우승 1회
21-22 시즌	5위(19승8무11패, 승점 65점)

COPA DEL REY
통　산	우승 3회
21-22 시즌	우승

UEFA
통　산	없음
21-22 시즌	유로파리그 16강

경기 일정
라운드	날짜	장소	상대팀
1	2022.08.16	홈	엘체
2	2022.08.21	원정	마요르카
3	2022.08.27	홈	오사수나
4	2022.09.05	원정	레알 마드리드
5	2022.09.12	홈	비야레알
6	2022.09.19	홈	지로나
7	2022.10.03	원정	셀타 비고
8	2022.10.10	원정	레알 바야돌리드
9	2022.10.17	홈	알메리아
10	2022.10.20	원정	카디스
11	2022.10.24	홈	아틀레티코 마드리드
12	2022.10.31	원정	레알 소시에다드
13	2022.11.07	홈	세비야
14	2022.11.10	원정	발렌시아
15	2023.01.01	홈	아틀레틱 빌바오
16	2023.01.09	원정	라요 바예카노
17	2023.01.15	홈	바르셀로나
18	2023.01.23	원정	에스파뇰
19	2023.01.30	원정	헤타페
20	2023.02.06	홈	셀타 비고
21	2023.02.13	원정	알메리아
22	2023.02.20	홈	레알 바야돌리드
23	2023.02.27	원정	엘체
24	2023.03.06	홈	레알 마드리드
25	2023.03.13	원정	비야레알
26	2023.03.20	홈	마요르카
27	2023.04.03	원정	아틀레티코 마드리드
28	2023.04.10	홈	카디스
29	2023.04.17	홈	에스파뇰
30	2023.04.24	원정	오사수나
31	2023.04.27	홈	레알 소시에다드
32	2023.05.01	원정	바르셀로나
33	2023.05.04	원정	아틀레틱 빌바오
34	2023.05.15	홈	라요 바예카노
35	2023.05.22	원정	세비야
36	2023.05.25	홈	헤타페
37	2023.05.29	원정	지로나
38	2023.06.05	홈	발렌시아

전력분석 ## 챔스와 유로파의 경계선

1990년대 이후 레알 베티스의 가장 화려한 시기는 2004/05시즌이었다. 리그 4위를 차지했고, 코파 델 레이에서 우승했다. 2021/22시즌에도 같은 꿈을 꿨다. 17년 만에 코파 델 레이에서 우승했으나 라리가에선 아쉽게 5위로 챔피언스리그 진출에 실패했다. 하지만 17년 만의 리그 최고 성적을 낸 것이다. 실망할 성적은 아니지만 베티스의 꿈은 챔피언스리그로 돌아가는 것이다. 여전히 라리가를 대표하는 '빅3'인 레알 마드리드와 바르셀로나, 아틀레티코 마드리드와의 격차는 뚜렷하다. 4위 자리를 노리지만 지역 라이벌인 세비야가 보다 안정적인 성적을 거두고 있다. 뿐만 아니라 레알 소시에다드, 비야레알, 아틀레틱 클럽 빌바오 등 4위를 노리는 유로파리그 진출권 경쟁 팀들을 상대로도 확실히 앞선다고 보기 어렵다. 베티스는 분명 매력적인 축구를 구사하는 흥미로운 팀이지만 리그 전체를 흔들만한 파괴력이 부족하다. 올여름 이적 시장에 영입한 윙어 루이스 엔리키는 조커 자원이다. 다만 수비력 향상을 위해 라치오에서 영입한 검증된 센터백 루이스 펠리피는 베티스가 더 안정적으로 승점을 쌓는데 기여할 수 있다.

전술분석 ## 화려하고 역동적인 베티스 축구

비야레알, 말라가, 맨체스터 시티를 이끌고 유럽대항전 및 빅 리그에서 성과를 낸 마누엘 펠레그리니 감독은 공격적이고 매력적이면서 성적까지 거둘 수 있는 팀을 조련했다. 라리가를 대표하는 포메이션 4-2-3-1을 중심으로 균형을 갖추는 데 성공했다. 장신 공격수 보르하 이글레시아스가 상대 센터백을 묶어 두면 왼쪽 측면에는 오른발잡이 인사이드 포워드 후안미가 중앙 전방으로 습격해 득점 기회를 맞는다. 이글레시아스 본인이 헤더나 마무리 슈팅으로 득점할 수 있는데다, 후안미가 득점에 특화된 선수이기에 둘이 골을 많이 생산한다. 여기에 오른쪽 측면에는 나빌 페키르나, 세르히오 카날레스, 루이스 엔리키 같은 기술을 갖춘 측면과 2선 공격수가 공간을 만들고 키패스를 배급한다. 카날레스는 중앙 2선 및 3선까지 커버하는 전술 유연성을 갖춘 플레이메이커다. 기도 로드리게스는 공격 재능이 풍부한 베티스의 중원에서 수비를 전담한다. 좌우 풀백 알렉스 모레노와 사발리는 공격 가담에 주저하지 않는다. 문제는 기도 로드리게스의 수비 부담이 크고, 센터백의 밀도가 공격 퀄리티에 비해 부족한 것이다.

시즌 프리뷰

세비야 넘어 챔스 향한 베티스의 꿈

레알 베티스는 안달루시아의 주도 세비야를 연고로 한다. 세비야와 라리가 내에서 가장 전투적인 분위기를 자랑하는 '엘 그란 데르비'를 펼치는 라이벌이다. 라리가 내 더비는 비교적 온건한 분위기지만 안달루시아 더비는 지난 시즌 코파 델 레이 경기 중 서포터의 위험물 투척 사태로 하루 뒤로 연기되는 사태가 벌어질 정도다. 강을 경계로 중산층과 서민층을 대표하는 팬 베이스의 차이 속에 지역명을 쓰는 세비야 FC가 세계적으로 널리 알려져 있고 최근 성적도 좋다. 베티스의 목표는 세비야를 넘는 것이다. 지난 몇 년간 꾸준히 팀을 발전시켜온 베티스는 2021/22시즌 코파 델 레이에서 세비야를 탈락시키고 우승했으나 라리가에서는 세비야와 우승 경쟁까지 펼치다 챔피언스리그에 진출한 반면 유로파리그는 진출에만 만족해야 했다. 올 시즌 베티스는 세비야를 제치고 챔피언스리그 진출을 노린다. 세비야의 전력이 약해졌다는 평가지만 베티스 역시 뚜렷한 강해졌다고 자신할 부분이 없다. 유럽대항전을 병행하며 리그 성적을 어떻게 관리할지, 아니면 유로파리그 우승으로 챔피언스리그 진출을 노릴지 선택해야 한다.

TEAM RATINGS

슈팅 7	패스 7
조직력 8	수비력 6
감독 8	선수층 7

43

2021/22 프로필

팀 득점	62
평균 볼 점유율	53.80%
패스 정확도	82.50%
평균 슈팅 수	13.6
경고	85
퇴장	6

골 타입		
오픈 플레이	66	
세트 피스	16	
카운터 어택	5	
패널티 킥	10	
자책골	3	단위 (%)

패스 타입		
쇼트 패스	85	
롱 패스	12	
크로스 패스	3	
스루 패스	0	단위 (%)

IN & OUT

주요 영입	주요 방출
루이스 엔리키, 루이스 펠리피	엑토르 벨레린, 조엘 로블레스, 크리스티안 테요, 키케 에르모스, 디에고 라이네스

TEAM FORMATION

PLAN **4-2-3-1**

지역 점유율

공격 진영	28%
중앙	43%
수비 진영	29%

공격 방향

40% 왼쪽	24% 중앙	37% 오른쪽

슈팅 지역

골 에어리어	8%
패널티 박스	53%
외곽 지역	39%

상대팀 최근 6경기 전적

구분	승	무	패
레알 마드리드	1	3	2
바르셀로나	1		5
아틀레티코 마드리드		1	5
세비야	1	1	4
레알 베티스			
레알 소시에다드	3	2	1
비야레알	1	1	4
아틀레틱 빌바오	1	1	4
발렌시아	4	1	1
오사수나	5	1	
셀타 비고	3	2	1
라요 바예카노	2	3	1
엘체	2	2	2
에스파뇰	3	3	
헤타페	2	2	2
마요르카	4	2	
카디스	4	1	1
알메리아	1		5
바야돌리드	3	1	2
지로나	5	1	

SQUAD

포지션	등번호	이름		생년월일	키(cm)	체중(kg)	국적
GK	13	후이 실바	Rui Silva	1994.02.07	191	91	포르투갈
	25	클라우디오 브라보	Claudio Bravo	1983.04.13	184	80	칠레
DF	2	마르틴 몬토야	Martin Montoya	1991.04.14	175	73	스페인
	3	에드가 곤살레스	Edgar Gonzalez	1997.04.01	193	78	스페인
	5	마르크 바르트라	Marc Bartra	1991.01.15	184	70	스페인
	6	빅토르 루이스	Victor Ruiz	1989.01.25	184	95	스페인
	15	알렉스 모레노	Alex Moreno	1993.06.08	170	60	스페인
	16	헤르만 페첼라	German Pezzella	1991.06.27	187	76	아르헨티나
	19	루이즈 펠리페	Luiz Felipe	1997.03.22	187	80	이탈리아
	23	유스프 사발리	Youssouf Sabaly	1993.03.05	173	68	세네갈
	33	후안 미란다	Juan Miranda	2000.01.19	185	79	스페인
MF	4	폴 아쿠오쿠	paul akouokou	1997.12.20	181	68	코트디부아르
	10	세르히오 카날레스	Sergio Canales	1991.02.16	180	65	스페인
	14	윌리앙 카르발류	William Carvalho	1992.04.07	187	79	포르투갈
	18	안드레스 과르다도	Andres Guardado	1986.09.28	169	60	멕시코
	21	기도 로드리게스	Guido Rodriguez	1994.04.12	185	78	아르헨티나
	22	빅토르 카마라사	Victor Camarasa	1994.05.28	183	77	스페인
	28	로드리 산체스	Rodri Sanchez	2000.02.16	175	63	스페인
FW	7	후안미	Juanmi	1993.05.20	172	69	스페인
	8	나빌 페키르	Nabil Fekir	1993.07.18	173	72	프랑스
	9	보르하 이글레시아스	Borja Iglesias	1993.01.17	187	86	스페인
	11	루이스 엔리크	Luiz Henrique	2001.01.02	182	77	브라질
	12	윌리안 주제	Willian Jose	1991.11.23	189	91	브라질
	17	호아킨 산체스	Joaquin	1981.07.21	181	75	스페인
	24	아이토르 루이발	Aitor Ruibal	1996.03.22	176	74	스페인

COACH

마누엘 펠레그리니
Manuel Pellegrini
1953년 9월 16일생 칠레

남미의 벵거라는 별명으로 유명한 백전노장이다. 1988년 칠레 명문 우니베르시다드 감독으로 지도자 경력을 시작해, 1999년 LDU 키토를 이끌고 에콰도르 리그에 우승했다. 2001년에도 산로센소 감독으로 아르헨티나 리그 우승을 이루며 성과를 냈다. 비야레알 감독을 맡아 스페인 라리가 무대에 입성해 라리가 준우승 및 챔피언스리그 4강 진출을 이뤘고, 카타르 자본의 투자를 받은 말라가를 챔피언스리그 8강까지 진출시키기도 했다. 레알 마드리드 감독으로 갈락티코 2기 시절한 시즌 만에 경질됐으나 맨체스터 시티 감독으로 2013/14시즌 비유럽 출신 감독으로서는 첫 프리미어리그 우승을 이루며 지도력을 입증했다. 2016년에 맨시티를 떠난 뒤 중국 클럽 허베이, 2018년 웨스트햄 등을 맡은 뒤 2020년 레알 베티스 감독으로 제2의 전성기를 맞았다.

KEY PLAYER

MF	10	세르히오 카날레스
		Sergio Canales

국적: 스페인

라싱 산탄데르의 어린 왕자는 지금 베티스의 전사로 거듭났다. 정밀한 왼발과 드리블 기술, 창의적인 패싱력이 강점인 플레이메이커다. 하지만 거칠어진 외모만큼이나 몸싸움을 마다하지 않고 경기장 전방 이곳저곳을 누비며 전투적으로 플레이한다. 공이 없을 때 움직임과 경기 전체를 보는 시야가 좋아져 중앙 미드필더로 후진 배치되어 전술 영향력이 커졌다. 섬세한 퍼스트 터치, 정교하고 날카로운 패싱 능력을 탑재하면서 라리가 최고의 미드필더 중 한 명으로 우뚝 섰다. 2010년 레알 마드리드로 이적했으나 주전 경쟁에서 어려움을 겪었다. 발렌시아와 레알 소시에다드로 이적한 뒤에는 잦은 부상으로 꾸준하지 못했다. 2018/19시즌 베티스 이적 후 만개했다.

출전경기	경기시간(분)	골	어시스트	경고	퇴장
34	2803	5	7	7	-

GK	13	후이 실바
		Rui Silva

국적: 포르투갈

공중볼 처리 및 문전 장악력이 뛰어나다. 포르투갈 클럽 나시오날에서 만 19세의 나이로 데뷔해 21세에 주전이 됐다. 2017년 그라나다로 이적한 뒤 그라나다 역사상 첫 유로파리그 진출 및 8강 진출이라는 역사를 쓰는데 결정적 역할을 했다. 포르투갈 연령별 대표를 거쳐 2021년 성인 대표팀에도 선발, 유로 2020에 참가했다. 2021년 여름 그라나다와 계약 만료로 베티스와 5년 계약을 체결했다.

출전경기	경기시간(분)	실점	무실점(경기)	경고	퇴장
22	1,963	21	8	2	-

GK	25	클라우디오 브라보
		Claudio Bravo

국적: 칠레

번개 같은 반사 신경을 통한 선방 능력과 필드 선수 수준의 볼을 다루는 기술을 갖춘 스위퍼 키퍼. 칠레 명문 콜로 콜로에서 경력을 시작해 2006년 소시에다드로 이적하였고 라리가 229경기를 치렀다. 골키퍼임에도 경기에서 프리킥으로 골맛을 보기도 했다. 2014년 바르셀로나로 이적해 2시즌 동안 활약한 뒤 2016년 맨시티로 이적해 후보 골키퍼로 뛰다 2020년 베티스로 이적, 라리가로 돌아왔다.

출전경기	경기시간(분)	골	무실점(경기)	경고	퇴장
17	1,457	19	6	2	-

DF	5	마르크 바르트라
		Marc Bartra

국적: 스페인

제라르드 피케의 후계자로 기대를 받으며 바르셀로나 라마시아에서 성장해 2010년 바르셀로나 1군에 데뷔했다. 큰 키는 아니지만 공중전 및 헤더 능력이 강하고, 패스 전개력이 출중하다. 스피드가 빨라 수비 범위가 넓고, 라이트백 포지션도 소화할 수 있다. 바르사에서 후보 자원으로 뛰다 피케의 활약이 장기간 이어져 주전 기회를 찾아 2016년 도르트문트로 갔다가 2018년 1월 레알 베티스로 이적했다.

출전경기	경기시간(분)	골	어시스트	경고	퇴장
23	1,994	1	-	5	-

DF	15	알렉스 모레노
		Alex Moreno

국적: 스페인

본래 빠른 발을 갖춘 윙어였으나 레프트백으로 포지션을 옮긴 뒤 프로 1군 무대에서 입지를 다졌다. 현란한 드리블 기술과 속도, 민첩성에 태클 기술도 준수하다. 다만 대인 수비에 강한 편은 아니며 공중전에 약하다. 2011년 바르셀로나 유소년 팀과 계약했다. 1군 기회를 얻지 못해 스페인 3부 리그를 거쳐 2014년 라요 바예카노로 이적했다. 라요가 2부로 강등된 후 2019년 여름에 베티스로 이적했다.

출전경기	경기시간(분)	골	어시스트	경고	퇴장
30	2,408	5	3	4	1

DF	16	헤르만 페첼라
		German Pezzella

국적: 아르헨티나

압도적 공중전 장악 능력과 끈질긴 대인 방어 능력, 거칠고 도전적인 수비를 펼치는 아르헨티나 대표 센터백. 빌드업 능력은 약하지만 리더십과 상황 판단 능력이 뛰어나다. 아르헨티나 명문 리버 플레이트에서 성장해 아르헨티나 리그, 코파 수다메리카나, 코파 리베르타도레스를 연달아 우승한 뒤 2015년 베티스로 이적했다. 2017/18시즌 이탈리아 피오렌티나로 임대되었고, 2021년 베티스로 돌아왔다.

출전경기	경기시간(분)	골	어시스트	경고	퇴장
23	1,991	1	-	5	1

DF	33	후안 미란다
		Juan Miranda

국적: 스페인

2020 도쿄 올림픽에서 마르크 쿠쿠렐라를 제치고 주전 레프트백으로 활약하며 은메달 획득에 기여해 주목받았다. 공격적인 풀백 중 빠른 편은 아니지만 창의적인 기술과 판단력, 강한 피지컬과 태클 기술을 갖췄다. 베티스 유소년 팀에서 성장했다. 유소년 시절 라 마시아로 스카우트됐으나 1군 경기에 데뷔하지 못했고, 2020/21시즌 베티스 임대 기간에 기량이 만개해 2021년 여름 완전 이적했다.

출전경기	경기시간(분)	골	어시스트	경고	퇴장
13	782	-	2	3	-

MF 14 윌리앙 카르발류
William Carvalho

국적: 포르투갈

192cm의 장신에 탄탄한 체구를 갖췄으나 운동 능력보다는 볼 배급력이 강점인 빌드업 미드필더다. 좌우로 길게 뽑아주는 패스가 강점. 힘이 좋아 공을 소유하고 버티는 데 능하지만 속도가 느려 수비력 자체는 떨어지며, 종종 위험한 상황에서 공을 잃기도 한다. 포르투갈 각급 청소년 대표를 거쳐 유로2016 우승 당시 포르투갈 대표팀의 핵심 미드필더로 활약했다. 2018년에 베티스에 입단했다.

출전경기	경기시간(분)	골	어시스트	경고	퇴장
33	1,806	2	3	6	-

MF 18 안드레스 과르다도
Andres Guardado

국적: 멕시코

지난 시즌 경기당 2.9회의 롱 패스를 뿌리며 중원 조율사로 팀을 후방에서 지휘했다. 30대 중반을 바라보는 멕시코 대표 베테랑 미드필더. 풍부한 경험과 예리한 왼발 킥 능력, 과감한 한방을 갖췄다. 데포르티보 라코루냐와 발렌시아에서 활동 기간을 포함하면 스페인 무대에서만 12년의 세월을 보냈다. 2019/20시즌에는 베티스의 주장으로 활약하기도 했다. 황혼기를 맞아 로테이션 자원으로 뛰고 있다.

출전경기	경기시간(분)	골	어시스트	경고	퇴장
28	1,394	-	1	4	-

MF 21 기도 로드리게스
Guido Rodriguez

국적: 아르헨티나

수비형 미드필더임에도 지난 시즌 20경기 이상 출전했다. 베티스 선수 중 가장 많은 경기당 태클(3)을 기록했고, 경기당 1.5회 파울을 만들며 중앙 지역에서 상대 공격을 차단했다. 공격 전개력도 갖췄으나 2선 공격 자원이 많은 베티스의 중원 수비를 책임진다. 아르헨티나 리버 플레이트에서 코파 수다메리카나 우승을 이뤘다. 티후아나에서 멕시코 리그 골든볼을 수상한 뒤 2020년 1월 베티스로 이적했다.

출전경기	경기시간(분)	골	어시스트	경고	퇴장
32	2,533	1	2	7	1

FW 7 후안미
Juanmi

국적: 스페인

2021/22시즌 라리가에서 20개의 공격 포인트를 올리며 천재성을 현실화시켰다. 측면에서 중앙으로 침투해 득점 기회를 포착하고, 문전에서 탁월한 위치 선정을 바탕으로 골 냄새를 맡는다. 스프린트 속도가 빠른 편은 아니지만 민첩성을 바탕으로 간결한 마무리 슈팅을 한다. 말라가 시절 천재로 불리며 기대를 받아 프리미어리그에 진출했으나 사우샘프턴에서 실패를 겪고 소시에다드를 거쳐 베티스에 입단했다.

출전경기	경기시간(분)	골	어시스트	경고	퇴장
33	2,149	16	4	5	-

FW 8 나빌 페키르
Nabil Fekir

국적: 프랑스

베티스의 2선 창의성을 담당하는 플레이메이커다. 빠른 발과 발재간, 왼발 킥 능력이 강점. 세컨드 스트라이커, 우측 윙어로도 뛴다. 2018 러시아 월드컵의 프랑스 대표팀 우승 멤버였다. 올랭피크 리옹에서 6시즌을 보내며 리그1 최고의 선수 중 한 명으로 평가받았다. 2019년 베티스 이적 후 베티스의 에이스로 프리킥, 세트피스를 전담하며 대부분의 득점 상황에 관여하면서 전성시대를 이끌고 있다.

출전경기	경기시간(분)	골	어시스트	경고	퇴장
34	2,812	6	8	7	-

FW 9 보르하 이글레시아스
Borja Iglesias

국적: 스페인

현대 축구에서 다시 각광받고 있는 정통파 9번 장신 스트라이커이다. 큰 키와 힘을 통한 포스트 플레이는 물론 헤더 슈팅 및 문전에서 원터치로 마무리하는 감각적인 결정 능력을 갖췄다. 2021/22시즌 경기당 슈팅이 1.2회에 불과했으나 10골을 넣었다. 2019/20시즌 베티스 이적 후, 시즌 초반 발목 부상으로 고전했으나 2020/21시즌부터 만개해 2021/22시즌 절정기를 맞았다는 평가이다.

출전경기	경기시간(분)	골	어시스트	경고	퇴장
33	1,574	10	-	4	-

FW 11 루이스 엔리키
Luiz Henrique

국적: 브라질

브라질 리우데자네이루를 대표하는 플루미넨시 출신의 윙포워드, 스피드가 빠른 편은 아니나 현란한 발 기술을 바탕으로 솔로 플레이로 돌파해 커트인 후 슈팅으로 골문을 직접 노리는 플레이를 즐긴다. 바야돌리드 구단주이기도 한 브라질 레전드 호나우두가 탁월한 재능을 가졌다고 추천한 선수다. 2020년 프로로 데뷔해 플루미넨시에서 120경기를 소화하며 14골을 넣고 900만 유로 이적료로 베티스에 입단했다.

출전경기	경기시간(분)	골	어시스트	경고	퇴장
14	1,058	2	3	-	-

FW 12 윌리안 주제
Willian Jose

국적: 브라질

189cm의 장신에 유연성을 겸비했다. 측면과 전방을 오가며 공을 지키고 연결하고 해결한다. 헤더 슈팅에 능하고, 페널티킥을 전담할 정도로 차분하다. 브라질 그레미우 바루에리에서 경력을 시작해 브라질 명문 클럽을 두루 거쳤다. 2014년 레알 마드리드에 입단했으나 2군에서 뛰다 2016년 소시에다드에서 전성기를 맞았다. 2020/21시즌 울버햄튼에 임대됐으나 부진했고, 베티스에서 재기에 성공했다.

출전경기	경기시간(분)	골	어시스트	경고	퇴장
32	1,612	8	4	1	-

FW 17 호아킨 산체스
Joaquin Sanchez

국적: 스페인

2022년 여름 은퇴를 예고했으나 여전히 건재한 경기력을 보여 1년 더 계약을 연장했다. 2000년대를 대표한 윙포워드로 폭발적 스피드와 당당한 체구, 강력한 슈팅으로 화끈하게 골을 만들었다. 마흔을 앞두고 있으나 여전히 순간 폭발력을 갖추고 있다. 노련한 연계 플레이로 베티스의 정신적 구심점이자 특급 조커로서 제 몫을 하고 있다. 발렌시아, 말라가, 피오렌티나를 거쳐 2015년 친정팀으로 돌아왔다.

출전경기	경기시간(분)	골	어시스트	경고	퇴장
21	455	-	1	-	-

레알 소시에다드
Real Sociedad

TEAM PROFILE	
창 립	1909년
구 단 주	호킨 아페리바이(스페인)
감 독	이마놀 알과실(스페인)
연 고 지	산 세바스티안
홈 구 장	레알레 세구로스 스타디움(3만 9,000명)
라 이 벌	아틀레틱 빌바오
홈페이지	www.realsociedad.eus

최근 5시즌 성적

시즌	순위	승점
2017-2018	12위	49점(14승7무17패, 66득점 59실점)
2018-2019	9위	50점(13승11무14패, 45득점 46실점)
2019-2020	6위	56점(16승8무14패, 56득점 48실점)
2020-2021	5위	62점(17승11무10패, 59득점 38실점)
2021-2022	6위	62점(17승11무10패, 40득점 37실점)

LA LIGA

통 산	우승 2회
21-22 시즌	6위(17승11무10패, 승점 62점)

COPA DEL REY

통 산	우승 3회
21-22 시즌	8강

UEFA

통 산	없음
21-22 시즌	유로파리그 32강

경기 일정

라운드	날짜	장소	상대팀
1	2022.08.15	원정	카디스
2	2022.08.22	원정	바르셀로나
3	2022.08.28	원정	엘체
4	2022.09.05	홈	아틀레티코 마드리드
5	2022.09.12	원정	헤타페
6	2022.09.19	홈	에스파뇰
7	2022.10.03	원정	지로나
8	2022.10.10	홈	비야레알
9	2022.10.17	원정	셀타 비고
10	2022.10.20	홈	마요르카
11	2022.10.24	원정	레알 바야돌리드
12	2022.10.31	홈	레알 베티스
13	2022.11.07	홈	발렌시아
14	2022.11.10	원정	세비야
15	2021.11.29	원정	에스파뇰
16	2023.01.01	홈	오사수나
17	2023.01.09	원정	알메리아
18	2023.01.15	홈	아틀레틱 빌바오
19	2023.01.23	원정	라요 바예카노
20	2023.01.30	원정	레알 마드리드
21	2023.02.06	홈	레알 바야돌리드
22	2023.02.13	원정	에스파뇰
23	2023.02.20	홈	셀타 비고
24	2023.02.27	원정	발렌시아
25	2023.03.06	홈	카디스
26	2023.03.13	원정	마요르카
27	2023.03.20	홈	엘체
28	2023.04.03	원정	비야레알
29	2023.04.10	홈	헤타페
30	2023.04.17	원정	아틀레틱 빌바오
31	2023.04.24	홈	라요 바예카노
32	2023.04.27	원정	레알 베티스
33	2023.05.01	원정	오사수나
34	2023.05.04	홈	레알 마드리드
35	2023.05.15	홈	지로나
36	2023.05.22	원정	바르셀로나
37	2023.05.25	홈	알메리아
38	2023.05.29	원정	아틀레티코 마드리드

전력분석 측면 공격 재편성, 오야르사발 장기 부상

지난 몇 년 사이 꾸준히 상위권 순위를 유지하며 돌풍의 팀으로 떠오른 레알 소시에다드는 미켈 오야르사발이 지난 3월 십자인대 부상으로 장기 이탈했고, 올여름 이적 시장에는 계약 기간이 끝난 아드낭 야누자이가 재계약 제안을 거절하며 떠나 측면 공격을 재편성했다. 임대 선수로 활용한 최전방 스트라이커 알렉산더 쇠를로트의 계약도 연장되지 않았다. 프랑스 청소년 대표 공격수 모하메드 알리쇼는 9번 자리와 왼쪽 측면 공격수 자리를 커버할 자원으로 알렉산더 이사크의 공격 파트너가 될 것이다. 야누자이가 빠진 자리에는 셀타 비고에서 기량을 검증한 미드필더 브라이스 멘데스가 전진 배치될 수 있고, 마요르카 임대 기간에 실력을 입증한 일본 공격수 구보 다케후사도 로테이션 자원으로 영입됐다. 오야르사발이 부상에서 언제쯤 돌아올 수 있을지 변수가 되는 가운데 아직 어린 알리쇼의 라리가 적응, 구보가 큰 팀에서 영향력을 발휘할 수 있을지 여부에 따라 레알 소시에다드의 전반기 성적이 요동칠 수 있다. 꾸준히 유로파리그권을 유지하고 있는 레알 소시에다드는 보강 선수들의 활약이 미진하면 7위권으로 밀려날 수 있다.

전술분석 유연한 포지션 체인지

유소년 레벨부터 1군 팀까지 같은 전술로 육성하는 레알 소시에다드가 가장 중요시하는 것은 공수 전환 상황에서의 대형 형성이다. 라리가의 스타일을 대표하는 4-2-3-1 포메이션을 기반으로 상황에 따라 수적 우위를 형성하는 유연선 포지션 체인지를 시도한다. 최전방 공격수 알렉산더 이사크는 속도와 높이를 겸비해 원 톱과 투 톱 모두 기능한다. 왼쪽 측면 공격수 포지션에 새로 영입된 모하메드 알리쇼 역시 중앙과 측면이 가능한 자원으로 상황에 따라 투 톱을 형성하고, 우측 미드필더로 배치되는 브라이스 멘데스가 살짝 내려가 4-4-2 대형으로 변할 수 있다. 미드필드 라인에서 다비드 실바는 명확하게 공격형 미드필더로 스트라이커 뒤를 지원하며, 미켈 메리노가 실바와 수비멘디의 옆을 오가며 공수 전환 상황에서 균형을 맞춘다. 수비멘디는 두 센터백의 앞과 사이 공간에서 후방 빌드업 및 수비 커버를 펼쳐 스리백과 포백의 유연한 전환을 이끈다. 좌우 풀백 디에고 리코와 아리츠 엘루스톤도는 모두 센터백이 가능한 자원들로 측면에서 오버래핑을 하기보다는 안정적으로 배후를 지키며 얼리 크로스나 빌드업 과정을 통해 공격에 관여한다.

시즌 프리뷰 쉽게 무너지지 않는 팀

레알 소시에다드는 2021/22시즌 전반기에 2위까지 치고 오를 정도로 기세가 좋았다. 코로나19로 연기된 2019/20시즌 코파 델 레이 우승을 이룬 뒤 2020/21시즌에는 라리가 5위로 아쉽게 챔피언스리그 진출권을 놓쳤고, 2021/22시즌에도 바르셀로나와 개막전 패배 후 14라운드까지 13연속 무패를 달리며 끈끈한 모습을 보였다. 전반기 막판 에스파뇰, 레알 마드리드, 베티스, 비야레알에 4연패를 당하며 흔들렸으나 후반기에는 연패가 없었다. 다만 빌바오 원정 0-4 패배를 포함해 오야르사발의 부상 이탈 후 레알 마드리드, 바르셀로나, 아틀레티코 등 상위권 팀과 맞대결에서 패배하며 4위권 진입의 동력을 얻지 못했다. 순위권 아래 팀들을 상대로는 쉽게 지지 않지만, 상위권 팀을 잡지 못하는 상황이 이어지면 챔피언스리그 진출의 목표를 이루기 어렵다. 올여름 프리시즌 기간에도 거의 실점하지 않으며 안정적인 경기를 하고 있지만 화력이 터지지 않아 결과를 내는 데 고전하고 있다. 주력 선수들 중에 2022 카타르 월드컵에 참여하는 인원이 적다는 점은 후반기 일정에 이점이 될 수 있다.

IN & OUT

주요 영입	주요 방출
모하메드 알리쇼, 브라이스 멘데스	아드낭 야누자이, 포르투, 욘 구리디, 모디보 사낭, 호세바 살두아

TEAM FORMATION

PLAN **4-3-3**

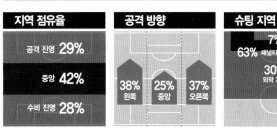

지역 점유율	
공격 진영	29%
중앙	42%
수비 진영	28%

공격 방향 — 38% 왼쪽 / 25% 중앙 / 37% 오른쪽

슈팅 지역 — 7% 골 에어리어 / 63% 패널티 박스 / 30% 외곽 지역

TEAM RATINGS

```
        슈팅             패스
         7               7

조직력                        수비력
  7          42              7

        감독           선수층
         7               7
```

2021/22 프로필

팀 득점	40
평균 볼 점유율	54.60%
패스 정확도	81.80%
평균 슈팅 수	11.6
경고	76
퇴장	4

골 타입		단위 (%)
오픈 플레이	53	
세트 피스	23	
카운터 어택	3	
패널티 킥	23	
자책골	0	

패스 타입		단위 (%)
쇼트 패스	85	
롱 패스	11	
크로스 패스	3	
스루 패스	0	

상대팀 최근 6경기 전적

구분	승	무	패
레알 마드리드	1	2	3
바르셀로나			6
아틀레티코 마드리드	1	2	3
세비야		3	3
레알 베티스	1	2	3
레알 소시에다드			
비야레알	2	2	2
아틀레틱 빌바오	3	2	1
발렌시아	1	4	1
오사수나	4	2	
셀타 비고	5		1
라요 바예카노	2	4	
엘체	5		1
에스파뇰	4		2
헤타페	2	2	2
마요르카	5		1
카디스	6		
알메리아	2	1	3
바야돌리드	2	3	1
지로나	1	4	1

SQUAD

포지션	등번호	이름		생년월일	키(cm)	체중(kg)	국적
GK	1	알렉스 레미로	Alex Remiro	1995.03.24	191	79	스페인
	13	매튜 라이언	Mathew Ryan	1992.04.08	184	82	호주
	25	안도니 수비아우레	Andoni Zubiaurre	1996.12.04	189	82	스페인
DF	6	아리츠 엘루스톤도	Aritz Elustondo	1994.03.28	182	71	스페인
	12	아이헨 무뇨스	Aihen Munoz	1997.08.16	175	72	스페인
	15	디에고 리코	Diego Rico	1993.02.23	183	76	스페인
	18	안도니 고로사벨	Andoni Gorosabel	1996.08.04	174	73	스페인
	20	혼 파체코	Jon Pacheco	2001.01.08	184	77	스페인
	24	로빈 르노르망	Robin Le Normand	1996.11.11	187	80	프랑스
MF	3	마르틴 수비멘디	Martin Zubimendi	1999.02.02	181	74	스페인
	4	아시에르 이야라멘디	Asier Illarramendi	1990.03.08	179	75	스페인
	5	이고르 수벨디아	Igor Zubeldia	1997.03.30	181	79	스페인
	8	미켈 메리노	Mikel Merino	1996.06.22	189	83	스페인
	14	구보 다케후사	Takefusa Kubo	2001.06.04	173	64	일본
	16	안데르 게바라	Ander Guevara	1997.07.07	180	73	스페인
	17	로베르트 나바로	Robert Navarro	2022.04.12	178	65	스페인
	21	다비드 실바	David Silva	1986.01.08	170	67	스페인
	22	베냐트 투리엔테스	Benat Turrienes	2002.01.31	181	68	스페인
FW	7	안데르 바레네체아	Ander Barrenetxea	2001.12.27	178	75	스페인
	9	카를로스 페르난데스	Carlos Fernandez	1996.05.22	185	82	스페인
	10	미켈 오야르사발	Mikel Oyarzabal	1997.04.21	181	78	스페인
	11	모하메드 알리 쇼	Mohamed Ali Cho	2004.01.19	182	66	프랑스
	19	알렉산더 이사크	Alexander Isak	1999.09.21	190	70	스웨덴
	23	브라이스 멘데스	Brais Mendez	1997.01.07	187	76	스페인
		마르틴 메르켈란스	Martin Merquelanz	1995.06.12	176	72	스페인

COACH

이마놀 알구아실 Imanol Alguacil
1971년 7월 4일생 스페인

스페인 기푸스코아주에서 태어나 레알 소시에다드 유소년 팀에서 축구를 시작해 레알 소시에다드 1군 선수로 리그 113경기를 출전한 라이트백이다. 비야레알, 하엔, 카르타헤나, 부르고스 등을 거쳐 2003년 현역에서 은퇴한 뒤 레알 소시에다드 유소년 팀 감독, 2군 팀 코치와 감독을 거쳐 1군 감독이 됐다. 유소년 감독 시절에 소시에다드가

최근 배출한 유망주들을 직접 육성해 지도력을 인정받았다. 2018년 1군 감독 대행을 맡은 뒤 강등 위기를 겪던 소시에다드를 12위로 끌어올려 정식 감독으로 계약했다. 2019/20 코파 델 레이 결승전에서 지역 라이벌인 빌바오를 꺾고 우승을 차지해 1군 감독으로 실적을 냈고, 2021/22시즌 챔피언스리그 진출권 경쟁에 나서다 유로파리그 진출을 이뤄내는 등 소시에다드 재건을 이끌고 있다.

KEY PLAYER

| FW | 19 | 알렉산더 이사크
Alexander Isak |

국적: 스웨덴

즐라탄 이브라히모비치의 후계자로 불리는 스웨덴의 정통 9번 공격수이다. 힘과 속도와 양발 슈팅력을 갖춘 역동적인 포워드. 문전에서 단호한 마무리는 물론 장신을 활용한 헤더 득점까지 겸비했다. 키는 크지만 호리호리한 체구로 강하기보단 유연한 스타일이다. 2018/19시즌 네덜란드 1부 리그 16경기 만에 13골 7도움을 몰아친 뒤 2019년 여름 소시에다드로 이적해 2020/21시즌 라리가 34경기 17골 2도움을 기록했고, 유로2020 스웨덴의 주전 공격수로 16강 진출에 기여했다. 2021/22시즌 6골 2도움으로 득점 난조를 겪었으나 경기당 슈팅 2.3회, 드리블 돌파 1.4회로 팀 내 1위를 기록해 전반적인 공격 기회 창출은 높았다.

출전경기	경기시간(분)	골	어시스트	경고	퇴장
32	2,157	6	2	6	-

| GK | 1 | 알렉스 레미로
Alex Remiro |

국적: 스페인

페널티 에어리어 장악력이 좋고 정확한 골 킥 능력, 빠른 반사 신경을 바탕으로 한 선방 능력이 강점이다. 점프력도 좋아 공중볼 처리도 능숙하다. 빌바오 유소년 팀에서 성장했다. 빌바오 1군 팀에서 주전 기회를 잡기 어려워 레반테, 우에스카로 임대됐고, 우에스카의 1부 승격을 이끈 뒤 레알 소시에다드와 4년 계약을 맺어 라리가 무대에 자리잡았다. 스페인 연령별 대표팀 주전 골키퍼로도 꾸준히 활약했다.

출전경기	경기시간(분)	실점	무실점 (경기)	경고	퇴장
35	3,150	32	19	1	-

| DF | 6 | 아리츠 엘루스톤도
Aritz Elustondo |

국적: 스페인

182cm로 중앙 수비수로서는 키가 큰 편이 아니지만 헤더 능력이 뛰어나고 강하다. 정확한 태클 기술, 왕성한 활동량, 몸싸움 시도 및 리더십, 빌드업 시 판단력 등도 두루 갖춘 현대적인 센터백이다. 지난 시즌 라리가 개인 최다골(4)을 넣었다. 레알 소시에다드 유소년 팀에서 성장해 1군 팀까지 올라온 원클럽맨. 2012/13시즌 지역 4부 클럽 베아사인으로 임대된 것이 팀을 떠난 유일한 기록이다.

출전경기	경기시간(분)	골	어시스트	경고	퇴장
30	2102	4	1	3	1

| DF | 15 | 디에고 리코
Diego Rico |

국적: 스페인

공수 전환 판단력 및 예측력, 지구력과 활동 범위가 풍부한 레프트백이다. 피지컬이 출중하며 가로채기 등 수비에서 장점이 두드러져 센터백도 소화한다. 세트 피스 상황에서 예리한 왼발 크로스로 골에 기여하기도 한다. 2016년 100만 유로 이적료에 레가네스로 이적했다. 2018년에 프리미어리그 본머스로 이적해 2021년까지 활약했다. 본머스의 2부 강등 후 2021 소시에다드로 이적했다.

출전경기	경기시간(분)	골	어시스트	경고	퇴장
21	1,647	-	-	4	-

| DF | 18 | 안도니 고로사벨
Andoni Gorosabel |

국적: 스페인

예리한 오른발 크로스 패스 능력이 강점인 공격적인 라이트백이다. 빠른 스피드는 물론 지칠 줄 모르는 체력과 활동 범위, 수비 전환 상황에서의 빠른 판단과 위치 선정 능력을 갖췄다. 2010년 소시에다드 유소년 팀에 입단해 성장했다. 3군 격으로 운영되는 3부 리그 팀 베리모에서 경기 경험을 쌓다가 2017년 레알 소시에다드 2군과 1군을 오가며 자리잡기 시작했다.

출전경기	경기시간(분)	골	어시스트	경고	퇴장
32	2,298	-	4	4	-

| DF | 24 | 로빈 르노르망
Robin Le Normand |

국적: 프랑스

187cm 장신으로 공중볼 경합에 능한 것은 물론 배후 침투 공격수의 타이밍을 빼앗는 민첩함, 세트 피스 상황에서의 득점력 등 센터백 본연의 능력에 강한 선수이다. 지난 시즌 경기당 가로채기 1.3회, 태클 1.3회로 팀 내 두 번째로 좋은 기록을 냈다. 2016년 스무 살에 레알 소시에다드로 이적했고, 3시즌 동안 2군에서 뛰며 성장했다. 2019/20시즌부터 1군 주전 센터백으로 자리 잡았다.

출전경기	경기시간(분)	골	어시스트	경고	퇴장
37	3,330	1	1	7	-

| MF | 3 | 마르틴 수비멘디
Martin Zubimendi |

국적: 스페인

깔끔한 공 관리 기술 및 볼 배급, 공 운반 능력을 갖췄다. 181cm로 큰 편은 아니지만 좋은 위치 선정을 바탕으로 공중볼 처리 능력도 준수하며 지난 시즌 경기당 가로채기 팀 내 1위(1.4회)를 기록할 정도로 중원 수비력이 좋다. 소시에다드 유소년 팀에서 성장했고, 2021년 성인 대표팀 데뷔했다. 2020 도쿄 올림픽에 참가해 은메달 획득에 기여했다. 2020/21시즌부터 주전 자리를 꿰찼다.

출전경기	경기시간(분)	골	어시스트	경고	퇴장
36	2,587	2	1	4	-

MF 4 아시에르 이야라멘디
Asier Illaramendi

국적: 스페인

2019년 2월 발목 부상을 시작으로 근육 부상이 이어져 2021년 12월에 겨우 회복하는 고난의 시기를 겪었던 선수이다. 유스 출신 프랜차이즈 스타로 등장 당시 사비 알론소의 후계자로 불렸다. 딥라잉 플레이메이커로 중원에서 공을 쥐고 전방 빈 곳으로 킬러 패스 내지 기점 패스를 보낸다. 2021/22시즌 후반기에 서서히 출전 시간을 늘렸고, 2022/23시즌에 풀시즌을 기대하고 있다.

출전경기	경기시간(분)	골	어시스트	경고	퇴장
8	379	-	-	1	-

MF 5 이고르 수벨디아
Igor Zubeldia

국적: 스페인

전투적인 중앙 미드필더로 상대 패스 줄기를 차단하거나 대인 압박으로 공을 따내는 데 능하다. 몸싸움과 태클에 능숙하고, 발이 빨라 센터백도 소화할 수 있다. 레알 소시에다드의 연고지인 기푸스코아 태생으로 2008년 레알 소시에다드 유소년 팀에서 축구를 시작해 2016년 1군에 데뷔해 현재까지 활약 중인 원클럽맨이다. 2019 유럽 21세 이하 챔피언십 우승 멤버 중 한 명이었다.

출전경기	경기시간(분)	골	어시스트	경고	퇴장
26	1,649	-	1	7	-

MF 8 미켈 메리노
Mikel Merino

국적: 스페인

과감한 왼발 직선 패스와 경기 조율, 압박, 슈팅 등 경기를 지배하는 중앙 미드필더. 오사수나 유소년 팀에서 성장하던 당시 스페인 각급 연령별 대표팀의 주전 선수로 꾸준히 뛰었다. 2018년 소시에다드 이적 후 주전으로 전성시대를 열었다. 2020년 스페인 성인 대표팀에 부름을 받고, 2020 도쿄 올림픽에 와일드 카드로 은메달을 이끌었다. 오사수나 미드필더이자 2군 감독 출신인 앙헬의 아들이다.

출전경기	경기시간(분)	골	어시스트	경고	퇴장
34	2,896	3	2	8	-

MF 14 구보 다케후사
Takefusa Kubo

국적: 일본

빠른 스피드와 작은 체구에도 상대 몸싸움을 이겨낼 수 있는 완력을 갖췄다. 드리블 돌파에 이은 커트인 및 슈팅으로 골문을 직접 노리는 가짜 윙어. 왼발잡이지만 오른발 슈팅 정확성도 좋은 편이다. 10살의 나이로 라 마시아에 입성했지만 FIFA 유소년 규정 문제로 일본으로 돌아갔다. 레알 마드리드로 이적했지만 1군 기회를 얻지 못했다. 마요르카에서 잠재력을 보인 후, 레알 소시에다드로 완전 이적했다.

출전경기	경기시간(분)	골	어시스트	경고	퇴장
28	1,610	1	-	4	-

MF 16 안데르 게바라
Ander Guevara

국적: 스페인

체력과 활동량이 많은 부지런한 유형의 중앙 수비형 미드필더. 볼 배급, 볼 컨트롤 기술, 태클 등 공수 양면에 걸쳐 안정된 기본기를 갖췄으나 킥 자체가 정밀한 편은 아니다. 2012년 레알 소시에다드 유스 팀으로 이적했고, 2017년 1군 팀에 입성했다. 이야라멘디가 발목 부상으로 장기 이탈한 2020/21시즌 라리가 31경기에 출전하며 중용됐으나 지난 시즌에는 주로 교체 자원으로 출전했다.

출전경기	경기시간(분)	골	어시스트	경고	퇴장
17	872	-	-	2	-

MF 21 다비드 실바
David Silva

국적: 스페인

유로2008, 2010 남아공 월드컵, 유로2012 연속 우승을 이룬 스페인 황금기의 핵심 선수이다. 발렌시아에서 프로 경력을 시작해 맨시티로 이적한 뒤 프리미어리그 4회 우승을 이끈 레전드로 완벽에 가까운 볼 컨트롤, 날카로운 왼발 킥을 자랑하는 플레이메이커. 2020년 레알 소시에다드 이적 후, 지난 시즌 전반기는 부상으로 고생했으나 마지막 9경기에서 2골 5도움을 몰아치며 건재를 과시했다.

출전경기	경기시간(분)	골	어시스트	경고	퇴장
25	1,734	2	4	4	1

FW 10 미켈 오야르사발
Mikel Oyarzabal

국적: 스페인

레알 소시에다드 유스 출신으로 유로2020 4강 과정에서 스페인 대표 주전 공격수로 활약했다. 날카로운 왼발 슈팅을 무기로 전방과 측면을 오가며 골을 만드는 가짜 9번이자 가짜 7번. 기술이 좋은 유형의 선수 치고는 많은 범위를 뛰고 부지런히 전방 압박에도 가담해 감독이 좋아하는 선수다. 4시즌 연속 리그 두 자릿수 득점을 올렸다. 지난 3월 십자인대 부상으로 쓰러져 라리가 득점이 9골에서 멈췄다.

출전경기	경기시간(분)	골	어시스트	경고	퇴장
22	1,674	9	3	-	1

FW 11 모하메드 알리 쇼
Mohamed Ali-Cho

국적: 프랑스

스트라이커 및 좌우 측면 공격수로 왼발을 활용한 볼 컨트롤 및 돌파, 과감한 슈팅 시도가 장기다. 전방 수비력은 발전이 필요하다. 랑글레를 배출한 샹티 유스 출신으로 파리 생제르맹 유스를 거쳐 2020년 앙제에서 프로 경력을 시작했다. 만 16세에 에두아르도 카마빙가에 이은 프랑스 최연소 2위 기록을 세웠다. 17세에 앙제의 주전이자 프랑스 21세 이하 대표팀 주전으로 뛰며 천재성을 현실화했다.

출전경기	경기시간(분)	골	어시스트	경고	퇴장
32	1,847	4	1	2	2

FW 23 브라이스 멘데스
Brais Mendez

국적: 스페인

다비드 실바 이후를 기대하며 영입했다. 187cm 큰 키에 볼을 다루는 기술이 좋고 민첩하다. 왼발로 뿌리는 강력한 대각선 슈팅이 강점이다. 빈 공간으로 찔러주는 스루패스와 수비 키를 넘기는 로빙 패스에 능하다. 2018/19시즌 리그 6골 7도움을 올리며 스페인 대표로 선발됐고, 2020/21시즌에는 개인 한 시즌 최다 골(9)을 기록했다. 지난 시즌에는 개인 리그 최다 출전으로 꾸준함을 보였다.

출전경기	경기시간(분)	골	어시스트	경고	퇴장
37	3,036	4	5	8	-

비야레알 CF

Villarreal CF

TEAM PROFILE	
창 립	1923년
구 단 주	페르난도 로이그 알폰소(스페인)
감 독	우나이 에메리(스페인)
연 고 지	비야레알
홈 구 장	에스타디오 데 라 세라미캐(2만 3,500명)
라 이 벌	발렌시아
홈페이지	www.villarrealcf.es

최근 5시즌 성적

시즌	순위	승점
2017-2018	5위	61점(18승7무13패, 57득점 50실점)
2018-2019	14위	44점(10승14무14패, 49득점 52실점)
2019-2020	5위	60점(18승6무14패, 63득점 49실점)
2020-2021	7위	58점(15승13무11패, 60득점 44실점)
2021-2022	7위	59점(16승11무11패, 63득점 37실점)

LA LIGA

통 산	없음
21–22 시즌	7위(16승11무11패, 승점 59점)

COPA DEL REY

통 산	없음
21–22 시즌	32강

UEFA

통 산	유로파리그 우승 1회
21–22 시즌	챔피언스리그 4강

경기 일정

라운드	날짜	장소	상대팀
1	2022.08.14	원정	레알 바야돌리드
2	2022.08.22	원정	아틀레티코 마드리드
3	2022.08.29	원정	헤타페
4	2022.09.05	홈	엘체
5	2022.09.12	원정	레알 베티스
6	2022.09.19	홈	세비야
7	2022.10.03	홈	카디스
8	2022.10.10	원정	레알 소시에다드
9	2022.10.17	홈	오사수나
10	2022.10.20	원정	바르셀로나
11	2022.10.24	홈	알메리아
12	2022.10.31	원정	아틀레틱 빌바오
13	2022.11.07	홈	마요르카
14	2022.11.10	원정	에스파뇰
15	2023.01.01	홈	발렌시아
16	2023.01.09	홈	레알 마드리드
17	2023.01.15	원정	셀타 비고
18	2023.01.23	홈	지로나
19	2023.01.3	홈	라요 바예카노
20	2023.02.06	원정	엘체
21	2023.02.13	홈	바르셀로나
22	2023.02.20	원정	마요르카
23	2023.02.27	홈	헤타페
24	2023.03.06	원정	알메리아
25	2023.03.13	홈	레알 베티스
26	2023.03.20	원정	오사수나
27	2023.04.03	홈	레알 소시에다드
28	2023.04.10	원정	레알 마드리드
29	2023.04.17	홈	레알 바야돌리드
30	2023.04.24	원정	세비야
31	2023.04.27	홈	에스파뇰
32	2023.05.01	홈	셀타 비고
33	2023.05.04	원정	발렌시아
34	2023.05.15	홈	아틀레틱 빌바오
35	2023.05.22	원정	지로나
36	2023.05.25	홈	카디스
37	2023.05.29	원정	라요 바예카노
38	2023.05.06	홈	아틀레티코 마드리드

전력 분석 | 주력 선수 지키고 경험을 더했다

비야레알은 2021/22시즌에 토트넘을 떠난 세르주 오리에를 무적 선수 상태에서 계약해 유럽대항전에서 효과를 봤고, 임대 선수로 후반기에 계약한 조바니 로셀소를 처진 스트라이커로 기용해 부활시켰다. 오리에는 계약을 연장하지 않았고, 로셀소는 완전 영입을 위한 협상을 진행 중이다. 로셀소 영입 여부가 확실치 않은 가운데 프리미어리그 이적설이 돌았던 네덜란드 대표 공격수 아르나우트 단주마와 스페인 대표 센터백 파우 토레스가 팀에 남는다면 비야레알은 큰 걱정을 덜 것이다. 공격 라인에 레반테의 2부 리그 강등으로 자유 계약 조건으로 영입한 특급 드리블러 호세 루이스 모랄레스가 가세한 것은 기대되는 부분이다. 모랄레스는 개인 능력으로 차이를 만들 수 있고, 그의 운반 능력은 제라르드 모레노, 단주마, 프란시크 코클랭처럼 문전 위치 선정이 좋은 선수들에게 뜻밖의 기회를 열어줄 수 있다. 헤로니모 룰리와 주전 경쟁에서 밀린 세르히오 아센호가 팀을 떠났지만 베테랑 골키퍼 페페 레이나가 정신적 지주 역할이 가능한 넘버 투로 합류한 것도 라커룸 분위기에 호재다.

전술 분석 | 허를 찌르는 3자의 움직임

우나이 에메리 감독이 구축한 비야레알을 관통하는 키워드는 점유, 비대칭 그리고 허를 찌르는 3자의 움직임이다. 4–3–3 포메이션을 기반으로 하지만 스리 톱 공격 라인에 정통파 스트라이커 없이 스위칭 플레이로 상대 수비를 혼란시킨다. 미드필드 라인이 핵심이다. 전형적인 빌드업 미드필더이자 플레이메이커 다니 파레호가 공을 지배하고 질 좋은 패스를 뿌린다. 여기에 역동적인 박스 투 박스 미드필더 에티엔 카푸에는 수비형 미드필더 역할은 물론이고 때로 공격 지역까지 침투해 득점 상황에 관여한다. 프란시스 코클랭은 메짤라에 가깝게 움직이며 중앙 미드필더로 압박은 물론 공격 상황에 하프스페이스와 측면을 적극 공략하고, 문전까지 진입해 슈팅한다. 드리블러 모랄레스와 예레미 피노가 측면을 파괴하는 운반자라면, 아르나우트 단주마와 제라르드 모레노는 측면 혹은 2선에서 중앙으로 진입해 슈팅에 집중한다. 포백 라인은 에스투피냐이가 뛰고 모레노가 공격적인 윙백으로 뛴다면 포이트가 오른쪽 센터백 역할을 겸한다. 파우 토레스는 후방 빌드업의 기점이며, 라울 알비올이 문전을 사수하는 방어막이다.

시즌 프리뷰 유로파 우승, 챔스 4강의 다음 목표는?

비야레알은 우나이 에메리 감독과 함께 쾌속 순항했다. 에메리 감독은 부임 첫 시즌에 자신이 왜 유로파리그의 전문가인지 보여주며 우승컵을 들었고, 라리가 7위의 성적에서 유로파리그 우승을 통해 얻은 챔피언스리그 진출권을 통해 2021/22시즌 별들의 전쟁에서도 돌풍을 일으켰다. 조별 리그에서 맨체스터 유나이티드에 패배했지만 경기 내용은 압도했고, 2위로 16강에 올라 이탈리아의 강호 유벤투스, 독일의 절대 강자 바이에른 뮌헨을 차례로 꺾고 4강까지 진격했다. 4강에서도 리버풀과 2차전에서 1차전 0-2 열세를 따라 붙는 2-0 리드 상황을 연출했으나 후반전에 내리 3골을 허용하며 아쉽게 사상 첫 결승 진출의 꿈을 이루지 못했다. 2시즌 연속 유럽대항전 병행 속에 비야레알의 리그 성적은 7위에 그쳤고, 올 시즌에는 유로파 컨퍼런스리그에 참가한다. 에메리 감독은 주제 무리뉴 감독이 이룬 현존하는 세 개의 유럽 대항전 트로피를 모두 차지할 기회를 노릴지, 라리가 4위로 다시 챔피언스리그 진출에 도전할지 선택해야 한다. 두 마리 토끼를 잡을 수 있는 스쿼드를 갖추진 못했기 때문이다.

IN & OUT

주요 영입	주요 방출
호세 루이스 모랄레스, 페페 레이나	세르주 오리에, 루벤 페냐, 사비 킨티야, 세르히오 아센호, 알렉스 밀란

TEAM FORMATION

PLAN 4-3-3

FW B+
- 15 단주마 (디아)
- 7 G.모레노 (알카세르)
- 21 피노 (모랄레스)

MF A-
- 5 파레호 (바에나)
- 6 카푸에 (모를라네스)
- 19 코클랭 (트리게로스)

DF B
- 12 에스투피냔 (페드라사)
- 4 파우 (망디)
- 3 알비올 (쿠엔카)
- 8 포이트 (키코)

GK B+
- 13 룰리 (레이나)

TEAM RATINGS

- 슈팅 7
- 패스 8
- 조직력 8
- 수비력 7
- 감독 8
- 선수층 6

44

2021/22 프로필

팀 득점	63
평균 볼 점유율	56.80%
패스 정확도	83.60%
평균 슈팅 수	12
경고	79
퇴장	1

골 타입
오픈 플레이	60
세트 피스	21
카운터 어택	10
패널티 킥	8
자책골	2 단위 (%)

패스 타입
쇼트 패스	87
롱 패스	10
크로스 패스	3
스루 패스	0 단위 (%)

지역 점유율
- 공격 진영 30%
- 중앙 42%
- 수비 진영 29%

공격 방향
- 39% 왼쪽
- 26% 중앙
- 34% 오른쪽

슈팅 지역
- 10% 골 에어리어
- 66% 패널티 박스
- 24% 외곽 지역

상대팀 최근 6경기 전적

구분	승	무	패
레알 마드리드		4	2
바르셀로나	1		5
아틀레티코 마드리드		4	2
세비야	2	2	2
레알 베티스	4	1	1
레알 소시에다드	2	2	2
비야레알			
아틀레틱 빌바오		4	2
발렌시아	3		3
오사수나	2		4
셀타 비고	3	1	2
라요 바예카노	4	1	1
엘체	2	3	1
에스파뇰	2	2	2
헤타페	6		
마요르카	3	1	2
카디스	3	2	1
알메리아	4	2	
바야돌리드	3	2	1
지로나	4		2

SQUAD

포지션	등번호	이름		생년월일	키(cm)	체중(kg)	국적
GK	1	페페 레이나	Pepe Reina	1982.08.31	188	92	스페인
	13	헤로니모 룰리	Geronimo Rulli	1992.05.20	189	84	아르헨티나
DF	3	라울 알비올	Raul Albiol	1985.09.04	190	74	스페인
	4	파우 토레스	Pau Torres	1997.01.16	191	80	스페인
	8	후안 포이트	Juan Foyth	1998.01.12	187	69	아르헨티나
	12	페르비스 에스투피냔	Pervis Estupinan	1998.01.21	175	73	에콰도르
	18	알베르토 모레노	Alberto Moreno	1992.07.05	171	65	스페인
	22	아이사 만디	Aissa Mandi	1991.10.22	184	78	알제리
	23	키코 페메니아	kiko femenia	1991.02.02	171	61	스페인
	24	알폰소 페드라사	Alfonso Pedraza	1996.04.09	184	73	스페인
	25	호르헤 쿠엔카	Jorge Cuenca	1999.11.17	190	75	스페인
MF	2	마누 모를라네스	Manu Morlanes	1999.01.12	178	75	스페인
	5	다니 파레호	Dani Parejo	1989.04.16	182	74	스페인
	6	에티엔 카푸에	Etienne Capoue	1988.07.11	189	80	프랑스
	14	마누 트리게로스	Manu Trigueros	1991.10.17	178	75	스페인
	17	알렉스 바에나	Alex Baena	2001.07.20	174	70	스페인
	19	프랑시스 코클랭	Francis Coquelin	1991.05.13	177	74	프랑스
	21	예레미 피노	Yeremi Pino	2002.10.20	172	65	스페인
FW	7	제라르드 모레노	Gerard Moreno	1992.04.07	180	77	스페인
	9	파코 알카세르	Paco Alcacer	1993.08.30	175	72	스페인
	11	사무 추쿠에제	Samuel Chukwueze	1999.05.22	172	70	나이지리아
	15	아르나우트 단주마	Arnaut Danjuma	1997.01.31	178	74	네덜란드
	16	불라예 디아	Boulaye Dia	1996.11.16	180	75	세네갈
	20	호세 루이스 모랄레스	Jose Luis Morales	1987.07.23	180	70	스페인
		하비에르 온티베로스	javi ontiveros	1997.09.09	175	75	스페인

COACH

우나이 에메리 Unai Emery
1971년 11월 3일생 스페인

유로파리그의 사나이. 세비야에서는 2013/14시즌부터 2015/16시즌까지 내리 유로파리그 3연속 우승을 이뤘다. 비야레알 부임 첫 시즌에는 맨유와 결승전에서 열세 전망을 딛고 승부차기 승리로 최다 우승 감독이 됐다. 로르카의 감독으로 지도자 경력을 시작해 구단 창단 후 첫 2부 승격을 이끌었고, 2005년 알메리아 감독을 맡아서 2007년에 사상 첫 1부 리그 승격을 이뤄 승격 전문가로 유명세를 얻었다. 이 업적을 바탕으로 2008년 발렌시아 감독으로 부임해 레알 마드리드와 바르셀로나의 뒤를 이어 꾸준히 3위권 성적을 냈다. 파리 생제르맹에서 성적 부진으로 경질된 후 2018년 아스널에 부임했으나 두 번째 시즌 중반 성적 부진으로 경질되었다. 2020년 여름 비야레알에 부임해 유로파리그 우승, 챔피언스리그 4강으로 명예 회복에 성공했다.

KEY PLAYER

MF 5 다니 파레호 Dani Parejo

국적: 스페인

비야레알 중원 플레이의 설계자. 중원에서 차분하게 공을 관리하고, 간결하고 영리하게 배급하며 빌드업의 핵심 역할을 하는 중앙 플레이메이커이다. 정교한 오른발 킥 능력을 갖췄고 직접 프리킥을 성공시킬 수 있는 프리킥 스페셜리스트이기도 하다. 프로 경력 초기에는 드리블 돌파와 슈팅을 무기로 하는 2선 공격수로 활약했다. 2011년 발렌시아 입단 후 2020년까지 팀의 주장으로 활약했다. 2018년 발렌시아에서 꾸준한 활약을 통해 뒤늦게 선발 기회를 얻었으나 메이저 대회 참가는 이루지 못했다. 2019년에 라리가 공식 어워즈에서 최우수 미드필더로 선정됐다. 2020년 여름 코로나19로 인한 구단 재정난으로 지역 라이벌 비야레알로 이적하게 됐다.

출전경기	경기시간(분)	골	어시스트	경고	퇴장
33	2,712	2	10	3	-

GK 1 페페 레이나 Pepe Reina

국적: 스페인

만 40세의 나이에 현역 생활을 유지하고 있다. 2010 남아공 월드컵 우승 당시 후보 골키퍼로 스페인 대표팀의 분위기 메이커로 활약했다. 188cm의 당당한 체구에 순발력 및 후방 빌드업 능력을 두루 갖춘 현대적인 골키퍼. 바르셀로나에서 프로 경력을 시작해 비야레알과 리버풀에서 전성기를 보냈고, 나폴리에서 건재함을 과시했다. 2022년 비야레알 이적으로 고국 스페인 무대로 돌아왔다.

출전경기	경기시간(분)	실점	무실점(경기)	경고	퇴장
15	1,350	29	2	3	-

GK 13 헤로니모 룰리 Geromimo Ruli

국적: 아르헨티나

189cm 장신에 순발력, 골문 커버 범위가 넓은 골키퍼이다. 2016 리우 올림픽에 아르헨티나 대표 주전으로 뛰었다. 2014년 소시에다드 임대로 유럽 무대에 입성했고, 꾸준히 주전으로 활약하다 2019/20시즌 주전 경쟁에서 밀려 몽펠리에로 임대됐다가 비야레알로 완전 이적했다. 비야레알에서도 아센호가 리그, 룰리가 컵대회에 나섰는데 유로파리그 우승 후 리그 주전 자리를 차지했다.

출전경기	경기시간(분)	실점	무실점(경기)	경고	퇴장
32	2,880	28	14	2	-

DF 3 라울 알비올 Raul Albiol

국적: 스페인

노익장을 과시하는 중앙 수비수. 건장한 체구에 볼을 다루는 기술, 빠른 스피드와 넓은 활동 폭을 가져 전성기에는 센터백 뿐 아니라 라이트백과 수비형 미드필더 포지션도 커버했다. 스페인의 유로2008, 2010 월드컵, 유로2012 우승 과정에서 백업 수비수로 뛰었다. 2013년 나폴리에서 전성기를 보낸 뒤 2019년 비야레알로 이적했다. 지난 시즌 경기당 4.4회 클리어링을 기록하며 문전을 사수했다.

출전경기	경기시간(분)	골	어시스트	경고	퇴장
28	2,467	-	-	8	-

DF 4 파우 토레스 Pau Torres

국적: 스페인

191cm의 키에 빠른 발과 볼 컨트롤, 세트피스 시 득점력도 뛰어나다. 유럽 무대에서 높은 가치를 인정받는 빌드업이 좋은 왼발잡이 센터백. 2021/22시즌 경기당 3.1회 클리어링, 1회의 태클을 성공했다. 유로2020 4강 주역이며, 와일드카드로 2020 도쿄 하계 올림픽에도 참가해 은메달에 기여했다. 2021년 여름 토트넘 이적 제안을 거절했으나 거듭 프리미어리그의 관심을 받고 있다.

출전경기	경기시간(분)	골	어시스트	경고	퇴장
33	2,858	5	1	5	-

DF 8 후안 포이트 Juan Foyth

국적: 아르헨티나

장신에 볼을 다루는 능력 및 스피드가 출중해 센터백과 라이트백 포지션을 두루 소화할 수 있다. 2021/22시즌 경기당 2.8회의 태클을 성공해 팀 내 압도적 1위다. 2017년 U-20 월드컵에 수비 핵심으로 참가, 2018년 성인 대표로 선발됐다. 2017년 토트넘으로 이적, 주전 경쟁에서 밀려 2020년 비야레알로 임대된 후 유로파리그 우승에 기여하고 1,500만 유로 이적료에 완전 이적했다.

출전경기	경기시간(분)	골	어시스트	경고	퇴장
25	1,932	1	1	4	1

MF 6 에티엔 카푸에 Etienne Capoue

국적: 프랑스

189cm의 장신에 힘과 운동 능력, 체력, 수비력과 공격 전개력을 두루 갖춘 수비형 미드필더이다. 2016/17 시즌 프리미어리그에서 7골을 넣는 등 득점력도 갖췄다. 툴루즈에서 2007년 1군에 데뷔했고, 2013년 토트넘, 2015년 왓포드를 거치며 프리미어리그에서 꾸준히 존재감을 보였다. 왓포드가 2부 리그로 강등된 후 2021년 이적 시장을 통해 비야레알로 이적해 바로 주전 자리를 꿰찼다.

출전경기	경기시간(분)	골	어시스트	경고	퇴장
30	2,298	1	1	9	-

MF 17 알렉스 바에나 / Alex Baena

국적: 스페인

2011년 비야레알 유소년 팀에 입단한 뒤 2019년 비야레알 2군에서 프로에 데뷔하기까지 꾸준히 성장한 자체 육성 기대주다. 스페인 16세 이하 대표를 시작으로 21세 이하 대표팀의 주력 선수로 활약 중이다. 창의적인 측면 및 2선 공격수로 2020/21시즌 비야레알 1군에 자리 잡았고, 꾸준한 출전 기회를 위해 지난 시즌 지로나로 임대되어 2부 리그 승격 플레이오프 우승을 이끈 주역으로 활약했다.

출전경기	경기시간(분)	골	어시스트	경고	퇴장
38	2,813	5	6	13	1

MF 19 프란시스 코클랭 / Francis Coquelin

국적: 프랑스

폭넓은 활동력, 압박 능력에 시야, 패싱력, 돌파력을 두루 갖춘 전천후 중앙 미드필더. 민첩성과 태클 기술에 결정력을 겸비했다. 프랑스 연령별 대표를 지내며 주목받았다. 아스널에서 두 차례 FA컵 우승을 이루는 등 준수한 활약을 펼치다 2017년 발렌시아로 이적했다. 2020년 여름 발렌시아가 재정난을 겪어 파레호와 함께 비야레알로 이적한 뒤 한층 더 기량이 성장했다는 평가를 받고 있다.

출전경기	경기시간(분)	골	어시스트	경고	퇴장
20	828	2	1	3	-

MF 21 예레미 피노 / Yeremi Pino

국적: 스페인

오른발잡이지만 왼발 슈팅 및 패싱력도 준수하다. 저돌적인 드리블, 탈압박 능력을 바탕으로 2선과 전방 전체를 아우르는 윙포워드. 체구는 작지만 순발력과 시야, 판단력을 통해 상대 수비를 무너트린다. 카나리아 제도 라스 팔마스 태생으로 라스 팔마스 유소년 팀에서 성장하다 2017년 비야레알 유소년 팀으로 이적했다. 스페인 17세 이하 대표팀 주장으로 활약했고 이후 2021년 성인 대표에 선발되었다.

출전경기	경기시간(분)	골	어시스트	경고	퇴장
31	1,688	6	4	2	-

FW 7 제라르드 모레노 / Gerard Moreno

국적: 스페인

문전에서 위치 선정, 스위칭 플레이와 연계 능력은 물론 돌파력과 송곳 같은 왼발 슈팅력을 바탕으로 골을 사냥한다. 비야레알에서 프로 경력을 시작했으나 에스파뇰에서 만개했고, 2018년 여름 비야레알이 에스파뇰에 2,000만 유로 이적료를 지불하고 다시 품었다. 유로 2020에 스페인 대표팀 주전 공격수로 4강에 기여했다. 왼발에 비해 오른발 슈팅이 정확성이 떨어져 보완점으로 지적된다.

출전경기	경기시간(분)	골	어시스트	경고	퇴장
17	1,194	9	3	2	-

FW 9 파코 알카세르 / Paco Alcacer

국적: 스페인

페널티 에어리어 안에서 위치 선정과 마무리 능력에 강점을 갖는 스코어러 유형의 포워드이다. 2010년 발렌시아 1군 팀에서 데뷔했다. 2014/15시즌과 2015/16시즌에 연이어 라리가에서 두 자릿수 득점을 기록한 뒤 2016년 바르셀로나로 이적했으나 주전으로 뛰지 못했다. 2018년 도르트문트로 이적해 건재를 보인 뒤 2020년 1월 비야레알이 구단 최고액 이적료 2,500만 유로를 투자해 영입했다.

출전경기	경기시간(분)	골	어시스트	경고	퇴장
18	792	1	3	1	-

FW 11 사무 추쿠에제 / Samu Chukueze

국적: 나이지리아

폭발적 스피드의 왼발잡이 윙어. 오른쪽에서 왼발을 활용해 가운데로 치고 들어와 득점 또는 도움으로 골에 직접 관여한다. 전방 수비력이 단점으로 지적된다. 2017년 비야레알 유소년 팀에 들어가고 1년 만에 1군에 올라와 주전 자리를 꿰찼다. 2020년 5월 햄스트링 부상으로 2021년 10월까지 장기 이탈했다. 지난 시즌 경기당 2.5회 드리블 성공으로 팀 내 최고의 돌파력을 자랑했다.

출전경기	경기시간(분)	골	어시스트	경고	퇴장
27	1,330	3	3	4	-

FW 15 아르나우트 단주마 / Arnaut Danjuma

국적: 네덜란드

측면에서 중앙으로 치고 들어오는 드리블 기술과 속도, 양발 슈팅이 탁월한 윙포워드. 수비 가담력이 단점으로 지적된다. PSV 에인트호번 유소년 팀에서 성장하다 1군 경기에 빨리 나서기 위해 NEC 네이메헌으로 이적했고 2021년 여름 2,500만 유로 이적료에 비야레알로 이적했다. 나이지리아에서 태어났으나 부친이 네덜란드 출신으로 네덜란드 21세 대표를 거쳐 2018년 성인 대표로 선발됐다.

출전경기	경기시간(분)	골	어시스트	경고	퇴장
23	1,478	10	3	2	-

FW 16 불라예 디아 / Boulaye Dia

국적: 세네갈

저돌적인 돌파와 슈팅, 크로싱, 패싱 등 다양한 공격 무기를 갖춘 스트라이커이다. 철저한 왼발잡이로 반대 발 윙어 배치도 가능하다. 후반 조커로 뛰면서도 팀 내 도움 2위, 득점 5위의 공격 포인트를 올렸다. 스타드 랭스로 이적해 2019/20시즌 24경기 7골, 2020/21시즌 36경기 14골을 몰아쳐 실력을 검증받았다. 2021년 여름에 1,200만 유로 이적료를 기록하며 비야레알로 이적했다.

출전경기	경기시간(분)	골	어시스트	경고	퇴장
25	1267	5	5	3	-

FW 20 호세 루이스 모랄레스 / Jose Luis Morales

국적: 스페인

2011년 레반테 2군 팀에서 두각을 나타내기 시작했다. 레반테의 에이스이자 주장으로 활약하다 2022년 팀이 2부 리그로 강등되자 자유 계약으로 비야레알에 입단했다. 30대 중반의 나이에 이르렀으나 경기력을 유지하고 있다. 빠른 스피드와 신체 균형, 가속력 및 현란한 드리블 기술을 기반으로 솔로 플레이로 득점할 수 있는 크랙. 긴 다리로 공을 간수하며 수비 타이밍을 빼앗는 돌파의 예술을 보여준다.

출전경기	경기시간(분)	골	어시스트	경고	퇴장
35	2,727	13	7	7	-

아틀레틱 빌바오

Athletic Club Bilbao

TEAM PROFILE

창 립	1898년
구 단 주	아이뜨르 엘리제기(스페인)
감 독	공석
연 고 지	빌바오
홈 구 장	산 마메스(5만 3,332명)
라 이 벌	레알 소시에다드
홈페이지	www.athletic-club.eus

최근 5시즌 성적

시즌	순위	승점
2017-2018	16위	43점(10승13무15패, 41득점 49실점)
2018-2019	8위	53점(13승14무11패, 41득점 45실점)
2019-2020	11위	51점(13승12무13패, 41득점 38실점)
2020-2021	10위	43점(11승13무14패, 46득점 42실점)
2021-2022	8위	55점(14승13무11패, 55득점 43실점)

LA LIGA

통 산	우승 8회
21-22 시즌	8위(14승13무11패, 승점 55점)

COPA DEL REY

통 산	우승 24회
21-22 시즌	4강

UEFA

통 산	없음
21-22 시즌	없음

경기 일정

라운드	날짜	장소	상대팀
1	2022.08.16	홈	마요르카
2	2022.08.22	홈	발렌시아
3	2022.08.30	원정	카디스
4	2022.09.05	홈	에스파뇰
5	2022.09.12	원정	엘체
6	2022.09.19	홈	라요 바예카노
7	2022.10.03	홈	알메리아
8	2022.10.10	원정	세비야
9	2022.10.17	홈	아틀레티코 마드리드
10	2022.10.20	원정	헤타페
11	2022.10.24	원정	바르셀로나
12	2022.10.31	홈	비야레알
13	2022.11.07	원정	지로나
14	2022.11.10	홈	레알 바야돌리드
15	2023.01.01	원정	레알 베티스
16	2023.01.09	홈	오사수나
17	2023.01.15	원정	레알 소시에다드
18	2023.01.23	홈	레알 마드리드
19	2023.01.30	원정	셀타 비고
20	2023.02.06	홈	카디스
21	2023.02.13	원정	발렌시아
22	2023.02.20	원정	아틀레티코 마드리드
23	2023.02.27	홈	지로나
24	2023.03.06	원정	라요 바예카노
25	2023.03.13	홈	바르셀로나
26	2023.03.20	원정	레알 바야돌리드
27	2023.04.03	홈	헤타페
28	2023.04.10	원정	에스파뇰
29	2023.04.17	홈	레알 소시에다드
30	2023.04.24	원정	알메리아
31	2023.04.27	홈	세비야
32	2023.05.01	원정	마요르카
33	2023.05.04	홈	레알 베티스
34	2023.05.15	원정	비야레알
35	2023.05.22	홈	셀타 비고
36	2023.05.25	원정	오사수나
37	2023.05.29	홈	엘체
38	2023.06.05	원정	레알 마드리드

전력분석 | ## 바스크 순혈주의, 보강이 어려운 빌바오

스페인 북부 바스크 지역은 스페인이지만 언어도 문화도 달라 오랫동안 독립운동을 전개해 왔다. 지금은 시들해졌지만 여전히 축구를 통해 민족적 자부심을 고취하고 있는 빌바오는 레알 소시에다드, 에이바르, 알라베스 등 바스크 지역의 다른 팀들과 차별화된 '바스크 출신 선수'만 입단할 수 있다는 오랜 정책을 유지하며 운영하고 있다. 바스크 선수만 뛸 수 있다는 정책은 근래 들어 바스크 지역에서 태어난 선수, 가족 중에 바스크 혈통이 있는 선수 등으로 확대되고 있지만 여전히 이적 시장에서 활발하게 움직일 수 없는 것은 마찬가지다. 그래서 이탈하는 선수는 활발해도 영입되는 선수는 제한적이며, 오랫동안 활약하는 선수, 돌아오는 선수, 자체 유스 팀에서 성장하는 선수가 대부분이다. 올 시즌에도 출전 기회를 찾아 떠난 선수가 많고 영입된 선수는 빌바오 유스 출신으로 2019년 십자인대 부상 후 출전 기회를 찾아 팀을 떠났다가 재영입된 고르카 구루세타 뿐이다. 주력 선수들이 유지된 채 뚜렷한 전력 보강도, 이탈도 없는 편이다.

전술분석 | ## 베르데 부임, 4-4-2에서 4-2-3-1로

마르셀리노 감독 체제에서 일자형 4-4-2를 썼던 아틀레틱 빌바오는 에르네스토 발베르데 감독의 귀환과 함께 시스템을 전면 개편한다. 강한 전방 압박과 많이 뛰는 축구, 상대 지역으로 도전하는 공격 중심의 축구로의 변신이다. 바르셀로나 감독을 맡기도 한 발베르데 감독은 빌바오 특유의 투쟁심과 더불어 현대적인 축구를 추구한다. 빌드업이 좋은 골키퍼 우나이 시몬, 공 운반 능력 및 배급력을 갖춘 센터백 이고 마르티네스와 예라이 등을 통해 뒤에서 경기를 풀어간다. 좌우 풀백 베르치체와 데마르코스, 레쿠에, 발렌시아가 모두 오버래핑에 능한 타입으로 공격 지역에서 수적 우위를 만든다. 중앙 미드필더 다니 가르시아는 조율과 전개에 능하고, 측면에는 니코 윌리암스, 루이스 빌바오 같은 정통파 윙어는 물론 세라노, 아레스 등 가짜 윙어 유형의 자원도 있다. 전방에는 이냐키 윌리암스, 2선에는 이케르 무니아인이라는 빌바오 최고의 스타가 건재하다. 아쉬운 것은 전형적인 타깃형 스트라이커 유형의 자원이 비야리브레밖에 없다는 점이다. 재영입한 구루세타도 188Cm로 키가 크지만 2선 공격수 타입에 가깝다.

시즌 프리뷰 다시 유럽을 꿈꾼다

바스크 출신 선수만 뛸 수 있는 특성으로 인해 오래전부터 유소년 선수 육성에 집중해왔고, 좋은 선수를 꾸준히 배출해 왔다. 이번 시즌에도 어떤 신성이 깜짝 등장할지 지켜볼 일이다. 기존 주력 선수들이 계속 호흡을 맞추며 조직력이 유지되고 있는 점 역시 빌바오의 강점이다. 부족한 포지션의 보강이 쉽지 않지만, 감독의 역량에 따라 기대 이상의 성과를 얻을 수 있는 여건이다. 빌바오는 존재 자체가 목표이자 의미를 갖는 팀이다. 그렇다고 성적을 아예 신경 쓰지 않을 수는 없다. 1984년 이후 우승하지 못하고 있는 라리가 트로피에 도전하는 것은 허황된 일에 가깝다. 코파 델 레이 우승도 1984년이 마지막인데, 2015년과 2020년, 2021년에 준우승을 차지하며 최근 우승에 근접했다. 빌바오는 2015년과 2020년 수페르코파 데 에스파냐 우승으로 최근 우승컵을 들었고, 발베르데 감독은 2015년 우승을 이룬 영웅이다. 올 시즌 노릴 수 있는 목표도 39년 만의 코파 델 레이 우승이다. 코파 델 레이 우승으로 유로파리그 진출권을 얻는다면 창단 후 첫 유럽 대항전 우승 도전에 나설 수 있다.

IN & OUT

주요 영입	주요 방출
고르카 구루세타	요킨 에스키에타, 후안 아르톨라, 이니고 코르도바, 유수프 디아라, 이니고 비센테, 이마놀 가르시아, 베냐트 프라도스

TEAM FORMATION

PLAN **4-2-3-1**

TEAM RATINGS

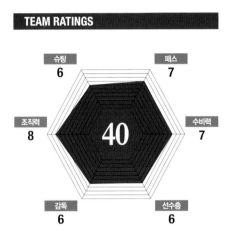

40

슈팅 6	패스 7
조직력 8	수비력 7
감독 6	선수층 6

2021/22 프로필

팀 득점	43
평균 볼 점유율	47.50%
패스 정확도	77.10%
평균 슈팅 수	12.3
경고	84
퇴장	4

골 타입		
오픈 플레이		53
세트 피스		28
카운터 어택	5	
패널티 킥	7	
자책골	7	단위 (%)

패스 타입		
쇼트 패스		87
롱 패스	9	
크로스 패스	3	
스루 패스	0	단위 (%)

지역 점유율

공격 진영	32%
중앙	42%
수비 진영	26%

공격 방향

36% 왼쪽 / 23% 중앙 / 41% 오른쪽

슈팅 지역

6% 골 에어리어
63% 패널티 박스
31% 외곽 지역

상대팀 최근 6경기 전적

구분	승	무	패
레알 마드리드	2		4
바르셀로나	2	1	3
아틀레티코 마드리드	3	2	1
세비야	2	1	3
레알 베티스	4	1	1
레알 소시에다드	1	2	3
비야레알	2	4	
아틀레틱 빌바오			
발렌시아		5	1
오사수나	3	1	2
셀타 비고	1	2	3
라요 바예카노	4	1	1
엘체	4	1	1
에스파뇰	2	3	1
헤타페	1	4	1
마요르카	4	1	1
카디스	3		3
알메리아	5	1	
바야돌리드	1	3	2
지로나	3		1

SQUAD

포지션	등번호	이름		생년월일	키(cm)	체중(kg)	국적
GK	1	우나이 시몬	Unai Simon	1997.06.11	190	88	스페인
		줄렌 아기레자발라	Julen Agirrezabala	2000.12.26	187	80	스페인
DF	2	알렉스 페차로만	Alex Petxa	1997.02.06	179	67	스페인
	4	이니고 마르티네스	Inigo Martinez	1991.05.17	182	76	스페인
	5	예라이 알바레스	Yeray Alvarez	1995.01.24	182	78	스페인
	12	다니 비비안	Dani Vivian	1999.07.05	184	82	스페인
	15	이니고 레케	Inigo Lekue	1993.05.04	180	70	스페인
	17	유리 베르치체	Yuri Berchiche	1990.02.10	181	79	스페인
	18	오스카 데마르코스	Oscar de Marcos	1989.04.14	182	77	스페인
	21	안데르 카파	Ander Capa	1992.02.08	175	75	스페인
	24	미켈 발렌시아가	Mikel Balenziaga	1988.02.29	177	76	스페인
MF	6	미켈 베스가	Mikel Vesga	1993.04.08	191	83	스페인
	8	오이한 산체트	Oihan Sancet	2000.04.25	188	73	스페인
	14	다니 가르시아	Dani Garcia	1990.05.24	179	81	스페인
	16	우나이 벤세도르	Unai Vencedor	2000.11.15	176	71	스페인
	18	오스카 데 마르코스	Oscar de Marcos	1989.04.14	180	76	스페인
	19	오이에르 자라가	Oier Zarraga	1999.01.04	175	76	스페인
FW	7	알렉스 베렌게르	Alex Berenguer	1995.07.04	175	73	스페인
	9	이냐키 윌리암스	Inaki Williams	1994.06.15	186	78	스페인
	10	이케르 무니아인	Iker Muniain	1992.12.19	169	65	스페인
	20	아시에르 비얄리브레	Asier Villalibre	1997.09.30	184	86	스페인
	22	라울 가르시아	Raul Garcia	1986.07.11	184	81	스페인
	27	고르카 구루세타	Gorka Guruzeta	1996.09.12	188	77	스페인
	30	니코 윌리암스	Nico Williams	2002.07.12	180	67	스페인
	33	니콜라스 세라노	Nico Serrano	2003.03.05	176	72	스페인

COACH

에르네스토 발베르데
Ernesto Valverde
1973년 1월 26일생 북아일랜드

2001년 빌바오 코치로 지도자 경력을 시작해 2군 감독을 거쳐 2003년 1군 감독의 기회를 얻었다. 2006년 에스파뇰 감독 부임 첫 시즌에 UEFA컵 준우승을 했다. 2013년 빌바오 감독으로 부임해 2017년 팀을 떠나기까지 라리가 289경기를 지휘해 최장수 감독 기록을 세웠다. 2015년에 바르셀로나와 스페인 슈퍼컵에서 승리했고, 이 성과를 바탕으로 2017년 바르셀로나 감독으로 부임했다. 부임 첫 시즌에 라리가 우승, 코파 델 레이 우승을 거두었다. 그러나 2시즌 연속 라리가 우승에도 챔피언스리그에서 부진과 실리적인 경기 스타일로 인해 인기를 끌지 못했다. 2019년 말부터 레임덕을 겪어 2020년 수페르코파 에스파냐 탈락 후 성적 부진을 이유로 경질됐다. 2022년 여름 빌바오 신임 회장 욘 우리아르테의 공약으로 빌바오 감독으로 세 번째 부임했다.

KEY PLAYER

FW 10 이케르 무니아인
Iker Muniain

국적: 스페인

빌바오 유소년 팀에서 성장하며 큰 기대를 받았다. 단신에 체구가 작지만 성장하면서 단단한 피지컬을 갖췄고, 무게 중심이 좋다. 방향 전환 및 드리블 기술, 왼쪽 측면에서 중앙으로 치고 들어가며 오른발 슈팅 및 패스로 득점 기회를 창출하는 능력이 강점이다. 반대발 윙어로 왼쪽에 주로 배치되지만, 세컨드 스트라이커, 오른쪽 윙어 및 중앙 공격형 미드필더 등 공격 전 지역을 소화할 수 있다. 2018/19시즌 리그 7득점 5도움을 기록, 지난 시즌 리그 11도움으로 첫 두 자릿수 어시스트를 기록한 것은 물론 리그 35경기를 꾸준히 출전하며 빌바오의 주장으로 자리매김했다. 지난 시즌 팀 내 최다 키패스, 드리블 성공을 기록한 명실상부 에이스다.

출전경기	경기시간(분)	골	어시스트	경고	퇴장
35	2,803	4	10	3	-

GK 1 우나이 시몬
Unai Simon

국적: 스페인

바스크 지역 알라베스 출신으로 2011년 빌바오 유스 팀으로 스카우트됐다. 유로2020 4강 진출 과정에서 데헤아를 제치고 넘버원으로 선택됐다. 도쿄 올림픽에도 참가해 은메달을 목에 걸었다. 큰 키에 긴 팔다리를 통해 골문 전역을 커버하며, 순발력 및 2차 반응이 빨라 일대일 상황에 강하다. 빌드업 능력이 탁월하지만 가끔 실수를 범하기도 한다. 강한 정신력과 문전 선방 능력의 강점이 뚜렷하다.

출전경기	경기시간(분)	실점	무실점(경기)	경고	퇴장
34	3,060	31	12	3	-

DF 4 이니고 마르티네스
Inigo Martinez

국적: 스페인

수비의 최종 저지선으로 활약한다. 지난 시즌 경기당 클리어링 5.1회로 빌바오 선수 중 최고 기록을 세웠다. 소시에다드의 프랜차이즈 스타이자 주장이었으나 3,200만 유로 바이아웃 금액에 2018년 빌바오로 이적했다. 바스크 더비는 전통적으로 우호적인 분위기지만 이적으로 감정이 격해졌다. 왼발 킥으로 빌드업하고 지능적으로 수비하는 센터백. 작은 키에도 경기당 헤더 경합 2.7회로 빌바오 1위다.

출전경기	경기시간(분)	골	어시스트	경고	퇴장
27	2,344	3	-	7	2

DF 5 예라이 알바레스
Yeray Alvarez

국적: 스페인

예측력과 판단력, 태클 기술을 통해 상대 공격을 저지하는 능력으로 천재 수비수로 불린다. 지난 시즌에 경기당 가로채기 2회로 빌바오 선수 중 최고 기록을 세웠다. 공격 전개 시 전진 패스 정확성도 높고, 세트 피스 헤더 득점 적중률도 높다. 2016년 빌바오 1군, 스페인 21세 이하 대표까지 엘리트 코스를 거쳤다. 2016년 고환암 판정을 받아 1년 넘게 투병하다가 2018/19시즌에 복귀했다.

출전경기	경기시간(분)	골	어시스트	경고	퇴장
22	1,860	-	-	6	-

DF 17 유리 베르치체
Yuri Berchiche

국적: 스페인

예리한 왼발 크로스는 물론 측면을 허문 뒤 빼주는 컷백 플레이로 많은 도움을 올리는 공격적인 레프트백이다. 기교파 윙백치고 힘도 좋다. 거침없는 태클로 측면 수비도 준수하다. 지난 시즌 경기당 1.4회의 파울을 당해 무니나인 다음으로 프리킥을 많이 얻어냈다. 2012/13시즌 에이바르로 임대된 후 잠재력을 현실화했다. 레알 소시에다드에서 주전으로 활약하다 파리 생제르맹을 거쳐 빌바오로 이적했다.

출전경기	경기시간(분)	골	어시스트	경고	퇴장
14	1,016	1	2	3	-

DF 24 미켈 발렌시아가
Mikel Balenziaga

국적: 스페인

지난 시즌 유리 베르치체를 제치고 주전 레프트백으로 활약했다. 공격 생산성은 다소 부족하나 활동량, 몸싸움, 태클 등 수비적으로 앞선다. 경기당 걷어내기 2.7회, 태클 1.3회 등 안정된 수비를 구사했다. 소시에다드 유소년 팀에서 성장했으나 1군 팀에서 기회를 얻지 못해 2008년 빌바오로 이적했다. 누만시아 임대, 바야돌리드 이적을 통해 2부에서 두각을 나타내 2013년 빌바오와 다시 계약했다.

출전경기	경기시간(분)	골	어시스트	경고	퇴장
26	2,027	-	-	2	-

MF 6 미켈 베스카
Mikel Vesga

국적: 스페인

큰 키와 당당한 체구를 바탕으로 몸싸움에 능하며 중원에서 상대 공격 차단 후 긴 패스로 역습의 기점 역할을 하는 수비형 미드필더다. 오레라에서 축구를 시작한 뒤 알라베스 2군 팀을 거쳐 2014년에 빌바오 2군 팀에 입단했다. 주목받지 못했지만 2017년 스포르팅 히혼에 임대, 2018/19시즌 레가네스 임대 기간 중 기량을 검증받고 2019/20시즌 후반기부터 주전 미드필더로 중용되고 있다.

출전경기	경기시간(분)	골	어시스트	경고	퇴장
32	1,357	2	-	3	2

MF 8 오이한 산체트
Oihan Sanchet

국적: 스페인

강력한 중거리 슈팅 능력을 통해 중앙 미드필더로 기용되다 라울 가르시아 전진 배치 후 공격형 미드필더로 한 칸 올라가 뛰고 있다. 군더더기 없는 기술과 패싱력을 자랑하며, 188cm로 강건한 신체조건을 갖춰 경합에서도 밀리지 않는다. 2015년 빌바오 유소년 팀에 스카우트된 산체트는 2020/21시즌부터 주력 선수로 자리잡았고 지난 시즌 6골 4도움으로 10호 공격 포인트를 기록했다

출전경기	경기시간(분)	골	어시스트	경고	퇴장
27	1,426	6	4	2	-

MF 14 다니 가르시아
Dani Garcia

국적: 스페인

중원에서 볼 배급을 담당하는 빌드업 미드필더. 중앙 및 후방에 자리해 공격 포인트 기록은 부족하지만, 패스 정확성이 뛰어나고 경기 템포 조절이 가능하며 좌우 측면 전방을 길게 열어주는 패스를 통해 공격의 시발점 역할을 한다. 기푸스코아 지역 출신으로 알리칸테를 거쳐 2014년부터 2018년 사이의 에이바르 돌풍을 이끌었다. 2018년 빌바오로 이적해 꾸준히 주전급 미드필더로 활약 중이다.

출전경기	경기시간(분)	골	어시스트	경고	퇴장
32	2,194	-	-	9	-

MF 16 우나이 벤세도르
Unai Vencedor

국적: 스페인

키는 작지만, 운동 능력이 뛰어나며, 가속력, 지구력을 통한 넓은 활동 범위. 노련한 패싱력으로 중앙 지역에서 경기를 조율하는 중앙 미드필더이다. 차세대 중원 리더로 꼽힌다. 2018년 빌바오 2군 팀을 통해 프로에 데뷔했고 2020년 20세의 나이로 1군에 진입했다. 지난 시즌 부상 외 기간 전 경기에 선발 출전했다. 스페인 19세 이하 대표를 거쳐 현재 21세 이하 대표로 활동 중이다.

출전경기	경기시간(분)	골	어시스트	경고	퇴장
34	2397	-	-	4	-

MF 18 오스카 데 마르코스
Oscar de Marcos

국적: 스페인

잦은 발목 부상으로 이탈한 경기가 적지 않았으나 컨디션이 좋을 땐 주전 라이트백이다. 지난 시즌 경기당 태클 2.3회로 빌바오 선수 중 1위. 알라바 유소년 팀 시절에는 공격형 미드필더로 공격수 역할을 주로 맡았다. 빌바오 이적 후에도 비슷한 역할을 맡다가 2011/12시즌 중앙 미드필더, 2014/15시즌 풀백으로 영역을 확장했다. 기민하고 킥력이 좋아 경기장에서 어떤 역할이든 소화할 수 있다.

출전경기	경기시간(분)	골	어시스트	경고	퇴장
22	1,685	1	2	4	-

FW 7 알렉스 베렌게르
Alex Berenguer

국적: 스페인

빌바오 2선 공격의 중심으로 빠른 스피드와 발재간을 갖춘 측면 공격수이다. 오른발잡이로 왼쪽 측면에서 중앙으로 치고 들어가는 반대발 윙어 유형이다. 주고받는 패스 및 직접 해결하는 능력이 좋다. 수비력과 공중전에 약하다. 2017년 토리노에서 이탈리아 무대를 경험한 뒤 2020년에 빌바오로 이적했다. 첫 시즌 8골 5도움 활약을 펼쳤다. 지난 시즌 경기당 키패스 1.3회는 무니아인 다음으로 높은 기록이다.

출전경기	경기시간(분)	골	어시스트	경고	퇴장
34	2,174	3	6	8	-

FW 9 이냐키 윌리암스
Inaki Williams

국적: 가나/스페인

2022 카타르 월드컵을 앞두고 가나 대표팀으로 귀화했다. 부친이 가나 출신이다. 빌바오에서 태어나 빌바오 유소년 팀에서 성장해 2014/15 시즌 1군에 올랐다. 6시즌 연속 라리가 전 경기에 출전한 부동의 주전 공격수. 빠른 발, 기술, 결정력을 두루 갖춰 스트라이커와 윙어로 뛸 수 있다. 지난 시즌 빌바오 최다 슈팅(경기당 2.5회)를 기록했다. 두 시즌 연속 두 자릿수 공격 포인트를 기록 중이다.

출전경기	경기시간(분)	골	어시스트	경고	퇴장
38	2,787	8	5	4	-

FW 22 라울 가르시아
Raul Garcia

국적: 스페인

공수 모든 포지션을 소화하는 전천후 미드필더. 당당한 체구에 폭 넓은 활동력, 공중볼 경합 능력을 바탕으로 아틀레티코에서 측면 미드필더, 공격형 미드필더, 중앙 미드필더로 전성시대를 보냈고, 빌바오 이적 후 보다 공격적인 역할을 맡고 있다. 2019/20시즌엔 스트라이커로 15골을 넣었다. 양발 슈팅 및 헤더 등 정통 9번에 요구되는 역할을 수행하며 주로 최전방과 세컨드톱으로 경기하고 있다.

출전경기	경기시간(분)	골	어시스트	경고	퇴장
35	1,816	6	2	4	-

FW 27 고르카 구루세타
Gorka Guruzeta

국직: 스페인

라울 가르시아가 황혼기를 맞이하고 있는 가운데 188cm의 장신 공격수 구루세타를 장기적 대체자로 영입했다. 2014년 빌바오 유소년 팀에서 성장, 빌바오 2군 선수로 뛰다 2018년 1군에 승격됐으나 2019년 십자인대 부상으로 2020년 계약을 해지한 뒤 2부 사바델로 이적했다. 이후 이적한 아모레비에타에서 13골을 몰아치며 부상을 털어낸 후 2022년 여름 2년 계약으로 빌바오로 돌아왔다.

출전경기	경기시간(분)	골	어시스트	경고	퇴장
37	2,543	13	1	4	-

FW 30 니코 윌리암스
Nico Williams

국적: 스페인

측면 공격수로 빠른 스피드와 기술, 침착한 공격 마무리 능력을 갖췄다. 경기당 드리블 1.3회, 무니아인 다음으로 높은 기록으로 상대 수비를 허물었다. 스페인 이민 2세대로 팜플로나에서 태어났다. 오사수나 유소년 팀에서 축구를 시작한 뒤 빌바오 유스팀으로 이적했고, 2020년 빌바오 2군 팀을 거쳐 2020/21시즌 후반기에 1군으로 승격, 2021/22시즌 주전 선수로 빠르게 발돋움했다.

출전경기	경기시간(분)	골	어시스트	경고	퇴장
34	1330	-	-	4	-

발렌시아 CF

Valencia CF

TEAM PROFILE

창　　립	1919년
구 단 주	피터 림(싱가포르)
감　　독	젠나로 가투소(이탈리아)
연 고 지	발렌시아
홈 구 장	메스타야(5만 5,000년)
라 이 벌	비야레알, 레반테
홈페이지	www.valenciacf.com

최근 5시즌 성적

시즌	순위	승점
2017-2018	4위	73점(22승7무9패, 65득점 38실점)
2018-2019	4위	61점(15승16무7패, 51득점 35실점)
2019-2020	9위	53점(14승11무13패, 46득점 53실점)
2020-2021	13위	43점(10승13무15패, 50득점 53실점)
2021-2022	9위	48점(11승15무12패, 48득점 53실점)

LA LIGA

통　　산	우승 6회
21-22 시즌	9위(11승15무12패, 승점 48점)

COPA DEL REY

통　　산	우승 8회
21-22 시즌	결승

UEFA

통　　산	유로파리그 우승 2회
21-22 시즌	없음

경기 일정

라운드	날짜	장소	상대팀
1	2022.08.15	홈	지로나
2	2022.08.22	원정	아틀레틱 빌바오
3	2022.08.30	홈	아틀레티코 마드리드
4	2022.09.05	홈	헤타페
5	2022.09.12	원정	라요 바예카노
6	2022.09.19	홈	셀타 비고
7	2022.10.03	원정	에스파뇰
8	2022.10.10	원정	오사수나
9	2022.10.17	홈	엘체
10	2022.10.20	원정	세비야
11	2022.10.24	홈	마요르카
12	2022.10.31	홈	바르셀로나
13	2022.11.07	원정	레알 소시에다드
14	2022.11.10	홈	레알 베티스
15	2023.01.01	원정	비야레알
16	2023.01.09	홈	카디스
17	2023.01.15	원정	레알 마드리드
18	2023.01.23	홈	알메리아
19	2023.01.30	원정	레알 바야돌리드
20	2023.02.06	원정	지로나
21	2023.02.13	홈	아틀레틱 빌바오
22	2023.02.20	원정	헤타페
23	2023.02.27	홈	레알 소시에다드
24	2023.03.06	원정	바르셀로나
25	2023.03.13	홈	오사수나
26	2023.03.20	원정	아틀레티코 마드리드
27	2023.04.03	홈	라요 바예카노
28	2023.04.10	원정	알메리아
29	2023.04.17	홈	세비야
30	2023.04.24	원정	엘체
31	2023.04.27	홈	레알 바야돌리드
32	2023.05.01	원정	카디스
33	2023.05.04	홈	비야레알
34	2023.05.15	원정	셀타 비고
35	2023.05.22	홈	레알 마드리드
36	2023.05.25	원정	마요르카
37	2023.05.29	홈	에스파뇰
38	2023.06.05	원정	레알 베티스

전력분석 | 공격 파괴력 보강, 중원 구성 재편

올여름 발렌시아가 영입한 선수 중 단연 주목할 선수는 스페인 연령별 대표 출신으로 비야레알에서 만개해 2018년부터 2022년까지 AC 밀란에서 활약하고 라리가에 돌아온 윙어 사무 카스티예호다. 화려한 기술과 빠른 스피드, 왼발을 통해 오른쪽 측면에서 반대발 윙어로 수비 압박을 허물어내는 카스티예호는 곤살루 게드스가 울버햄튼으로 떠나 파괴력이 떨어진 측면 공격을 대신할 재능이다. 여기에 아틀레티코 마드리드가 영입한 역동적인 스트라이커 사무엘 리누를 임대 영입했다. 공격수 포화 상태인 아틀레티코에서 한 시즌간 활용하기 위해 데려온 리누는 전방 압박이 좋고 빠른 속도를 갖춘 스트라이커로 발렌시아 공격이 그 어느 때보다 빠르게 펼쳐질 수 있을 것으로 기대된다. 발렌시아는 지난 시즌 임대 선수로 활용한 토트넘 홋스퍼의 브라이안 힐과 계약을 연장하지 못했으나 공격력은 더 강해졌다. 리즈 유나이티드 임대생 엘데르 코스타도 기대 이하였다. 라이프치히 임대생 일라이시 모리바도 영향력이 없어 임대 만료로 돌려보냈고, 센터백 오마르 알데레테가 떠난 자리도 큰 공백이 아니다.

전술분석 | 공격 축구 꿈꾸는 가투소의 박쥐군단

젠나로 가투소 감독은 공을 소유하고 공격적으로 경기를 지배하는 축구를 선호한다. 실리 축구를 표방한 호세 보르달라스 감독을 선임했으나 성적을 내지 못한 발렌시아는 체질 개선에 나섰다. 가투소 감독은 4-3-3 포메이션 혹은 4-2-3-1 포메이션을 기반으로 공을 소유하는 팀을 만들고자 한다. 보르달라스 감독이 센터백에서 빌드업 미드필더로 전환시킨 우고 기야몬에게 그대로 역할을 맡기면서 측면 미드필더였던 미국 대표 출신 유누스 무사를 박스 투 박스 미드필더로 개종시켜 중원의 역동성을 만들고 있다. 중원의 마에스트로는 여전히 프랜차이즈 스타 카를로스 솔레르다. 기야몬이 기점 패스, 솔레르가 공격 마침표를 담당하고 무사가 운반자 혹은 수비 영역을 커버하는 엔진이다. 좌우 풀백 호세 가야와 티에리 코헤아의 장점도 측면 돌파력과 크로스 등 공격이다. 막시 고메스, 우고 두로, 마르코스 안드레, 사무엘 리누 등 다양한 장점을 가진 스트라이커와 검증된 윙어 게드스와 카스티예호를 갖춘 발렌시아의 숙제는 보강되지 못한 센터백 라인이다. 마마르다시빌리의 선방이 라리가 최고 수준인 점은 긍정적인 면이다.

시즌 프리뷰 — 계속된 감독 교체, 이번엔 정착할까

라파 베니테스 감독, 키케 산체스 플로레스 감독, 우나이 에메리 감독과 함께 꾸준히 레알 마드리드, 바르셀로나의 경쟁팀으로 군림했던 '박쥐군단' 발렌시아는 싱가포르 출신 재벌 피터 림이 투자하며 누누 에스피리투 산투 감독과 라리가 4위로 챔피언스리그 무대에 나설 때까지만 해도 재건에 대해 기대했다. 그러나 슈퍼 에이전트 조르데 멘데스와의 인연으로 영입된 몇몇 선수들의 실패 및 혼란했던 감독 인선, 자체 유스 선수들의 유출 및 코로나19 팬데믹으로 인한 재정 불안 등을 겪으며 무너졌다. 그나마 발렌시아를 다시 코파 델 레이 챔피언으로 이끌고 챔피언스리그 진출로 인도한 마르셀리노 감독도 경기 외적 이유로 해고하면서 어느새 중위권에 머무르는 팀으로 약화됐다. 매력적인 축구로 성공을 원한 피터 림은 발렌시아 출신으로 '미니 시메오네'로 불린 보르달라스와의 동행을 1년 만에 중단했다. 지난 시즌 코파 델 레이 결승전 패배 및 라리가 9위의 성적은 직전 시즌에 비하면 준수했다. 이제 멘데스의 고객인 가투소 감독을 선임하며 또 한 번 시스템 변화를 시도하고 있다. 새 감독과 단번에 성과를 내긴 어렵다.

IN & OUT

주요 영입	주요 방출
사무 카스티예호, 사무엘 리누	곤살루 게드스, 데니스 체리셰프, 브라이안 힐, 일라이시 모리바, 오마르 알데레테, 엘데르, 코스타

TEAM FORMATION

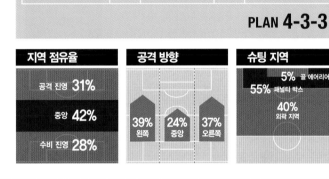

PLAN 4-3-3

TEAM RATINGS

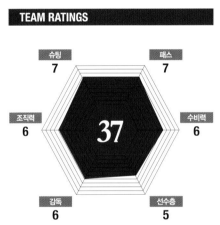

37

슈팅	7
패스	7
수비력	6
선수층	5
감독	6
조직력	6

2021/22 프로필

팀 득점	48
평균 볼 점유율	43.30%
패스 정확도	71.90%
평균 슈팅 수	10.6
경고	123
퇴장	8

골 타입 (단위 %)

오픈 플레이	52
세트 피스	21
카운터 어택	4
패널티 킥	17
자책골	6

패스 타입 (단위 %)

쇼트 패스	74
롱 패스	20
크로스 패스	6
스루 패스	0

지역 점유율

공격 진영	31%
중앙	42%
수비 진영	28%

공격 방향

39% 왼쪽	24% 중앙	37% 오른쪽

슈팅 지역

5% 골 에어리어
55% 패널티 박스
40% 외곽 지역

상대팀 최근 6경기 전적

구분	승	무	패
레알 마드리드	1		5
바르셀로나	1	1	4
아틀레티코 마드리드		3	3
세비야		1	5
레알 베티스	1	1	4
레알 소시에다드	1	4	1
비야레알	3		3
아틀레틱 빌바오	1	5	
발렌시아			
오사수나	2	1	3
셀타 비고	4		2
라요 바예카노	1	4	1
엘체	5		1
에스파뇰	2	2	2
헤타페	1	3	2
마요르카	3	1	2
카디스	2	3	1
알메리아	4	1	1
바야돌리드	4	2	
지로나	3		1

SQUAD

포지션	등번호	이름		생년월일	키(cm)	체중(kg)	국적
GK	1	자우메 도메네크	Jaume Domenech	1990.11.05	185	73	스페인
	13	크리스티안 리베로	Cristian Rivero	1998.03.21	188	78	스페인
	28	요르기 마마르다시빌리	Giorgi Mamardashvili	2000.09.29	199	88	조지아
DF	2	티에리 코헤아	Thierry Correia	1999.03.09	176	69	포르투갈
	3	토니 라토	Toni Lato	1997.11.21	171	64	스페인
	5	가브리엘 파울리스타	Gabriel Paulista	1990.11.26	187	72	브라질
	12	무크타르 디아카비	Mouctar Diakhaby	1996.12.19	192	78	프랑스
	14	호세 가야	Jose Gaya	1995.05.25	172	66	스페인
	20	디미트리 풀퀴에	Dimitri Foulquier	1993.03.23	183	79	과들루프
	24	에라이 코메르트	Eray comert	1998.02.04	183	80	스위스
	37	크리스티안 모스케라	Cristhian Mosquera	2004.06.27	191		스페인
	32	헤수스 바스케스	Jesús Vázquez	2003.01.02	182	79	스페인
MF	4	유누스 무사	Yunus Musah	2002.11.29	178	75	미국
	6	우고 기야몬	Hugo Guillamon	2000.01.30	182	62	스페인
	8	우로시 라치치	Uros Racic	1998.03.17	193	81	세르비아
	10	카를로스 솔레르	Carlos Soler	1997.01.02	180	76	스페인
	18	코바 코앙드레디	Koba Koindredi	2001.10.27	184	77	프랑스
FW	9	막시 고메스	Maxi Gomez	1996.08.14	186	91	우루과이
	11	사무 카스티예호	Samu Castillejo	1995.01.18	182	67	스페인
	19	우고 두로	Hugo Duro	1999.11.10	182	70	스페인
	21	마누 바예호	Manu Vallejo	1997.02.14	167	72	스페인
	22	마르코스 안드레	Marcos Andre	1996.10.20	185	78	브라질
		사무엘 리누	Samuel Lino	1999.12.23	178	69	브라질

COACH

젠나로 가투소 Gennaro Gattuso
1978년 1월 9일생 이탈리아

이탈리아 대표 수비형 미드필더로 한 시대를 풍미했다. AC 밀란에서 전성기를 보냈고, 스위스 시온에서 2013년 현역 생활을 마무리한 뒤 시온 감독으로 지도자 경력을 시작했다. 2015년 이탈리아 2부 피사를 맡아 1부 승격 플레이오프까지 진출시키며 지도력을 인정받았다. 2017년 5월 AC 밀란 19세 이하 유소년 팀 감독을 맡은 뒤 그해 11월 1군 감독 빈첸초 몬텔라가 경질되자 1군 감독으로 승격했다. AC 밀란을 리그 6위로 이끈 가투소는 2018/19시즌 풀시즌을 치렀으나 리그 5위의 성적으로 챔피언스리그 진출에 실패해 사임했다. 2019년 12월 나폴리 감독으로 부임해 코파 이탈리아 우승을 이뤘다. 2020/21시즌 최종전에 챔피언스리그 진출에 실패한 뒤 사임했다. 2022년 6월 발렌시아와 계약해 감독직으로 돌아왔다.

KEY PLAYER

| MF | 10 | 카를로스 솔레르 Carlos Soler |

국적: 벨기에

풍부한 활동력, 중장거리 패스, 대포알 같은 중거리 슈팅 능력을 갖춘 중앙 미드필더. 경력 초기에는 측면 미드필더로 나섰을 정도로 빠른 스피드를 갖췄고, 운동 능력이 좋아 압박을 부지런히 펼쳤다. 2019년 레알 마드리드전 4-1 대승에서 페널티킥으로 해트트릭을 한 진귀한 기록도 남겼다. 2005년 발렌시아 유소년 팀에 입단해 전 연령팀을 거쳐 성장한 '성골 유스'다. 2015년 2군 팀에서 프로 경력을 시작해 2016년 1군에 입성한 뒤 현재까지 핵심 선수로 활약 중이다. 2020 도쿄 올림픽 은메달을 차지한 주역이었으며, 2022 카타르 월드컵 유럽 예선 스웨덴전에 결정적인 골을 넣으며 스페인 대표팀에서도 주전급으로 중용되고 있다.

출전경기	경기시간(분)	골	어시스트	경고	퇴장
32	2,485	11	5	4	-

| GK | 13 | 자우메 도메네크 Jaume Domenech |

국적: 스페인

2020/21시즌 실러선의 부상으로 주전 골키퍼로 뛰었으나 지난 시즌 실러선의 부상 회복 및 2군에 영입된 마마르다시빌리에게 밀렸다. 2009년 비야레알C팀, 온다, 엘 팔로 등 하부리그에서 주로 경험을 쌓았다. 2013년 발렌시아 2군으로 이적한 뒤 2015년 1군에 올라왔다. 2017/18시즌 네투의 백업 골키퍼로 뛰다가 알라베스와 코파 델레이 8강전 두 차례 승부차기를 선방으로 주목 받았다.

출전경기	경기시간(분)	골	무실점(경기)	경고	퇴장
4	343	-	-	2	-

| GK | 28 | 요르기 마마르다시빌리 Giorgi Mamardashvili |

국적: 조지아

199cm로 골키퍼 중에서도 신장이 크며, 긴 팔 다리를 활용한 골문 커버 범위와 선방 능력으로 슈퍼 세이브를 자주 펼친다. 2019년 만 19세로 루스타비, 로코모티브 트빌리시로 임대되어 조지아 올해의 골키퍼 상을 받았고, 2021년 6월 발렌시아 2군에서 1년 임대 계약을 맺었다. 프리시즌 기간 중 활약을 펼쳐 1군 주전 골키퍼로 기용되어 2012년 12월 4년 장기 완전 이적 계약을 맺었다.

출전경기	경기시간(분)	골	무실점(경기)	경고	퇴장
18	-	-	-	2	-

| DF | 2 | 티에리 코헤아 Thierry Correa |

국적: 포르투갈

빠른 스피드와 날카로운 크로스 패스 및 중거리 슈팅 능력을 갖췄고, 몸싸움에도 능한 공격적인 라이트백. 2018년 포르투갈 스포르팅에서 1군 선수로 데뷔했고, 2019년 발렌시아로 1,200만 유로로 이적했다. 포르투갈 16세 이하 대표부터 21세 이하 대표까지 엘리트 코스를 밟았다. 부상 등으로 주전 경쟁에서 어려움을 겪었으나 2020/21시즌부터 주전 자리를 꿰차 측면 공격에 활로를 열었다.

출전경기	경기시간(분)	골	어시스트	경고	퇴장
19	1,424	-	1	5	-

| DF | 3 | 토니 라토 Toni Lato |

국적: 스페인

호세 가야의 뒤를 이을 자체 육성 레프트백. 발렌시아 유소년 팀에서 성장해 2014년 2군, 2016년 1군에 입성. 체구는 작지만 빠르고 기술이 좋은 전통적인 발렌시아 출신 공격형 레프트백. 문전으로 침투해 득점할 수 있는 결정력과 마무리 기술도 갖추고 있다. 2017/18시즌 라리가 16경기에 출전하며 인상적인 시즌을 보낸 뒤 오사수나 임대를 다녀와 1군 로테이션 자원으로 기용되고 있다.

출전경기	경기시간(분)	골	어시스트	경고	퇴장
11	590	-	1	5	-

| DF | 5 | 가브리엘 파울리스타 Gabriel Paulista |

국적: 브라질

키는 크지만 호리호리한 체격으로 빠르며 공중볼 처리, 태클 정확성, 활동량 등에 강점이 있는 센터백이다. 2013년 비야레알 이적으로 스페인 라리가에 입성했다. 2시즌 동안 인상적인 활약을 펼쳐 1,130만 파운드로 2014년 아스널로 이적했다. 2017년 발렌시아로 이적해 라리가로 돌아왔다. 2015년 브라질 대표로 발탁됐으나 A매치 데뷔전을 치르지 못했고 2020년 스페인 이중 국적을 취득했다.

출전경기	경기시간(분)	골	어시스트	경고	퇴장
19	1,602	2	1	2	-

| DF | 14 | 호세 가야 Jose Gaya |

국적: 스페인

빠른 스피드를 활용한 측면 돌파, 예리한 왼발 크로스 패스 능력 및 슈팅 능력을 갖춘 공격적인 레프트백. 2006년 발렌시아 유소년 팀에 입단해 2012년 1군 팀에 데뷔한 성골 유스이다. 유소년 시절에는 연간 60골 이상을 몰아친 스트라이커로 주목받았으나 레프트백으로 전향했다. 스페인 17세 이하 대표부터 성인 대표까지 선발됐다. 2020년 여름 다니 파레호가 떠난 뒤 발렌시아의 주장직을 넘겨받았다.

출전경기	경기시간(분)	골	어시스트	경고	퇴장
24	1,875	2	4	6	2

DF 20 디미트리 풀키에
Dimitri Foulquier

국적: 프랑스

빠른 스피드와 운동 능력, 양발을 두루 잘 쓰는 멀티 풀백. 과들루페 이민자 가정 출신으로 2013 FIFA U-20 월드컵에서 프랑스 우승 멤버였으나 2018년 과들루페 대표팀을 택했다. 렌 유소년 팀에서 성장해 2011년 1군 선수로 데뷔했다. 2013년 그라나다에서 활약하고, 2017년 왓포드에서는 고전했다. 2020년 그라나다로 돌아와 기세를 올렸고, 2021년 여름 발렌시아로 이적했다.

출전경기	경기시간(분)	골	어시스트	경고	퇴장
29	2,337	-	1	11	-

DF 24 에라이 코메르트
Eray Comert

국적: 스위스

중앙 수비수로는 작은 편이나 정교한 태클 기술과 지칠 줄 모르는 체력, 볼을 다루는 기술과 패스 전개력이 출중한 현대적인 센터백이다. 몸싸움도 마다하지 않으며 발도 빠른 편. 스위스 명문 클럽 바젤 유소년 팀에서 성장해 2016년 1군 선수로 데뷔했다. 스위스 16세 이하 대표부터 2019년 성인 대표팀 발탁되면서 기대를 모았다. 2022년 겨울 이적 시장 기간 발렌시아와 4년 6개월 계약을 맺었다.

출전경기	경기시간(분)	골	어시스트	경고	퇴장
8	408	-	-	2	-

MF 4 유누스 무사
Yunus Musah

국적: 미국

운동 능력이 뛰어나며 속도가 아주 빠른 편은 아니지만, 순간 가속 및 빠른 판단을 통해 상대 수비를 제칠 수 있는 2선 공격수이다. 측면 공격수, 중앙 미드필더도 소화할 수 있다. 미국 뉴욕 태생으로 9살에 영국 런던으로 이주해 성장해 잉글랜드 연령별 대표로 뛰기도 했다. 아스널 유소년 팀에서 2019년 발렌시아 유스로 이적했고, 2020년 17세의 나이로 1군에 데뷔해 이강인의 기록을 깼다.

출전경기	경기시간(분)	골	어시스트	경고	퇴장
29	1,262	1	-	5	-

MF 6 우고 기야몬
Hugo Guillamon

국적: 스페인

후방 빌드업이 강점인 센터백. 182cm로 기대만큼 크지 않아 프로 데뷔 후 고전했으나 보르달라스 감독이 수비형 미드필더도 전진 배치해 기회를 잡았다. 2009년 발렌시아 유소년 팀에 입단한 뒤 이강인과 동기생으로 1군까지 올랐다. 스페인 16세 이하 대표부터 21세 이하 대표 핵심 선수로 뛰었고, 2021년에 스페인 성인 대표팀이 대거 코로나19에 걸려 리투아니아를 상대로 대표팀 데뷔전을 치렀다.

출전경기	경기시간(분)	골	어시스트	경고	퇴장
31	2,368	1	-	8	2

MF 8 우로시 라치치
Uros Racic

국적: 세르비아

공격 전개력, 패싱력이 좋고, 큰 키를 바탕으로 평가전에서 센터백을 맡아볼 정도의 수비력을 갖춘 중앙 미드필더다. 수비형 미드필더로 뛸 때 안정감이 부족하며 경기력에 기복이 심하다는 평가. 세르비아 명문 레드스타 베오그라드에서 프로 선수로 데뷔했고, 2018년에 220만 유로에 발렌시아로 이적했다. 세르비아 연령별 대표를 거쳐 2021년 성인 대표로 발탁되어 카타르 월드컵을 준비하고 있다.

출전경기	경기시간(분)	골	어시스트	경고	퇴장
28	1201	-	-	1	1

MF 18 코바 코앙드레디
Koba Koindredi

국적: 프랑스

184cm의 키로 섬세한 볼 컨트롤 능력, 화려한 발재간, 창의적인 패싱력을 갖춘 중앙 미드필더이다. 직접 프리킥 득점이 가능할 정도로 왼발 킥 능력이 우수하며, 경기 중 판단력과 호전성, 활동량이 좋다. 어린 시절 프랑스에서 자라 랑스 유소년 팀에서 성장하다 2019년 발렌시아 유소년 팀으로 이적한 뒤 빠르게 1군 선수로 데뷔했다. 프랑스 17세~19세 이하 대표팀에서 활약했다.

출전경기	경기시간(분)	골	어시스트	경고	퇴장
10	175	-	-	1	-

FW 9 막시 고메스
Maxi Gomez

국적: 우루과이

포스트 플레이 능력 및 문전 마무리 능력이 뛰어난 정통 스트라이커. 우루과이 데펜소르에서 3시즌 동안 28골을 기록하며 두각을 나타냈다. 2017년 셀타비고로 이적해 두 시즌 동안 라리가 30골을 몰아쳐 우루과이 대표로 선발됐다. 2019년 1,450만 유로에 발렌시아로 이적했고, 이강인과 좋은 호흡을 보이며 '막강 콤비'로 불리는 등 활약했으나 이강인이 떠난 뒤 득점력이 떨어지며 어려움을 겪었다.

출전경기	경기시간(분)	골	어시스트	경고	퇴장
29	1961	5	1	5	1

FW 19 우고 두로
Hugo Duro

국적: 스페인

문전에서 날카로운 왼발 슈팅으로 마무리하는 능력이 좋고 빠른 가속력, 넓은 활동력, 예리한 패싱력을 갖춰 1선과 2선을 모두 소화한다. 헤타페 유소년 팀에서 성장한 뒤 1군 선수가 됐다. 2020년 레알 마드리드 2군 팀으로 임대되어 12골을 기록한 뒤 1군 경기까지 소화하게 되었다. 2021년 발렌시아로 임대되어 날카로운 결정력을 선보여 2022년 여름 400만 유로에 완전 이적했다.

출전경기	경기시간(분)	골	어시스트	경고	퇴장
30	1,847	7	1	2	1

FW 22 마르코스 안드레
Marcos Andre

국적: 브라질

많은 활동량과 압박 능력, 중거리 슈팅과 헤더 슈팅을 통한 득점 능력을 갖춘 스트라이커. 브라질에서는 무명 선수였으나 2015년 셀타비고에서 2군 계약을 맺은 뒤 스페인 3, 4부 리그에서 임대 생활을 하다 로그로녜스에서 득점력이 만개해 2019년 바야돌리드로 이적했다. 2019/20시즌 2부 리그 미란데스 임대 기간 포텐이 터졌고, 2021년 여름 보르달라스 감독의 강한 요청에 발렌시아로 이적했다.

출전경기	경기시간(분)	골	어시스트	경고	퇴장
29	963	1	3	3	-

C.A. 오사수나
C.A. Osasuna

TEAM PROFILE

창 립	1920년
구 단 주	루이스 사발사(스페인)
감 독	야고바 아라사테(스페인)
연 고 지	팜플로나
홈 구 장	엘 사다르(1만 8,761명)
라 이 벌	알라베스
홈페이지	www.osasuna.es

최근 5시즌 성적

시즌	순위	승점
2017-2018	없음	없음
2018-2019	없음	없음
2019-2020	10위	52점(13승13무12패, 46득점 54실점)
2020-2021	11위	44점(11승11무16패, 37득점 48실점)
2021-2022	10위	47점(12승11무15패, 37득점 51실점)

LA LIGA

통 산	없음
21-22 시즌	10위(12승11무15패, 승점 47점)

COPA DEL REY

통 산	없음
21-22 시즌	32강

UEFA

통 산	없음
21-22 시즌	없음

경기 일정

라운드	날짜	장소	상대팀
1	2022.08.13	홈	세비야
2	2022.08.21	홈	카디스
3	2022.08.27	원정	레알 베티스
4	2022.09.05	홈	라요 바예카노
5	2022.09.12	원정	알메리아
6	2022.09.19	홈	헤타페
7	2022.10.03	원정	레알 마드리드
8	2022.10.10	홈	발렌시아
9	2022.10.17	원정	비야레알
10	2022.10.20	홈	에스파뇰
11	2022.10.24	원정	지로나
12	2022.10.31	홈	레알 바야돌리드
13	2022.11.07	원정	셀타 비고
14	2022.11.10	홈	바르셀로나
15	2023.01.01	원정	레알 소시에다드
16	2023.01.09	원정	아틀레틱 빌바오
17	2023.01.15	홈	마요르카
18	2023.01.23	원정	엘체
19	2023.01.30	홈	아틀레티코 마드리드
20	2023.02.06	원정	에스파뇰
21	2023.02.13	원정	레알 바야돌리드
22	2023.02.20	홈	레알 마드리드
23	2023.02.27	원정	세비야
24	2023.03.06	홈	셀타 비고
25	2023.03.13	원정	발렌시아
26	2023.03.20	홈	비야레알
27	2023.04.03	원정	마요르카
28	2023.04.10	홈	엘체
29	2023.04.17	원정	라요 바예카노
30	2023.04.24	홈	레알 베티스
31	2023.04.27	원정	카디스
32	2023.05.01	홈	레알 소시에다드
33	2023.05.04	원정	바르셀로나
34	2023.05.15	홈	알메리아
35	2023.05.22	원정	아틀레티코 마드리드
36	2023.05.25	홈	아틀레틱 빌바오
37	2023.05.29	원정	헤타페
38	2023.06.05	홈	지로나

시즌 프리뷰 — 감독의 무덤에서 가치를 증명한 아라사테호

팜플로나 지역을 대표하는 오사수나는 1980년 이후 대부분 1부 리그에 속했던 저력의 팀이다. 2013/14시즌 18위로 2부 리그로 강등된 후 2시즌 만에 승격했으나 2016/17시즌 19위로 다시 강등을 겪었고, 2018/19시즌 2부 리그 우승으로 복귀한 뒤 3시즌 연속 중위권 성적으로 안정적으로 잔류에 성공했다. 안정적 성적의 중심에는 2018년 여름 오사수나 지휘봉을 잡은 야고바 아라사테 감독의 지도력이 있다. 장신 공격수 안테 부디미르를 중심으로 측면 플레이메이커 루벤 가르시아, 커트인 플레이가 장점인 가짜 7번 치미 아빌라를 활용한 다채로운 공격 조합과 오버래핑을 제한한 포백에 두 명의 수비형 미드필더를 배치한 안정적인 축구를 펼친다. 새 시즌에는 비야레알 미드필더 페냐와 모이 고메스를 영입해 측면과 중원의 창의성을 더했다.

COACH

야고바 아라사테 *Jagoba Arrasate*
1978년 4월 22일생 스페인

비스카야 출신으로 레알 소시에다드 유소년 팀 감독, 1군 팀 수석코치를 거쳐 2013년 1군 감독을 맡았다. 2015년 누만시아 감독을 맡아 승격 플레이오프까지 진출시켰고, 2018년 오사수나와 1년 계약을 맺고 부임해 1부 리그 승격 및 잔류를 이끌며 현재까지 장기간 팀을 안정적으로 운영하고 있다.

TEAM RATINGS

슈팅	5
패스	6
수비력	6
선수층	6
감독	6
조직력	6

35

2021/22 프로필

팀 득점	37
평균 볼 점유율	46.00%
패스 정확도	74.40%
평균 슈팅 수	11.4
경고	83
퇴장	2

골 타입

오픈 플레이	65
세트 피스	19
카운터 어택	0
패널티 킥	16
자책골	0

단위 (%)

패스 타입

쇼트 패스	78
롱 패스	17
크로스 패스	6
스루 패스	0

단위 (%)

SQUAD

포지션	등번호	이름		생년월일	키(cm)	체중(kg)	국적
GK	1	세르히오 에레라	Sergio Herrera	1993.06.05	192	82	스페인
	25	아이토르 페르난데스	Aitor Fernandez	1991.05.03	182	78	스페인
	13	후안 마누엘 페레스	Juan Perez	1996.07.15	191	83	스페인
DF	2	나초 비달	Nacho Vidal	1995.01.24	180	75	스페인
	3	후안 크루스	Juan Cruz	1992.07.28	182	79	스페인
	5	다비드 가르시아	David Garcia	1994.02.14	185	72	스페인
	4	우나이 가르시아	Unai Garcia	1992.09.03	186	81	스페인
	15	루벤 페냐	Ruben Pena	1991.07.18	170	65	스페인
	23	아리다네 에르난데스	Aridane Hernandez	1989.03.23	188	77	스페인
	32	제수스 아레소	Jesus Areso	1999.07.02	182	81	스페인
	39	마누엘 산체스 데 라 페냐	Manu Sanchez	2000.08.24	171	70	스페인
MF	6	루카스 토로	Lucas Torro	1994.07.19	190	77	스페인
	7	욘 몬카욜라	Jon Moncayola	1998.05.13	182	86	스페인
	8	다르코 브라사나츠	Darko Brasanac	1992.02.12	178	73	세르비아
	10	로베르토 토레스	Roberto Torres	1989.03.07	178	72	스페인
	19	파블로 이바녜스	Pablo Ibanez	1998.09.20	179	74	스페인
	28	하비에르 마르티네스 칼보	Javi Martinez	1999.12.22	181	68	스페인
FW	9	치미 아빌라	Chimy Avila	1994.02.06	182	81	아르헨티나
	11	엔리케 바르하	Kike Barja	1997.04.04	179	69	스페인
	14	루벤 가르시아	Ruben Garcia	1993.07.14	171	72	스페인
	17	안테 부디미르	Ante Budimir	1991.07.22	190	75	크로아티아
	18	키케	Kike Garcia	1989.11.25	186	79	스페인
	20	바르베로	Barbero	1998.08.17	186	76	스페인
	22	로베르트 이바녜스	Rober ibanez	1993.03.22	175	67	스페인
	24	모이 고메스	Moi Saverio	1994.06.23	176	71	스페인

IN & OUT

주요 영입	주요 방출
루벤 페냐, 아이토르 페르난데스, 모이 고메스	마르크 카르도나, 오이에르, 이니고 페레스, 하말류, 마누 산체수, 안토니오 오테기, 로베르 이바녜스

TEAM FORMATION

FW C-
MF C+
DF B-
GK C+

14 R.가르시아 (모이)
17 부디미르 (키케)
9 치미 (바르하)

6 토로 (이바녜스)
7 몬카욜라 (토레스)

8 브라사나츠 (마르티네스)

39 마누 (크루스)
3 크루스 (가르시아)
5 D.가르시아 (에르난데스)
2 비달 (아레소)

1 에레라 (페레스)

PLAN **4-3-3**

지역 점유율

공격 진영 **30%**

중앙 **43%**

수비 진영 **27%**

공격 방향

| 42% 왼쪽 | 23% 중앙 | 35% 오른쪽 |

슈팅 지역

5% 골 에어리어
52% 패널티 박스
43% 외곽 지역

상대팀 최근 6경기 전적

구분	승	무	패	구분	승	무	패
레알 마드리드		2	4	셀타 비고	2	2	2
바르셀로나	1	2	3	라요 바예카노	4	1	1
아틀레티코 마드리드			6	엘체	2	4	
세비야		2	4	에스파뇰	3	2	1
레알 베티스		1	5	헤타페		4	2
레알 소시에다드		2	4	마요르카	2	2	2
비야레알	4		2	카디스	5	1	
아틀레틱 빌바오	2	1	3	알메리아	4	1	1
발렌시아	3	1	2	바야돌리드	1	3	2
오사수나				지로나	2	1	3

KEY PLAYER

FW 17 안테 부디미르
Ante Budimr

국적: 크로아티아

힘과 높이는 물론 문전 위치 선정, 헤더 결정력, 왼발 슈팅력을 갖춘 스트라이커. 크로아티아 리그에서 꾸준한 득점력을 보여줬다. 이탈리아 2부 크로토네로 임대되어 16골을 몰아쳐 2016년 삼프도리아로 이적했으나 고전, 1부로 올라온 크로토네에서 준수한 모습을 보인 뒤 2018년 마요르카로 임대되어 1부 승격에 기여했다. 2020년 마요르카가 2부 리그로 강등된 후 오사수나로 임대된 후 완전 이적했다.

출전경기	경기시간(분)	골	어시스트	경고	퇴장
28	1,741	8	2	3	-

PLAYERS

DF 2 나초 비달
Nacho Vidal

국적: 스페인

왕성한 체력을 바탕으로 측면을 누빈다. 공수 전환 판단력이 뛰어나며 공이 없을 때의 부지런한 움직임, 안정된 오른발 크로스와 돌파 기술을 두루 갖춘 라이트백. 180cm의 체구에 몸싸움도 준수한 편이다. 발렌시아 유소년 팀에서 성장해 주로 2군에서 활약하다 2017/18시즌 1군으로 승격했다. 2018년 오사수나로 이적한 뒤 1부 리그 승격에 공헌했고 3시즌 연속 잔류 성공 과정에서 주축으로 활약했다.

출전경기	경기시간(분)	골	어시스트	경고	퇴장
35	2,906	-	1	9	-

MF 7 욘 몬카욜라
Jon Moncayola

국적: 스페인

189cm의 체구를 바탕으로 중원에서 상대 공격을 차단하는 것은 물론 안정된 공 관리 기술과 롱 패스 능력을 통해 공격 시발점 역할을 하는 중앙 미드필더. 오사수나 유소년 팀에 입단해 성장하다 이루냐에서 2017년 4부 리그에 데뷔한 뒤 오사수나 2군 팀을 거쳐 1군 주전 선수로 빠르게 자리잡았다. 2021년 10년 장기계약을 체결해 화제가 됐다. 2021년 도쿄 올림픽에 스페인 대표 선수로 은메달에 기여했다.

출전경기	경기시간(분)	골	어시스트	경고	퇴장
36	2,923	2	3	3	-

FW 9 치미 아빌라
Chimy Avila

국적: 아르헨티나

체구는 작지만, 역동적이고 저돌적인 전방위 공격수. 활동량이 많고 스피드도 빠르며 강력한 중거리 슈팅 능력도 갖췄다. 2017년 스페인 2부 우에스카로 임대되어 1부 리그 승격에 기여하며 주목받았다. 팀은 한 시즌 만에 강등됐으나 10골을 넣어 2019년 여름 270만 유로 이적료에 오사수나로 이적했다. 2020년 1월 심각한 무릎 부상을 겪고 1년 넘게 이탈했다가 2022/22시즌 복귀해 건재한 득점력을 보였다.

출전경기	경기시간(분)	실점	어시스트	경고	퇴장
36	1,875	6	1	7	1

FW 14 루벤 가르시아
Ruben Garcia

국적: 스페인

폭발적인 스피드에 정교한 왼발 크로싱 능력과 킬러 패스 능력, 볼 컨트롤 기술을 갖춘 측면 미드필더. 수비 가담력이 부족하지만, 공격 창조성이 뛰어나며 중거리 슈팅 한방도 갖추고 있다. 발렌시아와 레반테 유소년 팀에서 성장해 2012년 레반테 1군 선수로 올라서 꾸준히 활약했다. 2017년 레반테가 2부 리그로 강등된 후 2018년 오사수나로 이적해 1부 리그 승격을 이끈 뒤 현재까지 핵심 선수로 활약 중이다.

출전경기	경기시간(분)	골	어시스트	경고	퇴장
37	2399	1	6	1	-

셀타 비고
Celta de Vigo

TEAM PROFILE	
창 립	1923년
구 단 주	카를로스 무리뇨(스페인)
감 독	에두아르도 쿠뎃(아르헨티나)
연 고 지	비고
홈 구 장	발라이도스(2만 9,000명)
라 이 벌	데포르티보
홈페이지	www.rccelta.es/

최근 5시즌 성적

시즌	순위	승점
2017-2018	13위	49점(13승10무15패, 59득점 60실점)
2018-2019	17위	41점(10승11무17패, 53득점 62실점)
2019-2020	17위	37점(7승16무15패, 37득점 49실점)
2020-2021	8위	53점(14승11무13패, 55득점 57실점)
2021-2022	11위	46점(12승10무16패, 43득점 43실점)

LA LIGA
통 산	없음
21-22 시즌	11위(12승10무16패, 승점 46점)

COPA DEL REY
통 산	없음
21-22 시즌	32강

UEFA
통 산	없음
21-22 시즌	없음

경기 일정

라운드	날짜	장소	상대팀
1	2022.08.14	홈	에스파뇰
2	2022.08.21	홈	레알 마드리드
3	2022.08.27	원정	지로나
4	2022.09.05	홈	카디스
5	2022.09.12	원정	아틀레티
6	2022.09.19	원정	발렌시아
7	2022.10.03	홈	레알 베티스
8	2022.10.10	원정	바르셀로나
9	2022.10.17	홈	레알 소시에다드
10	2022.10.20	원정	레알 바야돌리드
11	2022.10.24	홈	헤타페
12	2022.10.31	원정	알메리아
13	2022.11.07	홈	오사수나
14	2022.11.10	원정	라요 바예카노
15	2023.01.01	홈	세비야
16	2023.01.09	원정	엘체
17	2023.01.15	홈	비야레알
18	2023.01.23	원정	마요르카
19	2023.01.30	홈	아틀레틱 빌바오
20	2023.02.06	원정	레알 베티스
21	2023.02.13	홈	아틀레티코 마드리드
22	2023.02.20	원정	레알 소시에다드
23	2023.02.27	홈	레알 바야돌리드
24	2023.03.06	원정	오사수나
25	2023.03.13	홈	라요 바예카노
26	2023.03.20	원정	에스파뇰
27	2023.04.03	홈	알메리아
28	2023.04.10	원정	세비야
29	2023.04.17	홈	마요르카
30	2023.04.24	원정	레알 마드리드
31	2023.04.27	홈	엘체
32	2023.05.01	원정	비야레알
33	2023.05.04	원정	헤타페
34	2023.05.15	홈	발렌시아
35	2023.05.22	원정	아틀레틱 빌바오
36	2023.05.25	홈	지로나
37	2023.05.29	원정	카디스
38	2023.06.05	홈	바르셀로나

시즌 프리뷰 — 아스파스를 위한, 아스파스에 의한 아스파스의 셀타

셀타비고는 2011/12시즌 2부 리그 준우승을 차지하며 1부 리그로 복귀한 뒤 10시즌 연속 잔류에 성공했다. 당시 승격의 주역 이아고 아스파스는 최전방의 자유인으로 2선과 측면에서 폭넓게 움직이며 셀타 공격의 구심점 역할을 한다. 아스파스를 향한 패스가 중요한 셀타는 아스파스의 후계자로 기대한 유스 출신 공격수 산티 미나가 성범죄 연루로 뛸 수 없게 된 가운데 중원의 핵심 브라이스 멘데스가 레알 소시에다드로 떠나 전력 보강이 절실해졌다. 창의적인 미드필더로 스웨덴 출신 스웨드베리와 세비야 출신 오스카 로드리게스를 영입했고, 수비 안정을 위해 빌바오에서 우나이 누녜스를 임대로 데려왔다. 바르셀로나에서 자리를 잃은 전천후 수비수 오스카 밍게사와 더불어 포르투 골키퍼 마르케신 영입으로 수비 라인 밀도를 높였다.

COACH

에두아르도 쿠데트 *Eduardo Coudet*
1974년 9월 12일생 아르헨티나

미드필더 출신으로 2014년 로사리오의 감독으로 지도자 경력을 시작했고, 멕시코 티후아나, 브라질 인테르나시오날 등에서 지도력을 입증받은 뒤 2020년 11월 부진에 빠진 셀타를 맡아 유럽 무대에 입성했다. 이전까지 강등권에서 고전하던 셀타를 중도 부임 시즌 8위까지 끌어 올려 2024년까지 계약을 연장했다.

TEAM RATINGS

슈팅	6
패스	6
조직력	6
수비력	5
감독	6
선수층	5

34

2021/22 프로필

팀 득점	43
평균 볼 점유율	55.40%
패스 정확도	79.80%
평균 슈팅 수	10.8
경고	85
퇴장	3

골 타 입
오픈 플레이	77
세트 피스	9
카운터 어택	7
페널티 킥	7
자책골	0

단위 (%)

패스 타입
쇼트 패스	82
롱 패스	13
크로스 패스	4
스루 패스	0

단위 (%)

SQUAD

포지션	등번호	이름		생년월일	키(cm)	체중(kg)	국적
GK	1	이반 비야르	Ivan Villar	1997.07.09	186	76	스페인
	13	아구스틴 마르케신	Agustin Marchesin	1988.03.16	188	80	아르헨티나
DF	2	우고 마요	Hugo Mallo	1991.06.22	174	69	스페인
	3	오스카 밍게사	Oscar Mingueza	1999.05.13	184	75	스페인
	4	우나이 누녜스	Unai Nunez	1997.01.30	186	80	스페인
	15	조셉 아이두	Joseph Aidoo	1995.09.29	184	80	가나
	17	하비 갈란	Javi Galan	1994.11.19	172	70	스페인
	20	케빈 바스케스	Kevin Vazquez	1993.03.23	175	74	스페인
	28	카를로스 도밍게스	Carlos Dominguez	2001.02.11	187	71	스페인
MF	5	오스카 로드리게즈	Oscar Rodriguez	1998.06.28	174	69	스페인
	6	데니스 수아레스	Denis Suarez	1994.01.06	176	69	스페인
	8	프란 벨트란	Fran Beltran	1999.02.03	172	66	스페인
	14	레나토 타피아	Renato Tapia	1995.07.28	185	78	페루
	16	미겔 바에사	Miguel Baeza	2000.03.27	177	67	스페인
	19	윌리오트 스웨드베리	Williot Swedberg	2004.02.01	185	67	스웨덴
	23	루카 드 라 토레	Luca de la Torre	1998.05.23	178	67	미국
FW	7	카를레스 페레스	Carles Perez	1998.02.16	173	75	스페인
	9	곤살루 파시엔시아	Goncalo Paciencia	1994.08.01	184	70	포르투갈
	10	이아고 아스파스	Iago Aspas	1987.08.01	176	67	스페인
	11	프랑코 체르비	Franco Cervi	1994.05.26	166	67	아르헨티나
	21	아우구스토 솔라리	Augusto Solari	1992.01.03	176	80	아르헨티나
	22	산티 미나	Santi Mina	1995.12.07	181	77	스페인

IN & OUT

주요 영입	주요 방출
윌리오트 스웨드베리, 오스카 로드리게스, 우나이 누녜스, 오스카 밍게사, 아구스틴 마르케신, 곤살루 파시엔시아	네스토르 아라우호, 호세 폰탄, 조던 홀스그로브, 엠레 모르, 오카이 요쿠슬루, 브라이스 멘데스, 오르벨린 피네다

TEAM FORMATION

FW B-
MF C+
DF C+
GK C

11 체르비
10 아스파스
19 스웨드베리 (바예샤)
6 수아레스 (오스카)
23 데라토레 (솔라리)
8 벨트란 (타피아)
17 갈란
24 누녜스
15 아이두 (밍게사)
2 마요 (바스케스)
1 비야르 (마르케신)

PLAN **4-1-3-2**

지역 점유율

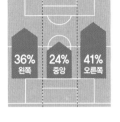

공격 진영 **28%**

중앙 **46%**

수비 진영 **27%**

공격 방향

| 36% 왼쪽 | 24% 중앙 | 41% 오른쪽 |

슈팅 지역

8% 골 에어리어
53% 패널티 박스
39% 외곽 지역

상대팀 최근 6경기 전적

구분	승	무	패	구분	승	무	패
레알 마드리드		1	5	셀타 비고			
바르셀로나	1	2	3	라요 바예카노	2	2	2
아틀레티코 마드리드		3	3	엘체	3	2	1
세비야	1	2	3	에스파뇰	1	4	1
레알 베티스	1	2	3	헤타페	2	2	2
레알 소시에다드	1		5	마요르카	1	3	2
비야레알	2	1	3	카디스	3	2	1
아틀레틱 빌바오	3	2	1	알메리아	4	1	1
발렌시아	2		4	바야돌리드	1	5	
오사수나	2	2	2	지로나	3	1	2

KEY PLAYER

FW 10 이아고 아스파스
Iago Aspas

국적: 스페인

풍부한 움직임과 예리한 왼발 슈팅 능력을 갖춘 베테랑 골잡이다. 최전방과 좌우 측면, 2선 중앙을 두루 소화하며 자유롭게 골을 만들어낸다. 2021/22시즌 18골을 넣어 라리가 득점 2위를 차지했고, 24개의 공격포인트로 레알의 벤제마, 비니시우스에 이어 3위의 기록이었다. 리버풀, 세비야 이적 당시 실패를 겪었으나 7시즌 연속 라리가 두 자릿수 득점을 올린 가장 꾸준한 공격수이다.

출전경기	경기시간(분)	골	어시스트	경고	퇴장
37	3,094	18	6	8	-

PLAYERS

DF 2 우고 마요
Hugo Mallo

국적: 스페인

날카로운 크로스와 정교한 태클을 바탕으로 공격과 수비 모두 안정적인 플레이를 펼치는 라이트백. 나이가 들며 기본 스피드는 떨어졌으나 순발력, 반응력, 민첩성을 바탕으로 건재한 활약을 펼치고 있다. 셀타 유소년 팀에서 10년간 단계를 밟아 성장한 뒤 2009년 프로 선수로 데뷔한 이래 현재까지 셀타에서만 뛰고 있는 원클럽맨. 셀타의 주장이다. 스페인 연령별 대표를 맡았지만 성인 대표팀과는 인연이 없었다.

출전경기	경기시간(분)	골	어시스트	경고	퇴장
21	1,830	1	1	3	2

MF 6 데니스 수아레스
Denis Suarez

국적: 스페인

섬세한 드리블 기술, 창의적인 스루패스, 준족에 안정적인 슈팅력을 두루 갖춘 공격형 미드필더이다. 스페인 17세 이하, 21세 이하 대표를 거치며 큰 기대를 받았다. 셀타비고로 스카우트됐고 2011년 맨체스터 시티로 전격 이적했다. 출전 기회를 찾아 2013년 바르셀로나와 2군 계약을 맺은 뒤 임대, 이적 시기를 거쳐 바르셀로나 1군 팀 로테이션 자원으로 활약했다. 2019년 셀타 이적 후 주전 선수로 활약 중이다.

출전경기	경기시간(분)	골	어시스트	경고	퇴장
38	2,839	4	6	4	-

MF 8 프란 벨트란
Fran Beltran

국적: 스페인

중앙 미드필더로 정확한 장거리 패스가 강점이다. 넓은 시야를 바탕으로 빌드업을 주도하는 것은 물론 중앙 지역에서 투지 넘치는 수비, 과감한 태클을 통해 상대 공격을 저지하는 데에도 능하다. 헤타페와 라요 바예카노 유소년 팀에서 성장했다. 2016년 라요 1군 선수로 데뷔했고, 2018년 셀타 이적 후 만개했다. 2021년 리투아니아전에 21세 이하 팀이 코로나 이슈로 대신 나서 A매치 데뷔전을 치렀다.

출전경기	경기시간(분)	골	어시스트	경고	퇴장
37	2,611	1	-	4	-

MF 19 윌리오트 스웨드베리
Williot Swedberg

국적: 스웨덴

185cm의 장신이지만 기술력이 뛰어난 중앙 공격형 미드필더이다. 오른발을 통한 패스와 슈팅 능력 및 유려한 오프 더 볼 움직임, 공간 창출 능력과 드리블 능력을 두루 갖췄다. 스웨덴 클럽 함마르비 유소년 팀에서 성장해 2020년 1군 선수로 데뷔했다. 스웨덴 19세 이하 대표 선수이며, 2022년 여름 500만 유로에 셀온 조항을 삽입해 셀타로 이적했다. 함마르비 구단 역사상 최고 이적료다.

출전경기	경기시간(분)	골	어시스트	경고	퇴장
10	737	5	-	2	-

라요 바예카노

RAYO VALLECANO

TEAM PROFILE	
창 립	1924년
구 단 주	라울 마르틴 프레사
감 독	안도니 이라올라(스페인)
연 고 지	마드리드
홈 구 장	캄포 데 풋볼 데 바예카스(1만 4,708명)
라 이 벌	레알 마드리드, 마틀레티코 마드리드
홈페이지	www.rayovallecano.es

SPAIN LA LIGA

RAYO VALLECANO

최근 5시즌 성적

시즌	순위	승점
2017-2018	없음	없음
2018-2019	20위	32점(8승8무22패, 41득점 70실점)
2019-2020	없음	없음
2020-2021	없음	없음
2021-2022	12위	42점(11승9무18패, 39득점 50실점)

LA LIGA

통 산	없음
21-22 시즌	12위(11승9무18패, 승점 42점)

COPA DEL REY

통 산	없음
21-22 시즌	4강

UEFA

통 산	없음
21-22 시즌	없음

경기 일정

라운드	날짜	장소	상대팀
1	2022.08.14	원정	바르셀로나
2	2022.08.20	원정	에스파뇰
3	2022.08.28	홈	마요르카
4	2022.09.05	원정	오사수나
5	2022.09.12	홈	발렌시아
6	2022.09.19	원정	아틀레틱 빌바오
7	2022.10.03	홈	엘체
8	2022.10.10	원정	알메리아
9	2022.10.17	홈	헤타페
10	2022.10.20	원정	아틀레티코 마드리드
11	2022.10.24	홈	카디스
12	2022.10.31	원정	세비야
13	2022.11.07	홈	레알 마드리드
14	2022.11.10	홈	셀타 비고
15	2023.01.01	원정	지로나
16	2023.01.09	홈	레알 베티스
17	2023.01.15	원정	레알 바야돌리드
18	2023.01.23	홈	레알 소시에다드
19	2023.01.30	원정	비야레알
20	2023.02.06	홈	알메리아
21	2023.02.13	원정	헤타페
22	2023.02.20	홈	세비야
23	2023.02.27	원정	카디스
24	2023.03.06	홈	아틀레틱 빌바오
25	2023.03.13	원정	셀타 비고
26	2023.03.20	홈	지로나
27	2023.04.03	원정	발렌시아
28	2023.04.10	홈	아틀레티코 마드리드
29	2023.04.17	홈	오사수나
30	2023.04.24	원정	레알 소시에다드
31	2023.04.27	홈	바르셀로나
32	2023.05.01	원정	엘체
33	2023.05.04	홈	레알 바야돌리드
34	2023.05.15	원정	레알 베티스
35	2023.05.22	홈	에스파뇰
36	2023.05.25	원정	레알 마드리드
37	2023.05.29	홈	비야레알
38	2023.06.05	원정	마요르카

시즌 프리뷰 ## 속공으로 돌풍, 최고의 다크호스 라요

2021년 여름 1부 리그로 돌아온 라요는 반환점을 돌기에 앞서 18라운드에 알라베스를 2-0으로 꺾고 챔피언스리그 진출권인 4위까지 뛰어올라 돌풍을 일으켰다. 후반기 들어 코파 델레이 4강 진출로 인해 타이트해진 일정 속에 주전 선수들의 체력 저하로 21라운드 빌바오전부터 26라운드 카디스전까지 내리 6연패를 당해 주춤했으나 안정적으로 잔류권 성적을 유지했다. 무엇보다 공격적이고 매력적인 축구로 잔류에 성공했다는 점에서 주목받았다. 4-2-3-1 포메이션을 플랜A로 삼는 라요는 이시와 알바로, 프란과 발리우로 구성된 좌우 측면 공격수와 풀백이 폭발적인 스피드를 갖춰 전방 압박은 물론 역습 상황에서 치명적이다. 창의적인 플레이메이커 오스카 트레호가 차이를 만들고 베테랑 조커 팔카오의 결정력도 건재하다.

COACH

안도니 이라올라 *Andoni Iraola*
1982년 6월 22일생 스페인

라이트백 출신으로 미국 뉴욕 시티에서 은퇴 후 2018년 AEK 라르나카 감독을 맡았다. 2019년 2부 리그 미란데스에 부임해 셀타, 세비야, 비야레알 등 1부 리그 팀을 꺾고 코파 델 레이 4강 진출을 이루며 지도자 능력을 발휘했다. 2020년 라요 감독으로 1부 리그 승격 및 코파 델 레이 4강 진출을 이뤄냈다.

TEAM RATINGS

슈팅 7		패스 7
조직력 7	**39**	수비력 6
감독 7		선수층 5

2021/22 프로필

팀 득점	39
평균 볼 점유율	49.40%
패스 정확도	77.60%
평균 슈팅 수	13.3
경고	100
퇴장	3

골 타 입

오픈 플레이	67
세트 피스	18
카운터 어택	3
패널티 킥	10
자책골	3 단위 (%)

패 스 타 입

쇼트 패스	79
롱 패스	16
크로스 패스	5
스루 패스	0 단위 (%)

SQUAD

포지션	등번호	이름		생년월일	키(cm)	체중(kg)	국적
GK	1	디에고 로페스 로드리게스	Diego Lopez	1981.11.03	196	89	스페인
	13	스톨레 디미트리예프스키	Stole Dimitrievski	1993.12.25	188	84	북마케도니아
	30	미구엘 앙헬 모로	Miguel Angel Morro	2000.09.11	195	81	스페인
DF	4	마리오 수아레스	Mario Suarez	1987.02.24	189	80	스페인
	5	알레한드로 카테나	Alejandro Catena	1994.10.28	194	82	스페인
	19	플로리앙 르준	Florian Lejeune	1991.05.20	190	81	프랑스
	20	이반 발리우	Ivan Balliu	1992.01.01	172	63	알바니아
	24	에스테반 사벨지치	Esteban Saveljich	1991.05.20	187	76	몬테네그로
	25	프란 가르시아	Fran Garcia	1999.08.14	169	69	스페인
	32	마리오 에르난데스	Mario Hernandez	1999.01.25	177	78	스페인
MF	6	산티 코메사냐	Santi Comesaña	1996.10.05	188	75	스페인
	8	오스카 트레호	Oscar Trejo	1988.04.26	180	79	아르헨티나
	9	랜디 은테카	Randy Nteka	1997.12.06	189	75	프랑스
	10	티아고 베베	Bebe	1990.07.12	190	83	포르투갈
	17	우나이 로페스	Unai Lopez	1995.10.30	170	68	스페인
	18	알바로 가르시아	Alvaro Garcia	1992.10.27	167	61	스페인
	21	파테 시스	Pathe Ciss	1994.03.16	186	71	세네갈
	22	호세 포소	Jose Pozo	1996.03.15	171	67	스페인
	23	오스카 발렌틴	Oscar Valentin	1994.08.20	177	72	스페인
FW	3	라다멜 팔카오	Radamel Falcao	1986.02.10	177	72	콜롬비아
	7	이시 플라손	Isi Palazon	1994.12.27	169	71	스페인
	14	살바도르 산체스 폰스	Salvi Sánchez	1991.03.30	170	64	스페인
	15	세르히오 모레노	Sergio Moreno	1999.01.01	178	77	스페인
	16	세르히오 카메요	Sergio Camello	2001.02.10	177	71	스페인
		라스 방구라	Lass Bangoura	1992.03.30	169	68	기니
		안드레스 마르틴	Andres Martin	1999.07.11	170	64	스페인

IN & OUT

주요 영입	주요 방출
살비, 디에고 로페스, 플로리안 르준	루카 지단, 마르틴 파스쿠알, 호르헤 모레노, 요니 몬티엘

TEAM FORMATION

FW **B**
MF **B-**
DF **B-**
GK **B-**

3 팔카오 (모레노)

18 A.가르시아 (베베)   8 트레호 (은테카)   7 이시 (살비)

17 우나이 (발렌틴)   6 코메사냐 (시스)

25 F.가르시아   5 카테나 (르준)   24 사벨리치 (수아레스)   20 발리우 (에르난데스)

13 드미트리예프스키 (로페스)

PLAN **4-2-3-1**

지역 점유율

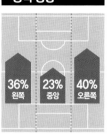

공격 진영	29%
중앙	43%
수비 진영	28%

공격 방향

36% 왼쪽	23% 중앙	40% 오른쪽

슈팅 지역

9% 골 에어리어
50% 패널티 박스
41% 외곽 지역

상대팀 최근 6경기 전적

구분	승	무	패	구분	승	무	패
레알 마드리드	1		5	셀타 비고	2	2	2
바르셀로나	2		4	라요 바예카노			
아틀레티코 마드리드			6	엘체	2	2	2
세비야		2	4	에스파뇰	4	1	1
레알 베티스	1	3	2	헤타페	2	1	3
레알 소시에다드		4	2	마요르카	3		3
비야레알	1	1	4	카디스	1	4	1
아틀레틱 빌바오	1	1	4	알메리아	3	1	2
발렌시아	1	4	1	바야돌리드	2	2	2
오사수나	1	1	4	지로나	4	1	1

KEY PLAYER

FW 7 이시 팔라손 / Isi Palazon

국적: 스페인

빠른 스피드와 화려한 기술, 저돌적인 돌파 시도로 오른쪽 측면에서 중앙 전방으로 치고 들어가는 가짜 윙어. 완발 슈팅 결정력이 좋은 해결사이며, 왕성한 체력을 바탕으로 전방 압박도 부지런히 수행한다. 고향 클럽 무르시아에서 3부 리그 선수로 프로 경력을 시작해 폰페라디나로 이적한 뒤 2부 리그로 승격, 2020년 라요 이적 후 1부 리그 승격을 이루며 지난 2021/22시즌 처음 라리가 무대에 입성했다.

출전경기	경기시간(분)	골	어시스트	경고	퇴장
34	2,301	2	4	7	-

PLAYERS

GK 13 스톨레 디미트리예프스키 / Stole Dimitrievski

국적: 북마케도니아

유로2020에서 북마케도니아의 선전을 이끌며 주목받았다. 큰 체구에 순발력이 뛰어나며 판단력과 리더십을 갖췄다. 18세의 나이로 유로파리그에 출전해 주전으로 활약한 뒤 2012년 그라나다로 이적했다. 그라나다 2군 팀 주전 골키퍼로 3, 4부 리그에서 경기하다 출전 기회를 찾아 2부 리그 힘나스틱으로 이적해 주전으로 활약한 뒤 2018년 라요로 임대되어 1, 2부를 오르내리며 활약 중이다.

출전경기	경기시간(분)	골	무실점(경기)	경고	퇴장
31	2,771	37	9	-	-

DF 25 프란 가르시아 / Fran Garcia

국적: 스페인

166cm로 체구가 작지만, 신체 균형이 좋고 가속도가 빨라 측면 공격 가담 및 수비 전환 타이밍이 좋다. 돌파력과 크로스 연결, 경기 내내 지치지 않는 체력 등 라리가 최고 수준의 풀백으로 평가받고 있다. 레알 마드리드 유소년 팀에서 성장하며 엘리트 코스를 밟았다. 레알 마드리드 2군 팀 주전 레프트백으로 뛰다 2020년 2부에 있던 라요로 임대되어 1부 승격에 기여한 뒤 2021년 여름 완전 이적했다.

출전경기	경기시간(분)	골	어시스트	경고	퇴장
34	3,027	1	-	4	-

MF 17 우나이 로페스 / Unai Lopez

국적: 스페인

매끈한 퍼스트 터치와 탈압박 기술, 안정된 볼 배급 능력을 갖춘 중앙 공격형 미드필더. 작은 체구지만 몸싸움을 마다하지 않고, 공이 없을 때도 부지런한 움직임으로 빌드업 플레이에 기여한다. 아틀레틱 빌바오 유소년 팀에서 성장해 1군 팀에서 주전급 미드필더로 활약했다. 2021년 이라올라 감독의 부름에 라요로 이적했다. 아틀레틱 빌바오 스타일의 축구를 라요에 이식한 이라올라 감독의 페르소나로 꼽힌다.

출전경기	경기시간(분)	골	어시스트	경고	퇴장
27	1,155	-	-	5	-

MF 18 알바로 가르시아 / Alvaro Garcia

국적: 스페인

작은 체구에도 폭발적인 스피드로 측면을 무너트리고 과감한 슈팅 시도로 골문을 노린다. 왼쪽 측면에 정발 윙어로 배치된다. 세컨드 스트라이커 포지션도 가능한 문전 침투 및 결정력을 갖췄다. 2013년 그라나다에 입단했으나 1군에 자리잡지 못해 2부 리그 팀에서 활동했다. 2017/18시즌 카디스 2부 리그에서 10골을 넣은 뒤 2019년 라요로 이적해 1부에서도 실력을 증명, 주전 윙포워드로 꾸준히 활약 중이다.

출전경기	경기시간(분)	실점	어시스트	경고	퇴장
36	3,006	7	4	6	-

엘체 CF

Elche CF

TEAM PROFILE	
창 립	1923년
구 단 주	호아킨 부이트라고 마르우엔다(스페인)
감 독	프란시스코 로드리게스 빌체스
연 고 지	엘체
홈 구 장	마누엘 마르티네스 발레로(3만 4,000명)
라 이 벌	에르쿨레스 CF
홈페이지	www.elchecf.es

최근 5시즌 성적

시즌	순위	승점
2017-2018	없음	
2018-2019	없음	
2019-2020	없음	
2020-2021	17위	36점(8승12무18패, 34득점 55실점)
2021-2022	13위	42점(11승9무18패, 40득점 52실점)

LA LIGA

통 산	없음
21-22 시즌	13위(11승9무18패, 승점 42점)

COPA DEL REY

통 산	없음
21-22 시즌	16강

UEFA

통 산	없음
21-22 시즌	없음

경기 일정

라운드	날짜	장소	상대팀
1	2022.08.16	원정	레알 베티스
2	2022.08.23	홈	알메리아
3	2022.08.28	홈	레알 소시에다드
4	2022.09.05	원정	비야레알
5	2022.09.12	홈	아틀레틱 빌바오
6	2022.09.19	원정	바르셀로나
7	2022.10.03	원정	라요 바예카노
8	2022.10.10	홈	마요르카
9	2022.10.17	원정	발렌시아
10	2022.10.20	홈	레알 마드리드
11	2022.10.24	원정	에스파뇰
12	2022.10.31	홈	헤타페
13	2022.11.07	원정	레알 바야돌리드
14	2022.11.10	홈	지로나
15	2023.01.01	원정	아틀레티코 마드리드
16	2023.01.09	홈	셀타 비고
17	2023.01.15	원정	카디스
18	2023.01.23	홈	오사수나
19	2023.01.30	원정	세비야
20	2023.02.06.	홈	비야레알
21	2023.02.13	원정	레알 마드리드
22	2023.02.20	홈	에스파뇰
23	2023.02.27	홈	레알 베티스
24	2023.03.05	원정	마요르카
25	2023.03.13	홈	레알 바야돌리드
26	2023.03.20	원정	레알 소시에다드
27	2023.04.03	홈	바르셀로나
28	2023.04.10	원정	오사수나
29	2023.04.17	원정	지로나
30	2023.04.24	홈	발렌시아
31	2023.04.27	원정	셀타 비고
32	2023.05.01	홈	라요 바예카노
33	2023.05.04	원정	알메리아
34	2023.05.15	엘홈	아틀레티코 마드리드
35	2023.05.22	원정	헤타페
36	2023.05.25	홈	세비야
37	2023.05.29	원정	아틀레틱 빌바오
38	2023.06.05	홈	카디스

시즌 프리뷰 창단 100주년에 강등은 없다

1923년 창단한 엘체는 내년 창단 100주년을 맞이한다. 발렌시아주 알리칸테 지역을 연고로 하는 엘체는 1부 리그보다 2부 리그에서 보낸 시간이 많은 클럽이다. 1960년대부터 1970년대 초반까지는 꾸준히 1부 리그에 머무르며 1969년 코파 델 레이 준우승을 차지했으나 1978년 2부 리그로 강등된 후 3시즌 이상 1부 리그에 잔류하지 못했다. 2017/18시즌 3부 리그 강등까지 겪은 뒤 2020년 1부 리그로 돌아와 2시즌 연속 잔류에 성공한 엘체는 지난 시즌 13위를 차지하며 21세기 들어 구단 최고 성적을 냈다. 수비적인 일자형 4-4-2 전술로 실리적인 축구를 펼치며 아르헨티나 올림픽 대표 공격수 에세키엘 폰세를 완전 영입했고, 2부로 강등된 레벤테의 베테랑 레프트백 카를로스 클레르크를 영입해 모히카의 백업 자원을 확보했다.

COACH

프란시스코 Fransico
1978년 7월 17일생 스페인

알메리아 스트라이커 출신으로 2010년 알메리아 유소년 팀 감독, 2군 감독을 거쳐 1군 감독을 맡아 라리가 무대를 경험했다. 이후 1부 리그 강등 위기의 우에스카를 맡았으나 잔류에 실패했다. 2020년 지로나 감독으로 2부 리그 승격 플레이오프에 진출했고, 2021년 강등 위기의 엘체를 맡아 잔류에 성공했다.

TEAM RATINGS

	슈팅	패스	수비력	선수층	감독	조직력	총점
	5	4	4	4	4	5	26

2021/22 프로필

팀 득점	40
평균 볼 점유율	48.00%
패스 정확도	79.20%
평균 슈팅 수	8.8
경고	103
퇴장	6

골 타입

오픈 플레이	83
세트 피스	10
카운터 어택	3
패널티 킥	3
자책골	3

단위 (%)

패스 타입

쇼트 패스	80
롱 패스	15
크로스 패스	5
스루 패스	0

단위 (%)

SQUAD

포지션	등번호	이름		생년월일	키(cm)	체중(kg)	국적
GK	1	악셀 베르너	Axel Werner	1996.02.28	191	85	아르헨티나
	13	에드가 바디아	Edgar Badia	1992.02.12	180	70	스페인
DF	3	엔조 로코	Enzo Roco	1992.08.16	192	79	칠레
	4	디에고 곤살레스	Diego Gonzalez	1995.01.28	185	83	스페인
	5	곤살루 베르두	Gonzalo Verdu	1988.10.21	188	80	스페인
	6	페드로 비가스	Pedro Bigas	1990.05.15	181	83	스페인
	14	에리베톤 팔라시오스	Helibelton Palacios	1993.06.09	181	75	콜롬비아
	22	요한 모히카	Johan Mojica	1992.08.21	185	66	콜롬비아
	23	카를로스 클레르크	Carlos Clerc	1992.02.21	181	72	스페인
	24	호세마	Josem	1996.06.06	184	81	스페인
MF	2	제라르 굼바우	Gerard Gumbau	1994.12.18	188	77	스페인
	8	라울 구티	Raul Guti	1996.12.30	178	74	스페인
	15	하비에르 파스토레	Javier Pastore	1989.06.20	187	78	아르헨티나
	16	피델 차베스	Fidel Chaves	1989.10.27	180	74	스페인
	21	오마르 마스카렐	Omar Mascarell	1993.02.02	181	74	스페인
FW	7	로저 마르티	Roger Marti	1991.01.03	179	74	스페인
	9	루카스 보예	Lucas Boye	1996.02.28	183	81	아르헨티나
	10	페레 미야	Pere Milla	1992.09.23	180	72	스페인
	11	테테 모렌테	Tete Morente	1996.12.04	184	76	스페인
	17	호산	Josan	1989.12.03	176	68	스페인
	18	에세키엘 폰세	Ezequiel Ponce	1997.03.29	179	80	아르헨티나
		무라드 다우디	Mourad El Ghezouani	1998.05.27	189	85	모로코

IN & OUT

주요 영입	주요 방출
에세키엘 폰세, 카를로스 클레레크	이반 마르코네, 키코 카시야, 올라사, 키케 페레스, 피아티, 카리요, 바라간

TEAM FORMATION

FW C
MF C
DF D
GK C

10 미야
9 보예
16 피델 (파스토레)
11 모렌테 (호산)
2 굼바우
21 마스카렐 (구티)
22 모히카 (클레레크)
6 비가스 (곤살레스)
3 로코 (호세마)
14 팔라시오스
13 바디아 (베르너)

PLAN 4-2-2-2

지역 점유율

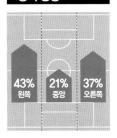

공격 진영 **25%**

중앙 **45%**

수비 진영 **32%**

공격 방향

43% 왼쪽	21% 중앙	37% 오른쪽

슈팅 지역

7% 골 에어리어
55% 패널티 박스
37% 외곽 지역

상대팀 최근 6경기 전적

구분	승	무	패	구분	승	무	패
레알 마드리드		2	4	셀타 비고	1	2	3
바르셀로나			6	라요 바예카노	2	2	2
아틀레티코 마드리드		1	5	엘체			
세비야	1	1	4	에스파뇰	3	2	1
레알 베티스	2	2	2	헤타페	2	2	2
레알 소시에다드	1		5	마요르카	1	4	1
비야레알	1	3	2	카디스	2	3	1
아틀레틱 빌바오	1	1	4	알메리아	2	2	2
발렌시아	1		5	바야돌리드	1	4	1
오사수나		4	2	지로나	4	1	1

KEY PLAYER

FW 9 루카스 보예
Lucas Boye

국적: 아르헨티나

탱크, 황소라는 별명으로 불린다. 빠르고 저돌적인 움직임, 과감한 돌파 시도가 강점이다. 리버플레이트 유소년 팀에서 성장해 1군 선수로 데뷔했고, 코파 수다메리카나, 코파 리베르타도레스 우승으로 남미 축구를 평정했다. 2016년 토리노로 이적해 이탈리아에 진출한 뒤 주전 경쟁에서 밀려 셀타, AEK 아체네, 레딩 등 임대를 전전하다 2020년 엘체 임대 시절 좋은 활약을 펼쳐 2021년 완전 이적했다.

출전경기	경기시간(분)	골	어시스트	경고	퇴장
24	1,724	7	3	3	-

PLAYERS

DF 5 곤살로 베르두
Gonzalo Verdu

국적: 스페인

운동 능력과 몸싸움에 강점이 있어 공중볼 경합 및 대인 방어 등 센터백 본연의 역할에 집중한다. 후방 빌드업 등 공격 전개 능력은 없으나 상대 공격 길목을 차단하는 판단력은 준수하다. 카르타헤나, 알바세테, 오리우엘라 등 주로 스페인 2, 3부 리그 무대에서 활동했다. 2017년 엘체가 3부 리그에 있을 때 입단한 뒤 2018년 2부 리그 승격, 2020년 1부 리그 승격 과정에 주장이자 주전 수비수로 활약했다.

출전경기	경기시간(분)	골	어시스트	경고	퇴장
20	1,388	-	-	11	-

DF 22 요안 모히카
Johan Mojica

국적: 콜롬비아

빠른 스피드와 예리한 왼발 크로스, 강력한 중거리 슈팅을 무기로 공격에 가담하는 공격적인 레프트백. 수비 상황에 가로채기, 태클 등은 준수하나 대인 방어는 미숙한 편이다. 2014년 라요 바예카노로 완전 이적했지만 주전 경쟁에서 밀려 바야돌리드, 지로나로 임대됐다가 지로나에서 주전으로 자리잡았다. 지로나가 2부 리그로 강등된 후 이탈리아 아탈란타로 임대됐다가 엘체로 임대된 후 완전 이적했다.

출전경기	경기시간(분)	골	어시스트	경고	퇴장
33	2,857	2	5	4	1

MF 16 피델 차베스
Fidel Chaves

국적: 스페인

정교한 왼발 킥을 무기로 삼는 공격형 미드필더. 창의적인 패스, 좁은 공간을 빠져나오는 기술이 강점이다. 속도와 세기, 수비 가담은 부족한 편이다. 2012년 2부 리그에 있던 엘체로 이적해 1부 리그 승격의 중심 선수로 활약했고, 엘체가 2부 리그로 강등된 2014년에 코르도바로 임대됐으나 코르도바도 2부 리그로 강등됐다. 2019년에 다시 2부에 있던 엘체로 이적해 두 번째 1부 승격에 기여했다.

출전경기	경기시간(분)	골	어시스트	경고	퇴장
33	2,283	5	6	9	

FW 10 페레 미야
Pere Milla

국적: 스페인

최전방과 2선을 부지런히 오가며 전방 압박으로 팀에 기여하는 포워드. 창의성과 판단력은 아쉽지만 속도와 기술, 기본기가 탄탄해 팀 플레이에 공헌할 수 있는 유형이다. UCAM 무르시아로 이적해 2부 리그에서 실력을 인정받았고, 누만시아에서 득점력이 살아나 2018년 에이바르로 이적해 라리가 무대에 입성했다. 2019년 2부 리그에 있던 엘체로 이적한 뒤 주전 공격수로 자리잡고 1부 리그 승격을 이끌었다.

출전경기	경기시간(분)	실점	어시스트	경고	퇴장
33	1,640	7	3	5	-

RCD 에스파뇰

RCD ESPANOL

TEAM PROFILE	
창 립	1900년
구 단 주	천옌성(중국)
감 독	디에고 마르티네스(스페인)
연 고 지	바르셀로나
홈 구 장	RCDE 스타디움(4만 500명)
라 이 벌	바르셀로나, 레알 마드리드
홈페이지	www.rcdespanyol.com

최근 5시즌 성적

시즌	순위	승점
2017-2018	13위	49점(12승13무13패, 36득점 42실점)
2018-2019	7위	53점(14승11무13패, 48득점 50실점)
2019-2020	20위	25점(5승10무23패, 27득점 58실점)
2020-2021	없음	없음
2021-2022	14위	42점(10승12무16패, 40득점,53실점)

LA LIGA

통 산	없음
21-22 시즌	14위(10승12무16패, 승점 42점)

COPA DEL REY

통 산	우승 4회
21-22 시즌	16강

UEFA

통 산	없음
21-22 시즌	없음

경기 일정

라운드	날짜	장소	상대팀
1	2022.08.14	원정	셀타 비고
2	2022.08.20	홈	라요 바예카노
3	2022.08.29	홈	레알 마드리드
4	2022.09.05	원정	아틀레틱 빌바오
5	2022.09.12	홈	세비야
6	2022.09.19	원정	레알 소시에다드
7	2022.10.03	홈	발렌시아
8	2022.10.10	원정	카디스
9	2022.10.17	홈	레알 바야돌리드
10	2022.10.20	원정	오사수나
11	2022.10.24	홈	엘체
12	2022.10.31	원정	마요르카
13	2022.11.07	원정	아틀레티코 마드리드
14	2022.11.10	홈	비야레알
15	2023.01.01	원정	바르셀로나
16	2023.01.09	홈	지로나
17	2023.01.15	원정	헤타페
18	2023.01.23	홈	레알 베티스
19	2023.01.30	원정	알메리아
20	2023.02.06	홈	오사수나
21	2023.02.13	홈	레알 소시에다드
22	2023.02.20	원정	엘체
23	2023.02.27	홈	마요르카
24	2023.03.06	원정	레알 바야돌리드
25	2023.03.13	원정	레알 마드리드
26	2023.03.20	홈	셀타 비고
27	2023.04.03	원정	지로나
28	2023.04.10	홈	아틀레틱 빌바오
29	2023.04.17	원정	레알 베티스
30	2023.04.24	홈	카디스
31	2023.04.27	원정	비야레알
32	2023.05.01	홈	헤타페
33	2023.05.04	원정	세비야
34	2023.05.15	홈	바르셀로나
35	2023.05.22	원정	라요 바예카노
36	2023.05.25	홈	아틀레티코 마드리드
37	2023.05.29	원정	발렌시아
38	2023.06.05	홈	알메리아

시즌 프리뷰 · 더 강하고 단단해진 에스파뇰

바르셀로나 지역의 또 다른 강자 에스파뇰은 2020년에 무려 16년 만의 2부 리그 강등을 겪었으나 곧바로 2부 리그 우승을 차지하며 라리가에 돌아왔다. 승격의 주역 라울 데 토마스는 2부 리그에서 23골을 몰아친 것에 이어 1부 리그에서도 17골을 넣으며 14위로 에스파뇰이 안정적으로 잔류하는 데 기여하며 스페인 대표팀까지 승선했다. 그라나다 돌풍의 주역 디에고 마르티네스 감독은 좌우 측면 미드필더를 안쪽으로 좁히는 두 명의 공격형 미드필더처럼 기용한 4인 스위칭 공격으로 균형을 만들었다. 데토마스의 침투와 결정력에다 다르데르의 중거리 슛, 새로 영입된 호셀루의 높이, 창의성과 운동능력을 두루 갖춘 미드필더 비니시우스 수자, 토니 빌헤나 등을 영입해 스쿼드를 강화하는 데 성공했다. 에스파뇰은 잔류 이성의 성과를 원한다.

COACH

디에고 마르티네스 *Diego Martinez*
1988년 12월 16일생 스페인

지역 소규모 유소년 팀을 시작으로 안달루시아 지역 세미프로 클럽 아레나스에서 감독으로 주목받아 세비야 유스팀 감독이 됐고, 세비야 2군 팀을 2부 리그로 승격시켜 주목받았다. 이후 그라나다의 1부 리그 승격 및 유로파리그 진출을 이뤄 주가를 높였고, 에스파뇰과 2022년 여름 2년 계약을 맺었다.

TEAM RATINGS

슈팅	7
패스	6
조직력	6
수비력	5
감독	5
선수층	4
(중앙)	33

2021/22 프로필

팀 득점	40
평균 볼 점유율	46.70%
패스 정확도	81.10%
평균 슈팅 수	10.7
경고	93
퇴장	7

골 타입

오픈 플레이	60
세트 피스	23
카운터 어택	3
페널티 킥	13
자책골	3	단위 (%)

패스 타입

쇼트 패스	82
롱 패스	14
크로스 패스	4
스루 패스	0	단위 (%)

SQUAD

포지션	등번호	이름		생년월일	키(cm)	체중(kg)	국적
GK	1	조안 가르시아	Joan García	2001.05.04	181	79	스페인
	13	뱅자맹 르콩트	Benjamin Lecomte	1991.04.26	186	78	프랑스
DF	2	오스카 레가노	Oscar Gil	1998.04.26	175	75	스페인
	3	아드리아 페드로사	Adria Pedrosa	1998.05.13	172	69	스페인
	4	레안드로 카브레라	Leandro Cabrera	1991.06.17	190	80	우루과이
	5	페르난도 칼레로	Fernando Calero	1995.09.14	184	71	스페인
	14	브리안 올리반	Brian Oliván	1994.04.01	175	70	스페인
	22	알레이스 비달	Aleix Vidal	1989.08.21	177	73	스페인
	24	세르지 고메스	Sergi Gomez	1992.03.28	185	80	스페인
MF	10	세르지 다데르	Sergi Darder	1993.12.22	180	71	스페인
	12	비니시우스 수자	Vinicius Souza	1999.06.17	187	80	브라질
	19	토니 빌헤나	Tonny Vilhena	1995.12.22	175	70	프랑스
	20	케이디 바레	Keidi Bare	1997.08.28	174	66	알바니아
		에두 엑스포지토	Edu Exposito	1996.08.01	178	68	스페인
		폴 로사노	Pol Lozano	1999.06.17	176	68	스페인
FW	7	하비 푸아도	Javi Puado	1998.05.25	177	69	스페인
	9	호셀루	Joselu	1990.03.27	192	80	스페인
	11	라울 데 토마스	Raul de Tomas	1994.10.17	180	72	스페인
	17	마티아스 바르가스	Matias Vargas	1997.05.08	168	66	아르헨티나
	18	란드리 디마타	Landry Dimata	1997.09.01	185	81	벨기에
	21	니콜라스 리바우도	Nico Melamed	2001.04.11	173	67	스페인
	23	아드리안 엠바르바	Adrian Embarba	1992.05.07	173	66	스페인
		우 레이	Lei Wu	1991.11.19	174	66	중국
		후안 카밀로 베세라	Juan Camilo Becerra	1998.02.23	182	76	스페인

IN & OUT

주요 영입	주요 방출
호셀루, 브리안 올리반, 비니시우스 수자, 뱅자맹 르콩트, 토니 빌헤나	디에고 로페스, 빅토르 고메스, 오이에르 올라사발, 프란 메리다, 오스카 멜렌도, 디닥 빌라, 미겔론

TEAM FORMATION

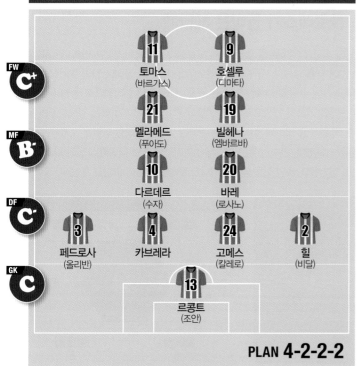

FW C+
MF B-
DF C-
GK C

11 토마스 (바르가스)
9 호셀루 (디마타)
21 멜라메드 (푸아도)
19 빌헤나 (엠바르바)
10 다르데르 (수자)
20 바레 (로사노)
3 페드로사 (올리반)
4 카브레라
24 고메스 (칼레로)
2 힐 (비달)
13 르콩트 (조안)

PLAN **4-2-2-2**

지역 점유율

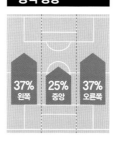

공격 진영 **25%**

중앙 **43%**

수비 진영 **32%**

공격 방향

37% 왼쪽   **25%** 중앙   **37%** 오른쪽

슈팅 지역

4% 골 에어리어

52% 페널티 박스

43% 외곽 지역

FW	11	라울 데 토마스 *Raul de Tomas*

국적: 스페인

체구는 작지만, 활동적이고, 기술이 좋으며 슈팅 기술을 뛰어난 스트라이커. 2004년 레알 마드리드 유소년 팀에 입단해 스페인 16세 이하 대표부터 19세 이하 대표까지 꾸준히 선발되며 기대 속에 성장했다. 레알 마드리드 2군 팀 주전 공격수로 뛰었으나 1군에 자리잡지 못해 임대를 떠돌았고, 포르투갈 벤피카에서 실패했으나 2020년 에스파뇰 이적 후 잠재력을 현실화해 2021년 스페인 성인 대표로 선발됐다.

출전경기	경기시간(분)	골	어시스트	경고	퇴장
34	2928	17	3	5	2

DF	14	브리안 올리반 *Brian Olivan*

국적: 스페인

왼쪽 윙백, 레프트백, 스리백의 왼쪽 센터백을 모두 소화할 수 있는 활동량, 수비력, 호전성을 갖췄다. 왼발 크로싱도 준수하다. 2002년부터 2013년까지 라마시아에서 성장했다. 출전 기회를 찾아 포르투갈 브라가와 프로 계약을 맺었으나 자리를 잡지 못한 채 주로 스페인 2부 리그에서 활동했다. 2020년 마요르카 이적 후 라리가 승격에 기여했다. 2022년 여름 계약 만료 후 에스파뇰에 입단했다.

출전경기	경기시간(분)	골	어시스트	경고	퇴장
28	2189	1	-	7	-

상대팀 최근 6경기 전적

구분	승	무	패	구분	승	무	패
레알 마드리드	1		5	셀타 비고	1	4	1
바르셀로나		2	4	라요 바예카노	1	1	4
아틀레티코 마드리드	1	1	4	엘체	1	2	3
세비야		2	4	에스파뇰			
레알 베티스		3	3	헤타페	1	3	2
레알 소시에다드	2		4	마요르카	3	1	2
비야레알	2	2	2	카디스	3	1	2
아틀레틱 빌바오	1	3	2	알메리아	2	3	1
발렌시아	2	2	2	바야돌리드	2	1	3
오사수나	1	2	3	지로나	2		4

MF	10	세르지 다르데르 *Sergi Darder*

국적: 스페인

넓은 시야를 바탕으로 킬러 패스를 뿌리고, 세밀한 볼 컨트롤 기술을 통해 2선에서 차이를 만드는 공격형 미드필더. 강하고 정확한 슈팅 능력으로 홀로 득점을 만들 수 있다. 에스파뇰 유소년 팀에서 성장했으나 2군 선수로 뛰다 말라가에서 라리가 무대를 밟았다. 2015년 여름 1,200만 유로 이적료에 프랑스 클럽 리옹으로 이적해 활약하다 2017년 에스파뇰로 임대된 후 완전 이적해 현재까지 핵심 선수로 활약 중이다.

MF	19	토니 빌헤나 *Tonny Vilhena*

국적: 네덜란드

왼발 슈팅이 강점인 중앙 미드필더. 활동량, 기술, 피지컬, 속도가 준수해 왼쪽 측면 윙백, 풀백 포지션도 소화할 수 있다. 가진 툴에 비해 경기 운영 능력이나 판단력이 아쉽다. 페예노르트 유소년 팀에서 성장해 1군 핵심 선수로 활약하다 2019년 러시아 크라스노다르로 이적했다. 러시아의 우크라이나 침공 사태로 2022년 1월 에스파뇰로 임대됐고, 시즌 종료 후 완전 이적했다. 2016년 네덜란드 성인 대표로 선발됐다.

FW	9	호셀루 *Joselu*

국적: 스페인

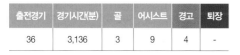

192cm의 장신에 힘과 기술을 겸비한 유연한 9번 스트라이커. 셀타비고 유소년 팀에서 성장해 프로 선수로 데뷔했다. 2009년 레알 마드리드로 전격 이적했으나 주전 경쟁을 이기지 못해 2012년 호펜하임으로 이적했고, 프랑크푸르트, 하노버, 스토크시티, 뉴캐슬 유나이티드 등 독일과 잉글랜드 무대를 누비다 2019년 알라베스 이적으로 라리가에 돌아왔다. 알라베스가 2부로 강등되어 올여름 에스파뇰과 계약했다.

출전경기	경기시간(분)	골	어시스트	경고	퇴장
36	3,136	3	9	4	-

출전경기	경기시간(분)	골	어시스트	경고	퇴장
17	937	1	1	4	-

출전경기	경기시간(분)	실점	어시스트	경고	퇴장
37	3,126	14	4	-	-

헤타페 CF

Getafe CF

TEAM PROFILE	
창 립	1983년
구 단 주	앙헬 토레스 산체스(스페인)
감 독	미첼 곤살레스(스페인)
연 고 지	마드리드
홈 구 장	콜리세움 알폰소 페레스(1만 7,700명)
라 이 벌	레알 마드리드, 아틀레티코 마드리드
홈페이지	www.getafecf.com

최근 5시즌 성적

시즌	순위	승점
2017-2018	8위	55점(15승10무13패, 42득점 33실점)
2018-2019	5위	59점(15승14무9패, 48득점 35실점)
2019-2020	8위	54점(14승12무12패, 43득점 37실점)
2020-2021	15위	38점(9승11무18패, 28득점 43실점)
2021-2022	15위	39점(8승15무15패, 33득점 41실점)

LA LIGA

통 산	없음
21-22 시즌	15위(8승15무15패, 승점 39점)

COPA DEL REY

통 산	없음
21-22 시즌	없음

UEFA

통 산	없음
21-22 시즌	없음

경기 일정

라운드	날짜	장소	상대팀
1	2022.08.16	홈	아틀레티코 마드리드
2	2022.08.23	원정	지로나
3	2022.08.29	홈	비야레알
4	2022.09.05	원정	발렌시아
5	2022.09.12	홈	레알 소시에다드
6	2022.09.19	원정	오사수나
7	2022.10.03	홈	레알 바야돌리드
8	2022.10.10	홈	레알 마드리드
9	2022.10.17	원정	라요 바예카노
10	2022.10.20	홈	아틀레틱 빌바오
11	2022.10.24	원정	셀타 비고
12	2022.10.31	원정	엘체
13	2022.11.07	홈	카디스
14	2022.11.10	원정	알메리아
15	2023.01.01	홈	마요르카
16	2023.01.09	원정	세비야
17	2023.01.15	홈	에스파뇰
18	2023.01.23	원정	바르셀로나
19	2023.01.30	홈	레알 베티스
20	2023.02.06	원정	아틀레티코 마드리드
21	2023.02.13	홈	라요 바예카노
22	2023.02.20	홈	발렌시아
23	2023.02.27	원정	비야레알
24	2023.03.06	홈	지로나
25	2023.03.13	원정	카디스
26	2023.03.20	홈	세비야
27	2023.04.03	원정	아틀레틱 빌바오
28	2023.04.10	원정	레알 소시에다드
29	2023.04.17	홈	바르셀로나
30	2023.04.24	원정	마요르카
31	2023.04.27	홈	알메리아
32	2023.05.01	원정	에스파뇰
33	2023.05.04	홈	셀타 비고
34	2023.05.15	원정	레알 마드리드
35	2023.05.22	홈	엘체
36	2023.05.25	원정	레알 베티스
37	2023.05.29	홈	오사수나
38	2023.06.05	원정	레알 바야돌리드

시즌 프리뷰 키케 산체스 플로레스가 돌아온 헤타페

5년간 팀을 지휘하며 구단 역대 최고 성적(5위)을 이룬 호세 보르달라스 감독이 발렌시아로 떠나며 미첼 감독과의 새 출발은 두 달여 만에 막을 내렸다. 개막 후 7연패로 강등 1순위로 꼽히며 팀이 무너졌다. 소방수로 부임한 키케 산체스 플로레스는 수비를 강화한 5-3-2 포메이션을 통해 실리적으로 승점을 쌓았다. 키케는 32경기에서 9승 14무 9패를 기록해 15위로 잔류를 이끌어냈다. 키케의 헤타페는 강력한 9번 골잡이 에네스 위날을 활용한 투톱 전술이 공격의 핵심이다. 올 시즌에는 위날을 보조할 파트너 포르투, 보르하 마요랄을 영입해 결정력이 한층 강해졌다. 변수는 측면이다. 우루과이 레프트백 마이타스 올리베라가 빠진 자리에 파브리치오 앙힐레리를 영입했다. 측면 기동성이 살아나지 못하면 투톱이 고립될 수 있다.

COACH

TEAM RATINGS

키케 산체스 플로레스 *Quique Sanchez Flores*
1965년 2월 2일생 스페인

발렌시아와 레알 마드리드의 라이트백으로 화려한 현역 생활을 했다. 2001년 레알 마드리드 유소년 팀 감독으로 지도자 경력을 시작해 헤타페 감독으로 두각을 나타낸 뒤 발렌시아에서 챔피언스리그 8강, 아틀레티코 마드리드에서 유로파리그 우승 등을 이뤘다. 프리미어리그 왓포드, 중동, 중국 등에서 활동하다 2021년 헤타페로 돌아왔다.

2021/22 프로필

팀 득점	33
평균 볼 점유율	40.40%
패스 정확도	72.30%
평균 슈팅 수	10.8
경고	119
퇴장	8

골타입		단위 (%)
오픈 플레이	61	
세트 피스	18	
카운터 어택	6	
패널티 킥	9	
자책골	6	

패스타입		단위 (%)
쇼트 패스	76	
롱 패스	20	
크로스 패스	5	
스루 패스	0	

SQUAD

포지션	등번호	이름		생년월일	키(cm)	체중(kg)	국적
GK	13	다비드 소리아	David Soria	1993.04.04	192	85	스페인
	27	디에고 콘데	Diego Conde	1998.10.28	188	76	스페인
DF	2	제네 다코남	Djene	1991.12.31	178	72	토고
	3	파브리치오 앙힐레리	Fabrizio Angileri	1994.03.15	185	73	아르헨티나
	4	가스톤 알바레스	Gaston Alvarez	2000.03.24	184	72	우루과이
	6	도밍구스 두아르트	Domingos Duarte	1995.03.10	192	78	포르투갈
	21	후안 이글레시아스	Juan Iglesias	1998.07.03	187	75	스페인
	22	다미안 수아레스	Damian Suarez	1988.04.27	173	61	우루과이
	23	스테판 미트로비치	Stefan Mitrovic	1990.05.22	189	84	세르비아
MF	5	루이스 미야	Luis Milla	1994.10.07	175	67	스페인
	8	하이메 세오아네	Jaime Seoane	1997.01.22	177	73	스페인
	11	카를레스 알레냐	Carles Alena	1998.01.05	180	73	스페인
	16	야쿱 얀크토	Jakub Jankto	1996.01.19	184	74	체코
	18	마우로 아람바리	Mauro Arambarri	1995.09.30	175	74	우루과이
	20	네마냐 막시모비치	Nemanja Maksimovic	1995.01.26	189	78	세르비아
FW	7	하이메 마타	Jaime Mata	1988.10.24	186	79	스페인
	9	크리스티안 포르투게스	Portu	1992.05.21	167	66	스페인
	10	에네스 위날	Enes Unal	1997.05.10	187	78	터키
		보르하 마요랄	Borja Mayoral	1997.04.05	182	74	스페인

IN & OUT

주요 영입	주요 방출
포르투, 하이메 세오아네, 도밍구스 두아르테, 파브리치오 앙힐레리, 루이스 미야, 보르하 마요랄	우고 두로, 마티아스 올리베라, 다리로 포베다, 루벤 야네스

TEAM FORMATION

FW **B-**

MF **C+**

DF **C**

GK **C-**

10 위날
마요랄 (마타)

5 미야 (얀크토)
18 아람바리 (막시모비치)
9 포르투 (알레냐)

3 앙힐레르 (세오아네)
23 미트로비치
22 다미안 (이글레시아스)

6 두아르테 (알바레스)
2 제네

13 소리아 (콘데)

PLAN **5-3-2**

지역 점유율

공격 진영 **28%**

중앙 **47%**

수비 진영 **26%**

공격 방향

39% 왼쪽 **25%** 중앙 **35%** 오른쪽

슈팅 지역

4% 골 에어리어
49% 패널티 박스
48% 외곽 지역

상대팀 최근 6경기 전적

구분	승	무	패	구분	승	무	패
레알 마드리드	1	1	4	셀타 비고	2	2	2
바르셀로나	1	1	4	라요 바예카노	3	1	2
아틀레티코 마드리드		1	5	엘체	2	2	2
세비야			6	에스파뇰	2	3	1
레알 베티스	2	2	2	헤타페			
레알 소시에다드	2	2	2	마요르카	3	3	
비야레알			6	카디스	3	1	2
아틀레틱 빌바오	1	4	1	알메리아	4	1	1
발렌시아	2	3	1	바야돌리드	1	3	2
오사수나	2	4		지로나	1	2	3

KEY PLAYER

FW	10	에네스 위날
		Enes Unal

국적: 튀르키예

187cm의 신체조건을 활용한 포스트 플레이, 강력한 양발 슈팅으로 라리가 최고의 9번 공격수 중 한 명이다. 17세의 나이로 터키 쉬페르리가 최연소 득점을 기록하는 등 부르사스포르의 천재로 불리며 18세에 터키 대표로 선발됐다. 트벤터에서 잠재력이 폭발해 2017년 비야레알로 이적했으나 주전 경쟁에 밀려 레반테, 바야돌리드로 임대됐다가 2020년 헤타페 이적 후 전성시대를 열었다.

출전경기	경기시간(분)	골	어시스트	경고	퇴장
37	2,812	16	1	8	-

PLAYERS

DF	2	제네 다코남
		Djene Dakonam

국적: 토고

빠른 발, 위치 선정 능력, 정교한 태클 기술 및 대인 방어 능력, 리더십을 바탕으로 최고의 센터백으로 평가받는다. 토고에서 태어나 카메룬에서 성장했다. 19세의 나이에 토고 대표 선수로 뛰다 2014년 스페인 2부 리그 알코르콘으로 이적해 유럽 무대에 진출했다. 2016년 벨기에 신트트라위던을 거쳐 2017년 헤타페로 이적한 뒤 현재까지 활약 중이며, 지난 시즌 헤타페의 주장으로 선임됐다.

출전경기	경기시간(분)	골	어시스트	경고	퇴장
35	3,117		1	11	1

DF	22	다미안 수아레스
		Damian Suarez

국적: 우루과이

전투적인 플레이, 날카로운 크로스 패스 능력을 바탕으로 오른쪽 측면을 활보하는 라이트백이다. 강력한 슈팅력도 갖췄다. 2007년 1군에 데뷔했고, 2011년 스포르팅 히혼 이적으로 라리가에 입성했다. 히혼이 강등된 후 2부 엘체로 이적해 1부 리그 승격을 이룬 뒤 2015년 헤타페로 이적해 현재까지 주전으로 활약 중이다. 2022년 처음 우루과이 대표팀에 선발됐고, 카타르 월드컵 참가가 유력하다.

출전경기	경기시간(분)	골	어시스트	경고	퇴장
35	2,721	-	3	13	-

MF	11	카를레스 알레냐
		Carles Alena

국적: 스페인

넓은 시야를 바탕으로 중앙 지역에서 볼 배급을 담당하는 미드필더. 문전으로 침투해 득점할 수 있는 결정력과 민첩성을 갖췄다. 헤타페 이적 후 중앙 지역 압박 능력도 발전했다. 1998년생으로 바르셀로나 유스 시절 이승우의 절친으로 유명했다. 바르사B 팀 핵심으로 활약했고 1군 선수로 데뷔했으나 경쟁에서 밀려 베티스, 헤타페로 임대됐다. 2021년 헤타페로 완전 이적해 주전으로 활약 중이다.

출전경기	경기시간(분)	골	어시스트	경고	퇴장
33	2,344	1	2	6	-

MF	20	네마냐 막시모비치
		Nemanja Maksimovic

국적: 세르비아

힘과 볼 배급력, 중원 볼 차단 능력이 강점인 중앙 미드필더. 왕성한 체력과 공 운반 기술을 겸비했다. 세르비아의 레드스타 베오그라드 유소년 팀에서 성장하다 슬로베니아 돔잘레에서 프로 경력을 시작했다. 카타흐스탄 클럽 아스타나 역사상 첫 챔피언스리그 본선 진출을 이끌며 주목받았다. 2017년 발렌시아로 이적했고, 주전 경쟁에서 밀려 2018년 헤타페로 이적한 뒤 주전으로 활약 중이다.

출전경기	경기시간(분)	실점	어시스트	경고	퇴장
35	2,943	1	1	4	-

RCD 마요르카
RCD MALLORCA

TEAM PROFILE
창 립	1916년
구 단 주	로버트 사버(미국)
감 독	하비에르 아기레(멕시코)
연 고 지	마요르카
홈 구 장	에스타디 데 손 모시(2만 3,142명)
라 이 벌	–
홈페이지	www.rcdmallorca.es

최근 5시즌 성적
시즌	순위	승점
2017-2018	없음	없음
2018-2019	없음	없음
2019-2020	19위	33점(9승6무23패, 40득점 65실점)
2020-2021	없음	없음
2021-2022	16위	39점(10승9무19패, 36득점 63실점)

LA LIGA
통 산	없음
21-22 시즌	16위(10승9무19패, 승점 39점)

COPA DEL REY
통 산	우승 1회
21-22 시즌	4강

UEFA
통 산	없음
21-22 시즌	없음

경기 일정
라운드	날짜	장소	상대팀
1	2022.08.16	원정	아틀레틱 빌바오
2	2022.08.21	홈	레알 베티스
3	2022.08.28	원정	라요 바예카노
4	2022.09.05	홈	지로나
5	2022.09.12	원정	레알 마드리드
6	2022.09.19	홈	알메리아
7	2022.10.03	홈	바르셀로나
8	2022.10.10	원정	엘체
9	2022.10.17	홈	세비야
10	2022.10.20	원정	레알 소시에다드
11	2022.10.24	원정	발렌시아
12	2022.10.31	홈	에스파뇰
13	2022.11.07	원정	비야레알
14	2022.11.10	홈	아틀레티코 마드리드
15	2023.01.01	원정	헤타페
16	2023.01.09	홈	레알 바야돌리드
17	2023.01.15	원정	오사수나
18	2023.01.23	홈	셀타 비고
19	2023.01.30	원정	카디스
20	2023.02.06	홈	레알 마드리드
21	2023.02.13	원정	세비야
22	2023.02.20	홈	비야레알
23	2023.02.27	원정	에스파뇰
24	2023.03.06	홈	엘체
25	2023.03.13	홈	레알 소시에다드
26	2023.03.20	원정	레알 베티스
27	2023.04.03	홈	오사수나
28	2023.04.10	원정	레알 바야돌리드
29	2023.04.17	원정	셀타 비고
30	2023.04.24	홈	헤타페
31	2023.04.27	원정	아틀레티코 마드리드
32	2023.05.01	홈	아틀레틱 빌바오
33	2023.05.04	원정	지로나
34	2023.05.15	홈	카디스
35	2023.05.22	원정	알메리아
36	2023.05.25	홈	발렌시아
37	2023.05.29	원정	바르셀로나
38	2023.06.05	홈	라요 바예카노

전력 분석 | 잔류 안정권 진입이 과제

지난 시즌 마지막 라운드에 간신히 1부 리그 잔류에 성공한 마요르카는 2022/23시즌에도 같은 미션에 나선다. 올여름 이적 시장의 보강은 떠난 선수들의 자리를 대체하는 수준으로 이뤄졌기 때문에 특별히 강화되었다고 보기 어려울 수 있다. 긍정적인 요소는 지난 1월 겨울 이적 시장에 임대 선수로 영입해 후반기에 마요르카의 득점을 책임졌고, 전술적 구심점 역할까지 한 코소보 대표 공격수 베다트 무리치를 완전 영입하는 데 성공한 것이다. 아르헨티나 대표 미드필더 로드리고 바타글리아도 완전 영입했다. 무적 선수 상태에서 영입한 프랑스 미드필더 클레망 그르니에는 살바 세비야의 대체자이며, 전반기에 마놀로 레이나, 후반기에 세르히오 리코가 지킨 골문은 스타드 렝스에서 영입한 세르비아 대표 골키퍼 프레드락 라이코비치로 채웠다. 세 명의 센터백을 배치하는 마요르카는 192cm의 장신 수비수 마누엘 코페테를 2부 리그 폰페라디나에서 영입해 후방의 높이를 보완했다. 무리치가 후반기 득점력을 시즌 내내 유지하고, 코페테와 라이코비치가 개선된 수비를 보여준다면 1부 리그 잔류는 이루지 못할 꿈은 아닐 것이다.

전술 분석 | 장신 공격수 무리치 노리는 5백 역습

이강인이 지난해 마요르카 이적을 결정한 이유는 전임 감독 루이스 가르시아 플라사가 공격형 미드필더를 두는 4-2-3-1 포메이션으로 주도적인 축구를 시도했기 때문이다. 지난 시즌 전반기까지는 이 전술로 유의미한 성적을 거뒀으나 후반기 들어 부상, 체력 저하, 경기 막판 불운한 실점 등이 겹치며 성적이 급락했고, 감독 경질 사태로 이어졌다. 소방수로 부임한 하비에르 아기레 감독은 1부 리그 잔류를 최대 가치로 두고 5명의 수비를 뒤에 두고 투 톱으로 공격하는 노골적인 역습 축구를 했다. 이 과정에서 전반기 중심 선수였던 2선 공격수 다니 로드리게스, 이강인, 구보 다케후사가 모두 밀려났다. 물론 이 선수들은 경기 상황에 따라 로테이션 자원 및 조커로 적절히 공격을 강화하기 위한 카드로 쓰였다. 새 시즌에도 5-3-2 기조는 이어진다. 장신 무리치를 겨냥한 좌우 윙백의 크로스 공격 전개, 스리백이 배후를 지키고 세 명의 중앙 미드필더는 공격 창의성보다 활동력과 압박, 긴 전환 패스에 집중한다. 이강인은 무리치의 투 톱 파트너 중 한 명으로 프리롤 및 플레이메이커 역할을 겸하며 쓰일 것이다.

시즌 프리뷰 # 이강인의 도전을 기대할 이유

이강인이 발렌시아를 떠나 마요르카 이적을 결정한 가장 큰 이유는 꾸준한 출전 기회였다. 한창 성장해야 할 나이인 데다, 주도적으로 공을 소유하고 경기해야 장점이 빛날 수 있는 이강인이기에 여러 클럽의 관심 속에 루이스 가르시아 플라사 감독의 계획 및 미국인 구단주가 인수한 마요르카의 장기 비전에 공감한 것이다. 그런데 지난 시즌 중반, 강등 위기와 감독 경질로 전술이 바뀌어 또다시 출전 시간에 문제가 생겼다. 지난 시즌 마요르카 잔류를 이끈 아기레 감독이 새 시즌도 이끌게 되면서 이적설이 나왔으나 마요르카가 원하는 이적료를 제시한 팀도, 이강인이 원하는 수준의 팀도 없었다. 결국, 이강인은 마요르카와의 동행 및 라리가에서의 도전을 택했다. 창의성과 예리한 왼발을 무기로 한국이 낳은 역대 최고의 재능으로 기대를 받은 이강인은 단점으로 지적된 전방 수비 및 스피드를 보완하기 위해 프리시즌에 달라진 모습을 보이고 있다. 무리치에게 가장 좋은 패스를 공급할 수 있는 선수 이강인은 구보가 임대 기간 만료로 떠났고, 창의적인 2선 자원이 없는 마요르카에서 존재감을 발휘할 수 있다.

IN & OUT

주요 영입	주요 방출
호세 마누엘 코페테, 베다드 무리치, 프레드락 라이코비치	살바 세비야, 브리안 올리반, 마놀로 레이나, 알렉산다르 세들라, 알레시 페바스

TEAM FORMATION

PLAN **3-4-1-2**

TEAM RATINGS

슈팅 5 · 패스 5 · 수비력 4 · 선수층 5 · 감독 6 · 조직력 6

31

2021/22 프로필

팀 득점	36
평균 볼 점유율	44.60%
패스 정확도	76.00%
평균 슈팅 수	11.8
경고	105
퇴장	7

골 타입
오픈 플레이	44
세트 피스	28
카운터 어택	3
페널티 킥	17
자책골	8 단위 (%)

패스 타입
쇼트 패스	80
롱 패스	15
크로스 패스	4
스루 패스	0 단위 (%)

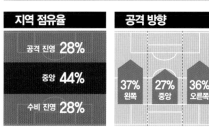

지역 점유율
공격 진영 28%
중앙 44%
수비 진영 28%

공격 방향
37% 왼쪽 / 27% 중앙 / 36% 오른쪽

슈팅 지역
6% 골 에어리어
48% 페널티 박스
46% 외곽 지역

상대팀 최근 6경기 전적

구분	승	무	패
레알 마드리드	1		5
바르셀로나			6
아틀레티코 마드리드	2	2	2
세비야	2	2	2
레알 베티스		2	4
레알 소시에다드	1		5
비야레알	2	1	3
아틀레틱 빌바오	1	1	4
발렌시아	2	1	3
오사수나	2	2	2
셀타 비고	2	3	1
라요 바예카노	3		3
엘체	1	4	1
에스파뇰	2	1	3
헤타페		3	3
마요르카			
카디스	2	4	
알메리아	4		2
바야돌리드			6
지로나	3	1	2

SQUAD

포지션	등번호	이름		생년월일	키(cm)	체중(kg)	국적
GK	1	프레드락 라이코비치	Predrag Rajkovic	1995.10.31	192	85	세르비아
	13	도미니크 그레이프	Dominik Greif	1997.04.06	197	84	슬로바키아
	31	레오 로만	Leo Roman	2000.07.06	189	81	스페인
DF	3	브라이안 쿠프레	Braian Cufre	1996.12.15	178	82	아르헨티나
	5	프랑코 루소	Franco Russo	1994.10.25	186	78	아르헨티나
	6	호세 코페트	Jose Copete	1999.10.10	190	73	스페인
	15	파블로 마페오	Pablo Matteo	1997.07.12	172	70	스페인
	18	자우메 코스타	Jaume Costa	1988.03.18	171	62	스페인
	20	조반니 곤살레스	Giovanni Gonzalez	1994.09.20	178	73	우루과이
	21	안토니오 라이요	Antonio Raillo	1991.10.08	187	80	스페인
	24	마르틴 발렌트	Martin Valjent	1995.12.11	187	70	슬로바키아
MF	4	이니고 루이스 데 갈라레타	Inigo Ruiz de Galarreta	1993.08.06	175	69	스페인
	8	클레망 그르니에	Clément Grenier	1991.01.07	186	72	프
	10	안토니오 산체스	Antonio Sanchez	1997.04.22	179	78	스페인
	12	이드리수 바바	Iddrisu Baba	1996.01.22	182	73	가나
	14	다니 로드리게스	Dani Rodriguez	1988.06.06	178	71	스페인
	16	로드리고 바타글리아	Rodrigo Battaglia	1991.07.12	187	78	아르헨티나
	19	이강인	Kang-in Lee	2001.02.19	173	68	대한민국
	23	아마드 은디아예	Amath Ndiaye	1996.07.16	173	70	세네갈
FW	7	베다드 무리치	Vedat Muriqi	1994.04.24	194	92	코소보
	9	아브돈 프라츠	Abdon Prats	1992.12.07	181	81	스페인
	11	매튜 호프	Matthew Hoppe	2001.03.13	191	80	미국
	15	라고 주니어	Lago Junior	1990.12.31	180	79	코트디부아르
	22	앙헬 로드리게스	Angel Rodriguez	1987.04.26	171	68	스페인
		조르디 음불라	Jordi Mboula	1999.03.16	183	74	스페인

COACH

하비에르 아기레 Javier Aguirre
1958년 12월 1일생 멕시코

멕시코 명문 아메리카에서 전성기를 보냈고, 스페인 오사수나에서도 활약한 바 있다. 1995년 아틀란테 감독으로 지도자 경력을 시작해 파추카에서 멕시코 리그 우승. 오사수나를 감독으로 맡아 2005년 코파 델 레이 준우승을 이뤘다. 2002 한일 월드컵과 2010 남아공 월드컵에 멕시코 대표 감독으로 참가했고, 2009년 북중미 골드컵 우승도 이뤘다. 이집트 대표팀, 레가네스 감독을 거쳐 2021년 멕시코 클럽 몬테레이를 북중미 챔피언스리그에서 우승시킨 뒤 2022년 3월 강등 위기에 처한 마요르카에 부임해 1부 리그 잔류를 이루어 계약을 연장했다. 아틀레티코 감독으로 3년간 활동했고, 사라고사, 에스파뇰 등을 지휘해 라리가 경험이 풍부하다. 빠르고 직선적인 축구, 많은 활동량을 요구하는 단단한 수비를 요구하며 격정적으로 지휘하는 용장이다.

KEY PLAYER

DF 15
파블로 마페오
Pablo Maffeo

국적: 스페인

지난 시즌 마요르카의 오른쪽 측면 공격은 라이트백 마페오가 책임졌다. 수비수임에도 경기당 슈팅 0.8회, 키패스 0.8회를 기록했고 돌파 성공은 1.4회로 팀 내 두 번째로 높았다. 경기당 크로스는 0.8회로 최대였다. 저돌적이고 역동적인 오른쪽 윙백. 스리백의 윙백, 포백의 풀백 역할을 모두 잘 소화할 수 있다. 빠른 스피드와 정확한 태클, 지치지 않는 체력을 갖춘 덕분이다. 공수 이동의 판단력도 준수하다. 에스파뇰 유스팀에서 성장하다 맨시티로 스카우트됐다. 맨시티 1군에 등록되지 못한 채 슈투트가르트로 이적했다. 지로나, 우에스카 임대를 거쳐 2021년 마요르카로 임대됐고, 2022년 여름 완전 이적 계약을 체결했다.

출전경기	경기시간(분)	골	어시스트	경고	퇴장
35	2,952	1	3	10	-

GK 1
프레드락 라이코비치
Predrag Rajkovic

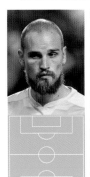

국적: 세르비아

장신으로 공중볼 장악력 및 선방 능력을 갖춘 교과서적 골키퍼. 이스라엘의 마카비 하이파, 프랑스의 스타드 렝스를 거쳐 2022년 여름 450만 유로 이적료에 마요르카로 이적했다. 다양한 리그를 경험했고 우승 경험도 풍부한 베테랑이다. 2015년 FIFA U-20 월드컵 우승의 주역으로 골든 글로브를 수상했고, 2022 카타르 월드컵 본선에 진출한 세르비아 대표팀의 주전 골키퍼로 활약 중이다.

출전경기	경기시간(분)	실점	무실점(경기)	경고	퇴장
38	3,420	44	11	2	-

DF 5
프랑코 루소
Franco Russo

국적: 아르헨티나

저돌적인 센터백. 지난 시즌 경기당 가로채기 1.4회로 팀 내 1위였다. 유소년 시절 라요 바예카노의 입단 테스트에 합격했으나 부상으로 방출당해 스페인 4부 리그 타마리테와 계약해 도전에 나섰다. 여기에서의 활약을 통해 3부에 있던 에스파뇰 2군 팀과 계약한 뒤 2018년 2부 리그에 있던 마요르카와 계약했다. 마요르카의 1부 승격에 기여했고, 지난 시즌 발렌트와 주전 센터백으로 호흡을 맞췄다.

출전경기	경기시간(분)	골	어시스트	경고	퇴장
19	1,465	1	-	3	2

DF 18
자우메 코스타
Jaume Costa

국적: 스페인

빠른 스피드와 지구력, 폭넓은 활동 범위를 갖춘 공격적인 레프트백. 공격 판단력, 호전성, 패싱력을 두루 갖춰 스리백의 윙백으로도 좋은 활약을 펼친다. 자주 근육 부상을 겪어 꾸준하지 못했다. 카디스 임대를 거쳐 비야레알로 이적해 2012년부터 라리가에서 좋은 활약을 펼쳤다. 2019/20시즌 발렌시아로 임대된 기간에 이강인과 막역하게 지냈다. 2021년 여름 마요르카로 완전 이적했다.

출전경기	경기시간(분)	골	어시스트	경고	퇴장
25	1,831	-	4	5	1

DF 20
조반니 곤살레스
Giovanni Gonzalez

국적: 우루과이

2022년 1월 겨울 이적 시장에 전력 보강을 위해 마요르카가 긴급 수혈한 라이트백. 마페오와 달리 몸싸움에 능하고 활동량과 공이 없을 때의 움직임, 끈질긴 수비력을 갖춘 풀백이다. 크로스 패스와 돌파력 등도 갖췄으나 공격 시 번뜩임은 다소 부족하다. 우루과이 클럽 리버 플레이트 몬테비데오에서 프로 경력을 시작해 2018년 최고 명문 페냐롤로 이적했고, 2019년 우루과이 대표팀에도 선발됐다.

출전경기	경기시간(분)	골	어시스트	경고	퇴장
9	364	1	-	1	-

DF 24
마르틴 발렌트
Marin Valjent

국적: 슬로바키아

헤더 능력, 대인 방어 능력 및 태클 기술이 정확한 완성형 센터백. 볼 관리 기술 및 패스 전개력도 준수하다. 수비 라인 전체를 리드하는 지휘자의 역할이 가능하며 몸싸움에도 능하다. 2021/22시즌 경기당 걷어내기 4.8회로 팀 내 1위였다. 이탈리아 클럽 키에보 베로나에 입성했으나 2018년 마요르카로 임대되어 출전 기회를 찾아 나섰고, 여기서 보인 맹활약으로 2019년 완전 이적했다.

출전경기	경기시간(분)	골	어시스트	경고	퇴장
36	3,183	-	-	4	-

MF 4
이니고 루이스 데 갈라레타
Inigo Ruiz De Galarreta

국적: 스페인

중앙 미드필더로 섬세한 퍼스트 터치, 빠른 판단력, 넓은 시야를 바탕으로 기점 패스를 뿌리며 활동량도 좋다. 하지만 몸싸움에 약하다. 빌바오 1군에 데뷔했으나 출전 기회를 찾아 2부 리그 미란데스, 사라고사 등에 임대를 전전한 끝에 2016년 누만시아로 이적했고, 2017년에는 바르사 2군 팀에 입단해 주전으로 뛰었으나 1군에는 오르지 못했다. 라스팔마스를 거쳐 2019년 마요르카로 이적했다.

출전경기	경기시간(분)	골	어시스트	경고	퇴장
22	1,390	-	-	4	-

SPAIN LA LIGA

RCD MALLORCA

MF 6 클레망 그르니에
Clement Grenier

국적: 프랑스

볼 관리 기술, 시야와 패스, 순발력이 뛰어난 중앙 미드필더. 2009년부터 2018년까지 리옹에서 리그1 116경기를 소화하며 전성기를 보냈다. 2013년과 2014년에는 프랑스 대표로도 뛰었다. 이후 갱강, 렌에서 뛰다 2021년 계약 만료 후 팀을 찾지 못하다 2022년 3월 무적 신분으로 마요르카와 계약해 뛰게 됐다. 짧은 기간 노련한 중원 플레이로 인상을 남겨 마요르카와 계약을 연장했다.

출전경기	경기시간(분)	골	어시스트	경고	퇴장
5	57	1	-	1	-

MF 10 안토니오 산체스
Antonio Sanchez

국적: 스페인

마요르카 유소년 팀을 통해 성장해 2019년 1군에 데뷔했다. 중앙 미드필더지만 속도가 빠른 편이며 창의성은 다소 부족하지만, 수비력과 킥력이 뛰어나 측면 미드필더, 오른쪽 풀백 등 전술 변화에 맞춰 다양한 역할로 팀에 기여했다. 특히 2021/22시즌 후반기에는 스리백, 포백, 파이브백을 혼용하는 과정에서 중앙과 측면을 오가며 공수 균형을 맞추는 과정의 감초 역할로 입지가 높아졌다.

출전경기	경기시간(분)	골	어시스트	경고	퇴장
29	1,622	1	-	3	-

MF 12 이드리수 바바
Iddrisu Baba

국적: 가나

가나 대표팀의 주전 수비형 미드필더로 왕성한 체력과 중원 압박 능력, 정확한 태클 기술 및 수비 위치 선정 능력을 갖췄다. 패스 전개력 및 창의성에 단점이 있지만 과감하게 공격에 가담하고 벼락같은 슈팅을 시도하는 등 공격적으로 발전하고자 하는 의지를 보였다. 2015년 마요르카 2군 임대 후 2016년 완전 이적했다. 이후 1군 팀에 자리잡았고, 지난 시즌 활약으로 프리미어리그의 관심을 받고 있다.

출전경기	경기시간(분)	골	어시스트	경고	퇴장
26	1945	1	1	9	-

MF 14 다니 로드리게스
Dani Rodriguez

국적: 스페인

아기레 감독 부임 전까지는 2선 공격의 핵심으로 맹활약했다. 전환 패스, 중거리슛, 문전 쇄도 등 다양한 무기로 상대 수비를 흔든다. 왼쪽에서 반대발 윙어로 서거나, 오른쪽에서 정발 윙어로도 뛸 수 있다. 활동량이 좋아 중앙 미드필더 배치도 가능하다. 속도도 빠른 편이고, 무엇보다 상황 판단 능력이 우수하다. 라싱 산탄데르, 알바세테 등을 거쳐 2018년부터 마요르카의 중심 선수로 활약 중이다.

출전경기	경기시간(분)	골	어시스트	경고	퇴장
36	2,841	3	3	7	-

MF 19 이강인
Kang In Lee

국적: 대한민국

2019년 FIFA U-20 월드컵에서 한국의 준우승을 이끌며 골든볼을 수상했다. 10살부터 발렌시아 유소년 팀에서 주목받았으나 1군 데뷔 후에는 느린 속도와 수비 가담력 개선이 필요해 주전 경쟁에 어려움을 겪었다. 2021년 여름 마요르카와 4년 계약을 맺었다. 레알 마드리드와의 경기에서 환상적인 개인 돌파로 득점했고 발렌시아전에 팬텀 드리블로 어시스트를 했으나 속도와 수비가 여전히 숙제다.

출전경기	경기시간(분)	골	어시스트	경고	퇴장
30	1,411	1	2	1	1

MF 23 아마드 은디아예
Amath Ndiaye

국적: 세네갈

폭발적인 스피드와 부지런한 움직임이 강점인 측면 공격수. 슈팅 시도를 아끼지 않는 스타일로 최전방 스트라이커 포지션도 가능하다. 2010년 바야돌리드 유소년 팀에 스카우트됐다. 아틀레티코가 영입한 뒤 2군 주전 공격수로 기용했으나 1군 기회를 잡지 못해 헤타페로 이적했으나 라리가에서 3년간 4골을 넣는 데 그쳐 2020년 마요르카로 임대됐다. 2부 리그에서 9골을 넣어 1부 리그 승격에 기여했다.

출전경기	경기시간(분)	골	어시스트	경고	퇴장
19	884	-	1	5	-

FW 7 베다드 무리치
Vedad Muriqi

국적: 코소보

지난 시즌 후반기에 합류해 5골 3도움의 결정적 공격 포인트를 올려 마요르카를 잔류시킨 일등공신. 경기당 공중볼 승리가 7.3회에 달하며, 대부분의 경기에서 공중볼 경합 승률을 100% 가까이 기록하며 하늘을 지배했다. 큰 키를 활용한 헤더 능력뿐 아니라 발밑도 준수해 연계, 위치선정 등을 통해 박스 안에서 높은 영향력을 발휘한다. 라치오 이적 후 주전 경쟁에서 밀려 마요르카로 이적해 부활했다.

출전경기	경기시간(분)	골	어시스트	경고	퇴장
16	1,439	5	3	6	-

FW 9 아브돈 프라츠
Abdon Prats

국적: 스페인

체구가 크고 몸싸움과 공중전에 능해 포스트 플레이를 주로 펼치는 9번 공격수다. 마요르카 유소년 팀에서 성장해 1군 선수로 데뷔했다. 경력 초기에는 주전 경쟁에서 밀려 2014년 테네리페로 이적, 미란데스, 라싱 산탄데르를 거쳐 3부 리그로 강등된 시절인 2017년에 마요르카로 돌아왔다. 3부에서 12골로 1군 선수로 개인 최다 골을 넣어 2부 리그 승격에 기여했고, 두 차례 1부 리그 승격에도 기여했다.

출전경기	경기시간(분)	골	어시스트	경고	퇴장
25	636	3	-	4	-

FW 22 앙헬 로드리게스
Angel Rodriguez

국적: 스페인

박스 안에서 판단이 빠르고 양발 슈팅으로 득점이 가능한 전형적인 골잡이 유형의 스트라이커. 체구는 작지만, 상대 수비와 몸싸움도 마다하지 않고 달려든다. 전방에서 많은 활동량을 보이며 압박에 관여한다. 전성기에 비해 스피드가 떨어졌으나 골 감각은 살아있다. 엘체, 레반테, 에이바르, 사라고사 등을 거쳐 2017년부터 2021년까지 헤타페 핵심 공격수로 활약하다 계약 만료 후 마요르카로 이적했다.

출전경기	경기시간(분)	골	어시스트	경고	퇴장
29	1,551	4	2	4	-

카디스 CF

Cádiz CF

TEAM PROFILE

창 립	1910년
구 단 주	마누엘 비스카이노(스페인)
감 독	세르히오 곤t레스(스페인)
연 고 지	카디스
홈 구 장	라몬 드 카란자 스타디움(2만 5,033명)
라 이 벌	–
홈페이지	www.cadizcf.com

최근 5시즌 성적

시즌	순위	승점
2017-2018	없음	없음
2018-2019	없음	없음
2019-2020	없음	없음
2020-2021	12위	44점(11승11무16패, 36득점 58실점)
2021-2022	17위	39점(8승15무15패, 35득점 51실점)

LA LIGA

통 산	없음
21-22 시즌	17위(8승15무15패 승점 39점)

COPA DEL REY

통 산	없음
21-22 시즌	16강

UEFA

통 산	없음
21-22 시즌	없음

경기 일정

라운드	날짜	장소	상대팀
1	2022.08.15	홈	레알 소시에다드
2	2022.08.21	원정	오사수나
3	2022.08.30	홈	아틀레틱 빌바오
4	2022.09.05	원정	셀타 비고
5	2022.09.12	홈	바르셀로나
6	2022.09.19	원정	레알 바야돌리드
7	2022.10.03	홈	비야레알
8	2022.10.10	홈	에스파뇰
9	2022.10.17	원정	지로나
10	2022.10.20	홈	레알 베티스
11	2022.10.24	원정	라요 바예카노
12	2022.10.31	홈	아틀레티코 마드리드
13	2022.11.07	원정	헤타페
14	2022.11.10	원정	레알 마드리드
15	2023.01.01	홈	알메리아
16	2023.01.09	원정	발렌시아
17	2023.01.15	홈	엘체
18	2023.01.23	원정	세비야
19	2023.01.30	홈	마요르카
20	2023.02.06	원정	아틀레틱 빌바오
21	2023.02.13	홈	지로나
22	2023.02.20	원정	바르셀로나
23	2023.02.27	홈	라요 바예카노
24	2023.03.06	원정	레알 소시에다드
25	2023.03.13	홈	헤타페
26	2023.03.20	원정	알메리아
27	2023.04.03	홈	세비야
28	2023.04.10	원정	레알 베티스
29	2023.04.17	홈	레알 마드리드
30	2023.04.24	원정	에스파뇰
31	2023.04.27	홈	오사수나
32	2023.05.01	원정	발렌시아
33	2023.05.04	홈	아틀레티코 마드리드
34	2023.05.15	원정	마요르카
35	2023.05.22	홈	레알 바야돌리드
36	2023.05.25	원정	비야레알
37	2023.05.29	홈	셀타 비고
38	2023.06.05	원정	엘체

시즌 프리뷰 ## 공격력이 보강돼야 잔류할 수 있다

카디스는 1993년 라리가 19위로 2부 리그로 강등된 후 3부 리그까지 추락한 뒤 암흑기를 보냈다. 2005/06 시즌 다시 1부 리그에 돌아왔으나 곧바로 강등되었다. 2019/20시즌 2부 리그 준우승으로 15년 만에 1부 리그로 돌아온 카디스는 2020/21시즌 12위로 구단 역대 최고 성적을 이뤘다. 그러나 2021/22시즌에는 17위로 턱걸이 잔류를 이루며 강등의 악몽에서 겨우 벗어났다. 38경기에서 35골밖에 넣지 못한 저조한 득점력으로 고전한 카디스였기에 새 시즌 잔류를 위해서는 득점력 보강이 절실하다. 베테랑 공격수 알바로 네그레도와 루카스 페레스를 지원할 빠른 레프트윙 아워 마빌과의 시너지가 중요하다. 카디스는 레알 소시에다드 베테랑 라이트백 호세바 살두아를 데려오는 등 측면 보강에 성공했다.

COACH

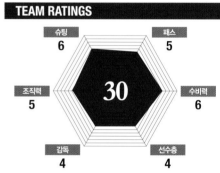

세르히오 곤살레스 Sergio Gonzalez
1976년 11월 10일생 스페인

에스파뇰, 데포르티보 라코루냐에서 전성기를 보낸 2선 공격수 출신으로 2013년 에스파뇰 B팀 코치, 감독을 거쳐 2014년 1군 감독을 맡았다. 2018년부터 2021년까지 바야돌리드를 지휘하다 2부 강등 후 사임했다. 2022년 강등 위기의 카디스에 부임해 잔류에 성공했으며, 구단 역사상 네 번째 코파 델 레이 8강 진출을 이뤘다.

TEAM RATINGS

슈팅	패스
6	5

30

조직력	수비력
5	6

감독	선수층
4	4

2021/22 프로필

팀 득점	35
평균 볼 점유율	40.50%
패스 정확도	73.60%
평균 슈팅 수	10.8
경고	100
퇴장	3

골 타입

오픈 플레이	57
세트 피스	31
카운터 어택	3
페널티 킥	9
자책골	0 단위(%)

패스 타입

쇼트 패스	75
롱 패스	18
크로스 패스	6
스루 패스	0 단위(%)

SQUAD

포지션	등번호	이름		생년월일	키(cm)	체중(kg)	국적
GK	1	헤레미아스 레데스마	Jeremias Ledesma	1993.02.13	186	70	아르헨티나
	13	다비드 힐	David Gil	1994.01.11	186	81	스페인
DF	2	호세바 살두아	Joseba Zaldua	1992.06.24	174	71	스페인
	3	팔리	Fali	1993.08.12	186	84	스페인
	16	후안 칼라	Juan Cala	1989.11.26	186	78	스페인
	20	이사크 카르셀렌	Iza Carcelen	1993.04.23	170	70	스페인
	21	산티아고 아르자멘디아	Santiago Arzamendia	1998.05.05	172	72	파라과이
	22	알폰소 '파차' 에스피노	Alfonso 'Pacha' Espino	1992.01.05	172	71	우루과이
	23	루이스 에르난데스	Luis Hernandez	1989.04.14	182	76	스페인
	32	빅토르 추스트	Victor Chust	2000.03.05	184	79	스페인
MF	6	호세 마리	Jose Mari	1987.12.06	182	65	스페인
	4	루벤 알카라스	Ruben Alcaraz	1991.05.01	180	81	스페인
	8	알렉스 페르난데스	Alex Fernandez	1992.10.15	183	72	스페인
	12	토마스 알라르콘	Tomas Alarcon	1999.01.19	176	68	칠레
	39	호르헤 폼보	Jorge Pombo	1994.02.22	177	76	스페인
		마틴 칼데론	Martin Calderon	1992.10.15	183	77	스페인
FW	7	루벤 소브리노	Ruben Sobrino	1992.06.01	185	73	스페인
	9	초코 로사노	Anthony 'Choco' Lozano	1993.04.25	183	74	온두라스
	10	알베르토 페레아	Alberto Perea	1990.12.19	175	74	스페인
	14	이반 알레호	Ivan Alejo	1995.02.10	186	73	스페인
	15	루카스 페레스	Lucas Perez	1988.09.10	180	82	스페인
	18	알바로 네그레도	Alvaro Negredo	1985.08.20	186	71	스페인
	19	알바로 히메네스	Alvaro Gimenez	1991.05.19	183	80	스페인
	29	아워 마빌	Awer Mabil	1995.09.15	179	65	호주
		이반 채플라	Ivan Chapela	1999.05.21	181	78	스페인

IN & OUT

주요 영입	주요 방출
아워 마빌, 빅토르 추스트, 호세바 살두아	살비, 바라즈다트 하로얀

TEAM FORMATION

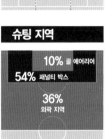

FW 15 페레스 (페레야)
18 네그레도 (로사노)

MF 14 알레호 (마빌)
8 페르난데스 (마리)
4 알카라스 (알라르콘)
7 소브리노 (폼보)

DF 22 에스피노 (아르사멘디아)
3 팔리 (에르난데스)
23 에르난데스 (칼라)
2 살두아 (카르셀렌)

GK 1 레데스마 (힐)

PLAN **4-4-2**

지역 점유율

공격 진영 **26%**

중앙 **44%**

수비 진영 **30%**

공격 방향

38% 왼쪽   **24%** 중앙   **38%** 오른쪽

슈팅 지역

10% 골 에어리어
54% 패널티 박스
36% 외곽 지역

KEY PLAYER

FW 18 **알바로 네그레도**
Alvaro Negredo

국적: 스페인

30대 후반에 접어든 나이에도 안정된 볼 키핑 능력과 문전 포스트 플레이, 녹슬지 않은 결정력을 통해 라리가 무대 도전을 이어가고 있다. 라요에서 성장해 1군 선수로 데뷔한 뒤 세비야에서 전성시대를 열었고, 맨체스터 시티로 이적해 프리미어리그 우승을 경험했다. 프리미어리그 도전 1년 만에 발렌시아 이적으로 라리가에 돌아왔고, 2020년 카디스와 계약해 다시 라리가로 돌아와 2시즌 동안 15골을 넣었다.

출전경기	경기시간(분)	골	어시스트	경고	퇴장
34	2,157	7	2	3	-

PLAYERS

DF 22 **알폰소 '파차' 에스피노**
Alfonso 'Pacha' Espino

국적: 우루과이

우루과이 나시오날 유소년 팀에서 성장해 2019년 2부 리그에 있던 카디스로 이적해 스페인 무대에 입성해 현재까지 주전 레프트백으로 활약 중이다. 빠른 스피드에 왼발 크로스 능력을 통한 공격 능력을 갖췄다. 적극적인 태클 시도로 상대 공격을 차단한다. 대인 방어에 능하고 활동량이 많으며 적극적으로 몸싸움에 임해 공격보다는 측면 수비 능력에 강점이 있다. 172Cm 단신으로 공중볼에는 약하다.

출전경기	경기시간(분)	골	어시스트	경고	퇴장
37	3330	2	2	6	-

상대팀 최근 6경기 전적

구분	승	무	패	구분	승	무	패
레알 마드리드	1	2	3	셀타 비고	1	2	3
바르셀로나	2	2	2	라요 바예카노	1	4	1
아틀레티코 마드리드		1	5	엘체	1	3	2
세비야		1	5	에스파뇰	2	1	3
레알 베티스	1	1	4	헤타페	2	1	3
레알 소시에다드			6	마요르카		4	2
비야레알	1	2	3	카디스			
아틀레틱 빌바오	3		3	알메리아	4	2	
발렌시아	1	3	2	바야돌리드	2	3	1
오사수나		1	5	지로나	3	1	2

MF 8 **알렉스 페르난데스**
Alex Fernandez

국적: 스페인

시야가 좋은 공 관리 기술 및 패싱력과 득점력을 두루 갖춘 플레이메이커. 오른발 킥이 강점이며, 활동량도 많아 수비 가담도 준수하다. 스페인 17세 이하 대표부터 20세 이하 대표를 모두 거치며 기대를 받은 중앙 미드필더다. 무리뉴 감독이 레알 1군 데뷔 기회를 주기도 했으나 결국 출전 기회를 찾아 에스파뇰로 이적했다. 엘체를 거쳐 2017년 카디스로 이적한 뒤 핵심 선수로 활약 중이다.

출전경기	경기시간(분)	골	어시스트	경고	퇴장
32	2,051	3	2	2	-

FW 9 **초코 로사노**
Anthony 'Choco' Lozano

국적: 온두라스

힘과 속도, 위치 선정, 문전 결정력을 갖춘 정통 스트라이커. 15살의 나이로 프로리그 데뷔전을 치렀다. 18세에 온두라스 성인 대표팀에 발탁되어 현재까지 주전 공격수로 활약 중이다. 2011년 발렌시아 2군으로 스페인에 진출하여 바르셀로나 2군에서 능력을 보인 뒤 지로나 이적으로 라리가 무대에 섰다. 2019년 카디스 2부 리그에서 득점 잠재력이 폭발해 1부 승격을 이끈 뒤 완전 이적했다.

출전경기	경기시간(분)	골	어시스트	경고	퇴장
31	1,680	7	2	8	-

FW 29 **아워 마빌**
Awer Mabil

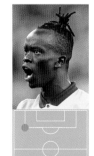

오스트레일리아

폭발적인 스피드로 측면을 질주하는 윙어. 오른발을 주로 쓰며 반대발 윙어로 커트인 플레이를 즐긴다. 슈팅, 크로싱 등 마무리 정확성이 아쉽다. 애들레이드 유나이티드 유소년 팀에서 성장해 프로 선수로 데뷔했다. 덴마크 미트윌란으로 이적해 유럽에 진출했다. 포르투갈, 터키 리그 등에서 임대 경험을 쌓기도 했다. 오스트레일리아 대표팀의 주전 윙어로 2022 카타르 월드컵 본선 진출에 기여했다.

출전경기	경기시간(분)	실점	어시스트	경고	퇴장
11	390	2	1	-	1

UD 알메리아

UD Almeria

TEAM PROFILE

창 립	1989년
구 단 주	투르키 알 셰이크(사우디 아라비아)
감 독	루비(스페인)
연 고 지	알메리아
홈 구 장	후에고스 메디테라네오스(2만1000명)
라 이 벌	코르도바
홈페이지	https://www.udalmeriasad.com/

최근 5시즌 성적

시즌	순위	승점
2017-2018	없음	없음
2018-2019	없음	없음
2019-2020	없음	없음
2020-2021	없음	없음
2021-2022	없음	없음

LA LIGA

통 산	없음
21-22 시즌	없음

COPA DEL REY

통 산	없음
21-22 시즌	32강

UEFA

통 산	없음
21-22 시즌	없음

시즌 프리뷰 | 사우디가 투자하는 안달루시아의 복병

알메리아는 사우디 아라비아 정부 엔터테인먼트 총국장이자 이슬람 스포츠연맹 의장인 사우디의 유력가 투르키 알 셰이크가 2019년에 인수한 뒤 꾸준히 2부 리그에서 성적을 높여 마침내 1부 리그로 승격했다. 단번에 많은 자금을 투자하기보다 내실을 다지며 운영해 좋은 평가를 받고 있다. 장신 공격수 우마르 사디크의 개인 능력을 활용해 2부 리그 우승을 이룬 알메리아는 라리가 무대에서 사디크를 보조할 선수를 영입하는 데 집중했다. 사디크를 대신하거나 트윈 타워를 이룰 수 있는 세르비아 출신 장신 공격수 마르코 밀라노비치를 비롯해 맨체스터 유나이티드 아카데미에서 성장한 슬로바키아 출신의 장신 미드필더 마르틴 스비데르스키, 포르투갈 청소년 대표 핵심 미드필더인 구이 게드스 등 높이를 강조해 전력을 보강했다.

COACH

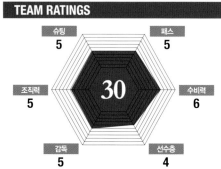

TEAM RATINGS

슈팅		패스
5		5

조직력 5 | **30** | 수비력 6

감독		선수층
5		4

루비 *Rubi*
1970년 2월 5일생 스페인

3부 리그 이상의 팀에서 뛰어 본 적 없는 무명 선수 출신. 2001년 4부 리그 빌라라스 마르의 감독을 맡아 낸 성과를 바탕으로 2013년 바르셀로나 감독을 맡은 티토 빌라노바의 코치진에 합류해 주목받았다. 이후 레반테, 우에스카 등을 거쳐 에스파뇰을 맡아 두각을 나타낸 후 베티스에서 실패했으나 알메리아에서 재기했다.

2021/22 프로필

팀 득점	68
평균 볼 점유율	55.00%
패스 정확도	81.00%
평균 슈팅 수	14
경고	88
퇴장	4

골 타 입

오픈 플레이	58
세트 피스	18
카운터 어택	9
패널티 킥	6
자책골	9

단위 (%)

패 스 타 입

쇼트 패스	85
롱 패스	12
크로스 패스	3
스루 패스	0

단위 (%)

경기 일정

라운드	날짜	장소	상대팀
1	2022.08.15	홈	레알 마드리드
2	2022.08.23	원정	엘체
3	2022.08.28	홈	세비야
4	2022.09.05	원정	레알 바야돌리드
5	2022.09.12	홈	오사수나
6	2022.09.19	원정	마요르카
7	2022.10.03	원정	아틀레틱 빌바오
8	2022.10.10	홈	라요 바예카노
9	2022.10.17	원정	레알 베티스
10	2022.10.20	홈	지로나
11	2022.10.24	원정	비야레알
12	2022.10.31	홈	셀타 비고
13	2022.11.07	원정	바르셀로나
14	2022.11.10	홈	헤타페
15	2023.01.01	원정	카디스
16	2023.01.09	홈	레알 소시에다드
17	2023.01.15	홈	아틀레티코 마드리드
18	2023.01.23	원정	발렌시아
19	2023.01.30	홈	에스파뇰
20	2023.02.06	원정	라요 바예카노
21	2023.02.13	홈	레알 베티스
22	2023.02.20	원정	지로나
23	2023.02.27	홈	바르셀로나
24	2023.03.06	홈	비야레알
25	2023.03.13	원정	세비야
26	2023.03.20	홈	카디스
27	2023.04.03	원정	셀타 비고
28	2023.04.10	홈	발렌시아
29	2023.04.17	원정	아틀레티코 마드리드
30	2023.04.24	홈	아틀레틱 빌바오
31	2023.04.27	원정	헤타페
32	2023.05.01	원정	레알 마드리드
33	2023.05.04	홈	엘체
34	2023.05.15	원정	오사수나
35	2023.05.22	홈	마요르카
36	2023.05.25	원정	레알 소시에다드
37	2023.05.29	원정	레알 바야돌리드
38	2023.06.05	원정	에스파뇰

SQUAD

포지션	등번호	이름		생년월일	키(cm)	체중(kg)	국적
GK	13	페르난도	Fernando	1990.06.10	185	85	스페인
	2	카이키	Kaiky	2004.01.12	186	73	브라질
DF	3	후불랑 멘데스	Houboulang Mend	1998.05.04	184	82	프랑스
	15	세르히오 아키에메	Sergio Akieme	1997.12.16	175	70	스페인
	17	알레한드로 포조	Alejandro Pozo	1999.02.22	174	70	스페인
	19	호드리고 엘리	Rodrigo Ely	1993.11.03	188	83	브라질
	20	알렉스 센테예스	Alex Centelles	1999.08.30	185	73	스페인
	21	추미	Chumi	1999.03.02	185	78	스페인
	22	스르잔 바비치	Srdjan Babic	1996.04.22	195	85	세르비아
	24	니콜라 마라스	Nikola Maras	1995.12.19	189	77	세르비아
		주안조 니에토	Juanjo Nieto	1994.10.03	175	71	스페인
MF	4	이니고 에구아라스	Inigo Eguaras	1992.03.07	181	77	스페인
	5	루카스 로베르토네	Lucas Robertone	1997.03.18	173	70	아르헨티나
	6	세자르 드 라 오스	Cesar de la Hoz	1992.03.30	179	74	스페인
	8	푸란시스코 포르티요	Francisco Portillo	1990.06.13	169	63	스페인
	12	마틴 스비데르스키	Martin Svidersky	2002.10.04	184	71	슬로바키아
	14	구이 게드스	Gui Guedes	2002.04.17	183	67	포르투갈
	26	아르나우 푸이그말	Arnau Puigmal	2001.01.10	173	65	스페인
	30	사무엘 코스타	Samu Costa	2000.11.27	183	75	포르투갈
FW	9	우마르 사디크	Umar Sadiq	1997.02.02	192	75	나이지리아
	10	쿠로 산체스	Curro Sanchez	1996.01.03	176	71	스페인
	11	디에고 수자	Dyego Sousa	1989.09.14	190	82	포르투갈
	16	호세 카를로스 라소	Jose Carlos Lazo	1996.02.16	178	69	스페인
	31	아빈 아피아	Arvin Appiah	2001.01.05	175	63	잉글랜드
	32	라지 라마자니	Largie Ramazani	2001.02.27	167	60	벨기에

IN & OUT

주요 영입	주요 방출
스르반 바비치, 구이 게데스, 우불랭 멘데스, 마르틴 스비데르스키, 카이키, 마르코 밀로바노비치, 아르나우 솔라, 카이키 페르난데스	아이토르 부뉴엘, 요르기 마카리제, 넬송 몬테

TEAM FORMATION

PLAN 4-2-3-1

- FW D
- MF D
- DF D
- GK D

9 사디크 (수자)

8 포르티요 (라소)　5 로베르토네 (스비데르스키)　32 라마자니 (아피아)

30 코스타 (에구아라스)　6 데라오스 (푸츠말)

15 아키에메 (센테예스)　22 바비치 (추미)　19 엘리 (카이키)　17 포조 (멘데스)

13 페르난도

지역 점유율

공격 진영

NO DATA

수비 진영

공격 방향

NO DATA

왼쪽　중앙　오른쪽

슈팅 지역

7% 골 에어리어
56% 패널티 박스
37% 외곽 지역

KEY PLAYER

FW 9 우마르 사디크 / Umar Sadiq

국적: 나이지리아

좁은 공간에서 공을 다룰 수 있는 섬세한 기술을 갖춘 스트라이커. 속도는 느린 편이나 몸을 활용한 돌파와 커트인 후 슈팅을 통해 많은 골을 넣는다. 나이지리아 지역 축구 아카데미에서 성장해 2013년 크로아티아에서 열린 유소년 대회에서 득점왕을 차지한 뒤 2014년 이탈리아 클럽 스페치아와 계약해 유럽 무대에 입성했다. 2020년 알메리아와 계약한 뒤 꾸준히 출전 기회를 얻어 잠재력을 현실화했다.

출전경기	경기시간(분)	골	어시스트	경고	퇴장
36	3,045	18	12	6	-

PLAYERS

GK 13 페르난도 / Fernando

국적: 스페인

발렌시아 유소년 팀에서 성장했으며, 출전 기회를 찾아 고향 클럽 무르시아, UCAM 무르시아 등 스페인 2, 3부 리그에서 뛰었다. 2017년 알메리아의 후보 골키퍼로 입단했고, 2021/22시즌 주전으로 도약해 1부 리그 승격에 공헌했다. 공중볼 처리에 능하며, 롱 스로인 능력과 빠른 발을 통한 박스 내 커버 범위가 넓은 골키퍼다. 패싱 등 후방 빌드업에 능한 편은 아니다.

출전경기	경기시간(분)	골	무실점(경기)	경고	퇴장
41	3,690	33	16	-	-

상대팀 최근 6경기 전적

구분	승	무	패	구분	승	무	패
레알 마드리드		1	5	셀타 비고	1	1	4
바르셀로나			6	라요 바예카노	2	1	3
아틀레티코 마드리드	1	2	3	엘체	2	2	2
세비야			6	에스파뇰	1	3	2
레알 베티스	5		1	헤타페	1	1	4
레알 소시에다드	3	1	2	마요르카	2		4
비야레알		2	4	카디스		2	4
아틀레틱 빌바오		1	5	알메리아			
발렌시아	1	1	4	바야돌리드	1	3	2
오사수나	1	1	4	지로나	2	2	2

DF 19 호드리구 엘리 / Rodrigo Ely

국적: 브라질

문전에서 상황 판단 능력, 태클 기술, 대인 방어 능력이 강점인 중앙 수비수. 그레미우 유소년 팀에 있다가 19세에 AC 밀란으로 스카우트됐다. 이탈리아 하부 리그를 전전하다 2017년 스페인 클럽 알라베스에서 좋은 활약을 펼쳐 완전 이적했다. 2021년 노팅엄 포레스트 이적으로 잉글랜드 무대에 도전했으나 실패해 계약을 해지한 뒤 2022년 3월 알메리아와 계약해 1부 리그 승격에 기여했다.

출전경기	경기시간(분)	골	어시스트	경고	퇴장
12	979	3	-	5	-

MF 8 프란시스코 포르티요 / Francisco Portillo

국적: 스페인

정교한 오른발 킥 능력을 갖춰 프리킥과 코너킥을 전담한다. 시야가 넓고 기술이 좋은 전형적인 공격형 미드필더지만 체구가 작아 몸싸움에 고전하는 편이다. 말라가에서 태어나 말라가 유소년 팀에서 2010년부터 2015년까지 활약한 뒤 베티스로 이적했다. 이후 헤타페로 임대되어 좋은 모습을 보이며 완전 이적해 꾸준히 라리가 무대에서 활약했다. 2021년 자유 계약 선수로 알메리아와 2년 계약을 맺었다.

출전경기	경기시간(분)	골	어시스트	경고	퇴장
39	2,636	3	8	3	-

MF 6 세사르 데라오스 / Cesar De La Hoz

국적: 스페인

알메리아의 주장. 중원을 부지런히 누비는 박스 투 박스형 미드필더다. 호전적이고 용맹하며 위치 선정이 좋고 공수 전환 상황의 판단력이 뛰어나다. 기술적으로는 투박하지만 킥 능력은 준수하다. 라싱 산탄데르 유소년 팀에서 성장해 2012년 1군 선수로 데뷔했다. 3부 리그 바라칼도로 이적한 뒤 베티스 2군을 거쳐 알바세토로 이적해 2부 리그에서 능력을 발휘하기 시작해 2018년 알메리아와 계약했다.

출전경기	경기시간(분)	실점	어시스트	경고	퇴장
40	3,104	-	-	7	-

레알 바야돌리드

Real Valladolid CF

TEAM PROFILE	
창 립	1928년
구 단 주	호나우두(브라질)
감 독	파체타(스페인)
연 고 지	비야돌리드
홈 구 장	무니시팔 호세 소리야(2만 6,512명)
라 이 벌	라요 바예카노
홈페이지	https://www.realvalladolid.es/

최근 5시즌 성적

시즌	순위	승점
2017-2018	없음	없음
2018-2019	16위	41점(10승11무17패, 32득점 51실점)
2019-2020	없음	없음
2020-2021	19위	31점(5승16무17패, 34득점 57실점)
2021-2022	없음	없음

LA LIGA

통 산	없음
21-22 시즌	없음

COPA DEL REY

통 산	없음
21-22 시즌	32강

UEFA

통 산	없음
21-22 시즌	없음

경기 일정

라운드	날짜	장소	상대팀
1	2022.08.14	홈	비야레알
2	2022.08.20	원정	세비야
3	2022.08.29	원정	바르셀로나
4	2022.09.05	홈	알메리아
5	2022.09.12	원정	지로나
6	2022.09.19	홈	카디스
7	2022.10.03	원정	헤타페
8	2022.10.10	홈	레알 베티스
9	2022.10.17	원정	에스파뇰
10	2022.10.20	홈	셀타 비고
11	2022.10.24	홈	레알 소시에다드
12	2022.10.31	원정	오사수나
13	2022.11.07	홈	엘체
14	2022.11.10	원정	아틀레틱 빌바오
15	2023.01.01	홈	레알 마드리드
16	2023.01.09	원정	마요르카
17	2023.01.15	홈	라요 바예카노
18	2023.01.23	원정	아틀레티코 마드리드
19	2023.01.30	홈	발렌시아
20	2023.02.-6	원정	레알 소시에다드
21	2023.02.13	홈	오사수나
22	2023.02.20	원정	레알 베티스
23	2023.02.27	원정	셀타 비고
24	2023.03.06	홈	에스파뇰
25	2023.03.13	원정	엘체
26	2023.03.20	홈	아틀레틱 빌바오
27	2023.04.03	원정	레알 마드리드
28	2023.04.10	홈	마요르카
29	2023.04.17	원정	비야레알
30	2023.04.24	홈	지로나
31	2023.04.27	원정	발렌시아
32	2023.05.01	홈	아틀레티코 마드리드
33	2023.05.04	원정	라요 바예카노
34	2023.05.15	홈	세비야
35	2023.05.22	원정	카디스
36	2023.05.25	홈	바르셀로나
37	2023.05.29	원정	알메리아
38	2023.06.05	홈	헤타페

시즌 프리뷰 축구황제 호나우두가 운영하는 돌풍의 팀

브라질 축구 레전드 호나우두는 2018년 9월 3,000만 유로를 투자해 바야돌리드의 최대 주주가 됐고, 2020년 4월 지분을 82%까지 늘리며 바야돌리드를 주도적으로 운영하고 있다. 인수 당시 1부 리그에 있었던 바야돌리드는 2020/2021시즌 19위로 2부 리그로 강등된 후 1년 만에 라리가 승격에 성공했다. 바야돌리드는 임대 선수로 활약한 윙어 이반 산체스와 곤살로 플라타를 완전 영입해 승격 전력을 유지했고, 배후 안정감을 높이기 위해 비야레알을 떠난 베테랑 골키퍼 세르히오 아센호와 계약했다. 세비야에서 전성기를 보낸 레프트백 세르히오 에스쿠데로의 가세로 측면 공격이 한층 강화됐다. 라요에서 성공적인 임대 생활을 보내고 돌아온 185cm의 장신 공격수 세르지 과르디올라는 바야돌리드의 공격 패턴을 다양화시켜줄 것이다.

COACH

파체타 *Pacheta*
1968년 3월 23일생 스페인

주로 2, 3부 리그에서 뛰다 1990년대 에스파뇰에 입단해 라리가 무대를 경험한 대기만성형 선수였다. 2004년 은퇴한 뒤 스포츠 디렉터로 일하다 2009년 크레시치 감독 경질 후 직접 지휘봉을 잡으며 감독으로 전업했다. 3부 리그 팀 엘체를 2부 리그로 승격시킨 뒤 바야돌리드의 1부 승격을 이끌며 두각을 나타냈다.

TEAM RATINGS

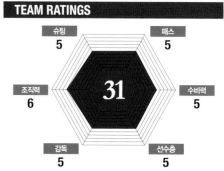

슈팅	5
패스	5
조직력	6
수비력	5
감독	5
선수층	5

31

2021/22 프로필

팀 득점	71
평균 볼 점유율	55.00%
패스 정확도	82.00%
평균 슈팅 수	15
경고	90
퇴장	6

골 타 입
오픈 플레이	68
세트 피스	20
카운터 어택	8
패널티 킥	3
자책골	1

단위 (%)

패 스 타 입
쇼트 패스	82
롱 패스	13
크로스 패스	5
스루 패스	0

단위 (%)

SQUAD

포지션	등번호	이름		생년월일	키(cm)	체중(kg)	국적
GK	1	조르디 마시프	Jordi Masip	1989.01.03	180	76	스페인
	13	로베르토	Roberto	1986.02.10	192	89	스페인
	25	세르히오 아센호	Sergio Asenjo	1989.06.28	189	85	스페인
DF	2	루이스 페레즈	Luis Perez	1995.02.04	173	63	스페인
	5	하비에르 산체스 데 펠리페	Javi Sanchez	1997.03.14	189	71	스페인
	12	루카스 올라사	Lucas Olaza	1994.07.21	176	75	우루과이
	15	자와드 야미크	Jawad El Yamiq	1992.02.29	193	83	모로코
	18	세르히오 에스쿠데로	Sergio Escudero	1989.09.02	176	67	스페인
	24	호아킨 페르난데스	Joaquin Fernandez	1996.05.31	190	72	스페인
MF	4	키케 페레즈	Kike Perez	1997.02.14	184	74	스페인
	8	몬추	Monchu	1999.09.13	173	68	스페인
	17	로케 메사	Roque Mesa	1989.06.07	172	74	스페인
	16	알바로 아구아도	Álvaro Aguado	1996.05.01	175	66	스페인
	23	아누아르 투하미	Anuar	1995.01.15	173	69	모로코
FW	7	세르히오 레온	Sergio Leon	1989.01.06	176	73	스페인
	9	숀 바이스만	Shon Weissman	1996.02.14	174	62	이스라엘
	10	오스카르 플라노	Oscar Plano	1991.02.11	179	72	스페인
	11	곤살로 플라타	Gonzalo Plata	2000.11.01	178	65	에콰도르
	14	왈도 루비오	Waldo Rubio	1995.08.17	182	80	스페인
	19	토니 비야	Toni Villa	1995.01.07	172	63	스페인
	20	빅토르 우고 가르시아	Victor García	1997.01.01	180	71	스페인
	21	이반 산체스	Ivan Sanchez	1992.09.23	169	64	스페인
	22	세쿠 가사마	Sekou Gassama	1995.05.06	189	88	세네갈
	27	우고 바예호	Hugo Vallejo	2000.02.15	185	82	스페인
		세르지 과르디올라	Sergi Guardiola	1991.05.29	185	78	스페인

IN & OUT

주요 영입	주요 방출
이반 산체스, 세르히오 아센호, 곤살로 플라타, 세르히오 에스쿠데로	사이디 얀코, 나초, 디에고 알렌데, 라울 가르시아, 파울루 비토르

TEAM FORMATION

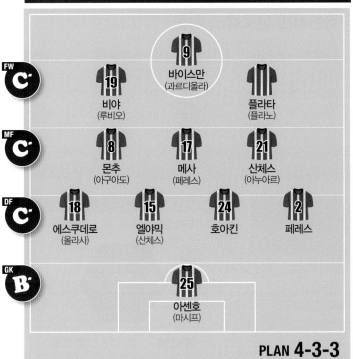

PLAN **4-3-3**

지역 점유율

공격 진영

NO DATA

수비 진영

공격 방향

NO DATA

| 왼쪽 | 중앙 | 오른쪽 |

슈팅 지역

6% 골 에어리어
56% 패널티 박스
38% 외곽 지역

KEY PLAYER

| MF | 8 | 몬추
Monchu |

국적: 스페인

경기를 읽는 눈, 의사 결정력이 탁월하며 정교한 오른발 킥 능력을 갖춘 중앙 미드필더. 버텨내는 힘과 기술도 갖췄다. 마요르카 유소년 팀에서 두각을 나타내 바르셀로나 라마시아로 스카우트됐다. 2017년 프로 선수로 데뷔했으나 1군 팀에서 라리가 데뷔를 이루지 못한 채 지로나로 임대되었다가 그라나다로 이적했다. 2022년 1월 이적 시장 기간 바야돌리드로 임대되어 1부 승격에 기여했다.

출전경기	경기시간(분)	실점	어시스트	경고	퇴장
15	705	2	4	-	1

PLAYERS

| GK | 1 | 조르디 마시프
Jordi Masip |

국적: 스페인

2004년 15세의 나이로 라마시아에 입성해 바르사 B팀 주전 골키퍼로 2008년부터 2014년까지 활동했다. 1군 팀 후보 골키퍼로 자리하다 2017년 바야돌리드로 이적해 첫 시즌 2부 리그 전 경기에 출전해 1부 리그 승격에 기여했다. 강등 후 팀을 지키며 또 한 번 승격을 이끌었다. 골키퍼로는 단신이지만 빠른 반사 신경과 더불어 빌드업 능력, 패싱력 및 민첩성을 갖춘 현대적 골키퍼다.

출전경기	경기시간(분)	골	무실점 (경기)	경고	퇴장
23	2,070	20	10	-	-

상대팀 최근 6경기 전적

구분	승	무	패	구분	승	무	패
레알 마드리드		1	5	셀타 비고		5	1
바르셀로나			6	라요 바예카노	2	2	2
아틀레티코 마드리드		1	5	엘체	1	4	1
세비야		3	3	에스파뇰	3	1	2
레알 베티스	2	1	3	헤타페	2	3	1
레알 소시에다드	1	3	2	마요르카	6		
비야레알	1	2	3	카디스	1	3	2
아틀레틱 빌바오	2	3	1	알메리아	2	3	1
발렌시아		2	4	바야돌리드			
오사수나	2	3	1	지로나		2	2	2

| DF | 24 | 호아킨 페르난데스
Joaquin Fernandez |

국적: 스페인

알메리아 유소년 팀에서 1군 선수로 2015년부터 2018년까지 활약했다. 스페인 청소년 대표를 지내며 어린 시절 큰 기대를 받은 유망주다. 2부 리그에서 꾸준히 보여준 실력으로 2018년 바야돌리드가 1부 리그로 승격하며 5년 계약을 맺었다. 장신을 활용한 공중볼 능력과 헤더 득점 능력, 왼발 패스를 통한 빌드업 능력을 두루 갖춘 현대적인 수비수. 대인 수비 및 수비 라인 리딩 능력도 준수하다.

출전경기	경기시간(분)	골	어시스트	경고	퇴장
26	2,092	-	1	8	-

| MF | 17 | 로케 메사
Roque Mesa |

국적: 스페인

레반테 유소년 팀으로 스카우트되어 성장했으나 결국 라스팔마스에서 두각을 나타냈다. 키케 세티엔 감독과 라리가 무대에서 돌풍을 일으킬 때 '차비 에르난데스'와 비교되었다. 중앙 지역에서 창의적인 패스를 뿌리고 예리한 공 운반 능력을 통해 공격 활로를 열었다. 2017년 스완지시티로 이적했으나 프리미어 리그에서 실패한 뒤 세비야로 이적해 라리가로 돌아온다. 2020년 바야돌리드와 3년 계약을 맺었다.

출전경기	경기시간(분)	골	어시스트	경고	퇴장
39	2,983	3	7	15	-

| FW | 9 | 숀 바이스만
Shon Weissman |

국적: 이스라엘

174㎝로 키는 작은 편이나 몸싸움에 강하고 공이 없을 때 부지런한 움직임으로 압박하고, 공격 기회를 창출한다. 문전 결정력이 뛰어난 스트라이커. 이스라엘 명문 클럽 마카비 하이파 유소년 팀에서 성장해 1군 선수로 2014년 데뷔 후 2019년까지 활동했다. 이스라엘 16세 이하 대표부터 성인 대표까지 엘리트 코스를 밟았다. 볼프스부르거에서 득점왕을 차지하고 2020년 바야돌리드에 입단했다.

출전경기	경기시간(분)	골	어시스트	경고	퇴장
38	3,161	20	3	3	1

지로나 FC
Girona FC

TEAM PROFILE

창 립	1930년
구 단 주	델피 겔리(스페인)
감 독	미첼(스페인)
연 고 지	지로나
홈 구 장	몬틸리비 경기장(1만 3,500명)
라 이 벌	라요 바예카노
홈페이지	https://www.gironafc.cat/

최근 5시즌 성적

시즌	순위	승점
2017-2018	10위	51점(14승9무15패, 50득점 59실점)
2018-2019	없음	없음
2019-2020	없음	없음
2020-2021	없음	없음
2021-2022	없음	없음

LA LIGA

통 산	없음
21–22 시즌	없음

COPA DEL REY

통 산	없음
21–22 시즌	16강

UEFA

통 산	없음
21–22 시즌	없음

경기 일정

라운드	날짜	장소	상대팀
1	2022.08.15	원정	발렌시아
2	2022.08.23	홈	헤타페
3	2022.08.27	홈	셀타 비고
4	2022.09.05	원정	마요르카
5	2022.09.12	홈	레알 바야돌리드
6	2022.09.19	원정	레알 베티스
7	2022.10.03	홈	레알 소시에다드
8	2022.10.10	원정	아틀레티코 마드리드
9	2022.10.17	홈	카디스
10	2022.10.20	원정	알메리아
11	2022.10.24	홈	오사수나
12	2022.10.31	원정	레알 마드리드
13	2022.11.07	홈	아틀레틱 빌바오
14	2022.11.10	원정	엘체
15	2023.01.01	홈	라요 바예카노
16	2023.01.09	원정	에스파뇰
17	2023.01.15	홈	세비야
18	2023.01.23	원정	비야레알
19	2023.01.30	홈	바르셀로나
20	2023.02.06	홈	발렌시아
21	2023.02.13	원정	카디스
22	2023.02.20	홈	알메리아
23	2023.02.27	원정	아틀레틱 빌바오
24	2023.03.06	원정	헤타페
25	2023.03.13	홈	아틀레티코 마드리드
26	2023.03.20	원정	라요 바예카노
27	2023.04.03	홈	에스파뇰
28	2023.04.10	원정	바르셀로나
29	2023.04.17	홈	엘체
30	2023.04.24	원정	레알 바야돌리드
31	2023.04.27	홈	레알 마드리드
32	2023.05.01	원정	세비야
33	2023.05.04	홈	마요르카
34	2023.05.15	원정	레알 소시에다드
35	2023.05.22	홈	비야레알
36	2023.05.25	원정	셀타 비고
37	2023.05.29	홈	레알 베티스
38	2023.06.05	원정	오사수나

시즌 프리뷰
2전 3기로 승격한 바르셀로나의 이웃

2017/18시즌 창단 후 첫 라리가 승격을 이룬 지로나는 리그 10위를 차지하며 잔류 이상의 성적으로 주목받았다. 하지만 2018/19시즌에 강등된 후 다시 라리가로 돌아오기까지 3년의 세월이 걸렸다. 첫 두 시즌에 내리 5위로 승격 플레이오프 결승까지 올랐으나 탈락했다가 6위로 플레이오프 막차를 타고 승격에 성공했다. 2017년 1부 승격 당시의 핵심 공격수 스투아니가 건재한 가운데 미국 MLS 뉴욕시티에서 2022년 상반기 17경기 13골을 몰아친 아르헨티나 골잡이 타티 카스테야노스를 영입해 득점력을 보강했다. 에스파뇰의 베테랑 미드필더 다비드 로페스를 영입해 중원 안정감을 얻었고, 맨체스터 시티가 입도선매한 브라질의 공격적인 라이트백 유망주 얀 쿠투를 재임대했다. 양헬 에레라, 미겔 영입으로 후방 퀄리티를 높였다.

COACH

미첼 *Michel*
1975년생 10월 30일생 스페인

라요 바예카노 유소년 팀에서 성장했고 스페인 16세 이하부터 20세 이하 연령 대표를 지낼 정도로 재능 있는 선수였다. 2016년 라요 유소년 팀 감독으로 시작해 라요 1군 감독을 맡았다. 라요, 우에스카, 지로나의 1부 리그 승격을 이끌어 3개의 다른 팀에서 1부 리그 승격을 이룬, 21세기 첫 스페인 감독이 됐다.

TEAM RATINGS

	32
슈팅	6
패스	5
조직력	6
수비력	5
감독	5
선수층	5

2021/22 프로필

팀 득점	57
평균 볼 점유율	54.00%
패스 정확도	84.00%
평균 슈팅 수	12
경고	101
퇴장	6

골 타입 (단위 %)

오픈 플레이	52
세트 피스	28
카운터 어택	4
패널티 킥	11
자책골	5

패스 타입 (단위 %)

쇼트 패스	85
롱 패스	11
크로스 패스	4
스루 패스	0

SQUAD

포지션	등번호	이름		생년월일	키(cm)	체중(kg)	국적
GK	1	후안 카를로스	Juan Carlos	1988.01.20	187	85	스페인
	2	베르나르도 에스피노사	Bernardo Espinosa	1989.07.11	192	85	콜롬비아
DF	5	다비드 로페스 실바	David Lopez	1989.10.09	185	83	스페인
	6	양헬 에레라	Yangel Herrera	1998.01.07	184	78	베네수엘라
	15	후안페	Juanpe	1991.04.30	190	80	스페인
	20	얀 쿠토	Yan Couto	2002.06.03	168	60	브라질
	22	산티아고 부에노	Santiago Bueno	1998.11.09	191	76	우루과이
	23	미겔 구티에레스	Miguel Gutierrez	2001.07.27	180	68	스페인
	38	아르나우 마르티네스	Arnau Martinez	2003.04.25	182	75	스페인
MF	11	발레리 페르난데스	Valery Fernandez	1999.11.23	182	75	스페인
	12	이반 마틴	Ivan Martin	1999.02.14	178	76	스페인
	14	알레시 가르시아	Aleix Garcia	1997.06.28	173	68	스페인
	21	라몬 테라츠	Ramon Terrats	2000.10.18	181	69	스페인
	24	보르하 가르시아	Borja Garcia	1990.11.02	175	72	스페인
	34	알렉스 살라	Alex Sala	2001.04.09	185	83	스페인
FW	7	크리스티안 스투아니	Cristhian Stuani	1986.10.12	184	77	우루과이
	8	로드리고 리켈메	Rodrigo Riquelme	2000.04.02	174	68	스페인
	9	발렌틴 카스테야노스	Taty Castellanos	1998.10.03	178	70	아르헨티나
	10	사무 사이스	Samu Saiz	1991.01.22	174	68	스페인
		이브라히마 케베	Ibrahima Kebe	2000.08.01	180	80	말리

IN & OUT

주요 영입	주요 방출
타티 카스테아뇨스, 얀 쿠투, 다비드 로페스, 양헬 에레라, 미겔 구티에레스	다리오 사르미엔토, 알렉스 바에나, 빅토르 산체스, 두바신

TEAM FORMATION

FW **C⁺**
MF **C**
DF **C⁻**
GK **C⁻**

7 스투아니
9 카스테야노스 (발레리)
10 사이스 (리켈메)
14 가르시아 (테라츠)
21 테라츠 (보르하)
11 발레리
38 아르나우 (쿠투)
15 후안페
2 베르나르도 (로페스)
22 부에노 (에스피노사)
1 후안 카를로스 (아드리안)

PLAN **3-5-2**

지역 점유율

공격 진영

NO DATA

수비 진영

공격 방향

NO DATA

왼쪽 중앙 오른쪽

슈팅 지역

8% 골 에어리어
60% 패널티 박스
32% 외곽 지역

상대팀 최근 6경기 전적

구분	승	무	패	구분	승	무	패
레알 마드리드	2		4	셀타 비고	2	1	3
바르셀로나		1	4	라요 바예카노	1	1	4
아틀레티코 마드리드		5	1	엘체	1	1	4
세비야	1		3	에스파뇰	4		2
레알 베티스		1	5	헤타페	3	2	1
레알 소시에다드	1	4	1	마요르카	2	1	3
비야레알	2		4	카디스	2	1	3
아틀레틱 빌바오	1		3	알메리아	2	2	2
발렌시아	1		3	바야돌리드	2	2	2
오사수나	3	1	2	지로나			

KEY PLAYER

FW 7 크리스티안 스투아니
Christian Stuani

국적: 우루과이

스페인에서는 포스트 플레이 및 문전 스크린 플레이, 마무리 능력을 두루 구사하며 꾸준히 활약 중이다. 30대 중반의 나이에도 지로나의 1부 리그 잔류 및 승격을 이끄는 중요한 골들을 넣어 마흔까지 장기 계약을 체결했다. 우루과이 다누비오에서 프로 경력을 시작해 2008년 이탈리아 레지나로 유럽 무대에 입성했다. 2009년 스페인 알바세테 이적 후 득점력이 폭발했고, 에스파뇰에서 전성시대를 열었다.

출전경기	경기시간(분)	골	어시스트	경고	퇴장
41	2,892	24	2	14	-

PLAYERS

GK 1 후안 카를로스
Juan Carlos

국적: 스페인

라요 바예카노 2군 선수로 오래 뛰었고, 에르쿨레스, 코르도바 등 2부 리그 클럽에서 두각을 나타냈다. 코르도바에서 42년 만의 1부 리그 승격에 기여하며 주목을 받았다. 2015년 라요 1군 팀 이적으로 금의환향했으나 팀의 2부 리그 강등은 막지 못했다. 엘체, 루고를 거쳐 2019년 지로나에 입단한 뒤 1부 승격 과정에서 주전 선수로 활약했다. 반사 신경이 강점인데 발밑이 좋은 편은 아니다.

출전경기	경기시간(분)	골	무실점(경기)	경고	퇴장
42	3,810	41	15	5	-

DF 15 후안페
Juanpe

국적: 스페인

라스 팔마스 유소년 팀에서 두각을 나타낸 후 그라나다, 바야돌리드 등을 거치며 라리가 무대를 꾸준히 경험했다. 2016년 2부 리그에 있던 지로나에 입단해 창단 후 첫 1부 리그 승격에 기여한 뒤 현재까지 핵심 수비수로 활약 중이다. 강인한 몸싸움과 호전성이 강점이며, 공중볼 경합에 능하다. 전투적인 성향의 센터백이나 스피드가 느린 편이며 위치 선정에 실수가 발생하는 게 단점으로 꼽힌다.

출전경기	경기시간(분)	골	어시스트	경고	퇴장
42	3650	2	2	11	-

MF 11 발레리 페르난데스
Valery Fernandez

국적: 스페인

바르셀로나 라마시아에서 성장하다 지로나 유소년 팀으로 이적했다. 2018년에 지로나 1군 생활을 시작했다. 폭발적인 스피드와 드리블 능력이 강점이나 슈팅력 및 크로스 정확성이 부족해 공격 생산성에 약점이 있다. 민첩성을 갖추었고, 전술 이해도 또한 높아 오른발잡이지만 왼발 패싱력도 준수한 양발 선수다. 좌우 측면 윙포워드는 물론 윙백과 풀백으로 뛸 수 있는 멀티 플레이어로 장점이 있다.

출전경기	경기시간(분)	골	어시스트	경고	퇴장
28	1,223	1	1	2	-

MF 14 알레시 가르시아
Aleix Garcia

국적: 스페인

8살부터 비야레알 유소년 팀에서 성장하다 맨시티 유소년 팀으로 스카우트됐다. 스페인 16세 이하부터 21세 이하 연령 대표를 거치며 기대를 받은 중앙 미드필더. 좋은 시간을 보낸 지로나와 2021년에 영구 이적 계약을 맺었다. 넓은 시야를 바탕으로 볼을 배급하고 강력한 중거리 슈팅 능력 및 중앙에서 공을 간수하는 능력이 강점이다. 드리블 돌파 능력 및 양발 킥 능력을 갖춘 중원의 마에스트로.

출전경기	경기시간(분)	실점	어시스트	경고	퇴장
42	3,513	-	5	8	-

GERMANY BUNDESLIGA
독일 분데스리가

FC Bayern München v SpVgg Greuther Fürth – Bundesliga
MUNICH, GERMANY – 뮌헨 알리안츠 아레나에서 열린 FC 바이에른 뮌헨과
SpVgg 그로이터 퓌르트와의 경기에서 명장면을 남긴 FC 바이에른 뮌헨의 로베르트 레반도프스키.
여름 이적 시장에서 FC 바르셀로나로 이적. 2022/02/20

2022-2023

GERMANY BUNDESLIGA

SV WERDER BREMEN
팀 명	베르더 브레멘
창 립	1899년
홈구장	베저슈타디온
주 소	www.werder.de

FC SCHALKE 04
팀 명	샬케 04
창 립	1904년
홈구장	펠틴스 아레나
주 소	www.schalke04.de

VFL BOCHUM
팀 명	VFL 보훔
창 립	1848년
홈구장	보노비아 루르슈타디온
주 소	trikot.vfl-bochum.de

BORUSSIA DORTMUND
팀 명	보루시아 도르트문트
창 립	1909년
홈구장	지그날 이두나 파크
주 소	www.bvb.de

FC KÖLN
팀 명	쾰른
창 립	1948년
홈구장	라인 에네르기 슈타디온
주 소	www.fc-koeln.de

BAYER 04 LEVERKUSEN
팀 명	바이엘 레버쿠젠
창 립	1904년
홈구장	바이아레나
주 소	www.bayer04.de

EINTRACHT FRANKFURT
팀 명	아인트라호트 프랑크푸르트
창 립	1899년
홈구장	코메르츠방크 아레나
주 소	www.eintracht.de

1. FSV MAINZ 05
팀 명	마인츠
창 립	1905년
홈구장	오펠 아레나
주 소	www.mainz05.de

★BREMEN
★GELSENKIRCHEN
★WOLFSBURG   ★BERLIN
★BOCHUM
★DORTMUND
★KÖLN   ★LEIPZIG
★MONCHENGLADBACH
★LEVERKUSEN
★FRANKFURT AM MAIN
★MAINZ
★SINSHEIM
★STUTTGART
★AUGSBURG
★MUNCHEN
★FREIBURG IM BREISGAU

VFL WOLFSBURG
팀 명	볼프스부르크
창 립	1945년
홈구장	폴크스바겐 아레나
주 소	www.vfl-wolfsburg.de

HERTHA BSC
팀 명	헤르타 베를린 SC
창 립	1892년
홈구장	올림피아 슈타디온
주 소	www.herthabsc.de

FC UNION BERLIN
팀 명	우니온 베를린
창 립	1906년
홈구장	슈타디온안데어알텐푀르스테라이
주 소	www.fc-union-berlin.de

RB LEIPZIG
팀 명	RB 라이프치히
창 립	2009년
홈구장	레드불 아레나
주 소	www.dierotenbullen.com

BORUSSIA MÖNCHENGLADBACH
팀 명	보루시아 묀헨글라드바흐
창 립	1900년
홈구장	보루시아 파크
주 소	www.borussia.de

TSG 1899 HOFFENHEIM
팀 명	호펜하임
창 립	1899년
홈구장	라인-네카 아레나
주 소	www.achtzehn99.de

VfB SUTUTTGART
팀 명	VfB 슈투트가르트
창 립	1893년
홈구장	메르세데스 벤츠 아레나
주 소	https://www.vfb.de/

FC BAYERN MÜNCHEN
팀 명	바이에른 뮌헨
창 립	1900년
홈구장	알리안츠 아레나
주 소	https://www.vfb.de

FC AUGSBURG
팀 명	아우크스부르크
창 립	1907년
홈구장	WWK 아레나
주 소	www.fcaugsburg.de

SC FREIBURG
팀 명	프라이부르크
창 립	1904년
홈구장	슈바르츠발트-슈타디온
주 소	www.scfreiburg.com

레반도프스키 이탈, 바이에른 10년 천하 흔들릴까?

지난 시즌에도 바이에른 뮌헨이 또다시 분데스리가 우승을 차지하면서 유럽 5대 리그 역대 최다인 10연패 신기록을 수립했다. 하지만 이번 시즌엔 바이에른의 독주가 깨질 가능성이 그 어느 때보다도 높다. 8시즌 동안 간판 공격수로 군림했던 로베르트 레반도프스키가 팀을 떠났다. 매 시즌 30골 이상을 보장해주던 그는 바이에른 소속으로만 6시즌 분데스리가 득점왕을 차지했다. 물론 바이에른은 레반도프스키의 공백을 메우기 위해 아프리카 올해의 선수 사디오 마네와 제2의 앙리로 불리는 17세 유망주 마티스 텔을 영입했다. 그 외 특급 센터백인 마티아스 데 리흐트와 측면 수비수 누사이르 마즈라위, 미드필더 라이언 흐라벤베르흐를 팀에 추가하면서 안정적인 전력을 구축했다. 하지만 레반도프스키의 득점 공백을 마네와 텔로 채우기는 쉽지 않아 보이는 게 사실이다. 전술 변화도 불가피할 것으로 보인다.

바이에른의 대항마 보루시아 도르트문트 역시 간판 공격수 엘링 홀란드가 떠났다. 다만 홀란드는 지난 시즌에도 부상으로 결장한 경기들이 있었고, 그의 공백을 대체하기 위해 세바스티앙 알레와 카림 아데예미를 동시에 영입하는 강수를 던졌다. 이에 더해 팀의 최대 약점인 수비를 강화하기 위해 독일 대표팀 센터백인 니클라스 쥘레와 니코 슐로터베크를 팀에 추가했고, 지난 시즌 쾰른에서 수비형 미드필더로 변신에 성공한 살리흐 외즈잔까지 영입하면서 대대적인 전력 보강 작업을 단행했다. 게다가 도르트문트는 마르코 로제 감독을 경질하고 에딘 테르지치를 선임하는 강수를 던졌다. 테르지치는 2020/21시즌 당시 임시 감독으로 부임해 준우승 징크스에 빠진 도르트문트(최근 10년 사이에 분데스리가 준우승 6회와 DFB 포칼 준우승 3회)에게 우승을 선사한 바 있다.

그 외 3위 바이엘 레버쿠젠은 주축 선수들을 모두 지켜낸 가운데 체코의 떠오르는 유망주 공격수 아담 흘로제크를 팀에 추가했다. 4위 RB 라이프치히 역시 많은 빅 클럽들의 러브콜을 받은 에이스 크리스토프 은쿤쿠와 핵심 수비수 요스코 그바르디올을 지켜냈다. 1위와 2위가 모두 주전 선수들에 변동이 발생한 데 반해 어린 선수들이 주축을 이루고 있는 3, 4위 팀들이 주전 지키기에 성공했다는 점은 시사하는 바가 크다. 공교롭게도 후반기 성적만 놓고 보면 4위 라이프치히가 가장 좋은 성적을 올렸고, 3위 레버쿠젠이 그 뒤를 따랐다. 라이프치히와 레버쿠젠이 후반기에 좋았던 흐름을 이번 시즌에도 이어간다면 분데스리가 우승 경쟁은 그 어느 때보다도 치열한 양상으로 전개될 가능성이 크다.

TOP SCORER

2021/22시즌 역시 득점왕은 레반도프스키가 차지했다. 2017/18시즌을 시작으로 5시즌 연속 득점왕이자 개인 통산 일곱 번째 득점왕(2013/14시즌과 2015/16 시즌 포함)이었다. 다섯 시즌 연속 득점왕은 분데스리가 역사상 처음 있는 일이고, 득점왕 7회도 독일 역대 최고의 공격수로 불리는 게르트 뮐러와 함께 공동 1위다. 게다가 35골은 역대 단일 시즌 기준 다섯 번째로 많은 골이다. 그마저도 35골 이상 넣은 선수는 레반도프스키(2회)와 게르트 뮐러(3회)밖에 없다. 득점 2위 파트릭 쉬크(24골)와의 득점 차는 무려 11골에 달한다. 경쟁자 자체가 없었다.

하지만 이번 시즌엔 레반도프스키가 떠나면서 분데스리가 득점왕 경쟁은 춘추전국시대에 접어들 것이다. 심지어 득점 3위 홀란드(22골)도 분데스리가를 떠났다. 지난 시즌 득점 2위 쉬크를 필두로 공동 4위 앙토니 모데스트(쾰른, 20골)와 은쿤쿠(20골)는 물론 이번에 새로 분데스리가에 가세한 마네와 알레, 아데예미 등이 치열한 득점왕 경쟁을 펼칠 것으로 보인다. 누가 득점왕에 올라도 이상하지 않다. 분명한 건 여섯 시즌 만에 득점왕이 바뀌는 건 일찌감치 결정됐다는 사실이다.

TITLE RACE

분데스리가는 유럽 5대 리그 가운데 가장 우승 예상이 쉬운 리그로 평가받아 왔다. 지난 시즌까지 분데스리가 통산 59시즌을 소화하는 동안 바이에른이 절반이 넘는 31회 우승을 차지하면서 우승을 독식하다시피 하고 있었다. 그나마 2011/12시즌까지만 하더라도 분데스리가 역대 최다 연속 우승 기록은 3시즌이 전부일 정도로 우승팀 변동이 있는 편에 속했다. 하지만 2012/13시즌을 기점으로 바이에른이 10시즌 연속 우승을 차지하면서 분데스리가 독주 시대를 열었다. 그래도 위안거리라면 이번 시즌은 그 어느 때보다도 치열한 우승 경쟁이 예상된다는 사실이다. 물론 여전히 바이에른이 가장 유력한 우승 후보긴 하지만 도르트문트와 레버쿠젠, 라이프치히가 치열하게 4강을 형성하면서 우승 대권에 도전장을 던지고 있다.

DARK HORSE

분데스리가는 매 시즌 순위 변동이 심하게 이루어지는 리그로 유명하다. 실제 지난 시즌 7위는 2020/21시즌 승강 플레이오프 끝에 간신히 잔류한 쾰른이었다. 반면 지난 시즌 챔피언스 리그에 진출했던 볼프스부르크는 12위로 추락했다. 심지어 2부 리그 팀들이 분데스리가에 승격하자마자 곧바로 유럽대항전 진출권을 획득하는 때도 있다. 1997/98시즌엔 카이저슬라우테른이 분데스리가에 승격하자마자 우승을 차지하는 이변을 연출한 바 있다. 2016/17시즌엔 승격팀 라이프치히가 2위로 챔피언스 리그에, 또 다른 승격팀 프라이부르크가 7위로 유로파 리그에 진출한 사례도 있다.

이번 시즌도 예측이 어렵다. 지난 시즌 시작 전만 하더라도 우니온 베를린과 프라이부르크, 쾰른이 분데스리가를 대표해 유럽대항전에 진출하리라고 예상한 이는 거의 없었다고 봐도 무방하다. 보훔의 13위도 기대 이상의 성과였다. 반면 볼프스부르크와 보루시아 묀헨글라드바흐의 추락은 놀라운 일이 아닐 수 없었다. 라이프치히조차 전반기엔 중위권까지 추락했다가 감독 교체 이후 4위까지 순위를 끌어올리는 데 성공했다. 이번 시즌 역시 분데스리가가 모든 팀이 다크호스 자격이 있다.

VIEW POINT

분데스리가는 어린 재능들이 많이 있는 리그로 정평이 나 있다. 바이에른엔 자말 무시알라가 있고, 만 17세 재능 텔이 팀에 새로 가세했다. 도르트문트 핵심 미드필더는 주드 벨링엄이고, 분데스리가 역대 최연소 득점(만 16세 1일) 기록자인 유수파 무코코도 있다. 라이프치히 에이스는 은쿤쿠이고, 레버쿠젠 에이스는 플로리안 비르츠이다. 이들은 모두 10대에서 20대 초반 선수들이다. 심지어 슈투트가르트 1군 평균 연령은 만 22.6세밖에 되지 않는다. 지난 시즌 분데스리가는 10대 선수들이 무려 18명이나 골을 기록했다. 이는 1972/73시즌과 함께 단일 시즌 최다이다. 이동경의 샬케가 승격에 성공하면서 이번 시즌 분데스리가에서 뛰는 코리안리거는 4명으로 늘어났다. 특히 정우영의 프라이부르크는 유로파 리그에도 참가한다. 이재성은 마인츠에서 핵심적인 역할을 수행하고 있다. 1월에 헤르타로 이적해 온 이동준과 샬케로 이적해 온 이동경, 두 울산 현대 듀오는 지난 시즌에 부상으로 출전 시간이 현격히 부족했지만, 이번 시즌엔 더 많은 출전 시간을 부여받을 것으로 보인다. 특히 이동경은 프리 시즌 동안 중앙 미드필더로 변신을 모색하고 있다. 코리안리거들의 활약상을 주목해서 보는 것도 이번 시즌 분데스리가를 즐기는 또 하나의 관전 포인트일 것이다.

GERMANY BUNDESLIGA

LEAGUE INFORMATION

TRANSFER

코로나 펜데믹이 완전히 끝난 건 아니지만 분데스리가는 관중을 받아들이기 시작하면서 지난 시즌과 달리 이번 이적 시장에선 활발하게 움직이고 있다. 실제 지난 시즌 분데스리가는 선수 영입보다 판매에 더 주력하면서 2,173만 유로(한화 약 289억)의 순수익을 올렸다. 반면 이번 시즌은 레반도프스키와 홀란드 같은 스타 플레이어들이 떠났음에도 3,554만 유로(한화 약 472억)의 적자를 기록했다. 아직 이적 시장이 끝난 것은 아니다. 8월 5일, 분데스리가 개막전을 시작으로 이적 시장 데드라인인 8월 31일까지 부상자가 발생한다거나 약점이 드러난다면 더 보강에 나서는 팀들이 있을 예정이다. 분데스리가에서 가장 큰 손은 역시나 바이에른이었다. 레반도프스키가 떠나면서 전력에 큰 누수가 발생한 바이에른은 대대적인 전력 보강에 나서 선수 영입에만 1억 3,750만 유로(한화 약 1,828억)의 이적료를 썼다. 순수 지출액(지출−수익)만 놓고 보더라도 7,010만 유로(한화 약 932억)에 달했다.

TRANSFER FEE RANKING

1

Matthijs de Ligt
마타이스 데 리흐트

이적료: 880억 원
국적: 네덜란드
유벤투스 ➡ 바이에른 뮌헨

2

Sadio Mane
사디오 마네

이적료: 425억 원
국적: 세네갈
리버풀 ➡ 바이에른 뮌헨

3

Sebastien Haller
세바스티앙 알레

이적료: 411억 원
국적: 코트디부아르
아약스 ➡ 도르트문트

4

Karim Adeyemi
카림 아데예미

이적료: 398억 원
국적: 독일
RB 잘츠부르크 ➡ 도르트문트

5

David Raum
다비트 라움

이적료: 345억 원
국적: 독일
TSG 호펜하임 ➡ RB 라이프치히

6

Nico Schlotterbeck
니코 슐로터베크

이적료: 265억원
국적: 독일
SC 프라이부르크 ➡ 도르트문트

7

Mathys Tel
마티스 텔

이적료: 265억원
국적: 프랑스
스타드 르네 ➡ 바이에른 뮌헨

8

Ryan Gravenberch
라이언 흐라벤베르흐

이적료: 245억원
국적: 네덜란드
아약스 ➡ 바이에른 뮌헨

9

Adam Hlozek
아담 흘로제크

이적료: 172억원
국적: 체코
스파르타 프라하 ➡ 레버쿠젠

10

Xaver Schlager
크사버 슐라거

이적료: 159억원
국적: 오스트리아
VfL 볼프스부르크 ➡ RB 라이프치히

GERMANY BUNDESLIGA

LEAGUE INFORMATION

REGULATION

분데스리가는 18개 팀 체제로 승점 3점제 원칙(승 3점, 무 1점)을 적용하고 있고, 팀당 홈&원정으로 34경기를 치러 순위를 가린다. 승점 동률 시 골 득실과 다득점 순으로 이어진다. 분데스리가는 UEFA 리그 랭킹 4위이기에 기본 7개 팀이 유럽대항전에 참가한다. 1위부터 4위까지 챔피언스 리그에 나가고, 5위와 DFB 포칼 우승팀은 유로파 리그에, 6위는 컨퍼런스 리그에 진출한다. 챔피언스 리그나 유로파 리그 진출권을 획득한 팀이 포칼 우승을 차지할 시 차순위에 권한이 이양된다(6위 유로파, 7위 컨퍼런스). 다만 지난 시즌은 11위 프랑크푸르트가 유로파 리그 우승으로 챔피언스 리그 티켓을 추가로 획득하면서 이번 시즌만 특별히 8개 팀이 유럽대항전에 나간다. 독일축구협회는 승강 플레이오프 제를 도입해 분데스리가 16위와 2부 리그 3위가 잔류와 승격을 놓고 1, 2차전 홈&원정 방식으로 승부를 펼친다.

TITLE

분데스리가 우승팀에게는 우승 방패(마이스터샬레)가 주어진다. 1963년 분데스리가 공식 출범 이후 3회 이상 우승팀에겐 유니폼에 별 하나를 달 수 있는 권리가 주어지고, 5회 이상은 2개, 10회 이상은 3개, 그리고 20회 이상은 총 4개의 별을 달 수 있게 한다. 현재 통산 31회 우승을 자랑하는 바이에른이 유니폼에 별 5개를 달았고, 5회 우승인 묀헨글라드바흐와 도르트문트가 별 2개를 달고 있다. 그 외 4회 우승인 베르더 브레멘은 물론 3회 우승인 함부르크와 슈투트가르트가 별 하나씩을 달고 있고, FC 쾰른과 카이저슬라우텐이 2회 우승으로 다음 순번을 기다리고 있다. 현재까지 분데스리가 우승을 차지한 팀은 총 12팀이다.

STRUCTURE

분데스리가는 '연방(Bundes)'과 리그(Liga)의 합성어로 언어상의 의미 그대로 독일 연방 리그를 의미한다. 핸드볼과 농구, 그리고 하키 등 다른 구기 종목 역시 분데스리가라는 명칭을 사용하고 있다. 축구 종목에 한정해 푸스발-분데스리가(Fußball-Bundesliga)라고 부른다. 연방제의 뿌리가 깊은 독일은 1963년 이전까지만 하더라도 지역별로 리그를 운영했고 각 지역 리그 챔피언들끼리 토너먼트를 통해 독일 챔피언을 가렸다. 하지만 1950년대 후반, 독일 축구가 하락세를 타자 통합 리그의 중요성이 대두됐고, 결국 1963년에 이르러 각 지방 대표를 모아 분데스리가를 출범하게 됐다. 분데스리가부터 3부까지 프로 리그에 해당하고, 4부 리그부터 세미프로이다. 2군 팀은 1군보다 더 낮은 리그에 속해야 하고, 최대 3부 리그까지 있을 수 있다. 현재 도르트문트와 프라이부르크 2군이 3부 리그에 있다.

LEAGUE CHAMPION

시즌	팀명	시즌	팀명	시즌	팀명
1963-1964	FC 쾰른	2000-2001	바이에른 뮌헨		
1964-1965	베르더 브레멘	2001-2002	도르트문트		
1965-1966	1860 뮌헨	2002-2003	바이에른 뮌헨		
1966-1967	브라운슈바이크	2003-2004	베르더 브레멘		
1967-1968	뉘른베르크	2004-2005	바이에른 뮌헨		
1968-1969	바이에른 뮌헨	2005-2006	바이에른 뮌헨		
1969-1970	묀헨글라드바흐	2006-2007	슈투트가르트		
1970-1971	묀헨글라드바흐	2007-2008	바이에른 뮌헨		
1971-1972	바이에른 뮌헨	2008-2009	슈투트가르트		
1972-1973	바이에른 뮌헨	2009-2010	바이에른 뮌헨		
1973-1974	바이에른 뮌헨	2010-2011	도르트문트		
1974-1975	묀헨글라드바흐	2011-2012	도르트문트		
1975-1976	묀헨글라드바흐	2012-2013	바이에른 뮌헨		
1976-1977	묀헨글라드바흐	2013-2014	바이에른 뮌헨		
1977-1978	FC 쾰른	2014-2015	바이에른 뮌헨		
1978-1979	함부르크	2015-2016	바이에른 뮌헨		
1979-1980	바이에른 뮌헨	2016-2017	바이에른 뮌헨		
1980-1981	바이에른 뮌헨	2017-2018	바이에른 뮌헨		
1981-1982	함부르크	2018-2019	바이에른 뮌헨		
1982-1983	함부르크	2019-2020	바이에른 뮌헨		
1983-1984	슈투트가르트	2020-2021	바이에른 뮌헨		
1984-1985	바이에른 뮌헨	2021-2022	바이에른 뮌헨		
1985-1986	바이에른 뮌헨				
1986-1987	바이에른 뮌헨				
1987-1988	베르더 브레멘				
1988-1989	바이에른 뮌헨				
1989-1990	바이에른 뮌헨				
1990-1991	카이저슬라우테른				
1991-1992	슈투트가르트				
1992-1993	베르더 브레멘				
1993-1994	바이에른 뮌헨				
1994-1995	도르트문트				
1995-1996	도르트문트				
1996-1997	바이에른 뮌헨				
1997-1998	카이저슬라우테른				
1998-1999	바이에른 뮌헨				
1999-2000	바이에른 뮌헨				

TITLE

	LEAGUE
BAYERN MÜNCHEN	31
MONCHENGLADBACH	5
DORTMUND	5
BREMEN	4
HAMBURGER SV	3

0 5 10 15 20 25 30 35

TOP SCORER

시즌	득점	선수명
2021-2022	35	로베르트 레반도프스키
2020-2021	41	로베르트 레반도프스키
2019-2020	34	로베르트 레반도프스키
2018-2019	22	로베르트 레반도프스키
2017-2018	29	로베르트 레반도프스키
2016-2017	31	피에르-에머릭 오바메양
2015-2016	30	로베르트 레반도프스키
2014-2015	19	알렉산더 마이어
2013-2014	20	로베르트 레반도프스키
2012-2013	24	슈테판 키슬링
2011-2012	29	클라스 얀 훈텔라르
2010-2011	28	마리오 고메스
2009-2010	22	에딘 제코
2008-2009	28	그라피테
2007-2008	24	루카 토니
2006-2007	20	테오파니스 게카스
2005-2006	25	미로슬라프 클로제
2004-2005	24	마렉 민탈
2003-2004	28	아일톤
2002-2003	21	토마스 크리스티안센, 지오반니 에우베르

GERMANY BUNDESLIGA

LEAGUE INFORMATION

2021-2022 시즌 분데스리가 최종 순위

순위	팀	승점	경기	승	무	패	득	실	득실차	비고
1	바이에른 뮌헨	77	34	24	5	5	97	37	60	챔피언스 진출
2	도르트문트	69	34	22	3	9	85	52	33	챔피언스 진출
3	레버쿠젠	64	34	19	7	8	80	47	33	챔피언스 진출
4	RB 라이프치히	58	34	17	7	10	72	37	35	챔피언스 진출
5	우니온 베를린	57	34	16	9	9	50	44	6	유로파리그 진출
6	SC 프라이부르크	55	34	15	10	9	58	46	12	유로파리그 진출
7	쾰른	52	34	14	10	10	52	49	3	
8	마인츠	46	34	13	7	14	50	45	5	
9	호펜하임	46	34	13	7	14	58	60	-2	
10	묀헨글라트바흐	45	34	12	9	13	54	61	-7	
11	프랑크푸르트	42	34	10	12	12	45	49	-4	
12	볼프스부르크	42	34	12	6	16	43	54	-11	
13	보훔	42	34	12	6	16	38	52	-14	
14	아우크스부르크	38	34	10	8	16	39	56	-17	
15	슈투트가르트	33	34	7	12	15	41	59	-18	
16	헤르타 BSC	33	34	9	6	19	37	71	-34	
17	빌레펠트	28	34	5	13	16	27	53	-26	강등
18	퓌르트	18	34	3	9	22	28	82	-54	강등

2021-2022 시즌 분데스리가 득점 순위

순위	이름	득점	국적	당시 소속팀
1	로베르트 레반도프스키	35	폴란드	바이에른 뮌헨
2	파트리크 쉬크	24	체코	레버쿠젠
3	엘링 홀란드	22	노르웨이	도르트문트
4	앙토니 모데스트	20	프랑스	쾰른
	크리스토프 은쿤쿠	20	프랑스	RB 라이프치히
6	타이워 아워니이	15	나이지리아	우니온 베를린
7	세르지 그나브리	14	독일	바이에른 뮌헨
8	무사 디아비	13	프랑스	레버쿠젠
9	요나스 호프만	12	독일	묀헨글라트바흐
	막스 크루제	12	독일	볼프스부르크

2021-2022 시즌 분데스리가 도움 순위

순위	도움	이름	국적	당시 소속팀
1	18	토마스 뮐러	독일	바이에른 뮌헨
2	13	크리스토프 은쿤쿠	프랑스	RB 라이프치히
3	12	무사 디아비	프랑스	레버쿠젠
	12	마르코 로이스	독일	도르트문트
5	11	요슈아 키미히	독일	바이에른 뮌헨
	11	다비트 라움	독일	호펜하임
7	10	플로리안 비르츠	독일	레버쿠젠
8	9	필립 코스티치	세르비아	프랑크푸르트
	9	크리스티안 귄터	독일	SC 프라이부르크
	9	안드레이 크라마리치	크로아티아	호펜하임

2021-2022 시즌 분데스리가 2부 리그 최종 순위

순위	팀	승점	경기	승	무	패	득	실	득실차	비고
1	샬케	65	34	20	5	9	72	44	28	승격
2	베르더 브레멘	63	34	18	9	7	65	43	22	승격
3	함부르크	60	34	16	12	6	67	35	32	
4	다름슈타트	60	34	18	6	10	71	46	25	
5	St. 파울리	57	34	16	9	9	61	46	15	
6	하이덴하임	52	34	15	7	12	43	45	-2	
7	파더보른	51	34	13	12	9	56	44	12	
8	뉘른베르크	51	34	14	9	11	49	49	0	
9	킬	45	34	12	9	13	46	54	-8	
10	뒤셀도르프	44	34	11	11	12	45	42	3	
11	하노버	42	34	11	9	14	35	49	-14	
12	카를스루어	41	34	9	14	11	54	55	-1	
13	로스토크	41	34	10	11	13	41	52	-11	
14	잔트하우젠	41	34	10	11	13	42	54	-12	
15	레겐스부르크	40	34	10	10	14	50	51	-1	
16	뒤나모 드레스덴	32	34	7	11	16	33	46	-13	
17	에르츠게비르게 아우에	26	34	6	8	20	32	72	-40	강등
18	잉골슈타트	21	34	4	9	21	30	65	-35	강등

CHAMPION

바이에른이 분데스리가 역대 최다 연속 우승 신기록을 10시즌으로 연장하는 데 성공했다. 반면 포칼에선 바이에른이 조기 탈락한 가운데 라이프치히가 구단 창단 이래로 프로 무대 첫 우승의 영예를 얻었다.

LEAGUE CHAMPION

BAYERN MÜNCHEN

바이에른은 전반기에만 2위 도르트문트와의 승점 차를 9점으로 벌리면서 독주 체제를 이어 나갔으나 후반기 시작과 동시에 코로나 확진 선수가 무려 10명이 동시다발적으로 터져 나왔다. 또한 주축 선수들의 줄부상과 부진이 이어지면서 26라운드만 하더라도 2위 도르트문트와의 승점 차가 4점까지 좁혀지는 사태가 발생했다. 하지만 위기의 순간 도르트문트가 27라운드와 28라운드에 연달아 승리하지 못하면서 한숨 돌릴 수 있었고, 31라운드 맞대결에서도 3:1 완승을 올리면서 결과적으로는 2위에 승점 8점 앞선 분데스리가 우승을 차지할 수 있었다.

EUROPEAN CUP

CHAMPIONS LEAGUE (전신포함)		EUROPA LEAGUE (전신포함)	
BAYERN MUNCHEN	6회	FRANKFURT	2회
DORTMUND	1회	MONCHENGL ADBACH	2회
HAMBURGER SV	1회	LEVERKUSEN	1회
		FC SCHALKE 04	1회

CUP CHAMPION

DFB POKAL

RB LEIPZIG

FINAL
SC FREIBURG 1-1
RB LEIPZIG
(승부차기 스코어 2-1)

라이프치히가 프라이부르크와의 결승전에서 19분 만에 먼저 실점을 허용한 데다가 57분경에 수비수 퇴장까지 발생하면서 수적 열세에 부딪혔다. 그러나 상대가 수비로 전환한 틈을 타 76분경 은쿤쿠의 동점 골로 승부를 원점으로 돌렸고, 결국 연장전을 넘어 승부차기에서 4:2로 승리하면서 극적으로 우승을 차지했다.

DFL SUPERCUP

FC BAYERN MÜCHEN

FINAL
RB LEIPZIG 3-5
FC BAYERN

분데스리가 우승팀 바이에른과 포칼 우승팀 라이프치히가 격돌했다. 바이에른은 전반에만 3골을 몰아넣었고, 후반전에 2골을 추가했다. 반면 라이프치히는 후반에만 3골을 넣으며 맹추격에 나섰으나 승부를 뒤집기엔 역부족이었다. 바이에른은 마네의 데뷔골 포함 5명의 선수가 골을 넣으며 레반도프스키 이적 공백을 메웠다.

GERMANY BUNDESLIGA

LEAGUE INFORMATION

바이에른 뮌헨
Bayern München

TEAM PROFILE	
창 립	1900년
구 단 주	헤르베르트 하이너(독일)
감 독	율리안 나겔스만(독일)
연 고 지	뮌헨
홈 구 장	알리안트 아레나(7만 5,000명)
라 이 벌	1860뮌헨, 뉘른베르크, 슈투트가르트
홈페이지	www.fcbayern.com/de

최근 5시즌 성적

시즌	순위	승점
2017-2018	1위	84점(27승3무4패, 92득점 28실점)
2018-2019	1위	78점(26승6무4패, 88득점 32실점)
2019-2020	1위	82점(26승4무4패, 100득점 32실점)
2020-2021	1위	78점(24승6무4패, 99득점 44실점)
2021-2022	1위	77점(24승5무5패, 97득점 37실점)

BUNDESLIGA (전신 포함)

통 산	우승 31회
21-22 시즌	1위(24승5무5패, 승점 77점)

DFB POKAL

통 산	우승 20회
21-22 시즌	32강

UEFA

통 산	챔피언스리그 우승 6회
21-22 시즌	챔피언스리그 8강

경기 일정

라운드	날짜	장소	상대팀
1	2022.08.06	원정	프랑크푸르트
2	2022.08.13	홈	볼프스부르크
3	2022.08.20	원정	보훔
4	2022.08.27	홈	뮌헨글라트바흐
5	2022.09.03	원정	우니온 베를린
6	2022.09.10	홈	슈투트가르트
7	2022.09.17	원정	아우크스부르크
8	2022.10.01	홈	레버쿠젠
9	2022.10.08	원정	도르트문트
10	2022.10.15	홈	프라이부르크
11	2022.10.22	원정	호펜하임
12	2022.10.29	홈	마인츠
13	2022.11.05	원정	헤르타
14	2022.11.08	홈	베르더 브레멘
15	2022.11.12	원정	샬케04
16	2023.01.21	원정	라이프치히
17	2023.01.24	홈	쾰른
18	2023.01.28	홈	프랑크푸르트
19	2023.02.04	원정	볼프스부르크
20	2023.02.11	홈	보훔
21	2023.02.18	원정	뮌헨글라트바흐
22	2023.02.25	홈	우니온 베를린
23	2023.03.04	원정	슈투트가르트
24	2023.03.11	홈	아우크스부르크
25	2023.03.18	원정	레버쿠젠
26	2023.04.01	홈	도르트문트
27	2023.04.08	원정	프라이부르크
28	2023.04.15	홈	호펜하임
29	2023.04.22	원정	마인츠
30	2023.04.29	홈	헤르타
31	2023.05.08	원정	베르더 브레멘
32	2023.05.13	홈	샬케04
33	2023.05.20	홈	라이프치히
34	2023.05.27	원정	쾰른

전력 분석 | 후반기 흔들린 바이에른, 대대적 전력 보강 단행

바이에른은 지난 시즌에도 분데스리가 우승을 차지하면서 유럽 5대 리그 최초 10연패라는 대기록을 수립했다. 하지만 전반기엔 1위를 독주했으나 후반기엔 흔들리는 모습이었다. 후반기 성적만 놓고 보면 4위에 그친 바이에른이었다. 후반기 개막 전부터 10명의 코로나 확진자가 발생하는 악재가 있었고, 이 과정에서 키미히는 폐에, 데이비스는 심장에 문제가 발생했다. 고레츠카는 장기 부상으로 전력에서 이탈했고, 그나브리와 사네에 더해 우파메카노까지 동반 부진에 빠졌다. 쥘레는 시즌 도중 도르트문트 이적을 발표했고, 이후 경기에 집중하지 못하는 문제를 노출했다. 엎친 데 덮친 격으로 바이에른은 시즌이 끝나자 간판 공격수 레반도프스키가 바르셀로나 이적을 감행했다. 다급해진 바이에른은 리버풀 특급 공격수 마네와 스타드 렌 유망주 텔을 영입해 레반도프스키 공백 메우기에 나섰고, 약점인 오른쪽 측면 수비 강화를 위해 마즈라위를 데려왔다. 흐라벤베르흐를 영입해 고레츠카의 부상 이탈을 대비했고, 데 리흐트 영입으로 수비를 강화했다. 이적료 지출만 1억 4천만 유로에 달하는 천문학적인 금액을 지출한 바이에른이다.

전술 분석 | 플랜B는 3-4-1-2

바이에른은 지난 시즌 기본적으로 4-2-3-1 포메이션을 활용하는 가운데 상황에 따라 3-4-2-1를 가동했다. 다만 스리백으로 전환하더라도 코망이 윙백 역할을 자주 수행하면서 상당히 공격적인 스리백을 썼던 바이에른이었다. 이는 주전 오른쪽 풀백 파바르와 백업인 부나 사르의 부진에서 비롯된 자구책에 가까운 변화였다고 볼 수 있다. 특히 후반기엔 데이비스가 코로나로 인한 심장병 문제로 장기간 결장하면서 스리백을 전향적으로 쓸 수밖에 없었던 바이에른이었다. 이번 시즌 역시 기본 포메이션은 4-2-3-1이다. 하지만 지난 시즌보다 더 적극적으로 스리백을 쓸 가능성이 크다. 이젠 마즈라위가 가세하면서 오른쪽 풀백 고민은 해결했다. 데이비스도 복귀했다. 그럼에도 바이에른이 더 자주 스리백을 가동하게 될 것으로 보이는 이유는 바로 레반도프스키의 이탈에 있다. 그동안 바이에른은 레반도프스키라는 확실한 공격수가 있다 보니 원톱을 고수하다시피 했다. 하지만 이젠 다른 공격 자원들이 힘을 합쳐 레반도프스키의 득점 공백을 대체해야 한다. 이를 위해선 3-4-1-2 포메이션을 통해 투톱을 자주 가동할 수밖에 없다.

RB Leipzig v FC Bayern München – Supercup 2022
LEIPZIG, GERMANY – 라이프치히 레드불 아레나에서 열린
RB 라이프치히와 FC 바이에른 뮌헨의 슈퍼컵 2022 경기에서
바이에른 뮌헨의 사디오 마네. 2022/07/30

시즌 프리뷰 레반도프스키 빈 자리 메우기가 관건

이번 시즌 바이에른은 공격을 제외한 다른 포지션은 모두 이전보다 더 강해졌다고 평가할 수 있다. 바이에른에서 가장 아쉬운 포지션으로 지적되던 오른쪽 풀백에는 마즈라위를 영입했고, 흐라벤베르흐가 가세하면서 중원에 한층 무게를 더했다. 쥘레의 공백은 한 수 위로 평가받는 대형 센터백 데 리흐트로 메웠다. 관건은 최전방 공격에 있다. 레반도프스키는 매 시즌 30골 이상을 보장해주는 선수다. 일단 지난 시즌 리버풀에서 가짜 9번으로 좋은 모습을 보여줬던 마네가 레반도프스키를 대체할 것으로 보인다. 하지만 마네는 30골을 보장하는 선수가 아니다. 선수 경력을 통틀어 한 시즌 리그 최다 골은 프리미어 리그 득점왕을 차지했던 2018/19 시즌 22골이었다. 그 외엔 20골조차 넘긴 시즌이 없을 정도다. 게다가 레반도프스키처럼 최전방에서 버텨주는 능력은 떨어진다. 물론 마네는 레반도프스키보다 더 빠르고 더 드리블에 능하며, 더 패스 센스가 좋은 선수지만, 최전방 공격수로 국한해 보면 레반도프스키가 마네보다 더 좋은 선수라는 건 부인할 수 없는 사실이다. 그렇다고 해서 지난 시즌 프로 데뷔한 만 17세 유망주 텔에게 지금 당장 성과를 기대할 수도 없는 노릇이다. 또 다른 백업 공격수 추포-모팅은 최전방에서 버티는 능력은 있지만, 득점력이 극도로 떨어지는 선수다. 레반도프스키 백업으로는 쏠쏠했던 선수였으나 이는 어디까지나 백업에 국한해서였다. 그러기에 바이에른은 전술 유연성 및 공격 자원의 효과적인 배치로 레반도프스키의 공백을 대체해야 한다. 체중 관리에 실패하면서 최근 기복이 늘어나긴 했으나 강력한 킥으로 두 자릿수 골은 보장하는 그나브리를 마네와 함께 투톱으로 배치하는 것도 고려해볼 일이다. 그나브리는 독일 대표팀에서 최전방 공격수 역할을 수행한 전례가 있다.

IN & OUT

주요 영입	주요 방출
마타이스 데 리흐트, 사디오 마네, 라이언 흐라벤베르흐, 누사이르 마즈라위, 마티스 텔, 조슈아 지르크제이(임대복귀), 아드리안 파인(임대복귀)	로베르트 레반도프스키, 니클라스 쥘레, 코랑탱 톨리소, 마르크 로카, 오마르 리차즈, 크리스티안 프뤼히틀

TEAM FORMATION

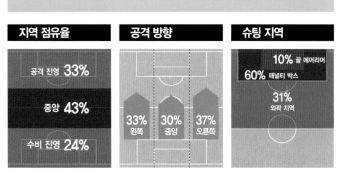

PLAN **4-2-3-1**

지역 점유율
공격 진영 **33%**
중앙 **43%**
수비 진영 **24%**

공격 방향
33% 왼쪽　30% 중앙　37% 오른쪽

슈팅 지역
10% 골 에어리어
60% 패널티 박스
31% 외곽 지역

TEAM RATINGS

슈팅 9 | 패스 10
조직력 8 | 수비력 9
감독 9 | 선수층 9
54

2021/22 프로필

팀 득점	97
평균 볼 점유율	64.80%
패스 정확도	86.00%
평균 슈팅 수	19.8
경고	36
퇴장	2

골 타입
오픈 플레이 64
세트 피스 19
카운터 어택 7
패널티 킥 5
자책골 5　단위 (%)

패스 타입
쇼트 패스 89
롱 패스 8
크로스 패스 3
스루 패스 0　단위 (%)

SQUAD

포지션	등번호	이름		생년월일	키(cm)	체중(kg)	국적
GK	1	마누엘 노이어	Manuel Neuer	1986.03.27	193	92	독일
	26	스벤 울라이히	Sven Ulreich	1988.08.03	192	87	독일
DF	2	다요 우파메카노	Dayot Upamecano	1998.10.27	186	83	프랑스
	4	마타이스 데 리흐트	Matthijs de Ligt	1999.08.12	189	89	네덜란드
	5	벤자맹 파바르	Benjamin Pavard	1996.03.28	186	76	프랑스
	19	알폰소 데이비스	Alphonso Davies	2000.11.02	183	72	캐나다
	20	부나 사르	Bouna Sarr	1992.01.31	177	65	프랑스
	21	뤼카 에르난데스	Lucas Hernandez	1996.02.14	184	76	프랑스
	23	탕기 니앙주	Tanguy Nianzou	2002.06.07	191	83	프랑스
	40	누사이르 마즈라위	Noussair Mazraou	1997.11.14	183	63	네덜란드
	44	요시프 스타니시치	Josip Stanisic	2000.04.02	187	77	크로아티아
MF	6	요슈아 키미히	Joshua Kimmich	1995.02.08	177	73	독일
	8	레온 고레츠카	Leon Goretzka	1995.02.06	189	76	독일
	14	파울 바너	Paul Wanner	2005.12.23	185	72	독일
	18	마르첼 자비처	Marcel Sabitzer	1994.03.17	177	74	오스트리아
	28	가브리엘 비도비치	Gabriel Vidovic	2005.06.30	180	76	크로아티아
	38	라이언 흐라벤베르흐	Ryan Gravenberch	2002.05.16	190	77	네덜란드
FW	7	세르지 그나브리	Serge Gnabry	1995.07.14	176	75	독일
	10	르로이 사네	Leroy Sane	1996.01.11	183	75	독일
	11	킹슬리 코망	Kingsley Coman	1996.06.13	180	75	프랑스
	13	에릭 막심 추포-모팅	Eric Maxim Choupo-Moting	1989.03.23	191	82	카메룬
	17	사디오 마네	Sadio Mane	1992.04.10	174	69	세네갈
	25	토마스 뮐러	Thomas Muller	1989.09.13	185	75	독일
	39	마티스 텔	Mathys Tel	2005.04.27	183	67	프랑스
	42	자말 무시알라	Jamal Musiala	2003.02.26	183	70	독일

COACH

상대팀 최근 6경기 전적			
구분	승	무	패
바이에른 뮌헨			
보루시아 도르트문트	6		
바이엘 레버쿠젠	4	1	1
RB 라이프치히	3	3	
우니온 베를린	4	2	
프라이부르크	5	1	
FC 쾰른	6		
마인츠 05	4		2
호펜하임	4	1	1
보루시아 묀헨글라드바흐	2	1	3
아인트라흐트 프랑크푸르트	4		2
볼프스부르크	5	1	
보훔	5		1
아우크스부르크	4	1	1
슈투트가르트	5	1	
헤르타 베를린	5	1	
샬케 04	6		
베르더 브레멘	5	1	

율리안 나겔스만 Julian Nagelsmann
1987년 7월 23일생 독일

천재로 불리는 감독. 이제 만 35세에 불과하지만 벌써 1군 감독 경력 6년 6개월에 접어들었다. 호펜하임에서 분데스리가 역대 최연소(만 28세) 감독에 올랐고, 최연소 독일 올해의 감독(만 29세)에 더해 구단 역대 최초 유로파리그와 챔피언스리그 플레이오프 진출을 견인했다. 이어서 라이프치히에서도 역대 최연소 챔피언스리그 본선 감독(만 31세)을 시작으로 토너먼트부터 준결승(만 32세)까지 최연소 타이틀을 도장 깨듯 깨 나갔다. 지난 시즌 바이에른 감독에 부임한 그는 개인 통산 첫 분데스리가 우승을 차지했으나 스타 선수 관리 측면에서 아쉬움을 드러냈다.

KEY PLAYER

MF 6	요슈아 키미히 Joshua Kimmich	출전경기	경기시간(분)	골	어시스트	경고	퇴장
		28	2,478	3	11	4	-

국적: 독일

슈투트가르트 유스 출신으로 라이프치히 임대를 거쳐 2015년, 바이에른으로 이적해 온 그는 원래 미드필더였으나 선수 경력 초기에 바이에른과 독일 대표팀에서 오른쪽 측면 수비수로 변신해 월드클래스 선수로 성장했다. 하지만 2018년 월드컵 이후 대표팀은 물론 바이에른에서도 다시 수비형 미드필더로 보직을 변경하면서 월드클래스 선수로 자리 잡았다. 뛰어난 축구 지능과 성실한 움직임에 더해 정교한 킥이 일품. 이를 바탕으로 많은 도움을 양산해낸다. 실제 그는 최근 5시즌 중 4시즌에서 두 자릿수 도움을 올렸다.

DARK HORSE

FW 17	사디오 마네 Sadio Mane	출전경기	경기시간(분)	골	어시스트	경고	퇴장
		34	2825	16	2	5	-

국적: 세네갈

세네갈 제네레이션 풋 아카데미 출신으로 제휴 구단 메스에서 프로 데뷔했고, 잘츠부르크에서 에이스로 활약했다. 이후 사우샘프턴에서 프리미어 리그 역대 최단 시간 해트트릭을 달성했고, 리버풀에서 전성기를 구가했다. 특히 2018/19시즌엔 프리미어 리그 득점왕을 차지했다. 2020/21시즌 후반기부터 하락세를 타는 듯 했으나 지난 시즌 후반기부터 가짜 9번으로 성공하며 2019년에 이어 2번째로 아프리카 올해의 선수에 올랐다. 전성기 대비 운동 능력은 다소 떨어졌으나 노련미가 쌓이면서 효과적으로 경기를 풀어나간다.

NEW ADDITION

DF 4	마타이스 데 리흐트 Matthijs de Ligt	출전경기	경기시간(분)	골	어시스트	경고	퇴장
		31	2,675	3	1	2	1

국적: 네덜란드

아약스 유스 출신으로 만 17세에 프로 데뷔했고, 만 18세에 구단 역대 최연소 주장에 올랐다. 2018/19시즌, 아약스의 챔피언스리그 돌풍을 이끌며 주가를 높였고, 유벤투스를 거쳐 이번 시즌 바이에른으로 이적해 왔다. 타고난 게 많은 축복받은 센터백. 당당한 신체조건으로 상대 공격수를 압도하는 모습을 보여주고, 아약스 출신답게 패스와 발밑 기술도 준수한 편에 속한다. 다만 전반적인 스피드 자체는 빠른 편에 속하지만, 수비 라인을 높게 가져가는 데다가 민첩성이 떨어지기에 뒷공간을 허용하는 경향이 있다.

GERMANY BUNDESLIGA / BAYERN MÜNCHEN

GERMANY BUNDESLIGA

BAYERN MÜNCHEN

GK 1 마누엘 노이어
Manuel Neuer

국적: 독일

살케 유스 출신으로 프로 데뷔하면서 스타 탄생을 알렸고, 2011/12시즌에 바이에른으로 이적해오면서 10년 넘게 뛰고 있다. 스위퍼 키퍼의 대명사로 불릴 정도로 필드 플레이어 뺨치는 발재간과 정교한 패스 능력을 자랑하고 있고, 뛰어난 판단력에 기반한 넓은 커버 범위와 선방 능력도 보유하고 있다. 타고난 재주만 놓고 보면 역대 골키퍼 중에서도 최고급에 해당한다. 주장답게 리더십도 갖추고 있다.

출전경기	경기시간(분)	실점	무실점(경기)	경고	퇴장
28	2,511	26	10	-	-

DF 2 다요 우파메카노
Dayot Upamecano

국적: 프랑스

기니비사우계 프랑스인. 2015년, 만 16세에 오스트리아로 넘어가 리퍼링과 잘츠부르크에서 프로 경험을 쌓았고, 2017년 독일 라이프치히에 입단하면서 레드불 시스템을 단계별로 거쳤다. 라이프치히에서 분데스리가 정상급 센터백으로 성장한 그는 지난 시즌 바이에른으로 이적했다. 동물적인 운동 능력을 바탕으로 대인 수비에 강점이 있고, 전진성도 있으나 집중력 부족으로 대형 실수를 저지르는 단점이 있다.

출전경기	경기시간(분)	골	어시스트	경고	퇴장
28	2,210	1	6	4	-

DF 5 벤자맹 파바르
Benjamin Pavard

국적: 프랑스

릴 유스 출신으로 프로 데뷔했고, 슈투트가르트에서 성장했다. 2017년, 프랑스 대표팀에 승선했고, 2018년 월드컵에서 주전 오른쪽 풀백으로 뛰면서 우승에 기여했다. 이에 힘입어 2019년 여름, 바이에른 이적에 성공했다. 수비 전 포지션을 소화할 수 있는 다재다능한 선수지만, 센터백으로 뛰기엔 몸싸움에 약하고, 풀백으로 뛰기엔 공격 지원 능력이 떨어지기에 어떤 역할을 맡아도 애매한 감이 있다.

출전경기	경기시간(분)	골	어시스트	경고	퇴장
25	2,080	-	1	2	1

DF 19 알폰소 데이비스
Alphonso Davies

국적: 캐나다

라이베리아계로 가나 난민 캠프에서 태어난 그는 5살에 캐나다로 이주해 왔다. 이후 그는 만 16세에 캐나다 역대 최연소 A매치 데뷔와 골을 기록했고, 골드컵 득점왕을 차지했다. 밴쿠버를 거쳐 바이에른에 입단한 그는 측면 공격수에서 왼쪽 풀백으로 변신해 대박을 터뜨리면서 유럽 정상급 선수로 급부상했다. 그의 스피드는 알고도 막기 어려울 정도로 빠르고, 공격수 출신답게 뛰어난 공격력을 보유하고 있다.

출전경기	경기시간(분)	골	어시스트	경고	퇴장
22	1,744	-	3	3	-

DF 21 뤼카 에르난데스
Lucas Hernandez

국적: 프랑스

왼쪽 측면 수비수와 센터백을 동시에 소화하는 다재다능한 선수. 빠른 발과 정교한 태클에 더해 터프한 수비를 자랑한다. 다만 고질적인 허벅지 부상이 문제. 부친인 장-프랑소아도 축구 선수였고, 공격적인 왼쪽 풀백으로 유명한 그의 동생 테오는 AC 밀란 소속으로 형제가 프랑스 대표팀에서 발을 맞추고 있다. 아틀레티코 유스 출신으로 2019년에 분데스리가 역대 최고 이적료를 기록하면서 바이에른에 입단했다.

출전경기	경기시간(분)	골	어시스트	경고	퇴장
25	2,041	-	1	7	-

DF 23 탕기 니앙주
Tanguy Nianzou

국적: 프랑스

코트디부아르계 프랑스인으로 파리 생제르맹이 애지중지 키우던 선수. 하지만 구단의 재계약 제의를 거절하고 2020년, 바이에른을 선택했다. 기본적으로 중앙 수비수를 수행하는 선수로 190cm의 당당한 신체조건을 살린 몸싸움에 강점이 있고, 준수한 발재간과 패스 능력도 겸비하고 있다. 다만 바이에른에 와서는 잦은 부상에 시달리고 있고, 판단력 부족으로 대형 실수를 저지르는 경향이 있다. 경험이 필요하다.

출전경기	경기시간(분)	골	어시스트	경고	퇴장
17	577	1	1	4	-

DF 40 누사이르 마즈라위
Noussair Mazraoui

국적: 모로코

모로코계로 네덜란드에서 출생한 그는 아약스 유스를 거쳐 2018년 4월에 프로 데뷔했고, 2018/19시즌부터 주전으로 활약하며 팀의 챔피언스리그 준결승 돌풍에 기여했다. 오른쪽 풀백이지만 측면에서 플레이메이킹이 가능할 정도로 패스에 강점이 있고, 영리하며, 드리블 능력도 갖추고 있다. 다만 부상이 잦은 편이다. 모로코 대표팀에서 뛰었으나 감독과의 마찰로 대표팀 차출을 거부하고 있다.

출전경기	경기시간(분)	골	어시스트	경고	퇴장
31	2,675	3	1	2	1

DF 44 요시프 스타니시치
Josip Stanisic

국적: 크로아티아

바이에른 유스 출신으로 2021년 4월에 프로 데뷔했고, 지난 시즌부터 1군에서 뛰고 있다. 수비 전 포지션과 미드필더까지 소화할 수 있을 정도로 다재다능한 선수로 패스 능력도 있고, 특히 태클에 강점이 있다. 다만 경험 부족으로 인해 판단력이 다소 떨어지는 편에 속한다. 크로아티아계로 독일 뮌헨에서 출생했고, 19세 이하 독일 대표팀에서 뛰었으나 최종적으로 크로아티아 대표팀을 선택했다.

출전경기	경기시간(분)	골	어시스트	경고	퇴장
13	646	1	-	1	-

MF 8 레온 고레츠카
Leon Goretzka

국적: 독일

어릴 적부터 재능을 인정받았던 선수로 보훔에서 만 17세에 프로 데뷔하자마자 주전으로 활약했고, 살케를 거쳐 2018년 여름, 바이에른에 입단했다. 강력한 킥력을 보유하고 있고, 189cm의 당당한 신체조건에 더해 왕성한 활동량으로 공수 전반에 걸쳐 높은 영향력을 행사한다. 하지만 부상이 잦다는 단점이 있다. 지난 시즌 19경기 출전에 그쳤고, 이번 시즌도 무릎 수술로 시즌 초반에 결장할 예정이다.

출전경기	경기시간(분)	골	어시스트	경고	퇴장
19	1,407	3	3	-	-

MF 18 마르첼 자비처
Marcel Sabitzer

국적: 오스트리아

아다미라 바커에서 프로 데뷔해 라피드 빈을 거쳐 2014년에 라이프치히에 입단하자마자 곧바로 잘츠부르크로 임대를 떠났고, 오스트리아 분데스리가에서 19골 16도움을 올리는 괴력을 과시한 그는 라이프치히로 복귀해 핵심 미드필더로 7시즌 동안 활약했다. 지난 시즌, 나겔스만 감독을 따라 바이에른으로 이적해왔으나 극도의 부진에 빠지면서 실망을 안겨주었다. 다재다능한 선수로, 특히 킥에 강점이 있다.

출전경기	경기시간(분)	골	어시스트	경고	퇴장
27	947	1	1	1	-

MF 38 라이언 흐라벤베르흐
Ryan Gravenberch

국적: 네덜란드

수리남계 네덜란드인. 아약스 출신으로 어려서부터 재능을 인정받은 그는 만 16세에 프로 데뷔해 구단 역대 최연소 출전과 득점 기록을 동시에 수립했다. '더치 포그바(프랑스 대표팀 미드필더)'라는 애칭이 붙을 정도로 기술적인 완성도가 높다. 과거엔 수비 가담이 떨어진다는 지적이 있었으나 아약스 감독이던 에리크 텐 하흐의 지도하에 많이 개선됐다. 그의 형 덴젤은 데 흐라프샤프에서 공격수로 뛰고 있다.

출전경기	경기시간(분)	골	어시스트	경고	퇴장
30	2212	2	5	4	-

FW 7 세르지 그나브리
Serge Gnabry

국적: 독일

코트디부아르 부친과 독일 모친 사이에서 태어난 선수로 어린 나이에 해외 진출(아스널)에 도전했으나 실패하고 독일로 돌아왔다. 이후 브레멘과 호펜하임을 거쳐 바이에른에 입단하면서 빠른 성장세를 보였다. 특히 2019/20시즌엔 두 자릿수 골과 도움을 동시에 달성하며 커리어 하이를 보냈다. 하지만 최근 체중 관리에 실패하면서 기복이 심해진 상태. 킥이 좋기에 부진하더라도 꾸준하게 득점을 생산해낸다.

출전경기	경기시간(분)	골	어시스트	경고	퇴장
34	2,192	14	5	-	-

FW 10 르로이 사네
Leroy Sane

국적: 독일

샬케에서 프로 데뷔해 주전으로 활약했고, 이후 맨체스터 시티에서 2시즌 연속 두 자릿수 골과 도움을 기록하며 주가를 높였다. 하지만 2019/20시즌 십자인대 부상으로 1경기 출전에 그쳤고, 2000년 여름에 바이에른으로 이적한 이후 기복이 있는 모습을 보여주고 있다. 부친 슐레이망은 프라이부르크에서 활약한 세네갈의 전설적인 공격수고, 모친은 1984년 올림픽 리듬체조 동메달리스트 레기나 베버이다.

출전경기	경기시간(분)	골	어시스트	경고	퇴장
32	1,982	7	7	3	-

FW 11 킹슬리 코망
Kingsley Coman

국적: 프랑스

과들루프계 프랑스인으로 이제 만 26세이지만 만 16세에 프로 데뷔와 동시에 파리 생제르맹과 유벤투스, 바이에른에서 11시즌 연속 리그 우승을 차지했다. 컵 대회까지 포함하면 벌써 26개의 우승 트로피를 들어 올렸다. 과거엔 킥 정확도가 떨어지는 문제로 득점 생산성이 떨어졌으나 해가 조금씩 발전하는 모습이다. 다만 선수 본인이 은퇴까지 고려했을 정도로 고질적인 발목 부상에 시달린다는 게 아쉬운 부분.

출전경기	경기시간(분)	골	어시스트	경고	퇴장
21	1,369	6	2	1	1

FW 13 에리크 막심 추포-모팅
Eric Maxim Choupo-Moting

국적: 카메룬

함부르크에서 프로 데뷔했고, 뉘른베르크 임대를 거쳐 마인츠에서 2010/11시즌과 2013/14시즌에 10골을 넣으며 준수한 활약을 펼쳤다. 이후 샬케와 스토크 시티, 파리 생제르맹을 거쳐 2020년, 바이에른에 입단했다. 191cm의 장신에 빠른 스피드와 준수한 기술을 겸비했지만 킥력 부족으로 득점 기복이 심하다. 카메룬 부친과 독일 모친 사이에서 태어난 혼혈로 카메룬 대표팀을 선택했다.

출전경기	경기시간(분)	골	어시스트	경고	퇴장
20	363	4	2	-	-

FW 25 토마스 뮐러
Thomas Müller

국적: 독일

바이에른 원클럽맨. 영리한 축구 지능과 뛰어난 위치 선정을 바탕으로 '공간 해석자(Raumdeuter)'라는 포지션을 새로 만든 그는 팀 공격의 윤활유 역할을 담당하고 있다. 과거 두 자릿수 골을 보장하던 선수였으나 2016년을 기점으로 득점력이 하락하자 플레이 스타일을 변화해 최근 3시즌 연속 도움왕을 차지하고 있다. 특히 2019/20시즌엔 21도움으로 분데스리가 역대 도움 신기록을 수립했다.

출전경기	경기시간(분)	골	어시스트	경고	퇴장
32	2,578	8	18	-	-

FW 39 마티스 텔
Mathys Tel

국적: 프랑스

과들루프계 프랑스인으로 '제2의 앙리(프랑스의 전설적인 공격수)'라는 평가를 듣는 유망주. 스타드 렌 유스 출신으로 2021년 8월, 구단 역대 최연소 출전 기록을 세웠다. 17세 이하 프랑스 대표팀 주장이었고, 현재는 18세 이하 팀에서 뛰고 있다. 나겔스만 감독은 그가 미래에 40골을 넣을 수 있는 재능이라고 평가했다. 드리블을 선호하고, 양발에 모두 능하며, 나이 대비 침착하게 플레이한다.

출전경기	경기시간(분)	골	어시스트	경고	퇴장
7	50	-	-	-	-

FW 42 자말 무시알라
Jamal Musiala

국적: 독일

최연소 분데스리가 데뷔와 분데스리가 최연소 골, 챔피언스리그 최연소 골까지 바이에른 최연소 기록을 갈아치운 선수. 뛰어난 기술과 센스를 갖춘 그는 지난 시즌 제한적인 출전 시간 속에서도 5골 5도움을 올렸다. 부친은 나이지리아계 영국인, 모친은 폴란드계 독일인으로 슈투트가르트에서 출생해 런던에서 유년 시절을 보내면서 독일과 잉글랜드 연령대별 대표팀에서 뛰었고, 독일 성인 대표팀을 선택했다.

출전경기	경기시간(분)	골	어시스트	경고	퇴장
30	1458	5	5	2	-

보루시아 도르트문트

Borussia Dortmund

TEAM PROFILE	
창　　립	1909년
구 단 주	라인하르트 라우발(독일)
감　　독	에딘 테르지치(독일)
연 고 지	도르트문트
홈 구 장	지그날 이두나 파크(8만 1,359명)
라 이 벌	샬케 04, 바이에른 뮌헨
홈페이지	www.bvb.de

최근 5시즌 성적

시즌	순위	승점
2017-2018	4위	55점(15승10무9패, 64득점47실점)
2018-2019	2위	76점(23승7무4패, 81득점44실점)
2019-2020	2위	69점(21승6무7패, 84득점41실점)
2020-2021	3위	64점(20승4무10패, 75득점46실점)
2021-2022	2위	69점(22승3무9패, 85득점52실점)

BUNDESLIGA (전신 포함)

통　　산	우승 8회
21-22 시즌	2위(22승3무9패, 승점 69점)

DFB POKAL

통　　산	우승 5회
21-22 시즌	16강

UEFA

통　　산	챔피언스리그 우승 1회
21-22 시즌	없음

경기 일정

라운드	날짜	장소	상대팀
1	2022.08.06	홈	레버쿠젠
2	2022.08.13	원정	프라이부르크
3	2022.08.20	홈	베르더 브레멘
4	2022.08.27	원정	헤르타
5	2022.09.03	홈	호펜하임
6	2022.09.10	원정	라이프치히
7	2022.09.17	홈	샬케04
8	2022.10.01	원정	쾰른
9	2022.10.08	홈	바이에른 뮌헨
10	2022.10.15	원정	우니온 베를린
11	2022.10.22	홈	슈투트가르트
12	2022.10.29	원정	프랑크푸르트
13	2022.11.05	홈	보훔
14	2022.11.08	원정	볼프스부르크
15	2022.11.12	원정	묀헨글라트바흐
16	2023.01.21	홈	아우크스부르크
17	2023.01.24	원정	마인츠
18	2023.01.28	원정	레버쿠젠
19	2023.02.04	홈	프라이부르크
20	2023.02.11	원정	베르더 브레멘
21	2023.02.18	홈	헤르타
22	2023.02.25	원정	호펜하임
23	2023.03.04	홈	라이프치히
24	2023.03.11	원정	샬케04
25	2023.03.18	홈	쾰른
26	2023.04.01	원정	바이에른 뮌헨
27	2023.04.08	홈	우니온 베를린
28	2023.04.15	원정	슈투트가르트
29	2023.04.22	홈	프랑크푸르트
30	2023.04.29	원정	보훔
31	2023.05.08	홈	볼프스부르크
32	2023.05.13	홈	묀헨글라트바흐
33	2023.05.20	원정	아우크스부르크
34	2023.05.27	홈	마인츠

전력 분석 ## 대대적인 전력 보강

지난 시즌 도르트문트는 기복 없이 시즌 내내 2위를 유지했다. 심지어 간판 공격수 홀란드가 부상으로 빠졌을 때도 꾸준하게 성적을 냈다. 문제는 바이에른이 후반기 부진에 빠졌음에도 기회를 잡지 못했다는 데에 있다. 26라운드만 하더라도 바이에른과의 승점 차는 4점밖에 나지 않았다. 하지만 27, 28라운드에 연달아 승리하지 못하면서 바이에른과의 승점은 다시 벌어졌고, 31라운드 맞대결에서 패하면서 그대로 우승 경쟁은 끝이 났다. 도르트문트의 지난 시즌 문제는 수비에 있었다. 시즌 시작 전부터 도르트문트는 수비가 약점이라는 분석이 지배적이었다. 하지만 도르트문트 수뇌진들은 수비 보강을 하지 않았고, 팀 실점 9위에 그쳤다. 이에 도르트문트는 독일 대표팀 센터백 쥘레와 슐로터베크를 동시에 영입했고, 수비형 미드필더 외즈찬도 추가해 수비를 강화했다. 이에 더해 홀란드의 이적 공백을 메우기 위해 득점에 능한 아데예미를 영입했고, 그의 파트너로 구단 역대 최고 이적료 2위인 알레를 데려왔다. 하지만 알레는 고환에 종양이 발생하면서 장기간 결장이 불가피해졌고, 임시방책으로 모데스트를 영입하는 강수를 던졌다.

전술 분석 ## 테르지치표 4-2-3-1, 성공으로 귀결될까?

도르트문트는 전임 감독 마르코 로제가 수뇌진들과 마찰을 빚으면서 경질되는 일이 발생했다. 이와 함께 테르지치가 새 감독으로 부임했다. 그는 이미 2018년부터 수석코치직을 수행했고, 2020/21시즌 당시엔 임시 감독으로 팀을 이끌었기에 선수들을 잘 알고 있다. 그는 기본적으로 4-2-3-1 포메이션을 선호한다. 임시 감독직을 수행했을 당시에도 4-2-3-1을 고수했다. 다행히 도르트문트는 지난 시즌 4-2-3-1을 주로 활용했다. 전임 감독 로제는 시즌 초반 본인이 선호하는 다이아몬드 4-4-2를 팀에 이식하기 위해 노력했다. 부임하고 공식 대회 첫 5경기 중 4경기에 다이아몬드 4-4-2를 썼다. 하지만 경기력도 기대 이하였고, 다이아몬드 4-4-2를 쓰기 위해선 도르트문트 선수단이 보유하고 있는 화려한 이선 자원 중 희생되는 선수가 발행하는 문제가 있었다. 게다가 도르트문트는 중앙 미드필더 숫자도 부족했다. 결국, 로제 감독은 다이아몬드 4-4-2를 포기하고 4-2-3-1을 플랜A로 쓸 수밖에 없었다. 선수들도 테르지치와 이미 오랜 기간 발을 맞춰봤다. 감독 교체에도 전술의 연속성은 이어질 것이다.

Borussia Dortmund v RB Leipzig – Bundesliga
DORTMUND, GERMANY – 도르트문트 지그날 이두나
파크에서 열린 보루시아 도르트문트와 RB 라이프치히의
경기에서 라이프치히의 다니 올모와 몸싸움을 벌이는
마르코 로이스. 2022/04/02

시즌 프리뷰 우승 영광 재연할까? 변수는 알레

도르트문트의 선택은 결국 테르지치였다. 도르트문트는 2020/21시즌 당시 위기에 직면했으나 시즌 도중 부임한 테르지치 체제에서 분데스리가 3위를 차지하며 챔피언스리그 진출권 획득에 성공했고, 무엇보다도 DFB 포칼 우승을 차지했다. 이는 도르트문트에 있어 2016/17시즌 이후 4년 만의 우승이었다. 도르트문트는 2011/12시즌 이후 10시즌 동안 분데스리가 6회 포함 총 15회 준우승에 그치며 지독한 준우승 징크스에 시달려야 했다. 심지어 2012/13시즌엔 챔피언스리그 결승전에서 라이벌 바이에른에 1-2로 패하며 준우승에 그쳤다. 이런 점을 고려하면 2020/21시즌 포칼 우승은 단순한 우승 그 이상의 의미가 있다고 할 수 있다. 이것이 테르지치가 도르트문트에서 각별한 존재로 평가받고 있는 이유이다. 2020/21시즌 당시 뛰었던 선수들이 다수 도르트문트에 남아 있고, 특히 다후드와 아자르는 테르지치 밑에서 부진 탈출에 성공했던 선수들인 만큼 이번 시즌 반등을 기대해볼 만하다.

변수는 알레의 종양 이슈다. 정밀진단 결과 알레는 항암 치료가 필요하기에 장기 결장이 불가피하다. 테르지치 감독은 4-2-3-1을 선호하는데 알레가 빠지면서 현재 도르트문트에서 원톱 역할을 수행할 수 있는 선수가 만 17세 유망주 무코코 한 명밖에 없다. 분데스리가 개막을 앞두고 치른 1860 뮌헨과의 포칼 1라운드에서 도르트문트는 3-0 대승을 거두긴 했으나 원톱으로 선발 출전한 무코코는 무득점에 그쳤다. 무엇보다도 도르트문트가 거액을 들여 알레를 영입한 이유는 바로 아데예미와의 조합 때문이었다. 아데예미는 장신 공격수의 보호 및 지원을 통해 한층 더 득점력을 극대화할 수 있는 선수다. 다급해진 도르트문트는 쾰른 장신 공격수 모데스트를 영입하기에 이르렀다.

TEAM FORMATION

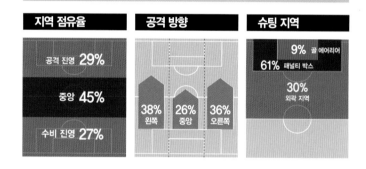

PLAN **4-2-3-1**

지역 점유율
공격 진영 **29%**
중앙 **45%**
수비 진영 **27%**

공격 방향
38% 왼쪽 **26%** 중앙 **36%** 오른쪽

슈팅 지역
9% 골 에어리어
61% 패널티 박스
30% 외곽 지역

IN & OUT

주요 영입	주요 방출
세바스티앙 알레, 카림 아데예미, 니코 슐로터베크, 니클라스 쥘레, 살리흐 외즈찬, 마르첼 로트카, 알렉산더 마이어, 앙토니 모데스토	엘링 홀란드, 악셀 비첼, 로만 뷔르키, 마르빈 히츠, 단-악셀 자가두, 슈테펜 티게스, 마린 폰그라치치(임대복귀), 헤이니에르(임대복귀), 마르첼 슈멜처(은퇴)

TEAM RATINGS

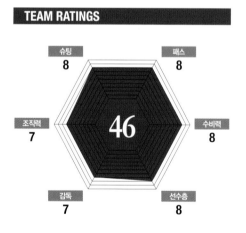

슈팅 **8**
패스 **8**
조직력 **7**
46
수비력 **8**
감독 **7**
선수층 **8**

2021/22 프로필

팀 득점	85
평균 볼 점유율	59.40%
패스 정확도	84.00%
평균 슈팅 수	13.3
경고	61
퇴장	1

골 타입
오픈 플레이 **60**
세트 피스 **14**
카운터 어택 **8**
패널티 킥 **13**
자책골 **5**
단위 (%)

패스 타입
쇼트 패스 **89**
롱 패스 **8**
크로스 패스 **2**
스루 패스 **0**
단위 (%)

SQUAD

포지션	등번호	이름		생년월일	키(cm)	체중(kg)	국적
GK	1	그레고르 코벨	Gregor Kobel	1997.12.06	194	88	스위스
	33	알렉산더 마이어	Alexander Meyer	1991.04.13	195	90	독일
DF	2	마테우 모레이	Mateu Morey Bauzà	2000.03.02	173	67	스페인
	4	니코 슐로터베크	Nico Schlotterbeck	1999.12.01	191	86	독일
	13	하파엘 게레이루	Raphael Guerreiro	1993.12.22	170	71	포르투갈
	14	니코 슐츠	Nico Schulz	1993.04.01	180	83	독일
	15	마츠 후멜스	Mats Hummels	1988.12.16	191	92	독일
	16	마누엘 아칸지	Manuel Akanji	1995.07.19	187	91	스위스
	24	토마 뫼니에	Thomas Meunier	1991.09.12	191	90	벨기에
	25	니클라스 쥘레	Niklas Süle	1995.09.03	195	99	독일
	36	톰 로테	Tom Rothe	2004.10.29	192	88	독일
MF	6	살리흐 외즈찬	Salih Özcan	1998.01.11	182	74	튀르키예
	7	조바니 레이나	Giovanni Reyna	2002.11.13	185	79	미국
	8	마흐무드 다후드	Mahmoud Dahoud	1996.01.01	178	68	독일
	10	토르강 아자르	Thorgan Hazard	1993.03.29	175	71	벨기에
	11	마르코 로이스	Marco Reus	1989.05.31	180	71	독일
	17	마리우스 볼프	Marius Wolf	1995.05.27	187	81	독일
	19	율리안 브란트	Julian Brandt	1996.05.02	185	83	독일
	22	주드 벨링엄	Jude Bellingham	2003.06.29	186	75	잉글랜드
	23	엠레 찬	Emre Can	1994.01.12	186	82	독일
	30	펠릭스 파슬라크	Felix Passlack	1998.05.29	170	74	독일
FW	9	세바스티앙 알레	Sebastien Haller	1994.01.22	190	82	코트디부아르
	18	유수파 무코코	Youssoufa Moukoko	2004.11.20	179	75	독일
	20	앙토니 모데스트	Anthony Modeste	1988.04.14	187	84	프랑스
	21	도니엘 말렌	Donyell Malen	1999.01.19	179	78	네덜란드
	27	카림 아데예미	Karim Adeyemi	2002.01.18	180	69	독일

COACH

에딘 테르지치 Edin Terzic
1982년 10월 30일생 독일

크로아티아계 이민자로 독일에서 출생한 그는 선수 시절 하부 리그를 전전하다가 만 27세에 선수 은퇴 후 도르트문트 스카우트를 거쳐 유스팀 코치를 통해 지도자 경력을 쌓았다. 이후 베식타슈와 웨스트 햄에서 코치직을 수행한 그는 2018년에 도르트문트로 복귀해 코치 경력을 이어왔다. 그의 가장 큰 성과는 2020년 12월, 도르트문트 임시 감독에 부임해 팀을 잘 수습하면서 챔피언스리그 진출권을 획득함과 동시에 DFB 포칼 우승을 선사했다는 데에 있다. 이후 많은 구단의 감독 러브콜에도 도르트문트 기술 이사로 남은 그는 이번 시즌 마침내 정식 감독에 올랐다.

상대팀 최근 6경기 전적

구분	승	무	패
바이에른 뮌헨			6
보루시아 도르트문트			
바이엘 레버쿠젠	3		3
RB 라이프치히	4		2
우니온 베를린	4		2
프라이부르크	3	1	2
FC 쾰른	3	2	1
마인츠 05	4	1	1
호펜하임	3	1	2
보루시아 묀헨글라드바흐	4		2
아인트라흐트 프랑크푸르트	3	2	1
볼프스부르크	6		
보훔	3	2	1
아우크스부르크	4	1	1
슈투트가르트	5		1
헤르타 베를린	5		1
샬케 04	4	1	1
베르더 브레멘	3	2	1

KEY PLAYER

		마르코 로이스 Marco Reus	출전경기	경기시간(분)	골	어시스트	경고	퇴장
MF	11		29	2,514	9	12	2	-

국적: 독일

도르트문트의 살아있는 전설. 도르트문트 유스 출신이지만 너무 마르고 작다는 이유로 방출된 그는 로트 바이스 알렌에서 프로 데뷔해 묀헨글라드바흐에서 성공 가도를 달리며 2012년 독일 올해의 선수에 선정됐다. 이에 힘입어 2012년 여름, 친정팀으로 복귀하여 10년 넘게 도르트문트에서 활약하고 있다. 과거 '롤스-로이스'라는 애칭으로 불릴 정도로 빠른 스피드를 자랑했으나 잦은 부상과 나이로 이제는 예전의 스피드는 찾아볼 수 없다. 하지만 여전히 뛰어난 패스 센스와 노련미를 보이며 많은 공격 포인트를 양산해낸다.

DARK HORSE

		니코 슐로터베크 Nico Schlotterbeck	출전경기	경기시간(분)	골	어시스트	경고	퇴장
DF	4		32	2789	4	1	5	-

국적: 독일

프라이부르크 유스 출신으로 2019년 프로 데뷔한 그는 2020/21시즌 우니온 베를린 임대를 갔다 온 이후 급성장하면서 독일 정상급 센터백으로 떠올랐다. 독일 연령대별 대표팀을 단계별로 거치면서 2021년 21세 이하 유럽 선수권 우승을 견인했고, 2022년엔 성인 대표팀에도 승선했다. 현대적인 센터백으로 양질의 패스를 전방에 뿌리고, 전진성을 갖추고 있다. 이에 더해 빠른 스피드를 갖췄고, 공중볼에도 강점이 있기에 대인 수비에 능한 모습을 보여준다. 그의 친형 케벤은 프라이부르크에서 뛰고 있다.

NEW ADDITION

		카림 아데예미 Karim Adeyemi	출전경기	경기시간(분)	골	어시스트	경고	퇴장
FW	27		29	1954	19	5	4	-

국적: 잉글랜드

독일 뮌헨에서 나이지리아 부친과 루마니아 모친 사이에서 태어난 그는 어릴 적에 바이에른 유스였으나 태도 문제로 10살에 방출되어 운터하힝과 레드불 잘츠부르크 유스를 거쳐 산하 구단 리퍼링에서 만 16세에 프로 데뷔했다. 2020년 1월, 잘츠부르크에 복귀하여 지난 시즌 19골을 넣으며 오스트리아 분데스리가 득점왕에 올랐다. 대표팀에서도 2021년 21세 이하 유럽 선수권 우승에 기여했고, 곧바로 성인 대표팀에 승선해 9월 아르메니아와의 데뷔전에 데뷔골을 신고했다. 빠른 스피드와 뛰어난 결정력을 자랑한다.

GK 1 그레고르 코벨
Gregor Kobel

국적: 스위스

호펜하임 유스 출신으로 2017년 프로 데뷔했으나 1군 무대에선 자리를 잡지 못하고 아우크스부르크 임대를 거쳐 슈투트가르트에 입단했다. 데뷔 시즌에 슈투트가르트의 분데스리가 승격을 이끌었고 2020/21시즌에도 좋은 활약을 펼치던 그는 오랜 기간 골키퍼 문제로 고민하던 도르트문트로 이적하기에 이르렀다. 뛰어난 반사신경을 자랑하고, 판단력이 뛰어나 사전에 차단하는 능력도 있으며, 발밑도 준수하다.

출전경기	경기시간(분)	실점	무실점(경기)	경고	퇴장
29	2,565	39	8	-	-

DF 13 하파엘 게레이루
Raphael Guerreiro

국적: 포르투갈

프랑스에서 태어난 포르투갈계. 포르투갈 대표팀을 선택해 유로 2016 우승 당시 주역으로 뛰었다. 캉 유스 출신으로 프로 데뷔해 로리앙을 거쳐 2016년에 도르트문트로 이적했다. 이후 팀 사정에 따라 왼쪽 풀백과 중앙 미드필더는 물론 측면 공격수까지 다양한 역할을 수행하며 핵심 선수로 군림해 왔다. 축구 지능이 좋고 정교한 완발 킥을 자랑한다. 다만 잦은 부상으로 최근 경기력이 떨어지고 있다.

출전경기	경기시간(분)	실점	어시스트	경고	퇴장
23	1,803	4	2	1	-

DF 15 마츠 후멜스
Mats Hummels

국적: 독일

원래 바이에른 유스 출신으로 프로 데뷔했으나 자리를 잡지 못하고 도르트문트로 이적해 8년 6개월을 뛰면서 스타덤에 올랐다. 도르트문트 주장이 된 후 팀을 버리고 바이에른으로 돌아가면서 배신자로 등극했으나 3년 뒤에 다시 돌아왔다. 한때 세계 최정상급 센터백으로 군림했으나 나이가 들면서 운동 능력이 하락해 실수가 늘어나기 시작했다. 그래도 정교한 패스에 기반을 둔 볼배급과 수비진 지휘능력은 여전하다.

출전경기	경기시간(분)	골	어시스트	경고	퇴장
23	1,768	1	2	4	-

DF 16 마누엘 아칸지
Manuel Akanji

국적: 스위스

나이지리아 부친과 스위스 모친 사이에서 태어난 선수. 빈터투어와 바젤을 거쳐 2018년 1월, 도르트문트에 이적해오자마자 주전 자리를 꿰찼다. 2019년에 접어들면서 슬럼프에 시달렸으나 2020년 들어 다시 예전의 기량을 회복했다. 암산 왕족 출신으로 상당히 똑똑하고 볼 다루는 기술이 뛰어난 데다가 수비진 조율 능력도 갖췄고, 정교한 패스를 자랑한다. 다만 제공권에 약하고, 몸싸움에 밀릴 때가 있다.

출전경기	경기시간(분)	골	어시스트	경고	퇴장
26	2,263	1	-	3	-

DF 24 토마 뫼니에
Thomas Meunier

국적: 벨기에

비르통에서 프로 데뷔해 클럽 브뤼헤와 파리 생제르맹을 거쳐 2020년, 도르트문트로 이적해왔다. 원래 측면 공격수였으나 수비진 줄부상으로 만 22세 때부터 오른쪽 풀백으로 변신에 성공했다. 이 덕에 벨기에 대표팀에서도 주전급 선수로 활약할 수 있었다. 측면 공격수 출신답게 준수한 공격력을 자랑하고 191cm 장신을 살린 제공권에 강점이 있지만, 민첩성이 떨어져 수비에서 문제를 드러낼 때가 있다.

출전경기	경기시간(분)	골	어시스트	경고	퇴장
17	1,406	2	4	4	-

DF 25 니클라스 쥘레
Niklas Sule

국적: 독일

호펜하임 유스 출신으로 어린 시절부터 대형 수비수 유망주라는 평가를 들으면서 구단 역대 최연소 데뷔와 골 기록을 동시에 세웠고, 십자인대가 파열되는 부상 속에서도 빠르게 성장하면서 분데스리가가 정상급 수비수로 떠올랐다. 이에 힘입어 2017년 여름 바이에른에 입단한 그는 핵심 수비수로 자리잡았으나 2019/20시즌 또다시 십자인대가 파열됐고, 많은 논란 끝에 이번 여름, 도르트문트에 입단했다.

출전경기	경기시간(분)	골	어시스트	경고	퇴장
28	1835	1	2	2	-

DF 36 톰 로테
Tom Rothe

국적: 독일

도르트문트가 애지중지 키우고 있는 유망주. 올해 4월에 열린 볼프스부르크전에서 데뷔전 데뷔골을 넣으며 구단 역대 분데스리가 최연소 골 3위에 등극했다. 192cm 장신이지만 빠른 발을 자랑하고 정교한 크로스를 구사한다. 다만 민첩성이 떨어지는 게 아쉬운 부분. 게레이루가 최근 하락세를 타고 있고, 니코 슐츠는 전력 외 선수로 분류되고 있기에 그에게 더 많은 출전 기회가 주어질 것으로 보인다.

출전경기	경기시간(분)	골	어시스트	경고	퇴장
2	94	1	-	1	-

MF 6 살리흐 외즈찬
Salih Ozcan

국적: 튀르키예

쾰른 유스 출신으로 2017년 19세 이하 프리츠 발터 금메달을 수상했을 정도로 어린 시절부터 재능을 인정받았다. 원래 공격형 미드필더 출신이지만 지난 시즌, 준수한 패스에 더해 강력한 압박과 높은 가로채기 성공률을 바탕으로 수비형 미드필더 변신에 성공하면서 도르트문트로 이적하기에 이르렀다. 독일 출생이지만 튀르키예계로 연령대별 대표팀은 독일에서 뛰었으나 튀르키예 성인 대표팀을 선택했다.

출전경기	경기시간(분)	골	어시스트	경고	퇴장
31	2,310	2	-	5	-

MF 7 조바니 레이나
Giovanni Reyna

국적: 미국

도르트문트가 애지중지 키우는 플레이메이커형 미드필더. 이제 만 19세임에도 이미 2019/20시즌부터 출전하면서 도움을 기록했고, 2020/21시즌엔 주전으로 활약, 4골 5도움을 올렸다. 하지만 지난 시즌엔 잦은 부상으로 10경기 출전에 그쳤다. 그의 부친은 2002 한일 월드컵 당시 미국 대표팀 주장이었던 미드필더 클라우디오이고, 모친 역시 미국 대표팀 축구 선수였던 다니엘레 이건이다.

출전경기	경기시간(분)	골	어시스트	경고	퇴장
10	442	2	1	-	-

MF 8 마흐무드 다후드
Mahmoud Dahoud

국적: 독일

시리아 쿠르드족으로 생후 10개월 때 하페즈 알 아사드 독재정권의 탄압을 피해 독일로 망명해온 선수. 뮌헨글라드바흐 유스 출신으로 프로 데뷔해 2015/16시즌부터 핵심 미드필더로 활약했고, 2017년, 도르트문트로 이적했다. 기술적인 능력이 뛰어나고, 패스 센스도 있으나 집중력이 떨어지는 편이기에 기복이 있는 모습을 보여주고 있다. 지난 시즌엔 잦은 부상으로 22경기 출전에 그쳤다.

출전경기	경기시간(분)	골	어시스트	경고	퇴장
22	1,665	2	3	5	1

MF 10 토르강 아자르
Thorgan Hazard

국적: 벨기에

벨기에 대표팀 에이스 에당 아자르의 동생. 랑스 유스 출신으로 프로 데뷔해 형 따라 첼시로 이적했고, 쥘테 바게렘 임대와 뮌헨글라드바흐를 거쳐 2019년에 도르트문트로 이적했다. 킥에 강점이 있는 선수로 뮌헨글라드바흐 시절 2시즌 연속 두 자릿수 골을 넣었고, 도르트문트로의 이적 첫 시즌에도 7골 13도움을 기록했다. 하지만 2020/21시즌의 심각한 햄스트링 부상 이후 급격히 하락세를 타고 있다.

출전경기	경기시간(분)	골	어시스트	경고	퇴장
23	1,337	4	1	2	-

MF 17 마리우스 볼프
Marius Wolf

국적: 독일

측면 스페셜리스트. 1860 뮌헨에서 프로 데뷔해 하노버를 거쳐 2017/18시즌, 프랑크푸르트에서 임대로 뛰면서 5골 8도움을 올리며 유명세를 올렸다. 이에 힘입어 도르트문트로 이적해 왔으나 주전 경쟁에서 밀리면서 헤르타와 쾰른 임대를 전전해야 했다. 그래도 쾰른에서 좋은 활약을 펼치면서 지난 시즌, 도르트문트로 복귀했고, 백업으로 쏠쏠한 활약을 펼쳤다. 빠른 스피드와 날카로운 킥을 자랑한다.

출전경기	경기시간(분)	골	어시스트	경고	퇴장
27	1,324	3	1	4	-

MF 19 율리안 브란트
Julian Brandt

국적: 독일

볼프스부르크 유스로 2013년에 레버쿠젠으로 이적했고, 2014년 4월에 함부르크전에 당시 구단 역대 최연소 득점 기록을 수립했다. 이후 줄곧 주전으로 활약했고, 2019년 여름에 많은 기대 속에 도르트문트로 이적해 왔다. 하지만 도르트문트에선 뛰어난 천재성에도 불구하고 집중력이 떨어지는 문제로 기복이 심한 모습을 보였다. 이것이 그가 지난 시즌 9골 8도움을 올리고도 비판을 듣는 이유이다.

출전경기	경기시간(분)	골	어시스트	경고	퇴장
31	2,083	9	8	3	-

MF 22 주드 벨링엄
Jude Bellingham

국적: 잉글랜드

버밍엄 시티 유스로 구단 역대 최연소 데뷔와 최연소 골 기록을 수립한 그는 맨체스터 유나이티드의 러브콜을 거절하고 2020년, 도르트문트를 선택했다. 도르트문트에서도 그는 데뷔하자마자 포칼 대회 역대 최연소 골을 기록했고, 분데스리가 역대 최연소 도움까지 기록했다. 2시즌째 주전으로 뛰면서 핵심 미드필더로 자리잡고 있다. 전형적인 육각형 미드필더로 공수 모두에 능하고, 왕성한 활동량을 자랑한다.

출전경기	경기시간(분)	골	어시스트	경고	퇴장
32	2,795	3	8	9	-

MF 23 엠레 찬
Emre Can

국적: 독일

튀르키예계 독일 선수. 바이에른 유스 출신으로 레버쿠젠과 리버풀, 유벤투스는 거쳐 2019년 1월 도르트문트에 입단했다. 저돌적이고 몸싸움을 즐기며 나름대로 기술도 갖추고 있는 육각형 선수다. 게다가 미드필더 전 지역은 물론 측면 수비수와 센터백까지 뛸 정도로 다재다능하다. 문제는 축구 지능이 떨어지고 지나치게 전진하는 습성이 있기에 뒷공간을 허용하면서 실점의 빌미를 제공하는 경향이 있다.

출전경기	경기시간(분)	골	어시스트	경고	퇴장
24	1,691	5	1	5	-

FW 18 유수파 무코코
Youssoufa Moukoko

국적: 독일

도르트문트가 애지중지 키우고 있는 특급 유망주. 독일 유스 관련 최연소와 최다 골 등 기록이란 기록은 다 깼다. 만 16세 생일과 동시에 데뷔해 최연소 분데스리가 데뷔전을 치렀고, 챔피언스리그 최연소 출전 기록도 갈아치웠다. 이어서 분데스리가 최연소 골 기록을 수립했다. 동물적인 운동 능력을 자랑하고, 득점력은 있으나 경험 부족으로 인해 판단력이 떨어진다. 카메룬 태생으로 어려서 독일로 이주했다.

출전경기	경기시간(분)	골	어시스트	경고	퇴장
16	210	2	-	1	-

FW 20 앙토니 모데스트
Anthony Modeste

국적: 프랑스

프랑스 출신으로 다양한 클럽에서 뛰다가 호펜하임을 거쳐 쾰른에 입단한 그는 2015/16시즌 15골에 이어 2016/17시즌 25골을 넣으며 스타덤에 올랐다. 이후 톈진 취안젠으로 이적하였으나 연봉 분쟁으로 마찰을 빚다 1년 만에 쾰른으로 돌아왔고, 복귀 골을 넣자 눈물을 흘리는 장면을 연출했다. 30대에 접어들면서 하락세를 탔으나 지난 시즌, 만 34세의 나이에 20골을 넣으며 재기에 성공했다.

출전경기	경기시간(분)	골	어시스트	경고	퇴장
32	2,620	20	3	4	-

FW 21 도니엘 말렌
Donyell Malen

국적: 네덜란드

아약스와 아스널 유스를 거쳐 PSV에서 프로 데뷔한 그는 2018/19시즌, 대부분의 경기에 교체로 나오면서도 10골을 넣는 괴력을 과시했고, 2019/20시즌엔 코로나 단축 시즌임에도 14경기 11골을 넣었다. 2020/21시즌엔 19골 8도움을 올리며 도르트문트로 이적하기에 이르렀다. 하지만 지난 시즌엔 다소 기복을 보이면서 5골 6도움에 그쳤다. 스피드와 득점력이 있으나 버티는 힘이 부족하다.

출전경기	경기시간(분)	골	어시스트	경고	퇴장
27	1,696	5	3	2	-

바이엘 레버쿠젠

Bayer 04 Leverkusen

TEAM PROFILE	
창 립	1904년
구 단 주	페르난도 카로(스페인)
감 독	헤라르도 세오아네(스위스)
연 고 지	레버쿠젠
홈 구 장	바이 아레나(3만 210명)
라 이 벌	쾰른
홈페이지	www.bayer04.de/en-us

최근 5시즌 성적

시즌	순위	승점
2017-2018	5위	55점(15승10무9패, 58득점 44실점)
2018-2019	4위	58점(18승4무12패, 69득점 52실점)
2019-2020	5위	63점(19승6무9패, 61득점 44실점)
2020-2021	6위	52점(14승10무10패, 53득점 39실점)
2021-2022	3위	64점(19승7무8패, 80득점, 47실점)

BUNDESLIGA (전신 포함)

통 산	없음
21-22 시즌	3위(19승7무8패, 승점 64점)

DFB POKAL

통 산	우승 1회
21-22 시즌	16강

UEFA

통 산	유로파리그 우승 1회
21-22 시즌	없음

경기 일정

라운드	날짜	장소	상대팀
1	2022.08.06	원정	도르트문트
2	2022.08.13	홈	아우크스부르크
3	2022.08.20	홈	호펜하임
4	2022.08.27	원정	마인츠
5	2022.09.03	홈	프라이부르크
6	2022.09.10	원정	헤르타
7	2022.09.17	홈	베르더 브레멘
8	2022.10.01	원정	바이에른 뮌헨
9	2022.10.08	홈	샬케04
10	2022.10.15	원정	프랑크푸르트
11	2022.10.22	홈	볼프스부르크
12	2022.10.29	원정	라이프치히
13	2022.11.05	홈	우니온 베를린
14	2022.11.08	원정	쾰른
15	2022.11.12	홈	슈투트가르트
16	2023.01.21	원정	뮌헨글라트바흐
17	2023.01.24	홈	보훔
18	2023.01.28	홈	도르트문트
19	2023.02.04	원정	아우크스부르크
20	2023.02.11	원정	호펜하임
21	2023.02.18	홈	마인츠
22	2023.02.25	원정	프라이부르크
23	2023.03.04	홈	헤르타
24	2023.03.11	원정	베르더 브레멘
25	2023.03.18	홈	바이에른 뮌헨
26	2023.04.01	원정	샬케04
27	2023.04.08	홈	프랑크푸르트
28	2023.04.15	원정	볼프스부르크
29	2023.04.22	홈	라이프치히
30	2023.04.29	원정	우니온 베를린
31	2023.05.08	홈	쾰른
32	2023.05.13	원정	슈투트가르트
33	2023.05.20	홈	뮌헨글라트바흐
34	2023.05.27	원정	보훔

전력 분석 ## 수비 보강은 안 하나?

지난 시즌 레버쿠젠은 세오아네 신임 감독 체제에 선수들이 녹아드는 데에 다소 시간이 걸리면서 초중반까지 다소 기복이 있었다. 8라운드부터 11라운드까지 4경기 연속 무승(2무 2패)의 슬럼프에 빠졌고, 또다시 15라운드부터 18라운드까지 4경기 연속 무승(2무 2패)에 그쳤다. 하지만 19라운드를 기점으로 세오아네의 전술이 팀에 자리잡기 시작했다. 시즌 후반부에 에이스 비르츠와 주전 오른쪽 풀백 프림퐁, 간판 공격수 쉬크 등이 부상으로 빠진 기간에도 팀을 잘 수습하면서 시즌 끝까지 3위를 유지하는 데 성공했다. 후반기 성적만 놓고 보면 분데스리가 2위에 해당한다. 다만 유로파리그에선 주축 선수들의 공백을 드러내면서 16강에서 조기 탈락한 게 아쉬운 부분이었다. 이번 여름 이적 시장에서 레버쿠젠은 대형 유망주로 불리는 멀티 공격수 흘로제크를 영입해 공격을 강화했다. 이에 더해 팀 공격의 두 축인 비르츠-쉬크와 2027년까지 재계약을 체결하면서 장기적인 미래를 대비하는 데 성공했다. 아쉬운 부분은 지난 시즌 47실점으로 최소 실점 6위에 그쳤던 수비 쪽을 보강하지 않았다는 사실이다.

전술 분석 ## 화려한 2선과 화끈한 공격 축구

세오아네 감독은 원래 4-4-2 포메이션을 선호한다. 4-4-2를 통해 강한 압박과 직선적인 축구를 구사하는 세오아네이다. 하지만 레버쿠젠은 비르츠를 필두로 디아비와 파울리뉴, 벨라라비, 아들리, 그리고 이번에 영입한 흘로제크까지 이선에 선수들이 즐비하다. 심지어 유망주 지단 세르트데미르는 물론 임대 복귀한 아미리 역시 공격형 미드필더이다. 그러기에 세오아네 감독은 4-2-3-1 포메이션을 구사한다. 다만 변함이 없는 건 그가 화끈한 공격 축구를 추구한다는 데에 있다. 지난 시즌 팀 득점은 80골로 3위였다. 쉬크는 24골로 분데스리가 득점 2위에 당당히 이름을 올렸다. 디아비는 13골 12도움으로 두 자릿수 골과 도움을 동시에 달성했다. 비르츠는 십자인대 파열에 따른 장기 부상으로 24경기 출전에 그쳤음에도 7골 10도움을 기록했다. 지난 1월에 영입한 아즈문과 이번에 데려온 흘로제크가 팀에 녹아든다면 레버쿠젠의 공격력은 한층 파괴력을 더할 것이 분명하다. 아쉬운 점은 지난 시즌 4경기에 스리백을 가동했음에도 1승 3패의 부진을 보이면서 전술 유연성이 떨어지는 문제를 노출했다는 사실이다.

Bayer 04 Leverkusen v TSG Hoffenheim – Bundesliga
LEVERKUSEN, GERMANY – 레버쿠젠의 베이아레나에서 열린
바이엘 04 레버쿠젠과 TSG 호펜하임 간의 경기 중인
레버쿠젠의 플로리안 비르츠, 2021/12/15

시즌 프리뷰 수비 문제는 해결 가능?

레버쿠젠의 문제는 바로 수비에 있다. 지난 시즌 요나탄 타가 좋은 모습을 보여 줬으나 구단 역대 수비수 최고 이적료로 야심 차게 영입한 코수누는 센터백 포지션에선 수비 불안을 시즌 내내 보여주었고, 탑소바는 장기 부상에서 복귀한 이후 예전 기량을 회복하지 못하고 있는 모양새다. 프림퐁의 백업은 잦은 부상 및 부진에 빠진 티모시 포수-멘사이고, 왼쪽 측면 수비는 주전 바케르와 백업 싱크라벤 모두 챔피언스리그 급 선수인지에 대한 의구심이 드는 게 사실이다. 그나마 인카피에가 센터백과 왼쪽 풀백에서 모두 준수한 모습을 보여주고 있다는 게 위안거리. 문제는 이런 점을 고려하더라도 수비진 자체가 양적으로나 질적으로나 부족하다는 인상을 지울 수 없다. 넓은 관점에서 수비에 포함할 수 있는 수비형 미드필더 포지션도 리스크가 있다. 지난 시즌, 꾸준한 경기력을 보여준 선수는 안드리히 한 명밖에 없다. 그마저도 거친 파울로 카드 수집이 많은 선수다. 지난 시즌에도 퇴장과 시즌 경고 누적으로 4경기에 결장했다. 베테랑 아랑기스는 하락세를 타고 있고, 부상도 잦다. 팔라시오스는 매 시즌 큰 부상으로 기대만큼 성장하지 못하고 있다. 데미르바이는 일관성이 부족하다. 이렇듯 수비형 미드필더 선수들도 리스크를 안고 있다 보니 포백 보호가 제대로 이루어질 리 만무하다. 레버쿠젠 수비의 문제가 총체적으로 드러난 대표적인 경기가 바로 분데스리가 개막을 앞두고 치러진 DFB 포칼 1라운드였다. 레버쿠젠은 3부 리그 팀 엘베르스베르크를 상대로 졸전 끝에 3-4로 패했다. 그래도 공격은 3골을 넣으면서 어느 정도 제 몫은 해줬다고 평가할 수 있다. 하지만 센터백 선발로 나선 탑소바와 코수누가 잦은 실수를 범하면서 자멸했다. 챔피언스리그에서 경쟁력을 가지기 위해선 수비진의 분발이 필요하다.

IN & OUT

주요 영입	주요 방출
아담 흘로제크, 나딤 아미리(임대복귀), 요엘 포얀팔로(임대복귀), 아이만 아즈힐(임대복귀)	루카스 알라리오, 율리안 바움가르틀링거, 레나르트 그릴(임대)

TEAM FORMATION

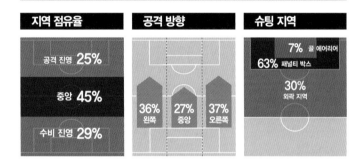

PLAN 4-2-3-1

FW A-
MF B
DF B
GK B+

- 14 쉬크 (아즈문)
- 23 흘로제크 (파울리뉴)
- 27 비르츠 (아들리)
- 19 디아비 (벨라라비)
- 10 데미르바이 (아랑기스)
- 8 안드리히 (팔라시오스)
- 5 바케르 (인카피에)
- 12 탑소바 (인카피에)
- 4 타 (코수누)
- 30 프림퐁 (코수누)
- 1 흐라데츠키 (루네프)

지역 점유율

- 공격 진영 25%
- 중앙 45%
- 수비 진영 29%

공격 방향

- 36% 왼쪽
- 27% 중앙
- 37% 오른쪽

슈팅 지역

- 7% 골 에어리어
- 63% 패널티 박스
- 30% 외곽 지역

TEAM RATINGS

- 슈팅 9
- 패스 7
- 조직력 9
- 수비력 6
- 감독 7
- 선수층 7

45

2021/22 프로필

팀 득점	80
평균 볼 점유율	53.70%
패스 정확도	81.80%
평균 슈팅 수	13.5
경고	64
퇴장	2

골 타입
- 오픈 플레이 70
- 세트 피스 14
- 카운터 어택 9
- 패널티 킥 3
- 자책골 5
단위 (%)

패스 타입
- 쇼트 패스 85
- 롱 패스 11
- 크로스 패스 3
- 스루 패스 0
단위 (%)

SQUAD

포지션	등번호	이름		생년월일	키(cm)	체중(kg)	국적
GK	1	루카스 흐라데츠키	Lukas Hradecky	1989.11.24	192	82	핀란드
	40	안드레이 루네프	Andrey Lunev	1991.11.13	190	82	러시아
DF	3	피에로 인카피에	Piero Hincapie	2002.01.09	183	68	에콰도르
	4	요나탄 타	Jonathan Tah	1996.02.11	195	96	독일
	5	미첼 바케르	Mitchel Bakker	2000.06.20	185	85	네덜란드
	6	오딜론 코수누	Odilon Kossounou	2001.01.04	191	79	코트디부아르
	12	에드몽 탑소바	Edmond Tapsoba	1999.02.02	194	80	부르키나파소
	22	데일리 싱크라벤	Daley Sinkgraven	1995.07.04	179	66	네덜란드
	30	제레미 프림퐁	Jeremie Frimpong	2000.12.10	171	63	네덜란드
MF	8	로베르트 안드리히	Robert Andrich	1994.09.22	187	83	독일
	10	케렘 데미르바이	Kerem Demirbay	1993.07.03	183	74	독일
	11	나딤 아미리	Nadiem Amiri	1996.10.27	180	73	독일
	20	차를레스 아랑기스	Charles Aranguiz	1989.04.17	171	70	칠레
	25	에세키엘 팔라시오스	Exequiel Palacios	1998.10.05	177	70	아르헨티나
	27	플로리안 비르츠	Florian Wirtz	2003.05.03	176	68	독일
	29	지단 세르트데미르	Zidan Sertdemir	2005.02.04	182	71	덴마크
	32	아이만 아즈힐	Ayman Azhil	2001.04.10	170	64	모로코
FW	7	파울리뉴	Paulinho	2000.07.15	177	68	브라질
	9	사르다르 아즈문	Sardar Azmoun	1995.01.01	186	79	이란
	14	파트리크 쉬크	Patrik Schick	1996.01.24	191	73	체코
	17	요엘 포얀팔로	Joel Pohjanpalo	1994.09.13	186	79	핀란드
	19	무사 디아비	Moussa Diaby	1999.07.07	170	67	프랑스
	21	아민 아들리	Amine Adli	2000.05.10	174	60	프랑스
	23	아담 흘로제크	Adam Hlozek	2002.07.25	188	74	체코
	28	이케르 브라보	Iker Bravo	2005.01.13	182	75	스페인
	38	카림 벨라라비	Karim Bellarabi	1990.04.08	184	81	독일

COACH

헤라르도 세오아네 Gerardo Seoane
1978년 10월 30일생 스위스

스페인계 스위스인. 루체른 유스를 거쳐 프로 데뷔한 그는 이후 다양한 구단에서 뛰다 루체른에서 선수 생활의 마지막을 보냈고, 2010년 은퇴 후 루체른 유스 팀을 맡으면서 지도자 경력을 시작했다. 2018년 1월, 루체른 정식 감독에 부임해 10승 4무 3패의 좋은 성적을 올리면서 잠재력을 인정받았다. 그는 2018년 여름, 영 보이스 감독으로 부임해 스위스 리그 3연패를 견인하며 구단 역대 최고의 황금기를 견인했다. 유로파리그 32강전에서 레버쿠젠 상대로 2전 전승(4-3, 2-0)으로 깊은 인상을 남기고 지난 시즌 레버쿠젠 감독에 부임해 또한 좋은 성적을 올렸다.

상대팀 최근 6경기 전적

구분	승	무	패
바이에른 뮌헨	1	1	4
보루시아 도르트문트	3		3
바이엘 레버쿠젠			
RB 라이프치히	1	3	2
우니온 베를린	2	3	1
프라이부르크	3	1	2
FC 쾰른	3	1	2
마인츠 05	4	1	1
호펜하임	2	3	1
보루시아 묀헨글라드바흐	5		1
아인트라흐트 프랑크푸르트	4		2
볼프스부르크	2	1	3
보훔	3	3	
아우크스부르크	5		1
슈투트가르트	5		1
헤르타 베를린	1	2	3
샬케 04	4		2
베르더 브레멘	2	3	1

KEY PLAYER

			출전경기	경기시간(분)	골	어시스트	경고	퇴장
MF	27	플로리안 비르츠 Florian Wirtz	24	1,864	7	10	2	-

국적: 독일

레버쿠젠이 애지중지 키우고 있는 선수. 원래 쾰른 유스 출신이지만 2020년 1월 더비 팀 레버쿠젠으로 이적해 구단 역대 최연소(만 17세 15일)로 분데스리가 데뷔전을 치렀다. 이어 2020년 6월, 바이에른을 상대로 분데스리가 역대 최연소 득점 기록(만 17세 34일)을 또한 수립했다. 2020/21시즌 5골 5도움, 그리고 지난 시즌의 십자인대 부상 전까지 7골 10도움을 올리며 분데스리가 정상급 공격형 미드필더로 급부상하고 있다. 2021년 21세 이하 유럽 선수권 우승 주역이고, 독일 대표팀에도 승선했다.

DARK HORSE

			출전경기	경기시간(분)	골	어시스트	경고	퇴장
DF	12	에드몽 탑소바 Edmond Tapsoba	22	1,813	1	-	1	-

국적: 부르키나파소

비토리아 기마랑이스 유스 출신으로 2019/20시즌, 프로 데뷔하자마자 주전으로 자리잡았고, 곧바로 2020년 1월 레버쿠젠으로 이적해 왔다. 레버쿠젠 입단과 동시에 주전 자리를 꿰찬 그는 지난 시즌 개막을 앞두고 인대 파열 부상으로 고전을 면치 못했으나 시간이 지날수록 기량을 회복하는 모습을 보여주었다. 패스에 강점이 있고, 태클에도 능숙하다. 무엇보다 빠른 스피드를 살린 넓은 커버 범위를 자랑한다. 볼 다루는 기술도 센터백으로는 상위권에 달한다. 다만 192cm 장신에도 몸싸움에 약하다는 단점이 있다.

NEW ADDITION

			출전경기	경기시간(분)	골	어시스트	경고	퇴장
FW	23	아담 홀로제크 Adam Hlozek	29	2,496	8	13	2	-

국적: 체코

체코 최고의 유망주로 불리는 선수. 스파르타 프라하 유스 출신으로 2018년, 구단 역대 최연소 1부 리그 출전 기록(만 16세 3개월)을 세운 그는 2019년 3월, 체코 리그 역대 최연소 득점(만 16세 7개월) 기록을 갈아치웠다. 2019년 체코 올해의 재능상을 수상했고, 2020/21시즌엔 부상으로 4개월을 결장하고도 19경기 15골을 넣는 괴력을 과시했다. 지난 시즌엔 33경기 9골로 득점은 다소 주춤했으나 대신 14도움을 올렸다. 188cm의 당당한 신체 조건에 스피드도 빠르고, 영리하기까지 하다.

GERMANY BUNDESLIGA

BAYER 04 LEVERKUSEN

GK 1 루카스 흐라데츠키
Lukas Hradecky

국적: 핀란드

슬로바키아 태생으로 만 1살에 배구 선수였던 부친을 따라 핀란드로 이주해 왔다. 스웨덴 구단 에스베리와 브뢴비에서 본격적으로 프로 경력을 쌓았고, 2015년 프랑크푸르트를 거쳐 2018년 레버쿠젠에 입단했다. 지난 시즌부터 레버쿠젠 주장직을 수행하고 있고, 핀란드 대표팀 주장이기도 하다. 3형제가 모두 축구 선수로 막내인 마테이(수비수)와 함께 핀란드 대표팀에서 뛰고 있다(둘째 토마스는 수비형 미들).

출전경기	경기시간(분)	실점	무실점 (경기)	경고	퇴장
32	2,880	44	8	1	-

DF 3 피에로 인카피에
Piero Hincapie

국적: 에콰도르

에콰도르 최고 재능. 2019년 인디펜디엔테(에콰도르)에서 프로 데뷔해 2020년 타예레스(아르헨티나)를 거쳐 지난 시즌에 레버쿠젠으로 이적해 왔다. 17세 이하 대표팀 주장으로 2021년 성인 대표팀에 승선하자마자 주전으로 활약하고 있다. 다재다능한 선수로 레버쿠젠에선 왼쪽 풀백으로 주로 뛰고 있고, 대표팀에선 핵심 센터백으로 군림하고 있다. 다만 다혈질적인 기질로 카드를 받는 문제는 개선해야 한다.

출전경기	경기시간(분)	실점	어시스트	경고	퇴장
27	1,752	1	2	5	-

DF 4 요나단 타
Jonathan Tah

국적: 독일

코트디부아르계 부친과 독일 모친 사이에서 태어난 선수로 만 17세에 함부르크에서 프로 데뷔하면서 대형 수비수 재능으로 평가받았다. 포르투나 뒤셀도르프 임대를 거쳐 2015년에 레버쿠젠으로 이적한 그는 순조롭게 성장하면서 2016년, 독일 대표팀에 승선했다. 2019년 들어 급격히 부진에 빠지면서 힘든 시기를 보냈으나 지난 시즌 단점이었던 집중력 부족 문제가 상당히 개선되면서 재기에 성공했다.

출전경기	경기시간(분)	골	어시스트	경고	퇴장
33	2,882	2	3	4	-

DF 5 미첼 바케르
Mitchel Bakker

국적: 네덜란드

네덜란드 연령대별 대표팀을 모두 거친 엘리트 측면 수비수. 아약스 유스 출신으로 파리 생제르맹에서 프로 데뷔했고, 2019/20시즌에 후안 베르나트의 부상을 틈타 주전으로 준수한 활약을 펼치면서 지난 시즌 레버쿠젠으로 이적해 왔다. 정교한 킥력을 바탕으로 양질의 크로스와 패스를 전방에 공급한다. 다만 거친 태클로 상대 선수는 물론 본인도 다치는 습성이 있기에 이 부분은 개선이 필요하다.

출전경기	경기시간(분)	골	어시스트	경고	퇴장
25	1,825	1	4	6	-

DF 6 오딜론 코수누
Odilon Kossounou

국적: 코트디부아르

스웨덴 TV 다큐멘터리 '아름다운 게임'의 주인공. 코트디부아르 유스 ASEC 출신으로 함마르뷔(스웨덴)에서 프로 데뷔했고, 클럽 브리헤(벨기에)를 거쳐 지난 시즌 레버쿠젠에 입단했다. 구단 역대 수비수 최고 이적료의 사나이지만 센터백임에도 몸싸움에 약하다는 단점을 노출하면서 실망스러운 데뷔 시즌을 보냈다. 그래도 재주가 많은 선수이기에 몸싸움 문제만 개선한다면 더 좋은 선수로 성장할 것이다.

출전경기	경기시간(분)	골	어시스트	경고	퇴장
27	1,791	-	1	3	-

DF 22 데일리 싱크라벤
Daley Sinkgraven

국적: 네덜란드

네덜란드 연령대별 대표팀을 단계별로 거친 엘리트. 헤이렌베인 유스 출신으로 아약스를 거쳐 2019년에 레버쿠젠으로 이적해왔다. 원래 측면 공격수와 중앙 미드필더를 소화하던 선수였으나 2016/17시즌에 왼쪽 풀백으로 변신에 성공했다. 하지만 이후 고질적인 무릎 부상이 발목을 잡으면서 기대만큼 성장하지 못했다. 패스에 강점이 있고, 드리블도 곧잘 하지만 몸싸움에 약하고 부상이 잦다는 단점이 있다.

출전경기	경기시간(분)	골	어시스트	경고	퇴장
12	346				

DF 30 제레미 프림퐁
Jeremie Frimpong

국적: 네덜란드

전형적인 공격형 풀백. 가나계 네덜란드인으로 9살에 맨체스터 시티 유스에 입단한 그는 2019년, 만 18세의 나이에 셀틱으로 이적해 곧바로 프로 데뷔하면서 출전 시간을 늘려나갔고, 2020년엔 서포터 선정 셀틱 올해의 영플레이어에 올랐다. 2021년 1월, 레버쿠젠으로 이적한 후 6개월 적응기를 거쳐 지난 시즌 1골 6도움을 올리며 분데스리가 정상급 오른쪽 풀백으로 급부상하고 있다.

출전경기	경기시간(분)	골	어시스트	경고	퇴장
25	2062	1	6	6	-

MF 8 로베르트 안드리히
Robert Andrich

국적: 독일

대기만성형 선수. 헤르타 유스 출신으로 1군 데뷔에 실패했고, 3부 리그 디나모 드레스덴에서 프로 경력을 시작해 베헨 비스바덴과 2부 리그 하이덴하임을 거쳐 2019년, 우니온 베를린에 입단했다. 우니온에서 2시즌을 뛰면서 분데스리가에서의 경쟁력을 입증한 그는 지난 시즌 레버쿠젠으로 이적해 살림꾼 역할을 도맡으면서 중원의 중심을 잡고 있다. 다만 지나치게 거친 플레이로 카드 수집이 많은 게 옥에 티.

출전경기	경기시간(분)	골	어시스트	경고	퇴장
26	1,821	4	2	5	1

MF 10 케렘 데미르바이
Kerem Demirbay

국적: 독일

터키계 독일인으로 레버쿠젠이 구단 역대 최고 이적료(3,200만 유로)를 들인 선수. 도르트문트 유스 출신으로 2013년에 함부르크로 이적해 2부 리그 임대를 전전하면서 프로 경험을 쌓았고, 호펜하임에서 정상급 플레이메이커로 성장하며 독일 대표팀에 승선했다. 이에 힘입어 2019년, 레버쿠젠으로 이적하기에 이르렀다. 레버쿠젠에선 다소 기복이 있지만 정교한 왼발 킥으로 많은 도움을 양산한다.

출전경기	경기시간(분)	골	어시스트	경고	퇴장
29	2,053	1	4	10	-

MF 11 나딤 아미리
Nadiem Amiri

국적: 독일

호펜하임 유스 출신으로 만 18세에 프로 데뷔했고, 주전으로 중용되다가 2019년 여름, 레버쿠젠으로 이적했다. 기본적으로 공격 성향이 강하지만 수비 가담 역시 성실하게 하기에 미드필더 전 포지션을 띌 수 있다. 다만 확실한 장기가 없기에 주전으로 자리잡지 못했고 지난 시즌 후반기, 제노아에서 임대로 뛰어야 했다. 아프카니스탄계 독일인으로 그의 사촌 주바이르는 아프카니스탄 대표팀에서 뛰고 있다.

출전경기	경기시간(분)	골	어시스트	경고	퇴장
13	685	-	1	-	-

MF 20 차를레스 아랑기스
Charles Aranguiz

국적: 칠레

A매치 96경기로 칠레 역대 최다 출전 9위에 빛나는 전설적인 미드필더. 칠레는 물론 아르헨티나와 브라질에 이르기까지 다양한 남미팀에서 뛰다가 2015년 여름, 레버쿠젠으로 이적해온 그는 데뷔 첫해부터 십자인대 파열을 당하면서 7경기 출전에 그쳤다. 이후 레버쿠젠 중원의 핵심을 담당하며 2019/20시즌엔 주장에 올랐으나 지난 시즌을 앞두고 선수 본인이 축구에 집중하기 위해 주장 완장을 반납했다.

출전경기	경기시간(분)	골	어시스트	경고	퇴장
26	1,576	1	3	2	-

MF 25 에세키엘 팔라시오스
Exequiel Palacios

국적: 아르헨티나

리버 플레이트 유스 출신으로 2018년 코파 리베르타도레스 우승 주역. 어린 시절부터 아르헨티나의 미래를 책임질 대형 미드필더 유망주로 꼽혔다. 원래 2019년 1월, 레알 마드리드 이적이 성사를 앞두고 무릎 부상으로 무산됐고, 1년 뒤인 2020년 1월에 마침내 레버쿠젠 이적이 성사됐으나 또다시 장기 부상으로 힘든 시기를 보냈다. 이후에도 잦은 부상이 발목을 잡으면서 기대만큼 성장하지 못하고 있다.

출전경기	경기시간(분)	골	어시스트	경고	퇴장
23	1,094	2	2	2	-

FW 7 파울리뉴
Paulinho

국적: 브라질

브라질의 크리스티아누 호날두로 불릴 정도로 재능을 인정받은 그는 바스쿠 다 가마 유스 출신으로 2017년, 만 16세에 프로 데뷔했고, 2018/19시즌 레버쿠젠으로 이적해왔다. 하지만 데뷔 시즌 적응기를 거쳤고, 2020/21시즌엔 십자인대 부상으로 1경기 출전에 그쳤다. 다행히 도쿄 올림픽에서 3골 4도움을 올리며 브라질의 금메달에 기여했고, 지난 시즌을 기점으로 출전 시간을 늘려나가고 있다.

출전경기	경기시간(분)	골	어시스트	경고	퇴장
24	1219	4	2	1	-

FW 9 사르다르 아즈문
Sardar Azmoun

국적: 이란

이란 간판 공격수. 만 18세에 러시아로 진출한 그는 루빈 카잔과 로스토프를 거쳐 2019년 2월, 제니트에 입단했다. 제니트에서 그는 2019/20시즌 득점왕에 이어 2020/21시즌 리그 올해의 선수를 차지하며 러시아 무대를 폭격했다. 2022년 1월, 레버쿠젠으로 이적한 후 그는 9경기 1골에 그치며 고전했으나 영리하고 재주가 많기에 분데스리가에 적응한다면 요긴한 공격 자원으로 쓰일 것이다.

출전경기	경기시간(분)	골	어시스트	경고	퇴장
9	358	1	1	-	-

FW 14 파트리크 쉬크
Patrick Schick

국적: 체코

스파르타 프라하 유스로 프로 데뷔했고, 보헤미안스 임대를 거쳐 2016/17시즌 삼프도리아에서 11골을 넣으며 신성으로 주목받았다. 이후 로마에서 2시즌 동안 부진에 빠졌으나 라이프치히 임대를 통해 9골로 재기에 성공했고, 유로 2020 득점왕에 이어 지난 시즌 레버쿠젠에서 24골을 넣으며 분데스리가 득점 2위에 올랐다. 준수한 테크닉과 피지컬에 강력한 왼발을 장착했으나 잦은 부상이 아쉬운 부분이다.

출전경기	경기시간(분)	골	어시스트	경고	퇴장
27	2,094	24	3	-	-

FW 19 무사 디아비
Moussa Diaby

국적: 프랑스

경이적인 스피드를 자랑하는 말리계 프랑스인. 파리 생제르맹 유스로 2018년, 크로토네 임대를 통해 프로 데뷔했고, 2018/19시즌 복귀해 제한된 출전 시간 속에서도 2골 6도움으로 가능성을 보여주었다. 2019년 여름, 레버쿠젠으로 이적한 그는 3시즌 연속 공격 포인트를 끌어올렸고, 특히 지난 시즌엔 두 자릿수 골과 도움(13골 12도움)을 달성하면서 분데스리가 정상급 윙으로 자리잡았다.

출전경기	경기시간(분)	골	어시스트	경고	퇴장
32	2,773	13	12	8	1

FW 21 아민 아들리
Amine Adli

국적: 프랑스

모로코계 프랑스인. 툴루즈 유스 출신으로 2019년에 프로 데뷔했고, 2020/21시즌 주전으로 활약하다 지난 시즌에 레버쿠젠으로 이적했다. 기본적으로 공격형 미드필더지만 가짜 9번은 물론 좌우 윙까지 공격 전 포지션을 소화할 수 있는 다재다능한 선수. 왼발잡이지만 오른발도 곧잘 쓴다. 다만 경험 부족으로 인해 판단력이 다소 부족한 단점이 있고, 킥력도 아직 부족하기에 득점 생산성이 떨어진다.

출전경기	경기시간(분)	골	어시스트	경고	퇴장
25	1,256	3	2	3	-

FW 38 카림 벨라라비
Karim Bellarabi

국적: 독일

모로코 부친과 독일 모친 사이에서 출생한 측면 공격수. 오베르노이란트를 거쳐 아인트라흐트 브라운슈바이크에서 2009년에 프로 데뷔했고, 2011/12시즌부터 10년 넘게 레버쿠젠에서 뛰고 있다. 과거 그는 드리블러로 명성을 떨쳤으나 개인플레이를 남발한다는 지적이 있었다. 이젠 나이가 들어 드리블 능력은 떨어졌으나 경험이 쌓이면서 이타적으로 변했다. 2018년 이후로 부상이 잦아진 게 아쉬운 점이다.

출전경기	경기시간(분)	골	어시스트	경고	퇴장
16	687	3	2	2	-

RB 라이프치히
RB Leipzig

TEAM PROFILE	
창 립	2009년
구 단 주	디트리히 마테시츠(오스트리아)
감 독	도메니코 테데스코(독일)
연 고 지	라이프치히
홈 구 장	레드불 아레나(4만 2,558명)
라 이 벌	로코모티브 라이프치히
홈페이지	www.rbleipzig.com/en

최근 5시즌 성적

시즌	순위	승점
2017-2018	6위	53점(15승8무11패, 57득점 53실점)
2018-2019	3위	66점(19승9무6패, 63득점 29실점)
2019-2020	3위	66점(18승12무4패, 81득점 37실점)
2020-2021	2위	65점(19승8무7패, 60득점 32실점)
2021-2022	4위	58점(17승7무10패, 72득점, 37실점)

BUNDESLIGA (전신 포함)

통 산	없음
21-22 시즌	4위(17승7무10패, 승점 58점)

DFB POKAL

통 산	우승 1회
21-22 시즌	우승

UEFA

통 산	없음
21-22 시즌	없음

경기 일정

라운드	날짜	장소	상대팀
1	2022.08.06	원정	슈투트가르트
2	2022.08.13	홈	쾰른
3	2022.08.20	원정	우니온 베를린
4	2022.08.27	홈	볼프스부르크
5	2022.09.03	원정	프랑크푸르트
6	2022.09.10	홈	도르트문트
7	2022.09.17	원정	묀헨글라트바흐
8	2022.10.01	홈	보훔
9	2022.10.08	원정	마인츠
10	2022.10.15	홈	헤르타
11	2022.10.22	원정	아우크스부르크
12	2022.10.29	홈	레버쿠젠
13	2022.11.05	원정	호펜하임
14	2022.11.08	홈	프라이부르크
15	2022.11.12	원정	베르더 브레멘
16	2023.01.21	홈	바이에른 뮌헨
17	2023.01.24	원정	샬케04
18	2023.01.28	홈	슈투트가르트
19	2023.02.04	원정	쾰른
20	2023.02.11	홈	우니온 베를린
21	2023.02.18	원정	볼프스부르크
22	2023.02.25	홈	프랑크푸르트
23	2023.03.04	원정	도르트문트
24	2023.03.11	홈	묀헨글라트바흐
25	2023.03.18	원정	보훔
26	2023.04.01	홈	마인츠
27	2023.04.08	원정	헤르타
28	2023.04.15	홈	아우크스부르크
29	2023.04.22	원정	레버쿠젠
30	2023.04.29	홈	호펜하임
31	2023.05.08	원정	프라이부르크
32	2023.05.13	홈	베르더 브레멘
33	2023.05.20	원정	바이에른 뮌헨
34	2023.05.27	홈	샬케04

전력 분석 | 전반기와 후반기, 비교체험 극과 극

라이프치히에 있어 지난 시즌 전반기는 악몽과도 같았다. 라이프치히의 근간을 마련한 전임 단장 랄프 랑닉의 애제자 제시 마시 신임 감독 체제에서 시즌을 시작했으나 흔들리면서 챔피언스리그에선 조별 리그 조기 탈락의 수모를 겪었고, 분데스리가에서도 14라운드 기준 11위로 추락했다. 이에 라이프치히는 마시를 경질하고 테데스코를 새 감독으로 임명했다. 이는 대박으로 이어졌다. 테데스코 감독이 부임하고 첫 3경기에서 1승 1무 1패로 전반기를 마무리한 라이프치히는 겨울 휴식기에 팀 재정비에 나섰고, 후반기 11승 3무 3패를 올리며 챔피언스리그 진출권 획득에 성공했다. 이는 분데스리가 후반기 성적 1위에 해당한다. 이에 더해 DFB 포칼 우승을 차지하면서 구단 역사상 첫 프로 무대 우승을 경험했다. 라이프치히는 이번 여름에 무키엘레와 아담스가 팀을 떠났으나, 많은 구단의 러브콜에도 은쿤쿠와 라이머, 그바르디올을 지켜내면서 공격과 미들, 수비의 중추를 유지하는 데 성공했다. 볼프스부르크 핵심 미드필더 슐라거와 독일 대표팀 왼쪽 풀백 라움을 팀에 추가했고, 베르너를 복귀시키면서 스코어러 부재 문제 해결에 나섰다.

전술 분석 | 강점인 왼쪽 공격을 극대화하다

라이프치히는 지난 시즌 마시 감독 하에서 오랜 기간 라이프치히 전용 포메이션이었던 4-2-2-2를 가동했다. 하지만 이전 2시즌 동안 율리안 나겔스만 감독의 3-4-1-2에 익숙했던 라이프치히 선수들은 혼란에 빠지면서 전반기를 망치다시피 했다. 이에 테데스코는 3-4-1-2로 돌아가면서 팀을 되살리는 데 성공했다. 마시 감독 체제에서 부진했던 앙헬리뇨가 테데스코 감독 밑에서 살아난 게 가장 대표적인 예시라고 할 수 있다. 이번 시즌도 라이프치히는 3-4-1-2 포메이션을 고수할 것으로 보인다. 다만 투톱이더라도 은쿤쿠는 사실상 공격형 미드필더기에 3-4-2-1로 볼 수 있다. 라움이 가세하면서 왼쪽 측면이 공수 모두에 걸쳐 한층 더 강해진 게 눈에 띄는 부분이다. 이를 통해 라이프치히는 빌드업에 능한 그바르디올을 시작으로 라움과 은쿤쿠로 이어지는 왼쪽 중심의 공격을 감행할 것으로 보인다. 슐라거 영입을 통해 중원도 강화했다. 슐라거는 패스와 수비에 모두 능한 선수이기에 왼쪽 측면 공격에 있어 연결고리 역할도 톡톡히 해줄 뿐 아니라 상대팀이 역습을 감행할 시 일차 저지선 역할도 해줄 것으로 보인다.

Atalanta v RB Leipzig – UEFA Europa League
BERGAMO, ITALY – 베르가모의 스타디오 디 베르가모에서 열린
UEFA 유로파리그 8강 2차전에서 RB 라이프치히의 크리스토퍼 은쿤쿠.
2022/04/14

시즌 프리뷰 공격에 디테일을 더해야 한다

테데스코는 이탈리아계답게 수비 조직력 다지기에 있어선 정평이 난 인물이다. 2016/17시즌 당시 23라운드까지 무려 42실점을 허용하면서 최하위로 강등이 확정적이었던 에르츠게비르게 아우에 지휘봉을 잡은 그는 11경기 10실점으로 제어하면서 팀을 구해냈다. 2017/18시즌엔 샬케를 이끌고 최소 실점 2위(37실점)로 이끌면서 바이에른에 이어 분데스리가 준우승을 견인했다. 2019/20시즌에도 12라운드까지 15실점을 허용하면서 흔들리던 스파르타크 모스크바를 중도에 맡아선 18경기 18실점으로 실점률을 떨어뜨렸다. 이를 바탕으로 스파르타크 모스크바는 2020/21시즌, 테데스코 체제에서 2위를 차지할 수 있었다. 지난시즌 역시 라이프치히는 14라운드까지 18실점을 허용하며 흔들렸으나 테데스코 부임 이후 20경기에서 19실점만을 내주면서 해당 기간 최소 실점 팀으로 등극했다. 그의 스리백은 수비를 강화하기 위한 전통적인 의미의 스리백에 가깝다. 스리백을 공격적으로 활용하는 나겔스만과는 결을 달리하고 있다. 당연히 수비가 강할 수밖에 없다. 다만 테데스코의 아쉬운 점은 공격 전술의 디테일 부족에 있다. 그러하기에 상대가 수비적으로 내려앉을 시 해결책을 제시하지 못하는 편에 속한다. 샬케 감독 2년 차가 가장 대표적인 예시다. 테데스코 감독 1년 차에 샬케식 선수비 후 역습에 톡톡히 당한 분데스리가 팀들이 2년 차엔 샬케 상대로 수비적으로 나왔다. 결국, 테데스코는 선수들에게 무리한 공격을 지시했다가 장점이었던 수비까지 흔들리면서 25라운드에 조기 경질되는 아픔을 맛봐야 했다. 라이프치히가 이번 여름에 라움과 슐라거를 추가한 건 왼쪽 중심의 공격에 세밀함을 더하기 위한 포석이고, 베르너의 복귀 역시 공격에서 마침표를 찍어줄 선수가 필요했기 때문이다.

IN & OUT

주요 영입	주요 방출
크사버 슐라거, 야니스 블라스비히, 알렉산더 쇠를로트(임대복귀), 아데몰라 루크먼(임대복귀), 일라이시 모리바(임대복귀), 티모 베르너	노르디 무키엘레, 타일러 아담스, 시드니 레비거, 주젭 마르티네스(임대), 필리프 차우너(은퇴), 앙헬리뇨(임대)

TEAM FORMATION

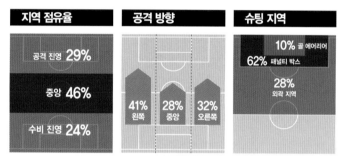

PLAN 3-4-1-2

지역 점유율
공격 진영 29%
중앙 46%
수비 진영 24%

공격 방향
41% 왼쪽
28% 중앙
32% 오른쪽

슈팅 지역
10% 골 에어리어
62% 패널티 박스
28% 외곽 지역

TEAM RATINGS

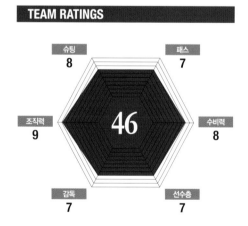

슈팅 8
패스 7
조직력 9
46
수비력 8
감독 7
선수층 7

2021/22 프로필

팀 득점	72
평균 볼 점유율	56.50%
패스 정확도	83.10%
평균 슈팅 수	12.9
경고	49
퇴장	0

골 타입
오픈 플레이 58
세트 피스 17
카운터 어택 14
패널티 킥 11
자책골 0
단위 (%)

패스 타입
쇼트 패스 88
롱 패스 9
크로스 패스 3
스루 패스 0
단위 (%)

SQUAD

포지션	등번호	이름		생년월일	키(cm)	체중(kg)	국적
GK	1	페테르 굴라치	Peter Gulacsi	1990.05.06	190	83	헝가리
	21	야니스 블라스비히	Janis Blaswich	1991.05.02	193	88	독일
	34	요나스 니키쉬	Jonas Nickisch	2004.05.21	190		독일
	36	티모 슈리크	Timo Schlieck	2006.03.02			독일
DF	2	모하메드 시마칸	Mohamed Simakan	2000.05.03	187	82	프랑스
	4	빌리 오르반	Willi Orban	1992.11.03	186	87	헝가리
	16	루카스 클로스터만	Lukas Klostermann	1996.06.03	189	88	독일
	22	다비트 라움	David Raum	1998.04.22	180	75	독일
	23	마르첼 할슈텐베르크	Marcel Halstenberg	1991.09.27	188	87	독일
	32	요스코 그바르디올	Josko Gvardiol	2002.01.23	185	82	크로아티아
	39	벤야민 헨리히스	Benjamin Henrichs	1997.02.23	183	79	독일
MF	7	다니 올모	Dani Olmo	1998.05.07	179	68	스페인
	8	아마두 하이다라	Amadou Haidara	1998.01.31	175	72	말리
	10	에밀 포르스베리	Emil Forsberg	1991.10.23	179	78	스웨덴
	17	도미니크 소보슬라이	Dominik Szoboszlai	2000.10.25	187	74	헝가리
	24	크사버 슐라거	Xaver Schlager	1997.09.28	174	76	오스트리아
	26	일라이시 모리바	Ilaix Moriba	2003.01.19	185	73	기니
	27	콘라트 라이머	Konrad Laimer	1997.05.27	180	72	오스트리아
	44	케빈 캄플	Kevin Kampl	1990.10.09	178	66	슬로베니아
FW	9	유수프 포울센	Yussuf Poulsen	1994.06.15	192	84	덴마크
	11	티모 베르너	Timo Werner	1996.03.06	180	76	독일
	18	크리스토퍼 은쿤쿠	Christopher Nkunku	1997.11.14	175	73	프랑스
	19	안드레 실바	Andre Silva	1995.11.06	185	78	포르투갈
	35	알렉산더 쇠를로트	Alexander Sörloth	1995.12.05	195	90	노르웨이
	38	우고 노보아	Hugo Novoa	2003.01.24	182	70	스페인

COACH

도메니코 테데스코 Domenico Tedesco
1985년 9월 12일생 독일

이탈리아 태생으로 2살에 독일로 이민 온 그는 2008년, 만 23세에 슈투트가르트 17세 이하 팀 코치를 시작으로 호펜하임 유스를 거쳐 2017년 3월, 부임 당시 최하위였던 에르츠게비르게 아우에의 잔류(6승 2무 3패)를 견인했다. 이어서 샬케 감독으로 데뷔하여 분데스리가 2위를 이끌며 지도력을 인정받았다. 비록 샬케 2년 차에 실패를 맛봤으나 스파르타크 모스크바를 거쳐 지난 시즌 라이프치히에서 부활에 성공했다. 그의 이름은 이탈리아어로 독일인을 의미한다. 2016년에 현 바이에른 감독 율리안 나겔스만을 제치고 지도자 과정 수석을 차지한 걸로도 유명하다.

상대팀 최근 6경기 전적

구분	승	무	패
바이에른 뮌헨		3	3
보루시아 도르트문트	2		4
바이엘 레버쿠젠	2	3	1
RB 라이프치히			
우니온 베를린	3		3
프라이부르크	3	3	
FC 쾰른	3	2	1
마인츠 05	4		2
호펜하임	4	1	1
보루시아 묀헨글라드바흐	3	1	2
아인트라흐트 프랑크푸르트		4	2
볼프스부르크	2	3	1
보훔	6		
아우크스부르크	5	1	
슈투트가르트	6		
헤르타 베를린	5	1	
샬케 04	4	1	1
베르더 브레멘	5		1

KEY PLAYER

MF 18 크리스토퍼 은쿤쿠
Christopher Nkunku

출전경기	경기시간(분)	골	어시스트	경고	퇴장
34	2,735	20	13	2	-

국적: 프랑스

콩고계 프랑스인으로 공격 성향이 강한 미드필더. 파리 생제르맹 유스 출신으로 2015년, 만 18세에 프로 데뷔했고, 2019년 여름에 더 많은 출전 시간을 얻기 위해 라이프치히로 이적해 왔다. 데뷔 시즌부터 5골 13도움으로 깊은 인상을 남긴 그는 2020/21시즌엔 6골 6도움으로 살짝 주춤했으나 지난 시즌, 20골 13도움을 올리는 괴력을 과시하면서 분데스리가 올해의 선수에 선정되는 영예를 얻었고, 프랑스 대표팀에도 승선하면서 최고의 한 해를 보냈다. 공격 전반에 걸쳐 재주가 많은 선수다.

DARK HORSE

MF 24 크사버 슐라거
Xaver Schlager

출전경기	경기시간(분)	골	어시스트	경고	퇴장
14	1,047	-	1	2	-

국적: 오스트리아

잘츠부르크 유스 출신으로 리퍼링 임대를 통해 프로 데뷔했고, 잘츠부르크에서 좋은 활약을 펼치다 2019년 여름, 볼프스부르크로 이적해 왔다. 이후 볼프스부르크 핵심 미드필더로 군림했다. 문제는 잦은 부상이었다. 그가 부상이 없었던 2020/21시즌, 볼프스부르크는 4위로 챔피언스리그에 진출했으나 지난 시즌 장기 부상으로 빠지자 추락했다. 볼프스부르크는 그가 출전한 경기에서 32승 18무 18패를 올렸으나 결장한 경기에서 10승 8무 16패의 부진을 보였다. 박스 투 박스형 미드필더로 공수 밸런스가 잘 잡혀 있다.

NEW ADDITION

DF 22 다비트 라움
David Raum

출전경기	경기시간(분)	골	어시스트	경고	퇴장
32	2,762	3	11	5	-

국적: 잉글랜드

그로이터 퓌르트 유스 출신으로 프로 데뷔해 호펜하임에서 스타덤에 오른 분데스리가 최정상급 왼쪽 풀백. 정교한 왼발 킥으로 많은 공격 포인트를 양산한다. 이미 2020/21시즌, 2부 리그에서 풀백임에도 도움왕(13도움)을 차지하는 괴력을 과시한 그는 지난 시즌 분데스리가 데뷔 시즌에 11도움을 올리며 사기적인 크로스 능력을 자랑했다. 그의 크로스 성공률은 무려 43.4%에 달한다. 2021년 여름, 독일의 21세 이하 유럽 선수권 우승 주역으로 곧바로 성인 대표팀에 승선해 주전으로 중용되고 있다.

GK 1 페테르 굴라치
Péter Gulacsi

국적: 헝가리

만 17세에 리버풀에 입단했으나 자리를 잡지 못한 채 임대를 전전하다 잘츠부르크에 정착했고, 2015년부터 라이프치히 주전 골키퍼로 뛰고 있다. 과거엔 반사신경만 좋은 골키퍼였으나 경험이 쌓이면서 안정감을 장착해 2018/19시즌을 기점으로 분데스리가 정상급 골키퍼로 자리잡았다. 이러한 활약을 인정받아 2019년 헝가리 올해의 선수에 선정됐다. 리더십도 있어 지난 시즌부터 주장직을 수행하고 있다.

출전경기	경기시간(분)	실점	무실점(경기)	경고	퇴장
33	2,967	34	10	1	-

DF 2 모하메드 시마칸
Mohamed Simakan

국적: 프랑스

스트라스부르에서 2019년 프로 데뷔했고, 지난 시즌 라이프치히에 입단했다. 뛰어난 운동 능력을 바탕으로 대인 수비에 강점이 있고, 빠른 스피드를 바탕으로 오른쪽 풀백도 소화할 수 있다. 유망주 시절에 십자인대 부상으로 1군 데뷔 시기가 늦춰졌고, 스트라스부르선 크고 작은 부상이 있었으나 다행히 라이프치히에선 부상 없이 뛰고 있다. 기니계로 프랑스에서 태어났고, 화려한 헤어 스타일을 자랑한다.

출전경기	경기시간(분)	실점	어시스트	경고	퇴장
28	2,013	1		5	-

DF 4 빌리 오르반
Willi Orban

국적: 헝가리

카이저슬라우테른 유스 출신으로 프로 데뷔했고, 2015년부터 라이프치히에서 뛰고 있다. 뛰어난 리더십을 바탕으로 수비 라인 지휘에 일가견이 있고, 침착하면서도 안정적인 수비를 펼친다. 제공권 역시 강해 세트피스 공격 시에 종종 골을 넣기도 한다. 2019/20시즌 장기 부상으로 힘든 시기를 보냈으나 재기에 성공했다. 독일 출생이지만 부친은 헝가리인에 모친은 폴란드인으로 헝가리 대표팀에 승선했다.

출전경기	경기시간(분)	골	어시스트	경고	퇴장
30	2,646	2	1	1	-

DF 16 루카스 클로스터만
Lukas Klostermann

국적: 독일

보훔 유스 출신으로 2014년에 프로 데뷔하자마자 곧바로 라이프치히로 이적했다. 수비 전 지역을 모두 커버할 수 있는 선수. 라이프치히에선 센터백과 오른쪽 풀백으로 주로 뛰지만, 리우 올림픽에선 왼쪽 풀백으로 뛰면서 독일의 은메달에 기여했다. 189cm의 장신에도 스피드가 빠른 편이고 제공권에 강점이 있다. 다만 2020년 무릎 수술 이후 스피드가 떨어지면서 풀백으로서의 경쟁력이 사라지고 있다.

출전경기	경기시간(분)	골	어시스트	경고	퇴장
23	1,648	-	1	1	-

DF 23 마르첼 할슈텐베르크
Marcel Halstenberg

국적: 독일

도르트문트 2군에서 상 파울리를 거쳐 2015년부터 라이프치히에서 뛰고 있는 멀티 수비수. 원래 왼쪽 풀백에서 뛰던 선수로 육상선수였던 부모님(부친은 110m 허들, 모친은 종합 육상)의 영향으로 스피드가 빠르고 188cm의 장신을 살린 높이에 강점이 있다. 크로스가 정확해 도움도 곧잘 올린다. 하지만 십자인대가 두 차례나 파열되면서 스피드가 떨어졌고, 이후 센터백으로 더 자주 뛰고 있다.

출전경기	경기시간(분)	골	어시스트	경고	퇴장
8	506	1	-	-	-

DF 32 요스코 그바르디올
Josko Gvardiol

국적: 크로아티아

크로아티아 수비의 미래를 책임질 대형 수비수로 평가받는 선수. 디나모 자그레브에서 만 17세에 프로 데뷔했고, 지난 시즌에 라이프치히로 팀을 옮겼다. 원래 센터백 출신이지만 유로 2020에선 크로아티아 대표로 왼쪽 풀백 역할을 수행했다. 뛰어난 운동 능력을 갖추고 있고, 준수한 기술에 더해 정교한 패스로 후방 빌드업을 주도한다. 다만 경험 부족으로 인해 대형 실수를 저지르는 습성이 있다.

출전경기	경기시간(분)	골	어시스트	경고	퇴장
29	2,413	2	2	7	-

DF 39 벤야민 헨리히스
Benjamin Henrichs

국적: 독일

독일 부친과 가나 모친 사이에서 태어나 원래 레버쿠젠 유스와 연령대별 대표팀에서 공격적인 미드필더로 뛰었으나 정작 1군 데뷔를 풀백으로 했다. 프로 초창기만 하더라도 정교한 킥을 바탕으로 독일 대표팀에 승선하는 등 주가를 높였으나 얼마 지나지 않아 수비 약점이 드러나면서 힘든 시기를 보냈다. 하지만 모나코를 거쳐 2020년 1월, 라이프치히로 이적해오면서 서서히 예전의 기량을 회복하고 있다.

출전경기	경기시간(분)	골	어시스트	경고	퇴장
22	1,138	3	3	3	-

MF 7 다니 올모
Dani Olmo

국적: 스페인

바르셀로나 유스로 이승우, 장결희, 백승호와 함께 뛰었으나 만 16세였던 어린 나이에 크로아티아 구단 디나모 자그레브 이적을 단행했고 정기적으로 1군에서 뛰면서 프로 경험을 쌓았다. 이를 통해 빠른 성장을 거듭한 그는 2020년 1월, 라이프치히에 입성했고 스페인 대표팀에도 승선했다. 바르셀로나 출신답게 기본기가 탄탄하고 패스 센스도 뛰어나다. 다만 몸싸움에 약하기에 기복을 보일 때가 있다.

출전경기	경기시간(분)	골	어시스트	경고	퇴장
19	740	3	3	2	-

MF 8 아마두 하이다라
Amadou Haidara

국적: 말리

많은 라이프치히 선수들과 마찬가지로 레드불 사단인 리퍼링과 잘츠부르크를 거쳐 2019년 1월에 이적해 온 선수. 2018년 11월, 십자인대 부상에도 라이프치히가 리버풀로 이적한 나비 케이타의 공백을 메우기 위해 다소 무리해서 영입을 단행했을 정도로 재능이 있는 선수. 하지만 잦은 부상으로 기대만큼 성장하지는 못하고 있다. 왕성한 활동량으로 중앙과 측면을 오가는 움직임을 보이고, 공수 모두에 능하다.

출전경기	경기시간(분)	골	어시스트	경고	퇴장
20	1,327	3	1	2	-

| MF | 10 | 에밀 포르스베리
Emil Forsberg |

국적: 스웨덴

스웨덴 명문 말뫼에서 2014년, 라이프치히로 이적해 온 그는 2016/17시즌, 8골 19도움으로 승격팀 돌풍(분데스리가 2위)을 이끌었다. 이후 잦은 부상에 시달리면서 2016/17시즌 당시의 모습을 보여주지는 못하고 있으나 여전히 강력한 킥과 찬스메이킹 능력으로 쏠쏠한 활약을 펼치고 있다. 특히 코로나로 1년 연기된 유로2020에서 4골을 넣으며 2021년 스웨덴 올해의 선수에 선정됐다.

출전경기	경기시간(분)	골	어시스트	경고	퇴장
31	1,709	6	2	2	-

| MF | 17 | 도미니크 소보슬라이
Dominik Szoboszlai |

국적: 헝가리

헝가리의 전설 페란 푸스카스 이후 최고의 재능이라는 평가를 듣는 선수. '헝가리의 베컴'이라고 불릴 정도로 킥 하나는 분데스리가 최정상급에 해당한다. 감아차기부터 무회전 킥에 이르기까지 다양한 종류의 킥을 구사하고, 활동량도 준수하다. 다만 기복이 있고, 세밀함이 떨어져 압박을 풀어내는 데엔 약점이 있다. 많은 라이프치히 선수들과 마찬가지로 리퍼링과 잘츠부르크를 거쳐 지난 시즌 라이프치히로 왔다.

출전경기	경기시간(분)	골	어시스트	경고	퇴장
31	1538	6	8	2	-

| MF | 26 | 일라이시 모리바
Ilaix Moriba |

국적: 기니

기니 출생으로 라이베리아 부친과 기니 모친 사이에서 태어났고, 어려서 스페인으로 이주했다. 5살에 에스파뇰 유스에 입단했고, 8살에 더비 팀 바르셀로나 유스로 옮겼다. 어려서부터 바르셀로나의 포그바로 불릴 정도로 대형 유망주로 명성을 떨쳤고, 만 18세에 데뷔전을 치렀다. 하지만 구단과 재계약 마찰 끝에 지난 시즌 라이프치히에 입단했고, 자기 관리에 실패하면서 기대만큼 성장하지 못하고 있다.

출전경기	경기시간(분)	골	어시스트	경고	퇴장
14	819	-	-	7	1

| MF | 27 | 콘라트 라이머
Konrad Laimer |

국적: 오스트리아

리퍼링과 잘츠부르크를 거쳐 라이프치히까지 레드불 산하 구단들을 단계별로 거친 선수. 기술적인 부분에선 다소 투박하지만, 왕성한 활동량과 성실성을 바탕으로 다양한 포지션을 소화할 수 있다. 팀에 꼭 필요한 궂은 일을 해주는 전형적인 선수라고 평가할 수 있다. 2020/21시즌 심각한 발목 부상으로 3경기 출전에 그쳤으나 지난 시즌 좋은 활약을 펼치며 건재함을 과시했다. 바이에른의 러브콜을 받고 있다.

출전경기	경기시간(분)	골	어시스트	경고	퇴장
26	1246	4	4	2	-

| MF | 44 | 케빈 캄플
Kevin Kampl |

국적: 슬로베니아

독일에서 출생한 슬로베니아 선수. 레버쿠젠 유스로 선수 생활 초창기엔 하부 리그를 전전하면서 힘든 시기를 보내다 잘츠부르크에서 기량을 만개했다. 이후 그는 도르트문트를 거쳐 레버쿠젠 복귀에 성공했고, 2017년부터 라이프치히에서 뛰고 있다. 공격형과 수비형은 물론 좌우 측면 미드필더까지 미드필더 전 포지션을 뛸 수 있는 다재다능한 선수. 큰 부상은 없지만 자잘한 부상에 시달리는 경향이 있다.

출전경기	경기시간(분)	골	어시스트	경고	퇴장
27	1,913	-	1	4	-

| FW | 9 | 유수프 포울센
Yussuf Poulsen |

국적: 덴마크

탄자니아 부친과 덴마크 모친 사이에서 태어났다. 링비에서 프로 데뷔했고, 2013년, 라이프치히에 입단해 3부 리그부터 팀을 끌어올리면서 가장 오랜 기간 팀에 남아 있다. 193cm의 장신을 살린 제공권에 더해 스피드도 있어 다방면에 재주가 있다. 다만 킥력이 약해 득점력이 떨어진다. 2018/19 시즌 깜짝 15골을 넣었으나 그 외엔 분데스리가에서 한 시즌 5골을 넘기는 것도 힘겨워하고 있다.

출전경기	경기시간(분)	골	어시스트	경고	퇴장
25	1,078	6	-	2	-

| FW | 11 | 티모 베르너
Timo Werner |

국적: 독일

슈투트가르트에서 만 17세에 구단 역대 최연소 출전과 득점 기록을 수립하면서 혜성처럼 등장한 그는 2016/17 시즌에 라이프치히로 이적하자마자 21골을 넣었고, 2019/20시즌엔 28골을 넣으며 스타덤에 올랐다. 이후 첼시로 이적해 힘든 시기를 보냈고, 라이프치히로 복귀하기에 이르렀다. 빠른 스피드를 살린 침투와 폭넓은 움직임에 강점이 있지만, 문전 앞 침착성이 떨어진다는 단점이 있다.

출전경기	경기시간(분)	골	어시스트	경고	퇴장
21	1,286	4	1	1	-

| FW | 19 | 안드레 실바
Andre Silva |

국적: 포르투갈

포르투갈 명문 포르투 유스 출신. 역사적으로 정통파 공격수가 없기로 악명이 높은 포르투갈에 파울레타 이후 오랜만에 등장한 선수. 포르투에서의 성공에 힘입어 AC 밀란으로 이적했으나 실패를 맛본 그는 세비야 임대를 거쳐 2019년 여름에 프랑크푸르트로 입단해 2020/21시즌 28골로 재기에 성공했다. 하지만 라이프치히로 이적한 지난 시즌, 기복이 심한 모습을 보이면서 11골에 그쳤다.

출전경기	경기시간(분)	골	어시스트	경고	퇴장
31	2,081	11	3	1	-

| FW | 35 | 알렉산더 쇠를로트
Alexander Sørloth |

국적: 노르웨이

로젠보리 출신으로 다양한 구단에서 뛰면서 보되/글림트와 미트윌란, 트라브존스포르(2019/20 시즌 터키 리그 득점왕) 등에선 좋은 활약을 펼쳤으나 크리스탈 팰리스와 라이프치히 같은 빅 리그에선 자리를 잡지 못하면서 임대를 전전하고 있다. 195cm의 당당한 신체와 준수한 킥력에도 갖췄음에도 기술 부족이 빅 리그 정착에 있어 걸림돌로 작용하고 있다. 그의 부친은 노르웨이의 전설적인 공격수 예란이다.

출전경기	경기시간(분)	골	어시스트	경고	퇴장
33	1,760	4	-	2	-

FC 우니온 베를린

FC Union Berlin

TEAM PROFILE

창 립	1906년
구 단 주	더크 칭글러(독일)
감 독	우르스 피셔(스위스)
연 고 지	베를린
홈 구 장	슈타디온 안 데어 알텐 피르스테라이(2만 2,012명)
라 이 벌	헤르타 BSC, BFC 디나모
홈페이지	www.fc-union-berlin.de

최근 5시즌 성적

시즌	순위	승점
2017-2018	없음	없음
2018-2019	없음	없음
2019-2020	11위	41점(12승5무17패, 41득점 58실점)
2020-2021	7위	50점(12승14무8패, 50득점 43실점)
2021-2022	5위	57점(16승9무9패, 50득점 44실점)

BUNDESLIGA (전신 포함)

통 산	없음
21-22 시즌	5위(16승9무9패, 승점 57점)

DFB POKAL

통 산	없음
21-22 시즌	4강

UEFA

통 산	없음
21-22 시즌	없음

경기 일정

라운드	날짜	장소	상대팀
1	2022.08.06	홈	헤르타
2	2022.08.13	원정	마인츠
3	2022.08.20	홈	라이프치히
4	2022.08.27	원정	샬케04
5	2022.09.03	홈	바이에른 뮌헨
6	2022.09.10	원정	쾰른
7	2022.09.17	홈	볼프스부르크
8	2022.10.01	원정	프랑크푸르트
9	2022.10.08	원정	슈투트가르트
10	2022.10.15	홈	도르트문트
11	2022.10.22	원정	보훔
12	2022.10.29	홈	묀헨글라트바흐
13	2022.11.05	원정	레버쿠젠
14	2022.11.08	홈	아우크스부르크
15	2022.11.12	원정	프라이부르크
16	2023.01.21	홈	호펜하임
17	2023.01.24	원정	베르더 브레멘
18	2023.01.28	원정	헤르타
19	2023.02.04	홈	마인츠
20	2023.02.11	원정	라이프치히
21	2023.02.18	원정	샬케04
22	2023.02.25	원정	바이에른 뮌헨
23	2023.03.04	홈	쾰른
24	2023.03.11	원정	볼프스부르크
25	2023.03.18	홈	프랑크푸르트
26	2023.04.01	홈	슈투트가르트
27	2023.04.08	원정	도르트문트
28	2023.04.15	홈	보훔
29	2023.04.22	원정	묀헨글라트바흐
30	2023.04.29	홈	레버쿠젠
31	2023.05.08	원정	아우크스부르크
32	2023.05.13	홈	프라이부르크
33	2023.05.20	원정	호펜하임
34	2023.05.27	홈	베르더 브레멘

전력 분석 | 대대적인 보강 단행…, 골키퍼는?

우니온은 지난 시즌 다소 부침이 있었다. 전반기엔 UEFA 컨퍼런스리그를 병행하면서 1승 3무 1패로 불안한 시즌 출발을 알렸다. 컨퍼런스리그 조기 탈락이 확정된 후 분데스리가에 집중한 우니온은 16라운드를 시작으로 5경기 무패(3승 2무) 행진을 이으며 챔피언스 리그 진출권인 4위에 올라섰으나 에이스 막스 크루제가 떠나면서 3연패 포함 7경기 1승 1무 5패의 부진에 빠졌다. 다행히 베커가 크루제의 공백을 메워주면서 마지막 7경기에서 6승 1무라는 호성적과 함께 5위로 시즌을 마무리한 우니온이었다. 우니온은 간판 공격수 아워니이와 주전 미드필더 프뢰멜이 떠났으나 시바체우와 레벨링, 판토비치, 슈카르케를 영입해 다양한 공격진을 구축했고, 토르스비와 제권, 하베러를 영입해 중원에도 깊이를 더했다. 그 외 두키와 디오구 레이트를 추가해 수비를 강화했다. 다만 시즌 막판 뢰노우가 주전 자리를 꿰찼다고 하더라도 기존 주전 골키퍼였던 루테가 떠난 건 아쉬운 점이었다. 지난 시즌 뢰노우의 분데스리가 출전 수는 7경기가 전부였다. 백업으로 영입한 그릴은 통산 분데스리가 출전 수가 5경기밖에 되지 않는다(지난 시즌 1경기).

전술 분석 | 다양한 전술 구사가 가능하다

우니온은 지난 시즌, 3-1-4-2 포메이션을 기본으로 가져갔다. 크노헤를 중심으로 예켈과 바움가르틀이 스리백을 형성했고, 기셀만과 트리멜이 좌우 윙백으로 나섰다. 케디라가 수비형 미드필더로 고정된 가운데 프뢰멜과 하라구치가 전진 배치되면서 공격 지원에 나섰다. 아워니이와 크루제가 투톱을 형성했고, 크루제 이적 이후 베커가 그 뒤를 이었다. 다만 주전과 비주전의 차이가 컸기에 컨퍼런스리그를 병행했을 시기엔 한계를 드러냈고, 크루제가 이적하고 7경기 동안 고전을 면치 못했다. 이번 시즌은 대대적인 선수 영입 덕에 다양한 조합이 가능해졌다. 토르스비가 가세하면서 강팀하고의 경기에선 케디라와 함께 두 명의 수비형 미드필더를 배치하는 수비적인 중원 구축이 가능하다. 판토비치는 공격형 미드필더고, 하베러와 제권은 공수 밸런스가 잡힌 미드필더이다. 기존 공격수인 베커(원래 측면 공격수인데 우니온 팀 사정상 투톱으로 뛰었다)에 더해 레벨링과 슈카르케가 가세하면서 윙포워드 두 명을 배치하는 스리 톱 활용도 가능하다. 상대팀에 따라 다양한 공격진과 중원은 물론 수비 라인까지 구축할 수 있게 된 우니온이다.

시즌 프리뷰 단계별로 성장하는 팀의 표본

우니온은 피셔 감독 부임 이후 장기적인 관점에서 차근차근 팀을 업그레이드 해 나가고 있다. 피셔가 처음 지휘봉을 잡았던 2018/19 시즌, 로베르트 출리와 플로리안 휘브너, 세바스티안 안데르손, 켄 라이헬, 라파우 기키에비치 같은 2부 리그에서 검증된 선수들을 보강해 구단 역사상 첫 분데스리가 승격에 성공했다. 2년 차엔 크리스티안 겐트너(미드필더)와 네벤 수보티치(수비수), 우자(공격수) 같은 분데스리가 경험이 풍부한 베테랑들을 영입해 11위로 시즌을 마감했다. 2020/21 시즌, 우니온은 크루제와 크노헤를 영입하면서 롱볼 축구에 세밀함을 더했다. 이와 함께 단조로운 선 수비 후 역습을 넘어 한층 주도적인 축구를 구사하면서 7위로 컨퍼런스 리그 진출권을 획득했다. 지난 시즌엔 하라구치를 영입해 중원에 창의성을 더했고, 예켈과 바움가르틀을 추가해 후방 빌드업도 강화했다. 이를 통해 5위를 차지하며 유로파리그 진출에 성공했다. 이번엔 대대적인 선수 영입을 통해 유럽대항전 병행을 철저히 준비하고 있다. 이렇듯 우니온은 피셔의 계획 속에서 단계별로 팀을 강화하면서 매 시즌 성적을 끌어올리고 있다.

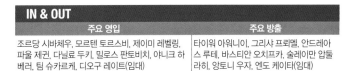

IN & OUT

주요 영입	주요 방출
조르당 시바체우, 모르텐 토르스비, 제이미 레벨링, 파울 제귄, 다닐료 두키, 밀로스 판토비치, 야니크 하베러, 팀 슈카르케, 디오구 레이트(임대)	타이워 아워니이, 그리샤 프리멜, 안드레아스 루테, 바스티안 오치프카, 술레이만 압둘라히, 앙토니 우자, 엔도 케이타(임대)

TEAM FORMATION

PLAN 3-4-1-2

TEAM RATINGS

슈팅 5
패스 6
조직력 7
수비력 7
감독 8
선수층 8

41

2021/22 프로필

팀 득점	50
평균 볼 점유율	43.30%
패스 정확도	73.60%
평균 슈팅 수	12.1
경고	61
퇴장	1

골 타 입	오픈 플레이	70
	세트 피스	12
	카운터 어택	4
	패널티 킥	5
	자책골	0 단위 (%)

패 스 타 입	쇼트 패스	78
	롱 패스	17
	크로스 패스	5
	스루 패스	0 단위 (%)

지역 점유율

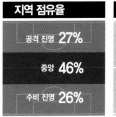

공격 진영 27%
중앙 46%
수비 진영 26%

공격 방향

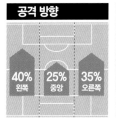

40% 왼쪽 / 25% 중앙 / 35% 오른쪽

슈팅 지역

10% 골 에어리어
62% 패널티 박스
28% 외곽 지역

상대팀 최근 6경기 전적

구분	승	무	패
바이에른 뮌헨		2	4
보루시아 도르트문트	2		4
바이엘 레버쿠젠	1	3	2
RB 라이프치히	3		3
우니온 베를린			
프라이부르크	3	2	1
FC 쾰른	5	1	
마인츠 05	4	1	1
호펜하임	2	2	2
보루시아 묀헨글라드바흐	3	2	1
아인트라흐트 프랑크푸르트	2	1	3
볼프스부르크	1	2	3
보훔	4	1	1
아우크스부르크	1	2	3
슈투트가르트	1	5	
헤르타 베를린	3	1	2
샬케 04		3	2
베르더 브레멘	3		2

SQUAD

포지션	등번호	이름		생년월일	키(cm)	체중(kg)	국적
GK	1	프레데리크 뢰노우	Frederik Ronnow	1992.08.04	188	81	덴마크
	37	레나르트 그릴	Lennart Grill	1999.01.25	192	85	독일
DF	3	파울 예켈	Paul Jaeckel	1998.07.22	189	80	독일
	4	디오구 레이트	Diogo Leite	1999.01.23	188	82	포르투갈
	5	다닐료 두키	Danilho Doekh	1998.06.30	190	86	네덜란드
	6	율리안 리에르손	Julian Ryerson	1997.11.17	183	84	노르웨이
	23	니코 기셀만	Niko Giesselmann	1991.09.26	182	75	독일
	25	티모 바움가르틀	Timo Baumgartl	1996.03.04	190	81	독일
	26	티모테우시 푸하치	Tymoteusz Puchacz	1999.01.23	180	74	폴란드
	28	크리스토퍼 트리멜	Christopher Trimmel	1987.02.24	189	82	오스트리아
	31	로빈 크노헤	Robin Knoche	1992.05.22	190	77	독일
	33	도미니크 하인츠	Dominique Heinz	1993.08.15	188	89	독일
MF	2	모르텐 토르스비	Morten Thorsby	1996.05.05	189	72	노르웨이
	8	라니 케디라	Rani Khedira	1994.01.27	188	84	독일
	13	언드라시 샤흐르	András Schäfer	1999.04.13	180	72	헝가리
	14	파울 제귄	Paul Seguin	1995.05.29	186	82	독일
	19	야니크 하베러	Janik Haberer	1994.04.02	186	79	독일
	21	팀 슈카르케	Tim Skarke	1996.09.07	180	79	독일
	24	하라구치 겐키	Genki Haraguchi	1991.05.03	177	68	일본
	32	밀로스 판토비치	Milos Pantovic	1996.07.07	185	77	세르비아
FW	9	안드레아스 포글잠머	Andreas Voglsammer	1992.01.09	178	81	독일
	11	스벤 미헬	Sven Michel	1990.07.15	179	78	독일
	17	케빈 베렌스	Kevin Behrens	1991.02.03	184	85	독일
	27	셰랄도 베커	Sheraldo Becker	1995.02.09	180	77	수리남
	40	제이미 레벨링	Jamie Leweling	2001.02.26	184	86	독일
	45	조르당 시바체우	Jordan Siebatcheu	1996.04.26	190	90	미국

GERMANY BUNDESLIGA

FC UNION BERLIN

GERMANY BUNDESLIGA

FC UNION BERLIN

우르스 피셔 Urs Fischer
1966년 2월 20일생 스위스

취리히와 툰, 바젤 같은 스위스 명문 구단들을 맡으면서 지도자 경력을 쌓은 그는 2018/19 시즌, 우니온 감독에 부임하자마자 구단 역사상 첫 분데스리가 승격을 견인한 데 이어 2019/20 시즌엔 잔류를 이끌었고, 2020/21 시즌엔 분데스리가 7위로 구단 역사상 첫 유럽대항전 진출(UEFA 컨퍼런스 리그)을 견인했다. 지난 시즌엔 5위를 차지하면서 유로파 리그에 진출하는 데 성공했다. 매 시즌 팀 성적을 끌어올리며 우니온 팬들의 절대적인 지지를 얻고 있다고 할 수 있겠다. 반면 바젤은 피셔 감독 체제에서 2015/16 시즌과 2016/17 시즌, 스위스리그 우승 2회를 추가하면서 8시즌 연속 우승과 함께 스위스 절대 강호로 군림하고 있었으나 그가 새 보드진들과의 마찰로 팀을 떠나자 이후 5시즌 연속 리그 우승에 실패하면서 흔들리고 있다.

| FW | 27 | 세랄도 베커 Sheraldo Becker |

국적: 수리남

네덜란드에서 출생한 수리남계 공격수. 아약스 유스 출신으로 츠볼레 임대를 통해 프로 데뷔했고, ADO 덴 하흐를 거쳐 2019년부터 우니온에서 뛰고 있다. 사실 그는 지난 시즌 전반기까지만 하더라도 백업 공격 멀티 공격수 역할을 수행했다. 하지만 에이스 크루제의 이적으로 주전 기회를 잡아 시즌 마지막 11경기에서 3골 4도움을 올리며(이전까지 17경기 1골 2도움) 팀의 새로운 에이스로 떠올랐다. 그의 활약 덕에 우니온은 5위 자리를 지킬 수 있었다. 2021년, 수리남 대표팀을 선택해 A매치 5경기에 출전했다. 그의 친척으로는 과거 네덜란드 대표팀에서 활약한 루시아노 나르싱과 지난 시즌까지 헤르타 소속이었던 자바이로 딜로선이 있다.

출전경기	경기시간(분)	골	어시스트	경고	퇴장
28	1,770	4	6	4	-

| GK | 1 | 프레데리크 뢰노우 Frederik Ronnow |

국적: 덴마크

호르센스에서 프로 데뷔해 에스비에르 임대를 거쳐 브뢴비에 입단한 그는 덴마크 대표로 성장하면서 2018년, 프랑크푸르트로 이적하는 데 성공했다. 하지만 프랑크푸르트에서 실망스러운 모습을 보이면서 주전 경쟁에서 밀려났고, 샬케 임대를 거쳐 지난 시즌 우니온에 입단했다. 우니온에서도 백업이었으나 시즌 막판 주전으로 나서 7경기에서 5실점만을 허용하면서 5승 2무 무패 행진을 견인했다.

출전경기	경기시간(분)	실점	무실점(경기)	경고	퇴장
7	630	5	2	1	-

| DF | 3 | 파울 예켈 Paul Jaeckel |

국적: 독일

독일 연령대별 대표팀을 단계별로 뛴 엘리트로 2021년 21세 이하 유럽 선수권 우승 멤버. 볼프스부르크 유스 출신으로 프로 데뷔했으나 그로이터 퓌르트로 이적해 꾸준한 출전 경험을 쌓았고, 지난 시즌에 우니온으로 이적했다. 볼 다루는 스킬이 좋고 패스도 준수하기에 중앙 미드필더와 측면 수비수로도 뛸 수 있다. 다만 188cm의 당당한 신체 조건에도 아직 공중 볼에는 약점을 드러내고 있다.

출전경기	경기시간(분)	골	어시스트	경고	퇴장
24	2,045	-	-	5	-

| DF | 5 | 다닐로 두키 Danilho Doekhi |

국적: 네덜란드

네덜란드–수리남 혼혈로 과거 네덜란드 대표팀 수비수였던 윈스턴 보가르드의 조카이기도 하다. 엑셀시오르 유스 출신으로 아약스 2군을 거쳐 2018년부터 비테세에서 뛰면서 핵심 수비수로 발전한 그는 지난 시즌엔 신임 주장에 올랐다. 제공권에 강점이 있고, 태클에 능하다. 그의 중간 이름인 라이문두는 1994년 월드컵 당시 브라질 주장이었던 라이의 이름에서 따온 것으로 그의 부친이 라이의 팬이다.

출전경기	경기시간(분)	골	어시스트	경고	퇴장
33	2,995	3	-	2	1

| DF | 6 | 율리안 리에르손 Julian Ryerson |

국적: 덴마크

그의 부친은 노르웨이계 미국 출생이고, 모친은 노르웨이인이다. 비킹 유스 출신으로 프로 데뷔한 그는 2018년 우니온으로 이적했고, 이후 서서히 출전 시간을 늘려나가고 있다. 기본적으로는 오른쪽 측면 수비수지만 수비 전 포지션(왼쪽 측면 수비, 센터백, 수비형 미드필더 미들)을 소화할 수 있을 정도로 다재다능하다. 다만 특정 포지션에서 주전 선수로 자리 잡기엔 확실한 장기가 없다는 단점이 있다.

출전경기	경기시간(분)	골	어시스트	경고	퇴장
28	1,421	2	-	3	-

| DF | 23 | 니코 기셀만 Niko Giesselmann |

국적: 독일

대기만성형 선수. 하노버 유스 출신으로 프로 데뷔에 실패한 그는 2부 리그 그로이터 퓌르트를 거쳐 2017년, 포르투나 뒤셀도르프에 입단해 주전으로 활약하면서 분데스리가 승격에 기여했다. 2020년 여름, 우니온에 입단해 백업 역할을 수행하다 크리스토프 렌츠의 이적을 틈타 지난 시즌에 주전으로 발돋움해 3골 6도움을 올렸다. 만 30세에 이르러서야 뒤늦게 전성기를 맞이하고 있는 선수다.

출전경기	경기시간(분)	골	어시스트	경고	퇴장
28	2093	3	6	3	-

| DF | 25 | 티모 바움가르틀 Timo Baumgartl |

국적: 독일

슈투트가르트 유스 출신으로 만 18세에 주전 센터백으로 뛸 정도로 기대를 한 몸에 얻었다. 하지만 시간이 흐를수록 경험 부족으로 실수를 범하는 횟수가 늘어나면서 급격히 무너졌다. 반등을 위해 2019년 여름, PSV로 이적한 그는 반 시즌 동안 중용받았으나 이후 결장이 잦아졌고, 지난 시즌 우니온 임대를 통해 주전으로 뛰면서 재기에 성공했다. 다만 시즌 막판 고환암 수술을 받는 악재가 발생했다.

출전경기	경기시간(분)	골	어시스트	경고	퇴장
25	2169	1	2	5	-

DF	28	크리스토퍼 트리멜
		Christopher Trimmel

국적: 오스트리아

팀의 주장이자 핵심 선수. 라피드 빈에서 2008년, 프로 데뷔한 그는 2014년 우니온에 입단해 줄곧 주전으로 활약 중이다. 2019/20 시즌부터 2020/21 시즌까지, 정교한 크로스와 세트 피스를 통해 2시즌 연속 두 자릿수 도움을 올리면서 팀 내 도움왕을 독식했다. 30대 중반에 접어든 지난 시즌엔 아쉽게도 단 하나의 도움도 올리지 못했으나 경험을 살린 수비로 여전히 팀을 지탱하고 있다.

출전경기	경기시간(분)	골	어시스트	경고	퇴장
25	1,996	2	-	5	

DF	31	로빈 크노헤
		Robin Knoche

국적: 독일

2005년 볼프스부르크 유스에 입단한 그는 2011/12 시즌 프로 데뷔해 줄곧 한 팀에서만 뛰었으나 2019/20 시즌 26라운드부터 주전 경쟁에서 밀려나면서 우니온으로 이적 수순을 밟아야 했다. 다행히 우니온에서 그는 예전의 기량을 회복하면서 핵심 수비수로 뛰고 있다. 경기 흐름을 읽는 눈이 좋아 수비라인 지휘에 강점이 있고, 발밑도 나름 준수한 편에 속한다. 다만 태클 능력은 다소 떨어진다.

출전경기	경기시간(분)	골	어시스트	경고	퇴장
33	2,970	-		6	

MF	2	모르텐 토르스비
		Morten Thorsby

국적: 노르웨이

2014년, 스타베크에서 프로 데뷔한 그는 곧바로 재능을 인정받아 헤이렌베인으로 이적해 5시즌 동안 핵심 미드필더로 활약하다 2019년 여름, 삼프도리아로 팀을 옮겼다. 세리에A에서도 준수한 경기력을 선보인 그는 이번 여름, 우니온으로 이적했다. 노르웨이 연령대별 대표팀을 단계별로 거쳤고, 2017년부터 성인 대표팀에서 뛰고 있다. 수비에 강점이 있는 선수로 다소 거칠기에 카드 관리가 필요하다.

출전경기	경기시간(분)	골	어시스트	경고	퇴장
35	2,952	3	1	10	-

MF	8	라니 케디라
		Rani Khedira

국적: 독일

독일 대표팀의 전설적인 미드필더 사미 케디라의 동생으로 유명한 선수. 슈투트가르트 유스 출신으로 라이프치히에서 1군 데뷔했고, 아우크스부르크를 거쳐 지난 시즌부터 우니온에서 뛰고 있다. 수비 특화형 미드필더로 가로채기는 물론 슈팅 차단, 태클, 제공권 장악 능력에 이르기까지 다양한 수비 능력을 보유하고 있기에 팀 사정에 따라 센터백 역할도 곧잘 소화한다. 다만 공격에 있어선 기대하기 어렵다.

출전경기	경기시간(분)	골	어시스트	경고	퇴장
32	2,765	-	1	6	-

MF	14	파울 제귄
		Paul Seguin

국적: 독일

볼프스부르크 유스 출신으로 2015년에 프로 데뷔했으나 제한적인 출전 시간을 얻었고, 2017/18 시즌 디나모 드레스덴 임대를 거쳐 2018년부터 그로이터 퓌르트에서 주전 미드필더로 활약했다. 특히 2020/21 시즌, 수비형 미드필더임에도 7골 8도움을 올리며 그로이터 퓌르트의 분데스리가 승격을 견인했다. 비록 팀은 1시즌 만에 강등됐으나 준수한 경기력을 보여주면서 우니온 이적에 성공했다.

출전경기	경기시간(분)	골	어시스트	경고	퇴장
27	2,110	-	3	9	-

MF	24	하라구치 겐키
		Genki Haraguchi

국적: 일본

우라와 레즈 유스 출신으로 2008년, 만 17세에 프로 데뷔해 어려서부터 재능을 인정받았다. 2014년 헤르타에 입단한 그는 3시즌 동안 준수한 활약을 펼쳤으나 이후 부진에 빠지면서 2부 리그 포르투나 뒤셀도르프로 반 시즌 임대를 떠났고, 하노버를 거쳐 지난 시즌 우니온에 입단했다. 원래 측면 공격수였으나 중앙 미드필더로 변신에 성공했다. 측면보다는 중앙에서 창의성을 발휘하는 게 그에겐 제격이다.

출전경기	경기시간(분)	골	어시스트	경고	퇴장
30	1,770	2	6	2	-

MF	32	밀로스 판토비치
		Milos Pantovic

국적: 세르비아

바이에른 유스 출신으로 1군 데뷔에 실패한 그는 2018년, 보훔으로 이적해 서서히 출전 시간을 늘려나갔다. 2020/21 시즌, 보훔이 2부 리그 우승을 차지할 때만 하더라도 그는 교체 투입용 선수였다. 하지만 지난 시즌, 분데스리가에서 주전급 선수로 활약하며 4골 3도움을 올렸다. 공격 전 포지션을 소화하는 다재다능한 선수로 공격 자원이 부족한 우니온에서 쏠쏠하게 쓰일 것으로 보인다.

출전경기	경기시간(분)	골	어시스트	경고	퇴장
28	1,539	4	3	2	-

FW	40	제이미 레벨링
		Jamie Leweling

국적: 독일

그로이터 퓌르트 유스 출신으로 2019년 프로 데뷔해 2시즌 동안 백업 역할을 담당했다. 지난 시즌에도 8라운드까지 백업으로 뛰었으나 짧은 출전 시간에도 인상적인 활약을 펼치면서 주전 자리를 꿰찼고, 재능을 인정받아 우니온 이적에 성공했다. 독일에서 출생한 가나계로 2020년 10월. 가나 대표팀의 부름을 받았으나 독일 21세 이하 팀에서 뛰고 있다. 드리블에 강점이 있으나 마무리가 좋지 못하다.

출전경기	경기시간(분)	골	어시스트	경고	퇴장
33	1,959	5	1	3	-

FW	45	조르당 시바체우
		Jordan Siebatcheu

국적: 미국

카메룬계 미국인. 워싱턴에서 출생해 어려서 프랑스로 이주한 그는 랭스에서 프로 데뷔했다. 2017/18 시즌, 프랑스 2부 리그에서 17골을 넣으며 스타드 렌으로 이적에 성공했으나 부진에 빠지며 힘든 시기를 보냈다. 2020년 영 보이스로 이적하여 데뷔 시즌 12골에 이어 지난 시즌 22골을 넣으며 스위스리그 득점왕에 올랐다. 190cm의 장신을 살린 헤딩에 강점이 있고, 위치 선정도 뛰어나다.

출전경기	경기시간(분)	골	어시스트	경고	퇴장
32	2,311	22	4	1	-

SC 프라이부르크
SC Freiburg

TEAM PROFILE	
창 립	1904년
구 단 주	에버하르트 푸크만(독일)
감 독	크리스티안 슈트라이히(독일)
연 고 지	프라이부르크 임 브라이스가우
홈 구 장	오이로파-파크 슈타디온(3만 4,700명)
라 이 벌	슈투트가르트
홈페이지	www.scfreiburg.com

최근 5시즌 성적
시즌	순위	승점
2017-2018	15위	36점(8승12무14패, 32득점 56실점)
2018-2019	13위	36점(8승12무14패, 46득점 61실점)
2019-2020	8위	48점(13승9무12패, 48득점 47실점)
2020-2021	10위	45점(12승9무13패, 52득점 52실점)
2021-2022	6위	55점(15승10무9패, 58득점 46실점)

BUNDESLIGA (전신 포함)
통 산	없음
21-22 시즌	6위(15승10무9패, 승점 55점)

DFB POKAL
통 산	없음
21-22 시즌	준우승

UEFA
통 산	없음
21-22 시즌	없음

경기 일정
라운드	날짜	장소	상대팀
1	2022.08.06	원정	아우크스부르크
2	2022.08.13	홈	도르트문트
3	2022.08.20	원정	슈투트가르트
4	2022.08.27	홈	보훔
5	2022.09.03	원정	레버쿠젠
6	2022.09.10	홈	프라이부르크
7	2022.09.17	원정	호펜하임
8	2022.10.01	홈	마인츠
9	2022.10.08	원정	헤르타
10	2022.10.15	원정	바이에른 뮌헨
11	2022.10.22	홈	베르더 브레멘
12	2022.10.29	원정	샬케04
13	2022.11.05	홈	쾰른
14	2022.11.08	원정	라이프치히
15	2022.11.12	홈	우니온 베를린
16	2023.01.21	원정	볼프스부르크
17	2023.01.24	홈	프랑크푸르트
18	2023.01.28	홈	아우크스부르크
19	2023.02.04	원정	도르트문트
20	2023.02.11	홈	슈투트가르트
21	2023.02.18	원정	보훔
22	2023.02.25	홈	레버쿠젠
23	2023.03.04	원정	묀헨글라트바흐
24	2023.03.11	홈	호펜하임
25	2023.03.18	원정	마인츠
26	2023.04.01	홈	헤르타
27	2023.04.08	홈	바이에른 뮌헨
28	2023.04.15	원정	베르더 브레멘
29	2023.04.22	홈	샬케04
30	2023.04.29	원정	쾰른
31	2023.05.08	홈	라이프치히
32	2023.05.13	원정	우니온 베를린
33	2023.05.20	홈	볼프스부르크
34	2023.05.27	원정	프랑크푸르트

전력 분석 | ## 약점인 공격을 강화하다

주축 선수들을 지키는 데 성공했던 프라이부르크는 지난 시즌, 우니온 베를린에서 임대 복귀한 니코 슐로터 배크가 대박을 터뜨리면서 시즌 내내 좋은 성적을 올리고 있었다. 2라운드를 시작으로 줄곧 유럽대항전 진출권인 6위 이내의 순위를 유지한 프라이부르크였다. 심지어 32라운드엔 챔피언스리그 진출권인 4위 탈환에 성공했다. 하지만 약점인 득점 문제를 해결하기 위해 시즌 막판에 공격적으로 나섰다가 강점이었던 수비가 무너지면서 마지막 2경기에서 모두 패해 6위로 시즌을 마감해야 했다. 유로파리그 진출권 획득에는 성공했으나 여러 의미에서 마침표(득점과 마지막 2경기)가 아쉬웠다. 비록 슐로터베크가 도르트문트로 떠났으나 독일 대표팀에서 잔뼈가 굵은 긴터가 프라이부르크로 돌아오면서 공백을 메우는 데 성공했다. 그 외 주축 선수들을 모두 지킨 가운데 그레고리치와 리츠, 체레를 영입해 약점이었던 공격을 대폭 강화했다. 특히 지난 시즌 부진을 면치 못했던 백업 공격수 데미로비치를 그레고리치로 바꿔온 건 사기에 가까웠다. 다만 백업 미드필더 하베러가 떠나면서 안 그래도 수적으로 부족했던 중원이 더 얇아진 건 아쉬운 부분이다.

전술 분석 | ## 4-4-2 정착하다

프라이부르크는 2019/20시즌과 2020/21시즌에 3-4-2-1과 4-4-2를 번갈아 가면서 활용해야 했다. 원래 슈트라이히 감독이 선호하는 포메이션은 4-4-2지만 수비 불안으로 인해 스리백을 활용할 수밖에 없었다. 2019/20시즌과 2020/21시즌만 놓고 보면 스리백을 쓴 경기 수가 포백보다 더 많았다. 지난 시즌 역시 개막전부터 스리백을 활용했고, 12라운드까지 8경기에 스리백을 가동했다. 하지만 이후 포백이 정착했고, 결국 지난 시즌엔 34경기 중 21경기에 포백을 활용했다(스리백 13경기). 이제는 4-4-2가 플랜A로 정착했다고 봐도 무방하다. 이번 시즌부터는 4-4-2를 더 적극적으로 활용할 예정이다. 그레고리치와 리츠, 체레가 가세하면서 공격 숫자가 충분해진 데다가 왼발잡이 센터백 슐로터베크가 떠나는 대신 오른발잡이 센터백 긴터가 오면서 스리백을 쓸 이유가 사라졌다. 그동안 프라이부르크는 슐로터베크와 주장이자 왼쪽 윙백 권터, 그리고 에이스이자 왼쪽 윙 그리포로 이어지는 왼쪽 중심의 공격을 전개했다. 이젠 오른쪽 공격 비율을 끌어올리면서 좌우 공격 밸런스를 유지할 필요가 있다.

시즌 프리뷰 얇은 중원, 유로파리그 병행에 리스크 될까?

프라이부르크는 역사적으로 유럽대항전에 진출할 때면 분데스리가에서 고전했다. 1995/96시즌, 구단 역대 최초로 UEFA컵에 참가했으나 11위로 시즌을 마감했다. 2001/02시즌에 다시 UEFA컵에 나갔으나 16위로 강등당하고 말았다. 2013/14시즌엔 유로파리그에 참가했으나 14위로 시즌을 끝냈고, 2017/18시즌에 다시 유로파리그에 올랐으나 15위로 시즌을 종료했다. 선수층이 얇다 보니 자연스럽게 발생하는 현상인 것이다.

이번 시즌은 그래도 어느 정도 선수 숫자를 확보해둔 상태. 특히 투 톱과 좌우 윙에 더해 센터백까지는 더블 스쿼드를 구축했다. 가장 큰 문제는 중원이다. 하베러가 떠나면서 프라이부르크의 백업 미드필더는 야니크 카이텔이 유일하다. 그마저도 카이텔은 지난 시즌, 기대치를 충족시켜주지 못한 선수였다. 여차하면 분데스리가 데뷔조차 하지 않은 만 19세 유망주 로베르트 바그너를 투입해야 할 판이다. 전문 왼쪽 풀백 백업 역시 분데스리가 경험이 없는 유망주 킴벌리 에제크벰이 유일하다. 유로파리그를 병행하기 위해선 수비형 미드필더와 왼쪽 풀백 보강이 필요해 보인다.

IN & OUT

주요 영입	주요 방출
마티아스 긴터, 미하엘 그레고리치, 도안 리츠, 다니엘-코피 체레	니코 슐로터베크, 에르메딘 데미로비치, 야니크 하베러

TEAM FORMATION

PLAN **4-4-2**

TEAM RATINGS

42

슈팅	5
패스	6
수비력	7
선수층	6
감독	9
조직력	9

2021/22 프로필

팀 득점	58
평균 볼 점유율	48.60%
패스 정확도	76.20%
평균 슈팅 수	13.6
경고	34
퇴장	0

골 타입		
오픈 플레이		48
세트 피스		33
카운터 어택		5
패널티 킥		9
자책골		5 단위 (%)

패스 타입		
쇼트 패스		81
롱 패스		15
크로스 패스		4
스루 패스		0 단위 (%)

지역 점유율

공격 진영	31%
중앙	41%
수비 진영	28%

공격 방향

36% 왼쪽 · 28% 중앙 · 36% 오른쪽

슈팅 지역

12% 골 에어리어
53% 패널티 박스
35% 외곽 지역

상대팀 최근 6경기 전적

구분	승	무	패
바이에른 뮌헨		1	5
보루시아 도르트문트	2	1	3
바이엘 레버쿠젠	2	1	3
RB 라이프치히		3	3
우니온 베를린	1	2	3
프라이부르크			
FC 쾰른	2	1	3
마인츠 05	2	2	2
호펜하임	4	1	1
보루시아 묀헨글라드바흐	2	2	2
아인트라흐트 프랑크푸르트	2	2	2
볼프스부르크	3	2	1
보훔	2	1	3
아우크스부르크	3	3	
슈투트가르트	4	1	1
헤르타 베를린	4		2
샬케 04	4		2
베르더 브레멘		4	2

SQUAD

포지션	등번호	이름		생년월일	키(cm)	체중(kg)	국적
GK	1	벤야민 우프호프	Benjamin Uphoff	1993.08.08	192	84	독일
	26	마르크 플레켄	Mark Flekken	1993.06.13	194	87	네덜란드
DF	2	위고 시케	Hugo Siquet	2002.07.09	180	70	벨기에
	3	필리프 린하르트	Philipp Lienhart	1996.07.11	189	83	오스트리아
	5	마누엘 굴데	Manuel Gulde	1991.02.12	184	80	독일
	17	루카스 퀴블러	Lukas Kubler	1992.08.30	181	74	독일
	25	킬리안 실디야	Kiliann Sildillia	2002.05.16	186	76	프랑스
	28	마티아스 긴터	Matthias Ginter	1994.01.19	191	86	독일
	30	크리스티안 귄터	Christian Gunter	1993.02.28	185	83	독일
	31	케벤 슐로터베크	Keven Schlotterbeck	1997.04.28	189	84	독일
MF	7	조나탕 슈미트	Jonathan Schmid	1990.06.26	179	79	프랑스
	8	막시밀리안 에게슈타인	Maximilian Eggestein	1996.12.08	181	75	독일
	11	다니엘 코피 체레	Daniel-Kofi Kyereh	1996.03.08	179	73	가나
	14	야니크 카이텔	Yannik Keitel	2000.02.15	186	85	독일
	22	롤란드 살라이	Roland Sallai	1997.05.22	182	75	헝가리
	23	로베르트 바그너	Robert Wagner	2003.07.14	181	85	독일
	27	니콜라스 회플러	Nicolas Hofler	1990.03.09	181	79	독일
	29	정우영	Woo-yeong Jeong	1999.09.20	179	69	대한민국
	32	빈첸초 그리포	Vincenzo Grifo	1993.04.09	180	76	이탈리아
	33	노아 바이스하우프트	Noah Weisshaupt	2001.09.20	181	65	독일
	42	도안 리츠	Ritsu Doan	1998.06.16	172	70	일본
FW	9	루카스 휠러	Lucas Holer	1994.07.10	184	83	독일
	18	닐스 페테르센	Nils Petersen	1988.12.06	188	82	독일
	20	케빈 샤데	Kevin Schade	2001.11.27	183	74	독일
	38	미하엘 그레고리치	Michael Gregoritsch	1994.04.18	193	74	오스트리아
	45	니산 부르카르트	Nishan Burkart	2000.01.31	175	70	스위스

크리스티안 슈트라이히
Christian Streich
1965년 6월 11일생 독일

현역 분데스리가 최고령(만 57세)이자 최장수 감독(11시즌). 유스 감독까지 포함하면 무려 27년째 프라이부르크에 헌신하고 있다. 2011/12시즌 전반기, 프라이부르크가 승점 13점으로 최하위에 그치면서 강등 위기에 직면하자 지휘봉을 잡은 그는 후반기에만 승점 27점을 추가하면서 잔류를 견인했다. 이어진 2012/13시즌엔 분데스리가 5위를 차지하면서 유로파리그 진출권을 획득했다. 비록 2014/15시즌 강등을 당했으나 곧바로 2부 리그 우승과 함께 승격했고, 2016/17시즌 분데스리가 7위를 차지하여 다시 유로파리그에 올랐다. 이후에도 꾸준하게 성적을 냈고, 지난 시즌엔 6위를 기록하며 유로파리그 진출을 견인했다. 매 시즌 주축 선수들이 떠나고 있음에도 그가 버티고 있는 이상 프라이부르크는 언제나 기대 이상의 성과를 올릴 수 있을 것이다.

MF	32	빈첸초 그리포
		Vincenzo Grifo

국적: 이탈리아

독일에서 출생한 이탈리아계 선수. 이탈리아 대표팀을 선택한 그는 슈트라이히 감독의 페르소나라고 할 수 있다. 다른 팀에선 부진하다가도 프라이부르크만 오면 좋은 활약을 펼친다. 2015/16시즌, 프라이부르크 입단 첫해 14골 11도움으로 분데스리가 승격을 이끌었고, 2016/17시즌엔 6골 8도움으로 승격팀 돌풍을 견인했다. 이후 묀헨글라드바흐와 호펜하임에서 힘든 시기를 보냈으나 2018/19시즌 후반기에 친정팀에 돌아온 그는 16경기 6골 3도움을 올리면서 팀의 분데스리가 잔류를 이끌었고, 지금까지도 매 시즌 많은 공격 포인트를 양산해내며 에이스 역할을 톡톡히 하고 있다. 드리블 기술도 준수하고 정교하면서도 강한 킥력을 자랑한다.

출전경기	경기시간(분)	골	어시스트	경고	퇴장
34	2,792	9	7	-	-

GK	26	마르크 플레켄
		Mark Flekken

국적: 네덜란드

네덜란드 국적으로 만 16세에 독일로 넘어와 알레마니아 아헨 유스에 입단해 프로 데뷔했고, 그로이터 퓌르트와 뒤스부르크를 거쳐 2018년, 프라이부르크로 이적했다. 그는 2020/21시즌, 슈볼로 골키퍼가 팀을 떠나면서 주전으로 낙점됐으나 심각한 팔꿈치 부상으로 3경기 출전에 그쳤다. 하지만 지난 시즌, 연신 환상적인 선방쇼를 펼쳤고, 이에 힘입어 네덜란드 대표팀에 승선하는 데 성공했다.

출전경기	경기시간(분)	실점	무실점(경기)	경고	퇴장
32	2880	39	10	-	-

DF	3	필리프 린하르트
		Philipp Lienhart

국적: 오스트리아

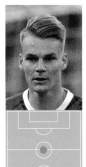

오스트리아에서 어린 시절부터 대형 수비수 유망주로 불리던 선수. 레알 마드리드 유스 출신으로 2017/18시즌부터 프라이부르크에서 뛰고 있다. 이적 초창기엔 경험 부족으로 인해 실수가 잦았고, 부상까지 겹치면서 힘든 시기를 보냈으나 2019/20시즌부터 주전 자리를 꿰찼고, 이젠 팀 수비의 중추적인 역할을 담당하고 있다. 제공권에 강해 2020/21시즌 4골에 이어 지난 시즌도 5골을 넣었다.

출전경기	경기시간(분)	골	어시스트	경고	퇴장
32	2,871	5	-	2	-

DF	5	마누엘 굴데
		Manuel Gulde

국적: 독일

호펜하임 유스 출신으로 프로 데뷔해 파더보른과 칼스루어를 거쳐 2016년부터 프라이부르크에서 뛰고 있다. 중앙 수비수는 물론 측면 수비수와 중앙 미드필더까지 커버할 수 있는 멀티 플레이어로 팀 전술 및 포메이션에 따라 다양한 역할을 맡는다. 프라이부르크 센터백 중에선 가장 나이가 많은 만 31세로 풍부한 경험이 있고, 집중력이 뛰어나기에 실수가 적은 편이다. 다만 스피드가 느리다는 단점이 있다.

출전경기	경기시간(분)	골	어시스트	경고	퇴장
20	1,230	-	-	2	-

DF	17	루카스 퀴블러
		Lukas Kübler

국적: 독일

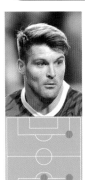

쾰른 유스 출신으로 트로이스도르프와 보너를 거쳐 2011년에 다시 쾰른에 입단했으나 2시즌 동안 1군으로는 1경기 출전에 그친 채 2군에서 뛰다 잔트하우젠을 거쳐 2015년에 프라이부르크에 입단했다. 이후 줄곧 백업 역할을 수행하다 지난 시즌, 오른쪽 풀백 주전으로 발돋움하는 데 성공했다. 원래 센터백 출신이기에 수비력은 준수하지만, 풀백 포지션을 감안하면 공격 가담 능력이 떨어지는 편에 속한다.

출전경기	경기시간(분)	골	어시스트	경고	퇴장
30	2,338	2	-	2	-

DF	28	마티아스 긴터
		Matthias Ginter

국적: 독일

프라이부르크가 배출한 최고의 선수. 구단 역대 2번째로 어린 나이에 분데스리가 데뷔전을 치렀고, 해당 경기에서 골을 넣으며 구단 역대 최연소 득점 기록(만 18세 2일)을 수립했다. 이후 2014년 도르트문트로 이적했고, 묀헨글라드바흐를 거쳐 이번 시즌, 8년 만에 친정팀으로 복귀했다. 볼배급 능력이 뛰어나고, 공격 가담도 곧잘 하며, 수비 라인 지휘에 능하다. 다만 태클 능력은 다소 떨어진다.

출전경기	경기시간(분)	골	어시스트	경고	퇴장
27	2,268	1	-	2	-

DF	30	크리스티안 귄터
		Christian Gunter

국적: 독일

프라이부르크에서만 유스 시절부터 16년째 뛰고 있는 원클럽맨으로 이제 그의 나이 만 29세. 분데스리가에서만 268경기에 출전해 구단 역대 최다 출전 기록자로 우뚝 섰다. 2020/21시즌부터는 주장직을 수행하고 있다. 왼쪽 측면 수비수지만 측면 공격수도 수행할 수 있을 정도로 공격 성향이 강하고, 날카로운 크로스로 많은 도움을 양산해낸다. 이를 바탕으로 지난 시즌 9도움을 올리는 괴력을 과시했다.

출전경기	경기시간(분)	골	어시스트	경고	퇴장
34	3,060	2	9	2	-

MF 8 막시밀리안 에게슈타인
Maximilian Eggestein

국적: 독일

브레멘 유스 출신으로 지난해 여름에 영입한 선수. 원래 공격형 미드필더였으나 왕성한 활동량을 바탕으로 2017/18시즌부터 수비형 미드필더로 변신에 성공했다. 특히 2018/19시즌엔 5골 4도움을 올리며 독일 대표팀에 승선하기도 했다. 이후 공격 포인트 생산 능력은 다소 떨어졌으나 여전히 성실한 플레이로 팀에 도움을 준다. 동생 요하네스도 브레멘 유스 출신으로 현재 상 파울리에서 뛰고 있다.

출전경기	경기시간(분)	골	어시스트	경고	퇴장
31	2,205	1	2	2	-

MF 11 다니엘 코피 체레
Daniel-Kofi Kyereh

국적: 가나

가나 부친과 독일 모친 사이에서 태어났다. 가나에서 출생했으나 1살에 독일로 넘어왔다. 하펠제에서 1군에 데뷔했고, 베헨 비스바덴을 거쳐 2020/21시즌부터 상 파울리에서 에이스로 활약하다 이번 여름에 프라이부르크로 이적해왔다. 드리블 스킬이 있고, 강력한 킥과 찬스메이킹 능력을 겸비했기에 득점 생산성이 높은 편에 속한다. 다만 개인플레이를 남발하는 습성이 있고, 빅 리그 검증이 되지 않았다.

출전경기	경기시간(분)	골	어시스트	경고	퇴장
29	2506	12	9	5	-

MF 22 롤란드 살라이
Roland Sallai

국적: 헝가리

헝가리 축구 명가에서 태어난 측면 공격수. 부친 티도르는 중앙 미드필더였고, 삼촌은 헝가리의 전설적인 풀백 산도르 살라이다. 푸스카스 아카데미아에서 2014년 만 17세에 프로 데뷔했고, 팔레르모와 아포엘을 거쳐 2018년에 프라이부르크로 이적해왔다. 데뷔 시즌부터 큰 부상으로 고전했으나 이후 정교한 킥을 바탕으로 서서히 팀 내 입지를 끌어올리고 있다. 특히 헝가리 대표팀에서 좋은 활약을 펼치고 있다.

출전경기	경기시간(분)	골	어시스트	경고	퇴장
31	1,560	4	4	1	-

MF 27 니콜라스 회플러
Nicolas Höfler

국적: 독일

프라이부르크 유스 출신으로 2011/12시즌과 2012/13시즌 에르츠게비르게 아우에에서 임대로 뛴 걸 제외하면 줄곧 프라이부르크에서만 뛰고 있다. 프라이부르크 중원의 중심을 잡아주는 선수. 기본적으로는 수비형 미드필더이지만 센터백도 소화할 수 있을 정도로 수비에 강점이 있다. 지나치게 거칠게 수비해 카드를 수집하는 습성이 있었으나 지난 시즌엔 많이 개선됐고, 공격력도 향상된 모습이다.

출전경기	경기시간(분)	골	어시스트	경고	퇴장
30	2,604	2	4	5	-

MF 29 정우영
Jeong Woo-yeong

국적: 대한민국

2018년 1월, 바이에른에 입단한 그는 11월, 한국인 최연소 챔피언스리그 데뷔전을 치렀고, 2019년 3월엔 분데스리가에서 데뷔했다. 2019년 여름, 프라이부르크로 이적한 그는 후반기에 바이에른 2군으로 임대를 떠나면서 3부 리그 우승에 기여했고, 복귀 이후 출전 시간을 늘려나가며 주전으로 발돋움했다. 2년 연속 팀 내 체력테스트 1위를 차지할 정도로 왕성한 활동량과 빠른 스피드를 자랑한다.

출전경기	경기시간(분)	골	어시스트	경고	퇴장
31	1795	5	2	1	-

MF 42 도안 리츠
Ritsu Doan

국적: 일본

감바 오사카 유스 출신으로 2015년, 만 16세에 아시아 챔피언스리그에서 데뷔한 그는 2017년 흐로닝언으로 이적해 성공적으로 유럽 무대에 정착했다. 2019년, 네덜란드 명문 PSV에 입단한 후 부진에 빠지면서 힘든 시기를 보냈다. 그러나 빌레펠트 임대를 통해 경기력을 끌어올렸고, 지난 시즌 부상으로 24경기 출전에 그쳤음에도 준수한 득점력(8골)을 선보이며 프라이부르크로 이적하기에 이르렀다.

출전경기	경기시간(분)	골	어시스트	경고	퇴장
24	1,521	8	1	-	-

FW 9 루카스 휠러
Lucas Holer

국적: 독일

독일 5부 리그(블루멘탈러)부터 시작해 4부(올덴부르크)와 마인츠 2군(3부)을 거쳐 2부 리그(잔트하우젠)를 차례대로 밟고 2018년 1월, 프라이부르크에 입성했다. 이에 분데스리가 공식 홈페이지는 그를 '독일의 제이미 바디'라고 칭했다. 왕성한 활동량과 빠른 스피드로 상대를 괴롭히는 데에 일가견이 있다. 제공권도 좋은 편에 속한다. 다만 득점력이 좋은 선수는 아닌데다가 기본기가 부족하다.

출전경기	경기시간(분)	골	어시스트	경고	퇴장
34	2,598	7	2	2	-

FW 20 케빈 샤데
Kevin Schade

국적: 독일

나이지리아 부친과 독일 모친 사이에서 태어난 측면 공격수로 프라이부르크가 애지중지 키우고 있는 유망주. 지난 시즌, 첫 프로 데뷔해서 주로 교체 출전했으나 4골 1도움을 올리며 준수한 득점 생산성을 자랑했다. 뛰어난 기술적인 능력을 바탕으로 드리블에 강점이 있다. 다만 아직은 지나치게 개인플레이에 치중하는 경향이 있다. 독일 21세 이하 대표팀에서도 좋은 활약을 펼치며 기대감을 높이고 있다.

출전경기	경기시간(분)	골	어시스트	경고	퇴장
21	826	4	1	2	-

FW 38 미하엘 그레고리치
Michael Gregoritsch

국적: 오스트리아

카펜베르거 유스 출신으로 만 15세에 프로 데뷔한 그는 오스트리아 리그 역대 최연소 득점 기록을 세웠다. 2012년 호펜하임에 입단해 임대를 전전하다 2015년, 함부르크로 이적해 분데스리가에 안착했고, 2017년부터 아우크스부르크에서 주전으로 활약했다. 원래 공격형 미드필더였지만 공격수로 보직을 변경해 재미를 보고 있다. 그의 부친은 무려 10년간 오스트리아 21세 이하 대표팀을 지도하고 있다.

출전경기	경기시간(분)	골	어시스트	경고	퇴장
25	1,384	8	-	3	-

GERMANY BUNDESLIGA

SC FREIBURG

FC 쾰른
1. FC Köln

TEAM PROFILE	
창 립	1948년
구 단 주	베르너 볼프(독일)
감 독	슈테펜 바움가르트(독일)
연 고 지	쾰른
홈 구 장	라인에네르기 슈타디온(5만 374명)
라 이 벌	레버쿠젠, 묀헨글라트바흐, 뒤셀도르프
홈페이지	www.fc.de/start

최근 5시즌 성적

시즌	순위	승점
2017-2018	18위	22점(5승7무22패, 35득점 70실점)
2018-2019	없음	없음
2019-2020	14위	36점(10승6무18패, 51득점 69실점)
2020-2021	16위	33점(8승9무17패, 34득점 60실점)
2021-2022	7위	52점(14승10무10패, 52득점 49실점)

BUNDESLIGA (전신 포함)

통 산	우승 2회
21-22 시즌	7위(14승10무10패, 승점 52점)

DFB POKAL

통 산	우승 4회
21-22 시즌	16강

UEFA

통 산	없음
21-22 시즌	없음

경기 일정

라운드	날짜	장소	상대팀
1	2022.08.06	홈	샬케04
2	2022.08.13	원정	라이프치히
3	2022.08.20	원정	프랑크푸르트
4	2022.08.27	홈	슈투트가르트
5	2022.09.03	원정	볼프스부르크
6	2022.09.10	홈	우니온 베를린
7	2022.09.17	원정	보훔
8	2022.10.01	홈	도르트문트
9	2022.10.08	원정	묀헨글라트바흐
10	2022.10.15	홈	아우크스부르크
11	2022.10.22	원정	마인츠
12	2022.10.29	홈	호펜하임
13	2022.11.05	원정	프라이부르크
14	2022.11.08	홈	레버쿠젠
15	2022.11.12	원정	헤르타
16	2023.01.21	홈	베르더 브레멘
17	2023.01.24	원정	바이에른 뮌헨
18	2023.01.28	원정	샬케04
19	2023.02.04	홈	라이프치히
20	2023.02.11	홈	프랑크푸르트
21	2023.02.18	원정	슈투트가르트
22	2023.02.25	홈	볼프스부르크
23	2023.03.04	원정	우니온 베를린
24	2023.03.11	홈	보훔
25	2023.03.18	원정	도르트문트
26	2023.04.01	홈	묀헨글라트바흐
27	2023.04.08	원정	아우크스부르크
28	2023.04.15	홈	마인츠
29	2023.04.22	원정	호펜하임
30	2023.04.29	홈	프라이부르크
31	2023.05.08	원정	레버쿠젠
32	2023.05.13	홈	헤르타
33	2023.05.20	원정	베르더 브레멘
34	2023.05.27	홈	바이에른 뮌헨

전력분석 | 공격의 핵심이 사라지다

2020/21시즌에 승강 플레이오프 끝에 간신히 잔류했던 쾰른은 지난 시즌, 바움가르트 신임 감독 체제에서 환골탈태에 성공했다. 공격형 미드필더 3명을 배치하는 공격적인 4-1-3-2 포메이션을 통해 2020/21시즌 34골에 그쳤던 팀 득점을 52골로 끌어올리면서 7위와 함께 UEFA 컨퍼런스리그 진출권을 획득한 것. 스키리의 부재 시에 4-1-3-2 포메이션이 수비적으로 흔들리는 문제를 노출하자 후반기 들어선 수비형 미드필더를 두 명 배치하는 4-2-3-1을 적극적으로 활용하면서 약점을 최소화하는 전술적인 유연성도 보여주었다. 지난 시즌 수비형 미드필더로 변신에 성공한 외즈찬이 도르트문트로 떠나면서 중원에 전력 누수가 발생한 쾰른은 라이프치히 유망주 마르텔과 후세인바시치를 동시에 영입하면서 공백 메우기에 나섰다. 센터백까지 소화할 수 있는 수비적인 왼쪽 측면 수비수 페데르센을 팀에 추가하면서 수비진에 깊이를 더했다. 장신 공격수 티게스와 슈퍼 조커 아다미안, 멀티 공격수 마이나를 영입해 다양한 공격진을 구축하는 듯싶었으나 간판 공격수 모데스트가 급작스럽게 도르트문트로 이적하면서 공격의 큰 축이 사라진 쾰른이다.

전술분석 | 다시 4-1-3-2로 회귀?

지난 시즌 쾰른은 스키리가 없을 시 4-1-3-2를 가동하기 힘들다는 사실을 깨달았다. 실제 쾰른은 스키리가 부상으로 결장한 첫 5경기에서 2무 3패로 승리를 거두지 못했다. 게다가 4-1-3-2 자체가 스키리에게 너무 큰 부하를 주는 포메이션이기도 했다. 이전까지 부상이 없었던 스키리가 지난 시즌엔 10경기를 부상으로 결장해야 했다. 전술적인 보호가 필요했다. 이것이 쾰른이 후반기에 들어 4-2-3-1를 적극적으로 활용했던 이유였다. 이번 시즌을 앞두고 쾰른은 프리 시즌 동안 4-4-2 포메이션을 적극적으로 활용했다. 이를 통해 스키리의 부담을 덜어줌과 동시에 공격 루트를 다변화하겠다는 포석이었다. 하지만 모데스트가 떠나면서 쾰른은 다시 공격적인 4-1-3-2를 분데스리가 개막전에 들고 나왔다. 모데스트의 득점 공백을 다양한 공격 자원들을 활용해 대체하겠다는 포석이다. 다만 상대팀에 따라 4-4-2와 4-2-3-1 같은 다양한 포메이션을 활용할 필요성은 있다. 4-1-3-2로 시즌 전체를 끌고 가기에는 스키리 의존증이 지나치게 커질 수밖에 없다. 이래저래 새 시즌을 앞두고 큰 변수가 발생한 쾰른이다.

GERMANY BUNDESLIGA

1.FC KÖLN

모데스트 없이 컨퍼런스리그 병행 가능?

지난 시즌 퀼른은 속칭 풀리는 시즌이었다. 이제는 하락세에 접어들었다는 평가를 들었던 모데스트가 20골을 넣으며 제2의 전성기를 구가했고, 주전 골키퍼 티모 호른이 부상으로 빠진 덕에 백업 골키퍼 슈베베가 깜짝 활약을 펼쳤다. 공격형 미드필더였던 외즈찬은 수비형 미드필더로 대박을 터뜨렸다. 그동안 분데스리가에서 뚜렷한 족적을 남기지 못했던 휘버스와 슈미츠도 커리어 하이 시즌을 보냈다. 바움가르트 감독의 전술적 역량이라고 평가할 수 있지만, 운이 따랐던 것도 사실이다. 이번 시즌 퀼른은 컨퍼런스리그를 병행해야 한다. 이를 감안하면 불안 요소들이 곳곳에 존재하고 있다. 백업 센터백(브라이트 아레이-음비)과 백업 미드필더(마르텔과 후세인바시치)는 물론 모데스트의 장기적인 대체자 티게스는 분데스리가에서 검증되지 않은 선수들이다. 왼쪽 풀백 헥토어의 백업인 페데르센 역시 분데스리가는 이번이 처음이다. 특히 모데스트와 헥토어는 팀 내에서 가장 나이가 많은 선수들이기에 관리가 필요하다. 즉 백업 선수들이 주전 선수들을 잘 받쳐주지 못한다면 퀼른은 컨퍼런스리그를 병행하는 동안 큰 곤경에 봉착할 위험성이 있다.

IN & OUT

주요 영입	주요 방출
사르기스 아다미안, 슈테펜 티게스, 에릭 마르텔, 크리스티안 페데르센, 린톤 마이나, 데니스 후세인바시치, 디미트리오스 림니오스(임대복귀)	살리흐 외즈찬, 루이스 샤우브, 야네스 호른, 토마스 오스트라크

TEAM FORMATION

PLAN 4-4-2

TEAM RATINGS

- 슈팅 5
- 패스 6
- 조직력 7
- 수비력 6
- 감독 8
- 선수층 6

38

2021/22 프로필

팀 득점	52
평균 볼 점유율	54.80%
패스 정확도	77.40%
평균 슈팅 수	13.8
경고	66
퇴장	1

골 타 입		
오픈 플레이		75
세트 피스	17	
카운터 어택	6	
패널티 킥	2	
자책골	0	단위 (%)

패 스 타 입		
쇼트 패스		81
롱 패스	13	
크로스 패스	5	
스루 패스	0	단위 (%)

지역 점유율
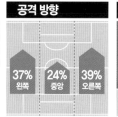
- 공격 진영 30%
- 중앙 41%
- 수비 진영 29%

공격 방향

- 37% 왼쪽
- 24% 중앙
- 39% 오른쪽

슈팅 지역
- 10% 골 에어리어
- 59% 패널티 박스
- 31% 외곽 지역

상대팀 최근 6경기 전적

구분	승	무	패
바이에른 뮌헨			6
보루시아 도르트문트	1	2	3
바이엘 레버쿠젠	2	1	3
RB 라이프치히	1	2	3
우니온 베를린		1	5
프라이부르크	3	1	2
FC 퀼른			
마인츠 05	2	2	2
호펜하임			6
보루시아 묀헨글라드바흐	3		3
아인트라흐트 프랑크푸르트	2	3	1
볼프스부르크	2	1	3
보훔	3	1	2
아우크스부르크	2	2	2
슈투트가르트	2	1	3
헤르타 베를린	3	2	1
샬케 04	3	2	1
베르더 브레멘	1	3	2

SQUAD

포지션	등번호	이름		생년월일	키(cm)	체중(kg)	국적
GK	1	티모 호른	Timo Horn	1993.05.12	192	90	독일
	20	마빈 슈베베	Marvin Schwabe	1995.04.25	188	83	독일
DF	2	베노 슈미츠	Benno Schmitz	1994.11.17	182	75	독일
	3	크리스티안 페데르센	Kristian Pedersen	1994.08.04	189	83	덴마크
	4	티모 휘버스	Timo Hubers	1996.07.20	190	82	독일
	5	브라이트 아레이-음비	Bright Arrey-Mbi	2003.03.26	187	80	독일
	15	루카 킬리안	Luca Kilian	1999.09.01	192	91	독일
	19	킹슬리 에히시부에	Kingsley Ehizibue	1995.05.28	189	78	나이지리아
	24	율리안 샤보트	Julian Chabot	1998.02.12	195	85	독일
MF	6	에릭 마르텔	Eric Martel	2002.04.29	188	81	독일
	7	데얀 류비치치	Dejan Ljubicic	1997.10.08	187	74	오스트리아
	8	데니스 후세인바시치	Denis Huseinbasic	2001.07.03	184	70	독일
	11	플로리안 카인츠	Florian Kainz	1992.10.24	176	71	오스트리아
	14	요나스 헥토어	Jonas Hector	1990.05.27	185	75	독일
	17	킹슬리 쉰들러	Kingsley Schindler	1993.07.12	183	80	독일
	18	온드레이 두다	Ondrej Duda	1994.12.05	181	75	슬로바키아
	28	엘리에스 스키리	Ellyes Skhiri	1995.05.10	185	73	튀니지
	29	얀 틸만	Jan Thielmann	2002.05.26	178	72	독일
	37	린톤 마이나	Linton Maina	1999.06.23	180	70	독일
	42	디미트리스 림니오스	Dimitrios Limnios	1998.05.27	178	71	그리스
FW	9	세바스티안 안데르손	Sebastian Andersson	1991.07.15	190	86	스웨덴
	13	마르크 우트	Mark Uth	1991.08.24	185	74	독일
	21	슈테펜 티게스	Steffen Tigges	1998.07.31	193	90	독일
	23	사르기스 아다미안	Sargis Adamyan	1993.05.23	184	75	아르메니아
	25	팀 렘페를레	Tim Lemperle	2002.02.05	189	78	독일
	33	플로리안 디츠	Florian Dietz	1998.08.03	190	78	독일

슈테펜 바움가르트
Steffen Baumgart
1972년 1월 5일생 독일

4부 리그 마그데부르크를 시작으로 지도자 경력을 시작한 그는 2017년 4월, 파더보른 지휘봉을 잡으면서 이름을 알리기 시작했다. 부임 당시 3부 리그에서도 강등 위기에 있던 파더보른을 맡아 5경기에서 3승 2무 무패로 팀을 구해냈고, 곧바로 2017/18시즌과 2018/19시즌 연달아 파더보른을 승격시키는 기적을 연출했다. 비록 분데스리가 승격 1시즌 만에 다시 팀은 강등됐으나 파더보른에서의 성과를 인정받아 많은 구단의 러브콜을 받은 그는 쾰른을 선택했고, 지난 시즌 7위라는 호성적을 올리면서 한층 주가를 높이고 있다. 쾰른이 바움가르트 부임 이전 시즌에 16위로 승강 플레이오프 끝에 잔류했다는 걸 고려하면 놀라운 성과가 아닐 수 없다. 빵모자가 트레이드 마크로 유명하다.

MF	14	요나스 헥토어
		Jonas Hector

국적: 독일

쾰른이 사랑하는 선수이자 주장. 6부 리그에서 시작해 쾰른 2군에 있다가 팀이 2부 리그로 강등되자 1군 데뷔 기회를 얻은 그는 이후 팀의 주전 왼쪽 풀백으로 오랜 기간 활약하면서 독일 대표팀에 승선하는 영예를 얻었다. 쾰른이 2017/18시즌, 최하위로 강등되자 도르트문트 같은 강팀의 러브콜을 거절하고 재계약을 체결하는 의리를 보여주었다. 팀 사정에 따라 미드필더로 고정적으로 뛰기도 했고, 부상 선수들이 발생할 때마다 그 공백을 대신하며 골키퍼 제외한 거의 모든 포지션을 소화했다. 한동안 잦은 부상으로 고전했으나 지난 시즌엔 왼쪽 풀백으로 복귀해 6도움을 올렸다. 괜히 그의 애칭이 Mr. Reliable (신뢰할 수 있는 남자)이 아니다.

출전경기	경기시간(분)	골	어시스트	경고	퇴장
30	2,556	-	6	3	

GK	20	마르빈 슈베베
		Marvin Schwabe

국적: 독일

선수 경력 초기에 프랑크푸르트와 호펜하임 2군에 있었으나 1군 데뷔에 실패했고, 오스나브뤼크와 디나모 드레스덴 임대 다니면서 3부와 2부 리그에서 뛰어야 했다. 결국 그는 스웨덴 명문 브뢴비 이적을 통해 1부 리그 경험을 쌓았고, 지난 시즌 쾰른에 입단했다. 그는 주전 골키퍼 호른의 부상을 틈타 인상적인 활약(후반기엔 분데스리가 최고의 골키퍼로 평가받았을 정도)을 펼치며 주전 자리를 꿰차는 데 성공했다.

출전경기	경기시간(분)	실점	무실점 (경기)	경고	퇴장
21	1,890	28	3	1	-

DF	2	베노 슈미츠
		Benno Schmitz

국적: 독일

바이에른 유스 출신이지만 1군 데뷔에는 실패했고, 레드불 산하 리퍼링과 잘츠부르크, 라이프치히를 단계별로 거치면서 분데스리가 무대에 입성했다. 하지만 라이프치히가 대대적인 전력 보강을 하면서 밀려나게 된 그는 2018년 여름, 쾰른으로 팀을 옮겼다. 그동안 고질적인 수비 불안이 발목을 잡으면서 방출 명단에 이름을 올렸으나 지난 시즌 장기인 공격력이 빛을 발하면서 주전 등극과 동시에 재계약에 성공했다.

출전경기	경기시간(분)	골	어시스트	경고	퇴장
31	2,433	-	5	5	-

DF	3	크리스티안 페데르센
		Kristian Pedersen

국적: 덴마크

선수 경력 초기에 덴마크 하부 리그 벤뢰세와 링스테드에서 뛰면서 무명에 가까웠다. 하지만 덴마크 1부 리그 쾨게에 입단한 그는 이후 독일 2부 우니온 베를린과 잉글랜드 2부 버밍엄 시티에서 줄곧 주전으로 뛰면서 성장세를 밟아나갔고, 2020년 10월엔 덴마크 대표팀에 승선하기에 이르렀다. 주 포지션은 왼쪽 풀백으로 공격적인 능력은 떨어지지만, 센터백까지 소화할 정도로 안정적인 수비를 구사한다.

출전경기	경기시간(분)	골	어시스트	경고	퇴장
37	3,260	2	1	10	1

DF	4	티모 휘버스
		Timo Hubers

국적: 독일

하노버 유스 출신으로 2015/16시즌 쾰른 2군에서 뛴 걸 제외하면 2020/21시즌까지 줄곧 하노버에서 뛰었다. 하지만 어린 시절 십자인대 파열만 두 차례 당했고, 무릎 수술도 2번을 받으면서 힘든 시기를 보내야 했다. 지난 시즌, 쾰른에 입단한 그는 16라운드를 기점으로 주전으로 올라서면서 팀의 상승세를 이끌었다. 단단한 수비를 자랑하지만 거친 파울로 카드 관리가 안 되는 게 아쉬운 부분.

출전경기	경기시간(분)	골	어시스트	경고	퇴장
20	1,742	1	-	7	-

DF	15	루카 킬리안
		Luca Kilian

국적: 독일

1960년대부터 80년대까지 센터백으로 활약한 아만트 타이스의 외손자. 도르트문트 유스 출신으로 파더보른에서 2019/20시즌에 프로 데뷔한 그는 2020/21시즌에 마인츠에서 백업으로 있다가 은사 바움가르트를 따라 쾰른에 입단했고, 준수한 수비를 펼치며 주전 센터백으로 자리잡았다. 다만 레버쿠젠과의 더비에서 거친 태클로 상대 에이스 비르츠의 큰 부상을 이끌어 비난의 도마 위에 올랐다.

출전경기	경기시간(분)	골	어시스트	경고	퇴장
30	2,282	1	-	3	-

MF	6	에릭 마르텔
		Eric Martel

국적: 독일

라이프치히가 애지중지 키우던 유망주로 2020/21시즌 후반기부터 지난 시즌까지 1년 6개월 동안 오스트리아 빈에서 임대로 뛰었다. 쾰른은 지난 시즌 중원의 키플레이어였던 외즈찬이 도르트문트로 떠나자 그의 공백을 메우기 위해 오스트리아 분데스리가에서 경쟁력을 보여준 에릭을 영입하기에 이르렀다. 센터백도 소화할 수 있을 정도로 수비력이 좋지만, 경험 부족으로 카드 수집이 잦다는 단점이 있다.

출전경기	경기시간(분)	골	어시스트	경고	퇴장
30	2,643	2	2	9	-

MF 7 데얀 류비치치
Dejan Ljubicic

국적: 오스트리아

부친 조란은 보스니아인이지만 오스트리아에서 선수 경력을 보냈고, 동생인 로베르토는 크로아티아 명문 디나모 자그레브 소속이다. 1달가량 오스트리아 2부 리그 비너 노이슈태터에서 임대로 뛴 걸 제외하면 줄곧 라피드 빈에서 뛰다가 지난 시즌 퀼른에 입단해 주전으로 활약했다. 미드필더 전 포지션을 소화할 수 있는 선수로 오스트리아 연령대별 대표팀을 단계별로 거쳤고, 2021년부터 성인 대표팀에서 뛰고 있다.

출전경기	경기시간(분)	골	어시스트	경고	퇴장
30	1,975	3	1	4	-

MF 11 플로리안 카인츠
Florian Kainz

국적: 오스트리아

슈투름 그라츠 유스 출신으로 2010년, 만 17세에 프로 데뷔했고, 라피드 빈을 거쳐 2016년에 브레멘에 입단하면서 분데스리가 무대에 섰다. 2018/19시즌, 주전 경쟁에서 밀려나자 후반기에 퀼른으로 팀을 옮긴 그는 2019/20시즌 5골 7도움을 올리며 재기에 성공했다. 비록 2020/21시즌, 무릎 부상으로 장기간 결장했으나 지난 시즌에 4골 4도움을 올리며 퀼른의 호성적에 기여했다.

출전경기	경기시간(분)	골	어시스트	경고	퇴장
32	2,347	4	4	2	1

MF 18 온드레이 두다
Ondrej Duda

국적: 슬로바키아

코시체 유스 출신으로 만 17세에 프로 데뷔했고, 레지아 바르샤바를 거쳐 2016년 여름, 헤르타로 이적했다. 이적 직전 슬개골 골절상을 당하면서 2시즌을 고생한 그는 2018/19시즌 11골을 넣으며 에이스로 등극했으나 새 감독 클린스만과의 마찰로 인해 2020년 1월, 노리치 시티 임대를 거쳐 2020년 여름엔 퀼른으로 이적해야 했다. 퀼른에선 준수한 활약을 펼치며 주전급 선수로 뛰고 있다.

출전경기	경기시간(분)	골	어시스트	경고	퇴장
31	1,618	2	-	5	-

MF 28 엘리에스 스키리
Ellyes Skhiri

국적: 튀니지

프랑스 태생으로 튀니지 부친과 프랑스 모친 사이에서 태어났다. 몽펠리에에서 2015년에 프로 데뷔했고, 2016/17시즌부터 주전으로 활약하다 2019년 여름에 퀼른 이적 이후 줄곧 핵심 미드필더로 뛰고 있다. 정교한 패스에 더해 무엇보다 수비에 강점이 있다. 지난 시즌 퀼른이 공격형 4-1-3-2 포메이션을 가동할 수 있었던 건 그의 공이 절대적이었다. 2021년 튀니지 올해의 선수에 올랐다.

출전경기	경기시간(분)	골	어시스트	경고	퇴장
22	1,820	4	1	3	-

MF 29 얀 틸만
Jan Thielmann

국적: 독일

퀼른이 애지중지 키우는 유망주. 2018/19시즌 퀼른 17세 이하 독일 챔피언 주축 선수로 2019년 12월, 레버쿠젠과의 더비 경기에서 구단 역대 2번째로 어린 나이에 분데스리가 데뷔전을 치렀다. 2020년 12월엔 구단 역대 3번째로 어린 나이에 분데스리가 데뷔골을 기록했다. 지난 시즌엔 주로 교체로 뛰면서 3골 3도움을 올렸다. 빠른 스피드를 자랑하고 공격 전 포지션을 소화할 수 있다.

출전경기	경기시간(분)	골	어시스트	경고	퇴장
29	1,182	3	3	6	-

FW 13 마르크 우트
Mark Uth

국적: 독일

공격 멀티 플레이어로 퀼른 유스 출신이다. 네덜란드에서 프로 데뷔해 독일로 돌아온 그는 2015/16시즌부터 2017/18시즌까지 호펜하임에서 에이스로 뛰면서 독일 대표팀에 승선했으나 이후 샬케에서 악몽 같은 시기를 보내다 2019/20시즌 후반기에 퀼른에서 임대로 15경기 5골 5도움 반짝 활약을 펼쳤다. 지난 시즌, 퀼른으로 완전 이적에 성공한 그는 5골 8도움을 올리며 팀 공격을 주도했다.

출전경기	경기시간(분)	골	어시스트	경고	퇴장
30	2,041	5	8	3	-

FW 21 슈테펜 티게스
Steffen Tigges

국적: 독일

오스나브뤼크 유스 출신으로 프로 데뷔해 2019년에 도르트문트 2군으로 합류한 그는 지난 시즌 엘링 홀란드의 백업으로 9경기 교체 출전해 3골을 넣으며 출전 시간 대비 높은 득점 생산성을 자랑했다. 이를 통해 가능성을 보여주면서 퀼른 이적에 성공했다. 193cm의 장신을 살린 제공권에 강점이 있고, 수비 가담도 성실하게 해준다. 그의 쌍둥이 형제 레온은 골키퍼로 4부 리그 뢰딩하우젠에서 뛰고 있다.

출전경기	경기시간(분)	골	어시스트	경고	퇴장
9	105	3	-	-	-

FW 23 사르기스 아다미안
Sargis Adamyan

국적: 아르메니아

아르메니아 태생으로 5살에 독일에 이주한 그는 한자 로스토크에서 프로 데뷔했고, 하부 리그(노이슈트렐리츠와 슈타인바흐 하이거)를 전전하다 2018/19시즌에 2부 리그 얀 레겐스부르크에서 15골 8도움을 올리며 뒤늦게 이름을 알렸다. 2019년, 호펜하임에 입단한 그는 조커 역할을 수행하다 지난 시즌 후반기, 클럽 브뤼헤에서 임대로 뛰었다. 기술은 떨어지지만, 결정력이 좋기에 교체 카드로 제격이다.

출전경기	경기시간(분)	골	어시스트	경고	퇴장
15	704	6	-	1	-

FW 33 플로리안 디츠
Florian Dietz

국적: 독일

카를 차이스 예나 유스 출신으로 프로 데뷔했고, 운터하힝을 거쳐 2020년 여름, 퀼른 2군에 합류했다. 지난 시즌 비록 2군 팀이라는 점을 고려하더라도 18경기 13골을 넣으며 가능성을 보여줬으나 심각한 어깨 부상으로 후반기를 통째로 결장해야 했다. 190cm의 높이를 살린 제공권에 강점이 있는 선수로 샬케와의 분데스리가 데뷔전에서 출전 선수 중 가장 많은 9회의 공중볼을 획득했다.

출전경기	경기시간(분)	골	어시스트	경고	퇴장
18	1,335	13	1	1	-

GERMANY BUNDESLIGA

1.FC KÖLN

FSV 마인츠

1. FSV Mainz 05

TEAM PROFILE	
창 립	1905년
구 단 주	슈테판 호프만(독일)
감 독	보 스벤손(덴마크)
연 고 지	마인츠
홈 구 장	메바 아레나(3만 3,500명)
라 이 벌	카이저슬라우테른, 프랑크푸르트
홈페이지	www.mainz05.de

최근 5시즌 성적

시즌	순위	승점
2017-2018	14위	36점(9승9무16패, 38득점 52실점)
2018-2019	12위	43점(12승7무15패, 46득점 57실점)
2019-2020	13위	37점(11승4무19패, 44득점 65실점)
2020-2021	12위	39점(10승9무15패, 39득점 56실점)
2021-2022	8위	46점(13승7무14패, 50득점 45실점)

BUNDESLIGA (전신 포함)

통 산	없음
21-22 시즌	8위(13승7무14패, 승점 46점)

DFB POKAL

통 산	없음
21-22 시즌	준우승

UEFA

통 산	없음
21-22 시즌	없음

경기 일정

라운드	날짜	장소	상대팀
1	2022.08.06	원정	보훔
2	2022.08.13	홈	우니온 베를린
3	2022.08.20	원정	아우크스부르크
4	2022.08.27	홈	레버쿠젠
5	2022.09.03	원정	묀헨글라트바흐
6	2022.09.10	원정	호펜하임
7	2022.09.17	홈	헤르타
8	2022.10.01	원정	프라이부르크
9	2022.10.08	홈	라이프치히
10	2022.10.15	원정	베르더 브레멘
11	2022.10.22	홈	쾰른
12	2022.10.29	원정	바이에른 뮌헨
13	2022.11.05	홈	볼프스부르크
14	2022.11.08	원정	샬케04
15	2022.11.12	홈	프랑크푸르트
16	2023.01.21	원정	슈투트가르트
17	2023.01.24	홈	도르트문트
18	2023.01.28	홈	보훔
19	2023.02.04	원정	우니온 베를린
20	2023.02.11	홈	아우크스부르크
21	2023.02.18	원정	레버쿠젠
22	2023.02.25	홈	묀헨글라트바흐
23	2023.03.04		호펜하임
24	2023.03.11	원정	헤르타
25	2023.03.18	홈	프라이부르크
26	2023.04.01	원정	라이프치히
27	2023.04.08	홈	베르더 브레멘
28	2023.04.15	원정	쾰른
29	2023.04.22	홈	바이에른 뮌헨
30	2023.04.29	원정	볼프스부르크
31	2023.05.08	홈	샬케04
32	2023.05.13	원정	프랑크푸르트
33	2023.05.20	홈	슈투트가르트
34	2023.05.27	원정	도르트문트

전력 분석 ‖ 약점 보완에 성공, 강점인 수비는 약화

2020/21시즌, 전반기 내내 강등권을 전전했으나 스벤손 감독 부임 이후 극적인 반등과 함께 12위로 시즌을 마감한 마인츠는 지난 시즌, 스벤손 감독 체제에서 첫 풀 시즌을 소화했다. 결과는 성공이었다. 객관적인 선수단 전력은 중하위권으로 평가받았으나 짜임새 있는 조직력과 효과적인 역습으로 꾸준히 승점을 쌓으면서 8위를 기록했다. 한 끗이 부족해 7위까지 주어지는 유럽대항전 진출권은 아쉽게 획득하지 못했다. 특히 팀 실점은 45골로 최소 실점 4위(챔피언스리그 진출권)였다. 마인츠의 지난 시즌 가장 아쉬운 점은 이재성 외에 중원과 공격진을 연결해줄 선수가 부재하다는 데에 있었다. 실제 마인츠는 이재성이 결장한 첫 5경기에서 2무 3패로 승리가 없었다. 그나마 슈타흐가 시즌 막판 공격적인 역량을 보여주면서 이재성 없이도 2승을 올렸으나 이는 임시방편에 불과했다. 이에 마인츠는 공격형 미드필더 풀기니와 바르코크를 동시에 영입해 약점 보완에 주력했다. 다만 핵심 수비수 니아카테와 생.쥐스트가 동시에 팀을 떠난 건 아쉬운 부분. 라이치와 멀티 수비수 카시를 영입했으나 수비 조직력엔 문제가 발생할 소지가 있다.

전술 분석 ‖ 3-1-4-2 포메이션은 계속된다

마인츠는 2020/21시즌, 스벤손 감독 하에서 수비수 5명과 수비형 미드필더 2명을 배치하는 3-4-1-2 포메이션을 가동했다. 이를 통해 극단적인 수비 전술을 구사했다. 하지만 마인츠는 지난 시즌에 이재성과 슈타흐를 영입하면서 3-1-4-2 포메이션을 통해 미드필더에서 공격에 가담할 수 있는 숫자를 1명에서 2명으로 늘렸고 이전보다는 조금 더 공격적인 전술을 썼다. 이를 통해 2020/21시즌 팀 득점 39골에서 지난 시즌 50골로 상승효과를 볼 수 있다. 스벤손 감독 부임 이후를 기준으로 하더라도 2020/21시즌엔 20경기 25골(경기당 1.25골)이었으나 지난 시즌엔 34경기 50골(경기당 1.47골)이었다. 이번 시즌 역시 마인츠는 3-1-4-2 포메이션을 고수할 예정이다. 다만 상대에 따라 수비 구성을 조금 더 공격적으로 활용할 가능성이 있다. 카시는 원래 측면 수비수지만 센터백으로 뛸 수 있다. 왼쪽 측면 수비수 안데르손 루코쿠이도 프리 시즌 동안 왼쪽 센터백 역할을 수행했다. 카시나 루코쿠이가 센터백으로 나설 경우 사실상 포백처럼 수비진이 움직일 것으로 보인다.

GERMANY BUNDESLIGA

1. FSV MAINZ 05

시즌 프리뷰 | # 공격 보강 없이 유럽대항전 진출은 어렵다

마인츠는 지난 시즌, 한 끗 차이로 아쉽게 유럽대항전 진출에 실패했다. 23라운드까지만 하더라도 4위 라이프치히와의 승점 차가 3점밖에 나지 않고 있었다. 문제는 공격에 있었다. 팀 득점이 이전보다 개선됐다고는 하더라도 여전히 50골은 공동 9위에 해당하는 수치였다. 즉 공격력은 중위권이었던 셈이다. 수비는 조직력을 통해 약점을 최소화할 수 있으나 공격은 개인 역량에 크게 좌우될 수밖에 없다. 이를 인지해서인지 마인츠는 풀리기와 바르코크를 영입하여 공격형 미드필더 보강에 주력했다. 하지만 여전히 최전방의 파괴력은 떨어지는 편에 속한다. 주포인 부르카르트는 이제 만 22세에 불과하다. 부르카르트의 파트너 오니시보는 슈팅 정확도가 떨어지기에 득점 기복이 심한 편에 속한다. 심지어 이들을 받쳐줄 백업 공격수도 부족하다. 지난 시즌 마인츠와 유럽대항전 진출권을 놓고 경쟁한 팀들은 모두 전력 보강을 단행했다. 실망스러운 시즌을 보냈던 묀헨글라드바흐와 볼프스부르크도 언제든지 유럽대항전 경쟁에 뛰어들 수 있다. 감독 역량만으로 유럽대항전 진출을 노리는 건 현실적으로 쉽지 않다. 추가 보강이 필요하다.

IN & OUT

주요 영입	주요 방출
안젤로 풀기니, 막심 라이치, 앙토니 카시, 아이멘 바르코크, 다니 다 코스타, 에드밀손 페르난데스(임대복귀), 이사 아바스(임대복귀)	무사 니아카테, 예레미아 생쥐스트, 장-파울 뵈티우스, 다니엘 브로진스키, 다비드 네베트, 케빈 슈퇴거, 파울 네벨(임대)

TEAM FORMATION

PLAN **3-1-4-2**

선발 라인업:
- FW 9 오니시보 (잉바르트센)
- FW 29 부르카르트 (뷔르조르흐)
- MF 7 이재성 (풀기니)
- MF 6 슈타흐 (바르코크)
- MF 3 마르틴 (카시)
- MF 31 코어 (바레이로)
- MF 30 비드머 (다 코스타)
- DF 5 라이치 (루코쿠이)
- DF 42 하크 (벨)
- DF 16 벨 (타우어)
- GK 27 첸트너 (다멘)

지역 점유율
- 공격 진영 **30%**
- 중앙 **44%**
- 수비 진영 **27%**

공격 방향
- 왼쪽 **35%**
- 중앙 **27%**
- 오른쪽 **38%**

슈팅 지역
- 골 에어리어 **8%**
- 페널티 박스 **55%**
- 외곽 지역 **37%**

TEAM RATINGS

슈팅	6
패스	6
조직력	7
수비력	7
감독	8
선수층	6
종합	40

2021/22 프로필

팀 득점	50
평균 볼 점유율	46.00%
패스 정확도	74.10%
평균 슈팅 수	13.8
경고	58
퇴장	4

골 타입 (단위 %)
오픈 플레이	66
세트 피스	22
카운터 어택	2
패널티 킥	8
자책골	2

패스 타입 (단위 %)
쇼트 패스	82
롱 패스	13
크로스 패스	4
스루 패스	0

상대팀 최근 6경기 전적

구분	승	무	패
바이에른 뮌헨	2		4
보루시아 도르트문트	1	1	4
바이엘 레버쿠젠	1	1	4
RB 라이프치히	2		4
우니온 베를린	1	1	4
프라이부르크	2	2	2
FC 쾰른	2	2	2
마인츠 05			
호펜하임	4	1	1
보루시아 묀헨글라드바흐	1	2	3
아인트라흐트 프랑크푸르트	2	2	2
볼프스부르크	2		4
보훔	2	1	3
아우크스부르크	1		5
슈투트가르트	2	1	3
헤르타 베를린	4	2	
샬케 04	1	3	2
베르더 브레멘	4		2

SQUAD

포지션	등번호	이름		생년월일	키(cm)	체중(kg)	국적
GK	1	핀 다멘	Finn Dahmen	1998.03.27	186	80	독일
	27	로빈 첸트너	Robin Zentner	1994.10.28	195	96	독일
DF	3	아론 마르틴	Aaron Martin	1997.04.22	180	68	스페인
	5	막심 라이치	Maxim Leitsch	1998.05.18	189	75	독일
	16	슈테판 벨	Stefan Bell	1991.08.24	192	88	독일
	19	앙토니 카시	Anthony Caci	1997.07.01	184	76	프랑스
	21	디니 다 코스타	Danny da Costa	1993.07.13	187	87	독일
	23	안데르손 루코쿠이	Anderson Lucoqui	1997.07.06	180	75	앙골라
	30	실반 비드머	Silvan Widmer	1993.03.05	183	79	스위스
	42	알렉산더 하크	Alexander Hack	1993.09.08	193	88	독일
MF	4	아이맨 바르코크	Aymen Barkok	1998.05.21	189	82	모로코
	6	안톤 슈타흐	Anton Stach	1998.11.15	194	86	독일
	7	이재성	Jae-sung Lee	1992.08.10	180	70	대한민국
	8	레안드로 바레이로	Leandro Barreiro	2000.01.03	174	65	룩셈부르크
	10	안젤로 풀기니	Angelo Fulgini	1996.08.20	183	71	프랑스
	17	니클라스 타우어	Niklas Tauer	2001.02.17	183	73	독일
	20	에디밀손 페르난데스	Edimilson Fernandes	1996.04.15	187	70	스위스
	24	메르베유 파펠라	Merveille Papela	2001.01.18	174	70	독일
	31	도미니크 코어	Dominik Kohr	1994.01.31	183	81	독일
	41	에니스 샤바니	Eniss Shabani	2003.05.29	180	77	독일
FW	9	카림 오니시보	Karim Onisiwo	1992.03.17	188	85	오스트리아
	11	마르쿠스 잉바르트센	Marcus Ingvartsen	1996.01.04	187	76	덴마크
	29	요나탄 부르카르트	Jonathan Burkardt	2000.07.11	181	76	독일
	36	말론 무스타파	Marlon Mustapha	2001.05.24	185	82	오스트리아
	37	델라노 뷔르조르흐	Delano Burgzorg	1998.11.07	186	76	네덜란드
	38	벤 보브치엔	Ben Bobzien	2003.04.29	174	-	독일

보 스벤손 Bo Svensson
1979년 8월 4일생 덴마크

마인츠의 전설 그 자체. 덴마크 명문 코펜하겐과 분데스리가 팀 묀헨글라드바흐를 거쳐 2007년부터 2014년까지 마인츠에서 센터백으로 활약했다. 선수 시절 그의 은사로는 위르겐 클롭과 토마스 투헬이 있기에 둘의 제자로 불리고 있다. 은퇴 후 마인츠에서 연령대별 팀 감독을 수행하면서 지도자 수업을 쌓은 그는 2019년부터 잘츠부르크 산하 리퍼링 감독직을 수행하다 마인츠가 강등 위기에 직면하자 친정팀을 구하기 위해 지휘봉을 잡았다. 후반기 극적인 반등을 보이며 잔류를 이끌었고, 이에 힘입어 많은 언론으로부터 찬사를 받았다. 실제 2021년 독일 올해의 감독을 수상한 투헬은 인터뷰에서 "크리스티안 슈트라이히(프라이부르크)나 스벤손이 나보다 더 이 상을 받을 자격이 있다"라고 밝혔을 정도. 지난 시즌에도 예상 이상의 성적(9위)을 올리며 호평을 받았다.

MF 7 이재성
Jae-sung Lee

국적: 대한민국

기본적으로 공격형 미드필더로 뛰지만, 측면 미드필더와 중앙 미드필더는 물론 최전방 공격수 역할까지 수행할 수 있는 다재다능한 선수이다. 가장 큰 강점은 축구 지능과 패스 센스에 있고, 드리블 능력도 갖추고 있다. 롱볼 중심의 축구를 하는 마인츠 공격에 있어 윤활유 역할을 한다고 할 수 있겠다. 이것이 지난 시즌 마인츠가 이재성 있고 없고에 성적 차가 크게 난 주된 이유이다(이재성 결장한 7경기, 2승 2무 3패). 게다가 왕성한 활동량으로 수비 가담 역시 성실하게 해준다. 전북 현대에서 2015년에 K리그 영플레이어상을 수상했고, 2015년부터 2017년까지 3년 연속 K리그 베스트 일레븐에 올랐으며, 2017년엔 K리그 MVP를 차지했다.

출전경기	경기시간(분)	골	어시스트	경고	퇴장
27	1,449	4	3	3	-

GK 27 로빈 첸트너
Robin Zentner

국적: 독일

마인츠 유스 출신으로 홀슈타인 킬에서 2시즌 임대로 뛴 걸 제외하면 줄곧 마인츠에서만 선수 경력을 이어오고 있다. 원래 그는 분데스리가급 골키퍼가 아니라는 평가가 지배적이었다. 심지어 3살 후배 플로리안 뮐러와의 경쟁에서도 밀리는 모양새였다. 하지만 2019/20시즌 초반 뮐러의 부진을 틈타 주전을 꿰찼고(결국 뮐러는 이적했다), 십자인대가 파열되는 큰 부상을 이겨내고 마인츠 골문을 지키고 있다.

출전경기	경기시간(분)	실점	무실점(경기)	경고	퇴장
32	2,880	42	10	1	-

DF 3 아론 마르틴
Aaron Martin

국적: 스페인

스페인 연령대별 대표팀을 모두 거친 엘리트 풀백. 에스파뇰 유스 출신으로 2016년 프로 데뷔했고, 2018년부터 마인츠에서 뛰고 있다. 마인츠 데뷔 시즌에 주전으로 좋은 활약을 펼치면서 기대감을 높였으나 2년 차에 부진에 빠졌고, 결국 2020/21시즌 후반기에 셀타 비고로 임대를 떠나야 했다. 임대 복귀한 지난 시즌, 스벤손 감독의 중용을 받으면서 주전 탈환에 성공했다. 이재성 절친으로도 유명하다.

출전경기	경기시간(분)	골	어시스트	경고	퇴장
28	2,296	1	1	7	-

DF 5 막심 라이치
Maxim Leitsch

국적: 독일

보훔 유스 출신으로 2016년 프로 데뷔한 그는 어린 시절 독일 연령대별 대표팀에도 뽑히면서 많은 기대를 모았으나 2018년부터 2019년까지 고질적인 치골 부상으로 힘든 시기를 보내야 했다(2019년 전 경기 결장). 하지만 2020년, 건강하게 복귀하여 보훔의 분데스리가 승격을 견인했다. 지난 시즌 부상으로 19경기 출전에 그쳤으나 준수한 수비력을 선보이며 마인츠로 이적하기에 이르렀다.

출전경기	경기시간(분)	골	어시스트	경고	퇴장
19	1,537	1	-	2	-

DF 16 슈테판 벨
Stefan Bell

국적: 독일

마인츠 유스 출신으로 선수 생활 초기 1860 뮌헨과 프랑크푸르트에서 2시즌 동안 임대로 뛴 걸 제외하면 줄곧 마인츠에서만 뛰고 있다. 2017/18시즌부터는 주장직을 수행했으나 2019/20시즌 개막을 앞두고 발목 부상으로 시즌 아웃되면서 주장에서 물러나야 했다. 이대로 하락세를 타는 듯 싶었으나 선수 시절 동료였던 스벤손 감독하에서 다시 주전으로 중용되면서 팀 수비의 중심을 잡아주고 있다.

출전경기	경기시간(분)	골	어시스트	경고	퇴장
33	2,869	2	-	9	-

DF 19 앙토니 카시
Anthony Caci

국적: 프랑스

스트라스부르 유스 출신으로 2016년에 프로 데뷔했으나 이후 2년 가까이 1군과 인연을 맺지 못하고 있다가 2018/19시즌부터 주전으로 활약하기 시작했다. 좌우 풀백은 물론 센터백까지 소화하는 멀티 수비수로 뛰어난 태클 능력을 자랑한다. 다만 풀백으로 뛰기엔 공격 지원 능력이 다소 떨어지고, 센터백으로 뛰기엔 제공권에 약점이 있다. 프랑스 대표로 도쿄 올림픽에 참가한 경험이 있다.

출전경기	경기시간(분)	골	어시스트	경고	퇴장
37	2,395	1	3	4	-

DF 21 다니 다 코스타
Danny da Costa

국적: 독일

레버쿠젠 유스 출신으로 만 17세에 프로 데뷔하며 재능을 인정받았다. 하지만 치열한 주전 경쟁에서 밀리면서 잉골슈타트로 이적해 4시즌을 뛰었고, 2016/17시즌에 레버쿠젠으로 복귀했으나 또다시 1년 만에 프랑크푸르트로 적을 옮겨야 했다. 프랑크푸르트로 이적하고 첫 3시즌 동안은 좋은 활약을 펼쳤으나 고질적인 부상이 발목을 잡았고, 2020/21시즌 후반기 임대로 뛰었던 마인츠에 이번 여름 입단했다.

출전경기	경기시간(분)	골	어시스트	경고	퇴장
11	724	-	-	2	-

DF 30 실반 비드머
Silvan Widmer

국적: 스위스

아라우에서 프로 데뷔해 우디네세와 스위스 명문 바젤을 거쳐 지난 시즌, 마인츠에 입단했다. 스위스 대표로 A매치 31경기를 소화했고, 유로2020 본선에서도 활약했다. 좌우 측면 수비는 물론 센터백까지 볼 수 있는 다재다능한 선수. 특히 정교한 킥으로 많은 득점(지난 시즌 분데스리가 4골 5도움)을 양산해냈다. 다만 센터백을 맡기엔 수비력이 다소 떨어진다. 이번 시즌 마인츠 신임 주장에 임명됐다.

출전경기	경기시간(분)	골	어시스트	경고	퇴장
33	2,925	4	5	1	-

DF 42 알렉산더 하크
Alexander Hack

국적: 독일

1860 뮌헨 유스 출신으로 메밍겐과 운터하힝을 거쳐 2014/15시즌, 마인츠 2군에 입단했다. 이후 2015/16 시즌부터 1군에서 뛰고 있다. 193cm의 당당한 신체 조건으로 제공권에 강점이 있고, 가로채기와 태클을 적극적으로 구사하면서 준수한 대인 수비 능력을 자랑하고 있다. 게다가 단점이었던 안정감 문제와 패스 정확도도 날이 갈수록 발전하면서 이젠 주전 센터백으로 자리매김하고 있다.

출전경기	경기시간(분)	골	어시스트	경고	퇴장
28	2,078	3	1	6	1

MF 6 안톤 슈타흐
Anton Stach

국적: 독일

어린 시절엔 다양한 유스팀을 거치면서 두각을 드러내지 못했다. 하지만 2020년 여름, 그로이터 퓌르트에 입단해 분데스리가 승격을 견인했고, 지난 시즌 마인츠에 이적하자마자 1골 6도움을 올리며 성공적인 데뷔 시즌을 보냈다. 이러한 활약을 인정받아 독일 21세 이하 대표팀과 올림픽 대표팀을 거쳐 성인 대표팀까지 승선하기에 이르렀다. 당당한 신체 조건에 더해 강력한 킥을 자랑하면서 중원을 장악한다.

출전경기	경기시간(분)	골	어시스트	경고	퇴장
29	1,864	1	6	6	-

MF 8 레안드루 바레이루
Leandro Barreiro

국적: 룩셈부르크

축구 약소국 룩셈부르크가 자랑하는 박스 투 박스형 미드필더이다. 많은 명문 구단들의 러브콜에도 2016년, 만 16세의 나이에 마인츠를 선택했다. 이후 마인츠 유스에서 육성 과정을 밟은 그는 2019/20시즌 후반기부터 본격적으로 1군 선수로 뛰기 시작했고, 2020/21시즌 들어 주전으로 발돋움하는 데 성공했다. 하지만 슈타흐가 급부상하면서 지난 시즌 후반기부터 교체 비율이 늘어나고 있다.

출전경기	경기시간(분)	골	어시스트	경고	퇴장
31	1,790	1	2	3	-

MF 10 안젤로 풀기니
Angelo Fulgini

국적: 프랑스

이재성 외에 창의적인 선수가 부족한 마인츠가 해당 약점을 메우기 위해 이번 여름, 앙제에서 영입한 선수. 발랑시엔 유스 출신으로 2015년 1월, 프로 데뷔했고, 2017년부터 앙제에서 주전으로 활약했다. 코트디부아르 태생으로 이탈리아 부친과 뉴칼레도니아 모친 사이에서 태어났고, 어린 나이에 프랑스로 넘어와 연령대별 대표팀을 단계별로 모두 거쳤다. 창의성이 있고, 킥이 좋으며, 드리블 능력도 있다.

출전경기	경기시간(분)	골	어시스트	경고	퇴장
36	2,947	5	4	6	-

MF 31 도미닉 코어
Dominik Kohr

국적: 독일

수비 특화 미드필더로 독일 연령대별 대표팀을 단계별로 밟은 그는 2017년 21세 이하 유럽 선수권 우승 멤버였다. 레버쿠젠 유스 출신으로 1군 경쟁에서 밀려났으나 아우크스부르크로 이적해 3년 6개월 동안 꾸준한 활약을 펼치며 2017년 여름, 레버쿠젠에 복귀하는 데 성공했다. 이후 그는 프랑크푸르트를 거쳐 2021년 1월부터 마인츠에서 뛰면서 강력한 수비를 바탕으로 중원의 핵심이 되고 있다.

출전경기	경기시간(분)	골	어시스트	경고	퇴장
22	1,626	-	3	6	2

FW 9 카림 오니시보
Karim Onisiwo

국적: 오스트리아

나이지리아 부친과 오스트리아 모친 사이에 태어난 선수. 특히 그의 부친과 현역 오스트리아 축구 최고 스타 다비드 알라바의 부친은 절친이다. 공격 전 포지션을 소화할 수 있는 멀티 플레이어로 2016년 1월, 마인츠에 입단했다. 빠른 스피드와 예측 불가 움직임으로 상대 수비진에 혼란을 주지만 슈팅 정확도가 상당히 떨어지기에 득점 찬스를 자주 놓친다. 지난 시즌 8도움을 올렸으나 득점은 5골이 전부였다.

출전경기	경기시간(분)	골	어시스트	경고	퇴장
31	2,376	5	8	-	-

FW 11 마르쿠스 잉바르트센
Marcus Ingvartsen

국적: 덴마크

덴마크 강호 노르셸란에서 프로 데뷔해 2016년 덴마크 올해의 영플레이어상을 수상했고, 2016/17시즌엔 덴마크 리그 득점왕(23골)을 차지하며 성공 가도를 달렸다. 하지만 벨기에 명문 헹크로 이적한 2017/18시즌, 끔찍한 무릎 부상으로 힘든 시기를 보내야 했다. 2019/20시즌부터 우니온 베를린과 마인츠에서 멀티 공격수로 꾸준하게 뛰고 있으나 예전의 기량은 회복하지 못하고 있다.

출전경기	경기시간(분)	골	어시스트	경고	퇴장
27	680	7	-	2	-

FW 29 요나탄 부르카르트
Jonathan Burkardt

국적: 독일

마인츠가 애지중지 키우는 선수. 2018년 만 18세의 나이에 프로 데뷔했고, 2020년 6월 도르트문트와의 경기에서 만 19세의 나이에 데뷔골을 기록했다. 지난 시즌엔 분데스리가에서만 11골을 넣으며 팀 내 득점 1위를 차지했다. 독일 연령대별 대표팀도 단계별로 거치면서 2021년 21세 이하 유럽 선수권 우승에 기여했다. 속도가 빠르고 마무리가 좋지만 볼 키핑 능력을 발전시킬 필요가 있다.

출전경기	경기시간(분)	골	어시스트	경고	퇴장
34	2,632	11	3	-	-

TSG 호펜하임

TSG 1899 Hoffenheim

TEAM PROFILE	
창 립	1899년
구 단 주	디트마르 호프(독일)
감 독	안드레 브라이텐라이터(독일)
연 고 지	진스하임
홈 구 장	프리제로 아레나(3만 164명)
라 이 벌	–
홈페이지	www.tsg-hoffenheim.de

최근 5시즌 성적

시즌	순위	승점
2017-2018	3위	55점(15승10무9패, 66득점 48실점)
2018-2019	9위	51점(13승12무9패, 70득점 52실점)
2019-2020	6위	52점(15승7무12패, 53득점 53실점)
2020-2021	11위	43점(11승10무13패, 52득점 54실점)
2021-2022	9위	46점(13승7무14패, 58득점 60실점)

BUNDESLIGA (전신 포함)

통 산	없음
21-22 시즌	9위(13승7무14패, 승점 46점)

DFB POKAL

통 산	없음
21-22 시즌	16강

UEFA

통 산	없음
21-22 시즌	없음

경기 일정

라운드	날짜	장소	상대팀
1	2022.08.06	원정	묀헨글라트바흐
2	2022.08.13	홈	보훔
3	2022.08.20	원정	레버쿠젠
4	2022.08.27	홈	아우크스부르크
5	2022.09.03	원정	도르트문트
6	2022.09.10	홈	마인츠
7	2022.09.17	홈	프라이부르크
8	2022.10.01	원정	헤르타
9	2022.10.08	홈	베르더 브레멘
10	2022.10.15	원정	샬케04
11	2022.10.22	홈	바이에른 뮌헨
12	2022.10.29	원정	쾰른
13	2022.11.05	홈	라이프치히
14	2022.11.08	원정	프랑크푸르트
15	2022.11.12	홈	볼프스부르크
16	2023.01.21	원정	우니온 베를린
17	2023.01.24	홈	슈투트가르트
18	2023.01.28	홈	묀헨글라트바흐
19	2023.02.04	원정	보훔
20	2023.02.11	홈	레버쿠젠
21	2023.02.18	원정	아우크스부르크
22	2023.02.25	홈	도르트문트
23	2023.03.04	원정	마인츠
24	2023.03.11	원정	프라이부르크
25	2023.03.18	홈	헤르타
26	2023.04.01	원정	베르더 브레멘
27	2023.04.08	홈	샬케04
28	2023.04.15	원정	바이에른 뮌헨
29	2023.04.22	홈	쾰른
30	2023.04.29	원정	라이프치히
31	2023.05.08	홈	프랑크푸르트
32	2023.05.13	원정	볼프스부르크
33	2023.05.20	홈	우니온 베를린
34	2023.05.27	원정	슈투트가르트

시즌 프리뷰 나겔스만 이후 표류하는 호펜하임

2018/19 시즌을 끝으로 구단의 황금기를 견인했던 율리안 나겔스만 감독과 작별을 고한 호펜하임은 2019/20 시즌 알프레트 스뢰더르를 거쳐 2020/21 시즌엔 제바스티안 회네스를 감독으로 임명했다. 호펜하임은 회네스 2년 차인 지난 시즌, 25라운드까지 챔피언스리그 진출권인 4위 자리를 유지하며 리빌딩에 성공하는 듯 싶었다. 하지만 이후 9경기 무승(3무 6패)의 부진에 빠졌다. 이에 호펜하임은 회네스를 경질하고 취리히에서 재기에 성공한 브라이텐라이터를 신임 감독으로 임명했다. 이적 시장을 통해 지난 시즌 분데스리가 최고의 왼쪽 풀백 라움과 핵심 미드필더 그릴리치가 떠났으나 앙헬리뇨와 프뢰멜을 영입해 대체했고, 은소키에 더해 코레스마와 카바크를 임대로 데려오면서 센터백 라인 보강에 주력했다.

COACH

안드레 브라이텐라이터 *Andre Breitenreiter*
1973년 10월 2일생 독일

4부 리그 팀 하펜제에서 지도자 경력을 시작한 그는 파더보른과 하노버를 분데스리가로 승격시키면서 능력을 인정받았다. 하지만 분데스리가에선 파더보른과 샬케, 하노버에서 연달아 실패를 맛보면서 하부 리그용 감독이라는 꼬리표가 따라붙었다. 그는 지난 시즌 취리히에서 스위스 리그 우승을 차지했고, 다시 분데스리가 도전에 나선다.

TEAM RATINGS

슈팅 6	패스 6
조직력 5	37	수비력 6
감독 6	선수층 8

2021/22 프로필

팀 득점	58
평균 볼 점유율	53.20%
패스 정확도	80.70%
평균 슈팅 수	13.3
경고	75
퇴장	0

골 타입
오픈 플레이	74
세트 피스	16
카운터 어택	5
패널티 킥	0
자책골	5	단위 (%)

패스 타입
쇼트 패스	84
롱 패스	12
크로스 패스	4
스루 패스	0	단위 (%)

SQUAD

포지션	등번호	이름		생년월일	키(cm)	체중(kg)	국적
GK	1	올리버 바우만	Oliver Baumann	1990.06.02	187	80	독일
	12	필리프 펜트케	Philipp Pentke	1985.05.01	191	84	독일
DF	3	파벨 카데라베크	Pavel Kaderabek	1992.04.28	182	81	체코
	4	에르민 비차크치치	Ermin Bicakcic	1990.01.24	185	85	보스니아헤르체고비나
	5	오잔 카바크	Ozan Kabak	2000.03.25	187	86	튀르키예
	11	앙헬리뇨	Angelino	1997.01.04	171	69	스페인
	21	벤야민 휘브너	Benjamin Hubner	1989.07.04	193	86	독일
	22	케빈 포크트	Kevin Vogt	1991.09.23	194	85	독일
	25	케빈 악포구마	Kevin Akpoguma	1995.04.19	192	85	나이지리아
	26	에두아르두 코레스마	Eduardo Quaresma	2002.03.02	184	76	포르투갈
	32	멜라이로 보가르드	Melayro Bogarde	2002.05.28	184	76	네덜란드
	34	스탠리 은소키	Stanley N'soki	1999.04.09	184	83	프랑스
	38	스테판 포슈	Stefan Posch	1997.05.14	188	82	오스트리아
MF	6	그리샤 프뢰멜	Grischa Prömel	1995.01.09	184	75	독일
	8	데니스 가이거	Dennis Geiger	1998.06.10	173	65	독일
	13	안겔로 슈틸러	Angelo Stiller	2001.04.04	183	79	독일
	14	크리스토프 바움가르트너	Christoph Baumgartner	1999.08.01	180	71	오스트리아
	16	제바스티안 루디	Sebastian Rudy	1990.02.28	180	74	독일
	18	디아디에 사마세쿠	Diadie Samassekou	1996.01.11	177	68	말리
	20	핀 올레 베커	Finn Ole Becker	2000.06.08	177	71	독일
FW	7	야콥 브룬 라르센	Jacob Bruun Larsen	1998.09.19	183	75	덴마크
	9	이흘라스 베부	Ihlas Bebou	1994.04.23	183	72	토고
	10	무나스 다부르	Munas Dabbur	1992.05.14	183	78	이스라엘
	27	안드레이 크라마리치	Andrej Kramaric	1991.06.19	177	73	크로아티아
	29	로베르트 스코프	Robert Skov	1996.05.20	185	81	덴마크
	33	조르지뇨 루터	Georginio Rutter	2002.04.20	182	83	프랑스

IN & OUT

주요 영입	주요 방출
오잔 카바크, 그리샤 프뢰멜, 핀 올레 베커, 멜라이로 보가르드(임대복귀), 에두아르두 콰레스마	플로리안 그릴리치, 호바르 노르트베이트, 크리스 리차즈(임대복귀), 카심 아담스(임대)

TEAM FORMATION

FW C

MF C

DF C

GK B+

33 루터 (다부르)
27 크라마리치 (베부)
14 바움가르트너 (라르센)
11 앙헬리뇨 (스코프)
18 사마세쿠 (베커)
6 프뢰멜 (가이거)
3 카데라베크 (루디)
34 은소키 (콰레스마)
22 폭트 (카바크)
38 표슈 (악포구마)
1 바우만 (펜트케)

PLAN 3-4-1-2

지역 점유율

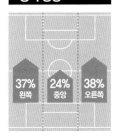

공격 진영 **30%**

중앙 **42%**

수비 진영 **27%**

공격 방향

| 37% 왼쪽 | 24% 중앙 | 38% 오른쪽 |

슈팅 지역

11% 골 에어리어
64% 패널티 박스
26% 외곽 지역

KEY PLAYER

FW	27	안드레이 크라마리치 *Andrej Kramaric*

국적: 크로아티아

지난 시즌 6골에 그치면서 5시즌 연속 두 자릿수 득점 행진은 마무리됐지만, 이타적인 플레이로 개인 통산 단일 시즌 최다 도움(9도움) 기록을 세우며 팀 내 공격 포인트 1위(15개)에 당당히 이름을 올렸다. 공격 전체 포지션을 소화할 수 있는 다재다능한 선수로 여전히 그가 없는 호펜하임 공격은 상상하기 어렵다. 다만 호펜하임이 더 좋은 성적을 올리기 위해선 그의 득점이 더 많이 나올 필요가 있다.

출전경기	경기시간(분)	골	어시스트	경고	퇴장
32	2,710	6	9	2	-

PLAYERS

GK	1	올리버 바우만 *Oliver Baumann*

국적: 독일

분데스리가 12년 차 베테랑 골키퍼. 준수한 발밑과 80%대에 육박하는 (78.2%) 정교한 패스를 바탕으로 후방 빌드업에 강점이 있고, 뛰어난 선방 능력도 겸비하고 있다. 풍부한 경험을 바탕으로 수 싸움에도 능해 현역 골키퍼 중 볼프스부르크 수문장 코엔 카스텔스와 함께 가장 많은 13회의 페널티 킥 선방을 자랑한다. 그가 있기에 호펜하임은 수비수들의 줄부상 속에서도 실점을 최소화할 수 있다.

출전경기	경기시간(분)	골	무실점(경기)	경고	퇴장
33	2,970	57	8	1	-

상대팀 최근 6경기 전적

구분	승	무	패	구분	승	무	패
바이에른 뮌헨	1	1	4	보루시아 묀헨글라드바흐	2	2	2
보루시아 도르트문트	2	1	3	아인트라흐트 프랑크푸르트	1	1	4
바이엘 레버쿠젠	1	3	2	볼프스부르크	3	1	2
RB 라이프치히	1	1	4	보훔	2		4
우니온 베를린	2	2	2	아우크스부르크	4		2
프라이부르크	1	1	4	슈투트가르트	2	2	2
FC 쾰른	6			헤르타 베를린	4		2
마인츠 05	1	1	4	샬케 04	3	2	1
호펜하임				베르더 브레멘	3	2	1

DF	11	앙헬리뇨 *Angelino*

국적: 스페인

전형적인 공격형 윙백. 16세에 맨체스터 시티에 입단해 임대를 전전하다 2017/18시즌(N AC 브레다)과 2018/19시즌(PSV), 에레디비지에서 시즌 베스트 일레븐에 뽑혔다. 2019/20시즌 후반기에 라이프치히로 옮긴 그는 스리백 포메이션에서 마음껏 공격을 펼치며 주가를 높였다. 지난 시즌 마시 감독의 포백에선 고전했으나, 테데스코 감독하에서 스리백으로 전환하자 다시 좋은 모습을 보여줬다.

출전경기	경기시간(분)	실점	어시스트	경고	퇴장
29	2,299	2	5	3	-

DF	22	케빈 폭트 *Kevin Vogt*

국적: 독일

지난 시즌 호펜하임은 수비수들의 줄부상으로 고전을 면치 못했다. 이로 인해 팀 실점이 60골로 최다 실점 4위에 오르는 수모를 겪어야 했다. 그럼에도 호펜하임은 만 30세에 접어든 베테랑 수비수 폭트가 버텨줬기에 그나마 실점을 최소화할 수 있었다. 원래 수비형 미드필더 출신으로 대인 수비 능력은 다소 떨어지지만, 뛰어난 수비진 지휘 능력으로 많은 센터백들과 호흡을 맞췄고, 후방 빌드업도 주도했다.

출전경기	경기시간(분)	골	어시스트	경고	퇴장
30	2,570	-	2	7	-

MF	6	그리샤 프뢰멜 *Grischa Prömel*

국적: 독일

호펜하임 유스 출신으로 칼스루어에서 1군 데뷔했고, 우니온 베를린에서 성공 가도를 달렸다. 우니온의 구단 역사상 첫 분데스리가 승격에 있어 중요한 역할을 담당한 그는 이후 부상으로 고전했으나 지난 시즌에 강력한 중거리 슈팅을 바탕으로 8골을 넣으며 팀의 5위 등극을 견인했다. 지난 시즌을 끝으로 계약이 만료된 그는 친정팀 호펜하임으로 돌아왔다. 독일 올림픽 대표로 리우 올림픽 은메달 획득에 기여했다.

출전경기	경기시간(분)	골	어시스트	경고	퇴장
29	2,428	8	1	5	-

보루시아 묀헨글라드바흐

Borussia Mönchengladbach

TEAM PROFILE	
창 립	1900년
구 단 주	슈테판 시퍼스(독일)
감 독	다니엘 파르케(독일)
연 고 지	묀헨글라드바흐
홈 구 장	보루시아 파크(5만 9,724명)
라 이 벌	퀼른
홈페이지	www.borussia.de

최근 5시즌 성적

시즌	순위	승점
2017-2018	9위	47점(13승8무13패, 47득점 52실점)
2018-2019	5위	55점(16승7무11패, 55득점 42실점)
2019-2020	4위	65점(20승5무9패, 66득점 40실점)
2020-2021	8위	49점(13승10무11패, 64득점 56실점)
2021-2022	10위	45점(12승9무13패, 54득점 61실점)

BUNDESLIGA (전신 포함)

통 산	우승 5회
21-22 시즌	10위(12승9무13패, 승점 45점)

DFB POKAL

통 산	우승 3회
21-22 시즌	16강

UEFA

통 산	유로파리그 우승 2회
21-22 시즌	없음

경기 일정

라운드	날짜	장소	상대팀
1	2022.08.06	홈	호펜하임
2	2022.08.13	원정	샬케04
3	2022.08.20	홈	헤르타
4	2022.08.27	원정	바이에른 뮌헨
5	2022.09.03	홈	마인츠
6	2022.09.10	원정	프라이부르크
7	2022.09.17	홈	라이프치히
8	2022.10.01	원정	베르더 브레멘
9	2022.10.08	홈	퀼른
10	2022.10.15	원정	볼프스부르크
11	2022.10.22	홈	프랑크푸르트
12	2022.10.29	원정	우니온 베를린
13	2022.11.05	홈	슈투트가르트
14	2022.11.08	원정	보훔
15	2022.11.12	홈	도르트문트
16	2023.01.21	홈	레버쿠젠
17	2023.01.24	원정	아우크스부르크
18	2023.01.28	원정	호펜하임
19	2023.02.04	홈	샬케04
20	2023.02.11	원정	헤르타
21	2023.02.18	홈	바이에른 뮌헨
22	2023.02.25	원정	마인츠
23	2023.03.04	홈	프라이부르크
24	2023.03.11	원정	라이프치히
25	2023.03.18	홈	베르더 브레멘
26	2023.04.01	원정	퀼른
27	2023.04.08	홈	볼프스부르크
28	2023.04.15	원정	프랑크푸르트
29	2023.04.22	홈	우니온 베를린
30	2023.04.29	원정	슈투트가르트
31	2023.05.08	홈	보훔
32	2023.05.13	원정	도르트문트
33	2023.05.20	원정	레버쿠젠
34	2023.05.27	홈	아우크스부르크

시즌 프리뷰 악몽 같았던 지난 시즌, 새 시즌 전망도 불투명?

묀헨글라드바흐는 프랑크푸르트에서 성공적인 지도자 경력을 이어오던 아디 휘터 신임 감독 체제에서 지난 시즌을 맞이했다. 하지만 결과적으로 이는 실패로 돌아갔다. 아무리 시즌 초반 라이너와 튀랑, 벤세바이니 같은 주축 선수들이 부상으로 이탈했다고 하더라도 전반기를 14위로 마무리한 건 기대 이하의 성적이 아닐 수 없었다. 다행히 시즌 마지막 9경기에서 5승 3무 1패로 반등에 성공했으나 팀 성적은 10위에 그쳤고, 휘터는 시즌 종료와 동시에 경질되고 말았다. 묀헨글라드바흐는 그의 후임으로 1부 리그에서 검증되지 않은 파르케 감독을 선임했다. 게다가 공수의 핵심 선수였던 엠볼로와 긴터가 떠났음에도 대체자 보강은 다소 미진한 편에 속한다. 이대로라면 새 시즌 전망도 그리 밝지는 않다고 할 수 있다.

COACH

다니엘 파르케 *Daniel Farke*
1976년 10월 30일생 독일

리프슈타트에서 감독 경력을 시작한 그는 6부에 있던 팀을 4부까지 끌어올렸다. 이후 도르트문트 2군을 거쳐 노리치 시티 감독에 부임해 2부에 있던 팀을 두 차례나 승격시켰으나 프리미어 리그에선 한계를 드러냈다. 올해 1월, 크라스노다르(러시아) 감독에 부임했으나 전쟁을 이유로 팀을 떠나, 묀헨글라드바흐 사령탑에 올랐다.

TEAM RATINGS

	점수
슈팅	7
패스	7
조직력	7
수비력	6
감독	6
선수층	6
종합	39

2021/22 프로필

팀 득점	52
평균 볼 점유율	54.00%
패스 정확도	82.00%
평균 슈팅 수	14.8
경고	66
퇴장	1

골 타입 (단위 %)
오픈 플레이	69
세트 피스	15
카운터 어택	6
페널티 킥	10
자책골	0

패스 타입 (단위 %)
쇼트 패스	87
롱 패스	10
크로스 패스	3
스루 패스	0

SQUAD

포지션	등번호	이름		생년월일	키(cm)	체중(kg)	국적
GK	1	얀 조머	Yann Sommer	1988.12.17	183	79	스위스
	21	토비아스 지펠	Tobias Sippel	1988.03.22	180	80	독일
DF	3	이타쿠라 코	Ko Itakura	1997.01.27	186	75	일본
	4	마마두 두쿠레	Mamadou Doucoure	1998.05.21	183	78	프랑스
	5	마르빈 프리드리히	Marvin Friedrich	1995.12.13	192	81	독일
	15	요르단 베이어	Jordan Beyer	2000.05.19	187	80	독일
	18	슈테판 라이너	Stefan Lainer	1992.08.27	175	73	오스트리아
	20	루카 네츠	Luca Netz	2003.05.15	180	83	독일
	24	토니 얀츄케	Tony Jantschke	1990.04.07	177	76	독일
	25	라미 벤세바이니	Ramy Bensebaini	1995.04.16	186	82	알제리
	29	조 스컬리	Joe Scally	2002.12.31	184	67	미국
	30	니코 엘베디	Nico Elvedi	1996.09.30	189	78	스위스
MF	6	크리스토프 크라머	Christoph Kramer	1991.02.19	191	76	독일
	11	하네스 볼프	Hannes Wolf	1999.04.16	179	68	오스트리아
	13	라르스 슈틴들	Lars Stindl	1988.08.26	181	80	독일
	17	쿠아디오 코네	Kouadio Kone	2001.05.17	185	80	프랑스
	22	오스카 프라울로	Oscar Fraulo	2003.12.06	180	73	덴마크
	23	요나스 호프만	Jonas Hofmann	1992.07.14	176	70	독일
	26	토르벤 뮈젤	Torben Musel	1999.07.25	185	76	독일
	27	로코 라이츠	Rocco Reitz	2002.05.29	176	69	독일
	32	플로리안 노이하우스	Florian Neuhaus	1997.03.16	183	74	독일
	34	코너 노스	Conor Noss	2001.01.01	181	74	아일랜드
FW	7	파트리크 헤어만	Patrick Herrmann	1991.02.12	179	70	독일
	10	마르쿠스 튀랑	Marcus Thuram	1997.08.06	192	88	프랑스
	14	알라산 플레아	Alassane Plea	1993.03.10	181	79	프랑스
	38	이반드로 보르헤스 산체스	Yvandro Borges Sanches	2004.05.24	175	68	룩셈부르크

IN & OUT

주요 영입	주요 방출
이타쿠라 코, 오스카 프라울로, 하네스 볼프(임대복귀), 로코 라이츠(임대복귀), 모리츠 니콜라스(임대복귀), 토르벤 뮈젤(임대복귀)	브릴 엠볼로, 마티아스 긴터, 라슬로 베네스, 키어넌 베네츠

TEAM FORMATION

FW B+
MF C+
DF C+
GK B+

10 튀랑 (플레아)

14 플레아 (볼프) 13 슈틴들 (프라울로) 23 호프만 (헤어만)

17 코네 (노이하우스) 6 크라머 (이타쿠라)

25 벤세바이니 (네츠) 30 엘베디 (안츄케) 3 이타쿠라 (프리드리히) 18 라이너 (스컬리)

1 조머 (지펠)

PLAN **4-2-3-1**

지역 점유율

공격 진영 **26%**

중앙 **45%**

수비 진영 **28%**

공격 방향

| 30% 왼쪽 | 31% 중앙 | 39% 오른쪽 |

슈팅 지역

7% 골 에어리어
61% 패널티 박스
33% 외곽 지역

MF 23 요나스 호프만 *Jonas Hofmann*

국적: 독일

원래 도르트문트 시절 측면 공격수 재능으로 꼽혔으나 고질적인 무릎 부상으로 힘든 시기를 보내며 2016년 1월, 묀헨글라드바흐로 이적했다. 힘든 시기를 보내던 그는 2018/19 시즌 중앙 미드필더로 변신에 성공했고, 이후 그는 측면과 중앙을 가리지 않고 뛰어난 활약을 펼치며 팀의 에이스로 자리매김했다. 지난 시즌 12골로 팀 내 득점 1위. 독일 대표팀에선 측면 수비수 역할도 수행 중이다.

출전경기	경기시간(분)	골	어시스트	경고	퇴장
26	2,082	12	5	1	-

PLAYERS

GK 1 얀 조머 *Yann Sommer*

국적: 스위스

오랜 기간 분데스리가에서 활약한 베테랑 골키퍼. 뛰어난 발밑 기술을 바탕으로 키핑과 패스에 모두 강점이 있고, 커버 범위도 상당히 넓은 편에 속한다. 게다가 매 시즌 선방 순위에서 상위권을 기록할 정도로 동물적인 반사 신경을 자랑한다. 지난 시즌도 선방 115회로 2위. 다만 신체 조건이 183cm로 골키퍼 치고는 단신에 속하기에 공중볼 경합에서 다소 약점이 있고, 몸싸움에서도 밀리는 경향이 있다.

출전경기	경기시간(분)	실점	무실점(경기)	경고	퇴장
33	2970	60	5	2	-

상대팀 최근 6경기 전적

구분	승	무	패	구분	승	무	패
바이에른 뮌헨	3	1	2	보루시아 묀헨글라드바흐			
보루시아 도르트문트	2		4	아인트라흐트 프랑크푸르트	3	2	1
바이엘 레버쿠젠	1		5	볼프스부르크	2	3	1
RB 라이프치히	2	1	3	보훔	3	2	1
우니온 베를린	1	2	3	아우크스부르크	3	1	2
프라이부르크	2	2	2	슈투트가르트	1	2	3
FC 쾰른	3		3	헤르타 베를린	2	3	1
마인츠 05	3	2	1	샬케 04	4	1	1
호펜하임	2	2	2	베르더 브레멘	4	2	

DF 3 이타쿠라 코 *Ko Itakura*

국적: 일본

가와사키 프론탈레 유스 출신으로 베갈타 센다이 임대를 통해 좋은 활약을 펼친 그는 2020년 1월, 맨체스터 시티와 계약을 체결하는 데 성공했다. 이후 흐로닝언 임대와 샬케 임대를 통해 유럽 무대에서 경쟁력을 보여줬고, 결국 500만 유로의 이적료와 함께 묀헨글라드바흐로 이적하기에 이르렀다. 센터백과 수비형 미드필더를 동시에 소화하는 선수로 몸싸움에 약점이 있지만 볼을 잘 다루고 실수가 적은 편이다.

출전경기	경기시간(분)	골	어시스트	경고	퇴장
31	2,671	4	-	3	-

MF 17 쿠아디오 코네 *Kouadio Kone*

국적: 프랑스

툴루즈 유스 출신으로 2020년 여름, 묀헨글라드바흐로 이적해 오자마자 1시즌 동안 툴루즈에서 임대로 뛰면서 경험을 쌓았다. 지난 시즌, 묀헨글라드바흐에 합류한 그는 뛰어난 운동 능력에 기반한 강력한 태클과 전진성을 바탕으로 공수에서 높은 영향력을 행사하면서 팀 중원의 새로운 핵심 자원으로 급부상했다. 다만 몸싸움을 즐기는 습성으로 인해 파울이 많고, 카드 수집도 많으며, 부상이 잦은 편이다.

출전경기	경기시간(분)	골	어시스트	경고	퇴장
26	2,107	2	-	9	-

FW 14 알라산 플레아 *Alassane Plea*

국적: 프랑스

그는 묀헨글라드바흐 입단 이후 2시즌 연속 두 자릿수 골을 넣으며 간판 공격수 역할을 톡톡히 하고 있었으나 2020/21시즌에 6골에 그치며 아쉬움을 남겼다. 하지만 지난 시즌 9골 6도움을 올리며 건재함을 과시했다. 다소 득점 기복이 있지만 버티는 힘이 좋고, 스피드도 빠르며, 패스 센스도 갖춘 다재다능한 공격수. 엠볼로가 떠나면서 공격진이 한층 더 얇아진 만큼 그의 역할이 중요하다.

출전경기	경기시간(분)	골	어시스트	경고	퇴장
32	1,983	9	6	4	-

아인트라흐트 프랑크푸르트
Eintracht Frankfurt

TEAM PROFILE
창 립	1899년
구 단 주	페터 피셔(독일)
감 독	올리버 글라스너(오스트리아)
연 고 지	프랑크푸르트
홈 구 장	도이치 방크 파크(5만 1,500명)
라 이 벌	FSV 프랑크푸르트, 마인츠
홈페이지	www.eintracht.de

최근 5시즌 성적
시즌	순위	승점
2017-2018	8위	49점(14승7무13패, 45득점 45실점)
2018-2019	7위	54점(15승9무10패, 60득점 48실점)
2019-2020	9위	45점(13승6무15패, 59득점 60실점)
2020-2021	5위	60점(16승12무6패, 69득점 53실점)
2021-2022	11위	42점(10승12무12패, 45득점 49실점)

BUNDESLIGA (전신 포함)
통 산	우승 1회
21-22 시즌	11위(10승12무12패, 승점 42점)

DFB POKAL
통 산	우승 5회
21-22 시즌	없음

UEFA
통 산	유로파리그 우승 2회
21-22 시즌	유로파리그 우승

경기 일정
라운드	날짜	장소	상대팀
1	2022.08.06	홈	바이에른 뮌헨
2	2022.08.13	원정	헤르타
3	2022.08.20	홈	쾰른
4	2022.08.27	원정	베르더 브레멘
5	2022.09.03	홈	라이프치히
6	2022.09.10	홈	볼프스부르크
7	2022.09.17	원정	슈투트가르트
8	2022.10.01	홈	우니온 베를린
9	2022.10.08	원정	보훔
10	2022.10.15	홈	레버쿠젠
11	2022.10.22	원정	묀헨글라트바흐
12	2022.10.29	홈	도르트문트
13	2022.11.05	원정	아우크스부르크
14	2022.11.08	홈	호펜하임
15	2022.11.12	원정	마인츠
16	2023.01.21	홈	샬케04
17	2023.01.24	원정	프라이부르크
18	2023.01.28	원정	바이에른 뮌헨
19	2023.02.04	홈	헤르타
20	2023.02.11	원정	쾰른
21	2023.02.18	홈	베르더 브레멘
22	2023.02.25	원정	라이프치히
23	2023.03.04	원정	볼프스부르크
24	2023.03.11	홈	슈투트가르트
25	2023.03.18	원정	우니온 베를린
26	2023.04.01	홈	보훔
27	2023.04.08	원정	레버쿠젠
28	2023.04.15	홈	묀헨글라트바흐
29	2023.04.22	원정	도르트문트
30	2023.04.29	홈	아우크스부르크
31	2023.05.08	원정	호펜하임
32	2023.05.13	홈	마인츠
33	2023.05.20	원정	샬케04
34	2023.05.27	홈	프라이부르크

전력 분석 | 챔피언스리그 대비, 대대적인 전력 보강

프랑크푸르트는 지난 시즌 분데스리가에선 고전을 면치 못했다. 에이스 코스티치가 시즌 초반 이적 의사를 표명하면서 팀 훈련에 불참했고, 라이프치히로 이적한 주전 공격수 안드레 실바의 공백을 메우기 위해 영입한 보레와 라메르스, 옌스 페테르 하우게가 동시에 득점 기복을 보였다. 이로 인해 프랑크푸르트는 6라운드까지 승리가 없었고, 10라운드까지도 1승 6무 3패의 부진에 빠졌다. 시즌 막바지엔 유로파리그에 집중하느라 8경기 연속 승리를 올리지 못하면서 11위로 마감했다. 하지만 유로파리그에선 달랐다. 주축 선수들이 건재한 가운데 보레가 토너먼트에서 연달아 골을 넣었고, 유로파리그의 사나이 카마다 다이치와 겨울 이적 시장을 통해 임대 영입한 크나우프가 힘을 실어주면서 무패 우승을 달성했다. 1979/80시즌 UEFA 컵 이후 42년 만의 유럽대항전 우승이었다. 유로파리그 우승으로 챔피언스리그 진출권을 획득한 프랑크푸르트는 비록 힌터레거가 개인사로 팀을 떠났으나 그 외 주축 선수들을 모두 지켰고, 괴체와 알라리오를 필두로 무아니, 알리두, 스몰치치, 옹게네, 부타 등을 영입하며 대대적인 전력 보강에 성공했다.

전술 분석 | 플랜A: 3-4-2-1, 플랜B: 4-2-3-1

지난 시즌 프랑크푸르트 지휘봉을 잡은 글라스너 감독은 초반, 본인이 선호하는 4-2-3-1 포메이션으로 변화를 시도했다. 하지만 분데스리가 첫 6경기에서 무승에 그치자 7라운드부터 프랑크푸르트 선수들에게 익숙한 3-4-2-1로 돌아갔다. 수비수들도 스리백에 익숙할 뿐 아니라 에이스 코스티치의 능력을 극대화할 수 있는 전술이기에 불가피한 선택이었다고 할 수 있다. 여기에 1월 이적 시장을 통해 크나우프가 가세하면서 좌우 윙백 중심으로 공격을 전개했다. 당연히 이번 시즌 역시 프랑크푸르트는 기본적으로 3-4-2-1을 가동할 것이 분명하다. 하지만 코스티치가 빠지는 경기에선 4-2-3-1을 플랜B로 활용할 것으로 보인다. 프랑크푸르트가 포백을 포기한 데에는 오른쪽 풀백 선수들(티모시 챈들러, 두름, 다 코스타)의 동반 부진과 왼쪽 풀백 렌츠의 장기 부상도 일정 부분 원인으로 작용했다. 이제 렌츠가 복귀했고, 오른쪽 풀백 부타도 영입했다. 어차피 코스티치도 이번 시즌을 끝으로 계약이 만료되고, 크나우프도 임대 계약이 종료된다. 대대적인 선수 보강을 통해 일찌감치 포백 전환을 준비하고 있는 글라스너 감독이다.

GERMANY BUNDESLIGA

EINTRACHT FRANKFURT

시즌 프리뷰 두 마리 토끼 동시에 잡을 수 있을까?

프랑크푸르트는 사실 이번 여름이 리빌딩의 적기였다. 에이스 코스티치와 핵심 수비수 은디카의 계약 기간이 이번 시즌을 끝으로 종료된다. 그러기에 코스티치와 은디카를 판매해 이적 수익을 올리고, 이를 통해 새로운 선수 영입을 단행하면서 새판짜기에 나서야 했다. 하지만 유로파리그 우승으로 챔피언스리그에 참가하게 되면서 리빌딩 작업은 다음 시즌으로 미뤄졌다. 챔피언스리그에서 경쟁력을 보이기 위해선 팀 전력의 상당 부분을 차지하고 있는 코스티치와 은디카를 쉽게 내보낼 수 없는 실정이다. 그러기에 프랑크푸르트는 알라리오와 괴체 같은 챔피언스리그 경험이 있는 선수들에 더해 무아니와 스몰치치, 옹게네, 부타, 알리두 같은 재능 있는 어린 선수들을 추가했다. 이는 챔피언스리그에서의 성과와 리빌딩이라는 두 마리 토끼를 동시에 잡겠다는 포석이다. 즉 프랑크푸르트는 중요도가 다소 떨어지는 경기에선 이번에 영입한 어린 선수들을 활용해 점진적인 변화를 모색할 것이 분명하다. 문제는 두 마리 토끼를 모두 노리다가 둘 다 놓칠 수도 있다는 데에 있다. 글라스너 감독의 현명한 선수단 운영이 필요하다.

IN & OUT

주요 영입	주요 방출
루카스 알라리오, 마리오 괴체, 란달 콜로 무아니, 흐르보예 스몰치치, 아우렐리우 부타, 제롬 옹게네, 파리데 알리두, 마르첼 베니히	마르틴 힌터레거, 슈테판 일잔커, 에리크 두름, 아이멘 바르코크, 다니 다 코스타, 곤살로 파시엔시아, 샘 라머스(임대복귀)

TEAM FORMATION

PLAN 3-4-2-1

TEAM RATINGS

슈팅 6
패스 7
조직력 6
수비력 6
감독 7
선수층 8
40

2021/22 프로필

팀 득점	45
평균 볼 점유율	49.40%
패스 정확도	76.20%
평균 슈팅 수	13.2
경고	59
퇴장	1

골 타입

오픈 플레이	60
세트 피스	31
카운터 어택	2
패널티 킥	2
자책골	4

단위 (%)

패스 타입

쇼트 패스	82
롱 패스	14
크로스 패스	4
스루 패스	0

단위 (%)

지역 점유율

공격 진영 28%
중앙 45%
수비 진영 27%

공격 방향

39% 왼쪽　27% 중앙　33% 오른쪽

슈팅 지역

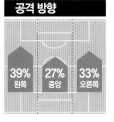

8% 골 에어리어
52% 패널티 박스
39% 외곽 지역

상대팀 최근 6경기 전적

구분	승	무	패
바이에른 뮌헨	2		4
보루시아 도르트문트	1	2	3
바이엘 레버쿠젠	2		4
RB 라이프치히	2	4	
우니온 베를린	3	1	2
프라이부르크	2	2	2
FC 쾰른	1	3	2
마인츠 05	2	2	2
호펜하임	4	1	1
보루시아 묀헨글라드바흐	1	2	3
아인트라흐트 프랑크푸르트			
볼프스부르크	2	1	3
보훔	5		1
아우크스부르크	3	2	1
슈투트가르트	3	3	
헤르타 베를린	4	1	1
샬케 04	4		2
베르더 브레멘	2	3	1

SQUAD

포지션	등번호	이름		생년월일	키(cm)	체중(kg)	국적
	1	케빈 트라프	Kevin Trapp	1990.07.08	189	88	독일
	40	디안트 라마이	Diant Ramaj	2001.09.19	189	80	독일
DF	2	에방 은디카	Evan N'Dicka	1999.08.20	192	80	프랑스
	4	제롬 옹게네	Jerome Onguene	1997.12.22	186	78	카메룬
	5	흐르보예 스몰치치	Hrvoje Smolcic	2000.08.17	185	80	크로아티아
	18	알마미 투레	Almamy Toure	1996.04.28	183	72	말리
	20	하세베 마코토	Makoto Hasebe	1984.01.18	180	72	일본
	24	아우렐리우 부타	Aurélio Buta	1997.02.10	172	66	포르투갈
	25	크리스토퍼 렌츠	Christopher Lenz	1994.09.22	180	79	독일
	35	투타	Tuta	1999.07.04	185	75	브라질
MF	6	크리스티안 야키치	Kristijan Jakic	1997.05.14	181	75	크로아티아
	7	아이딘 흐루스티치	Ajdin Hrustic	1996.07.05	183	70	호주
	8	지르빌 소우	Djibril Sow	1997.02.06	184	77	스위스
	10	필립 코스티치	Filip Kostic	1992.11.01	184	82	세르비아
	15	카마다 다이치	Daichi Kamada	1996.08.05	184	72	일본
	17	제바스티안 로데	Sebastian Rode	1990.10.11	179	75	독일
	22	티모시 챈들러	Timothy Chandler	1990.03.29	186	84	미국
	27	마리오 괴체	Mario Götze	1992.06.03	176	75	독일
	28	마르첼 베니히	Marcel Wenig	2004.05.04	188	79	독일
	29	예스페르 린드스트룀	Jesper Lindstrom	2000.02.29	182	63	덴마크
FW	9	란달 콜로 무아니	Randal Kolo Muani	1998.12.05	187	73	프랑스
	11	파리데 알리두	Faride Alidou	2001.07.18	186	84	독일
	19	라파엘 산토스 보레	Rafael Borre	1995.09.15	174	71	콜롬비아
	21	루카스 알라리오	Lucas Alario	1992.10.08	184	78	아르헨티나
	23	옌스 페테르 하우게	Jens Petter Hauge	1999.10.12	184	75	노르웨이
	36	안스가르 크나우프	Ansgar Knauff	2002.1.10	180	73	독일

COACH

올리버 글라스너 Oliver Glasner
1974년 8월 28일생 오스트리아

선수 시절 LASK 린츠에서 1시즌 임대로 뛴 걸 제외하면 줄곧 SV 리트에서 보냈다. 은퇴 후 레드불 잘츠부르크 코치를 거쳐 리트에서 1시즌 감독을 맡았고, 곧바로 2015/16시즌부터 2018/19시즌까지 린츠를 성공적으로 이끌었다. 린츠는 그의 지도 아래 2016/17시즌 2부 리그 우승을 차지하면서 오스트리아 분데스리가 승격에 성공했고, 곧바로 2017/18시즌 4위와 함께 승격팀 돌풍을 일으킨 데 이어 2018/19시즌엔 2위를 차지했다. 이러한 실적을 인정받아 2019/20시즌 볼프스부르크 감독에 부임한 그는 데뷔 시즌 7위에 이어 2020/21시즌 4위를 견인하며 팀을 6년 만에 챔피언스리그 무대에 진출시켰다. 수뇌부와의 마찰로 볼프스부르크를 떠나 프랑크푸르트 지휘봉을 잡은 그는 유로파리그 우승을 견인하며 능력을 인정받았다.

KEY PLAYER

| MF | 10 | 필리프 코스티치
Filip Kostic |

국적: 세르비아

측면 스페셜리스트. 라디니키에서 만 17세에 프로 데뷔하자마자 주전으로 2시즌을 뛴 그는 흐로닝언과 슈투트가르트, 함부르크를 거쳐 2018/19시즌, 프랑크푸르트로 이적해 왔다. 이전에도 측면 공격수로 준수한 활약을 펼쳤으나 프랑크푸르트에서 그는 윙백으로 보직을 변경하면서 빛을 발하기 시작했다. 실제 지난 4시즌 동안 유럽 5대 리그에서 그보다 도움이 많은 선수는 토마스 뮐러(바이에른)와 리오넬 메시(파리 생제르맹)밖에 없다. 동기간에 수비수 중 찬스메이킹은 302회로 트렌트 알렉산더-아놀드(리버풀)와 함께 최다이다. 유로파리그에서도 맹활약을 펼치면서 대회 최우수 선수에 선정됐다. 그가 있기에 프랑크푸르트 스리백이 존재할 수 있다.

출전경기	경기시간(분)	골	어시스트	경고	퇴장
31	2,525	4	9	2	-

| GK | 1 | 케빈 트라프
Kevin Trapp |

국적: 독일

골키퍼의 명가 카이저슬라우턴 출신으로 프랑크푸르트의 전설이 된 선수. 2012/13시즌부터 2014/15시즌까지 프랑크푸르트에서 뛰면서 분데스리가 정상급 골키퍼로 성장했다. 이에 힘입어 2015년 여름, 파리 생제르맹으로 이적했으나 성공적인 데뷔 시즌 이후 힘든 시기를 보내야 했다. 결국, 2018년에 다시 프랑크푸르트로 돌아온 그는 재기에 성공하면서 지난 시즌 유로파리그 우승을 견인했다.

출전경기	경기시간(분)	실점	무실점 (경기)	경고	퇴장
32	2,880	46	5	2	-

| DF | 2 | 에방 은디카
Evan N'Dicka |

국적: 프랑스

오셰르 유스 출신으로 만 17세에 프로 데뷔했고, 2018/19시즌에 프랑크푸르트에 합류했다. 데뷔 시즌부터 주전으로 활약하면서 깊은 인상을 남겼으나 시즌 막판 경험 부족 문제를 드러냈다. 2019/20시즌엔 전반기 힌터레거와의 경쟁에서 밀려났으나 후반기에 왼쪽 측면 수비수로 뛰면서 공존에 성공했고, 2020/21시즌부터 다시 센터백으로 뛰면서 주가를 높이고 있다. 강한 대인 수비가 강점이다.

출전경기	경기시간(분)	골	어시스트	경고	퇴장
32	2,858	4	4	3	-

| DF | 5 | 흐르보예 스몰치치
Hrvoje Smolcic |

국적: 크로아티아

리예카 유스 출신으로 2019년에 왼쪽 풀백으로 프로 데뷔했고, 2020년 2월부터 중앙 수비수로 보직을 변경해서 뛰기 시작했다. 2021/22시즌부터 만 21세의 어린 나이에 주장이라는 중책을 수행하고 있다. 볼 다루는 기술이 좋고, 스피드도 빠른 편이며, 정교한 왼발 킥을 바탕으로 후방 빌드업을 주도한다. 그의 쌍둥이 동생 이반은 오른발잡이에 중앙 수비수와 오른쪽 풀백을 동시에 소화한다.

출전경기	경기시간(분)	골	어시스트	경고	퇴장
22	1,842	1	1	9	-

| DF | 20 | 하세베 마코토
Makoto Hasebe |

국적: 일본

만 38세로 분데스리가가 최고령 선수. 2008년 1월, 볼프스부르크에 입단한 이래로 어느덧 분데스리가가 15년 차에 접어들고 있다. 당연히 아시아 선수 분데스리가 최다 출전 기록자이자 외국인 선수 전체를 놓고 보더라도 3위(358경기)에 해당한다. 원래 수비형 미드필더지만 2014년 프랑크푸르트 입단 이후 2016/17시즌 후반기부터 센터백으로 보직을 변경했고, 여전히 준수한 활약을 펼치고 있다.

출전경기	경기시간(분)	골	어시스트	경고	퇴장
18	1,184	-	-	1	-

| DF | 25 | 크리스토퍼 렌츠
Christopher Lenz |

국적: 독일

헤르타 2군과 묀헨글라드바흐 2군을 거쳐 헤르타의 더비 팀 우니온 베를린에서 2016년 프로 데뷔전을 치른 그는 구단 첫 분데스리가 승격(2018/19)과 잔류(2019/20), 그리고 깜짝 7위로 컨퍼런스리그 진출권 획득(2020/21)에 이르기까지 영광의 순간을 함께 했다. 수비에 강점이 있는 왼쪽 풀백으로 프랑크푸르트에 입단한 지난 시즌 잦은 부상으로 15경기 출전에 그치며 아쉬움을 남겼다.

출전경기	경기시간(분)	골	어시스트	경고	퇴장
15	659	-	1	6	-

| DF | 35 | 투타
Tuta |

국적: 브라질

브라질 명문 상파울루 유스 출신으로 2019년 프랑크푸르트에 입단한 그는 벨기에 리그 코르트리크에서 임대로 뛰면서 프로 경험을 쌓았다. 이후 프랑크푸르트에 복귀한 다음 2020/21시즌 후반기부터 주전 센터백으로 뛰면서 스리백의 일원으로 활약하고 있다. 브라질리언답게 센터백임에도 볼 다루는 기술이 좋다. 투타는 과거 안양 LG와 수원 삼성에서 뛰었던 브라질 선배 공격수 뚜따를 닮아서 붙은 이름이다.

출전경기	경기시간(분)	골	어시스트	경고	퇴장
26	2,189	4	-	2	1

MF 6 크리스티안 야키치
Kristijan Jakic

국적: 크로아티아

RNK 스플리트 출신으로 2015년에 프로 데뷔한 그는 2017년에 로코모티바로 이적해 첫 시즌을 제외하면 줄곧 팀의 주전 미드필더로 활약했다. 2020년 여름, 크로아티아 명문 디나모 자그레브로 이적한 그는 준수한 경기력을 선보이며 입단한 지 1년 만에 프랑크푸르트로 팀을 옮기기에 이르렀다. 프랑크푸르트 데뷔 시즌에 그는 공수 전반에 걸쳐 높은 영향력을 행사하면서 유로파리그 우승에 기여했다.

출전경기	경기시간(분)	골	어시스트	경고	퇴장
26	1,883	1	-	6	-

MF 8 지브릴 소우
Djibril Sow

국적: 스위스

취리히 유스 출신으로 2015/16시즌, 묀헨글라드바흐로 이적해왔으나 곧바로 장기 부상으로 전력에서 이탈했고, 쟁쟁한 선배들과의 경쟁에서 밀리면서 2시즌 동안 분데스리가 1경기 출전에 그쳤다. 묀헨글라드바흐에서의 실패를 뒤로하고 영 보이스에서 재기에 성공한 그는 2019년 여름, 프랑크푸르트로 이적, 주전 수비형 미드필더로 활약하면서 팀의 중추적인 역할을 담당하고 있다.

출전경기	경기시간(분)	골	어시스트	경고	퇴장
31	2,422	2	3	5	-

MF 17 제바스티안 로데
Sebastian Rode

국적: 독일

키커스 오펜바흐 유스 출신으로 2010년 프랑크푸르트에 입단한 그는 빠른 속도로 성장하면서 분데스리가 정상급 미드필더로 떠올랐다. 이후 바이에른과 도르트문트에서 힘든 시기를 보내다가 2019년 1월 프랑크푸르트로 복귀해 부활에 성공했고, 2020년부터 주장직을 수행하고 있다. 지난 시즌엔 잦은 부상으로 고전했으나 중요 순간에 복귀했고, 특히 결승전 부상 투혼을 통해 유로파리그 우승을 견인했다.

출전경기	경기시간(분)	골	어시스트	경고	퇴장
17	763	1	-	6	-

MF 27 마리오 괴체
Mario Gotze

국적: 독일

어릴 때부터 천재 소리 들었던 선수. 만 17세에 도르트문트에서 분데스리가 데뷔를 했고, 만 18세에 독일 대표팀 승선에 성공했다. 2014년 월드컵에선 결승 골을 넣으며 우승을 견인했다. 하지만 바이에른 이적 이후 잦은 부상에 시달렸고(대사 장애에 의한 부상으로 알려졌다), 이후 도르트문트에 복귀했으나 여전히 부상으로 힘든 시기를 보내다 PSV에서 재기에 성공하면서 이번 여름, 프랑크푸르트에 입단했다.

출전경기	경기시간(분)	골	어시스트	경고	퇴장
29	2,223	4	4	4	-

MF 29 예스페르 린드스트룀
Jesper Lindstrom

국적: 덴마크

덴마크 명문 브뢴비 유스 출신으로 2019년에 프로 데뷔했고, 에이스로 활약하다 지난 시즌에 프랑크푸르트로 이적해 왔다. 시즌 초반, 적응에 어려움을 드러냈으나 11월 말부터 팀에 녹아들기 시작, 분데스리가에서 5골 4도움을 올리면서 성공적인 데뷔 시즌을 보냈다. 기본적으로 공격형 미드필더지만 측면과 공격수까지 수행할 수 있다. 다만 몸싸움에 약하다는 단점이 있기에 이 부분에선 개선이 필요하다.

출전경기	경기시간(분)	골	어시스트	경고	퇴장
29	1,996	5	4	-	-

FW 9 란달 콜로 무아니
Randal Kolo Muani

국적: 프랑스

낭트 유스 출신으로 2019년 프로 데뷔한 그는 2019/20시즌에 3부리그 볼로뉴에서 임대로 뛰면서 출전 경험을 쌓았다. 임대에서 복귀한 그는 2020/21시즌 9골에 이어 지난 시즌 12골을 넣으며 낭트 간판 공격수로 자리매김했다. 이에 힘입어 이번 여름, 프랑크푸르트로 이적에 성공했다. 빠른 발을 활용한 돌파에 강점이 있고, 최전방과 측면까지 공격하며 전 지역을 뛸 수 있는 다재다능한 선수다.

출전경기	경기시간(분)	골	어시스트	경고	퇴장
36	2958	12	4	2	-

FW 19 라파엘 산토스 보레
Rafael Santos Borre

국적; 콜롬비아

만 18세에 데포르티보 칼리에서 데뷔한 그는 2015년 여름, 아틀레티코 마드리드로 이적했으나 쟁쟁한 선수들에게 밀려 2시즌 동안 임대를 전전해야 했다. 아틀레티코 생활을 청산하고 리버 플레이트로 이적한 그는 4년 동안 152경기 57골과 함께 재기에 성공했고, 지난 시즌 프랑크푸르트에 입단해 분데스리가에선 다소 기복이 있었으나 유로파리그 토너먼트에서 연달아 골을 넣으며 우승을 견인했다.

출전경기	경기시간(분)	골	어시스트	경고	퇴장
31	2391	8	4	5	-

FW 21 루카스 알라리오
Lucas Alario

국적: 아르헨티나

콜론 유스 출신으로 2011년 프로 데뷔했고, 2015년부터 아르헨티나 명문 리버 플레이트에서 뛰었다. 2016/17시즌엔 12골을 넣으며 아르헨티나 대표팀에도 승선했고, 2017년 여름에 레버쿠젠으로 이적하기에 이르렀다. 뛰어난 결정력을 바탕으로 분데스리가에서 5시즌 동안 교체로만 10골을 넣고 있다. 하지만 키핑 능력을 비롯해 공격수가 갖춰야 할 다른 능력들이 떨어지기에 선발로 쓰기는 까다롭다.

출전경기	경기시간(분)	골	어시스트	경고	퇴장
27	642	6	-	2	-

FW 36 안스가르 크나우프
Ansgar Knauff

국적: 독일

지난 시즌 후반기 프랑크푸르트의 구세주. 도르트문트 소속으로 1월, 임대를 통해 프랑크푸르트에 입성한 그는 측면 공격수에서 오른쪽 윙백으로 보직 변경에 성공하면서 에이스 코스티치와 함께 팀의 측면 공격을 책임졌다. 그의 깜짝 활약 덕에 프랑크푸르트의 유로파리그 우승이 가능했다. 이러한 공로를 인정받아 그는 유로파리그 영플레이어상을 수상했다. 수비력은 떨어지지만 빠른 스피드로 측면을 파괴한다.

출전경기	경기시간(분)	골	어시스트	경고	퇴장
17	870	1	1	-	-

GERMANY BUNDESLIGA / EINTRACHT FRANKFURT

VfL 볼프스부르크

VfL Wolfsburg

TEAM PROFILE

창　립	1945년
구 단 주	폭스바겐 GmbH사(독일)
감　독	니코 코바치(크로아티아)
연 고 지	볼프스부르크
홈 구 장	폴크스바겐 아레나(3만 명)
라 이 벌	하노버
홈페이지	www.vfl-wolfsburg.de

최근 5시즌 성적

시즌	순위	승점
2017-2018	16위	33점(6승15무13패, 36득점 48실점)
2018-2019	6위	55점(16승7무12패, 62득점 50실점)
2019-2020	7위	49점(13승10무11패, 48득점 46실점)
2020-2021	4위	61점(17승10무7패, 61득점 37실점)
2021-2022	12위	42점(12승6무16패, 43득점 54실점)

BUNDESLIGA (전신 포함)

통　산	우승 1회
21-22 시즌	12위(12승6무16패, 승점 42점)

DFB POKAL

통　산	우승 1회
21-22 시즌	없음

UEFA

통　산	없음
21-22 시즌	없음

경기 일정

라운드	날짜	장소	상대팀
1	2022.08.06	홈	베르더 브레멘
2	2022.08.13	원정	바이에른 뮌헨
3	2022.08.20	홈	샬케04
4	2022.08.27	원정	라이프치히
5	2022.09.03	홈	쾰른
6	2022.09.10	원정	프랑크푸르트
7	2022.09.17	원정	우니온 베를린
8	2022.10.01	홈	슈투트가르트
9	2022.10.08	원정	아우크스부르크
10	2022.10.15	홈	뮌헨글라트바흐
11	2022.10.22	원정	레버쿠젠
12	2022.10.29	홈	보훔
13	2022.11.05	원정	마인츠
14	2022.11.08	홈	도르트문트
15	2022.11.12	원정	호펜하임
16	2023.01.21	홈	프라이부르크
17	2023.01.24	원정	헤르타
18	2023.01.28	원정	베르더 브레멘
19	2023.02.04	홈	바이에른 뮌헨
20	2023.02.11	원정	샬케04
21	2023.02.18	홈	라이프치히
22	2023.02.25	원정	쾰른
23	2023.03.04	홈	프랑크푸르트
24	2023.03.11	홈	우니온 베를린
25	2023.03.18	원정	슈투트가르트
26	2023.04.01	홈	아우크스부르크
27	2023.04.08	원정	뮌헨글라트바흐
28	2023.04.15	홈	레버쿠젠
29	2023.04.22	원정	보훔
30	2023.04.29	홈	마인츠
31	2023.05.08	원정	도르트문트
32	2023.05.13	홈	호펜하임
33	2023.05.20	원정	프라이부르크
34	2023.05.27	홈	헤르타

시즌 프리뷰 | 새 감독하에 새 판 짜기 나서다

볼프스부르크는 2020/21시즌, 4위를 차지하면서 챔피언스리그에 진출했으나 지난 시즌엔 신임 감독 마르크 판 봄멜 체제에서 포칼 1라운드 몰수패와 챔피언스리그 32강 조별 리그 조기 탈락이라는 수모를 겪어야 했다. 다급해진 볼프스부르크는 시즌 중반 플로리안 코펠트를 새 감독으로 임명했으나 반등에 실패하면서 분데스리가 12위로 시즌을 마감했다. 이에 볼프스부르크는 과거 프랑크푸르트에서 지도력을 인정받은 코바치에게 지휘봉을 맡겼고, 새 감독의 입맛에 맞는 선수들(카민스키, 스반베리, 프라니치, 비머, 피셔)을 대거 영입하면서 새 판 짜기에 나섰다. 기존 선수단 자체가 좋은 선수들로 구축된 만큼, 새로 가세한 선수들이 팀에 잘 녹아든다면 유럽대항전 진출권 획득도 충분히 노려볼 만하다.

COACH

니코 코바치 *Niko Kovac*
1971년 10월 15일생 크로아티아

크로아티아의 전설적인 미드필더로 은퇴 후 크로아티아 대표팀에서 감독 경력을 시작했다. 이후 프랑크푸르트 감독으로 팀에 30년 만의 포칼 우승을 선사했고, 바이에른 감독에 올랐다. 비록 바이에른에선 아쉬운 모습을 보이며 조기 경질되는 아픔을 맛봤으나 모나코에선 나름 준수한 성적을 올렸다. 압박과 속공을 중시한다.

TEAM RATINGS

슈팅	7
패스	6
조직력	6
수비력	6
감독	7
선수층	6

38

2021/22 프로필

팀 득점	43
평균 볼 점유율	50.20%
패스 정확도	78.60%
평균 슈팅 수	12.4
경고	58
퇴장	3

골 타입

오픈 플레이	65
세트 피스	21
카운터 어택	5
페널티 킥	7
자책골	2

단위 (%)

패스 타입

쇼트 패스	82
롱 패스	13
크로스 패스	4
스루 패스	0

단위 (%)

SQUAD

포지션	등번호	이름		생년월일	키(cm)	체중(kg)	국적
GK	1	코엔 카스텔스	Koen Casteels	1992.06.25	197	78	벨기에
	12	파바오 페르반	Pavao Pervan	1987.11.13	194	88	오스트리아
DF	3	세바스티안 보르나우	Sebastiaan Bornauw	1999.03.22	191	81	독일
	4	막상스 라크루아	Maxence Lacroix	2000.04.06	190	88	프랑스
	5	미키 판 데 펜	Micky van de Ven	2001.04.19	193	81	네덜란드
	6	파울루 오타비우	Paulo Otavio	1994.11.23	173	68	브라질
	15	제롬 루시용	Jerome Roussillon	1993.01.06	175	80	프랑스
	34	마린 폰그라치치	Marin Pongracic	1997.09.11	193	95	크로아티아
MF	8	아스테르 브랑크스	Aster Vranckx	2002.10.04	183	78	벨기에
	11	레나토 슈테펜	Renato Steffen	1991.11.03	170	65	스위스
	14	요시프 브레칼로	Josip Brekalo	1998.06.23	175	70	크로아티아
	16	야쿠프 카민스키	Jakub Kaminski	2000.06.05	179	71	폴란드
	20	리들레 바쿠	Ridle Baku	1998.04.08	176	72	독일
	22	펠릭스 은메차	Felix Nmecha	2000.10.10	190	73	독일
	27	막시밀리안 아르놀트	Maximilian Arnold	1994.05.27	184	74	독일
	29	조슈아 길라보기	Josuha Guilavogui	1990.09.19	188	77	프랑스
	31	야니크 게르하르트	Yannick Gerhardt	1994.03.13	184	81	독일
	32	마티아스 스반베리	Mattias Svanberg	1999.01.05	185	77	스웨덴
	38	바르톨 프라니치	Bartol Franjic	2000.01.14	180	77	크로아티아
	39	파트리크 비머	Patrick Wimmer	2001.05.30	182	77	오스트리아
FW	7	루카 발드슈미트	Luca Waldschmidt	1996.05.19	181	75	독일
	9	막스 크루제	Max Kruse	1988.03.19	180	82	독일
	10	루카스 은메차	Lukas Nmecha	1998.12.14	185	80	독일
	17	막시밀리안 필리프	Maximilian Philipp	1994.03.01	183	79	독일
	23	요나스 빈	Jonas Wind	1999.02.07	190	82	덴마크
	33	오마르 마르무시	Omar Marmoush	1999.02.07	183	81	이집트

GERMANY BUNDESLIGA

VFL WOLFSBURG

IN & OUT

주요 영입	주요 방출
야쿠프 카민스키, 마티아스 스반베리, 파트리크 비머, 바르톨 프라니치, 오마르 마르무시(임대복귀), 마린 폰그라치치(임대복귀)	크사버 슐라거, 존 앤서니 브룩스, 케빈 음바부, 윌리암, 도디 루케바키오(임대복귀)

TEAM FORMATION

FW C⁺
MF C⁺
DF C⁺
GK B⁺

10
은메차
(크루제)

33 마르무시 (카민스키)
23 빈 (필리프)
7 발드슈미트 (비머)

27 아르놀트 (프라니치)
32 스반베리 (브랑크스)

5 판 데 펜 (오타비우)
3 보르나우 (폰그라치치)
4 라크루아 (길라보기)
20 바쿠 (피셔)

1 카스텔스 (페르반)

PLAN **4-2-3-1**

지역 점유율

공격 진영	26%
중앙	44%
수비 진영	30%

공격 방향

35% 왼쪽	27% 중앙	38% 오른쪽

슈팅 지역

| 9% 골 에어리어 |
| 56% 패널티 박스 |
| 35% 외곽 지역 |

상대팀 최근 6경기 전적

구분	승	무	패	구분	승	무	패
바이에른 뮌헨		1	5	보루시아 묀헨글라드바흐	1	3	2
보루시아 도르트문트			6	아인트라흐트 프랑크푸르트	3	1	2
바이엘 레버쿠젠	3	1	2	볼프스부르크			
RB 라이프치히	1	3	2	보훔	3	2	1
우니온 베를린	3	2	1	아우크스부르크	3	2	1
프라이부르크	1	2	3	슈투트가르트	3	1	2
FC 쾰른	3	1	2	헤르타 베를린	3	2	1
마인츠 05	4		2	샬케 04	4	1	1
호펜하임	2	1	3	베르더 브레멘	3	1	2

KEY PLAYER

MF 27 막시밀리안 아르놀트
Maximilian Arnold

국적: 독일

볼프스부르크의 살아있는 전설이자 신임 주장. 2011년 11월, 구단 역대 분데스리가 최연소 출전(만 17세 5개월 30일)에 더해 2013년 4월엔 구단 역대 최연소 골(만 18세 10개월 17일)을 기록하며 혜성처럼 등장한 그는 이제 만 28세지만 벌써 구단 역대 분데스리가 최다 출전(284경기)을 자랑하고 있다. 강력하면서도 정교한 왼발 킥을 바탕으로 양질의 패스를 동료들에게 제공한다.

출전경기	경기시간(분)	골	어시스트	경고	퇴장
34	2,996	4	2	4	-

PLAYERS

GK 1 코엔 카스텔스
Koen Casteels

국적: 벨기에

볼프스부르크 주전 수문장. 뛰어난 반사 신경과 예측력을 바탕으로 선방에 강점이 있고, 골키퍼로는 상당히 정교한 킥을 자랑한다. 커버 범위 역시 상당히 넓은 편에 해당한다. 과거엔 기복이 있었고, 197cm의 장신 대비 공중볼 캐칭에 약점이 있었으나 연차가 쌓이면서 안정적인 골키핑을 자랑하고 있다. 다만 4시즌 연속 부상자 명단에 이름을 올릴 정도로 내구성이 떨어진다는 게 아쉬운 부분이다.

출전경기	경기시간(분)	실점	무실점(경기)	경고	퇴장
28	2,520	40	10	1	-

DF 4 막상스 라크루아
Maxence Lacroix

국적: 프랑스

성공적이었던 분데스리가 데뷔 시즌을 뒤로하고 지난 시즌엔 2년 차 징크스에 시달려야 했다. 지나치게 전진해서 수비하는 습성이 대형 실수로 이어지면서 최다 퇴장(레드카드 3장)이라는 불명예를 얻은 것. 그래도 시즌 중반기를 거치면서 안정감을 찾았다. 가지고 있는 툴 자체는 매우 좋은 선수다. 큰 신장에 빠른 스피드를 갖췄고, 빌드업 능력도 있다. 브룩스가 떠난 만큼 그가 팀 수비의 중심을 잡아야 한다.

출전경기	경기시간(분)	골	어시스트	경고	퇴장
29	2,497	-	-	3	3

MF 16 야쿠프 카민스키
Jakub Kaminski

국적: 폴란드

볼프스부르크가 이번 여름 이적 시장에서 가장 큰 금액(1,000만 유로)을 들여 야심 차게 영입한 선수. 측면 스페셜리스트로 빠른 스피드를 살린 드리블과 크로스에 강점이 있다. 이를 바탕으로 지난 시즌 레흐 포즈난에서 9골 8도움을 올렸고, 폴란드 대표팀에 승선해 6월에 있었던 웨일스와의 UEFA 네이션스리그에서 데뷔골을 기록했다. 속도를 중시하는 코바치 감독의 전술과 맞춤형 선수라고 할 수 있다.

출전경기	경기시간(분)	골	어시스트	경고	퇴장
33	2,658	9	8	2	-

FW 9 막스 크루제
Max Kruse

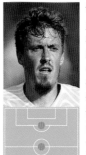

국적: 독일

포커와 인터넷 게임이 취미이고, 음주 가무를 즐기며, 누텔라를 좋아해 체중 관리가 안 될 정도로 프로 의식이 바닥인 선수. 하지만 실력만큼은 누구도 부인할 수 없다. 축구 지능이 상당히 뛰어나고, 위치 선정 능력 역시 탁월하며, 패스 센스도 갖추었다. 이를 바탕으로 그는 지난 시즌 우니온 베를린과 볼프스부르크에서 도합 12골 5도움을 올렸다. 전형적인 천재성을 갖춘 악마의 재능이라고 할 수 있다.

출전경기	경기시간(분)	골	어시스트	경고	퇴장
30	2,421	12	5	1	-

VFL 보훔

VFL BOCHUM

TEAM PROFILE

창 립	1848년
구 단 주	한스페터 필리스(독일)
감 독	토마스 라이스(독일)
연 고 지	보훔
홈 구 장	보노비아 루르슈타디온(2만 7,599명)
라 이 벌	SG 바텐샤이트 09
홈페이지	www.trikot.vfl-bochum.de

최근 5시즌 성적

시즌	순위	승점
2017-2018	없음	없음
2018-2019	없음	없음
2019-2020	없음	없음
2020-2021	없음	없음
2021-2022	13위	42점(12승6무16패, 38득점 52실점)

BUNDESLIGA (전신 포함)

통 산	없음
21-22 시즌	13위(12승6무16패, 승점 42점)

DFB POKAL

통 산	없음
21-22 시즌	8강

UEFA

통 산	없음
21-22 시즌	없음

경기 일정

라운드	날짜	장소	상대팀
1	2022.08.06	홈	마인츠
2	2022.08.13	원정	호펜하임
3	2022.08.20	홈	바이에른 뮌헨
4	2022.08.27	원정	프라이부르크
5	2022.09.03	홈	베르더 브레멘
6	2022.09.10	원정	샬케04
7	2022.09.17	홈	쾰른
8	2022.10.01	원정	라이프치히
9	2022.10.08	홈	프랑크푸르트
10	2022.10.15	원정	슈투트가르트
11	2022.10.22	홈	우니온 베를린
12	2022.10.29	원정	볼프스부르크
13	2022.11.05	원정	도르트문트
14	2022.11.08	홈	뮌헨글라트바흐
15	2022.11.12	원정	아우크스부르크
16	2023.01.21	홈	헤르타
17	2023.01.24	원정	레버쿠젠
18	2023.01.28	원정	마인츠
19	2023.02.04	홈	호펜하임
20	2023.02.11	원정	바이에른 뮌헨
21	2023.02.18	홈	프라이부르크
22	2023.02.25	원정	베르더 브레멘
23	2023.03.04	홈	샬케04
24	2023.03.11	원정	쾰른
25	2023.03.18	홈	라이프치히
26	2023.04.01	원정	프랑크푸르트
27	2023.04.08	홈	슈투트가르트
28	2023.04.15	원정	우니온 베를린
29	2023.04.22	홈	볼프스부르크
30	2023.04.29	홈	도르트문트
31	2023.05.08	원정	뮌헨글라트바흐
32	2023.05.13	홈	아우크스부르크
33	2023.05.20	원정	헤르타
34	2023.05.27	홈	레버쿠젠

시즌 프리뷰 ## 공수 핵심 모두 떠났다

지난 시즌, 12년 만에 분데스리가 무대로 돌아온 보훔은 13위를 차지하면서 잔류에 성공했다. 수비 지향적인 전술에 더해 홀트만과 아사노 등의 스피드를 활용한 역습 축구로 바이에른과 도르트문트 같은 강팀들을 꺾는 이변을 연출하면서 전력 대비 기대 이상의 성적을 올린 보훔이다. 하지만 새 시즌 전망은 그리 밝지 않다. 핵심 센터백 두 명(벨라-코차프와 라이치)이 모두 팀을 떠났고, 유일하게 두 자릿수 골을 넣은 간판 공격수(폴터)와 주전 공격형 미드필더(판토비치)도 이적했다. 문제는 이들을 대체할 수 있는 선수 보강이 미진했다는 데에 있다. 우크라이나 대표팀 센터백 오르데츠 영입을 제외하면 뚜렷한 보강이 눈에 띄지 않는다. 이대로라면 강등이 유력하다. 믿을 건 라이스 감독의 전술적 역량밖에 없다.

COACH

토마스 라이스 *Thomas Reis*
1973년 10월 4일생 독일

보훔 여자팀 감독을 시작으로 보훔 유스와 2군 팀을 거쳐 볼프스부르크 유스 감독을 역임한 그는 2019/20 시즌, 보훔이 시즌 첫 5경기에서 승리를 거두지 못하자 지휘봉을 잡으면서 8위로 견인했고, 2020/21 시즌엔 2부 리그 우승으로 승격을 이끌었다. 지난 시즌 역시 분데스리가 13위로 전력 이상의 성적을 올렸다.

TEAM RATINGS

슈팅	4
패스	5
조직력	6
수비력	5
감독	6
선수층	6
	32

2021/22 프로필

팀 득점	38
평균 볼 점유율	44.50%
패스 정확도	72.10%
평균 슈팅 수	12.1
경고	53
퇴장	2

골 타입

오픈 플레이	50
세트 피스	21
카운터 어택	16
패널티 킥	11
자책골	3

단위 (%)

패스 타입

쇼트 패스	74
롱 패스	21
크로스 패스	4
스루 패스	0

단위 (%)

SQUAD

포지션	등번호	이름		생년월일	키(cm)	체중(kg)	국적
GK	1	마누엘 리만	Manuel Riemann	1988.09.09	186	83	독일
	21	미하엘 에서	Michael Esser	1987.11.22	198	99	독일
	34	파울 그라페	Paul Grave	2001.04.10	193	94	독일
DF	2	크리스티안 감보아	Cristian Gamboa	1989.10.24	175	70	코스타리카
	3	다닐루 소아레스	Danilo Soares	1991.10.29	170	72	브라질
	4	에르한 마소비치	Erhan Masovic	1998.11.22	189	76	세르비아
	5	야체크 구랄스키	Jacek Goralski	1992.09.21	172	66	폴란드
	14	팀 외르만	Tim Oermann	2003.10.06	189	76	독일
	16	콘스탄티노스 스타필리디스	Konstantinos Stafylidis	1993.12.02	178	77	그리스
	20	이반 오르데츠	Ivan Ordets	1992.07.08	175	88	우크라이나
	23	사이디 얀코	Saidy Janko	1995.10.22	181	83	감비아
	24	바실리오스 람프로풀로스	Vasilios Lampropoulos	1990.03.31	185	86	그리스
	25	모하메드 톨바	Mohammed Tolba	2004.07.19	185	76	독일
	38	야네스 호른	Jannes Horn	1997.02.06	186	79	독일
MF	6	파트리크 오스테르하게	Patrick Osterhage	2000.02.01	186	75	독일
	7	케빈 슈퇴거	Kevin Stöger	1993.08.27	175	70	오스트리아
	8	앙토니 로실라	Anthony Losilla	1986.03.10	185	80	프랑스
	10	필리프 푀르스터	Philipp Förster	1995.02.04	188	82	독일
	18	조르디 오세이-투투	Jordi Osei-Tutu	1998.10.02	176	70	잉글랜드
FW	9	지몬 촐러	Simon Zoller	1991.06.26	179	70	독일
	11	아사노 타쿠마	Takuma Asano	1994.11.10	173	70	일본
	17	게리트 홀트만	Gerrit Holtmann	1995.03.25	185	77	필리핀
	22	크리스토퍼 안트위-아제이	Christopher Antwi-Adjei	1994.02.07	174	72	가나
	32	타르시스 봉가	Tarsis Bonga	1997.01.10	197	93	독일
	33	필리프 호프만	Philipp Hofmann	1993.03.30	195	89	독일
	35	실베르 강불라	Silvere Ganvoula	1996.06.29	191		콩고

IN & OUT

주요 영입	주요 방출
필리프 피르스터, 필리프 호프만, 케빈 슈퇴거, 야체크 구랄스키, 야네스 호른, 조르디 오세이-투투, 이반 오르데츠(임대)	아르멜 벨라-코차프, 막심 라이치, 제바스티안 폴터, 밀로스 판토비치, 위르겐 로카디아, 다니 블룸, 엘비스 레호베차이(임대복귀)

TEAM FORMATION

FW **D**

33
호프만
(강불라)

MF **C**

17 홀트만 (안트위-아제이) | 7 슈퇴거 (촐러) | 11 아사노 (오세이-투투)

8 로실라 (로스터하게) | 5 구랄스키 (피르스터)

DF **D+**

3 소아레스 (호른) | 20 오르데츠 (람프로풀로스) | 4 마소비치 (톨바) | 2 감보아 (안코)

GK **A**

1
리만
(에서)

PLAN **4-2-3-1**

지역 점유율

공격 진영 **28%**

중앙 **42%**

수비 진영 **30%**

공격 방향

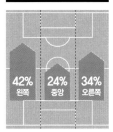

| 42% 왼쪽 | 24% 중앙 | 34% 오른쪽 |

슈팅 지역

7% 골 에어리어
53% 패널티 박스
40% 외곽 지역

상대팀 최근 6경기 전적

구분	승	무	패	구분	승	무	패
바이에른 뮌헨	1		5	보루시아 묀헨글라드바흐	1	2	3
보루시아 도르트문트	1	2	3	아인트라흐트 프랑크푸르트	1		5
바이엘 레버쿠젠		3	3	볼프스부르크	1	2	3
RB 라이프치히			6	보훔			
우니온 베를린	1	1	4	아우크스부르크	3		2
프라이부르크	3	1	2	슈투트가르트		4	2
FC 쾰른	2	1	3	헤르타 베를린		1	5
마인츠 05	3	1	2	샬케 04	1	1	4
호펜하임	4		2	베르더 브레멘	1	2	3

KEY PLAYER

MF 8 앙토니 로실라
Anthony Losilla

국적: 프랑스

보훔 주장이자 핵심 미드필더. 어느 덧 만 36세에 접어들었음에도 팀 내 최다 출전 시간(2,847분)을 자랑하고 있고, 안정적인 볼 배급에 더해 팀 내에서 가장 많은 가로채기(69회)와 2번째로 많은 태클(65회)을 기록할 정도로 준수한 수비력을 바탕으로 중원의 중심축을 담당하고 있다. 공중볼 획득 역시 팀 내 최다(117회)이다. 보훔에서만 9시즌째에 접어들고 있는 그는 팀에선 없어선 안 될 존재다.

출전경기	경기시간(분)	골	어시스트	경고	퇴장
32	2,847	2	-	5	-

PLAYERS

GK 1 마누엘 리만
Manuel Riemann

국적: 독일

보훔의 수호신. 그는 무려 경기당 3.7회의 선방을 자랑하면서 분데스리가 주전 골키퍼 중 2번째로 많은 수치를 자랑했다. 특히 선방 기대치가 무려 10.7골에 달했다. 이는 11골 가까이를 선방했다고 평가할 수 있다. 이에 더해 그는 유럽 5대 리그 선수 중 가장 많은 585회의 롱 패스를 성공시키면서 공격의 기점 역할도 톡톡히 해냈다. 보훔이 잔류하기 위해선 그의 선방이 절대적으로 필요하다.

출전경기	경기시간(분)	실점	무실점(경기)	경고	퇴장
31	2,790	45	7	2	-

DF 3 다닐루 소아레스
Danilo Soares

국적: 브라질

브라질 선수이지만 오스트리아에서 프로 경력을 시작한 독특한 이력의 선수. 이후 잉골슈타트와 호펜하임을 거쳐 2017년부터 보훔 소속으로 뛰고 있다. 브라질 선수 특유의 드리블 능력(경기당 1.2회로 팀 내 2위)을 갖추고 있긴 하지만 하위권 팀인 보훔의 특성에 맞게 헌신적으로 수비하면서 분데스리가에서 가장 많은 태클(3.6회)을 자랑하고 있고, 가로채기도 2.1회로 팀 내 2위를 기록했다.

출전경기	경기시간(분)	골	어시스트	경고	퇴장
30	2,568	-	1	4	-

DF 20 이반 오르데츠
Ivan Ordets

국적: 우크라이나

우크라이나 명문 샤흐타르 도네츠크 출신으로 우크라이나를 대표하는 센터백으로 성장했고, 2019년에 디나모 모스크바로 이적해 팀 핵심 수비수로 자리잡았다. 하지만 러시아-우크라이나 전쟁이 터지자 디나모 모스크바를 떠나 5개월 가까이 무직으로 있다가 보훔과 임대 계약을 체결했다. 보훔의 주전 센터백 라이치와 벨라-코차프가 동시에 팀을 떠난 만큼 오르데츠가 팀 수비의 중심을 잡아줄 필요가 있다.

출전경기	경기시간(분)	골	어시스트	경고	퇴장
18	1,607	1	-	3	-

FW 17 게리트 홀트만
Gerrit Holtmann

국적: 필리핀

브레멘 출신으로 독일 부친과 필리핀 모친 사이에서 태어난 선수. 독일 20세 이하 대표팀에서 뛰었으나 2022년 들어 필리핀 성인 대표팀을 선택했다. 어린 시절부터 재능을 인정받았으나 2016년, 마인츠 이적 이후 고질적인 부상으로 힘든 시기를 보냈다. 하지만 2020년, 보훔으로 팀을 옮기면서 본인의 기량을 만개하고 있다. 왼쪽 측면 스페셜리스트로 스피드에 있어선 분데스리가 최정상급 선수이다.

출전경기	경기시간(분)	골	어시스트	경고	퇴장
28	1,765	5	4	-	-

FC 아우크스부르크

FC Augsburg

TEAM PROFILE	
창 립	1907년
구 단 주	클라우스 호프만(독일)
감 독	엔리코 마센(독일)
연 고 지	아우크스부르크
홈 구 장	WWK 아레나(3만 660명)
라 이 벌	1860 뮌헨
홈페이지	www.fcaugsburg.de

최근 5시즌 성적

시즌	순위	승점
2017-2018	12위	41점(10승11무13패, 43득점 46실점)
2018-2019	15위	32점(8승8무18패, 51득점 71실점)
2019-2020	15위	36점(9승9무16패, 45득점 63실점)
2020-2021	13위	36점(10승6무18패, 36득점 54실점)
2021-2022	14위	38점(10승8무16패, 39득점 56실점)

BUNDESLIGA (전신 포함)

통 산	없음
21~22 시즌	14위(10승8무16패, 승점 38점)

DFB POKAL

통 산	없음
21~22 시즌	32강

UEFA

통 산	없음
21~22 시즌	없음

경기 일정

라운드	날짜	장소	상대팀
1	2022.08.06	홈	프라이부르크
2	2022.08.13	원정	레버쿠젠
3	2022.08.20	홈	마인츠
4	2022.08.27	원정	호펜하임
5	2022.09.03	홈	헤르타
6	2022.09.10	원정	베르더 브레멘
7	2022.09.17	홈	바이에른 뮌헨
8	2022.10.01	원정	샬케04
9	2022.10.08	홈	볼프스부르크
10	2022.10.15	원정	쾰른
11	2022.10.22	홈	라이프치히
12	2022.10.29	원정	슈투트가르트
13	2022.11.05	홈	프랑크푸르트
14	2022.11.08	원정	우니온 베를린
15	2022.11.12	홈	보훔
16	2023.01.21	원정	도르트문트
17	2023.01.24	홈	뮌헨글라트바흐
18	2023.01.28	원정	프라이부르크
19	2023.02.04	홈	레버쿠젠
20	2023.02.11	원정	마인츠
21	2023.02.18	홈	호펜하임
22	2023.02.25	원정	헤르타
23	2023.03.04	홈	베르더 브레멘
24	2023.03.11	원정	바이에른 뮌헨
25	2023.03.18	홈	샬케04
26	2023.04.01	원정	볼프스부르크
27	2023.04.08	홈	쾰른
28	2023.04.15	원정	라이프치히
29	2023.04.22	홈	슈투트가르트
30	2023.04.29	원정	프랑크푸르트
31	2023.05.08	홈	우니온 베를린
32	2023.05.13	원정	보훔
33	2023.05.20	홈	도르트문트
34	2023.05.27	원정	뮌헨글라트바흐

시즌 프리뷰 주포 떠난 아우크스부르크, 잔류 가능할까?

아우크스부르크는 시즌 내내 부침이 심한 모습을 보이면서 하위권을 전전했다. 특히 23라운드까지 강등권에 위치하면서 분데스리가 잔류를 걱정해야 했다. 가장 큰 문제는 바로 공격에 있었다. 팀에서 두 자릿수 골을 기록하는 선수가 없었다. 그나마 13라운드부터 그레고리치가 본격 가동되기 시작하면서 9골을 넣어줬으나 시즌 종료와 동시에 프라이부르크로 떠났고, 맞교환 형태로 데려온 데미로비치는 지난 시즌 2골이 전부였다. 나름 중원과 수비진은 나쁘지 않은 편에 속한다. 하지만 득점 없이는 승리를 보장할 수 없다. 1월, 겨울 이적 시장에서 구단 역대 최고 이적료를 들여 야심 차게 영입한 페피의 분발이 필요하다. 이것이 선행되지 않는다면 아우크스부르크의 잔류 희망도 이번 시즌을 끝으로 마무리될 위험성이 있다.

COACH

엔리코 마센 *Enrico Maassen*
1984년 3월 10일생 독일

5부 리그 드로흐터젠/아셀에서 지도자 경력을 시작한 그는 팀을 4부로 승격시켰고, 이어서 뢰딩하우젠(4부)을 거쳐 2020년, 도르트문트 2군 감독에 부임했다. 이후 그는 도르트문트 2군을 3부 리그로 승격시키면서 능력을 인정받았고, 많은 도르트문트 2군 선배 감독들의 뒤를 따라 분데스리가 감독에 부임하기에 이르렀다.

TEAM RATINGS

	점수
슈팅	4
패스	6
조직력	6
수비력	6
감독	5
선수층	6
종합	33

2021/22 프로필

팀 득점	39
평균 볼 점유율	40.60%
패스 정확도	72.00%
평균 슈팅 수	10.8
경고	74
퇴장	0

골 타입		단위 (%)
오픈 플레이	64	
세트 피스	23	
카운터 어택	0	
페널티 킥	13	
자책골	0	

패스 타입		단위 (%)
쇼트 패스	76	
롱 패스	19	
크로스 패스	5	
스루 패스	0	

SQUAD

포지션	등번호	이름		생년월일	키(cm)	체중(kg)	국적
GK	1	라파우 기키에비츠	Rafal Gikiewicz	1987.10.26	190	82	폴란드
	25	다니엘 클라인	Daniel Klein	2001.03.13	191	84	독일
DF	2	로베르트 굼니	Robert Gumny	1998.06.04	178	61	폴란드
	3	마스 페데르센	Mads Pedersen	1994.09.01	174	72	덴마크
	4	리스 옥스포드	Reece Oxford	1998.12.16	190	86	잉글랜드
	6	제프리 하우엘레이우	Jeffrey Gouweleeuw	1991.07.10	187	83	네덜란드
	19	펠릭스 우도카이	Felix Uduokhai	1997.09.09	192	87	독일
	22	이아구	Iago	1997.03.23	181	67	브라질
	23	막시밀리안 바우어	Maximilian Bauer	2000.02.09	189	84	독일
	26	프레데리크 빈터	Frederik Winther	2001.01.04	189	78	덴마크
	32	라파엘 프람베르거	Raphael Framberger	1995.09.06	179	76	독일
MF	5	토비아스 슈트로블	Tobias Strobl	1990.05.12	188	77	독일
	8	카를로스 그루에소	Carlos Gruezo	1995.04.19	171	71	에콰도르
	10	아르네 마이어	Arne Maier	1999.01.08	186	79	독일
	13	엘비스 레흐베차이	Elvis Rexhbecaj	1997.11.01	182	78	독일
	16	루벤 바르가스	Ruben Vargas	1998.08.05	179	67	스위스
	17	노아 요엘 사렌렌 바제	Noah Joel Sarenren Bazee	1996.08.21	183	70	나이지리아
	20	다니엘 칼리지우리	Daniel Caligiuri	1988.01.15	182	80	이탈리아
	24	프레드리크 옌센	Fredrik Jensen	1997.09.09	183	81	핀란드
	28	안드레 한	Andre Hahn	1990.08.13	185	80	독일
	30	니클라스 도르슈	Niklas Dorsch	1998.01.15	178	76	독일
	31	펠릭스 괴체	Felix Götze	1998.02.11	185	80	독일
FW	7	플로리안 니더레흐너	Florian Niederlechner	1990.10.24	187	86	독일
	9	에르메딘 데미로비치	Ermedin Demirovic	1998.03.25	185	80	보스니아헤르체고비나
	18	리카르도 페피	Ricardo Pepi	2003.01.09	185	74	미국
	37	모리스 말론	Maurice Malone	2000.08.17	184	85	독일

GERMANY BUNDESLIGA

FC AUGSBURG

IN & OUT

주요 영입	주요 방출
에르메딘 데미로비치, 막시밀리안 바우어, 엘비스 레흐베차이, 펠릭스 괴체(임대복귀), 세르히오 코르도바(임대복귀), 모리스 말론(임대복귀), 루카스 페트코프(임대복귀)	미하엘 그레고리치, 알프레드 핀보가손, 얀 모라벡, 안디 제키리(임대복귀)

TEAM FORMATION

- FW **D-**
- MF **C+**
- DF **C-**
- GK **C**

18 페피 (니더레흐너)
9 데미로비치 (한)
16 바르가스 (옌센)
22 이아구 (페데르센)
30 도르슈 (레흐베차이)
10 마이어 (그루에소)
20 칼리지우리 (프람베르거)
19 우도카이 (빈터)
4 옥스포드 (바우어)
6 하우엘레우 (굼니)
1 기키비츠 (쿠베크)

PLAN **3-4-1-2**

지역 점유율

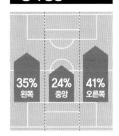

공격 진영 **28%**
중앙 **43%**
수비 진영 **29%**

공격 방향

35% 왼쪽	24% 중앙	41% 오른쪽

슈팅 지역

9% 골 에어리어
55% 패널티 박스
36% 외곽 지역

상대팀 최근 6경기 전적

구분	승	무	패	구분	승	무	패
바이에른 뮌헨	1	1	4	보루시아 묀헨글라드바흐	2	1	3
보루시아 도르트문트	1	1	4	아인트라흐트 프랑크푸르트	1	2	3
바이엘 레버쿠젠		1	5	볼프스부르크	1	2	3
RB 라이프치히		1	5	보훔	2		3
우니온 베를린	3	2	1	아우크스부르크			
프라이부르크		3	3	슈투트가르트	2		4
FC 쾰른	2	2	2	헤르타 베를린	1	1	4
마인츠 05	5		1	살케 04	1	3	2
호펜하임	2		4	베르더 브레멘	2		4

MF 30 니클라스 도르슈
Niklas Dorsch

국적: 독일

독일 연령대별 대표팀을 모두 단계별로 거친 엘리트 선수. 2021년엔 21세 이하 유럽 선수권 우승에 있어 중추 역할을 담당했다. 바이에른이 애지중지 키우던 미드필더 유망주지만 쟁쟁한 선배들에게 밀려 자리를 잡지 못했고, 하이덴하임과 벨기에 구단 헨트를 거쳐 지난 시즌 아우크스부르크에서 만개했다. 원래 패스에 특화된 선수였으나 이젠 수비력도 발전을 거듭하고 있다. 다만 카드 수집은 조심해야 한다.

출전경기	경기시간(분)	골	어시스트	경고	퇴장
30	2,328	1	-	8	-

PLAYERS

DF 4 리스 옥스포드
Reece Oxford

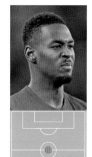

국적: 잉글랜드

자메이카계 잉글랜드인으로 어린 시절 웨스트 햄에서 뛰면서 잉글랜드의 전설적인 센터백 리오 퍼디난드의 뒤를 이을 선수라는 평가를 들을 정도로 재능을 인정받았다. 하지만 1군 무대에서 자리를 잡지 못하면서 임대를 전전했고, 2019년부터 아우크스부르크 소속으로 뛰고 있다. 아우크스부르크 이적 초기엔 기대치에 미치지 못했으나 지난 시즌부터 안정적인 수비를 펼치면서 팀의 핵심 수비수로 자리매김했다.

출전경기	경기시간(분)	실점	어시스트	경고	퇴장
30	2,694	2	1	9	-

DF 22 이아구
Iago

국적: 브라질

브라질 올림픽 대표팀에 승선했을 정도로 재능있는 왼쪽 풀백. 코로나 대유행으로 도쿄 올림픽이 1년 연기되지 않았다면 금메달을 획득했을 것이 분명하다(남미 예선 3경기에 나섰으나 올림픽 본선에선 연령 제한에 걸려 아쉽게 낙마했다). 아우크스부르크로 이적하고 첫 2시즌 동안은 부상 및 리그 적응 문제로 고전했으나 지난 시즌부터 주전 자리를 공고히 하면서 2골 5도움을 올렸다. 잦은 부상이 아쉬운 부분.

출전경기	경기시간(분)	골	어시스트	경고	퇴장
28	2,179	2	5	3	-

MF 10 아르네 마이어
Arne Maier

국적: 독일

헤르타가 애지중지 키우던 유망주로 어린 시절 동 나이대에선 카이 하베르츠(현 첼시 소속)와 라이벌 관계를 형성할 정도로 재능을 인정받았다. 하지만 프로 초창기에 고질적인 무릎 부상으로 힘든 시기를 보냈고, 결국 빌레펠트 임대를 거쳐 지난 시즌엔 아우크스부르크로 임대를 떠나야 했다. 아우크스부르크에서도 시즌 초반 부상으로 고전했으나 이후 자리를 잡으면서 1골 6도움을 올렸고, 완전 이적에 성공했다.

출전경기	경기시간(분)	골	어시스트	경고	퇴장
29	1,871	1	6	-	-

FW 18 리카르도 페피
Ricardo Pepi

국적: 미국

아우크스부르크가 1월에 MLS 역대 최고 이적료이자 구단 역대 최고 이적료인 1,600만 유로를 들여 영입한 공격수. 온두라스와의 A매치 데뷔전에서 골을 넣으며 화려한 등장을 알렸고, 곧바로 이어진 자메이카전에선 멀티 골을 넣으면서 미국 축구의 새로운 스타로 떠올랐다. 비록 분데스리가에선 경험 미숙을 드러내면서 아직 골을 신고하지 못하고 있지만, 아직 어린 선수이기에 그에 대한 구단의 기대는 매우 크다.

출전경기	경기시간(분)	골	어시스트	경고	퇴장
11	476	-	-	-	-

VfB 슈투트가르트

VfB Sututtgart

TEAM PROFILE

창 립	1893년
구 단 주	클라우스 포크트(독일)
감 독	펠레그리노 마타라초(미국)
연 고 지	슈투트가르트
홈 구 장	메르세데스 벤츠 아레나(6만 441명)
라 이 벌	슈투트가르트 키커스
홈페이지	www.vfb.de

최근 5시즌 성적

시즌	순위	승점
2017-2018	7위	51점(15승6무13패, 36득점 36실점)
2018-2019	16위	28점(7승 7무 20패, 32득점 70실점)
2019-2020	없음	없음
2020-2021	9위	45점(12승9무13패, 56득점 55실점)
2021-2022	15위	33점(7승12무15패, 41득점 59실점)

BUNDESLIGA (전신 포함)

통 산	3회 우승
21-22 시즌	15위(7승12무15패, 승점 33점)

DFB POKAL

통 산	3회 우승
21-22 시즌	없음

UEFA

통 산	없음
21-22 시즌	없음

경기 일정

라운드	날짜	장소	상대팀
1	2022.08.06	홈	라이프치히
2	2022.08.13	원정	베르더 브레멘
3	2022.08.20	홈	프라이부르크
4	2022.08.27	원정	쾰른
5	2022.09.03	홈	샬케04
6	2022.09.10	원정	바이에른 뮌헨
7	2022.09.17	홈	프랑크푸르트
8	2022.10.01	원정	볼프스부르크
9	2022.10.08	홈	우니온 베를린
10	2022.10.15	홈	보훔
11	2022.10.22	원정	도르트문트
12	2022.10.29	홈	아우크스부르크
13	2022.11.05	원정	뮌헨글라트바흐
14	2022.11.08	홈	헤르타
15	2022.11.12	원정	레버쿠젠
16	2023.01.21	홈	마인츠
17	2023.01.24	원정	호펜하임
18	2023.01.28	원정	라이프치히
19	2023.02.04	홈	베르더 브레멘
20	2023.02.11	원정	프라이부르크
21	2023.02.18	홈	쾰른
22	2023.02.25	원정	샬케04
23	2023.03.04	홈	바이에른 뮌헨
24	2023.03.11	원정	프랑크푸르트
25	2023.03.18	홈	볼프스부르크
26	2023.04.01	원정	우니온 베를린
27	2023.04.08	원정	보훔
28	2023.04.15	홈	도르트문트
29	2023.04.22	원정	아우크스부르크
30	2023.04.29	홈	뮌헨글라트바흐
31	2023.05.08	원정	헤르타
32	2023.05.13	홈	레버쿠젠
33	2023.05.20	원정	마인츠
34	2023.05.27	홈	호펜하임

시즌 프리뷰 부상 병동 슈투트가르트, 이번엔 다를까?

2020/21시즌 분데스리가 9위를 차지하면서 승격팀 돌풍을 일으킨 슈투트가르트는 많은 기대 속에서 지난 시즌을 맞이했다. 최연소 팀의 패기가 2시즌 연속 돌풍으로 이어질지 관심이 집중됐으나 슈투트가르트는 주축 선수들의 줄부상으로 고전하면서 시즌 내내 강등권을 전전해야 했다. 다행히 시즌 후반부에 부상자들이 하나둘 돌아왔고, 이후 슈투트가르트는 시즌 마지막 10경기에서 3승 5무 2패를 올리며 시즌 최종전에서야 간신히 강등권 탈출에 성공할 수 있었다. 슈투트가르트는 주전 미드필더 망갈라가 팀을 떠났으나 칼라이지치와 소사 같은 핵심 선수들을 지키는 데 성공했다. 이에 더해 파그노만을 영입해 오른쪽 측면을 강화했고, 장신 공격수 파이퍼와 돌파형 공격수 페레아를 영입해 공격에 다양성을 더했다.

COACH

TEAM RATINGS

슈팅	6
패스	6
조직력	6
수비력	6
감독	6
선수층	6

36

펠레그리노 마타라초 *Pellegrino Matarazzo*
1977년 11월 28일생 미국

이탈리아계 미국인. 만 22세에 독일에서 선수 생활을 시작했고, 은퇴 후 지도자 경력을 이어오고 있다. 2019/20시즌 후반기 슈투트가르트 감독에 부임해 승격을 견인한 데 이어 승격 첫 시즌에 분데스리가 9위를 달성하며 한층 주가를 높였다. 그러나 지난 시즌엔 강등권을 전전하다가 간신히 잔류하면서 아쉬움을 남겼다.

2021/22 프로필

팀 득점	41
평균 볼 점유율	50.40%
패스 정확도	80.70%
평균 슈팅 수	13.3
경고	62
퇴장	2

골타입	
오픈 플레이	63
세트 피스	29
카운터 어택	2
패널티 킥	2
자책골	2

단위 (%)

패스타입	
쇼트 패스	84
롱 패스	12
크로스 패스	3
스루 패스	0

단위 (%)

SQUAD

포지션	등번호	이름		생년월일	키(cm)	체중(kg)	국적
GK	1	플로리안 뮐러	Florian Muller	1997.11.13	190	85	독일
	33	파비안 브레드로	Fabian Bredlow	1995.03.02	190	89	독일
DF	2	발데마르 안톤	Waldemar Anton	1996.07.20	189	84	독일
	4	요샤 파그노만	Josha Vagnoman	2000.12.11	190	90	독일
	5	콘스탄티노스 마브로파노스	Konstantinos Mavropanos	1997.12.11	194	89	그리스
	15	파스칼 슈텐첼	Pascal Stenzel	1996.03.20	183	74	독일
	16	아타칸 카라초어	Atakan Karazor	1996.10.13	191	76	독일
	21	이토 히로키	Hiroki Ito	1999.05.12	186	81	일본
	24	보르나 소사	Borna Sosa	1998.01.21	187	79	크로아티아
	37	안토니스 아이도니스	Antonis Aidonis	2001.05.22	185	85	독일
	43	막심 아부자	Maxime Awoudja	1998.02.02	188	88	독일
MF	3	엔도 와타루	Wataru Endo	1993.02.09	178	73	일본
	6	클린턴 몰라	Clinton Mola	2001.03.15	183	78	잉글랜드
	7	탕기 쿨리발리	Tanguy Coulibaly	2001.02.18	175	72	프랑스
	8	엔조 밀로	Enzo Millot	2002.07.17	174	66	프랑스
	17	다르코 추를리노프	Darko Churlinov	2000.07.11	180	73	북마케도니아
	22	크리스 퓌를리히	Chris Fuhrich	1998.01.09	181	70	독일
	25	릴리안 에글로프	Lilian Egloff	2002.08.20	182	81	독일
	29	필리프 클레멘트	Philipp Klement	1992.09.09	175	72	독일
	31	마테오 클리모비츠	Mateo Klimowicz	2000.07.06	179	71	독일
	32	나우이루 아하마다	Naouirou Ahamada	2002.03.29	183	73	프랑스
FW	9	사샤 칼라이지치	Sasa Kalajdzic	1997.07.07	200	90	오스트리아
	10	티아구 토마스	Tiago Tomás	2002.06.16	180	78	포르투갈
	11	후안 호세 페레아	Juan José Perea	2000.02.23	180	80	콜롬비아
	14	실라스 카톰파 음붐파	Silas Katompa Mvumpa	1998.10.06	189	79	콩고민주공화국
	20	루카 파이퍼	Luca Pfeiffer	1996.08.20	196	98	독일

IN & OUT

주요 영입	주요 방출
루카 파이퍼, 요사 파그노만, 후안 호세 페레아, 필리프 클레멘트(임대복귀), 다르코 추를리노프(임대복귀), 안토니스 아도니스(임대복귀)	오렐 망갈라, 필리프 피르스터, 에릭 토미, 다니엘 디다비, 로베르토 마시모, 모하메드 산코, 오마르 마르무시(임대복귀)

TEAM FORMATION

FW
C+ (9) 칼라이지치 (파이퍼)

MF
C (10) 토마스 (추를리노프) / (14) 실라스 (퓌어리히)
(24) 소사 (쿨리발리) / (32) 아하마다 (나르티) / (3) 엔도 (카라초어) / (4) 파그노만 (실라스)

DF
C (21) 이토 (아이도니스) / (2) 안톤 (마브로파노스) / (5) 마브로파노스 (슈텐첼)

GK
C (1) 뮐러 (브레드로)

PLAN 3-4-2-1

지역 점유율

공격 진영	27%
중앙	45%
수비 진영	28%

공격 방향

| 40% 왼쪽 | 28% 중앙 | 33% 오른쪽 |

슈팅 지역

| 8% 골 에어리어 |
| 57% 패널티 박스 |
| 35% 외곽 지역 |

상대팀 최근 6경기 전적

구분	승	무	패	구분	승	무	패
바이에른 뮌헨		1	5	보루시아 묀헨글라드바흐	3	2	1
보루시아 도르트문트	1		5	아인트라흐트 프랑크푸르트		3	3
바이엘 레버쿠젠		1	5	볼프스부르크	2	1	3
RB 라이프치히			6	보훔	2	4	
우니온 베를린		5	1	아우크스부르크	4		2
프라이부르크	1	1	4	슈투트가르트			
FC 쾰른	3	1	2	헤르타 베를린	2	2	2
마인츠 05	3	1	2	샬케 04	1	2	3
호펜하임	2	2	2	베르더 브레멘	4	1	1

KEY PLAYER

MF 3 엔도 와타루
Wataru Endo

국적: 일본

슈투트가르트 핵심 미드필더. 센터백으로도 뛸 수 있을 정도로 단단한 수비력을 바탕으로 팀 중원의 중심을 잡아주는 역할을 담당하고 있다. 원래는 수비 특화 미드필더였으나 날이 갈수록 패스 능력과 공격력도 향상되고 있다. 특히 지난 시즌 쾰른과의 최종전에서 추가 시간에 헤딩으로 극적인 결승 골을 넣으며 슈투트가르트의 잔류를 이끌었다. 팀의 주장직을 수행할 정도로 감독의 신뢰를 한 몸에 얻고 있다.

출전경기	경기시간(분)	골	어시스트	경고	퇴장
33	2,902	4	2	4	-

PLAYERS

DF 5 콘스탄티노스 마브로파노스
Konstantinos Mavropanos

국적: 그리스

슈투트가르트 수비의 중추. 강력한 피지컬을 바탕으로 대인 수비에 있어선 분데스리가 수비수 중에서 상위권에 해당한다고 평가할 수 있다. 실제 그는 가로채기와 걷어내기는 물론 슈팅 차단 역시 팀 내 최다를 자랑하고 있다. 원래 부상이 잦다는 단점이 있었으나 지난 시즌엔 3경기 결장이 전부였다. 다만 개인의 수비 능력은 좋은 편이지만 팀 전체를 조율하지는 못한다. 이 부분에서 발전이 필요하다.

출전경기	경기시간(분)	실점	어시스트	경고	퇴장
31	2,711	4	-	3	-

DF 24 보르나 소사
Borna Sosa

국적: 크로아티아

슈투트가르트 왼쪽의 지배자. 2018년, 슈투트가르트에 입단한 그는 첫 두 시즌 동안 잦은 부상과 수비력 부족 문제로 고전을 면치 못했으나 마타라초 감독의 스리백 전술 하에서 공격에 집중하면서 장기인 정교한 크로스를 통해 2020/21 시즌 9도움에 이어 지난 시즌에도 1골 8도움을 올리며 분데스리가 정상급 왼쪽 측면 수비수로 자리매김하고 있다. 현재 많은 명문 구단들이 그에게 러브콜을 보내고 있다.

출전경기	경기시간(분)	골	어시스트	경고	퇴장
28	2,500	1	8	4	-

FW 9 사샤 칼라이지치
Sasa Kalajdzic

국적: 오스트리아

슈투트가르트 간판 공격수. 2미터 장신을 바탕으로 공중볼을 지배하고, 발재간도 상당히 준수한 편에 속한다. 이를 바탕으로 2020/21 시즌 16골을 넣었고, 지난 시즌에도 15경기에 출전해 6골을 넣으면서 시즌 막판 팀의 상승세를 견인했다. 다만 잦은 부상이 우려되는 부분. 전 소속팀에서도 매 시즌 부상에 시달렸고, 슈투트가르트에서도 3시즌을 뛰는 동안 큰 부상만 두 번을 당하면서 장기간 결장했다.

출전경기	경기시간(분)	골	어시스트	경고	퇴장
15	1,221	6	1	2	-

FW 10 티아구 토마스
Tiago Tomas

국적: 포르투갈

슈투트가르트가 겨울 이적 시장 데드라인에 스포르팅에서 1년 6개월 임대로 영입한 유망주 공격수. 22라운드 레버쿠젠전에서 멀티 골을 넣으며 화려한 선발 데뷔전을 치렀고, 27라운드 아우크스부르크전에선 경기 종료 5분을 남기고 결승 골을 넣으며 3-2 역전승을 견인했다. 바이에른과의 33라운드에서도 선제골을 넣으며 2-2 무승부에 기여했다. 그에겐 1,500만 유로의 완전 영입 옵션이 포함되어 있다.

출전경기	경기시간(분)	골	어시스트	경고	퇴장
14	1,080	4	-	2	-

헤르타 BSC

Hertha BSC

TEAM PROFILE

창　　립	1892년
구 단 주	카이 베른슈타인(독일)
감　　독	잔드로 슈바르츠(독일)
연 고 지	베를린
홈 구 장	올림피아슈타디온 베를린(7만 4,475명)
라 이 벌	우니온 베를린
홈페이지	www.herthabsc.com

최근 5시즌 성적

시즌	순위	승점
2017-2018	10위	43점(10승13무11패, 43득점 46실점)
2018-2019	11위	43점(11승10무13패, 49득점 57실점)
2019-2020	10위	41점(11승8무15패, 48득점 59실점)
2020-2021	14위	35점(8승11무15패, 41득점 52실점)
2021-2022	16위	33점(9승6무19패, 37득점 71실점)

BUNDESLIGA (전신 포함)

통　　산	우승 2회
21-22 시즌	16위(9승6무19패, 승점 33점)

DFB POKAL

통　　산	없음
21-22 시즌	16강

UEFA

통　　산	없음
21-22 시즌	없음

경기 일정

라운드	날짜	장소	상대팀
1	2022.08.06	원정	우니온 베를린
2	2022.08.13	홈	프랑크푸르트
3	2022.08.20	원정	묀헨글라트바흐
4	2022.08.27	홈	도르트문트
5	2022.09.03	원정	아우크스부르크
6	2022.09.10	홈	레버쿠젠
7	2022.09.17	원정	마인츠
8	2022.10.01	홈	호펜하임
9	2022.10.08	홈	프라이부르크
10	2022.10.15	원정	라이프치히
11	2022.10.22	홈	샬케04
12	2022.10.29	원정	베르더 브레멘
13	2022.11.05	홈	바이에른 뮌헨
14	2022.11.08	원정	슈투트가르트
15	2022.11.12	홈	쾰른
16	2023.01.21	원정	보훔
17	2023.01.24	홈	볼프스부르크
18	2023.01.28	홈	우니온 베를린
19	2023.02.04	원정	프랑크푸르트
20	2023.02.11	홈	묀헨글라트바흐
21	2023.02.18	원정	도르트문트
22	2023.02.25	홈	아우크스부르크
23	2023.03.04	원정	레버쿠젠
24	2023.03.11	홈	마인츠
25	2023.03.18	원정	호펜하임
26	2023.04.01	원정	프라이부르크
27	2023.04.08	홈	라이프치히
28	2023.04.15	원정	샬케04
29	2023.04.22	홈	베르더 브레멘
30	2023.04.29	원정	바이에른 뮌헨
31	2023.05.08	홈	슈투트가르트
32	2023.05.13	원정	쾰른
33	2023.05.20	홈	보훔
34	2023.05.27	원정	볼프스부르크

전력분석 ## 실망의 연속

헤르타에게 지난 시즌은 악몽과도 같았다. 시즌 시작하고 13라운드 만에 팔 다르다이 감독을 경질했으나 정작 후임인 타이푼 코르쿠트 체제에서 극심한 부진에 빠지며 강등권으로 떨어졌다. 결국 26라운드에 코르쿠트를 경질한 헤르타는 베테랑 감독 펠릭스 마가트를 긴급 소방수로 투입한 가운데 시즌 마지막 8경기에서 3승 1무 4패로 16위를 기록하며 승강 플레이오프로 향했다. 헤르타는 2부 리그 3위 함부르크와의 1차전 홈에서 0-1로 패하며 불안감을 안겼으나 2차전 원정에서 2-0으로 승리하며 잔류에 성공했다. 이적 시장 움직임도 소극적이다. 오른쪽 풀백 케니 영입을 제외하면 전력 강화 요소가 보이지 않는다. 도리어 지난 시즌 주전 공격수로 뛴 벨포딜이 팀을 떠났다. 주전 골키퍼 슈볼로와 시즌 막판 반짝 활약을 펼친 백업 골키퍼 로트카도 팀을 옮겼다. 주전 측면 공격수 리히터가 고환에 종양이 발생하자 급하게 에주케를 임대로 데려왔다. 핵심 미드필더 아스카시바르를 임대로 보내고 영입한 선수는 잉글랜드 2부 리그 선수 수니치다. 뒤늦게 공격수 캉가를 영입했으나 실망스러운 여름이 아닐 수 없었다.

전술분석 ## 부상이 발목 잡는 4-3-3 이식 시도

헤르타는 슈바르츠 신임 감독 체제에서 새 시즌을 맞이할 예정이다. 자연스럽게 전술에도 다소간의 변화가 있을 예정이다. 지난 시즌 헤르타는 코르쿠트 감독 체제에서 4-4-2를 활용했으나 마가트 감독하에선 4-2-3-1로 전환했다. 슈바르츠는 마인츠 선수 시절 은사였던 위르겐 클롭(현 리버풀 감독)의 영향을 크게 받았다. 실제 그는 클롭에게 종종 조언을 구하는 것으로 알려져 있다. 클롭 역시 슈바르츠가 마인츠 감독 시절 경질 위기에 있었을 때 공개적으로 지지를 보낸 바 있다. 당연히 그는 클롭 감독처럼 '게겐프레싱(Gegenpressing: 직역하면 역압박이라는 의미로 소유권을 잃었을 때 곧바로 압박하는 걸 지칭)'을 추구하고, 4-3-3 포메이션을 선호한다. 프리 시즌 동안에도 4-3-3을 가동했다. 하지만 리히터가 고환에 종양이 발견돼 수술을 받았고, 이동준이 부상 복귀전에서 또다시 부상으로 전력에서 이탈했으며, 켈리안 은소나는 여전히 부상 중이다. 그로이터 퓌르트에서 헤르타로 돌아온 멀티 공격수 은간캄도 아직 부상자 명단에 있다. 4-3-3에선 측면 공격수가 중요한데 쓸 수 있는 자원이 제한적이다.

GERMANY BUNDESLIGA

HERTHA BSC

내우외환 헤르타, 하락세 막을 수 있을까?

헤르타는 2019년 6월, 독일 1세대 벤처 기업가 라르스 빈트호르스트가 구단 지분을 사들이면서 한동안 이적 시장의 큰손으로 떠올랐다. 특히 2020년 1월, 겨울 이적 시장에서 피옹테크와 투자르, 마테우스 쿠냐, 그리고 아스카시바르 동시에 영입하면서 8,000만 유로의 이적료를 지출했다. 이는 분데스리가 역대 겨울 이적 최다 지출이자 당시 겨울 이적 시장 세계 최다 이적료 지출에 해당했다. 하지만 투자와 별개로 헤르타의 성적은 상승은커녕 하락세를 타기 시작했다. 실제 2019/20시즌 10위를 시작으로 2020/21시즌엔 14위를 거쳐 지난 시즌엔 16위로 떨어졌다. 3년 사이에 부임한 감독 수가 7명에 달한다. 이적 시장에서도 2020/21시즌까지는 활발한 움직임을 보였으나 2021/22시즌엔 선수 영입보다 판매에 더 주력하면서 2,180만 유로의 흑자를 기록했고, 이번 시즌 역시 1,330만 유로의 흑자를 올렸다. 투자하려는 의지가 있는지 의문일 정도다. 게다가 최대 주주 빈트호르스트와의 마찰로 베르너 게겐바워 회장이 탄핵당하는 일이 발생했다. 내우외환이 반복되고 있는 헤르타이다.

IN & OUT

주요 영입	주요 방출
필리프 우레모비치, 존조 케니, 제식 은간캄, 윌프리드 캉가, 이반 수니치(임대), 치데라 에주케(임대), 도디 루케바키오(임대복귀)	니클라스 슈타르크, 이샤크 벨포디, 마르첼 로트카, 위르겐 에켈렌캄프, 산티아고 아스카시바르(임대), 알렉산더 슈볼로(임대)

TEAM FORMATION

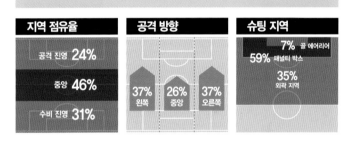

PLAN 4-3-3

TEAM RATINGS

- 슈팅 4
- 패스 6
- 조직력 6
- 수비력 5
- 감독 6
- 선수층 5
- **32**

2021/22 프로필

팀 득점	37
평균 볼 점유율	43.20%
패스 정확도	74.70%
평균 슈팅 수	10.8
경고	62
퇴장	2

골 타입 (단위 %)
오픈 플레이	54
세트 피스	30
카운터 어택	3
패널티 킥	8
자책골	5

패스 타입 (단위 %)
쇼트 패스	81
롱 패스	15
크로스 패스	4
스루 패스	0

지역 점유율
- 공격 진영 24%
- 중앙 46%
- 수비 진영 31%

공격 방향
- 왼쪽 37%
- 중앙 26%
- 오른쪽 37%

슈팅 지역
- 골 에어리어 7%
- 패널티 박스 59%
- 외곽 지역 35%

상대팀 최근 6경기 전적

구분	승	무	패
바이에른 뮌헨		1	5
보루시아 도르트문트	1		5
바이엘 레버쿠젠	3	2	1
RB 라이프치히		1	5
우니온 베를린	2	1	3
프라이부르크	2		4
FC 쾰른	1	2	3
마인츠 05		2	4
호펜하임	2		4
보루시아 묀헨글라드바흐	1	3	2
아인트라흐트 프랑크푸르트	1	1	4
볼프스부르크	1	2	3
보훔	5		1
아우크스부르크	4	1	1
슈투트가르트	2	2	2
헤르타 베를린			
샬케 04	2	2	2
베르더 브레멘	1	3	2

SQUAD

포지션	등번호	이름		생년월일	키(cm)	체중(kg)	국적
GK	1	올리버 크리스텐센	Oliver Christensen	1999.03.22	190	82	덴마크
	22	루네 야르슈타인	Rune Jarstein	1984.09.29	192	88	노르웨이
DF	2	페테르 페카리크	Peter Pekarik	1986.10.30	177	70	슬로바키아
	3	프레드릭 안드레 비예르칸	Fredrik André Björkan	1998.08.21	180	74	노르웨이
	4	데드리크 보야타	Dedryck Boyata	1990.11.28	188	84	벨기에
	5	필리프 우레모비치	Filip Uremovic	1997.02.11	184	81	크로아티아
	16	존조 케니	Jonjoe Kenny	1997.03.15	176	67	잉글랜드
	20	마르크 올리버 켐프	Marc Oliver Kempf	1995.01.28	186	82	독일
	21	마르빈 플라텐하르트	Marvin Plattenhardt	1992.01.26	181	78	독일
	31	마르톤 다르다이	Marton Dardai	2002.02.12	188	77	독일
	36	데요바이쇼 제파이크	Deyovaisio Zeefuik	1998.03.11	177	76	네덜란드
	44	리누스 게히터	Linus Gechter	2004.02.27	190	81	독일
MF	6	블라디미르 다리다	Vladimir Darida	1990.08.08	172	67	체코
	8	수아트 세르다르	Suat Serdar	1997.04.11	184	75	독일
	10	장-파울 뵈티우스	Jean-Paul Boetius	1994.03.22	178	67	네덜란드
	27	케빈-프린스 보아텡	Kevin-Prince Boateng	1987.03.06	186	86	가나
	29	뤼카 투자르	Lucas Tousart	1997.04.29	185	83	프랑스
	34	이반 수니치	Ivan Sunjic	1996.10.09	185	75	크로아티아
FW	7	다비 젤케	Davie Selke	1995.01.20	194	75	독일
	11	미지안 마올리다	Myziane Maolida	1999.02.14	182	78	프랑스
	14	도디 루케바키오	Dodi Lukebakio	1997.09.24	187	77	벨기에
	18	윌프리드 캉가	Wilfried Kanga	1998.02.21	189	90	프랑스
	19	스테반 요베티치	Stevan Jovetic	1989.11.02	183	79	몬테네그로
	23	마르코 리히터	Marco Richter	1997.11.24	176	74	독일
	30	이동준	Dong-jun Lee	1997.02.01	173	65	대한민국
	40	치데라 에주케	Chidera Ejuke	1998.01.02	176	72	나이지리아

GERMANY BUNDESLIGA

HERTHA BSC

산드로 슈바르츠 Sandro Schwarz
1978년 10월 17일생 독일

5부 리그 팀 에슈보른을 4부 리그로 승격시키면서 성공적인 지도자 출발을 알린 그는 선수 시절 친정팀이었던 마인츠에서 19세 이하 팀과 2군 팀 감독을 거쳐 2017년 7월, 1군 감독에 부임했다. 이후 그는 2시즌 동안 팀의 분데스리가 잔류를 이끌었으나 3번째 시즌 들어 2승 8패의 부진을 보이며 조기 경질되는 아픔을 맛봐야 했다. 2020년 10월, 디나모 모스크바 감독에 오른 그는 흔들리던 팀을 성공적으로 수습한 데 이어 2021/22시즌 도중, 러시아-우크라이나 전쟁이 발발했음에도 다른 독일 감독들(마르쿠스 기스돌과 다니엘 파르케)과 달리 시즌 끝까지 감독직을 유지하면서 2021/22시즌 러시아 리그 3위로 견인하는 책임감 있는 모습을 보여주었다. 시즌 종료 후 디나모 모스크바와의 계약을 해지하면서 헤르타 신임 감독으로 부임했다.

수아트 세르다르
Suat Serdar

국적: 독일

튀르키예계 독일인. 마인츠 유스 출신으로 독일 연령대별 대표팀을 모두 거친 엘리트이고, 2018/19시즌부터 샬케로 이적해 뛰면서 독일 대표팀 미드필더로 발전하는 데 성공했다. 특히 2019/20시즌엔 잦은 부상으로 20경기 출전에 그쳤음에도 7골을 넣으며 팀 내 득점 1위를 차지했다. 지난 시즌 헤르타에 이적해서도 미드필더 전체 포지션에서 뛰면서 핵심적인 역할을 맡았다. 뛰어난 드리블 능력을 갖추고 있고, 패스 센스도 있으며, 공수 전반에 걸쳐 높은 영향력을 행사한다. 다만 자주 부상으로 전력에서 이탈한다는 게 아쉬운 부분. 그래도 지난 시즌엔 코로나와 같은 질병을 제외하면 부상 없이 공식 대회 35경기를 소화하면서 기대감을 높여주었다.

출전경기	경기시간(분)	골	어시스트	경고	퇴장
30	2,230	3	-	6	-

GK 1 **올리버 크리스텐센**
Oliver Christensen

국적: 덴마크

지난해 여름, 헤르타가 오덴세에서 영입한 골키퍼. 시즌 내내 2군에서 있었으나 주전 골키퍼 슈볼로의 부상을 틈타 2부 리그 3위 함부르크와의 승강 플레이오프 1, 2차전에 선발 출전해 준수한 활약을 펼치며 분데스리가 잔류에 있어 결정적인 역할을 담당했다. 이에 힘입어 이번 시즌부터 주전 골키퍼로 뛸 예정이다. 덴마크 대표팀에도 승선했고, 2020년 11월, 스웨덴과의 평가전에서 무실점을 기록했다.

출전경기	경기시간(분)	실점	무실점(경기)	경고	퇴장
2	179	1	1	-	-

DF 2 **페테르 페카리크**
Peter Pekarik

국적: 슬로바키아

질리나 유스 출신으로 2004년에 두브리차 임대를 통해 프로 데뷔했고, 복귀 후 3년 6개월 동안 주전으로 뛰다가 2009년 1월, 볼프스부르크로 이적했다. 이후 카이제리스포르 임대를 거쳐 2012/13시즌부터 10년째 헤르타에서 뛰고 있다. 2017/18시즌부터 고질적인 무릎 부상으로 고전하면서 한때 방출 위기에 직면했으나 코로나 팬데믹 이후 재기에 성공하면서 흔들리는 팀을 지탱해주고 있다.

출전경기	경기시간(분)	골	어시스트	경고	퇴장
27	2,239	-	-	1	-

DF 4 **데드리크 보야타**
Dedryck Boyata

국적: 벨기에

헤르타 핵심 수비수. 콩고 출신 축구 선수였던 부친 비엔베누가 벨기에 리그에서 뛰었을 때 그를 출생했다. 맨체스터 시티 유스 출신으로 쟁쟁한 선배들에게 밀려 임대를 전전했으나 셀틱 이적을 통해 정기적으로 출전하면서 2018/19시즌, 스코틀랜드 리그 올해의 팀에 선정됐고, 헤르타에서도 수비의 중심을 잡아주고 있다. 다만 부상이 잦고, 30대에 접어들면서 장점이었던 운동 능력도 하락하고 있다.

출전경기	경기시간(분)	골	어시스트	경고	퇴장
23	1,900	-	-	1	1

DF 5 **필리프 우레모비치**
Filip Uremovic

국적: 크로아티아

수비 전 포지션을 뛸 수 있는 멀티 수비수. 2018년부터 루빈 카잔에서 뛰면서 주장직을 수행했으나 러시아-우크라이나 전쟁이 발발하자 챔피언십 구단 셰필드 유나이티드로 임대를 떠났고, 이번 여름 카잔과의 계약 만료와 동시에 헤르타로 팀을 옮겼다. 소유권을 지키는 데에 능하며, 강한 태클을 구사한다. 2020년, 크로아티아 대표팀에 승선해 A매치 6경기에 출전했으나 최근엔 뽑히지 않고 있다.

출전경기	경기시간(분)	골	어시스트	경고	퇴장
3	199	-	-	1	-

DF 16 **존조 케니**
Jonjoe Kenny

국적: 잉글랜드

에버턴 유스 출신으로 한국에서 열린 2017년 20세 이하 월드컵 당시 잉글랜드 우승의 주역이었던 측면 수비수. 비록 에버턴에선 선배 오른쪽 풀백 셰이머스 콜먼의 존재로 인해 임대를 전전해야 했으나 2019/20시즌 당시, 샬케에서 임대로 뛰면서 분데스리가 무대에서 준수한 활약을 펼친 바 있다. 이것이 헤르타가 그를 영입한 주된 이유이다. 공격력은 다소 떨어지지만, 수비에 강점이 있다.

출전경기	경기시간(분)	골	어시스트	경고	퇴장
15	1,017	-	1	1	1

DF 20 **마르크 올리버 켐프**
Marc-Oliver Kempf

국적: 독일

독일 연령대별 대표팀을 단계별로 모두 거친 엘리트 수비수. 특히 2014년 19세 이하 유럽 선수권과 2017년 21세 이하 유럽 선수권 우승 당시 핵심 센터백으로 활약했다. 하지만 클럽 레벨에선 잦은 부상으로 들쑥날쑥한 모습을 보이며 기대만큼 성장하지는 못한 편에 속한다. 결국, 2022년 1월에 슈투트가르트를 떠나 헤르타로 팀을 옮겼고, 이적 초반 흔들렸으나 이후 자리를 잡으면서 잔류에 기여했다.

출전경기	경기시간(분)	골	어시스트	경고	퇴장
24	1,893	3	1	3	1

DF 21 마르빈 플라텐하르트
Marvin Plattenhardt

국적: 독일

한때 독일 대표팀에도 승선할 정도로 분데스리가 정상급 왼쪽 풀백으로 명성을 떨쳤으나 2018/19시즌을 기점으로 하락세를 타면서 헤르타 유스 출신 포지션 경쟁자 미텔슈테트와의 경쟁에서 밀려나기 시작했다. 하지만 시즌 막판 마가트 감독 하에서 중용됐고, 함부르크와의 플레이오프 2차전에서 1골 1도움을 올리며 2-0 승리를 견인했다. 이와 함께 주전도 꿰찼고, 신임 주장으로 임명되기에 이르렀다.

출전경기	경기시간(분)	골	어시스트	경고	퇴장
24	1,494	-	5	3	-

MF 6 블라디미르 다리다
Vladimir Darida

국적: 체코

체코 대표팀 선수로 2015년에 헤르타에 입성한 그는 과거 왕성한 활동량을 자랑하면서 팀 중원을 책임지던 선수였다. 비록 이젠 30대에 접어들면서 과거에 비해 운동 능력이 많이 떨어졌지만 그래도 여전히 성실한 플레이로 버팀목 역할 정도는 해주고 있다. 게다가 공격형 미드필더 출신답게 센스 있는 패스로 지난 시즌에도 2골 5도움을 올리면서 평타 이상은 해주었다. 아직 헤르타 중원엔 그가 필요하다.

출전경기	경기시간(분)	골	어시스트	경고	퇴장
25	1,799	2	5	6	-

MF 29 뤼카 투자르
Lucas Tousart

국적: 프랑스

헤르타가 2020년 1월, 구단 역대 최고 이적료인 2,500만 유로를 들여 올랭피크 리옹에서 야심 차게 영입한 수비형 미드필더. 당당한 신체 조건을 바탕으로 가로채기와 제공권에 강점이 있다. 다만 민첩성이 떨어지기에 카드를 받는 경우들이 잦다. 게다가 날이 갈수록 패스 정확도도 떨어지고 있다. 이를 인지해서인지 최근 들어선 박스 투 박스형 미드필더로 뛰면서 앞선에서 싸워주는 역할을 맡고 있다.

출전경기	경기시간(분)	골	어시스트	경고	퇴장
30	1,961	2	-	3	-

MF 34 이반 수니치
Ivan Sunjic

국적: 크로아티아

디나모 자그레브 유스 출신으로 크로아티아 연령대별 대표팀을 단계별로 거쳤고, 2017년 5월엔 만 20세의 나이에 A매치 데뷔전을 치르면서 빠른 성장세를 밟아왔으나 이후 다소 정체기에 접어들면서 성인 대표팀과 인연을 맺지 못했다. 하지만 2019년 버밍엄 시티 이적 이후 피지컬적인 능력에서 많은 발전을 보이면서 상승세를 타고 있다. 그가 이제 헤르타 수비형 미드필더라는 중책을 맡아야 한다.

출전경기	경기시간(분)	골	어시스트	경고	퇴장
41	3065	3	2	8	-

FW 11 미지안 마올리다
Myziane Maolida

국적: 프랑스

리옹 유스 출신으로 어린 시절부터 재능을 인정받으면서 2018년 여름, 니스 구단 역대 10대 선수 최고 이적료인 1,000만 유로로 팀을 옮겼다. 하지만 니스에서 그는 잦은 부상에 시달리면서 기대만큼 성장하지 못했고, 2021년 여름 헤르타로 팀을 옮기기에 이르렀다. 지난 시즌 그는 부상 없이 뛰었으나 경기 운영 능력 부재를 드러냈다. 하지만 프리 시즌 좋은 활약을 펼치면서 기대감을 높이고 있다.

출전경기	경기시간(분)	골	어시스트	경고	퇴장
14	780	1	1	-	-

FW 19 스테반 요베티치
Stevan Jovetic

국적: 몬테네그로

몬테네그로 역대 A매치 최다 골(31골)을 자랑하는 천재 공격수. 만 17세에 대표팀에 승선했고, 만 19세(2009년)에 몬테네그로 올해의 선수에 올랐다. 2010/11시즌에 십자인대가 파열됐음에도 복귀 후 2시즌 연속으로 두 자릿수 골을 넣는 괴력을 과시했다. 이후 잦은 부상으로 고전하고 있으나 지난 시즌 헤르타에서 18경기 6골(팀 내 최다)을 넣으면서 여전히 경쟁력이 있음을 입증하고 있다.

출전경기	경기시간(분)	골	어시스트	경고	퇴장
18	1,020	6	1	4	-

FW 23 마르코 리히터
Marco Richter

국적: 독일

투박하지만 빠른 스피드와 왕성한 움직임에 더해 강력한 킥으로 경기력 대비 괜찮은 득점 생산성을 자랑하는 선수. 지난 시즌 그는 5골 2도움을 올리면서 극도의 부진에 빠진 헤르타 공격에 그나마 활기를 더해주는 존재였다. 이번 시즌을 앞두고 그는 고환에 종양이 발견되는 악재가 발생했다. 하지만 다행히 항암 치료는 받지 않아도 된다는 정밀진단 결과가 나온 만큼 우려보다 빠른 복귀가 예상된다.

출전경기	경기시간(분)	골	어시스트	경고	퇴장
30	1,716	5	1	6	-

FW 30 이동준
Lee Dong-jun

국적: 대한민국

부산 아이파크에서 프로 데뷔해 빠른 속도로 성장하면서 2019 시즌 K 리그 2 MVP를 차지한 그는 2021년 울산 현대로 이적해 K 리그1 베스트 11에 당당히 이름을 올렸다. 하지만 헤르타에서 그는 연이은 악재에 시달리고 있다. 이적과 동시에 2경기 연속 교체 출전했으나 곧바로 코로나에 걸렸고, 이후 부상이 거듭되면서 기회를 얻지 못하고 있다. 프리 시즌에도 부상으로 1경기 교체 출전에 그치고 있다.

출전경기	경기시간(분)	골	어시스트	경고	퇴장
4	117	-	-	-	-

FW 40 치데라 에주케
Chidera Ejuke

국적: 나이지리아

리히터가 고환에 종양이 발견되자 급하게 CSKA 모스크바에서 임대 영입한 측면 공격수. 2019/20시즌, 헤이렌베인 소속으로 네덜란드 리그에서 9골 4도움을 올리면서 이름을 알렸고, CSKA 모스크바에서도 2시즌 연속 5골을 기록했다. 러시아 리그에서 2시즌 연속 경기당 3개의 드리블을 성공시키면서 지난 시즌 해당 부문 1위를 차지할 정도로 드리블에 특화된 선수지만 결정을 짓는 능력이 부족하다.

출전경기	경기시간(분)	골	어시스트	경고	퇴장
30	1,821	5	4	2	-

GERMANY BUNDESLIGA

HERTHA BSC

FC 샬케 04
FC Schalke 04

TEAM PROFILE	
창 립	1904년
구 단 주	악셀 헤퍼(독일)
감 독	프랑크 크라머(독일)
연 고 지	겔젠키르헨
홈 구 장	펠틴스 아레나(6만 2,271명)
라 이 벌	보루시아 도르트문트
홈페이지	http://www.schalke04.de/

최근 5시즌 성적

시즌	순위	승점
2017-2018	2위	63점(18승9무7패, 53득점 37실점)
2018-2019	14위	33점(8승9무17패, 37득점, 55실점)
2019-2020	12위	39점(9승12무13패, 38득점 58실점)
2020-2021	18위	16점(3승7무24패, 25득점 86실점)
2021-2022	없음	없음

BUNDESLIGA (전신 포함)

통 산	우승 7회
21-22 시즌	없음

DFB POKAL

통 산	우승 5회
21-22 시즌	없음

UEFA

통 산	유로파리그 우승 1회
21-22 시즌	없음

경기 일정

라운드	날짜	장소	상대팀
1	2022.08.06	원정	퀼른
2	2022.08.13	홈	묀헨글라트바흐
3	2022.08.20	원정	볼프스부르크
4	2022.08.27	홈	우니온 베를린
5	2022.09.03	원정	슈투트가르트
6	2022.09.10	홈	보훔
7	2022.09.17	원정	도르트문트
8	2022.10.01	홈	아우크스부르크
9	2022.10.08	원정	레버쿠젠
10	2022.10.15	홈	호펜하임
11	2022.10.22	원정	헤르타
12	2022.10.29	홈	프라이부르크
13	2022.11.05	원정	베르더 브레멘
14	2022.11.08	홈	마인츠
15	2022.11.12	홈	바이에른 뮌헨
16	2023.01.21	원정	프랑크푸르트
17	2023.01.24	홈	라이프치히
18	2023.01.28	홈	퀼른
19	2023.02.04	원정	묀헨글라트바흐
20	2023.02.11	홈	볼프스부르크
21	2023.02.18	원정	우니온 베를린
22	2023.02.25	홈	슈투트가르트
23	2023.03.04	원정	보훔
24	2023.03.11	홈	도르트문트
25	2023.03.18	원정	아우크스부르크
26	2023.04.01	홈	레버쿠젠
27	2023.04.08	원정	호펜하임
28	2023.04.15	홈	헤르타
29	2023.04.22	원정	프라이부르크
30	2023.04.29	홈	베르더 브레멘
31	2023.05.08	원정	마인츠
32	2023.05.13	원정	바이에른 뮌헨
33	2023.05.20	홈	프랑크푸르트
34	2023.05.27	원정	라이프치히

전력 분석 | 승격과 동시에 대대적인 보강 단행

2020/21시즌, 최하위로 30년 만에 강등되는 수모를 겪은 샬케는 곧바로 2부 리그 1위로 분데스리가 복귀에 성공했다. 다만 과정이 순탄했던 건 아니었다. 디미트리오스 그라모지스 감독 체제에서 샬케는 25라운드까지 6위로 승격권과는 거리를 두고 있었다. 하지만 샬케의 전설적인 미드필더인 미하엘 뷔스켄스 임시 감독 체제에서 8승 1패라는 경이적인 성적을 올리며 분데스리가 승격을 넘어 2부 리그 챔피언에 오르는 영예를 맛봤다. 샬케는 지난 시즌, 아르미니아 빌레펠트 감독직을 수행했던 크라머를 신임 감독으로 임명했다. 이적 시장 움직임도 활발했다. 비록 재정적인 한계로 인해 이타쿠라 완전 영입에 실패한 건 아쉬운 일이지만, 지난 시즌 임대로 준수한 활약을 펼친 아우베얀과 살라사르 완전 영입에 성공했고, 브루너와 폴터 같은 분데스리가에서 검증된 자원에 더해 요시다와 몰레, 라르손, 모어, 그라이믈, 헤케렌 같은 선수들을 팀에 추가하면서 선수단에 깊이를 더했다. 게다가 슈볼로와 크랄, 크라우스를 임대로 영입하면서 양적으로는 풍부한 선수단을 구축하는 데 성공했다. 이제 아리트 같은 전력 외 선수들 정리만 남았다.

전술 분석 | 신임 감독 크라머, 기존 전술 유지하다

샬케는 지난 시즌 2가지 포메이션을 활용했다. 그라모지스 감독하에서 3-1-4-2 포메이션을 가동했으나 기대 이하의 성적에 그친 샬케는 뷔스켄스 임시 감독하에서 4-4-2로 전환했다. 이후 8승 1패라는 경이적인 성적을 올리며 2부 리그 1위를 차지한 샬케이다. 크라머 감독은 기본적으로 4-2-3-1 포메이션을 선호한다. 하지만 팀 사정에 따라 투 톱과 스리 톱은 물론 스리백에 이르기까지 다양한 포메이션을 활용했다. 프리 시즌 동안 크라머는 4-4-2 포메이션을 고수했다. 이는 지난 시즌 잘 통했던 전술을 고수하겠다는 포석으로 보인다. 왼발잡이 센터백 카민스키의 후방 빌드업을 시작으로 공격적인 왼쪽 풀백 아우베얀이 적극적으로 오버래핑을 감행하면서 왼쪽 위주로 경기를 풀어나가는 샬케이다. 다만 관건은 수비에 있다. 실제 샬케는 뷔스켄스 감독 체제에서 9경기 23득점(경기당 2.6골)을 올렸으나 12실점(경기당 1.3골)을 허용하면서 수비적으로 불안감을 드러냈다. 특히 마지막 5경기에서 10실점을 내주었다. 한 수 위의 분데스리가 팀들을 상대로 수비가 무너지면 걷잡을 수 없다. 괜히 승격팀들이 수비부터 다지는 게 아니다.

샬케의 공격, 분데스리가에서 통할까?

전력 보강은 상당히 잘 된 편에 속한다. 선수들의 경험도 과거 다른 승격팀들과는 격을 달리하고 있다. 2부 리그 강등 1년 만의 복귀이고, 역사적으로도 분데스리가 터줏대감에 가까운 팀이다. 영입된 선수들 역시 분데스리가에서 검증됐거나, 타 리그 1부 경험이 풍부한 선수들이 주를 이루고 있다. 주축 선수들이 다수 떠난 보훔이나 같은 승격팀인 브레멘이나 구단 대내외적으로 혼란에 빠진 헤르타 같은 팀들보다 여러모로 상황이 좋다고 볼 수 있다.

다만 우려되는 부분이 없는 건 아니다. 크라머 감독은 분데스리가 경험이 부족하다고 할 수 있고, 그마저도 (아무리 빌레펠트의 객관적인 전력을 고려하더라도) 지난 시즌 강등을 경험했다. 간판 공격수 테로데는 2부 리그에선 경이적인 득점력을 자랑하다가도 분데스리가에선 3차례나 실패를 맛보았다. 지난 시즌 샬케가 2부 리그 우승을 차지할 수 있었던 건 팀 득점 1위에 해당하는 공격력에 있었다. 실점은 44골로 최소 실점 4위에 해당했다. 즉 수비만 놓고 보면 승격할 팀이 아니었다. 샬케의 공격이 분데스리가에서 통하지 않는다면 상당한 곤경에 빠질 위험성이 있다.

IN & OUT

주요 영입	주요 방출
제바스티안 폴터, 토비아스 모어, 플로랑 몰레, 요시다 마야, 세드릭 브루너, 알렉산더 슈볼로(임대), 알렉스 크랄(임대), 톰 크라우스(임대)	살리프 사네, 빅토르 팔손, 이타쿠라 코(임대복귀), 다르코 추를리노프(임대복귀), 안드레아스 빈트하임(임대복귀)

TEAM FORMATION

PLAN **4-4-2**

지역 점유율
공격 진영 **28%**
중앙 **44%**
수비 진영 **28%**

공격 방향
35% 왼쪽 / 28% 중앙 / 37% 오른쪽

슈팅 지역
10% 골 에어리어
57% 패널티 박스
33% 외곽 지역

TEAM RATINGS

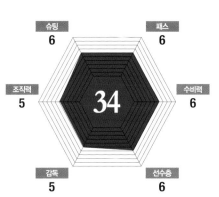

슈팅 6 / 패스 6 / 수비력 6 / 선수층 6 / 감독 5 / 조직력 5

34

2021/22 프로필

팀 득점	72
평균 볼 점유율	53.60%
패스 정확도	77.60%
평균 슈팅 수	16.9
경고	66
퇴장	1

골 타입 (단위 %)
오픈 플레이	65
세트 피스	19
카운터 어택	8
패널티 킥	3
자책골	4

패스 타입 (단위 %)
쇼트 패스	82
롱 패스	13
크로스 패스	5
스루 패스	0

상대팀 최근 6경기 전적

구분	승	무	패
바이에른 뮌헨			6
보루시아 도르트문트	1	1	4
바이엘 레버쿠젠		2	4
RB 라이프치히	1	1	4
우니온 베를린	2	3	
프라이부르크		2	4
FC 쾰른	1	2	3
마인츠 05	2	3	1
호펜하임	1	2	3
보루시아 묀헨글라드바흐	1	1	4
아인트라흐트 프랑크푸르트	2		4
볼프스부르크	1	1	4
보훔	4	1	1
아우크스부르크	2	3	1
슈투트가르트	3	2	1
헤르타 베를린	2	2	2
샬케 04			
베르더 브레멘	1	2	3

SQUAD

포지션	등번호	이름		생년월일	키(cm)	체중(kg)	국적
GK	1	랄프 페어만	Ralf Fahrmann	1988.09.27	197	93	독일
	13	알렉산더 슈볼로	Alexander Schwolow	1992.06.02	190	83	독일
DF	2	토마스 아우베얀	Thomas Ouwejan	1996.09.30	183	72	네덜란드
	3	레오 그라이믈	Leo Greiml	2001.07.03	186	77	오스트리아
	4	요시다 마야	Maya Yoshida	1988.08.24	189	78	일본
	5	마리우스 로데	Marius Lode	1993.03.11	185	77	노르웨이
	22	이브라히마 시세	Ibrahima Cisse	2001.02.15	196	77	말리
	27	세드릭 브루너	Cedric Brunn	1994.02.17	180	69	스위스
	33	말리크 티아우	Malick Thiaw	2001.08.08	191	80	독일
	35	마르친 카민스키	Marcin Kaminski	1992.01.15	192	71	폴란드
MF	6	톰 크라우스	Tom Krauss	2001.06.22	182	72	독일
	8	다니 라차	Danny Latza	1989.12.07	179	73	독일
	10	로드리고 살라사르	Rodrigo Zalazar	1999.08.12	178	72	우루과이
	14	이동경	Dong-gyeong Lee	1997.09.20	176	68	대한민국
	17	플로리안 플리크	Florian Flick	2000.05.01	190	79	독일
	18	블렌디 이드리치	Blendi Idrizi	1998.05.02	179	73	코소보
	20	플로랑 몰레	Florent Mollet	1991.11.19	175	67	프랑스
	23	메흐메트 찬 아이딘	Mehmet Can Aydin	2002.02.09	180	68	독일
	24	도미니크 드렉슬러	Dominick Drexler	1990.05.26	183	71	독일
	29	토비아스 모어	Tobias Mohr	1995.08.24	183	78	독일
	30	알렉스 크랄	Alex Kral	1998.05.19	187	72	체코
	42	케림 찰하노을루	Kerim Calhanoglu	2002.08.26	183	80	독일
FW	7	요르단 라르손	Jordan Larsson	1997.06.20	175	68	스웨덴
	9	지몬 테로데	Simon Terodde	1988.03.02	192	83	독일
	11	마리우스 뷜터	Marius Bülter	1993.03.29	188	85	독일
	40	제바스티안 폴터	Sebastian Polter	1991.04.01	192	92	독일

GERMANY BUNDESLIGA

FC SCHALKE 04

프랑크 크라머 Frank Kramer
1972년 5월 3일생 독일

지도자 경력 대부분을 유소년 육성으로 보낸 인물. 실제 그는 2013년 3월부터 2015년 11월까지 2년 9개월 동안 그로이터 퓌르트와 포르투나 뒤셀도르프 감독을 수행한 걸 제외하면 줄곧 유스 내지 2군 팀을 지도했다. 특히 2016년부터 2019년까지 독일 연령대별 대표팀 감독직(18세 이하, 19세 이하, 20세 이하)을 수행한 바 있다. 2021년 3월. 빌레펠트 감독에 부임한 그는 시즌 마지막 11경기에서 4승 5무 2패의 호성적과 함께 강등 위기의 팀을 구해내면서 지도력을 인정받았다. 하지만 빌레펠트 팀 자체의 전력이 강등 1순위로 불릴 정도로 떨어졌기에 지난 시즌엔 결국 한계를 드러내면서 강등권을 전전하다 30라운드를 끝으로 경질되는 아픔을 맛봤다(빌레펠트도 당연히 강등됐다). 조직력을 중시하고 수비에 집중하면서 실리적인 축구를 구사한다.

GERMANY BUNDESLIGA

FC SCHALKE 04

DF 2 — 토마스 아우베얀 Thomas Ouwejan

국적: 네덜란드

샬케가 지난 시즌, AZ 알크마르에서 임대로 영입한 왼쪽 풀백. 공격적인 오버래핑과 강력하면서도 정교한 크로스를 바탕으로 3골 8도움을 올리며 샬케 왼쪽 측면 공격을 주도하다시피 했다. 이러한 활약상을 인정받아 이번 여름, 샬케로 완전 이적하기에 이르렀다. 이미 알크마르 소속으로 유로파리그 출전 경험도 있고, 2020/21시즌 후반기엔 세리에A 구단 우디네세에서 임대로 뛰면서 빅 리그 출전 경험 역시 가지고 있다. 다만 수비력이 떨어진다는 게 약점으로 지적되고 있다. 지난 시즌엔 샬케가 스리백을 쓰면서 전술적으로 보완했기에 그의 수비 약점이 크게 드러나지 않았으나 이번 시즌엔 포백 전환 예정이기에 이 부분이 문제로 작용할 소지가 있다.

출전경기	경기시간(분)	골	어시스트	경고	퇴장
28	2,408	3	8	1	-

GK 13 — 알렉산더 슈볼로 Alexander Schwolow

국적: 독일

프라이부르크 유스 출신으로 2014/15시즌 빌레펠트에서 성공적인 임대 생활을 마치고 복귀해 주전 골키퍼로 4시즌 동안 뛰었다. 특히 2018/19시즌엔 최다 선방 공동 2위를 기록했고, 2019/20시즌엔 선방률 74.6%로 2위에 당당히 이름을 올렸다. 2020년 여름, 샬케 이적이 유력했으나 헤르타로 깜짝 이적한 그는 2시즌 동안 침체기를 보냈다. 이제 샬케 임대를 통해 재기에 나선다.

출전경기	경기시간(분)	실점	무실점 (경기)	경고	퇴장
25	2,176	51	5	1	-

DF 27 — 세드릭 브루너 Cédric Brunner

국적: 스위스

취리히 유스 출신으로 프로 데뷔해 2018년부터 빌레펠트에서 뛰었고, 이번 여름, 크라머 감독을 따라 샬케로 팀을 옮겼다. 센터백도 수행할 수 있을 정도로 수비력이 준수하고 제공권 장악 능력을 갖추고 있다. 다만 오른쪽 풀백이라는 포지션 대비 공격 지원 능력에 있어선 그리 기대하기 어려운 선수. 그나마 2부 리그 시절엔 2시즌 연속 3도움을 올렸으나 분데스리가에선 2시즌 연속 1도움에 그쳤다.

출전경기	경기시간(분)	골	어시스트	경고	퇴장
27	2,188	-	1	6	-

DF 33 — 말리크 티아우 Malick Thiaw

국적: 독일

샬케가 애지중지 키우는 센터백. 2019년, 만 18세의 나이에 데뷔전을 치렀고, 2020/21시즌 후반기부터 주전으로 활약하면서 지난 시즌 샬케의 분데스리가 승격을 견인했다. 독일 태생으로 세네갈 부친과 핀란드 모친을 두고 있기에 17세 이하 핀란드 대표팀에 호출됐으나 현재는 독일 21세 이하 대표팀에서 뛰고 있다. AC 밀란의 러브콜을 받을 정도로 재능 있는 선수이고, 대인 수비에 강점이 있다.

출전경기	경기시간(분)	골	어시스트	경고	퇴장
31	2,549	2	-	3	-

DF 35 — 마르친 카민스키 Marcin Kaminski

국적: 폴란드

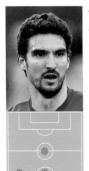

폴란드 명문 레흐 포즈난 유스 출신으로 2016년에 당시 2부 리그였던 슈투트가르트로 이적하면서 독일 무대에 진출했다. 입단 첫해 분데스리가 승격을 견인했고, 분데스리가에서도 경쟁력을 보여줬으나 이후 주전 경쟁에서 밀려나자 지난 여름, 샬케로 이적을 단행했다. 센터백이라는 포지션 대비 수비력은 떨어지지만 정교한 왼발 킥을 바탕으로 후방 빌드업을 주도하고, 수비 라인을 지휘하는 데에 능하다.

출전경기	경기시간(분)	골	어시스트	경고	퇴장
31	2,790	2	2	6	-

DF 4 — 요시다 마야 Maya Yoshida

국적: 일본

나고야 그램퍼스 유스 출신으로 프로 데뷔했고, VVV 펜로를 거쳐 사우샘프턴과 삼프도리아에서 뛰면서 10년 넘게 풍부한 유럽 무대 경험을 쌓았다. 어느덧 빅 리그 경험만 11년에 접어든다. A매치 119경기로 일본 역대 최다 출전 4위에 당당히 이름을 올리고 있다. 일본 선수답게 볼 다루는 기술이 좋고, 패스 능력도 출중해 빌드업에 크게 관여한다. 다만 나이가 들면서 운동 능력이 하락세를 타고 있다.

출전경기	경기시간(분)	골	어시스트	경고	퇴장
26	1,823	2	3	2	-

MF 8 — 다니 라차 Danny Latza

국적: 독일

샬케 유스 출신으로 2007년 프로 데뷔했으나 쟁쟁한 선배들에게 밀려 2011년, 팀을 떠나야 했다. 이후 그는 다름슈타트와 보훔을 거쳐 마인츠에서 6시즌 동안 활약했다. 2021년 여름, 10년 만에 고향(샬케 연고지 겔젠키르헨 태생)으로 돌아오면서 주장에 오른 그는 부상으로 15경기 출전에 그치며 아쉬움을 남겼다. 부상만 없다면 그는 강력한 킥과 성실한 수비 가담으로 팀에 큰 도움을 줄 수 있다.

출전경기	경기시간(분)	골	어시스트	경고	퇴장
15	727	2	-	5	-

MF 10 로드리고 살라사르
Rodrigo Zalazar

국적: 우루과이

지난 시즌 프랑크푸르트에서 임대로 영입한 공격형 미드필더로 6골 5도움을 올리며 분데스리가 승격에 있어 중요한 역할을 담당했다. 특히 뉘른베르크와의 최종전에서 59미터짜리 초장거리 슈팅으로 선제골을 넣으며 대미를 장식했다. 이에 힘입어 그는 샬케로 완전 이적에 성공했다. 강력한 킥과 테크닉을 앞세운 드리블에 더해 패스 센스까지 갖추고 있는 선수로 샬케 공격진에선 대체 불가라고 할 수 있다.

출전경기	경기시간(분)	골	어시스트	경고	퇴장
30	2,110	6	5	4	-

MF 14 이동경
Lee Dong-gyeong

국적: 대한민국

울산 현대에서 프로 데뷔한 그는 FC 안양 임대를 거쳐 2019시즌부터 중용되기 시작했고, 2021시즌엔 K리그 베스트 일레븐 후보에 뽑힌다. 이에 힘입어 샬케로 임대를 온 그는 1경기 교체 출전에 그친 채 골 절상을 당하는 불운에 시달려야 했다. 하지만 샬케는 그와 6개월 임대 연장 계약을 체결하면서 여전히 그에 대한 기대를 놓지 않고 있다. 플레이메이킹 능력이 있고, 강력한 왼발 킥을 자랑한다.

출전경기	경기시간(분)	골	어시스트	경고	퇴장
1	31	-	-	-	-

MF 20 플로랑 몰레
Florent Mollet

국적: 프랑스

디종 유스 출신으로 2012년에 프로 데뷔했고, 크레테유와 메스를 거쳐 2018년부터 몽펠리에 주전 선수로 활약하다 이번 시즌, 계약 만료와 함께 샬케에 입단했다. 미드필더 전 지역을 뛸 수 있는 다재다능한 선수로 지난 시즌에도 공격형 미드필더부터 좌우 측면에 중앙 미드필더까지 다양한 역할을 수행했다. 볼 다루는 기술이 있고, 강력한 슈팅을 자랑한다. 다만 태클 능력이 떨어지는 편에 속한다.

출전경기	경기시간(분)	골	어시스트	경고	퇴장
35	2,649	6	2	6	-

MF 24 도미니크 드렉슬러
Dominick Drexler

국적: 독일

선수 경력 초기에 하부 리그를 전전했으나 홀슈타인 킬에 입단한 그는 2016/17시즌, 7골 14도움과 함께 2부 리그 승격을 견인했고, 2017/18시즌엔 12골 11도움을 올리는 괴력을 과시했다. 2018/19시즌엔 쾰른에서 9골 18도움을 기록하며 분데스리가 승격을 이끌었다. 비록 분데스리가에선 한계를 드러냈으나 지난 시즌 샬케로 이적해 승격을 도왔고, 이제 다시 분데스리가에 도전한다.

출전경기	경기시간(분)	골	어시스트	경고	퇴장
23	1,749	3	5	5	-

MF 29 토비아스 모어
Tobias Mohr

국적: 독일

알레마니아 아헨 유스 출신으로 1군 데뷔했고, 그로이터 퓌르트를 거쳐 하이덴하임에서 주전급 선수로 발돋움했다. 특히 지난 시즌 8골 6도움을 올리며 커리어 하이 시즌을 보냈다. 이에 힘입어 샬케로 이적하는 데 성공했다. 왼쪽 스페셜리스트로 측면 공격과 수비를 모두 소화할 수 있는 선수인 만큼 아우베얀의 백업(왼쪽 풀백)은 물론 왼쪽 윙으로 나오면서 둘이 공존하는 그림도 충분히 그려볼 수 있다.

출전경기	경기시간(분)	골	어시스트	경고	퇴장
33	2542	8	6	3	-

MF 30 알렉스 크랄
Alex Kral

국적: 체코

슬라비아 프라하 유스 출신으로 테플리체에서 프로 데뷔했고, 2019년에 슬라비아 프라하로 복귀해 체코 리그와 컵 2관왕에 크게 기여했다. 이후 그는 스파르타크 모스크바로 이적해 주전으로 활약하다가 지난 시즌, 웨스트햄으로 임대를 떠났으나 프리미어 리그 1경기 출전에 그치면서 샬케로 임대 오기에 이르렀다. 체코 대표팀에서 꾸준하게 뛰고 있고, 좋은 축구 지능에 더해 볼 배급 능력을 갖추고 있다.

출전경기	경기시간(분)	골	어시스트	경고	퇴장
1	1	-	-	-	-

FW 9 지몬 테로데
Simon Terodde

국적: 독일

2부 리그 득점왕만 5차례 차지한 2부 리그의 레반도프스키. 실제 2부 리그 통산 172골로 역대 최다 골을 자랑하고 있다. 하지만 분데스리가에선 58경기 10골에 그치고 있다. 이는 그가 192cm의 당당한 신체 조건과 정교한 킥을 바탕으로 2부 리그를 폭격하지만, 분데스리가에선 부족한 기술로 인해 경쟁력이 떨어지기에 발생하는 부분이다. 하지만 이젠 노련미가 쌓인 만큼 달라진 모습을 기대해본다.

출전경기	경기시간(분)	골	어시스트	경고	퇴장
30	2,639	30	4	3	-

FW 11 마리우스 뷜터
Marius Bulter

국적: 독일

6부 리그부터 올라온 선수. 2017/18시즌, 만 25세에 4부 리그 득점왕(20골)을 차지하면서 뒤늦게 프로(독일은 3부부터 프로)에 입성할 수 있었고, 2019/20시즌 우니온 베를린에서 7골을 넣으며 분데스리가에서도 통하는 선수라는 걸 입증했다. 지난 시즌 샬케에서 10골 10도움을 올리며 테로데와 찰떡궁합을 자랑했다. 기술적인 능력은 떨어지지만, 저돌적인 움직임으로 공격에 도움을 준다.

출전경기	경기시간(분)	골	어시스트	경고	퇴장
32	2,474	10	10	2	-

FW 40 제바스티안 폴터
Sebastian Polter

국적: 독일

독일 연령대별 대표팀에서 뛰었을 정도로 재능을 인정받았으나 기대만큼 성장하지 못하면서 볼프스부르크를 시작으로 보훔까지 7개 팀을 전전해야 했다. 심지어 퀸스 파크 레인저스(잉글랜드)와 포르투나 시타르트(네덜란드)에서도 뛰면서 해외 무대 경험도 쌓았다. 그래도 지난 시즌 승격팀 보훔에서 10골을 넣으며 분데스리가 무대에서의 경쟁력을 입증해냈다. 192cm의 장신을 살린 제공권에 강점이 있다.

출전경기	경기시간(분)	골	어시스트	경고	퇴장
32	2,259	10	1	2	-

SV 베르더 브레멘

SV Werder Bremen

TEAM PROFILE

창 립	1899년
구 단 주	후베르투스 헤스그루네발트(독일)
감 독	올레 베르너(독일)
연 고 지	브레멘
홈 구 장	본인베스트 베저슈타디온(4만 2,354명)
라 이 벌	샬케 04, 함부르크
홈페이지	https://www.werder.de/

최근 5시즌 성적

시즌	순위	승점
2017-2018	11위	42점(10승12무12패, 37득점 40실점)
2018-2019	8위	53점(14승11무9패, 58득점 49실점)
2019-2020	16위	31점(8승7무19패, 42득점 69실점)
2020-2021	17위	16점(3승7무24패, 25득점 86실점)
2021-2022	없음	없음

BUNDESLIGA (전신 포함)

통 산	우승 4회
21-22 시즌	없음

DFB POKAL

통 산	우승 6회
21-22 시즌	없음

UEFA

통 산	없음
21-22 시즌	없음

경기 일정

라운드	날짜	장소	상대팀
1	2022.08.06	원정	볼프스부르크
2	2022.08.13	홈	슈투트가르트
3	2022.08.20	원정	도르트문트
4	2022.08.27	홈	프랑크푸르트
5	2022.09.03	원정	보훔
6	2022.09.10	홈	아우크스부르크
7	2022.09.17	원정	레버쿠젠
8	2022.10.01	홈	묀헨글라트바흐
9	2022.10.08	원정	호펜하임
10	2022.10.15	홈	마인츠
11	2022.10.22	원정	프라이부르크
12	2022.10.29	홈	헤르타
13	2022.11.05	홈	샬케04
14	2022.11.08	원정	바이에른 뮌헨
15	2022.11.12	홈	라이프치히
16	2023.01.21	원정	쾰른
17	2023.01.24	홈	우니온 베를린
18	2023.01.28	홈	볼프스부르크
19	2023.02.04	원정	슈투트가르트
20	2023.02.11	홈	도르트문트
21	2023.02.18	원정	프랑크푸르트
22	2023.02.25	홈	보훔
23	2023.03.04	원정	아우크스부르크
24	2023.03.11	홈	레버쿠젠
25	2023.03.18	원정	묀헨글라트바흐
26	2023.04.01	홈	호펜하임
27	2023.04.08	원정	마인츠
28	2023.04.15	홈	프라이부르크
29	2023.04.22	원정	헤르타
30	2023.04.29	원정	샬케04
31	2023.05.08	홈	바이에른 뮌헨
32	2023.05.13	원정	라이프치히
33	2023.05.20	홈	쾰른
34	2023.05.27	원정	우니온 베를린

시즌 프리뷰 1년 만에 돌아온 북독일의 명가

브레멘은 북독일을 대표하는 명문으로 분데스리가 역대 성적만 놓고 보면 바이에른과 도르트문트에 이어 3위에 해당한다. 하지만 2020/21 시즌, 마지막 10경기에서 승점 1점에 그치는 부진에 빠지면서 40년 만에 2부 리그로 강등되는 수모를 겪어야 했다. 지난 시즌, 브레멘은 15라운드까지 5승 5무 5패로 10위라는 불안한 출발을 알린 데다가 마르쿠스 앙팡 감독이 허위 코로나 백신 증명서를 사용한 일이 발각되면서 경질되는 악재가 겹쳤다. 그러나 중도 부임한 베르너 감독 체제에서 13승 4무 2패라는 호성적을 올리면서 2부 리그 2위로 승격에 성공했다. 1년 만에 분데스리가로 돌아온 브레멘은 여름 이적 시장에서 슈타르크와 피퍼, 뷰캐넌 같은 선수들을 보강해 약점인 수비를 강화하는 데 성공했다.

COACH

올레 베르너 *Ole Werner*
1988년 5월 4일생 독일

만 34세의 분데스리가 최연소 감독. 홀슈타인 킬 유스 코치를 시작으로 2군을 거쳐 2019년부터 1군 감독직을 수행하면서 2시즌 동안 이재성과 인연을 맺은 바 있다. 2021년 11월 28일, 브레멘 지휘봉을 잡자마자 7연승 행진을 이끌었고, 성적을 끌어올리면서 팀을 1년 만에 분데스리가로 승격시키는 데 성공했다.

TEAM RATINGS

슈팅	6
패스	6
수비력	6
선수층	5
감독	6
조직력	5

34

2021/22 프로필

팀 득점	65
평균 볼 점유율	57.40%
패스 정확도	79.00%
평균 슈팅 수	17.3
경고	68
퇴장	1

골타입
오픈 플레이	57
세트 피스	22
카운터 어택	8
패널티 킥	9
자책골	5	단위 (%)

패스타입
쇼트 패스	83
롱 패스	13
크로스 패스	4
스루 패스	0	단위 (%)

SQUAD

포지션	등번호	이름		생년월일	키(cm)	체중(kg)	국적
GK	1	이리 파브렌카	Jiri Pavlenka	1992.04.14	196	81	체코
	30	마이클 체테러	Michael Zetterer	1995.07.12	187	79	독일
DF	3	안토니 융	Anthony Jung	1991.11.03	186	82	독일
	4	니클라스 슈타르크	Niklas Stark	1995.04.14	190	88	독일
	5	아모스 피퍼	Amos Pieper	1998.01.17	192	86	독일
	8	미첼 바이저	Mitchell Weiser	1994.04.21	177	70	독일
	13	밀로스 벨리코비치	Milos Veljkovic	1995.09.26	188	77	세르비아
	26	리 뷰캐넌	Lee Buchanan	2001.03.07	179	67	잉글랜드
	27	펠릭스 아구	Felix Agu	1999.09.27	180	67	독일
	32	마르코 프리들	Marco Friedl	1998.03.16	187	82	오스트리아
	39	파비오 치아로디아	Fabio Chiarodia	2005.06.05	186	80	이탈리아
MF	6	엔스 스타게	Jens Stage	1996.11.08	187	81	덴마크
	10	레오나르도 비텐코트	Leonardo Bittencourt	1993.12.19	171	62	독일
	19	디케니 살리푸	Dikeni Salifou	2003.06.08	191	81	토고
	20	로마노 슈미트	Romano Schmid	2000.01.27	168	69	오스트리아
	22	니클라스 슈미트	Niklas Schmidt	1998.03.01	184	89	독일
	23	니콜라이 라프	Nicolai Rapp	1996.12.13	186	75	독일
	28	일리아 그루에프	Ilia Gruev	2000.05.06	185	72	불가리아
	34	장 마누엘 음봄	Jean Manuel Mbom	2000.02.24	185	80	독일
	36	크리스티안 그로스	Christian Gross	1989.02.08	182	75	독일
FW	7	마르빈 두크슈	Marvin Ducksch	1994.03.07	188	75	독일
	9	올리버 버크	Oliver Burke	1997.04.07	188	75	스코틀랜드
	11	니클라스 퓔크루크	Niclas Fullkrug	1993.02.09	189	78	독일
	17	압데네고 난카시	Abdenego Nankishi	2002.07.06	178	76	독일
	21	에렌 딘크치	Eren Dinkci	2001.12.13	188	80	독일
	29	닉 볼테마데	Nick Woltemade	2002.02.14	198	77	독일

IN & OUT

주요 영입	주요 방출
옌스 스타게, 니클라스 슈타르크, 아모스 피퍼, 올리버 버크, 리 뷰캐넌, 디케니 살리푸, 벤야민 골러(임대복귀), 두두(임대복귀)	외메르 토프라크, 오스카르 쇤펠더(임대), 박규현(임대), 로제르 아살레(임대복귀), 라르스 루카스 마이(임대복귀)

TEAM FORMATION

FW C-

MF C-

DF C

GK D+

- 7 두크슈 (딘크치)
- 11 필크루크 (버크)
- 3 융 (뷰캐넌)
- 20 R.슈미트 (비텐코트)
- 6 스타게 (N.슈미트)
- 8 바이저 (아구)
- 36 그로스 (그루에프)
- 32 프리들 (치아로디아)
- 4 슈타르크 (피퍼)
- 13 벨리코비치 (피퍼)
- 1 파블렌카 (체테러)

PLAN 3-1-4-2

지역 점유율

공격 진영	**31%**
중앙	**44%**
수비 진영	**25%**

공격 방향

왼쪽	중앙	오른쪽
32%	31%	37%

슈팅 지역

- **7%** 골 에어리어
- **58%** 패널티 박스
- **34%** 외곽 지역

상대팀 최근 6경기 전적

구분	승	무	패	구분	승	무	패
바이에른 뮌헨		1	5	보루시아 묀헨글라드바흐		2	4
보루시아 도르트문트	1	2	3	아인트라흐트 프랑크푸르트	1	3	2
바이엘 레버쿠젠	1	3	2	볼프스부르크	2	1	3
RB 라이프치히	1		5	보훔	3	2	1
우니온 베를린	2		3	아우크스부르크	4		2
프라이부르크	2	4		슈투트가르트	1	1	4
FC 쾰른	2	3	1	헤르타 베를린	2	3	1
마인츠 05	2		4	샬케 04	3	2	1
호펜하임	1	2	3	베르더 브레멘			

KEY PLAYER

FW 7
마르빈 두크슈
Marvin Ducksch

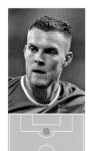

국적: 독일

브레멘 핵심 공격수. 지난해 8월 25일, 하노버에서 브레멘으로 이적해 온 그는 29경기에 출전해 20골 9도움을 올리면서(하노버에선 4경기 1골) 승격에 있어 결정적인 역할을 담당했다(그가 가세하기 이전까지 브레멘의 성적은 1승 2무 1패). 정교하면서도 강력한 킥으로 어느 지역에서나 골을 넣는 능력이 있다. 다만 분데스리가에서 성공하기 위해선 몸싸움과 제공권에서 향상된 모습을 보여줄 필요가 있다.

출전경기	경기시간(분)	골	어시스트	경고	퇴장
33	2,937	21	9	4	-

PLAYERS

DF 4
니클라스 슈타르크
Niklas Stark

국적: 독일

브레멘이 야심 차게 영입한 수비수. 독일 연령대별 대표팀을 단계별로 거친 엘리트 선수로 2014년 19세 이하 유럽 선수권과 2017년 21세 이하 유럽 선수권 우승을 경험했다. 독일 성인 대표로도 A매치 2경기 출전 경험이 있다. 연령대별 대표팀은 물론 전 소속팀에서도 주장직을 수행한 바 있을 정도로 리더십이 있다. 원래 미드필더 출신으로 침착한 수비를 펼치지만, 집중력이 떨어진다는 단점이 있다.

출전경기	경기시간(분)	실점	어시스트	경고	퇴장
26	2,028	1	-	3	-

DF 32
마르코 프리들
Marco Friedl

국적: 오스트리아

바이에른 유스 출신으로 2018년 여름, 브레멘으로 임대를 온 이후 완전 이적에 성공하면서 5시즌째 접어드는 선수. 왼쪽 측면 수비수에서 프로 경력을 시작했으나 지난 시즌부터 센터백으로 주로 뛰면서 팀 수비의 중심적인 역할을 담당하고 있다. 현대적인 센터백으로 볼 다루는 스킬이 좋고, 준수한 패스 능력을 갖추고 있고, 약점이었던 공중볼 능력도 많이 발전했다. 이번 시즌 브레멘 신임 주장에 임명됐다.

출전경기	경기시간(분)	골	어시스트	경고	퇴장
27	2,373	4	3	9	-

MF 20
로마노 슈미트
Romano Schmid

국적: 오스트리아

미드필더 전 지역에서 모두 뛸 수 있는 다재다능한 선수. 뛰어난 드리블과 패스 센스에 더해 정교한 킥을 바탕으로 공격 전반에 걸쳐 영향력을 행사한다. 사실상 브레멘의 공격은 그를 거쳐서 이루어진다고 봐도 무방할 정도. 다만 결정력은 그리 좋지 못한 편이기에 기회 대비 골을 많이 넣지 못한다는 점이 아쉬운 부분이다. 오스트리아 연령대별 대표팀을 단계별로 밟았으나 아직 성인 대표팀 승선은 하지 못했다.

출전경기	경기시간(분)	골	어시스트	경고	퇴장
33	2,404	3	5	8	-

FW 11
니클라스 필크루크
Niclas Fullkrug

국적: 독일

브레멘 유스 출신 공격수. 어린 시절 주전 경쟁에서 밀려나면서 그로이터 퓌르트 임대를 거쳐 뉘른베르크와 하노버에서 뛰다가 2019년, 5년 만에 친정팀으로 복귀했다. 다방면에 재주가 있고, 특히 결정력만 놓고 보면 브레멘 선수 중 가장 뛰어난 편에 해당한다. 부상이 잦다는 게 아쉬운 부분이다. 지난 시즌엔 부상 없이 뛰면서 19골 6도움과 함께 팀의 분데스리가 승격에 있어 혁혁한 공을 세웠다.

출전경기	경기시간(분)	골	어시스트	경고	퇴장
33	2,503	19	6	3	-

ITALY SERIE A
이탈리아 세리에A

AC Milan v Juventus-Serie A
MILAN, ITALY – 밀라노의 주세페 메아짜 경기장에서 열린
AC 밀란과 유벤투스의 경기에서 유벤투스의 웨스턴 맥케니와
볼을 다투는 AC 밀란의 피에르 칼룰루. 2022/01/23

2022-2023

ITALY SERIE A

AC MONZA
팀 명	AC 몬차
창 단	1912년
홈구장	스타디오 브리안테오
주 소	www.acmonza.com

ATALANTA BC
팀 명	아탈란타
창 단	1907년
홈구장	아틀레티 아주리 디탈리아
주 소	www.atalanta.it

JUVENTUS FC
팀 명	유벤투스
창 단	1897년
홈구장	유벤투스 스타디움
주 소	www.juventus.com

TORINO FC
팀 명	토리노
창 단	1906년
홈구장	올림피코 그란데 토리노
주 소	www.torinofc.it

UC SAMPDORIA
팀 명	삼프도리아
창 단	1946년
홈구장	루이지 페라리스
주 소	www.sampdoria.it

AC MILAN
팀 명	AC 밀란
창 단	1899년
홈구장	산 시로
주 소	www.acmilan.com

INTER NAZIONALE
팀 명	인테르나치오날레
창 단	1908년
홈구장	산시로
주 소	www.inter.it

US SASSUOLO CALCIO
팀 명	사수올로
창 단	1920년
홈구장	시타 델 트리콜로레
주 소	www.sassuolocalcio.it

SPEZIA CALCIO
팀 명	스페치아 칼초
창 단	1906년
홈구장	스타디오 알베르토 피코
주 소	www.acspezia.com

HELLAS VERONA FC
팀 명	엘라스 베로나 FC
창 단	1903년
홈구장	마르칸토니오 벤테고디
주 소	www.hellasverona.it

AS ROMA
팀 명	AS 로마
창 단	1927년
홈구장	스타디오 올림피코
주 소	www.asroma.it

SS LAZIO
팀 명	라치오
창 단	1900년
홈구장	스타디오 올림피코
주 소	www.sslazio.it

SSC NAPOLI
팀 명	나폴리
창 단	1926년
홈구장	스타디오 디에고 아르만도 마라도나
주 소	www.sscnapoli.it

UDINESE CALCIO
팀 명	우디네세
창 단	1896년
홈구장	스타디오 프리울리
주 소	www.udinese.it

US CREMONESE
팀 명	US 크레모네세
창 단	1903년
홈구장	스타디오 조반니 치니
주 소	www.uscremonese.it

BOLOGNA FC
팀 명	볼로냐
창 단	1909년
홈구장	레나토 달라라
주 소	www.bolognafc.it

ACF FIORENTINA
팀 명	피오렌티나
창 립	1926년
홈구장	아르테미오 프란키
주 소	www.violachannel.tv

EMPOLI FC
팀 명	엠폴리
창 립	1920년
홈구장	스타디오 카를로 카스텔라니
주 소	empolifc.com

US LECCE
팀 명	US 레체
창 립	1908년
홈구장	스타디오 비아 델 마레
주 소	www.uslecce.it

US SALERNITANA 1919
팀 명	살레르니타나
창 립	1919년
홈구장	스타디오 아레키
주 소	www.ussalernitana1919.it

김민재와 돌아온 슈퍼스타들

지난 1년 동안 아주리(이탈리아 대표팀)의 위상은 유럽 챔피언에서 월드컵도 못 나가는 한심한 팀으로 추락했다. 세리에A도 마찬가지였다. UEFA 챔피언스리그에는 2팀이 16강에 진출했으나 모두 조별 리그에서 탈락했다. 유로파리그에서는 아탈란타가 8강에 간 게 가장 좋은 성적이었고, 격 낮은 대회로 신설된 유로파 컨퍼런스리그에서 AS로마가 우승했다고는 하지만 리그 위상이 올랐다고 보긴 힘들다. 이런 상황은 이탈리아 팀들이 하나같이 리빌딩 기간을 겪었거나, 재정난에 빠져 있었기 때문이다. 이는 올여름에도 개선되지 않았다. AC밀란은 새 구단주가 오나 싶었는데 이적 시장에서 소극적으로 바뀐 듯 보이고 유벤투스는 리빌딩 중이다. 무엇보다 앞선 3년 동안 세리에A에 활력을 불어넣어 준 아탈란타가 흔들리는 것이 큰 타격이었다.

그런 와중에도 이탈리아 팀들은 특유의 영입 수완으로 빅 리그다운 스타 수급을 해낸다. 로멜루 루카쿠와 폴 포그바는 친구 아니랄까 봐 잉글랜드의 돈 많은 팀과 이탈리아 팀을 각각 두 번씩 오가는 특이한 행보를 공유했고, 둘 다 이탈리아 쪽에 1억 유로 넘는 큰 이득을 안겼다. 명성만 본다면 왕년의 세계 최고 스타 즐라탄 이브라히모비치에 더해 포그바, 루카쿠 등 화려한 스타들이 포진해 과연 빅 리그답다. 이들은 로렌초 인시녜, 조르조 키엘리니, 칼리두 쿨리발리, 프랑크 케시에 등 세리에A를 떠난 스타들 대신 리그의 '클래스'를 유지해 줄 것으로 기대된다. 여기에 골이 적은 리그라는 편견과 달리 요즘엔 경기 템포가 빠르고, 골도 많이 터지는 편이다. 지난 시즌 세리에A의 경기당 평균 골은 2.87골로 프리미어리그의 2.82골보다 약간 많았다. 소극적인 축구보다 '두 번 지더라도 한 번 이기는' 축구를 추구한 스페치아의 기적적인 잔류 사례도 있어서, 하위권 팀들이 과감한 공격에 나서는 모습을 자주 볼 수 있을 것으로 기대된다.

이번 시즌 세리에A를 주목해야 하는 가장 결정적인 이유는 당연히 김민재다. 앞선 안정환, 이승우보다 훨씬 주목받는 가운데 그는 이탈리아를 찾았다. 중하위권이 아닌 우승을 노리는 강팀 나폴리 소속이라는 점만으로도 눈여겨보기 충분하다. 나폴리의 리그 내 위상은 정상권이고, 김민재는 나폴리의 붙박이 주전이 될 거라는 기대 속에 영입됐다. 즉 리그에서 손꼽히는 센터백이 될 거라는 기대 속에 합류한 것이다. 빅 리그 진출 시점의 기대치는 역대 한국인 선수 중 최고라고 해도 과언이 아니다. 과연 김민재는 루카쿠, 올리비에 지루, 두산 블라호비치, 치로 임모빌레와 벌일 대결에서 얼마나 경쟁력을 보여줄 수 있을까?

TOP SCORER

'격년제 득점왕' 치로 임모빌레가 지난 시즌 또 득점왕에 올랐다. 비록 2년 전만큼의 초인적인 득점은 아니지만, 27골 역시 충분히 전 유럽에서 손꼽힐 만한 득점력이었다. 그 뒤를 이은 선수는 시즌 중반까지 임모빌레와 치열한 레이스를 벌였던 두산 블라호비치이다. 하지만 시즌 도중 유벤투스로 이적한 뒤 새 동료들에게 충분한 지원을 받지 못해 밀렸다. 21골을 넣은 라우타로 마르티네스는 개인 최초로 20골을 넘기며 결정력에 대한 의구심을 어느 정도 불식시킨 것이 소기의 성과였다. 또한 부진한 시기를 뚫고 현 소속팀에서 날아오른 태미 에이브러햄과 조반니 시메오네도 주목할 만한 골잡이들이었다.

로멜루 루카쿠의 컴백은 이번 시즌 득점왕 경쟁 구도를 뒤흔들 수 있다. 비록 첼시에서 보낸 1년은 끔찍했지만, 다시 한 번 편안한 환경에서 좋아하는 플레이에 전념한다면 곧바로 30골 이상을 노릴 수 있는 선수다. 새 소속팀 AS로마에서 부활을 꿈꾸는 파울로 디발라, 나폴리 이적 당시의 기대에 부응하려면 지금보다 2배 가까이 넣어줘야 하는 빅터 오시멘도 기대를 모으는 선수들이다.

TITLE RACE

이런 경우가 있을까 싶다. AC밀란은 엄연히 지난 시즌에 우승한 명문 팀이고 전력 누출이 그다지 큰 것도 아닌데, 또 우승할 거라고 보는 사람은 거의 없는 듯하다. 지난 우승은 팀 전력을 크게 뛰어넘는 기적으로 평가받는 모양이다. 좀 더 유력한 우승 후보는 성공적으로 전력을 보강하는 인테르밀란과 유벤투스다. 인테르는 없는 살림에 오히려 전력이 강해지는 수완이 돋보이고, 유벤투스는 크리스티아누 호날두가 남기고 간 혼란을 마침내 끝내고 완성도 높은 팀을 꾸리기 위해 노력 중이다. 한때 우승 후보였던 나폴리는 리빌딩의 혼란을 빨리 정리해야만 한다. AS로마가 이들과 어깨를 나란히 하고 싶지만, 지난 시즌부터 나름대로 투자하고 있음에도 불구하고 아직 정상급이라 보긴 힘들다.

DARK HORSE

중상위권에서 4강을 겨냥하는 팀에 라치오가 있다. 라치오는 지난 시즌 마우리치오 사리 감독을 선임하며 주도적인 축구로 전환했는데, 경기별 기복이 심하긴 했지만 나름대로 경쟁력을 보여줬다. 사리 감독에게 맞는 선수단으로 개편 중인만큼 '진짜 사리볼'을 보여준다면 나폴리 시절의 돌풍을 재현할 수 있을지도 모른다. 중위권에서는 엘라스베로나가 지난 시즌보다 더 성장할 수 있을지 기대를 받고 있다. 아탈란타가 유행시킨 빠르고 역동적인 축구를 잘 흡수하더니, 득점이 아탈란타와 똑같고 순위도 거의 비슷한 팀으로 자리매김했다. 공격수들의 역량을 더 극대화할 수 있다면 유럽대항전 진출도 꿈은 아니다.

승격 팀 중 눈길이 가는 건 단연 몬차. 몬차는 원조 갑부 구단주인 실비오 베를루스코니가 사재를 털어 보강 중인 팀이다. 선수를 조금만 더 사면, 베를루스코니의 예전 팀인 밀란보다 오히려 더 화려해질 지경이다. 이탈리아 전·현직 대표 선수들을 대거 영입하는 파격적인 행보를 통해 단순한 잔류를 넘어 상위권 등극까지 바라본다. 아무리 돈 없는 세리에A라지만 가끔은 이런 승격팀도 있어야 하지 않겠나?

VIEW POINT

미래의 칸나바로, 미래의 토티가 될 선수는 누구일까? 유망주의 성장을 보는 건 축구의 대표적인 관전 포인트지만, 유독 이탈리아는 어린 선수 육성을 등한시하고 베테랑들이 득세하는 곳이었다. 하지만 이번 시즌은 눈여겨볼 만한 유망주가 많이 생겼다. 이탈리아 대표팀 덕분이다. 유로2020 우승 멤버들이 1년도 채 지나지 않아 최악의 부진을 겪자, 로베르토 만치니 감독은 과감한 세대교체를 선언하고 약간 기량이 부족하거나 시기상조처럼 보이는 선수들까지 대표팀에 대거 불러들였다. 그 결과 지난 1년 동안 기용한 선수는 64명이나 되고, 그중 A매치 5경기 이하인 선수가 25명, 23세 이하인 선수는 20명이나 된다. 공격의 대표적인 유망주는 사수올로에서 호흡을 맞춰 온 잔루카 스카마카와 자코모 라스파도리 콤비다. 아직 대표팀에 뽑히기엔 미숙해 보이는 마테오 칸첼리에리와 알레시오 체르빈, 부상과 부진을 뚫고 마침내 대표팀에 자리 잡으려 하는 니콜로 차니올로 등이 공격을 책임질 것이다. 미드필더는 산드로 토날리와 다비데 프라테시를 중심으로 사무엘레 리치까지 주목해볼 만하다. 수비수 중에서는 6부 리그부터 올라와 유벤투스 선수가 된 페데리코 가티의 스토리에 주목해 보자. 여기에 10대 유망주 조르조 스칼비니 역시 눈에 띈다.

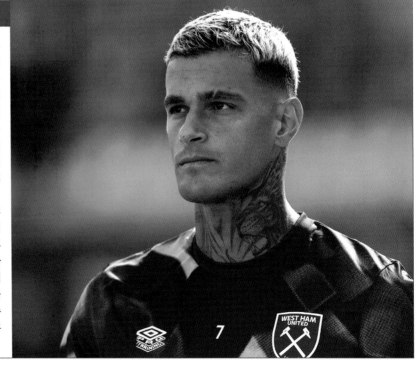

TRANSFER

재정 건전성이 최악인 이탈리아 축구계가 코로나19 타격까지 크게 받으면서 여러 팀이 휘청거렸다. 그 여파로 올여름까지 돈을 제대로 쓰지 못했다. 하지만 긴축 재정에 이골이 난 이탈리아의 단장들은 특유의 영입 수완으로 여러 슈퍼스타를 데려왔다. 그런데 폴 포그바, 로멜루 루카쿠, 앙헬 디마리아의 이적료를 모두 더하면 0유로라는 충격적인 사실이다. 그나마 돈을 쓴 유벤투스와 몬차가 주도하는 가운데, 중하위권 구단들은 좀 더 현명한 영입을 위해 노력 중이다. 충분한 가치가 있다고 확신이 서면 나름대로 적잖은 이적료를 투자한다. 그래서 이적료 순위에는 슈퍼스타가 아니라 축구 팬들에게 낯선 선수들이 더 많다. 유명 선수는 공짜로 오고, 실속파 선수는 이적료를 발생시키며 온다. 이것이 올여름 세리에A에서 나타나는 특이한 현상이다. 아래 선수 중 미래의 발롱도르 수상자가 있을까?

TRANSFER FEE RANKING

1

Gleison Bremer
글레이송 브레메르

이적료: 540억 원

국적: 브라질

토리노 ➔ 유벤투스

2

Federico Chiesa
페데리코 키에사

이적료: 530억 원

국적: 이탈리아

피오렌티나 ➔ 유벤투스

3

Charles De Ketelaere
샤를 더케텔라러

이적료: 425억 원

국적: 벨기에

브뤼헤 ➔ AC밀란

4

Joaquín Correa
호아킨 코레아

이적료: 305억 원

국적: 아르헨티나

라치오 ➔ 인테르

5

Jeremie Boga
제레미 보가

이적료: 290억 원

국적: 코트디부아르

사수올로 ➔ 아탈란타 BC

6

Ederson
에데르손

이적료: 278억 원

국적: 브라질

살레르니타나 ➔ 아탈란타 BC

7

Merih Demiral
메리흐 데미랄

이적료: 265억 원

국적: 튀르키예

유벤투스 ➔ 아탈란타 BC

8

Min-jae Kim
김민재

이적료: 240억 원

국적: 대한민국

페네르바체 ➔ 나폴리

9

André-Frank Zambo Anguissa
앙드레프랑크 잠보 앙기사

이적료: 200억 원

국적: 카메룬

풀럼 ➔ 나폴리

10

Dodo
두두

이적료: 192억 원

국적: 브라질

샤크타르 ➔ 피오렌티나

ITALY SERIE A

LEAGUE INFORMATION

REGULATION

세리에A는 축구 리그의 표준 사이즈에 맞춰 20개 팀으로 구성돼 있다. 팀당 38경기씩 치러 승점으로 우승팀을 가리는 풀리그 방식의 대회다. 승점이 동률인 팀이 발생하면 상대 전적, 상대 골 득실, 전체 골 득실, 다득점 순서로 순위를 정한다. 여기까지 모든 성적이 같으면 추첨한다. 그런데 이번 시즌부터는 우승 팀을 결정해야 하는 상황에서만 플레이오프가 열린다. 정규 리그 종료 시 승점 1위 팀이 둘 이상이면 이들끼리 단판 승부를 벌이는 것이다. 옛 방식의 부활이다. 1위부터 4위는 UEFA 챔피언스리그 본선으로 직행, 5위는 유로파리그 조별리그에 진출, 6위는 유로파 컨퍼런스리그 플레이오프에 참가하게 된다. 코파 이탈리아 우승팀 역시 유로파리그 진출권을 갖게 된다. 코파 우승자가 리그 순위로 유럽대항전 진출권을 따냈을 경우 컨퍼런스리그 진출권이 7위로 내려간다. 강등은 최하위 3팀이다.

TITLE

세리에A 우승과 동의어처럼 쓰이는 스쿠데토(Scudetto)는 사실 우승팀에게 주어지는 패치를 뜻하는 말이다. 작은 방패라는 뜻의 이탈리아어인데, 방패 문양 안에 이탈리아 국기처럼 초록, 하양, 빨강 세로 줄무늬가 들어 있다. 축구뿐 아니라 럭비에서도 챔피언의 패치로 쓰이는 등 이탈리아에서는 용도가 다양하다. 코파 이탈리아 우승팀 역시 패치를 달 수 있는데, 삼색 장미라는 뜻의 코카르다 트리콜레(Coccarda Tricolore)다. 동심원으로 장미를 형상화했다. 2020/21시즌부터는 주요 개인상 수상자 6명이 황금색 개인 패치를 달고 뛴다. 지난 시즌 득점왕 치로 임모빌레, MVP였던 하파엘 레앙 등이 그 대상이다.

STRUCTURE

이탈리아 축구 리그는 1부부터 3부까지 프로, 4부부터 9부까지 아마추어로 이뤄져 있다. 단 하나의 전국 리그로 구성된 건 1부인 세리에 A와 2부인 세리에 B뿐이다. 세리에 A는 20팀이고, 세리에 B는 한동안 22팀으로 구성됐지만 2018/19시즌에 무더기 징계로 파행 운영된 뒤 20팀으로 축소됐다. 세리에 A와 세리에 B는 이탈리아 축구협회가 아니라 한국의 한국프로축구연맹에 해당하는 '레가 칼초'가 주관한다. 3부 리그인 세리에 C는 이탈리아를 3개 권역으로 나눠 총 60팀이 참가한다. 4부 리그는 세리에 D라는 이름을 쓴다. 5~9부 리그는 각각 에첼렌차, 프로모치오네, 프리마 카테고리아, 세콘다 카테고리아, 테르차 카테고리아로 불린다. 재정이 불안한 이탈리아 사정상 파산한 구단이 2, 3단계 강등돼 새 이름으로 재창단하는 일이 흔하다. 그래서 하부 리그 이름을 생각보다 자주 접하게 된다.

LEAGUE CHAMPION

시즌	팀명	시즌	팀명	시즌	팀명
1902	제노아	1941-1942	AS 로마	1981-1982	유벤투스
1903	제노아	1942-1943	토리노	1982-1983	AS 로마
1904	제노아	1944	스페치아	1983-1984	유벤투스
1905	유벤투스	1945-1946	토리노	1984-1985	헬라스 베로나
1906	AC 밀란	1946-1947	토리노	1985-1986	유벤투스
1907	AC 밀란	1947-1948	토리노	1986-1987	나폴리
1908	프로 베르첼리	1948-1949	토리노	1987-1988	AC 밀란
1909	프로 베르첼리	1949-1950	유벤투스	1988-1989	인테르나치오날레
1909-1910	인테르나치오날레	1950-1951	AC 밀란	1989-1990	나폴리
1910-1911	프로 베르첼리	1951-1952	유벤투스	1990-1991	삼프도리아
1911-1912	프로 베르첼리	1952-1954	인테르나치오날레	1991-1992	AC 밀란
1912-1913	프로 베르첼리	1954-1955	AC 밀란	1992-1993	AC 밀란
1913-1914	AS 카살레	1955-1956	피오렌티나	1993-1994	AC 밀란
1914-1915	제노아	1956-1957	AC 밀란	1994-1995	유벤투스
1915-1916	AC 밀란	1957-1958	유벤투스	1995-1996	AC 밀란
1916-1919	중단(1차 세계 대전)	1958-1959	AC 밀란	1996-1997	유벤투스
1919-1920	인테르나치오날레	1959-1960	유벤투스	1997-1998	유벤투스
1920-1922	프로 베르첼리	1960-1961	유벤투스	1998-1999	AC 밀란
1922-1923	제노아	1961-1962	AC 밀란	1999-2000	라치오
1923-1924	제노아	1962-1963	인테르나치오날레	2000-2001	AS 로마
1924-1925	볼로냐	1963-1964	볼로냐	2001-2002	유벤투스
1925-1926	유벤투스	1964-1965	인테르나치오날레	2002-2003	유벤투스
1926-1927	토리노(취소)	1966-1967	유벤투스	2003-2004	AC 밀란
1927-1928	토리노	1967-1968	AC 밀란	2004-2005	유벤투스(취소)
1928-1929	볼로냐	1968-1969	피오렌티나	2005-2010	인테르나치오날레
1929-1930	암브로시아나(인테르)	1969-1970	칼리아리	2010-2011	AC 밀란
1930-1931	유벤투스	1970-1971	인테르나치오날레	2011-2012	유벤투스
1931-1932	유벤투스	1971-1972	유벤투스	2012-2013	유벤투스
1932-1933	유벤투스	1972-1973	유벤투스	2013-2014	유벤투스
1933-1934	유벤투스	1973-1974	라치오	2014-2015	유벤투스
1934-1935	유벤투스	1974-1975	유벤투스	2015-2016	유벤투스
1935-1936	볼로냐	1975-1976	토리노	2016-2017	유벤투스
1936-1937	볼로냐	1976-1977	유벤투스	2017-2018	유벤투스
1937-1938	암브로시아나(인테르)	1977-1978	유벤투스	2018-2019	유벤투스
1938-1939	볼로냐	1978-1979	AC 밀란	2019-2020	유벤투스
1939-1940	암브로시아나(인테르)	1979-1980	인테르나치오날레	2020-2021	유벤투스
1940-1941	볼로냐	1980-1981	유벤투스	2021-2022	AC 밀란

TITLE

	LEAGUE	
JUVENTUS		36
AC MILAN		19
INTERNAZIONALE		19
GENOA		9
TORINO		7

0 5 10 15 20 25 30 35

TOP SCORER

시즌	득점	선수명
2021-2022	27	치로 임모빌레
2020-2021	29	크리스티아노 호날두
2019-2020	36	치로 임모빌레
2018-2019	26	파비오 쿨리아렐라
2017-2018	29	치로 임모빌레 / 마우로 이카르디
2016-2017	29	에딘 제코
2015-2016	36	곤살로 이과인
2014-2015	22	마우로 이카르디
2013-2014	22	치로 임모빌레
2012-2013	29	에딘손 카바니
2011-2012	28	즐라탄 이브라히모비치
2010-2011	28	안토니오 디 나탈레
2009-2010	29	안토니오 디 나탈레
2008-2009	25	즐라탄 이브라히모비치
2007-2008	21	알레산드로 델 피에로
2006-2007	26	프란체스코 토티
2005~2006	31	루카 토니
2004-2005	24	크리스티아노 루카렐리
2003~2004	24	안드리 셉첸코
2002~2003	24	크리스티안 비에리

2021-2022 시즌 세리에A 최종 순위

순위	팀	승점	경기	승	무	패	득	실	득실차	비고
1	AC 밀란	86	38	26	8	4	69	31	38	챔피언스리그 출전
2	인테르	84	38	25	9	4	84	32	52	챔피언스리그 출전
3	나폴리	79	38	24	7	7	74	31	43	챔피언스리그 출전
4	유벤투스	70	38	20	10	8	57	37	20	챔피언스리그 출전
5	라치오	64	38	18	10	10	77	58	19	유로파리그 출전
6	AS 로마	63	38	18	9	11	59	43	16	유로파리그 출전
7	피오렌티나	62	38	19	5	14	59	51	8	
8	아탈란타	59	38	16	11	11	65	48	17	
9	베로나	53	38	14	11	13	65	59	6	
10	토리노	50	38	13	11	14	46	41	5	
11	사수올로	50	38	13	11	14	64	66	-2	
12	우디네세	47	38	11	14	13	61	58	3	
13	볼로냐	46	38	12	10	16	44	55	-11	
14	엠폴리	41	38	10	11	17	50	70	-20	
15	삼프도리아	36	38	10	6	22	46	63	-17	
16	스페치아	36	38	10	6	22	41	71	-30	
17	살레르니타나	31	38	7	10	21	33	78	-45	
18	칼리아리	30	38	6	12	20	34	68	-34	2부 리그 강등
19	제노아	28	38	4	16	18	27	60	-33	2부 리그 강등
20	베네치아	27	38	6	9	23	34	69	-35	2부 리그 강등

2021-2022 시즌 세리에A 득점 순위

순위	득점	이름	국적	당시 소속팀
1	27	치로 임모빌레	이탈리아	라치오
2	24	두산 블라호비치	세르비아	유벤투스
3	21	라우타로 마르티네스	아르헨티나	인테르
4	17	조반니 시메오네	아르헨티나	베로나
		태미 에이브러햄	영국	AS 로마
6	16	잔루카 스카마차	이탈리아	사수올로
7	15	도메니코 베라디	이탈리아	사수올로
8	14	빅터 오시멘	나이지리아	나폴리
		마르코 아르나우토비치	오스트리아	볼로냐
10	13	헤라르드 데울로페우	스페인	우디네세
		에딘 제코	보스니아	인테르
		안드레아 피나몬티	이탈리아	엠폴리
		마리오 파살리치	크로아티아	아탈란타
		갈바오 조안 페드로	이탈리아	칼리아리

2021-2022 시즌 세리에A 도움 순위

순위	도움	이름	국적	당시 소속팀
1	13	도메니코 베라디	이탈리아	사수올로
2	12	하칸 찰하노글루	튀르키예	인테르
3	11	니콜로 바렐라	이탈리아	인테르
4	10	하파엘 레앙	포르투갈	AC 밀란
		안토니오 칸드레바	이탈리아	삼프도리아
		세르게이 밀린코비치 사비치	세르비아	라치오
		루이스 알베르토	스페인	라치오
8	8	펠리페 안데르손	브라질	라치오
		조르당 베레투	프랑스	AS 로마
		루이스 무리엘	콜롬비아	아탈란타
		로렌초 인시녜	이탈리아	나폴리

2021-2022 시즌 세리에B 최종 순위

순위	팀	승점	경기	승	무	패	득	실	득실차	비고
1	레체	71	38	19	14	5	59	31	28	승격
2	크레모네	69	38	20	9	9	57	39	18	승격
3	몬차	67	38	19	10	9	48	35	13	승격
4	피사	67	38	18	13	7	60	38	22	
5	브레시아	66	38	17	15	6	55	35	20	
6	아스콜리	65	38	19	8	11	52	42	10	
7	베네벤토	63	38	18	9	11	62	39	23	
8	프로시노네	58	38	15	13	10	40	32	8	
9	페루자	58	38	14	16	8	58	45	13	
10	테르나나	54	38	15	9	14	58	61	-3	
11	시타델라	52	38	13	13	12	38	36	2	
12	파르마	49	38	11	16	11	48	43	5	
13	코모	47	38	11	14	13	49	54	-5	
14	레지나	46	38	13	9	16	31	49	-18	
15	스팔	42	38	9	15	14	46	54	-8	
16	누오바 코센차	35	38	8	11	19	36	59	-23	
17	LR 비첸자	34	38	9	7	22	38	59	-21	
18	알레산드리아	34	38	8	10	20	37	59	-22	강등
19	크로토	26	38	4	14	20	41	61	-20	강등
20	포르데노네	18	38	3	9	26	29	71	-42	강등

CHAMPION

유벤투스의 9연속 우승이 끝나고, 이탈리아 축구의 패권은 다시 밀라노로 돌아온 듯 보인다. 하지만 그 패권의 토대가 모래성 같으므로 모든 강호가 양 밀란을 잡아먹기 위해 호시탐탐 틈을 노리고 있다.

LEAGUE CHAMPION

AC MILAN

사기꾼 구단주에게 당해 채권사에 넘어갔는데, 그 암울한 상태에서 리그 우승을 달성한 팀이 있다? 외부의 적이 있어야만 잠재력이 발휘되는 이탈리아 축구의 본능 덕분일까. AC밀란은 이탈리아 명문 구단 중 가장 먼저 영입 정책을 쇄신하고 전력을 가다듬은 끝에 11년 만의 스쿠데토를 따냈다. 밀란은 약 10년의 암흑기 동안 여러 레전드를 무의미하게 소모했지만, '레전드 중의 레전드' 파올로 말디니만큼은 때를 기다리다 디렉터로 복귀해 새 전성기의 기틀을 세우며 선수 시절 못지 않은 역량을 발휘했다. 너무 일을 잘해서, 새 구단주도 돈 쓸 필요를 못 느꼈다는 것이 오히려 문제.

EUROPEAN CUP

CHAMPIONS LEAGUE (전신포함)		EUROPA LEAGUE (전신포함)	
AC MILAN	7회	INTERNAZIONALE	3회
INTERNAZIONALE	3회	JUVENTUS	3회
JUVENTUS	2회	PARMA	2회
–		NAPOLI	1회

CUP CHAMPION

COPPA ITALIA

INTERNAZIONALE

FINAL
INTERNAZIONALE 4-2 JUVENTUS

인테르가 11년 만에 우승했다. 험난한 대진이었다. 16강 엠폴리전부터 연장 혈투 끝에 3-2로 간신히 승리했다. 8강에서는 로마에 2-0 승리를 거두고, 준결승에서는 라이벌 AC밀란을 2차전 대승으로 물리쳤다. 대망의 결승전에서 숙적 유벤투스와 연장까지 갔지만, 이반 페리시치가 2골을 몰아치는 활약으로 팀에 우승을 선사했다.

SUPERCOPPA ITALIANA

INNERNAZIONALE

FINAL
INTERNAZIONALE 2-1 JUVENTUS

해외 시장 개척을 위해 각국을 돌며 열리던 대회지만, 코로나19 타격으로 2년 연속 국내에서 개최됐다. 산 시로에서 열린 경기에서 인테르가 유벤투스에 2-1 승리를 거두며 마무리됐다. 조커로 투입된 알렉시스 산체스가 승부차기 직전 터뜨린 역전 골이 승부의 백미. 내년에는 사우디아라비아의 리야드에서 열릴 예정이다.

AC 밀란
AC Milan

TEAM PROFILE
창 립	1899년
구 단 주	레드버드 캐피탈 파트너스(미국)
감 독	스테파노 피올리(이탈리아)
연 고 지	밀라노
홈 구 장	스타디오 산 시로(8만 18명)
라 이 벌	인테르, 유벤투스
홈페이지	www.acmilan.com

최근 5시즌 성적
시즌	순위	승점
2017-2018	6위	64점(18승10무10무, 56득점 42실점)
2018-2019	5위	68점(19승11무8패, 63득점 46실점)
2019-2020	6위	66점(19승9무10패, 63득점 46실점)
2020-2021	2위	79점(24승7무7패, 74득점 41실점)
2021-2022	1위	86점(26승8무4패, 69득점 31실점)

SERIE A (전신 포함)
통 산	우승 19회
21-22 시즌	1위(26승8무4패, 승점 86점)

COPPA ITALIA
통 산	우승 5회
21-22 시즌	4강

UEFA
통 산	챔피언스리그 우승 7회
21-22 시즌	챔피언스리그 32강

경기 일정
라운드	날짜	장소	상대팀
1	2022.08.14	홈	우디네세
2	2022.08.22	원정	아탈란타
3	2022.08.28	홈	볼로냐
4	2022.08.31	원정	사수올로
5	2022.09.04	홈	인테르
6	2022.09.11	원정	삼프도리아
7	2022.09.18	홈	나폴리
8	2022.10.02	원정	엠폴리
9	2022.10.09	홈	유벤투스
10	2022.10.16	원정	엘라스 베로나
11	2022.10.23	홈	AC 몬차
12	2022.10.30	원정	토리노
13	2022.11.06	홈	스페치아
14	2022.11.09	원정	US 크레모네세
15	2022.11.13	홈	피오렌티나
16	2023.01.04	원정	살레르니타나
17	2023.01.08	홈	AS 로마
18	2023.01.15	원정	레체
19	2023.01.22	원정	라치오
20	2023.01.29	홈	사수올로
21	2023.02.05	원정	인테르
22	2023.02.12	홈	토리노
23	2023.02.19	원정	AC 몬차
24	2023.02.26	홈	아탈란타
25	2023.03.05	원정	피오렌티나
26	2023.03.12	홈	살레르니타나
27	2023.03.19	원정	우디네세
28	2023.04.02	원정	나폴리
29	2023.04.08	홈	엠폴리
30	2023.04.16	원정	볼로냐
31	2023.04.23	홈	레체
32	2023.04.30	원정	AS 로마
33	2023.05.03	홈	US 크레모네세
34	2023.05.07	홈	라치오
35	2023.05.14	원정	스페치아
36	2023.05.21	홈	삼프도리아
37	2023.05.28	원정	유벤투스
38	2023.06.04	홈	엘라스 베로나

전력분석 | 우승했는데도 보강을 안 해주신다고요?

지난 시즌 우승을 차지하긴 했지만 전력의 완성도 면에서는 2020/21시즌보다 떨어진다는 평가를 받은 바 있다. 이번 시즌 역시 그 연장선상에 있기에, 밀란을 다시 한 번 우승 후보로 꼽기에는 무리가 따른다. 일단 고무적인 건 포지션별로 존재하는 리그 최고의 젊은 재능들. 지난 시즌 MVP였던 하파엘 레앙이 공격에, 아주리의 미래 산드로 토날리가 중원에, 든든한 피카요 토모리가 수비에, 최우수 골키퍼 마이크 메냥이 문전에 있다. 특히 레앙과 토날리의 성장이 지난 시즌 우승의 가장 큰 요인이기도 했기에 이들이 한층 더 기량을 끌어올릴 수 있다면 스타 선수를 영입한 것 이상으로 전력이 강화될 것이다. 하지만 영입을 꼭 해야만 했던 포지션도 있다. 즐라탄 이브라히모비치가 부상으로 장기간 빠진 최전방의 경우 올리비에 지루보다 뛰어난 선수가 필요했지만, 현실은 디보크 오리기다. 오른쪽 윙어, 토날리의 파트너 미드필더도 아쉽긴 마찬가지다. 중앙 공격형 미드필더 자리에 샤를 더케텔라러와 야신 아들리를 수급한 게 큰 성과지만 냉정하게 보면 아직 유망주 수준인 선수들. 스테파노 피올리 감독 앞에 또 난관이 놓였다.

전술분석 | 잠재력을 극대화하는 피올리 감독의 무한 매력

선수들의 기량도, 그들을 맞춘 퍼즐의 시너지 효과도 모두 극대화할 줄 아는 것이 스테파노 피올리 감독의 우승 비결이다. 지난 시즌 가장 평범한 포메이션인 4-2-3-1을 썼고, 좌측-중앙-우측 공격 비중이 각각 36%-30%-34%로 매우 균형 잡혀 있었다. 이처럼 밸런스가 잘 맞는 팀을 만든 가운데 강한 압박과 빠른 속공으로 실리를 취한다. 지난 시즌 공 탈취 횟수가 리그 2위였고, 역습 득점이 리그 1위였다. 템포 빠른 공격을 추구하기 때문에 효율적일뿐 아니라 보는 맛도 있는 팀이다. 각 포지션 선수들의 개성을 살린 전술을 쓰는데, 예를 들어 왼쪽의 레앙은 팀에서 가장 개인 돌파 능력이 좋으므로 이를 살릴 수 있도록 빠른 템포에 공을 몰아준다. 또한 좌우 풀백의 서로 다른 스타일을 존중해 테오 에르난데스가 오버래핑할 때와 다비데 칼라브리아가 오버래핑할 때 동료들의 호응 방식이 달라지는 걸 볼 수 있다. 만약 스트라이커와 공격형 미드필더의 조화를 잘 만들어낸다면 팀의 약한 포지션으로 꼽혀 온 오른쪽 윙어 역시 역량을 극대화할 수 있다는 것이 고무적인 점이다.

AC Milan v Atalanta BC-Serie A
MILAN, ITALY-밀라노의 스타디오 주세페 메아짜에서 열린
AC 밀란과 ACF 피오렌티나 간 경기에서의
하피엘 레앙. 2022/05/01

구단주가 바뀌었지만 '선물'을 받을 수 없는 이유

밀란의 지난 5년은 파란만장했다. 팀을 오래 경영해 온 실비오 베를루스코니 전 이탈리아 총리가 회장직을 내려놓고, 중국 사업가 리용홍이 인수하면서 파국이 시작됐다. 알고 보니 리용홍은 자신의 사업 규모를 부풀려 투자를 받아낸 사기꾼에 가까웠다. 밀란을 담보로 빌린 돈은 갚을 능력이 없었고, 결국 밀란은 일종의 차압과 같은 형태로 글로벌 헤지펀드인 엘리엇 매니지먼트에 넘어갔다. 이 상황에서 구단을 잘 경영하면서 우승권 팀으로 회복시킨 것이 파올로 말디니와 리키 마사라 디렉터, 그리고 피올리 감독이다. 마침내 올여름 구단을 인수하겠다는 투자자가 나타났는데, 아쉽게도 사재를 털겠다는 축구광 갑부가 아니라 밀란으로 돈을 벌려는 새로운 투자 세력, 레드버드 캐피털이었다. 레드버드의 첫 이적 시장은 심지어 엘리엇보다도 지원이 적었으며 설상가상 구단 인수 과정에서 말디니 디렉터의 재계약이 난항을 겪고, 밀란행을 설득해 놓은 선수들까지 놓치는 최악의 시기를 보냈다. 말디니 디렉터의 흰머리가 하루에 10가닥씩 늘어난다고 해도 전혀 놀랍지 않았을 것이다. 또한, 스카우트와 육성은 최고지만 재계약은 잘 하지 못하는 밀란의 사정 때문에 프랑크 케시에가 자유계약으로 나가버린 것도 타격이었다. 1년 전 떠난 잔루이지 돈나룸마와 하칸 찰하노을루에 이어, 구단에 수천만 유로를 안길 수도 있었던 소중한 자산들이 보상 없이 이탈해버린 것. 이적료 수입이 없으니 지출을 늘리기 더욱 어려운 상황이 되고 말았다. 이처럼 전력 보강에 있어 난항투성이지만, 그래도 밀란은 전진한다. 지난 시즌보다 강해지지 못했을 뿐 여전히 4강을 유지하면서 우승에 도전할 힘은 충분하다. 이번 시즌부터 진정한 챔피언스리그 병행 일정이 시작된다는 점이 시즌 운영에 있어 큰 변화다.

TEAM FORMATION

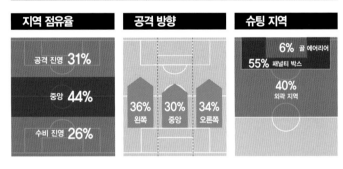

PLAN 4-2-3-1

FW	B
MF	A-
DF	A
GK	A+

- 9 지루 (오리기/ 이브라히모비치)
- 17 레앙 (레비치)
- 90 더케텔라러 (아들리)
- 30 메시아스 (살레마키어스)
- 8 토날리 (포베가)
- 4 베나세르 (크루니치)
- 19 에르난데스 (발로투레)
- 23 토모리 (키예르)
- 20 칼룰루 (가비아)
- 2 칼라브리아 (플로렌치)
- 16 메냥 (터터루사누)

지역 점유율
- 공격 진영 31%
- 중앙 44%
- 수비 진영 26%

공격 방향
- 36% 왼쪽
- 30% 중앙
- 34% 오른쪽

슈팅 지역
- 6% 골 에어리어
- 55% 패널티 박스
- 40% 외곽 지역

IN & OUT

주요 영입	주요 방출
디보크 오리기, 샤를 더케텔라러, 야신 아들리(임대복귀), 톰마소 포베가(임대복귀)	프랑크 케시에, 알레시오 로마뇰리, 다니엘 말디니

TEAM RATINGS

- 슈팅 7
- 패스 8
- 조직력 9
- 수비력 9
- 감독 10
- 선수층 7
- 50

2021/22 프로필

팀 득점	69
평균 볼 점유율	54.20%
패스 정확도	83.30%
평균 슈팅 수	15.8
경고	73
퇴장	3

골 타입
- 오픈 플레이 61
- 세트 피스 14
- 카운터 어택 13
- 패널티 킥 7
- 자책골 4
단위 (%)

패스 타입
- 쇼트 패스 85
- 롱 패스 11
- 크로스 패스 4
- 스루 패스 0
단위 (%)

SQUAD

포지션	등번호	이름		생년월일	키(cm)	체중(kg)	국적
GK	1	치프리안 터터루샤누	Ciprian Tatarusanu	1986.02.09	198	90	루마니아
	16	마이크 메냥	Mike Maignan	1995.07.03	191	91	프랑스
	83	안토니오 미란테	Antonio Mirante	1983.07.08	193	79	이탈리아
DF	2	다비데 칼라브리아	Davide Calabria	1996.12.06	176	70	이탈리아
	5	포데 발로투레	Fode Ballo-Toure	1997.01.03	182	60	세네갈
	19	테오 에르난데스	Theo Hernandez	1997.10.06	184	81	프랑스
	20	피에르 칼룰루	Pierre Kalulu	2000.06.05	179	69	프랑스
	23	피카요 토모리	Fikayo Tomori	1997.12.19	184	75	잉글랜드
	24	시몬 키예르	Simon Kjaer	1989.03.26	191	86	덴마크
	25	알레산드로 플로렌치	Alessandro Florenzi	1991.03.11	173	67	이탈리아
MF	4	이스마일 베나세르	Ismael Bennacer	1997.12.01	175	70	알제리
	7	야신 아들리	Yacine Adli	2000.07.29	186	73	프랑스
	8	산드로 토날리	Sandro Tonali	2000.05.08	181	79	이탈리아
	10	브라힘 디아스	Brahim Diaz	1999.08.03	171	59	스페인
	12	안테 레비치	Ante Rebic	1993.09.21	185	78	크로아티아
	14	티에무에 바카요코	Tiemoue Bakayoko	1994.08.17	189	77	프랑스
	30	주니오르 메시아스	Junior Messias	1991.03.13	179	70	브라질
	32	톰마소 포베가	Tommaso Pobega	1999.07.15	188	75	이탈리아
	33	라데 크루니치	Rade Krunic	1993.10.07	184	74	보스니아 헤르체고비나
	56	알렉시스 살레마키어스	Alexis Saelemaekers	1999.06.27	180	72	벨기에
FW	9	올리비에 지루	Olivier Giroud	1986.09.30	193	92	프랑스
	11	즐라탄 이브라히모비치	Zlatan Ibrahimovic	1981.10.03	195	95	스웨덴
	17	하파엘 레앙	Rafael Leao	1999.06.10	188	81	포르투갈
	27	디보크 오리기	Divock Origi	1995.04.18	189	75	벨기에
	90	샤를 더케텔라러	Charles De ketelaere	2001.03.10	192	88	벨기에

ITALY SERIE A

AC MILAN

스테파노 피올리 *Stefano Pioli*
1965년 10월 20일생 이탈리아

한때는 '개업 특수'가 끝나면 곧 성적이 곤두박질 치는 용두사미형 감독이었지만, 밀란 지휘봉을 잡으면서 기대 이상의 호성적을 이어가더니 기어코 생애 첫 우승까지 달성한 늦깎이 명장이다. 전술적으로 강한 압박과 빠른 공격을 통해 경기를 주도하려는 공격적 성향을 갖고 있으며, 핵심 선수들의 역량을 극대화하고 유망주를 육성하는 능력이 탁월하다. 말디니, 마사라 디렉터 콤비와 엄청난 시너지 효과를 낸다. 팔에 문신이 있는데, 하나는 피오렌티나 시절 급사한 애제자 다비데 아스토리를 기리는 것이고, 최근 새긴 건 밀란 우승을 영원히 기억하기 위한 스쿠데토 문양이다.

상대팀 최근 6경기 전적

구분	승	무	패
AC 밀란			
인테르	1	2	3
나폴리	2	2	2
유벤투스	2	3	1
라치오	5		1
로마	4	1	1
피오렌티나	3	1	2
아탈란타	3	1	2
엘라스 베로나	4	2	
토리노	5		1
사수올로	3	1	2
우디네세	2	3	1
볼로냐	5		1
엠폴리	4	1	1
스페치아	4		2
삼프도리아	4	2	
살레르니타나	4	1	1
레체	4	2	
크레모네세	4	1	1
몬차	6		

MF 17	하파엘 레앙 *Rafael Leao*	출전경기	경기시간(분)	골	어시스트	경고	퇴장
		34	2,621	11	8	4	-

국적: 포르투갈

지난 시즌 11골 10도움으로 공격 포인트도 많은 편이었지만, 이 정도 수치로 리그 MVP를 차지할 수는 없다. 레앙이 지난 시즌을 대표하는 스타였던 이유는 동료들의 지원이 빈약한 상황에서도 드리블과 침투로 직접 상황을 창출하고 마무리까지 할 수 있는 슈퍼스타의 자질을 보여줬기 때문이다. 한때는 드리블과 변수 창출 능력이 탁월한 반면 몸싸움이 서툴고 팀 플레이 기여도가 낮다는 문제가 있었다. 하지만 몸싸움은 포지션을 최전방에서 윙어로 바꾸며 상관없어졌고, 팀 플레이는 매년 일취월장 중이다.

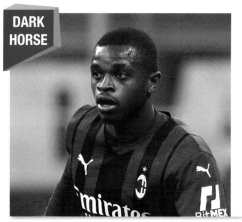

DF 20	피에르 칼룰루 *Pierre Kalulu*	출전경기	경기시간(분)	골	어시스트	경고	퇴장
		28	1,939	1	2	4	-

국적: 프랑스

올랭피크리옹에서 프로 데뷔조차 못 한 상태에서 2020년 밀란으로 이적했는데, 1년 뒤에는 주전 센터백으로 급성장한 선수다. 릴리앙 튀랑과 비슷하다는 평가를 받을 정도로 뛰어난 센터백이 됐다. 센터백으로 뛰기엔 작은 키 때문에 라이트백으로 먼저 기용되기 시작했는데, 실력이 늘고 경험이 쌓이면서 중앙으로 위치를 옮겼다. 키가 작은 편이라 제공권의 고질적 약점은 어쩔 수 없지만, 강철 같은 몸싸움과 스피드로 대인방어에 탁월한 능력을 보인다. 풀백 출신답게 공 간수와 패스 등 빌드업에 필요한 능력도 걸출하다.

FW 27	디보크 오리기 *Divock Origi*	출전경기	경기시간(분)	골	어시스트	경고	퇴장
		7	127	3			-

국적: 벨기에

리버풀의 만년 후보 선수를 영입했다는 점에서 한숨이 먼저 나오지만, 그래도 기대해 볼 만한 요소는 있다. 밀란은 1년 전에도 첼시의 후보였던 올리비에 지루를 데려와 리그 우승의 주역으로 활용했던 팀이다. 오리기는 지난 시즌 짧은 출장시간에도 불구하고 6골 4도움으로 공격 포인트 10개를 기록했고, 특히 프리미어리그에서는 126분 만에 공격 포인트 4개를 올렸으며, 그 밖의 경기력까지 한층 성장했다는 평가를 받아 왔다. 최전방과 좌우 측면을 모두 소화할 수 있다. 피올리 감독의 조련을 받은 뒤 모습이 궁금한 선수이다.

GK 1 치프리안 터터루샤누
Ciprian Tataruşanu

국적: 루마니아

잔루이지 돈나룸마에 이어 메냥의 서브 역할을 하고 있는 베테랑 골키퍼. 한창 때는 빅 리그 구단의 주전 골키퍼였으며 루마니아 올해의 선수에 선정되기도 했다. 하지만 30대 중반부터는 스타 골키퍼의 백업 역할에 머무르고 있다. 밀란이 자체 선정한 지난 시즌 최고 수비 장면의 주인공은 토모리도 메냥도 아닌 터터루샤누였다. 지난해 11월 데르비에서 라우타로 마르티네스의 페널티킥을 막아낸 엄청난 선방이 그것.

출전경기	경기시간(분)	실점	무실점 (경기)	경고	퇴장
6	540	10	1	-	-

GK 16 마이크 메냥
Mike Maignan

국적: 프랑스

지난 시즌 세리에A 최우수 골키퍼. 비슷한 시기 프랑스 리그앙에서 주목받았던 에두아르 멘디와 비교하면, 멘디가 선방 전문인 것과 달리 메냥이 더 종합적인 역량을 갖춘 '토털 패키지'다. 프랑스 대표팀에서도 서서히 입지를 넓혀가는 중이다. 이미 기량 면에서는 위고 요리스를 뛰어넘었다는 것이 정설이며, 카타르 월드컵 이후에는 프랑스 리빌딩의 중심으로서 주전 자리를 꿰찰 것이 유력하다.

출전경기	경기시간(분)	실점	무실점 (경기)	경고	퇴장
32	2,880	21	17	1	-

GK 83 안토니오 미란테
Antonio Mirante

국적: 이탈리아

어렸을 때는 유벤투스 소속으로 이 리저리 임대 다니는 골키퍼였다. 파르마, 볼로냐의 주전으로서 안정적인 경력을 쌓아가다가 2018년 AS 로마 이적 즈음부터 강팀의 백업 골키퍼로 입지가 변했다. 1년 전 밀란의 3순위 골키퍼 자리를 받아들이며 이적했고, 비록 한 경기도 뛰지 못했지만, 생애 첫 세리에A 우승 메달을 받을 수 있었다. 이탈리아 대표팀에 소집된 적은 많지만 한 경기도 뛰진 못했다.

출전경기	경기시간(분)	실점	무실점 (경기)	경고	퇴장
-	-	-	-	-	-

DF 2 다비데 칼라브리아
Davide Calabria

국적: 이탈리아

최근 영입된 다국적 선수 위주로 외인구단이 되어가는 밀란에서, 이탈리아 명문의 색채를 지켜가는 '성골 유스'다. 이 점 때문에 젊은 나이에도 주장 완장을 찼다. 공수 균형이 좋은 정통 라이트백이며, 한때는 모든 면에서 부족하다는 평가를 받았지만 피올리 감독 부임 후 태클과 크로스 등 확실한 무기로 크게 성장했다. 지난 시즌 경기당 공 탈취 리그 4위(2.4). 다만 부상으로 경기력은 예년만 못했다.

출전경기	경기시간(분)	골	어시스트	경고	퇴장
26	2,124	2	3	2	-

DF 19 테오 에르난데스
Theo Hernandez

국적: 프랑스

풀백치고 큰 184cm인데, 뤼카는 이 점을 센터백 겸업에 활용하는 반면 테오는 긴 다리로 성큼성큼 뛰며 오버래핑할 때 활용한다는 점이 재미있는 차이. 돌파력과 마무리 능력이 모두 탁월한 풀백으로서, 프랑스 대표팀이 테오를 활용하는 쪽으로 전술을 뜯어고칠 정도다. 지난 시즌 경기당 피파울 리그 5위(2.3), 크로스 성공 10위(1.2)였다. 다만 퇴장이 2회로 공동 최다였다는 건 개선해야 할 점이다.

출전경기	경기시간(분)	골	어시스트	경고	퇴장
32	2,713	5	6	5	2

DF 23 피카요 토모리
Fikayo Tomori

국적: 잉글랜드

첼시 유소년팀에서 가장 큰 재능으로 기대를 모았고, 프랭크 램파드 감독을 따라 더비카운티 임대와 첼시 1군에서 두각을 나타냈던 특급 유망주였다. 하지만 주전으로 자리 잡는 데 실패하자 밀란이 임대 후 완전이적 형식으로 영입, 세리에A 최고 수준의 센터백으로 키워냈다. 몸싸움에서 밀리지 않을 정도의 피지컬, 빠른 발, 준수한 빌드업을 겸비했다. 지난 시즌 경기당 공 탈취 횟수 리그 6위(2.4회)를 기록했다.

출전경기	경기시간(분)	골	어시스트	경고	퇴장
31	2,719	-	-	4	-

DF 24 시몬 키예르
Simon Kjaer

국적: 덴마크

경기장 안팎에서 모두 듬직한 베테랑. 세리에A의 유망주였지만 독일, 프랑스, 스페인 무대를 거치며 그저 그런 수비수로 경력이 끝날 듯 보였다. 그런데 2020년 31세 나이에 밀란으로 임대되면서 갑자기 정상급 경기력을 보여주기 시작했고, 2021년 여름에는 덴마크 동료 크리스티안 에릭센의 사고 순간 성숙한 대처를 보여주면서 찬사를 받았다. 지난 시즌 무릎 부상으로 장기 결장했기 때문에 기량 회복 여부가 관건이다.

출전경기	경기시간(분)	골	어시스트	경고	퇴장
11	806	-	-	2	-

DF 25 알레산드로 플로렌치
Alessandro Florenzi

국적: 이탈리아

토티, 데로시를 잇는 로마의 3대 왕자가 될 줄 알았지만, 일찍 로마를 떠나 여러 번 임대를 다녔고, 밀란에서 로테이션 멤버로 가치를 인정받아 이번에 완전 이적했다. 이전에는 운동능력, 전술 수행능력, 킥력을 겸비한 대형 유망주로서 미드필더부터 윙어까지 전천후로 소화할 수 있었다. 큰 부상을 겪은 뒤 스피드와 활동량이 줄어, 지금은 센스로 승부하는 풀백이 되었다. 여전히 킥력과 판단력의 클래스는 있는 편.

출전경기	경기시간(분)	골	어시스트	경고	퇴장
24	1,152	2	-	2	-

MF 4 이스마일 베나세르
Ismael Bennacer

국적: 알제리

다재다능한 왼발잡이 미드필더. 공 다루는 기술이 좋고, 직접 드리블로 상대 진영을 헤집을 수 있는 전진성을 갖고 있다. 동시에 수비에 대한 경각심이 좋고 적당히 거칠게 덤비는 측면도 있어서 중원 장악력 역시 빠지지 않는다. 중원에서 공격적인 역할과 수비적인 역할이 모두 가능하다. 엠폴리에서 서서히 이름을 알리다 2019 네이션스컵에서 알제리의 우승을 이끌며 MVP를 차지, 곧바로 밀란 유니폼을 입었다.

출전경기	경기시간(분)	골	어시스트	경고	퇴장
31	1,523	2	1	7	-

ITALY SERIE A

AC MILAN

MF	7	야신 아들리
		Yacine Adli

국적: 프랑스

지난 시즌 보르도에서 황의조에게 좋은 패스를 주지 못하는 경기력 때문에 밀란 팬들의 기대치가 땅에 떨어졌던 선수. 하지만 그게 본모습은 아니다. 파리 생제르맹 유소년 시절부터 탈압박과 킥은 알아주는 선수였다. 2선과 3선에서 모두 활동할 수 있는 테크니션 플레이메이커다. 밀란 합류 후 7번을 달고 프리시즌에 맹활약하며 큰 기대를 받고 있다. 가장 약한 포지션이었던 공격형 미드필더 자리의 적임자 후보 1번.

출전경기	경기시간(분)	골	어시스트	경고	퇴장
36	2,265	1	7	4	-

MF	8	산드로 토날리
		Sandro Tonali

국적: 이탈리아

지난 시즌 밀란 우승의 결정적인 팩터. 기존 미드필더들이 부상, 부진, 불안한 거취 등으로 흔들렸기 때문에 토날리의 급성장이 아니었다면 버티기 힘들었을 것이다. 전투적인 성향이 강했는데, 지금은 에너지 넘치는 박스 투 박스 미드필더면서 어시스트와 득점능력까지 갖춘 선수로 만개하고 있다. 피를로와 가투소의 딱 중간 정도 성향으로 순조롭게 성장 중. 아주리에서도 존재감이 커지고 있다.

출전경기	경기시간(분)	골	어시스트	경고	퇴장
36	2,608	5	2	9	-

MF	90	샤를 더케텔라러
		Charles De Ketelaere

국적: 벨기에

독특한 선수다. 192cm 장신의 공격형 미드필더라는 것도 특이한데 왼발잡이, 득점력, 수비 가담 능력이라는 묘한 요소를 겸비하고 있다. 지난 시즌 클뤼프 브뤼허 공격의 핵심으로서 빅 리그 구단과 대결할 때도 자기 역량을 충분히 보여줬다. 원래 포지션은 2선이지만 갈수록 최전방에서 뛰는 빈도가 높아져 왔으며, 장기적으로는 '가짜 9번' 성향의 스트라이커가 어울린다는 평가도 있다.

출전경기	경기시간(분)	골	어시스트	경고	퇴장
33	2,731	14	7	4	-

MF	12	안테 레비치
		Ante Rebic

국적: 크로아티아

신체능력과 전술소화능력, 집중력을 겸비한 노력파 공격수. 전방 압박에 성실하게 가담하는 모습이 경기 내내 눈에 띄며, 좋은 스피드와 경기 흐름에 대한 이해도를 살려서 수비를 붕괴시킬 수 있는 선수다. 창의적인 동료와 함께 할 때 위력이 배가된다. 부상 기간 동안 레앙이 급성장하며 주전 경쟁에서 밀렸지만, 공격 전 포지션을 소화할 수 있기 때문에 건강하기만 하면 팀에 대한 기여도가 높을 것이다.

출전경기	경기시간(분)	골	어시스트	경고	퇴장
24	876	2	2	2	-

MF	30	주니오르 메시아스
		Junior Messias

국적: 브라질

제이미 바디를 능가하는 거짓말 같은 드라마의 주인공. 이탈리아로 이주한 건 축구 때문이 아니라 일용직 노동자로서 직업을 찾아온 것이었다. 처음엔 취미로 공을 찼는데, 아마추어 팀에서 시작해 점점 수준 높은 팀으로 스카우트되더니 어느덧 프로 선수가 됐고, 결국 밀란 소속으로 스쿠데토를 차지했다. 오른쪽 측면에서 안으로 파고들며 왼발 슛을 날리는 것이 특기인 윙어. 경기 상황에 따라 기복이 심하다.

출전경기	경기시간(분)	골	어시스트	경고	퇴장
26	1,430	5	2	2	-

MF	32	톰마소 포베가
		Tommaso Pobega

국적: 이탈리아

요즘 밀란 유소년팀 출신들이 영 맥을 못 추고 있는데, 포베가는 토리노 임대를 통해 부쩍 성장해 이탈리아 대표가 된 특급 기대주. 기본적으로 체격이 좋은 중앙 미드필더 유망주로, 왼발 킥이 탁월해 레지스타로 성장할 거라는 기대를 받곤 했다. 하지만 미드필더로서 완성도는 여전히 개선이 필요한 선수다. 토리노에서 지난 시즌 전반기 폭발적인 활약을 했지만, 후반기에는 약간 흔들리다 윙어로 위치를 옮긴 바 있다.

출전경기	경기시간(분)	골	어시스트	경고	퇴장
33	2,240	4	3	11	-

MF	33	라데 크루니치
		Rade Krunic

국적: 보스니아 헤르체고비나

주전 선수가 드러누울 때마다 그 포지션을 열심히 메워주는 소중한 멀티 플레이어. 피지컬, 테크닉, 킥 등 다방면에서 어느 정도 재능이 있다. 공격적인 중앙 미드필더로서 높은 평가를 받는데, 2021/22시즌은 공격진의 잦은 이탈 때문에 2선에서 뛰는 경기가 더 많았다. 특히 적임자가 없는 공격형 미드필더 자리를 자주 맡다가 시즌 막판에는 아예 붙박이 기용되기도 했으며, 윙어까지 최선을 다해 소화했다.

출전경기	경기시간(분)	골	어시스트	경고	퇴장
28	1,414	-	2	2	-

MF	56	알렉시스 살레마키어스
		Alexis Saelemaekers

국적: 벨기에

벨기에의 안데를레흐트에서 단 1년 두각을 나타낸 뒤 밀란 유니폼을 입었고, 엄청나게 성실한 플레이로 팬들의 마음을 사로잡았다. 윙어 자리에서 윙백처럼 뛰는 특이한 선수로, 혼자 힘으로 공격할 능력은 부족하지만 패스 플레이와 전방 압박 등 전술 수행 능력을 극도로 끌어올려 팀에 기여해 왔다. 이런 모습이 처음엔 호평받았지만 지난 시즌에는 너무 떨어지는 공격 생산성 때문에 주전 경쟁에서 밀리기도 했다.

출전경기	경기시간(분)	골	어시스트	경고	퇴장
36	1,869	1	3	2	-

FW	9	올리비에 지루
		Olivier Giroud

국적: 프랑스

첼시에서 여러 번 능력을 증명해도 벤치로 물러나야 했던 지루는 밀란으로 이적한 뒤 기대보다 훨씬 많은 출장시간을 부여받았다. 이브라히모비치의 부상으로 인해 사실상 시즌 내내 붙박이 원톱을 맡아야 했다. 훌륭한 득점력뿐 아니라 경기당 공중볼 획득 리그 5위(3.2)를 기록하면서 여전한 제공권도 발휘했다. 새 시즌 역시 밀란과 프랑스 대표팀 양쪽에서 자신의 클래스를 증명하기 위한 투쟁에 나선다.

출전경기	경기시간(분)	골	어시스트	경고	퇴장
29	1,905	11	3	4	-

ITALY SERIE A

AC MILAN

FC 인테르나치오날레
FC Internazionale

TEAM PROFILE

창 립	1908년
구 단 주	스티븐 장(중국)
감 독	시모네 인자기(이탈리아)
연 고 지	밀라노
홈 구 장	스타디오 주세페 메아차(8만 18명)
라 이 벌	AC 밀란, 유벤투스
홈페이지	www.inter.it

최근 5시즌 성적

시즌	순위	승점
2017-2018	4위	72점(20승12무6패, 66득점 30실점)
2018-2019	4위	69점(20승9무9패, 57득점 33실점)
2019-2020	2위	82점(24승10무4패, 81득점 36실점)
2020-2021	1위	91점(28승7무3패, 89득점 35실점)
2021-2022	2위	84점(25승9무4패, 84득점 32실점)

SERIE A (전신 포함)

통 산	우승 19회
21-22 시즌	2위(25승9무4패, 승점 84점)

COPPA ITALIA

통 산	우승 8회
21-22 시즌	우승

UEFA

통 산	챔피언스리그 우승 3회 유로파리그 우승 3회
21-22 시즌	챔피언스리그 16강

경기 일정

라운드	날짜	장소	상대팀
1	2022.08.14	원정	레체
2	2022.08.21	홈	스페치아
3	2022.08.27	원정	라치오
4	2022.08.31	홈	US 크레모네세
5	2022.09.04	원정	AC 밀란
6	2022.09.11	홈	토리노
7	2022.09.18	원정	우디네세
8	2022.10.02	홈	AS 로마
9	2022.10.09	원정	사수올로
10	2022.10.16	홈	살레르니타나
11	2022.10.23	원정	피오렌티나
12	2022.10.30	홈	삼프도리아
13	2022.11.06	원정	유벤투스
14	2022.11.09	홈	볼로냐
15	2022.11.13	원정	아탈란타
16	2023.01.04	홈	나폴리
17	2023.01.08	원정	AC 몬차
18	2023.01.15	홈	엘라스 베로나
19	2023.01.22	홈	엠폴리
20	2023.01.29	원정	US 크레모네세
21	2023.02.05	홈	AC 밀란
22	2023.02.12	원정	삼프도리아
23	2023.02.19	홈	우디네세
24	2023.02.26	원정	볼로냐
25	2023.03.05	홈	레체
26	2023.03.12	원정	스페치아
27	2023.03.19	홈	유벤투스
28	2023.04.02	홈	피오렌티나
29	2023.04.08	원정	살레르니타나
30	2023.04.16	홈	AC 몬차
31	2023.04.23	원정	엠폴리
32	2023.04.30	홈	라치오
33	2023.05.03	원정	엘라스 베로나
34	2023.05.07	원정	AS 로마
35	2023.05.14	홈	사수올로
36	2023.05.21	원정	나폴리
37	2023.05.28	홈	아탈란타
38	2023.06.04	원정	토리노

전력분석 로멜루, 미키타리안, 오나나를 공짜로 보강!

한동안 우승과 멀었던 인테르를 2020/21시즌 우승, 지난 시즌 준우승으로 이끈 일등공신은 단연 베페 마로타 단장이다. 월드클래스 선수를 싸게 사는 점에서는 독보적인 능력을 자랑했던 마로타 단장이 올여름에도 빛났다. 모기업 쑤닝의 사정상 2년째 긴축 재정이 필수였는데, 1년 전 거액에 팔았던 로멜루 루카쿠를 임대로 다시 데려오는 놀라운 수완을 발휘했다. 여기에 골키퍼 안드레 오나나, 미드필더 헨리크 미키타리안 같은 스타급 선수들을 자유계약으로 영입했다. 특히 오나나의 경우 당장은 후보겠지만 장차 사미르 한다노비치의 뒤를 이어 인테르 골문을 장기적으로 맡아 줄 수 있는 선수이다. 미래 전력이라고 할 수 있는 라울 벨라노바, 크리스티안 아슬라니 등의 유망주도 수급했는데 임대 후 완전 이적 형식이라 싹수가 안 보이면 돌려보내도 된다. 결국 3-5-2 포메이션 기반의 틀은 안정적으로 유지하되 스쿼드를 한층 강화하는 데 성공한 셈. 최전방의 루카쿠와 라우타로 마르티네스가 다시 한번 황금 콤비를 이루고, 에딘 제코가 호사스러운 백업 멤버로 대기한다. 중앙 미드필더들의 공격 지원 능력도 단연 세리에A 최고 수준이다.

전술분석 안정적이면서도 화려한 인차기식 3-5-2

안토니오 콘테 전 감독이 완성해두고 간 3-5-2 포메이션을 그대로 계승한 시모네 인차기 감독. 비록 지난 시즌의 순위는 한 계단 하락했지만, 굵직한 선수 이탈에 잘 대처했다는 긍정적인 평가가 주를 이뤘다. 콘테 감독보다 좀 더 공격적이고 시원한 축구를 보여줬다는 점이 호평을 받은 요인이었다. 코파 우승이라는 가시적인 성과도 있었다. 마르첼로 브로조비치 등 일부 대체 불가 선수들이 빠질 때 잘 대처하지 못했다는 점이 아쉽지만, 이는 감독이 어쩔 수 없는 부분이었다. 새 시즌에도 전술 기조는 유지될 것으로 보인다. 특히 하칸 찰하노을루를 과감하게 중앙 미드필더로 기용해 재미를 봤으니 헨리크 미키타리안 역시 같은 위치로 활용할 수 있을 것으로 보인다. 로멜루 루카쿠는 익숙한 팀, 익숙한 시스템인 만큼 따로 활용법을 고민할 필요가 없다. 사소한 불안요소는 왼쪽 윙백의 스타일 변화이다. 지난 시즌에는 아예 윙어처럼 뛰는 이반 페시리치, 직선적인 침투 위주의 덴절 딤프리스가 좌우 조화를 이뤘다. 이번 시즌부터 왼쪽 주전을 차지할 로빈 고젠스는 딤프리스와 비슷한 성향이라 팀의 측면 공격이 단조로워질 우려가 있다.

FC Internazionale v US Salernitana-Serie A
MILAN, ITALY-밀라노의 스타디오 주세페 메아짜에서 열린
경기에서 살레르니타나의 조엘 추쿠마 오비보다 앞서 헤딩슛을
하고 있는 FC 인테르나치오날레의 니콜로 바렐라. 2022/03/04

시즌 프리뷰 0순위 우승 후보

인테르는 지난 시즌 우승팀 밀란을 제치고 현재 이탈리아 최강팀으로 꼽힌다. 다시 말하면 세리에A 우승 가능성이 가장 큰 팀이라는 뜻이다. 전력을 보면 납득이 간다. 우승팀 밀란과 3위 나폴리가 각각 다른 이유로 전력 유출을 겪고, 4위였던 유벤투스는 스타를 여럿 영입하긴 했지만, 여전히 과도기처럼 보인다. 반면 인테르는 안정감이 있다. 지난 시즌보다 성적이 떨어질 리 없어 보이고, 올라갈 확률은 충분해 보인다. 특히 모든 우승팀의 전제 조건인 탄탄한 수비라는 측면에서도 인테르는 충분히 안정적이라 할 만하다. 나아가 이번 시즌 인테르의 과제는 UEFA 챔피언스리그에서 좋은 성적을 내는 것이다. 인테르는 콘테 감독 시절 2시즌 연속으로 챔피언스리그 조별 리그 탈락이라는 수모를 당했다. 2019/20시즌에는 중도 합류한 유로파리그에서 결승까지 간 것이 그나마 위안이었다. 인차기 감독은 쉬운 조 편성이라는 행운 덕에 16강에 쉽게 올랐고, 리버풀과 1승 1패로 꽤 팽팽한 대결을 벌였지만 결국 일찍 탈락하고 말았다. 세리에A 최강 전력 구단이라면 16강을 넘어 8강이나 4강 정도는 가 줘야 한다. 그래야 인차기 감독의 역량도 국제적으로 입증할 수 있다. 모기업 쑤닝의 사정 역시 챔피언스리그가 중요한 이유다. 쑤닝은 2021년 여름부터 재정난을 이유로 지원을 줄이기 시작했다. 다행히 한 번에 파산하는 수준은 아니고 서서히 자금을 회수하면서 연착륙하려는 중이다. 결국 구단이 돈을 더 벌어야 하는데, 성적으로 수익을 늘리는 가장 쉬운 방법이 챔피언스리그에서 오래 살아남는 것이다. 쉽게 말해 '챔피언스리그에서 한 단계 더 올라갈 때마다 스타 한 명을 덜 팔아도 된다'는 상황이다. 선수단이 힘을 내는 만큼 전력 하락을 늦출 수 있다.

IN & OUT

주요 영입	주요 방출
로멜루 루카쿠, 헨리크 미키타리안, 안드레 오나나, 크리스티안 아슬라니, 라울 벨라노바	알렉산다르 콜라로프(은퇴), 안드레아 라노키아, 이반 페리시치, 마티아스 베시노, 아르투로 비달, 스테파노 센시

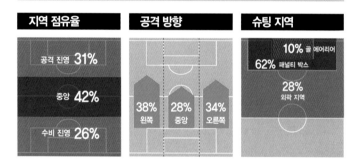

TEAM FORMATION

FW A

MF A+

DF A

GK A-

PLAN 3-5-2

- 10 마르티네스 (코레아)
- 90 루카쿠 (제코)
- 8 고젠스 (다르미안)
- 20 찰하노울루 (미키타리안)
- 77 브로조비치 (갈리아르디니)
- 23 바렐라 (아슬라니)
- 2 딤프리스 (벨라노바)
- 95 바스토니 (디마르코)
- 6 더프레이
- 37 슈크리니아르 (담브로시오)
- 1 한다노비치 (오나나)

지역 점유율

공격 진영 31%
중앙 42%
수비 진영 26%

공격 방향

38% 왼쪽
28% 중앙
34% 오른쪽

슈팅 지역

10% 골 에어리어
62% 패널티 박스
28% 외각 지역

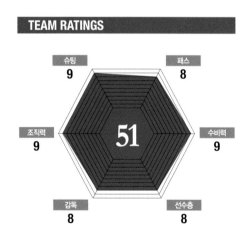

TEAM RATINGS

51

- 슈팅 9
- 패스 8
- 조직력 9
- 수비력 9
- 감독 8
- 선수층 8

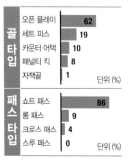

2021/22 프로필

팀 득점	84
평균 볼 점유율	56.80%
패스 정확도	28.67%
평균 슈팅 수	17.8
경고	71
퇴장	1

골 타입 (단위 %)
- 오픈 플레이 62
- 세트 피스 19
- 카운터 어택 10
- 패널티 킥 8
- 자책골 1

패스 타입 (단위 %)
- 쇼트 패스 86
- 롱 패스 9
- 크로스 패스 4
- 스루 패스 0

SQUAD

포지션	등번호	이름		생년월일	키(cm)	체중(kg)	국적
GK	1	사미르 한다노비치	Samir Handanovic	1984.07.14	193	89	슬로베니아
	24	안드레 오나나	Andre Onana	1996.04.02	190	93	카메룬
DF	2	덴젤 딤프리스	Denzel Dumfries	1996.04.18	188	80	네덜란드
	6	스테판 더프레이	Stefan de Vrij	1992.02.05	189	78	네덜란드
	12	라울 벨라노바	Raoul Bellanova	2000.05.17	188	78	이탈리아
	32	페데리코 디마르코	Federico Dimarco	1997.11.10	175	72	이탈리아
	33	다닐로 담브로시오	Danilo D'Ambrosio	1988.09.09	180	75	이탈리아
	36	마테오 다르미안	Matteo Darmian	1989.12.02	182	70	이탈리아
	37	밀란 슈크리니아르	Milan Skriniar	1995.02.11	188	80	슬로바키아
	95	알레산드로 바스토니	Alessandro Bastoni	1999.04.13	190	75	이탈리아
	-	다우베르트	Dalbert	1993.09.08	181	70	브라질
MF	5	로베르토 갈리아르디니	Roberto Gagliardini	1994.04.07	190	77	이탈리아
	8	로빈 고젠스	Robin Gosens	1994.07.05	183	76	독일
	14	크리스티안 아슬라니	Kristjan Asllani	2002.03.09	175	63	알바니아
	20	하칸 찰하노울루	Hakan Calhanoglu	1994.02.08	178	76	튀르키예
	22	헨리크 미키타리안	Henrikh Mkhitaryan	1989.01.21	177	75	아르메니아
	23	니콜로 바렐라	Nicolo Barella	1997.02.07	172	68	이탈리아
	77	마르첼로 브로조비치	Marcelo Brozovic	1992.11.16	181	68	크로아티아
	-	루시앙 아구메	Lucien Agoume	2002.02.09	185	72	프랑스
FW	7	알렉시스 산체스	Alexis Sanchez	1988.12.19	168	62	칠레
	9	에딘 제코	Edin Dzeko	1986.03.17	193	80	보스니아 헤르체고비나
	10	라우타로 마르티네스	Lautaro Martinez	1997.08.22	174	72	아르헨티나
	11	호아킨 코레아	Joaquin Correa	1994.08.13	188	77	아르헨티나
	90	로멜루 루카쿠	Romelu Lukaku	1993.05.13	191	103	벨기에
	-	안드레아 피나몬티	Andrea Pinamonti	1999.03.19	185	78	이탈리아

COACH

상대팀 최근 6경기 전적

구분	승	무	패
AC 밀란	3	2	1
인테르			
나폴리	3	3	
유벤투스	3	2	1
라치오	3	1	2
로마	4	2	
피오렌티나	4	2	
아탈란타	2	4	
엘라스 베로나	5	1	
토리노	5	1	
사수올로	4	1	1
우디네세	5	1	
볼로냐	4		2
엠폴리	6		
스페치아	5	1	
삼프도리아	4	1	1
살레르니타나	4		2
레체	3	2	1
크레모네세	5	1	
몬차	5	1	

시모네 인차기 *Simone Inzaghi*
1976년 4월 5일생 이탈리아

현역 시절에는 형 필리포보다 덜 성공한 공격수였지만, 감독으로서는 필리포보다 더 성공한 동생이다. 한국식으로는 선수 시절 필리포를 그냥 인차기로 부르고 시모네를 '심자기'라고 부르다가, 감독이 된 뒤에는 시모네를 그냥 인차기라고 부르고 필리포를 '필차기'라고 부를 정도로 위상이 바뀌었다. 라치오에서 전성기를 보내고 은퇴했던 인차기는 그대로 유소년팀 감독을 맡다가 2016년 스테파노 피올리 감독의 경질 이후 대행으로 임명됐다. 이때 기대 이상의 지도력을 보여줘 라치오 1군을 4년간 성공적으로 이끌었고, 인테르로 직장을 옮긴 뒤에도 흠 없는 성적을 이어가고 있다.

KEY PLAYER

MF 23	니콜로 바렐라 *Nicolo Barella*	출전경기	경기시간(분)	골	어시스트	경고	퇴장
		36	2,933	3	12	9	-

국적: 이탈리아

가장 믿음직하고, 어떤 전술이든 가장 안정적으로 주전 자리를 지키는 선수. 활동량이 많으면서도 잦은 전력 질주로 팀에 활약을 불어넣는다. 이탈리아에서 쓰이다 이젠 세계적으로 유명해진 포지션 용어 메찰라에 가장 잘 맞는 선수로, '반쯤 윙어'라는 어원처럼 중앙 미드필더로 뛰면서도 측면까지 커버하는 플레이가 특기다. 여기에 롱 패스와 중거리 슛 등 오른발 킥도 출중하다. 찰하노을루 등 더 공격적인 동료와 브로조비치 등 수비적인 동료 사이에서 밸런스를 잡으면서 측면 지원, 득점 생산까지 할 수 있는 재능이다.

DARK HORSE

DF 8	로빈 고젠스 *Robin Gosens*	출전경기	경기시간(분)	골	어시스트	경고	퇴장
		13	626	1	1	3	-

국적: 독일

이반 페리시치의 각성에 가려져 있었지만, 장기부상임에도 불구하고 일찌감치 영입돼 있던 고젠스는 곧 다가올 자신의 시대를 준비 중이다. 스타일은 요즘 유행하는 '돌진형 윙백'이다. 섬세한 기술을 갖춘 건 아니지만 비교적 큰 체격과 빠른 스피드를 살려 상대 문전까지 진입, 골과 도움을 양산할 수 있다. 특히 아탈란타 시절에는 팀 전술과 엄청난 시너지 효과를 내며 시즌 11골 9도움, 9골 8도움 같은 탈 윙백 수준의 생산성을 보여줬다. 이번 시즌 인테르에서 맹활약해야 카타르 월드컵 본선에 발탁될 가능성이 커진다.

NEW ADDITION

FW 90	로멜루 루카쿠 *Romelu Lukaku*	출전경기	경기시간(분)	골	어시스트	경고	퇴장
		26	1,586	8	-	1	-

국적: 벨기에

선수가 단호한 의지를 갖고 추진한다면 원하는 팀에 갈 수 있다는 걸 보여준 '징징이.' 그 덕분에 인테르는 1년 전 1억 유로에 팔았던 루카쿠를 임대로 다시 데려온다는 마법과 같은 거래에 성공했다. 폼을 회복하는 것이 전제 조건이지만, 루카쿠가 인테르에서 보여준 활약을 떠올린다면 기대를 안 할 수 없다. 루카쿠는 2시즌 동안 컵대회 포함 64골을 몰아쳤으며, 수비 가담을 줄여주는 대신 공격 상황에서는 엄청난 짐을 지우는 전술을 완벽하게 소화한 바 있다. 그렇게 좋아하는 밀라노에 왔으니 이젠 마음도 편안하겠지 싶다.

ITALY SERIE A

FC INTERNAZIONALE

GK 1 사미르 한다노비치
Samir Handanovic

국적: 슬로베니아

지난 시즌 37경기 풀타임을 소화하며 리그 전체에서 출장시간 3위를 기록한 노장. 선방의 달인답게 세이브 횟수는 95회로 하위권 골키퍼들을 제치고 8위를 기록했다. 선방 능력뿐 아니라 충성심과 우승에 대한 열망까지 갖춰 모범적인 주장으로 평가받는다. 약점이었던 빌드업까지 많이 보완한 상태. 세리에A 시즌 최우수 골키퍼 3회, 선수들이 선정한 최우수 골키퍼 3회, 세르비아 올해의 선수 3회 기록을 갖고 있다.

출전경기	경기시간(분)	실점	무실점 (경기)	경고	퇴장
37	3,330	30	15	1	-

GK 24 안드레 오나나
Andre Onana

국적: 카메룬

한다노비치의 후보라기엔 지나치게 호사스런 선수고, 그의 이후를 맡아줄 후계자에 가까운 스타급 골키퍼. 당장 이번 시즌부터 주전 경쟁을 벌일 자격이 충분하다. 바르셀로나 유소년팀 출신의 아약스 골키퍼였다는 이력에서 알 수 있듯 빌드업 관여 능력이 좋고 동물적인 선방까지 갖췄다. 다만 안정감은 떨어지는 편. 지난해 실수로 금지 성분이 포함된 약을 먹었다가 도핑 테스트에 걸려 9개월 정지를 당한 바 있다.

출전경기	경기시간(분)	실점	무실점 (경기)	경고	퇴장
6	540	10	-	-	-

DF 2 덴절 뒴프리스
Denzel Dumfries

국적: 네덜란드

공격수보다 더 눈에 띄는 화려한 윙백. 지난해 유로2020에서 네덜란드의 가장 확실한 공격 루트로 맹활약한 바 있다. 윙백치고 큰 덩치와 빠른 스피드를 활용해 상대 수비 사이를 탱크처럼 밀고 들어가는 돌파가 일품이다. 좁은 공간에서는 그리 섬세하지 못한 기술이 들통나지만, 질주할 기회가 많은 윙백 자리에선 큰 흠이 아니다. 스리백 전술의 윙백이 더 잘 맞는 선수다. 약점이었던 수비력은 차차 보완 중.

출전경기	경기시간(분)	골	어시스트	경고	퇴장
33	2,028	5	4	3	-

DF 6 스테판 더프레이
Stefan de Vrij

국적: 네덜란드

덩치도 평범하고, 엄청 빠른 것도 아니고, 어느 모로 보나 딱히 눈에 띄지 않는 선수다. 하지만 센터백에게 그건 흠이라고 할 수 없다. 오히려 안정감이 뛰어나다는 의미도 된다. 지능적으로 상대 플레이를 예측하고, 공격이 제대로 시작되기도 전에 막아낸다. 지난 시즌 패스성공률 리그 7위인 91.8%를 기록할 정도로 안정적이었다. 다만 지난 시즌에는 종종 불안한 장면들이 흠으로 지적되기도 했다.

출전경기	경기시간(분)	골	어시스트	경고	퇴장
30	2,413	-	-	3	-

DF 12 라울 벨라노바
Raoul Bellanova

국적: 이탈리아

지난 시즌 강등팀답지 않게 알짜배기 선수를 다수 갖고 있던 칼리아리에서도 유독 주목받던 선수다. 스피드와 탄탄한 육체를 겸비했다는 점에서 일단 재능을 인정받는 공격형 윙백이다. 연령별 청소년 대표를 두루 거쳤다. 유사시 센터백도 소화할 수 있고, 측면 미드필더로 전진 배치될 수도 있다. 지난 시즌 원소속팀 보르도, 임대팀 칼리아리가 모두 강등되는 상황에서 칼리아리 완전 이적 직후 인테르로 임대됐다.

출전경기	경기시간(분)	골	어시스트	경고	퇴장
31	2,498	1	2	3	-

DF 32 페데리코 디마르코
Federico Dimarco

국적: 이탈리아

왼발 킥으로 큰 기대를 받은 유망주 윙백이었다. 성인 무대에서는 주전 경쟁에 어려움을 겪다가, 2020/21 시즌 베로나 임대를 통해 본격적인 세리에A 경력을 쌓아나가기 시작했다. 다만 지난 시즌 인테르에서는 팀 사정상 바스토니의 백업 역할까지 하면서 출장시간은 확보했지만, 포지션 정체성이 희미해지기도 했다. 지난 시즌 경기당 크로스가 리그 5위인 1.8회였을 정도로 여전히 왼발의 위력은 살아 있다.

출전경기	경기시간(분)	골	어시스트	경고	퇴장
32	1,422	2	2	1	-

DF 33 다닐로 담브로시오
Danilo D'Ambrosio

국적: 이탈리아

2014년 인테르에 합류한 이래 오랫동안 기량 미달이라는 비판을 받았으나, 멀티 포지션 소화 능력을 바탕으로 지금까지 생존한 노장. 원래는 운동 능력을 바탕으로 공수를 활발하게 오가는 풀백이었다. 인테르의 스리백 도입 초창기부터 윙백과 스토퍼를 오가면서 뛰었고, 갈수록 백업 스토퍼로 뛰는 경기가 늘어났다. 재정 상황 때문에 벤치 멤버까지 영입하기 힘든 인테르에서 담브로시오는 꽤 소중한 선수다.

출전경기	경기시간(분)	골	어시스트	경고	퇴장
20	990	1	1	2	-

DF 36 마테오 다르미안
Matteo Darmian

국적: 이탈리아

이 정도면 완전히 부활했다고 봐도 될 것이다. 다르미안은 토리노 시절 팀플레이 능력이 탁월한 윙백으로 각광받았다. 이후 맨유에서 전혀 기대에 부응하지 못해 침체기를 겪다가, 2019년 파르마를 잠시 거치는 형식으로 인테르에 합류했다. 좋은 활약을 바탕으로 스스로 출장시간을 확보해가고 있다. 현란한 발재간은 없지만 적절한 타이밍에 오버래핑해 침투 후 컷백이나 슛으로 마무리할 수 있는 선수다.

출전경기	경기시간(분)	골	어시스트	경고	퇴장
25	1,509	2	1	4	-

DF 37 밀란 슈크리니아르
Milan Skriniar

국적: 슬로바키아

파리 생제르맹 이적설에도 불구하고 결국 인테르에 남았다. 인테르 스리백 중 가장 먼저 큰 주목을 받았던 대형 수비수다. 컨디션이 좋을 때는 완벽한 수비 기술과 예측 능력까지 갖춰 도무지 뚫을 수 없을 것 같은 느낌을 준다. 지난 시즌 출장시간이 리그 필드플레이어 중 4위인 3,150분이었고, 패스 성공률은 3위인 92.9%였을 정도로 기여도가 높았다. 현역 슬로바키아 대표팀의 간판스타 중 한 명이다.

출전경기	경기시간(분)	골	어시스트	경고	퇴장
35	3,150	3	-	3	-

DF 95 알레산드로 바스토니
Alessandro Bastoni

국적: 이탈리아

토트넘 홋스퍼의 애타는 구애를 물리치고 결국 인테르에 남기로 결정하며 올여름 화제를 모았던 센터백. 콘테 전 감독의 작품으로, 빌드업 능력이 출중한 왼발잡이 스토퍼다. 처음엔 왼발 패스 하나만 믿고 기용하는 선수였지만 지금은 모든 면에서 크게 성장했다. 빌드업은 패스뿐 아니라 드리블 전진도 능숙해졌고, 수비면에서도 많이 발전해 포백까지 무난하게 소화할 수 있게 됐다. 아주리에서는 키엘리니의 후계자다.

출전경기	경기시간(분)	골	어시스트	경고	퇴장
31	2,323	1	3	4	1

MF 5 로베르토 갈리아르디니
Roberto Gagliardini

국적: 이탈리아

장신 수비형 미드필더. 2016/17시즌에는 '이탈리아의 포그바'가 될 거라는 기대도 받았다. 하지만 포그바의 발끝에나 겨우 미치는 발재간에 부족한 기동력과 수비력 등이 조합되면서 지금은 애매한 선수가 되었다. 콘테 감독 시절에는 브로조비치 옆에서 수비적인 조합을 이루는 경우가 많았고, 최근에는 브로조비치의 후보 멤버로서 출장하곤 한다. 640분 2골 2도움으로 은근히 공격 포인트 효율이 좋은 편이다.

출전경기	경기시간(분)	골	어시스트	경고	퇴장
18	640	2	2	2	-

MF 14 크리스티안 아슬라니
Kristjan Asllani

국적: 알바니아

인테르 중원 세대교체의 희망. 원래 엠폴리 유소년팀에 있던 선수인데, 올해 1월 1군 데뷔전을 가진 뒤 반 시즌 만에 빅 클럽들이 주목하는 유망주로 성장했다. 그중에서 프로 데뷔골 상대였던 인테르가 임대 후 완전 이적 형식으로 영입했다. 활동량이 탁월하며, 정확한 킥력도 겸비하고 있다. 키가 작지만 경기를 보면 낙하 지점을 잘 찾기 때문에 제공권에 약점은 없어 보인다. 브로조비치의 후계자가 될 자질이 있다.

출전경기	경기시간(분)	골	어시스트	경고	퇴장
23	1,347	1	1	2	-

MF 20 하칸 찰하노을루
Hakan Calhanoglu

국적: 튀르키예

파괴적인 킥력을 바탕으로 골과 도움을 많이 생산하는 미드필더. 활동량과 킥으로 승부한다는 점에서 '다운그레이드 더브라이너' 같은 면이 있다. 지난 시즌 메찰라 자리에서 공격형 미드필더로 자주 올라가며 경기당 키 패스 1위(2.6회), 크로스 성공 2위(2.1회)를 기록했다. 다만 수비력이 부족한데 열심히 압박하다 경고도 11회나 받았다. 밀란에서 라이벌 인테르로 이적한 뒤 더비에서 가장 많은 야유를 듣는다.

출전경기	경기시간(분)	골	어시스트	경고	퇴장
34	2,509	7	12	11	-

MF 22 헨리크 미키타리안
Henrikh Mkhitaryan

국적: 아르메니아

도르트문트, 맨유, 아스널, 로마, 인테르라는 화려한 경력의 소유자. 원래 득점력 좋은 공격형 미드필더였지만 지난 시즌 로마에서 주제 무리뉴 감독의 지시에 따라 메찰라 자리도 무난하게 소화해 냈다. 공격 포인트가 예전보다 조금 줄어든 5골 6도움이었던 건 포지션을 뒤쪽으로 물렸기 때문이다. 찰하노을루의 완벽한 로테이션 멤버도 될 수 있고, 공격진에도 활용할 수 있는 등 쓸모가 많은 선수다.

출전경기	경기시간(분)	골	어시스트	경고	퇴장
31	2,505	5	6	2	1

MF 77 마르첼로 브로조비치
Marcelo Brozovic

국적: 크로아티아

러시아 월드컵 당시 크로아티아의 주역이었던 특급 수비형 미드필더. 혼자 넓은 중원을 커버할 수 있는 기동력과 정확한 판단력으로, 유로 2008 당시 스페인을 혼자 지탱했던 마르코스 세나를 연상시키는 활약이었다. 인테르에서도 미드필더의 배후를 책임질 뿐 아니라 종종 공격에도 가담하는 등 플레이 관여도가 높다. 지난 시즌 경기당 패스 횟수 리그 2위, 롱 패스 횟수 필드플레이어 중 2위, 패스성공률 4위였다.

출전경기	경기시간(분)	골	어시스트	경고	퇴장
35	2,951	2	1	7	-

FW 9 에딘 제코
Edin Dzeko

국적: 보스니아 헤르체고비나

체력 문제만 없다면 여전히 탁월한 클래스를 보여줄 수 있는 스트라이커다. 위치 선정과 슈팅이 탁월하고, 발놀림이 빠르진 않지만, 상대 수비수에게 자기 몸을 붙이면서 절묘하게 공을 키핑하는 기술도 갖고 있다. 로마에서 하향세를 겪어 1년 전 인테르 이적에 우려가 따랐으나, 부담이 훨씬 적은 인테르에서 스탯이 비약적으로 상승했다. 이번 시즌도 짧은 시간 동안 루카쿠의 로테이션 멤버로 뛴다면 고효율 활약이 기대된다.

출전경기	경기시간(분)	골	어시스트	경고	퇴장
36	2,476	13	5	2	-

FW 10 라우타로 마르티네스
Lautaro Martínez

국적: 아르헨티나

팀 플레이 능력에 파괴력까지 갖춰가는 특급 스트라이커. 돌파, 볼 키핑, 준수한 제공권과 포스트 플레이, 수비 가담 등 '가자미' 역할에 있어 탁월한 선수였다. 반면 결정력 기복이 심했는데 지난 시즌 커리어 최다인 리그 21골을 넣으면서 성장한 모습을 보였다. 경기당 슛 시도가 리그 4위(3.4회)로 난사 기질이 있지만 21골이라면 그럴 자격이 있다. 1년 전엔 루카쿠의 도우미였지만, 이젠 동등한 주연이다.

출전경기	경기시간(분)	골	어시스트	경고	퇴장
35	2,302	21	3	6	-

FW 11 호아킨 코레아
Joaquín Correa

국적: 아르헨티나

인차기 감독을 따라 라치오에서 인테르로 이적했지만, 첫 시즌은 그리 돋보이지 못했다. 사실은 달라진 게 딱히 없었다. 라치오에서 주전급으로 뛰면서도 시즌 10골을 넣어 본 적 없으니, 로테이션 멤버였던 인테르에서 6골 1도움을 올린 건 대충 기대치만큼 해준 셈이다. 긴 다리와 좋은 드리블 능력으로 상대 진영을 헤집는 능력이 탁월하지만 결정력과 마지막 패스 능력이 아쉽다. 세콘다푼타로는 괜찮은 스킬셋이다.

출전경기	경기시간(분)	골	어시스트	경고	퇴장
26	1,024	6	1	2	-

SSC 나폴리
SSC Napoli

TEAM PROFILE	
창 립	1926년
구 단 주	필마우로(이탈리아)
감 독	루치아노 스팔레티(이탈리아)
연 고 지	나폴리
홈 구 장	스타디오 디에고 아르만도 마라도나 (6만 240명)
라 이 벌	유벤투스, AS 로마
홈페이지	www.sscnapoli.it

최근 5시즌 성적

시즌	순위	승점
2017-2018	2위	91점(28승7무3패, 77득점 29실점)
2018-2019	2위	79점(24승7무7패, 74득점 36실점)
2019-2020	7위	62점(18승8무12패, 61득점 50실점)
2020-2021	5위	77점(24승5무9패, 86득점 41실점)
2021-2022	3위	79점(24승7무7패, 74득점, 31실점)

SERIE A (전신 포함)

통 산	우승 2회
21-22 시즌	3위(24승7무7패, 승점 79점)

COPPA ITALIA

통 산	우승 6회
21-22 시즌	16강

UEFA

통 산	유로파리그 우승 1회
21-22 시즌	유로파리그 32강

경기 일정

라운드	날짜	장소	상대팀
1	2022.08.16	원정	엘라스 베로나
2	2022.08.22	홈	AC 몬차
3	2022.08.29	원정	피오렌티나
4	2022.09.01	홈	레체
5	2022.09.04	원정	라치오
6	2022.09.11	홈	스페치아
7	2022.09.18	원정	AC 밀란
8	2022.10.02	홈	토리노
9	2022.10.09	원정	US 크레모네세
10	2022.10.16	홈	볼로냐
11	2022.10.23	원정	AS 로마
12	2022.10.30	홈	사수올로
13	2022.11.06	원정	아탈란타
14	2022.11.09	홈	엠폴리
15	2022.11.13	홈	우디네세
16	2023.01.04	원정	인테르
17	2023.01.08	원정	삼프도리아
18	2023.01.15	홈	유벤투스
19	2023.01.22	원정	살레르니타나
20	2023.01.29	홈	AS 로마
21	2023.02.05	원정	스페치아
22	2023.02.12	홈	US 크레모네세
23	2023.02.19	원정	사수올로
24	2023.02.26	원정	엠폴리
25	2023.03.05	홈	라치오
26	2023.03.12	홈	아탈란타
27	2023.03.19	원정	토리노
28	2023.04.02	홈	AC 밀란
29	2023.04.08	원정	레체
30	2023.04.16	홈	엘라스 베로나
31	2023.04.23	원정	유벤투스
32	2023.04.30	홈	살레르니타나
33	2023.05.03	원정	우디네세
34	2023.05.07	홈	피오렌티나
35	2023.05.14	원정	AC 몬차
36	2023.05.21	홈	인테르
37	2023.05.28	원정	볼로냐
38	2023.06.04	홈	삼프도리아

전력 분석

더 젊은 선수들로 리빌딩 중

팀의 반디에라(상징적 선수)들이 여럿 이탈했기 때문에 지난 시즌보다 강해졌다고 말하긴 힘들지만, 활력이 떨어지던 포지션에 젊은 선수를 보충한 점은 긍정적이다. 김민재, 흐비차 크바라츠헬리아가 떠난 선수의 대체라면 마티아스 올리베라는 오랫동안 적임자가 없었던 레프트백 포지션을 업그레이드해 줄 것으로 기대를 모으고 있다. 파우치 굴람의 잦은 부상 때문에 늘 고민이 많았던 포지션인데, 이제야 확실한 대안을 찾은 셈. 이번 시즌 나폴리는 공수에 걸쳐 리그 정상급 경쟁력을 지닌 팀이라 할 만하다. 그 중에서도 가장 선수층이 두텁고 강력한 포지션은 중원이다. 다양한 스타일을 지닌 뛰어난 미드필더들이 공존하고 있어 상대에 따라 다양한 카드를 꺼낼 수 있다. 반면 다소 불안한 포지션은 오른쪽 윙어다. 지난 시즌 주전 경쟁을 벌인 이르빙 로사노, 마테오 폴리타노 모두 확실히 믿을만한 선수는 아니다. 그리고 최전방의 빅터 오시멘이 잔부상을 자주 당하기 때문에 결장시 전력 손실을 최소화하는 것이 중요한 과제다. 마지막으로 강팀치고는 월드컵 못 나가는 선수의 비중이 높아 11월에 체력을 비축할 수 있다는 점도 소소한 장점이다.

전술 분석

다 막히면, 오시멘에게 뻥 질러

루치아노 스팔레티 감독이 선호하는 4-2-3-1 포메이션을 기반으로 공수 균형이 잘 잡힌 축구를 추구할 것으로 보인다. 전술적 개성은 없지만, 완성도가 높고 누굴 만나도 쉽게 무너지지 않는 팀. 새 시즌 나폴리가 그리는 이상향이다. 공격의 중심은 이번에도 왼쪽이다. 크바라츠헬리아의 강력한 돌파를 동료들이 잘 이용하는 것이 관건. 중원은 드리블 전진 능력이 탁월한 앙드레프랑크 잠보 앙기사를 중심으로 후방 플레이메이커 성향의 스타니슬라프 로보트카, 두 가지 역할을 모두 할 수 있는 파비안 루이스, 공 탈취 능력을 지닌 디에고 데메 등을 적절하게 조합해 다양한 카드를 꺼낼 수 있다. 후방에서는 이론상 피지컬과 테크닉을 겸비한 라흐마니, 김민재 조합이 수비와 빌드업 양면에서 좋은 모습을 보여줄 것이다. 이 모든 카드가 먹히지 않을 때는 쉬운 해결책이 있다. 피오트르 지엘린스키의 드리블 전진이나, 오시멘을 향한 롱 패스로 해결하는 것이다. 사실 지난 시즌에도 큰 효과를 본 루트다. 비싸게 영입한 오시멘이 별다른 지원을 못 받는 상황에서 골을 욱여넣는 모습을 보면 '이 맛에 돈 쓰지'라는 말이 절로 나온다.

SSC Napoli v ACF Fiorentina-Serie A
NAPLES, ITALY-이탈리아 나폴리에서 열린
SSC 나폴리 대 ACF 피오렌티나 경기에서 나폴리의
빅터 오시멘. 2022/04/10

시즌 프리뷰 # 레전드들이 떠난 자리, 그 곳에 김민재

김민재의 새 소속팀이라는 이유로 차세대 국민구단이 되어버린 팀 나폴리. 김민재 영입은 현재 나폴리가 처한 상황을 잘 요약해서 보여준다. 반디에라들이 일제히 떠났지만 긴축 재정 때문에 그 자리를 비교적 저렴한 선수로 메워야 하는 상황이다. 그래서 칼리두 쿨리발리 대신 김민재가 영입됐고, 인시녜의 역할은 크바라츠헬리아에게 맡길 생각이다. 두 선수 모두 빅 클럽치고는 저렴한 이적료로 영입됐지만, 세리에A 최고 스타로 성장할 잠재력은 충분하다. 드리스 메르턴스는 이미 로테이션 멤버였기 때문에 딱히 대체선수가 없어도 되는 상황. 이처럼 나폴리는 리빌딩 중이다. 지난 수년에 걸쳐 영입돼 이미 나폴리의 일부가 된 조반니 디로렌초, 빅터 오시멘, 피오트르 지엘린스키, 아미르 라흐마니 등이 중심을 잡아 줄 것이다. 여기에 유망주들의 육성 역시 관전 포인트다. 나폴리는 한번 몰락했던 팀인지라 유망주 수집에 있어 큰 재미를 보진 못했다. 하지만 칸나바로 형제나 인시녜 형제의 사례에서 보듯 나폴리 지역의 뛰어난 유망주들은 결국 이 팀을 거쳐 간다. 이번 시즌은 알레산드로 차놀리, 잔루카 가에타노의 성장을 지켜보는 맛이 있을 것이다.

나폴리는 상징성이 각별한 팀이다. 나폴리는 북부 도시들로부터 '사실상 북아프리카' 취급을 받기도 했고, '페스트가 창궐하는 더러운 시골' 취급을 받기도 했다. 찬란했던 수백 년 전과 달리 현재 나폴리가 낙후된 도시인 건 사실이다. 하지만 경제력을 뛰어넘는 엄청난 열기가 나폴리 선수들에게는 큰 영감을 준다. 메르턴스는 팀을 떠날 것이 유력한 상황에서도 나폴리 시내 병원에서 태어난 아들에게 이 지역에서 쓰는 이름인 '치로'를 붙여줬을 정도다. 이 독특한 도시의 매력은 김민재를 통해 한국인들에게 널리 퍼질 것이다.

TEAM FORMATION

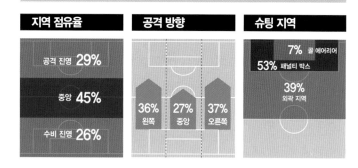

PLAN 4-2-3-1

FW **B+** : 오시멘 (페타냐) 9

MF **A** : 크바라츠헬리아 77 (체르빈), 치엘린스키 20 (엘마스), 폴리타노 21 (로사노), 앙귀사 99 (로보트카), 루이스 8 (데메)

DF **B+** : 올리베라 17 (후이), 김민재 3 (제수스), 라흐마니 13 (외스티고르), 디로렌초 22 (차놀리)

GK **B+** : 메레트 1

지역 점유율
공격 진영 **29%**
중앙 **45%**
수비 진영 **26%**

공격 방향
왼쪽 **36%** / 중앙 **27%** / 오른쪽 **37%**

슈팅 지역
골 에어리어 **7%**
패널티 박스 **53%**
외곽 지역 **39%**

IN & OUT

주요 영입	주요 방출
김민재, 흐비차 크바라츠헬리아, 마티아스 올리베라, 레오 외스티고르, 잔루카 가에타노(임대복귀), 알레시오 체르빈(임대복귀)	칼리두 쿨리발리, 로렌초 인시녜, 드리스 메르턴스, 다비드 오스피나, 파우치 굴람

TEAM RATINGS

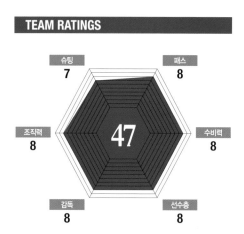

슈팅 7 / 패스 8
조직력 8 / 수비력 8
감독 8 / 선수층 8
47

2021/22 프로필

팀 득점	74
평균 볼 점유율	58.80%
패스 정확도	86.90%
평균 슈팅 수	15.2
경고	63
퇴장	2

골 타입
오픈 플레이 61
세트 피스 22
카운터 어택 4
패널티 킥 14
자책골 0
단위 (%)

패스 타입
쇼트 패스 89
롱 패스 8
크로스 패스 3
스루 패스 0
단위 (%)

SQUAD

포지션	등번호	이름		생년월일	키(cm)	체중(kg)	국적
GK	1	알렉스 메레트	Alex Meret	1997.03.22	190	77	이탈리아
	12	다비데 마르펠라	Davide Marfella	1999.09.15	182	73	이탈리아
DF	3	김민재	Min-jae Kim	1996.11.15	190	86	대한민국
	5	주앙 제수스	Juan Jesus	1991.06.10	185	76	브라질
	6	마리우 후이	Mario Rui	1991.05.27	168	67	포르투갈
	13	아미르 라흐마니	Amir Rrahmani	1994.02.24	192	83	코소보
	17	마티아스 올리베라	Mathías Olivera	1997.10.31	185	78	우루과이
	22	조반니 디로렌초	Giovanni Di Lorenzo	1993.08.04	183	83	이탈리아
	55	레오 외스티고르	Leo Östigard	1999.11.28	182	81	노르웨이
	59	알레산드로 차놀리	Alessandro Zanoli	2000.10.03	188	76	이탈리아
MF	4	디에고 데메	Diego Demme	1991.11.21	172	71	독일
	7	엘리프 엘마스	Eljif Elmas	1999.09.24	182	68	북마케도니아
	8	파비안 루이스	Fabian Ruiz	1996.04.03	189	70	스페인
	20	피오트르 치엘린스키	Piotr Zielinski	1994.05.20	180	75	폴란드
	68	스타니슬라프 로보트카	Stanislav Lobotka	1994.11.25	172	68	슬로바키아
	70	잔루카 가에타노	Gianluca Gaetano	2000.05.05	183	71	이탈리아
	99	앙드레 잠보 앙기사	Andre Zambo Anguissa	1995.11.16	184	78	카메룬
FW	9	빅터 오시멘	Victor Osimhen	1998.12.29	186	78	나이지리아
	11	이르빙 로사노	Hirving Lozano	1995.07.30	175	70	멕시코
	21	마테오 폴리타노	Matteo Politano	1993.08.03	171	67	이탈리아
	33	아담 우나스	Adam Ounas	1996.11.11	172	71	알제리
	37	안드레아 페타냐	Andrea Petagna	1995.06.30	190	85	이탈리아
	77	흐비차 크바라츠헬리아	Khvicha Kvaratskhelia	2001.02.12	183	70	조지아
	-	알레시오 체르빈	Alessio Zerbin	1999.03.03	182	80	이탈리아

COACH

상대팀 최근 6경기 전적			
구분	승	무	패
AC 밀란	2	2	2
인테르		3	3
나폴리			
유벤투스	3	1	2
라치오	5		1
로마	3	2	1
피오렌티나	3		3
아탈란타	2	1	3
엘라스 베로나	3	2	1
토리노	4	2	
사수올로	3	2	1
우디네세	5		1
볼로냐	4	1	1
엠폴리	3		3
스페치아	4		2
삼프도리아	6		
살레르니타나	4	2	
레체	4		2
크레모네세	3	3	
몬차	3	2	1

루치아노 스팔레티 Luciano Spalletti
1959년 3월 7일생 이탈리아

2000년대 많은 마니아를 거느렸던 스타 감독. AS 로마를 이끌던 시절 프란체스코 토티를 최전방에 세우는 축구로 아이디어 측면에서나 실제 경기 내용에서나 엄청난 매력을 풍겼다. 비록 유럽 정상급 감독으로 올라서진 못했지만, 여전히 뛰어난 지도자다. 지난 6년 동안 로마, 인테르밀란, 나폴리 같은 이탈리아 강호들만 옮겨 다니며 꽤 화려한 이력서를 작성해 왔다. 특히 지난 시즌 나폴리가 한때 우승 경쟁을 할 정도로 성공적인 시즌을 보냈고, 월간 최우수 감독을 두 번 수상했다. 전술적 개성은 희미해졌지만, 베테랑 감독으로서 팀에 맞는 전술을 도입하고 안정적으로 운용한다.

KEY PLAYER

FW 9	빅터 오시멘 Victor Osimhen	출전경기	경기시간(분)	골	어시스트	경고	퇴장
		27	1,993	14	2	5	1

국적: 나이지리아

이적 당시 아프리카 선수 사상 최고 이적료를 경신하며 큰 화제를 모았던 스트라이커. 당시에도 미완의 대기였고, 2년이 지난 지금도 마찬가지다. 건장한 체격과 빠른 스피드, 동물적 감각이라고밖에 볼 수 없는 침투와 돌파 타이밍을 갖고 있다. 마무리할 수 없을 것 같은 공도 어떻게든 몸을 던져 욱여넣는 플레이가 특기. 수비도 열심히 가담한다. 기술적으로 영 세련되지 못함에도 불구하고 장점이 많다. 경기 내용 면에서는 성장을 거듭하고 있으며, 지난 시즌의 얼굴 부상과 같은 불의의 사태만 없다면 꾸준한 활약이 기대된다.

DARK HORSE

FW 77	흐비차 크바라츠헬리아 Khvicha Kvaratskhelia	출전경기	경기시간(분)	골	어시스트	경고	퇴장
		11	732	8	2	-	-

국적: 조지아

폭발적인 드리블 돌파로 세계의 이목을 끈 유망주 윙어. 좌우를 가리지 않지만, 주로 왼쪽에서 상대 수비 두세 명을 동시에 돌파하는 게 특기다. 원래 공을 끈다는 단점을 지적받았는데 나폴리 합류 후 훈련에서 동료를 활용하는 플레이도 보여주면서 기대를 높였다. 바코, 토르니케 등 20대 후반 선수들 이후 좀처럼 유망주가 나오지 않던 조지아 대표팀 공격의 한 줄기 빛 같은 선수다. 지난 시즌 황인범과 함께 루빈카잔에 몸담고 있다가, 러시아의 우크라이나 침공 후 국제 정세 변화를 감지하고 가장 먼저 팀을 옮긴 바 있다.

NEW ADDITION

DF 3	김민재 Kim Min-jae	출전경기	경기시간(분)	골	어시스트	경고	퇴장
		30	2,584	1	-	4	1

국적: 대한민국

한국 축구 레전드들이 '재능의 크기는 홍명보 이상'이라고 입 모아 인정한, 빅 리그에 갈 운명이었던 수비수. 가는 리그마다 1, 2년 만에 정복하면서 한국, 중국, 튀르키예에 이어 이탈리아에 입성했다. 칼리두 쿨리발리의 대체자라는 막중한 임무의 적임자로 스팔레티 감독이 적극적으로 영입했다. 힘, 스피드, 미묘하게 상대 공격수보다 빨리 행동하는 반응속도 등 신체능력을 타고났다. 그라운드 상황을 파악하고 경기를 조율하려는 성향, 정확한 롱 패스 등 빌드업 측면에서도 재능이 있다. 이 남자, 빅 리그에서는 어떨까?

GK 1 알렉스 메레트
Alex Meret

국적: 이탈리아

아직 성장 중인 골키퍼. 2016/17시즌 2부 최우수 골키퍼로 선정되면서 주목받았고, 이때부터 이미 국가대표로 소집되기 시작했다. 나폴리에서는 다비드 오스피나와 치열한 주전 경쟁을 벌여 왔는데 지난 1년 동안은 부상과 코로나19 확진 때문에 경기력 측면에서도 밀리면서 어려운 시즌을 보냈다. 판데르사르, 데헤아 등과 비슷한 체형의 소유자로서 팔을 쭉 뻗어 선방하는 모습에서딴 '알바트로스'라는 별명이 있다.

출전경기	경기시간(분)	실점	무실점(경기)	경고	퇴장
7	620	6	3	-	-

DF 5 주앙 제수스
Juan Jesus

국적: 브라질

한때 인테르밀란에서 가장 못 믿을 수비수라고 비판받았지만, 이후 AS 로마와 나폴리를 거치면서 한결 나아진 경기력을 보여주어 괜찮은 로테이션 멤버가 됐다. 빠른 스피드를 지닌 왼발잡이로서 레프트백까지 그럭저럭 소화할 수 있다. 지난 시즌 수비진의 얇은 선수층과 잦은 결장 때문에 뜻밖에 주전급 출장기회를 잡았다. 이번 시즌에는 김민재와 올리베라가 영입됐기 때문에 만년 후보가 될 가능성이 높다.

출전경기	경기시간(분)	골	어시스트	경고	퇴장
21	1,272	1	-	1	-

DF 6 마리우 후이
Mário Rui

국적: 포르투갈

신체적으로나 기술적으로나 별다른 장점은 없지만, 적극적이고 성실한 수비, 공격 상황에서 과감한 플레이 등 늘 최선을 다하는 집중력으로 버텨 온 선수다. 이를 바탕으로 강호인 로마와 나폴리를 거쳤고, 포르투갈 대표팀에서도 한때 자리잡는 등 성공적인 경력을 이어 왔다. 하지만 더 재능 있고 젊은 올리베라가 합류하면서 주전 자리를 내줄 위기에 처했다. 지난 시즌 경기당 패스 횟수가 리그 6위인 62.4회였다.

출전경기	경기시간(분)	골	어시스트	경고	퇴장
34	3,002	-	6	7	-

DF 13 아미르 라흐마니
Amir Rrahmani

국적: 코소보

코소보를 대표하는 스타 중 한 명이다. 거구의 덩치와 강력한 신체조건을 활용해 수비하는 걸 보면 '파이터형' 수비수처럼 보이지만, 지난 시즌 경기당 패스 횟수가 리그 10위(60.8회)일 정도로 빌드업 관여도 역시 준수한 편. 지난 시즌 4골이나 넣으며 세트 피스 득점력 측면에서도 성장을 이뤘다. 알바니아 대표로 뛰다가 코소보가 FIFA의 승인을 받은 2014년부터 적을 옮겨 활약 중이다.

출전경기	경기시간(분)	골	어시스트	경고	퇴장
33	2,928	4	-	5	-

DF 17 마티아스 올리베라
Mathias Olivera

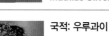

국적: 우루과이

윙어 출신다운 공격력, 우루과이 선수다운 전투성과 적극성을 겸비한 풀백으로 종종 선을 넘는 플레이가 단점이다. 나폴리가 오랫동안 관찰했는데, 한결같은 활약을 펼쳐 결국 합격점을 받았다. 올해 1월 때마침 우루과이 대표팀에 처음 소집됐고, 그때 나폴리 '레전드' 에딘손 카바니의 '강추'가 있어 쉽게 마음을 정했다고 한다. 월드컵에서 맞붙을 김민재와 소속팀에서는 긴밀하게 협력해야 하는 재밌는 관계다.

출전경기	경기시간(분)	골	어시스트	경고	퇴장
32	2,807	1	3	10	-

DF 22 조반니 디로렌초
Giovanni Di Lorenzo

국적: 이탈리아

나폴리에서나 대표팀에서나 늘 성실하고 실속 있는 플레이를 펼쳐 사랑받아 온 선수다. 센터백까지 볼 수 있는 수비력, 윙어들이 부상으로 이탈하면 오른쪽 미드필더까지 전진할 수 있는 전술 소화력을 갖췄다. 유로2020에서는 가장 성실하고 기복 없는 선수로서 이탈리아 우승에 큰 기여를 했다. 부상만 없다면 전 경기 풀타임을 마다하지 않는 희생정신을 지녔다. 이번 시즌은 동료들의 추천을 받아 주장 완장을 찬다.

출전경기	경기시간(분)	골	어시스트	경고	퇴장
33	2,873	1	5	3	-

DF 55 레오 외스티고르
Leo Ostigard

국적: 노르웨이

지난 반년 동안 제노아에서 세리에A 주전 수비수의 자격을 증명하며 나폴리의 러브콜을 이끌어낸 유망주. 적극적인 수비 스타일과 롱 패스 능력은 요즘 축구 추세에 잘 맞는다. 다만 발재간은 떨어지는 편이라 동료 센터백의 지원이 필요하다. 노르웨이 최고 스타 엘링 홀란드와 몰데부터 연령별 대표팀까지 오랫동안 함께한 절친이다. 외스티고르의 이적이 발표되자, 홀란드가 '잘 부탁해요'라는 글을 남기기도 했다.

출전경기	경기시간(분)	골	어시스트	경고	퇴장
15	1,172	-	-	2	2

DF 59 알레산드로 차놀리
Alessandro Zanoli

국적: 이탈리아

나폴리 유소년팀이 모처럼 배출한 즉시전력감 수비수다. 2020/21시즌 세리에C의 레냐고로 임대를 다녀오더니, 지난 시즌 스팔레티 감독의 눈에 들어 1군에 머물렀고 여러 번 선발 출장했다. 라이트백으로서 큰 체격을 잘 활용해 볼 키핑과 드리블 전진 능력을 보여 미래가 기대되며 이번 시즌 출장시간이 늘어날 것으로 보인다. 닮고 싶은 선수는 어렸을 때 세계 최고 라이트백이었던 다니 카르바할이라고.

출전경기	경기시간(분)	골	어시스트	경고	퇴장
15	1,172	-	-	2	2

MF 4 디에고 데메
Diego Demme

국적: 독일

로보트카와 같은 시기 영입된 단신 수비형 미드필더라는 점에서 비슷해 보이지만, 스타일은 많이 다르다. 데메는 '독일의 캉테'라는 별명으로 알 수 있듯 키는 작아도 전투적으로 중원을 장악하면서 상대 미드필더들을 많이 괴롭히는 성향이다. 지난 시즌 출장 기회 확보에 어려움을 겪었지만 이는 부상 여파 때문이기도 했다. 상대에 따라 강한 압박이 중요하거나 데메의 후방 커버가 필요하다면 언제든지 선발로 뛸 수 있다.

출전경기	경기시간(분)	골	어시스트	경고	퇴장
19	686	1	-	4	-

ITALY SERIE A

SSC NAPOLI

MF	7	엘리프 엘마스
		Elif Elmas

국적: 북마케도니아

뛰어난 공격력을 지닌 중앙 미드필더로서, 북마케도니아 대표팀의 간판 스타다. 득점력을 갖춘 미드필더라는 점에서 지엘린스키와 비슷한데, 지엘린스키가 중앙 공격형 미드필더로 정착한 뒤에는 엘마스가 윙어까지 겸업하는 역할을 물려받은 듯하다. 지난 시즌 성장세가 눈에 띄었으며 특히 유로파리그에서는 오시멘과 함께 팀 내 최다인 4골을 기록했다. 김민재보다 3년 먼저 페네르바체에서 나폴리로 이적했다.

출전경기	경기시간(분)	골	어시스트	경고	퇴장
37	1,601	3	5	3	-

MF	8	파비안 루이스
		Fabián Ruiz

국적: 스페인

나폴리 미드필더 중 공격 생산성 측면에서는 단연 1위인 선수다. 키가 크고 몸이 좀 뻣뻣해 보이지만, 그 둔해 보이는 발재간으로 볼 키핑에 이어 강력한 왼발 킥을 날려 언제든 경기를 뒤집을 수 있다. 경력 대부분 전진해 득점에 가담하는 역할을 맡았지만, 나폴리에서 레지스타(후방 플레이메이커) 역할을 주문받았을 때도 훌륭하게 소화했다. 스페인 대표팀에 선발됐지만 천재적인 후배들이 많이 등장하면서 밀린 듯하다.

출전경기	경기시간(분)	골	어시스트	경고	퇴장
32	2,398	7	4	2	-

MF	20	피오트르 지엘린스키
		Piotr Zielinski

국적: 폴란드

6년 전 함식의 후계자라는 기대를 받으며 영입됐고, 이후 꾸준히 성장한 끝에 4년차부터 나폴리 주전 공격형 미드필더로 자리매김했다. 과감하게 드리블하다 중거리 슛을 날리는 플레이가 특기. 유럽 선수로서는 드물게 이탈리아 귀화시험 통과를 위해 적극적으로 말을 배웠다고 한다. 폴란드 대표팀의 일원으로 월드컵에 참가할 전망인데, 로베르트 레반도프스키의 가장 믿을만한 도우미로서 활약이 절실하다.

출전경기	경기시간(분)	골	어시스트	경고	퇴장
35	2,099	6	5	1	-

MF	68	스타니슬라프 로보트카
		Stanislav Lobotka

국적: 슬로바키아

슬로바키아 출신 미드필더. 영입 과정에서도 함식이 "유럽 최고가 될 선수니까 얼른 영입하라"고 공개 발언하는 등 적극적으로 지원했다. 함식의 안목은 옳았다. 로보트카는 후방 플레이메이커에 가깝다. 지난 시즌 패스 성공률 리그 1위(93.7%)로 경기당 패스 횟수 리그 8위(61.5%)를 기록한 공 배급의 달인이다. 다양한 스타일의 일류 미드필더들이 경쟁 중이라 주전 자리가 안전하진 않다.

출전경기	경기시간(분)	골	어시스트	경고	퇴장
23	1,687	1	-	2	-

MF	70	잔루카 가에타노
		Gianluca Gaetano

국적: 이탈리아

나폴리 지역에서 태어나고 자랐으며, 어렸을 때 장래 희망이 나폴리 주장이었던 '성골 유스' 그 자체다. 지난 2년 반 동안 크레모네세로 임대됐는데 그 중 마지막 시즌에 세리에B 최고 수준의 활약으로 승격을 이끌면서 한층 성장한 모습을 보였다. 어렸을 때는 공격에 치중하는 선수였고, 성인 무대에서는 좀 더 후방에서 플레이하는 경우도 있다. 롤모델이 함식이라는 점에서 플레이스타일을 유추해볼 수 있을 것이다.

출전경기	경기시간(분)	골	어시스트	경고	퇴장
35	2,438	7	5	4	-

MF	99	앙드레프랑크 잠보 앙기사
		André-Frank Zambo Anguissa

국적: 카메룬

지난 시즌 나폴리 최고의 영입. 풀럼이 강등된 틈을 타 나폴리가 접근, 저렴하게 영입할 수 있었다. 피지컬과 테크닉을 겸비해 기여도가 높은 박스 투 박스 미드필더다. 지난 시즌 경기당 드리블 성공 횟수 리그 7위(1.8회)였다. 볼 키핑 능력을 믿고 가끔 템포를 늦춘다는 게 유일한 단점. 멋진 몸매에 과감한 패션으로 패셔니스타 수준의 인스타그램 피드(@anguiss_29)를 갖고 있으니 구경해 보자.

출전경기	경기시간(분)	골	어시스트	경고	퇴장
25	1,925	-	2	5	-

FW	11	이르빙 로사노
		Hirving Lozano

국적: 멕시코

'처키'라는 별명대로 상대 풀백을 당황하게 만드는 폭발력의 윙어다. 섬세함보다는 스피드와 기세로 상대 문전을 파고들어 골을 꽂아버리는 플레이가 장점이다. 나폴리에서 3시즌을 소화하는 동안 2020/21시즌 전반기를 제외하면 대체로 아쉬운 모습이었다. 이번 시즌은 세대교체의 한 축으로서 더 나은 경기력이 절실하다. 대표팀에서는 한국과 자주 상대했는데, 그때마다 부진하거나 실책을 저지르는 고마운(?) 선수다.

출전경기	경기시간(분)	골	어시스트	경고	퇴장
30	1,622	5	5	3	-

FW	21	마테오 폴리타노
		Matteo Politano

국적: 이탈리아

오른쪽에서 중앙으로 파고들다 왼발로 슛을 날리는, 세리에A에 꽤 흔한 '왼발의 달인' 중 한 명이다. 왼발의 위력이 비교적 부족한 대신 수비가담과 전술 소화능력이 좋으며 투 톱까지 소화할 수 있는 범용성을 지녔다는 점이 특징이다. 리그에서 발휘하는 득점 생산성은 사수올로의 베라르디보다 확실히 떨어지지만, 다양한 플레이가 가능하다는 점 때문에 대표팀에서는 오히려 베라르디의 입지를 야금야금 빼앗아가고 있다.

출전경기	경기시간(분)	골	어시스트	경고	퇴장
33	1,659	3	4	3	-

FW	?	알레시오 체르빈
		Alessio Zerbin

국적: 이탈리아

지난 시즌 2부 프로시노네 소속으로 깜짝 국가대표 데뷔전을 치러 많은 사람들의 어안을 벙벙하게 했던 유망주. 17세에 4부 고차노에서 데뷔하고 나폴리가 재빨리 영입해 계속 임대를 보냈는데, 지난 시즌 프로시노네에서 9골 3도움을 기록하며 크게 성장했다. 왼쪽 측면에서 재치 있고 과감한 발재간으로 돌파해 들어가다 오른발 슛을 날리는 플레이가 특기로, 좀 설익긴 했지만 로렌초 인시녜의 후계자로 기대받고 있다.

출전경기	경기시간(분)	골	어시스트	경고	퇴장
31	2,079	9	3	6	-

ITALY SERIE A

SSC NAPOLI

유벤투스 FC

Juventus FC

TEAM PROFILE

창 립	1897년
구 단 주	아넬리 가문(이탈리아)
감 독	마시밀리아노 알레그리(이탈리아)
연 고 지	토리노
홈 구 장	유벤투스 스타디움(4만 1,507명)
라 이 벌	인테르, 토리노
홈페이지	www.juventus.com

최근 5시즌 성적

시즌	순위	승점
2017-2018	1위	95점(30승5무3패, 86득점 24실점)
2018-2019	1위	90점(28승5무4패, 70득점 30실점)
2019-2020	1위	83점(26승5무7패, 76득점 43실점)
2020-2021	4위	78점(23승9무6패, 77득점 38실점)
2021-2022	4위	70점(20승10무8패, 57득점 37실점)

SERIE A (전신 포함)

통 산	우승 36회
21-22 시즌	4위(20승10무8패, 승점 70점)

COPPA ITALIA

통 산	우승 14회
21-22 시즌	결승

UEFA

통 산	챔피언스리그 우승 2회 유로파리그 우승 3회
21-22 시즌	챔피언스리그 16강

경기 일정

라운드	날짜	장소	상대팀
1	2022.08.16	홈	사수올로
2	2022.08.23	원정	삼프도리아
3	2022.08.28	홈	AS 로마
4	2022.09.01	홈	스페치아
5	2022.09.03	원정	피오렌티나
6	2022.09.11	홈	살레르니타나
7	2022.09.18	원정	AC 몬차
8	2022.10.02	홈	볼로냐
9	2022.10.09	원정	AC 밀란
10	2022.10.16	원정	토리노
11	2022.10.23	홈	엠폴리
12	2022.10.30	원정	레체
13	2022.11.06	홈	인테르
14	2022.11.09	원정	엘라스 베로나
15	2022.11.13	홈	라치오
16	2023.01.04	원정	US 크레모네세
17	2023.01.08	홈	우디네세
18	2023.01.15	원정	나폴리
19	2023.01.22	홈	아탈란타
20	2023.01.29	홈	AC 몬차
21	2023.02.05	원정	살레르니타나
22	2023.02.12	홈	피오렌티나
23	2023.02.19	원정	스페치아
24	2023.02.26	홈	토리노
25	2023.03.05	원정	AS 로마
26	2023.03.12	홈	삼프도리아
27	2023.03.19	원정	인테르
28	2023.04.02	홈	엘라스 베로나
29	2023.04.08	원정	라치오
30	2023.04.16	원정	사수올로
31	2023.04.23	홈	나폴리
32	2023.04.30	원정	볼로냐
33	2023.05.03	홈	레체
34	2023.05.07	원정	아탈란타
35	2023.05.07	홈	US 크레모네세
36	2023.05.14	원정	엠폴리
37	2023.05.21	홈	AC 밀란
38	2023.06.04	원정	우디네세

전력 분석 · 질은 강화, 양은 약화

리빌딩 과정에 있는 유벤투스는 올여름 스타급 선수를 다수 영입하면서 베스트일레븐의 경쟁력을 끌어올리기 위해 노력했다. 마테이스 더리흐트가 나간 센터백은 지난 시즌 세리에A 최우수 수비수였던 글레이송 브레메르로 대체했으니 이 정도면 최선이라고 볼 수 있고, 오히려 전력이 상승할 거라는 기대도 가능. 중원에는 부족했던 공격 지원 능력을 단숨에 끌어올려 줄 폴 포그바를 영입했다. 빈약했던 윙어진에 여전히 클래스가 살아있는 슈퍼스타 앙헬 디마리아를 데려온 것도 큰 소득. 또한 포그바와 디마리아는 자유계약이었다는 점도 눈에 띈다. 유벤투스는 세리에A에서 가장 많은 연봉을 지출할 수 있는 팀이고, 해외 리그의 스타를 영입하면 감세 혜택을 받을 수 있으며, 구단의 명성과 트로피에 대한 기대치도 있다. 이 요소들을 조합해 비교적 싼 값에 스타들을 안착시킬 수 있었다. 질이 좋은 반면 양이 문제다. 센터백은 더리흐트와 조르조 키엘리니가 나간 자리에 주전급 1명만 영입됐고, 2선 자원도 파울로 디발라와 페데리코 베르나르데스키의 공백을 디마리아 1명으로 메우는 꼴이다. 시즌 막판으로 가면 체력 문제가 대두될 수 있다.

전술 분석 · 잘 안 풀리면 답답한 축구, 잘 풀리면 단단한 축구

다소 답답하다는 이야기를 듣는 알레그리 감독. 하지만 알레그리 감독의 전술이 진짜로 형편없다면 유벤투스에서만 리그 5회 우승, 코파 이탈리아 4회 우승, UEFA 챔피언스리그 2회 준우승을 달성할 순 없었을 것이다. 알레그리 감독의 장점은 퍼즐 맞추기다. 세분화해서 말하면 먼저 팀 전체의 좌우 균형, 공수 균형 등 균형을 잘 잡는다. 유벤투스의 전통과도 잘 어울리는 특징이다. 약팀을 상대할 때조차 상대의 빈틈을 공략하기에 앞서 내 빈틈부터 살펴본다. 두 번째는 개인 역량의 극대화다. 모든 포지션은 아니지만, 꼭 필요한 일부 스타 선수들은 활개 칠 수 있도록 판을 깔아준다. 올해 가장 큰 수혜자가 될 것으로 기대되는 인물들이 포그바와 디마리아다. 다만 스트라이커의 역량 극대화는 기존에도 자주 실패하곤 했는데, 두산 블라호비치를 잘 살리는 것이 큰 과제라고 할 수 있을 것이다. 블라호비치와 동료 공격진이 시너지 효과를 내도록 이끌어주기만 해도 알레그리 감독의 이번 시즌 전술은 호평받을 수 있다. 포메이션은 4-4-2, 4-3-3 등 여러 형태를 오갈 수 있지만, 전술 기조는 유지될 듯 보인다.

ITALY SERIE A

JUVENTUS FC

Juventus v Villarreal CF-UEFA Champions League
TURIN, ITALY-토리노의 유벤투스 스타디움에서 열린 UEFA 챔피언스리그
16강 2차전에서 비야레알 CF의 에티엔 카푸에와 볼 점유를 다투고 있는
유벤투스의 두산 블라호비치. 2022/03/16

시즌 프리뷰 레전드들은 떠났지만, 전통의 회복이 성공의 열쇠

9회 연속 우승을 차지하며 그 누구도 대적할 수 없을 것처럼 보였던 팀이 최근 2년 연속으로 우승을 놓쳤다. 그것도 아슬아슬한 준우승이 아니라, 연속 4위였다. 유벤투스는 성적이 하락했을 뿐 아니라 리그 내 입지가 좀 이상해지고 있다. 지난해 4월 축구계를 발칵 뒤집어놓았던 유러피언 슈퍼리그 창설 시도 당시 유벤투스 회장이 적극적으로 나섰다는 게 들통나면서 유럽축구연맹(UEFA)으로부터 미운털이 박혔다. 이어 구단들 사이에서도 상생을 거부하고 혼자만 살아남으려고 한 배신자 이미지가 강해졌다. 유벤투스는 원래 이탈리아에서 가장 얄미운 팀이자 공공의 적이었는데, 갈수록 더 얄미워지고 있다.

그런 가운데 팀을 상징해 온 선수들이 차례로 떠나면서 시각에 따라서는 한 명도 없다고 볼 수 있는 지경이 됐다. 1년 차이로 잔루이지 부폰과 키엘리니가 유벤투스와 작별했다. 과거 팀을 상징하는 수비진 'BBBC' 중에서도 가장 상징적인 인물은 부폰과 키엘리니였다. 유일하게 남아 있는 레오나르도 보누치는 AC 밀란으로 떠났다가 돌아온 전례도 있어 키엘리니만큼 사랑받는 존재는 아니었다. 올해 유벤투스는 연속 우승 시절의 유산과 거의 결별했다고 봐도 좋다.

하지만 멤버가 바뀐다고 해서 팀의 전통이 꼭 유실되는 건 아니다. 오히려 보누치를 비롯한 선수들은 지난 1년 동안 기회가 있을 때마다 온고지신을 강조했다. 크리스티아누 호날두와 함께한 3년 동안은 유벤투스답지 않았기 때문에 과거로 돌아갈 필요가 있다고 역설했다. 캄피오네(우승 경력 선수) 한 명에게 의존하는 게 아니라 다 함께 고생하고 희생하는 게 유벤투스 특유의 컬러라는 것이다. 보누치의 말은 어느 정도 설득력이 있다. 전 소속팀에서 '설렁설렁' 뛰었던 포그바가 유벤투스에서 희생의 아이콘으로 거듭날 수 있을지는 두고 볼 일이다.

IN & OUT

주요 영입	주요 방출
글레이송 브레메르, 폴 포그바, 앙헬 디마리아, 니콜로 파졸리(임대복귀), 페데리코 가티(임대복귀), 니콜로 로벨라(임대복귀)	마테이스 더리흐트, 파울로 디발라, 페데리코 베르나르데스키, 조르조 키엘리니, 알바로 모라타

TEAM FORMATION

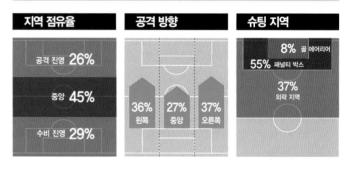

FW A-

7 키에사
9 블라호비치 (킨)
22 디마리아 (콰드라도)

MF B+

10 포그바 (라비오)
27 로카텔리 (자카리아)
14 맥케니 (아르투르)

DF B

12 산드루 (데실리오)
19 보누치 (루가니)
3 브레메르 (가티)
11 콰드라도 (다닐루)

GK B+

1 슈쳉스니 (페린)

PLAN **4-3-3**

지역 점유율

공격 진영 26%
중앙 45%
수비 진영 29%

공격 방향

36% 왼쪽
27% 중앙
37% 오른쪽

슈팅 지역

8% 골 에어리어
55% 패널티 박스
37% 외곽 지역

TEAM RATINGS

슈팅	7
패스	7
조직력	7
수비력	8
감독	8
선수층	7

44

2021/22 프로필

팀 득점	57
평균 볼 점유율	51.70%
패스 정확도	84.70%
평균 슈팅 수	13.8
경고	75
퇴장	2

골 타입
오픈 플레이	70
세트 피스	16
카운터 어택	4
패널티 킥	9
자책골	2

단위 (%)

패스 타입
쇼트 패스	85
롱 패스	11
크로스 패스	3
스루 패스	0

단위 (%)

SQUAD

포지션	등번호	이름		생년월일	키(cm)	체중(kg)	국적
GK	1	보이치에흐 슈쳉스니	Wojciech Szczesny	1990.04.18	196	84	폴란드
	36	마티아 페린	Mattia Perin	1992.11.10	188	77	이탈리아
DF	2	마티아 데실리오	Mattia De Sciglio	1992.10.20	183	74	이탈리아
	3	글레이송 브레메르	Gleison Bremer	1997.03.18	188	80	브라질
	6	다닐루	Danilo	1991.07.15	184	78	브라질
	11	후안 콰드라도	Juan Cuadrado	1988.05.26	176	72	콜롬비아
	12	알렉스 산드루	Alex Sandro	1991.01.26	181	80	브라질
	15	페데리코 가티	Federico Gatti	1998.06.24	190	75	이탈리아
	17	루카 펠레그리니	Luca Pellegrini	1999.03.07	178	72	이탈리아
	19	레오나르도 보누치	Leonardo Bonucci	1987.05.01	190	86	이탈리아
	24	다니엘레 루가니	Daniele Rugani	1994.07.29	190	78	이탈리아
MF	5	아르투르	Arthur	1996.08.12	172	73	브라질
	7	페데리코 키에사	Federico Chiesa	1997.10.25	175	70	이탈리아
	10	폴 포그바	Paul Pogba	1993.03.15	191	84	프랑스
	13	니콜로 로벨라	Nicolo Rovella	2001.12.04	179	73	이탈리아
	14	웨스턴 맥케니	Weston McKennie	1998.08.28	185	84	미국
	22	앙헬 디마리아	Angel Di Maria	1988.02.14	180	75	아르헨티나
	25	아드리앙 라비오	Adrien Rabiot	1995.04.03	188	71	프랑스
	27	마누엘 로카텔리	Manuel Locatelli	1998.01.08	185	70	이탈리아
	28	데니스 자카리아	Denis Zakari	1996.11.20	191	81	스위스
	44	니콜로 파졸리	Nicolo Fagioli	2001.02.12	178	70	이탈리아
	47	파비오 미레티	Fabio Miretti	2003.08.03	179	71	이탈리아
FW	9	두샨 블라호비치	Dusan Vlahovic	2001.01.28	190	75	세르비아
	18	모이스 킨	Moise Kean	2000.02.28	183	72	이탈리아
	21	카이우 조르지	Kaio Jorge	2002.01.24	182	64	브라질

COACH

상대팀 최근 6경기 전적

구분	승	무	패
AC 밀란	1	3	2
인테르	1	2	3
나폴리	2	1	3
유벤투스			
라치오	3	2	1
로마	4	1	1
피오렌티나	3	1	2
아탈란타	1	3	2
엘라스 베로나	2	2	2
토리노	4	2	
사수올로	4	1	1
우디네세	4	1	1
볼로냐	5	1	
엠폴리	5	1	
스페치아	4	1	1
삼프도리아	6		
살레르니타나	4	1	1
레체	3	2	1
크레모네세	4	2	
몬차	2	2	

마시밀리아노 알레그리 *Massimiliano Allegri*
1967년 8월 11일생 이탈리아

성과에 비해 이상할 정도로 인기가 없는 감독. 세리에A 우승 6회, 코파 이탈리아 우승 4회를 달성했다. 세리에A 올해의 감독상은 4회 따냈고 이탈리아 축구 명예의 전당에 헌액됐다. 하지만 무직 상태로 2년 가까이 지내면서 타국 구단의 제대로 된 러브콜 한 번 받지 못했다. 유벤투스의 전성기를 이끈 인물임에도 복귀에 대한 팬들의 여론이 부정적이다. 이는 답답한 축구 스타일뿐 아니라 팬들 듣기 싫은 소리를 골라 하는 마이크워크 때문이기도 하다. 하지만 확실한 능력을 증명해 왔기에 유벤투스 경영진의 신뢰는 깊다. 이미지에 비해 전술이 유연하고 위기 대처도 잘하는 편.

KEY PLAYER

FW	9	두산 블라호비치 *Dusan Vlahovic*	출전경기	경기시간(분)	골	어시스트	경고	퇴장
			36	2,940	24	3	4	-

국적: 세르비아

지난 시즌 전반기 파괴력만큼은 동갑내기 최고 스타 엘링 홀란드를 뛰어넘었던, 대형 스트라이커 유망주이다. 그 전반기 모습을 본 유벤투스가 피오렌티나에 거액을 주고 영입했다. 그의 영입이 파울로 디발라의 방출로 이어졌을 정도로 기대가 크다. 측면부터 돌파해 들어가다 왼발로 감아차는 패턴을 비롯해 다양한 무기가 있지만, 가장 큰 장점은 거구와 적절한 발재간을 동시에 활용하면서 감각적인 문전 마무리를 할 수 있다는 점. 이적 후 득점은 줄었지만, 피오렌티나 시절보다 경기당 슛이 급감했기 때문이었지 경기력 저하가 아니었다.

DARK HORSE

DF	15	페데리코 가티 *Federico Gatti*	출전경기	경기시간(분)	골	어시스트	경고	퇴장
			35	3,086	5	2	11	1

국적: 이탈리아

주목받는 수비수는 당연히 브레메르지만, 가티 쪽도 성공 가능성은 충분하다. 본격적인 선수 생활을 5부에서 시작했는데, 집안을 먹여 살리느라 낮에는 공사판에서 일하고 저녁에 공을 찰 정도로 어렵게 축구를 배웠다. 미드필더에서 수비수로 전업한 뒤 빠르게 성장, 지난해 2부 프로시노네에서 두각을 나타낸 뒤 유벤투스 유니폼까지 입었다. 게다가 이탈리아 대표팀에서도 데뷔했다. 다크호스의 인생 그 자체다. 주전은 아니지만 3순위 센터백으로서 시즌을 시작한다. 체격과 발재간을 겸비했는데, 엘리트 축구 경력 부족이 단점이라고 한다.

NEW ADDITION

MF	10	폴 포그바 *Paul Pogba*	출전경기	경기시간(분)	골	어시스트	경고	퇴장
			20	1,355	1	9	7	1

국적: 프랑스

맨유에서 유벤투스로 두 번이나, 매번 자유계약으로 이적하며 특이한 이력을 써 내려온 선수. 맨유 2기는 부진으로 일관했지만, 전성기를 보낸 도시 토리노로 돌아와 부활을 노린다. 체격과 발재간을 조합한 볼 키핑 능력은 세계 최고 수준이지만, 정신적으로 미성숙하다는 평가다. 지난 시즌 프리미어리그에서 초반 4경기 만에 무려 7도움을 몰아치더니 이후 34라운드 중 단 16경기에 출장해 1골 2도움에 그친 점에서 볼 수 있듯 심한 기복이 단점이다. 유벤투스 복귀 직후 수술대에 올랐는데, 부상과 함께 경기의 기복까지 떨쳐내야만 한다.

ITALY SERIE A

JUVENTUS FC

GK 1 보이치에흐 슈쳉스니
Wojciech Szczesny

국적: 폴란드

전임자가 역대급 골키퍼라 비교당하는 신세지만, 유벤투스의 골문을 책임질 자격은 충분하다. 유망주 때 선방과 빌드업 능력을 겸비했다고 평가받았다. 아스널에서는 안정감 부족이 문제였지만 AS로마에서 크게 성장한 뒤 유벤투스의 주전 자리까지 따냈다. 가끔 '아스널 슈쳉스니'가 다시 튀어나오는 것이 문제. 지난 시즌에서 나폴리, 첼시 등 유독 부진한 빅 매치가 있었다. 어느덧 32세, 노련미를 갖춰야 하는 나이다.

출전경기	경기시간(분)	실점	무실점(경기)	경고	퇴장
33	2,970	29	12	2	-

GK 36 마티아 페린
Mattia Perin

국적: 이탈리아

호사런 후보 골키퍼. 제노아의 주전으로서 선방을 양산하던 시절에는 이탈리아 대표팀에서 부폰의 후계자가 될 재목으로 불렸다. 하지만 유벤투스에서 슈쳉스니와의 '왕위 계승 대결'에서 패배한 뒤로는 비중이 떨어지는 경기 위주로 출장하는 신세가 됐으며, 자연스레 대표팀과도 멀어졌다. 로마 근교 라티나 출신인데, 고향팀과 라이벌인 프로시노네 팬들과 지역 비하적인 말싸움을 할 정도로 애향심(?)이 강하다.

출전경기	경기시간(분)	실점	무실점(경기)	경고	퇴장
5	405	7	1	-	-

DF 2 마티아 데실리오
Mattia De Sciglio

국적: 이탈리아

다닐루에 이은 좌우 겸용 벤치자원 2호. 원래 AC밀란에서 '말디니의 후계자'라는 기대를 받았던 특급 유망주였다. 당시 1군에 데뷔시켰던 감독이 바로 알레그리. 하지만 기대만큼 성장하지 못하고 다소 애매한 선수로 남아 버렸다. 컨디션이 좋을 때 기준으로는 실속 있는 플레이가 큰 장점이다. 섣불리 몸을 날리지 않는 수비로 안정감을 주고, 화려한 돌파는 없어도 영리한 타이밍에 오버래핑해 득점 기회를 창출한다.

출전경기	경기시간(분)	골	어시스트	경고	퇴장
21	1,168	1	2	2	1

DF 3 글레이송 브레메르
Gleison Bremer

국적: 브라질

지난 시즌 세리에A 최우수 수비수상 수상자. 경기당 가로채기 리그 1위(3.2), 공중볼 획득 리그 3위(4.0) 등 탁월한 수비 기록과 경기당 반칙 5위(2.0)라는 기록을 동시에 갖고 있다. 특히 가로채기는 빅 리그를 통틀어 최고였다. 뛰어난 신체 능력을 믿고 전진하면서 공을 끊어내려는 과감한 수비 성향을 지녔다. 빌드업은 영리한 패스보다 가로채기에 이은 드리블 전진으로 기여하는 편이다.

출전경기	경기시간(분)	골	어시스트	경고	퇴장
33	2,895	3	1	7	-

DF 6 다닐루
Danilo

국적: 브라질

레알 마드리드와 맨시티에서는 전술 이해도 부족을 지적받았으나, 유벤투스에서는 반대로 뛰어난 전술소화 능력을 발휘하며 감독들의 사랑을 독차지했다. 본업인 라이트백뿐 아니라 레프트백, 센터백, 중앙 미드필더까지 무리 없이 대체할 수 있는 만능 로테이션 자원이다. 크리스티아누 호날두에 이은 3대 빅 리그 우승 기록, 은근히 희귀한 코파 리베르타도레스와 UEFA 챔피언스리그 석권 기록 등 우승 복이 많은 선수다.

출전경기	경기시간(분)	골	어시스트	경고	퇴장
22	1,895	1	1	6	-

DF 11 후안 콰드라도
Juan Cuadrado

국적: 콜롬비아

한때 측면돌파능력의 윙어였지만, 최근 주전 라이트백으로 활약 중이다. 34세가 된 지금은 스피드를 살린 돌파보다 정확한 킥을 활용한 얼리 크로스를 선호하는데, 크로스의 각이 날카롭다. 지난 시즌 경기당 크로스 성공 횟수 8위(1.3)였다. 경험이 쌓이면서 빌드업 기여도까지 높아졌다. 필요에 따라서는 예전 보직인 윙어도 무리 없이 소화할 수 있다. 다만 원래 썩 좋지 못했던 수비력은 여전히 애매한 수준이다.

출전경기	경기시간(분)	골	어시스트	경고	퇴장
33	2,406	4	4	9	-

DF 12 알렉스 산드루
Alex Sandro

국적: 브라질

서울에서 열린 한국과 브라질의 A매치에서 파괴력 넘치는 오버래핑을 보여줬던 선수. 브라질의 주전 레프트백이라는 점만으로도 수준급 선수라는 보증이 되어 있는 셈이지만, 유벤투스에서 보여주는 경기력은 기대에 못 미친 지 오래다. 기술과 킥은 부족한 대신 신체 능력 하나만큼은 탁월한데, 풀백에게 편한 환경을 제공하지 않는 유벤투스 전술상 단점이 부각되는 경기가 잦다. 팀 전술과 분위기에 따라 기복이 심하다.

출전경기	경기시간(분)	골	어시스트	경고	퇴장
28	1,776	-	1	3	-

DF 19 레오나르도 보누치
Leonardo Bonucci

국적: 이탈리아

비슷한 시기 입사한 동료들이 다 떠나고 보누치만 남았다. 주장단 중 2, 3순위였다가 마침내 주장이 됐다. 2010년 유벤투스에 입사, 중간에 AC밀란에 1년 다녀온 걸 빼면 쭉 충성심을 보여 온 베테랑이다. 전 세계 센터백 중 가장 뛰어난 패스 능력의 소유자로 유명한데, 포물선을 그리는 롱패스뿐 아니라 언더핸드 투수의 공처럼 낮고 빠르게 동료에게 전달되는 총알 패스까지 자유자재로 구사한다.

출전경기	경기시간(분)	골	어시스트	경고	퇴장
24	2,004	5	1	1	-

DF 24 다니렐레 루가니
Daniele Rugani

국적: 이탈리아

살아남는 자가 강한 것이다. 유소년 시절 유벤투스로 이적해 장차 15년을 책임질 인재라는 기대를 받았지만 부상, 부진, 유럽 축구선수 중 첫 코로나19 확진 등 온갖 악재에 시달리면서 결국 후보에 머물렀다. 퇴출 대상처럼 보였지만, 지난 시즌 다른 수비수들의 부상 공백을 어찌어찌 메우며 4순위 센터백으로 팀에 남았다. 아직 28세에 불과하니, 세간의 예상을 깨고 갑자기 부활해 입지를 넓힐지도 모르는 일이다.

출전경기	경기시간(분)	골	어시스트	경고	퇴장
12	881	-	-	2	-

ITALY SERIE A

JUVENTUS FC

MF 5 아르투르 멜루
Arthur Melo

국적: 브라질

지난 2018년 바르셀로나에 처음 합류했을 때 체격, 공 차는 자세, 다양한 볼키핑 테크닉이 차비 에르난데스를 빼닮아 큰 기대를 받았던 미드필더다. 하지만 차비의 지능과 경기 운영 능력은 갖추지 못한 탓에, 공을 안 빼앗기더라도 팀 전체의 유효한 공격작업으로 연결시키지 못한다는 점이 문제다. 올해 1월 아스널 이적설이 진지하게 거론됐을 정도로 알레그리 감독과 안 맞는 편. 브라질 대표팀 내 입지도 불투명하다.

출전경기	경기시간(분)	골	어시스트	경고	퇴장
20	957	-	-	3	-

MF 7 페데리코 키에사
Federico Chiesa

국적: 이탈리아

유벤투스 2선의 간판스타. 지난해 유로2020에서 갈수록 엄청난 활약을 하며 우승의 주역으로 인정받았다. 하지만 올해 1월 십자인대 부상을 당했다. 키에사의 부재는 이탈리아가 2022 카타르 월드컵 예선에서 탈락한 결정적 요인이었다. 슈퍼스타로 거듭난 뒤 사실상 처음 맞는 시즌이니 기대가 더 커졌다. 탁월한 운동능력과 판단력을 바탕으로 측면을 뚫고, 중앙까지 침투해 득점을 노리는 윙어다.

출전경기	경기시간(분)	골	어시스트	경고	퇴장
14	868	2	2	-	-

MF 14 웨스턴 맥케니
Weston McKennie

국적: 미국

필드 플레이어 모든 포지션을 다 소화할 수 있는 특급 유틸리티 플레이어. 기술은 약간 부족하지만, 운동능력과 전술소화능력이 뛰어난 멀티 플레이어라는 점에서 고(故) 유상철을 연상시킨다. 최적의 포지션은 역시 미드필더. 중원 장악에 힘을 보태다가, 상대 진영에 공간이 보이면 드리블 전진이나 침투를 통해 공격 포인트까지 만든다. 해리포터에 대한 팬심을 담아 '윙가르디움 레비오우사' 세리머니를 즐겨 한다.

출전경기	경기시간(분)	골	어시스트	경고	퇴장
21	1,372	3	-	1	-

MF 22 앙헬 디마리아
Angel Di Maria

국적: 아르헨티나

아르헨티나는 축구 문화 특성상 드리블 전진 능력과 수비력을 겸비한 독특한 선수들을 꾸준히 배출하는데, 디마리아는 그 중에서도 가장 높은 클래스에 도달한 선수다. 전성기 때 레알 마드리드의 측면과 중앙을 오가며 2인분 활약을 해 메찰라라는 이탈리아식 용어를 유행시킨 주인공이었다. 노장이 된 지금 그만한 활동량은 보여주기 힘들지만, 다양한 공격 무기로 2옵션 역할을 할 수 있는 특급 윙어로서 여전히 가치가 높다.

출전경기	경기시간(분)	골	어시스트	경고	퇴장
26	1,654	5	7	2	-

MF 25 아드리앙 라비오
Adrien Rabiot

국적: 프랑스

몸싸움에서 쉽게 밀리지 않는 체격에 유려한 테크닉을 겸비했다. 볼키핑과 전진 드리블이 모두 탁월해 팀 공격을 쉽게 풀어나가게 해 준다. 강력한 킥력도 갖고 있어서 롱패스와 중거리 슛 모두 능숙하다. 수비력은 아쉽지만 모든 면을 종합할 때 천재적인 선수임은 분명하다. 축구 외적인 문제는 마마보이라는 것. 본인뿐 아니라 에이전트 역할을 하는 어머니까지 말썽이 잦은데, 이 점이 경력에도 방해가 되고 있다.

출전경기	경기시간(분)	골	어시스트	경고	퇴장
32	2,294	-	2	5	-

MF 27 마누엘 로카텔리
Manuel Locatelli

국적: 이탈리아

중원에서 가장 믿음직한 선수다. 큰 체격과 영리한 움직임, 적절한 테크닉과 패스, 중거리슛을 꽂아넣을 수 있는 킥력을 두루 겸비했다. 전진 드리블 능력이 거의 없고 약간 굼뜨다는 단점이 있지만 자신의 장점만 돋보일 수 있도록 현명하게 경기를 운영한다. 기본적으로는 뒤에서 공을 돌리다가 전진했을 때는 상대를 압박하고 2차 득점 기회를 노리는 편이다. 후방 플레이메이커 역할도 무리 없이 소화할 수 있다.

출전경기	경기시간(분)	골	어시스트	경고	퇴장
31	2,161	3	4	6	-

MF 28 데니스 자카리아
Denis Zakaria

국적: 스위스

유벤투스가 기회 있을 때마다 사 모은 투박한 미드필더 중 가장 늦게 합류한 선수. 가장 눈에 띄는 건 탁월한 스피드다. 공을 따낼 기회가 보이면 총알같이 접근하는 모습이 인상적이다. 한때는 투박한 선수였지만 점차 경기 운영도 할 수 있게 됐다. 묀헨글라드바흐 시절에는 넓은 커버 범위를 바탕으로 수비형 미드필더 역할을 잘 소화했는데, 알레그리 감독은 약간 전진시켜 박스 투 박스 미드필더로 기용하는 경우가 많았다.

출전경기	경기시간(분)	골	어시스트	경고	퇴장
9	598	1	1	1	-

FW 18 모이스 킨
Moise Kean

국적: 이탈리아

다양한 재능을 겸비한 게 맞는지 매년 헷갈리게 만드는 선수다. 파워와 스피드를 겸비해 최전방과 측면에서 모두 뛸 수 있으며, 어느 포지션에서든 상대 수비수에게 큰 부담을 안겨준다. 하지만 문전 판단력과 결정력에 있어 좀처럼 성장하지 못하고 있다. 현재까지 최고의 모습은 파리 생제르맹 소속이었던 2020/21 시즌으로, 스타 공격수들 옆에서 궂은 일을 하며 보조득점원을 맡을 때 시너지 효과가 난다는 걸 보여줬다.

출전경기	경기시간(분)	골	어시스트	경고	퇴장
32	1,091	5	1	5	-

FW 21 카이우 조르지
Kaio Jorge

국적: 브라질

유려한 기술, 상대 수비를 붕괴시키고 득점 기회를 직접 창출할 수 있는 능력으로 큰 기대를 받아 온 공격수 유망주. 브라질 청소년 대표 시절에는 에이스였다. 하지만 산투스 소속일 때도 한 시즌 10골을 넣은 적이 없을 정도로 부족한 결정력은 개선해야 한다. 더 성장해야 하는 나이에 유벤투스로 힘든 도전을 감행했고, 임대를 간 것도 아닌 데다 부상까지 입으며 성장이 정체될 수 있다는 우려를 받고 있다.

출전경기	경기시간(분)	골	어시스트	경고	퇴장
9	114	-	-	-	-

ITALY SERIE A

JUVENTUS FC

SS 라치오

SS Lazio

TEAM PROFILE	
창 립	1900년
구 단 주	클라우디오 로티토(이탈리아)
감 독	마우리치오 사리(이탈리아)
연 고 지	로마
홈 구 장	스타디오 올림피코(7만 634명)
라 이 벌	AS로마
홈페이지	www.sslazio.it

최근 5시즌 성적

시즌	순위	승점
2017-2018	5위	72점(21승9무8패, 89득점 49실점)
2018-2019	8위	59점(17승8무13패, 56득점 46실점)
2019-2020	4위	78점(24승6무8패, 79득점 42실점)
2020-2021	6위	68점(21승5무12패, 61득점 55실점)
2021-2022	5위	64점(18승10무10패, 77득점 58실점)

SERIE A (전신 포함)

통 산	우승 2회
21-22 시즌	5위(18승10무10패, 승점 64점)

COPPA ITALIA

통 산	우승 7회
21-22 시즌	8강

UEFA

통 산	없음
21-22 시즌	유로파리그 32강

경기 일정

라운드	날짜	장소	상대팀
1	2022.08.15	홈	볼로냐
2	2022.08.21	원정	토리노
3	2022.08.27	홈	인테르
4	2022.09.01	원정	삼프도리아
5	2022.09.04	홈	나폴리
6	2022.09.11	홈	엘라스 베로나
7	2022.09.18	원정	US 크레모네세
8	2022.10.02	홈	스페치아
9	2022.10.09	원정	피오렌티나
10	2022.10.16	홈	우디네세
11	2022.10.23	원정	아탈란타
12	2022.10.30	홈	살레르니타나
13	2022.11.06	원정	AS 로마
14	2022.11.09	홈	AC 몬차
15	2022.11.13	원정	유벤투스
16	2023.01.04	원정	레체
17	2023.01.08	홈	엠폴리
18	2023.01.15	원정	사수올로
19	2023.01.22	홈	AC 밀란
20	2023.01.29	홈	피오렌티나
21	2023.02.05	원정	엘라스 베로나
22	2023.02.12	홈	아탈란타
23	2023.02.19	원정	살레르니타나
24	2023.02.26	홈	삼프도리아
25	2023.03.05	원정	나폴리
26	2023.03.12	원정	볼로냐
27	2023.03.19	홈	AS 로마
28	2023.04.02	원정	AC 몬차
29	2023.04.08	홈	유벤투스
30	2023.04.16	원정	스페치아
31	2023.04.23	홈	토리노
32	2023.04.30	원정	인테르
33	2023.05.03	홈	사수올로
34	2023.05.07	원정	AC 밀란
35	2023.05.14	홈	레체
36	2023.05.21	원정	우디네세
37	2023.05.28	홈	US 크레모네세
38	2023.06.04	원정	엠폴리

ITALY SERIE A

SS LAZIO

전력 분석 **전력 유지만 하려고 했는데, 보강이 되어버렸다**

본의 아닌 전력 보강이다. 기존 주전급 선수 중 루이스 펠리페와 프란체스코 아체르비 콤비를 순순히 풀어준 건 이해하기 힘든 처사지만 어쨌건 구단의 능동적 선택이지, 빼앗긴 건 아니었다. 돈을 들여 영입한 센터백 니콜로 카살레, 팬심에 힘입어 공짜로 데려온 알레시오 로마뇰리가 있어 그럭저럭 공백은 메웠다. 그 밖의 포지션은 대체로 강해졌다. 골키퍼 루이스 막시미아누, 미드필더 마르코스 안토니우와 마티아스 베시노, 윙어 마테오 칸첼리에리 등이 보강됐다. 특히 중원은 세르게이 밀린코비치사비치와 루이스 알베르토가 이탈할 걸 전제로 대체 미드필더를 영입한 것인데, 만약 기존 스타들을 향한 러브콜이 시원찮다면 전력 유출 없이 보강만 된 채 여름을 보낼 수도 있다. 여러모로 감독에게 더 맞는 선수단을 구축하는 과정이다. 다만 불안한 포지션이 있다면 수비형 미드필더부터 센터백으로 이어지는 중앙 수비. 노장 루카스 레이바가 점점 떨어지는 기량에도 마지막까지 큰 비중을 차지했던 건 팀 내에 대체할 선수가 없었기 때문이었다. 아체르비와 펠리페도 수비뿐 아니라 빌드업 기여도까지 높았다. 이들의 공백을 온전히 대체하는 것이 핵심 과제다.

전술 분석 **사리볼로 하겠습니다, 그런데 유연함을 곁들인~~**

지난 시즌 라치오가 보여준 건 좀 더 유연한 버전의 사리볼이었다. 4-3-3 포메이션을 바탕으로 경기 지배력을 높이려는 성향은 나폴리, 첼시 시절과 마찬가지로 포기하지 않았다. 지난 시즌 완성되지 않은 선수단으로도 패스 성공률 1위(87%), 경기당 숏 패스 횟수 1위(524), 점유율 4위(55.4%)였다. 이를 통해 오픈 플레이 득점 1위를 기록했다. 반면 신체능력에 의존하는 축구를 의미하는 지표는 대부분 최하위권이었는데 반칙은 꼴찌, 공중볼 획득은 꼴찌에서 3위였다. 다만 사리볼도 강한 전방압박은 필요한데 가로채기가 꼴찌에서 4위였던 점은 아쉽다. 포지션별 운용법을 보면, 득점 있는 미드필더 밀린코비치사비치를 살려주기 위한 배려가 눈에 띈다. 윙어 마티아 차카니가 파괴력은 부족한 대신 팀 플레이 능력이 좋기 때문에 오히려 수비 균형을 잡아주고, 밀린코비치사비치가 전방으로 올라가는 것이다. 그러면 4-4-2처럼 유연하게 전환되기도 한다. 압박 수치가 낮았던 건 활동량 많은 선수가 부족했기 때문이다. 만약 새로 합류한 안토니우가 '새로운 알랑'으로 자리잡는다면 경기 지배력을 한층 강화하는 결정적 요인이 될 것이다.

사리와 함께 체질 개선 중

체질 개선 2년 차다. 라치오는 10년 넘게 한결같이 보수적인 팀이었다. 감독 전술에 맞는 선수를 골라 영입하기보다는 싼값에 나온 수준급 선수를 일단 줍고 봤다. 지금 투입을 최소화하면서 성적을 내기 위한 선택이기도 했지만, 그 결과 화려함이 떨어지고 끈끈함만 부각됐다. 포메이션은 늘 4-4-2 아니면 3-5-2였다. 라치오를 상징하던 선수 중 마지막까지 남아 있는 인물이 바로 36세 수비수 슈테판 라두. 테크니션 미드필더가 합류하고 시모네 인차기 감독이 지휘하던 시절에는 같은 포진을 유지하면서도 보는 맛이 살아났지만, 역습 위주의 팀 컬러는 바뀌지 않았다. 그러던 라치오가 작년 사리 감독을 선임하면서 영입 기조도 바꾸고 주도적인 축구를 위해 노력 중이다. 거액의 이적료를 투입할 리는 없지만, 감독의 전술에 맞는 선수들을 수급하고 때로는 지출도 아끼지 않는 모습이 과거와는 많이 달라졌다. 그리고 사리 감독은 이적료를 훨씬 많이 쓴 이웃 라이벌 AS로마보다 높은 순위를 차지하면서 '돈값'을 해냈다. 남은 목표는 4강 진입. 어려운 미션이지만, 순위를 딱 하나만 끌어올리면 되는 상황이니 가능성은 충분하다.

IN & OUT

주요 영입	주요 방출
루이스 막시미아누, 마르코스 안토니우, 니콜로 카살레, 알레시오 로마뇰리, 마티아스 베시노, 마테오 칸첼리에리	루이스 펠리페, 토마스 스트라코샤, 루카스 레이바, 페페 레이나, 프란체스코 아체르비

TEAM FORMATION

PLAN 4-3-3

TEAM RATINGS

- 슈팅 8
- 패스 8
- 조직력 7
- 수비력 7
- 감독 8
- 선수층 7
- 45

2021/22 프로필

팀 득점	77
평균 볼 점유율	55.4%
패스 정확도	87.00%
평균 슈팅 수	11.9
경고	82
퇴장	5

골 타 입		
오픈 플레이	68	
세트 피스	14	
카운터 어택	5	
패널티 킥	9	
자책골	4	단위 (%)

패 스 타 입		
쇼트 패스	89	
롱 패스	8	
크로스 패스	3	
스루 패스	0	단위 (%)

지역 점유율

- 공격 진영 28%
- 중앙 46%
- 수비 진영 26%

공격 방향

- 왼쪽 36%
- 중앙 26%
- 오른쪽 38%

슈팅 지역

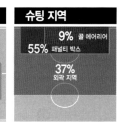

- 9% 골 에어리어
- 55% 패널티 박스
- 37% 외곽 지역

상대팀 최근 6경기 전적

구분	승	무	패
AC 밀란	1		5
인테르	2	1	3
나폴리	1		5
유벤투스	1	2	3
라치오			
로마	2	2	2
피오렌티나	5		1
아탈란타	1	2	3
엘라스 베로나	2	2	2
토리노	3	3	
사수올로	3		3
우디네세	2	3	1
볼로냐	3	1	2
엠폴리	5	1	
스페치아	5		
삼프도리아	5		1
살레르니타나	5		1
레체	3	1	2
크레모네세	4	1	1
몬차	2	2	2

SQUAD

포지션	등번호	이름		생년월일	키(cm)	체중(kg)	국적
GK	1	루이스 막시미아누	Luis Maximiano	1999.01.05	190	82	포르투갈
	31	마리우스 아다모니스	Marius Adamonis	1997.05.13	191	80	리투아니아
DF	4	파트리크	Patric	1993.04.17	184	74	스페인
	13	알레시오 로마놀리	Alessio Romagnoli	1995.01.12	188	75	이탈리아
	15	니콜로 카살레	Nicolo Casale	1998.02.14	195	84	이탈리아
	23	엘세이드 히사이	Elseid Hysaj	1994.02.02	182	70	알바니아
	26	슈테판 라두	Stefan Radu	1986.10.22	183	79	루마니아
	29	마누엘 라차리	Manuel Lazzari	1993.11.29	174	67	이탈리아
	33	프란체스코 아체르비	Francesco Acerbi	1988.02.10	192	87	이탈리아
	77	아담 마루시치	Adam Marusic	1992.10.17	185	81	몬테네그로
	-	리자 두르미시	Riza Durmisi	1994.01.05	168	71	덴마크
MF	5	마티아스 베시노	Matias Vecino	1991.08.24	187	84	이탈리아
	6	마르코스 안토니우	Marcos Antonio	2000.06.13	166	63	브라질
	7	펠리페 안데르손	Felipe Anderson	1993.04.15	175	70	브라질
	10	루이스 알베르토	Luis Alberto	1992.09.28	183	70	스페인
	20	마티아 차카니	Mattia Zaccagni	1995.06.16	177	63	이탈리아
	21	세르게이 밀린코비치사비치	Sergej Milinkovic-Savic	1995.02.27	191	76	세르비아
	32	다닐로 카탈디	Danilo Cataldi	1994.08.06	180	75	이탈리아
	88	토마 바시치	Toma Basic	1996.11.25	190	87	크로아티아
	-	곤잘로 에스칼란테	Gonzalo Escalante	1993.03.27	182	76	아르헨티나
FW	9	페드로 로드리게스	Pedro Rodriguez	1987.07.28	167	65	스페인
	11	마테오 칸첼리에리	Matteo Cancellieri	2002.10.12	180	72	이탈리아
	17	치로 임모빌레	Ciro Immobile	1990.02.20	185	78	이탈리아
	22	조니	Jony	1991.07.09	179	77	스페인
	27	라울 모로	Raul Moro	2002.12.05	169	68	스페인

마우리치오 사리 Maurizio Sarri
1959년 1월 10일생 이탈리아

전술적인 완성도와 지독한 고집으로 큰 명성을 얻은 늦깎이 스타 감독. 자신의 이름을 딴 축구 스타일 '사리볼'이 있다는 것만으로도 그 존재감은 입증된 셈이다. 선수 경력 없이 은행원으로 일하며 자신만의 축구 이론을 정립하고 발전시켜 프로 감독이 되었다는 점에서는 '21세기의 아리고 사키'라고 할 만하다. 엠폴리에서 세리에A 수준의 감독으로 인정받았고, 나폴리를 가장 매력적인 팀으로 만들어내 본격적인 명성을 얻었으며, 첼시에서 논란을 몰고 다니면서도 유로파리그 우승이라는 소기의 성과를 거뒀다. 이후 유벤투스에서는 세리에A 우승에도 불구하고 바로 목이 날아갔지만, 이후 유벤투스가 2시즌 연속 4위에 그친 걸 보면 사리는 선녀였던 셈이다. 유벤투스의 방한 논란 당시 미숙한 발언으로 논란을 키운 인물이기도 하다. 라치오에 사리볼을 이식하는 작업이 2년째에 접어든다.

FW	17	치로 임모빌레
		Ciro Immobile

국적: 이탈리아

세리에A 역대 최다 골 타이기록인 36골로 득점왕을 차지하며 유러피언 골든슈를 획득하고, 세리에A 득점왕 4회 등 각종 득점왕을 7회나 차지했고, 라치오 역사상 최다 골을 기록하는 등 골만으로도 이미 전설의 반열에 오른 선수다. 하지만 해외 리그에서 번번이 고배를 마신 데다 아주리의 최전방에서도 딱히 활약한 적이 없는지라 '국내용'이라는 꼬리표를 아직 떼지 못했다. 지난 시즌 27골과 공격포인트 29개 모두 리그 1위였다. 경기당 슛이 리그 최다인 3.8회였지만, 그럴 자격이 충분한 득점 전환율로 '난사'가 아님을 증명한 셈이다. 다소 투박한 테크닉에도 불구하고 경지에 오른 공간 침투, 빠른 공 처리, 빠른 슛 타이밍 등으로 자신만의 스타일을 완성했다.

출전경기	경기시간(분)	골	어시스트	경고	퇴장
31	2,718	27	2	4	-

GK	1	루이스 막시미아누
		Luis Maximiano

국적: 포르투갈

지난 시즌 그라나다는 강등됐지만, 막시미아누는 라리가 최다인 선방 127회를 기록하며 주목해야 하는 골키퍼로 가치를 높였다. 라치오가 모처럼 과감한 이적료를 들여 영입하면서 곧바로 1번을 줬다. 선방 숫자는 많았지만, '하위권 전용 키퍼' 스타일이 아니라, 오히려 빌드업과 경기운영능력이 높은 평가를 받는 스위퍼 키퍼 유형이다. 사리볼에 잘 맞으면서도 앞으로 10년을 책임질 수 있는 선수.

출전경기	경기시간(분)	실점	무실점(경기)	경고	퇴장
35	3,137	55	8	2	-

DF	4	파트리크
		Patric

국적: 스페인

바르셀로나 1군 경기는 한 번도 뛰지 못했지만, 라치오에 합류한 뒤 차근차근 입지를 넓혀 이제는 주전급 로테이션 멤버가 됐다. 센터백뿐 아니라 라이트백도 소화할 수 있다. 라 마시아 출신답게 지난 시즌 패스 성공률 리그 2위(93.3%)였다. 수비 안정감 측면에서 늘 문제를 지적받지만 프로 경력이 쌓이면서 많이 개선된 듯 보인다. 지난 2020년 상대 선수를 이로 깨물어 퇴장당하는 기행을 저지른 바 있다.

출전경기	경기시간(분)	골	어시스트	경고	퇴장
24	1,651	1	2	5	1

DF	13	알레시오 로마뇰리
		Alessio Romagnoli

국적: 이탈리아

로마 유소년팀 출신이고 이름도 '로마'뇰리지만, 사실은 그 라이벌인 라치오의 서포터였다고 한다. 등 번호 13번도 라치오 레전드 알레산드로 네스타를 따라 한 것. 밀란과 계약이 끝났을 때 FA 대박을 노리지 않고 라치오만 바라보며 빨리 계약을 맺었다. 참고로 성 로마뇰리는 북부 행정구역 에밀리아로마냐의 일부인 '로마냐 사람'이라는 뜻이다. 강인하진 않지만 우아한, 왼발잡이 커맨더형 센터백이다.

출전경기	경기시간(분)	골	어시스트	경고	퇴장
19	1,408	1	-	4	1

DF	15	니콜로 카살레
		Nicolo Casale

국적: 이탈리아

지난 시즌 베로나 스리백에서 맹활약하며 세리에A 1시즌 만에 라치오의 러브콜을 이끌어낸 장신 센터백. 스리백의 좌우 스토퍼와 스위퍼 자리를 가리지 않고 좋은 활약을 했다. 대인마크와 빌드업 측면에서 좋은 평가를 받았다. 지난 시즌 경고를 10회나 받았지만 베로나 센터백 전원이 비슷한 수치를 남겼다는 점을 볼 때 개인의 문제라기보다 팀 전술 탓일 수도 있다. 몸값을 볼 때 주전 기용이 유력하다.

출전경기	경기시간(분)	골	어시스트	경고	퇴장
36	2,596	-	2	10	-

DF	23	엘세이드 히사이
		Elseid Hysaj

국적: 알바니아

엠폴리, 나폴리, 라치오까지 사리 감독과 모두 동행하고 있는 유일한 선수. 신체능력도 평범하고 공수 양면에서 딱히 눈에 띄지 않는지라 팬들의 사랑을 받는 선수와는 거리가 멀다. 하지만 사리볼에 대한 이해도가 누구보다 높다. 지난 시즌 미완성인 선수단으로 사리볼을 구사하는 과정에서 좌우 수비뿐 아니라 중앙 미드필더까지 종종 맡는 등 팀 내 기여도가 높았다. 이번 시즌에도 만능 로테이션 멤버 역할이 예상된다.

출전경기	경기시간(분)	골	어시스트	경고	퇴장
29	2,031	1	-	3	-

DF	29	마누엘 라차리
		Manuel Lazzari

국적: 이탈리아

시나리오도 이렇게 쓰면 욕먹을 만한 드라마의 주인공. 4부 리그에서 시작, SPAL의 연속 승격에 큰 공을 세워가며 세리에A에 자리잡은 뒤 이탈리아 대표팀까지 입성했다. 원래 엄청난 활동량과 위협적인 마무리 능력을 겸비해 스리백의 윙백으로서 완벽한 캐릭터를 갖고 있었다. 지난 시즌 사리 감독 부임 후 포백이 도입되면서 주전 자리를 잃고 토트넘 이적설이 나기도 했지만, 얼마 가지 않아 성공적으로 적응했다.

출전경기	경기시간(분)	골	어시스트	경고	퇴장
31	1,655	3	3	3	-

DF 77 아담 마루시치
Adam Marusic

국적: 몬테네그로

사리 감독 부임의 뜻밖의 수혜자. 원래 운동능력에 의존하는 윙어 출신 윙백이라 포백의 풀백은 소화하기 힘들 거라는 전망이 우세했는데, 막상 기용해 보니 팀 내 측면 수비수 중 그나마 선녀였다. 그래서 좌우를 가리지 않고 주전으로 계속 뛰었다. 원래 크로스는 부정확해도 숏 패스는 괜찮은 편이었는데, 이 점이 사리 감독의 축구와 맞는다. 지난 시즌 패스 성공률 팀 내 5위, 경기당 패스 횟수 팀 내 6위였다.

출전경기	경기시간(분)	골	어시스트	경고	퇴장
33	2,720	1	1	4	1

MF 6 마르코스 안토니우
Marcos Antonio

국적: 브라질

브라질 특급 미드필더의 산실 샤흐타르에서 영입된 테크니션. 2019/20시즌 샤흐타르가 유로파리그 4강까지 가는데 중추적 역할을 했던 선수다. 체격이 심하게 왜소하지만, 수비할 때는 활동량과 적극성으로, 공을 지킬 때는 테크닉과 킥으로 보완한다. 갖고 있는 능력만 보면 나폴리 시절 사리의 페르소나였던 알랑이 연상된다. 밀린코비치사비치, 알베르토의 이탈에 대비해 주전급으로 데려왔으니 기대가 높다.

출전경기	경기시간(분)	골	어시스트	경고	퇴장
17	891	1	1	2	-

MF 10 루이스 알베르토
Luis Alberto

국적: 스페인

프리미어리그에서 뛰기에는 너무 비리비리했지만, 리버풀을 떠나 라치오에 정착한 뒤 잠재력이 폭발한 특급 미드필더. 라치오의 두 테크니션 중 밀린코비치사비치가 피지컬을 더한다면, 알베르토는 스피드와 드리블 전진능력을 더한다. 지난 시즌 10도움은 리그 공동 5위, 경기당 키 패스는 리그 10위(1.9)였다. 밀린코비치사비치와 마찬가지로 매년 이적설이 나지만 라치오에 잔류하기를 반복, 어느덧 7년차다.

출전경기	경기시간(분)	골	어시스트	경고	퇴장
34	2,363	5	10	5	-

MF 20 마티아 차카니
Mattia Zaccagni

국적: 이탈리아

하부 리그에서 눈에 띄는 테크닉의 소유자는 아니었지만, 세리에A와 세리에B를 오가며 꾸준히 건실한 플레이를 보여주며 마침내 능력을 인정받은 윙어다. 원래 중앙 미드필더에 가까웠던 선수답게 공수 양면에서 기여도가 높다. 경기당 반칙 유도가 매 시즌 최상위권이고 지난 시즌에도 2위(2.6)였다. 상대 팀 입장에서는 짜증나는 스타일. 이탈리아 대표팀에서 로렌초 인시녜 이후 왼쪽 윙어를 맡아 줄 후보 중 하나다.

출전경기	경기시간(분)	골	어시스트	경고	퇴장
31	2,061	6	5	6	-

MF 21 세르게이 밀린코비치사비치
Sergej Milinkovic-Savic

국적: 세르비아

'동구의 포그바'로 불리며 U20 월드컵 우승 및 브론즈볼을 수상, 천재 대접을 받았던 미드필더로 기대에 부응하는 엄청난 선수로 잘 성장했다. 191cm 키에서 나오는 압도적인 제공권과 볼 키핑 능력, 적절한 테크닉, 문전 침투와 중거리슛을 가리지 않는 득점 루트를 겸비했다. 지난 시즌 출장시간이 리그 필드플레이어 중 9위(3,111분)로 기여도가 높았으며 리그에서 둘 뿐인 10-10 달성 선수 중 하나였다.

출전경기	경기시간(분)	골	어시스트	경고	퇴장
3,111	11	11	4	1	-

MF 32 다닐로 카탈디
Danilo Cataldi

국적: 이탈리아

어렸을 때부터 짧고 긴 패스가 모두 정확해 큰 기대를 받았던 후방 플레이메이커로, 가끔 멋진 프리킥까지 보여준다. 유망주 시절부터 여러 번의 임대를 거쳐 깨작깨작 팀 내 입지를 넓혔다. 1군 정착에 정말 오래 걸렸다. 20대 중반이 된 지난 시즌에야 루카스 레이바 대신 주전 수비형 미드필더로 뛰면서 선발 라인업에 먼저 이름이 적히는 선수로 성장했다. 하지만 아직도 온전한 주전이라기엔 이르다.

출전경기	경기시간(분)	골	어시스트	경고	퇴장
32	1,713	1	1	4	1

FW 7 펠리페 안데르손
Felipe Anderson

국적: 브라질

일단 흐름을 타면 상대 수비가 몇 명이든 모두 돌파할 수 있는 오른쪽 윙어. 특히 2014/15시즌 라치오 소속으로 10골 7도움을 기록하며 세계적인 주목을 받았다. 그러나 웨스트햄에서는 심한 기복을 보이다 지난 시즌 라치오로 돌아왔다. 윙어가 중요한 사리볼에서 6골 8도움으로 준수한 파괴력을 보여줬다. 경기당 돌파 허용 횟수 리그 1위(1.9)로 수비가 서툴다는 뜻도 되지만, 그만큼 열심이라는 뜻도 된다.

출전경기	경기시간(분)	골	어시스트	경고	퇴장
38	2,900	6	8	2	-

FW 9 페드로 로드리게스
Pedro Rodriguez

국적: 스페인

축구 역사상 최강팀 중 하나로 꼽히는 바르셀로나 MVP 라인에서 P를 맡았던 바로 그 선수. 첼시, 로마를 거치며 서서히 기량이 하락하던 지난 여름. 사리 감독의 요구에 따라 윙어가 급했던 라치오가 재빨리 자유계약으로 영입했다. 시즌 초반 폭발적인 활약으로 사리볼 구현의 필수요소 역할을 했지만 부상 이후 페이스가 주춤했다. 좌우를 가리지 않고 준수한 활약을 할 수 있는 페드로의 가치는 여전히 높다.

출전경기	경기시간(분)	골	어시스트	경고	퇴장
32	2,043	9	5	5	-

FW 11 마테오 칸첼리에리
Matteo Cancellieri

국적: 이탈리아

프로 경력이 고작 220분 1골에 불과한 상태에서 이탈리아 대표팀 데뷔전을 치렀던 유망주. 최전방과 오른쪽을 오가며 활약할 수 있는 공격수인데, 중앙으로 접고 들어가는 드리블과 왼발 감아차기 득점이 특기다. 비슷한 스타일의 선수가 이탈리아에서는 대대로 배출되고 그 중 기대치만큼 성장하는 선수는 드문지라 속단은 이르다. 하지만 때마침 사리 감독을 만났기 때문에 '왼발의 인시녜'가 될 거라는 기대를 품게 한다.

출전경기	경기시간(분)	골	어시스트	경고	퇴장
12	220	1	-	1	-

AS 로마

AS Roma

TEAM PROFILE

창 립	1927년
구 단 주	댄 프리드킨(미국)
감 독	주제 무리뉴(포르투갈)
연 고 지	로마
홈 구 장	스타디오 올림피코(7만 634명)
라 이 벌	라치오, 나폴리
홈페이지	www.asroma.com

최근 5시즌 성적

시즌	순위	승점
2017-2018	3위	77점(23승8무7패, 61득점 28실점)
2018-2019	6위	66점(18승12무8패, 66득점 48실점)
2019-2020	5위	70점(21승7무10패, 77득점 51실점)
2020-2021	7위	62점(18승8무12패, 68득점 58실점)
2021-2022	6위	63점(18승9무11패, 59득점 43실점)

SERIE A (전신 포함)

통 산	우승 3회
21-22 시즌	6위(18승9무11패, 승점 63점)

COPPA ITALIA

통 산	우승 9회
21-22 시즌	8강

UEFA

통 산	없음
21-22 시즌	없음

경기 일정

라운드	날짜	장소	상대팀
1	2022.08.15	원정	살레르니타나
2	2022.08.23	홈	US 크레모네세
3	2022.08.28	원정	유벤투스
4	2022.08.31	홈	AC 몬차
5	2022.09.05	원정	우디네세
6	2022.09.11	원정	엠폴리
7	2022.09.18	홈	아탈란타
8	2022.10.02	원정	인테르
9	2022.10.09	홈	레체
10	2022.10.16	원정	삼프도리아
11	2022.10.23	홈	나폴리
12	2022.10.30	원정	엘라스 베로나
13	2022.11.06	홈	라치오
14	2022.11.09	원정	사수올로
15	2022.11.13	홈	토리노
16	2023.01.04	홈	볼로냐
17	2023.01.08	원정	AC 밀란
18	2023.01.15	홈	피오렌티나
19	2023.01.22	원정	스페치아
20	2023.01.29	원정	나폴리
21	2023.02.05	홈	엠폴리
22	2023.02.12	원정	레체
23	2023.02.19	홈	엘라스 베로나
24	2023.02.26	원정	US 크레모네세
25	2023.03.05	홈	유벤투스
26	2023.03.12	홈	사수올로
27	2023.03.19	원정	라치오
28	2023.04.02	홈	삼프도리아
29	2023.04.08	원정	토리노
30	2023.04.16	홈	우디네세
31	2023.04.23	원정	아탈란타
32	2023.04.30	홈	AC 밀란
33	2023.05.03	원정	AC 몬차
34	2023.05.07	홈	인테르
35	2023.05.14	원정	볼로냐
36	2023.05.21	홈	살레르니타나
37	2023.05.28	원정	피오렌티나
38	2023.06.04	홈	스페치아

전력 분석 ## 능력치는 올라갔지만, 이거 어떻게 조합해?

작년 여름에 비하면 올해 보강이 그리 후련하지 않지만, 전력 변화만 보면 어느 정도 플러스가 됐다고 할 만하다. 일단 MVP 출신 공격수 파울로 디발라가 영입됐고, 뛰어난 윙백 제키 첼리크, 미드필더 네마냐 마티치와 조르지니오 베이날뒴이 합류했다. 나간 선수들은 헨리크 미키타리안과 세르지우 올리베이라, 조르당 베레투 정도. 팀을 떠난 나머지 선수들은 이미 임대로 나가 있던 선수들이고, 특히 파우 로페스와 쳉기스 윈데르세트를 마르세유에 적절한 값 받고 잘 팔면서 성공적인 이적 시장을 보냈다. 재정적 관점과 단순한 능력의 총합 말고, 포지션별 균형과 조합의 용이함까지 따진다면 무리뉴 감독에게 맞추기 어려운 퍼즐을 쥐어 준 꼴이다. 일단 지난 시즌 그대로 유지되는 골키퍼와 스리백은 흠잡을 데 없고, 중앙 미드필더도 비슷하다. 오른쪽 윙백은 첼리크까지 영입돼 든든한 가운데 왼쪽 윙백은 레오나르도 스피나촐라의 폼 회복 정도에 따라 경쟁력을 가늠할 수 없는 포지션이다. 문제는 공격. 지난 시즌 슛 시도가 리그 3위인데 득점은 공동 9위에 불과한 빈약한 득점력의 팀이었다. 디발라를 최대한 잘 활용해 양질의 득점기회 창출과 결정력 향상이 과제다.

전술 분석 ## 틀은 그대로, 과제는 조화와 반칙 줄이기

무리뉴 감독이 지난 시즌 후반기 정착시켜 오랜만의 우승을 달성한 3-4-2-1 포메이션이 일단 유지될 것으로 보인다. 공수 균형을 중시하는 무리뉴 감독의 성향과도 잘 맞고, 보유한 자원들의 역량을 극대화하기에도 적절하다. 역시 화두는 다시 한 번 공격진의 조합. 지난 시즌 태미 에이브러햄을 최전방에 세우고 미드필더 성향의 로렌초 펠레그리니, 섀도 스트라이커 겸 윙어 성향의 니콜로 차니올로를 조화시킨 공격진이 썩 성공적이었다. 펠릭스 아페나잔 등 기대 이상의 경기를 보여준 선수들도 있었다. 이번 시즌은 디발라가 합류하면서 퍼즐을 맞추기 더 까다로워졌다. 차니올로와 디발라는 오른쪽에 치우친 공격형 미드필더 프리롤을 선호한다는 점에서 자리가 완전히 겹친다. 차니올로는 여름이든 겨울이든 내보낼 생각이지만 억지로 쫓아낼 수는 없는 노릇. 디발라와 오래 공존하게 될 경우, 무리뉴 감독이 엄청난 혜안을 보여줘야 한다. 두 선수를 위해 펠레그리니를 후방으로 내려 보내는 것 역시 난감하긴 마찬가지다. 수비면에서는 반칙을 줄이는 것이 과제로 지난 시즌 퇴장(8)과 경고(99) 모두 리그에서 두 번째로 많았다.

ITALY SERIE A

AS ROMA

무리한 지출을 통한 트로피 하나, 다시 균형 잡힌 경영으로

지난해 미국 구단주 댄 프리드킨이 인수하면서 1억 유로에 육박하는 이적료를 지출한 로마. 비록 세리에A 성적은 6위에 그쳤지만, 유로파 컨퍼런스리그 초대 우승을 차지하면서 소기의 성과를 거뒀다. 로마는 명문으로 인정받는 팀이지만 무려 14년 만에 공식 대회에서 우승했고, 유럽대항전은 61년 만에 구단 역사상 두 번째 우승이다. 위상이 떨어지는 컵대회 하나로 로마 시민들이 월드컵 우승처럼 기뻐하는 걸 보면서 프리드킨 구단주는 '이 동네 사람들 감동시키기 쉽네'라고 생각했을지도 모르는 일이다. 그러나 로마는 이번 여름 지출을 엄청나게 줄였다. 첼리크 외에는 꽤 유명한 선수들을 자유계약 또는 임대로 영입하는 수완을 발휘했다. 또한 무리뉴 감독 합류 후 '슈퍼 에이전트' 조르제 멘데스가 비선 실세로 실권을 휘두르는 것 아니냐는 우려가 제기됐지만, 영입되는 선수 명단을 보면 멘데스의 고객은 거론만 될 뿐 결국 영입되지 않고 있다. 결국 무리한 지출도 피하고, 한 가지 세력에 잠식되는 것도 피하며 나름대로 균형 잡힌 운영을 하고 있는 셈. 이 정도 전력 보강으로 4강에 다시 오를 수 있을지는 미지수다.

TEAM RATINGS

슈팅 8	패스 7
조직력 8	수비력 7
감독 8	선수층 7

45

2021/22 프로필

팀 득점	59
평균 볼 점유율	51.20%
패스 정확도	82.90%
평균 슈팅 수	15.8
경고	99
퇴장	8

골 타 입	오픈 플레이	49
	세트 피스	29
	카운터 어택	8
	패널티 킥	12
	자책골	2 단위 (%)
패 스 타 입	쇼트 패스	84
	롱 패스	12
	크로스 패스	4
	스루 패스	0 단위 (%)

IN & OUT

주요 영입	주요 방출
제키 첼리크, 파울로 디발라, 네마냐 마티치, 조르지니오 베이날둠	헨리크 미키타리안, 세르지우 올리베이라(임대복귀) 헨리크 미키타리안, 조르당 베레투, 세르지우 올리베이라(임대복귀)

TEAM FORMATION

FW B+
9 에이브러햄 (아페나잔)
7 펠레그리니
21 디발라 (차니올로)

MF B+
37 스피나촐라 (잘레프스키)
4 크리스탄테
8 마티치 (베이날둠)
2 카르스도르프 (첼리크)

DF B-
3 이바녜스
24 쿰불라 (스몰링)
23 만치니

GK B
1 파트리시우

PLAN **3-4-2-1**

지역 점유율
공격 진영	29%
중앙	45%
수비 진영	26%

공격 방향
35% 왼쪽	29% 중앙	37% 오른쪽

슈팅 지역
11% 골 에어리어
53% 패널티 박스
36% 외곽 지역

상대팀 최근 6경기 전적

구분	승	무	패
AC 밀란	1	1	4
인테르		2	4
나폴리	1	2	3
유벤투스	1	1	4
라치오	2	2	2
로마			
피오렌티나	5		1
아탈란타	2	1	3
엘라스 베로나	3	1	2
토리노	4		2
사수올로	2	3	1
우디네세	4	1	1
볼로냐	3	1	2
엠폴리	5	1	
스페치아	3	1	2
삼프도리아	3	2	1
살레르니타나	4	1	1
레체	5		1
크레모네세	3	2	1
몬차	2		1

SQUAD

포지션	등번호	이름		생년월일	키(cm)	체중(kg)	국적
GK	1	후이 파트리시우	Rui Patricio	1988.02.15	190	84	포르투갈
DF	2	릭 카르스도르프	Rick Karsdorp	1995.02.11	184	80	네덜란드
	3	호제르 이바녜스	Roger Ibanez	1998.11.23	186	73	브라질
	5	마티아스 비나	Matias Vina	1997.11.09	180	70	우루과이
	6	크리스 스몰링	Chris Smalling	1989.11.22	194	81	잉글랜드
	13	리카르도 칼라피오리	Riccardo Calafiori	2002.05.19	183	61	이탈리아
	19	제키 첼리크	Zeki Celik	1997.02.17	180	78	튀르키에
	23	잔루카 만치니	Gianluca Mancini	1996.04.17	190	77	이탈리아
	24	미라시 쿰불라	Marash Kumbulla	2000.02.08	191	78	알바니아
	37	레오나르도 스피나촐라	Leonardo Spinazzola	1993.03.25	186	75	이탈리아
MF	4	브라이안 크리스탄테	Bryan Cristante	1995.03.03	186	80	이탈리아
	7	로렌초 펠레그리니	Lorenzo Pellegrini	1996.06.19	186	77	이탈리아
	8	네마냐 마티치	Nemanja Matic	1988.08.01	194	83	세르비아
	21	파울로 디발라	Paulo Dybala	1993.11.15	177	75	아르헨티나
	22	니콜로 차니올로	Nicolo Zaniolo	1999.07.02	190	79	이탈리아
	25	조르지뇨 베이날둠	Georginio Wijnaldum	1990.11.11	175	74	네덜란드
	42	아마두 디아와라	Amadou Diawara	1997.07.17	183	75	기니
	59	니콜라 잘레프스키	Nicola Zalewski	2002.01.23	168	60	폴란드
FW	9	태미 에이브러햄	Tammy Abraham	1997.10.02	190	81	잉글랜드
	11	카를레스 페레스	Carles Perez	1998.02.16	173	74	스페인
	14	엘도르 소무라도프	Eldor Shomurodov	1995.06.29	190	81	우즈베키스탄
	64	펠릭스 아페나잔	Felix Afena-Gyan	2003.01.19	175	75	가나
	92	스테판 엘샤라위	Stephan El Shaarawy	1992.10.27	178	76	이탈리아

주제 무리뉴 José Mourinho
1963년 1월 26일생 포르투갈

역량 면에서는 후배들에게 최고 자리를 내줬지만, 이제까지 쌓아 온 업적과 화제성으로는 여전히 세계 최고 스타 감독이다. 처음 스타덤에 오른 포르투 시절 이후 가는 모든 팀에서 트로피를 땄다는 기록이 토트넘에서 깨졌지만, 로마에 오자마자 유로파 컨퍼런스리그 초대 우승을 차지하면서 유럽대항전 그랜드 슬램을 사상 최초로 달성했다. 사실 감독으로서 거둔 여러 성과 중에서도 가장 단기간에 큰 성공을 거둔 건 고작 2시즌 만에 트레블을 달성했던 인테르밀란 시절이었으니, 여러모로 세리에A와 잘 맞는 모양이다. 지난 시즌 영입한 태미 에이브러햄을 잘 활용하고, 니콜라 잘레프스키에게 맞는 포지션을 찾아줘 급성장시키는 등 지도력이 돋보였다. 전술의 디테일이 다소 떨어진다는 문제는 있지만, 다행히 로마엔 영리한 선수가 많으니 감독의 뜻을 잘 헤아리고 답을 찾아 줄 것이다.

| MF | 7 | 로렌초 펠레그리니 |
| | | Lorenzo Pellegrini |

국적: 이탈리아

무리뉴 감독이 부임 초 "펠레그리니가 3명 있다면 모두 투입하고 싶다"고 대만족을 표했던 미드필더. 원래 뛰어난 선수였지만 무리뉴 감독의 전술에서 중앙 미드필더가 아닌 공격형 미드필더로 전진 배치되면서 아예 팀 공격을 좌지우지하는 수준으로 성장했다. 다만 지난 시즌 초반의 엄청난 상승세와 달리 최종 기록은 그리 압도적이지 못했다. 경기당 키 패스 리그 4위(2.4)와 크로스 성공 4위(2.0) 등 패스 기록은 훌륭하지만, 경기당 숫 시도 7위(3.3)에 비하면 결정력은 사실 부족했다. 동료 공격수를 살려주는 특유의 플레이에 본인의 효율까지 챙겨야 하는 시즌이다. 로마 토박이에 유소년팀 출신으로서 '왕자' 계보를 이어가고 있다는 상징성이 여전하다.

출전경기	경기시간(분)	골	어시스트	경고	퇴장
28	2,300	9	5	6	1

| GK | 1 | 후이 파트리시우 |
| | | Rui Patrício |

국적: 포르투갈

무리뉴 감독 부임 후 곧장 영입되며 '조르제 멘데스의 인맥으로 꽂힌 낙하산 인사'라는 우려를 받았으나, 지난 시즌 훌륭한 활약으로 주전 자격을 증명한 골키퍼. 보이치에흐 슈쳉스니와 알리송 베케르 이후 골키퍼 육성에 번번이 실패했던 로마는 검증된 골키퍼 파트리시우를 데려오면서 마침내 안정을 찾을 수 있었다. 지난 시즌 2명뿐인 전 경기 풀타임 선수 중 하나다. 세이브 횟수는 총 105회로 전체 7위였다.

출전경기	경기시간(분)	실점	무실점 (경기)	경고	퇴장
38	3,420	43	15	2	-

| DF | 2 | 릭 카르스도르프 |
| | | Rick Karsdorp |

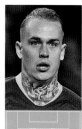

국적: 네덜란드

언제 부상을 당했냐는 듯 오히려 체력왕이 된 라이트백. 원래 페예노르트 유소년팀 출신으로 1군 주전까지 차지하고, 나아가 네덜란드 대표팀도 데뷔한 특급 유망주였다. 문제는 2017년 로마 이적 후 거의 2년 동안 부상에 시달렸다는 것. 그런데 일단 건강을 되찾자 전혀 운동능력 손실 없이 빠르고 강력한 풀백의 모습을 회복했다. 오버래핑 타이밍을 한 번 잡으면 잔기술 없이 전속력으로 측면을 뚫는 돌파가 인상적.

출전경기	경기시간(분)	골	어시스트	경고	퇴장
36	2,890	-	2	7	1

| DF | 3 | 호제르 이바녜스 |
| | | Roger Ibanez |

국적: 브라질

지난 시즌은 붙박이 주전으로 활약했고, 리그 3골을 넣으면서 쏠쏠한 세트 피스 가담 능력까지 보여줬다. 수비할 때의 공중볼 경합은 오히려 약한 편인데, 공격에 가담하면 낙하지점을 잘 포착해 득점한다. 스피드가 빨라 커버 범위가 넓고, 브라질 출신답게 공을 능숙하게 다루며 정확한 전진 패스까지 넣어줄 수 있다. 스리백이 잘 작동하게 해 주는 핵심 자원. 이탈리아 축구협회가 귀화를 권한다고 알려져 있다.

출전경기	경기시간(분)	골	어시스트	경고	퇴장
34	2,888	3	-	9	-

| DF | 6 | 크리스 스몰링 |
| | | Chris Smalling |

국적: 잉글랜드

맨유의 '퇴물' 수비수였지만 30세 나이에 이탈리아로 과감한 도전을 감행했다. 로마에서 기대 이상의 맹활약을 펼치며 사람에겐 맞는 환경이 따로 있다는 걸 실감케 했다. 맨유 시절 악연에 가까웠던 무리뉴 감독이 부임했지만, 이후에도 입지가 축소되지 않고 활약상을 이어갔다. 강렬한 제공권, 높은 수비 집중력, 지난 시즌 로마 주전급 선수 중 가장 높았던 패스 성공률(89%) 등 다양한 장점을 인정받고 있다.

출전경기	경기시간(분)	골	어시스트	경고	퇴장
27	2,088	3	-	-	-

| DF | 19 | 제키 첼리크 |
| | | Zeki Celik |

국적: 튀르키예

튀르키예 대표팀과 릴에서 좋은 활약을 해 왔고, 토트넘과 아틀레티코 등 여러 구단이 관심을 보였던 실력파. 릴이 파리 생제르맹의 대항마로서 한 차례 우승까지 빼앗아가는 과정에서 늘 주전으로 활약했다. 스피드, 체력, 날카로운 크로스를 겸비한 전형적인 공격형 풀백이다. 다만 적극적인 공격 가담에 비해 효율이 아주 높진 않았다. 경기 운영에 있어서는 좀 더 보완이 필요하다는 평가를 받기도 한다.

출전경기	경기시간(분)	골	어시스트	경고	퇴장
32	2,698	2	3	10	-

| DF | 23 | 잔루카 만치니 |
| | | Gianluca Mancini |

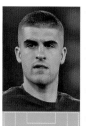

국적: 이탈리아

터프한 수비를 펼치는 센터백. 롤 모델이 마르코 마테라치라는 말을 들으면 어떤 선수인지 감이 온다. 지난 시즌 경고를 14개나 받아 리그 최다 수치를 기록했다. 다만 수비가 서툴어서 그런 게 아니라 말 그대로 터프한 성향 때문이다. 침착하게 수비할 때의 태클 기술은 훌륭하다. 빌드업할 때의 전개능력, 세트 피스 상황에서 헤딩과 발리슛을 가리지 않는 마무리능력 등 다방면에서 공격력도 갖췄다.

출전경기	경기시간(분)	골	어시스트	경고	퇴장
33	2,884	-	-	14	1

ITALY SERIE A

AS ROMA

DF 24 마라시 쿰불라
Marash Kumbulla

국적: 알바니아

로마 스리백에서 4순위 입지를 유지하고 있는 선수. 사실상 주전 3인방 중 한 명이라도 빠지면 무조건 투입되는 수준이라 출장 기회는 많다. 넷 중 가장 어린 22세라 여전히 성장 중이다. 공 다루는 기술과 빌드업엔 약점이 있지만 피지컬과 수비 지능은 훌륭하다. 이탈리아에는 알바니아계 이민자가 많고 그만큼 축구선수도 많은데, 쿰불라는 이탈리아 태생이면서도 알바니아 대표를 택한 젊은 선수 중 대표격이다.

출전경기	경기시간(분)	골	어시스트	경고	퇴장
17	1,030	-	-	6	-

DF 37 레오나르도 스피나촐라
Leonardo Spinazzola

국적: 이탈리아

컨디션만 정상이라면 왼쪽 측면을 혼자 힘으로 정복할 수 있는 특급 윙백. 유로2020에서 아킬레스건 파열 부상을 당하기 전 보여준 경기력은 그야말로 경이로웠다. 장기부상이라고는 하지만 생각보다 더 결장이 길어지면서 지난 시즌 막판에야 간신히 돌아왔다. 이번 시즌은 건강하게 보내는 것이 최대 목표다. 오른발잡이 레프트백으로서 마치 윙어처럼 상대 측면을 무너뜨리고 다양한 패턴으로 공격을 전개할 수 있다.

출전경기	경기시간(분)	골	어시스트	경고	퇴장
3	129	-	-	1	-

MF 4 브라이안 크리스탄테
Bryan Cristante

국적: 이탈리아

어렸을 때 천재 미드필더로 각광받은 선수치고 테크닉과 창의성은 떨어지지만, 대신 큰 덩치를 다양하게 활용할 줄 아는 독특한 미드필더다. 밀란 유소년팀을 거쳤으나 1군에 자리 잡지 못하고 떠돌아다니던 크리스탄테는 선수 활용이 탁월한 아탈란타에서 제공권을 주로 이용하는 공격형 미드필더를 맡아 처음 두각을 나타냈다. 로마에서는 수비형 미드필더, 나아가 급할 때는 센터백까지 소화하고 있다.

출전경기	경기시간(분)	골	어시스트	경고	퇴장
34	2,674	2	-	9	-

MF 8 네마냐 마티치
Nemanja Matic

국적: 세르비아

무리뉴 감독의 숨겨진 페르소나. 첼시에서는 세스크 파브레가스가 아니라 마티치였고, 맨유에서도 폴 포그바가 아니라 마티치였다. 체격을 중시하는 무리뉴 감독의 성향상 장신에 탁월한 볼 키핑 능력을 겸비한 마티치는 매우 소중한 카드였다. 이미 노장이 되어 첼시 시절의 초인적인 중원 장악력은 찾아봐도 없지만, 여전히 로테이션 멤버로서 무리뉴 감독의 주문을 소화할 만한 역량은 충분하다.

출전경기	경기시간(분)	골	어시스트	경고	퇴장
23	1,384	-	4	3	-

MF 25 조르지뇨 베이날둠
Georginio Wijnaldum

국적: 네덜란드

리버풀이 지난해 여름 전성기 멤버 중 하나인 베이날둠을 붙잡지 않고 풀어준 건 그만큼 경기력이 저하됐기 때문이었다. 야심 차게 FA로 합류한 파리 생제르맹에서도 하락세를 멈추지 못했고, 1년 만에 로마로 이적하며 이번에야말로 달라진 시즌을 기약한다. 좋았던 때를 기준으로 본다면 훌륭한 톱니바퀴로서 동료들 사이를 분주하게 돌아다니며 패스를 연결하고, 압박에 가담하며, 문전 침투로 골을 노릴 수 있다.

출전경기	경기시간(분)	골	어시스트	경고	퇴장
31	1,651	1	3	2	-

MF 21 파울로 디발라
Paulo Dybala

국적: 아르헨티나

'제2의 메시'에 가장 근접했던 왼발잡이 섀도 스트라이커. 유벤투스와 기나긴 재계약 협상이 결렬되고 'FA 대박'을 노리며 이적 시장에 나왔는데, 뜻밖에 갈만한 팀이 없어져 애를 먹다가 연봉을 깎으며 로마에 입단했다. 로마에서 부활한 뒤 더 큰 팀으로 가겠다는 의도가 빤하지만, 동기가 뭐든 열심히 뛸 것은 분명하다. 센스와 킥에서 나오는 파괴력은 확실하다. 기존 로마 공격진과 조화를 이루는 것이 큰 숙제다.

출전경기	경기시간(분)	골	어시스트	경고	퇴장
29	2,072	10	5	3	-

MF 22 니콜로 차니올로
Nicolò Zaniolo

국적: 이탈리아

천재적인 공격 센스와 다소 무리한 플레이도 성공시킬 수 있게 하는 강골의 소유자. 수비수를 적당히 몸으로 팅겨내는 드리블 도중 갑자기 날리는 왼발 슛이 일품이다. 잦은 부상으로 지난 시즌 경기력이 떨어졌지만, 막판에는 어느 정도 좋은 모습을 보였다. 지난 시즌 경고 10회(공동 8위), 퇴장 2회(공동 1위)였던 자제력 부족은 개선해야 한다. 경기당 드리블 성공 리그 4위(2.0), 반칙 유도 8위(2.3).

출전경기	경기시간(분)	골	어시스트	경고	퇴장
38	1,985	2	2	10	2

MF 59 니콜라 잘레프스키
Nicola Zalewski

국적: 폴란드

지난 시즌 스피나촐라의 부상 복귀가 늦어지고 마티아스 비냐는 기대에 미치지 못하자, 무리뉴 감독이 궁여지책으로 기용했다가 대박을 친 선수. 공격형 미드필더지만 스리백의 윙백 정도는 충분히 소화할 만한 활동량과 전술소화능력을 갖고 있다. 공격 상황에서는 스피드, 볼 키핑, 돌파, 패스 등 여러모로 눈에 띄는 활약을 보여준다. 수비력은 아직 부족. 스피나촐라의 폼에 따라 이번 시즌 출장시간이 달라질 것이다.

출전경기	경기시간(분)	골	어시스트	경고	퇴장
16	799	-	-	1	-

FW 9 태미 에이브러햄
Tammy Abraham

국적: 잉글랜드

지난 시즌 해리 케인과 더불어 잉글랜드 국적 선수 중 정규리그 최다골 득점자였다. 첼시에서 애매한 후보 공격수로 전락할 위기 상황에서 로마 이적을 받아들인 건 신의 한 수였던 셈. 무리뉴 감독의 총애를 받으며 지난 시즌 출장시간 필드플레이어 중 10위를 기록, 좋아하는 출장기회를 원 없이 누렸다. 민첩하고 유연한 몸놀림과 좋은 볼 터치, 준수한 결정력 등을 겸비해 앞으로 더 대성할 수 있는 스트라이커다.

출전경기	경기시간(분)	골	어시스트	경고	퇴장
37	3,099	17	4	9	-

ITALY SERIE A

AS ROMA

ACF 피오렌티나

ACF Fiorentina

TEAM PROFILE	
창 립	1926년
구 단 주	로코 코미소(이탈리아)
감 독	빈첸조 이탈리아노(이탈리아)
연 고 지	피렌체
홈 구 장	아르테미오 프랑키(4만 3,147명)
라 이 벌	유벤투스, 엠폴리
홈페이지	www.acffiorentina.com

최근 5시즌 성적

시즌	순위	승점
2017-2018	8위	57점(16승9무13패, 54득점 46실점)
2018-2019	16위	41점(8승17무13패, 47득점 45실점)
2019-2020	10위	49점(12승13무13패, 51득점 48실점)
2020-2021	14위	40점(9승13무16패, 47득점 59실점)
2021-2022	7위	62점(19승5무14패, 59득점 51실점)

SERIE A (전신 포함)

통 산	우승 2회
21-22 시즌	7위(19승5무14패, 승점 62점)

COPPA ITALIA

통 산	우승 6회
21-22 시즌	4강

UEFA

통 산	없음
21-22 시즌	없음

경기 일정

라운드	날짜	장소	상대팀
1	2022.08.15	홈	US 크레모네세
2	2022.08.22	원정	엠폴리
3	2022.08.29	홈	나폴리
4	2022.09.01	원정	우디네세
5	2022.09.03	홈	유벤투스
6	2022.09.11	원정	볼로냐
7	2022.09.18	홈	엘라스 베로나
8	2022.10.02	원정	아탈란타
9	2022.10.09	홈	라치오
10	2022.10.16	원정	레체
11	2022.10.23	홈	인테르
12	2022.10.30	원정	스페치아
13	2022.11.06	원정	삼프도리아
14	2022.11.09	홈	살레르니타나
15	2022.11.13	원정	AC 밀란
16	2023.01.04	홈	AC 몬차
17	2023.01.08	원정	사수올로
18	2023.01.15	원정	AS 로마
19	2023.01.22	홈	토리노
20	2023.01.29	원정	라치오
21	2023.02.05	홈	볼로냐
22	2023.02.12	원정	유벤투스
23	2023.02.19	홈	엠폴리
24	2023.02.26	원정	엘라스 베로나
25	2023.03.05	홈	AC 밀란
26	2023.03.12	원정	US 크레모네세
27	2023.03.19	홈	레체
28	2023.04.02	원정	인테르
29	2023.04.08	홈	스페치아
30	2023.04.16	홈	아탈란타
31	2023.04.23	원정	AC 몬차
32	2023.04.30	홈	삼프도리아
33	2023.05.03	원정	살레르니타나
34	2023.05.07	원정	나폴리
35	2023.05.14	홈	우디네세
36	2023.05.21	원정	토리노
37	2023.05.28	홈	AS 로마
38	2023.06.04	원정	사수올로

전력 분석 | 블라호비치의 대체자, 누가 손들어볼까?

떠난 선수들의 자리를 메우기 위해 최선을 다한 여름이다. 지난 시즌 빈첸초 이탈리아노 감독이 두산 블라호비치 중심의 공격 전술을 가다듬으며 급성장 중이었는데, 시즌 도중 유벤투스로 가 버렸다. 블라호비치만큼 해줄 거라는 기대는 없지만, 일단 같은 세르비아 출신에 레알 마드리드도 거친 기대주 루카 요비치를 데려왔다. 레알에서는 실력도 부족한 주제에 말썽이나 부리는 선수로 전락했지만, 과거 기량을 찾는다면 주전 공격수 자격이 충분하다. 루카스 토레이라의 완전영입에 실패하자 재빨리 인기 매물이었던 롤란도 만드라고라를 수급했다. 그리고 라이트백 두두, 골키퍼 피에를루이지 골리니는 각 포지션의 질을 한층 향상시켜 줄 영입이다. 종합적으로 볼 때 빠진 자리는 최선을 다해 메우고, 소폭의 강화를 꾀한 이적 시장이다. 또한 피오렌티나의 보강 작업은 블라호비치를 잃은 1월에 이미 시작됐다고도 볼 수 있는데, 당시 영입해 둔 아르투르 카브랄과 조나단 이코네를 안착시키는 작업이 아직 끝나지 않았기 때문이다. 지난 반년 동안 보여준 경기력은 아쉬운 부분이 있었다. 영입 선수 중 새 시즌 공격을 이끌어 줄 영웅이 한 명 정도는 등장해야 한다.

전술 분석 | 공격적인 4-3-3, 수비까지 보완한다면?

괜찮은 선수단을 갖고도 좋은 감독을 알아보지 못해 중하위권에 머물러 오다가 지난 시즌 빈첸초 이탈리아노 감독을 선임하면서 마침내 팀 컬러를 찾았다. 페데리코 베르나르데스키, 페데리코 키에사에 이어 블라호비치까지 떠나버린 시즌이라 안타까움은 있지만, 아무튼 방향성은 정립했다. 과감한 공격축구로 매력적이라는 평가를 끌어내는 동시에, 3시즌 연속 10위 이하에 머물렀던 팀을 7위로 올려놓았으니 성공적인 노선 변경이었다. 이탈리아노 감독은 기본적으로 4-3-3 포메이션에 입각한 공격축구를 한다. 지난 시즌 패스 성공률 리그 4위(85.4%), 점유율 2위(58%)로 패스 기반의 축구라는 걸 확실히 보여줬다. 경기당 롱 패스 횟수가 모든 팀 중 최다(65)일 정도로 상대를 크게 흔드는 플레이를 했으면서도 패스 성공률이 높았다는 건 그만큼 높은 조직력을 의미한다. 반면 수비 기록은 대체로 부진했다. 경기당 가로채기와 공 탈취 모두 최하위 수준이었고, 퇴장 횟수가 공동 2위인 8회나 될 정도로 무리한 플레이가 잦았다. 공격적인 색채를 유지하면서 상대의 역습을 잘 저지할 계획까지 세워둔다면 비올라는 더 높은 곳으로 갈 수 있다.

기분 좋게 바쁜 시즌

매 경기를 운영할 때 무승부보다 무조건 승리를 추구한다는 것이 특징이다. 승점 1점을 소중히 하는 이탈리아의 전통과 달리, 한 번만 이기면 승점을 3배나 준다는 점에 주목한 것이다. 그래서 지난 시즌 적은 무승부로 성적 향상을 이룬 팀이 중상위권은 피오렌티나, 하위권은 스페치아였다. 피오렌티나는 지난 시즌 무려 17라운드까지 무승부 한 번 없이 10승 7패를 이어갔고, 시즌 막판 9경기 동안에도 무승부가 없었다. 그 결과 골득실이 비슷한 베로나보다 승점을 9점이나 더 따내 유럽대항전에 복귀할 수 있었다. 이탈리아노 감독의 성향상 비슷한 기조가 유지될 것이다. 이번 시즌의 숙제는 유럽대항전 병행이다. 5시즌이나 유럽대항전 진출에 실패했던 피오렌티나 입장에서는 확 늘어난 주중 경기를 소화하는 것이 쉽지 않을 것이다. 지난 시즌 선수단보다 양적으로 많은 확충을 하지 않았기 때문에 일부 포지션의 선수들은 체력 부담에 시달릴 수 있다. 위상이 낮은 유로파 컨퍼런스리그지만 지난 시즌 로마가 우승하는 모습을 봤으니 허투루 임할 수도 없는 노릇이다. 피오렌티나 선수들이나 팬들이나 이번 시즌은 부쩍 바빠지게 생겼다.

IN & OUT

주요 영입	주요 방출
두두, 롤란도 만드라고라, 루카 요비치, 피에를루이지 골리니, 크리스티안 쿠아메(임대복귀)	호세 카예혼, 루카스 토레이라(임대복귀), 알바로 오드리오솔라(임대복귀), 크지슈토프 피옹테크(임대복귀)

TEAM FORMATION

PLAN **4-3-3**

TEAM RATINGS

슈팅 5 / 패스 6 / 조직력 9 / 수비력 7 / 감독 8 / 선수층 7

42

2021/22 프로필

팀 득점	59
평균 볼 점유율	58.00%
패스 정확도	85.40%
평균 슈팅 수	13.5
경고	78
퇴장	8

골타입		
오픈 플레이	63	
세트 피스	17	
카운터 어택	5	
패널티 킥	15	
자책골	0	단위 (%)

패스타입		
쇼트 패스	84	
롱 패스	12	
크로스 패스	4	
스루 패스	0	단위 (%)

지역 점유율

공격 진영	31%
중앙	43%
수비 진영	26%

공격 방향

37% 왼쪽 / 28% 중앙 / 36% 오른쪽

슈팅 지역

9% 골 에어리어 / 60% 패널티 박스 / 32% 외곽 지역

상대팀 최근 6경기 전적

구분	승	무	패
AC 밀란	2	1	3
인테르		2	4
나폴리	3		3
유벤투스	2	1	3
라치오	1		5
로마	1		5
피오렌티나			
아탈란타	3		3
엘라스 베로나	1	4	1
토리노	3	1	2
사수올로	1	2	3
우디네세	3	1	2
볼로냐	3	3	
엠폴리	3		3
스페치아	4	2	
삼프도리아	3		3
살레르니타나	4		2
레체	2	1	3
크레모네세	3	3	
몬차	4	1	1

SQUAD

포지션	등번호	이름		생년월일	키(cm)	체중(kg)	국적
GK	69	바르토워메이 드롱고프스키	Bartlomiej Dragowski	1997.08.19	191	90	폴란드
	95	피에를루이지 골리니	Pierluigi Gollini	1995.03.18	194	80	이탈리아
DF	2	두두 코르데이루	Dodo Cordeiro	1998.11.17	168	68	브라질
	3	크리스티안 비라기	Cristiano Biraghi	1992.09.01	185	78	이탈리아
	4	니콜라 밀렌코비치	Nikola Milenkovic	1997.10.12	195	90	세르비아
	28	루카스 마르티네스 콰르타	Lucas Martinez Quarta	1996.05.10	183	78	아르헨티나
	55	마티야 나스타시치	Matija Nastasic	1993.03.28	188	83	세르비아
	98	이고르	Igor	1998.02.07	185	84	브라질
MF	5	자코모 보나벤투라	Giacomo Bonaventura	1989.08.22	180	75	이탈리아
	8	리카르도 사포나라	Riccardo Saponara	1991.12.21	184	73	이탈리아
	10	가에타노 카스트로빌리	Gaetano Castrovilli	1997.02.17	187	71	이탈리아
	14	유세프 말레	Youssef Maleh	1998.08.22	179	70	이탈리아
	24	마르코 베나시	Marco Benassi	1994.09.08	184	80	이탈리아
	32	알프레드 던칸	Alfred Duncan	1993.03.10	178	78	가나
	34	소피앙 암라바트	Sofyan Amrabat	1996.08.21	185	70	모로코
	38	롤란도 만드라고라	Rolando Mandragora	1997.06.29	183	76	이탈리아
FW	7	루카 요비치	Luka Jovic	1997.12.23	182	85	세르비아
	9	아르투르 카브랄	Arthur Cabral	1998.04.25	186	86	브라질
	22	니콜라스 곤살레스	Nicolas Gonzalez	1998.04.06	180	72	아르헨티나
	33	리카르도 소틸	Riccardo Sottil	1999.06.03	180	70	이탈리아
	11	조나단 이코네	Jonathan Ikone	1998.05.02	175	73	프랑스
	91	알렉산드르 코코린	Aleksandr Kokorin	1991.03.19	185	85	러시아
	-	크리스티안 쿠아메	Christian Kouame	1997.12.06	185	83	코트디부아르

빈첸초 이탈리아노 *Vincenzo Italiano*
1977년 12월 10일생 이탈리아

스페치아의 사상 첫 승격과 잔류를 이끌며 큰 주목을 받았고, 피오렌티나 첫 시즌에도 좋은 성적을 내면서 빅 클럽들이 눈여겨보는 감독으로 성장했다. 각 선수의 판단에 맡기는 주먹구구식 운영에서 벗어나 경기 계획이 명확하면서도 과감하다. 피오렌티나 부임 직후 이적설이 있던 주전 선수들에게 자신의 프로젝트를 설명해 잔류시킬 정도로 소통 능력도 좋다. '이탈리아인'이라는 성을 갖고 독일 카를스루에에서 태어나, 축구 경력을 위해 부모의 나라로 이주했다. 현역 시절에는 준수한 패스와 태클 능력을 겸비한 중앙 미드필더였다. 베로나에서 오래 뛰었지만 라이벌 키에보로 이적하면서 레전드 대우에 금이 갔다. 스타 플레이어는 아니어도 나름대로 세리에A에서 오래 뛰었음에도 감독 초창기 세리에A에 취직하지 못했다. 대신 하부 리그 팀을 전전하며 서서히 역량을 입증했다.

| FW | 22 | 니콜라스 곤살레스 *Nicolas Gonzalez* |

국적: 아르헨티나

2021/22시즌 피오렌티나의 확고부동한 에이스이다. '후스코어드'의 경기 최우수 선수 부문에서 세리에A 최다인 8회나 선정됐다. 경기당 반칙 유도는 리그 1위로 2.9회이며 드리블 성공 리그 8위로 1.7회였다. 로테이션 시스템을 자주 가동하는 팀 전술 속에서도 위치가 좌우로 바뀔 뿐 선발 자리는 좀처럼 놓치지 않는 선수이다. 아르헨티나 윙어의 전통대로 수비 가담 능력이 좋기 때문에, 대표팀에서는 리오넬 메시의 적은 활동량을 보완하는 밸런스 유지용 카드로서 가치가 높다. 이 점을 인정받아 지난해 코파 아메리카 우승팀에서 활약했고, 카타르 월드컵 역시 주전급 출장이 유력하다.

출전경기	경기시간(분)	골	어시스트	경고	퇴장
33	2,361	7	6	2	1

| GK | 95 | 피에를루이지 골리니 *Pierluigi Gollini* |

국적: 이탈리아

지난 시즌 손흥민의 동료였던 것으로 친숙한 이탈리아 대표급 골키퍼. 토트넘 주전 자리는 빼앗지 못했고, 홈그로운 적용 선수가 필요했던 토트넘이 완전 영입을 포기하자 피오렌티나로 임대됐다. 선방 능력이 뛰어난 골키퍼로서 어느 팀이든 주전 자격이 충분하다. 싱글을 발매한 특이한 경력이 있는데, 래퍼 예명은 골로리우스였고 노래 제목은 '장갑을 낀 래퍼'였다. 그래서 골드 체인을 목에 건 캐리커처로 묘사되곤 한다.

출전경기	경기시간(분)	실점	무실점(경기)	경고	퇴장
3	301	-	-	-	-

| DF | 2 | 두두 코르데이루 *Dodo Cordeiro* |

국적: 브라질

우크라이나 전쟁을 피해 새로운 리그로 빠져나간 선수 중 한 명. 샤흐타르 입장에서는 다행히도 몸값을 잘 받아냈다. 세계적인 라이트백 유망주로 널리 알려졌던 선수다. 전형적인 브라질 풀백으로서 우크라이나 리그에서는 영향력이 매우 컸다. 총알 같은 스피드로 한 명, 민첩한 방향 전환으로 또 한 명 정도는 쉽게 돌파할 수 있다. 왼쪽의 비라기와는 플레이 스타일이 딴판이기 때문에 상호보완적인 관계가 기대된다.

출전경기	경기시간(분)	골	어시스트	경고	퇴장
14	1,244	-	4	1	-

| DF | 3 | 크리스티안 비라기 *Cristiano Biraghi* |

국적: 이탈리아

헌신적이면서도 실력이 출중한 비올라의 주장. 지난 시즌 출장시간이 리그 필드 플레이어 중 3위(3,167분)나 될 정도로 많이 뛰었다. 경기당 크로스 성공 1위(2.6), 키 패스 8위(1.9)를 기록할 정도로 공격 시 효율도 뛰어났다. 측면을 줄기차게 오르내리기보다는 적당히 전진해 패스를 돌리고 왼발 킥으로 득점 기회를 만드는 편이다. 키가 커서 몸싸움은 좋지만, 민첩성이 떨어진다는 고질적인 단점이 있다.

출전경기	경기시간(분)	골	어시스트	경고	퇴장
37	3,167	4	1	3	1

| DF | 4 | 니콜라 밀렌코비치 *Nikola Milenković* |

국적: 세르비아

'영 코어' 중 공격자원들은 모두 거액에 팔려 나갔지만 밀렌코비치만 큰 팀에 남았다. 라이트백과 센터백을 모두 볼 수 있는 스피드의 소유자로, 커버 범위가 넓고 공 다루는 기술도 준수한 '요즘 센터백'이다. 지난 시즌 경기당 오프사이드 유도 1위(1.3), 공중볼 획득 10위(2.9)로 힘과 지능 모두 뛰어나다는 걸 입증했다. 경기당 패스 횟수 리그 9위(61.5)는 빌드업 기여도가 높다는 걸 보여준다.

출전경기	경기시간(분)	골	어시스트	경고	퇴장
34	2,932	1	-	8	1

| DF | 28 | 루카스 마르티네스 콰르타 *Lucas Martínez Quarta* |

국적: 아르헨티나

센터백으로 포지션을 바꾼 뒤 하비에르 마스체라노의 모습을 처음부터 갖고 있는 수비수. 비슷한 세대 선수 중에는 맨유로 간 리산드로 마르티네스와 비슷한데, 체구가 작아도 밀리지 않는 제공권과 탁월한 빌드업 능력이 공통점이다. 지난 시즌 경기당 롱 패스가 리그 내 필드 플레이어 중 4위(5.4)였다. 피오렌티나에서나 아르헨티나 대표팀에서나 이번 시즌 주전 자리를 차지하기 위해 치열한 투쟁 중이다.

출전경기	경기시간(분)	골	어시스트	경고	퇴장
16	1,431	1	-	8	-

| DF | 98 | 이고르 줄리우 *Igor Julio* |

국적: 브라질

레드불 브라질, 리퍼링, 잘츠부르크를 거치는 정석 루트를 밟았다. 하지만 라이프치히가 영입하진 않았고, 2019년 이탈리아 무대에 발을 들여 SPAL에서 반 시즌 좋은 모습을 보이자 피오렌티나가 영입했다. 지난 시즌 경기당 오프사이드 유도 5위(0.8), 패스 성공률 6위(91.9%)로 밀렌코비치의 파트너 역할을 훌륭히 해냈다. 왼쪽 윙백 출신인 브라질 선수답게 스피드와 발재간이 좋다.

출전경기	경기시간(분)	골	어시스트	경고	퇴장
30	2,240	-	-	3	-

ITALY SERIE A

ACF FIORENTINA

MF 5 자코모 보나벤투라
Giacomo Bonaventura

국적: 이탈리아

공격 전개에 필요한 다양한 능력을 수준급으로 갖추고 있는 미드필더. 왼발잡이 미드필더로서 측면과 중앙에서 모두 활약할 수 있지만, 경험이 쌓이며 메잘라 역할에 정착했다. 드리블, 볼 키핑, 패스, 왼발 킥 등 여러 능력을 겸비했다. 한때 다양한 툴에 비해 지능이 부족하다는 평가가 있었지만, 노련미가 쌓인 뒤 피오렌티나의 플레이메이커로 활약 중이다. 마시밀리아노 알레그리 유벤투스 감독과 많이 닮았다.

출전경기	경기시간(분)	골	어시스트	경고	퇴장
31	2,280	4	5	7	1

MF 8 리카르도 사포나라
Riccardo Saponara

국적: 이탈리아

마우리치오 사리 감독이 엠폴리를 이끌던 시절 트레콰르티스타 자리에서 좋은 활약을 했던 플레이메이커. 하지만 원래 보직은 윙어였고, 최근 피오렌티나에서도 측면 자원으로 기용되곤 한다. 측면에서 중앙으로 파고들다가 패스를 찔러주는 플레이에 일가견이 있다. 2018년 삼프도리아에서 추가시간 득점 후 관중석 난간에 매달렸는데, 위아래 관중들이 서로 옷을 잡아당겨서 팬티까지 싹 벗겨질 뻔했던 아찔한 기억이 있다.

출전경기	경기시간(분)	골	어시스트	경고	퇴장
29	1,287	3	3	1	-

MF 10 가에타노 카스트로빌리
Gaetano Castrovilli

국적: 이탈리아

부상과 부진이 반복되며 성장이 멈췄지만, 여전히 기대를 거둘 수 없는 대형 미드필더 유망주. 2019/20 시즌 수비형 미드필더 중 가장 뛰어난 드리블 전진 능력을 지녔다는 통계가 있을 정도로 탁월한 탈압박 능력의 소유자다. 이탈리아노 감독의 전술과 잘 맞을 거라는 기대와 달리 지난 시즌에는 팀 플레이를 잘 소화하지 못했다. 더 현명하게 뛰는 법을 익히는 순간 폭발적인 성장을 이룰 여지가 남아 있다.

출전경기	경기시간(분)	골	어시스트	경고	퇴장
23	1,400	1	1	4	-

MF 32 알프레드 던칸
Alfred Duncan

국적: 가나

전투적이고 적극적인 성향의 박스 투 박스 미드필더. 키는 크지 않지만 다부진 체격을 믿고 상대에게 적극적으로 몸싸움을 건다. 공격할 때는 유려하진 않아도 꽤 성공률 높은 드리블로 공을 몰고 올라가기도 하고, 자세는 엉성하지만, 정확도가 괜찮은 킥으로 단번에 동료를 찾아내기도 한다. 피오렌티나 중원에 에너지를 불어넣는 역할을 맡는다. 카타르 월드컵에서 가나 소속으로 한국을 상대할 가능성이 꽤 큰 선수다.

출전경기	경기시간(분)	골	어시스트	경고	퇴장
22	1,934	2	2	3	-

MF 34 소피앙 암라바트
Sofyan Amrabat

국적: 모로코

모로코 대표 미드필더. 왓포드 등에서 뛰었던 공격수 노르딘 암라바트의 동생이다. 수비적으로 중심을 잡으면서도 좌우로 정확한 패스를 벌려줄 수 있다. 지난 1월 안토니오 콘테 토트넘 감독이 영입을 요청했다는 소식을 통해 프리미어리그 쪽에도 이름을 알렸다. 지난 시즌은 루카스 토레이라의 백업 역할에 머물렀지만, 그전에는 주전급 미드필더였으므로 이번 시즌 다시 출장시간을 회복할 가능성이 높다.

출전경기	경기시간(분)	골	어시스트	경고	퇴장
23	931	1	-	6	-

MF 38 롤란도 만드라고라
Rolando Mandragora

국적: 이탈리아

청소년 대표 시절부터 탁월한 패스 능력을 인정받았던 수비형 미드필더. 유벤투스 소속으로 임대를 전전하다 올여름 이적 시장에 나온다는 소문이 돌자 여러 중위권 팀들이 영입 경쟁을 벌였고, 피오렌티나가 낚아채는 데 성공했다. 레지스타로서 수비진 바로 앞에 버티고 서는 역할도 할 수 있고, 좀 더 전진해 공격수들에게 패스를 공급하는 역할 역시 소화할 수 있다. 이탈리아노 감독의 새로운 엔진이 될 것으로 기대된다.

출전경기	경기시간(분)	골	어시스트	경고	퇴장
21	1,319	-	2	5	1

FW 7 루카 요비치
Luka Jovic

국적: 세르비아

2018/19시즌 프랑크푸르트 돌풍의 한 축으로서 분데스리가 17골, 유로파리그 10골을 몰아쳤다. 하지만 레알 마드리드에서는 기량 부족뿐 아니라 방역 지침 위반 논란, 사생활 논란 등이 겹치면서 최악의 시기를 보냈다. 센스와 득점 감각이 돋보이는 천재형 공격수지만 프랑크푸르트에서는 팀 플레이가 뛰어난 동료들 덕분에 쉽게 득점한 측면이 있었다. 피오렌티나 공격 전술과 조화를 이룰 수 있을지는 지켜봐야 안다.

출전경기	경기시간(분)	골	어시스트	경고	퇴장
15	360	1	3	1	-

FW 9 아르투르 카브랄
Arthur Cabral

국적: 브라질

지난 1월 블라호비치 이적료로 산 대체자 2호. 스위스 리그 득점왕 출신이다. 최전방에 머무르며 골을 노리는 정통파 공격수로, 브라질 선수다운 발재간과 돌파력 약간에 탄탄한 체격에서 나오는 몸싸움 능력을 약간 더한 스타일이다. 문전에서 크로스를 받으면 어떻게든 몸을 날려 마무리할 수 있는 득점 감각을 갖고 있다. 피오렌티나 이적 직후 반년 동안은 실망스러웠으니, 이번 시즌은 진정한 기량을 보여줘야만 한다.

출전경기	경기시간(분)	골	어시스트	경고	퇴장
14	750	2	2	1	-

FW 11 조나단 이코네
Jonathan Ikone

국적: 프랑스

지난 1월 블라호비치 이적료를 쪼개 산 대체자 1호. 화려함의 절정을 달리는 요즘 프랑스 대표팀에 가끔이나마 소집될 정도로 괜찮은 기량을 지닌 2선 자원이다. 파리 생제르맹에서 별다른 활약을 하지 못하고 릴로 이적했는데, 이후 프랑스 리그 1에서 가장 뛰어난 공격형 미드필더로 발전했다. 2선이라면 중앙과 측면을 가리지 않고 맹활약해 왔다. 하지만 피오렌티나에서 보낸 반 시즌은 공격 효율이 너무 낮았다.

출전경기	경기시간(분)	골	어시스트	경고	퇴장
17	646	1	1	1	-

아탈란타 BC

Atalanta BC

TEAM PROFILE

창 립	1907년
구 단 주	안토니오 페르카시(이탈리아)
감 독	잔 피에로 가스페리니(이탈리아)
연 고 지	베르가모
홈 구 장	게비스 스타디움(2만 1,300명)
라 이 벌	브레시아
홈페이지	www.atalanta.it

최근 5시즌 성적

시즌	순위	승점
2017-2018	7위	60점(16승12무10패, 57득점 39실점)
2018-2019	3위	69점(20승9무9패, 77득점 46실점)
2019-2020	3위	78점(23승9무6패, 98득점 48실점)
2020-2021	3위	78점(23승9무6패, 90득점 47실점)
2021-2022	8위	59점(16승11무11패, 65득점 48실점)

SERIE A (전신 포함)

통 산	없음
21-22 시즌	8위(16승11무11패, 승점 59점)

COPPA ITALIA

통 산	우승 1회
21-22 시즌	8강

UEFA

통 산	없음
21-22 시즌	챔피언스리그 32강 유로파리그 8강

경기 일정

라운드	날짜	장소	상대팀
1	2022.08.14	원정	삼프도리아
2	2022.08.22	홈	AC 밀란
3	2022.08.29	원정	엘라스 베로나
4	2022.09.02	홈	토리노
5	2022.09.06	원정	AC 몬차
6	2022.09.11	홈	US 크레모네세
7	2022.09.18	원정	AS 로마
8	2022.10.02	홈	피오렌티나
9	2022.10.09	원정	우디네세
10	2022.10.16	홈	사수올로
11	2022.10.23	홈	라치오
12	2022.10.30	원정	엠폴리
13	2022.11.06	홈	나폴리
14	2022.11.09	원정	레체
15	2022.11.13	홈	인테르
16	2023.01.04	원정	스페치아
17	2023.01.08	원정	볼로냐
18	2023.01.15	홈	살레르니타나
19	2023.01.22	원정	유벤투스
20	2023.01.29	홈	삼프도리아
21	2023.02.05	원정	사수올로
22	2023.02.12	원정	라치오
23	2023.02.19	홈	레체
24	2023.02.26	원정	AC 밀란
25	2023.03.05	홈	우디네세
26	2023.03.12	원정	나폴리
27	2023.03.19	홈	엠폴리
28	2023.04.02	원정	US 크레모네세
29	2023.04.08	홈	볼로냐
30	2023.04.16	원정	피오렌티나
31	2023.04.23	홈	AS 로마
32	2023.04.30	원정	토리노
33	2023.05.03	홈	스페치아
34	2023.05.07	홈	유벤투스
35	2023.05.14	원정	살레르니타나
36	2023.05.21	홈	엘라스 베로나
37	2023.05.28	원정	인테르
38	2023.06.04	홈	AC 몬차

전력 분석 | 팔로미노의 금지약물 검출이라는 변수

선수 영입과 방출만 보면 팀 전력에 결정적인 영향이 있었다고 보긴 어렵다. 지난 시즌의 베스트 라인업은 그대로 유지될 가능성이 높기 때문이다. 마테오 페시나를 순순히 놓아준 건 아쉽지만, 페시나의 자리에는 뛸 선수가 차고 넘친다. 대신 살레르니타나 잔류를 이끌며 반 시즌 만에 큰 주목을 받은 미드필더 에데르손을 영입했다. 에데르손은 공격력을 갖춘 중앙 미드필더로 레모 프로일러의 후계자가 될지, 아탈란타 특유의 활용법대로 공격형 미드필더 자리에서 경쟁할지 예단하기 힘든 선수다. 그밖에는 기존 전력이 대체로 유지됐다. 2선 에이스가 빈약해졌다는 문제는 제레미 보가의 성장에 기대를 거는 듯 보인다. 이처럼 무난한 이적 시장이었는데, 주전 수비수 호세 루이스 팔로미노가 도핑 테스트에서 금지약물이 검출되며 전력 구성에 차질이 생겼다. 팔로미노는 지난 시즌 경기당 가로채기 리그 2위(2.9), 공중볼 획득 리그 6위(3.1)로 좋은 경기력을 보였는데 모두 스테로이드 덕분일 수도 있다는 가능성이 제기되고 말았다. 선수가 결백을 주장하고 있지만 일단 온전히 시즌을 소화하는 건 불가능해졌다. 부활을 노리는 아탈란타의 암초다.

전술 분석 | '기획된 혼돈'을 만들어내는 전술

현대축구에서 제일 중요한 건 점유율도 전방압박도 아니라는 걸 전 세계에 확인시키면서 트렌드를 바꾼 가스페리니 감독. 축구의 승패는 공수 전환 상황에서 갈리므로, 더 잦은 전환을 유도하면서 확률 높은 공격을 할 수만 있다면 상대보다 이득을 보게 된다는 진리를 간파했다. 여기 가장 잘 맞는 포메이션이 3-4-3 계열이다. 아탈란타는 이 포진에 어울리는 선수들로 알차게 구성돼 있다. 다만 파푸 고메스의 이적과 요시프 일리치치의 슬럼프 때문에 2선의 창의성이 실종된 상태인데, 이 문제는 탁월한 드리블러 보가를 활용해 해소할 계획으로 보인다. 가스페리니 감독의 가장 큰 덕목은 선수에게 맞는 역할을 찾아주고 능력을 극대화하는 것이므로 이번 시즌에도 한층 성장하는 선수가 다수 등장할 것을 기대할 만하다. 또한 아탈란타는 선입견과 달리 전술적으로 꽤 유연한 팀이다. 가스페리니 감독은 스리백 계열의 기본 전략을 조금 틀어 변형 포백을 구사한 적도 있고, 선수들의 위치를 자유롭게 옮기며 상대에게 혼란을 야기할 줄 안다. 유럽대항전도 없겠다, 세리에A에 모든 힘을 쏟아 붓는다면 매 경기 전술 완성도를 높일 수 있을 것이다.

ITALY SERIE A

ATALANTA BC

강호냐 중하위권이냐, 이번 시즌이 분수령

아탈란타가 장기적인 강호로 자리매김할지, 짧았던 전성기를 마치고 중하위권으로 돌아갈지 이번 시즌에 갈릴 가능성이 높다. 앞서 3시즌 연속으로 세리에 A 3위를 차지했고, 유럽대항전 역시 경쟁력을 충분히 보여줬다. 하지만 연고지 인구가 적고 선배들에게 물려받은 유산이 빈약한 아탈란타는 언제든지 추락할 위험이 있는 팀이다. 게다가 선수단의 이면에서는 이미 불안요소가 엿보이고 있었다. 잔피에로 가스페리니 감독이 탁월한 전술적 역량과 달리 다른 구성원들과 종종 반목하는 성격이기 때문이다. '개국공신' 고메스가 떠난 것도 감독과의 불화가 원인이었고, 이어 지난 시즌 말에는 조반니 사르토리 단장까지 이탈했다. 사르토리 단장은 가스페리니 감독에게 저비용·고효율 선수단을 안겨줬던 뛰어난 역량의 소유자였지만 이젠 아탈란타에 없다. 이처럼 쉽지 않은 상황에서 맞이하는 시즌이다. 새로운 디렉터들이 팀에 도움되는 선수를 잘 골라왔는지, 가스페리니 감독의 전술과 리더십은 여전히 유효한지, 팀 내에서 또 내분이 일어날 위험은 없는지, 선수들의 기량이 얼마나 향상될지 다각도로 검증될 것이다.

TEAM RATINGS

슈팅 8 · 패스 7 · 수비력 7 · 선수층 8 · 감독 9 · 조직력 7

중앙 점수 46

2021/22 프로필

팀 득점	65
평균 볼 점유율	55.00%
패스 정확도	79.90%
평균 슈팅 수	15.9
경고	85
퇴장	2

골 타 입		
오픈 플레이	77	
세트 피스	6	
카운터 어택	5	
패널티 킥	8	
자책골	5	단위 (%)

패 스 타 입		
쇼트 패스	87	
롱 패스	10	
크로스 패스	3	
스루 패스	0	단위 (%)

IN & OUT

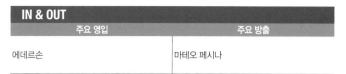

주요 영입	주요 방출
에데르손	마테오 페시나

TEAM FORMATION

FW B+ / MF B+ / DF C+ / GK C+

91 사파타 (무리엘)

10 보가 (일리치치) · 18 말리노프스키 (파살리치)

3 멜레 · 11 프로일러 (에데르손) · 15 더론 (쿱프메이너스) · 33 하테부어 (차파코스타)

19 짐시티 (오콜리) · 28 데미랄 · 2 톨로이 (스칼비니)

1 무소

PLAN 3-4-2-1

지역 점유율

공격 진영 33%
중앙 44%
수비 진영 24%

공격 방향

38% 왼쪽 · 26% 중앙 · 36% 오른쪽

슈팅 지역

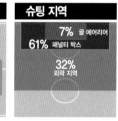

7% 골 에어리어
61% 패널티 박스
32% 외곽 지역

상대팀 최근 6경기 전적

구분	승	무	패
AC 밀란	2	1	3
인테르		4	2
나폴리	3	1	2
유벤투스	2	3	1
라치오	3	2	1
로마	3	1	2
피오렌티나	3		3
아탈란타			
엘라스 베로나	3	1	2
토리노	3	2	1
사수올로	4	1	1
우디네세	4	2	
볼로냐	3	2	1
엠폴리	3	1	2
스페치아	4	2	
삼프도리아	4	1	1
살레르니타나	4	2	
레체	3	3	
크레모네세	5	1	
몬차	5		1

SQUAD

포지션	등번호	이름		생년월일	키(cm)	체중(kg)	국적
GK	1	후안 무소	Juan Musso	1994.05.06	191	93	아르헨티나
	57	마르코 스포르티엘로	Marco Sportiello	1992.05.10	192	92	이탈리아
DF	2	하파엘 톨로이	Rafael Toloi	1990.10.10	185	75	이탈리아
	3	요아킴 멜레	Joakim Maehle	1997.05.20	185	79	덴마크
	6	호세 루이스 팔로미노	Jose Luis Palomino	1990.01.05	188	87	아르헨티나
	19	베라트 짐시티	Berat Djimsiti	1993.02.19	190	83	알바니아
	28	메리흐 데미랄	Merih Demiral	1998.03.05	190	85	튀르키예
	33	한스 하테부어	Hans Hateboer	1994.01.09	185	72	네덜란드
	42	조르조 스칼비니	Giorgio Scalvini	2003.12.11	194	76	이탈리아
	77	다비데 차파코스타	Davide Zappacosta	1992.06.11	182	70	이탈리아
	-	칼레브 오콜리	Caleb Okoli	2001.07.13	187	81	이탈리아
MF	7	퇸 쿱프메이너스	Teun Koopmeiners	1998.02.28	183	77	네덜란드
	11	레모 프리울러	Remo Freuler	1992.04.15	180	80	스위스
	13	에데르손	Ederson	1993.08.17	188	89	브라질
	15	마르턴 더룬	Marten de Roon	1991.03.29	185	76	네덜란드
	18	루슬란 말리노프스키	Ruslan Malinovskyi	1993.05.04	181	79	우크라이나
	59	알렉세이 미란추크	Aleksey Miranchuk	1995.10.17	182	74	러시아
	88	마리오 파살리치	Mario Pasalic	1995.02.09	188	82	크로아티아
FW	9	루이스 무리엘	Luis Muriel	1991.04.16	179	79	콜롬비아
	10	제레미 보가	Jeremie Boga	1997.01.03	172	68	프랑스
	72	조시프 일리치치	Josip Ilicic	1998.01.29	190	80	슬로베니아
	91	두반 사파타	Duvan Zapata	1991.04.01	189	88	콜롬비아
	-	아데몰라 루크먼	Ademola Lookman	1997.10.20	174	76	나이지리아

ITALY SERIE A

ATALANTA BC

잔 피에로 가스페리니
Gian Piero Gasperini
1958년 1월 26일생 이탈리아

토리노 근교 출신의 탁월한 전술가. 고향 팀이라고 할 수 있는 유벤투스에서 선수 경력을 시작했지만 빅 클럽에 오래 머무르지는 못했다. 감독으로 변신한 뒤에는 제노아에서 돌풍을 일으키는가 하면 명문 인테르에서 팀에 맞지 않는 전술을 쓰다가 체면만 구기고 경질되는 등 종잡을 수 없는 인물이었다. 그 뒤로는 팔레르모와 제노아에서 그저 그런 성적을 내는 데 그치면서 흔한 이탈리아 감독 중 한 명으로 굳어지는 듯 보였다. 하지만 2016년 부임한 아탈란타에서 달라졌다. 만지는 선수마다 황금으로 바꾸는 미다스의 손, 그리고 황금덩이 11개를 모아 가치를 극대화하는 전술가의 면모를 아울러 보여줬다. 세리에A 올해의 감독상 2회, 언론사 투표로 선정하는 판치나도로 2회 수상에 빛나는 지도력이었다. 베르가모 명예시민증을 받으며 축구팀을 넘어 연고지의 레전드로 인정받았다.

MF 88 마리오 파살리치 / Mario Pasalic

국적: 크로아티아

파살리치는 공격패턴이 한정돼 있고, 비중이 작은 선수로 치부돼 왔다. 그런데 팀 공격이 안 풀렸던 지난 시즌에는 오히려 파살리치의 단순하고 우직한 공격이 잘 통했다. 미드필더치고 큰 키와 좋은 문전 침투 감각을 활용해 득점에 가담하는 것이 유일한 장점인데, 이를 활용해 무려 13골을 넣으며 팀 내 득점 1위를 기록한 것. 원래 괜찮았던 득점 감각이 한층 성장했으므로 이번 시즌 역시 선발 출장이 잦을 것으로 기대된다. 상승세를 크로아티아 대표팀까지 이어가, 오랫동안 벤치 멤버에 가까웠지만 카타르 월드컵에서는 선발로 출격할 가능성까지 거론되고 있다. 첼시 소속으로 임대를 다니기 시작한 뒤 무려 8년 만에 기량이 정점에 도달한 듯 보인다.

출전경기	경기시간(분)	골	어시스트	경고	퇴장
37	2,010	13	6	3	-

GK 1 후안 무소 / Juan Musso

국적: 아르헨티나

선방 능력이 뛰어난 아르헨티나 대표 골키퍼. 빌드업 능력도 준수해, 강팀에서도 잘 할 선수라는 평가를 받곤 했다. 우디네세 골문을 3시즌 동안 맡으며 리그 내 상위권 기량을 인정받았고, 이적 후 첫 시즌도 무난하게 보냈다. 아탈란타는 매 시즌 골키퍼 2명에게 번갈아 기회를 주는 팀이었지만 지난 시즌은 무소가 별다른 경쟁 없이 쭉 뛰었다. 아탈란타에서는 부동의 주전, 아르헨티나 대표팀에서는 2순위 골키퍼다.

출전경기	경기시간(분)	실점	무실점(경기)	경고	퇴장
33	2,933	42	8	1	1

DF 3 요아킴 멜레 / Joakim Maehle

국적: 덴마크

덴마크와 벨기에를 거쳐 지난해 1월 아탈란타에 합류한 윙백. 프로에서는 그리 돋보이는 선수가 아니었는데, 유로 2020에서 덴마크의 4강 돌풍에 큰 역할을 하며 주목받았고 아탈란타의 스카우트 능력까지 새삼 높은 평가를 받았다. 오른발잡이지만 왼쪽에서도 능숙하게 뛸 수 있다. 다만 대표팀에서 뛰어난 공격력을 발휘한 것과 달리 아탈란타로 돌아온 뒤에는 그다지 파괴력 넘치는 모습은 아니었다. 생산성 개선이 필요하다.

출전경기	경기시간(분)	골	어시스트	경고	퇴장
26	1,468	1	1	2	-

DF 19 베라트 짐시티 / Berat Djimsiti

국적: 알바니아

스위스 취리히에서 태어나 축구 경력을 시작했지만, 국적은 알바니아다. 큰 키와 덩치에서 나오는 제공권이 먼저 눈에 띈다. 상대 수비수를 성가시게 만드는 일대일 수비, 공이 흘러갈 때는 기대 이상의 민첩한 몸놀림으로 끊어버릴 수 있는 태클 능력도 갖췄다. 공 다루는 기술이 좋다고는 할 수 없지만 압박이 없는 상황에서는 정확한 패스를 미드필더에게 줄 수 있다. 좀 더 민첩한 스리백 동료들과 시너지 효과를 낸다.

출전경기	경기시간(분)	골	어시스트	경고	퇴장
31	2,257	1	1	6	-

DF 28 메리흐 데미랄 / Merih Demiral

국적: 튀르키예

유벤투스에서 받았던 엄청난 기대는 결국 충족하지 못했지만, 지난 시즌 아탈란타로 옮겨 부활에 성공했다. 지난 2019년 유벤투스 이적 당시 평가는 강력한 운동능력과 적극성을 활용해 상대 공격을 미연에 끊어버리는 특급 센터백이었다. 하지만 크고 작은 부상을 여러 번 당하면서 특색이 옅어지고 말았다. 아탈란타에서는 경기당 공중볼 획득 리그 7위(3.0), 가로채기 리그 7위(2.1)로 완전 부활한 모습이다.

출전경기	경기시간(분)	골	어시스트	경고	퇴장
28	1,916	1	2	8	-

DF 33 한스 하테부어 / Hans Hateboer

국적: 네덜란드

스피드나 기술이 아닌 장신을 활용해 공격에 도움을 주는 독특한 윙백. 성큼성큼 상대 문전까지 침투해 롱 패스를 받고 재빨리 연계하는 것이 특기다. 다만 연차가 쌓일수록 공격 포인트가 늘어나던 흐름이 지난 시즌에 깨졌다. 지난 시즌에는 부상으로 거른 경기가 많다고는 하지만 공격 포인트를 단 하나도 기록하지 못했다. 하테부어를 비롯한 윙백들의 공격력 저하는 아탈란타의 순위가 떨어진 원인 중 하나였다.

출전경기	경기시간(분)	골	어시스트	경고	퇴장
21	1,391	-	-	2	-

DF 42 조르조 스칼비니 / Giorgio Scalvini

국적: 이탈리아

19세에 불과한데다 프로 경력도 부족하지만, 이탈리아 대표팀에서 일찌감치 데뷔전을 치르며 큰 화제를 모았던 유망주. 지난 시즌 아탈란타 수비수들이 줄줄이 이탈하면서 스칼비니가 뛸 수밖에 없는 상황이 됐는데, 기대 이상으로 잘 헤쳐 나갔다. 2m 가까운 장신에 공 다루는 기술도 좋아서 빌드업 측면에서도 많은 기대를 받고 있다. 가스페리니 감독은 "새로운 바스토니가 될 수 있다"고 했다.

출전경기	경기시간(분)	골	어시스트	경고	퇴장
18	761	1	-	1	-

DF 77 다비데 차파코스타
Davide Zappacosta

국적: 이탈리아

기대 이상의 경기력으로 주전 자리를 차지했고, 1골 5도움을 기록하며 '축구력'을 거의 회복한 왕년의 스타 윙백. 다른 팀에 갔다가 아탈란타로 돌아오기를 두 번 반복했다. 그 사이에 토리노에서 스타급 윙백으로 발돋움하고, 첼시로 이적했다가, 자리잡지 못하고 임대를 전전하는 등 평지풍파를 많이 겪었다. 공격 시 측면을 타고 전진해 크로스를 올리는 단순한 패턴에 의존하는 경향이 있지만 크로스가 꽤 정확하다.

출전경기	경기시간(분)	골	어시스트	경고	퇴장
34	2,360	1	5	6	-

MF 7 퇸 쾨프메이너르스
Teun Koopmeiners

국적: 네덜란드

왼발에서 정확한 롱패스와 강력한 중거리 슛이 수시로 발사되는 미드필더다. 1년 전 영입 당시에는 기존 중앙 미드필더들과 다른 캐릭터를 팀에 부여해 줄 거라는 기대를 받았는데, 기대에 부응한 경기도 있었지만 기동력 부족으로 중원 장악에 실패하는 경우도 많았다. 때로는 공격형 미드필더로 전진해 뛰었는데 기대 이상의 득점 생산성을 보여주기도 했다. 이번 시즌 가스페리니 감독의 활용법이 궁금한 선수다.

출전경기	경기시간(분)	골	어시스트	경고	퇴장
30	2,129	4	1	4	-

MF 11 레모 프로일러
Remo Freuler

국적: 스위스

스위스의 루체른에서 뛰던 무명 미드필더를 단돈 200만 유로에 영입한 아탈란타의 혜안이 빛났던 경우. 더론보다 좀 더 패스 전개에 대한 기여도가 높은 또 한 명의 핵심 미드필더다. 공 탈취 기록이 경기당 2.4회(리그 5위)로 수비 가담에 열심이다. 다만 요령이 좀 부족해서 지난 시즌 경고를 10회나 받았다. 이번 시즌은 유럽대항전에 불참하는 만큼 세리에A 경기에 집중할 수 있을 것으로 보인다.

출전경기	경기시간(분)	골	어시스트	경고	퇴장
29	2,380	1	3	10	-

MF 13 에데르손
Ederson

국적: 브라질

지난 1월 잔류를 위해 몸부림치던 살레르니타나가 브라질의 실력파 미드필더 에데르손을 과감하게 영입했는데, 결과는 대성공이었다. 에데르손은 잔류 미션을 성공하는 동시에 세리에A 팀들의 이목을 끌었다. 특히 아탈란타 상대로 득점을 기록하면서 에데르손의 기량을 누구보다 실감한 가스페리니 감독이 적극적으로 영입을 추진했다. 공격력을 겸비한 중앙 미드필더로서 2선과 3선 모두 소화할 수 있을 것으로 기대된다.

출전경기	경기시간(분)	골	어시스트	경고	퇴장
15	1,153	2	1	5	-

MF 15 마르턴 더론
Marten de Roon

국적: 네덜란드

여전히 대체자가 없는 아탈란타 중원의 핵심. 팀에서 가장 터프하고 수비적인 미드필더다. 스리백 위에 중앙 미드필더를 2명씩 배치하는 전술이 잘 작동하려면 더론처럼 수비 범위 넓은 미드필더가 꼭 필요하다. 유머 감각도 있고 팬 서비스도 잘 하는 편이다. 가끔 유머 콘텐츠를 제작하는데, 아탈란타 공식 매장에서 자신의 유니폼을 사는 팬에게 사인을 해주겠다고 몰래 기다렸지만 허탕치고 집에 돌아가는 식의 내용이다.

출전경기	경기시간(분)	골	어시스트	경고	퇴장
30	2,549	3	-	5	1

MF 18 루슬란 말리노프스키
Ruslan Malinovskyi

국적: 우크라이나

우크라이나에서 온 왼발의 램파드. 미드필더로서 종합적인 기량은 떨어진다고 볼 수 있지만, 약간의 발재간으로 틈을 만든 뒤 왼발로 꽂아 넣는 중거리 슛의 파괴력이 엄청나다. 하지만 아탈란타 첫 시즌에 8골 12도움으로 맹활약한 것과 달리 지난 시즌은 6골 4도움으로 딱 절반의 공격 포인트에 그쳤다. 나쁘지 않은 수치지만 아탈란타가 얼마나 공격적인 팀인지 감안할 때는 아쉬운 수치였다. 한층 성장할 필요가 있다.

출전경기	경기시간(분)	골	어시스트	경고	퇴장
30	1,603	6	4	10	-

FW 9 루이스 무리엘
Luis Muriel

국적: 콜롬비아

아탈란타 공격의 마스튀르키예. 왕년에 호나우두에 비견됐을 정도로 폭발력이 엄청났던 공격수. 경력이 잘 풀리지 않아 유럽 7팀을 전전하다, 2019년 아탈란타에 안착한 뒤 마침내 제 기량을 선보이고 있다. 선발로도 강력하고, 후반 교체 요원으로도 강력하다. 지난 시즌 경기당 키 패스 리그 5위(2.2), 드리블 성공 2위(2.3)로 동료의 기회를 창출해주는 플레이까지 능하다는 걸 다시 한 번 증명했다.

출전경기	경기시간(분)	골	어시스트	경고	퇴장
27	1,543	9	8	1	-

FW 10 제레미 보가
Jeremie Boga

국적: 코트디부아르

가스페리니 감독이 새 시즌의 키 플레이어로 꼽은 바 있는 드리블의 달인. 세리에A 경기당 드리블 수치 부문에서 2019/20시즌 1위, 2020/21시즌 2위를 기록했다. 순식간에 수비수 사이를 빠져나가면서도 공을 발에 붙이고 있는 기술의 소유자다. 2019/20시즌은 리그 11골로 득점력까지 보여줬다. 아탈란타 합류 후에는 기대한 만큼 막강한 파괴력을 보이진 못했기 때문에 여러모로 폼 회복이 절실하다.

출전경기	경기시간(분)	골	어시스트	경고	퇴장
27	1,437	-	2	1	-

FW 91 두반 사파타
Duvan Zapata

국적: 콜롬비아

긴 다리로 상대 수비 사이를 비집고 들어간 뒤, 날아오는 공에 신체 어느 부위든 갖다 대서 골을 만들 줄 아는 공격수다. 공간이 보이면 재빨리 치고 나가는 드리블도 좋은 무기다. 팀 전성기의 주전 공격수로 활약해 왔지만, 첫 시즌 23골을 기록한 뒤 18골, 15골, 10골로 갈수록 수치가 하락했다는 것이 아쉽다. 지난 시즌 경기당 슛 리그 3위, 소유권 상실 7위를 기록한 저효율 공격수였다.

출전경기	경기시간(분)	골	어시스트	경고	퇴장
24	1,732	10	4	3	-

ITALY SERIE A

ATALANTA BC

엘라스 베로나 FC

Hellas Verona FC

TEAM PROFILE	
창 립	1903년
구 단 주	마우리치오 세티(이탈리아)
감 독	가브리엘레 치오피(이탈리아)
연 고 지	베로나
홈 구 장	마르칸토니오 벤테고디(3만 9,371명)
라 이 벌	–
홈페이지	www.hellasverona.it

최근 5시즌 성적

시즌	순위	승점
2017-2018	19위	25점(7승4무27패, 30득점 78실점)
2018-2019	없음	없음
2019-2020	9위	49점(12승13무13패, 47득점 51실점)
2020-2021	10위	45점(11승12무15패, 46득점 48실점)
2021-2022	9위	53점(14승11무13패, 65득점 59실점)

SERIE A (전신 포함)

통 산	우승 1회
21-22 시즌	9위(14승11무13패, 승점 59점)

COPPA ITALIA

통 산	없음
21-22 시즌	32강

UEFA

통 산	없음
21-22 시즌	없음

경기 일정

라운드	날짜	장소	상대팀
1	2022.08.16	홈	나폴리
2	2022.08.22	원정	볼로냐
3	2022.08.29	홈	아탈란타
4	2022.09.01	원정	엠폴리
5	2022.09.05	홈	삼프도리아
6	2022.09.11	원정	라치오
7	2022.09.18	원정	피오렌티나
8	2022.10.02	홈	우디네세
9	2022.10.09	원정	살레르니타나
10	2022.10.16	홈	AC 밀란
11	2022.10.23	원정	사수올로
12	2022.10.30	홈	AS 로마
13	2022.11.06	원정	AC 몬차
14	2022.11.09	홈	유벤투스
15	2022.11.13	홈	스페치아
16	2023.01.04	원정	토리노
17	2023.01.08	홈	US 크레모네세
18	2023.01.15	원정	인테르
19	2023.01.22	홈	레체
20	2023.01.29	원정	우디네세
21	2023.02.05	홈	라치오
22	2023.02.12	홈	살레르니타나
23	2023.02.19	원정	AS 로마
24	2023.02.26	홈	피오렌티나
25	2023.03.05	원정	스페치아
26	2023.03.12	홈	AC 몬차
27	2023.03.19	원정	삼프도리아
28	2023.04.02	원정	유벤투스
29	2023.04.08	홈	사수올로
30	2023.04.16	원정	나폴리
31	2023.04.23	홈	볼로냐
32	2023.04.30	원정	US 크레모네세
33	2023.05.03	홈	인테르
34	2023.05.07	원정	레체
35	2023.05.14	홈	토리노
36	2023.05.21	원정	아탈란타
37	2023.05.28	홈	엠폴리
38	2023.06.04	원정	AC 밀란

전력 분석 · 2선 공격수 대신 장신 스트라이커 보강

지난 시즌 좋은 활약을 보여줬던 잔루카 카프라리, 큰 기대를 모았던 마테오 칸첼리에리 등 일부 선수가 떠났다. 여기에 카프라리와 함께 막강한 스리 톱을 이뤘던 조반니 시메오네와 안토닌 바라크까지 이적설이 끊이지 않아 시즌 도중 이탈할 가능성도 염두에 둬야 한다. 감독 교체를 맞아 2선 공격수였던 카프라리를 떠나보내고 장신 스트라이커를 여럿 영입한 건 전술 변화를 주겠다는 의도로 볼 수 있다. 살레르니타나 잔류의 중심이었던 밀란 듀리치, 베네치아는 강등됐지만, 그 가운데 준수한 평가를 받았던 토마스 앙리는 모두 강력한 제공권과 몸싸움 능력을 가진 스트라이커다. 다른 포지션에는 베로나의 세리에A 생존에 큰 역할을 해 온 스리백 기반 포메이션과 그 핵심 멤버들이 잘 남아 있다. 좌우 윙백 자리의 터줏대감 다르코 라조비치, 다비데 파라오니가 여전하다. 중원에는 준수한 재능을 싸게 수집해 육성한 결과 이반 일리치, 아드리앵 타메즈처럼 강팀이 눈독 들이는 선수들이 포진했다. 수비진은 스타라 할 만한 선수가 없지만 코라이 귄터를 중심으로 다양한 스타일의 중견 수비수가 공존하고 있다. 로렌초 몬티포가 지난 시즌에 이어 골문을 책임진다.

전술 분석 · 스리백은 그대로, 투톱일까 스리톱일까?

지난 시즌 이고르 투도르 감독은 베로나 전술의 근간인 스리 톱을 유지하되, 끈질긴 플레이 중심의 3-5-2 포메이션에서 벗어나 공수전환이 빠르고 과감한 3-4-3 포메이션을 도입했다. 한 마디로 아탈란타의 아류가 되었다는 뜻인데, 이 전략이 잘 먹혔다. 베로나의 순위는 앞선 시즌보다 단 한 계단 올라간 9위였지만 경기 내용은 매력적이었고 공격 자원들의 역량을 끌어내 팀의 가치를 높이는 효과도 있었다. 역량을 인정받은 투도르 감독은 올랭피크 마르세유로 스카우트됐다. 그 후임인 가브리엘레 초피 감독은 베로나에 더 익숙한 전략인 투 톱으로 회귀하려는 듯 보인다. 공격형 미드필더처럼 뛰어온 바라크가 약간 후퇴해 메찰라처럼 뛸 수도 있으니 현재 선수단에 적용하기 쉽다. 감독이 바뀌어도 베로나의 가장 큰 특징들은 여전할 것으로 보인다. 대표적인 건 공중볼 획득 능력인데, 지난 시즌 이 부문 3위인 경기당 18.2회를 기록한 바 있다. 개선될 것으로 기대되는 부분은 퇴장. 지난 시즌 갑자기 빨라진 경기 템포를 따라가려다 퇴장당하는 선수가 여럿 나오면서 이 부문 공동 4위(7회)였는데, 이번 시즌은 한결 효율적인 경기 운영이 기대된다.

ITALY SERIE A

HELLAS VERONA FC

시즌 프리뷰 팀 컬러로 자리 잡은 생존전략

승격 후 생존의 모범사례로 자리매김하고 있는 베로나. 한때는 지역 라이벌 키에보와 달리 팀 컬러가 뭔지 알 수 없는 팀이었다. 그 시기에는 승격했다가도 곧 떨어지는 행보를 반복했다. 당시 전력을 강화하려고 무분별하게 영입한 선수 중 하나가 바로 이승우였는데, 바르셀로나 출신 구세주가 나오길 바라며 긁어본 '복권'은 결국 당첨되지 않았다. 그런데 2019년 승격한 뒤 이반 유리치 감독이 스리백에 기반을 둔 끈끈한 팀 컬러를 정착시켰다. 지난 시즌은 에우세비오 디 프란체스코 감독을 선임해 새로운 시도를 해 보려다, 초반 연패 행진에서 심상찮음을 느끼고 재빨리 감독을 경질하는 결단력을 보여줬다. 당시에는 대신 데려올 감독이 투도르밖에 없었냐는 불만이 일었지만, 시즌이 끝난 뒤 대성공으로 판명됐다. 투도르 감독이 공격 축구 성향을 첨가해 변형을 가했지만, 팀의 근간은 여전했다. 스리백에 대한 높은 이해도, 효율적인 축구에 잘 맞는 선수단으로 인정받는 어엿한 중위권 팀이다. 누가 와도 이 컬러만 해치지 않는다면 중간은 간다. 이번 시즌도 '유럽대항전은 못 나가지만 강등도 안 당하는' 팀이 기대되는 이유다.

IN & OUT

주요 영입	주요 방출
토마스 앙리, 밀란 듀리치, 조시 도이그, 잔자코모 마냐니(임대복귀), 메르트 체틴(임대복귀)	잔루카 카프라리, 다니엘 베사, 마테오 칸첼리에리, 니콜로 카살레

TEAM FORMATION

PLAN 3-5-2

TEAM RATINGS

슈팅 7 패스 6
조직력 7 **40** 수비력 7
감독 6 선수층 7

2021/22 프로필

팀 득점	65
평균 볼 점유율	50.50%
패스 정확도	76.70%
평균 슈팅 수	12.2
경고	90
퇴장	7

골 타 입		
오픈 플레이		77
세트 피스	5	
카운터 어택	5	
패널티 킥	11	
자책골	3	단위 (%)

패 스 타 입		
쇼트 패스		83
롱 패스	14	
크로스 패스	4	
스루 패스	0	단위 (%)

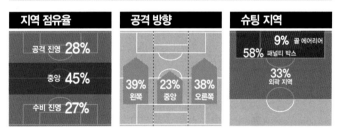

지역 점유율
공격 진영 28%
중앙 45%
수비 진영 27%

공격 방향
39% 왼쪽 23% 중앙 38% 오른쪽

슈팅 지역
9% 골 에어리어
58% 패널티 박스
33% 외곽 지역

상대팀 최근 6경기 전적

구분	승	무	패
AC 밀란		2	4
인테르		1	5
나폴리	1	2	3
유벤투스	2	2	2
라치오	2	2	2
로마	2	1	3
피오렌티나	1	4	1
아탈란타	2	1	3
엘라스 베로나			
토리노		4	2
사수올로	1	1	4
우디네세	2	3	1
볼로냐	1	3	2
엠폴리	2	1	3
스페치아	5	1	
삼프도리아	1	1	4
살레르니타나	2	2	2
레체	2	1	3
크레모네세	2	3	1
몬차	4	2	

SQUAD

포지션	등번호	이름		생년월일	키(cm)	체중(kg)	국적
GK	1	로렌초 몬티포	Lorenzo Montipo	1996.02.20	191	72	이탈리아
DF	2	브루노 아미오네	Bruno Amione	2002.01.03	187	86	아르헨티나
	3	조시 도이그	Josh Doig	2002.05.18	189	82	스코틀랜드
	5	다비데 파라오니	Davide Faraoni	1991.10.25	180	71	이탈리아
	17	페데리코 체케리니	Federico Ceccherini	1992.05.11	187	72	이탈리아
	21	코라이 귄터	Koray Gunter	1994.08.16	186	79	독일
	23	잔자코모 마냐니	Giangiacomo Magnani	1995.10.06	191	87	이탈리아
	27	파벨 다비도비츠	Pawel Dawidowicz	1995.05.20	189	80	폴란드
	42	디에고 코폴라	Diego Coppola	2003.12.28	192	88	이탈리아
	45	파나지오티스 레츠오스	Panagiotis Retsos	1998.08.09	186	82	그리스
MF	4	미겔 벨로수	Miguel Veloso	1986.05.11	180	79	포르투갈
	7	안토닌 바라크	Antonin Barak	1994.12.03	190	86	체코
	8	다르코 라조비치	Darko Lazovic	1990.09.15	181	66	세르비아
	14	이반 일리치	Ivan Ilic	2001.03.17	185	78	세르비아
	28	마테우시 프라셀리크	Mateusz Praszelik	2000.09.26	184	77	폴란드
	61	아드리앵 타메즈	Adrien Tameze	1994.02.04	180	78	카메룬
	72	알레산드로 코르티노비스	Alessandro Cortinovis	2001.01.25	180	70	이탈리아
	78	마르탱 옹글라	Martin Hongla	1998.03.16	181	77	카메룬
FW	9	토마스 앙리	Thomas Henry	1994.09.20	192	86	프랑스
	11	케빈 라자냐	Kevin Lasagna	1992.08.10	185	80	이탈리아
	13	마리우시 스테핀스키	Mariusz Stepinski	1995.05.12	183	80	폴란드
	19	밀란 듀리치	Milan Djuric	1990.05.22	199	99	보스니아 헤르체고비나
	20	로베르토 피콜리	Roberto Piccoli	2001.01.27	190	85	이탈리아
	99	조반니 시메오네	Giovanni Simeone	1995.07.05	181	81	아르헨티나
	-	류보미르 툽타	Lubomir Tupta	1998.05.27	181	73	슬로바키아

가브리엘레 초피 Gabriele Cioffi
1975년 9월 7일생 이탈리아

코치로 오랜 경력을 쌓은 지도자다. 경력 초반에는 오스트레일리아 구단의 유소년팀을 지도했을 정도로 밑바닥부터 시작해 차근차근 역량을 키웠다. 이후 헹크 텐카테, 잔프랑코 졸라 등을 보좌했고, 정식 감독을 맡은 건 2018/19시즌 잉글랜드 4부의 크롤리 타운이 전부였다. 우디네세에서 루카 고티 감독을 보좌했는데, 이때 몇 가지 운명적인 사건이 일어났다. 먼저 고티 감독이 코로나19로 이탈하면서 초피 대행이 우디네세를 이끌게 됐는데 라치오를 격파하는 등 기대 이상의 역량을 보여줬다. 그리고 우디네세 경영진은 고티를 경질하면서 초피의 대행 능력을 기억해내고 아예 지휘봉을 맡겼다. 초피는 우디네세를 강등 위기에서 구해 12위까지 올려놓으면서 역량을 입증했다. 그리고 이번 시즌 베로나와 2년 계약을 맺고 새 감독으로 부임해 마침내 어엿한 세리에A 감독이 됐다.

FW	99	조반니 시메오네
		Giovanni Simeone

국적: 아르헨티나

아틀레티코 마드리드 '두목님' 시메오네의 아들로 유명한 공격수. 아버지처럼 투지가 넘친다. 경력을 돌아보면 두 자릿수 득점을 2시즌 마다 한 번씩 달성하는 '격년제 공격수'였다. 지난 시즌 베로나에 합류해 17골로 개인 최다 득점을 기록했다. 지난 시즌 경기당 오프사이드 리그 2위(1.0), 소유권 상실 횟수 1위(2.3)라는 수치가 보여주듯 팀 공격을 끊는 플레이가 잦은 선수지만 그건 과감하게 득점을 노리는 플레이에서 나오는 부산물이다. 나쁘지 않은 스피드와 몸싸움, 괜찮은 득점 감각, 종종 좋은 볼 터치를 보여주는 테크닉 등을 겸비하고 있는 '작은 육각형'의 공격수다. 여기에 집중력과 투지를 더하기 때문에 실제 경기력은 평균 이상을 발휘할 수 있다.

출전경기	경기시간(분)	골	어시스트	경고	퇴장
36	2,675	17	5	8	-

GK	1	로렌초 몬티포
		Lorenzo Montipò

국적: 이탈리아

하부 리그의 시에나, 카르피, 베네벤토 등에서 꾸준히 주전급으로 뛰었다. 그러면서 이탈리아 U18 시작으로 각 연령별 대표를 두루 거쳤다. 2020년 베네벤토의 승격에 힘을 보탰다가, 한 시즌을 버티지 못하고 다시 세리에 B로 떨어지는 팀을 떠나 단돈 100만 유로에 베로나로 합류했다. 지난 시즌 처음 베로나로 이적해 세이브 총횟수 리그 10위(89)를 기록, 딱 중간 정도 활약을 보여줬다.

출전경기	경기시간(분)	실점	무실점(경기)	경고	퇴장
34	3,060	50	4	1	-

DF	5	다비데 파라오니
		Davide Faraoni

국적: 이탈리아

팀 측면공격의 한 축이다. 라치오와 인테르를 거친 특급 유망주였는데, 측면 수비뿐 아니라 공격까지 소화할 수 있는 탁월한 재능을 높게 평가받았다. 2011/12시즌 과도기에 있던 인테르 1군에서 한동안 선발 멤버로 활약하기도 했다. 이후 여러 팀을 거쳐 베로나에 합류했는데 윙백을 적극적으로 활용하는 팀 공격과 지닌 능력이 잘 맞아떨어졌다. 매 시즌 공격 포인트를 10개 정도 기록하며 활약 중.

출전경기	경기시간(분)	골	어시스트	경고	퇴장
32	2,583	4	6	6	1

DF	17	페데리코 체케리니
		Federico Ceccherini

국적: 이탈리아

반칙을 감수해 가며 상대 공격수를 거칠게 다루는 전형적인 스토퍼다. 지난 시즌에도 경기당 반칙이 1.7회로 팀 내 최다였고, 경고를 시즌 10회나 받았다. 리보르노에서 20세부터 주전으로 뛰기 시작, 승격과 강등을 모두 맛봤다. 4시즌 뒤 크로토네로 이적했고 이후 피오렌티나를 거쳐 베로나에서 활약하고 있다. 전반적인 수비 지표가 피오렌티나 시절보다 하락했지만, 기량 문제라기보다 팀 컬러 문제로 보인다.

출전경기	경기시간(분)	골	어시스트	경고	퇴장
34	2,375	1	-	10	1

DF	21	코라이 귄터
		Koray Günter

국적: 독일

튀르키예계 독일 수비수로, 튀르키예 청소년대표로 먼저 뛰다가 독일에 '영입'됐을 정도로 인기 많은 수비 유망주였다. 한때 도르트문트의 미래를 책임질 거라는 기대를 받기도 했다. 기대만큼 성장진 못했지만, 2018년 세리에A로 넘어온 뒤 1군 선수로 자리잡고 꾸준히 성장했다. 지난 시즌 경기당 공중볼 획득 리그 8위(3.0), 가로채기 5위(2.3)로 훌륭한 수비 기록을 남겼다. 주로 스리백 중 가운데를 맡는다.

출전경기	경기시간(분)	골	어시스트	경고	퇴장
29	2,414	-	-	10	-

DF	27	파벨 다비도비츠
		Paweł Dawidowicz

국적: 폴란드

베로나와 함께 성장 중인 수비수다. 프로 선수로 자리 잡기 위해 폴란드를 떠나 포르투갈, 독일, 이탈리아 하부 리그를 거쳤다. 2018년 베로나에 합류했고, 1년 뒤 팀 승격과 함께 세리에A 선수가 됐다. 처음엔 후보였지만 기회를 놓치지 않고 준수한 플레이로 주전 자리를 꿰찼다. 성장세를 인정받아 지난해부터 폴란드 대표로 꾸준히 소집되기 시작했고, 4년 전 놓친 월드컵 참가를 꿈꾸고 있다.

출전경기	경기시간(분)	골	어시스트	경고	퇴장
17	1,196	-	-	3	-

DF	23	잔자코모 마냐니
		Giangiacomo Magnani

국적: 이탈리아

일찍 하향세를 타기 시작한 센터백이다. 프로 데뷔 후 3부에서 3시즌, 2부에서 1시즌 머무르다가 2018년 사수올로로 스카우트돼 세리에A 무대를 밟은 건 좋았다. 이후 브레시아를 거쳐 2020년 베로나로 합류, 첫 시즌은 요긴한 로테이션 멤버로 뛰었다. 하지만 지난 시즌은 후반기에 삼프도리아로 임대됐는데 출장시간 확보에 실패했다. 최근 성적은 아쉽지만, 아직 27세에 불과한 선수여서 희망은 있다.

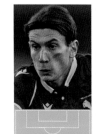

출전경기	경기시간(분)	골	어시스트	경고	퇴장
18	765	-	-	3	1

ITALY SERIE A

HELLAS VERONA FC

PLAYERS

| MF | 4 | 미겔 벨로수
Miguel Veloso |

국적: 포르투갈

한때 포르투갈의 미래를 이끌어 갈 특급 미드필더로 기대를 모았지만 그만큼 성장하지 못하고 가늘고 긴 경력을 이어가는 미드필더. 10년 전에는 파울루 벤투 포르투갈 감독(현 대한민국)의 총애를 받으며 유로 4강에 기여했다. 뛰어난 왼발 킥을 지닌 수비형 미드필더로, 2019/20시즌 합류해 베로나 돌풍의 핵심 역할을 했다. 현재 베로나 주장. 제노아 시절 엔리코 프레치오시 회장의 딸과 결혼했다.

출전경기	경기시간(분)	골	어시스트	경고	퇴장
22	1,347	-	3	5	1

| MF | 7 | 안토닌 바라크
Antonin Barak |

국적: 체코

득점 가담능력이 탁월한 미드필더. 큰 덩치로 상대 문전까지 침투하는 플레이가 특기다. 공격수들보다 도움은 적고 득점은 더 많이 올리는 성향이다. 2017/18시즌 우디네세 소속으로 리그 7골을 기록하면서 처음 두각을 나타냈다. 이후 2년 동안 어려움을 겪다가, 2020년 베로나에 합류하면서 좀 더 공격적인 위치를 맡아 장점을 회복했다. 지난 시즌 11골을 넣어 베로나 막강 스리 톱의 한 축을 맡았다.

출전경기	경기시간(분)	골	어시스트	경고	퇴장
29	2,348	11	4	4	-

| MF | 8 | 다르코 라조비치
Darko Lazović |

국적: 세르비아

원래 윙어였다가, 유리치 감독 시절 중앙을 잠그고 윙백을 통해 공격하는 특유의 공격 루트 때문에 왼쪽 윙백에 자리를 잡았다. 이 전술을 완벽하게 수행하면서 베로나에 없어서는 안 될 선수가 됐다. 일반적인 윙백의 동선과는 달리 한 번 접고 중앙으로 진출하거나, 상대 진영 깊숙한 곳에서 오래 머무르는 등 공격적인 플레이를 한다. 장거리 슛과 감각적인 돌파 등 하이라이트 필름이 화려한 선수이다.

출전경기	경기시간(분)	골	어시스트	경고	퇴장
34	2,783	1	7	2	-

| MF | 14 | 이반 일리치
Ivan Ilic |

국적: 세르비아

17세 때 맨시티로 스카우트돼 3년 동안 임대만 다니다 지난 2020년 베로나로 완전 이적했다. 이후 출장 시간을 빠르게 확보하면서 세리에A 수준의 미드필더로 인정받았다. 어렸을 때는 풀백 유망주였지만 미드필더로 자리를 잡은 뒤 성장이 한층 빨라졌다. 좋은 중원 장악력을 가진 왼발잡이 수비형 미드필더로, 꾸준히 경력이 쌓인 끝에 올여름부터 강팀들의 영입 리스트에 자주 거론되는 선수가 됐다.

출전경기	경기시간(분)	골	어시스트	경고	퇴장
32	2,537	1	4	5	1

| MF | 61 | 아드리앵 타메즈
Adrien Tameze |

국적: 카메룬

지난 시즌 멀티 플레이어로서 기여도가 높았던 미드필더다. 중앙 미드필더 자리에서도 주전급으로 활약했지만 다른 포지션에 결원이 생기면 좌우 윙백, 센터백, 공격형 미드필더까지 가리지 않고 만능 역할까지 맡았다. 한 시즌 1골을 넘긴 적이 없는 선수였는데 지난 시즌 4골 2도움으로 공격 기여도가 급성장했다. 특히 로마, 나폴리 등 강팀 상대로 득점을 이끌어내곤 했다. 프랑스 태생이지만 카메룬 대표를 택했다.

출전경기	경기시간(분)	골	어시스트	경고	퇴장
38	2,580	4	2	4	-

| MF | 78 | 마르탱 옹글라
Martin Hongla |

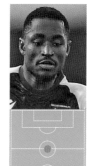

국적: 카메룬

소속팀 베로나에서는 타메즈가 주전이지만, 카메룬 대표팀에서는 망설이다 뒤늦게 합류한 타메즈와 달리 옹글라가 확고한 주전이다. 바르셀로나 B팀 경력도 있지만 자리잡지 못했다. 2019년 벨기에의 앤트워프로 이적해 2시즌 동안 주전으로 활약하며 능력을 인정받기 시작했다. 지난 시즌 베로나에 합류해 꾸준히 주전으로 뛴 건 아니지만 시즌 중 네이션스컵에 다녀온 점 등을 감안하면 나쁜 시즌은 아니었다.

출전경기	경기시간(분)	골	어시스트	경고	퇴장
18	644	1	-	3	-

| FW | 19 | 밀란 듀리치
Milan Djuric |

국적: 보스니아 헤르체고비나

지난 시즌 살레르니타나의 극적인 잔류에 가장 큰 기여를 한 공격수. 공격 포인트는 적지만, 공격을 보면 듀리치만 보일 정도였다. 팀 공격이 잘 안 풀리면 결국 멀리서도 잘 보이는 듀리치를 향해 롱 패스를 하게 되는데, 헤딩과 가슴 트래핑을 가리지 않고 찰떡같이 받아내 동료에게 연계해 주는 플레이가 위력적이었다. 32세 나이에 생애 최고 팀이었던 살레르니타나를 떠나 베로나에서 더 높은 곳을 바라본다.

출전경기	경기시간(분)	골	어시스트	경고	퇴장
33	2,173	5	3	6	-

| FW | 11 | 케빈 라자냐
Kevin Lasagna |

국적: 이탈리아

지난 시즌 부진에도 불구하고 베로나에 남아 한 번 더 부활을 준비하는 스트라이커다. 2017/18시즌 우디네세에서 12골 1도움이나 기록하며 이탈리아 대표팀까지 소집됐지만. 꾸준하게 기량을 유지하는 데 실패했다. 경기력이 좋을 때 기준으로는 뛰어난 볼 키핑과 연계 플레이 능력을 지닌 수준급 공격수다. 성이 음식 이름이라 이를 활용한 농담이 자주 쓰이지만, 지난 시즌은 아예 언급할 일이 없을 정도로 부진했다.

출전경기	경기시간(분)	골	어시스트	경고	퇴장
29	1,173	2	4	1	-

| FW | 9 | 토마스 앙리
Thomas Henry |

국적: 프랑스

지난 시즌 베네치아는 강등됐지만 앙리의 경기력과 9골 3도움 기록은 주목을 받기에 충분했다. 벨기에에서 두각을 나타내기 시작했는데, 2부 득점왕에 이어 1부 득점 2위를 기록했다. 이 성적을 바탕으로 많은 러브콜을 받았고, 베네치아를 택했다. 그러나 올여름 강등된 베네치아를 떠나 베로나로 합류했다. 큰 덩치를 활용한 플레이뿐 아니라 드리블 후 오른발로 감아 차는 득점 등 기술적인 골도 넣을 줄 안다.

출전경기	경기시간(분)	골	어시스트	경고	퇴장
33	2,120	9	3	4	1

토리노 FC

Torino FC

TEAM PROFILE	
창 립	1906년
구 단 주	우르바노 카이로(이탈리아)
감 독	이반 유리치(크로아티아)
연 고 지	토리노
홈 구 장	올림피코 그란데 토리노 (2만 7,958명)
라 이 벌	유벤투스
홈페이지	www.torinofc.it

최근 5시즌 성적

시즌	순위	승점
2017-2018	10위	54점(13승15무10패, 54득점 46실점)
2018-2019	7위	63점(16승15무7패, 52득점 37실점)
2019-2020	16위	40점(11승7무20패, 46득점 68실점)
2020-2021	17위	37점(7승16무15패, 50득점 69실점)
2021-2022	10위	50점(13승11무14패, 46득점 41실점)

SERIE A (전신 포함)

통 산	우승 7회
21-22 시즌	10위(13승11무14패, 승점 50점)

COPPA ITALIA

통 산	우승 5회
21-22 시즌	32강

UEFA

통 산	없음
21-22 시즌	없음

경기 일정

라운드	날짜	장소	상대팀
1	2022.08.14	원정	AC 몬차
2	2022.08.21	홈	라치오
3	2022.08.28	원정	US 크레모네세
4	2022.09.02	원정	아탈란타
5	2022.09.06	홈	레체
6	2022.09.11	원정	인테르
7	2022.09.18	홈	사수올로
8	2022.10.02	원정	나폴리
9	2022.10.09	홈	엠폴리
10	2022.10.16	홈	유벤투스
11	2022.10.23	원정	우디네세
12	2022.10.30	홈	AC 밀란
13	2022.11.06	원정	볼로냐
14	2022.11.09	홈	삼프도리아
15	2022.11.13	원정	AS 로마
16	2023.01.04	홈	엘라스 베로나
17	2023.01.08	원정	살레르니타나
18	2023.01.15	홈	스페치아
19	2023.01.22	원정	피오렌티나
20	2023.01.29	원정	엠폴리
21	2023.02.05	홈	우디네세
22	2023.02.12	원정	AC 밀란
23	2023.02.19	홈	US 크레모네세
24	2023.02.26	원정	유벤투스
25	2023.03.05	홈	볼로냐
26	2023.03.12	원정	레체
27	2023.03.19	홈	나폴리
28	2023.04.02	원정	사수올로
29	2023.04.08	홈	AS 로마
30	2023.04.16	홈	살레르니타나
31	2023.04.23	원정	라치오
32	2023.04.30	홈	아탈란타
33	2023.05.03	원정	삼프도리아
34	2023.05.07	홈	AC 몬차
35	2023.05.14	원정	엘라스 베로나
36	2023.05.21	홈	피오렌티나
37	2023.05.28	원정	스페치아
38	2023.06.04	홈	인테르

전력 분석 ## 감독이 분노할 정도로 답답한 이적 시장

대체 번 돈은 언제 쓰려고 곳간에 쌓아놓고 있는지, 우르바노 카이로 회장의 생각이 궁금해지는 이적 시장이었다. 나간 선수는 많은데 들어온 선수는 없어 이반 유리치 감독이 단장과 멱살잡이를 할 정도로 답답했다. 개막 직전까지도 핵심 선수가 누군지 꼽기 힘들 정도로 많은 주전 선수가 이탈한 상태다. 포지션별로 봐도 지난 시즌 주전 스리 톱이 모두 빠졌으며, 주전 미드필더 중 톰마소 포베가도 이탈했고, 스리백 중 가장 좋은 활약을 했던 브레메르까지 이탈한 상황이다. 새로 영입된 선수들은 피에트로 펠레그리와 발렌틴 라자로 등 최근 제대로 뛰는 것조차 힘들었던 선수들. 일단 선수단 구성만 볼 때는 지난 시즌을 통해 안토니오 사나브리아가 안드레아 벨로티의 대체자로 자리를 잡아 둔 것이 다행이다. 그 뒤를 받치는 2선 조합은 고민이 크겠지만, 한정된 자원으로도 어찌어찌 한 골을 뽑아내는 유리치 감독의 역량을 믿을 수밖에 없다. 중앙 미드필더 역시 변동이 큰데 지난 시즌 도중 영입해 둔 이탈리아 대표 레지스타 사무엘레 리치에게 기대를 건다. 스리백은 새로운 조합을 찾아야 한다. 그나마 윙백과 골키퍼는 전력 누수가 없어 다행이긴 하다.

전술 분석 ## 유리치의 생존 특화 전략

'생존왕' 유리치 감독의 역량이 빛났던 지난 시즌. 토리노는 앞선 3시즌 동안 강등권 바로 위에 턱걸이하며 겨우 잔류했지만, 지난 시즌은 10위로 순위를 확 끌어올렸다. 원동력은 유리치 감독의 전술이었다. 베로나에서 보여줬던 그 역량을 토리노에서 고스란히 재현했다. 약간 답답할 정도로 템포가 느리고 경기가 자주 끊기지만, 무의미하게 거친 플레이를 하는 게 아니라 철저히 계산된 경기 운영 속에서 이득을 챙기는 축구다. 그래서 유리치 감독의 의도를 짐작해가며 집중해 시청하면 뜻밖에 재미가 있다. 오른발잡이 윙백을 왼쪽 측면에 기용해 활용도를 극대화하는 특유의 측면 운용은 토리노에서도 여전하다. 또한 상대 선수에게 좀처럼 달려들지 않고 함정에 빠질 때까지 기다리는 수비를 주로 하며, 측면에 갇힌 상대가 크로스를 올리면 쉽게 소유권을 빼앗아간다. 그래서 지난 시즌 공 탈취 횟수가 최하위권이었던 반면 경기당 공중볼 획득은 리그 1위인 20.6회였다. 경기당 반칙 1위(16.7) 기록에서 보듯 상대 흐름을 끊기 위한 전략적 파울을 자주 구사하며, 상대 공격이 리듬을 잃었을 때는 자주 가로채기를 성공시켜 역습에 나선다.

시즌 프리뷰 벨로티 이후 간판스타는 누구?

지난 시즌 보여준 희망을 무참히 깨 버리는 여름이었다. 일단 이번 시즌 성적을 예상해보자면, 지난 시즌보다는 떨어지겠지만, 강등 위협을 겪진 않을 듯 보인다. 유리치 감독은 세리에B 수준의 멤버처럼 보였던 베로나에서도 늘 안정적으로 잔류했으니 이번 시즌 토리노 역시 잔류에는 문제가 없을 것이다. 하지만 오랜만에 하위권을 벗어난 토리노 팬들에게 회장의 야심 없는 운영은 마음에 들리 없다. 특히 브레메르를 조금이라도 비싸게 팔아보려고 이리저리 알아보다가 지역 라이벌 유벤투스에 넘긴 건 자존심까지 타격을 입힌 수준이었다. 결국 희망은 팀 안에서 찾아야 한다. 잠재력이 남아 있던 선수를 잘 활용해 팀의 새로운 희망으로 삼아야 할 것이다. 팀의 상징성 있는 간판스타가 한 명 필요하다는 차원에서도 안드레아 벨로티 이후를 맡아 줄 만한 선수를 만들어 낼 필요가 있다. 다만 토리노 1군 선수 중 상당수는 이미 잠재력이 어느 정도인지 확인이 끝났고, 뜻밖의 활약을 할 것으로 기대되는 선수가 거의 없긴 하다. 결국 여름이 아니면 겨울시즌에라도 브레메르 이적료로 번 돈의 재투자가 절실하게 요구될 것이다.

TEAM RATINGS

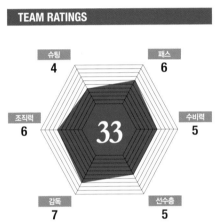

슈팅	패스	조직력	수비력	감독	선수층
4	6	6	5	7	5

33

2021/22 프로필

팀 득점	46
평균 볼 점유율	53.70%
패스 정확도	79.00%
평균 슈팅 수	12.5
경고	85
퇴장	3

골 타 입		
오픈 플레이	63	
세트 피스	15	
카운터 어택	2	
패널티 킥	13	
자책골	7	단위 (%)

패 스 타 입		
쇼트 패스	83	
롱 패스	13	
크로스 패스	4	
스루 패스	0	단위 (%)

IN & OUT

주요 영입	주요 방출
피에트로 펠레그리, 발렌틴 라자로, 네마냐 라도니치, 시모네 베르디(임대복귀)	글레이송 브레메르, 안드레아 벨로티, 톰마소 포베가(임대복귀), 조십 브레칼로, 데니스 프라에트, 롤란도 만드라고라

TEAM FORMATION

PLAN 3-4-2-1

지역 점유율	
공격 진영	31%
중앙	44%
수비 진영	26%

공격 방향		
37% 왼쪽	26% 중앙	36% 오른쪽

슈팅 지역	
8% 골 에어리어	
56% 패널티 박스	
36% 외곽 지역	

상대팀 최근 6경기 전적

구분	승	무	패
AC 밀란		1	5
인테르		1	5
나폴리		2	4
유벤투스		2	4
라치오		3	3
로마	2		4
피오렌티나	2	1	3
아탈란타	1	2	3
엘라스 베로나	2	4	
토리노			
사수올로	3	2	1
우디네세	3		3
볼로냐	2	4	
엠폴리	2	3	1
스페치아	3	1	2
삼프도리아	2	1	3
살레르니타나	3	2	1
레체	2	1	3
크레모네세	4	1	1
몬차	4	2	

SQUAD

포지션	등번호	이름		생년월일	키(cm)	체중(kg)	국적
GK	1	에트리트 베리샤	Etrit Berisha	1989.03.10	194	82	알바니아
	32	반야 밀린코비치 사비치	Vanja Milinkovic-Savic	1997.02.20	202	92	세르비아
DF	4	알레산드로 부온조르노	Alessandro Buongiorno	1999.06.06	194	87	이탈리아
	5	아르만도 이초	Armando Izzo	1992.03.02	183	78	이탈리아
	6	다비트 지마	David Zima	2000.11.08	185	78	체코
	13	리카르도 로드리게스	Ricardo Rodriguez	1992.08.25	180	78	스위스
	19	발렌티노 라자로	Valentino Lazaro	1996.03.24	180	80	오스트리아
	17	윌프리드 싱고	Wilfried Singo	2000.12.25	190	79	코트디부아르
	26	코피 지지	Koffi Djidji	1992.11.30	184	71	코트디부아르
	27	머르김 보이보다	Mergim Vojvoda	1995.02.01	187	78	코소보
	34	올라 아이나	Ola Aina	1996.10.08	184	82	나이지리아
MF	8	자코포 세그레	Sacopo Segre	1997.02.17	185	82	이탈리아
	10	사사 루키치	Sasa Lukic	1996.08.13	183	77	세르비아
	28	사무엘레 리치	Samuele Ricci	2001.08.21	186	59	이탈리아
	77	카롤 리네티	Karol Linetty	1995.02.02	176	76	폴란드
	-	다우다 바이트만	Daouda Weidmann	2003.05.04	180	80	프랑스
	-	에미르한 일크한	Emirhan Ilkhan	2004.01.01	175	76	튀르키예
FW	7	시모네 차차	Simone Zaza	1991.06.25	186	84	이탈리아
	11	피에트로 펠레그리	Pietro Pellegri	2001.03.17	188	72	이탈리아
	19	안토니오 사나브리아	Antonio Sanabria	1996.03.04	181	70	파라과이
	20	시모네 에데라	Simone Edera	1997.01.09	174	74	이탈리아
	23	뎀바 세크	Demba Seck	2001.02.10	190	-	세네갈
	24	시모네 베르디	Simone Verdi	1992.07.12	174	62	이탈리아
	49	네마냐 라도니치	Nemanja Radonjic	1996.02.15	185	76	세르비아
	-	빈첸초 밀리코	Vincenzo Millico	2000.08.12	174	75	이탈리아

이반 유리치 Ivan Jurić
1975년 8월 25일생 크로아티아

크로아티아 태생으로 하이두크 스플리트, 세비야 등에서 선수 생활을 하다가 말년은 세리에A에서 보냈다. 은퇴 직전이었던 제노아 시절 크로아티아 대표로 활약하면서 세리에A와 궁합이 좋다는 걸 보여줬다. 이후 이탈리아 무대에서 지도자 인생을 살고 있다. 주로 중하위권 팀을 잠깐 맡았다가 곧 경질되는 보통 세리에A 감독 중 한 명이었는데, 2019년 베로나를 맡으면서 본인과 팀의 운명을 모두 바꿨다. 선수들의 능력과 몸값은 유리치 감독에게 큰 의미가 없다. 약간이라도 장점이 있다면 그걸 극대화하기 위한 판을 짜고, 결국 승점으로 만들어낸다. 선수 시절에는 잔피에로 가스페리니 현 아탈란타 감독 아래서 오래 뛰었고 지도자 초창기에도 그의 코치로 일했다. 재미있게도 감독으로서 독립한 뒤 전성기를 맞은 시기가 은사 가스페리니와 비슷하나 전술 스타일은 정반대다.

MF 10 사샤 루키치
Sasa Lukic

국적: 세르비아

지난 시즌 더 주목 받은 선수는 파트너 롤란도 만드라고 라였지만, 팀내 기여도가 더 높은 미드필더는 루키치였다. 주전 중앙 미드필더로 활약하다가 2선이나 최후방에 결원이 생기면 구멍을 메우기 위해 이동하기도 했다. 경기당 반칙 횟수는 리그 1위(2.4)로 열심히 상대 공격을 끊고 다니는 하드워커였고, 팀 내 공동 최다인 공격 포인트 9개(5골 4도움) 기록에서도 볼 수 있듯이 공격 가담시 패스와 마무리 모두 훌륭했다. 전술소화능력이 좋고 다양한 능력을 겸비해 파트너를 잘 살려준다. 이번 시즌도 토리노의 주장으로서 새 파트너 사무엘레 리치와 좋은 호흡을 보일 것으로 기대된다. 임대 제외 6시즌째 토리노에서 활약하며 어느새 근속연수도 쌓인 고참 선수다.

출전경기	경기시간(분)	골	어시스트	경고	퇴장
35	2,987	5	4	10	-

GK 1 에트리트 베리샤
Etrit Berisha

국적: 알바니아

선방 능력이 뛰어난 골키퍼. 2013년 라치오로 이적하며 세리에A의 문을 두드린 뒤 어느덧 10년 차를 맞은 베테랑이다. 주전과 후보를 오가며 활약했고, 유로2016에서 알바니아의 골문을 지키며 좋은 모습을 보여준 뒤 아탈란타로 이적해 한동안 주전 자리를 지켰다. 2019년엔 SPAL로 팀을 옮겼고, 지난해 토리노로 이적해 주전 자리를 차지할 줄 알았으나 뜻밖에도 밀린코비치사비치에게 밀리고 말았다.

출전경기	경기시간(분)	실점	무실점(경기)	경고	퇴장
10	900	8	4	1	-

GK 32 바냐 밀린코비치사비치
Vanja Milinkovic-Savic

국적: 세르비아

유망주 시절 맨유 이적 직전까지 갔으나, 취업 허가서가 발급되지 않아 무산된 경험이 있다. 이 에피소드로 뛰어난 유망주라는 눈도장은 찍었지만 한 번 꼬인 경력을 푸는 데 오래 걸렸다. 스타 미드필더 세르게이의 동생으로만 알려져 있었고 세리에A에서는 주로 후보 신세였다. 그러다 지난 시즌 토리노에서 베리샤를 밀어내고 주전 자리를 차지하며 본격적으로 이름을 알리기 시작했다. 세르비아 대표팀에도 데뷔했다.

출전경기	경기시간(분)	실점	무실점(경기)	경고	퇴장
27	2,430	33	4	3	-

DF 6 다비트 지마
David Zima

국적: 체코

체코 수비의 미래를 이끌어 갈 거라고 기대를 받아 온 장신 센터백. 20세 나이에 자국 명문 슬라비아 프라하에 합류해 한 자리를 차지했다. 지난 시즌 큰 기대 속에 토리노로 이적해 주전급 로테이션 멤버로 뛰었다. 이번 시즌 어느 정도 성장세를 보여준다면 브레메르의 공백을 대체할 1순위 후보다. 아직 모든 면에서 더 성장할 필요가 있지만 큰 키, 준수한 스피드, 공 다루는 기술 등을 다양하게 겸비하고 있다.

출전경기	경기시간(분)	골	어시스트	경고	퇴장
20	1,310	-	1	3	-

DF 13 리카르도 로드리게스
Ricardo Rodríguez

국적: 스위스

잠깐이긴 했지만 볼프스부르크 소속으로 분데스리가 최고 레프트백이라는 평가를 받았던 선수. 하지만 전성기 경기력을 유지한 기간은 그리 길지 않았다. 스피드가 느린 대신 킥력이 좋고 경기 흐름을 잘 읽을 줄 알아 마치 플레이메이커처럼 영향력을 행사하는 특이한 풀백이었다. 토리노로 온 뒤에는 스리백의 스토퍼를 맡는다. 수비력은 원래 센터백 수준으로 좋았고, 장기인 빌드업 능력을 발휘하기에도 알맞은 위치다.

출전경기	경기시간(분)	골	어시스트	경고	퇴장
34	2,472	-	1	3	-

DF 17 윌프리드 싱고
Wilfried Singo

국적: 코트디부아르

토리노에서 좋은 활약을 하며 코트디부아르 대표팀에도 발탁된 성실한 라이트백. 어지간한 센터백보다 큰 키로 성큼성큼 오른쪽 측면을 오르내리며 높은 장악력을 보이는 선수다. 스피드와 활동량까지 갖춰 90분 내내 상대 측면 자원에게 덤벼든다는 점만으로도 가치가 높다. 기술이 좋은 선수는 아니지만 장점만 살려주는 유리치 감독을 만나 지난 시즌 출장시간과 공격 포인트를 확 늘렸다. 유사시 스토퍼도 소화한다.

출전경기	경기시간(분)	골	어시스트	경고	퇴장
35	2,626	3	4	5	1

DF 26 코피 지지
Koffi Djidji

국적: 코트디부아르

세리에A에서 4번째 시즌을 맞이하는 코트디부아르 센터백. 갈수록 출장시간을 서서히 늘려간 끝에 지난 시즌은 주전 스토퍼로 활약했다. 이번 시즌 역시 주전으로 뛸 것이 예상된다. 지난 시즌 주전급 선수 중 팀 내 공 탈취 1위(경기당 1.9)로 수비력으로 먹고사는 정통 스토퍼다. 적극적으로 발을 넣어 공을 빼앗으려 시도할 때 성공률이 높다. 빌드업에 대한 관여도는 비교적 낮은 편이다.

출전경기	경기시간(분)	골	어시스트	경고	퇴장
25	1,738	-	-	4	1

DF 27 머르김 보이보다
Mergim Vojvoda

국적: 코소보

벨기에 명문 스탕다르 리에주 유소년팀에서 성장했고, 주로 벨기에 무대에서 경력을 이어가다가 지난 2020년부터 토리노에서 뛰고 있다. 코소보 대표팀에서는 핵심 선수 중한 명이다. 장신의 오른발이 라이트백이지만 유리치 감독은 보이보다를 주전 왼쪽 윙백으로 많이 기용했다. 그러다가도 오른쪽 윙백이나 스토퍼 자리에 구멍이 생기면 보이보다를 이동시키는 등 활용도를 극대화했다.

출전경기	경기시간(분)	골	어시스트	경고	퇴장
29	1,978	-	3	3	-

DF 34 올라 아이나
Ola Aina

국적: 나이지리아

첼시 유소년팀에서 축구를 배웠던 왕년의 특급 유망주였다. 첼시가 이리저리 임대를 보내는 유망주 수십 명 중에서 가장 장래가 촉망된다는 평가를 받을 때도 있었다. 그러나 결국 첼시에 자리잡지 못했고, 두 번째 임대 팀이었던 토리노에서 러브콜을 보내자 세리에A 도전을 택했다. 오른발잡이지만 왼발도 무리 없이 쓰며, 토리노에서는 레프트백으로 더 많이 뛴다. A대표는 나이지리아를 택해 활약하고 있다.

출전경기	경기시간(분)	골	어시스트	경고	퇴장
21	1,442	-	-	4	-

MF 28 사무엘레 리치
Samuele Ricci

국적: 이탈리아

지난 시즌 토리노로 미리 이적한 상태였던 만드라고라의 대체자. 체격이 작은 편이지만 경기 운영을 할 줄 알고, 공수 양면에서 지능적이다. 후방에서 능숙하게 공을 뿌릴 수 있는 정통 레지스타 유망주다. 엠폴리 유소년팀 출신인데 2020/21시즌 팀 승격을 이끌면서 세리에 B 올해의 선수상을 수상했다. 로베르토 만치니 이탈리아 감독의 높은 평가를 받아 올해 A매치 데뷔전도 치렀다. 여러모로 장래가 촉망되는 선수.

출전경기	경기시간(분)	골	어시스트	경고	퇴장
33	2,258	1	1	2	1

MF 77 카롤 리네티
Karol Linetty

국적: 폴란드

삼프도리아에서 4시즌 동안 주전급으로 활약하면서 성실한 모습을 보였고, 2020년 토리노로 이적했다. 신체적·기술적으로 대단한 장점은 없지만 성실하게 패스를 연결하고 상대를 견제하면서 높은 팀 기여도를 보이는 선수다. 중앙 미드필더가 3~4명일 때 더 진가가 드러나는 편이라 토리노 전술과 잘 맞지는 않는다. 그래도 지난 시즌 공격형 미드필더와 윙어까지 소화하면서 감독의 다양한 주문을 충실하게 소화했다.

출전경기	경기시간(분)	골	어시스트	경고	퇴장
16	899	-	1	2	-

FW 7 시모네 차차
Simone Zaza

국적: 이탈리아

유로 본선에서 보여준 우스꽝스런 페널티킥 실축이 합성 필수요소로 쓰이면서 이름은 몰라도 '그 PK 실축한 대머리 선수'라고 기억하는 사람들이 많다. 한때 유벤투스의 공격 기대주였지만 기대만큼 성장하지 못하고 웨스트햄, 발렌시아에서 계속 하향세를 겪었다. 2018년 토리노로 이적해 요긴한 골들을 넣어주는 등 그럭저럭 경력을 이어 왔지만 지난 시즌에는 무려 11년 만에 리그 무득점에 그쳤다.

출전경기	경기시간(분)	골	어시스트	경고	퇴장
10	119	-	-	1	-

FW 11 피에트로 펠레그리
Pietro Pellegri

국적: 이탈리아

기대에 부응하지 못한 기간이 어느새 5년이나 되어버렸지만, 나이를 보면 아직도 21세에 불과해 또 기대를 품게 하는 유망주다. 세리에A 최초로 데뷔한 2000년대생 선수였고, 16세 나이에 프로 데뷔골을 기록하면서 엄청난 주목을 받았다. 유망주를 입도선매하려던 모나코의 제안을 받아 리그를 옮겼는데, 일찌감치 데뷔골을 넣는 등 초반 흐름은 좋았지만 이후 큰 부상을 연거푸 당해 날개가 꺾인 상태다.

출전경기	경기시간(분)	골	어시스트	경고	퇴장
15	341	1	-	1	-

FW 19 안토니오 사나브리아
Antonio Sanabria

국적: 파라과이

주로 최전방에 머물며 득점 기회를 노리는 전형적인 골 사냥꾼이다. 스페인과 이탈리아를 오가며 다양한 팀에서 활약했다. 다만 가는 팀마다 감독들의 높은 평가를 받는 것과 달리, 시즌을 끝내고 돌아보면 득점 기록이 그리 좋지 못했다. 리그 10골을 넘긴 적은 2015/16시즌 스포르팅 히혼에서 보낸 한 시즌이 전부다. 지난 시즌 간판 공격수 벨로티의 출장시간을 많이 빼앗아가면서 유리치 감독의 총애를 받았다.

출전경기	경기시간(분)	골	어시스트	경고	퇴장
29	1,814	6	2	3	-

FW 24 시모네 베르디
Simone Verdi

국적: 이탈리아

한 경기에서 왼발로 한 번, 오른발로 또 한 번 프리킥 골을 넣은 적 있을 정도로 완벽한 양발잡이다. 좌우 윙어와 공격형 미드필더를 소화할 수 있다. 체구가 작기 때문에 상대 압박 한가운데서 활동하기는 불편하고, 공간을 찾아 이동한 뒤 중거리 슛을 날려 득점한다. 지난 시즌 후반기 살레르니타나 임대를 떠났는데, 15경기 5골을 몰아치면서 잔류를 이끌었고 녹슬지 않은 기량도 증명했다.

출전경기	경기시간(분)	골	어시스트	경고	퇴장
18	881	6	-	3	-

FW 49 네마냐 라도니치
Nemanja Radonjic

국적: 세르비아

주전 2선 자원들이 우르르 빠져나간 자리를 잘 메워줘야 하는 신입생 윙어. 세르비아에서는 최고 명문 츠르베나즈베즈다의 핵심 선수로 맹활약하며 빅 리그의 관심을 받았다. 기대를 받으며 2018년 올랭피크 마르세유로 이적했지만 주전 경쟁에 어려움을 겪었고, 헤르타 BSC와 벤피카 임대에서도 뾰족한 모습을 보이지 못했다. 여전히 출장 기회를 잡을 때마다 번뜩이는 재간을 보여 기대를 접지 못하게 만든다.

출전경기	경기시간(분)	골	어시스트	경고	퇴장
6	134	-	-	2	-

US 사수올로

US Sassuolo Calcio

TEAM PROFILE

창 립	1922년
구 단 주	카를로 로시(이탈리아)
감 독	알레시오 디오니시(이탈리아)
연 고 지	사수올로
홈 구 장	마페이 스타디움(2만 84명)
라 이 벌	–
홈페이지	www.sassuolocalcio.it

최근 5시즌 성적

시즌	순위	승점
2017-2018	11위	43점(11승10무17패, 29득점 59실점)
2018-2019	11위	43점(9승16무13패, 53득점 60실점)
2019-2020	8위	51점(14승9무15패, 69득점 63실점)
2020-2021	8위	62점(17승11무10패, 64득점 56실점)
2021-2022	11위	50점(13승11무14패, 64득점 66실점)

SERIE A (전신 포함)

통 산	없음
21-22 시즌	11위(13승11무14패, 승점 50점)

COPPA ITALIA

통 산	없음
21-22 시즌	8강

UEFA

통 산	없음
21-22 시즌	없음

경기 일정

라운드	날짜	장소	상대팀
1	2022.08.16	원정	유벤투스
2	2022.08.21	홈	레체
3	2022.08.28	원정	스페치아
4	2022.08.31	홈	AC 밀란
5	2022.09.04	원정	US 크레모네세
6	2022.09.11	홈	우디네세
7	2022.09.18	원정	토리노
8	2022.10.02	홈	살레르니타나
9	2022.10.09	홈	인테르
10	2022.10.16	원정	아탈란타
11	2022.10.23	홈	엘라스 베로나
12	2022.10.30	원정	나폴리
13	2022.11.06	원정	엠폴리
14	2022.11.09	홈	AS 로마
15	2022.11.13	원정	볼로냐
16	2023.01.04	홈	삼프도리아
17	2023.01.08	원정	피오렌티나
18	2023.01.15	홈	라치오
19	2023.01.22	원정	AC 몬차
20	2023.01.29	원정	AC 밀란
21	2023.02.05	홈	아탈란타
22	2023.02.12	원정	우디네세
23	2023.02.19	홈	나폴리
24	2023.02.26	원정	레체
25	2023.03.05	홈	US 크레모네세
26	2023.03.12	원정	AS 로마
27	2023.03.19	홈	스페치아
28	2023.04.02	홈	토리노
29	2023.04.08	원정	엘라스 베로나
30	2023.04.16	홈	유벤투스
31	2023.04.23	원정	살레르니타나
32	2023.04.30	홈	엠폴리
33	2023.05.03	원정	라치오
34	2023.05.04	홈	볼로냐
35	2023.05.14	원정	인테르
36	2023.05.21	홈	AC 몬차
37	2023.05.28	원정	삼프도리아
38	2023.06.04	홈	피오렌티나

시즌 프리뷰

이만큼 팔려갔는데, 아직도 유망주가 있을까?

공격적인 축구 스타일과 공들인 유망주 영입, 잘 닦아오는 유소년 시스템을 조화시켜 세리에A 유망주의 산실로 자리잡은 사수올로. 하지만 지난 시즌은 이탈리아 대표급 선수가 즐비해 어느 때보다 화려한 라인업을 갖췄음에도 불구하고 승리를 따내는 힘이 부족해 11위에 머물렀다. 선수 육성과 이적료 수입도 좋지만, 어느 정도는 좋은 성적을 올리는 것이 팬들에 대한 도리인데, 많은 골을 넣고도 허무한 패배를 당해 보는 이들을 답답하게 했다. 게다가 육성을 너무 잘한 것도 문제였는지 지난 시즌 도중에 제레미 보가를 시작으로 잔루카 스카마카가 떠나는 등 인재 유출이 이어지고 있다. 이번 시즌은 스카마카를 대신할 유망주도 미리 마련해 두지 못했기 때문에, 나름대로 거금인 1,200만 유로를 들여 우루과이 유망주 스트라이커 아구스틴 알바레스를 데려왔다.

COACH

알레시오 디오니시 *Alessio Dionisi*
1980년 4월 1일생 이탈리아

이탈리아 하부 리그에서 쌓은 다양한 경험과 전술적 역량을 인정받은 젊은 인재. 엠폴리를 세리에B 우승으로 이끈 뒤 지난해 사수올로의 지휘봉을 잡았다. 공격수들의 역량을 극대화해 10골 이상 넣은 선수를 3명이나 만들어냈지만, 문제는 승점이었다. 공수 균형을 잡고 팀 성적을 끌어올리는 것이 올해 디오니시 감독의 과제다.

TEAM RATINGS

슈팅 8 / 패스 7 / 조직력 6 / 35 / 수비력 4 / 감독 5 / 선수층 5

2021/22 프로필

팀 득점	64
평균 볼 점유율	55.20%
패스 정확도	85.30%
평균 슈팅 수	15.2
경고	88
퇴장	4

골 타 입
- 오픈 플레이 72
- 세트 피스 8
- 카운터 어택 2
- 패널티 킥 11
- 자책골 4 단위 (%)

패 스 타 입
- 쇼트 패스 87
- 롱 패스 10
- 크로스 패스 3
- 스루 패스 0 단위 (%)

SQUAD

포지션	등번호	이름		생년월일	키(cm)	체중(kg)	국적
GK	47	안드레아 콘실리	Andrea Consigli	1987.01.27	189	82	이탈리아
	56	쟌루카 페골로	Gianluca Pegolo	1981.03.25	183	76	이탈리아
DF	3	리카르도 마르키차	Riccardo Marchizza	1998.03.26	186	76	이탈리아
	5	칸 아이한	Kaan Ayhan	1994.11.10	185	84	체코
	6	호제리우	Rogerio	1998.01.13	178	70	브라질
	13	쟌마르코 페라리	Gian Marco Ferrari	1992.05.15	189	82	이탈리아
	17	메레트 뮐뒤르	Mert Muldur	1999.04.03	184	74	튀르키예
	19	필리포 로마냐	Filippo Romagna	1997.05.26	186	75	이탈리아
	22	제레미 톨랸	Jeremy Toljan	1994.08.08	182	74	독일
	28	마르틴 에를리치	Martin Erlic	1998.01.24	193	88	크로아티아
	44	루앙 트레솔디	Ruan Tressoldi	1999.06.07	187	79	브라질
	77	요르고스 키리아코풀로스	Georgios Kyriakopoulos	1996.02.05	182	74	그리스
	-	클로드 아자퐁	Claud Adjapong	1998.05.06	180	77	이탈리아
MF	8	압두 하루이	Abdou Harroui	1998.91.13	182	77	모로코
	7	마테우스 엔리케	Matheus Henrique	1997.12.19	175	71	브라질
	14	페드로 오비앙	Pedro Obiang	1992.03.27	186	75	적도 기니
	16	다비데 프라테시	Davide Frattesi	1999.09.22	184	74	이탈리아
	23	아메드 트라오레	Hamed Junior Traore	2000.02.16	177	68	코트디부아르
	27	막심 로페스	Maxime Lopez	1997.12.04	167	58	프랑스
	42	크리스티안 토르스트베트	Kristian Thorstvedt	1999.05.13	189	85	노르웨이
FW	10	도메니코 베라르디	Domenico Berardi	1994.08.01	183	72	이탈리아
	11	아구스틴 알바레스	Agustin Alvarez	2001.05.19	180	73	우루과이
	15	에밀 케이데	Emil Ceide	2001.09.03	175	70	노르웨이
	18	쟈코모 라스파도리	Giacomo Raspadori	2000.02.18	172	69	이탈리아
	92	그레구아르 드프렐	Gregoire Defrel	1991.06.17	180	79	마르티니크

ITALY SERIE A

US SASSUOLO CALCIO

IN & OUT

주요 영입	주요 방출
아구스틴 알바레스, 크리스티안 토르스트베트	잔루카 스카마카, 블라드 키리케슈, 필립 듀리치치

TEAM FORMATION

FW **C+**

MF **B+**

DF **D+**

GK **C**

11
알바레스
(드프렐)

23
트라오레

18
라스파도리

10
베라르디

16
프라테시
(엔히키)

27
로페스
(하루이)

6
호제리우
(키리아코풀로스)

13
페라리
(트레솔디)

28
에를리치
(아이한)

17
뮐뒤르
(톨란)

47
콘실리

PLAN **4-2-3-1**

지역 점유율

공격 진영 **27%**

중앙 **43%**

수비 진영 **30%**

공격 방향

35% 왼쪽	30% 중앙	34% 오른쪽

슈팅 지역

6% 골 에어리어

52% 패널티 박스

42% 외곽 지역

상대팀 최근 6경기 전적

구분	승	무	패	구분	승	무	패
AC 밀란	2	1	3	사수올로			
인테르	1	1	4	우디네세		2	4
나폴리	1	2	3	볼로냐	4	1	1
유벤투스	1	1	4	엠폴리	4		2
라치오	3		3	스페치아	4	1	1
로마	1	3	2	삼프도리아	3	2	1
피오렌티나	3	2	1	살레르니타나	4	1	1
아탈란타	1	1	4	레체	1	3	
엘라스 베로나	4	1	1	크레모네세	2		4
토리노	1	2	3	몬차	3	2	1

KEY PLAYER

FW **10** 도메니코 베라르디
Domenico Berardi

국적: 이탈리아

사수올로 팬들에게는 팀을 대표하는 스타이자 믿음직한 주장이지만, 이탈리아 대표팀만 가면 같은 사람이 맞나 싶을 정도로 부진해 늘 '국내용' 꼬리표를 달고 다니는 윙어. 오른쪽에서 중앙으로 파고 들다가 강력한 왼발 슛을 날리는 패턴으로 먹고 산다. 원래 자국 리그 기록은 좋은 편이었는데 지난 시즌의 15골 14도움은 압도적인 수준이었다. 시즌 막판에는 멋진 바이시클킥을 작렬시키는 등 '예술 점수'도 엄청났다.

출전경기	경기시간(분)	골	어시스트	경고	퇴장
33	2,838	15	14	9	-

PLAYERS

DF **13** 잔마르코 페라리
Gian Marco Ferrari

국적: 이탈리아

공격에 비해 매 시즌 못 미더운 사수올로 수비지만, 페라리의 팀 내 기여도는 높다. 지난 시즌 출장시간이 리그 필드플레이어 중 7위(3,127분)일 정도로 많이 뛰었다. 경기당 패스가 리그 5위(62.4)일 정도로 빌드업 관여도 역시 높았다. 오프사이드 유도를 잘 해내는 지능적인 수비 스타일도 매 경기 보여줬다. 팀이 센터백 영입을 등한시하는 경향이 있어, 이번 시즌도 페라리가 이리저리 뛰며 수비의 핵심 역할을 할 것이다.

출전경기	경기시간(분)	골	어시스트	경고	퇴장
36	3,127	1	-	4	1

MF **16** 다비데 프라테시
Davide Frattesi

국적: 이탈리아

뛰어난 공격력을 지닌 중앙 미드필더 유망주. 본분을 다하다가 기회가 생기면 동료와 월 패스를 주고받으며 상대 진영 한가운데로 파고드는 능력이 탁월하다. 사수올로는 자코로 라스파도리를 활용하기 위해 주로 4-2-3-1 포메이션을 썼지만, 프라테시가 가진 능력은 역삼각형 중원 조합의 메찰라 역할에 더 어울린다. 좀 더 성장한다면 로베르토 만치니 감독의 이탈리아 대표팀에서 큰 활약을 할 수 있는 선수다.

출전경기	경기시간(분)	골	어시스트	경고	퇴장
36	2,885	4	3	6	-

MF **23** 아메드 트라오레
Hamed Traorè

국적: 코트디부아르

지난 시즌 경기당 드리블 성공 리그 5위(2.0)를 기록하며 뛰어난 개인 기량을 보여준 윙어. 활동량도 많고 수비에도 열심이라 메찰라 역할까지 가능하다. 나쁘게 말하면 애매하지만, 좋게 보면 다재다능한 유망주다. 아탈란타에서 맨유로 이적한 아마드 디알로와 형제로 유명했지만, 이민을 위한 위장 가족이었다는 의혹이 제기되었고 디알로가 이름에서 트라오레를 빼버리는 등 현재는 친형제가 아닌 것으로 알려져 있다.

출전경기	경기시간(분)	골	어시스트	경고	퇴장
31	1,780	7	2	3	-

FW **18** 자코모 라스파도리
Giacomo Raspadori

국적: 이탈리아

유로 2020 본선 명단에 깜짝 합류해 대중의 호기심을 자아냈던 단신 유망주. 체구는 작지만, 상대 수비보다 늘 빨리 움직일 수 있는 판단 속도와 민첩한 몸놀림, 정확한 2 대 1 패스를 주고받을 수 있는 개인기를 겸비했다. 그래서 상대 압박 한가운데를 돌아다닐 때 오히려 빛이 나는 스타일. 요즘 드물어진 전형적인 세컨다푼타(섀도 스트라이커) 재능이다. 단짝 스카마카가 떠난 뒤 팀 내 비중이 더 커질 것으로 예상된다.

출전경기	경기시간(분)	골	어시스트	경고	퇴장
36	2,752	10	6	7	1

우디네세
Udinese Calcio

TEAM PROFILE
창 립	1896년
구 단 주	지암파올로 포초(이탈리아)
감 독	안드레아. 소틸(이탈리아)
연 고 지	우디네
홈 구 장	스타디오 프리울리(2만 5,144명)
라 이 벌	-
홈페이지	www.udinese.it

최근 5시즌 성적
시즌	순위	승점
2017-2018	14위	40점(12승4무22패, 48득점 63실점)
2018-2019	12위	43점(11승10무17패, 39득점 53실점)
2019-2020	13위	45점(12승9무17패, 37득점 51실점)
2020-2021	14위	40점(10승10무18패, 42득점 58실점)
2021-2022	12위	47점(11승14무13패, 61득점 58실점)

SERIE A (전신 포함)
통 산	없음
21~22 시즌	12위(11승14무13패, 승점 47점)

COPPA ITALIA
통 산	없음
21~22 시즌	16강

UEFA
통 산	없음
21~22 시즌	없음

경기 일정
라운드	날짜	장소	상대팀
1	2022.08.14	원정	AC 밀란
2	2022.08.21	홈	살레르니타나
3	2022.08.27	원정	AC 몬차
4	2022.09.01	홈	피오렌티나
5	2022.09.05	홈	AS 로마
6	2022.09.11	원정	사수올로
7	2022.09.18	홈	인테르
8	2022.10.02	원정	엘라스 베로나
9	2022.10.09	홈	아탈란타
10	2022.10.16	원정	라치오
11	2022.10.23	홈	토리노
12	2022.10.30	원정	US 크레모네세
13	2022.11.06	홈	레체
14	2022.11.09	원정	스페치아
15	2022.11.13	원정	나폴리
16	2023.01.04	홈	엠폴리
17	2023.01.08	원정	유벤투스
18	2023.01.15	홈	볼로냐
19	2023.01.22	원정	삼프도리아
20	2023.01.29	홈	엘라스 베로나
21	2023.02.05	원정	토리노
22	2023.02.12	홈	사수올로
23	2023.02.19	원정	인테르
24	2023.02.26	홈	스페치아
25	2023.03.05	원정	아탈란타
26	2023.03.12	원정	엠폴리
27	2023.03.19	홈	AC 밀란
28	2023.04.02	원정	볼로냐
29	2023.04.08	홈	AC 몬차
30	2023.04.16	원정	AS 로마
31	2023.04.23	홈	US 크레모네세
32	2023.04.30	원정	레체
33	2023.05.03	홈	나폴리
34	2023.05.07	홈	삼프도리아
35	2023.05.14	원정	피오렌티나
36	2023.05.21	홈	라치오
37	2023.05.28	원정	살레르니타나
38	2023.06.04	홈	유벤투스

시즌 프리뷰 유망주 맛집의 팀 컬러를 회복한 우디네세

약 10년 전 세계적인 유망주 육성의 명가로 주목받았다가 팀 컬러가 흐릿해졌던 우디네세. 하지만 이번 시즌에는 거액을 받고 아틀레티코 마드리드로 나후엘 몰리나를 이적시키면서 다시 한 번 유망주 명가로 주목받았다. 세계 어느 팀과 비교해 봐도 국적 구성이 다양한 우디네세의 특징은 여전하다. 장차 빅 클럽의 러브콜을 받을 만한 20대 초반 선수들이 성장 중이니 주목해 봐도 좋을 것이다. 스트라이커 베투도 그중 한 명으로, 지난 시즌 제라르 데울로페우와 훌륭한 호흡을 보여주면서 나란히 여름 이적 시장의 인기 선수로 거론된 바 있다. 공수 양면에서 안정돼 있으면서도 성장 가능성이 큰 선수단이기 때문에, 새로 합류한 안드레아 소틸 감독이 좋은 지도력을 보여준다면 이번 시즌도 안정적인 잔류와 유망주 육성이라는 두 마리 토끼를 잡을 수 있을 것이다.

COACH

TEAM RATINGS

슈팅	패스	조직력	수비력	감독	선수층
7	6	6	6	6	6

37

안드레아 소틸 *Andrea Sottil*
1967년 9월 13일생 이탈리아

하부 리그 감독 경력을 11년 쌓은 끝에, 현역 시절 몸담았던 우디네세의 지휘봉을 잡았다. 바로 전 직장이었던 아스콜리에서 거둔 성과가 영향을 미친 것으로 보인다. 2020년 말 아스콜리 지휘봉을 잡은 소틸은 일 년 반 동안 훌륭한 지도력을 보여줬고, 승격 플레이오프 경쟁으로 팀을 이끌었다. 피오렌티나 윙어 리카르도 소틸의 아버지다.

2021/22 프로필
팀 득점	61
평균 볼 점유율	42.10%
패스 정확도	78.70%
평균 슈팅 수	13.4
경고	90
퇴장	6

골 타입
오픈 플레이	52
세트 피스	28
카운터 어택	10
패널티 킥	5
자책골	5	단위 (%)

패스 타입
쇼트 패스	83
롱 패스	13
크로스 패스	4
스루 패스	0	단위 (%)

SQUAD
포지션	등번호	이름		생년월일	키(cm)	체중(kg)	국적
GK	1	마르코 실베스트리	Marco Silvestri	1991.03.02	191	80	이탈리아
	20	다니엘레 파델리	Daniele Padelli	1985.10.25	191	90	이탈리아
DF	2	페스티 에보셀레	Festy Ebosele	2002.08.02	180	72	아일랜드
	3	아담 마시나	Adam Masina	1994.01.02	191	82	모로코
	13	데스티니 우도지	Destiny Udogie	2002.11.28	187	-	이탈리아
	17	브람 나위팅크	Bram Nuytinck	1990.05.04	190	80	네덜란드
	23	엔조 에보세	Enzo Ebosse	1999.03.11	185	75	카메룬
	28	필립 벤코비치	Filip Benkovic	1997.97.13	194	85	크로아티아
	29	야카 비욜	Jaka Bijol	1999.02.05	190	81	슬로베니아
	50	호드리구 베캉	Rodrigo Becao	1996.01.19	191	79	브라질
	93	브랜든 소피	Brandon Soppy	2002.02.21	181	80	프랑스
	-	네후엔 페레즈	Nehuen Perez	2000.06.24	184	76	아르헨티나
MF	4	산디 로브리치	Sandi Lovric	1998.03.28	180	77	슬로베니아
	5	톨가이 아슬란	Tolgay Arslan	1990.08.16	180	77	독일
	6	장 빅터 마켕고	Jean-Victor Makengo	1998.06.12	177	75	프랑스
	8	마토 야얄로	Mato Jajalo	1988.05.25	182	77	보스니아 헤르체고비나
	11	왈라스	Walace	1995.04.04	188	75	브라질
	21	마르틴 팔롬보	Martin Palumbo	2002.03.05	183	72	노르웨이
	24	라자르 사마르지치	Lazar Samardzic	2002.02.24	184	75	독일
	37	로베르토 페레이라	Roberto Pereyra	1991.01.07	182	77	아르헨티나
FW	7	아이작 석세스	Isaac Success	1996.01.07	182	90	나이지리아
	9	베투	Beto	1998.01.31	194	88	포르투갈
	10	제라르 데울로페우	Gerard Deulofeu	1994.03.13	177	73	스페인
	30	일리야 네스토롭스키	Ilija Nestorovski	1990.03.12	182	74	북마케도니아
	-	펠리피 비제우	Felipe Vizeu	1997.03.12	185	80	브라질

IN & OUT

주요 영입	주요 방출
아담 마시나, 야카 비욜, 페스티 에보셀리	나후엘 몰리나, 파블로 마리(임대복귀)

TEAM FORMATION

지역 점유율

공격 진영 **28%**

중앙 **45%**

수비 진영 **27 %**

공격 방향

39% 왼쪽 　**26%** 중앙　 **35%** 오른쪽

슈팅 지역

7% 골 에어리어

57% 패널티 박스

36% 외곽 지역

FW **B**

MF **C+**

DF **C**

GK **C**

베투 (석세스) 9
데울로페우 10
페레이라 (사마르지치) 37
마켕고 6　왈라스 (팔롬보) 11　아슬란 (바티스텔라) 5
우도지 (마시나) 13　페레스 (나위팅크) 　베캉 (비욜) 50　소피 (에보셀리) 93
실베스트리 1

PLAN **4-3-1-2**

상대팀 최근 6경기 전적

구분	승	무	패	구분	승	무	패
AC 밀란	1	3	2	사수올로	4		2
인테르		1	5	우디네세			
나폴리		1	5	볼로냐	1		5
유벤투스	1	1	4	엠폴리	3		3
라치오	1	3	2	스페치아	2		4
로마	1	1	4	삼프도리아	1	1	4
피오렌티나	2	1	3	살레르니타나	3	2	1
아탈란타		2	4	레체	4		2
엘라스 베로나	1	3	2	크레모네세	1	4	1
토리노	3		3	몬차	1	3	2

DF 50 호드리구 베캉 / Rodrigo Becao

국적: 브라질

CSKA 모스크바를 거쳐 우디네세에서 뛰고 있는 브라질 출신 센터백. 빌드업에는 별 장점이 없고, 수비력으로 승부하는 선수다. 지난 시즌 출장 시간이 필드 플레이어 중 5위인 3,132분이나 됐다. 경기당 공 탈취 횟수가 리그 8위인 2.3회로 많았지만, 경고를 10회나 받는 불안한 면모도 있었다. 우디네세 수비의 핵심이며, 수비 파트너였던 네우엔 페레스가 재임대됐기 때문에 다시 한 번 좋은 호흡을 기대할 수 있게 됐다.

출전경기	경기시간(분)	골	어시스트	경고	퇴장
35	3,132	2	1	10	-

MF 11 왈라스 / Wallace

국적: 브라질

가장 꾸준한 경기력을 보여주는 미드필더다. 11번을 달고 있는 브라질 국적으로 공격력은 별로 없고, 중원에서 끊임없이 상대를 압박하며 가로채기를 노리는 수비형 미드필더다. 지난 시즌 경기당 공 탈취 횟수가 리그 10위(2.3)였는데, 돌파 허용 횟수가 리그 2위(1.8)였다는 점은 얼마나 덤벼드는 수비를 하는 선수인지 보여주는 부분이다. 유망주로 떠오르면서 2016년에 일찌감치 브라질 대표팀에 데뷔했다.

출전경기	경기시간(분)	골	어시스트	경고	퇴장
36	2,972	1	-	6	1

KEY PLAYER

FW 9 베투 / Beto

국적: 포르투갈

포르투갈 클럽 포르티모넨스에서 두각을 나타내자마자 우디네세가 재빨리 영입. 지난 시즌 11골을 넣는 수준급 스트라이커로 키워냈다. 특이한 건 도움이 단 하나도 없다는 것. 득점 20위권 선수 중 도움이 아예 없는 선수는 베투 포함 둘 뿐이다. 기술적으로는 투박하지만, 큰 덩치와 좋은 운동능력, 득점력을 겸비했다. 공격수에게 연계 플레이보다 휘저어주는 역할을 더 요구하게 되는 하위권 팀에 잘 맞는 스타일이다.

출전경기	경기시간(분)	골	어시스트	경고	퇴장
28	2,175	11	-	1	-

PLAYERS

DF 13 데스티니 우도지 / Destiny Udogie

국적: 이탈리아

아직 20세에 불과해 잠재력이 크다고 평가되고 있으며, 이적 시장에서도 많은 관심을 받는 풀백 유망주다. 키가 큰데 스피드와 유연성까지 갖춰 발 빠른 상대 윙어와 경합할 때도 턴 동작에 당하지 않는다. 지난 시즌 5골 4도움을 기록했을 정도로 풀백으로서 준수한 공격 능력과 주저하지 않고 전진하는 성향을 갖고 있다. 이탈리아 청소년 대표지만 나이지리아 혈통이라 두 나라 A대표팀 모두 주시하는 선수다.

출전경기	경기시간(분)	골	어시스트	경고	퇴장
35	2,486	5	4	4	-

FW 10 제라르 데울로페우 / Gerard Deulofeu

국적: 스페인

일명 GD. 바르셀로나 유소년팀이 배출한 메시의 여러 후계자 중 한 명이었다. 탁월한 돌파와 거리를 가리지 않는 득점력 등 개인 기량 측면에서는 충분히 뛰어나다. 다만 팀플레이를 요구받기보다 마음껏 상대 수비를 휘저을 때 기량이 더욱 발휘되는 편이라, 좋은 경기력인데도 2017년 바르셀로나에 복귀했을 때는 오히려 경기력이 하락하기도 했다. 세리에A에서 세콘다푼타로 뛰는 것이 가장 잘 어울리는 역할로 보인다.

출전경기	경기시간(분)	골	어시스트	경고	퇴장
34	2,628	13	5	9	-

볼로냐 FC

Bologna FC

TEAM PROFILE

창 립	1909년
구 단 주	조이 사푸토(캐나다)
감 독	시니샤 미하일로비치(세르비아)
연 고 지	볼로냐
홈 구 장	레나토 달라래(3만 9,444명)
라 이 벌	–
홈페이지	www.bolognafc.it

최근 5시즌 성적

시즌	순위	승점
2017-2018	16위	39점(11승6무21패, 40득점 52실점)
2018-2019	10위	44점(11승11무16패, 48득점 56실점)
2019-2020	12위	47점(12승11무15패, 52득점 65실점)
2020-2021	12위	41점(10승11무17패, 51득점 65실점)
2021-2022	13위	46점(12승10무16패, 44득점 55실점)

SERIE A (전신 포함)

통 산	우승 7회
21-22 시즌	13위(12승10무16패, 승점 46점)

COPPA ITALIA

통 산	우승 2회
21-22 시즌	64강

UEFA

통 산	없음
21-22 시즌	없음

경기 일정

라운드	날짜	장소	상대팀
1	2022.08.15	원정	라치오
2	2022.08.22	홈	엘라스 베로나
3	2022.08.28	원정	AC 밀란
4	2022.09.02	홈	살레르니타나
5	2022.09.04	원정	스페치아
6	2022.09.11	홈	피오렌티나
7	2022.09.18	홈	엠폴리
8	2022.10.02	원정	유벤투스
9	2022.10.09	홈	삼프도리아
10	2022.10.16	원정	나폴리
11	2022.10.23	홈	레체
12	2022.10.30	원정	AC 몬차
13	2022.11.06	홈	토리노
14	2022.11.09	원정	인테르
15	2022.11.13	홈	사수올로
16	2023.01.04	원정	AS 로마
17	2023.01.08	홈	아탈란타
18	2023.01.15	원정	우디네세
19	2023.01.22	홈	US 크레모네세
20	2023.01.29	홈	스페치아
21	2023.02.05	원정	피오렌티나
22	2023.02.12	홈	AC 몬차
23	2023.02.19	원정	삼프도리아
24	2023.02.26	홈	인테르
25	2023.03.05	원정	토리노
26	2023.03.12	홈	라치오
27	2023.03.19	원정	살레르니타나
28	2023.04.02	홈	우디네세
29	2023.04.08	원정	아탈란타
30	2023.04.16	홈	AC 밀란
31	2023.04.23	원정	엘라스 베로나
32	2023.04.30	홈	유벤투스
33	2023.05.03	원정	엠폴리
34	2023.05.07	홈	사수올로
35	2023.05.14	홈	AS 로마
36	2023.05.21	원정	US 크레모네세
37	2023.05.28	홈	나폴리
38	2023.06.04	원정	레체

ITALY SERIE A

BOLOGNA FC

시즌 프리뷰 — 떠난 선수가 너무 많은데…

수비와 중원의 전력 공백이 우려스럽다. 주전 수비수 중에서 윙백 애런 히키, 센터백 아르투르 테아테가 이적했다. 테아테의 경우 김민재 영입에 실패한 스타드렌이 다급하게 영입한 일종의 연쇄 이동이었다. 여기에 주전 미드필더였던 마티아스 스반베리까지 떠나면서 중원과 수비진을 재구축하는 것이 큰 과제로 떠올랐다. 반면 공격진은 별 걱정이 없다. 마르코 아르나우토비치가 갑자기 떠나버리면 문제가 심각해지겠지만, 그와 무사 바로우가 있는 한 볼로냐 공격진은 세리에A 어느 팀과 맞붙어도 득점을 기대할 만하다. 은근히 유망주 육성을 잘하는 시니사 미하일로비치 감독이 이번엔 어느 선수를 키워낼지도 궁금해지는 팀. 물론 가장 중요한 건 미하일로비치 감독의 건강이다. 백혈병 치료 때문에 종종 빠지는 건 익숙해졌지만, 재발하는 불상사는 없어야 한다.

COACH

시니사 미하일로비치 *Siniša Mihajlović*
1969년 2월 20일생 세르비아

현역 시절 세계 최고 프리키커였던 미하일로비치. 감독으로서 그럭저럭 성공적인 경력을 이어가던 지난 2020년 백혈병에 걸렸는데, 강력한 의지로 사임하지 않고 병마를 이겨냈다. 이후 코로나19에 확진돼 우려를 샀으나 이번에도 후유증 없이 완치, 강인한 의지력으로 병마와 싸우며 팀을 이끄는 모습이 선수들에게도 귀감이 되는 듯하다.

TEAM RATINGS

슈팅	7
패스	5
수비력	5
선수층	5
감독	7
조직력	6

35

2021/22 프로필

팀 득점	44
평균 볼 점유율	50.30%
패스 정확도	81.00%
평균 슈팅 수	11.6
경고	84
퇴장	7

골 타입

오픈 플레이	61
세트 피스	25
카운터 어택	2
페널티 킥	9
자책골	2	단위 (%)

패스 타입

쇼트 패스	84
롱 패스	12
크로스 패스	3
스루 패스	0	단위 (%)

SQUAD

포지션	등번호	이름		생년월일	키(cm)	체중(kg)	국적
GK	1	프란세스코 바르디	Francesco Bardi	1992.01.18	188	80	이탈리아
	28	우카시 스코룹스키	Lukasz Skorupski	1991.05.05	187	84	폴란드
	-	마르코 몰라	Marco Molla	2002.06.19	192	78	말바니아
DF	5	아다마 수마오로	Adama Soumaoro	1992.06.18	186	91	프랑스
	14	케빈 보니파지	Kevin Bonifazi	1996.05.19	187	70	이탈리아
	22	차랄람포스 리코지아니스	Charalampos Lykogiannis	1993.10.22	190	80	그리스
	29	로렌초 데실베스트리	Lorenzo De Silvestri	1988.05.23	186	84	이탈리아
	33	덴소 카시우스	Denso Kasius	2002.10.06	183	74	네덜란드
	35	미첼 디크스	Mitchell Dijks	1993.02.09	194	93	네덜란드
	50	안드레아 캄비아소	Andrea Cambiaso	2002.02.20	183	74	이탈리아
	92	이브라히마 음바예	Ibrahima Mbaye	1994.11.19	188	70	세네갈
MF	8	니콜라스 도밍게스	Nicolas Dominguez	1998.06.28	179	73	아르헨티나
	17	게리 메델	Gary Medel	1987.08.03	171	65	칠레
	19	루이스 퍼거슨	Lewis Ferguson	1999.08.24	181	70	스코틀랜드
	20	미첼 애비셔	Michel Aebischer	1997.01.06	183	72	스위스
	21	로베르토 소리아노	Roberto Soriano	1991.02.08	182	76	이탈리아
	30	예르디 슈턴	Jerdy Schouten	1997.01.12	185	72	네덜란드
FW	7	리카르도 오르솔리니	Riccardo Orsolini	1997.01.24	183	73	이탈리아
	9	마르코 아르나우토비치	Marko Arnautovic	1989.04.19	190	82	오스트리아
	10	니콜라 산소네	Nicola Sansone	1991.09.10	175	68	이탈리아
	18	안토니오 라이몬도	Antonio Raimondo	2004.03.18	185	77	이탈리아
	55	에마누엘 비그나토	Emanuel Vignato	2000.08.24	175	70	이탈리아
	99	무사 바로우	Musa Barrow	1998.11.14	184	77	감비아
	-	무사 주와라	Musa Juwara	2001.12.26	170	71	감비아
	-	오르지 오쿵쿼	Orji Okwonkwo	1998.01.19	180	72	나이지리아

IN & OUT

주요 영입	주요 방출
안드레아 캄비아소, 미첼 애비셔	아르투르 테아테, 애런 히키, 마티아스 스반베리

TEAM FORMATION

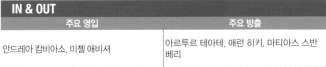

FW B
MF C+
DF D
GK C

9 아르나우토비치

99 바로우 (산소네)
21 소리아노 (오르솔리니)

50 캄비아소 (리코지아니스)
30 스하우턴 (퍼거슨)
8 도밍게스 (애비셔)
29 데실베스트리 (카시우스)

14 보니파지
17 메델
5 수마오로

28 스코룹스키

PLAN **3-4-2-1**

지역 점유율

공격 진영 **26%**

중앙 **44%**

수비 진영 **31%**

공격 방향

35% 왼쪽
26% 중앙
40% 오른쪽

슈팅 지역

7% 골 에어리어

51% 패널티 박스

42% 외곽 지역

상대팀 최근 6경기 전적

구분	승	무	패	구분	승	무	패
AC 밀란		1	5	사수올로	1	1	4
인테르	2		4	우디네세		5	1
나폴리	1	1	4	볼로냐			
유벤투스		1	5	엠폴리	1	2	3
라치오	2	1	3	스페치아	3	2	1
로마	2	1	3	삼프도리아	6		
피오렌티나		3	3	살레르니타나	1	4	1
아탈란타	1	2	3	레체	4	1	1
엘라스 베로나	2	3	1	크레모네세	2	4	
토리노		4	2	몬차	3	2	1

KEY PLAYER

FW 9 마르코 아르나우토비치
Marko Arnautović

국적: 오스트리아

중국을 거쳐도 기량이 하락하지 않을 수 있음을 보여준 산 증인 중 한 명이다. 상하이를 떠날 때 볼로냐가 재빨리 영입했는데, 사실 다른 유럽 팀에 소속돼 있었다면 이적료 때문에 영입하기 힘들었을 실력의 소유자다. 유럽으로 돌아오자마자 지난 시즌 14골로 득점 공동 8위에 오르며 실력을 입증했다. 흔히 '다운그레이드 즐라탄'이라 불리는 선수로, 큰 덩치를 잘 활용하는 데다 센스 있는 볼 터치 능력도 갖췄다.

출전경기	경기시간(분)	골	어시스트	경고	퇴장
33	2,706	14	1	6	-

PLAYERS

DF 50 안드레아 캄비아소
Andrea Cambiaso

국적: 이탈리아

히키가 떠난 자리를 잘 메워줄 것으로 기대되는 풀백 유망주. 지난 시즌 강등된 제노아에서 가장 눈에 띄는 선수 중 하나였다. 유벤투스가 즉시 영입했지만, 늘 그렇듯 바로 활용하기보다 임대 보낼 팀을 찾았고 마침 레프트백이 비었던 볼로냐와 이해관계가 잘 맞았다. 양발을 모두 잘 쓰고 공격력이 좋다. 성 캄비아소는 아르헨티나의 전설적 선수 에스테반 캄비아소의 이름으로 더 익숙한데, 원래 이탈리아계 성씨다.

출전경기	경기시간(분)	골	어시스트	경고	퇴장
26	1,795	1	4	3	1

MF 8 니콜라스 도밍게스
Nicolas Dominguez

국적: 아르헨티나

아르헨티나 대표팀의 미래로 큰 기대를 받아 온 수비형 미드필더다. 주전은 아니었지만 2021년 코파 아메리카 우승팀의 일원이었고, 카타르 월드컵 발탁을 노리고 있다. 크지 않은 체구에 기술도 화려하지 않지만, 부지런히 중원을 돌아다니며 상대 공을 빼앗고 패스를 연결해준다. 본인 득점은 거의 없는 대신 동료가 득점할 수 있도록 상황을 만들어주는 역할이다. 지난 시즌 경기당 공 탈취 횟수가 리그 3위(2.7)였다.

출전경기	경기시간(분)	골	어시스트	경고	퇴장
28	2,027	-	3	8	-

FW 7 리카르도 오르솔리니
Riccardo Orsolini

국적: 이탈리아

왼발 킥과 드리블 능력은 기가 막힌 선수다. 청소년 대표 시절에는 공격 에이스였는데, 특히 2017년 한국에서 열린 U20 월드컵 때 득점왕을 차지하며 이름을 알렸다. 전반적인 팀플레이 능력이 부족해 빅 클럽 유벤투스에 정착하지 못했지만, 임대로 찾아왔던 볼로냐에 자리잡은 뒤 5시즌째 준수한 활약을 하고 있다. 붙박이 주전은 아니지만, 상황에 따라 투입돼 시간 대비 높은 공격 생산성을 발휘하는 역할을 해준다.

출전경기	경기시간(분)	골	어시스트	경고	퇴장
29	1,792	6	3	2	-

FW 99 무사 바로우
Musa Barrow

국적: 감비아

성실하면서도 폭발력이 있는 스트라이커다. 아탈란타 유소년팀에서 두각을 나타낸 뒤 볼로냐로 이적해 본격적인 프로 경력을 쌓아가고 있다. 빠르게 질주할 때도 잔발로 공을 터치하면서 움직이기 때문에 막기 까다롭고, 오른발 킥도 강력한 편이며, 팀플레이에 대한 이해도 역시 높다. 이를 바탕으로 측면과 최전방을 모두 소화할 수 있다. 아르나우토비치에게 최전방을 내주고 첫 시즌부터 성공적인 공존을 해냈다.

출전경기	경기시간(분)	골	어시스트	경고	퇴장
34	2,147	6	6	-	-

엠폴리

EMPOLI FC

TEAM PROFILE

창 립	1920년
구 단 주	파브리치오 코르시(이탈리아)
감 독	파올로 차네티(이탈리아)
연 고 지	엠폴리
홈 구 장	카를로 카스텔라니(1만 6,1800명)
라 이 벌	–
홈페이지	www.empolifc.com

최근 5시즌 성적

시즌	순위	승점
2017-2018	없음	없음
2018-2019	18위	38점(10승8무20패, 51득점 70실점)
2019-2020	없음	없음
2020-2021	없음	없음
2021-2022	14위	41점(10승11무17패, 50득점 70실점)

SERIE A (전신 포함)

통 산	없음
21-22 시즌	14위(10승11무17패, 승점 41점)

COPPA ITALIA

통 산	없음
21-22 시즌	16강

UEFA

통 산	없음
21-22 시즌	없음

경기 일정

라운드	날짜	장소	상대팀
1	2022.08.15	원정	스페치아
2	2022.08.22	홈	피오렌티나
3	2022.08.29	원정	레체
4	2022.09.01	홈	엘라스 베로나
5	2022.09.06	원정	살레르니타나
6	2022.09.11	홈	AS 로마
7	2022.09.18	원정	볼로냐
8	2022.10.02	홈	AC 밀란
9	2022.10.09	원정	토리노
10	2022.10.16	홈	AC 몬차
11	2022.10.23	원정	유벤투스
12	2022.10.30	홈	이탈란타
13	2022.11.06	홈	사수올로
14	2022.11.09	원정	나폴리
15	2022.11.13	홈	US 크레모네세
16	2023.01.04	원정	우디네세
17	2023.01.08	원정	라치오
18	2023.01.15	홈	삼프도리아
19	2023.01.22	원정	인테르
20	2023.01.29	홈	토리노
21	2023.02.05	원정	AS 로마
22	2023.02.12	홈	스페치아
23	2023.02.19	원정	피오렌티나
24	2023.02.26	홈	나폴리
25	2023.03.05	원정	AC 몬차
26	2023.03.12	홈	우디네세
27	2023.03.19	원정	아탈란타
28	2023.04.02	홈	레체
29	2023.04.08	원정	AC 밀란
30	2023.04.16	원정	US 크레모네세
31	2023.04.23	홈	인테르
32	2023.04.30	원정	사수올로
33	2023.05.03	홈	볼로냐
34	2023.05.07	홈원정	살레르니타나
35	2023.05.14	원정	삼프도리아
36	2023.05.21	홈	유벤투스
37	2023.05.28	원정	엘라스 베로나
38	2023.06.04	홈	라치오

시즌 프리뷰

주역들이 떠난 공백은 어떻게 채우지?

선수 전력과 인앤아웃 현황만 보면 긍정적인 전망을 하기 어렵다. 가장 뛰어난 선수들이었던 크리스티안 아슬라니와 안드레아 피나몬티가 떠났고, 그 자리를 메울 만한 확실한 영입은 없었다. 피나몬티 임대가 성공적이었듯 마르틴 사트리아노 임대 효과를 노려야 하는데, 팀에 합류한 시점의 기대치는 피나몬티보다 떨어진다. 게다가 시즌 도중 떠난 사무엘레 리치의 자리까지 감안한다면 공백은 더 크다. 지난 시즌 베네치아의 강등을 막지 못했던 파올로 차네티 감독을 선임했으니 명장의 지도력으로 위기를 타개한다는 시나리오도 잘 떠오르지 않는다. 그나마 굴리엘모 비카리오 골키퍼를 완전 영입한 건 다행이지만, 수비의 핵심으로 성장 중이던 마티아 비티가 니스로 가 버렸다. 각 포지션마다 미지의 기량을 지닌 유망주가 있으니 깜짝 활약을 기대해야 한다.

COACH

파올로 차네티 *Paolo Zanetti*
1982년 12월 16일생 이탈리아

이탈리아에서도 아르헨티나에서도 유명한 차네티(또는 사네티)가 있었지만, 이 차네티는 선수 시절 보통 선수였다. 2017년 3부 쥐트티롤에서 지도자의 길을 걷기 시작했다. 두 번째 팀 아스콜리에서는 반 시즌 만에 경질됐지만, 베네치아를 맡자마자 승격으로 이끌며 스스로 세리에A에 입성했다. 하지만 지난 시즌 베네치아의 강등은 막지 못했다.

TEAM RATINGS

슈팅	4
패스	6
수비력	5
선수층	5
감독	5
조직력	6

31

2021/22 프로필

팀 득점	50
평균 볼 점유율	46.90%
패스 정확도	78.90%
평균 슈팅 수	13.1
경고	81
퇴장	5

골 타입

오픈 플레이	60
세트 피스	18
카운터 어택	2
패널티 킥	14
자책골	6

단위 (%)

패스 타입

쇼트 패스	83
롱 패스	12
크로스 패스	4
스루 패스	0

단위 (%)

SQUAD

포지션	등번호	이름		생년월일	키(cm)	체중(kg)	국적
GK	1	사무엘레 페리산	Samuele Perisan	1997.08.21	192	85	이탈리아
	13	굴리엘모 비카리오	Guglielmo Vicario	1996.10.07	194	83	이탈리아
	22	자코포 풀란	Jacopo Furlan	1993.02.22	189	79	이탈리아
DF	3	리베라토 카카체	Liberato Cacace	2000.09.27	183	72	뉴질랜드
	6	코니 더빈테르	Koni De Winter	2002.06.12	191	82	벨기에
	24	타이런 에부에히	Tyronne Ebuehi	1995.12.16	187	80	나이지리아
	26	로렌조 토넬리	Lorenzo Tonelli	1990.01.17	183	75	이탈리아
	28	니콜로 캄비아기	Nicolo Cambiaghi	2000.12.28	173	73	이탈리아
	30	페타르 스토야노비치	Petar Stojanovic	1995.10.07	178	72	슬로베니아
	33	세바스티아노 루페르토	Sebastiano Luperto	1996.09.06	191	75	이탈리아
	34	아르디안 이스마일리	Ardian Ismajli	1996.09.30	185	76	알바니아
	65	파비아노 파리시	Fabiano Parisi	2000.11.09	178	72	이탈리아
MF	5	레오 스툴락	Leo Stulac	1994.09.26	175	70	슬로베니아
	8	리암 헨더슨	Liam Henderson	1996.04.25	183	80	스코틀랜드
	10	네딤 바이라미	Nedim Bajrami	1999.02.28	179	68	알바니아
	18	라즈반 마린	Razvan Marin	1996.05.23	178	70	루마니아
	21	사무엘레 다미아니	Samuele Damiani	1998.01.30	178	74	이탈리아
	25	필리포 반디넬리	Filippo Bandinelli	1995.03.29	180	70	이탈리아
	32	니콜라스 하스	Nicolas Haas	1996.01.23	178	74	스위스
	35	톰마소 발단치	Tommaso Baldanzi	2003.03.23	170	71	이탈리아
FW	9	마르틴 사트리아노	Martin Satriano	2001.02.20	187	75	우루과이
	15	조반니 크로치아타	Giovanni Crociata	1997.08.11	174	75	이탈리아
	17	에마누엘 에콩	Emmanuel Ekong	2002.06.25	176	75	스웨덴
	23	마티아 데스트로	Mattia Destro	1991.03.20	182	75	이탈리아
	68	다비데 메롤라	Davide Merola	2000.03.27	176	70	이탈리아
	-	샘 람머스	Sam Lammers	1997.04.30	191	81	네덜란드

ITALY SERIE A

EMPOLI FC

IN & OUT

주요 영입	주요 방출
샘 람머스, 마티아 데스트로, 마르틴 사트리아노, 코니 드빈테르	마티아 비티, 크리스티안 아슬라니, 안드레아 피나몬티(임대복귀), 마르코 베나시(임대복귀)

TEAM FORMATION

FW D+
9 사트리아노 (데스트로)
람머스

MF D+
10 바이라미 (캄비아기)

DF C-
18 마린 (헨더슨)
5 슈톨라츠
25 반디넬리 (하스)

65 파리시 (카카체)
6 드빈테르 (토넬리)
33 루페르토 (이스마일리)
30 스토야노비치 (에부에히)

GK C
13 비카리오

PLAN **4-3-1-2**

지역 점유율
공격 진영 **29%**
중앙 **41%**
수비 진영 **31%**

공격 방향
35% 왼쪽
24% 중앙
41% 오른쪽

슈팅 지역
6% 골 에어리어
55% 패널티 박스
38% 외곽 지역

상대팀 최근 6경기 전적

구분	승	무	패	구분	승	무	패
AC 밀란	1	1	4	사수올로	2		4
인테르			6	우디네세	3		3
나폴리	3		3	볼로냐	3	2	1
유벤투스	1		5	엠폴리			
라치오		1	5	스페치아		5	1
로마		1	5	삼프도리아	1	1	4
피오렌티나	3		3	살레르니타나	3	2	1
아탈란타	2	1	3	레체	3	2	1
엘라스 베로나	3	1	2	크레모네세	1	3	2
토리노	1	3	2	몬차	3	2	1

DF 65 파비아노 파리시
Fabiano parisi

국적: 이탈리아

공격적인 레프트백 유망주. 유소년 시절에는 고향과 플레이스타일에서 따 온 '세리노의 진자'라고 불렸다. 18세 때부터 하부 리그 주전으로 뛰기 시작해 4부, 3부, 2부를 차례로 거쳤다. 데뷔 3년 만인 지난 시즌에는 세리에A 엠폴리의 주전급 레프트백으로 활약했다. 측면 미드필더나 메찰라 역할까지 소화할 수 있다. 지난 시즌 나이에 비해 좋은 활약을 보이면서 나폴리, 라치오, 리즈유나이티드 등의 팀과 이적설이 났다.

출전경기	경기시간(분)	골	어시스트	경고	퇴장
19	1,474	-	1	5	-

MF 10 네딤 바이라미
Nedim Bajrami

국적: 알바니아

공격 전개와 기회 창출에 있어 절대적인 비중을 차지하는 공격형 미드필더다. 세리에B서 승격할 때 5골 8도움을 기록했고, 세리에A 잔류할 때도 6골 5도움으로 득점 창출 능력을 발휘했다. 스위스에서 태어나 연령별 대표를 거친 끝에 혈통을 따라 알바니아 대표가 되기로 결심했는데, 국제축구연맹(FIFA)에서 알바니아 국적이 없다고 제동을 걸자 법정 투쟁까지 벌여 지난해 9월 A매치 데뷔전을 치렀다.

출전경기	경기시간(분)	골	어시스트	경고	퇴장
35	2,063	6	5	3	-

KEY PLAYER

MF 18 라즈반 마린
Razvan Marin

국적: 루마니아

아약스를 거쳐 세리에A 무대에서 활약 중인 루마니아 대표 미드필더다. 테크닉이 뛰어난 중앙 미드필더로서 칼리아리에서 좋은 활약을 해 왔고, 강등 후 새 팀을 찾다 엠폴리로 이적했다. 지난 시즌 칼리아리 전체가 붕괴해가는 와중에도 경기당 크로스 성공 리그 9위(1.3)를 기록, 5도움을 올렸다. 수비형 미드필더, 측면 미드필더 등 팀 주문에 따라 다양한 역할을 할 수 있지만, 엠폴리에서는 플레이메이커 역할이 예상된다.

출전경기	경기시간(분)	골	어시스트	경고	퇴장
36	2,817	-	5	4	1

PLAYERS

GK 13 굴리엘모 비카리오
Guglielmo Vicario

국적: 이탈리아

지난 시즌 엄청난 선방 능력으로 잔류를 이끌었고, 엠폴리가 완전이적 대금을 지불하게 만들었다. 지난 시즌 전 경기 풀타임을 소화한 단 2명 중 하나였다. 세이브 횟수 152회로 전체 1위, 문전 세이브 횟수는 2위, 중거리 슛 세이브 횟수는 1위였다. 엠폴리가 유벤투스, 나폴리, 아탈란타를 한 차례씩 1-0으로 잡아낸 것이 잔류에 큰 힘이 됐는데 그때마다 비카리오의 무실점 방어가 승리의 중요한 요인이었다.

출전경기	경기시간(분)	실점	무실점(경기)	경고	퇴장
38	3,420	70	7	1	-

FW 9 마르틴 사트리아노
Martin Satriano

국적: 우루과이

지난 시즌의 피나몬티만큼 해 달라는 염원 속에 임대되는 유망주 공격수다. 우루과이 명문 나시오날 출신이며, 2020년 인테르가 영입했다. 이후 프랑스의 브레스트로 임대돼 리그앙 15경기 4골로 준수한 시즌을 보냈다. 아직 우루과이 대표는 아니지만, 올해 부임한 디에고 알론소 감독이 리빌딩 과정에서 사트리아노 발탁을 고려했을 정도로 관심을 받고 있다. 시즌 초 상승세를 탄다면 월드컵에서 한국과 만날 수도 있다.

출전경기	경기시간(분)	골	어시스트	경고	퇴장
15	941	4	-	5	-

UC 삼프도리아
UC Sampdoria

TEAM PROFILE
창 립	1946년	
구 단 주	마시모 페레로(이탈리아)	
감 독	마르코 지암파올로(이탈리아)	
연 고 지	제노바	
홈 구 장	루이지 페라리스(3만 6,599명)	
라 이 벌	제노아	
홈페이지	www.sampdoria.it	

최근 5시즌 성적
시즌	순위	승점
2017-2018	9위	54점(16승6무16패, 56득점 60실점)
2018-2019	9위	53점(15승8무15패, 60득점 51실점)
2019-2020	15위	42점(12승6무20패, 48득점 65실점)
2020-2021	9위	52점(15승7무16패, 52득점 54실점)
2021-2022	15위	36점(10승6무22패, 46득점 63실점)

SERIE A (전신 포함)
통 산	우승 1회
21-22 시즌	15위(10승6무22패, 승점 36점)

COPPA ITALIA
통 산	우승 4회
21-22 시즌	16강

UEFA
통 산	없음
21-22 시즌	없음

경기 일정
라운드	날짜	장소	상대팀
1	2022.08.14	홈	아탈란타
2	2022.08.23	홈	유벤투스
3	2022.08.29	원정	살레르니타나
4	2022.09.01	홈	라치오
5	2022.09.05	원정	엘라스 베로나
6	2022.09.11	홈	AC 밀란
7	2022.09.18	원정	스페치아
8	2022.10.02	홈	AC 몬차
9	2022.10.09	원정	볼로냐
10	2022.10.16	홈	AS 로마
11	2022.10.23	원정	US 크레모네세
12	2022.10.30	원정	인테르
13	2022.11.06	홈	피오렌티나
14	2022.11.09	원정	토리노
15	2022.11.13	홈	레체
16	2023.01.04	원정	사수올로
17	2023.01.08	홈	나폴리
18	2023.01.15	원정	엠폴리
19	2023.01.22	홈	우디네세
20	2023.01.29	원정	아탈란타
21	2023.02.05	원정	AC 몬차
22	2023.02.12	홈	인테르
23	2023.02.19	홈	볼로냐
24	2023.02.26	원정	라치오
25	2023.03.05	홈	살레르니타나
26	2023.03.12	원정	유벤투스
27	2023.03.19	홈	엘라스 베로나
28	2023.04.02	원정	AS 로마
29	2023.04.08	홈	US 크레모네세
30	2023.04.16	원정	레체
31	2023.04.23	홈	스페치아
32	2023.04.30	원정	피오렌티나
33	2023.05.03	홈	토리노
34	2023.05.07	원정	우디네세
35	2023.05.14	홈	엠폴리
36	2023.05.21	원정	AC 밀란
37	2023.05.28	홈	사수올로
38	2023.06.04	원정	나폴리

시즌 프리뷰 강등 위기 극복이 당장의 과제

지난 시즌 로베르토 다베르사 감독에게 지휘봉을 맡겼다가 강등 위기를 겪은 삼프도리아. 시즌 후반기는 과거 좋은 모습을 보여준 바 있는 마르코 잠파올로 감독으로 교체했는데, 전혀 나아진 게 없었다. 하지만 시즌 막판 5경기에서 2승 1무 2패를 거두며 어찌어찌 잔류는 했고 이번 시즌도 잠파올로 감독이 자리를 유지한다. 전력 변화가 거의 없다. 지난 시즌과 예상 포메이션, 라인업 모두 '복붙'이라고 해도 될 정도. 굳이 말하자면 주전급 미드필더 알빈 에크달, 수비수 요시다 마야가 빠졌으니 전력 약화라고 볼 수 있겠다. 또한 팀 전력에서 노장들이 차지하는 비중이 불안 요소다. 안토니오 칸드레바는 물오른 공격 포인트 생산 능력을 발휘하고 있지만, 언제 지쳐도 이상하지 않은 나이다. 공격수 프란체스코 카푸토의 득점력도 완만한 하락세가 우려된다.

COACH

마르코 잠파올로 *Marco Giampaolo*
1967년 8월 2일생 이탈리아

지도자 경력의 유일한 황금기를 삼프도리아에서 보내며 좋은 인연을 맺은 감독이다. 황금기라고 해봐야 중위권 성적이었지만 경기 내용 면에서 호평이 많았다. 이후 AC 밀란 등에서 실패를 거듭하다 올해 초 삼프도리아로 돌아왔다. 이번 시즌을 완주하며 팀을 잔류시키지 못한다면 지도자 인생의 생명력 자체가 위험하다.

TEAM RATINGS

슈팅	패스	조직력	수비력	감독	선수층
7	5	6	5	5	5

33

2021/22 프로필
팀 득점	46
평균 볼 점유율	45.70%
패스 정확도	77.80%
평균 슈팅 수	10.3
경고	92
퇴장	4

골 타입
	단위 (%)
오픈 플레이	52
세트 피스	28
카운터 어택	3
패널티 킥	2
자책골	9

패스 타입
	단위 (%)
쇼트 패스	82
롱 패스	14
크로스 패스	4
스루 패스	0

SQUAD
포지션	등번호	이름		생년월일	키(cm)	체중(kg)	국적
GK	1	에밀 아우데로	Emil Audero	1997.01.18	192	83	이탈리아
	30	니콜라 라바글리아	Nicola Ravaglia	1988.12.12	184	75	이탈리아
	32	엘리아 탄탈로키	Elia Tantalocchi	2004.06.30	190	83	이탈리아
DF	3	톰마소 아우젤로	Tommaso Augello	1994.08.30	180	70	이탈리아
	6	막심 레베르브	Maxime Leverbe	1997.02.15	188	80	프랑스
	12	파비오 데파올리	Fabio Depaoli	1997.04.24	182	71	이탈리아
	13	안드레아 콘티	Andrea Conti	1994.03.02	184	75	이탈리아
	15	오마르 콜리	Omar Colley	1992.10.24	191	87	감비아
	21	헤이손 무리요	Jeison Murillo	1992.05.27	182	73	콜롬비아
	24	바르토시 베레신스키	Bartosz Bereszynski	1992.07.12	183	77	폴란드
	25	알렉스 페라리	Alex Ferrari	1994.07.01	191	80	이탈리아
	29	니콜라 무루	Nicola Murru	1994.12.16	180	74	이탈리아
MF	4	곤살로 비야르	Gonzalo Villar	1998.03.23	181	72	스페인
	7	필립 듀리치치	Filip Djuricic	1992.01.30	181	73	세르비아
	5	발레리오 베레	Valerio Verre	1994.01.11	181	70	이탈리아
	11	압델하미드 사비리	Abdelhamid Sabiri	1996.11.28	186	76	독일
	14	로날도 비에이라	Ronaldo Vieira	1998.07.19	178	70	잉글랜드
	38	미켈 담스고르	Mikkel Damsgaard	2000.07.03	180	73	덴마크
	87	안토니오 칸드레바	Antonio Candreva	1987.02.28	180	70	이탈리아
	88	토마스 링콘	Tomas Rincon	1988.01.13	177	75	베네수엘라
FW	9	마누엘 데루카	Manuel De Luca	1998.07.17	192	80	이탈리아
	10	프란체스코 카푸토	Francesco Caputo	1987.08.06	181	74	이탈리아
	23	마놀로 가비아디니	Manolo Gabbiadini	1991.11.26	186	75	이탈리아
	27	파비오 콸리아렐라	Fabio Quagliarella	1983.01.31	180	79	이탈리아
	37	메흐디 레리스	Mehdi Leris	1998.05.23	186	80	프랑스

IN & OUT

주요 영입	주요 방출
필립 듀리치치	요시다 마야, 알빈 에크달

TEAM FORMATION

FW B-

MF C+

DF D

GK C

- 10 카푸토 (콸리아렐라)
- 23 가비아디니 (데루카)
- 38 담스고르 (사비리)
- 14 비에이라
- 88 링콘 (베레)
- 87 칸드레바 (듀리치치)
- 3 아우젤로 (무루)
- 15 콜리
- 21 무리요 (페라리)
- 24 베레신스키 (콘티)
- 1 아우데로

PLAN 4-4-2

지역 점유율

공격 진영	26%
중앙	43%
수비 진영	30%

공격 방향

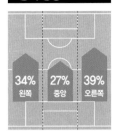

| 34% 왼쪽 | 27% 중앙 | 39% 오른쪽 |

슈팅 지역

- 8% 골 에어리어
- 57% 패널티 박스
- 35% 외곽 지역

KEY PLAYER

MF 87 안토니오 칸드레바
Antonio Candreva

국적: 이탈리아

젊었을 때는 체력과 힘을 믿고 다소 무리한 플레이를 반복하는 선수였는데 30대 중반이 되면서 효율이 확 높아졌다. 오른쪽 측면에서 적절한 돌파와 오른발 킥으로 공격 에이스 역할을 한다. 노장이 돼 활약하는 모습을 보면 카림 벤제마가 떠오를 정도. 지난 시즌 출장시간이 3,132분이나 됐으며 7골 10도움을 몰아쳤다. 경기당 키 패스 리그 6위(2.2), 크로스 성공 횟수는 3위(2.1)로 기회 창출 능력이 탁월했다.

출전경기	경기시간(분)	골	어시스트	경고	퇴장
36	3,132	7	10	6	1

PLAYERS

DF 24 바르토시 베레신스키
Bartosz Bereszyński

국적: 폴란드

카타르 월드컵 활약이 예정돼 있는 폴란드 대표팀의 주전 수비수다. 수비적인 라이트백으로, 측면에서는 최고 수준인 제공권을 갖고 있고, 센터백과 측면 미드필더 역할도 소화한다. 지난 시즌 경고를 12회나 받았을 정도로 위험한 수비는 단점. 폴란드에서 삼프도리아로 넘어와 활약한 세월이 어느덧 6번째 시즌을 맞는 고참급 선수로, 콸리아렐라에 이은 부주장이라 실제로는 주장 완장을 자주 차고 뛴다.

출전경기	경기시간(분)	골	어시스트	경고	퇴장
35	2,956	-	3	12	-

상대팀 최근 6경기 전적

구분	승	무	패	구분	승	무	패
AC 밀란		2	4	사수올로	1	2	3
인테르	1	1	4	우디네세	4	1	1
나폴리			6	볼로냐			6
유벤투스			6	엠폴리	4	1	1
라치오	1		5	스페치아	1	1	2
로마	1	2	3	삼프도리아			
피오렌티나	3		3	살레르니타나	5		1
아탈란타	1	1	4	레체	4	1	1
엘라스 베로나	4	1	1	크레모네세	3	2	1
토리노	3	1	2	몬차	5		1

MF 88 토마스 링콘
Tomas Rincon

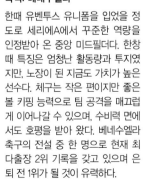

국적: 베네수엘라

한때 유벤투스 유니폼을 입었을 정도로 세리에A에서 꾸준한 역량을 인정받아 온 중앙 미드필더. 한창때 특징은 엄청난 활동량과 투지였지만, 노장이 된 지금도 가치가 높은 선수다. 체구는 작은 편이지만 좋은 볼 키핑 능력으로 팀 공격을 매끄럽게 이어갈 수 있으며, 수비력 면에서도 호평을 받아 왔다. 베네수엘라 축구의 전설 중 한 명으로 현재 최다출장 2위 기록을 갖고 있으며 은퇴 전 1위가 될 것이 유력하다.

출전경기	경기시간(분)	골	어시스트	경고	퇴장
24	1,329	-	5	-	-

FW 10 프란체스코 카푸토
Francesco Caputo

국적: 이탈리아

늙은 파비오 콸리아렐라 대체로 젊은 선수가 아니라 조금 덜 늙은 선수를 데려 왔다. 지난해 33세 나이에 삼프도리아로 이적, 11골 4도움으로 주포 역할을 잘 해냈다. 체구가 작지만, 문전에서 기민하게 움직이며 득점 기회를 찾아다니는 골 사냥꾼이다. 발재간을 보여주는 경우는 드물지만, 환상적인 오프 더 볼 움직임만 봐도 눈이 즐거운 스타일. 30대가 되어서야 세리에A에 자리잡고 활약을 시작한 대기만성형 선수다.

출전경기	경기시간(분)	골	어시스트	경고	퇴장
36	2,799	11	4	-	-

FW 23 마놀로 가비아디니
Manolo Gabbiadini

국적: 이탈리아

강력한 왼발 킥을 지닌 공격수다. 최전방이나 오른쪽 측면에서 왼발 슛 기회가 나면 과감하게 때리고 보는 것이 특기다. 지난 2019-2020시즌 삼프도리아에서 리그 11골을 넣으며 생애 첫 두 자릿수 득점을 기록했지만, 최근 두 시즌은 부상과 컨디션 난조가 발목을 잡았다. 누나 멜라니아도 축구선수인데, 이탈리아 여자 축구 사상 최고 레전드 중 한 명이라 "내 동생이 축구는 못 해도…"로 시작하는 농담을 던지곤 한다.

출전경기	경기시간(분)	골	어시스트	경고	퇴장
18	1,147	6	2	3	-

스페치아
Spezia Calcio

TEAM PROFILE

창 립	1906년
구 단 주	가브리엘레 볼피(이탈리아)
감 독	루카 고티(이탈리아)
연 고 지	라스페치아
홈 구 장	알베르토 피코(1만 336명)
라 이 벌	–
홈페이지	www.acspezia.com

최근 5시즌 성적

시즌	순위	승점
2017-2018	없음	없음
2018-2019	없음	없음
2019-2020	없음	없음
2020-2021	15위	39점(9승12무17패, 52득점 72실점)
2021-2022	16위	36점(10승6무22패, 41득점 71실점)

SERIE A (전신 포함)

통 산	없음
21-22 시즌	16위(10승6무22패, 승점 71점)

COPPA ITALIA

통 산	없음
21-22 시즌	32강

UEFA

통 산	없음
21-22 시즌	없음

경기 일정

라운드	날짜	장소	상대팀
1	2022.08.15	홈	엠폴리
2	2022.08.21	원정	인테르
3	2022.08.28	홈	사수올로
4	2022.09.01	원정	유벤투스
5	2022.09.04	홈	볼로냐
6	2022.09.11	원정	나폴리
7	2022.09.18	홈	삼프도리아
8	2022.10.02	원정	라치오
9	2022.10.09	원정	AC 몬차
10	2022.10.16	홈	US 크레모네세
11	2022.10.23	원정	살레르니타나
12	2022.10.30	홈	피오렌티나
13	2022.11.06	원정	AC 밀란
14	2022.11.09	홈	우디네세
15	2022.11.13	원정	엘라스 베로나
16	2023.01.04	홈	아탈란타
17	2023.01.08	홈	레체
18	2023.01.15	원정	토리노
19	2023.01.22	홈	AS 로마
20	2023.01.29	원정	볼로냐
21	2023.02.05	홈	나폴리
22	2023.02.12	원정	엠폴리
23	2023.02.19	홈	유벤투스
24	2023.02.26	원정	우디네세
25	2023.03.05	홈	엘라스 베로나
26	2023.03.12	홈	인테르
27	2023.03.19	원정	사수올로
28	2023.04.02	홈	살레르니타나
29	2023.04.08	원정	피오렌티나
30	2023.04.16	홈	라치오
31	2023.04.23	원정	삼프도리아
32	2023.04.30	홈	AC 몬차
33	2023.05.03	원정	아탈란타
34	2023.05.07	원정	US 크레모네세
35	2023.05.14	홈	AC 밀란
36	2023.05.21	원정	레체
37	2023.05.28	홈	토리노
38	2023.06.04	원정	AS 로마

시즌 프리뷰 세 번째 잔류 전략은?

이상한 잔류팀인 스페치아. 지난 시즌 스페치아는 강등된 베네치아에 이어 두 번째로 패배가 많았고, 최다실점 순위도 2위였다. 그런데 리그 순위는 잔류권인 16위. 이런 성적이 가능했던 이유는 무승부를 최소화하는 전략을 썼기 때문이다. 무승부가 가능한 상황에서도 만족하지 않고 승리를 따내기 위해 과감한 경기운영을 했는데, 2무 1패보다 1승 2패가 더 이득이라는 나름의 잔류 전략이었다고 볼 수 있겠다. 그 결과 팀 전력과 무관한 잔류를 달성했다. 빈첸초 이탈리아노에 이어 티아고 모타까지 잔류를 이끌어 준 감독이 2년 연속 떠나버린 건 아쉽다. 이번 시즌은 루카 고티 감독의 성향에 따라 새로운 생존 전략을 수립해야 한다. 왕년의 스타 센터백 마티아 칼다라, 레전드의 아들 다니엘 말디니 등 임대 영입한 선수들이 얼마나 도움을 줄지 아직 미지수다.

COACH

루카 고티 *Luca Gotti*
1967년 9월 13일생 이탈리아

우디네세를 2시즌 동안 잘 지휘하다가 세 번째 시즌에 경질, 이번에 스페치아로 부임했다. 로베르토 도나도니, 마우리치오 사리 아래서 수석코치를 오래 한 '참모' 출신이다. 지난 시즌 스페치아가 공격에 치중해 오히려 실리를 따내는 팀이었다면, 고티 감독은 좀 더 전통적인 이탈리아의 방식대로 수비부터 다지는 걸 좋아한다.

TEAM RATINGS

슈팅	5
패스	4
수비력	4
선수층	5
감독	5
조직력	6

29

2021/22 프로필

팀 득점	41
평균 볼 점유율	42.40%
패스 정확도	76.70%
평균 슈팅 수	10.2
경고	87
퇴장	4

골 타입

오픈 플레이	66
세트 피스	15
카운터 어택	5
페널티 킥	7
자책골	7

단위 (%)

패스 타입

쇼트 패스	81
롱 패스	15
크로스 패스	4
스루 패스	0

단위 (%)

SQUAD

포지션	등번호	이름		생년월일	키(cm)	체중(kg)	국적
GK	1	예로엔 주에트	Jeroen Zoet	1991.01.06	189	76	네덜란드
	40	페타르 조브코	Petar Zovko	2002.03.25	192	-	보스니아 헤르체고비나
	94	이반 프로베델	Ivan Provedel	1994.03.17	192	72	이탈리아
DF	13	아르카디우스 레카	Arkadiusz Reca	1995.06.17	187	77	폴란드
	15	페트코 흐리스토프	Petko Hristov	1999.03.01	191	85	불가리아
	20	시모네 바스토니	Simone Bastoni	1996.11.05	181	74	이탈리아
	21	살바 페레르	Salva Ferrer	1998.01.21	184	73	스페인
	27	켈뱅 아미앙	Kelvin Amian	1998.02.08	180	78	프랑스
	29	마티아 칼다라	Mattia Caldara	1994.05.05	187	80	이탈리아
	43	디미트리오스 니콜라우	Dimitrios Nikolaou	1998.08.13	188	77	그리스
MF	6	메흐디 부라비아	Mehdi Bourabia	1991.08.07	183	73	모로코
	7	자코포 살라	Jacopo Sala	1991.12.05	181	75	이탈리아
	8	빅토르 코발렌코	Viktor Kovalenko	1996.02.14	182	75	우크라이나
	14	야쿠프 키비오	Jakub Kiwior	2000.02.15	189	70	폴란드
	25	줄리오 마조레	Giulio Maggiore	1998.03.12	184	69	이탈리아
	30	다니엘 말디니	Daniel Maldini	2001.10.11	181	70	이탈리아
	31	아이마르 셔	Aimar Sher	2002.12.20	175	-	스웨덴
	-	알빈 에크달	Albin Ekdal	1989.07.28	186	80	스웨덴
FW	10	다니엘레 베르데	Daniele Verde	1996.06.20	168	67	이탈리아
	11	에마누엘 기아시	Emmanuel Gyasi	1994.01.11	181	70	가나
	17	수프 포드고레아누	Suf Podgoreanu	2002.01.20	193	80	아르헨티나
	18	음발라 은졸라	M'Bala Nzola	1996.08.18	185	79	앙골라
	22	자니스 앙티스트	Janis Antiste	2002.08.18	182	-	프랑스
	33	케빈 아구델로	Kevin Agudelo	1998.11.14	178	70	콜롬비아
	44	다비드 스트렐레치	David Strelec	2001.04.04	185	80	슬로베니아

IN & OUT

주요 영입	주요 방출
알빈 에크달, 마티아 칼다라, 다니엘 말디니, 엘리오 카프라도시	레오 세나, 마르틴 에를리치, 레이 마나이

TEAM FORMATION

FW **D**
- 11 기아시 (말디니)
- 22 양티스트 (은졸라)
- 10 베르데 (아구델로)

MF **D⁺**
- 13 레카
- 25 마지오레 (엑달)
- 20 바스토니 (키비오르)
- 27 아미앙 (비날리)

DF **D⁺**
- 43 니콜라우
- 29 칼다라
- 23 카프라도시 (흐리스토프)

GK **C⁺**
- 94 프로베델 (주트)

PLAN 3-4-3

지역 점유율

공격 진영	25%
중앙	42%
수비 진영	32%

공격 방향

| 40% 왼쪽 | 26% 중앙 | 34% 오른쪽 |

슈팅 지역

- 7% 골 에어리어
- 53% 패널티 박스
- 40% 외곽 지역

상대팀 최근 6경기 전적

구분	승	무	패	구분	승	무	패
AC 밀란	2		4	사수올로	1	1	4
인테르		1	5	우디네세	4		2
나폴리	2		4	볼로냐	1	2	3
유벤투스	1	1	4	엠폴리	1		5
라치오			5	스페치아			
로마	2	1	3	삼프도리아	2	1	1
피오렌티나		2	4	살레르니타나	4	1	1
아탈란타		2	4	레체	1	3	2
엘라스 베로나		1	5	크레모네세	3	1	2
토리노	2	1	3	몬차	3	3	

KEY PLAYER

FW 10 다니엘레 베르데
Daniele Verde

국적: 이탈리아

로마 유소년팀에서 큰 기대를 받았지만, 임대를 전전하느라 큰 활약을 하지 못했다. 다섯 번이나 임대를 다닌 끝에 2019년 그리스의 AEK 아테네까지 이적했는데, 짧은 그리스 생활 후 이탈리아 무대로 돌아와 한결 나아진 경기력을 보여주고 있다. 지난 시즌 8골 6도움으로 팀 공격을 이끌었다. 양발을 능숙하게 활용하며 상대 수비의 빈틈 사이를 파고들 수 있는 드리블러로, 킥 역시 정교한 편이다.

출전경기	경기시간(분)	골	어시스트	경고	퇴장
33	1,959	8	6	2	-

PLAYERS

DF 43 디미트리오스 니콜라우
Dimitrios Nikolaou

국적: 그리스

지난 시즌 전체 필드 플레이어 중 출장시간 2위를 기록하며 잔류에 큰 공헌을 했다. 그리스 명문 올림피아코스에서 성장한 뒤 세리에 B에서 본격적인 프로 경력을 시작했다. 엠폴리의 센터백 유망주였다가 지난해 스페치아로 이적한 뒤 확고부동한 주전이 되었다. 유망주 발굴에 일가견이 있는 사수올로가 한때 영입을 시도하기도 했는데, 조금 더 성장한다면 중상위권 팀으로 이적할 수 있는 잠재력이 있다고 평가된다.

출전경기	경기시간(분)	골	어시스트	경고	퇴장
36	3,240	-	-	7	-

MF 25 줄리오 마조레
Giulio Maggiore

국적: 이탈리아

젊은 주장. 14세 때 AC밀란에 스카우트되었다가 금방 방출된 걸 제외하면 유소년 시절부터 스페치아에서만 뛰었고, 임대 한 번 없이 스타디오 알베르토 피코를 지켜 온 선수다. 그만큼 서포터의 애정이 각별하며, 많은 선수가 오가는 이탈리아 하위권 팀의 특성상 정체성을 상징해준다는 점에서 소중한 선수다. 수비에 전념하는 성향의 중앙 미드필더로, 이탈리아 연령별 대표를 꼬박꼬박 거치며 큰 기대를 받았다.

출전경기	경기시간(분)	골	어시스트	경고	퇴장
35	2,835	2	3	9	-

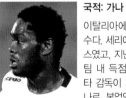

FW 11 에마누엘 기아시
Emmanuel Gyasi

국적: 가나

이탈리아에서 태어난 가나계 공격수다. 세리에 B 시절부터 공격 에이스였고, 지난 시즌도 베르데에 이어 팀 내 득점 2위였다. 지난 시즌 모타 감독이 가장 좋아한 선수 중 하나로, 본업인 공격뿐 아니라 풀백과 중앙 미드필더까지 온갖 위치에 기용됐다. 스페치아에서 좋은 활약을 하면서 지난해 가나 대표팀에도 데뷔했지만, 월드컵을 앞두고 귀화 선수가 하도 많이 합류하다 보니 월드컵에 발탁될 수 있을지는 미지수다.

출전경기	경기시간(분)	골	어시스트	경고	퇴장
36	3,045	6	-	10	-

FW 33 케빈 아구델로
Kevin Agudelo

국적: 콜롬비아

원래 에이스 공격수였던 음발라 은졸라가 세리에A로 올라오 맥을 못 추자 최전방에 다양한 선수가 돌아가며 기용됐는데, 레이 마나이(임대 복귀)와 더불어 그나마 좋은 활약을 했던 선수다. 특히 교체 투입됐을 때 2골 1도움을 올리며 승점을 벌어주었다. 콜롬비아 출신 돌격대장으로, 공격형 미드필더부터 윙어와 스트라이커까지 다양한 역할을 소화했다. 이번 시즌 전술이 어떻게 바뀌든 출장시간을 확보할 수 있을 것이다.

출전경기	경기시간(분)	골	어시스트	경고	퇴장
33	1,236	3	1	2	1

살레르니타나

US SALERNITANA 1919

ITALY SERIE A

US SALERNITANA 1919

TEAM PROFILE	
창 립	1919년
구 단 주	다닐로 이에르볼리노(이탈리아)
감 독	다비드 니콜라(이탈리아)
연 고 지	살레르노
홈 구 장	스타디오 아레키(3만 1,300명)
라 이 벌	–
홈페이지	www.ussalernitana1919.it

최근 5시즌 성적

시즌	순위	승점
2017-2018	없음	없음
2018-2019	없음	없음
2019-2020	없음	없음
2020-2021	없음	없음
2021-2022	17위	31점(7승10무21패, 33득점 78실점)

SERIE A (전신 포함)

통 산	없음
21-22 시즌	17위(7승10무21패, 승점 31점)

COPPA ITALIA

통 산	없음
21-22 시즌	32강

UEFA

통 산	없음
21-22 시즌	없음

경기 일정

라운드	날짜	장소	상대팀
1	2022.08.15	홈	AS 로마
2	2022.08.21	원정	우디네세
3	2022.08.29	홈	삼프도리아
4	2022.09.02	원정	볼로냐
5	2022.09.06	홈	엠폴리
6	2022.09.11	원정	유벤투스
7	2022.09.18	홈	레체
8	2022.10.02	원정	사수올로
9	2022.10.09	홈	엘라스 베로나
10	2022.10.16	원정	인테르
11	2022.10.23	홈	스페치아
12	2022.10.30	원정	라치오
13	2022.11.06	홈	US 크레모네세
14	2022.11.09	원정	피오렌티나
15	2022.11.13	원정	AC 몬차
16	2023.01.04	홈	AC 밀란
17	2023.01.08	홈	토리노
18	2023.01.15	원정	아탈란타
19	2023.01.22	홈	나폴리
20	2023.01.29	원정	레체
21	2023.02.05	홈	유벤투스
22	2023.02.12	원정	엘라스 베로나
23	2023.02.19	홈	라치오
24	2023.02.26	홈	AC 몬차
25	2023.03.05	원정	삼프도리아
26	2023.03.12	원정	AC 밀란
27	2023.03.19	홈	볼로냐
28	2023.04.02	원정	스페치아
29	2023.04.08	홈	인테르
30	2023.04.16	원정	토리노
31	2023.04.23	홈	사수올로
32	2023.04.30	원정	나폴리
33	2023.05.03	홈	피오렌티나
34	2023.05.07	원정	엠폴리
35	2023.05.14	홈	아탈란타
36	2023.05.21	원정	AS 로마
37	2023.05.28	홈	우디네세
38	2023.06.04	원정	US 크레모네세

시즌 프리뷰 | 잔류 성공, 달라진 선수단

지난 시즌 전반기, 최악의 팀에 가까웠으나 후반기에 엄청난 상승세로 기적의 잔류에 성공한 살레르니타나. 특히 막판 8경기에서 4승 3무 1패를 기록한 것이 결정적이었다. 그 원동력은 바로 1월 이적 시장에서의 영입이었다. 골키퍼 루이지 세페, 수비수 페데리코 파시오, 윙어 시모네 베르디 등이 잔류해 큰 공을 세워줬다. 급히 영입했던 브라질 미드필더 에데르손을 고작 반년 만에 1,450만 유로나 남기고 파는 뜻밖의 이적료 수입까지 챙겼다. 여기에 2월에 교체한 다비데 니콜라 감독이 지도력을 보여주면서 새로운 살레르니타나를 완성했다. 올여름 영입 리스트가 부실하다 해도 1월에 미리 영입해 둔 선수가 있으니 사실은 지난 시즌과 많이 달라진 선수단이라고 볼 수 있다. 다만 잔류의 최대 공신이었던 베르디가 돌아가고, 공격수 밀란 듀리치가 떠나서 그 공백은 크다.

COACH

다비데 니콜라 *Davide Nicola*
1973년 3월 5일생 이탈리아

아슬아슬한 잔류 드라마로 화제를 모으곤 하는 감독. 지난 2017년 크로토네의 잔류를 이끌며 자전거 1,300km 종주 공약을 지켰다. 하지만 이번엔 도보로 교황청까지 순례하겠다는 공약은 "농담이었다 농담"이라고 둘러댔다. 종종 요절한 아들에 대한 그리움을 공개적으로 이야기하는데, 그런 인간미가 지도력의 비결인지도 모른다.

TEAM RATINGS

슈팅	6
패스	4
조직력	7
수비력	6
감독	7
선수층	5
35	

2021/22 프로필

팀 득점	33
평균 볼 점유율	40.20%
패스 정확도	76.50%
평균 슈팅 수	11.3
경고	88
퇴장	5

골 타 입	오픈 플레이	48
	세트 피스	33
	카운터 어택	3
	패널티 킥	12
	자책골	3 단위(%)
패 스 타 입	쇼트 패스	81
	롱 패스	14
	크로스 패스	5
	스루 패스	0 단위(%)

SQUAD

포지션	등번호	이름		생년월일	키(cm)	체중(kg)	국적
GK	1	빈첸초 피오릴로	Vincenzo Fiorillo	1990.01.13	190	85	이탈리아
	55	루이지 세페	Luigi Sepe	1991.05.08	185	80	이탈리아
	-	알레산드로 미카이	Alessandro Micai	1993.07.24	186	79	이탈리아
DF	4	파벨 야로친스키	Pawel Jaroszynski	1994.10.02	184	77	폴란드
	5	프레데릭 베셀리	Frederic Veseli	1992.11.20	183	80	알바니아
	17	페데리코 파시오	Federico Fazio	1987.03.17	195	89	아르헨티나
	23	노르베르트 기욤베르	Norbert Gyomber	1992.07.03	189	74	슬로바키아
	30	파스콸레 마초키	Pasquale Mazzocchi	1995.07.27	183	76	이탈리아
	35	안드레이 모토크	Andrei Motoc	2002.04.13	195	88	몰도바
	-	마테오 로바토	Matteo Lovato	2000.02.14	188	83	이탈리아
	-	발레리오 만토바니	Valerio Mantovani	1996.04.18	184	77	이탈리아
	-	도마고이 브라다리치	Domagoj Bradaric	1999.12.10	178	69	크로아티아
	-	주니오르 삼비아	Junior Sambia	1996.09.07	185	75	프랑스
	-	로렌초 피롤라	Lorenzo Pirola	2002.02.20	185	77	이탈리아
MF	2	마마두 쿨리발리	Mamadou Coulibaly	1999.02.03	183	75	세네갈
	15	에밀 보히넨	Emil Bohinen	1999.03.12	189	75	노르웨이
	16	이반 라도바노비치	Ivan Radovanovic	1988.08.29	187	80	세르비아
	18	라사나 쿨리발리	Lassana Coulibaly	1996.04.10	183	77	말리
	20	그리고리스 카스타노스	Grigoris Kastanos	1998.01.30	179	67	사이프러스
	24	와즈디 케츠리다	Wajdi Kechrida	1995.11.05	184	80	튀니지
	28	레오나르도 카페치	Leonardo Capezzi	1995.03.29	178	72	이탈리아
FW	7	프랑크 리베리	Franck Ribery	1983.04.07	170	72	프랑스
	9	페데리코 보나촐리	Federico Bonazzoli	1997.05.21	182	79	이탈리아
	11	에리크 부트하임	Erik Botheim	2000.01.10	180	70	노르웨이
	-	디에고 발렌시아	Diego Valencia	2000.01.14	185	74	칠레
	-	시미	Simy	1992.05.07	198	89	나이지리아

IN & OUT

주요 영입	주요 방출
마테오 로바토, 로렌초 피올라	밀란 듀리치, 에데르손

TEAM FORMATION

FW C+ **11** 부트하임 (시미) **9** 보나촐리 (리베리)

MF D+ **15** 브라다리치 (자로친스키) 보히넨 **18** L.쿨리발리 **2** M.쿨리발리 삼비아 (마초키)

DF C **17** 파시오 (피올라) **16** 라도바노비치 로바토 (기옴베르)

GK B- **55** 세페

PLAN 3-5-2

지역 점유율

공격 진영	27%
중앙	44%
수비 진영	29%

공격 방향

39% 왼쪽	28% 중앙	33% 오른쪽

슈팅 지역

| 7% 골 에어리어 |
| 53% 패널티 박스 |
| 40% 외곽 지역 |

KEY PLAYER

GK 55 루이지 세페 / Luigi Sepe

국적: 이탈리아

파르마 시절, 세리에A 모든 골키퍼를 통틀어 가장 뛰어난 선방 기록을 남겼던 하위권 맞춤형 골키퍼. 들어갈 것 같은 공도 쳐 내는 선방 능력 하나는 널리 인정받아 왔다. 나폴리 소속으로 임대를 전전했지만, 파르마로 완전 이적한 뒤 자신에게 맞는 옷을 입었다. 파르마의 강등 이후 세리에 B에서 뛰다가, 형편이 급해진 살레르니타나의 임대 요청을 받아들여 골문을 맡았다. 살레르니타나의 승부수가 잔류에 큰 영향을 미쳤다.

출전경기	경기시간(분)	실점	무실점 (경기)	경고	퇴장
16	1,394	24	1	2	-

PLAYERS

DF ? 마테오 로바토 / Matteo Lovato

국적: 이탈리아

이탈리아 국적의 유망주 센터백. 2020/21시즌 베로나 수비 축구의 한 축을 맡아 주목받았고, 잠재력을 높이 산 아탈란타로 이적했다. 칼리아리 임대를 거쳐 아탈란타에 자리 잡으려 하던 올여름 에데르손 거래의 반대급부로 살레르니타나 유니폼을 입게 됐다. 살레르니타나 입장에서는 임대나 자유계약으로 컨디션이 떨어진 수비수만 사는 게 아니라 청소년 대표 출신의 전도유망한 센터백을 가질 수 있는 거래였다.

출전경기	경기시간(분)	골	어시스트	경고	퇴장
22	1,546	-	1	5	-

상대팀 최근 6경기 전적

구분	승	무	패	구분	승	무	패
AC 밀란	1	1	4	사수올로	1	1	4
인테르	2		4	우디네세	1	2	3
나폴리		2	4	볼로냐	1	4	1
유벤투스	1	1	4	엠폴리	1	2	3
라치오	1		5	스페치아	1	1	4
로마	1	1	4	삼프도리아	1		5
피오렌티나	2		4	살레르니타나			
아탈란타		2	4	레체	1	2	3
엘라스 베로나	2	2	2	크레모네세	3	2	1
토리노	1	2	3	몬차	2	2	2

MF 15 에밀 보히넨 / Emil Bohinen

국적: 노르웨이

노르웨이 구단 스타베크 포트발에 소속돼 있던 시절부터 빅 리그 중하위권 팀들이 눈여겨보는 유망주였다. 엘링 홀란, 마르틴 외데고르 등과 함께 노르웨이 황금세대의 일원으로 분류되곤 했다. 지난해 CSKA 모스크바로 이적했다가, 올해 1월 임대 후 완전이적 형식으로 합류해 잔류에 일조했다. 기술이 좋은 왼발잡이 중앙 미드필더다. 측면도 소화할 수 있지만 살레르니타나에서는 중원 한가운데서 공 배급을 맡곤 했다.

출전경기	경기시간(분)	골	어시스트	경고	퇴장
11	699	-	1	5	-

FW 7 프랑크 리베리 / Franck Ribéry

국적: 프랑스

아쉽게도 지난해 살레르니타나에 합류한 후부터는 경기력이 크게 떨어져 있었다. 지난 시즌 공격 포인트는 단 3도움이었고, 눈에 띄는 기록이라고는 공을 자주 잃어버렸다는 것뿐이다. 하지만 구단 역사상 최고 스타이자 주장으로서 최대한 헌신하기로 하고 이번 시즌도 팀에 남았다. 왕년의 사고뭉치 리베리에선 상상할 수 없는 모습이지만 살레르니타나에서 성숙하고 리더십 있는 선배라는 이야기가 들려온다.

출전경기	경기시간(분)	골	어시스트	경고	퇴장
24	1,429	-	3	3	1

FW 11 에리크 부트하임 / Erik Botheim

국적: 노르웨이

어린 나이에 노르웨이 리그를 평정했고, 러시아 리그를 잠깐 거쳐 빅 리그 도전에 나선 유망주. 지난 시즌 노르웨이 구단 보되/글림트가 AS로마를 무려 6-1로 대파해 화제를 모은 바 있는데, 그 6골 중 2골을 넣은 공격수다. 5년 전 '플로우 킹즈'라는 유튜브 계정을 만들어 친구 엘링 홀란이 출연하는 뮤직비디오를 올렸는데 조회 수가 900만 회를 넘는다. 이거 쓰느라 방금 보았는데, 항마력 딸리는 독자는 절대 찾아보지 마실 것.

출전경기	경기시간(분)	골	어시스트	경고	퇴장
30	2,639	15	3	2	-

US 레체

US Lecce

TEAM PROFILE	
창 립	1908년
구 단 주	사베리노 스티키 다미아니(이탈리아)
감 독	마르코 바로니(이탈리아)
연 고 지	레체
홈 구 장	스타디오 비아 델 마레(3만 1,533명)
라 이 벌	–
홈페이지	http://www.uslecce.it

최근 5시즌 성적

시즌	순위	승점
2017-2018	없음	없음
2018-2019	없음	없음
2019-2020	18위	35점(9승8무21패, 52득점 85실점)
2020-2021	없음	없음
2021-2022	없음	없음

SERIE A (전신 포함)

통 산	없음
21-22 시즌	없음

COPPA ITALIA

통 산	없음
21-22 시즌	16강

UEFA

통 산	없음
21-22 시즌	없음

경기 일정

라운드	날짜	장소	상대팀
1	2022.08.14	홈	인테르
2	2022.08.21	원정	사수올로
3	2022.08.29	홈	엠폴리
4	2022.09.01	원정	나폴리
5	2022.09.06	원정	토리노
6	2022.09.11	홈	AC 몬차
7	2022.09.18	원정	살레르니타나
8	2022.10.02	홈	US 크레모네세
9	2022.10.09	원정	AS 로마
10	2022.10.16	홈	피오렌티나
11	2022.10.23	원정	볼로냐
12	2022.10.30	홈	유벤투스
13	2022.11.06	원정	우디네세
14	2022.11.09	홈	아탈란타
15	2022.11.13	원정	삼프도리아
16	2023.01.04	홈	라치오
17	2023.01.08	원정	스페치아
18	2023.01.15	홈	AC 밀란
19	2023.01.22	원정	엘라스 베로나
20	2023.01.29	홈	살레르니타나
21	2023.02.05	원정	US 크레모네세
22	2023.02.12	홈	AS 로마
23	2023.02.19	원정	아탈란타
24	2023.02.26	홈	사수올로
25	2023.03.05	원정	인테르
26	2023.03.12	홈	토리노
27	2023.03.19	원정	피오렌티나
28	2023.04.02	원정	엠폴리
29	2023.04.08	홈	나폴리
30	2023.04.16	홈	삼프도리아
31	2023.04.23	원정	AC 밀란
32	2023.04.30	홈	우디네세
33	2023.05.03	원정	유벤투스
34	2023.05.07	홈	엘라스 베로나
35	2023.05.14	원정	라치오
36	2023.05.21	홈	스페치아
37	2023.05.28	원정	AC 몬차
38	2023.06.04	홈	볼로냐

시즌 프리뷰

기대주들에게 팀의 운명이 달렸다

이탈리아 남부 중에서도 장화의 발굽 끝에 해당하는 곳에 위치해 동떨어져 있는 클럽 레체. 2019/20시즌, 드디어 오랜만에 세리에A로 승격해 나폴리를 잡고 유벤투스와 비기는 등 저력을 보여줬지만, 아쉽게도 뒷심이 조금 부족해 아슬아슬하게 강등된 바 있다. 그리고 2년 만에 다시 승격을 달성했다. 2년 전 경쟁력을 보여줬던 핵심 선수들은 모두 팀을 떠났기 때문에, 레체는 승격을 맞아 명문 구단의 유망주를 임대하는 쪽으로 가닥을 잡았다. 나름대로 세리에A에서 기대를 모았던 잔루카 프라보타, 로렌초 콜롬보가 충분한 출장시간을 바탕으로 잔류를 이끌어줘야 한다.

COACH

마르코 바로니 Marco Baroni
1963년 9월 11일생 이탈리아

전형적인 이탈리아 감독의 커리어를 가진 감독. 세리에B 상위권과 세리에A 강등권에서 새 감독을 찾을 때마다 후보군에 이름을 올리고, 취직했다가 1년 안에 떠나곤 하는 경력이란 뜻이다. 지난 2017년 베네벤토를 창단 첫 승격으로 이끌었지만, 세리에A에서는 부진 끝에 조기 경질된 바 있다. 팀의 잔류와 더불어 완주가 목표다.

TEAM RATINGS

슈팅	5
패스	4
조직력	6
수비력	4
감독	5
선수층	6
종합	30

2021/22 프로필

팀 득점	59
평균 볼 점유율	53.00%
패스 정확도	75.00%
평균 슈팅 수	15
경고	90
퇴장	0

골 타입
오픈 플레이	66
세트 피스	14
카운터 어택	8
패널티 킥	10
자책골	2	단위 (%)

패스 타입
쇼트 패스	76
롱 패스	18
크로스 패스	6
스루 패스	0	단위 (%)

SQUAD

포지션	등번호	이름		생년월일	키(cm)	체중(kg)	국적
GK	1	마르코 블레베	Marco Bleve	1995.10.18	184	84	이탈리아
	21	페데리코 브란콜리니	Federico Brancolini	2001.07.14	192	78	이탈리아
	30	블라디모르 팔코네	Wladimiro Falcone	1995.04.12	195	85	이탈리아
DF	3	카스트리오트 데르마쿠	Kastriot Dermaku	1992.06.08	194	73	알바니아
	6	페데리코 바스키로토	Federico Baschirotto	1996.09.20	184	-	이탈리아
	13	알렉산드로 투이아	Alessandro Tuia	1990.06.08	184	78	이탈리아
	15	메르드 세틴	Mert Cetin	1997.01.01	189	90	튀르키에
	17	발렌틴 장드레	Valentin Gendrey	2000.06.21	179	75	프랑스
	24	잔루카 프라보타	Gianluca Frabotta	1999.06.24	187	70	이탈리아
	25	안토니노 갈로	Antonino Gallo	2000.01.05	183	69	이탈리아
	26	마티아 시우치	Mattia Ciucci	2002.11.11	188	-	이탈리아
	33	아르투로 칼라브레시	Arturo Calabresi	1996.03.17	186	75	이탈리아
	70	로브 니제트	Rob Nizet	2002.04.14	177	66	벨기에
	83	매트 레멘스	Mats Lemmens	2002.03.10	186	79	벨기에
MF	7	크리스토퍼 아스킬드센	Kristoffer Askildsen	2001.01.09	190	79	노르웨이
	8	크리스티얀 비스트로비치	Kristijan Bistrovic	1998.04.09	183	75	크로아티아
	20	다니엘 사멕	Daniel Samek	2004.02.19	184	80	체코
	29	알렉시스 블린	Alexis Blin	1996.09.16	184	78	프랑스
	42	모어텐 휼만	Morten Hjulmand	1999.06.25	185	73	덴마크
FW	9	로렌초 콜롬보	Lorenzo Colombo	2002.03.08	183	74	이탈리아
	10	프란체스코 디마리아노	Francesco Di Mariano	1996.04.20	177	68	이탈리아
	27	가브리엘 스트레페차	Gabriel Strefezza	1997.04.18	168	63	브라질
	31	조엘 보엘커링 페르손	Joel Voelkerling Persson	2003.01.15	194	-	스웨덴
	77	아산 시세이	Assan Ceesay	1994.03.17	188	74	감비아

ITALY SERIE A

US LECCE

IN & OUT

주요 영입	주요 방출
아산 시세이, 로렌초 콜롬보, 블라디미르 팔코네, 잔루카 프라보타, 크리스토퍼 아스킬드센	마리오 가르줄로, 마시모 코다, 가브리엘, 로렌코 시미치, 안토니오 라구사, 알레산드로 플리차리(임대복귀)

TEAM FORMATION

FW D+
MF D
DF D
GK D

9 콜롬보 (시세이)
10 디마리아노 (로드리게스)
27 스트레페차 (리스트코브스키)
7 아스킬드센
42 휼만 (블린)
14 헬가손 (비에르켄그렌)
24 프라보타 (갈로)
13 투이아
3 데르마쿠
17 장드레 (칼라브레시)
30 팔코네

PLAN **4-3-3**

상대팀 최근 6경기 전적

구분	승	무	패	구분	승	무	패
AC 밀란		2	4	사수올로		3	1
인테르	1	2	3	우디네세	2		4
나폴리	2		4	볼로냐	1	1	4
유벤투스	1	2	3	엠폴리	1	2	3
라치오	2	1	3	스페치아	2	3	1
로마	1		5	삼프도리아	1	1	4
피오렌티나	3	1	2	살레르니타나	3	2	1
아탈란타		3	3	레체			
엘라스 베로나	3	1	2	크레모네세	3	1	2
토리노	3	1	2	몬차	2	2	2

MF 42 모어텐 휼만
Morten Hjulmand

국적: 덴마크

덴마크 청소년 대표 미드필더로, 덴마크 A대표팀이 최근 워낙 잘 나가서 데뷔할 기회가 없었을 뿐, 미래를 책임질 유망주로 높은 평가를 받고 있다. 레체에서 두 시즌 뛰었는데, 지난 시즌 확고한 주전으로 입지를 굳히면서 팀 성적까지 끌어올렸다. 이 성과를 인정받아 세리에A 팀들의 주목을 받는 상태다. 레체 경기를 보면 일단 큰 체격으로 눈길을 끌고, 단단한 수비와 정확한 패스로 한 번 더 주목하게 되는 선수다.

출전경기	경기시간(분)	골	어시스트	경고	퇴장
37	3,210	-	3	7	-

FW 10 프란체스코 디마리아노
Francesco Di Mariano

국적: 이탈리아

레체 유소년팀 출신으로, 17세 때 재능을 인정받아 AS로마로 이적했던 왕년의 유망주다. 그러나 세리에A에서 자리잡지 못하고 여러 팀을 떠돌다 지난 시즌 레체로 돌아왔다. 스피드를 활용한 측면 돌파와 속공 마무리가 특기다. 주로 왼쪽에서 안으로 파고 들다 오른발 킥을 하는 패턴을 선호하며 오른쪽 윙어와 최전방에서도 뛸 수 있다. 하부 리그 출신으로 깜짝 성공을 이뤘던 월드컵 득점왕 살바토레 스킬라치의 조카다.

출전경기	경기시간(분)	골	어시스트	경고	퇴장
29	2,054	5	3	5	-

KEY PLAYER

FW 9 로렌초 콜롬보
Lorenzo Colombo

국적: 이탈리아

AC밀란이 큰 기대를 걸고 있는 유망주 공격수다. 올리비에 지루가 영입되기 전에는 즐라탄 이브라히모비치의 백업 역할로 밀란 1군에서 자리를 차지하기도 했다. 다만 지난 시즌 세리에B의 SPAL로 임대됐을 땐 시즌 7골 1도움에 그쳐 아쉬운 모습을 보였다. 아직도 20세라 성장할 여지는 무궁무진하다. 큰 체격으로 전방에서 공을 지키거나 헤딩을 따낼 수 있고, 덩치에 걸맞은 슛 파워까지 지닌 정통파 공격수다.

출전경기	경기시간(분)	골	어시스트	경고	퇴장
34	2,099	6	1	7	1

PLAYERS

DF ? 잔루카 프라보타
Gianluca Frabotta

국적: 이탈리아

2020년 시즌 시작과 동시에 1군에 데뷔하여 유벤투스의 젊은 피로 기대를 모았지만, 이후 기라성 같은 선배들에 밀려 정착하지 못했다. 지난 시즌 엘라스베로나 임대에서도 2경기 교체 출장에 그치며 성장이 정체된 상태다. 유벤투스에서 짧게 빛났던 모습을 기준으로 한다면 돌파와 침투를 적극적으로 시도하는 공격적인 레프트백이다. 코파 이탈리아에서는 골도 기록한 적이 있으나 판단력과 수비력에서 약점을 보였다.

출전경기	경기시간(분)	골	어시스트	경고	퇴장
2	18	-	-	-	-

FW 27 가브리엘 스트레페차
Gabriel Strefezza

국적: 브라질

단신이지만 낮은 무게중심과 민첩성으로 돌파하고, 중거리 슛으로 득점할 수 있는 공격수다. 상파울루에서 태어나 조상의 나라 이탈리아에서 프로 생활을 시작했다. 세리에B 여러 팀을 전전하는 공격수였는데, 지난 시즌 마시모 코다와 짝을 이루면서 함께 득점력이 폭발했다. 코다가 20골 7도움, 스트레페차는 14골 6도움을 올렸다. 코다가 제노아로 떠나버린 뒤 새로운 파트너와 환경에서도 기량을 보여줄지 관심이다.

출전경기	경기시간(분)	골	어시스트	경고	퇴장
35	2,747	14	6	8	-

US 크레모네세

US Cremonese

TEAM PROFILE	
창 립	1903년
구 단 주	조반니 아르베디(이탈리아)
감 독	마시밀리아노 알비니(이탈리아)
연 고 지	크레모나
홈 구 장	스타디오 조반니 치니(1만 6,003명)
라 이 벌	–
홈페이지	https://www.uscremonese.it/

최근 5시즌 성적

시즌	순위	승점
2017-2018	없음	없음
2018-2019	없음	없음
2019-2020	없음	없음
2020-2021	없음	없음
2021-2022	없음	없음

SERIE A (전신 포함)

통 산	없음
21~22 시즌	없음

COPPA ITALIA

통 산	없음
21~22 시즌	64강

UEFA

통 산	없음
21~22 시즌	없음

경기 일정

라운드	날짜	장소	상대팀
1	2022.08.15	원정	피오렌티나
2	2022.08.23	원정	AS 로마
3	2022.08.28	홈	토리노
4	2022.08.31	원정	인테르
5	2022.09.04	홈	사수올로
6	2022.09.11	원정	아탈란타
7	2022.09.18	홈	라치오
8	2022.10.02	원정	레체
9	2022.10.09	홈	나폴리
10	2022.10.16	원정	스페치아
11	2022.10.23	홈	삼프도리아
12	2022.10.30	홈	우디네세
13	2022.11.06	원정	살레르니타나
14	2022.11.09	홈	AC 밀란
15	2022.11.13	원정	엠폴리
16	2023.01.04	홈	유벤투스
17	2023.01.08	원정	엘라스 베로나
18	2023.01.15	홈	AC 몬차
19	2023.01.22	원정	볼로냐
20	2023.01.29	홈	인테르
21	2023.02.05	홈	레체
22	2023.02.12	원정	나폴리
23	2023.02.19	원정	토리노
24	2023.02.26	홈	AS 로마
25	2023.03.05	원정	사수올로
26	2023.03.12	홈	피오렌티나
27	2023.03.19	원정	AC 몬차
28	2023.04.02	홈	아탈란타
29	2023.04.08	원정	삼프도리아
30	2023.04.16	홈	엠폴리
31	2023.04.23	원정	우디네세
32	2023.04.30	홈	엘라스 베로나
33	2023.05.03	원정	AC 밀란
34	2023.05.07	홈	스페치아
35	2023.05.14	원정	유벤투스
36	2023.05.21	홈	볼로냐
37	2023.05.28	원정	라치오
38	2023.06.04	홈	살레르니타나

시즌 프리뷰 — 22년 만의 승격 기념 야심찬 중원 보강

낯선 팀이다. 1993/94시즌 세리에A에서 10위를 차지했던 것이 구단 역사상 손꼽히는 황금기였다. 하지만 2000년대에 4부까지 떨어졌다가 이번에 겨우 세리에A로 돌아왔다. 눈에 띄는 건 지난 시즌 세리에B 2위를 차지했음에도 득점 10위권에 한 명도 없었다는 점이다. 승격했다고 해서 스타 공격수를 살 수 있는 입장은 아니다. 게다가 지난 시즌 크레모네세 소속으로 이탈리아 대표팀 캠프에 차출돼 화제를 모았던 골키퍼 마르코 카르네세키, 미드필더 니콜로 파졸리 두 임대 선수가 각각 아탈란타와 유벤투스로 돌아갔다. 그 자리를 메우기 위해 새로운 임대 골키퍼, 베테랑 수비수들을 영입했다. 무엇보다 해외에서 미드필더 찰스 마켈, 산티아고 아스카시비르를 나름 야심차게 영입한 것이 눈에 띈다. 끈끈한 중원의 힘으로 잔류하겠다는 전략이다.

COACH

마시밀리아노 알비니 *Massimiliano Alvini*
1970년 4월 20일생 이탈리아

엘리트 축구계에서는 거의 알려지지 않았지만, 이탈리아 하부 리그의 숨은 실력자로 인정받아 온 인물이다. 2019/20시즌 3부 레지나를 승격시켜 연간 감독상(판키나 도로) 하부 감독 부문에서 수상했다. 그밖에 하부 컵대회 우승, 다양한 구단의 승격 또는 플레이오프 진출을 이끌었다. 그런 능력을 크레모네세가 높이 샀다.

TEAM RATINGS

슈팅	5
패스	6
수비력	6
선수층	6
감독	7
조직력	6

36

2021/22 프로필

팀 득점	57
평균 볼 점유율	49.00%
패스 정확도	74.00%
평균 슈팅 수	13
경고	82
퇴장	5

골 타 입

오픈 플레이	72
세트 피스	14
카운터 어택	7
패널티 킥	5
자책골	2	단위 (%)

패 스 타 입

쇼트 패스	78
롱 패스	17
크로스 패스	5
스루 패스	0	단위 (%)

SQUAD

포지션	등번호	이름		생년월일	키(cm)	체중(kg)	국적
GK	22	도리안 시에즈코프스키	Dorian Ciezkowski	2001.03.22	192	80	폴란드
	45	무하마두 사르	Mouhamadou Sarr	1997.01.05	190	77	세네갈
	97	이오누츠 라두	Ionut Radu	1997.05.28	188	70	루마니아
DF	3	에마누엘레 발레리	Emanuele Valeri	1998.12.07	180	78	이탈리아
	5	요한 바스케스	Johan Vasquez	1998.10.22	184	71	멕시코
	15	마테오 비앙체티	Matteo Bianchetti	1993.03.17	189	81	이탈리아
	17	레오나르도 세르니콜라	Leonardo Sernicola	1997.07.30	187	78	이탈리아
	20	루카 라바넬리	Luca Ravanelli	1997.01.06	187	75	이탈리아
	21	블라드 키리케슈	Vlad Chiriches	1989.11.14	184	75	프랑스
	33	자코모 콰글리아타	Giacomo Quagliata	2000.02.19	180	65	이탈리아
	60	마이사 은디아예	Maissa Ndiaye	2002.01.28	192	81	세네갈
	-	알렉산드로 피오르달리소	Alessandro Fiordaliso	1999.03.20	184	73	이탈리아
	-	엠마누엘 아이우	Emanuel Aiwu	2000.12.25	185	82	오스트리아
MF	4	크리스티안 아첼라	Christian Acella	2002.07.07	-	-	이탈리아
	6	찰스 피켈	Charles Pickel	1997.05.15	187	76	스위스
	8	산티아고 아스카시비르	Santiago Ascacibar	1997.02.25	168	69	아르헨티나
	14	루카 발자니아	Luca Valzania	1996.03.05	184	72	이탈리아
	16	파올로 바르톨로메이	Paolo Bartolomei	1989.08.22	183	76	이탈리아
	18	파올로 질리오네	Paolo Ghiglione	1997.02.02	191	80	이탈리아
	19	미셸 카스타네티	Michele Castagnetti	1989.12.27	180	71	이탈리아
	26	조슈아 텐코랑	Joshua Tenkorang	2000.05.26	184	-	이탈리아
	62	토마소 밀라노	Tommaso Milanese	2002.07.31	173	61	이탈리아
	-	필리포 나르디	Filippo Nardi	1998.03.03	175	69	이탈리아
FW	77	데이비드 오케레케	David Okereke	1997.08.29	181	75	나이지리아
	98	루카 차니마키아	Luca Zanimacchia	1998.03.05	178	72	이탈리아

IN & OUT

주요 영입	주요 방출
찰스 피켈, 요한 바스케스, 블라드 키리케슈, 이오누츠 라두, 산티아고 아스카시비르	마르코 카르네스키(임대복귀), 니콜로 파졸리(임대복귀), 잔루카 가에타노(임대복귀)

TEAM FORMATION

PLAN 3-5-2

FW **D** 11 디카르미네 (차오파니) / 77 오케레케 (차니마키아)

MF **C⁺** 3 발레리 (세르니콜라) / 8 아스카시비르 (카스타네티) / 18 길리오네 / 6 피켈 (발차니아) / 62 밀라네세 (바르톨로메이)

DF **C** 5 바스케스 / 21 키리케슈 (라바넬리) / 15 비안케티 (은디아예)

GK **D** 97 라두

지역 점유율

NO DATA

공격 방향

NO DATA

슈팅 지역

- 6% 골 에어리어
- 57% 패널티 박스
- 37% 외곽 지역

KEY PLAYER

DF 21 블라드 키리케슈 / Vlad Chiriches

국적: 루마니아

강호 토트넘과 나폴리를 거쳐 2019년부터 사수올로의 후방을 지켜 온 루마니아 대표 센터백. 사수올로 선수답게 패스 성공률 리그 9위(91.9%), 오프사이드 유도 횟수 2위(1.2회) 등 빌드업과 조율 관련 기록이 높았다. 노장 반열에 들어서는 나이에 사수올로를 떠나 새 도전에 나선다. 플레이 스타일만 보면 체격이 평범하고 전진을 즐기는 편이라 바스케스와 겹칠 수 있다. 그동안 쌓인 경험을 활용해 조화를 이뤄야 한다.

출전경기	경기시간(분)	골	어시스트	경고	퇴장
29	2,304	-	-	4	-

PLAYERS

GK 97 이오누츠 라두 / Ionut Radu

국적: 루마니아

16세부터 인테르 소속으로 임대 혹은 이적 후 바이백 형태로 떠돌아다닌 골키퍼이다. 그렇게 보낸 세월이 벌써 7년째다. 제노아에서는 두 시즌 동안 주전급 골키퍼로 활약하기도 했으니, 경험은 이미 충분하다. 승격의 일등공신이었던 카르네스키를 충분히 대체할 수 있을 거란 기대를 받는다. 유명 선수 슈테판 라두의 친척처럼 보일 수도 있으나, 불가리아에서 라두는 흔한 성이다. 이오누츠 라두라는 선수도 여러 명이다.

출전경기	경기시간(분)	실점	무실점(경기)	경고	퇴장
1	90	2	-	-	-

FW 98 루카 차니마키아 / Luca Zanimacchia

국적: 이탈리아

유벤투스에서 임대돼 지난 시즌 공격의 핵심 역할을 했고, 승격 후 다시 한 번 임대됐다. 유벤투스 U23 팀의 에이스였고, 1군에도 가끔 뛰었지만 결국 임대의 길을 떠나야 했다. 윙어지만 8골 6도움을 기록하며 팀 내 최고 수준의 공격 포인트를 기록했다. 주로 오른쪽 측면에서 상대 풀백을 일대일로 돌파한 뒤 크로스를 올리는 역할을 하며, 왼쪽 윙어와 최전방에서도 뛸 수 있다. 어느덧 24세, 이번 시즌은 정말 중요하다.

출전경기	경기시간(분)	골	어시스트	경고	퇴장
36	2,192	8	6	4	-

상대팀 최근 6경기 전적

구분	승	무	패	구분	승	무	패
AC 밀란	1	1	4	사수올로	4		2
인테르		1	5	우디네세	1	4	1
나폴리		3	3	볼로냐		4	2
유벤투스		2	4	엠폴리	2	3	1
라치오	1	1	4	스페치아	2	1	3
로마	1	2	3	삼프도리아	1	2	3
피오렌티나		3	3	살레르니타나	1	2	3
아탈란타		1	5	레체	2	1	3
엘라스 베로나	1	3	2	크레모네세			
토리노	1	1	4	몬차	1	1	4

DF 5 요한 바스케스 / Johan Vásquez

국적: 멕시코

어린 나이에 모국 멕시코 리그를 씹어 먹고 빅 리그 진출, 지난 시즌에 제노아에서 세리에A 적응을 마쳤다. 제노아 강등을 틈타 크레모네세가 재빨리 임대 영입했다. 멕시코 센터백들에게서 흔히 볼 수 있는, 체격은 크지 않지만 커버할 수 있는 범위가 넓고 적극적인 스타일의 선수다. 잦은 경고는 일종의 세금. 멕시코의 카타르 월드컵 예선 통과에 일조했고, 본선에서도 활약이 예고돼 있어 시즌 중 더 유명해질 수도 있다.

출전경기	경기시간(분)	골	어시스트	경고	퇴장
27	2,282	1	-	7	-

MF 8 산티아고 아스카시비르 / Santiago Ascacibar

국적: 아르헨티나

아르헨티나에서 유독 많이 배출되는 단신 수비형 미드필더. 헤르타BSC의 살림꾼이었으며, 아르헨티나 대표 경력도 있다. 작은 키에도 불구하고 넓은 활동 범위와 투쟁심을 살려 중원을 장악하며, 공을 빼앗은 뒤 내주는 패스도 준수하다. 무턱대고 좌충우돌하는 게 아니라 팀 요구에 맞는 플레이를 할 줄 아는 '지능형 파이터'다. 10년 전이었으면 '제2의 마스체라노'라는 별명이 붙었을 선수로 지금은 은골로 캉테와 비견되고 있다.

출전경기	경기시간(분)	골	어시스트	경고	퇴장
27	2,381	-	1	5	-

AC 몬차
AC Monza

TEAM PROFILE

창 립	1912년
구 단 주	실비오 베를루스코니(이탈리아)
감 독	조반니 스트로파(이탈리아)
연 고 지	몬차
홈 구 장	스타디오 브리안테오(1만 8,568명)
라 이 벌	–
홈페이지	https://www.acmonza.com/

최근 5시즌 성적

시즌	순위	승점
2017-2018	없음	없음
2018-2019	없음	없음
2019-2020	없음	없음
2020-2021	없음	없음
2021-2022	없음	없음

SERIE A (전신 포함)

통 산	없음
21–22 시즌	없음

COPPA ITALIA

통 산	없음
21–22 시즌	64강

UEFA

통 산	없음
21–22 시즌	없음

경기 일정

라운드	날짜	장소	상대팀
1	2022.08.14	홈	토리노
2	2022.08.22	원정	나폴리
3	2022.08.27	홈	우디네세
4	2022.08.31	원정	AS 로마
5	2022.09.06	홈	아탈란타
6	2022.09.11	원정	레체
7	2022.09.18	홈	유벤투스
8	2022.10.02	원정	삼프도리아
9	2022.10.09	홈	스페치아
10	2022.10.16	원정	엠폴리
11	2022.10.23	원정	AC 밀란
12	2022.10.30	홈	볼로냐
13	2022.11.06	홈	엘라스 베로나
14	2022.11.09	원정	라치오
15	2022.11.13	홈	살레르니타나
16	2023.01.04	원정	피오렌티나
17	2023.01.08	홈	인테르
18	2023.01.15	원정	AC 몬차
19	2023.01.22	홈	사수올로
20	2023.01.29	원정	유벤투스
21	2023.02.05	홈	삼프도리아
22	2023.02.12	원정	볼로냐
23	2023.02.19	홈	AC 밀란
24	2023.02.26	원정	살레르니타나
25	2023.03.05	홈	엠폴리
26	2023.03.12	원정	엘라스 베로나
27	2023.03.19	홈	US 크레모네세
28	2023.04.02	홈	라치오
29	2023.04.08	원정	우디네세
30	2023.04.16	원정	인테르
31	2023.04.23	홈	피오렌티나
32	2023.04.30	원정	스페치아
33	2023.05.03	홈	AS 로마
34	2023.05.07	원정	토리노
35	2023.05.14	홈	나폴리
36	2023.05.21	원정	사수올로
37	2023.05.28	홈	레체
38	2023.06.04	원정	아탈란타

ITALY SERIE A

AC MONZA

시즌 프리뷰
원조 갑부 구단주 '베총리'의 컴백

요즘엔 중동이나 미국의 부자 구단주들이 축구판을 휘어잡고 있지만, 원조 갑부 구단주는 이탈리아의 실비오 베를루스코니다. 1980년대부터 AC밀란을 전폭 지원해 세계 최강팀으로 만들었고, 그 인기를 정치에 활용하면서 이탈리아 총리에 3번이나 당선된 '포퓰리즘의 황제' 다. 그는 2017년 밀란을 매각했고, 1년 뒤 인근 도시 몬차의 3부 팀을 인수하며 좀더 소박한 경영을 시작했다. 하부 리그치고 과감한 선수 영입에 밀란 출신을 대거 기용하는 인맥까지 더해지면서 몬차는 결국 사상 첫 세리에A 승격을 달성했다. 그리고 베를루스코니의 심복인 아드리아노 갈리아리 CEO는 밀란 시절 보여줬던 것처럼 스타 선수를 긁어모으는 데 엄청난 수완을 보여주고 있다. 이제까지 이탈리아에서 이런 승격팀은 없었다. 밀란인가, 몬차인가?

COACH

TEAM RATINGS

슈팅	6
패스	8
조직력	5
수비력	6
감독	5
선수층	5

35

조반니 스트로파 Giovanni Stroppa
1968년 1월 24일생 이탈리아

밀란 출신을 우대하는 것이 몬차의 방침인데, 스트로파는 현역 시절 베를루스코니의 밀란에서 뛰다 몬차로 임대된 적이 있어 그야말로 '코드 인사'다. 대표팀 경력도 있는 나름의 스타 선수였다. 지도자로서 이탈리아 북부 오스트리아권 지방인 쥐트티롤을 시작으로 여러 하부 리그 팀을 지휘하다. 몬차를 승격시키며 감독으로서 첫 성과를 냈다.

2021/22 프로필

팀 득점	60
평균 볼 점유율	56.00%
패스 정확도	81.00%
평균 슈팅 수	13
경고	89
퇴장	7

골 타입

		단위 (%)
오픈 플레이	57	
세트 피스	21	
카운터 어택	6	
패널티 킥	13	
자책골	3	

패스 타입

		단위 (%)
쇼트 패스	81	
롱 패스	14	
크로스 패스	5	
스루 패스	0	

SQUAD

포지션	등번호	이름		생년월일	키(cm)	체중(kg)	국적
GK	16	미셸 디 그레고리오	Michele Di Gregorio	1994.06.28	187	81	이탈리아
	89	알레시오 크라뇨	Alessio Cragno	1994.06.28	184	78	이탈리아
	91	알레산드로 소렌티노	Alessandro Sorrentino	2002.04.03	190	-	이탈리아
DF	1	유지니오 라만나	Eugenio Lamanna	1989.09.07	187	80	이탈리아
	4	말론	Marlon	1995.09.07	182	-	브라질
	5	루카 칼디롤라	Luca Caldirola	1991.02.01	186	75	이탈리아
	13	안드레아 라노키아	Andrea Ranocchia	1988.02.16	195	81	이탈리아
	18	다비드 베텔라	Davide Bettella	2000.04.07	185	75	이탈리아
	26	발렌틴 안토프	Valentin Antov	2000.11.09	187	70	불가리아
	31	마리오 삼피리시	Mario Sampirisi	1992.10.31	188	75	이탈리아
	44	안드레아 카르보니	Andrea Carboni	2001.02.04	187	77	이탈리아
MF	8	안드레아 바르베리스	Andrea Barberis	1993.12.11	177	72	이탈리아
	10	마티아 발로티	Mattia Valoti	1993.09.06	187	62	이탈리아
	12	스테파노 센시	Stefano Sensi	1995.08.05	168	62	이탈리아
	20	안토니스 시아투니스	Antonis Siatounis	2002.08.26	186	70	그리스
	22	필리포 라노키아	Filippo Ranocchia	2001.05.14	186	76	이탈리아
	23	마테오 스코짜렐라	Matteo Scozzarell	1988.06.05	170	65	이탈리아
	28	안드레아 콜파니	Andrea Colpani	1999.05.11	184	-	이탈리아
	32	마테오 페시나	Matteo Pessina	1997.04.21	187	77	이탈리아
	36	루카 마치텔리	Luca Mazzitelli	1999.05.15	184	76	이탈리아
	69	니콜라 리고니	Nicola Rigoni	1990.11.12	185	84	이탈리아
FW	17	지안루카 카프라리	Gianluca Caprari	1993.07.30	171	72	이탈리아
	47	대니 모타	Dany Mota	1998.05.02	180	74	포르투갈
	77	마르코 달레산드로	Marco D'Alessandro	1991.02.17	173	71	이탈리아
	84	패트릭 시우리아	Patrick Ciurria	1995.02.09	178	67	이탈리아

IN & OUT

주요 영입	주요 방출
안드레아 카르보니, 알레시오 크라뇨, 안드레아 라노키아, 스테파노 센시, 마테오 페시나, 사무엘레 비린델리, 마를론	스테파노 루비, 가스통 라미레스

TEAM FORMATION

FW **C+**

MF **B**

DF **C**

GK **C+**

17 카프라리 (귀트케르)
47 모타 (마리치)

77 달레산드로 (몰리나)
10 발로티 (추리아)
76 페레이라 (비린델리)

32 페시나 (F.라노키아)
12 센시 (마치텔리)

44 카르보니 (아우구스투)
13 A.라노키아 (마를론)
5 칼디롤라 (베텔라)

89 크라뇨 (디그레고리오)

PLAN **3-5-2**

지역 점유율

NO DATA

공격 방향

NO DATA

슈팅 지역

8% 골 에어리어
60% 패널티 박스
32% 외곽 지역

KEY PLAYER

MF 32 마테오 페시나
Matteo Pessina

국적: 이탈리아

승격팀으로 이적할 거라고는 꿈에도 생각할 수 없었던 아주리 스타. 유로 본선에서 2골을 넣어 우승에 한몫했던 미드필더다. '이탈리아의 박지성'이라 할 만한 팀플레이 능력을 갖추고 있다. 그런 선수가 몬차로 이적한 건, 이 팀의 유스 시스템이 배출한 현역 최고 스타이기 때문이다. 몬차는 주장 완장까지 약속하며 '팀의 얼굴' 영입에 공을 들였다고 한다. 일단 임대 신분이지만 잔류할 경우 완전 이적으로 전환된다고 알려져 있다.

출전경기	경기시간(분)	골	어시스트	경고	퇴장
27	1,444	1	1	-	-

PLAYERS

GK 22 알레시오 크라뇨
Alessio Cragno

국적: 이탈리아

세리에A 중하위권에서는 가장 확실한 골키퍼로, 이탈리아 청소년 대표를 거쳐 A대표팀에도 자주 소집되는 실력파다. 특히 2018/19시즌 선방횟수 1위와 빌드업 관여도 1위를 동시에 기록하며 기량이 만개했고, 이탈리아 골키퍼 코치 협회 선정 최고 골키퍼상을 타기도 했다. 지난 시즌 칼리아리에서도 전체 골키퍼 중 6위인 선방 106회를 기록했지만, 강등은 막지 못했다. 결국, 승격팀 몬차에서 세리에A 경력을 이어가게 됐다.

출전경기	경기시간(분)	실점	무실점(경기)	경고	퇴장
35	3,150	63	2	3	-

상대팀 최근 6경기 전적

구분	승	무	패	구분	승	무	패
AC 밀란			6	사수올로	1	2	3
인테르		1	5	우디네세	2	3	1
나폴리	1	2	3	볼로냐	1	2	3
유벤투스		2	2	엠폴리	1	2	3
라치오	2	2	2	스페치아		3	3
로마	1		2	삼프도리아		1	5
피오렌티나	1	1	4	살레르니타나	2	2	2
아탈란타	1		5	레체	2	2	2
엘라스 베로나		2	4	크레모네세	4	1	1
토리노		2	4	몬차			

DF 13 안드레아 라노키아
Andrea Ranocchia

국적: 이탈리아

유망주 시절 레오나르도 보누치의 단짝 파트너였다. 각각 인테르밀란과 유벤투스로 이적해 탄탄대로를 걸을 줄 알았다. 하지만 보누치와 달리 라노키아는 정점에 도달하지 못했고, 기량조차 오래 유지하지 못했다. 인테르의 만년 후보 또는 임대생으로 7시즌을 보낸 뒤 새 팀을 찾았다. 몬차가 최초로 세리에A에서 영입한 선수다. 왕년의 평가처럼 압도적인 장신에 전술 소화 능력을 겸비한 선수로 몬차를 수호해줘야 한다.

출전경기	경기시간(분)	골	어시스트	경고	퇴장
6	338	-	-	1	-

MF 12 스테파노 센시
Stefano Sensi

국적: 이탈리아

잦은 부상이 안타까운 '이탈리아의 차비.' 리그에서 거의 못 뛸 때조차 로베르토 만치니 대표팀 감독이 불러서 컨디션을 살려주려고 노력했을 정도로 재능 하나는 확실하다. 체구는 작지만 기민하게 상대 진영을 파고들어 공격 포인트를 올릴 수 있고, 후방 플레이메이커로서 동료들을 지휘까지 할 수 있는 '달리는 테크니션'이다. 인테르에서는 니콜로 바렐라와 공존하는 게 숙제였고, 몬차에서는 페시나와 역할이 관심이다.

출전경기	경기시간(분)	골	어시스트	경고	퇴장
20	919	1	-	1	-

FW 17 잔루카 카프라리
Gianluca Caprari

국적: 이탈리아

다재다능한 세컨드스트라이커(섀도 스트라이커). 확실한 특기는 없지만, 꽤 괜찮은 오른발 킥, 유사시 충분히 득점을 기대할 만한 완발, 문전 침투, 드리블 전진, 스루패스, 재치 있는 연계 플레이 등 여러 재주를 겸비했다. AS로마 유소년팀 출신으로, 좋은 평가를 받으면서도 한 팀에 정착하지 못하고 떠돌아다녔다. 지난 시즌 베로나 공격축구의 한 축을 맡아 12골 7도움, 데뷔 후 최고 활약을 했고, 이탈리아 대표팀 데뷔전도 치렀다.

출전경기	경기시간(분)	골	어시스트	경고	퇴장
35	2,755	12	7	4	-

파리 생제르맹

Paris Saint-Germain

TEAM PROFILE

창 립	1970년
구 단 주	타밈 빈 하마드 알사니(카타르)
감 독	크리스토프 갈티에(프랑스)
연 고 지	파리
홈 구 장	파르크 데 프랭스(4만 7,929명)
라 이 벌	올램피크 드 마르세유
홈페이지	www.en.psg.fr

최근 5시즌 성적

시즌	순위	승점
2017-2018	1위	93점(29승6무3패, 108득점 29실점)
2018-2019	1위	91점(29승4무5패, 105득점 35실점)
2019-2020	1위	68점(22승2무3패, 75득점 24실점)
2020-2021	2위	82점(26승4무8패, 86득점 28실점)
2021-2022	1위	86점(26승8무4패, 90득점 36실점)

LIGUE 1 (전신 포함)

통 산	우승 10회
21-22 시즌	1위(26승8무4패, 승점 86점)

COUPE DE FRANCE

통 산	우승 14회
21-22 시즌	16강

UEFA

통 산	없음
21-22 시즌	챔피언스리그 16강

경기 일정

라운드	날짜	장소	상대팀
1	2022.08.08	원정	클레르몽
2	2022.08.15	홈	몽펠리에
3	2022.08.22	원정	릴
4	2022.08.29	홈	모나코
5	2022.09.01	원정	툴루즈
6	2022.09.05	원정	낭트
7	2022.09.12	홈	브레스투아
8	2022.09.19	원정	리옹
9	2022.10.03	홈	니스
10	2022.10.10	원정	스타드 랭스
11	2022.10.17	홈	마르세유
12	2022.10.24	원정	AC 아작시오
13	2022.10.31	홈	트루아
14	2022.11.07	원정	로리앙
15	2022.11.14	홈	오세르
16	2022.12.29	홈	스트라스부르
17	2023.01.02	원정	랑스
18	2023.01.12	홈	앙제
19	2023.01.16	원정	렌
20	2023.01.30	홈	스타
21	2023.02.02	원정	몽펠리에
22	2023.02.06	홈	툴루즈
23	2023.02.13	원정	모나코
24	2023.02.20	홈	릴
25	2023.02.27	원정	마르세유
26	2023.03.06	홈	낭트
27	2023.03.13	원정	브레스투아
28	2023.03.20	홈	렌
29	2023.04.03	홈	리옹
30	2023.04.10	원정	니스
31	2023.04.17	홈	랑스
32	2023.04.24	원정	앙제
33	2023.05.01	홈	로리앙
34	2023.05.08	원정	트루아
35	2023.05.15	홈	AC 아작시오
36	2023.05.22	원정	오세르
37	2023.05.28	원정	스트라스부르
38	2023.06.04	홈	클레르몽

전력 분석 **PSG, 세대교체 나서다**

지난 시즌 파리 생제르맹(PGS)은 세계 최고의 축구 선수 메시를 비롯해 라모스와 조르지니오 바이날둠, 돈나룸마, 하키미, 멘데스를 영입하며 대대적인 전력 보강에 나섰다. 이를 통해 챔피언스리그 우승이라는 숙원을 풀겠다는 포석이었다. 하지만 지난 시즌 성적은 실망 그 자체였다. 리그1 우승엔 성공했으나 트로페 데 샹피옹(슈퍼컵)에선 릴에게 0-1로 패하며 우승에 실패했고, 쿠프 드 프랑스(FA컵)에선 니스와의 16강전에서 조기 탈락하는 수모를 겪어야 했다. 우여곡절 끝에 에이스 음바페 지키기에 성공하며 이번 시즌, 세대교체를 준비 중이다. 베테랑 디 마리아와 바이날둠을 떠나보냈고, 이드리사 게예, 틸로 케러, 율리안 드락슬러 같은 전력 외 선수들도 정리 작업 중에 있다. 이들을 대신해 헤나투 산체스를 비롯해 비티냐와 무키엘레, 에키테케 같은 20대 초중반의 어린 선수들을 영입했고, 사라비아와 칼리무엔도, 펨벨레, 발데처럼 지난 시즌 임대로 뛰면서 좋은 활약을 펼친 선수들에게 출전 기회를 줄 계획이다. 이제 더는 이름값에만 현혹되지 않고, 실리와 장기적인 미래를 동시에 챙기고 있는 파리 생제르맹이다.

전술 분석 **3-4-2-1로 전환한다**

신임 감독 갈티에는 4-4-2 포메이션을 선호하는 것으로 유명하다. 4-4-2 특징상 강한 압박과 빠른 속공으로 효율적인 축구를 구사한다. 하지만 파리 생제르맹에선 3-4-2-1 포메이션을 도입하고 있다. 이는 2가지 포석에서 이루어진 전술적 선택으로 보인다. 첫째, 파리 생제르맹 측면 수비수 멘데스와 하키미는 물론 백업인 베르나트까지 모두 공격력이 좋은 선수들이기에 이들의 장점을 극대화하기 위함이다. 둘째, 막강 공격 삼인방(음바페-메시-네이마르)의 능력을 극대화하기 위해 중원에 플레이메이커 성향이 있는 베라티와 전진 성향이 강한 산체스를 배치(지난 시즌 중원에서 볼배급이 안 되는 문제로 인해 메시가 자주 아래로 내려가면서 부진에 빠지는 일이 많았다)하는 대신 센터백 3명을 포진시키면서 공수 밸런스를 잡기 위함이다. 그러하기에 스리백의 중앙에 위치한 마르퀴뇨스가 마치 수비형 미드필더처럼 자주 전진해 단신인 베라티와 산체스를 보호해주는 역할을 수행하고 있다. 낭트와의 트로페 데 샹피옹에서 파리 생제르맹은 새 전술이 제대로 효과가 발휘되면서 4-0 대승을 거두어 새 시즌에 대한 기대감을 높였다.

PARIS SAINT-GERMAIN

Manchester City v Paris Saint-Germain-UEFA Champions League
MANCHESTER, ENGLAND-맨체스터의 에티하드 스타디움에서 열린
맨체스터 시티와 파리 생제르맹 간의 UEFA 챔피언스리그
A조 경기에서 킬리안 음바페, 2021/11/24

시즌 프리뷰 갈티에-캄포스 체제, 실리와 성공 동시에 잡을까?

지난 시즌, 챔피언스리그 우승을 위한 대대적인 투자는 실패로 돌아갔다. 이와 함께 레오나르두 단장과 마우리치오 포체티노 감독은 모두 경질됐고, 루이스 캄포스 단장과 갈티에 감독이 부임했다. 새 시대를 준비하고 있는 파리 생제르맹이다. 캄포스는 스카우팅에 강점이 있는 인물로 2013년부터 2016년까지 모나코 단장직을 수행하면서 음바페를 필두로 라다멜 팔카오와 주앙 무티뉴, 하메스 로드리게스, 베르나르두 실바, 파비뉴, 토마 르마, 앙토니 마샬, 티무에 바카요코를 영입하는 수완을 보여주었다. 이 덕에 2016/17시즌 챔피언스리그 준결승 돌풍을 일으킬 수 있었고, 이후 스타 선수 판매를 통해 막대한 이적 자금을 벌어들였다. 이어서 그는 2017년부터 2021년까지 릴 단장직을 수행하면서 니콜라스 페페와 빅터 오시멘, 스벤 보트만, 조나단 데이비드, 산체스(파리 생제르맹으로 같이 넘어왔다) 같은 선수들을 영입해 대박을 터뜨렸다. 무엇보다도 캄포스와 갈티에 콤비는 2020/21시즌, 포체티노의 파리 생제르맹을 제치고 리그1 우승을 차지하면서 영광의 시대를 함께 했다. 이미 검증된 단장–감독 조합이라고 할 수 있다. 갈티에는 프랑스 리그에서만 감독직을 유지했던 만큼 명성이 높은 감독은 아니다. 하지만 리그1 감독을 맡는 내내 단 한 번도 실패한 적은 없다. 캄포스 역시 미다스의 손처럼 영입하는 선수들의 상당수가 성공했다. 이는 이름값보다는 큰 전술적인 틀 안에서 선수를 영입하기에 가능한 일이기도 하다. 당장 이번 여름에 이들은 3–4–2–1로의 전환을 위해 여기에 딱 맞는 퍼즐 조각에 가까운 산체스와 비티냐, 무키엘레를 영입했다. 캄포스와 갈티에의 개혁이 장기적인 미래와 파리 생제르맹의 숙원(챔피언스 리그 우승)을 동시에 해결할 수 있을지 귀추가 주목된다.

IN & OUT

주요 영입	주요 방출
헤나투 산체스, 비티냐, 노르디 무키엘레, 우고 에키티케(임대), 파블로 사라비아(임대복귀), 아르노 우드 칼리무엔도(임대복귀)	앙헬 디 마리아, 조르지니오 바이날둠, 사비 시몬스, 콜린 다그바(임대)

TEAM FORMATION

PLAN **3-4-2-1**

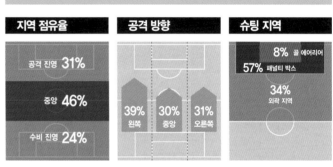

지역 점유율
- 공격 진영 **31%**
- 중앙 **46%**
- 수비 진영 **24%**

공격 방향
- 왼쪽 **39%**
- 중앙 **30%**
- 오른쪽 **31%**

슈팅 지역
- 골 에어리어 **8%**
- 패널티 박스 **57%**
- 외곽 지역 **34%**

TEAM RATINGS

- 슈팅 **10**
- 패스 **10**
- 수비력 **9**
- 선수층 **9**
- 감독 **8**
- 조직력 **8**
- **54**

2021/22 프로필

팀 득점	90
평균 볼 점유율	63.30%
패스 정확도	90.60%
평균 슈팅 수	14.8
경고	78
퇴장	4

골 타입
- 오픈 플레이 73
- 세트 피스 11
- 카운터 어택 6
- 패널티 킥 8
- 자책골 2
- 단위 (%)

패스 타입
- 쇼트 패스 92
- 롱 패스 5
- 크로스 패스 2
- 스루 패스 0
- 단위 (%)

SQUAD

포지션	등번호	이름		생년월일	키(cm)	체중(kg)	국적
GK	1	케일러 나바스	Keylor Navas	1986.12.15	185	80	코스타리카
	99	잔루이지 돈나룸마	Gianluigi Donnarumma	1999.02.25	196	90	이탈리아
DF	2	아슈라프 하키미	Achraf Hakimi	1998.11.04	181	73	모로코
	3	프레스넬 킴펨베	Presnel Kimpembe	1995.08.13	189	77	프랑스
	4	세르히오 라모스	Sergio Ramos	1986.03.30	184	82	스페인
	5	마르퀴뇨스	Marquinhos	1994.05.14	183	75	브라질
	14	후안 베르나트	Juan Bernat	1993.03.01	170	67	스페인
	22	아브두 디알로	Abdou Diallo	1996.05.04	187	79	세네갈
	25	누누 멘데스	Nuno Mendes	2002.06.19	176	62	포르투갈
	26	노르디 무키엘레	Nordi Mukiele	1997.11.01	187	84	프랑스
MF	6	마르코 베라티	Marco Verratti	1992.11.05	165	60	이탈리아
	8	레안드로 파레데스	Leandro Paredes	1994.06.29	180	75	아르헨티나
	12	하피냐	Rafinha	1993.02.12	174	71	브라질
	15	다닐루 페레이라	Danilo Pereira	1991.09.09	188	83	포르투갈
	17	비티냐	Vitinha	2000.02.13	172	64	포르투갈
	18	헤나투 산체스	Renato Sanches	1997.08.18	176	70	포르투갈
	21	안데르 에레라	Ander Herrera	1989.08.14	182	71	스페인
	23	율리안 드락슬러	Julian Draxler	1993.09.20	185	72	독일
	27	이드리사 게예	Idrissa Gueye	1989.09.26	174	66	세네갈
FW	7	킬리앙 음바페	Kylian Mbappe	1998.12.20	178	73	프랑스
	9	마우로 이카르디	Mauro Icardi	1993.02.19	181	75	아르헨티나
	10	네이마르	Neymar	1992.02.05	175	68	브라질
	19	파블로 사라비아	Pablo Sarabia	1992.05.11	174	70	스페인
	29	아르노 칼리무엔도	Arnaud Kalimuendo	2002.01.20	175	78	프랑스
	30	리오넬 메시	Lionel Messi	1987.06.24	170	72	아르헨티나
	44	우고 에키티케	Hugo Ekitike	2002.06.20	189	76	프랑스

COACH

크리스토프 갈티에 *Christophe Galtie*
1966년 8월 23일생 프랑스

리그1에서 승승장구를 거듭한 감독. 2009년 12월, 생테티엔 지휘봉을 잡으면서 감독 경력을 시작한 그는 부임하자마자 강등 위기의 팀을 잔류시켰고, 2016/17 시즌까지 팀을 성공적으로 이끌었다. 특히 2012/13시즌엔 쿠프 드 프랑스 우승을 선사한 갈티에이다. 이어서 2017년 12월, 릴 지휘봉을 잡아 또다시 강등 위기의 팀을 구했다. 곧바로 2018/19시즌 2위에 이어 2020/21시즌엔 PSG를 제치고 리그1 우승을 차지하며 명성을 높였다. 2021/22시즌엔 니스 감독에 부임해 이전 시즌 9위였던 팀 성적을 5위로 끌어올렸다.

상대팀 최근 6경기 전적

구분	승	무	패
파리 생제르맹			
마르세유	4	1	1
모나코	3		3
스타드 렌	3	1	2
니스	3	1	2
스트라스부르	4	2	
리옹	4	1	1
랑스	3	2	1
낭트	4		2
릴	3	1	2
브레스트	6		
스타드 랭스	5		1
몽펠리에	6		
앙제	6		
트루아	5	1	
로리앙	4	1	1
클레르몽 푸트	2		1
툴루즈	5		1
아작시오	3	3	
옥세르	2	2	2

KEY PLAYER

FW 7 킬리앙 음바페 *Kylian Mbappe*	출전경기	경기시간(분)	골	어시스트	경고	퇴장
	35	3,032	28	17	10	-

국적: 프랑스

4시즌 연속 리그1 득점왕을 차지한 차기 축구황제로 거론되는 선수. 타의 추종을 불허하는 스피드로 상대 수비진을 파괴하고, 개인기가 뛰어난 데다가 몸싸움에도 강해 수비하기가 까다로운 선수다. 측면과 최전방을 모두 소화하고, 양발을 고루 활용하는 슈팅 능력을 갖췄다. 10대의 나이에 2018 월드컵에서 네 골을 터트리고 우승을 차지하며 '축구황제' 펠레와 어깨를 나란히 했다. 부친 월프리드는 카메룬계로 봉디 유스팀 감독(음바페도 어린 시절 봉디 유스팀에서 뛰었다)이고, 모친 파이자 라마리는 알제리 핸드볼 선수였다.

DARK HORSE

FW 30 리오넬 메시 *Lionel Messi*	출전경기	경기시간(분)	골	어시스트	경고	퇴장
	35	2,153	6	14	-	-

국적: 아르헨티나

역대 최다인 발롱도르 7회를 수상한 축구 역사상 최고의 선수 중 한 명. 공이 발에서 떨어지지 않는 현란한 드리블에 더해 날카로운 왼발 킥으로 많은 골을 양산해 낸다. 볼을 다루는 기술만큼이나 놀라운 건 폭넓은 시야와 동료의 움직임을 미리 파악하는 예측 능력에 있다. 이를 통해 도움도 많이 양산하면서 축구사에 유래를 찾을 수 없는 공격 포인트를 현재진행형으로 적립해 가고 있다. 2005년 프로 데뷔 시점부터 줄곧 바르셀로나에서만 선수 생활을 보냈으나 지난해 여름, 팀 재정 문제로 인해 PSG에 입단했다.

NEW ADDITION

MF 17 비티냐 *Vitinha*	출전경기	경기시간(분)	골	어시스트	경고	퇴장
	30	2,264	2	3	3	-

국적: 포르투갈

포르투갈 연령대별 대표팀을 단계별로 거친 엘리트 선수로 2022년 3월, 북마케도니아와의 월드컵 플레이오프를 통해 A매치 데뷔전을 치렀다. 포르투에서 2020년 1월에 프로 데뷔한 그는 2020/21시즌, 울버햄튼으로 임대를 떠났으나 주로 교체로 뛰면서 포르투에 돌아왔다. 지난 시즌 그는 본격적으로 능력을 발휘하기 시작해 포르투의 플레이메이커 역할을 톡톡히 해냈다. 볼 다루는 기술이 상당히 뛰어나고 플레이메이커답게 패스에 강점이 있다. 다만 172cm의 단신에 호리호리하기에 몸싸움에 약점이 있다.

GK 1 케일러 나바스
Keylor Navas

국적: 코스타리카

코스타리카 축구 영웅이자 북중미 최고의 골키퍼. 2005년, 코스타리카 명문 사프리사에서 프로 데뷔했고, 2010년 여름에 알바세테 이적을 통해 스페인 무대를 밟았다. 이후 레반테를 거쳐 2014/15시즌부터 5시즌 동안 레알 마드리드 수문장으로 활약하면서 챔피언스리그 3연패에 기여했다. 2019년에 PSG로 이적해온 이후에도 매 시즌 준수한 활약을 펼치고 있다. 동물적인 반사신경을 자랑한다.

출전경기	경기시간(분)	실점	무실점 (경기)	경고	퇴장
21	1,858	18	9	-	1

DF 3 프레스넬 킴펨베
Presnel Kimpembe

국적: 프랑스

콩고 부친과 아이티 모친 사이에서 출생한 그는 PSG 유스로 2014년 10월에 프로 데뷔했고, 2017/18시즌부터 본격적으로 주전으로 활약하고 있다. 유려한 왼발에 기반한 패스 플레이에 강점이 있고, 강력한 태클을 자랑하고 있다. 다만 집중력이 떨어지기에 대형 실수를 저지르는 경향이 있다. 2018년 프랑스 대표팀에 승선했고, 서서히 출전 시간을 늘리면서 주전 센터백으로 자리 잡고 있다.

출전경기	경기시간(분)	골	어시스트	경고	퇴장
30	2,580	1	-	6	-

DF 14 후안 베르나트
Juan Bernat

국적: 스페인

발렌시아 유스 출신으로 2011년 프로 데뷔했고, 바이에른을 거쳐 2018년부터 PSG에서 뛰고 있다. 원래 측면 공격수 출신이기에 왼쪽 풀백으로는 상당히 뛰어난 공격력을 자랑하고 있다. 기본기가 준수하고 패스 센스도 갖추고 있다. 영리한 축구 지능을 바탕으로 위치 선정 능력도 뛰어난 편에 속하지만, 몸싸움에 약하기에 수비에선 다소 약점을 드러낸다. 잦은 부상으로 인해 관리가 필요하다.

출전경기	경기시간(분)	골	어시스트	경고	퇴장
15	965	-	-	2	-

GK 99 잔루이지 돈나룸마
Gianluigi Donnarumma

국적: 이탈리아

AC 밀란 유스로 2015년, 세리에A 역대 최연소 골키퍼 선발 출전 기록을 수립했고, 유로2020 우승을 견인하며 대회 최우수 선수에 선정되며 20대 초반에 커리어 하이를 찍었다. 어려서부터 이탈리아 명 골키퍼 계보를 이을 선수로 찬사를 받았다. 뛰어난 판단력으로 위기를 사전에 차단하고, 우월한 피지컬로 환상적인 선방을 펼친다. 다만 발밑이 좋지 못하고, 패스 정확도가 떨어진다는 단점이 있다.

출전경기	경기시간(분)	실점	무실점 (경기)	경고	퇴장
17	1,530	17	5	3	-

DF 4 세르히오 라모스
Sergio Ramos

국적: 스페인

레알 마드리드를 상징하던 수비수. 세비야 유스로 프로 데뷔한 그는 2005년 여름, 레알에 입단해 무려 16년이나 뛰면서 라리가 5회와 챔피언스리그 4회 우승이라는 대성공을 거뒀다. 뛰어난 신체 능력을 활용한 수비가 일품으로, 헤딩이 정확해 세트 피스 공격에서도 상당한 위력을 발휘한다. 하지만 2020/21 시즌부터 PSG로 이적해온 지난 시즌까지 무릎 반월판 부상으로 고생했기에 관리가 필요하다.

출전경기	경기시간(분)	골	어시스트	경고	퇴장
12	799	2	-	1	1

DF 22 아브두 디알로
Abdou Diallo

국적: 세네갈

프랑스에서 출생한 세네갈계 센터백. 모나코 유스 출신으로 2014년 12월에 프로 데뷔했고, 줄테 바레겜 임대를 거쳐 2018년 여름 마인츠로 이적했다. 곧바로 1년 뒤에 도르트문트로 이적했고, 다시 1년 뒤에 PSG로 이적했다. 타고난 재주가 많아 풀백과 수비형 미드필더도 소화할 수 있지만, 집중력 부족으로 실수가 잦다. 그의 동생 이브라히마는 사우샘프턴에서 미드필더로 뛰고 있다.

출전경기	경기시간(분)	골	어시스트	경고	퇴장
12	877	-	1	1	-

DF 2 아슈라프 하키미
Achraf Hakimi

국적: 모로코

레알 마드리드 유스 출신으로 프로 데뷔했고, 2018년 도르트문트 임대를 통해 본격적으로 두각을 드러내기 시작했다. 이후 2020년 인테르를 거쳐 지난 시즌 PSG로 이적해왔다. 공격적인 풀백으로 빠른 스피드와 유려한 돌파 능력을 고루 갖춰 경기 내내 상대 수비를 괴롭힌다. 다만 수비력은 떨어지는 편에 속한다. 모로코계로 스페인에서 출생했으나 2016년부터 모로코 대표팀에서 뛰고 있다.

출전경기	경기시간(분)	골	어시스트	경고	퇴장
32	2,486	4	6	3	1

DF 5 마르퀴뇨스
Marquinhos

국적: 브라질

코린치안스 유스 출신으로 2012년에 프로 데뷔했고, 로마를 거쳐 2013년부터 PSG에서 활약하고 있다. 빠른 스피드와 뛰어난 태클 능력을 자랑하는 센터백으로 수비형 미드필더에서 뛸 수 있을 정도로 준수한 패스 능력을 보유하고 있다. 183cm로 센터백치고는 크지 않은 편에 속하지만 탁월한 위치 선정으로 괜찮은 제공권 능력을 자랑하고 있다. 2020/21시즌부터 주장직을 수행하고 있다.

출전경기	경기시간(분)	골	어시스트	경고	퇴장
32	2,862	5	-	5	-

DF 25 누누 멘데스
Nuno Mendes

국적: 포르투갈

앙골라계 포르투갈 왼쪽 풀백. 포르투갈 최고의 유망주 중 하나로 꼽히는 그는 스포르팅 유스로 2020년 프로 데뷔했고, 2020/21시즌에 주전 왼쪽 풀백으로 스포르팅의 리그 우승에 기여하며 유로2020 본선에 포르투갈 대표팀 선수 중 최연소로 참가했다. 이러한 활약에 힘입어 지난 시즌, PSG로 임대를 왔다. 초반엔 다소 부진했으나 이후 꾸준한 활약을 펼치며 완전 이적에 성공했다.

출전경기	경기시간(분)	골	어시스트	경고	퇴장
27	1,654	-	1	3	-

PARIS SAINT-GERMAIN

DF 26 노르디 무키엘레
Nordi Mukiele

국적: 프랑스

스타드 라발 유스 출신으로 2014년 11월에 프로 데뷔했고, 몽펠리에를 거쳐 2018년에 라이프치히로 이적해 왔다. 주로 뛰는 포지션은 오른쪽 풀백이지만, 공수 모두에 재능이 있기에 오른쪽 윙백은 물론 센터백까지 뛸 수 있다. 다만 수비수로는 힘이 부족한 편이기에 안정감은 다소 떨어진다. 콩고계 프랑스인으로 2021년 9월, 핀란드와의 월드컵 예선을 통해 프랑스 대표팀 데뷔전을 치렀다.

출전경기	경기시간(분)	골	어시스트	경고	퇴장
28	1,846	1	3	3	-

MF 6 마르코 베라티
Marco Verratti

국적: 이탈리아

페스카라 유스로 2008년, 만 15세의 나이에 3부 리그에서 프로 데뷔해 구단 역대 최연소 출전과 득점 기록을 연달아 세웠다. 페스카라가 2부 리그로 승격한 시점부터 주전으로 뛰었고, 2011/12시즌에 세리에A 승격을 견인하자 PSG가 과감하게 그를 영입하는 강수를 던졌다. 이는 주효했다. 그는 이적하자마자 PSG 핵심 선수로 활약하고 있다. 플레이메이커형 미드필더로 부상이 잦은 게 옥에 티이다.

출전경기	경기시간(분)	골	어시스트	경고	퇴장
24	1,951	2	2	12	-

MF 15 다닐루 페레이라
Danilo Pereira

국적: 포르투갈

기니비사우 태생으로 5살에 포르투갈로 넘어온 그는 벤피카 유스로 2010년 파르마에 입단했으나 자리를 잡지 못한 채 아리스와 로다JC 임대를 거쳐 마르티무로 이적해 본격적으로 두각을 드러냈고, 2015/16시즌부터 포르투에서 뛰면서 포르투갈 대표팀 선수로 자리 잡았다. 이후 2020년에 PSG로 팀을 옮겼다. 최근 대표팀에선 센터백으로 뛰고 있을 정도로 수비에 강점이 있는 미드필더다.

출전경기	경기시간(분)	골	어시스트	경고	퇴장
27	2,039	5	-	3	-

MF 18 헤나투 산체스
Renato Sanches

국적: 포르투갈

포르투갈 출신으로 상투페 프린시페계 부친과 카보베르데계 모친 사이에서 태어난 그는 벤피카에 17세에 1군 데뷔전을 치렀고, 이후 빠르게 성장하면서 포르투갈 대표팀에도 승선해 유로 2016 우승을 견인했다. 당시 활약에 힘입어 바이에른으로 이적했으나 주전 경쟁에서 밀리면서 힘든 시기를 보내다가 2019년에 릴로 이적해 재기에 성공했다. 황소라는 애칭이 붙을 정도로 왕성한 활동량과 기동성을 자랑한다.

출전경기	경기시간(분)	골	어시스트	경고	퇴장
25	1,657	2	5	6	1

MF 21 안데르 에레라
Ander Herrera

국적: 스페인

2009년 레알 사라고사에서 프로 데뷔해 2011년 빌바오로 이적하면서 그는 마르셀로 비엘사 감독의 지도를 받으며 정상급 미드필더로 성장했다. 이후 2014년, 맨유로 이적해 5시즌을 뛰다 2019년부터 PSG에서 선수 경력을 이어오고 있다. 공수밸런스가 잘 잡힌 선수지만 맨유 시절부터 수비적인 역할에 치중하면서 사라고사나 빌바오 시절 공격 능력은 하락했다. 큰 부상은 없지만, 빈도가 잦다.

출전경기	경기시간(분)	골	어시스트	경고	퇴장
19	1,093	3	2	2	-

FW 10 네이마르
Neymar

국적: 브라질

축구 황제 펠레의 뒤를 이어 산토스에서 혜성처럼 등장해 오랜 기간 브라질 대표팀 에이스로 군림하고 있는 공격수. A매치 74골로 펠레(77골)를 추격하고 있다. 2013년 바르셀로나에 이적해오면서 메시와 함께 전성기를 구가했고, 2017년부터 PSG에서 뛰고 있다. 현란한 드리블과 패스 센스를 자랑한다. 다만 PSG 이적 이후로 너무 많은 부상에 시달리고 있고, 최근 득점력도 예전보다 하락하고 있다.

출전경기	경기시간(분)	골	어시스트	경고	퇴장
22	1,861	13	6	10	-

FW 19 파블로 사라비아
Pablo Sarabia

국적: 스페인

레알 마드리드 유스 출신으로 2011년, 헤타페에서 프로 데뷔해 주전 공격수로 성장했고, 2016/17시즌부터 세비야에서 발전을 거듭하면서 2019년 여름 PSG 이적과 함께 스페인 대표팀 선수로 자리잡았다. 하지만 PSG의 쟁쟁한 공격수들과의 경쟁에서 밀린 그는 지난 시즌에 스포르팅으로 임대를 떠났고, 15골 6도움을 올리며 화려한 재기와 함께 복귀했다. 다재다능하고 축구 지능이 좋은 공격수이다.

출전경기	경기시간(분)	골	어시스트	경고	퇴장
29	2,088	15	6	7	-

FW 29 아르노 칼리무엔도
Arnaud Kalimuendo

국적: 프랑스

콩고계 프랑스인. PSG 유스 출신으로 2020년 프로 데뷔했으나 곧바로 랑스로 2시즌 동안 임대를 떠나면서 2020/21시즌 7골에 이어, 지난 시즌 12골을 넣으며 재능을 만개하기 시작했다. 178cm에 덩치가 큰 것도 아니지만 무게 중심이 잘 잡혀있고, 운동 능력이 좋기에 랑스에서 원톱 공격수 역할도 곧잘 수행했다. 스피드도 빠르고 위치 선정도 좋다. 다만 볼 키핑 능력은 발전할 필요가 있다.

출전경기	경기시간(분)	골	어시스트	경고	퇴장
27	1,505	2	-	-	-

FW 44 우고 에키티케
Hugo Ekitike

국적: 프랑스

카메룬 부친과 프랑스 모친 사이에서 태어났다. 스타드 랭스 유스 출신으로 2020년 프로 데뷔한 그는 덴마크 바일레 임대를 통해 경험을 쌓았고, 지난 시즌 임대 복귀해 전반기에만 10골을 넣는 괴력을 과시했다. 후반기엔 부상으로 많은 경기에 결장하면서 2골에 그쳤으나 음바페를 발굴했던 캄포스가 음바페 후계자로 낙점할 정도로 뛰어난 재능을 갖추고 있다. 드리블에 능하고, 강력한 킥력을 보유했다.

출전경기	경기시간(분)	골	어시스트	경고	퇴장
24	1,275	10	3	1	1

PARIS SAINT-GERMAIN

2022 카타르 월드컵
FIFA WORLD CUP QATAR

About worldcup

국제축구연맹(FIFA)이 주최하는 월드컵은 올림픽과 더불어 세계 최대의 스포츠 대회로 꼽힌다. 월드컵이 단일 종목 대회라는 점을 감안하면 축구의 세계적인 인기를 대표하는 대회라고 할 수 있다. 월드컵의 인기에 대한 객관적 지표는 시청률로 파악할 수 있다. FIFA 보고서에 따르면 지난 2018 러시아 월드컵 시청 인원은 무려 35억 7천 200만 명으로 전 세계 4세 이상 인구의 51.3%로 집계됐다. 전 세계 인구의 절반 이상이 월드컵 경기를 일부라도 시청했다는 것이다. FIFA는 이 기록이 역대 최고 기록인 2014 브라질 월드컵 33억 명보다 2.2% 증가했다고 알렸다. 프랑스와 크로아티아의 결승전을 1분 이상 시청한 시청자는 11억 2천만 명에 달했다. 지난해 일본 도쿄에서 열린 2020 하계 올림픽의 경우 전 세계 30억 5천만 명이 시청한 것으로 드러나 단일 스포츠 대회 중 최고의 인기와 관심을 자랑하는 것은 월드컵이라고 할 수 있다.

History

FIFA 월드컵은 1930년에 남미의 우루과이에서 처음 개최됐다. 앞서 1904년에 국제축구연맹이 설립된 후 올림픽과 별개로 축구 국가 대항전 대회 창설을 20여 년간 추진했다. 1914년에 하계 올림픽의 축구 종목을 FIFA가 주관한 것을 기점으로 1920 하계 올림픽에서 세계 최초의 대륙 간 축구 대회가 열렸고, 이때 13개 유럽 팀과 이집트가 참가했으며, 벨기에가 금메달을 차지한 것이 월드컵의 시초다. 1928년 FIFA는 올림픽과 별개의 국제 축구 대회를 열기로 결의했고, 1924 하계 올림픽과 1928 하계 올림픽에서 내리 금메달을 차지한 우루과이를 당시 세계 챔피언으로 인정해 초대 월드컵 개최지로 선정한 뒤 대회를 열었다. 1930년은 우루과이의 독립 100주년이라는 상징적 의미도 있었다. 당시에는 대륙 간 이동이 쉽지 않아 우루과이에서 열리게 된 첫 월드컵에 유럽 팀을 참가시키는 게 쉽지 않았다. 우루과이가 교통비와 체류비를 전액 부담하는 조건으로 벨기에, 프랑스, 루마니아, 유고슬라비아 등 유럽의 4개 팀이 참가했고 북중미 2개 팀, 남미 7개 팀 중 총 13개국 대표팀이 첫 월드컵을 치렀고, 우루과이가 아르헨티나와의 결승전에서 승리해 초대 우승국이 됐다. 2회, 3회 대회는 유럽에서 열렸고, 남미 팀들이 이동 문제로 대거 불참했다. 1934 이탈리아 월드컵부터 대륙별 예선전이 실시되며 활발해졌다. 1934 월드컵은 개최국 이탈리아가 우승했고, 1938 프랑스 월드컵은 이탈리아가 헝가리와의 결승전에서 승리해 2회 연속 우승했다. 제2차 세계대전으로 중단됐던 월드컵은 1950 브라질 대회로 4회 대회가 열렸다.

한국이 본선에 처음 참가한 1954 스위스 대회부터 처음 TV로 중계가 시행됐다. 브라질은 어린 펠레를 앞세워 1958 스웨덴 대회에서 개최국 스웨덴과 결승전 5:2 승리로 첫 우승의 감격을 누렸다. 그리고 1962 칠레 월드컵, 1970 멕시코 월드컵까지 우승해 사상 처음으로 3회 우승을 이뤄 월드컵의 창시자로 유명한 쥘 리메의 이름을 딴 쥘 리메컵을 영구 소장하게 됐다. 브라질은 2002 한일 월드컵에서 다섯 번째 우승을 이룬 최다 우승국이며,

Group	Teams
A	Qatar (QAT), Ecuador (ECU), Senegal (SEN), Netherlands (NED)
B	England (ENG), IR Iran (IRN), USA (USA), Wales (WAL)
C	Argentina (ARG), Saudi Arabia (KSA), Mexico (MEX), Poland (POL)
D	France (FRA), Australia (AUS), Denmark (DEN), Tunisia (TUN)
E	Spain (ESP), Costa Rica (CRC), Germany (GER), Japan (JPN)
F	Belgium (BEL), Canada (CAN), Morocco (MAR), Croatia (CRO)
G	Brazil (BRA), Serbia (SRB), Switzerland (SUI), Cameroon (CMR)
H	Portugal (POR), Ghana (GHA), Uruguay (URU), Korea Republic (KOR)

MATCH SCHEDULE
2022. 11.21 ~ 12.18
현지시간 기준(시차 +6시간)

Group Matches

Date	No.	Match	Time
11/21 (월)	1	QAT vs ECU	19:00
11/21 (월)	2	SEN vs NED	13:00
11/21 (월)	3	ENG vs IRN	16:00
11/21 (월)	4	USA vs WAL	22:00
11/22 (화)	5	FRA vs AUS	22:00
11/22 (화)	6	DEN vs TUN	16:00
11/22 (화)	7	MEX vs POL	19:00
11/22 (화)	8	ARG vs KSA	13:00
11/23 (수)	9	BEL vs CAN	22:00
11/23 (수)	10	ESP vs CRC	19:00
11/23 (수)	11	GER vs JPN	16:00
11/23 (수)	12	MAR vs CRO	13:00
11/24 (목)	13	SUI vs CMR	13:00
11/24 (목)	14	URU vs KOR	16:00
11/24 (목)	15	POR vs GHA	19:00
11/24 (목)	16	BRA vs SRB	22:00
11/25 (금)	17	WAL vs IRN	13:00
11/25 (금)	18	QAT vs SEN	16:00
11/25 (금)	19	NED vs ECU	19:00
11/25 (금)	20	ENG vs USA	22:00
11/26 (토)	21	TUN vs AUS	13:00
11/26 (토)	22	POL vs KSA	16:00
11/26 (토)	23	FRA vs DEN	19:00
11/26 (토)	24	ARG vs MEX	22:00
11/27 (일)	25	JPN vs CRC	13:00
11/27 (일)	26	BEL vs MAR	16:00
11/27 (일)	27	CRO vs CAN	19:00
11/27 (일)	28	ESP vs GER	22:00
11/28 (월)	29	CMR vs SRB	13:00
11/28 (월)	30	KOR vs GHA	16:00
11/28 (월)	31	BRA vs SUI	19:00
11/28 (월)	32	POR vs URU	22:00
11/29 (화)	33	WAL vs ENG	22:00
11/29 (화)	34	IRN vs USA	22:00
11/29 (화)	35	ECU vs SEN	18:00
11/29 (화)	36	NED vs QAT	18:00
11/30 (수)	37	AUS vs DEN	18:00
11/30 (수)	38	TUN vs FRA	18:00
11/30 (수)	39	POL vs ARG	22:00
11/30 (수)	40	KSA vs MEX	22:00
12/1 (목)	41	CRO vs BEL	22:00
12/1 (목)	42	CAN vs MAR	22:00
12/1 (목)	43	JPN vs ESP	18:00
12/1 (목)	44	CRC vs GER	18:00
12/2 (금)	45	GHA vs URU	18:00
12/2 (금)	46	KOR vs POR	18:00
12/2 (금)	47	SRB vs SUI	22:00
12/2 (금)	48	CMR vs BRA	22:00

Round of 16

Date	No.	Match	Time
12/3 (토)	49	1A vs 2B	18:00
12/3 (토)	50	1C vs 2D	22:00
12/4 (일)	51	1B vs 2A	18:00
12/4 (일)	52	1D vs 2C	22:00
12/5 (월)	53	1E vs 2F	18:00
12/5 (월)	54	1G vs 2H	22:00
12/6 (화)	55	1F vs 2E	18:00
12/6 (화)	56	1H vs 2G	22:00

Quarter-Finals

Date	No.	Match	Time
12/9 (금)	57	W49 vs W50	22:00
12/9 (금)	58	W53 vs W54	18:00
12/10 (토)	59	W51 vs W52	22:00
12/10 (토)	60	W55 vs W56	18:00

Semi-Finals

Date	No.	Match	Time
12/13 (화)	61	W57 vs W58	22:00
12/14 (수)	62	W59 vs W60	22:00

3rd Place & Final

Date	No.	Match	Time
12/17 (토)	63	3rd Place	18:00
12/18 (일)	64	Final	18:00

Rest days: 12/7, 12/8, 12/11, 12/12, 12/15, 12/16

2022 카타르 대회까지 전 대회 본선 진출에 성공한 유일한 팀으로 남아있다. 1982년에 본선 참가국이 24개로 늘었고, 1998년에 32개국으로 늘어난 것에 이어 2026년부터 48개국이 참가하게 됐다.

Schedule
2022 카타르 월드컵은 대회 사상 처음으로 겨울에 열린다. 20년 만에 아시아에서 열리는 카타르 월드컵은 열사의 땅으로 불리는 서아시아에서 막이 오른다. 6, 7월에는 한낮 온도가 40도까지 올라가 대회 개최가 어렵기 때문이다. FIFA는 이런 카타르의 기후 사정을 고려해 개최 시기를 11월과 12월로 변경하는 것에 합의했다. 월드컵은 대륙별 순환 개최를 목표로 열려왔다. 한일 월드컵 추진 당시 유럽, 남미, 북중미, 아시아, 아프리카, 오세아니아 등 6개 대륙이 돌아가며 개최하는 것을 목표로 했으나 개최지 사정 등을 고려해 한 대륙에서 2회 연속 개최하지 않는 쪽으로 방침이 완화됐다. 2002 한일 월드컵에 이어 2006년에는 유럽의 독일, 2010년에는 아프리카의 남아프리카공화국이 개최했다. 2014년 남미의 브라질, 2018년 유럽의 러시아가 개최한 것에 이어 2022년에 또 한 번 아시아가 개최하게 됐고, 카타르가 서아시아 최초의 월드컵 개최에 성공했다.

이번 카타르 월드컵은 유럽 리그의 여름 오프 시즌 중 시작해 유럽 프로 축구 리그를 도중에 중단하고 열리게 된다. 한국 시각으로 11월 21일 저녁 7시 A조의 세네갈과 네덜란드가 도하 알투마마 스타디움에서 치르는 경기로 시작한다. 공식 개막전은 A조에 속한 개최국 카타르와 에콰도르가 20일 새벽 1시에 치르는 경기다. 대한민국 축구 국가 대표팀은 H조에 속해 가장 늦게 경기를 치른다. 한국 시각으로 11월 24일 밤 10시에 우루과이와 첫 경기를 치르고 11월 28일 밤 10시에 가나와 2차전, 12월 3일 0시에 포르투갈과 3차전을 치른다. 32개국이 4개 팀 8개 조로 나뉘어 풀리그 방식으로 진행하는 조별 리그는 12월 3일 새벽 4시에 일제히 열리는 세르비아 대 스위스, 카메룬 대 브라질의 G조 3차전 경기로 끝난다.

각 조 1, 2위 팀이 진출하는 16강전은 한국 시각으로 12월 4일 새벽부터 12월 7일 새벽까지 이어진다. 8강전 4경기는 12월 10일 새벽 0시와 4시, 12월 11일 새벽 0시와 4시로 예정되어 있다. 12월 18일 0시에 3위 결정전이 알라얀의 칼리파 인터네셔널 스타디움에서, 12월 19일 0시에 결승전이 루사일 아이코닉 스타디움에서 열린다.

사상 첫 원정 8강 목표, 쉽지 않은 대진표

1954 스위스 월드컵을 통해 처음 월드컵 본선 무대를 밟은 한국은 1986 멕시코 월드컵에서 첫 득점과 첫 승점을 얻었고, 1994 미국 월드컵에서 스페인과 2:2 무승부, 볼리비아와 0:0 무승부 후 독일전 2:3 석패로 선전했다. 1998 프랑스 월드컵 멕시코전에는 본선 사상 첫 선제골을 넣었고, 2002 한일 월드컵에서는 폴란드전 2:0 승리로 본선 사상 첫 승의 한을 푼 것에 이어 사상 첫 조별 리그 통과 및 16강 진출, 아시아 팀 사상 첫 4강 진출의 역사를 썼다. 2006 독일 월드컵에서는 1승 1무 1패를 기록하고도 골 득실 차 열세로 조별 리그에서 탈락했으나 2010 남아공 월드컵에서는 원정 대회 사상 첫 16강 진출을 이뤘다.

2014 브라질 월드컵과 2018 러시아 월드컵은 조별 리그에서 탈락했지만, 한국 축구의 현재 목표는 여전히 원정 월드컵 8강이다. 하지만 냉정히 바라볼 때 이번 대회는 조별 리그 통과가 당면과제이며, 16강에 오르더라도 1위로 진출해야 우승 후보 브라질을 피해 8강 진출을 현실적으로 만들 수 있다. 조 1위로 16강에 오르기 위해선 우루과이와 첫 경기에서 승리가 반드시 필요하다. 최종전 상대인 포르투갈을 만나기 전에 2승을 챙기고 최종전에 무승부를 거두는 것이 객관적 전력상 한국이 바랄 수 있는 최상의 시나리오다. 현실적으로는 우루과이전 무승부, 가나전 승리, 포르투갈과 최종전에 무승부 또는 패배를 기록하는 것이 16강 진출 경우의 수다.

벤투 감독의 승부수 전략

파울루 벤투는 2002 한일 월드컵에 포르투갈 대표팀의 주전 미드필더로 참가해 한국과의 경기에도 출전했다. 20년 뒤에 한국의 감독으로 월드컵 본선에 참가하게 될 줄은 꿈에도 몰랐을 것이다. 포르투갈 명문 클럽 벤피카와 스포르팅 리스본, 스페인 클럽 오사수나에서 활약한 벤투는 포르투갈을 대표하는 미드필더로 유로2000 4강 진출에 기여한 핵심 선수였다. 하지만 2002 한일 월드컵에서는 조별 리그 탈락을 겪었고, 국가 대표 선수 경력을 마감했다. 2004년 현역 생활을 마친 뒤 곧바로 스포르팅 유소년 팀 감독으로 지도자 경력을 시작했다.

2005년 성적 부진으로 스포르팅 리스본 1군 감독이 경질된 후 1군 지휘봉을 잡아 포르투갈컵 2회 우승, 포르투갈 리그컵 2회 준우승 및 챔피언스리그 진출 등을 꾸준히 이루며 실력을 인정받았다. 2010년 여름 포르투갈 대표팀 감독을 맡은 벤투는 유로2012 4강 진출에 성공해 상승세를 이어갔으나 2014 브라질 월드컵 조별 리그 탈락의 충격 속에 사임했다. 이후 브라질 클럽 크루제이루, 그리스 클럽 올림피아코스, 중국 슈퍼리그 클럽 충칭 리판 등을 거치며 어려움을 겪다 2018 러시아 월드컵 후 외국인 감독 선임에 나선 한국 대표팀을 맡았다.

2022 카타르 월드컵까지 장기 계약을 맺은 벤투 감독은 한국 대표팀 역사상 최장기 집권 감독, 최고 승률 감독으로 한국의 10회 연속 월드컵 본선 진출을 이끌었다. 포르투갈 출신이지만 포르투갈에서 태동한 전술 주기화를 선호하지 않는다. 루이스 판할 감독, 주제프 과르디올라 감독이 집대성한 포지션 플레이를 추구하는 벤투 감독은 공을 소유하고, 후방 빌드업을 강조하는 축구를 한국 대표팀에 이식하고자 노력해왔다. 이 과정에서 아시아 예선을 성공적으로 지배했으나 강팀과의 경기에서 결과를 낼 수 있을지에 물음표가 붙는다.

'월드클래스' 손흥민의 전성기

2021/2022시즌 잉글랜드 프리미어리그 득점왕을 차지한 손흥민은 아시아 축구 역사상 최고의 선수로 꼽힌다. 손흥민의 존재만으로 한국 대표팀의 월드컵 경기에는 큰 플러스 요인이 된다. 개인 능력으로 골을 만들 수 있는 선수인 데다 상대 팀 수비수들의 집중 견제를 유발해 동료 선수들에게 공간을 만들어 주거나, 상대 수비 라인의 전진을 제어할 수 있기 때문이다.

10대의 나이로 이미 국가 대표팀에 선발되어 2010 카타르 아시안컵에 참가한 손흥민은 2014 브라질 월드컵과 2018 러시아 월드컵에 참가해 총 3골을 기록했다. 이번이 세 번째 월드컵이며, 주장으로 참가한다. 베테랑의 위치에서 전성기에 이르러 참가한다는 점에서 최고 활약을 기대하고 있다.

손흥민은 토트넘에서 사실상 최전방 득점원으로 가장 높은 곳에서 경기를 하는 선수다. 한국 대표팀에서는 벤투 감독 부임 초기인 2019 UAE 아시안컵 당시 2선 프리롤로 뛰어 경기 관여도가 컸다. 다만 골문에서 멀어져 빌드업 과정에 관여하다 보니 득점 기회가 많지 않았다. 아시아 팀들과의 경기에서는 상대 수비수들이 라인을 내리고 공간을 없애는 밀집 수비를 하기 때문이다. 손흥민에 대한 이중 삼중의 밀착 수비를 펼쳐 동료 선수들이 득점할 수 있는 구조를 만든 것이다.

최근에는 벤투 감독이 손흥민을 스트라이커 중 한 자리로 올려 기용하고 있다. 특히 6월 A매치에서는 전방 압박을 구사한 브라질, 칠레, 파라과이, 이집트를 상대로 손흥민을 최전방에 두고 뒷공간을 노리는 속도감 있는 공격을 시도했다. 월드컵에서 만날 우루과이, 가나, 포르투갈 모두 한국전에 라인을 내리는 선택을 하지 않을 것을 감안하면 손흥민은 자신의 장점인 득점력과 스프린트 능력을 십분 활용할 수 있는 최전방 공격수로 뛰게 될 가능성이 크다.

기대주는 '3황' 황의조, 황희찬, 황인범, 독일파 이재성, 작은 정우영

한국 대표팀의 공격진은 두 시즌 연속 프랑스 리그에서 두 자릿수 득점을 올린 스트라이커 황의조, 프리미어리그 울버햄튼 원더러스에서 활약 중인 빠른 포워드 황희찬, 독일 분데스리가 프라이부르크에서 주전 선수로 중용된 정우영 등 유럽에서 검증받은 선수들로 구성되어 있다. 미드필드 라인도 러시아 리그 최고의 미드필더 중 한 명으로 평가받은 황인범, 독일 클럽 마인츠의 에이스 이재성 등이 노련미를 갖추고 있다. 황의조는 날카로운 슈팅력이 강점이고 황희찬은 저돌적인 움직임으로 수비를 흔들 수 있다. 황의조는 벤투호의 확고한 주전 스트라이커로 활약해왔으나 월드컵에서는 힘 좋고 많이 뛰는 젊은 공격수 조규성과 출전 시간을 나눠 가질 수도 있다. 손흥민이 스트라이커에 가깝게 뛸 때 조력자가 될 선수 구성이 시도될 수 있다. 손흥민 황의조가 투톱으로 설 수도 있고, 손흥민 조규성이 투톱으로 중앙이 몰리고 황희찬이 조금 더 측면으로 빠지는 비대칭 스리톱으로 상대 수비를 공략할 수 있다.

이 세 명의 공격수 뒤를 받칠 미드필더로 황인범은 스루패스 능력이 출중하고, 이재성은 2대1 패스와 연계 플레이, 전방 압박 능력을 바탕으로 전술적 윤활유 역할을 할 것이다. 이 둘의 뒤를 원볼란치로 알사드의 '큰' 정우영이 커버하는 것이 벤투호 한국의 플랜A다. 여기에 프랑스와 독일에서 활약한 경험이 있는 공격형 미드필더 권창훈, 현재 독일 샬케04에 소속된 미드필더 이동경 등이 조커로 뛸 수 있다. 수비를 조금 더 신경 쓰는 전술적 선택을 내린다면 부지런한 활동량과 센스를 갖춘 정우영이 측면 공격수 또는 공격형 미드필더로 배치될 수 있다. 이번 월드컵도 5명의 교체가 가능해 후반전에 권창훈, 작은 정우영, 이동경이 상황에 따라 투입될 수 있다.

수비는 '괴물' 김민재 의존증이 크다

한국 대표팀의 숙제는 수비 라인이다. 라이트백 이용은 34세의 나이로 오른쪽 측면을 책임져야 한다. 6월에 한국 대표팀이 치른 4차례 평가전에서 가장 크게 드러난 문제는 수비 불안이다. 수비 라인의 김영권도 4년 전 러시아에서 보인 경기력을 유지할 수 있을지 물음표다. 다만 러시아 월드컵에 부상으로 출전하지 못한 김민재가 더 큰 선수로 성장해 수비의 버팀목으로 자리매김하는 점은 기대할 수 있는 요소다.

김민재가 후방에서 패스 전개, 공 운반, 공중볼 경합 및 속도감 있는 배후 공간 커버 등 강점을 가진 부분이 큰데, 이 역할을 온전히 대체할 수비수가 없다는 점은 불안 요소다. 공격 라인은 손흥민의 유무, 수비 라인은 김민재의 유무에 따라 한국의 전력이 크게 달라질 수 있다.

골문은 김승규가 주전 골키퍼로 나선다. 2018 러시아 월드컵에서 스웨덴과 첫 경기에 조현우가 주전 자리를 전격적으로 꿰찼고, 독일전 선방으로 경기 최우수 선수로 선정되는 등 주목받았다. 조현우는 빼어난 반사신경을 바탕으로 선방이 강점이지만 김승규는 공을 발로 다루는 기술과 패싱력이 뛰어나 빌드업을 강조하는 벤투 감독의 '넘버원'으로 잡히고 있다.

불안한 개최국, 오렌지의 부활

월드컵 개최국이 조별 리그를 통과하지 못한 것은 2010 남아공 월드컵의 남아공이 유일하다. 서아시아 최초의 월드컵 개최국 카타르가 두 번째 팀이 될 가능성이 크다. 월드컵 본선 경험이 없는 데다, 가장 최근 아시안컵에서 우승한 것이 대표팀이 거둔 유일한 실적이다. 지금 전력은 오히려 아시안컵 우승 당시보다 떨어졌다는 평가다. 네덜란드는 2018 러시아 월드컵 본선 진출 실패를 딛고 리빌딩에 성공했다. 유로2020 16강 탈락은 아쉬웠으나 대회 이후 13번의 국가 대표 경기에서 무패를 달리며 루이 판할 감독 체제로 안정기에 접어들었다. 실리적인 전술 구조는 물론 젊은 선수들의 수혈로 역동성을 갖췄다는 평가다. 3월 독일전 1:1 무승부, 6월 벨기에전 4:1 대승은 네덜란드의 잠재력을 보여준 경기였다. 세네갈은 아프리카 챔피언이다. 리버풀에서 바이에른 뮌헨으로 이적한 사디오 마네를 중심으로 불라예 디아, 케이타 발데, 이스마일라 사, 이드리사 게예, 셰이크 쿠야테, 칼리두 쿨리발리, 압두 디알로, 에두아르 멘디 등 전 포지션에 걸쳐 유럽 빅 리그에서 활약 중인 선수가 즐비하다. 네덜란드와 세네갈의 양강 구도에 남미의 복병 에콰도르가 도전자인 형세다. 에콰도르도 이 두 팀을 극복하기 어려울 전망이며, 카타르는 3전 전패를 면하는 것이 지상과제일 것이다.

A조 경기 일정

카타르	2022.11.20. 오전 1:00	에콰도르
세네갈	2022.11.21. 오후 7:00	네덜란드
카타르	2022.11.25. 오후 10:00	세네갈
네덜란드	2022.11.26. 오전 1:00	에콰도르
네덜란드	2022.11.30. 오전 00:00	카타르
에콰도르	2022.11.30. 오전 00:00	세네갈

※ 한국 시간 기준

Qatar 카타르

FIFA RANKING **49위**

Head Coach 펠릭스 산체스 바스

Captain 하산 알 하이도스

2022. 6. 23. 기준

역대 전적

상대 팀	날짜	경기 기록
네덜란드	2018.10.12	4:3 카타르 승
세네갈	없음	없음
에콰도르	없음	없음

개최국 자격으로 포트 1에 속한 카타르는 사상 처음으로 월드컵 본선에 진출했다. 2019 UAE 아시안컵 우승을 차지했으나 그 이후 월드컵을 대비하며 치른 각종 평가전의 경기력과 결과가 좋지 않았다. 지난해 12월에 열린 아랍컵에서 3위를 차지했으나 2군이 참가한 알제리에 졌고, 3위 결정전에서도 이집트 2군 팀에 승부차기로 이겼다. 8월 우루과이 평가전이 예정되어 있으나 본선까지 강팀을 상대해 진정한 실력을 점검할 기회도 없다. 그럼에도 불구하고 개최국의 이점은 누릴 수 있을 것이다. 대표 선수 전원이 카타르 리그에서 뛰고 있고, 알사드, 알두하일 등 카타르 리그를 대표하는 양대 명문 구단 선수가 대부분이라 조직력 면에서 최상이다. 오랫동안 국가 대표로 활약하며 많은 골을 넣은 아크람 아피프, 알모에즈 알리, 하산 알하이도스로 구성된 공격 스리 톱은 위협적이다. 이번 월드컵이 유럽 축구 리그 시즌 중에 열려 대회 직전 소집 훈련 기간이 일주일에 불과한 상황에 카타르는 장기 합숙 훈련이 가능해 이변을 일으킬 가능성도 적다. 카타르를 지휘하는 스페인 출신 펠릭스 산체스 감독은 바르셀로나 유소년 팀 감독 출신으로, 카타르의 유망주 육성 기관인 아스파이어 아카데미에서 오랜 기간 일한 뒤 카타르 19세 이하 대표팀, 카타르 23세 이하 대표팀 감독을 거쳐 2017년부터 카타르 대표팀을 이끌고 있다. 카타르에서만 16년째 일하고 있다는 점에서 카타르 축구의 모든 것을 파악하고 있으며, 2014 AFC U-19 챔피언십 우승, 2019 UAE 아시안컵 우승을 이룬 경험은 메이저 대회를 치르는 데 큰 자산이 될 것이다.

Netherlands 네덜란드

FIFA RANKING **8위**

Head Coach
루이 판할

Captain
버질 반 다이크

2022. 6. 23. 기준

역대 전적

상대 팀	날짜	경기 기록
카타르	없음	없음
세네갈	2014.05.17	1:1 무승부
에콰도르	없음	없음

A조에서 사실상 1번 포트에 해당하는 팀으로 볼 수 있다. 2018 러시아 월드컵 본선 진출에 실패한 네덜란드는 유로2020 조별 리그에서 압도적 경기력으로 3전 전승을 거두고도 16강전에서 체코에 무력한 0:2 패배를 당하며 탈락했다. 유로2020 본선을 준비하던 로날드 쿠만 감독이 바르셀로나 감독직 제안을 받고 물러난 뒤, 프랑크 더부르 감독이 지휘봉을 잡아 본선을 치른 과정 중에 혼선이 있었다. 더부르 감독은 유로2020 실패 이후 물러났고, 네덜란드축구협회는 2014 브라질 월드컵 3위를 이끈 노장 루이스 판할 감독을 선임했다. 판할 감독은 최근 전립선암으로 투병 중인 사실이 공개됐는데, 2022 카타르 월드컵을 마지막으로 감독직 은퇴를 선언했다. 선수단의 동기부여도 어느 때보다 강해진 상황이다. 판할 감독은 월드컵 유럽 예선을 압도적으로 통과한 과정에서 스티븐 베르바인과 멤피스 데파이를 투 톱으로 배치한 실리적인 3-5-2 포메이션을 구성해 2014년의 영광을 재현할 수 있다는 기대감을 높이고 있다. 6월 A매치에 소집한 필드 플레이어 최고령 선수가 수비수 달레이 블린트(32세), 미드필더 스티븐 베르하위스(30세)다. 20대 초반에서 중반에 이르는 젊은 선수들을 대거 발탁해 많이 뛰는 역동적인 팀으로 네덜란드를 리빌딩했다. 세계 최고 센터백으로 불리는 리버풀의 버질 판데이크, 중원 리더 프렝키 더용 등 월드 클래스 기량을 갖춘 척추 라인도 갖췄다. 큰 대회 성공 경험이 많은 판할 감독이 기대 이상의 성적을 거두기 위한 토대가 마련된 선수단이다. 최소 8강을 넘볼 수 있을 대진표도 주어졌다.

Senegal 세네갈

FIFA RANKING **18위**

Head Coach
알리우 시세

Captain
칼리두 쿨리발리

2022. 6. 23. 기준

역대 전적

상대 팀	날짜	경기 기록
카타르	없음	없음
네덜란드	2002.05.23	1:0 세네갈 승
에콰도르	없음	없음

세네갈은 아프리카 최고의 선수로 꼽히는 모하메드 살라의 이집트를 연달아 두 빈이니 좌절시킨 아프리카 챔피언이다. 2022년 1월에 열린 아프리카 네이션스컵 결승전에서 이집트에 승부차기 승리를 거둔 세네갈은 월드컵 아프리카 최종 예선에서도 이집트와 두 차례 무승부 후 승부차기로 승리해 본선 티켓을 쟁취했다. 세네갈은 오랜 기간 아프리카의 변방으로 꼽혔다. 2002 한일 월드컵이 사상 첫 본선 진출이었고, 당시 개막전에서 전 대회 우승국 프랑스를 꺾은 것에 이어 8강까지 올라 돌풍을 일으켰으나 이후 세 번의 월드컵에서 예선을 통과하지 못했다. 지난 2018 러시아 월드컵 본선에 올랐으나 조별 리그를 넘지 못했다. 세네갈이 사상 처음으로 아프리카 챔피언에 등극하고, 통산 세 번째 월드컵 본선에 오르는 데 중심 역할을 한 선수는 공격수 사디오 마네다. 저돌적인 움직임과 과감한 슈팅은 물론 해가 갈수록 경기 운영 능력까지 노련해지며 세네갈 공격의 핵심으로 활약 중이다. 세네갈은 전 포지션에 걸쳐 유럽 리그에서 맹위를 떨친 선수가 즐비하다. 특히 첼시 골키퍼 에두아르 멘디는 세계 최고의 선방 능력을 갖췄다는 평가를 받고 있으며, 토너먼트 성적에 중요한 수비력에 있어 칼리두 쿨리발리를 중심으로 유수트 사발리, 압두 디알로, 살리우 시스, 포데 발로투레 등 유럽 5대 리그에서 검증된 선수들이 포진한 것은 최근 꾸준히 좋은 결과를 낸 숨은 비결이다. 중원에도 파리 생제르맹의 살림꾼 이드리사 게예와 크리스털 팰리스 미드필더 셰이크 쿠아테처럼 운동 능력과 규율을 갖춘 선수들이 있다. 16강 진출이 유력하며 8강도 넘볼 수 있다.

Ecuador 에콰도르

FIFA RANKING **44위**

Head Coach
구스타보 알파로

Captain
에네르 발렌시아

2022. 6. 23. 기준

역대 전적

상대 팀	날짜	경기 기록
카타르	2018.10.12	4:3 카타르 승
네덜란드	2002.05.23	1:0 세네갈 승
세네갈	2014.05.17	1:1 무승부

남미의 복병 에콰도르는 2002 한일 월드컵에 사상 첫 월드컵 본선 진출의 꿈을 이룬 이후 꾸준히 성장했다. 2006 독일 월드컵 대회에서 16강에 진출한 에콰도르는 2014 브라질 월드컵 본선에서도 1승 1무 1패를 기록한 뒤 아쉽게 조별 리그에서 탈락했다. 2018 러시아 월드컵 본선에 참가하지 못한 뒤 8년 만에 돌아와 2024 코파 아메리카 개최를 확정한 가운데 축구에 대한 투자를 점차 늘리고 있으며, 최근 우수한 어린 선수들을 배출하여 기대를 높이고 있다. 2022 카타르 월드컵 남미 예선을 4위로 턱걸이 돌파했으나 예선 내내 4위권 이내 성적을 유지하며 안정적으로 본선 진출권을 얻은 팀이기도 하다. 에콰도르를 지휘하는 구스타보 알파로는 남미 지역에서 우수 감독을 꾸준히 배출하고 있는 아르헨티나 출신이다. 자신이 선수로 평생을 보낸 아틀레티코 데 라파엘라의 감독을 맡아 1992년 지도자 경력을 시작한 노장으로, 아르헨티나 클럽 아르세날의 아르헨티나 리그 우승, 코파 수다메리카나 우승을 이루며 평판을 높였고, 2019년에 아르헨티나 명문 클럽 보카 주니어스 감독으로 일하다 에콰도르 대표팀을 맡게 되었다. 에콰도르는 페네르바체의 발 빠른 골잡이 에네르 발렌시아를 최전방에 배치하고 중원에는 프리미어리그 브라이턴 소속 카이세도, 라리가 바야돌리드의 플라타, 분데스리가 아우크스부르크의 그루에소 등 유럽 5대 리그에서 활약하는 선수들이 중심을 잡고 있다. 비야레알의 공격적인 레프트백 페르비스 에스투피냔이 왼쪽 측면을 지배하고, 레버쿠젠에서의 활약으로 세계적 관심을 받은 센터백 인카피에가 수비를 지킨다.

B+

- England
- USA
- IR Iran
- Wales

축구가 고향으로 돌아갈까?

우승 후보로 꼽히는 잉글랜드가 1강이다. 1966 잉글랜드 월드컵이 유일한 메이저 대회 우승 기록인 잉글랜드는 2021년 여름에 열린 유로2020 결승에 올라 사상 첫 유럽 챔피언 등극을 노렸으나 이탈리아에 승부차기로 패했다. 2018 러시아 월드컵 3위에 이어 메이저 대회에서 힘을 보여준 잉글랜드는 역대 가장 두터운 선수층을 자랑한다는 평가 속에 우승을 노린다. 최근 주전 선수들의 컨디션 저하를 우려하며 4강권에 들기 어려울 것이라는 전망도 있지만 조별 리그 통과는 어려운 미션이 아닐 것이다. B조는 잉글랜드에 이어 2위로 16강에 오를 팀이 어디인지가 오리무중이다. 미국, 이란, 웨일스 등 나머지 3개국 모두 2위 자리를 노릴 충분한 경쟁력이 있다. 북중미 3국이 공동 개최하는 2026 월드컵의 메인 개최국인 미국은 젊은 팀이다. 잠재력 있는 선수들이 많지만, 경험이 부족하다. 이란은 여전히 아시아에서 가장 터프한 팀이지만 2018 러시아 월드컵 때와 비교하면 핵심 선수들의 폼이 떨어졌다. 본선을 4개월 앞두고 스코치치 감독을 경질한 결정도 변수다. 가레스 베일이 이끄는 웨일스는 유로2016 4강, 유로2020 16강 진출의 성적을 거둔 돌풍의 팀이었다. 조직력은 단단하지만, 베일을 비롯한 중심 스타들이 황혼기라는 점에서 16강 진출이 최대 성과일 것이다.

B조 경기 일정

✚	잉글랜드	2022.11.21. 오후 10:00	이란	
	미국	2022.11.22. 오전 4:00	웨일스	
	웨일스	2022.11.25. 오후 7:00	이란	
✚	잉글랜드	2022.11.26. 오전 4:00	미국	
	웨일스	2022.11.30. 오전 4:00	잉글랜드	✚
	이란	2022.11.30. 오전 4:00	미국	

※ 한국 시간 기준

England 잉글랜드

FIFA RANKING **5위**

Head Coach
가레스 사우스게이트

Captain
해리 케인

2022. 6. 23. 기준

역대 전적

상대 팀	날짜	경기 기록
이란	없음	없음
미국	2018.11.15	3:0 잉글랜드 승
웨일스	2020.10.08	3:0 잉글랜드 승

2018 러시아 월드컵 4강에 이어 유로2020 준우승을 차지한 잉글랜드는 1966 잉글랜드 월드컵 이후 통산 두 번째 세계 챔피언 자리를 노릴 수 있다는 기대를 모았다. 최근 UEFA 네이션스리그에서의 부진, 특히 유로2020 준우승 과정에 핵심 역할을 한 중앙 미드필더 라인의 캘빈 필립스의 컨디션 저하 등으로 경기력이 떨어진 것은 우려할 점으로 꼽힌다. 맨체스터 시티로 이적한 필립스의 경기력이 살아날 수 있느냐도 변수다. 잉글랜드는 최근 전성시대를 맞은 프리미어리그 강팀의 핵심 자원들이 모인 스타 군단이다. 주장 해리 케인은 확실한 득점 능력에 경기 조율 능력까지 겸비했다. 다만 최근 토트넘에서 보인 2선 조율 역할이 대표팀에는 제대로 구현되지 못하는 점이 아쉽다는 평가다. 폭발적 스피드의 라힘 스털링, 창의성이 뛰어난 필 포든과 잭 그릴리시, 부지런히 움직이는 메이슨 마운트와 완성형 박스 투 박스 미드필더로 거듭된 데클란 라이스의 존재는 잉글랜드가 최소한 4강을 노릴 수 있는 전력으로 꼽히는 이유다. 전술적 핵심인 좌우 풀백 라인이 두터운 것은 잉글랜드의 최대 강점이다. 오른쪽 풀백 트렌트 알렉산더 아놀드의 예리한 킥과 경기 운영 능력은 어려운 상황에도 골을 만드는 힘이다. 라이트백이면서 센터백이 가능한 카일 워커는 잉글랜드의 수비를 안정시켜주는 자원이다. 주전 센터백 해리 매과이어가 슬럼프에 빠졌고, 존 스톤스가 최근 컨디션 난조를 겪어 센터백 라인이 이전보다 약해진 것이 우려할 점이다. 골키퍼 조던 픽포드는 선방 능력이 좋지만 빌드업에 약점이 있다. 하지만 조 1위 16강 진출은 무난하게 가능하리라는 평가를 받는다.

USA 미국

FIFA RANKING 14위

Head Coach
그렉 버홀터

Captain
크리스천 풀리식

2022. 6. 23. 기준

역대 전적

상대 팀	날짜	경기 기록
잉글랜드	2018.11.15	3:0 잉글랜드 승
이란	2000.01.16	1:1 무승부
웨일스	2022.11.12	0:0 무승부

미국은 초대 월드컵인 1930 우루과이 대회에서 4강에 오른 것이 역대 최고 성적이다. 1934 이탈리아 월드컵 16강에 들었으나 참가 국가 수가 적던 시절이라 온전히 미국의 축구 전력을 반영한 결과는 아니다. 1954 스위스 월드컵부터 1986 멕시코 월드컵까지는 북중미 예선을 통과하지 못했다. 1994 미국 월드컵을 개최하며 축구에 대한 본격 투자를 시작한 미국은 2002 한일 월드컵 8강에 오르며 돌풍을 일으켰다. 2010 남아공 월드컵, 2014 브라질 월드컵에 연이어 16강에 오르는 등 선전했으나 2018 러시아 월드컵 북중미 예선에서 탈락하는 충격을 겪기도 했다. 그러나 최근 미국 메이저리그사커에 대한 투자가 급증하면서, 어린 나이에 유럽 빅리그에 진출하는 선수도 늘어나는 등 미국 축구는 다시 부흥기를 맞이하고 있다. 무엇보다 2026 월드컵을 캐나다, 멕시코와 함께 개최하며 다시금 4강 이상의 성적이 기대된다. 현재 미국 대표팀은 필드 플레이어 중 최고령 선수가 1992년생인 뉴욕 레드불스의 수비수 아론 롱일 정도로 젊다. 미국 대표팀의 최다 득점 선수인 첼시의 크리스천 풀리식은 51회 대표팀 경기를 소화한 두 번째로 경험이 풍부한 선수임에도 1998생으로 젊다. 조지 웨아의 아들로 유명한 릴의 공격수 티모시 웨아, 발렌시아 유망주 유누스 무사, 리즈 유나이티드로 이적한 타일러 아담스, 유벤투스의 전천후 미드필더 웨스턴 맥케니 등 수준 높은 선수를 다수 보유했으나 정신적 지주 역할을 할 수 있는 베테랑이 없는 점은 월드컵이라는 큰 대회를 치르는 데 우려할 점이다. 선수로 두 차례 월드컵을 경험한 버할터 감독이 이 역할을 해야 한다.

IR Iran 이란

FIFA RANKING 23위

Head Coach
드라간 스코치치

Captain
에산 하지사피

2022. 6. 23. 기준

역대 전적

상대 팀	날짜	경기 기록
잉글랜드	없음	없음
미국	2000.01.16	1:1 무승부
웨일스	1978.04.18	1:0 웨일스 승

아시아에서 가장 먼저 월드컵 본선 진출을 이뤘다. 한국을 상대로 아시아 최종 예선에서 1무 1패로 열세를 보였으나 한국이 UAE와 최종전에서 패배해 1위로 본선에 진출했다. 이란은 1978 아르헨티나 월드컵을 통해 처음 본선을 경험했다. 1998 프랑스 월드컵, 2006 독일 월드컵, 2014 브라질 월드컵에 이르기까지 본선 승리가 한 차례에 불과했다. 최고 성적을 거둔 것은 지난 2018 러시아 월드컵이다. 모로코와 첫 경기에 1:0 승리를 거뒀고, 스페인에 0:1로 석패한 뒤 포르투갈과 1:1로 비기며 아쉽게 16강 진출에 실패했다. 당시 이란을 이끈 카를로스 케이로스 감독이 놀라운 조직력을 구축하기도 했으나 메흐디 타레미, 사르다르 아즈문, 카림 안사리파드, 알리레자 자한바크시 등 유럽 무대에서 맹위를 떨친 선수들이 속속 등장한 결과였다. 이란은 20대 중후반의 나이로 이 황금 세대가 전성기를 맞았다. 힘과 기술, 조직력에 정신력까지 갖춘 이란은 현재 아시아에서 가장 강한 팀이라 평가해도 과언이 아니다. 포르투 공격수 타레미는 측면과 전방을 오가는 활동 범위에 슈팅력이 탁월하고, 자한바크시는 연계 플레이 공 운반 능력과 더불어 중거리 슈팅의 한 방도 있다. 독일 진출 이후 고전하고 있으나 아즈문은 탁월한 9번 공격수로 능력을 갖고 있다. 문제는 본선 개막 4개월을 앞두고 예선전 내내 선수들과 불화설을 겪은 드라간 스코치치 감독을 끝내 경질한 것이다. 검증된 유럽의 명장 선임을 추진하고 있으나 어떤 감독이 오든 짧은 기간 팀을 파악하고 정비해야 하는 미션은 결코 쉽지 않다. 이 문제만 해결한다면 사상 첫 16강 진출을 기대할 수 있다.

Wales 웨일스

FIFA RANKING 19위

Head Coach
롭 페이지

Captain
가레스 베일

2022. 6. 23. 기준

역대 전적

상대 팀	날짜	경기 기록
잉글랜드	2020.10.08	3:0 잉글랜드 승
이란	1978.04.18	1:0 웨일스 승
미국	2022.11.12	0:0 무승부

웨일스는 러시아의 우크라이나 침공으로 6월로 연기된 유럽 예선 플레이오프 마지막 경기를 통해 월드컵 본선 막차를 탔다. 1958 스웨덴 월드컵에서 처음 본선을 경험해 8강에 오른 뒤로 무려 64년 만에 통산 두 번째 월드컵 본선 무대를 밟는다. 메이저 대회 경험이 짧다고 할 수 있으나 유럽선수권대회가 24개국으로 확대된 유로2016 대회에서 4강 신화를 쓴 것에 이어 지난해 여름 열린 유로2020 16강에 오르는 경험을 통해 팀 정신이 확립됐고 자신감을 얻었다. 그러나 유로2016 4강 당시 재능있던 선수들이 대부분 하향세를 타고 있고, 새로 등장한 선수들이 월드컵 16강급 팀들에 미치지 못한다는 평가다. 주장 가레스 베일의 왼발은 여전히 위협적이나 활동력과 체력이 예전만 못하다. 리즈 유나이티드 공격수 다니엘 제임스는 폭발적 스피드를 갖췄으나 마무리 세밀함이 아쉽다. 미드필더 아론 램지도 신체 능력이 떨어지고 있고, 해리 윌슨, 조니 윌리엄스, 매튜 스미스 등 다른 미드필더들은 잉글랜드 하부 리그에서 활동 중이다. 수비 라인은 토트넘의 벤 데이비스, 조 로든이 주전이다. 이선 암파두가 중원까지 넘나들며 수비를 커버하며, 수비 라인 전체가 온 몸을 던지는 투지를 보여 퀄리티 문제를 극복하고 있다. 번리 골키퍼 웨인 헤네시의 선방 능력은 웨일스가 기대할 수 있는 반전의 무기다. 선수비 후 역습이라는 약자의 방식으로 이변을 노려야 한다. 미국에 비해 경험 있는 선수들이 많다는 점, 지휘부가 어수선한 이란을 상대로 훨씬 팀 응집력이 좋다는 점에서 웨일스는 조 2위로 16강 진출을 기대해볼 수 있다. 그 이상의 성적은 쉽지 않다.

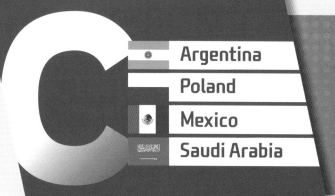

C

🇦🇷	Argentina
	Poland
🇲🇽	Mexico
	Saudi Arabia

메시의 꿈,
멕시코의 위기

2021 코파 아메리카 우승을 이루며 리오넬 메시는 마침내 아르헨티나 대표팀에서 메이저 타이틀을 들겠다는 염원을 이뤘다. 축구 역사상 최고의 선수라는 평가에 마침표를 찍는 데 필요한 것은 월드컵 우승이다. 파리 생제르맹 이적 후 힘든 시즌을 보낸 메시는 2022 카타르 월드컵 우승에 온전히 집중하고 있다. 30대 중반에 접어들어 이번 월드컵이 사실상 마지막 메이저 대회라는 각오로 나서고 있다. 대표팀 동료들도 메시와 함께 우승하자는 열망이 크다. 준우승을 차지한 2014 브라질 월드컵 때보다 약해졌다는 평가에도 조별 리그를 1위로 통과할 전력은 충분하다. 멕시코는 1994 미국 월드컵부터 지난 2018 러시아 월드컵까지 7회 연속 조별 리그를 통과했다. 문제는 자국에서 열린 1986 멕시코 월드컵 8강이 최고 성적이며, 지난 일곱 번의 16강에서 패했다는 것이다. 멕시코는 이번 대회에서 16강 징크스를 깰 원하지만, 북중미 예선부터 고전하며 전력이 떨어졌다는 평가 속에 1978 아르헨티나 월드컵 이후 첫 조별 리그 탈락의 충격을 겪을 수도 있다는 우려가 따른다. 로베르트 레반도프스키가 이끄는 폴란드는 레반도프스키 외에 번뜩임이 부족하고, 르나르 감독이 이끄는 사우디아라비아는 빠르고 속도감 있는 팀으로 거듭났으나 큰 대회의 경험이 부족하다.

C조 경기 일정

🇦🇷	아르헨티나	2022.11.22. 오후 7:00	사우디아라비아
🇲🇽	멕시코	2022.11.23. 오전 1:00	폴란드
	폴란드	2022.11.26. 오후 10:00	사우디아라비아
🇦🇷	아르헨티나	2022.11.27. 오전 4:00	멕시코
	폴란드	2022.12.01. 오전 4:00	아르헨티나
	사우디아라비아	2022.12.01. 오전 4:00	멕시코

※ 한국 시간 기준

Argentina 아르헨티나

FIFA RANKING 3위

Head Coach
리오넬 스칼로니

Captain
리오넬 메시

2022. 6. 23. 기준

역대 전적

상대 팀	날짜	경기 기록
폴란드	2011.06.05	2:1 폴란드 승
멕시코	2019.09.10	4:0 아르헨티나 승
사우디아라비아	2012.11.14	0:0 무승부

클럽 축구 레벨에서 정점에 오른 리오넬 메시는 펠레, 디에고 마라도나와 버금가는 평가를 받고 있으나 월드컵 우승이 없기에 이 반열에 오를 수 없다는 시선이 따른다. 코파 아메리카컵조차 2021년 여름에 처음 들어 올렸다. 어린 나이에 20세 이하 월드컵 우승 및 올림픽 금메달을 이룬 메시는 월드컵 우승만 이루면 축구 선수로 가능한 모든 타이틀을 거머쥐게 된다. 마라도나의 후계자에서 제1의 메시로 우뚝 선 메시는 아르헨티나 대표팀 선수들에게도 아이돌이며, 메시를 위해 월드컵 우승을 이루자는 의지로 똘똘 뭉쳐 있다. 세르히오 아구에로가 심장 문제로 조기 은퇴한 가운데 라우타로 마르티네스는 메시의 지원 사격을 받는 최전방 공격수 자리를 책임진다. 나란히 황혼기를 맞은 앙헬 디마리아, 코파 아메리카 우승 당시 역동적인 중원 플레이를 보여준 로드리고 데 폴, 토트넘에선 아쉬운 모습을 보였으나 대표팀에서는 안정적인 플레이를 펼치는 조반니 로셀소 등 과거의 화려함에는 못 미치지만, 중원 밀도가 좋다. 세비야의 주전 좌우 풀백인 아쿠냐와 몬티엘, 토트넘 입단 첫 시즌에 프리미어리그 최고 센터백이라는 평가를 받은 크리스티안 로메로, 아약스의 전천후 수비수 리산드로 마르티네스 등으로 구성된 젊은 수비 라인도 강점이다. 아르헨티나는 우승을 장담할 수 있는 팀은 아니지만 도전할 수 있는 전력을 갖추고 있다. 무엇보다 메시는 파리생제르맹에서 부진한 시즌을 보냈으나 월드컵에 집중하고 있고 대표팀에선 꾸준히 영향력을 보이며 남다른 동기부여를 갖췄다는 점에서 간과할 수 없는 존재다. 조별 리그 1위 통과는 큰 문제가 아니다.

Poland 폴란드

FIFA RANKING 26위

Head Coach
체스와프 미흐니에비치

Captain
로베르트 레반도프스키

2022. 6. 23. 기준

역대 전적

상대 팀	날짜	경기 기록
아르헨티나	2011.06.05	2:1 폴란드 승
멕시코	2017.11.13	1:0 멕시코 승
사우디아라비아	2006.03.28	2:1 폴란드 승

1938 프랑스 월드컵 본선에 처음 참가해 16강에 오른 폴란드는 1974 서독 월드컵, 1982 스페인 월드컵에서 3위를 차지한 것이 역대 최고 성적이다. 1986 멕시코 월드컵 16강 진출 이후 한동안 유럽 예선을 통과하지 못했다. 2002 한일 월드컵에서 한국과 첫 경기 패배를 겪으며 조별 리그에서 탈락했고, 2006 독일 월드컵에서도 조별 리그를 넘지 못했다. 2010 남아공 월드컵, 2014 브라질 월드컵 유럽 예선을 통과하지 못한 가운데 로베르트 레반도프스키를 앞세워 2018 러시아 월드컵 본선에 올랐으나 세 번의 대회에서 연속으로 조별 리그 성적 1승 2패로 16강에 오르지 못했다. 폴란드 대표팀의 사상 최다 출전 및 최다 득점 기록을 갈아치운 레반도프스키의 활약 속에 유로2016 8강에 올랐으나 유로2020 조별 리그에서 다시 탈락했다. 레반도프스키는 여전히 건재한 기량을 과시하고 있으니 그와 함께 전성시대를 열었던 선수들은 하나둘 은퇴했고, 세대교체 과정에 주전으로 떠오른 선수들의 수준은 예전만 못하다는 평가다. 실제로 폴란드는 유럽 예선 플레이오프를 거쳐 본선에 올랐는데, 러시아가 전쟁 문제로 부전패하면서 스웨덴과 한 차례 경기만 치러 2:0 승리를 거두는 이점을 누렸다. 레반도프스키 외에 아르카디우스 밀리크, 크리슈토프 피옹텍, 표트르 치엘린스키 등 득점력을 갖춘 선수들이 있으나 중앙 지역에서 창의성을 갖춘 마에스트로 유형의 선수가 없으며, 수비 라인을 지휘하는 카밀 글리크도 뚜렷한 노쇠화 경향을 보이고 있다. 베테랑은 기량이 떨어졌고, 젊은 선수들은 기대만큼의 퀄리티를 보여주지 못해 16강 진출을 장담하기 어렵다.

Mexico 멕시코

FIFA RANKING 12위

Head Coach
헤라르도 마르티노

Captain
안드레스 과르다도

2022. 6. 23. 기준

역대 전적

상대 팀	날짜	경기 기록
아르헨티나	2019.09.10	4:0 아르헨티나 승
폴란드	2017.11.13	1:0 멕시코 승
사우디아라비아	1999.07.25	5:1 멕시코 승

북중미의 맹주로 불리는 멕시코는 2022 카타르 월드컵 북중미 예선 1위 자리를 캐나다에 내줬다. 2021 북중미 골드컵 우승은 미국이 차지했다. 1930 우루과이 월드컵부터 본선에 참가한 멕시코는 1970 멕시코 월드컵, 1986 멕시코 월드컵 등 두 차례 자국 대회에서 8강에 오른 게 최고 성적이다. 자국 대회 외에는 최고 성적이 16강이다. 1994 미국 월드컵부터 지난 2018 러시아 월드컵까지 7회 연속 16강에 오르며 조별 리그의 강자로 군림했으나 16강에서 번번이 고배를 마셨다. 2012 런던 올림픽 금메달, 2020 도쿄 올림픽 동메달 등 최근 연령별 대회에서 좋은 성적을 거두며 배출한 젊은 선수들의 존재로 꾸준한 경기력을 보이고 있으나 최근 숙제는 최전방 해결사의 부재다. 97회 A매치를 소화한 간판 공격수 라울 히메네스가 두 개골 골절 부상으로 수술에서 회복한 뒤 한동안 부활 기미를 보였으나 다시 슬럼프에 빠졌다. 센추리 클럽 가입을 목전에 둔 히메네스의 대표팀 득점 기록은 30골에 멈춰있다. 세비야 윙어 테카티토 코로나, 나폴리 공격수 이르빙 로사노 등 저돌적인 선수들이 존재하지만 마찬가지로 문전에서 득점을 장담할 수 있는 확실한 마무리를 갖추지 못했다. 미드필드 라인의 안드레스 과르다오는 무려 175회 국가 대표 경기를 소화했고, 엑토르 에레라도 100회를 채웠으나 전성기 기량에서 내려오고 있다. 파라과이와 아르헨티나 대표팀을 지휘한 바 있는 타타 마르티노 감독은 최근 멕시코 대표팀의 부진, 미진한 세대교체의 책임론을 겪고 있지만 월드컵 본선을 얼마 남겨두지 않은 가운데 극적인 변화를 시도하기는 어렵다.

Saudi Arabia 사우디아라비아

FIFA RANKING 53위

Head Coach
에르베 르나르

Captain
살만 알파라지

2022. 6. 23. 기준

역대 전적

상대 팀	날짜	경기 기록
아르헨티나	2012.11.14	0:0 무승부
폴란드	2006.03.28	2:1 폴란드 승
멕시코	1999.07.25	5:1 멕시코 승

2018 러시아 월드컵에서 모로코는 조별 리그에서 탈락했지만 일사불란한 움직임과 빠른 공수 전환, 빠른 원터치 패스 플레이로 호평 받았다. 그런 모로코의 플레이를 조직한 프랑스 출신 에르베 르나르 감독의 주가가 높아졌다. 한국 대표팀 감독 후보에 오르기도 한 르나르 감독은 2019년까지 모로코를 이끌다 사우디아라비아 대표팀 감독으로 부임했고, 침체기를 겪던 서아시아에서 이란에 크게 밀리던 사우디 대표팀을 다시 강력하게 만드는 데 성공했다. 아시아 최종 예선 기간 동안 지난 월드컵에서 모로코를 연상시키는 조직력과 공격적인 팀플레이로 안정적으로 본선 진출에 성공했다. 사우디아라비아는 대표팀 선수 전원이 사우디 리그에서 뛰고 있다. 르나르 감독은 20대 초중반의 젊은 선수들로 사우디 대표팀을 전면 개편했다. 공격 라인은 2000년생 알부라이칸, 1999년생 알함단이 이끌고 있다. 중원의 구심점 살만 알파라이가 1989년생으로 사우디의 최고 베테랑이다. 50회 이상 대표팀 경기를 소화한 선수가 알파라이와 미드필더 살렘 알도사리, 수비수 야세르 알샤흐라니 뿐이다. 이러한 면모는 사우디가 상대적으로 덜 알려진 선수들을 바탕으로 본선에서 이변을 일으킬 수 있고, 흐름만 타면 조별 리그에서 변수가 될 수 있는 가능성을 보여준다. 다만 경험이 부족한 팀이라는 점에서 첫 경기를 그르칠 경우 자신감을 잃고 허물어질 가능성도 존재한다. 사우디는 사상 처음 1994 미국 월드컵에서 16강에 올랐으나 그 이후 2018 러시아 월드컵까지 네 번의 월드컵에서 모두 조별 리그를 넘지 못했다. C조에서도 최하위 후보로 꼽히고 있다.

덴마크가 프랑스를 위협할 수 있다

2018 러시아 월드컵 우승팀 프랑스는 여전히 막강한 전력을 갖추고 있다. 선수 구성 면면으로 따지면 타이틀 방어 가능성도 높은 것으로 평가된다. 오랜 침묵을 깨고 국가 대표팀에 복귀한 카림 벤제마의 노련한 공격 조율 능력에 차세대 축구 황제로 불리는 스타 킬리안 음바페의 폭발력과 득점력, 여전히 천재성을 자랑하는 미드필더 폴 포그바 등 지난 대회 우승 멤버가 건재하다. 문제는 적임자를 찾지 못한 윙백 포지션과 조직력, 팀 스피릿이다. 유로2020 16강에서 스위스에 승부차기 패배를 당하며 조기 탈락한 과정에서 실망스러운 모습을 보였다. 선수 구성에 비해 팀으로 강한 면모를 보이지 못한다는 평가다. 그럼에도 불구하고 조별 리그를 통과하는 것은 프랑스에 어려운 미션은 아닐 것이다. 프랑스는 2022-23 UEFA 네이션스리그에 한 조에 속한 덴마크와 1위 자리를 다툴 것이다. 유로2020 4강에 오른 덴마크는 당시 대회에서 심정지로 쓰러졌던 크리스티안 에릭센을 중심으로 강한 정신력으로 무장해 이번 대회 최고 돌풍의 팀으로 주목받고 있다. 맞대결 결과에 따라 덴마크가 1위로 16강에 오를 가능성도 배제할 수 없다. 프랑스와 덴마크에 비해 튀니지와 오스트레일리아의 전력이 약해 프랑스와 덴마크가 나란히 2승씩을 챙길 가능성이 충분하다.

D조 경기 일정

덴마크	2022.11.22. 오후 10:00	튀니지	
프랑스	2022.11.23. 오전 4:00	오스트레일리아	
튀니지	2022.11.26. 오후 7:00	오스트레일리아	
프랑스	2022.11.27. 오전 1:00	덴마크	
튀니지	2022.12.01. 오전 00:00	프랑스	
오스트레일리아	2022.12.01. 오전 00:00	덴마크	

※ 한국 시간 기준

France 프랑스

FIFA RANKING 4위

Head Coach 디디에 데샹

Captain 위고 요리스

2022. 6. 23. 기준

역대 전적

상대 팀	날짜	경기 기록
덴마크	2022.06.03	2:1 덴마크 승
튀니지	2010.05.30	1:1 무승부
오스트레일리아	2018.06.16	2:1 프랑스 승

프랑스는 1998 프랑스 월드컵 이후 20년 만에 2018 러시아 월드컵 우승으로 두 번째 별을 달았다. 디디에 데샹은 선수와 감독으로 모두 월드컵을 품는 위업을 이뤘다. 킬리안 음바페는 만 19세의 나이로 월드컵 챔피언이 됐고, 단지 조연이 아닌 주연급 활약으로 차세대 축구황제로 칭송 받았다. 폴 포그바, 은골로 캉테 등 당시 핵심 멤버가 건재한 것은 물론, 음바페는 그때보다 훨씬 강력한 선수로 성장했다. 사생활 문제로 오랫동안 대표팀의 부름을 받지 못했던 카림 벤제마도 대표팀에 돌아왔다. 크리스토퍼 은쿤쿠, 에두아르도 카마빙가, 오렐리엥 추아메니 등 새로 등장한 주목할 젊은 피도 많다. 그럼에도 불구하고 프랑스는 최근 공개된 유럽의 주요 스포츠 베팅 업체 우승 배당률에서 브라질에 이은 2순위로 평가를 받고 있다. 일부 업체는 잉글랜드에 이어 3순위까지 내린 곳도 있다. 유로2020 16강 탈락 과정에서 보인 팀 정신의 부재, 데샹 감독의 위기관리 능력에 대한 지적이 이어진 것이다. 6월 UEFA 네이션스리그 경기에서 보인 부진이 일시적이 아니라는 평가도 나왔다. 월드컵 우승 이후 부상 문제로 은퇴 수순에 이른 사무엘 움티티에 이어 레알 마드리드를 떠나 맨유로 이적한 수비수 라파엘 바란도 컨디션을 되찾지 못하고 있다. 전방과 중원에 좋은 선수들이 많지만 좋은 풀백 자원을 찾지 못해 스리백에 윙백 시스템을 시도하고 있는 것도 팀 밸런스에 부정적으로 작용한다. 그럼에도 공격진과 중원 선수들이 가진 퀄리티로도 우승에 근접한 전력이라 할 수 있다. 16강 진출은 큰 문제가 아니지만 2위로 올라갈 경우 8강 진출을 장담할 수는 없다.

Denmark 덴마크

FIFA RANKING 10위

Head Coach
카스페르 히울만

Captain
시몬 키예르

2022. 6. 23. 기준

역대 전적

상대 팀	날짜	경기 기록
프랑스	2022.06.03	2:1 덴마크 승
튀니지	2002.05.26	2:1 덴마크 승
오스트레일리아	2018.06.21	1:1 무승부

덴마크는 2022 카타르 월드컵이 6번째 본선 참가다. 일단 본선에 오를 경우 성적은 좋았다. 1986 멕시코 월드컵에서 처음 본선에 올라 조별 리그에서 스코틀랜드, 우루과이, 서독을 연파하며 3전 전승으로 16강에 올랐다. 1998 프랑스 월드컵은 겨우 두 번째 월드컵 본선 참가였으나 8강에 올라 준우승국 브라질에 2:3으로 석패해 탈락했다. 2002 한일 월드컵은 조별 리그에서 프랑스를 탈락시키며 16강에 올랐다. 2010 남아공 월드컵은 조별 리그에서 탈락했으나 2018 러시아 월드컵에는 조별 리그에서 페루를 꺾고 오스트레일리아, 프랑스와 비겨 16강에 올랐다. 16강에서는 준우승국 크로아티아에 승부차기로 졌다. 덴마크는 유로2020에서 프랑스보다 강한 조직력과 정신력으로 4강에 올랐다. 대회 중 심정지로 쓰러진 크리스티안 에릭센은 성적으로 재기했고, 특유의 창조성과 오른발 킥 능력으로 최근 덴마크의 A매치 선전을 이끌었다. 프랑스와 UEFA 네이션스리그에서도 같은 조에 속한 덴마크는 6월 프랑스 원정에서 2:1로 승리하기도 했다. 4-3-3 포메이션을 기반으로 에릭센을 보좌하는 호이비에르그와 뇌르고르로 구성된 단단한 중원을 바탕으로 장신 코르넬리우스, 기술이 좋은 담스고르, 스피드가 강점인 스코브 올센 등 다양한 장기를 가진 공격진이 조화를 이룬다. 중앙 미드필더, 오른쪽 미드필더, 라이트백이 가능한 멀티 플레이어 다니엘 바스, 돌파력과 득점 생산성이 좋은 레프트백 요아킴 멜레, 스리백과 포백이 모두 적응할 수 있는 크리스텐겐, 키에르, 베스터고르 등 센터백 라인과 골키퍼 카스퍼 슈마이켈에 이르기까지 부족한 포지션이 없다.

Tunisia 튀니지

FIFA RANKING 30위

Head Coach
잘렐 카드리

Captain
와흐비 카즈리

2022. 6. 23. 기준

역대 전적

상대 팀	날짜	경기 기록
프랑스	2010.05.30	1:1 무승부
덴마크	2002.05.26	2:1 덴마크 승
오스트레일리아	2005.06.21	2:0 튀니지 승

튀니지의 첫 월드컵 본선 참가는 1978 아르헨티나 대회로 1승 1무 1패로 아쉽게 조별 리그에서 탈락했다. 1998 프랑스 월드컵부터 2006 독일 월드컵까지 3연속 월드컵 본선에 올랐으나 1무 2패로 무력하게 탈락했다. 2018 러시아 월드컵 G조에서 잉글랜드에 1:2 석패 후 벨기에에 2:5로 크게 졌다. 파나마를 상대로 2:1 승리를 거둬 본선 역사상 두 번째 승리를 거뒀다. 잘렐 카드리 감독은 튀니지 리그에서 오랫동안 지도자 생활을 했다. 2013년 튀니지 대표팀 수석 코치를 맡은 경험이 있으며, 2021년 다시 수석 코치로 돌아온 뒤 2022 아프리카 네이션스컵 기간 몬데르 케바이어 감독이 코로나19에 감염되자 임시 감독을 맡기도 했다. 8강 탈락 후 케바이어 감독이 경질됐고, 정식 감독으로 부임해 월드컵 본선 진출을 이끌었다. 튀니지는 공격적인 미드필더를 두 명 배치하는 역삼각형 중원을 가동하는 4-3-3 포메이션으로 경기한다. 포백이 안정적으로 운영되며, 세 명의 공격수와 두 명의 공격형 미드필더가 유기적으로 움직인다. 튀니지를 대표하는 스타는 85회 A매치에 나서 17골을 기록 중인 주장 유세프 음사크니다. 튀니지 리그에서 카타르 리그로 이적해 꾸준히 활동 중이다. 왼쪽 측면을 기반으로 중앙으로 치고 들어오는 7번 유형 공격수다. 맨체스터 유나이티드 유소년 팀에서 성장해 지난 시즌 1군 선수로 콜업된 2003년생 테크니션 한니발 메브리는 최근 튀니지 대표팀이 등번호 10번을 부여하며 기대를 보내고 있는 공격형 미드필더다. 매력적인 축구를 구사하지만 이전 월드컵과 마찬가지로 조별 리그를 돌파하기 위한 강력한 한 방이 부족하다.

Australia 오스트레일리아

FIFA RANKING 39위

Head Coach
그레이엄 아놀드

Captain
매슈 레키

2022. 6. 23. 기준

역대 전적

상대 팀	날짜	경기 기록
프랑스	2018.06.16	2:1 프랑스 승
덴마크	2018.06.21	1:1 무승부
튀니지	2005.06.21	2:0 튀니지 승

오스트레일리아는 대륙 간 플레이오프에서 페루에 승부차기 승리를 거두며 본선행 막차를 탔다. 카타르가 월드컵을 개최하고 오스트레일리아가 대륙 간 플레이오프를 통과해 아시아 대륙에서 무려 6개팀이 이번 월드컵 본선에 참가하게 됐다. 본선을 대비하기 위한 수준급 팀들과 친선 경기를 하지 못한 채 본 무대에 나선다. 아시아 예선에서 일본, 사우디에 패하며 고전했던 오스트레일리아는 해리 키웰, 마크 비두카, 팀 케이힐, 마크 슈워처 등 프리미어리그에서 맹활약한 스타 선수를 배출했던 시절과 비교하면 현저하게 전력이 떨어졌다. 오스트레일리아 대표팀에 유럽 빅 리그에 소속된 선수는 올여름 이적 시장에서 스페인 라리가 카디스로 이적한 윙어 아워 마빌, 레알 소시에다드의 후보 골키퍼 매튜 라이언뿐이다. 전성기에서 내려와 오스트레일리아 멜버른 시티에서 뛰고 있는 매튜 래키와 일본 J리그 파지아노 오카야마에서 뛰는 미첼 듀크 등이 주력 공격수다. 아론 무이는 중국 리그 진출을 택한 이후 폼이 떨어졌고, 툴루즈 미드필더 데니스 젠루는 아직 어리다. 1974 서독 월드컵을 통해 월드컵 본선을 처음 경험한 오스트레일리아는 2006 독일 월드컵에 거스 히딩크 감독과 함께 참가해 16강에 오른 것이 최고 성적이다. 2010 남아공 월드컵부터 2018 러시아 월드컵까지 아시아 예선전을 통해 본선에 진출했으나 조별 리그를 넘지 못했다. 이번 대회도 크게 다르지 않은 결과가 예상된다. 기술적으로나 피지컬적으로 모두 프랑스, 덴마크를 상대하기 버거운 전력이다. 튀니지와의 경기 역시 기술적으로 열세가 예상된다. 3전 전패로 탈락할 가능성도 배제할 수 없다.

Spain
Germany
Japan
Costa Rica

스페인과 독일 절대적 양강, 일본의 불운

스페인과 독일은 근래 대회 우승 경력이 있는 팀들이다. 다만 세대 교체 과정에서 우승 당시의 전력보다는 약해졌다는 평가다. 스페인은 루이스 엔리케 감독 체제에서 리빌딩에 성공했다. 유로2020 4강 진출은 기대 이상의 결과였다. 이 대회 이후 신성 가비의 등장을 포함해 라리가에서 떠오른 젊은 스타를 대표팀에 대거 수혈했다. 하지만 여전히 최전방 공격수의 무게감이 숙제다. 독일도 전방 공격진의 결정력이라는 같은 숙제를 갖고 있다. 2018 러시아 월드컵에서 본선 참가 역사상 첫 조별 리그 탈락을 경험한 독일은 젊은 선수들이 문전에서 얼마나 파괴력을 보일 수 있을지가 관건이다. 우승 후보로 거론되지 못하고 있는 스페인과 독일이지만 조별 리그 통과를 우려할 전력은 아니다. E조는 죽음의 조가 아니라 일본과 코스타리카가 죽은 조로 불린다. 일본은 유럽에서 활약하는 선수가 즐비하지만 전통적으로 숙제로 지목된 9번 공격수 부재로 큰 경기에서 승리할 힘을 받지 못한다. 나바스가 골문을 지키는 코스타리카는 2014 브라질 월드컵에서 8강 돌풍을 썼으나 대륙 간 플레이오프를 거쳐 간신히 본선에 오를 정도로 전력이 약해졌다. 일본은 스페인과 독일을 상대로 선전할 것이나 승리하기 어렵고, 코스타리카를 상대로 위안을 얻을 승리를 노릴 것이다.

E조 경기 일정

독일	2022.11.23. 오후 10:00	일본
스페인	2022.11.24. 오전 1:00	코스타리카
일본	2022.11.27. 오후 7:00	코스타리카
스페인	2022.11.28. 오전 4:00	독일
일본	2022.12.02. 오전 4:00	스페인
코스타리카	2022.12.02. 오전 4:00	독일

※ 한국 시간 기준

Spain 스페인

FIFA RANKING 6위

Head Coach 루이스 엔리케

Captain 세르지오 부스케츠

2022. 6. 23. 기준

역대 전적

상대 팀	날짜	경기 기록
독일	2020.11.17	6:0 스페인 승
일본	2001.04.25	1:0 스페인 승
코스타리카	2017.11.11	5:0 스페인 승

무적함대 스페인은 유로2008 우승, 2010 남아공 월드컵 우승, 유로2012 우승 등 메이저 대회 3연속 우승으로 전성시대를 열었다. 1934 이탈리아 월드컵에 참가해 8강에 올랐지만 2010 남아공 월드컵 전까지 유럽 최고 리그를 운영하던 명성과 달리 고전해 왔다. 1982 스페인 월드컵에서도 2차 조별 리그에서 탈락했고, 1986 멕시코 월드컵, 1994 미국 월드컵, 2002 한일 월드컵에서 모두 8강에서 탈락해 8강이 최고 성적이었다. 조별 리그에서 탈락한 것도 다섯 차례. 특히 디펜딩 챔피언으로 참가한 2014 브라질 월드컵에서 네덜란드와의 첫 경기에서 1:5 대패를 당하며 탈락해 충격을 안겼다. 2018 러시아 월드컵에서는 세대교체에 성공했다는 평가에도 16강에서 탈락했다. 바르셀로나의 두 번째 트레블 달성을 이끌며 선수 시절에 이어 감독으로도 성공시대를 연 루이스 엔리케가 지휘봉을 잡은 스페인은 패스 중심 경기 지배 구조에 끈끈한 수비 조직력과 공격진, 속도감을 살리는 축구를 통해 다시 강력한 면모를 찾았다. 특히 유로2020과 월드컵 유럽 예선을 거치며 라리가에서 활약하는 많은 선수들을 선발해 전면 리빌딩에 성공했다. 바르셀로나의 새 시대를 이끄는 아직 스무살이 되지 않은 페드리와 가비를 중원의 리더로 내세우고, 아스필리쿠에타, 알론소, 카르바할 등 노련한 풀백, 프랑스에서 귀화한 센터백 에메릭 라포르트, 빌드업 능력이 탁월한 파우 토레스를 통해 안정감을 갖췄다. 파블로 사라비아, 페란 토레스, 제라르드 모레노 등의 가짜 7번 역할이 탁월하나 모라타 외에 9번 포지션 적임자가 없는 게 숙제다.

Germany 독일

FIFA RANKING 11위

Head Coach
한지 플릭

Captain
마누엘 노이어

2022. 6. 23. 기준

역대 전적

상대 팀	날짜	경기 기록
스페인	2020.11.17	6:0 스페인 승
일본	2006.05.30	2:2 무승부
코스타리카	2006.06.09	4:2 독일 승

독일은 브라질에 이어 월드컵 본선 참가 기록이 가장 많은 팀이다. 우루과이에서 열린 1930년 초대 대회에 불참했고, 1950 브라질 월드컵은 세계 대전을 일으킨 징계로 참가하지 못했다. 나머지 대회는 모두 유럽 예선을 돌파해 본선에 올랐다. 독일은 2014 브라질 월드컵에서 남미에서 우승한 최초의 유럽팀이 됐다. 이 우승으로 통산 4회 우승, 브라질에 이어 최다 우승 2위가 되기도 했다. 1938 프랑스 월드컵 1차 라운드에서 탈락한 이후 조별 리그 체제 월드컵에서 한 번도 탈락한 적이 없는 독일은 2018 러시아 월드컵에서 한국과 조별 리그 최종전에 패배하며 최하위 탈락의 수모를 겪었다. 2006 독일 월드컵에 수석 코치로 참가했던 요아힘 뢰프 감독은 유로2020 대회에서도 신통치 않은 성적을 거둬 바이에른 뮌헨의 두 번째 트레블을 달성한 한지 플릭 감독이 새 감독으로 부임했다. 북마케도니아에 한 차례 충격패를 당하긴 했으나 유럽 예선 J조를 9승 1패 36득점 4실점으로 돌파, 9번 포지션의 공격수가 약하다는 지적 속에서도 가짜 9번 전술을 적절히 활용하며 리빌딩에 성공했다. 카이 하베르츠를 가짜 9번으로 두고 건재를 과시한 토마스 뮐러가 플레이메이커로 활약하는 구조를 확립했다. 뮐러는 자말 무시알라, 요주아 키미히 등 바이에른 동료들과 중원을 구성해 찰떡 같은 호흡을 보여준다. 티모 베르너, 세르주 그나브리, 르로이 사네, 카림 아데예미 등 역동성, 속도, 왼발, 활동력 등을 갖춘 측면과 2선 공격 자원이 풍부하다. 스위퍼키퍼로 불리는 노이어가 건재하고, 세계 최고의 센터백으로 평가받는 안토니오 뤼디거가 수비의 중심에 있다.

Japan 일본

FIFA RANKING 24위

Head Coach
모리야스 하지메

Captain
요시다 마야

2022. 6. 23. 기준

역대 전적

상대 팀	날짜	경기 기록
스페인	2001.04.25	1:0 스페인 승
독일	2006.05.30	2:2 무승부
코스타리카	2018.09.11	3:0 일본 승

오만을 상대로 한 경기에서 충격패를 당한 일본은 월드컵 본선 진출에 실패할 수 있다는 위기를 겪었으나 끝내 막판 6연승 행진으로 본선 진출에 성공했다. 물론 사우디 원정 0:1 패배, 예선 최종전 베트남전 무승부 등 완벽한 예선이었다고 할 수는 없으나 이 과정을 거치며 팀이 더 단단해졌다는 평가다. 사상 첫 본선에 오른 1998 프랑스 월드컵부터 2022 카타르 월드컵까지 6회 연속 본선에 진출했고 2002 한일 월드컵과 2010 남아공 월드컵, 2018 러시아 월드컵에서 16강에 오른 것이 최고 성적이다. 러시아 월드컵에선 벨기에를 상대로 2:0으로 앞서다 경기 막판 3:2로 역전패 당해 8강 진출에 아쉽게 실패했다. 2021년으로 연기되어 열린 2020 도쿄 올림픽, 그리고 2022 카타르 월드컵을 앞두고 모리야스 하지메 감독은 기존의 패스 위주 기술 축구에 투지 넘치는 플레이와 실리적인 경기 운영 능력을 가미했다는 평가를 받고 있다. 기술적으로 뛰어난 미나미노 다쿠미, 가마다 다이치가 중앙 공격을 이끈다면, 미토마 카오루, 이토 준야, 도안 리츠 등 측면에서 속도감을 갖춘 선수들이 펼치는 공격도 인상적이다. 수비형 미드필더 엔도 와타루, 센터백 요시다 마야와 도미야스 다케히로는 공을 잘 다루고 유럽에서 수비력을 검증 받았다. 다만 주장 요시다는 황혼기를 맞아 신체 능력이 다소 떨어졌다. 하지만 이타쿠라 코의 성장을 비롯해 수많은 유럽파가 꾸준히 성장하고 있어 전 포지션에 걸쳐 선수 자원이 풍부하다. 셀틱 3인조 마에다 다이젠, 후루하시 교고, 하타테 레오 등의 존재에도 여전히 최전방 스트라이커로 확실하게 득점해줄 선수가 없는 것이 숙제다.

Costa Rica 코스타리카

FIFA RANKING 34위

Head Coach
루이스 페르난도 수아레스

Captain
브라이언 루이스

2022. 6. 23. 기준

역대 전적

상대 팀	날짜	경기 기록
스페인	2017.11.11	5:0 스페인 승
독일	2006.06.09	4:2 독일 승
일본	2018.09.11	3:0 일본 승

코스타리카는 1990 이탈리아 월드컵에 처음 참가, 첫 대회에서 돌풍을 일으켜 16강에 올랐다. 다시 월드컵에 참가한 것은 12년 만인 2002 한일 월드컵, 1승 1무 1패의 성적에도 조별 리그에서 탈락했다. 2006 독일 월드컵은 3전 전패로 무너졌다. 역사를 쓴 것은 2014 브라질 월드컵이다. 우승 경력이 있는 이탈리아, 잉글랜드, 우루과이가 속한 죽음의 D조를 2승 1무로 돌파해 화제가 됐다. 16강에서 그리스를 승부차기로 꺾었고, 8강에서 네덜란드에 승부차기로 아쉽게 탈락했다. 대회 내내 골키퍼 케일러 나바스의 선방이 눈부셨다. 현재 코스타리카 최고의 선수인 나바스는 이때 활약으로 레알 마드리드에 입단했고, 현재 파리 생제르맹에서 뛰고 있다. 2018 러시아 월드컵에서 무력한 1무 2패로 탈락, 세대교체에 실패해 북중미 예선을 4위로 마친 뒤 뉴질랜드와 대륙 간 플레이오프 1:0 신승으로 간신히 본선에 진출했다. 콜롬비아 출신 루이스 페르난도 수아레스 감독은 남미 리그에서 주로 활약했고, 에콰도르 대표팀을 이끌고 2006 독일 월드컵 16강 성과를 낸 것으로 유명하다. 대부분의 선수가 코스타리카 리그에서 활동 중이다. 멕시코 몬테레이에서 뛰는 조엘 켐벨은 여전히 가장 득점력이 좋은 선수다. 스페인 레반테 소속 수비수 오스카 두아르테, 덴마크 코펜하겐 수비수 브라이안 오비에도, 터키 코니아스포르 수비수 칼보 등 배후 안정감이 강점인 팀이다. 만 36세 공격형 미드필더 브라이언 루이스가 등번호 10번에 주장으로 뛰고 있고, 34세 중앙 미드필더 셀소 보르헤스가 주전 미드필더로 뛰고 있다. 본선까지 새로운 스타를 찾기 난망하다.

F

| Belgium |
| Croatia |
| Morocco |
| Canada |

벨기에와 크로아티아가 불안한 이유

2018 러시아 월드컵 4강에 올랐던 벨기에와 크로아티아가 유리하다. 그렇다고 16강 진출을 낙관할 수 있는 상황은 아니다. 두 팀 모두 4년 전의 주축 선수들이 정점에서 내려오기 시작했고, 세대교체가 원활하게 진행되는 상황이 아니기 때문이다. 로멜루 루카쿠와 케빈 더브라위너를 보유한 벨기에는 물론 객관적 전력에서 16강 진출을 걱정할 수준의 팀은 아니다. 루카 모드리치와 이반 페리시치가 여전히 건재한 크로아티아 역시 젊은 선수들이 하나둘 올라오고 있어 16강 진출이 유리한 팀인 것은 맞다. 하지만 팀 전체가 젊고 빠르며 역동적인 선수들로 구성된 굶주린 팀 모로코와 캐나다는 결코 쉽게 1승을 챙길 수 있는 상대가 아니다. 모로코는 2018 러시아 월드컵 조별 리그에서 최고의 속도를 보여줬고, 캐나다는 북중미 예선을 1위로 돌파하며 놀라운 운동 능력을 보여줬다. 단기간에 조별 리그 3경기를 치러야 하는 데다, 유럽 빅리그 소속 선수가 많은 벨기에, 크로아티아 선수들의 조별 리그 컨디션이 좋지 않을 경우 이변이 발생할 가능성이 도사리고 있는 조다. 벨기에와 크로아티아가 모두 16강 진출에 실패하는 것을 예상하기는 어려우나, 지난 대회 준우승팀 크로아티아는 최전방에 믿을 만한 스트라이커가 없다는 점에서 미끄러질 가능성이 존재한다.

F조 경기 일정

	모로코	2022.11.23. 오후 7:00	크로아티아	
벨기에	2022.11.24. 오전 4:00	캐나다	
벨기에	2022.11.27. 오후 10:00	모로코	
크로아티아	2022.11.28. 오전 1:00	캐나다	
크로아티아	2022.12.02. 오전 00:00	벨기에	
캐나다	2022.12.02. 오전 00:00	모로코	

※ 한국 시간 기준

Belgium 벨기에

FIFA RANKING 2위

Head Coach
로베르토 마르티네스

Captain
에덴 아자르

2022. 6. 23. 기준

역대 전적

상대 팀	날짜	경기 기록
크로아티아	2021.06.06	1:0 벨기에 승
모로코	2008.03.26	4:1 모로코 승
캐나다	1989.06.09	2:0 벨기에 승

벨기에 축구는 지금이 전성시대다. 2018 러시아 월드컵 3위를 차지한 뒤 2018년 9월부터 2022년 3월까지 FIFA 랭킹 1위를 지켰다. 4월 브라질에 1위 자리를 내준 뒤 2위를 지키고 있으나 현재 멤버가 역대 최강으로 꼽힌다. 초대 1930 우루과이 월드컵부터 참가한 벨기에는 2018 러시아 월드컵까지 22차례 대회 중 14차례 본선에 참가했다. 16강 고비를 넘지 못했으나 엔조 쉬포와 함께 1986 멕시코 월드컵 4위를 차지하면서 최고 성적을 거뒀고, 이후에는 번번이 16강에서 고배를 마셨다. 2014 브라질 월드컵 8강에 오른 것에 이어 2018 러시아 월드컵에서 다시 4강에 올랐고 3위로 최고 성적을 거뒀다. 벨기에는 유럽선수권대회 우승 경험은 없다. 1972 자국 대회 3위, 1980 이탈리아 대회 준우승 이후에는 본선 진출이 네 차례뿐일 정도로 고전했다. 유로2016과 유로2020에서 내리 8강에서 떨어졌다. 벨기에 축구 전성시대의 중심에는 현 주장 에덴 아자르가 있었다. 지금은 맨체스터 시티에서 세계 최고의 플레이메이커로 불리는 케빈 더브라위너가 전력의 핵심이다. 레알 마드리드 이적 후 부상으로 고생한 아자르도 미리 수술을 받고 월드컵 본선에 대비해 몸 상태를 끌어올리고 있다. 첼시 이적 후 슬럼프에 빠진 대형 스트라이커 로멜루 루카쿠도 마음의 고향 인테르 밀란으로 이적해 기운을 차렸다. 브라이턴 돌풍을 이끈 측면 미드필더 레안드로 트로사르, 빠른 발과 예리한 킥 능력을 갖춘 측면 자원 야닉 카라스코 등으로 구축한 화력은 벨기에의 최대 장점이다. 문제는 토비 알더베이럴트, 얀 베르통언, 데더이크 보야타 등 수비 라인이 노쇠화한 것이다.

Croatia 크로아티아

FIFA RANKING 15위

Head Coach
즐라트코 달리치

Captain
루카 모드리치

2022. 6. 23. 기준

역대 전적

상대 팀	날짜	경기 기록
벨기에	2021.06.06	1:0 벨기에 승
모로코	1996.12.11	2:2 무승부
캐나다	없음	없음

구 유고 연방에서 독립한 크로아티아는 1998 프랑스 월드컵부터 참가가 가능했고 첫 유럽 예선을 통과한 것에 이어 첫 본선에서 3위를 차지하는 대이변을 일으켰다. 당시 월드컵 득점왕을 차지한 다보르 수케르는 지금 크로아티아축구협회장을 맡고 있다. 그 뒤로도 크로아티아는 꾸준히 월드컵 본선 무대를 밟았다. 2010 남아공 월드컵 본선 진출에 실패한 것 외에 모든 대회 본선에 올랐다. 다만 첫 대회 4강을 이룬 뒤 한일 월드컵, 독일 월드컵, 브라질 월드컵에서 모두 조별 리그 탈락을 겪었다. 2018 러시아 월드컵에서 또 한 번의 황금세대가 구성되어 사상 첫 결승 진출에 성공했으나 결승에 오르는 과정에 연장 혈전을 수차례 벌여 프랑스에 완패를 당했다. 크로아티아는 당시 활약으로 발롱도르를 수상한 루카 모드리치가 36세의 나이로 여전히 대표팀을 이끌고 있지만, 스트라이커 마리오 만주키치, 미드필더 파트너 이반 라키티치가 은퇴해 최전방과 중원의 퀄리티가 떨어졌다. 측면 공격수 이반 페리시치, 중앙 미드필더 마테오 코바치치 등이 여전히 모드리치와 수준 높은 플레이를 펼치지만, 만주키치의 후계자를 찾지 못한 포워드 라인은 특히 크로아티아가 4년 전 성과를 재현하기 어려운 이유로 꼽힌다. 호펜하임 공격수 안드레이 크라마리치는 크로아티아 공격 라인 중 가장 많은 골을 넣었으나 세기가 부족하다. 브레칼로와 부디미르는 결정력이 아쉽다. 수비 라인은 요슈코 그바르디올, 두예 찰레타 차르, 보르나 소사 등 피지컬과 공격력을 겸비한 선수들이 등장해 세대교체에 성공하고 있다. 마침표를 찍지 못하면 조별 리그 통과를 장담할 수 없다.

Morocco 모로코

FIFA RANKING 22위

Head Coach
바히드 할릴호지치

Captain
로맹 사이스

2022. 6. 23. 기준

역대 전적

상대 팀	날짜	경기 기록
벨기에	2008.03.26	4:1 모로코 승
크로아티아	1996.12.11	2:2 무승부
캐나다	2016.10.11	4:0 모로코 승

모로코는 북아프리카를 대표하는 강호다. 한때 프랑스의 속국이었기에 지금도 프랑스에서 나고 자란 선수들이 많다. 프랑스 연령별 대표를 거친 뒤 모로코 대표를 택한 선수들도 있다. 1970 멕시코 월드컵을 통해 처음 본선을 경험한 모로코는 1986 멕시코 월드컵에서 16강에 오른 게 최고 성적이다. 1994 미국 월드컵과 1998 프랑스 월드컵 참가 후 2018 러시아 월드컵을 통해 본선에 나서기까지 오랜 공백기를 겪었다. 2018 러시아 월드컵에선 이란전 패배를 포함 1무 2패로 탈락했으나 경기력은 인상적이었다는 평가를 받았다. 당시 모로코를 이끈 에르베 르나르 감독이 사우디로 떠났으나 2014 브라질 월드컵에서 알제리의 돌풍을 이끈 바히드 할릴호지치가 지휘봉을 잡고 역동적인 팀 컬러를 입혔다. 알제리는 유럽 무대 중심에서 활약한 선수들이 전 포지션에 걸쳐 즐비하다. 세비야 공격수 유세프 엔네시리와 무니르 엘하다디 등 기술과 속도를 겸비했다. 미드필드 라인에는 마르세유의 아민 아리트가 창의성을 담당하고, 피오렌티나의 소피앙 암라바트는 박스 투 박스 미드필더로 연결고리 역할을 한다. 수비 라인은 바이에른 뮌헨으로 전격 이적한 라이트백 누사이르 마즈라위, 마즈라위의 존재로 레프트백으로 기용되는 폭발적 스피드와 공격력의 아슈라프 하키미가 측면 공격을 이끈다. 울버햄프턴 원더러스에서 인상적인 수비를 보인 뒤 베식타시로 이적한 주장 로맹 사이드는 문전 수비를 전투적으로 펼친다. 할릴호지치 감독과 불화로 대표팀 은퇴를 선언한 왼발 천재 하킴 지예흐도 복귀가 점쳐진다. 역대 최고 성적을 기대할 수 있는 전력이다.

Canada 캐나다

FIFA RANKING 43위

Head Coach
존 허드만

Captain
애티바 허친슨

2022. 6. 23. 기준

역대 전적

상대 팀	날짜	경기 기록
벨기에	1989.06.09	2:0 벨기에 승
크로아티아	없음	없음
모로코	2016.10.11	4:0 모로코 승

캐나다는 1986 멕시코 월드컵 본선에 참가한 것이 이전의 유일한 기록이다. 당시 본선에서 프랑스에 0:1, 헝가리에 0:2, 소련에 0:2 패배로 무득점 3전 전패로 탈락했다. 이번 대회에서 첫 골, 첫 승점, 첫 승리에 도전한다. 미국, 멕시코 등 북중미 양강을 꺾고 북중미 예선 1위를 차지하며 본선에 올랐다. 멕시코 원정 1:1 무승부에 이어 홈 2:1 승리, 미국 원정 1:1 무승부에 이어 홈 2:0 완승 등 맞대결에서도 확실히 우위를 점했다. 캐나다 대표팀을 이끄는 존 허드먼 감독은 잉글랜드 출신으로 어린 나이에 일찌감치 체육학을 전공해 지도자로 성장한 인물이다. 선덜랜드 유소년 아카데미에서 지도자 수업을 받은 것을 시작으로 뉴질랜드에서 코칭 수업을 이어가 뉴질랜드 여자 대표팀 감독으로 2006년부터 2011년까지 활동한 독특한 이력의 소유자다. 여자 20세 이하 팀과 성인팀을 모두 지휘했고, 2008 베이징 올림픽에도 참가하는 등 다채로운 경험을 했고, 2011년부터 2018년까지는 캐나다 여자 대표팀을 맡아 2012 런던 올림픽과 2016 리우 올림픽에서 연이어 동메달의 성과를 냈다. 이 성과 이후 캐나다 남자 축구 전 연령대를 이끄는 총괄 감독을 맡는데, 이 기간에 캐나다 남자 대표팀을 이끌고 최대치의 성과를 냈고, 월드컵 본선 진출까지 이뤘다. 벨기에 리그 득점왕 및 프랑스 리그 우승을 이룬 스트라이커 조너선 데이비드, 폭발적 스피드를 자랑하는 바이에른 뮌헨 레프트백 알폰소 데이비스 외에도 탁월한 운동 능력과 유럽 무대 경험을 갖춘 젊은 선수들로 구성된 캐나다는 이번 대회 최고의 다크호스로 꼽힌다.

G

🇧🇷	**Brazil**	
	Serbia	
+	**Switzerland**	
★	**Cameroon**	

우승 후보 브라질, 스위스 세르비아 2위 경쟁

브라질은 이번 대회 가장 강력한 우승 후보로 꼽힌다. 2021 코파 아메리카에서 우승을 아르헨티나에 내줬으나 스쿼드 퀄리티는 남미 최강으로 꼽힌다. 실제로 코파 아메리카 이후 본격적으로 진행된 남미 예선을 1위로 통과했다. 코로나19 방역 지침 위반 문제로 브라질과 아르헨티나의 한 차례 대결이 열리지 못했으나 브라질은 2위 아르헨티나를 6점 차로 따돌린 압도적 남미 예선 1위 팀이었다. 2002 한일 월드컵에서 역대 다섯 번째 우승을 이룬 브라질은 20주년을 맞아 통산 여섯 번째 우승을 조준하고 있다. 네이마르는 아직 만 30세로 한창나이지만 이번 대회를 자신의 국가 대표 은퇴 무대로 여기며 총력을 기울이고 있다. 브라질이 G조 1위를 차지할 것이 유력한 가운데 2위 쟁탈전이 치열할 전망이다. 포르투갈을 유럽 예선 플레이오프로 밀어낸 세르비아, 유로2020 16강전에서 프랑스를 탈락시킨 스위스가 카메룬에 앞선다는 평가다. 세르비아는 유벤투스 공격수 두산 블라호비치, 프랑크푸르트의 유로파리그 우승 주역 필립 코스티치 등 결정력 있는 선수들을 앞세우고 있다. 스위스는 특유의 조직력을 바탕으로 안정된 축구를 펼친다. 2010, 2014 월드컵 조별 리그 탈락, 2018 러시아 월드컵 본선 진출 실패를 겪은 카메룬은 이들에 대적할 뚜렷할 강점이 없다는 평가다.

G조 경기 일정

+	스위스	2022.11.24. 오후 7:00	카메룬	★
🇧🇷	브라질	2022.11.25. 오전 4:00	세르비아	
★	카메룬	2022.11.28. 오후 7:00	세르비아	
🇧🇷	브라질	2022.11.29. 오전 1:00	스위스	+
★	카메룬	2022.12.03. 오전 4:00	브라질	🇧🇷
	세르비아	2022.12.03. 오전 4:00	스위스	+

※ 한국 시간 기준

Brazil 브라질

FIFA RANKING 1위

Head Coach
치치

Captain
다니 아우베스

2022. 6. 23. 기준

역대 전적

상대 팀	날짜	경기 기록
세르비아	2018.06.27	2:0 브라질 승
스위스	2018.06.17	1:1 무승부
카메룬	2018.11.20	1:0 브라질 승

초대 1930 우루과이 월드컵부터 2022 카타르 월드컵까지 22번의 대회 본선에 개근한 유일한 팀. 2002 한일 월드컵에서 통산 다섯 번째 우승으로 최다 우승 기록을 갖고 있으며, FIFA 랭킹 1위의 축구의 나라다. 1958 스웨덴 월드컵과 1962 칠레 월드컵에서 연달아 우승했고, 1970 멕시코 월드컵 우승 이후 오랫동안 챔피언에 오르지 못하다 1994 미국 월드컵과 2002 한일 월드컵에서 우승했다. 특히 한일 월드컵은 7전 전승으로 우승했다. 1966 잉글랜드 월드컵 이후 조별 리그에서 탈락한 적이 없다. 2018 러시아 월드컵 8강에서 탈락했으나 이번 대회는 전 세계 유력 스포츠 베팅업체가 우승 1위 팀으로 꼽고 있다. 전 포지션에 걸쳐 최고 수준의 선수를 보유했기 때문이다. 유일한 숙제로 꼽히던 9번 스트라이커 포지션에 올여름 토트넘에 입단한 투지 넘치는 공격수 히샬리송이 자리를 잡았고, 왼쪽 윙어 비니시우스 주니오르는 레알 마드리드의 챔피언스리그 우승을 이끌며 월드 클래스로 인정받았다. 네이마르는 부상으로 고생하고 있으나 대표팀에서는 꾸준히 영향력을 보이고 있다. 세계 최고의 수비형 미드필더로 불리는 카세미루와 파비뉴, 맨유에서 잠재력을 터트리기 시작한 볼란치 프레드 등 공수 균형이 뛰어나다. 시대를 대표한 카푸와 카를루스, 마르셀루와 다니 알베스의 시대에 비해 약해진 풀백 라인이 고민이지만 다니 알베스가 마흔에 가까운 나이에도 건재하고, 티아구 실바, 마르키뉴스 등 베테랑이 지키는 센터백 라인도 견고하다. 맨시티 골키퍼 에데르송이 후보로 밀리는 골키퍼 포지션은 리버풀의 알리송이 폭풍 선방으로 사수한다.

Serbia 세르비아

FIFA RANKING 25위

Head Coach
드라간 스토이코비치

Captain
두샨 타디치

2022. 6. 23. 기준

역대 전적

상대 팀	날짜	경기 기록
브라질	2018.06.27	2:0 브라질 승
스위스	2018.06.22	2:1 스위스 승
카메룬	2010.06.05	1:0 세르비아 승

세르비아는 다양한 이름으로 월드컵에 참가해 왔다. 유고슬라비아 왕국의 이름으로 1930 우루과이 월드컵에 참가해 4위를 차지했고, 유고슬라비아 사회주의 연방공화국으로 1950 브라질 월드컵부터 1962 칠레 월드컵까지 본선에 참가했다. 1962 칠레 월드컵에서 또 한 번 4위를 차지한 것이 역대 최고 성적이다. 1990 이탈리아 월드컵 8강에 오르며 선전을 이어간 유고슬라비아는 1998 프랑스 월드컵에서 16강에 오른 뒤 약해졌다. 크로아티아를 중심으로 연방 내 많은 국가가 독립한 파장이다. 2006 독일 월드컵에는 세르비아 몬테네그로라는 국명으로 참가했고, 현재는 세르비아와 몬테네그로가 각기 다른 대표팀으로 유럽 예선을 치렀다. 세르비아는 2010 남아공 월드컵, 2018 러시아 월드컵 본선에 올랐으나 큰 이슈 없이 1승 2패로 조별 리그에서 탈락했다. 이번 유럽 예선은 젊은 재능이 다수 등장해 포르투갈을 플레이오프로 밀어내며 본선에 직행해 기대를 모으고 있다. 프랑스의 음바페, 노르웨이의 홀란과 더불어 차세대 스타 공격수로 불리는 두산 블라호비치가 최전방을 책임지며, 풀럼의 프리미어리그 승격을 이끈 알렉산다르 미트로비치, 레알 마드리드에서 실패했으나 득점 기술이 뛰어난 루카 요비치 등 다양한 유형의 포워드를 보유했다. 이들을 지원할 날카로운 킥 능력의 왼발 스페셜리스트 네마냐 코스티치, 아약스 2선 공격 리더 두샨 타디치를 비롯해 피오렌티나 센터백 니콜라 밀렌코비치 등 전 포지션에 걸쳐 유럽 빅리그에서 활약 중인 선수를 보유했다. 감독은 유고 대표로 7차례 메이저 대회를 경험한 드라간 스토이코비치다.

Switzerland 스위스

FIFA RANKING 16위

Head Coach
무라트 야킨

Captain
그라니트 자카

2022. 6. 23. 기준

역대 전적

상대 팀	날짜	경기 기록
브라질	2018.06.17	1:1 무승부
세르비아	2018.06.22	2:1 스위스 승
카메룬	없음	없음

FIFA 본부 소재지인 유럽의 중립국 스위스는 초대 대회에 참가하지 않았다. 처음 참가한 1934 이탈리아 월드컵과 1938 프랑스 월드컵에 연이어 8강에 오른 것이 역대 최고 성적이다. 12회 본선에 올랐고, 최근 참가한 다섯 번의 본선 중 2010 남아공 월드컵을 제외한 네 번의 대회에서 조별 리그를 통과했으나 16강에서 탈락했다. 2014 브라질 월드컵, 2018 러시아 월드컵에서 각각 아르헨티나에 0:1, 스웨덴에 0:1로 석패했다. 8강 이상의 성적을 기대할 수 있는 흐름이다. 유로2020 대회에서 강인한 정신력과 균형 잡힌 전술로 우승 후보 프랑스를 16강에서 탈락시키며 주목받았다. 부지런히 뛰며 힘과 속도가 좋은 스트라이커 브릴 엠볼로, 공중전에 강한 타깃형 스트라이커 하리스 세페로비치, 기술이 좋고 배후 침투가 탁월한 마리오 가브라노비치에 신성 노아 오카포까지 등장한 포워드진은 다채롭다. 미드필드 라인은 볼 배급 능력과 경기 조율 능력이 뛰어난 주장 그라니트 자카를 중심으로 박스 투 박스 미드필더 데니스 자카리아, 문전 침투 및 중원 연계 능력이 좋은 레모 프로일러 등 유럽 빅 리그에서 실력이 검증된 선수들을 갖췄다. 측면 공격력이 뛰어난 풀백 실반 비드머, 케빈 음바부, 스티븐 추버의 오버래핑 능력도 주목할 만하다. 센터백 마누엘 아칸지와 파비안 셰어의 빌드업 능력과 대인 방어 능력, 공중 수비 능력도 준수하다. 골키퍼 얀 좀머는 분데스리가에서 선방의 신으로 불린다. 스위스 축구 레전드 무라트 야킨이 스위스 리그 외의 무대를 지휘한 경험이 없는 것이 우려되는 부분이다. 세르비아와 치열하게 2위 경쟁을 벌일 것이다.

Cameroon 카메룬

FIFA RANKING 38위

Head Coach
리고베르 송

Captain
뱅상 아부바카

2022. 6. 23. 기준

역대 전적

상대 팀	날짜	경기 기록
브라질	2018.11.20	1:0 브라질 승
세르비아	2010.06.05	1:0 세르비아 승
스위스	없음	없음

1982 스페인 월드컵에 처음 본선 무대를 밟은 이후 2014 브라질 월드컵까지 아홉 번의 대회 중 일곱 번 본선 무대를 밟으며 아프리카의 강호로 자리 잡았다. 1990 이탈리아 월드컵에서 로저 밀라의 활약 속에 8강에 오른 게 최고 성적. 꾸준히 월드컵 본선을 밟았으나 이 대회 외에는 모두 조별 리그에서 탈락했다. 2010 남아공 월드컵, 2014 브라질 월드컵은 3전 전패로 탈락했고, 2018 러시아 월드컵 본선에 오르지 못하면서 침체기를 겪었다. 레전드 공격수 사무엘 에토가 축구협회장으로, 카메룬 대표 수비수로 137경기를 뛴 리고베르 송이 대표팀 감독을 맡고 있다. 2022년 1월 열린 아프리카 네이션스컵에서 부활 의지를 보였으나 자국 대회에서 3위에 그쳤다. 카메룬은 포지션별로 유럽 빅 리그에서 활약 중인 스타 선수를 보유했다. 올랭피크 리옹의 카를 토코 에캄비, 바이에른 뮌헨의 에릭 막심 추포모팅은 해결 능력을 갖춘 포워드다. 사우디 리그에서 거액을 받고 뛰는 뱅상 아부바카르가 여전히 가장 역동적인 스트라이커다. 중원에서 주목할 선수는 나폴리 이적 후 경기 운영 능력이 돋보이는 볼란치 잠보 앙귀사다. 6월과 9월 A매치 기간에 2023 아프리카 네이션스컵 예선전 일정을 치르는 카메룬은 지난 월드컵에 참가하지 못한 가운데 코로나19 팬데믹까지 겹쳐 3년 가까이 유럽과 남미의 수준급 팀들과 경기해보지 못했다. 팀으로서 견고함을 갖출 경험을 쌓지 못했고, 진정한 실력을 테스트해볼 무대가 없어 본선에서 고전할 가능성이 크다. 창의적인 미드필더가 없고 수비 라인의 구심점이 부족한데다, 골키퍼 오나나는 경기 감각이 부족하다.

Korea Republic
Uruguay
Ghana
Portugal

포르투갈 우루과이 강세, 한국이 노릴 기회는?

월드컵 조 추첨 3번 포트에 속한 한국은 스페인과 독일이 먼저 편성된 E조를 피한 것에 안도했으나 H조 역시 만만치 않게 난도가 높다. 첫 경기 상대인 남미의 우루과이는 남미 예선 도중 고전하며 예전보다 전력이 떨어졌다는 평가를 받았으나 최근 젊은 선수들이 급격한 성장세를 보여 세대교체를 원활하게 진행 중이다. 세계적인 스타 선수들이 즐비한 포르투갈이 1강, 우루과이와 한국이 2중으로 평가받던 분위기는 6월 A매치 평가전 이후 포르투갈과 우루과이의 2강, 한국과 가나의 2약으로 재편됐다. 하지만 포르투갈과 우루과이가 2차전 일정 중에 만나게 되어 마지막 라운드까지 모든 팀이 물리고 물리는 상황이 나올 수 있다. 한국은 우루과이와 첫 경기에서 반드시 승점을 얻어야 가나와 2차전 승리를 통해 16강 진출 가능성을 가늠할 수 있다. 우루과이는 한국과 첫 경기에서 승리하지 못할 경우 포르투갈과의 2차전이 부담스러워진다. H조 2위로 16강에 오를 경우 G조 1위로 16강에 오를 것이 유력한 브라질을 만나는 대진 일정으로 인해 포르투갈이 한국과 3차전에도 주전 선수들을 쉬게 할 가능성이 낮을 것이다. 한국의 현실적인 목표는 1승 1무 1패로 16강에 오르는 경우의 수를 갖추는 것이다. 1승 2무라면 자력으로 16강 진출 조건을 갖출 수 있다.

H조 경기 일정

🇺🇾	우루과이	2022.11.24. 오후 10:00	대한민국	🇰🇷
🇵🇹	포르투갈	2022.11.25. 오전 1:00	가나	★
🇰🇷	대한민국	2022.11.28. 오후 10:00	가나	★
🇵🇹	포르투갈	2022.11.29. 오전 4:00	우루과이	🇺🇾
★	가나	2022.12.03. 오전 00:00	우루과이	🇺🇾
🇰🇷	대한민국	2022.12.03 오전 00:00	포르투갈	🇵🇹

※ 한국 시간 기준

Korea Republic 대한민국

FIFA RANKING 28위

Head Coach 파울루 벤투

Captain 손흥민

2022. 6. 23. 기준

역대 전적

상대 팀	날짜	경기 기록
우루과이	2018.10.12	2:1 대한민국 승
가나	2014.06.09	4:0 가나 승
포르투갈	2002.06.14	1:0 대한민국 승

1954 스위스 월드컵을 통해 처음 본선 무대를 경험한 한국은 1986 멕시코 월드컵부터 2022 카타르 월드컵까지 무려 10회 연속 본선 진출에 성공하는 금자탑을 세웠다. 월드컵 10회 연속 본선 진출은 아시아 최초의 기록이며 브라질, 독일, 이탈리아, 아르헨티나, 스페인에 이어 세계에서도 여섯 번째로 나온 의미 있는 기록이다. 2002 한일 월드컵 폴란드와 첫 경기에서 첫 승을 거둔 것을 시작으로 포르투갈전 승리로 사상 첫 16강 진출에 성공한 한국은 이탈리아, 스페인을 제치고 아시아 최초 4강 진출의 신화를 썼다. 2006 독일 월드컵에선 프랑스와 무승부를 거두는 등 선전하며 1승 1무 1패를 기록하고도 아쉽게 탈락했다. 2010 남아공 월드컵에선 원정 대회 첫 16강 진출에 성공했으나 우루과이에 1:2로 석패했다. 2014 브라질 월드컵에서 1무 2패로 탈락했고, 2018 러시아 월드컵도 조별 리그를 통과하지 못했으나 독일에 2:0 승리를 거두며 전 세계의 주목을 받았다. 파울루 벤투 감독은 2002년 거스 히딩크, 2006년 딕 아드보카트에 이어 월드컵에서 한국을 이끄는 세 번째 외국인 감독이다. 공 소유를 중시하며 풀백의 전진, 상대 지역을 지배하는 공격적인 축구로 아시아 예선을 통과했다. 한국의 강점은 프리미어리그 득점왕을 차지한 토트넘의 손흥민, 울버햄프턴에서 실력을 검증한 황희찬 등 빠른 윙 포워드다. 특히 지난 두 번의 월드컵에서 모두 개인 능력으로 득점한 손흥민은 전성기를 맞아 존재만으로 상대 팀의 경기 운영에 영향을 미칠 수 있는 월드클래스다. 센터백 김민재의 탁월한 대인 수비 능력도 한국의 16강을 기대를 높이게 한다.

Uruguay 우루과이

FIFA RANKING 13위

2022. 6. 23. 기준

Head Coach 디에고 알론소

Captain 디에고 고딘

역대 전적

상대 팀	날짜	경기 기록
대한민국	2018.10.12	2:1 대한민국 승
가나	2010.07.02	1:1 무승부
포르투갈	2018.6.30	2:1 우루과이 승

2010 남아공 월드컵 4강, 2014 브라질 월드컵 16강, 2018 러시아 월드컵 8강 등 꾸준히 성과를 낸 우루과이는 이번 남미 예선에서는 베테랑들이 물러나고 노쇠화 기미를 보이며 최대 위기를 겪었다. 디에고 알론소 감독이 중도 부임해 예선 최종전을 앞두고 본선 진출에 성공했다. 6월 평가전까지 7차례 A매치에서 6승 1무의 호성적을 거뒀다. 알론소 감독은 멕시코 클럽 파추카와 몬테레이의 북중미 챔피언스리그 우승을 이끈 떠오르는 명장이다. 실리적인 4-4-2 포메이션과 공격적인 4-3-3 포메이션을 적절히 혼용하며 세대교체를 이뤘다. 스트라이커 루이스 수아레스, 에딘손 카바니 등은 전성기의 끝자락에 있지만, 여름 이적 시장에 무려 1억 유로의 이적료로 리버풀에 입단한 23세 장신 공격수 다르윈 누녜스가 있다. 왼쪽 측면과 전방을 오가며 힘과 높이, 활동력, 속도, 결정력을 두루 갖춘 누녜스는 포스트 플레이가 탁월한 카바니, 결정력이 좋은 수아레스와 공격 조합을 이룬다. 미드필드 라인은 빠른 스피드와 드리블 능력에 창조적인 스루패스 기술, 풍부한 활동량을 겸비한 레알 마드리드의 페데 발베르데가 기수다. 발베르데의 파트너는 날카로운 패스와 장거리 패스 능력을 통해 토트넘에서 손흥민과 좋은 콤비네이션을 보인 로드리고 벤탄쿠르가 자리하고 있다. 수비 라인에는 우루과이 축구의 지난 10년 전성 시대의 중심에 있었던 베테랑 수비수 디에고 고딘의 파트너로 발이 빠르고 터프한 아틀레티코의 호세 히메네스, 헤더 능력과 수비력이 뛰어나면서 기술과 스피드를 갖춘 바르셀로나 수비수 로날드 아라우호가 자리하고 있다.

Ghana 가나

FIFA RANKING 60위

2022. 6. 23. 기준

Head Coach 오토 아도

Captain 안드레 아이유

역대 전적

상대 팀	날짜	경기 기록
대한민국	2014.06.09	4:0 가나 승
우루과이	2010.07.02	1:1 무승부
포르투갈	2014.06.26	2:1 포르투갈 승

2006 독일 월드컵 16강 진출, 2010 남아공 월드컵 8강 진출로 아프리카의 강호로 떠올랐던 가나의 위상은 크게 떨어졌다. 2014 브라질 월드컵 조별 리그에서 탈락했고, 2018 러시아 월드컵 본선에도 진출하지 못했다. 아프리카 네이션스컵에서는 2008년부터 2017년 대회까지 최소 4강 이상의 성적을 냈으나 2019년 대회 16강에서 탈락한 것에 이어 2022년 1월 개최한 2021년 대회에서는 15년 만에 조별 리그에서 탈락하는 최악의 성적이었다. 월드컵 아프리카 예선 최종 플레이오프는 나이지리아와 홈 1차전 0:0 무승부에 이어 원정 2차전에서 1:1로 비겨 원정 득점 우선 원칙으로 본선에 올랐다. 6월 A매치 기간에도 중앙아프리카와 2023 아프리카 네이션스컵 예선에서 1:1로 비겼고, 일본과 친선 대회에서 1:4로 참패를 당하는 등 불안한 전력이었다. 이에 가나축구협회는 가나 이중 국적을 보유한 빌바오 스트라이커 이냐키 윌리암스, 잉글랜드 21세 이하 대표팀에서 활동하던 브라이턴 앤 호브 알비온의 오른쪽 윙백 타릭 램프티, 독일 21세 이하 대표 출신 센터백인 함부르크의 스테판 암브로시우스를 가나 대표팀으로 귀화시키는 데 성공했다. 소속팀 일정에 집중하겠다는 이유로 가나 대표팀 소집을 거부했던 프리미어리그 사우샘프턴 소속 센터백 모하메드 살리수도 가나 대표팀과 월드컵에 참가하기로 했다. 4-2-3-1 포메이션을 중심으로 경기하는 가나는 아유 형제를 비롯해 아약스 미드필더 모하메드 쿠두스 등 유럽파가 즐비한 가운데 귀화 선수 가세로 전력이 상승했다. 하지만 귀화 선수들이 발을 맞출 기회가 많지 않아 조직력 문제가 드러날 수 있다.

Portugal 포르투갈

FIFA RANKING 9위

2022. 6. 23. 기준

Head Coach 페르난두 산투스

Captain 크리스티아누 호날두

역대 전적

상대 팀	날짜	경기 기록
대한민국	2002.06.14	1:0 대한민국 승
우루과이	2018.06.30	2:1 우루과이 승
가나	2014.06.26	2:1 포르투갈 승

유로2016 우승, 2020 UEFA 네이션스리그 우승을 이룬 포르투갈은 초호화 군단이다. 유럽 예선에서 세르비아와 조별 최종전 패배로 플레이오프까지 거쳐 본선에 올랐으나 전력 구성으로 보자면 H조 최강인 것은 물론 대회 우승까지 넘볼 수 있다. 2014년부터 포르투갈 대표팀을 이끌고 있는 페르난두 산투스 감독은 최근 부진으로 비판을 받고 있으나 대표팀 지휘 경력이 오래며, 그간 겪은 시행착오를 통해 한층 안정된 경기 운영으로 팀을 이끌 수 있을 것으로 기대된다. 4-3-3 포메이션을 기반으로 공격적인 축구를 펼치는 포르투갈은 전 포지션에 걸쳐 더블 스쿼드를 넘어 트리플 스쿼드까지 가능할 정도로 선수 자원이 풍부하다. 공격진은 189회 A매치에서 117골을 넣어 남자 축구 역사상 최다 골 기록을 보유한 주장 크리스티아누 호날두를 중심으로 리버풀 공격수 디오구 조타, AC밀란에서 2021/2022시즌 이탈리아 세리에 A 우승을 이끌며 MVP로 선정된 하파엘 레앙, 라이프치히 스트라이커 안드레 실바, 아틀레티코 마드리드 포워드 주앙 펠릭스 등이 포진한다. 중원에는 득점 창출 능력이 빼어난 맨유 에이스 브루노 페르난데스와 맨시티 천재 미드필더 베르나르두 실바뿐 아니라 울버햄프턴 원더러스에서 노련하게 경기를 운영하는 주앙 무티뉴, 후벤 네베스 외에 재능 있는 선수가 즐비한다. 수비 라인도 맨유에서 주전 자리를 꿰찬 풀백 디오구 달롯, 좌우 양쪽에서 톱 클래스 기량을 입증한 주앙 칸셀루와 프리미어리그 MVP 출신 센터백 후벤 디아스, 베테랑 수비수 페페가 뒤를 지킨다. 골키퍼 포지션까지 주전과 비주전의 기량 차이가 없다.

대한민국, 승리를 축하하다!
월드컵 8강전 – 광주 월드컵 경기장에서 열린 월드컵 8강전. 스페인과 한국은 연장전까지 갔으나 스코어는 0-0.
그러나 승부차기에서 한국은 5-3으로 스페인을 누르고 4강에 진출했다. 2002/6/22

FC SEOUL
FOOTBALL CLUB SEOUL

MONTES
PRIDE IN WINEMAKING

2022 FC SEOUL 공식 와인, 몬테스

당신의 빛나는 순간
날개를 달아줄 '몬테스'
천사를 선물하세요

MONTES ALPHA
Cabernet Sauvignon
D.O. VALLE DE COLCHAGUA, CHILE
ESTATE BOTTLED · PRODUCT OF CHILE